ESV

D1844326

Literatur wissenschaftliches Lexikon

Grundbegriffe der Germanistik

Herausgegeben von
Horst Brunner und Rainer Moritz

ERICH SCHMIDT VERLAG

Die Deutsche Bibliothek – CIP-Einheitsaufnahme

Literaturwissenschaftliches Lexikon : Grundbegriffe der Germanistik / hrsg. von Horst Brunner und Rainer Moritz. – Berlin : Erich Schmidt, 1997
ISBN 3-503-03745-4
NE: Brunner, Horst [Hrsg.]

ISBN 3 503 03745 4

Alle Rechte vorbehalten
© Erich Schmidt Verlag GmbH & Co., Berlin 1997

Dieses Buch ist aus säurefreiem Papier hergestellt
und entspricht den Frankfurter Forderungen zur Verwendung
alterungsbeständiger Papiere für die Buchherstellung.

Herstellung: Regensberg, Münster

Inhaltsverzeichnis

Vorwort

Das *Literaturwissenschaftliche Lexikon* (LL) wendet sich vorrangig, freilich nicht ausschließlich, an Studierende der Germanistik. Es versteht sich als aktuelles Nachschlagewerk, das prägnant über die wichtigsten Begriffe der germanistischen Literaturwissenschaft informiert. Die knapp 150 Stichwörter sind in erster Linie nach ihrer Relevanz für das Germanistikstudium ausgewählt. Berücksichtigt wurden vor allem die „großen" Epochen-, Gattungs- und Theoriebegriffe, daneben jedoch auch Stichwörter zur Poetik, zu literarisch wirksamen Institutionen sowie zu Geschichte und Selbstverständnis des Faches. Daß die letztlich getroffene Auswahl nicht völlig unstrittig sein kann, versteht sich beinahe von selbst. Die Beschränkung bot indes die Möglichkeit, die Artikel umfangreicher zu halten, als dies im lexikalischen Rahmen üblicherweise der Fall ist. Informationen zu zahlreichen Begriffen, denen kein eigener Eintrag zugestanden werden konnte, sind über das detaillierte Register leicht aufzufinden. Untereinander sind die Artikel durch Querverweise verbunden.
Den Beiträgern wurde bewußt keine streng normierte Handreichung vorgegeben. Entscheidend blieb die klare, leicht faßliche Präsentation, bei der im einzelnen durchaus unterschiedlich verfahren werden konnte. Die maximal sechs Titel umfassenden Literaturangaben erlauben die gezielte Vertiefung dessen, was in unseren Artikeln an Grundsätzlichem gesagt wird. So hoffen wir, daß das *Literaturwissenschaftliche Lexikon* eine erste Orientierung in einer zunehmend schwer zu überblickenden Begriffswelt zu geben vermag und als nützliches, zweckmäßiges Hilfsmittel angenommen wird.

Den Autorinnen und Autoren, die es übernahmen, die Artikel in relativ kurzer Zeit zu schreiben und dem Werk zu raschem Erscheinen zu verhelfen, sind wir sehr verbunden. Unser Dank gilt auch den Mitarbeitern des Verlages, die die Arbeit mit großem Engagement beförderten, in erster Linie Dr. Carina Lehnen, Jutta Dahn und Bernd Kruppa.

Würzburg/Leipzig, im September 1996

Horst Brunner
Rainer Moritz

Verzeichnis der Artikel

Verzeichnis der Mitarbeiterinnen und Mitarbeiter

Prof. Dr. Johannes Anderegg, St. Gallen/Schweiz
Prof. Dr. Bernhard Asmuth, Bochum
Dr. Elke Austermühl, Darmstadt
Prof. Dr. Rainer Baasner, Rostock
Prof. Dr. Hans-Jürgen Bachorski, Potsdam
Prof. Dr. Kurt Bartsch, Graz/Österreich
Prof. Dr. Hans-Joachim Behr, Braunschweig
PD Dr. Holger Böning, Bremen
Prof. Dr. Helga Brandes, Oldenburg
Prof. Dr. Georg Braungart, Regensburg
Prof. Dr. Wolfgang Braungart, Bielefeld
Prof. Dr. Horst Brunner, Würzburg
Prof. Dr. Peter Cersowsky, Würzburg
Prof. Dr. Klaus Peter Dencker, Hamburg
Dr. Arno Dusini, Wien/Österreich
Prof. Dr. Klaus Düwel, Göttingen
PD Dr. Norbert Otto Eke, Paderborn
PD Dr. Edith Feistner, Augsburg
Prof. Dr. Erika Fischer-Lichte, Berlin
Prof. Dr. Stephan Füssel, Mainz
Prof. Dr. Christine Garbe, Lüneburg
Prof. Dr. Dietmar Goltschnigg, Graz/Österreich
Prof. Dr. Bernhard Greiner, Tübingen
Prof. Dr. Georg Guntermann, Bonn
Birgit Habel, Göttingen
Dr. Peter Hanenberg, Bamberg
Prof. Dr. Günter Häntzschel, München
Prof. Dr. Ernst Hellgardt, München
Prof. Dr. Nikolaus Henkel, Hamburg
Eckhard Henscheid, Frankfurt am Main
Dr. Walter Hettche, München
Prof. Dr. Angelika Hoffmann-Maxis, Leipzig
Dr. Michaela Holdenried, Berlin
Prof. Dr. Otto Holzapfel, Freiburg
Prof. Dr. Dieter Kafitz, Mainz
Dr. Sonja Kerth, Würzburg
PD Dr. Dorothea Klein, Würzburg
Prof. Dr. Joachim Knape, Tübingen
Prof. Dr. Helmut Koopmann, Augsburg
Prof. Dr. Rüdiger Krohn, Chemnitz
PD Dr. Elisabeth Lienert, Würzburg
PD Dr. Franz Loquai, Bamberg
Dr. Freimut Löser, Heidelberg
Prof. Dr. Johannes Mahr, Würzburg
Prof. Dr. Gunter Martens, Hamburg
Dr. Dieter Martin, Freiburg
Dr. Matías Martínez, München
Prof. Dr. Christel Meier-Staubach, Münster
Dr. Dieter Merzbacher, Wolfenbüttel
Prof. Dr. Uwe Meves, Oldenburg
Dr. Rainer Moritz, Leipzig
Dr. Michael Müller, München
UD Dr. Beatrix Müller-Kampel, Graz/Österreich
Prof. Dr. Manfred Nagl, Stuttgart
Prof. Dr. Jutta Osinski, Marburg
Prof. Mag. Erich Perschon, Baden/Österreich
Prof. Dr. Leander Petzoldt, Innsbruck/Österreich
Prof. Dr. Bodo Plachta, Osnabrück
Dr. Andreas Poltermann, Göttingen
Prof. Dr. Rolf Günter Renner, Freiburg
Dr. Johannes Rettelbach, Würzburg
Prof. Dr. Gerhard Sauder, Saarbrücken
PD Dr. Michael Scheffel, Göttingen
Prof. Dr. Hannelore Schlaffer, Stuttgart
PD Dr. Hansgeorg Schmidt-Bergmann, Karlsruhe
Prof. Dr. Helmut J. Schneider, Bonn
Prof. Dr. Erhard Schütz, Berlin
PD Dr. Rolf Selbmann, München
Michael Serrer, Bonn
Prof. Dr. Neva Šlibar, Ljubljana/Slowenien
Prof. Dr. Bernhard Sorg, Bonn
Dr. Hermann Sottong, Oberschleißheim
Dr. Friedemann Spicker, Amsterdam/Niederlande
Dr. Michael Stark, Bamberg
Prof. Dr. Hartmut Steinecke, Paderborn
Prof. Dr. Rüdiger Steinlein, Berlin
Dr. Bernd Stiegler, Freiburg
PD Dr. Joachim Theisen, Tübingen
Prof. Dr. Frithjof Trapp, Hamburg
Dr. Stefan Trappen, Mainz
Prof. Dr. Martina Wagner-Egelhaaf, Bochum
PD Dr. Rudolf K. Weigand, Eichstätt
Prof. Dr. Hans-Georg Werner, Pisa/Italien
StD Dr. Hermann Wiegand, Mannheim
Prof. Dr. Marianne Wünsch, Kiel
Prof. Dr. Ulrich Wyss, Erlangen
Prof. Dr. Klaus Zeyringer, Angers/Frankreich
Prof. Dr. Peter V. Zima, Klagenfurt/Österreich
PD Dr. Rüdiger Zymner, Fribourg/Schweiz

Abkürzungsverzeichnis

Im folgenden sind die über die Duden-Gepflogenheiten hinausgehenden Abkürzungen verzeichnet, die in diesem Lexikon verwendet wurden. Innerhalb der Artikel sind die Lemmata mit ihren (stets unflektierten) Anfangsbuchstaben wiedergegeben.
Fachzeitschriften werden in den Literaturangaben wie im Referatenorgan „Germanistik“ abgekürzt.

ahd.	=	althochdeutsch
afrz.	=	altfranzösisch
amerik.	=	amerikanisch
begr.	=	begründet
bes.	=	besonders
bibl.	=	biblisch
dt.	=	deutsch
engl.	=	englisch
frz.	=	französisch
gedr.	=	gedruckt
germ.	=	germanisch
got.	=	gotisch
griech.	=	griechisch
hist.-krit.	=	historisch-kritisch
idg	=	indogermanisch
i.d.R.	=	in der Regel
i.e.S.	=	im eigentlichen Sinne
insb./insbes.	=	insbesondere
i.S.	=	im Sinne
ital.	=	italienisch
Jh.	=	Jahrhundert
kath.	=	katholisch
lat.	=	lateinisch
MA	=	Mittelalter
mhd.	=	mittelhochdeutsch
ND	=	Nachdruck
nord.	=	nordisch
prov.	=	provenzalisch
rom.	=	romanisch
röm.	=	römisch
russ.	=	russisch
sächs.	=	sächsisch

A

Althochdeutsche Literatur

1. Die A.L. ist die älteste dt. Literatur im Sinne eines umfassenden Literaturbegriffs. Zu ihr wird alles gerechnet, was in dt. Sprache den Status eines Textes erreicht, primär ästhetisch bestimmte Literatur ebenso wie Fach- und Sachschrifttum pragmatischer Art hohen oder elementaren intellektuellen Niveaus. Ausgeschlossen bleiben nur Quellen, die keinen Textstatus erreichen, d.h. vor allem die reiche Personen- und Ortsnamenüberlieferung sowie die ahd. Glossen (zu diesen s.u.). – Der obere zeitliche Rahmen ist sprachgeschichtlich gesetzt durch die Zweite Lautverschiebung (um 600). Mit ihr grenzen sich die dt. Dialekte als Medium einer möglichen dt. Literatur aus den übrigen germanischen Idiomen aus. Das Ende der A.L. ist wiederum sprachgeschichtlich gegeben durch den Wandel der ahd. zur mhd. Sprachstufe, der um 1050 abgeschlossen ist. – Überlieferungsgeschichtlich entscheidend innerhalb dieser weiten Spanne ist das mehr oder weniger systematische Einsetzen der Verschriftung dt. Sprache in der Epoche des fränkisch-karolingischen Reiches: quantitativ geringfügig, aber in der Sache um so bedeutsamer seit der zweiten Hälfte des 8. Jh., dann im Lauf des 9. Jh. in immer beträchtlicheren Ansätzen. Ein Charakteristikum und Faszinosum ist jedoch, daß innerhalb der ↗ Epoche kaum eine innere Entwicklung festzustellen ist. Die mannigfaltigen Ansätze bleiben meist voneinander isoliert und ohne gegenseitige Wirkung; sie tragen die Merkmale je unabhängiger Experimente im neuen Medium volkssprachiger Schriftlichkeit.

2. Die räumlichen Grenzen der A.L. sind sprachlich vorgegeben durch den geographischen Bereich, in dem die Zweite Lautverschiebung sich durchgesetzt hat. Überlieferungsgeschichtlich ist dieser näher umrissen durch die fränkischen Regionen im mittleren und südlichen Deutschland, durch die bayerischen und alemannischen im westlichen und östlichen Süden. Aus dem italienischen Raum des Langobardischen und aus dem nordöstlichen des Thüringischen, die zum ahd. Sprachgebiet gerechnet werden, gibt es keine literarische Überlieferung. Nördlich grenzen an das hochdt. Sprachgebiet die niederfränkischen Regionen im Westen und die sächsischen im Osten. Besonders der altsächsische Raum überliefert eine z.T. qualitativ hochstehende Literatur, die zwar einerseits in wichtigen Austauschbeziehungen mit der angelsächsischen Kultur und Literatur steht, andererseits aber typologisch und entstehungsgeschichtlich in vieler Hinsicht mit der A.L. zusammen zu sehen ist. Eine Randerscheinung bilden die ca. 30 auf Sachgegenstände eingeritzten dt. Runeninschriften des 5. bis 8. Jh. Sie enthalten fast nur Einzelwörter, meist Namen, und erreichen nicht den Status literarischer Texte, bezeugen aber wenigstens teilweise, sei es in heidnischem, sei es in christlichem Sinn, magische, Schaden abwehrende oder Heil bewirkende Funktionen der Sprache.

Im übrigen hat „theodiske“ Sprache in all ihren Erscheinungsformen vor der Verschriftlichung in Lateinbuchstaben und auf Pergament nur mündlich existiert, ↗ Mündlichkeit/Schriftlichkeit. Sekundäre Quellen des 8. bis 12. Jh. geben Nachricht von der Existenz einer untergegangenen niederen sowie hochentwickelten mündlichen dt. Sprach- und Gedächtniskultur in Rechtspflege und Dichtung. Zu nennen sind für das Recht die lat. verschriftlichten, ursprünglich mündlichen Stammesrechte mit ihren unübersetzten, aus germanischer Tradition stammenden Rechtstermini: *Edictum Rotharii* (643), *Lex Ribuaria* (7. Jh., 1. Hälfte) *Lex Alemannorum* und *Lex Baiuwarorum* (beide vor 744). Neben vorauszusetzenden Stücken der sog. niederen Gattungen germanischer Dichtungstradition (Gnomik in Vers und Prosa, Merkversdichtung, magische Formeln, kleinere lyrische Gebrauchsformen, ↗ Germanische Dichtung) hat die Forschung eine Fülle von meist sehr spekulativ erschlossenen Vorläufern der hochmittelalterl. dt. Dietrich- und Nibelungenepik in der hohen Gattung des germanischen Heldenliedes bis hinauf ins 5. Jh. namhaft gemacht, ↗ Heldendichtung. Darüber hinaus gibt es in der lat. Stammesgeschichtsschreibung („Fredegar“, Paulus Diaconus u.a.) ausdrückliche Hinweise auf eine volkssprachig-mündliche Geschichts- und Sagentradition in gebundener und ungebundener Form. Auch mit Stücken der hohen ↗ Gattung des germanischen Preisliedes darf gerechnet werden. Diese Tradition läuft neben der langsam sich etablierenden Schriftlichkeit durch die ganze Epoche und darüber hinaus bis in die Frühe Neuzeit fort und kreuzt sich mit der schriftlichen in vielfältigen Formen gegenseitigen Austauschs. Neben der vorauszusetzenden und sekundär bezeugten unterliterarischen Weitertradierung von Stoffen der völkerwanderungszeitlichen Sagentradition gibt es sekundäre Zeugnisse für Neuschöpfungen mündlicher Dichtung und Sage des 9. bis 11. Jh., in denen aktuelle Ereignisse ihren Niederschlag in der mündlichen Gedächtniskultur fanden, insbesondere in Gestalt des sog. „Sagelieds". Einen Bedarf an Verschriftlichung dieser unterliterarischen Produktion gab es nicht. Sie existierte vital im Medium der Mündlichkeit. Nur unter Ausnahmebedingungen geht sie in das ihr fremde Medium der Schrift ein.

3. Der institutionelle Ort ahd. Schriftlichkeit ist das Skriptorium, die Schule und die Bibliothek des in der lat. Tradition spätantik-christlicher Gelehrsamkeit und Frömmigkeit stehenden benediktinischen Klosters. Der Großteil des ahd. Schrifttums ist als Reflex der in diesem kulturellen Milieu gepflegten lat. Bildung interpretierbar. Eine besondere Rolle spielt dabei die irisch-angelsächsiche Mission des 7. und 8. Jh., die sich die Neuorganisation des kontinentalgermanischen Christentums römischer Tradition bzw. die Christianisierung des noch weithin bestehenden kontinentalgermanischen Heidentums zur Aufgabe gemacht hatte. Neben den Klöstern und in engem Zusammenwirken mit ihnen kommt herausragenden Herrscherpersönlichkeiten (Karl der Große, Ludwig der Fromme, Ludwig der Deutsche) eine kulturpolitisch inspirierende Rolle zu. Erste Verschriftung „theodisker" Sprache fand statt auf der Ebene der sporadischen oder durchgängigen interlinearen oder marginalen Glossierung lat. Texte im Bereich von Bibel, Schullektüre (heidnische Klassiker in geringem Maß, in stärkerem christliche Poesie der Spätantike und irisch-angelsächsischer Herkunft) und kirchlichem Recht. Daneben entwickelt sich eine lat.-ahd. Lexikographie in Gestalt von Glossarien auf der Grundlage dieser Glossierungsarbeit oder als Übersetzung spätantiker Lexika, die z.T. durch die irisch-angelsächsische Mission vermittelt waren (*Abrogans*, *Vocabularius S. Galli* u.a.). Die *Kasseler* und die *Pariser Gespräche* geben erste Hilfestellung für die alltagssprachliche Verständigung zwischen dt. und gallo- bzw. italoromanischen Sprechern. All dies erreicht noch nicht das Niveau des literarischen Textes, stellt aber entscheidende Voraussetzungen für ihn her.

4. Formal und nach Sachbereichen läßt sich in der A.L. geistliche und weltliche Prosa auf der einen von religiöser und weltlicher Dichtung in Stab- und Endreimen auf der anderen Seite unterscheiden, ↗ Reim. Nur ausnahmsweise erreichen die Texte Buchumfang. Ihre Überlieferungsform ist daher meist die des Inserats in lat. Trägerhandschriften. Das Stadium der Sammelhandschrift kleiner Texte wird nicht erreicht. – Auf elementarem Gebrauchsniveau steht die Übersetzungsprosa liturgischer und katechetischer Vorlagen. Taufgelöbnis, Glaubensbekenntnis, Vaterunser u.a. sind durch fünf Überlieferungen in wechselnder Kombination überliefert. Diese zwischen 790 und 820 datierbaren Stücke lassen sich indirekt mit Anordnungen Karls des Großen in Verbindung bringen, der die Kenntnis der elementaren katechetischen Texte in der Volkssprache gefordert hatte. Ebenfalls bis in Karls Zeit ist die dt. Bearbeitung von Beichtformeln zurückführen, die später mit dem Glaubensbekenntnis gekoppelt wurden; bis ins 12. Jh. sind über 20 Varianten erhalten. – Auf theologisch-wissenschaftlichem Niveau steht um 800 der *Ahd. Isidor*, die Übersetzung eines dogmatischen Traktats des Kirchenvaters Isidor von Sevilla und verwandter Stücke. Fragmente einer Übersetzung des *Matthäusevangeliums* werden dem gleichen Übersetzerkreis zugerechnet. 820/30 entstand im Kloster Fulda die anspruchslosere Übersetzung der *Evangelienharmonie* des Tatian als streng synoptische Bilingue des lat. und ahd. Textes. Sie ist älteren, in ihrer Schriftform bescheideneren Interlinearversionen der *Benediktsregel*, des *Psalters* und der *ambrosianischen Hymnen* vergleichbar. – Weltliche Prosa gibt es aus den Bereichen des kodifizierten Rechts (Fragment einer Übersetzung der *Lex Salica*, *Trierer Capitulare*), der Praxis in Politik und Recht (Eidesformeln, z.T. in später Überlieferung: *Straßburger Eide*, Priester-Obödienzeid, *Erfurter Judeneid*, *Schwäbische Trauformel*), der Verwaltung (*Hammelburger* und *Würzburger Markbeschreibung 1* und *2*; verschiedene Heberollen bzw. -register, d.h. Einkunftsverzeichnisse) und der Medizin (*Basler Rezepte*). – Dem Bereich der Medizin ist auch fast alles zuzuorden, was an poetischen und prosaischen Zauber- und Segensformeln erhalten ist (rund 15 Stücke). Nur ausnahmsweise werden dabei Formen und Inhalte vorliterarisch heidnischer Tradition greifbar (*Merseburger Zaubersprüche*, *Contra caducum morbum*), meist handelt es sich um explizit christliche Segensformeln. Neben den Merseburger Sprüchen ist im oberdt. Raum allein mit dem *Ahd. Hildebrandslied* ein Stück weltlicher Stabreimdichtung erhalten. In geistlicher Poesie wird der Stabreimvers noch im Gebet *Wessobrunner Schöpfungshymnus* und im *Muspilli*, einem eschatologischen Gedicht, aufgegriffen, hier jedoch bereits in einer zerrütteten und mit Endreimen durchsetzten Form. Im altsächsischen Raum dominiert dagegen der Stabreim und die zu ihm gehörige, auf mündliche Tradition zurückgehende poetische Technik noch uneingeschränkt in der buchumfänglichen Bibelepik des *Heliand* und der *Genesis*-Bruchstücke, ↗ Bibel. – Die große formale Neuerung der ahd. Dichtung ist der Endreimvers. In großem Stil ist er im *Evangelienbuch* Otfrids von Weißenburg (vor 871) durchgeführt, einer gelehrten, in der Tradition spätantiker Bibeldichtung und patristi-

scher Exegese stehenden, poetischen Nacherzählung des Leben Jesu von hohem literarischen Bewußtsein, die König Ludwig dem Deutschen gewidmet und Erzbischof Liutbert von Mainz zur Approbation vorgelegt wurde. Die strophisch gebundene Form des Reimverses dürfte hier auf das Vorbild der ambrosianischen Hymne zurückzuführen sein. Ob die Reimverse der kleineren Bibelgedichte *Christus und die Samariterin* und des *Ahd. Psalm 138* dem Vorbild Otfrids folgen oder eine ältere Tradition bezeugen, ist unklar. Für das *Ludwigslied*, das den Sieg eines westfränkischen Königs über die Normannen feiert (881/882), läßt dessen Datierung diese Annahme zu. Das gleiche gilt für einige kleine Gebetstexte und für die hagiographisch-liturgischen Stücke des *Georgs*-, des *Petrus*- und des nur in lat. Übersetzung erhaltenen *Gallusliedes*. – Den absoluten Höhe- und Endpunkt der ahd. Lit. bildet das gelehrte Werk Notkers des Deutschen von St. Gallen (ca. 950-1022). Hervorzuheben sind seine lat.-dt., übersetzenden und kommentierenden Bearbeitungen der *Consolatio Philosophiae* des Boethius, der *Kategorien* und der *Hermeneutik* des Aristoteles (nach Übersetzungen des Boethius), der Einleitungsfabel des Martianus Capella zu dessen ↗ Enzyklopädie der Sieben Freien Künste (*Hochzeit Merkurs und der Philologie*), des Psalters und des Buches Hiob (verloren). Notker zeigt eine vollkommene Beherrschung beider Sprachen. Sein Werk ist der letzten geistigen Hochblüte seines Klosters zu verdanken. Es steht als ein Denkmal der dt. ↗ Literaturgeschichte isoliert in seiner Zeit, wie so viele andere der A.L.

Ernst Hellgardt

Lit.: M. Diebold, Das Sagelied. Die aktuelle dt. Heldendichtung der Nachvölkerwanderungszeit, 1974. – G. Ehrismann: Geschichte der dt. Literatur bis zum Ausgang des MA. I. Teil: Die A.L., [2]1932 (ND 1966). – W. Haubrichs: Die Anfänge. Versuche volkssprachiger Schriftlichkeit im frühen MA (ca. 700-1050/60). In: J. Heinzle (Hg.): Geschichte der dt. Literatur. Bd.I/1, 1988. – D. Kartschoke: Geschichte der dt. Literatur im frühen MA, 1990.

Anthologie

1. Als A. bezeichnet man eine Sammlung von Texten, meist Gedichten, oder Textauszügen in Buchform. Der aus dem Griechischen stammende Begriff bedeutet „Blütenlese" und ist lat. als „Florilegium" bekannt. Damit kommt der als hochwertig und musterhaft eingeschätzte Charakter der ausgewählten Texte zum Ausdruck, der für die A. des griech. und röm. Altertums prägend war. In der Antike beanspruchten A. die Traditionsbildung der als vorbildlich eingeschätzten Autoren mit ihren exemplarischen Werken, vor allem Epigrammen. Neben der Zusammenstellung ausgewählter Texte verschiedener Autoren benutzte man beide Bezeichnungen auch für die Textauswahl von jeweils nur einem Schriftsteller. Ein dritter Terminus, „Chrestomathie" (griechisch: „das Erlernen von Nützlichem"), meint in gleitenden Übergängen zu A. und „Florilegium" eine aus Prosatexten oder -auszügen bestehende Mustersammlung bekannter Autoren für den Unterricht. Die heute allgemein A. genannten Sammlungen lyrischer, seltener auch prosaischer oder auszugsweise dramatischer Texte sind im 17. und 18. Jh. meist unter den Bezeichnungen „Schatzkammer", „Mustersammlung", „Helicon", „Musencabinet", „Vorrat", „Blumenlese", im 19. Jh. neben A. als „(Dichter-)Album", „Dichterbuch", „Parnaß", „Hausschatz", „Deklamatorium" (Vortragsbuch), „Balladen-, Liederschatz" u.ä. bekannt. Die Übergänge zu verwandten Sammelveröffentlichungen wie Musenalmanachen und literarischen Taschenbüchern sind fließend.

Im allgemeinen bringen A. bereits an anderer Stelle veröffentlichte Texte, während die periodisch erscheinenden Musenalmanache eine Auswahl originaler Dichtungen in Form eines poetischen Vademecums für das kommende Jahr bieten und die ebenfalls jährlich erscheinenden Taschenbücher ein gemischtes Programm fiktionaler, auch prosaischer und nichtfiktionaler Texte enthalten. Doch ist das nur eine idealtypische Abgrenzung: Wie die Bezeichnungen gehen auch die Inhalte ineinander über. Seit dem beginnenden 19. Jh. setzt sich die Bezeichnung A. durch.

2. Die in den A. enthaltenen Texte sind von ihren Herausgebern nach unterschiedlichen Kriterien zusammengestellt. Herrschte zunächst die Intention des Mustergültig-Vorbildlichen sowie der Anspruch des Kanonischen vor, so verfolgen die Anthologisten später auch andere Ziele. Sie wollen einen repräsentativen Überblick bestimmter Autoren, Gattungen oder literarischer Richtungen bieten; sie beabsichtigen, die Entwicklung einer literarischen ↗ Epoche zu dokumentieren; oder sie ordnen ihre Auswahlen häufig nach thematischen oder motivischen Schwerpunkten. Gleichzeitig ist zu beobachten, daß die Herausgeber und ab Mitte des 19. Jh. auch in großer Anzahl Herausgeberinnen sich auf Bedürfnisse und Gebrauchssituation der Rezipienten einstellen und ihre A. als Lebensbegleitung, Trost, zur Erbauung oder zum mündlichen Vortrag in geselligen Kreisen bestimmen. Literarische Ambitionen konkurrieren seit der zweiten Hälfte des 19. Jh. mit ethischen, moralischen, pädagogi-

schen, religiösen, politischen und regionalen Motivationen. Seit der Anthologieexpansion ab etwa 1850 fehlt häufig ein eindeutiges Konzept. A. werden buchhändlerische Spekulationsobjekte und sind oft von Dilettanten aus vorliegenden A. zusammengestellt. So werden sie teilweise Ausdruck von Epigonentum und nachlassender literarischer Produktivität. Gerade dieser Befund animiert jedoch seit dem letzten Drittel des 19. Jh. auch wieder einige Herausgeber, durch das Medium der A. programmatische Erneuerung literarischer, insbesondere lyrischer Möglichkeiten anzustreben.

3. Vorbild auch für spätere A. bildet die aus der nicht mehr vorhandenen Sammlung des Konstantinus Kephalas und früheren Vorgängern stammende um 980 in Konstantinopel angelegte *Anthologia Graeca*, die nach der um 1600 in der Heidelberger Bibliotheca Palatina wiederentdeckten Handschrift auch *Anthologia Palatina* genannt wird. Sie enthält etwa 3700 griech. Epigramme, Zitate aus Tragödien und ökonomischen Schriften von der Spätantike bis in das byzantinische MA. Um 1300 nahm der byzantinische Dichter Maximos Planudes 2400 Gedichte daraus in seine begrenztere *Anthologia Planudea* auf. Die bekannteste Sammlung röm. Gedichte und Epigramme von Autoren des 1. bis 6. Jh., die *Anthologia Latina*, entstand um 530. Die bedeutendste byzantinische A. mit Textauszügen von Homer bis ins 4. Jh. wurde im 5. Jh. von Johannes Stabaios zusammengestellt. In der Spätantike, im MA und in der ↗ Renaissance sind mehrere A. mit Auszügen aus Werken klassischer Autoren und Kirchenväter sowie mit Sprichwörtern und Sentenzen als Lehrbücher für den Unterricht verbreitet.

Neben mehreren A. verschiedener Nationalsprachen erscheinen seit dem 17. Jh. auch dt. Sammlungen: Julius Wilhelm Zincgrefs *Anhang auserlesener Gedichte deutscher Poeten* zu den *Poemata* des Martin Opitz (1624), *Herrn von Hofmannswaldau und andrer Deutschen auserlesener und bißher ungedruckter Gedichte*, hg. von Benjamin Neukirch (7 Bde., 1695-1727). Repräsentative A. der Anakreontik bilden Karl Wilhelm Ramlers *Lieder der Deutschen* (1766), seine *Sammlung der besten Sinngedichte der deutschen Poeten* (1766) oder seine zweibändige *Lyrische Blumenlese* (1774; 1778). Kosmopolitische Einstellung zeigt Herders Sammlung der *Volkslieder* (1778/79). Friedrich von Matthisson veröffentlichte mit seiner 20bändigen *Lyrischen Anthologie* (1803-07) ein Monumentalwerk.

Im expandierenden Buchmarkt des 19. Jh. werden A. in Massen hergestellt und überwiegend als Hort des Schönen und der Harmonie für Mädchen und Frauen konzipiert. Einschließlich der meist veränderten Neuauflagen sind von 1840-1914 etwa 4000 Titel auf dem Markt. Diese Anthologien neigen ihrem Rezipientenkreis (↗ Rezeption) gemäß zur Trivialisierung der ↗ Lyrik. Aufgrund der Rezeptionsverengung durch Rubrizieren der Texte nach Stoffen und Motiven, der Rezeptionsfixierung durch Erläuterungen und Illustrationen, der Zyklenbindungen und Texteingriffe geht die den lyrischen Texten eigene Komplexität verloren. A. wie Elise Polkos *Dichtergrüße* (1860, 337. Tausend 1922) oder Georg Scherers *Deutscher Dichterwald* (1853, ^{24}1911), vereinen anerkannte und geringer geschätzte Autoren. Gegen diese verbreitete und bis heute anhaltende A.produktion minderer Qualität treten seit den Gründerjahren Anthologisten mit ästhetisch alternativen Konzepten auf: z.B. Theodor Storm: *Hausbuch aus deutschen Dichtern seit Claudius* (1870); Stefan George, Karl Wolfskehl: *Deutsche Dichtung* (1902); Kurt Pinthus: *Menschheitsdämmerung* (1920); Walter Höllerer: *Transit. Lyrikbuch der Jahrhundertmitte* (1956).

4. Die A.forschung setzte erst seit der Berücksichtigung der Sozialgeschichte der Literatur ein. Da A. aufgrund ihrer engen Bindung an soziologisch benennbare Publikumskreise, aufgrund ihrer meist erkennbaren Herausgeberintentionen und aufgrund ihres eruierbaren situativen Kontextes, in dem Lyrik rezipiert wurde, verläßliche Auskünfte über die Interdependenz zwischen Texten, Verlegern und Lesern bieten, sind sie für sozialgeschichtliche Untersuchungen prädestiniert.

Diachronische und synchronische Ermittlungen, solche über die Herausgeber als Rezipienten und Distribuenten der Texte und über die anvisierten Publikumskreise, kombiniert mit der Erforschung der unterschiedlichen Aufmachung der anthologischen Organe sowie ihrer Thematik im Spannungsfeld von Tradition und Innovation, nationalem und regionalem Charakter, von Privatheit und Öffentlichkeit versprechen differenzierte Ergebnisse für die Kenntnis des literarischen Lebens in seiner Komplexität.

Günter Häntzschel

Lit.: J. Bark/D. Pforte (Hg.): Die dt.sprachige A. 2 Bde., 1969-1970. – H. Essmann/U. Schöning: Weltliteratur in dt. Vers-A., 1996. – G. Häntzschel (Hg.): Bibliographie der dt.sprachigen Lyrik-A. 1840-1914. 2 Bde., 1991. – J. Schönert: Die populären Lyrik-A. in der zweiten Hälfte des 19. Jh. In: Sprachkunst 9 (1978). – H. Kittel (Hg.): International Anthologies of Literature in Translation, 1995. – U. Schöning (Hg.): Weltliteratur in dt. Vers-A., 1996.

Antikerezeption

1. Antike ist ein seit dem 18. Jh. gebräuchlicher Begriff für das griech.-röm. Altertum von etwa 1100 v. Chr. bis zur Völkerwanderungszeit, 4./6. Jh. n. Chr. A. meint in einem weiteren Sinn das Weiterwirken von Aspekten antiker Kultur und Literatur, in einem engeren Sinn die bewußte Auseinandersetzung mit und Orientierung an der Antike. Die Antike prägte die abendländische Geistes-, Kultur- und ↗ Literaturgeschichte entscheidend. Nach ihrem Verhältnis zur Antike sind einige literarische Epochen benannt, v.a. ↗ Renaissance und ↗ Humanismus (14.-16. Jh.).

A. bezieht sich auf verschiedene Ebenen: Bildungsideale und Menschenbild; Sprache, Sprachgebrauch, Stilideale; Vers- und Strophenformen (Hexameter, Distichon, Odenmaße; ↗ Metrik); literarische Stoffe (Argonauten; Herakles; Troja; Atriden: Agamemnon, Iphigenie, Elektra, Orest; Ödipus, Antigone; Amphitryon; Orpheus u.a.); Gattungen und Gattungstheorie, Dichtungstheorie und ↗ Poetik: ↗ Epos (Homer, Vergil), ↗ Roman (hellenistischer Roman), ↗ Tragödie (attische Tragödie, Seneca) und ↗ Komödie (Plautus, Terenz), Geschichtsschreibung (Herodot, Tacitus u.a.), verschiedene lyrische Formen (Ode, Elegie u.a.) und Kleinformen wie ↗ Fabel, Epigramm, ↗ Satire sind in der antiken Literatur vorgeprägt; die dt. Poetik und Dramentheorie ist über weite Strecken im Kern Aristoteles-Rezeption.

2. Dem MA war die Antike durchaus gegenwärtig; die vorwiegend vom Klerus getragene lat. Schriftkultur des MA ist vom Weiterleben antiker Elemente geprägt, nicht zuletzt durch die Übernahme von Sprache und Schrift: Kultursprache Europas ist bis ins 16. Jh. das Latein. Mittelalterliches Kontinuitätsbewußtsein drückt sich aus in den Konzepten der „translatio imperii" (Weitergabe der Herrschaft vom Römischen an das Deutsche Reich) und der „translatio studii" (Weitergabe antiker Bildung nach Frankreich und Deutschland) sowie im Bild der auf den Schultern von Riesen (der antiken Autoritäten) stehenden Zwerge (Bernhard von Chartres, 12. Jh.). Rezipiert wird ausschließlich die römische Antike (v.a. auch die christliche Spätantike); seit dem 12. Jh. gibt es auch lat. Übersetzungen griechischer Texte, während Griechisch-Kenntnisse selbst im MA kaum verbreitet sind. Ort der Vermittlung antiken Wissens und antiker Texte ist die Schule. Unterrichtet wird nach dem antiken Lehrplan der „Septem artes liberales", der Sieben freien Künste; der Lateinunterricht orientiert sich an den Normen der spätantiken Grammatik und ↗ Rhetorik (Quintilian, Donat, Priscian). Wichtige antike Texte werden im Elementarunterricht gelesen; zum Kanon zählen u.a. Statius, Horaz, Lucan, insbes. Vergil und (v.a. seit dem 12. Jh.) Ovid. Antike Handschriften werden gesammelt, antike Texte abgeschrieben, kommentiert, zitiert, exzerpiert und Florilegien (↗ Anthologie) in ↗ Enzyklopädien oder Sammlungen mythologischer Erzählungen (den sog. Mythographen) zusammengestellt. Die antike Literatur stellt ein Bildungsreservoir dar, aus dem ohne Rücksicht auf geistige Zusammenhänge selektiv Einzelheiten herausgegriffen werden („Atomisierung der Antike", R. Newald), meist Stoffe, Exempla (Beispielfiguren oder Beispielerzählungen) oder literarische Techniken, formale Muster. Die antike Rhetorik (u.a. die Lehre von den drei „genera dicendi", den Stilarten; Prolog, Epilog; Techniken der „dilatatio", breiten Auserzählens, und der „abbreviatio", der Kürze; Redeschmuck) wirkt über die mittellat. Poetiken auch in die volkssprachliche Dichtung, v.a. auf die Poetik des ↗ Höfischen Romans. Beliebte Darstellungs- und Deutungsmuster auch in volkssprachlicher Dichtung liefern die (spät)antiken Motive der Psychomachie (Kampf personifizierter Tugenden und Laster, nach Prudentius, 4. Jh.) und der Fortuna (christlich als göttliche Vorsehung gedeutet durch Boethius, gest. 524). Allgegenwärtig sind die – meist allegorisch gedeuteten – Liebesgottheiten, Amor und Venus; Liebesdarstellung und Affektschilderung v.a. des Höfischen Romans gehen letztlich weitgehend auf Ovid zurück. Ovids *Metamorphosen* (mhd. Übersetzung durch Albrecht von Halberstadt, um 1190 oder um 1210? im Auftrag Hermanns von Thüringen, fragmentarisch erhalten; Bearbeitung durch Georg Wickram, gedruckt ab 1545) sind die Hauptquelle für antike Mythologie (↗ Mythos); Einzelmotive (z.B. die Geschichte von Pyramus und Thisbe) sind in verschiedensten Zusammenhängen verbreitet. Die heidnische Antike wird fast durchgängig aus christlicher Perspektive gesehen; vielfach werden antike Mythen allegorisch oder moralisierend ausgelegt. Grundsätzlich wird Antikes mittelalterlichen Verhältnissen angepaßt („Mediaevalisierung"); so kämpfen etwa in den Antikenromanen nicht antike Heroen, sondern mittelalterliche Ritter.

Bewußt an antiker Sprache und Bildung orientiert sich die Bildungsreform Karls des Großen, die auf Erneuerung des gesamten geistigen Lebens abzielt („Karolingische Renaissance", um 780-spätes 9.Jh.). V.a. formal von der Antike beeinflußt ist insbes. die ↗ Mittellat. Literatur, etwa die karolingische Hofpoesie; die dem Vorbild Terenz folgenden Märtyrerdramen der Hrotsvit von Gandersheim (um 935-975); der *Waltharius* (wohl 10. Jh.), der in der Vergilschen Form des Hexameterepos einen Stoff germanischer Heldensage gestaltet (↗ Heldendichtung).

Das ahd. Schrifttum orientiert sich sprachlich und formal vielfach an lat. Vorbildern, Otfrid von Weißenburg (*Evangelienbuch*, 863/71) etwa an der spätantiken Bibeldichtung; Notkers III. von St. Gallen (um 980?-1022) lat.-ahd. Kompilations- und Übersetzungswerk umfaßt u.a. Darstellungen der einzelnen „artes liberales“, ↗ Ahd. Literatur.

Im Zusammenhang mit der sog. Renaissance des 12. Jh. (Wiederentdeckung antiker Philosophie in der Schule von Chartres, Anlehnung an antike Formmuster bei einigen mlat. Autoren Nordfrankreichs) werden in breitem Umfang antike Stoffe an ein volkssprachliches adliges Publikum vermittelt. Mit Ausnahme von Vergils *Aeneis* dienen nicht große Dichtungen als Quellen, sondern vielfach spätantike lat. Übersetzungen griechischer Originale, z.B. nicht Homers Epen, sondern v.a. die pseudohistorischen Darstellungen des Trojanischen Kriegs durch Dictys Cretensis (lat. 3./4. Jh. n.Chr.) und Dares Phrygius (5. Jh. n. Chr.), lat. Bearbeitungen des griech. Alexanderromans des Pseudo-Kallisthenes und die historiographischen *Gesta Alexandri Magni* des Quintus Curtius Rufus (um 41-54 n.Chr.) u.a. Es entsteht der Antikenroman (↗ Höfischer Roman), zunächst in Frankreich, dann auch in Deutschland. Ein wichtiges dt. Zentrum der A. war der Thüringer Landgrafenhof. Die mhd. Antikenromane gestalten v.a. den Trojastoff (Raub der Helena, Belagerung und Zerstörung Trojas: Herbort von Fritzlar, *Liet von Troye*, um 1195; Konrad von Würzburg, *Trojanerkrieg*, 1281-87, unvollendet – beides Bearbeitungen von Benoîts de Sainte-Maure *Roman de Troie*, um 1165; weitere Troja-Versromane Ende 13. Jh.; Troja-Prosen seit Ende 14. Jh.); den Aeneasstoff (Flucht des Aeneas aus dem untergehenden Troja; Liebe zur karthagischen Königin Dido; Vermählung mit der latinischen Königstochter Lavinia; Gründung Roms: Heinrich von Veldeke, *Eneit*, um 1170/74 begonnen, um 1185 vollendet, nach dem afrz. *Roman d'Enéas*, um 1160, daneben Benutzung Vergils und Ovids); den Alexanderstoff (Eroberungen, Weltherrschaft und früher Tod Alexanders des Großen: Pfaffe Lambrecht, um 1150, Übertragung von Alberics von Bisinzo *Roman d'Alexandre*, um 1120/40, in drei Bearbeitungen erhalten; weitere Alexanderromane des 13. Jh. nach verschiedenen, meist lat. Quellen, u.a. von Rudolf von Ems, vor 1235 und um 1240/45, Ulrich von Etzenbach, vor 1290; mehrere Alexanderprosen). Die im 12. Jh. erstarkende weltliche Oberschicht nutzt die Antike als „Experimentierfeld“ für neue weltliche Normen und Identifikationsmuster, v.a.in Liebe und Kampf. Daneben dient der Antikenroman der Vermittlung historischen Wissens an ein nicht-lateinkundiges Publikum. Antike Motive (z.T. internationale Wandermotive) begegnen u.a. auch in den mlat. und volkssprachlichen Exempelsammlungen (z.B. *Gesta Romanorum*); die mittelalterlichen Fabeln (dt. v.a. beim Stricker, 1. Hälfte 13. Jh.; Ulrich Boner, *Der Edelstein*, nach 1350/51) gehen weitgehend auf Äsop zurück.

3. Kennzeichnend für Renaissance und Humanismus (14.-16. Jh.; Renaissance meint dabei einen v.a. kultur- und kunsthistorischen Epochenbegriff, den umfassenden kulturellen Wandel, der die Neuzeit einleitet, Humanismus die von Petrarca um 1330 initiierte, von Italien aus ganz Europa erfassende Bildungsbewegung) ist die programmatische „Wiedergeburt“ der Antike, die nunmehr als vergangene, in sich geschlossene Epoche begriffen und auf Kosten des MA idealisiert wird. Wiedererweckung der Antike wird auf verschiedenen Ebenen angestrebt: Der humanistische Sprachgebrauch orientiert sich am klassischen Latein; neue philologische Methoden werden entwickelt (Textkritik; Rückkehr ad fontes, zu den antiken Quellen; in der Geschichtsschreibung Ansätze zum „Historismus“, zur Einschätzung von Texten und Ereignissen aus ihren historischen Bedingungen heraus); neue Bildungseinrichtungen und -inhalte („studia humanitatis“) werden geschaffen, die auf das antike Ideal des sprachlich und literarisch gebildeten, moralisch verantwortlichen und schöpferisch tätigen individuellen Menschen zielen.

Humanistische A. schlägt sich v.a.in der neulat. Dichtung exklusiver, hochgebildeter Kreise an Fürstenhöfen, Kanzleien, Universitäten nieder. Auf die dt.sprachige Literatur wirkt sie vor dem 17. Jh. nur am Rande: Im 15. und 16. Jh. entsteht eine umfangreiche humanistische Übersetzungsliteratur (Übersetzungen antiker Texte oder lat. Werke italienischer Humanisten; Niklas von Wyle, *Translatzen*, 1478: Prinzip der eng an die lat. Syntax angelehnten Wort-für-Wort-Übersetzung; Heinrich Steinhöwel, *Esopus*, 1476/77, und Albrecht von Eyb, Plautus-Übertragungen, 1511 u.a.: Prinzip sinngemäßen Übersetzens). Antike Stoffe behandeln u.a. zahlreiche Prosaromane des 15. und 16. Jh. (z.B. Heinrich Steinhöwel, *Apollonius*, 1471; Johannes Hartlieb, *Alexander*, 1473) und Dramen des 16. Jh. (Hans Sachs verwendet die – mißverstandenen – antiken Gattungsbezeichnungen „tragedi“ und „comedi“). Die oft auf „trübe“ spätantike Quellen zurückgehenden und vielfach über frz. höfisierte Vorlagen vermittelten mittelalterlichen Stofftraditionen werden weiterbenutzt, laufen jedoch allmählich aus; humanistische Übersetzungen erschließen die lat. und griech. Originale (die dt.sprachige Homer-Rezeption beginnt mit Simon Schaidenreissers Übersetzung der *Odyssee* 1537; die erste *Ilias*-

Übersetzung, gedruckt 1610, stammt von Johannes Spreng, gestorben 1601).

Poetik, Drama, ↗ Lyrik und ↗ Roman des ↗ Barock sind – z.T. über die lat. humanistischen Poetiken als Vermittler – an antiken Mustern orientiert. Martin Opitz erschließt mit seinem *Buch von der Deutschen Poeterey* (1624) die Poetik des Aristoteles für das dt.sprachige Drama und übersetzt lat. und griech. Tragödien (Senecas *Trojanerinnen*, 1625; Sophokles' *Antigone*, 1635). Wichtigstes stilistisches und konzeptionelles Vorbild für das barocke Trauerspiel ist Seneca (allerdings ist Senecas Stoizismus v.a. durch den christlichen Stoizismus etwa des Justus Lipsius, *De constantia*, 1584, vermittelt). Die barocke Komödie ist u.a. von Plautus beeinflußt, z.B. die Figur des „miles gloriosus". Antike Vorbilder für die Lyrik sind Horaz (Opitz, *Teutsche Poemata*, 1624), Vergils *Georgica* und 4. Ekloge (Schäferdichtung), Ovid (Hofmannswaldau) und die griechische Liebeslyrik (Anakreontik). Muster des hellenistischen Romans (Heliodor, Apuleius, Longos) liegen zahlreichen Romanen des 17. Jh. zugrunde. Antike Rhetorik, Mythologie und Geschichte sind in der gelehrten Literatur des Barock allgegenwärtig. Von antikem mythologischen und naturkundlichen Wissen zehrt insbes. die barocke Emblematik (Emblem ist die Verbindung von Bild, Überschrift und sinnträchtigem Text).

4. Bis zu Gottsched orientiert sich die dt. Literatur der ↗ Aufklärung, vom frz. Klassizismus und dessen strengem Rationalismus beeinflußt, an lat. Vorbildern (Vergil, Horaz). Durch Winckelmann, Klopstock und Lessing (*Laokoon*, 1766) wird die griechische Antike (v.a. Homer) zum Vorbild: im Formalen, v.a. aber für ein neues, noch für die Weimarer ↗ Klassik und für Hölderlin gültiges Menschenbild und künstlerisches Selbstverständnis (Ideal des selbstbestimmten, mit sich selbst und seiner Umwelt im Einklang befindlichen „ganzen" Menschen; der Dichter als „poeta vates", Seher, und als autonomer Schöpfer). Lessing interpretiert die Tragödientheorie des Aristoteles neu und löst sich von der klassizistischen Ständeklausel (↗ Bürgerliches Trauerspiel). Klopstock ermöglicht durch eine metrische Reform (Einführung des akzentuierenden Prinzips, d.h. des Wechsels betonter und unbetonter Silben) die Nachbildung antiker Versformen; formal an antiken Vorbildern orientiert sind sein Hexameterepos *Der Messias* (1748-73) und die Oden (1771). Wieland verlegt u.a. seinen Bildungsroman *Agathon* (1766/67) in das hellenistische Griechenland. Herders Geschichtsphilosophie sieht in der griechischen Antike, der Welt Homers, den idealen Ursprung menschlicher „Einheit in der Mannigfaltigkeit".

Goethe rezipiert von den frühen Hymnen (*Ganymed*, 1770; *Prometheus*, 1771) über die *Italienische Reise* (1786-88), die *Römischen Elegien* (1788-90), das klassische Drama (*Iphigenie auf Tauris*, 1779, 2. Fassung 1787) und den unvollendeten Versuch einer Erneuerung des homerischen Epos (*Achilleis*, 1799) bis in sein Spätwerk (*Faust II*, 1831) immer wieder antike Mythen, Stoffe, Motive, Figuren und Formen. Die Antike ist für Goethe v.a. ↗ Utopie; deren Realisierungsmöglichkeit steht er eher skeptisch gegenüber. Schiller gestaltet in seinen Balladen mehrfach antike Stoffe; in der *Braut von Messina* (1803) erprobt er Form und Technik der klassischen Tragödie; v.a. in den geschichtsphilosophischen Schriften und der Gedankenlyrik steht die Antike für das Naive, mit sich selbst Identische, das indes unwiederbringlich verloren ist. Eine vergleichbare Griechenutopie liegt Hölderlins Werken zugrunde.

5. Im 19. und 20. Jh. wird – obwohl es immer wieder klassizistische Tendenzen und Rückgriffe einzelner Dichter (z.B. Platen, Rilke) auf antike Formen, Stoffe, Konzeptionen gibt – die utopische Idealität einer ganzheitlich-harmonisch begriffenen Antike mehr und mehr in Frage gestellt. Kleist wendet sich archaisch-gewaltsamen (*Penthesilea*, 1808) und ambivalenten Aspekten (*Amphitryon*, 1808) der Antike zu. Für die ↗ Romantik versagt die klassisch-heitere Antike angesichts der Nachtseiten menschlicher Existenz (Novalis); das MA wird wiederentdeckt. Nietzsche betont nicht die apollinisch-heitere, individuell-kontrollierte, sondern die dionysisch-tragische, gewaltsam-enthemmte, entindividualisierende Seite der Antike (*Die Geburt der Tragödie aus dem Geist der Musik*, 1872). Von Nietzsches Antike-Verständnis beeinflußt sind z.B. R. Wagner, St. George, Th. Manns Novelle *Der Tod in Venedig* (1913). Die Unvereinbarkeit des antiken Menschenbildes und Kunstverständnisses mit der politischen Realität des 20. Jh. demonstriert z.B. H. Brochs Roman *Der Tod des Vergil* (1947). A. im 20. Jh. ist zumeist Aktualisierung antiker Stoffe, Auseinandersetzung mit antiken Mythen (Agamemnon, Elektra, Orest; Ödipus, Antigone; Troja, Cassandra: Hofmannsthal, G. Hauptmann, Hasenclever, Ch. Wolf u.a.).

Elisabeth Lienert

Lit.: H. Brunner (Hg.): Die dt. Trojaliteratur des MA und der Frühen Neuzeit, 1990. – E.R. Curtius: Europäische Literatur und lat. MA, 1948. – A. Ebenbauer: Antike Stoffe. In: V. Mertens/U. Müller (Hg.): Epische Stoffe des MA, 1984. – R. Newald: Nachleben des antiken Geistes [...], 1960.

Ästhetik

1. Als Ä. bezeichnet man im Anschluß an das griechische Wort „aisthetike" („aisthetos" = „sinnlich wahrnehmbar") eine die Sinne betreffende Wissenschaft, die als eigenständige Denkrichtung zuerst von dem Philosophen Alexander Gottlieb Baumgarten (1714-1762) entwickelt wurde, der den dt. Begriff Ä. geprägt hat. Die Ä. als Theorie des Schönen und der sinnlichen Wahrnehmung gab es allerdings schon im antiken Griechenland, wo Platon den Eros als eine Kraft auffaßte, die die Menschen mit Begeisterung für das Schöne, das Gute und das Wahre erfüllt. Der Eros, der zunächst als Geschlechtstrieb erscheint, ist auch für unsere Bewunderung des Schönen verantwortlich und bewirkt schließlich, daß unsere intellektuelle Neugier, die für die Wahrheitssuche verantwortlich ist, gesteigert wird. Obwohl das Schöne in Platons Denken unzertrennlich mit der Wahrheitssuche und der Ideenlehre verknüpft ist (die höchste Idee ist die der Schöngutheit oder Kalokagathie), hat er die Dichter nicht besonders geschätzt, weil er die Ansicht vertrat, daß sie durch ihre Nachahmung der Wirklichkeit eher Meinungen und Illusionen als ideelles Wissen und Wahrheit hervorbringen. Im Gegensatz zu Platon geht Aristoteles nicht präskriptiv vor, sondern versucht, die Dichtung – vor allem das ↗ Epos und die ↗ Tragödie – in ihrer Eigenart als Fiktion zu verstehen. Ähnlich wie Plato faßt er Dichtung jedoch als ↗ Mimesis auf, die nicht die Wirklichkeit schlechthin nachahmt, sondern den handelnden Menschen. Als mimetische Theorie des Fiktiven hat die Aristotelische Poetik das ästhetische Denken des MA, vor allem aber der ↗ Renaissance und der ↗ Aufklärung, nachhaltig beeinflußt.

2. Nicht alle ästhetischen Theorien gehen vom mimetischen Prinzip, d.h. vom Grundsatz der Nachahmung aus. Vor allem moderne Ä. gründen auf dem Gedanken, daß Kunstwerke die Wirklichkeit nicht widerspiegeln, sondern neue Wirklichkeiten (mögliche Welten) konstruieren. Man könnte in diesem Zusammenhang von einem Gegensatz zwischen mimetischen (Mimesis) und semiotischen (Semiosis) oder konstruktivistischen Ä. sprechen. Komplementär zu diesem Gegensatz verhält sich – aus systematischer Sicht – der Gegensatz zwischen Produktions- und Rezeptions-Ä.: Während Produktions-Ä. primär nach dem Entstehungszusammenhang und dem Autor eines Kunstwerks fragen, steht in Rezeptions-Ä. die Frage nach dem Betrachter oder dem ↗ Leser im Mittelpunkt. Die beiden Gegensätze ergänzen einander insofern, als Produktions-Ä. in den meisten Fällen von mimetischen Annahmen ausgehen (Warum ist ein Kunstwerk in einem bestimmten Kontext entstanden, und was stellt es dar?), während Rezeptions-Ä. die Reaktionen von Betrachtern oder Lesern auf vieldeutige Konstrukte erforschen. Beide Gegensätze werden schließlich vom Gegensatz zwischen Inhalts- und Ausdrucksebene im Sinne von Louis Hjelmslev überlagert: Während die Ausdrucksebene als die Gesamtheit der Signifikanten (de Saussure) definiert wird, ist die Inhaltsebene als Gesamtheit der Signifikate aufzufassen. Im Gegensatz zu konstruktivistischen Ä. und Rezeptions-Ä., die ihr Augenmerk auf die Wirkung der Ausdrucksebene und ihrer vieldeutigen Signifikanten richten, befassen sich mimetische und produktionsorientierte Ä. vorwiegend mit der Inhaltsebene des Kunstwerks, d.h. mit dessen eigentlicher Bedeutung (als Anordnung von Signifikaten). Im Rahmen dieses Systems von einander ergänzenden Gegensätzen ist es möglich, die philosophischen und fachspezifischen (soziologischen, semiotischen) Ä. näher zu bestimmen, die nach Baumgarten entstanden sind.

3. Anders als Baumgarten, der in seiner *Aesthetica* (1750) die Ä. (Theorie der schönen Künste, niedere Erkenntnislehre, die Kunst des schönen Räsonierens, die Kunst der analogisierenden Vernunft) als „Wissenschaft des sinnlichen Erkennens" definiert und behauptet, das Schöne sei der begrifflichen Erkenntnis zugänglich, zweifelt Immanuel Kant (1724-1804) an der Möglichkeit, das Schöne auf den Begriff zu bringen. In der *Kritik der Urteilskraft* (1790) stellt er die These auf, daß die Begrifflichkeit des Geschmacksurteils eine unbestimmte Begrifflichkeit ist, weil das Schöne (er meint hauptsächlich das Naturschöne) nicht mit eindeutig definierbaren Begriffen zu identifizieren ist: Es gefällt „ohne Begriff". Hier zeigt sich, daß Kant nicht nur die Begriffslosigkeit des Schönen voraussetzt, sondern auch die Betrachter- oder Rezipientenperspektive einnimmt, indem er das ästhetische Urteil als „Geschmackurteil" auffaßt und nicht als eine Aussage über die „wahrheitstreue Abbildung" im Kunstwerk oder über die Entstehung des Schönen (in der Natur, in der Kunst). Es ist daher nicht verwunderlich, daß Kants Ä. vor allem diejenigen unter den modernen Kunst- und Literaturwissenschaftlern inspiriert hat, die wie die russischen Formalisten (↗ Formalismus), die anglo-amerikanischen New Critics und die tschechischen Strukturalisten von der Autonomie des Kunstwerks und dessen Vieldeutigkeit oder Interpretierbarkeit im Rezeptionszusammenhang ausgehen.

4. Im Gegensatz zu der Betrachter- oder Rezipienten-Ä. Kants gibt die mimetische und in mancher Hinsicht Aristotelische Ä. Georg Wilhelm Friedrich Hegels (1770-1831) dem histori-

schen Produktionszusammenhang und der Inhaltsebene den Vorzug. Die Frage lautet nicht mehr: Wie ist das Schöne, das Naturschöne zu betrachten? Sondern: Welche Bewußtseinsinhalte drücken Gattungen oder einzelne Kunstwerke zu einem bestimmten historischen Standpunkt aus? Diese Frage setzt allerdings die von Kant geleugnete Möglichkeit voraus, daß Kunstgegenstände als solche, in ihrer objektiven Beschaffenheit begrifflich erkennbar, erfaßbar sind. Die Herrschaft des Hegelschen Begriffs, d.h. des denkenden Subjekts über das Objekt, hat u.a. zur Folge, daß das Schöne in Hegels *Vorlesungen über die Ästhetik* (1835) mit dem menschlichen Artefakt, dem Kunstwerk, identifiziert wird. Während Kant Schönheit noch weitgehend mit dem Naturschönen verknüpfte, wird dieses bei Hegel zu einer unselbständigen, weil aus der Kunst (d.h. der menschlichen Arbeit) ableitbaren Erscheinung. In diesem Zusammenhang wirft Hegel Kant vor, er habe den begrifflichen Inhalt des Schönen vernachlässigt, und lobt Friedrich Schiller, weil dieser versucht habe, zwischen künstlerischer Erscheinung und begrifflicher Wahrheit zu vermitteln. Als Theoretiker der Kunstproduktion und der Inhaltsebene vertritt Hegel die Ansicht, daß Kunst und das einzelne Kunstwerk in philosophische Begriffe übersetzbar sind und daß der wesentliche Unterschied zwischen Philosophie und Kunst darin bestehe, daß das Kunstwerk als „sinnliches Scheinen der Idee" den philosophischen Gedanken der „sinnlichen Wahrnehmung" zugänglich macht. Dieser begrifflichen Vereinnahmung der Kunst entspricht in Hegels Ä. eine Kunstgeschichte, die mit der Auflösung der Kunst in der wissenschaftlichen (philosophischen) Prosa endet. Anders gesagt: Das Kunstbewußtsein wird in der höheren Bewußtseinsform des begrifflich-wissenschaftlichen Denkens aufgehoben. Hegels Versuch, die Kunst durch eine Reduktion auf ihre mimetischen Komponenten (Darstellung), den Produktionszusammenhang (Entstehung) und die Inhaltsebene (Begrifflichkeit) zu reduzieren, wurde im Laufe des 19. Jh. sowohl von einigen Junghegelianern als auch von den Romantikern in Frage gestellt. So polemisiert beispielsweise der Hegel-Schüler Friedrich Theodor Vischer (1807-1887), der in seiner umfangreichen *Ästhetik* (1847-1858) noch den Versuch unternahm, Hegels Theorien weiterzudenken, in einer späteren Schrift (*Das Schöne und die Kunst*, 1898) unterschwellig gegen Hegel, wenn er bemerkt: „Wenn wir uns betrachtend zum Schönen wenden, so wollen wir es nicht erst begreifen müssen." Diese Hegel-Kritik ist zugleich als eine Rückkehr zu Kants These aufzufassen, derzufolge das Schöne ohne Begriff gefällt. Auf ganz andere Art stellt der Hegelianer Karl Rosenkranz (1805-1879) Hegels Thesen in Frage, wenn er in seiner *Ästhetik des Häßlichen* (1853) Hegels Auffassung des Kunstwerks als einer harmonischen Totalität – zumindest implizit – verwirft und zeigt, daß das Häßliche nicht immer im ästhetischen Gesamtzusammenhang den Zielsetzungen des Schönen dient, sondern sich verselbständigen kann. Obwohl der Romantiker Friedrich Wilhelm Schelling (1775-1854) – ähnlich wie Hegel – eine Inhalts-Ä. begründet hat, stellt er die Hegelsche Herrschaft des philosophischen Begriffs radikal in Frage, indem er von dem Gedanken ausgeht, daß die Kunst das Absolute als Synthese von Subjekt und Objekt, Natur und Geist unmittelbar zu erfassen in der Lage sei, alles Trennende vereinige und daher über der Philosophie stehe. Auch der Romantiker (↗ Romantik) Friedrich Schlegel (1772-1829) widerspricht der Hegelschen Philosophie, wenn er betont, daß er selbst die Kunst für den Kern der Menschheit halte. Wir sind hier sehr weit von Hegels These über die Auflösung der Kunst im philosophischen Denken entfernt. Während Hegels Ä. nachhaltig auf die Kunsttheorien von Marx, Engels, Lukács, Goldmann und des Sozialistischen Realismus (↗ Literatursoziologie) gewirkt hat, machen sich junghegelianische Elemente und Denktraditionen der Romantik sowohl in der ästhetischen Theorie Adornos (s.u.) als auch in der ↗ Dekonstruktion Derridas und der amerikanischen Dekonstruktivisten J. Hillis Miller und Geoffrey H. Hartman bemerkbar.

5. Für die zeitgenössische ästhetisch-philosophische Diskussion ist das Denken Friedrich Nietzsches (1844-1900) noch wichtiger als die junghegelianischen und romantischen Philosophien, die Nietzsche beeinflußt haben. Ähnlich wie die Romantiker wendet Nietzsche sich gegen den Rationalismus der Aufklärung und die Herrschaft des Begriffs im Hegelschen System: Statt wie Hegel die Kunst der Philosophie, dem begrifflichen Denken unterzuordnen, faßt er sie als den guten Willen zum Schein auf. Diesen Schein wertet er dem Wesen und der Wahrheit gegenüber auf, indem er zu zeigen versucht, wie sich begriffliche Wahrheit in den Figuren der ↗ Rhetorik auflöst. Die Wahrheit der Metaphysiker, wendet er ein, sei selbst nur Schein, da sich bei näherer Betrachtung herausstellt, daß sie nichts anderes sei als „ein bewegliches Heer von Metaphern, Metonymien, Anthropomorphismen". Vor allem dieser Gedanke wurde in neuester Zeit von Derrida und anderen Vertretern der Dekonstruktion (Paul de Man, Geoffrey H. Hartman) aufgegriffen und weiterentwickelt. Nietzsches Denken hat nicht nur die Dekonstruktivisten beeinflußt, sondern auch in der *Ästhetischen Theorie* Adornos Spuren hinterlassen.

6. Die mimetisch-begriffliche (inhaltliche) und produktionsorientierte Betrachtungsweise Hegels wird nicht nur von den Junghegelianern, den Romantikern und Nietzsche in Frage gestellt, sondern auch von dem italienischen Hegelianer Benedetto Croce (1866-1952), der trotz der hegelianischen Ausrichtung seiner Geschichtsphilosophie in seiner *Estetica* (1902) immer wieder die Autonomie der Ausdrucksebene betont und daran erinnert, daß Kunst und Literatur weder in philosophischen noch in soziologischen Begriffen (z.B. Gattungsbegriffen) aufgehen. Er läßt nur die Analyse des einmaligen und autonomen Kunstwerks gelten und lobt diejenigen unter Hegels Erben, die ihren vorsichtigen und kritischen Geist dadurch kundtaten, daß sie Hegel in gewisser Art auf seine Kantschen Grundlagen zurückführten. Dieses Vorhaben, eine Rückkehr zu Kant einzuleiten, verwirklicht Croce auf vorbildliche Art in seiner *Estetica come scienza dell'espressione e linguistica generale* („Ästhetik als Wissenschaft des Ausdrucks und allgemeine Sprachwissenschaft"), deren Untertitel zwei Tendenzen erkennen läßt: eine Aufwertung des Ausdrucks dem Inhalt gegenüber und eine – wenn auch zaghafte – Ausrichtung der philosophischen Ä. auf Fachwissenschaften wie Linguistik und ↗ Semiotik. Diese Ausrichtung ist für das gesamte 20. Jh. charakteristisch, weil die rasch fortschreitende wissenschaftliche Arbeitsteilung dazu führt, daß die philosophische Ä. allmählich zerfällt und von Fachwissenschaften wie Kunstgeschichte, Kunstsoziologie, Musikwissenschaft, Semiotik und ↗ Literaturwissenschaft verdrängt wird.

7. Die marxistischen Ä. des 20. Jh. folgen einerseits hegelianischen Grundsätzen (Ausrichtung auf Mimesis, Produktion und Inhalt), andererseits aber gehorchen sie dem arbeitsteiligen Prinzip und konzentrieren sich auf den literarischen Text. Im Anschluß an Karl Marx (1818-1883) und Friedrich Engels (1820-1895), die in ihren Schriften zur Kunst in Übereinstimmung mit Hegel nach der darstellenden, mimetischen Funktion der Werke und nach deren ideellem Gehalt auf sozio-historischer Ebene fragen, untersuchen Georg Lukács (1885-1971) und sein Schüler Lucien Goldmann (1913-1970) literarische Werke als Widerspiegelungsmodi sozialer Wirklichkeiten oder als Artikulationen kollektiver Weltanschauungen („visions du monde", Goldmann). Während Lukács im Rahmen einer präskriptiven Ä. von der Literatur fordert, sie solle durch die Darstellung von „typischen Situationen" und Gestalten die gesellschaftliche Wirklichkeit „realistisch widerspiegeln", versucht Goldmann (z.B. in seinem Hauptwerk *Le Dieu caché*, 1955) zu zeigen, wie große Kunstwerke auf besonders kohärente Art Weltanschauungen sozialer Gruppen ausdrücken. Sowohl Lukács' Typusbegriff, der eine synthetisierende Funktion erfüllt, als auch Goldmanns Kohärenzpostulat liegt Hegels Kategorie der „Totalität" zugrunde. Im Gegensatz zu den Marxisten Lukács und Goldmann, die im ästhetischen Bereich der Hegelschen Philosophie treu geblieben sind, hat Theodor W. Adorno (1903-1969) vor allem in seiner postum erschienenen *Ästhetischen Theorie* (1970) eine dialektische Ä. begründet, die zwischen dem Hegelschen und dem Kantschen Pol oszilliert und eine Reduktion des Kunstwerks auf den Produktionsprozeß und die Inhaltsebene vermeidet. Adorno geht u.a. vom „Doppelcharakter der Kunst" als autonomer Erscheinung und als „fait social" aus sowie von dem Gedanken, „daß Kunst es sagt und doch nicht sagt", so daß Kunstwerke zu Rätseln werden. Es ist nicht die Aufgabe ästhetischer Theorien, die Rätsel zu lösen, sondern den Grund für ihre Unlösbarkeit anzugeben. Einer der Gründe, weshalb Kunstwerke rätselhaft erscheinen, ist in ihrem nichtbegrifflichen Charakter zu suchen, der sie allesamt von Philosophie, Wissenschaft und Ideologie unterscheidet. Vor allem der Widerstand gegen die Ideologie begründet bei Adorno die Negativität der Kunst, die z.T. auf ihre Nichtbegrifflichkeit und ihre Autonomie im Sinne von Kant sowie ihre Konstruiertheit als Welt sui generis zurückzuführen ist. Als Erbe Hegels hält Adorno jedoch am „Wahrheitsgehalt" des Kunstwerks und an seiner gesellschaftskritischen Dimension fest.

8. Adorno war wahrscheinlich einer der letzten Vertreter einer philosophischen Ä., die einerseits alle wichtigen Kunstformen (Musik, Literatur und Malerei) zum Gegenstand hat und sich andererseits nicht auf eine Fachwissenschaft reduzieren läßt. Anders als Adorno haben in den 60er und 70er Jahren Autoren wie Max Bense (*Aesthetica*, 1965) und Umberto Eco (* 1932) (z.B. in *Semiotik. Entwurf einer Theorie der Zeichen*, [2]1991) semiotische Ä. entworfen, die sich zwar mit verschiedenen Kunstformen befassen, aber fachwissenschaftlich (im Falle von Bense mathematisch und semiotisch) fundiert sind. Sie weisen allesamt das mimetische Postulat ab und versuchen, das Kunstwerk als Konstrukt zu denken. Auch die von Hans Robert Jauß (* 1921) konzipierte Rezeptions-Ä. (↗ Rezeption) ist eine vorwiegend literarische Ä., die sich z.T. an Kants Postulat der „Begriffslosigkeit" orientiert und die ohne die Vielseitigkeit der ästhetischen Theorie Adornos auszukommen sucht. – Insgesamt zeigt sich, daß die Fachwissenschaften das Erbe der philosophischen Ä. angetreten haben, daß aber die eingangs erwähnten Gegensätze zwischen

Mimesis und Semiosis, Produktion und Rezeption, Inhalt und Ausdruck auch diesen Wissenschaften zugrunde liegen.

Peter V. Zima

Lit: A. Gethmann-Seifert: Einführung in die Ä, 1995. – H. Paetzold: Ä. der neueren Moderne, 1990. – N. Schneider: Geschichte der Ä. von der Aufklärung bis zur Postmoderne, 1996. – P.V. Zima: Literarische Ä., ²1995.

Aufklärung

1. Der Begriff A. dient in der dt. Literaturgeschichtsschreibung als Epochenbezeichnung (↗ Epoche) für die Literatur des 18. Jh., bevor der junge Goethe in den Jahren um 1770 die Szene betritt und mit ihm die anderen Dichter des ↗ Sturm und Drang. Einige Traditionen der A. führen aber über diese zeitliche Grenze hinaus; auch reichen sie in der Schweiz und in Bayern sowie in den habsburgischen Ländern noch weit ins 19. Jh. hinein. Neben diesem Epochenbegriff gibt es eine Verwendung des Wortes für nicht auf bestimmte historische Phasen beschränkte allgemeine geistige Tendenzen oder Haltungen. In Aufnahme einzelner Komponenten des Bedeutungsspektrums von A. werden dann darunter Ideen wie etwa Autonomie, Rationalität, Freiheit und Selbstbewußtsein subsumiert. Dabei kann man sich auch auf die von Kant 1784 gegebene Selbstdefinition der Epoche berufen: „Aufklärung ist der Ausgang des Menschen aus seiner selbstverschuldeten Unmündigkeit. Unmündigkeit ist das Unvermögen, sich seines Verstandes ohne Anleitung eines anderen zu bedienen."

Im späten 17. und frühen 18. Jh. wird der Begriff zunächst noch vorwiegend in seiner ursprünglichen meteorologischen Bedeutung verwendet: Der Himmel klärt sich auf, die Wolken verschwinden. In metaphorischem Verständnis meint er dann recht bald die Aufhellung des menschlichen Denkens durch das „Licht" der Vernunft, daneben aber immer wieder auch die „Erleuchtung" durch göttliche Inspiration. Schnell bildet sich eine regelrechte A.topik heraus, durch die etwa der Tag gegen die Nacht, die Sonne gegen die Wolken (auch in unzähligen Vignetten, Illustrationen und Emblemen), die Helligkeit der neuen Zeit gegen die finstere Zeit der Unmündigkeit gesetzt wird. Den genauen Beginn der Epoche kann man (sofern dies überhaupt eine fruchtbare Diskussion ist) – je nach Perspektive – verschieden ansetzen: Geht man von einem eher philosophiegeschichtlichen Epochenbegriff aus, muß man ihn recht weit ins 17. Jh. verlegen, denn zweifellos ist die rationalistische Philosophie René Descartes' (1596-1659) eine ganz entscheidende Komponente. Descartes' Methodenideal der „klaren" und „deutlichen" Erkenntnis („clare et distincte") hängt schon etymologisch mit dem A.begriff zusammen. In der ↗ Literaturgeschichte im engeren Sinne könnte man die Reformbemühungen und die Werke Christian Weises (1642-1708) schon in das Vorfeld der A. legen. Ein klarer Schritt sind dann aber in jedem Falle das Reformwerk und die Dichtungen von Johann Christoph Gottsched (1700-1766), der im Zeichen der Leibniz-Wolffschen Philosophie der Literatur eine entschieden wissenschaftlich-philosophisch angelegte Basis gibt. Eine lange Zeit beliebte Streitfrage war, ob die europäische ↗ Empfindsamkeit – und dann auch der Sturm und Drang – als Teil der A. oder als ihr Gegenteil zu deuten seien. Inzwischen sind viele innere Zusammenhänge dargestellt worden, so daß eine strikt antithetische Sicht nichts mehr für sich hat: Die Empfindsamkeit könnte man als Komplettierung, den Sturm und Drang (zumindest unter dem Aspekt der Autonomie und Selbstermächtigung) als Radikalisierung der A. deuten. Wie auch immer: Längst ist das Bild von der kaltrationalistischen A. verabschiedet. Die vielfältigen Facetten, die sich innerhalb der Bewegung finden (Deismus, Theismus, Materialismus u.a.), aber auch die Impulse, die aufgenommen werden (Empirismus, Sensualismus) und die Unterströmungen, die nicht immer im Zentrum des Forschungsinteresses standen (Pietismus, Hermetik, Spinozismus und Pantheismus u.a.) – all dies hat dazu geführt, daß der Begriff zwar an Trennschärfe verloren, jedoch an semantischer Fülle vieles gewonnen hat.

2. In sozialgeschichtlicher Perspektive ist die Epoche der A. durch die neue Rolle des Bürgertums im kulturellen Leben bestimmt. Während die vorangehende Epoche des ↗ Barock stark vom Paradigma der höfischen Kultur geprägt war, wird im 18. Jh. das Bürgertum zur entscheidenden Trägerschicht der Literatur. Das liegt bis zu einem gewissen Grad auch im gewachsenen Selbstbewußtsein gerade des Handelsbürgertums begründet – wobei allerdings nicht vergessen werden darf, daß die weitaus größte Zahl der Autoren dem – als geschlossene gesellschaftliche Gruppierung allerdings so noch nicht faßbaren – „Bildungsbürgertum" entstammte: Sie waren Geistliche, Universitäts- oder Gymnasiallehrer, Hofmeister. „Freie" Schriftsteller gab es erst gegen Ende des Jh. in nennenswerter Zahl. Die wichtige Rolle des Handelsbürgertums zeigt sich in der großen Bedeutung von Hamburg und Leipzig (letzteres in der einmaligen Kombination von Universitäts- und Messestadt). Das von der

politischen Macht weiterhin ausgeschlossene Bürgertum findet, so eine weitverbreitete These der Forschung, in der Literatur eine Art „Ersatzöffentlichkeit", in der dem Bedürfnis nach Wirkung und Partizipation Ausdruck verliehen wird. Das Bürgertum schafft sich hierfür eigene Organisationsformen – wie etwa die Lesegesellschaften – und eigene Medien; allen voran die Zeitschriften, hauptsächlich die aus England übernommenen Moralischen Wochenschriften. Dort wurden in populärer Form die verschiedensten Gegenstände abgehandelt: Wissenschaft, Religion – vor allem aber praktische Fragen des alltäglichen Lebens und der ethischen Orientierung im Kleinen wie im Großen. Die Moralischen Wochenschriften waren die wichtigsten Organe zur Propagierung der spezifisch „bürgerlichen" Tugenden wie „Ordnung, Fleiß und Sparsamkeit", die in scharfer Opposition zu den als dekadent empfundenen höfischen Verhaltensformen und -normierungen etabliert wurden. In jüngerer Zeit wurde in der A.forschung das teilweise etwas schematische sozialgeschichtliche Modell relativiert. – Gegen eine rigide Variante des antagonistischen Modells spricht allein schon die Tatsache, daß zwei Monarchen zu den effektivsten Förderern der A. in Deutschland gehörten: König Friedrich II. von Preußen und der Habsburger Kaiser Joseph II. – Das sozialgeschichtliche Modell der Forschung wurde in jüngerer Zeit durch die von dem Soziologen Niklas Luhmann inspirierte systemtheoretische Deutung der Entwicklung ergänzt, modifiziert und wohl auch abgelöst. Nun wird nicht mehr der Kampf des Bürgertums um mehr Geltung und Macht als der entscheidende Prozeß gesehen, sondern vielmehr ein Differenzierungs- und Umschichtungsprozeß im Gesellschaftssystem. Der ganz große Rahmen ist gemäß diesem Ansatz der Übergang von einer nach Schichten und Ständen horizontal gegliederten, relativ statischen zu einer nach nebeneinander stehenden Funktionsbereichen und damit vertikal gegliederten Gesellschaft: der Übergang von einer stratifizierenden zu einer funktional differenzierenden Gesellschaft. Traditionell gesprochen geht es also um die Ablösung der geschlossenen Ständegesellschaft durch eine offene, pluralistische und nach Funktionsbereichen strukturierte Gesellschaft. Innerhalb dieses größeren Prozesses, der sich vom MA bis zur ↗ Moderne hin erstreckt, finden immer wieder Differenzierungsprozesse statt, in denen sich aus dem Gesamtsystem der Gesellschaft immer neue Subsysteme ausgliedern. Systemtheoretisch gesprochen, handelt es sich bei dem hier in Frage stehenden Prozeß konkret um den Vorgang der Ausdifferenzierung des Literatursystems als eines gesellschaftlichen Subsystems. Das heißt: Was vorher in andere Teilsysteme (Hof, Kirche, Schule und Universität) integriert war, findet nun seinen Platz innerhalb eines neuen Teilsystems, das sich durch Abgrenzung von diesen anderen Teilbereichen konstituiert. Und tatsächlich ist die hier in Frage stehende Epoche diejenige Zeit, in der sich der Buchmarkt in ungeheuer beschleunigtem Tempo zu einem Literaturmarkt mit eigenen Werten und Normen entwickelt. Machte zu Beginn des Jh. die „schöne Literatur" noch einen verschwindend geringen Teil der Gesamtproduktion aus, war er gegen Ende zu einem Sektor von über 20 Prozent angewachsen – bei gleichzeitig stark steigendem Gesamtvolumen. Am Ende des Jh. gab es einen echten „Literaturbetrieb" mit einer vielfältigen Landschaft literarischer Zeitschriften und Almanache (↗ Anthologie), mit einer Vielzahl von Autoren, die mehr und mehr nach einer Existenz als Berufsschriftsteller strebten (meist mit geringem Erfolg). Parallel dazu vollzieht sich eine fundamentale Veränderung der Lesegewohnheiten: der Übergang von der intensiven zur extensiven Lektüre (↗ Leser/Leserin). War vorher die ständig wiederholte Lektüre der immer gleichen Texte (↗ Bibel, Katechismus, Erbauungsliteratur) charakteristisch gewesen, ist es nun (zumindest in den gebildeteren Schichten) die einmalige Lektüre immer neuer – nun vor allem literarischer – Texte. Die Lesefähigkeit innerhalb der Gesellschaft stieg beinahe sprunghaft an – ein Nebeneffekt der aufgeklärt-absolutistischen Volksbildungsmaßnahmen. Für die Literatur von unmittelbarer Bedeutung wurde die Tatsache, daß die Autoren nun nicht mehr – wie in der ständischen Gesellschaft noch vorwiegend – für ein genau umschriebenes und konkret anzusprechendes, meist auch noch exklusives Publikum schrieben, sondern für einen praktisch anonymen und unüberschaubaren freien Markt. Das hatte teilweise direkte Auswirkungen auf die literarischen Texte, die ganz andere Voraussetzungen machen bzw. schaffen mußten als die Texte von Autoren im ständisch-höfischen Umfeld.

3. Die Philosophie Gottfried Wilhelm Leibniz' (1646-1716) und das systematisch angelegte und unüberschaubar umfangreiche Werk Christian Wolffs (1649-1754) gehören in Deutschland zu den zentralen geistigen Voraussetzungen der A. Auch Gottsched hat ein Philosophie-Lehrbuch im Wolffschen Geiste verfaßt. Die gemeinhin als Rationalismus bezeichnete philosophische Richtung setzt als Ideal der Erkenntnis deduktiv aus obersten Grundsätzen gewonnene Lehrsätze über Gott und die Welt an. Die „Welt-Weisheit", wie die Philosophie häufig bezeichnet wird, strebt auch nach Erkenntnis über Gegenstände, wie sie bisher der Theologie vorbehalten waren. – Damit ist ein Aspekt angesprochen, der gemein-

hin ebenfalls mit dem A.begriff assoziiert wird: der Begriff der Säkularisation. Die Autoren der A. strebten – zumindest in Deutschland – in den seltensten Fällen eine radikale Verabschiedung von Christentum bzw. Religion und Theologie an, aber sie vertraten häufig statt der Offenbarungsreligion (womit primär das von der – orthodox-lutherischen oder katholischen – Theologie verwaltete Christentum gemeint war) eine Form der „natürlichen" oder „Vernunftreligion", die sich auf diejenigen Inhalte beschränkte, welche mit den Grundsätzen der Vernunft vereinbar waren. Der „Deismus", der Gott zwar als den Schöpfer der Welt betrachtete, jedoch im Verlauf der Geschichte keine weiteren Eingriffe des großen „Uhrmachers" in sein Werk sehen wollte, war leicht mit der rein naturwissenschaftlichen Sicht der Welt – ohne Rekurs auf theologische Gehalte – verträglich. Im übrigen gehören die großen Fortschritte und die umwälzenden Erkenntnisse in den Naturwissenschaften – für die etwa der Name Isaak Newtons (1642-1727) stehen kann – mit zu den Grundbedingungen der A. Viele Autoren waren selbst Naturwissenschaftler oder rezipierten intensiv die Nachrichten und Abhandlungen in den Zeitschriften, unter denen es auch dezidiert „populärwissenschaftliche" gab. Das Säkularisierungstheorem muß also, zumindest für Deutschland, mit Vorsicht vertreten werden. Wirklich atheistische oder materialistische Autoren und Strömungen hatten hier, anders als etwa in Frankreich, nur eine sehr untergeordnete Bedeutung. Für die dt. Verhältnisse war aber die religiöse Bewegung des Pietismus sehr wichtig. Er war eine gegen Ende des 17. Jh. entstandene oppositionelle Bewegung innerhalb des Protestantismus, stellenweise mit der Tendenz zum Separatismus. Dem Pietismus ging es um eine Vertiefung und Verinnerlichung der Frömmigkeitspraxis durch Lektüre und Gebet im privaten, häuslichen Kreis. Er ist für die Entwicklung der dt. Literatursprache auch deshalb von besonderer Bedeutung, weil er ein ausgefeiltes und hochdifferenziertes Vokabular der Seelenanalyse und der Introspektion entwickelte. Jeder fromme Pietist mußte irgendwann in seinem Leben durch innere oder äußere Impulse zu der Einsicht in die vollkommene Sündhaftigkeit seines bisherigen Lebens und zu einem „Durchbruchserlebnis", einer geistigen „Wiedergeburt" kommen. Aber auch im Stand der Gnade konnten sich nach pietistischer Vorstellung immer wieder die alten sündhaften und „wollüstigen" Neigungen zeigen, die dann sogleich mit aller Macht niedergekämpft werden mußten. So entwickelte sich im Pietismus eine Kultur obsessiv-ängstlicher Selbstbeobachtung, der jede lustvolle Regung als Anfechtung teuflischer Mächte erschien. Die inneren Kämpfe und das zugehörige Vokabular waren literarisch äußerst produktiv, wie etwa die beeindruckend schonungslose ↗ Autobiographie von Adam Bernd (1676-1748) zeigt, aber auch der autobiographische Roman *Anton Reiser* (1785-1790) von Karl Philipp Moritz (1757-1793), der – eigentlich schon außerhalb der A.bewegung stehend – mit seinem *Magazin für Erfahrungsseelenkunde* zum Begründer der empirischen Psychologie in Deutschland wurde. Der Leibniz-Wolffsche Rationalismus war die philosophische Variante jenes immer wieder der A. zugeschriebenen Fortschritts- und Vernunftoptimismus, dessen Reichweite aber relativiert werden muß, da viele Autoren die Grenzen (oder auch Schattenseiten) der A. selbst kenntlich machten. Lessing und Lichtenberg gehören zu den wichtigsten unter ihnen. Das Ungenügen an einer rein rationalistischen Erkenntniskonzeption und Handlungsorientierung spielt auch bei der ↗ Rezeption anderer philosophischer Richtungen mit: der des engl. Empirismus und des frz. Sensualismus. Beide Richtungen sehen die Sinneswahrnehmungen als essentiell für menschliche Erkenntnis an, die nicht deduktiv gewonnen werden könne, sondern allein aus der Sinnlichkeit resultiere. Die Grundannahmen von Empirismus und Sensualismus (die etwa auch für Lessing von Bedeutung waren) traten als ständige Provokation und als ergänzende Seitenstücke zum Rationalismus auf und sicherten gerade dadurch den Diskussionen in Deutschland ein hohes Maß an Lebendigkeit und Offenheit.

4. Das für die theoretischen Grundlagen der Literatur umwälzende Ereignis fand eigentlich innerhalb der Philosophie statt: Es war die Begründung der ↗ Ästhetik als einer eigenen philosophischen Disziplin. Seit der Antike hatte es Reflexionen über das Schöne gegeben, eine eigenständige philosophische Disziplin hatte man nicht gebraucht. Nun entwickelte in der ersten Jh.hälfte der Wolff-Schüler Alexander Gottlieb Baumgarten (1714-1762) aus einer blinden Stelle im System der rationalistischen Erkenntnistheorie seine Konzeption einer philosophischen Ästhetik: Vollkommenheit in der Erkenntnis könne es nicht nur geben, wenn eine Begriffsanalyse vollständig und exakt und ohne Rest durchgeführt ist, so daß ein System von voneinander abhängigen abstrakt-definitorischen Sätzen als Ergebnis dasteht; vollkommene Erkenntnis ist nicht allein die abstrahierende allgemeine Analyse mit dem Resultat „intensiver Klarheit", sondern auch die nach „extensiver Klarheit" strebende individualisierende, aufs Konkrete ausgehende sinnliche Erfassung, die eben nicht reduktionistisch verfährt, sondern auf Mannigfaltigkeit aus ist. Schön ist dann, was bei allem Streben nach

einer gebildehaften Einheit doch eine konkrete Mannigfaltigkeit bietet. Der Poet, dessen Gedicht eine „vollkommen sensitive Rede" sei, soll wie jeder Künstler danach streben, möglichst viele Sinneseindrücke zu vergegenwärtigen, um so eine ganz andere Art der Vollkommenheit zu erreichen. Baumgarten wertet in dieser Konzeption die in der philosophischen Tradition gegenüber dem Verstand und der Vernunft immer gering geschätzten „unteren Seelenvermögen", die Sinnlichkeit stark auf und verläßt damit, obwohl Schüler Wolffs, doch eigentlich den Boden von dessen Philosophie. Die *Aesthetica in nuce* (1762) Johann Georg Hamanns (1730-1788), die für die Poesie nur noch ein inspiriertes Stammeln und das Sprechen in Bildern als spezifisch gelten läßt, kann auch als Radikalisierung des Baumgartenschen Modells gedeutet werden. Sie führt aber doch weit darüber hinaus in den Bereich der Genie-Ästhetik des Sturm und Drang. Der für die Poetik zentrale Reformer zu Beginn der A.epoche ist zweifellos Gottsched. Sein Konzept, von rationalistischem Optimismus beseelt (und durch die dem Wunderbaren aufgeschlossenen Ideen der Schweizer Bodmer und Breitinger konterkariert), ist letztlich intellektualistisch: Dichtung soll belehren; sie steht im Dienste der Propagierung bürgerlicher Wertvorstellungen. Dieser didaktische Zweck wird erreicht, indem ein Lehrsatz mit einer exemplarischen Handlung, einer „Fabel", eingekleidet wird. Durch die Betrachtung solch einer den Lehrsatz veranschaulichenden Handlung – etwa in der ↗ Tragödie oder der ↗ Komödie – soll der Zuschauer dann die zur moralischen Besserung nötigen Einsichten erhalten und sein Verhalten entsprechend einrichten. Die Dramentheorie Gotthold Ephraim Lessings (1729-1781) geht dagegen von einem weitaus komplexeren, psychologisch fundierten Wirkungsmechanismus aus, dessen Kern der Affekt des „Mitleids" ausmacht. Hier werden Impulse aus dem Empirismus und Sensualismus fruchtbar. Die Ästhetik-Diskussion wird von Lessings Schrift *Laokoon oder über die Grenzen der Mahlerey und Poesie* (1766) einen bedeutenden Schritt weiter gebracht. Zum ersten Mal wird in der Kunst- und Literaturtheorie von ethischen Kriterien auf genuin ästhetische und zeichentheoretische Kriterien übergegangen; eine konstitutive Rolle wird dabei der Phantasie, die im 18. Jh. meist „Einbildungskraft" heißt, zugeschrieben.

5. Im ↗ Drama finden einschneidende Veränderungen statt. In der Tragödie löst man sich vom heroischen Drama (als welches sich noch Gottscheds *Sterbender Cato* von 1731 präsentierte); das ↗ Bürgerliche Trauerspiel ist die paradigmatische ↗ Gattung: Die im Barock bis hin zu Gottsched gebräuchliche Ständeklausel, die für die „hohe" Gattung der Tragödie nur Personen hohen und höchsten Standes zuließ, wird aufgelöst. Auch Personen bürgerlichen Standes werden als tragödienfähig angesehen. Lessing fordert den zur Identifikation und damit zum Mitleid einladenden Helden „von gleichem Schrot und Korne" wie der Zuschauer selbst. In seinen beiden Trauerspielen *Miss Sara Sampson* (1755) und *Emilia Galotti* (1772) liefert er Muster dieser Gattung, deren komplexe Struktur auch vom Gegensatz zwischen Adel und Bürgertum lebt: die Tugenden des Bürgers werden gegen die Dekadenz des Adels ausgespielt. Allerdings wird die sozialgeschichtliche Interpretation den Dramen nicht vollständig gerecht. Lessings Trauerspiel *Emilia Galotti*, dessen Titelheldin ja nicht zuletzt auch dem Tugendrigorismus ihres Vaters zum Opfer fällt, zeigt, wie die A. selbst (vor allem natürlich in ihrer Spätphase) ihre eigene „Dialektik" mitreflektiert: die Tatsache, daß der Rationalismus und die Befreiung von alten Fesseln in einen neuen Totalitarismus umschlagen können. Lessing setzt in seiner Dramentheorie einen psychologisch, ja medizinisch gedachten Mitleidsmechanismus voraus, der weit über frühere Konzeptionen (etwa Gottscheds) hinausgeht. Seine Dramentheorie ist ein Beispiel für einen Umstand, der in den letzten Jahren immer mehr ins Blickfeld der Forschung rückt: Es gibt in der A.zeit eine sehr breite und differenzierte anthropologische Diskussion, an der Psychologie, Medizin, Philosophie, aber eben auch die schöne Literatur beteiligt sind. In der Komödie vollzieht sich die Entwicklung von der (sächsischen) Typenkomödie, in der zumeist ein mäßig gravierendes „Laster" satirisch entlarvt wird, hin zur „Charakterkomödie". Für die Typenkomödie liefert die Frau Gottscheds, Luise Adelgunde Victorie (1713-1762), wichtige Muster. In Lessings frühen Komödien gibt es dann bereits Ansätze zur Überwindung dieses Typus. Etwa in *Die Juden* (1749) enttäuscht er auf systematische Weise die Publikumserwartung, daß hier eine diskriminierte gesellschaftliche Gruppe auf wohlfeile Art lächerlich gemacht werde. In der *Minna von Barnhelm* (1767), die sich stellenweise am Rande einer Tragödie bewegt, finden sich dann auch Elemente der Empfindsamkeit.

6. Der ↗ Roman kämpft auch im 18. Jh. noch um seine Anerkennung als poetische Gattung – war doch lange Zeit der Vers das entscheidende Kriterium für Dichtung. Beim Roman kommen aber „moralische" Bedenken und Angriffe – etwa aus der pietistischen Richtung – hinzu. So legitimierten sich die Romane nicht selten von ihrem Gehalt her; das gilt für Johann Gottfried Schnabels (1692-ca.1752) utopischen Roman, der

später den Titel *Insel Felsenburg* (1731/43) erhielt. Wichtigstes Werk der Gattung ist zweifellos der in verschiedenen Fassungen existierende *Agathon*-Roman (1766/67) Christoph Martin Wielands (1733-1813), in dem am Leitfaden der inneren Geschichte des Helden (wie sie Christian Friedrich von Blanckenburg in seinem theoretischen *Versuch über den Roman*, 1774, postuliert) die zentralen Fragen der Anthropologie, der Ethik und der Staatsphilosophie und mit ihnen das „Projekt A." überhaupt diskutiert werden. – Weitere, für das Profil der A. wichtige Gattungen, waren die ↗ Fabel und die ↗ Satire in verschiedenen Varianten: auf je verschiedene Weise dezidiert didaktische Gattungen, ↗ Lehrliteratur, -dichtung.

7. Die ↗ Lyrik ist zunächst ebenfalls stark von dieser Tendenz der A. zur Didaktik bestimmt. In der Lehrdichtung der Früh-A. werden nicht zuletzt die neuen Erkenntnisse der Naturwissenschaften in populärer Form dargestellt. In Tausenden von Gedichten seines *Irdischen Vergnügens in Gott* (1721/48) feierte etwa der Hamburger Patrizier Barthold Heinrich Brockes (1680-1747) die Wunder der Natur als Ausdruck von Gottes Allmacht – vielleicht der letzte überzeugende Versuch, in poetischer Form Naturwissenschaft und Religion in Einklang zu bringen, als „Physiko-Theologie". Das umfangreiche Lehrgedicht *Die Alpen* (1732) des Naturwissenschaftlers und Arztes Albrecht von Haller (1708-1777) galt schon den Zeitgenossen als hervorragendes Beispiel seiner Gattung. Es verband die naturkundlich akribische Beschreibung des Gebirges mit einer kulturkundlichen Darstellung, ja mit einer symbolhaft angelegten poetischen Schilderung der alpenländischen Zivilisation, die – in der Tradition der Landlebendichtung – einer dekadenten städtischen Kultur als leuchtendes Beispiel entgegengehalten wird. Lessing unterzog in seinem *Laokoon* (1766) die beschreibenden Passagen von Hallers Lehrgedicht einer prinzipiellen Kritik: Beschreibung sei Sache der Malerei, die Poesie müsse sich an Prozesse, an Geschehen halten oder das zu Schildernde in ein Geschehen überführen. Neben der Lehrdichtung war in der ersten Jh.hälfte die Anakreontik als eine geselligkeitsbezogene lyrische Mode von einiger Bedeutung. In der Nachfolge des antiken Vorbildes der Anakreonteen mit einem eingeschränkten Arsenal an Motiven (letztlich nur: Wein, Liebe und Poesie) versehen, ist diese Bewegung – gerade vor dem Hintergrund der Lehrdichtung und ihrem legitimatorischen Vorsprung – als dezidiertes Beharren auf der „Sinn- und Funktionslosigkeit" von Poesie zu deuten. Die demonstrative Belanglosigkeit anakreontischer Poesien (in deren Tradition auch Lessing und noch Goethe mit standen) kann so als Vorstufe des Anspruchs ästhetischer Autonomie gelten. Einen ganz anderen Anspruch erhebt die Odendichtung Klopstocks und anderer Autoren zu hohen, religiösen Themen, neben die auch Klopstocks großangelegtes Bibelepos, der *Messias* (1748/73), zu stellen ist, ↗ Geistliche Dichtung. Die Behandlung erhabener Gegenstände kann durch den religiösen Zweck legitimiert werden: Poesie im Dienste der Religion. Andererseits – zieht man Klopstocks Poetik des Dichters als Priester-Seher in Betracht – geht es dabei auch ganz massiv um die Aufwertung der Poesie. Und für manche Kreise war bereits die Tatsache, daß Poeten die Bibel „weiterdichteten", skandalös. Die Odendichtung der Zeit um die Jahrhundertmitte, die sich am Vorbild des Horaz orientierte, trug mit zur Herausbildung des Lyrikbegriffs als einer übergreifenden Klammer (und damit zur Etablierung der bis heute gültigen Gattungstrias „Drama, Lyrik, Erzähltexte") bei. Ausgehend von dem poetologischen Theorem, alle Dichtung sei Nachahmung, wurde die Frage erörtert, was denn von Gedichten nachgeahmt werde. Als Spezifikum lyrischer ↗ Mimesis – und dies vor allem am Beispiel der Ode – wurde die Nachahmung bzw. Darstellung eines Affekts, eines Gefühls bestimmt, womit der Weg für einen bis heute kursierenden Lyrikbegriff gebahnt war, auch wenn das Konzept individueller Gefühlsaussprache, die Idee des „Erlebnisses", sich dann erst mit der Lyrik des jungen Goethe verbindet.

8. Die Rezeption der Texte der A.epoche war lange Zeit durch das Rationalismus-Verdikt etwas erschwert. Inzwischen wird mehr das Offene, Tastende, die Vielfalt der Positionen und Debatten in dieser Epoche gesehen, die auf dem Weg zur Moderne eine Gelenkstelle darstellt. Natürlich gab es auch dogmatische Verhärtungen, wie etwa manche Äußerungen des eigentlich sehr verdienstvollen Publizisten und Verlegers Christoph Friedrich Nicolai (1733-1811) zeigen – die dann zum Spott der Klassiker und Romantiker wurden. Aber man kann doch feststellen: Die A. hat ihre „Dialektik" (M. Horkheimer/Th.W. Adorno: *Dialektik der Aufklärung*, 1947) – etwa auch in den radikalen Romanen des Spätaufklärers Johann Carl Wezel (1747-1819) – bereits mitreflektiert. In der neueren interdisziplinär und kulturwissenschaftlich arbeitenden Forschung werden die Bahnen der Gattungsgeschichte, auch der Ideologiekritik, überschritten und besonders die psychologisch-anthropologischen Beiträge, wie sie gerade auch die Literatur zeitigte, differenziert in ihrem (auch wissenschaftsgeschichtlichen) Kontext gesehen. So wird sich das Bild der A.epoche erneut fundamental wandeln.

Georg Braungart

Lit.: P.-A. Alt: A., 1996. – R. Grimminger (Hg.): Hansers Sozialgeschichte der dt. Literatur. Bd. 3: Dt. A. bis zur Frz. Revolution 1680-1789, 1980. – S.A. Jørgensen/K. Bohnen/P. Øhrgaard: A., Sturm und Drang, frühe Klassik. (De Boor/Newald, Bd. 6), 1990. – H.-G. Kemper: Dt. Lyrik der frühen Neuzeit, Bd. 1ff., 1987ff. – S.J. Schmidt: Die Selbstorganisation des Sozialsystems Literatur im 18. Jh., 1989. – H.-J. Schings (Hg.): Der ganze Mensch. Anthropologie und Literatur im 18. Jh., 1994. – W. Schneiders (Hg.): Lexikon der A., 1995.

Autobiographie

1. Herzuleiten ist der Begriff aus dem Griechischen: „autos" – „selbst", „bios" – „Leben", „graphein" – „schreiben". „Selberlebensbeschreibung" wählte Jean Paul als eine wörtliche Übersetzung. In Deutschland wird der Begriff 1796 erstmalig im Titel einer Sammlung verwendet: *Selbstbiographien berühmter Männer*. A. steht lange Zeit in Konkurrenz zu anderen Begriffen („Konfessionen", „Bekenntnisse" usw.), wird auch von „Biographie" und „Memoiren" nicht immer strikt geschieden.

2. A. i.e.S. bezeichnet die Beschreibung des eigenen Lebens oder von Lebensabschnitten aus dem Rückblick. Sie ist meist in Prosa verfaßt, aber auch lyrische A. sind bekannt (Wordsworth, Valéry, Eliot). Von einer Reinform der A. kann nur in seltenen Fällen gesprochen werden, neigt die Gattung doch zur hybriden Form. Die sog. eigentliche, reine oder förmliche A. existiert nur als Konstrukt, das in idealer Weise einen Annäherungswert aller autobiographischen Genres bildet. Sinnvoll ist es, an A. als Arbeitsbegriff festzuhalten, der bei aller Grenzüberschreitung zentrale Gattungseigenschaften wie die Identität von erzählendem und erzähltem Ich bündelt. Eine Abkehr von der definitorischen Orientierung an der klassischen A. und deren normierender Wirkung wäre i.S. einer auch terminologischen Anpassung an die innovative Praxis dringend zu wünschen. An die Stelle von „A." treten in den letzten drei Jahrzehnten alternativ oder ergänzend Begriffe wie Selbstentblößung (Heißenbüttel), autoreflexives Schreiben, Selbstverständigungsliteratur u.a. Der Begriff der Autobiographik als Quersumme aller autobiographischen Formen (↗ Tagebuch, ↗ Brief, autobiographischer ↗ Essay, die Sonderform der Memoiren) wäre wohl am ehesten geeignet, die aufgefächerte und in Übergängen bzw. Annäherungen befindliche Gesamtheit autobiographischer Schreibweisen zu benennen.

3. Die A. wird meist als neuzeitliche und europäische Erscheinung etikettiert, doch sind auch hier Ausweitungen zu notieren, die in komparatistischen Vergleichen untersucht werden müßten; so ist etwa von einer reichen autobiographischen Tradition in Japan auszugehen. Nach Werken der Antike, die nur mit Einschränkungen als A. bezeichnet werden können (Marc Aurel, Horaz, Cicero, Sokrates, Isokrates) sind die *Confessiones* von Augustinus (399 n. Chr.) die erste für die A.geschichte bedeutende Selbstdarstellung. Obgleich eher ein religiöses Bekenntnis, kann den *Confessiones* doch der „moderne" Charakter (B. Neumann) nicht abgesprochen werden, denn die Bekehrungsgeschichte verlangt nach einer Darstellung der weltlichen Gefährdungen eines schließlich auf Gott ausgerichteten Lebens. Die Selbstdarstellung hat noch keine selbstbezügliche Funktion in bezug auf die individuelle Geschichte, sondern weist eine stark kontrapunktische Form auf: Das sündige Leben vor der „conversio" wird dem gottgefälligen Leben danach entgegengesetzt. Augustinus' Seelengeschichte wird zum Vorbild der mystischen Viten und der pietistischen Erweckungsprotokolle des 18. Jh.

In der Zeit zwischen Augustinus und der Wiederbelebung der geistlich inspirierten Lebensbeschreibung begegnen statt großer Solitäre eher eine Vielzahl von Mosaiksteinen, aus denen sich erst sehr allmählich die A. der Neuzeit geformt hat. Noch sehr wenig ausgelotet ist die Geschichte der Gattung im MA, insbes. der weltlichen Formen und der Bedeutung der autobiographischen Äußerungen von Frauen. Neben den bekannteren Viten, Nonnenbüchern u.ä. (Hildegard von Bingen, Mechthild von Magdeburg, Heinrich Seuses *Vita*, Heinrich von Nördlingen) stehen solche, die erst in jüngerer Zeit überhaupt entdeckt oder in ihrer Bedeutung neu zu verorten sind. Margarete Ebners (1291-1351) *Offenbarungen* (postum 1352) wurden von der älteren A.forschung (W. Mahrholz) als Beginn einer Betrachtungsweise gewertet, die mehr das Ich in seinem religiös-übersteigerten Selbstbezug in den Mittelpunkt zu stellen beginnt als den religiösen Gegenstand selbst. Ziel aller Mystikerschriften (↗ Mystik) bleibt jedoch die Konzentration auf die Erlangung einer rein geistlichen Existenzform und die Loslösung aus dem weltlichen Kontext. Die Brücke von den Mystikern zu den Pietisten verläuft u.a. über die *Vida* (1560/62) der spanischen Heiligen Teresa von Avila (auch Teresa de Jésus). In dieser Lebensbeschreibung finden sich Passagen, bes. in der Schilderung von Kindheit und Jugend, die in ihrer Farbigkeit fast das Korsett der religiösen Form vergessen lassen.

In der ↗ Renaissance verbinden sich viele der autobiographischen Wurzeln zu einer neuen Höchstform. Michel de Montaignes (1533-1592) *Essais* (ab 1580) sind als Zeugnisse eines modern erscheinenden kritischen Selbstbewußtseins zu lesen. A. sind diese singulär gebliebenen „Versuche" allerdings nur in dem weiten Sinne einer Reflexion über Gegenstände, die das Vermögen zur Selbstaufklärung befördern. Bes. die italienische Renaissance wird durch ihre Fähigkeit zum starken Selbstausdruck tonangebend: Benvenuto Cellini, der berühmte Bildhauer, schreibt 1558/62 seine A., die Goethe übersetzt; der Arzt Girolamo Cardano verfaßt 1575 eine A. Die Wurzeln der A. sind durchaus gesamteuropäisch, v.a. der romanische Raum ist bedeutsam; aber auch die angelsächsische A. hat früh schon bemerkenswerte Zeugnisse wie das *Book of Margery Kempe*, die abenteuerliche Lebensgeschichte einer Pilgerin (geschrieben im frühen 15. Jh., aber erst 1934 entdeckt), hervorgebracht. Im 15. und 16. Jh. betreffen die autobiographischen Aufzeichnungen in Deutschland das nähere biosoziale Umfeld, Haus und Hof, wie auch die Welterfahrung durch Reisen: Tagebücher, Rechnungsbücher, Stadt- und Familienchroniken bezeichnen den Wirkungsraum eines städtisch aufgeschlossenen, durchaus weltgewandten Bürgertums. Biographische Daten werden in die Geschäftsbücher eingeflochten, manchmal einfach am Rand notiert, Reiseerlebnisse in selbständige Berichte ausgelagert. Jugenderlebnisse, Studien und die Kavalierstour des jungen männlichen Bürgers reichern den dürren chronikalischen Stil immer mehr an. Dennoch muß auch bei den herausragenderen Exponenten der bürgerlichen A., also bei Albrecht Dürer (1520/21: *Tagebuch der Reise in die Niederlande*), bei Götz von Berlichingen (1561), bei Charitas Pirckheimer (1524-28), den Gebrüdern Platter (um 1580/1612), von eher nach außen gerichteter Beobachtung gesprochen werden, die sammelt, vergleicht, Neuigkeiten und v.a. Kurioses festhält, aber noch nicht das eigene Innere reflektiert. Nach dieser Blütezeit der Viten aus dem Bürgertum und von dessen Repräsentanten (Maler, Künstler) muß von einem Verfall der autobiographischen Kultur gesprochen werden. Die Einschränkung der Selbständigkeit der reichsunmittelbaren Städte wirkte sich ebenso hemmend wie der Dreißigjährige Krieg auf die bürgerstolze Selbstdarstellungslust aus.

5. Erst gegen Ende des 17. Jh. verstärkt sich mit dem Pietismus die Hinwendung zur Selbstbeobachtung, ist das Mitglied der pietistischen Gemeinde doch angehalten, vor dieser Rechenschaft abzulegen. Die prominenten Pietisten (August Hermann Francke, August Gottlieb Spangenberg u.a.; aus Frankreich wirkt bes. die A. der Quietistin Jeanne de Guyon) schildern nicht nur ihre Erweckungserlebnisse und schaffen mit ihren Erbauungsschriften modellhafte Vorgaben für die zahlreichen Konventikel, sondern flechten früh schon Berufliches mit ein, nicht zuletzt, um sich im Glaubens- und Machtkampf mit der protestantischen Kirche zu rechtfertigen. Die einfachen Gemeindemitglieder verfassen meist in der Form des geistlichen Tagebuchs eine Vermächtnisschrift. Die Orientierung an den Vordenkern und die massenhafte Verfertigung der Schriften führen zu entindividualisierten Schemata des Lebenslaufs, die als nichtliterarische Zweckformen stark funktional gebunden sind: Mit der stereotypen Darstellung sündigen Lebens, der Schilderung des Erweckungserlebnisses und der Bekehrung ist eine Form der Beichte, soziales Kontrollmittel und selbstverfaßte Totenrede in einem, gefunden. Bemerkenswert ist die hohe Zahl von Frauen, deren autobiographische Schriften, häufig allerdings für kontroverstheologische Zwecke um- und überschrieben, in den Konventikeln zirkulierten. Bes. in der Anfangszeit waren es die Schriften von Frauen, die prädisponiert zur Fortführung mystischer Traditionen schienen (Beata Sturm, Johanna Eleonore Petersen u.a.). Sehr bald erscheinen Sammlungen, die allerdings – wie die sog. Reitzische Sammlung – stark gekürzte und v.a. bearbeitete Lebensdarstellungen, also eher biographische Kurzporträts, beinhalten.

Neben der pietistischen A. und dem geistlichen Tagebuch als Typus hatte die Gelehrten- und Berufs.-A. fortbestanden, die allmählich das pietistische Schema unterwandert und zur typologischen Säkularisation führt. Das Anwachsen individuellen Selbstbewußtseins hat quer durch alle Gattungen die Ablösung der Selbstdarstellung vom Motiv der Erbauung zur Folge (vgl. Niggl). Zur typologischen Säkularisation tritt die Psychologisierung der Darstellung, womit in der zweiten Hälfte des 18. Jh. der Prozeß des Übergangs von der religiösen zur weltlichen A. abgeschlossen ist. Einen dritten Strang dieser Entwicklung stellt die abenteuerliche Lebenserzählung dar, die ihren Ursprung in den Reisebestandteilen der Familienbücher hat.

Eine Frühform der psychologisierenden Selbstdarstellung, allerdings mit Überwiegen des Krankheitsberichts, stellt Adam Bernds *Eigene Lebens-Beschreibung* (1738) dar; der Rückgriff auf das pietistische Schema vermag die Gemüts- und Seelenleiden des abtrünnigen Geistlichen nicht mehr zurückzubinden in ein sinnvolles Rechtfertigungsgerüst, so daß es zur pathologischen Isolierung des eigenen Empfindens kommt. Daß die religiöse Vergiftung Ursache seiner zahlreichen Leiden ist, kann Bernd noch nicht erkennen. Anders bei Karl Philipp Moritz, dessen

1785-1790 erschienener psychologischer Roman *Anton Reiser* eine Verarbeitung von Kindheits- und Jugendjahren in der Umgebung religiöser Eiferer darstellt. Moritz' Werk markiert einen wichtigen Punkt in der Geschichte der A., weil in ihm die Konvergenz religiös geschulter Selbstbeobachtung und kausalpsychologischer Deutung in literarischer Gestaltung gelingt. Wichtig sind ferner die ebenfalls dem pietistischen Umfeld entstammende *Lebensgeschichte* Jung-Stillings (1777/78) und die Erlebnisse Ulrich Bräkers (*Lebensgeschichte und natürliche Ebentheuer des Armen Mannes in Toggenburg*, 1789).

6. Goethes A. *Aus meinem Leben. Dichtung und Wahrheit* (1811-1833) gilt als Höhepunkt der klassischen A. In dieses Lebenskompendium sind neben den lebensgeschichtlichen Fakten Zeitgemälde eingewoben, die das Ich in seinem Bezug zur Welt verorten; so hat man das 7. Buch die erste dt. Literaturgeschichte genannt. Das nachfolgende 19. Jh. mußte an diesem zum Muster gewordenen Meisterwerk Maß nehmen. Aus der stark angewachsenen Zahl von autobiographischen Werken sind herauszuheben: Jean Pauls *Selberlebensbeschreibung*, Hebbels Tagebücher, Kellers autobiographischer Roman *Der grüne Heinrich*, Fontanes autobiographische Schriften *Meine Kinderjahre* u.a., Fanny Lewalds *Lebensgeschichte* und Malwida von Meysenbugs *Memoiren einer Idealistin* u.a. Daneben existiert das riesige Briefwerk der Romantikerinnen (Varnhagen, Günderrode, B. Brentano) als eine eigenständige Gruppe, der jedoch unter der Subkategorie der „Brief-A." (Kay Goodman) ein wichtiger Platz in der Geschichte der sich im 19. Jh. diversifizierenden Gattung zukommt. Als eine weitere Auffächerung ist die Zunahme der Kindheits- und Jugend-A. zu sehen, die zu in sich geschlossenen Darstellungen eines für die psychische Entwicklung wesentlichen Lebensabschnittes werden. Den eher wenigen literarisch bedeutsamen A. steht eine massenhaft verbreitete Memoiren- und Erinnerungsliteratur gegenüber (E.M. Arndt, Kügelgen, Bismarck u.a.).

7. Im 20. Jh. sind die vielfältigen und tiefgreifenden Formveränderungen fast unübersehbar geworden. In den 20er Jahren ist eine Zunahme der populären A. zu verzeichnen, darunter insbes. der Arbeiterinnen-A. Einem gleichsam autobiographischen Werk wie Prousts *Auf der Suche nach der verlorenen Zeit* hat die dt. literarische A. (H. Mann, E. Toller, E. Wiechert, R. Huch, S. Zweig, E. Jünger u.a.) nichts Gleichwertiges entgegenzusetzen; dennoch kann von innovativen Strömungen gesprochen werden, von einer Sensibilisierung etwa in bezug auf psychokonstitutionelle Entwicklungsfaktoren, die im Gefolge der Freudschen Entdeckungen in Kindheits- und Jugend-A. bestimmend werden und – wie im zeitgenössischen Roman – zu neuen Themen führen: Pubertät, Sexualität, Krisenereignisse, „Störerfahrungen" (Sloterdijk).

Nach dem Zweiten Weltkrieg wurde die A. einmal mehr zum Medium gesellschaftlicher Selbstvergewisserung. Die Tagebücher Max Frischs stehen neben eher konservativen Formen der A., etwa der Carossas, deren Rezeption bis weit in die 50er Jahre anhält. Tagebücher und Erinnerungen in großer Anzahl erscheinen unmittelbar nach 1945, nicht selten als Rechtfertigungsschriften. Einen wichtigen Einschnitt in der Geschichte der Gattung markieren die autobiographischen Bände von Peter Weiss *Abschied von den Eltern* und *Fluchtpunkt* (1961/62). Weiss knüpft darin an die psychologische A. an und führt sie als psychoanalytische A. fort. In größerem Ausmaß finden während der 70er Jahre Auseinandersetzungen mit der in den Faschismus verstrickten Elterngeneration statt. Bernward Vespers *Die Reise* (1977) etwa, das zum Kultbuch wurde, enthält neben der Abrechnung mit den Erziehungsmaximen des Vaters zugleich die Einsicht, dem Maß der Selbstzerstörung nichts mehr entgegensetzen zu können. Das autobiographische Genre wurde zur vorherrschenden literarischen Form. Die wichtigsten Tendenzen waren neben der Rückkehr etablierter Autoren zum lebensgeschichtlichen Erzählen (M. Frisch: *Montauk*, W. Koeppen: *Jugend*, G. Grass: *Aus dem Tagebuch einer Schnecke*, E. Canetti: *Die gerettete Zunge* u.a., Th. Bernhard: *Die Ursache* u.a.) das Erscheinen einer ganzen Reihe autobiographischer Erstlinge (F. Innerhofer: *Schöne Tage* u.a.), die meist ohne Werknachfolge blieben. Die neue kurzlebige Kategorie der „Verständigungstexte" bildet sich heraus, in denen Problembereiche wie Drogen, Alkohol, Kindheits-, Ehetraumata abgehandelt werden.

Modellbildend für die aktuelle A. wirkt Christa Wolfs *Kindheitsmuster* (1976) durch die Mehrdimensionalität der Erinnerungskonstruktion, die Traditionen der A. wie die Reiseerzählung, die psychologisierende Selbsterkundung, die Konfession, die pädagogische Anleitung in fiktionale Gestaltung überführt. Nicht zufällig handelt es sich dabei um einen „autobiographischen Roman", stammen doch die bedeutendsten innovativen Tendenzen aus der Fähigkeit der Gattung, andere literarische Formen zu adaptieren und zu integrieren. Wie Ende des 18. Jh. erst durch das Zusammengehen mit dem ↗ Roman die Aufnahme in den literarischen Kanon möglich wurde, ist Ende des 20. Jh. die Bewältigung des Identitätsthemas, die Fähigkeit zur Neukonzeptionierung von postmodernen Subjektentwürfen, an eine Erweiterung des formalästhetischen Instrumenta-

riums gebunden, die zwangsläufig zur Fiktionalisierung des autobiographischen Materials führt.
Michaela Holdenried

Lit.: M. Holdenried (Hg.): Geschriebenes Leben. Autobiographik von Frauen, 1995. – G. Misch: Geschichte der A. 4 Bde., 1962-1976. – G. Niggl (Hg.): Die A., 1989. – P. Sloterdijk: Literatur und Lebenserfahrung. A. der Zwanziger Jahre, 1978.

Autor

1. Als A. (lat.: „Urheber") definiert sich ein tatsächlich schreibendes und aufschreibendes Ich im Gegensatz und in Abgrenzung zu seinen Erscheinungsformen innerhalb von Texten, wo es als dramatische Rollenrede, als lyrisches oder erzählendes Ich (vgl. Erzähler) auftritt. Während der A. solche Haltungen oder Rollen in seinen Texten situations- und kontextabhängig beliebig wechseln kann, ist er als tatsächlich existente Person durch meßbare Statusmerkmale eindeutig festgelegt. Das Selbstverständnis des A. beruht in erster Linie auf dem von ihm geschaffenen Werk, das mit seinem Namen identifiziert ist, sodann auf seiner Selbsteinschätzung als Schriftsteller oder Dichter und schließlich durch sein Verhältnis zum Publikum. In der ↗ Literaturwissenschaft hat es sich als praktikabel erwiesen, analytisch zwischen den empirischen Daten der A.-Existenz und den Formen der Selbstdarstellung genauso zu differenzieren wie zwischen der Wirkungsabsicht des A. (A.-Intention) und der tatsächlichen Wirkung seiner Texte (Textintention), v.a. dann, wenn es darum geht, autorspezifische Besonderheiten im Rückschluß aus seinem Werk zu gewinnen. Der Name des A. verbürgt die Authentizität der Texte; er fördert das Verlangen der Leser, hinter jedem literarischen Werk eine reale Person als den Schöpfer identifizieren zu können.

2. ↗ Mythos und Geschichte überliefern für das 6. bis 7. Jh. v. Chr. die sagenhafte Gestalt eines A. mit nachweisbarer Identität: Orpheus als der erste individuell greifbare Dichter. Dieser A. ist noch nicht Dichter oder gar Schriftsteller im heutigen Sinn. Er ist Verkünder mythischer Wahrheiten ohne eigene Ambitionen; seine (erst später schriftlich fixierten) Texte sind Offenbarungsliteratur ähnlich derjenigen des *Alten Testaments*, denen erst später ein A.-Name zugeschrieben wird (vgl. das biblische Buch *Daniel*). Erst seit Platon und Aristoteles entdeckte die Antike ein Spannungsverhältnis, das mitten durch die Person des A. lief. Einerseits verstand er sich als bloßes Sprachrohr göttlicher Eingebungen, die er als „Sänger" („vates") in gleichsam bewußtlosem Zustand nur mehr zu artikulieren hatte, wie es Platons *Ion* beschrieb. Andererseits beanspruchte er einen eigenständigen Rang als schöpferischer Erfinder literarischer Fiktionen, als „poeta" (von griech.: „poiein", „machen"). Der A.-Name belegte nun nicht mehr bloß die Echtheit der Verkündigung, sondern galt als Signum individueller künstlerischer Gestaltung. Die A. der röm. Antike betonten besonders ihre rhetorischen Kunstfertigkeiten, bekannte Stoffe und Themen nach erlernbaren Regeln in origineller Weise zu präsentieren (↗ Rhetorik), Literatur gleichsam wie ein Handwerk auszuüben. Das MA kannte den A. im heutigen Sinne nicht. Neben mittellat. A., deren A.bewußtsein an die röm. Antike anschloß, standen lange Zeit Sänger liedhafter und epischer mündlicher Dichtungen in den Volkssprachen, für die ein vergleichbares A.bewußtsein nicht angenommen werden kann; für manche Gattungen, insbes. die aus der ↗ Mündlichkeit erwachsene ↗ Heldendichtung, blieb Anonymität das ganze MA hindurch charakteristisch. Im volkssprachlichen Bereich entwickelte sich ein A.bewußtsein erst mit den höfischen Gattungen (↗ Höfischer Roman, ↗ Minnesang, ↗ Sangspruch/Reimspruch). Ihre A. verfügten vielfach über eine lat. Schulbildung, das teilweise hoch entwickelte Bewußtsein ihres Ranges konnte an das Geltungsbewußtsein lat. A. anschließen.

3. Seit der ↗ Renaissance und mit der Erfindung des Buchdrucks (↗ Buch) stiegen Ansehen und Selbstbewußtsein der A. Diese orientierten sich nun bei ihrer Standortsuche am sozialen Ansehen der Gelehrten. Gegen den unterschwelligen Vorwurf des bloßen Erfindens erlogener Geschichten betonten sie die immer weiter steigerbare Kunstfertigkeit ihres Handwerks als intellektuelle Leistung und hoben die dazu benötigte Universalität ihres Bildungwissens hervor. Schon der spätmittelalterliche ↗ Meistergesang hatte das Selbstbewußtsein der A. an strenge Kunstregeln und deren strikte, nur von „Fachleuten" durchschaubare Überwachung gebunden. Dem hohen Anspruch stand die realgesellschaftliche Stellung der A. entgegen, so daß viele ihre Arbeit von ihrer gesellschaftlichen Position strikt trennten und anonym oder pseudonym publizierten. Erst seit dem 18. Jh., im Gefolge von ↗ Aufklärung, erwachendem Individualitätsbewußtsein und dem Aufstieg des Bürgertums als gesellschaftsprägende Kraft, wagten es A., nichts anderes als Schriftsteller oder Dichter zu sein. Sie betonten sowohl ihre originäre Erfindungsleistung bei der Wahl ihrer Stoffe wie auch die individuelle Gestaltung. Im Widerstand gegen die traditionellen Bevormundungen durch Staat, Kirche und institutionelle Autoritäten erwuchs aus diesem Anspruch das schöpferische „Genie", die einmalige und universale Persönlichkeit. Ihr Maßstab zur Ab-

grenzung von Tradition und rhetorischer Überlieferung war die Originalität ihrer literarischen Erfindungen. Dieses Selbstverständnis der Kunst und des Künstlers erhob den A. auf eine bislang unbekannte Höhe mit dem Anspruch, in seinen Werken einen undurchschaubaren Produktionsprozeß sichtbar zu machen, dadurch höherrangige Wahrheiten auszusprechen und als kritische Stimme über Parteien und Interessen stehen zu können. Dieses Autonomiepostulat des A., das die Weimarer ↗ Klassik aufgriff und bis zur Ideologie verfestigte, stand schon zur Zeit seines Höhepunktes in Frage. Im 19. Jh. entwickelte sich daraus ein Spannungsverhältnis: einerseits die Diskrepanz zwischen dem hohen künstlerischen Anspruch und der realen Existenz, in einer brotlosen Kunst leben zu müssen, andererseits die Zweifel, ob die eigenen Texte den hehren Postulaten standhielten. Das Ideal des „freien" A., der ohne Rücksicht nur in, für und von seinen Texten leben kann, blieb bis in die Gegenwart fast immer eine Illusion. Auf die Kapitalisierung der Lebensverhältnisse, die für den A. die unmittelbare ökonomische Abhängigkeit vom Verkauf seiner Schriften bedeutete, reagierte er in mehrfacher Weise. Zum einen bestand die Notwendigkeit und zugleich die Verlockung, sich bedingungslos der steigenden Nachfrage nach Literatur zu unterwerfen und mit der quantitativen Steigerung der Produktion zu reagieren. Zum anderen antworteten die A. mit der esoterischen Verknappung ihrer Texte als wertvolle „Produkte" oder dem Versuch, den Geschmack des Lesepublikums für ein höheres Qualitätsverständnis zu schulen. Verschärft wurde diese Konstellation durch eine zunehmende Konkurrenz der A. auf einem zu Beginn des 19. Jh. stark wachsenden, seit der Mitte des Jh. aber stagnierenden Markt. Die ↗ Moderne sah eine Verschärfung und Radikalisierung dieser Tendenzen. Die A. verstanden sich jetzt zunehmend kritischer gegenüber den Widersprüchen ihrer Situation, wozu auch eine (dauernde) Reflexion ihrer gesellschaftlichen Position gehört.

4. Das Mäzenatentum, benannt nach dem reichen Geschäftsmann und einflußreichen röm. Politiker Mäcenas im Umkreis des Kaiser Augustus, erstrebt die ökonomische Förderung von A., so daß diese sich der Schriftstellerei unabhängig von materiellen Zwängen widmen können. Das Mäzenatentum begründet eine lange Tradition der Kunstförderung wegen deren geringer ökonomischer Verwertbarkeit. In Altertum, MA und früher Neuzeit war das Mäzenatentum neben der Erteilung von Aufträgen oder der Bestellung von Kunstwerken die einzige Möglichkeit, A. von jedem die literarische Arbeit erschwerenden oder verhindernden Erwerbszwang freizustellen. Das für den A. verlockende Angebot hatte immer eine Schattenseite: die ausdrücklich erwartete oder stillschweigend vorausgesetzte Huldigung an den Mäzen. So war die Geschichte der Entstehung der A.-Autonomie zugleich eine Befreiung aus der Abhängigkeit von den Mäzenen, freilich um den Preis der Auslieferung an die Bedingungen des Marktes und den Geschmack des Lesepublikums. Versuche, diesem Teufelskreis zu entgehen, sind wiederholt gemacht worden; legendär war das Bemühen Klopstocks, seine Schriften durch Subskriptionsangebote an potentielle Leser zu verbreiten und dadurch seine Schriftstellerexistenz ökonomisch abzusichern; andere A. ergriffen einen „Brotberuf", der ihnen genügend Freizeit bot und dennoch den Lebensunterhalt sicherte. Die Grenzen des Mäzenatentums zur Auftragsdichtung sind nicht immer leicht zu ziehen. Erst recht sind die Unterschiede zwischen Mäzenatentum und modernem „Sponsoring" fast vollständig verwischt, wobei letzteres unmittelbarer auf eine Ausmünzung der Investition des Sponsors (Verkaufsförderung der eigenen Produkte, Prestigegewinn, Öffentlichkeitswirkung, Steuerersparnis) angelegt ist. Literaturpreise, -stipendien oder andere geldwertige Zuwendungen (Stadtschreiberstellen, Poetik-Professuren auf Zeit) versuchen in anderen Formen und zumeist mit öffentlichen Mitteln eine gerechte Abgeltung von A.-Leistungen unter Marktgesetzen.

5. Anonyme Texte, die also den Namen ihres Verfassers nicht nennen, verschweigen den A. meist zur Verhinderung gesellschaftlicher oder politischer Sanktionen. Nur selten ist die Anonymität eines A. aus rein privaten Gründen gewollt, etwa weil ihm selbst die Texte zu obszön, kritisch oder peinlich vorkommen. Zumeist zielt die ausgegebene Anonymität darauf ab, vermutet oder gelüftet zu werden. Anonymität kann aber auch aus politisch-gesellschaftlichen Gründen veranlaßt sein, um ↗ Zensur und Verfolgung zu entgehen oder um persönliche Verwicklungen zu tarnen (etwa beim Schlüsselroman). Daneben gibt es die serielle Anonymität bestimmter Textsorten, die ein überindividuell einheitliches Erscheinungsbild anstreben (z. B. bestimmte Leitartikel oder Glossen). Selten ist Anonymität durch das Aufgehen einzelner A. in einer Gruppe, etwa um literarische Gleichheit zu demonstrieren (vgl. Sprachgesellschaften, ↗ Gruppen, literarische). An der Grenze zum Pseudonym stehen Formen einer teilweisen Anonymität, bei denen der unterdrückte A.-Name als Teil des Titels erscheint. So erschien 1890 August Julius Langbehns Buch unter dem Titel *Rembrandt als Erzieher, von einem Deutschen*.

6. In seiner Funktion ähnelt das Pseudonym (griech.: „Falschname") der Anonymität. Wie

diese dient es zur Verhinderung der Identifizierung von A. und Werk. Im Unterschied zur Anonymität legt das Pseudonym jedoch Spuren aus, aus denen der Rückschluß auf den A. (zumeist) möglich ist. Zunächst ist zu unterscheiden, ob sich das Pseudonym eines (oder mehrerer A.) auf die gesamte Person oder nur ein Einzelwerk erstreckt (1889 erschien das Drama *Papa Hamlet* von Arno Holz und Johannes Schlaf unter dem Pseudonym „Bjarne P. Holmsen") und wie ernsthaft oder dauerhaft die Tarnwirkung angelegt ist: Der nach Amerika entflohene österreichische Klosterbruder Karl Anton Postl konnte sein Pseudonym „Charles Sealsfield" lebenslang aufrechterhalten. Sodann lassen sich verschiedene Formen des Pseudonyms unterscheiden: a. Falschnamen, die aus einem Œeuvre abgeleitet sind und hinter denen keine real existierende A.-Person steckt, wie die berühmten, angeblich altschottischen Gedichte des 18. Jh., die unter dem Namen „Ossian" erschienen. b. Künstlernamen, die keine nachvollziehbare Verbindung zum Namen des A. haben und die man als arbiträre Pseudonyme bezeichnen kann wie z. B. Hans Fallada = eigentlich Rudolf Ditzen, Stephan Hermlin = eigentlich Rudolf Leder, Stefan Heym = eigentlich Hellmuth Fliegel, Joachim Ringelnatz = eigentlich Hans Bötticher. c. Pseudonyme, die schöner oder attraktiver als der wirkliche A.-Name sind wie z. B. Hieronymus Lorm = eigentlich Heinrich Landesmann, Willibald Alexis = eigentlich Georg Wilhelm Heinrich Häring. d. Pseudonyme als sprechende oder programmatische Namen z.B. Bonaventura, Abraham a Santa Clara = eigentlich Ulrich Megerle, Jeremias Gotthelf = Pfarrer Albert Bitzius. e. Pseudonyme, die durch Verschlüsselung des wahren A.-Namens entstanden sind. Möglichkeiten sind die Reduzierung auf den Vornamen (Jean Paul, Otto Ernst), die Zusammenziehung (Kuba = eigentlich Kurt Bartels, Kasimir Edschmid = eigentlich Eduard Schmidt) oder die Verwendung von Anagrammen, Akrostichen oder Palindromen (German Schleifheim von Sulsfort = eigentlich Jacob Christophel von Grimmelshausen. f. Die mehr oder weniger wörtliche Übersetzung des A.-Namens, bevorzugt von den Humanisten z.B. Conrad Celtis = eigentl. Konrad Bickel, Xystius Betulius = eigentlich Sixt Birk. g. Für schreibende Frauen Männernamen (George Sand) oder solche ohne Geschlechtsmerkmal: E. Marlitt = eigentlich Eugenie John. h. Falschnamen bei politischen A. dienen nicht nur zum Ausweichen vor der Zensur, sondern auch zur Glaubhaftmachung literarisch-politischer Aussagen wie bei Anastasius Grün = eigentlich Anton Alexander Graf Auersperg. i. Ein Sonderfall ist zweifellos das Allonym, das fälschliche Benutzen eines schon bekannten A.-Namens für eigene Texte. Die Namensübernahme geht oft mit der Stilimitation einher; die Grenzen zu Parodie oder Travestie sind verwischt. So veröffentlichte Wilhelm Hauff 1825 seine Erzählung *Der Mann im Mond* unter dem Namen des populären Trivial-A. Heinrich Clauren.

Anonymität wie Pseudonymität sind immer als Teil der Werkfiktion ernst zu nehmen und interpretatorisch zu berücksichtigen. Einen weiteren Sonderfall der unmittelbaren Gegenwart stellt der „ghostwriter" dar. Hierbei handelt es sich um einen anonym bleibenden A., meist ein Journalist, dessen Buch dann unter dem Namen einer bekannten Person erscheint. Literarisch sind solche Schriften (meist Memoirenliteratur) uninteressant, weil der tatsächliche anonyme A. ja zur Mimikry, zum Verzicht auf seinen Individualstil verpflichtet ist und in der Regel das vom Auftraggeber übernommene Faktenmaterial nicht verändern darf.

Rolf Selbmann

Lit.: W. Haug/B. Wachinger (Hg.): A.typen, 1991. – F. Ingold/W. Wunderlich (Hg.): Fragen nach dem A., 1992. – Literatur und Linguistik 42 (1981): „Der A.". – R. Selbmann: Dichterberuf. Zum Selbstverständnis des Schriftstellers von der Aufklärung bis zur Gegenwart, 1994.

Avantgarde

1. Der Begriff A. ist ein militärtechnischer und findet sich schon in Carl von Clausewitz' Abhandlung *Vom Kriege* (1816-30): „Mit einem bloßen Korps der A. kann man sich schneller bewegen", heißt es dort, und eben in diesem Sinne wurde der Begriff am Beginn der avantgardistischen Bewegungen um 1910 benutzt: Man verstand sich als elitäre „Vorhut" auf dem feindlichen Terrain einer überlebten Gesellschaftsordnung vor den politischen Umwälzungen des Ersten Weltkrieges. Rückblickend beschreibt F.T. Marinetti die Anfänge des italienischen Futurismus, den man als erste avantgardistische Bewegung begreifen kann: „Mit seinem totalen Programm war der Futurismus eine avantgardistische Stimmung; die Losung aller Erneuerer oder intellektuellen Heckenschützen der Welt; die Liebe zum Neuen; die leidenschaftliche Kunst der Geschwindigkeit; die systematische Denunziation des Antiken, des Alten, des Langsamen, des Gelehrten und des Professoralen; eine neue Weise, die Welt zu sehen [...]".

Als A. bezeichnet man zunächst literar- und kunsthistorisch die künstlerischen Bewegungen, die sich am Beginn des 20. Jh. radikal in Form und Inhalt von der bürgerlichen Gesellschaft losgesagt hatten. Als intellektuelle Kronzeugen konnte man sich auf Friedrich Nietzsche ebenso berufen wie auf Georges Sorel und Henri Bergson. Die A. verstand sich anfänglich internationalistisch, Impulse gingen zunächst von Italien und Frankreich aus, in Deutschland findet die A. schließlich im ↗ Dadaismus auch im politischen Verständnis ihre radikalste Ausformung. In Abgrenzung zu neueren „avantgardistischen" Bestrebungen werden der ital. Futurismus, der russische Konstruktivismus, der frz. Kubismus, mit Einschränkungen der dt.sprachige ↗ Expressionismus, der europäische Dadaismus und schließlich der frz. Surrealismus als „historische A.bewegungen" bezeichnet.

2. Als erstes Manifest der A. und, mit einer Formulierung Gottfried Benns, als „Geburtsstunde der A.", betrachtet man das *Futuristische Manifest*, das F.T. Marinetti am 20. Februar 1909 im Pariser *Figaro* veröffentlicht hat. Mit diesem Manifest begann der Futurismus international zu wirken. Realien wie „Simultaneität", „Beschleunigung" und „Dynamismus" wurden zu Grundprinzipien der avantgardistischen Bewegung und ihrer künstlerischen Formensprache in Literatur und Malerei gleichermaßen, die parallel auch von Guillaume Apollinaire, Alfred Jarry und den frz. Kubisten entwickelt und postuliert wurden. Unabhängig vom ital. Futurismus entwickelte sich, zeitlich etwas verzögert, auch ein russischer Futurismus, der sich jedoch, anders als der italienische, literarisch weniger heroisch und militant artikulierte (D. Burljuk, V. Majakowski, V. Chlebnikow). Die Parteinahme Marinettis und seiner futuristischen Kombattanten für den Eintritt Italiens in den Ersten Weltkrieg führten rasch zu einer internationalen Isolierung der ital. Futuristen, auch bei den dt.sprachigen Expressionisten, die sich wie Alfred Döblin schnell von Marinetti distanzierten. Wesentliche Elemente der futuristischen „Wortkunst" wirkten dennoch gerade im Berliner „Sturm-Kreis" weiter, unter anderem in der Anti-Kriegslyrik August Stramms: der literarische Reihungsstil, die äußerste Verknappung der Sprache, der sogenannte „Telegrammstil". Was die Expressionisten jedoch ideologisch vor allem von den Futuristen trennte, war ihre konsequente oppositionelle Haltung gegen den kriegerischen Chauvinismus. Der italienische Futurismus wurde dann auch nach der Machtübernahme der italienischen Faschisten Teil der offiziellen italienischen Kulturpolitik bis in die 40er Jahre hinein („Zweiter Futurismus"). Dies trug dazu bei, daß im italienischen Faschismus avantgardistische Positionen möglich waren, im Gegensatz zum nationalsozialistischen Deutschland ab 1933. Mit dem Dadaismus (R. Huelsenbeck, H. Ball, T. Tzara, F. Jung, H. Arp) und dem Surrealismus (A. Breton, L. Aragon, P. Eluard, A. Artaud) wurden die avantgardistischen Positionen auch in Deutschland und Frankreich in den 20er Jahren politischer durch ihre Anlehnung an anarchistische, sozialistische und kommunistische Forderungen. Eine provokativ-destruktive Auflösung der traditionellen Formensprache, die Eliminierung des semantischen Gehaltes der Sprache, ein spielerischer „Primitivismus" und eine konsequente Verwendung von Collage und Montage prägten den Dadaismus bereits in seiner ersten Phase ab 1916. Gegen diese Provokationen konstituiert sich am Beginn der 20er Jahre der frz. Surrealismus, der das Unbewußte, den Rausch, den Traum als Mittel der Opposition gegen die bürgerliche Gesellschaft und ihrer „Herrschaft der Logik" begreift.

3. Der Blick auf die künstlerischen Bewegungen zwischen 1909 und 1930, als die surrealistischen Energien sich nach Bretons *Zweiten Manifest des Surrealismus* schließlich erschöpften, hat sich in den letzten Jahren verändert. Gefragt wird heute, ob es die historische A. als einheitliche überhaupt gegeben hat oder ob A. nicht immer schon ein Phantasma gewesen ist. Nach dem Zusammenbruch der totalitären Ideologien wird die Geschichte der ↗ Moderne, die ihre radikalste ideologische und formale Ausprägung im „Manifestantismus" der A. gefunden hat, neu gemustert und mit ihr die künstlerischen Bewegungen seit der Jahrhundertwende. Die historische A. als eine einheitliche Bewegung, die noch einmal Politik und Kunst radikal zusammenführen wollte, wird sich dabei auch auf ihre totalitären Implikationen hin befragen lassen müssen.

Hansgeorg Schmidt-Bergmann

Lit.: W. Asholt/W. Fähnders: Manifeste und Proklamationen der europäischen A. (1909-1938), 1995. – P. Bürger: Theorie der A., 1974. – P.-U. Hein: Die Brücke ins Geisterreich. Künstlerische A. zwischen Kulturkritik und Faschismus, 1992. – H. Schmidt-Bergmann: Die Anfänge der literarischen A. in Deutschland, 1991. – P.V. Zima/J. Strutz (Hg).: Europäische A., 1987.

B

Ballade

1. Das Wort B. geht zurück auf das italienische „ballata", das prov. „ballada", d.h. Tanzlied und das englische „ballad", d.h volkstümlich erzählendes Lied. Man bezeichnet damit ein Gedicht, das eine Handlung, also etwas Dramatisches, erzählt. V.a. die erzählenden (epischen) Züge gelten heute als Hauptmerkmale der B. Maßgeblich für die Auffassung der B. als lyrisch-episch-dramatische Mischform war Goethe, der sie als „Ur-Ei" der Dichtung charakterisierte (B., *Betrachtung und Auslegung*; ähnlich in den *Noten und Abhandlungen zum besseren Verständnis des West-Östlichen Divans*).

Unterschieden wird zwischen Volks- und Kunst-B.: Die erstere ist einfacher, ihre Verfasser bleiben unbekannt, und sie ist Veränderungen besonders durch mündliche Überlieferung unterworfen, ↗ Mündlichkeit/Schriftlichkeit. Fließend sind die Grenzen zwischen B. und „Romanze". Die spanische Romanze (seit dem 14./15. Jh.) ist ein trochäisches, assonierendes Gedicht in der Volkssprache („lingua romana"), das bevorzugt von geschichtlichen Helden oder von Liebe erzählt. Im Deutschland des 18. Jh. wurden beide Begriffe meist synonym gebraucht. Erst die ↗ Romantik versuchte, die Romanze als Nachahmung eines spezifisch südländischen Genres gegenüber der B. zu etablieren.

2. Motivik und Strukturmerkmale der B. lassen sich kaum fixieren. Oft thematisiert sie jedoch Begegnungen mit Übersinnlichem: Naturgewalten („naturmagische B."), Geistern Verstorbener, göttlichen Gestalten oder einem anonymen Schicksal. Vorlieben zeigt sie außerdem für historische Sujets und soziale Problematik. Wenn in der B. ein Erzähler greifbar ist, tritt er hinter das Geschehen zurück. Ihr Erzählgestus charakterisiert sich durch Knappheit und Konzentration auf wenige, zentrale Situationen. An das ↗ Drama erinnern die Akzentuierung des Szenischen, des Dialogs, die häufig spannende, tragödiennahe Handlungsführung, oft im Präsens, auch die Rolle der Affekte, besonders von Furcht/Schrecken („Schauer-B."). Das Lyrische der B. beruht weniger in Stimmungswerten als in der ↗ Metrik. Sie neigt zu klanglich-rhythmischen Wiederholungen, speziell Refrains. Eine verbindliche Form besitzt die B. nicht. Häufig ist allenfalls, besonders in der Volks-B., die Anknüpfung an die „Volksliedstrophe" mit ihrer Tendenz zu Vierzeiligkeit und Vierhebigkeit (bzw. drei Hebungen in den Zeilen 2 und 4), Kreuzreim und stumpfer Kadenz (vgl. englisch „common metre" oder „ballad metre"; „Chevy-Chase-Strophe", nach der englischen Volks-B. *Jagd auf den Cheviotbergen*).

3. Als früheste dt. B. gilt das ahd. *Hildebrandslied* (um 800). U.a. Stoffe aus der ↗ Heldendichtung wurden besonders im Spätmittelalter zu Volks-B. umgedichtet, vgl. etwa das *Jüngere Hildebrandslied*. Im frz. Spät-MA bestimmte sich die B. durch eine strenge metrische Form. Ihr berühmtester Dichter wurde François Villon. 1765 veröffentlichte Bischof Percy in England seine Sammlung tradierter einheimischer Volks-B., die *Reliques of Ancient English Poetry*.

4. Aus dem Englischen wurde der Begriff in den 70er Jahren des 18. Jh. übernommen. Die ersten dt. Kunst-B. verfaßten, im Anschluß an Percy, Johann Wilhelm Gleim sowie die Dichter des „Göttinger Hain" (Literarische ↗ Gruppen) Ludwig Christoph Hölty und Gottfried August Bürger. Am populärsten wurde Bürgers Schauer-B. *Lenore* (1773). Herders Bemühungen um das „Volkslied" als „Urform" der Poesie (↗ Lied) waren eine wesentliche Zwischenstufe zur B.-dichtung Goethes: Dessen *Untreuer Knabe* lehnt sich besonders an die Volks-B. an, und mit seinem *Erlkönig* wird er zu einem Begründer der naturmagischen B. 1797 ist sein und Schillers „Balladenjahr" (Schillers Brief an Goethe vom 22.9.1797, in dem Gedichte wie *Der Zauberlehrling* entstehen, die sich weiterhin auf Konfrontationen mit Übersinnlichem konzentrieren. Demgegenüber bevorzugen Schillers Ideen-B. Modellfälle diesseitiger Menschlichkeit (z.B. *Die Bürgschaft*, *Der Ring des Polykrates*).

5. Für die Kunst-B. der Romantik bleibt die unheimliche Wirkmacht der Natur wesentlich, verbunden mit einer zwiespältigen Sicht des Erotischen, mythisch-religiösen Akzenten und der Orientierung am Volkslied – so bei Clemens Brentano (z.B. *Lore Lay*) und Joseph von Eichendorff, der seine vorwiegend naturmagischen B. als „Romanzen" etikettiert (z.B. *Waldgespräch*). Ein Stoffreservoir für die B.-dichtung des 19. Jh. liefert v.a. die Geschichte. Der Spätromantiker Ludwig Uhland (z.B. *Das Glück von Edenhall*) findet in MA und germanischer Vorzeit seine ethischen Modellfälle. Eduard Mörike (z.B. *Der Feuerreiter*) betont in seinen an Goethe und der Romantik orientierten B. besonders die Aktions-

momente. Adelbert von Chamisso (z.B. *Die versunkene Burg*) übt in seiner Darstellung archaischer Feudalherrschaft versteckte Zeitkritik. Generell gewinnen in der B. der ↗ Biedermeierzeit lehrhafte Züge an Gewicht. Bei August von Platen (z.B. *Das Grab im Busento*) dominiert nach romanischem Vorbild der Sprachklang. Heinrich Heine (z.B. *Belsatzar*) nimmt die Traditionalismen der B. zukunftsweisend auf. Die Vergangenheit wird bei ihm nicht heroisierend verklärt. Detaillierter in der Naturdarstellung und deutlicher regional fixiert wird die B. im ↗ Realismus bei Annette von Droste-Hülshoff (z.B. *Der Knabe im Moor*); besondere optische, symbolistische Qualität gewinnt sie bei Conrad Ferdinand Meyer (z.B. *Die Füße im Feuer*). Bevor Theodor Fontane durch Psychologisierung und moderne Themen neue Wege als B.-Dichter ging (z.B. *Die Brück' am Tay, John Maynard*), bewegte er sich noch im Gefolge des Berliner Literaturkreises „Tunnel über der Spree" um Moritz von Strachwitz (z.B. *Das Herz des Douglas*), der mit seinen chauvinistischen Darstellungen einer altgerm. Ritterwelt dazu beitrug, daß die B. schon im 19. Jh. als spezifisch dt. Gattung charakterisiert wurde. Solcher Ideologisierung kamen trotz ihrer Impressionismen auch die B. Detlev von Liliencrons entgegen.

6. Zwischen 1900 und 1945 werden einerseits die restaurativen Varianten der B. als Medium germanisierenden Heldentums fortgeführt bei Börries von Münchhausen, Lulu von Strauss und Torney und Agnes Miegel. Andererseits gibt es innovative Entwicklungen bei Frank Wedekind (z.B. *Brigitte B.*), Christian Morgenstern, Joachim Ringelnatz oder Bertolt Brecht (z.B. *Legende von der Entstehung des Buches Taoteking auf dem Weg des Laotse in die Emigration*): Die B. berührt sich mit Chanson, Moritat, Bänkelsang oder Liedern des ↗ Kabaretts. Sie vermittelt nicht mehr wie bislang überwiegend bürgerliches Selbstverständnis, sondern sie erscheint antibürgerlich. Ihre Hauptfiguren sind nicht mehr Heroen der Geschichte, sondern die „kleinen Leute" mit Problemen der zeitgenössischen Alltagsrealität. Das Sozialkritische rückt in den Vordergrund, aus der B. kann die B.-Parodie werden. Diese Tendenzen werden fortgeführt bei Christa Reinig, Franz Josef Degenhardt oder Wolf Biermann. Dem Gattungsbegriff B. wurde nachgesagt, er sei für das 20. Jh. obsolet. So spricht Heinz Piontek statt dessen von „Erzählgedicht".

Peter Cersowsky

Lit.: G. Grimm (Hg.): Gedichte und Interpretationen: Deutsche B., 1994. – W. Hinck: Die dt. B. von Bürger bis Brecht, [2]1972. – W. Müller-Seidel: Die dt. B. In: R. Hirschenauer/A. Weber (Hg.): Wege zum Gedicht, Bd. 2, [2]1968. – G. Weißert: B., [2]1993.

Barock

1. Der um 1900 aus der Kunstwissenschaft übernommene Begriff B. bezeichnet in der ↗ Literaturgeschichte bzw. ↗ Literaturwissenschaft die Epoche zwischen ↗ Reformation und Späthumanismus (↗ Humanismus) einerseits und ↗ Aufklärung andererseits, grob gesprochen: die dt. Literatur des 17. Jh. Das Adjektiv „barock", das bis ins 19. Jh. hinein zumeist abwertend im Sinne von „abstrus", „seltsam" oder „ausgefallen" verwendet wurde, wird im allgemeinen auf zwei verschiedene Wurzeln zurückgeführt: auf das mittellat. „baroco", das eine für abwegig gehaltene Form des logischen Schlusses bezeichnete; oder auf eine aus dem Portugiesischen stammende Bezeichnung für Perlen von unregelmäßiger, asymmetrischer, schiefrunder Gestalt. Nachdem Heinrich Wölfflin (*Renaissance und Barock*, 1888; *Kunstgeschichtliche Grundbegriffe*, 1915) die Übertragung des B.begriffes von der bildenden Kunst auch auf die Literatur vollzogen hatte, begann mit der Abhandlung von Fritz Strich über den *Lyrischen Stil des siebzehnten Jahrhunderts* (1916) eine Entwicklung in der Literaturwissenschaft, in welcher der B.begriff einerseits zur Konstituierung eines eigenen Epochenkonzepts (↗ Epoche) diente, andererseits aber auch als überzeitlicher ↗ Stil typologischer Begriffe (im Sinne manieristischer Stiltendenzen) eingesetzt wurde. Entsprechend wurde bis in die 1960er Jahre hinein die B.epoche als Stilepoche bestimmt: von Pathos, effektvoller ↗ Rhetorik, rauschhaften Festen und extremen Polaritäten und Antithesen bestimmt. Konkurrierende Epochenbegriffe – teilweise mit der Konsequenz, andere zeitliche Grenzen zu ziehen – konnten sich nicht durchsetzen, wie etwa ↗ „Renaissance", „Späthumanismus" oder „Gegenreformation". Der aus der Geschichtswissenschaft übernommene Begriff „Konfessionalismus" ist zwar neutraler als „Gegenreformation", schließt aber die überkonfessionellen Traditionen des (Spät-)Humanismus nicht mit ein. So ist es inzwischen üblich geworden, den Begriff B. als – nunmehr völlig neutrale – Epochenbezeichnung für die dt. Literatur des 17. Jh. zu verwenden. Mit der Bezeichnung „Literatur der B.zeit" faßt man in der dt. Literaturgeschichte die in der Zeit kurz nach 1600 sich herausbildende neue nationalsprachliche (und in einigen Bereichen weiterhin auch noch lat.) Dichtung auf dem Boden des „Heiligen Römischen Reiches Deutscher Nation", für welche nicht allein, aber doch an zen-

traler Stelle, die Reformbemühungen von Martin Opitz (1597-1639) stehen (s.u.). Das Ende der B.epoche wird in den Jahrzehnten nach 1700 mit dem steigenden Einfluß der Aufklärungsphilosophie, der Erschließung neuer Publikumsschichten und Literaturzentren und der Gewinnung neuer Inhalte und Vermittlungsmedien angesetzt.

2. Zu den für die dt. Literatur der B.zeit in besonderem Maße prägenden historischen Bedingungen gehört die Entwicklung hin zum Absolutismus. Das Deutsche Reich war zersplittert in viele kleine und größere Territorialstaaten eigenen Rechts. Anders als in Westeuropa gab es keinen zentralistisch organisierten Nationalstaat. Dennoch versuchten, verstärkt seit den Jahrzehnten um 1600, die Fürsten vor allem der größeren Territorien – ähnlich wie die Herrscher in vielen westeuropäischen Ländern – in ihren Territorien absolutistische Regierungs- und Verwaltungsformen durchzusetzen. Dies manifestierte sich nicht nur in der Aufstellung stehender Heere und der Etablierung zentraler Verwaltungsinstanzen und Steuersysteme, sondern auch in einer teilweise massiv betriebenen zentralistischen, am Hof orientierten Kulturpolitik. Der Hof des Fürsten war, viel stärker als in früheren Jahrzehnten, die dominierende kulturelle Instanz. Höfische Festkultur, höfische Sprach- und Umgangsformen und ein höfisches Persönlichkeitsideal (das des „Höflings") waren weit über die im engeren Sinne höfische Sphäre hinaus normgebend. Die Höflingstraktate und höfischen Verhaltenslehren sind ein gesamteuropäisches Phänomen. Klassisches Vorbild ist der *Cortegiano* (1528) von Baldesar Castiglione, ein kunstvoll stilisiertes Lehrgespräch, in dem das Bildungs- und Menschenideal der ital. Renaissance-Höfe auf eindrückliche Weise entfaltet wird. Castiglione versucht zugleich, eine Synthese mit der klassischen Rhetorik herbeizuführen. Im weiteren Verlauf der Entwicklung erscheinen auch in Frankreich und in Spanien wichtige Lehrbücher höfischen Verhaltens. Besonders einflußreich war das als aphoristische Zusammenstellung von Aussprüchen und Maximen aus seinen Schriften erschienene *Handorakel* (1647) des Jesuiten Baltasar Gracián. Auch die für die B.zeit charakteristischen Sprachgesellschaften können unter dem Gesichtspunkt der Vorbildhaftigkeit höfischer Kultur gesehen werden, ↗ Gruppen, literarische. Die weitaus wichtigste von ihnen ist die 1617 von Fürst Ludwig von Anhalt-Köthen nach italienischen Vorbildern gegründete „Fruchtbringende Gesellschaft". Sie hatte sich die Reform der Nationalsprache und die Pflege einer national akzentuierten Kultur zur Aufgabe gemacht und vereinigte sowohl adlige als auch bürgerliche Mitglieder. Weitere Sprachgesellschaften und Dichterkreise bildeten sich etwa in Nürnberg, in Königsberg, in Straßburg und in Hamburg. Die Literaturlandschaften im Heiligen Römischen Reich Deutscher Nation waren grob gesprochen in zwei Sphären unterteilt: das protestantisch geprägte Mittel-, Nord- und Ostdeutschland einerseits und das eher katholisch geprägte Süd- und Westdeutschland andererseits. Diese Sphären waren nicht allein durch Konfessions- und Mentalitätsunterschiede getrennt, sondern auch durch unterschiedliche Sprachnormen. In Oberdeutschland und in Westdeutschland spielten auch die Jesuiten mit ihrer weitgehend lat. Literatur eine viel bedeutendere Rolle als in den übrigen Territorien. Und die Literaturreform von Martin Opitz (s.u.) wurde zunächst vor allem in den mittel- und norddt. Literaturzentren unterstützt. Zu den wichtigeren literarischen Zentren gehörten das stark späthumanistisch-calvinistisch geprägte Heidelberg, sodann Danzig, Königsberg und Leipzig, schließlich später auch Hamburg. Das mit Abstand wichtigste Literaturzentrum im dt. B. war jedoch Schlesien und ganz besonders die Stadt Breslau. Schlesien war eine Gemengelage von verschiedenen kleineren Territorien, die teilweise nach und nach an die Habsburger fielen und in denen die drei großen Konfessionen vertreten waren. Das konfessionelle Gegen-, Neben- und Miteinander, die verschiedenen gegenreformatorischen Maßnahmen und Repressalien der Habsburger, die teilweise mystisch-spiritualistischen Traditionen in verschiedenen Kreisen besonders des schlesischen Landadels: Dies alles gehört zu den Bedingungen für eine außergewöhnliche Blüte der Literatur im 17. Jh. In Breslau selbst gab es neben zwei höchst angesehenen protestantischen Gymnasien (deren Bedeutung auch durch das Fehlen einer schlesischen Landesuniversität gesteigert wurde) auch das sehr aktive und attraktive Jesuitenkolleg. Diese Konkurrenz der Schulen und das relativ tolerante Klima zwischen den Konfessionen ließen in Breslau – gerade auf dem Gebiet des Dramas – bedeutende literarische Werke entstehen.

3. Immer wieder hat man versucht, das barocke „Lebensgefühl", die barocke Mentalität mit Schlagworten oder Formeln zu umschreiben. Nicht selten hat man dabei „den B.menschen" in eine Spannung zwischen Diesseits und Jenseits, zwischen Lebensfreude und Todesangst, zwischen ausschweifendem Lebensgenuß und Kriegsgreuel gestellt. Man hat ihm ein antithetisches Lebensgefühl zugeschrieben. So fragwürdig viele dieser Zuschreibungen im einzelnen auch sein mögen, gibt es doch einen Grundbestand an Themen und Problemstellungen, die für die Mentalität zumindest der Intellektuellen dieser Zeit von Bedeutung waren. Mit dem Stichwort

„Neustoizismus" ist eine dieser Problemstellungen angesprochen. Der niederländische Philosoph und Philologe Justus Lipsius (1547-1606) hat mit seiner Schrift *De Constantia* (*Über die Beständigkeit*, 1584) die eigentliche Programmschrift des Neustoizismus vorgelegt. Vor dem Hintergrund der Konfessionskriege in Westeuropa wird dort die Grundfrage erörtert, wie der einzelne in widrigen, ja gefährlichen und erschütternden äußeren Umständen doch seine „Seelenruhe" bewahren könne. Es geht also um eine individuelle Bewältigungsstrategie für Anfechtungen aller Art, zu denen nicht zuletzt auch diejenigen durch die Willkür oder Zwangsmaßnahmen der Fürsten im neu sich formierenden absolutistischen Staat gehören. Der Seneca-Herausgeber Lipsius greift auf die „heidnische" Philosophie vor allem der röm. Stoa zurück, die als mit dem Christentum durchaus verträglich angesehen wird, und konzipiert ein ethisches Ideal, das nicht auf große Lösungen aus ist, sondern auf das Beharren, auf die zuweilen trotzige Selbstbehauptung des Individuums. „Constantia" („Beständigkeit") heißt das Ideal oder „Magnanimitas" („Großmuth") lauten die Tugenden, die eine Persönlichkeit, wie sie von Justus Lipsius konzipiert wird, zeigen soll. Nicht Auflehnung gegen die Verhältnisse, nicht Flucht vor ihnen, sondern Selbstbeherrschung, Bändigung der Affekte und demonstrative Geringschätzung aller Anfechtungen sollen die Rezepte sein. Das Modell der neustoizistischen Ethik war nicht nur deshalb für viele Intellektuelle der Zeit sehr attraktiv, weil es eine durchaus schlüssige Antwort auf die Problemstellungen der Zeit anbot, sondern auch, weil es ein überkonfessionelles und damit ein das bedeutendste Konfliktpotential ausklammerndes Modell darstellte. Paul Fleming (1609-1640) hielt in seinem Sonett *An sich* das ethische Ideal des Neustoizismus in äußerst konziser und zugleich poetischer Form fest. Andreas Gryphius (1616-1664) brachte dieses Ideal in seinem *Papinian*-Drama auf die Bühne. Der Neustoizismus ist eine Reaktion auf konfessionelle Erschütterungen und Kriege. Eine andere sind die philosophischen Legitimationsmodelle des Absolutismus: die Rechtfertigung staatlicher Souveränität, das Prinzip des *Princeps legibus solutus* von Jean Bodin (1530-1596) oder die Idee des *Leviathan*, des über allen Partikularinteressen stehenden Souveräns, bei Thomas Hobbes (1588-1679). Vor allem bei Hobbes legitimiert sich die absolute staatliche Gewalt durch ihre Ordnungskompetenz vor dem Hintergrund divergierender Interessen und des Kampfes aller gegen alle. Und auch bei Hobbes ist der Hintergrund der zeitgenössischen konfessionellen Konflikte und Bürgerkriege durchaus erkennbar. Die in diesem Jahrhundert allenthalben anzutreffende Ordnungsmentalität kann als Reaktion auf Kriege und gehäufte Konflikte interpretiert werden. Sie äußert sich auf den verschiedensten Gebieten: sei es in der Architektur, in der Gesetzgebung, in den alle gesellschaftliche Bereiche durchziehenden Ordnungen (wie etwa die Kleider- Fest- oder „Policey"-Ordnungen), in den Schloßgärten, aber auch in der Musik und der Literatur. Ordnung ist für die Menschen der B.zeit beinahe ein Wert an sich, ein leuchtendes Ideal. Der Dreißigjährige Krieg (1618-1648) mit seinen mannigfachen Greueln und Verfolgungen manifestierte sich – gerade auch in der Literatur – in einem verbreiteten Bewußtsein der Vergänglichkeit aller irdischen Dinge: im Bewußtsein der „vanitas". Die „vanitas", „Scheinhaftigkeit", ist eines der großen Themen der B.literatur. In Verbindung mit ihr steht eine Leitmetapher für die Deutung menschlicher Existenz, der Gedanke vom Menschen als Schauspieler, der im *Großen Welttheater* (Calderón) die ihm von Gott zugeteilte Rolle zu spielen hat und am Ende vor Gott als dem obersten Spielleiter Rechenschaft ablegen muß.

4. Die Dichtung in der B.zeit war durch Regeln und Anweisungen normiert. Es gab eine Fülle von Lehrbüchern für den Redner und den Poeten, in denen genaue Rezepte geboten wurden. Basis der Poesie war in jedem Falle die Rhetorik. Als die zentrale Schul- und Universitätsdisziplin für die sprachliche Kompetenz und insbesondere für das Herstellen von Texten war sie letztlich auch für das Herstellen von Dichtung grundlegend. Jeder Gebildete, jeder, der dem Gelehrtenstand angehörte, hatte das Curriculum der Sieben freien Künste – eine Art Grundstudium – zu durchlaufen, in dem er mit den antiken Klassikern vertraut gemacht und systematisch zum Verfassen eigener Texte (selbstverständlich zunächst in Latein) angeleitet wurde. Auch in der wichtigsten und impulsgebenden Programmschrift für die Poetik der B.zeit, im *Buch von der deutschen Poeterey* (1624) von Martin Opitz, ist die rhetorische Basis auf Schritt und Tritt erkennbar. Vor allem zwei Punkte sind an dieser knappen programmatischen Skizze hervorzuheben: a. die Bestimmung der Dichterrolle im absolutistischen Staat, und b. die vielzitierte und äußerst erfolgreiche Versreform. Opitz versucht in seiner Definition der Funktion des Dichters glaubhaft zu machen, daß die Gelehrten mit einer Ausbildung in humanistischer Tradition durchaus eine integrale Funktion im System des neuen Machtstaates wahrnehmen konnten. Er sieht den Dichter als für den Herrscher unentbehrlichen Fachmann für Repräsentation, für die vor allem sprachliche Darstellung seiner Machtansprüche und seiner Ordnungskompetenz. Auch der Dichter demonstriert in der regelgerechten und diszi-

plinierten Verwendung sprachlicher Mittel eine solche Kompetenz auf dem ihm eigenen Gebiet. Der neue Staat braucht eine muttersprachliche elitäre Kultur, wofür die Dichter, wie Opitz sie sehen möchte, zuständig sein sollen. Hier werden auch die Querverbindungen zu den Sprachgesellschaften und ihrer Funktionsbestimmung sichtbar. Das zweite Zentralstück ist die Versreform: Opitz meint, daß im Deutschen die Verse nicht (wie in den romanischen Sprachen) silbenzählend bestimmt werden sollten, sondern akzentuierend, nach der Zahl der Hebungen, ↗ Metrik. Er fordert, daß in einem regelmäßig gebauten Vers die vom jeweils gewählten Metrum verlangten Akzente mit den natürlichen Wortakzenten zusammenfallen sollen. Außerdem läßt er nur die alternierenden Versmaße Jambus und Trochäus zu. Auch wenn gerade diese letztere Vorschrift schon bald kontrovers diskutiert und aufgeweicht wurde, war der Opitzschen Reform insgesamt ein durchschlagender Erfolg beschieden. Binnen weniger Jahre wurde praktisch die gesamte Versdichtung, die nicht im Einflußbereich der oberdt. Literatursprache stand, also die gesamte Literatur der mittel-, nord- und ostdt. Territorien nach Opitzens Normen reguliert. Im Gefolge von Opitz entstanden bis zum Ende des Jh. eine große Zahl weiterer Lehrbücher, von denen vor allem der *Poetische Trichter* (1647-1653) des Nürnberger Patriziers Georg Philipp Harsdörffer (1607-1658) zu nennen ist. Immer wurde in diesen Lehrbüchern eine doppelte Funktionsbestimmung der Literatur formuliert, sie sollte einerseits nützen, belehren und andererseits erfreuen – gemäß der vielzitierten Formel des Horaz vom „prodesse" und „delectare". Der wichtigste Vers der B.literatur, sowohl in der ↗ Lyrik – vor allem im Sonett – als auch in der ↗ Tragödie verwendet, war der Alexandriner, ein sechshebiger jambischer Vers mit einer Zäsur in der Mitte. So eignete er sich besonders gut für die sehr beliebten Antithesen und Parallelismen. Eine für die Kultur und auch für die Denkstruktur der B.zeit sehr repräsentative Gattung ist das Emblem. Es stammt aus dem Renaissance-Humanismus des 16. Jh. und war in hunderten von Emblembüchern über ganz Europa verbreitet. Das Emblem ist ein dreiteiliges Gebilde, bestehend aus einer Überschrift („inscriptio"), einem Bild („pictura"), das häufig als Holzschnitt oder Kupferstich ausgeführt war, und schließlich einer Bildunterschrift („subscriptio"). Diese bot – zumeist in Versform, etwa als Epigramm – eine Interpretation des in der Überschrift angedeuteten und im Bild anschaulich dargestellten Sachverhalts. Bei den Bildern konnte es sich um Gegenstände und Arrangements aus den verschiedensten Bereichen (Geschichte, Alltag, Lebensformen, Mythologie, Bibel, Wissenschaften usw.) handeln. Sie sollten eine Lehre, im Normalfall moralischer oder auch lebenspraktischer, nicht selten theologischer Art, anschaulich machen. Das derart eindrücklich visuell Präsentierte wurde dann in einem poetischen Text gedeutet. Es handelt sich beim Emblem also immer um eine Doppelstruktur von Zeigen und Deuten, von Demonstration und Affirmation, der zuweilen durch eine rätselhafte oder pointierte Überschrift eine zusätzliche Dimension hinzugefügt wird. Embleme durchziehen die gesamte barocke Kultur. Sie erscheinen auf Triumphbögen bei Herrschereinzügen, auf Schaugerüsten bei Beerdigungen, auf Tischdekorationen bei Hochzeitsessen, in Deckengemälden von Kirchen und Profangebäuden, nicht zuletzt aber auch in Romanen, Dramen und Gedichten. Das „emblematische Argument" ist eines der zentralen Strukturmomente im Drama.

5. Die bis heute gängige Gattungstrias von Lyrik, Drama und Erzähltexten bildete sich eigentlich erst im 18. Jh. heraus. Das 17. Jh. kennt den Begriff „Lyrik" als umfassende Klammer nicht, sondern bestimmt eine große Zahl einzelner Gedichtgattungen: Epigramm, geistliches und weltliches ↗ Lied, Sonett, Ode, Madrigal u.a. Opitz hatte – wie durch seine Musterübersetzungen in Drama und ↗ Roman – auch in der Lyrik vielfältige Muster (zumeist Übersetzungen aus dem Italienischen, Französischen oder Lateinischen) vorgegeben. In der Liebeslyrik war das petrarkistische Paradigma bis weit über die Jahrhundertmitte hinaus bestimmend, ↗ Petrarkismus. In der petrarkistischen und manieristischen Lyrik-Tradition des 16. Jh. hatte sich ein Verfahren des Frauenpreises und der Beschreibung der Geliebten etabliert, in welchem diese, zerstückelt in einzelne Körperteile, geschmückt mit erlesenen Preziosen, besungen wird. Gerade diese Form der Schönheitskataloge forderte von Beginn des Jh. an auch antipetrarkistische Parodien heraus. Opitz selbst und Paul Fleming gehören zu den wichtigsten Verfassern petrarkistischer Liebeslyrik. Das Sonett, die strengste Gedichtform überhaupt, wird von allen wichtigeren Autoren der B.zeit gepflegt. Es handelt sich um ein Gedicht aus vierzehn Versen (zumeist Alexandriner), wobei sich der erste Teil aus zwei Quartetten und der zweite Teil aus zwei Terzetten zusammensetzt; je nach Reimschema finden sich verschiedene Untertypen, ↗ Strophe(nformen). Die 1637 zuerst erschienenen *Lissaer Sonette* von Andreas Gryphius stellen eine der hervorragenden Leistungen der Sonettkunst im 17. Jh. dar. Eine „Poetik der Klage" realisierend, hat Gryphius einige zeitkritische und die „vanitas" menschlicher Existenz beklagende Sonette geschrieben, die bis heute bekannt geblieben sind. Sein Stil ist

häufig von „Donner-Worten", also von Pathos und Sprachgewalt geprägt, wodurch er der im engeren Sinne „barocken" Stilrichtung zugeordnet werden kann. Paul Fleming andererseits, der überwiegend einen eher zurückhaltend, klassizistischen Stilgestus zeigt, ist – gerade auch in seinem umfangreichen und höchst qualitätvollen neulat. Œuvre – noch aus den Traditionen des Späthumanismus heraus zu verstehen. Für das Epigramm gilt in der Poetik weithin der römische Dichter Martial als Vorbild: Verlangt wird ein kurzes, scharfsinniges und auf eine Pointe hin konstruiertes Gedicht, das zuweilen lehrhaft, häufig aber satirisch ausgeformt sein soll. Der schlesische Landadlige Friedrich von Logau (1604-1655), der 1654 eine Sammlung von 3000 *Sinn-Gedichten* veröffentlichte, ist der wichtigste Vertreter dieser Gattung. Mit den teilweise frivol-galanten Liebesgedichten des Christian Hoffmann von Hoffmannswaldau (1617-1679) befinden wir uns bereits im Übergang zum Spät-B., in dem manieristische, aus der Perspektive der Aufklärung „schwülstige" Stilformen immer mehr in den Vordergrund treten. Johann Christian Günther schließlich (1695-1723) weist mit seinen teilweise schockierend subjektiven Gedichten schon in eine neue Ära der Lyrik hinüber. Goethe hat ihn, der mit seiner Zeit nicht in Einklang stand und deshalb scheitern mußte, als seinen Vorläufer betrachtet. Auf der Seite der geistlichen Lyrik sind zum einen die mystischen Gedichte des Jesuiten Friedrich Spee (1591-1635) zu erwähnen, zum andern die geistlichen Epigramme des Angelus Silesius (d.i. Johannes Scheffler, 1624-1677), vor allem aber die teilweise kanonisch gewordenen und in den Kirchengesang eingegangenen protestantischen geistlichen Lieder Paul Gerhardts (1607-1676). Im geistlichen Lied des 17. Jh. findet sich eine Tendenz wieder, die für die Frömmigkeitsgeschichte allgemein gilt: die Individualisierung und Subjektivierung des religiösen Ausdrucks, die jedoch nicht als Individualisierung im modernen Sinne verstanden werden darf. Trotzdem handelt es sich um einen Übergang vom Wir der Gemeinde zum – allerdings exemplarisch verstandenen – Ich. Ein sehr großes und teilweise bis heute noch unzureichend erschlossenes Gebiet der B.lyrik ist die Gelegenheitslyrik. Zu Anlässen wie Taufen, Hochzeiten, Festlichkeiten aller Art wurden von mehr oder minder begabten Autoren Zehntausende von Gedichten verfaßt, die teils nur handschriftlich, teils nur in Einzeldrucken überliefert sind. Gerade in diesem Bereich findet sich auch das extensiv gepflegte Fürstenlob, die barocke Variante der Panegyrik, wieder.

6. Das B.drama (↗ Drama) muß in seinem institutionellen Zusammenhang gesehen werden: Sowohl die Texte der Jesuiten als auch die der beiden herausragenden protestantischen Autoren Andreas Gryphius und Daniel Casper von Lohenstein (1635-1683) sind Schuldramen, das heißt, sie wurden von Schülern zu bestimmten Terminen im Jahr für die Eltern, die schulische Öffentlichkeit, und die lokale Obrigkeit nicht zuletzt auch als Erweis der Leistungsfähigkeit der jeweiligen Schule aufgeführt. Sie bildeten zugleich die oberste Stufe des rhetorischen Übungsbetriebes. Die ↗ Poetik kennt im Drama die ↗ Tragödie und die ↗ Komödie und verschiedene Zwischenformen wie etwa das Schäferspiel. Die bis ins 18. Jh. immer wieder formulierte „Ständeklausel" fordert, daß in der Tragödie nur Charaktere hohen Standes zur Darstellung kommen, in der Komödie dagegen nur Personen niedrigen Standes wie Bürger und Bauern. Äußerlich lehnt sich die Dramenpoetik an die Poetik des Aristoteles an. Allerdings ist der vorgestellte Wirkungsmechanismus der Tragödie doch von erheblich anderem Zuschnitt als bei Aristoteles. Im wesentlichen geht es um herausragende Exempla, um Vorbilder im positiven oder negativ-abschreckenden Sinne, also um Märtyrer oder Tyrannen. Gryphius beispielsweise führt in seiner *Catharina von Georgien* (1651) den auch im Jesuitentheater weitverbreiteten Typus des Märtyrers weiter und stellt ihn dem gottlosen und wild in seinen Affekten rasenden Tyrannen gegenüber. Dies auch im *Papinian*-Drama (1659), in dem der römische Rechtsgelehrte, schon als historische Figur ein vorbildhafter Stoiker, den verschiedensten Anfechtungen ausgesetzt wird, bis er zuletzt – allerdings in seiner persönlichen Integrität ungebrochen – als Märtyrer stirbt. Gryphius diskutiert hier in staatsrechtlich durchaus exakter Weise die Grundproblematik, die sich für ihn als Rechtsvertreter der schlesischen Landstände in der Auseinandersetzung mit den Gegenreformationsbestrebungen der Habsburger stellte: Papinian lehnt sich nicht aktiv gegen seinen Monarchen auf, aber er läßt sich auch nicht für dessen das Recht vergewaltigende Machenschaften einspannen. Er leistet – und das ist genau die Lösung, welche die lutherische Obrigkeitslehre vorsieht – „passiven Widerstand". Bei Lohenstein sind die moralischen Bewertungen nicht mehr so eindeutig verteilt wie bei Gryphius. Er liefert in seinen Dramen eine stellenweise schonungslose Analyse der Mechanismen von Machtpolitik und Affektspiel. Dies stellt er in den Kontext eines zumindest tendenziell fatalistischen Geschichtsmodells, in dem manchem Reich der Niedergang, und einem anderen der Aufstieg vorherbestimmt ist, ganz gleich, wie die jeweiligen Herrscher politisch agieren. So wird die in den Dramen gebotene Analyse politisch-strategischen Handelns konterkariert durch den latenten oder auch offe-

nen Determinismus seines Geschichtsmodells. Christian Weise (1642-1708) bindet seine Theater- und Dramenpraxis konsequent in sein Bildungsprogramm ein: Ihm geht es, mehr als seinen Vorgängern, um eine realistische Repräsentation gesellschaftlicher Wirklichkeit – das Theater als Schule des Verhaltens.

7. Der ↗ Roman gehört als Prosaform im 17. Jh. noch nicht zu den anerkannten poetischen Gattungen (↗ Gattung). Trotzdem wird er intensiv gepflegt und genießt teilweise hohes Ansehen. Das gilt besonders für den höfischen Roman (auch: Staatsroman). Dort handelt es sich meist um die Liebesgeschichte eines Herrschers bzw. Herrscherpaares, das mit den Schicksalen seines Landes und seiner Untertanen verflochten wird. Teilweise durch antike und mittelalterliche Vorbilder inspiriert, bietet der höfische Roman eine verwickelte und manchmal fast unübersichtliche Handlung, die aber in ein glückliches Ende mündet. Sowohl für den dargestellten Herrscher wie für den schreibenden Autor geht es nicht zuletzt um die Demonstration von Ordnungskompetenz. So ist es kein Zufall, daß einer der wichtigsten Roman-Autoren ein Fürst ist: Herzog Anton Ulrich von Braunschweig-Wolfenbüttel (1633-1714). Lohenstein konnte seinen monumentalen *Arminius*-Roman (1689/90) nicht mehr selbst vollenden; gerade an ihm wird deutlich, daß der Staatsroman nicht zuletzt als Sachbuch gesehen wurde: Er bietet eine ungeheure Fülle Faktenwissen, vor allem natürlich aus der Geschichte. Neben dem Schäferroman, für den Opitz mit der *Schäferey von der Nymphen Hercinie* (1630) das maßgebliche Vorbild geliefert hatte, ist vor allem die dt. Variante des Picaro-Romans von Bedeutung. Hans Jacob Christoffel von Grimmelshausen (1622-1676) legte mit seinem *Simplicius Simplicissimus* (1668), der noch einige Fortsetzungen erfuhr, den wichtigsten Vertreter dieser Gattung vor. Der Held Simplicissimus durchläuft eine exemplarische Lebensbahn zwischen Gut und Böse, durch die verschiedensten Sozialbereiche, in Krieg und Frieden. Seine Absicht ist auch eine moralische: Die Unterscheidung von Wesentlichem und Unwesentlichem, von sündigem und gottgefälligem Leben zu ermöglichen und aus der Perspektive des gesellschaftlich niedrig Stehenden ein Panorama der sozialen Realität zu geben, das allerdings immer auf seine geistige und geistliche Relevanz hin durchsichtig gemacht wird. Christian Weises „politische" Romane versuchen etwas Analoges allerdings nicht mit jener deutlich religiösen Perspektive zu leisten. Für Weise geht es darum, den Roman als Mittel zur Erlernung sozialer Selbstbehauptung zu nutzen und die Möglichkeiten vorzuführen, sich in der Welt durchzuschlagen. Auch hier ist die Dichtung ganz in das „politische" Erziehungs- und Bildungsideal eingebettet.

8. Einer angemessenen Rezeption der B.literatur war lange Zeit der Weg durch die Dominanz eines Literatur-Paradigmas versperrt, das die Stimmung, das „Erlebnis", das Subjekt in den Mittelpunkt stellte. Und häufig war die starke rhetorische und damit intentionale Gebundenheit der B.literatur eine große Verständnishürde. Nur wenige Werke – wie Grimmelshausens Haupt-Roman, einige geistliche Lieder und einige Sonette von Paul Fleming und Andreas Gryphius – konnten diese Hürde überwinden. Erst im 20. Jh. fanden sich unter veränderten Voraussetzungen wieder Bedingungen, die das Spezifische in der B.literatur in seinem Eigenrecht besser zur Geltung kommen ließen: das artifizielle Moment, das gelehrte Moment, schließlich auch das Spiel mit dem sprachlichen Material, das beispielsweise von der ↗ Konkreten Poesie wieder programmatisch aufgenommen wurde.

Georg Braungart

Lit.: R.J. Alexander: Das dt. B.drama, 1984. – W. Barner: B.rhetorik, 1970. – G.E. Grimm: Literatur und Gelehrtentum in Deutschland, 1983. – H.G. Kemper: Dt. Lyrik der frühen Neuzeit, Bd.1ff., 1987ff. – W. Kühlmann: Gelehrtenrepublik und Fürstenstaat, 1982. – V. Meid: B.lyrik, 1986. – H. Steinhagen/H.A. Glaser (Hg.): Dt. Literatur. Eine Sozialgeschichte, Bd. 3: Zwischen Gegenreformation und Frühaufklärung: Späthumanismus, B. 1572-1740, 1985.

Bibel (-auslegung, -übersetzung, -dichtung)

1. Was wir heute unter B. verstehen, wurde im MA gemeinhin als „sacra scriptura" bezeichnet. Die Bezeichnung „biblia" scheint erst im 12. Jh. aufzukommen; im Deutschen ist das Wort „bibel" wohl erst im 13. Jh. belegt.

Anfangs mündlich tradierte Texte verschiedener Gattungen (historische, prophetische, lyrische) des Alten Testaments (AT) wurden zunächst in hebräischer Sprache schriftlich fixiert, dann ins Aramäische und Griechische (*Septuaginta*; 3.-1. Jh. v. Chr.; Alexandrien) übertragen. Für die Textgeschichte des Neuen Testaments (NT) gewann das *Diatessaron*, eine Evangelienharmonie, d.h. eine Erzählung des Lebens Jesu nach den vier Evangelisten, des Syrers Tatian (um 170 n. Chr.) große Bedeutung. Seit dem 2. Jh. verbreitete eine lat. Übersetzung (*Vetus latina*, früher auch *Itala* genannt) die B. in Westeuropa. Zwischen 228 und

245 schuf Origenes mit der *Hexapla* das bedeutendste bibelkritische Werk des Altertums (6 Spalten hebräischer und griechischer Texte nebeneinander). Hieronymus schließlich revidierte zunächst vorsichtig die Evangelien der *Vetus latina*, dann die Psalmen auf der Grundlage der *Septuaginta*, lernte Hebräisch und schuf zwischen 390 und 405/6 eine Neuübersetzung fast des gesamten AT. Seine Fassung verdrängte bis etwa zum 8. Jh. die *Vetus latina* und wurde als *Vulgata* die im MA verbindliche Form der B. Die *vetus et vulgata editio* wurde 1546 vom Konzil von Trient zum authentischen Text erklärt. Seit 1907 führt der Benediktinerorden im Rahmen der Vulgata-Kommission die Arbeit weiter: Die große textkritische Ausgabe der biblischen Bücher in lat. Überlieferung, seit 1926, ist noch nicht abgeschlossen; 1979 ist jedoch in Verwirklichung eines Auftrags des Zweiten Vatikanischen Konzils die *Nova Vulgata* als autorisierte B. der kath. Kirche erschienen.

2. Die Geschichte der B.auslegung ist hier deshalb von Bedeutung, weil kaum eine Übersetzung des MA nur den Text der B. bietet, vielmehr beinhaltet sie meistens auch Kommentarteile; sie kann hier nur andeutungsweise skizziert werden. Wichtig ist, daß sich im MA aus einer prinzipiellen Zweidimensionalität (buchstäblicher Sinn: „littera" – geistliche Verweisstruktur: „spiritus") schließlich das Konzept eines vierfachen Schriftsinns ergab: „Littera gesta docet; quid credas, allegoria; Moralis, quid agas; quid speres, anagogia." „Der Buchstabe belehrt über die Taten; die allegorische Deutung über den Glauben; die moralische Auslegung über das, was du tun, die anagogische über das, was du hoffen sollst." Die Frühscholastik (8.-11. Jh.; u. a. Beda, Alkuin, Haimo von Halberstadt, Hrabanus Maurus) lehnte sich eng an die Arbeiten der Kirchenväter an (bevorzugt Ambrosius, Augustinus, Hieronymus, Gregor der Große) und brachte im wesentlichen drei Arten der Exegese hervor: a. Scholien (kurze Erklärungen zu schwierigen Stellen) oder Katenen (aus den Werken der Väter entnommen); b. Homilien (Predigten); c. eigene fortlaufende Kommentare.

In der Hochscholastik (12./13. Jh.; u.a. Rupert von Deutz, Honorius Augustodunensis, Bernhard von Clairvaux) wurde die B. zum Objekt wissenschaftlichen Studiums. Charakteristisch für die Epoche ist die *Glossa interlinearis* oder *marginalis* (zwischen die Zeilen oder an den Rand geschrieben), die einzelne Worte oder dunkle Stellen erklärte. Sie wurde als *glossa ordinaria* neben der *Historia scholastica* des Petrus Comestor (†1179), einer zusammenfassenden Darstellung der Geschichtsbücher des AT mit fortlaufendem Kommentar, *das* Handbuch des 13./14. Jh.

Das 13. Jh. führte die scholastische Methode der Textzerlegung weiter, gelangte aber auch – nicht zuletzt durch die Kraft der Bettelordensbewegungen – zu einer neuen Wertschätzung der B. Bei den Dominikanern setzten Thomas von Aquin (*Catena aurea*) und Albertus Magnus die Maßstäbe, bei den Franziskanern Alexander v. Hales und Bonaventura.

Gegenüber der eher sporadischen Erklärung der Glosse gewann im 13. und 14. Jh. die „Postille" mit fortlaufend organisierten Kommentaren an Bedeutung. Als Meister dieser Form repräsentiert Nikolaus v. Lyra († 1349), der der hebräischen Sprache mächtig war, den Gipfel seiner Zeit (14./15. Jh.: Spätscholastik); mit der außerordentlich verbreiteten *Postilla litteralis* (1471/72 als erster B.kommentar gedruckt) versuchte er, den durch die Überfülle geistlicher Deutungen verdunkelten buchstäblichen Sinn der B. wieder freizulegen.

Mit dem ↗ Humanismus begann eine neue Epoche, die auch einen Wandel der biblischen Exegese nach sich zog. So forderten Kardinal Cajetan und Erasmus von Rotterdam, man müsse die B. statt nach der *Vulgata* nach dem Urtext auslegen, und statt nach ihrem mystischen Sinn danach fragen, was ihre Worte wirklich sagen.

Das 18. Jh. brachte mit dem Oratorianer R. Simon den Beginn der historisch-kritischen Bibelwissenschaft; im 19. Jh. wurde mit der Gründung der École Biblique in Jerusalem durch M.-J. Lagrange die hist.-krit. Methode auf katholischer Seite fortgeführt. Lagrange (*Études Bibliques*) begründete auch den wohl wichtigsten kath. Kommentar der Neuzeit.

In der ↗ Reformation kam der Exegese besondere Bedeutung zu, die sich in Luthers einschlägigen Vorlesungen und in Calvins großem Bibelkommentar spiegelt. Damit beginnt eine lange Reihe von Werken protestantischer B.auslegung und -textkritik. Für die Neuzeit sei hier nur auf die Entwicklung der historisch-kritischen Methode durch Semler und Michaelis im 19. Jh. und auf die Arbeiten R. Bultmanns (1884-1976) hingewiesen.

3. B.übersetzung: a. Übersetzen ist immer zugleich Interpretieren in der Zielsprache. Im Fall der B. ist das besonders problematisch, da neben dem Literalsinn zugleich der theologische Sinn transponiert werden muß. Die Schwierigkeit besteht darin, sowohl dem Ausgangstext als auch dem Verständnis in der Zielsprache verpflichtet zu sein. Luther sprach sich vehement gegen die „Buchstabilisten" aus. Im freieren Übersetzen dagegen lag immer die Gefahr, vom Text abzuweichen und eigener Interpretation zu folgen (und sich dadurch Häresievorwürfen auszuset-

zer). Oft überträgt man im MA den Text Wort für Wort. Die frühere Forschung hat dies „sklavisch" genannt. Es geht dabei aber gar nicht um einen Ersatz für den lat. Text; vielmehr will man mit den – häufig interlinearen – Übersetzungen dessen Verständnis fördern. Auf der anderen Seite hat es immer auch die freiere Methode gegeben, die sich klar an der Zielsprache orientiert, wie etwa die Hiob-Übersetzung des Österreichischen Anonymus (s.u.).

b. Die älteste B. (2. Hälfte des 4. Jh.) in einer germanischen Sprache wird mit dem Namen des westgotischen Bischofs Wulfila verbunden. Diese gotische B. umfaßt die Evangelien und die Paulinischen Briefe. Ob auch ein AT vorlag, ist unsicher.

c. Was die Geschichte der dt.sprachigen B. angeht, so sind in der vorlutherischen Zeit Voll-B. die dem 15. Jh. vorbehaltene Ausnahme. Reich vertreten sind uneigentliche Textzeugen wie Glossen, Gebetbücher, Plenarien mit Perikopenübertragungen, Evangelienharmonien und Historienbibeln, Predigtsammlungen mit zum Teil umfangreichen B.texten. Eigentliche Übersetzungen gelten einzelnen biblischen Büchern, wobei der reich überlieferte Psalter wegen seiner Bedeutung für die Liturgie und die Andacht eine herausragende Stellung einnimmt. Ein ähnliches Interesse fanden das Hohelied und die Evangelien.

d. Vom 8. bis zum 12. Jh. sind nur wenige Übersetzungen nachzuweisen: Bruchstücke einer Matthäus-Übersetzung aus dem Kloster Mondsee (8. Jh.), der Ahd. *Tatian* (um 830), Psalmenfragmente des 9. und Hohelied-Fragmente des 11. Jh. Besonders hervorzuheben sind die kommentierte Übersetzung der Psalmen von Notker Labeo von St. Gallen und die lat. Versparaphrase mit dt. Übersetzung und Kommentierung der Cantica durch Williram von Ebersberg sowie das *St. Trudperter Hohelied.* Unter den Psalmen-Übersetzungen ragen die Interlinearversionen der sog. Windberger Gruppe hervor. Die *Wien-Münchener-Evangelien-Fragmente* bezeugen Übersetzungen der Evangelien für die gleiche Zeit, ↗ Ahd. Literatur, ↗ Frühmhd. Literatur. Die Textzeugen des 13. Jh. bieten fast ausnahmslos den Psalter.

Einen Neuansatz bringt das 14. Jh., das man das „Jahrhundert der Laienbibel" genannt hat: Ein österreichischer Laie verteidigt in der ersten Hälfte des Jahrhunderts das Recht der Laien auf die volkssprachige B. und legt mit dem *Klosterneuburger Evangelienwerk* (kommentierte Harmonie nach dem Leben Jesu), dem *Schlierbacher AT* und mindestens Teilen der Apokalypse größere Teile der B. in die Hände seiner Leser. Zum Gesamtwerk dieses Mannes gehört auch die Übersetzung des Psalters (einschließlich des Kommentars durch Nikolaus von Lyra), die in der Forschung früher Heinrich von Mügeln zugeschrieben wurde. Die Augsburger Bibelhs. von 1350 enthält hauptsächlich das NT und das apokryphe *Evangelium Nicodemi.* Im Auftrag oder Umkreis des böhmischen Königs Wenzel IV. entstand die sog. *Wenzelbibel* (sechs Bände; AT bis Hesekiel fast vollständig). Die handschriftliche Verbreitung dieser Werke blieb mit wenigen Ausnahmen auf ihren unmittelbaren Entstehungs- und Wirkungskreis beschränkt.

Die (Kloster-)Reformbewegungen des 15. Jh. brachten eine verstärkte Bemühung um die dt. B. mit sich. Fast gleichzeitig mit der Entstehung der ersten handschriftlichen Voll-B. (in der Werkstatt Diebold Laubers im Elsaß) vollzog sich die Revolution der Buchproduktion: Um 1452-1454 druckte Johannes Gutenberg die lateinische *Vulgata* (das 15. Jh. kommt auf 94 Gesamtausgaben), 1466 druckte Johannes Mentelin in Straßburg eine vollständige dt. B., wobei er einer älteren Übersetzung (um 1350 in Bayern entstanden) folgte, die sich sehr eng an die lat. Vorlage anschloß. Bis 1518 wurde diese B. (die den Mythos von den „Buchstabilisten"des MA festigte) 13mal nachgedruckt und mehrfach revidiert. Insgesamt werden vor Luther 22 gedruckte Ausgaben der B. gezählt.

e. Etwa ab dem 13. Jh. sind neben Ordens- und Weltgeistlichen auch Laien als Übersetzer und/oder Auftraggeber auszumachen. Namen sind selten verbürgt, so etwa der Claus Crancs, der im Auftrag des Deutschen Ordens eine Prosaübersetzung der Propheten erstellte (im Rahmen des Ordens erfolgte auch eine Übersetzung der *Catena aurea* des Thomas von Aquin). Die Masse der Übersetzungen ist anonym. Ob sie „häretischen" Intentionen entsprangen, war eine Hauptfrage des 19. Jh.; sie entzündete sich beispielsweise am möglicherweise waldensischen Zusammenhang des *Codex Teplensis* (NT, noch aus dem 14. Jh.?). Man kann heute davon ausgehen, daß sich ein Einfluß ketzerischer Lehren auf den Wortlaut nicht nachweisen läßt. Auftraggeber waren häufig Hochadlige oder auch reiche Bürger. In den Vorreden (etwa des Österreichischen Anonymus) ist auch die Spannung der Zeit zwischen Propagierung des Lesens der B. durch den Laien und Verbotstendenzen seitens der Kirchenoberen abzulesen. Mit wenigen Ausnahmen ist die vorlutherische dt. B. stets an der *Vulgata* orientiert.

f. Luthers herausragende Leistung läßt sich neben seiner Sprachgewalt durch die humanistisch geprägte Rückkehr zu den Quellen, den griech. und hebr. Urtexten, charakterisieren: Hauptquelle war ihm die 1519 erschienene zweite Auflage der durch Erasmus von Rotterdam besorgten Ausgabe des griech. Urtextes mit lat. Übertragungen und Bemerkungen.

Das *Neue Testament Deutzsch*, gemeinsam mit Philipp Melanchthon revidiert, erschien zuerst 1522 in einer Auflage von 3.000 Exemplaren. Gleichzeitig hatte Luther mit der Übertragung des AT (wiederum aus dem Urtext und der *Vulgata*) begonnen. Alle Teilübersetzungen wurden 1534 zusammengefaßt und mit den apokryphen Büchern (übersetzt u.a. durch Melanchthon) vereint. Als „Ausgabe letzter Hand" gilt *Biblia*: *das ist: Die gantze Heilige Schrifft: Deutsch Auffs new zugericht* (hergestellt durch Hans Luft 1545 in Wittenberg; Neudruck 1972 durch Hans Volz). Von 1522 bis zum Tod Luthers 1546 waren insgesamt (autorisiert oder nicht) über 300 hochdt. B.ausgaben mit einer Gesamtauflage von über einer halben Million Exemplaren erschienen. Holzschnitte (etwa diejenigen Dürers) spielten eine entscheidende Rolle bei der Vermittlung des Wortes im reformatorischen Sinn.

Luthers theologischer Ansatz („sola scriptura" – „allein die Schrift") bedeutet für den Übersetzer: „scriptura sui ipsius interpres", d.h., die Schrift war mit der Schrift zu interpretieren, und das hieß, daß bei Übersetzungsproblemen vergleichbare Textstellen herangezogen werden mußten. Das viel zitierte Diktum, man müsse dem gemeinen Mann aufs Maul schauen, zielt darauf, „nicht die buchstaben inn der lateinischen sprache [zu] fragen / wie man sol Deutsch reden [...] sondern die mutter im hause / die kinder auff der gassen / den gemeinen mann auff dem marckt." Absicht des „dolmetzschen" ist die Verständlichkeit der Zielsprache. Gegen eine mißverständliche Interpretation hat die neuere Forschung hervorgehoben, daß es Luther auch um eine gehobene Sakralsprache ging, die von klassischer Rhetorik geprägt ist (da sie sich an die stilistische Qualität der Urtexte anschloß).

Luthers Verbindung der Sprache der sächs. Kanzlei mit der Druckersprache des dt. Südostens wie die Vermeidung dialektaler Ausdrücke förderten den bereits begonnenen Sprachausgleich und die Entwicklung der dt. Sprache entscheidend.

g. Um den beispiellosen Erfolg (und damit auch die reformatorische Wirkung) der Lutherb. einzudämmen, entstanden im 16. Jh. volkssprachige katholische B., die neben dem Urtext und älteren dt. B. auch Luthers Übersetzungen benutzten: Hieronymus Emser (NT, Dresden 1572) meinte dabei paradoxerweise gleichzeitig, daß sich ein Laie „mehr vmb eyn gut Gotselig leben dann vmb die schrifft" bekümmern solle, die sei nämlich „aleyn den gelarten befohlen". Die Voll-B. des Dominikaners Johannes Dietenberger (1534 noch vor Luthers Gesamtausgabe in Köln und Mainz erschienen) erwies sich als sehr erfolgreich (bis 1776 insgesamt 46 Auflagen), ebenso wie die ihr folgende *Mainzer Bibel*. Auf protestantischer Seite erhielt Luthers Wort – jahrhundertelang nur geringfügig verändert – beinahe kanonische Bedeutung (wichtige Revisionen erst 1892, 1912 und zuletzt 1975-84).

h. Der Vielfalt unterschiedlicher Übersetzungen wirkt man neuerdings durch die sog. „Einheitsübersetzung" der Hl. Schrift (Stuttgart 1980) entgegen: Sie erstrebt eine wissenschaftlich exakte angemessene sprachliche Übertragung, die in wesentlichen Teilen (NT und Psalmen) ökumenisch erarbeitet wurde.

4. B.dichtung: a. Volkssprachliche Vermittlung biblischer Texte an ein Publikum, dem die fremdsprachlichen Originale nicht zugänglich waren, erfolgte im MA vor allem durch die B.dichtung. Das Problem wird dadurch verschärft, daß der Kanon im MA nicht fixiert war, sondern apokryphe und legendarische Schriften mit umfaßte. Eine Trennung zwischen reinem Text und kommentierenden Beigaben ist zudem längst nicht immer zu fassen, da biblische Stoffe und Quellen oft in umfassende, z.B. heilsgeschichtliche, Reflexionen eingespannt sind. Abzugrenzen ist zudem Geistliche Dichtung im weiteren Sinne und die Gattung des Spiels. Akzeptiert man als Minimalkriterium die Versform, so lassen sich die volkssprachliche Fassung der *Historia scholastica* und die seit dem 14. Jh. entstandenen Historienbibeln aus dem Bereich der B.dichtung im engeren Sinn ausscheiden, wobei freilich im Auge zu behalten ist, daß Historienbibeln auch als Prosifizierung gereimter Vorlagen entstanden.

b. Der Beginn der B.dichtung liegt in der Frühzeit des Christentums (Iuvencus; ca. 325). Im ganzen MA bleibt die lat. B.dichtung präsent und von eminenter Wirkung auf den volkssprachigen Bereich. Zwar könnte man den anonymen *Wessobrunner Schöpfungshymnus* (Wende vom 8. zum 9. Jh.; Stabreimvers), der das bibl. Thema der Schöpfung aufgreift, an den Beginn der volkssprachlichen Entwicklung stellen; er schließt indes eher an theolog. Spekulation und Exegese an als daß er direkt auf den Schöpfungsbericht zurückgreift. Verwandtschaft besteht dabei offenbar mit der Tradition der altengl. Bibeldichtung. Im altsächs./ahd. Bereich gibt es wenige Zeugnisse dieser – auf der mündlichen Stabreimdichtung bauenden – Dichtart: Das im 9. Jh. aufgezeichnete *Muspilli* (ca. 100 Verse) und die beiden altsächs. Großepen *Heliand* (Evangelienharmonie; nach 822) und *Genesis*. Für die ahd. Dichtung ist der *Liber evangeliorum* Otfrids von Weißenburg

(863/71) von herausragender Bedeutung: Otfrid orientiert sich an der Bibeldichtung der christl. Spätantike und wendet sich in der neuen Form des Endreimverses von der germanisch-mündlichen Tradition ab, ↗ Metrik; ↗ Reim. Adressaten der B.dichtung sind nun auch explizit die „illiterati", die „Ungelehrten", denen das Wort Gottes in ihrer Sprache zugänglich gemacht werden soll. Unter den frühmhd. Texten des 11. und 12. Jh. macht die *Altdeutsche Genesis* (um 1060) den Anfang. Eine Exodusdichtung (2. Buch Mose) entstammt den ersten Jahrzehnten des 12. Jh. Bald nach 1120 verfaßt Frau Ava († 1127) vier Gedichte, welche die Leben Johannes' des Täufers und Jesu mit dem Thema des Antichrist und des Jüngsten Gerichts zu einem heilsgeschichtlich orientierten Zyklus verknüpfen. Für alle diese Texte gilt, daß sie eine schlichte, nah am Bibeltext angesiedelte Erzählung bieten. Anders die *Vorauer Bücher Mosis* (um 1130/50): Hier wird die bibl. Erzählung auf ihr Gerüst reduziert, während allegorischer Sinn und theologisch-dogmatische Spekulation breit entfaltet werden. Einen weiteren Typus repräsentiert eine Gruppe kleinerer Gedichte mit alttestamentlichen Exempeln für das Wirken Gottes (vielleicht Mitte des 12. Jh. entstanden: *Lob Salomons*, *Drei Jünglinge im Feuerofen*, *Ältere Judith*). Am Ende der Epoche (um 1200) kommmt es zu großen Sammelhandschriften, die das Programm einer volkssprachlichen, dabei im moralischen und heilsgeschichtlichen Sinn ausgelegten B. verfolgen, sie um andere geistl. Dichtung erweitern und mit weltgeschichtlichen Darstellungen verknüpfen.

Seit dem ausgehenden 12. Jh. nimmt das Interesse an Apokryphen- und Legendendichtung zu (↗ Legende): Wichtig werden Marienleben, Kindheit Jesu, die Geschichte des Pilatus, das Leben Adams und Evas (Lutwin, 14. Jh.) sowie die Kreuzesholzlegende. Hierher gehören Konrads von Fußesbrunnen *Kindheit Jesu* (um 1200) und Konrads von Heimesfurt *Von unser vrouwen hinvart* und *Diu urstende* (um 1225 und etwas später). Den längsten Teil von Gundackers von Judenburg *Christi Hort* (Ende 13. Jh.) bilden Passion, Auferstehung, Himmelfahrt und Pfingstfest. Das *Marienleben*, das der Kartäuser Philipp zu Beginn des 14. Jh. in der Kartause Seitz (Südsteiermark – heute Slowenien) verfaßt und dem Deutschen Orden widmet, wird in seiner Wirkung von keiner anderen dt. Reimpaardichtung des MA übertroffen. Heinrich von Neustadt (1312 urkundlich erwähnt) spannt in *Von Gottes Zukunft* den Bogen von der Schöpfung bis hin zu Christi Erscheinen beim Jüngsten Gericht.

Das NT wird beispielsweise im *St. Pauler Evangelienreimwerk* auch selbständig in Reimform gebracht und programmatisch den Laien an die Hand gegeben. Es geht ferner ein in die großen Legendenkompilationen, z.B. das *Passional* (um 1280/1300), ein Legendar in Reimversen aus dem Deutschen Orden, dessen erstes Buch Geburt und Kindheit Mariae und Jesu bis hin zur Himmelfahrt Mariae gilt.

Biblische Texte bilden entscheidende Bestandteile der volkssprachlichen Weltchronistik, so in Rudolfs von Ems *Weltchronik* (bis 1254), der 1242-47 oder 1254-63 in Thüringen entstandenen *Christherre-Chronik*, der *Weltchronik* Jans Enikels (nach 1272) und schließlich der großen Kompilation Heinrichs von München (2. H. 14. Jh.): Die Gattung legt bibl. Geschichte (und Geschichten), vorwiegend des AT, nicht nur in Teilaspekten vor, sondern erzählt sie im großen Zusammenhang, ↗ Geschichtsschreibung, -dichtung.

Zwischen Prosa und Versbearbeitungen kommt es zu vielfältigen Überschneidungen; so unternimmt *Die Neue Ee* (NT-Historienb., um 1400, Prosabearbeitung) den Versuch, die apokryphen Bestandteile der gereimten Hauptquellen (Bruder Philipps *Marienleben* und *Passional*) zurückzudrängen.

Einen letzten großen Ansatz der Bibeldichtung bringt der Deutsche Orden in der ersten Hälfte des 14. Jh. hervor: Die *Apokalypse* Heinrichs von Hesler, ferner Bearbeitungen von Geschichtsbüchern des AT (Esra und Nehemia, Judith, Esther, Daniel, Makkabäer), eine Hiob-Bearbeitung, heilsgeschichtlich-dogmatische Gedichte (Tilos von Kulm *Von den siben insigeln* und Heinrichs von Hesler *Erlösung*). Die Texte dienten der Belehrung und Erbauung der zum großen Teil illiteraten ritterlichen Ordensangehörigen oder der Vermittlung des Selbstverständnisses des Ordens (Maria als Ordenspatronin; Makkabäer als Vorbild der kriegerischen Lebensform des Ordens). Im 15. Jh. tritt die Bibelepik als Form zurück.

c. Am Beginn neuzeitlicher Bibelepik steht die neulat. *Christias* des Marcus Hieronymus Vida (1535). Noch zur Zeit von Andreas Gryphius (1616-1664; drei eigene Texte) war die Tradition neulat. B.epik lebendig ↗ Neulateinische Dichtung. In Deutschland wurden ital. und frz. Epen in Übersetzungen verbreitet. John Miltons *Paradise Lost* (1667/74) wurde mehrfach übersetzt. Eigene dt. Versuche blieben demgegenüber zurück. Klopstocks *Messias* allerdings (1748-73; überarbeitet und erweitert 1780 und 1800) gilt als Höhepunkt des Bibelepos. Inhaltlich steht (auch wenn in den 20 Gesängen fast die gesamte B. präsent ist) weniger das bibl. Geschehen als vielmehr die theologische Lehre von der Erlösung im Mittelpunkt. Vom 16. bis ins 18. Jh. wird – auch wegen der Debatte über das Wunderbare (und dessen möglicher oder unmöglicher Darstellung)

– die Zahl der Themen der Bibeldichtung eingeschränkt. Für das 19. Jh. signifikant ist etwa Friedrich Rückerts Evangelienharmonie *Leben Jesu* (1839), die fromme Antwort auf David Friedrich Strauß' kritische Darstellung *Das Leben Jesu* (1835/36).

Insbesondere in der Frühen Neuzeit müssen andere Formen und Gattungen der B.dichtung (Psalmendichtung, Dramen, auch ↗ Meistergesang) beachtet werden. Im 16. Jh. dominiert die Darstellung biblischen Geschehens auf der Bühne. Hans Sachs schuf eine Vielzahl bibl. Stücke, und das protestantische Schultheater wie das gegenreformatorische Jesuitentheater rekurrierten immer wieder auf bibl. Stoffe.

Im neuzeitlichen ↗ Roman werden biblische Themen nur noch selten direkt verarbeitet. Genannt seien Thomas Manns großer Romanzyklus *Joseph und seine Brüder* (1933-42) oder Versuche, die Evangelien aus anderer Sicht neu zu betrachten (Luise Rinser, *Mirjam*, 1983). Es scheint jedoch, als würde im 19. und 20. Jh. die bibl. Tradition eher nur noch motivisch oder symbolisch verwendet (Joseph Roth, *Hiob*, 1930). In der Gegenwart scheint das Medium für die Darstellung biblischen Geschehens der Film geworden zu sein.

Freimut Löser

Lit: A. Masser: B.- und Legendenepik des dt. MA, 1975. – H. Reinitzer: Biblia deutsch, 1983. – H. Reinitzer (Hg.): Dt. B.übersetzungen des MA (Vestigia bibliae 9/10), 1991. – H. Rost: Die B. im MA, 1939. – W. Walther: Die dt. B.übersetzung des MA, 1889-1892 (ND 1966). – A. Wünsche: Das biblische Epos in der neueren dt. Literatur, 1880.

Biedermeierzeit

1. Mit B. bezeichnet man den Zeitraum zwischen 1815 und 1848; der Begriff leitet sich her aus L. Eichrodts Spießbürgerparodie *Gedichte des schwäbischen Schullehrers Gottlieb Biedermeier und seines Freundes Horatius Treuherz*, die in *Münchener Fliegende Blätter* 1850 und 1865 als *Biedermeiers Liederlust* erschienen sind. Der Begriff, ursprünglich also in satirischer Kritik einer biedersinnigen Bürgerlichkeit gemeint, wie er sich vor allem in der Wohnkultur der Zeit äußerte („Biedermeierstil") und dann auf die Malerei (etwa eines Spitzweg) übertragen wurde, verlor im Laufe der Zeit jedoch seine negativen Konnotationen und wurde zur Stil- und Epochenbezeichnung auch für die Literatur hauptsächlich zwischen der Zeit der Freiheitskriege und der Revolution von 1848. Er wurde von Max von Boehn 1911 (*Biedermeier*) und Georg Hermann 1913 (*Das Biedermeier im Spiegel seiner Zeit*) zum kulturgeschichtlichen Begriff und von Paul Kluckhohn, Günter Weydt u. a. ausführlicher auf die Literatur bezogen; seit Friedrich Sengles dreibändigem Werk *Biedermeierzeit* (1971ff.) hat er sich als Epochenbezeichnung für die Zeit „im Spannungsfeld zwischen Restauration und Revolution 1815-1848" (so der Untertitel von Sengles Werk) fest etabliert.

2. Der Begriff war freilich nie unumstritten. Konkurrierende Bezeichnungen für die Zeit zwischen 1815 und 1848 sind „Literatur des Vormärz" sowie „Restaurationsliteratur"; gelegentlich hat man diesen Zeitraum im Anschluß an Immermanns Roman *Die Epigonen* (1836) auch das Zeitalter der Epigonen genannt. Das Nebeneinander dieser Begriffe erklärt sich nicht zuletzt aus den unterschiedlichen Strömungen und Interessen dieser Jahre. Eine scharfe Grenze ist etwa zwischen der Spätromantik (↗ Romantik) und der Biedermeierzeit nicht zu ziehen; in mancher Hinsicht stellt sich das Biedermeier sogar als Miniaturisierung und Profanisierung romantischer, insbesondere spätromantischer Welt- und Poesievorstellungen dar. Ebenso schwierig ist die Abgrenzung zum ↗ Realismus. Denn die biedermeierliche Literatur ist eine frührealistische Literatur, auch wenn die Beschreibung realistischer Verhältnisse auf die bürgerliche oder sogar kleinbürgerliche Welt beschränkt ist. Am deutlichsten läßt sich die Literatur des Biedermeier noch von der Literatur des Jungen Deutschland (ca. 1830-1840) bzw. der Vormärzzeit (1840-1848) unterscheiden. Denn der biedermeierlichen Literatur ist jede Politisierung und die Tagesschriftstellerei fremd; sie beschränkt sich auf jene Phänomene der bürgerlichen Welt, in denen eher reaktionäre als revolutionäre Tendenzen zum Ausdruck kommen. Die schärfste Kritik an der biedermeierlichen Welt und der Biedermeier-Literatur kam denn auch von jungdeutscher Seite, etwa von Heine in seiner *Romantischen Schule*. Die gegenüber der Literatur des Jungen Deutschland noch sehr viel stärker politisierte Literatur des Vormärz hat die biedermeierliche Welt dann nicht einmal mehr bekämpft, sondern völlig ignoriert.

3. So deutlich die im Biedermeier auslaufenden spätromantischen Tendenzen sind, so nachhaltig ist die Literatur auch noch von Grundwerten der Weimarer ↗ Klassik geprägt. Die relative politische Abstinenz Schillers und Goethes war nicht ohne Einfluß auf die apolitische Haltung des Biedermeier; klassische Werte wie „Harmonie", „Veredlung", das „echt Poetische" und bürgerliche Werte wie „Häuslichkeit", „Familie", „Heimat" wurden im Gegensatz zu den im Bieder-

meiner miniaturisierten Werten der Romantik allerdings übersteigert und führten zu einem festen Ordnungsdenken, das politisch oft reaktionär tätig wurde. Idealistische Dimensionen fehlen freilich der Biedermeier-Welt; es finden sich allenfalls gesellschaftsutopische Vorstellungen (Tieck, *Der junge Tischlermeister*), aber ohne den Allgemeinheitsanspruch etwa der Schillerschen politischen Konzeption einer ästhetischen Erziehung des Menschen.

4. Die politischen Ereignisse der Restaurationszeit, also die Gründung der Jenaer Burschenschaft (1815), die Karlsbader Beschlüsse (1819), die Demagogenverfolgungen, das Wartburg-Fest (1817), die Julirevolution von 1830, das Hambacher Fest (1832) und das Verbot jungdeutscher Schriftsteller 1835 haben die Literatur des Biedermeier kaum tangiert, allenfalls deren apolitische Haltung noch verfestigt. Direkt und indirekt wichtig wurden die Philosophie Hegels, dessen Staatsvorstellungen, seine Naturrechtslehre und seine Geschichtsphilosophie. Die Vertreter des Biedermeier stellten den Staat nicht in Frage, sondern sahen ihn per se legitimiert; der aus der Herder-Zeit stammende Volksbegriff verlor an Geltung, statt dessen verbanden sich die Staatsideen Hegels und der Rechtshegelianer mit bürgerlichen Moralvorstellungen zu einer Ethik, die eindeutig systemstabilisierend war. Zu diesen konservativen Staatsideen gesellte sich die Hochschätzung der Tradition und die Anerkennung historischer Fakten.

5. Die Welt des Biedermeier ist eine bewußt beschränkte Welt; geordnete Sozialverhältnisse, das Leben in der kleinen Gemeinschaft der Großfamilie, das Sich-Begnügen mit den Verhältnissen, so wie sie sind, auch die Hinnahme einer bürgerlichen oder kleinbürgerlichen Enge kennzeichnen die Welt des Biedermeier ebenso wie die stark protestantisch gefärbte Tugendlehre, die auf Erfüllung der Pflicht, auf Sparsamkeit, Fleiß, Arbeitswilligkeit, Verzicht auf eigene Wünsche zugunsten einer Gemeinschaft abzielt. Das Wirken im Alltag, die Beschränkung des eigenen Tuns und Handelns auf das Gegebene, die Freude auch am Unbedeutenden, eine ausgesprochene Abneigung gegenüber Konflikten und das Fehlen jeglicher Streitkultur bestimmten das Leben und gleichermaßen die Literatur, die dieses Leben beschrieb. Die Liebe zum Kleinen und Kleinsten führte dabei zu einem Realismus gerade in der Darstellung der kleinen Dinge, die allerdings häufig überzeichnet wurden und oft auch überzeitliche Bedeutung bekamen, im Gegensatz zu den Gegenständen und Themen der Zeitschriftsteller und der Beschäftigung mit der Tagespolitik bei den Jungdeutschen oder den Vertretern des Vormärz.

6. Die große Bedeutung der Form, des Bestehenden, des Überkommenen, die Verherrlichung der Ordnung und der Abscheu vor jeder Diskontinuität führten dazu, daß im Bereich der Literatur vor allem klassische und vorklassische Gattungen wiederbelebt wurden. Dazu kam die Hochschätzung des Verses. Auffällig sind das Weiterleben des Lehrgedichtes (↗ Lehrliteratur), das Aufkommen alter und neuer Formen der didaktischen Dichtung wie ↗ Parabel und ↗ Fabel, ↗ Legende und Beispielerzählung. Auch die epigrammatische Dichtung wurde gepflegt, im Bereich der ↗ Lyrik die ↗ Idylle und die ↗ Ballade, im Bereich der erzählenden Dichtung der Familienroman, der Künstlerroman, der ↗ Bildungsroman. Das immer stärkere Anwachsen der autobiographischen Literatur verdeutlicht eine Wendung nach innen und zur eigenen Erfahrungswelt hin, und nicht zufällig verstärken sich wieder pietistische Strömungen (↗ Autobiographie). Von besonderer Bedeutung war das Versepos mit seinen Untergliederungen in das Romanzenepos, in die Legendenepik, die Geschichtsepik, die lehrhafte Verserzählung und das idyllische ↗ Epos; auch ↗ Märchen in Versen machen den didaktischen Grundzug der Literatur deutlich. Im ganzen ist einerseits eine Zunahme der literarischen Klein- und Zweckformen zu erkennen, andererseits aber auch das Bemühen, den großen ↗ Roman der Schilderung einzelner Personen, oft mit tragischem Schicksal, vorzubehalten (Mörike, *Maler Nolten*; Keller, *Der grüne Heinrich*; Stifter, *Der Nachsommer*).

7. Die „Andacht zum Kleinen" (Stifter), die Beschränkung auf überschaubare Lebensbereiche, eine im Kern konservative Ethik und der Realitätssinn des Bürgers, der politische Utopien (↗ Utopie) ebenso fürchtete wie das offene Austragen untergründiger Spannungen, hatten eine Kehrseite: in der Biedermeierzeit vermehrten sich Langeweile und Zweifel am Sinn des Lebens; Schwermut und Hypochondrie, das Interesse an Krankheiten und Selbstmorden nahm zu, die Beschreibung pathologischer Seelenzustände und das Aufdecken bürgerlicher Tragödien unter dem Deckmantel sozialer Wohlanständigkeit und Zufriedenheit griff um sich, unter der Vordergründigkeit einer zufriedenen Weltbetrachtung wurden häufig irrationale und verhängnisvolle Züge der menschlichen Seele sichtbar. Das Auftauchen von Sonderlingen, Malkontenten, Querulanten, Psychopathen und problematischen Einzelgängern jeglicher Art verlieh den realistischen Darstellungen oft einen doppelten Boden. Ennui, Schwermut, Monotonie des Lebens, Gleichgültigkeit waren nicht nur Schlagworte der Zeit, sondern wurden auch dargestellt und literarisch ausgelebt. Zu den perennierenden Gefahren die-

ser Jahre rechnete auch das Versinken in Stimmungen, das Sich-Abkapseln gegen Einflüsse von außen, das Bewußtsein, als Epigone bestenfalls zweitrangige Kunst liefern zu können und vor allem die Abwehr von sozialen und politischen Fragen. Andererseits wurde die oft so fragwürdig gewordene Realität immer wieder durchstoßen, suchte man die „wirkliche Wirklichkeit" unter der trügerischen Oberfläche (Stifter). Die Natur wurde dabei gelegentlich mythisiert, zuweilen auch dämonisiert; die Kunst, insbesondere die Musik, zeigte ebenfalls ihre magischen Qualitäten. Es gibt dabei typische Fluchtbewegungen der mit sich und der Welt Unzufriedenen: in die Welt der Töne, der Bilder, der Erinnerungen, die jedoch oft wiederum ihre Doppelgesichtigkeit zeigt – Dissonanzen mischen sich in die Harmonien, Fragmentarisches tritt an die Stelle des wohlproportionierten Ganzen. Es gehört jedoch zu den Leistungen der biedermeierlichen Literatur, daß sie aus dem inneren Ungenügen an der von ihr selbst aufgerichteten Welt des Kleinen, Häuslichen und Zufriedenen kein Hehl machte. Immanente Zeitkritik wurde auch von jenen Autoren geübt, die als Sinnbilder biedermeierlicher Selbstgenügsamkeit zu gelten scheinen: von Mörike, Gotthelf, Stifter, Grillparzer. Damit wurde die von der B. so nachdrücklich propagierte und stets neu restituierte Ordnung im sozialen, politischen und ethischen Bereich zugleich immer wieder in Frage gestellt.

8. Die Biedermeier-Autoren haben die oft so trügerische und gefährliche Wirklichkeit mit ihrer Dämonie und Zerstörungskraft häufig durch Humor bewältigt (Mörike, später auch Raabe). Die humoristische Darstellung bedrohlicher Situationen hat dabei nichts mit einem „heiteren Darüberstehn" über der Gegenwart zu tun, sondern läuft auf die Bewältigung der Wirklichkeit, ihrer Gefahren und Bedrohungen durch Erkenntnis und auf eine Beherrschung der Widerwärtigkeiten des Lebens durch eine im Humor sichtbar werdende geistige Souveränität hinaus. Darin spricht sich gleichermaßen ein Relativierungswille aus wie die Überzeugung, daß auch eine gefahrvolle Welt durch Einsicht, Wissen und Erkenntnis entschärft werden kann. Die Sprache ist dabei das wichtigste Mittel zur Beherrschung der Lebensgefährdungen. Mit Hilfe des Humors kann eine verfehlte Betrachtung der Welt wieder zurechtgerückt werden, kann auch ein Stück Freiheit wiedergewonnen werden, die durch die Unbill der Verhältnisse bedroht worden war. Bei aller Gedankenflucht in Kindheiten, Erinnerungen, Sehnsüchte und bei aller Vorliebe für zurückgezogene Existenzen und ein einfaches Leben garantiert der Humor, daß die Wirklichkeit zu bestehen und zu überkommen ist, auch wenn sie zerstörerisch ist. Der Humor ersetzt auch fehlende Utopien und philosophische Ordnungssysteme, die helfen könnten, mit dem Dasein fertigzuwerden: humoristische Darstellungen können die Weltverzerrungen wieder korrigieren, wirken also als Korrektiv. Humor ist zugleich die stärkste Waffe der Schriftsteller im Kampf gegen Schwermut und Verzweiflung, gegen Hypochondrie und Angst. Im Humor äußern sich schließlich versteckt auch noch jene Harmonisierungstendenzen, die von Bürgertum und Klassik gleichermaßen geschätzt worden waren, Humor relativiert alle Ausflüge ins allzu Phantastische und Exzentrische. Davon ist Mörikes *Maler Nolten* ebenso durchtränkt wie Grillparzers *Der arme Spielmann*.

9. Es wäre falsch, die Biedermeier-Literatur in scharfem Kontrast zur Literatur der Jungdeutschen zu sehen. Zu den Gemeinsamkeiten von Biedermeierliteratur und der der Jungdeutschen gehört das Zurückdrängen der alten literarischen Großformen und die zunehmende Konzentration auf Klein- und Zweckformen. Außerdem wäre jede eindeutige Zuordnung des Biedermeier zum Konservativen ebenso falsch wie eine eindeutige Zuordnung der Literatur des Jungen Deutschland zur politischen Progressivität. Im Bereich des Jungen Deutschland finden sich die traditionellen Ideale von Häuslichkeit und Familie und der Rückbezug auf Vergangenes ebenso wie in der Literatur des Biedermeier; umgekehrt wird von den Biedermeier-Autoren (Mörike, Stifter etwa) die Fadenscheinigkeit der Realität, der Gesellschaft und bestimmter religiöser Anschauungen deutlich gesehen und angeprangert. Gemeinsam schließlich ist diesen scheinbar so berührungslos miteinander konkurrierenden Richtungen der Restaurationszeit die zunehmende Konzentration auf die Realität, die Beschreibung des unmittelbar Gegenwärtigen, der Verzicht auf große ästhetische oder auch philosophische Entwürfe, von denen her sich das Handeln des einzelnen bestimmen könnte; die Wirklichkeit ist nicht theoretisch ausgemessen, sondern von den Biedermeierdichtern wie von den Vertretern des Jungen Deutschland und des Vormärz erfahren und aus der Erfahrung heraus beschrieben worden. Gemeinsam ist dem Jungen Deutschland und dem Biedermeier ferner die Hochschätzung der Prosa als eigentlicher Sprache der Wirklichkeit und die relativ geringe Bedeutung des Theaters und des Dramas. Schließlich ist der Experimentalcharakter vieler Romane und Erzählungen für den Bereich des Jungen Deutschland ebenso charakteristisch wie für die Biedermeier-Welt. Beide literarische Strömungen sind überdies der Romantik verpflichtet. Soziologisch gesehen ist die B. eher die Zeit von einzel-

nen; aber auch die gemeinsamen Bündnisse im Bereich des Jungen Deutschland oder des Vormärz sind nie von langer Dauer gewesen.

Helmut Koopmann

Lit.: M. von Boehn: Biedermeier, 1911, [2]1923. – M. Greiner: Zwischen Biedermeier und Bourgeoisie, 1953. – J. Hermand: Die literarische Formenwelt des Biedermeier, 1958.– J. Hermand/M. Windfuhr: Zur Literatur der Restaurationsepoche 1815-1848, 1970. – G. Hermann: Das Biedermeier im Spiegel seiner Zeit, 1913. – F. Sengle: B. Deutsche Literatur im Spannungsfeld zwischen Restauration und Revolution 1815-1848. Bd. 1-3, 1971ff.

Bildungsroman

1. Als B. wird gewöhnlich ein ↗ Roman bezeichnet, in dessen Mittelpunkt die Lebensgeschichte einer individuellen Heldenfigur steht. In Abgrenzung zum umfassenderen Begriff des Entwicklungsromans, der eine Handlungsstruktur bezeichnet und daher als Gattungsbegriff zu betrachten ist, verlangt der B. nicht unbedingt eine vollständige Ausfaltung der Lebensgeschichte des Helden in einer Progressionslinie; ihm kommt es vielmehr darauf an, daß die Bildungsthematik als Problem der Identitätsfindung des Protagonisten thematisiert wird. In Abgrenzung zum Erziehungsroman ist der B. nicht final aus der Überlegenheitsperspektive (eines Erziehungsvorgangs oder einer Erzieherfigur) konzipiert. Der im B. thematisierte Bildungsprozeß kann auch mißlingen, abbrechen, schieflaufen oder scheitern. Der B. ist also an einen historisch relativ eng gefaßten Bildungsbegriff gebunden; dieser wiederum entstammt dem geistesgeschichtlichen Umfeld der Umbruchs- und Emanzipationsbewegungen des 18. Jh., die mit Begriffen wie ↗ Empfindsamkeit und Pietismus, ↗ Aufklärung und Pädagogik, Individualität und Autonomie der Person nur unzureichend beschrieben sind. In geschichtlicher Perspektive ist der Terminus B. für Romane vor dieser Zeit also kaum benutzbar; für die ↗ Moderne mit dem Obsoletwerden des Bildungsbegriffs ist er nur mit äußersten Einschränkungen verwendbar. Strenggenommen darf der B. daher nicht als Romangattung, sondern nur als (historischer) Romantypus oder als eine Romanart bezeichnet werden.

2. Die Geschichte des Begriffs läßt sich in mehrere Phasen gliedern. Ausgehend von Wielands *Geschichte des Agathon* (1. Fassung 1766/67) beschrieb Friedrich von Blanckenburg 1774 in seiner Abhandlung *Versuch über den Roman* schon die Merkmale des B., ohne den Begriff zu verwenden. Blanckenburg sah die „innre Geschichte“ als Wesenskern jedes Romans an. 1803 prägte der Dorpater Ästhetikprofessor Karl Morgenstern zuerst den Begriff B. Morgensterns Formulierung, die den Bildungsbegriff philosophierend umkreiste und laufend ausweitete, war wenig prägnant und blieb außerdem, an so abgelegenem Ort, ohne Wirkung. 1870 erfand Wilhelm Dilthey den Begriff neu und führte ihn erfolgreich in die ↗ Literaturwissenschaft ein. Dabei griff Dilthey verwandte Bestimmungen Hegels über den Gegensatz des Romanhelden zu seiner Umwelt auf. Vor allem aber verstand er den B. als erster als eine historische ↗ Gattung, die ihren Höhepunkt schon mit Goethes *Wilhelm Meisters Lehrjahre* (1795/96) erreicht hatte. Die Literaturwissenschaft folgte dieser Normierung am *Wilhelm Meister*. Obwohl Goethes Roman an seinem Ende erhebliche Zweifel am geglückten Bildungsweg seines Helden ausdrückte, galt das klassische Werk als die vorbildliche Erfüllung (unausgesprochener) verbindlicher Erzählmuster. Im weiteren Verlauf des 19. Jh. steigerte die Ideologisierung dieser Normvorgabe den B. zum Gipfel der Romangeschichte und zur dt. Romanart schlechthin. Diese ideologische Aufladung des B. trug zweifellos dazu bei, daß sich kritische oder moderne Schriftsteller vom B. bewußt fernhielten (z. B. Fontane) oder nur mit größter Skepsis mit diesem Erzählmuster umgingen.

3. Umstritten ist das Textkorpus, das dem B. zugerechnet werden darf. Geht man von einer engen Bestimmung aus, nach der der Held ein Bildungsziel erreicht, wodurch ein glückliches Ende des B. fast zwangsläufig vorweggenommen ist, dann kommen nur wenige Texte in Betracht, so daß man mit einigem Recht behaupten kann, der B. sei – mit Ausnahme des Musters *Wilhelm Meister* – „eine unerfüllte Gattung“ (Jacobs). Zahlreiche Romane der Epoche, die sich mit der Bildungsproblematik auseinandersetzen und in denen Bildungsprozesse thematisiert werden, müssen dann als Gegenmodelle zum B. oder als Anti-B. eingeordnet werden. Andererseits ist das Vorbild der *Lehrjahre* auch unter anderen Gesichtspunkten als denen des B. so dominant, daß man für die ersten Jahrzehnte des 19. Jh. auch von den Romanen in der *Wilhelm Meister*-Nachfolge sprechen kann. Gemeinhin wird Wielands *Agathon* als der erste, vielleicht noch nicht vollgültige B. bezeichnet. Diese Linie führt über Wezels *Hermann und Ulrike* und Moritz' *Anton Reiser* zu Goethes *Wilhelm Meisters Lehrjahren* als dem typologischen Muster der Gattung. Die Reihe von Novalis' *Heinrich von Ofterdingen* und Jean Pauls *Titan* bis hin zu Mörikes *Maler Nolten* oder Immermanns *Epigonen* mag man in die Nachfolge von Goethes B. stellen, ihren Abschluß stellt E.T.A. Hoffmanns *Kater Murr* als die

grundlegende B.-Parodie dar. Mit ihren großen Romanen stehen Keller, Stifter und Raabe einerseits vorsätzlich in dieser Tradition, andererseits weisen sie darüber hinaus. Im 20. Jh. scheinen B. ausgestorben. Thomas Manns *Zauberberg*, Musils *Mann ohne Eigenschaften* oder Grass' *Blechtrommel* bedienen sich der Strukturelemente des B. und spielen ausdrücklich und offenkundig mit der Gattung, ohne in ihr vollständig aufgehen zu wollen. Der sozialistische B. stellt schon begrifflich eine (inzwischen nicht mehr existente) Fehlentwicklung dar, weil er einen zutiefst bürgerlichen Begriff positiv innerhalb der sozialistischen Denkformen fortführen wollte. In der Gegenwart verzeichnet man eine zunehmende Neigung der Autoren, Erzählmuster des traditionellen B. erneut zu nutzen (Hermann Kant, *Die Aula*, Brigitte Reimann, *Franziska Linkerhand*, Peter Handke, *Der kurze Brief zum langen Abschied*, Hermann Kinder, *Der Schleiftrog*, Leonie Ossowski, *Wilhelm Meisters Abschied*, Botho Strauß, *Der junge Mann*).

4. Die gegenwärtigen Probleme mit dem B. lassen sich in drei Punkten zusammenfassen. Zunächst bestehen grundsätzliche Zweifel an der Brauchbarkeit eines historischen, durch heterogene Merkmale unpräzis definierten, vielfach bis zur Unkenntlichkeit aufgeschwemmten Begriffs, der freilich eingeführt ist und heuristisch benutzt wird. Sodann erhebt sich unter komparatistischer Perspektive die Frage, ob der B. eine genuin dt. Romanspielart darstellt oder ob es auch englische, amerikanische oder französische B. gibt. Vor allem die außerdt. ↗ Germanistik hat die Besonderheiten des B. an der nationalpolitischen Verspätung Deutschlands und an seinem Sonderweg defizitärer politischer Identitätsbildung festmachen wollen. Erst in jüngster Zeit wird untersucht, inwiefern der B. in doppelter Hinsicht männlich dominiert ist: Der neu zu entdeckende weibliche B. meint einerseits B. mit weiblichen Protagonisten, andererseits B. aus der Feder von Autorinnen.

Rolf Selbmann

Lit.: J. Jacobs: Wilhelm Meister und seine Brüder, 1972. – J. Jacobs/M. Krause: Der dt. B., 1989. – G. Mayer: Der dt. B., 1992. – R. Selbmann: Der dt. B., [2]1994.

Biographie

1. Im engeren Sinne versteht man unter B. recht vage eine umfänglichere, erzählende (selten dramatisierte) Lebensgeschichte einer (in der Regel) historisch beglaubigten Person, meist in Buchform, doch setzen sich zunehmend auch andere ↗ Medien (Funk, Fernsehen, Film) durch. Im weiteren Sinne bezeichnet der Begriff, vor allem in seiner adjektivischen Form, das breitgestreute Spektrum von Genres und Textsorten lebensgeschichtlichen Erzählens: In der Alltagskommunikation dominieren im Öffentlichkeitsbereich kurze, stark formelhafte Lebensbeschreibungen (Lebenslauf, Grabinschrift als Minimal-B., biographische Kürzestinformationen) und konversationelle Erzählungen im Privaten; intensiv präsent sind Textsorten mit vorherrschend biographischen Komponenten in der Publizistik (Nekrolog, Porträt) und den Medien; die in Buchform veröffentlichten Lebensbeschreibungen können dem Umfang (von Skizzen bis zu mehrbändigen Werken), dem Wissenschaftsanspruch (vom populärwissenschaftl. Sachbuch bis zum Werk mit wissenschaftl. Apparat) und der ästhetischen Gestaltung nach (von der Trivial-B. zu ästhetisch anspruchsvollsten Werken mit unterschiedlicher Fiktionalisierung, Polyvalenz und Selbstthematisierung) stark variieren. – Biographische Nachschlagewerke sind Sammelwerke von Kurzbiographien, meist alphabetisch und nach Fachgebieten, Regionen usw. geordnet und mit bibliographischen Angaben. Dazu gehören auch Personalbibliographien; bei sog. Biobibliographien überwiegt der bibliographische Anteil.

2. Überliefert sind selbständige B. über griechische Philosophen und Dichter aus dem 4. Jh. v. Chr., biographische Daten liefern freilich davor Denkmäler, historische und literarische Werke. Die 46 Parallel-B. jeweils eines Römers und eines Griechen (z.B. Alexander-Caesar), von Plutarch im spätantiken Griechenland verfaßt, nehmen spätestens seit Shakespeare einen illustren Platz in der B.-Geschichte ein. Auch früher waren B. im alten Rom populär: Cornelius Nepos (um 100-32 v. Chr.) schrieb 16 Bücher *De viris illustribus*, Sueton Kaiserb. und Tacitus lieferte die Lebensbeschreibung seines Schwiegervaters Agricola. Neben einer oft sehr lebhaften Charakterzeichnung und anekdotischen Komponenten (wie bei Plutarch) war die B. der Antike stark moralisierend, vorbildhaft oder abschreckend gestaltet. In christlicher Zeit wurde diese Tendenz in den hagiographischen Schriften (Heiligenviten und -legenden, ↗ Legende) sowie in den Fürstenviten noch intensiviert. Die stark individualisierend vorgehende B. gründet in der ↗ Renaissance, etwa Boccaccios *Vita di Dante* (um 1360) und vor allem Vasaris Sammel-B. der bildenden Künstler Italiens (*Die Lebensbeschreibungen der berühmtesten italien. Architekten, Maler und Bildhauer*; 1550, erw. Ausg. 1568). Genrebestimmend und einflußübend waren in den folgenden Jh. die französische (18. Jh.: Voltaire, 20. Jh: Roland, Maurois) und die englische Biographik (17. Jh: Walton, 18. Jh.: Boswell – Forderung nach

Authentizität, 19. Jh.: Carlyle – Heroisierung, 20. Jh.: Strachey – Heldensturz-B.). Im Rahmen bürgerlicher Emanzipations- und Erziehungsbestrebungen entwickelte die dt. biographische Essayistik (↗ Essay) des 18. Jh. ein vorbildhaftes Harmoniemodell von Individuum und Gesellschaft, Gedanken und Tat, Seelenleben und Weltöffnung (Herder, Goethe u.a.). Der Übergang zur biographischen Großform, zur wissenschaftlichen und künstlerischen B. erfolgte im 19. Jh., wobei Gervinus und Droysen die nationalpolitische und -literarische Tendenz vertraten, während eine ganze Reihe geistes- und kulturgeschichtl. orientierter Biographen wie Dilthey und Burckhardt, Haym und E. Schmidt, Grimm und Justi jenen Rückzug auf das Bildungsbürgerliche, auf Ästhetisierung, Verinnerlichung und Verklärung antraten, der dann im frühen 20. Jh. in der Mythographie des George-Kreises mündet (Gundolf, Kantorowicz, Bertram). Das zunehmend Kompensatorische prägt die „biographische Mode“ in der Zwischenkriegszeit (Ludwig, St. Zweig) und die Trivial-B. bis in die Gegenwart. Die kritische und innovative B. der späten 60er und 70er Jahre, geschrieben von namhaften Schriftstellern, erzielt eine Regenerierung des Genres (Hildesheimer, Harig, Härtling, D. Kühn u.a.); in den 80ern und 90ern folgt die literarische B. postmodernen Trends in simulierten B. und der Absorbierung biographischer Elemente in fiktionale Texte (Ch. Wolf, Hildesheimer, Nadolny, Ransmayr u.a.), ↗ Postmoderne.

3. Mit wenigen Ausnahmen, in erster Linie Kracauers luzider Analyse, Scheuers fundamentalem Buch (und seinen Aufsätzen) sowie einigen kürzeren Beiträgen zur modernen B., charakterisiert die B.-Forschung zum einen ein wissenschaftlich fragwürdiges, vor allem praxisorientiertes Vorgehen (als Erfahrungsbericht und Anleitung, besonders in der angloamerikanischen Fachliteratur bis in die 70er Jahre) und zum anderen, im Gegensatz zur ↗ Autobiographie, das Dominieren veralteter theoretischer Ansätze sowie das Desinteresse der Forschung. Die Randstellung und der Reiz der B. beruhen auf der von Romein festgestellten spannungsreichen Antithetik von Wissenschaft (Geschichtsschreibung)/Kunst(Literatur), bzw. von Faktizität/Fiktionalität, Individuellem/Allgemeinem, Individuum/Gesellschaft; kaum eingebracht wurden in die Genrediskussion Erkenntnisse anderer Disziplinen, etwa der biographischen Forschung, der historischen Narrativik (Danto, White) und strukturalistischer Ansätze (Mukařovský, Barthes).

4. Die unverwüstliche Popularität der biographischen Genres und Textsorten gründet auf der Vielfalt ihrer Funktionen: Obzwar die ethisch-didaktische Funktion in der modernen B. ersetzt wurde durch die fragwürdige Exemplarität sensationalistisch aufbereiteter Lebensstories in den Medien, erfüllt die Biographik noch immer – wie ehedem – die Aufgabe eines kollektiven Gedächtnisses (und Totengedenkens), in erster Linie ist sie jedoch identitäts-, kontinuitäts- und sinnstiftend, und zwar nicht nur für das Einzelindividuum, sondern sie fördert über Identifikation Gruppenbewußtsein (Lebenshilfeliteratur) und kann soziale Kommunikation schaffen. Da Sozialisation und Individuation vorwiegend aufgrund vorgeprägter Muster operieren, ist es verständlich, daß auch biographische Genres und Textsorten auf eingebürgerte, zuweilen formalisierte und vom literarischen Standpunkt aus anachronistische Vertextungsmuster zurückgreifen (etwa auf die narrativen Mittel des 19. Jh.). Verstärkt wird einsinnige, auf Faktizität setzende Produktion und Rezeption biographischer Texte durch die Aufgabe der Informationsvermittlung in der Alltagskommunikation sowie durch das Streben nach Wissenserwerb im Sinne des bürgerlichen Bildungsideals, was wiederum epochenspezifischen Kompensationsformen Vorschub leistet (Nostalgie nach einem überschaubaren und beherrschbaren Weltganzen mit einem in sich konsistenten Subjekt im Zentrum, dessen Lebensgeschichte sinnvoll verläuft).

5. Lebensgeschichtliches Erzählen funktioniert aus der Rückschau (d.h. mit dem Wissen des Erzählers, was bestimmte Lebenspartikeln verursacht haben) und auf die Erzählsituation hin. Ersteres gewährleistet eine auf Kohärenz, Konsistenz und Sinnhaftigkeit hinausgehende Wahl und Zusammenstellung biographischer Elemente, letzteres motiviert den Erzählmodus. Durch Ausblenden des Aussagemomentes, des Erzählers, durch die (mit Dokumenten, Zitaten usw. gestütze) Verankerung in der Realität erzeugt das sog. traditionelle biographische Paradigma ein Harmonisierungsmodell, worin der biographische Konstruktions- und Fiktionscharakter verhüllt bleibt. Das sog. alternative biographische Paradigma deckt dies durch die Übernahme von Mitteln des modernen Romans, d.h. durch Selbstthematisierung, durch Aufhebung der Homogenität, durch Mehrdeutigkeit und die Hervorhebung des Interpretationscharakters biographischer Texte auf. Dadurch gelingt eine Neubelebung des vielfach diskreditierten Genres von der Literatur her, doch wird dabei auch in anderen Medien die Kunstsphäre kaum verlassen.

Neva Šlibar

Lit.: S. Kracauer: Die B. als neubürgerliche Kunstform. In: Ders.: Das Ornament der Masse, 1977. – J. Romein: Die B., 1948. – H. Scheuer: B., 1979 – N. Šlibar: Ist die B. ein anachronistisches Genre? In: Heteroglossia 4 (1992).

Brief

1. B. ist Lehnwort aus lat. „brevis (libellus)", d. h. „kurzes Schreiben", eine schriftliche, meist ausführlichere und verschlossen übersandte Mitteilung, die zwischen räumlich getrennten Partnern gewechselt wird. Aus der antiken rhetorischen Tradition stammen die Begriffe, mit denen konstitutive Elemente des B. im Sinne eines Dispositionsschemas voneinander geschieden und im Textgeschehen situiert werden: „salutatio", „captatio benevolentiae", „exordium", „narratio", „petitio", „conclusio", d.h. Anrede, positive Einstimmung, Beginn, Bericht, Wunsch, Schluß, ↗ Rhetorik. Zwar sind heute, in einer Zeit, in der alles Allgemein-Verbindliche für den B. als Gattung verlorengegangen ist, „als letzte gattungsspezifische Merkmale (...) nur Anrede und Gruß übriggeblieben" (Ettl), doch auch in neueren Formen bewahrt der B. in seinem Aufbau wesentliche dieser tradierten Leistungen.

2. Die Sprechakt-Theorie und die diversen kommunikationswissenschaftlichen Modelle verstehen den B. als „Mittel pragmatischer schriftlicher Kommunikation" (Nickisch). Innerhalb des Dreiecks von Absender, B. und Empfänger ist der B. Träger verschiedener, einander überlagernder Funktionen von Ausdruck, Darstellung und Appell. Dem vielfältigen Beziehungsnetz zwischen den beteiligten Instanzen geht die Frage nach, „wer (Selbsteinschätzung, Rollenzuweisung) wem (Fremdeinschätzung, Rollenerwartung) worüber (Thema) warum (Anlaß) wozu (Ziel) wann und wo einen B. schreibt" (Langeheine). Neben der reinen Sachinformation (Denotativität) werden im B. explizite Absichten des Absenders, Elemente gewünschter Einflußnahme auf den Empfänger transportiert (Intentionalität); daneben verrät der Schreiber unwillkürlich einiges über seine Person (Expressivität) und die Randbedingungen seines Schreibens.

Briefliche Kommunikation spielt sich in einem räumlichen und zeitlichen Spannungsverhältnis ab; „B. sind etwas, worauf man wartet – oder die unerwartet kommen." (Flusser) Sie setzen die Vertraulichkeit des in ihnen transportierten Wortes voraus. Entscheidende Schwelle ist die Veröffentlichung; „der veröffentlichte B. ist immer ein Paradoxon" (Raabe).

3. Bis zum ausgehenden MA kennt der B. als ↗ Gattung keine individuell abgefaßten Texte, vielmehr handelt es sich meist um Mitteilungen und Schriftsätze mit urkundlichem oder sonst amtlichem Charakter, häufig in lat. Sprache. Noch im 16. und 17. Jh. dominieren in Deutschland Kanzleischreiben, kaufmännisch-geschäftliche Mitteilungen (Handelsb.) und gelehrt-philosophische Korrespondenzen in formelhaftem Kanzleistil. Die zunehmende Orientierung an höfischer Kultur ersetzte die Abhängigkeit vom Lateinischen durch die vom Französischen, die Sprache bei Hofe; es entstand ein dt.-frz. Mischstil, der den B. zum anerkannten „Mittel galanter Gesellschafts- und Lebenskunst" (Nickisch) werden ließ.

Das 18. Jh. bringt mit der Progression der bürgerlichen Subjektivität in Deutschland auch einen „Funktionswandel des B.verkehrs" (Hartwig) mit sich. Die Emanzipation des Selbstgefühls, die Neigung zur Beobachtung eigener Empfindungen und Gedanken wiesen ihm eine neue Aufgabe zu. Im B. als dem Sakrament der Selbsterfahrung lernte das bürgerliche Ich, sich selbst wichtig zu nehmen. Der B. wurde im 18. Jh. zum Medium für die Konstitution des schreibenden Ich, Ort der Selbsterschaffung und -erfahrung der eigenen Person, Hilfsmittel zur Schaffung eines Raumes von produktiver Intimität. Dies galt insbesondere für die schreibenden Frauen jener Zeit (Meta Klopstock, Eva Lessing, Sophie von La Roche, Caroline Schlegel-Schelling u.a.), denen der B. zum Entrebillet in die Literatur gereichte.

Der B.(wechsel) zwischen Autoren wird zur poetologischen und philosophischen Werkstatt (Goethe/Schiller, Marx/Engels, u.a.). Goethe (50 der 133 Bde. der Weimarer Ausgabe erfassen ca. 15.000 B.) oder der „B.schwärmer" Fontane (mit einem etwa vergleichbaren B.-Oeuvre) stehen beispielhaft für die B.kultur in einem „Jh. des B." in Deutschland, in dem B.-Kultur und B.-Verkehr ihren Höhepunkt erreichten.

4. Gemessen daran hat im 20. Jh. ein fortschreitender Verfall der B.schreibekunst eingesetzt. Nicht allein sind die biographischen Voraussetzungen für B.-Beziehungen zunehmend fraglich geworden (Kafka: *Briefe an Felice*, 1912-1917; Tucholsky: *Unser ungelebtes Leben. Briefe an Mary*, 1917-1935). Auch hat sich unter dem Einfluß zunehmender Technisierung der Kommunikation die ehedem vorwärtsweisende Funktion ins Gegenteil verkehrt. Der allmähliche Wegfall der „Devotionssignale" („Euer Hochwohlgebohren", „Hochachtungsvoll" usw.) im B. markiert den endgültigen Primat geschäftlicher Schreibanlässe (Schriftverkehr mit Ämtern, Behörden und Firmen) und Schreiber (Geschäftsleute, Sekretärinnen, Manager). Heute wirkt der Gebrauch des Mediums „B." wie das vergebliche Beharren auf einer Form von Individualität und Privatheit, der die herrschenden Gesetze der Distribution (nicht nur der Postsachen selbst) und der Vermittlung hohnsprechen: Im Zeitalter der Technisierung der Kommunikation, der Reduktion (Postkarte, Telegramm; Telegraf, Telefon, Fernschreiber, Schreibmaschine, Telefax, PC, E-Mail u.a.) sind Apparate

dabei, den individuellen („handschriftlichen") B. zu substituieren.

Die Verschiebungen in Form und Funktion brieflicher Kommunikation lassen sich kategorisch fassen: Primat des Monologischen gegenüber einer dialogischen Vermittlung; fortschreitende Entleerung des Subjekts anstelle der Selbsterkundung erwachender Subjektivität; Herrschaft vorgefertigter Textbausteine dort, wo zuvor ein Austausch zwischen „Ich" und „Welt" unternommen worden war.

5. Auch das briefliche Schreiben mit literarischem Anspruch, der auf ästhetische Wirkung hin organisierte „schöne" B. aus der Korrespondenz von Schriftstellern, hat sich verändert. Jedesmal erhält das stilisierte Private neue, ästhetische Qualität. Damit hängt zusammen, daß die Gattung B. im Verlaufe der letzten Jahrhunderte in vielerlei Meinungen und Absichten literarisch in Anspruch genommen worden ist, sei es in offener oder fiktiver Form.

Die dialogische Struktur und die dadurch mögliche Unmittelbarkeit der Ansprache des Adressaten machen sich Pädagogische B. zunutze; Luthers „Sendschreiben" *Von der Freiheit eines Christenmenschen* (1520) oder sein *Sendbrief vom Dolmetschen* (1530) sind frühe Beispiele einer Gattung, deren didaktische Potenz in der Folgezeit von ↗ Aufklärung und ↗ Empfindsamkeit bereitwillig ausgeschöpft wird. Dabei spiegelt die Form des Offenen B. (als Gemeinde-B., Partei-Zirkular, Herausgeber-B.) Wandlungen in der Rolle der literarischen Öffentlichkeit und eine zunehmende Politisierung wider (Döblin: *Wissen und Verändern! Offene Briefe an einen jungen Menschen*, 1931; Hesse: *Briefe an Freunde. Rund-Briefe 1946-1962*; Duve/Böll/Staeck: *Briefe zur Verteidigung der Republik*, 1978).

Dieses Moment tritt in den publizistisch-politischen B. unmißverständlich in den Vordergrund; Lessings *Anti-Goeze* (1778) ist als Streitschrift aus der realen B.form erwachsen; Ludwig Thoma hat *Jozef Filsers Briefwexel* (1907-1912) satirisch angelegt, ↗ Satire.

Auch essayistisch-kritische B. oder B.-Essays nützen neben der dialogischen Struktur, als eines Transportmittels für dialektische Gedankenbewegung, auch die relative Offenheit der Form, ↗ Essay. Diese dient zugleich als Transportmittel für öffentlich zu machende Kritik in literarischen oder politischen Dingen – ob in Form einer vernunftbestimmten Unterweisung als Dialog (Lessing: *Briefe die Neueste Litteratur betreffend*, 1759-1765; Herder: *Ueber die neuere deutsche Litteratur. Sammlung von Fragmenten*, 1766-1768) oder in der Unbedingtheit eines stürmenden und drängenden Sendschreibens, das vor sich keinen Widerspruch mehr formuliert (Goethe: *Zum Schäkespears Tag*, 1771). Schillers philosophisches Hauptwerk *Über die ästhetische Erziehung des Menschen, in einer Reihe von Briefen* erschienen (1795), markiert den hohen Anspruch und zugleich die reale Isoliertheit der Kunsttheorie der Weimarer ↗ Klassik, Hofmannsthals Sprachkritik als (Chandos-)*Brief* (1902) die Neigung zum historisierenden Kostüm in der Zeit des Fin de siècle, ↗ Jahrhundertwende.

Seit dem 18. Jh. außerordentlich verbreitet und aus lebenspraktischen Bedürfnissen heraus erwachsen ist die Gattung des Reise-B.; auch er ist in der Lage, in der kontrastiven Schilderung der Fremde zeitkritische Impulse an den Empfänger zu übermitteln (Lichtenberg: *Briefe aus England*, 1776-1778; Forster: *Ansichten vom Niederrhein*, 1791-1794; Börne: *Briefe aus Paris*, 1830-1832; Brinkmann: *Rom, Blicke*, 1979), ↗ Reiseliteratur. Einen Schritt weiter in Richtung Literarisierung geht die Fiktionalisierung der B.-Form, sei es durch Schaffung eines fiktiven Absenders (Möser: *Mein Verleger an mich*, 1780), eines fiktiven Adressaten (Goll: *Brief an den verstorbenen Dichter Apollinaire*, 1919) oder der Beziehung zwischen zwei fingierten Partnern (Lichtenberg: *Gnädigstes Sendschreiben der Erde an den Mond*, 1780).

6. Der B., als Teil von Literatur, hat bestimmte kompositorische Aufgaben zu erfüllen. B.-Einlagen (im Roman beispielsweise) „führen die Handlung weiter, intensivieren sie, kommentieren sie u.ä.m." (Nickisch) Prominente Beispiele hierfür bieten etwa Gellerts *Das Leben der schwedischen Gräfin von G*** (1747/48), Goethes *Die Wahlverwandtschaften* (1809), Fontanes *Effi Briest* (1894), Thomas Manns *Buddenbrooks* (1901) oder Kafkas *Das Schloß* (1922). B.einlagen im ↗ Drama sind geeignet, Intrigen in Gang zu setzen; B.-Kabalen treiben etwa in Schillers *Wallenstein* die Handlung zu kritischen Punkten voran. Der B. als ↗ Lyrik (B.-Gedicht) orientiert sich zumeist an der antiken Praxis poetischer Episteln (Horaz, Ovid; Brecht: *Epistel an die Augsburger*, 1945).

Höchste Steigerung der Literarisierung der Gattung B. leistet der B.-Roman, da hier weder Schreiber oder Adressat noch Anlaß oder behandelter Gegenstand real sind. Diese Gattung, wie geschaffen für ein Erzählen aus der Ich-Perspektive, wird im 18. Jh. überaus beliebt; sie ermöglicht dem Erzähler eine neue Intensität der Selbstdarstellung und -aussprache, bereitet eine Verlagerung des Handlung ins Innere der Figuren vor und schafft für die Leser ein neuartiges Identifikationsangebot. Auch hier folgt die dt. Literatur fremden, insbesondere engl. Vorbildern

(Richardson: *Pamela*, 1740). Goethes *Die Leiden des jungen Werthers* (1774) werden zum Muster einer Gattung, die bis ins 20. Jh. immer wieder neu variiert worden ist. Bietet sie doch die Möglichkeit, die scheinbare „Authentizität" zu potenzieren im Spiel mit der Herausgeber- und Manuskript-Fiktion, und dadurch den Leser als Partner, als B.-Schreiber und -rezipienten zugleich, anzusprechen und zu aktivieren.

Heute ist der B. in und als Literaturform Schauplatz der Auflösung dieser früher ordnenden und sinngebenden Kräfte und Instanzen (in selbst so unterschiedlichen Beispielen wie Handkes *Der kurze Brief zum langen Abschied*, 1972, oder Martin Walsers *Brief an Lord Liszt*, 1982). Ist damit tatsächlich „das geschichtliche Urteil über den B. als Form" gesprochen („eigentlich lassen sich keine B. mehr schreiben", Adorno)? Genauere Einzelanalyse vermag zu zeigen, wie die Form des B. in solchen Zeugnissen die Chance des Widerständigen bewahrt – gegen die einvernehmliche bloße Wiederholung des Tatsächlichen. Heute erscheint die Rolle des B. als einer literarischen Form deutlicher als früher verbunden mit der Frage nach dem systematischen Ort von Literatur überhaupt: zwischen geschichtlichem Dokument und Kunstgegenstand, als Zeugnis (der Widerstände) von Kommunikation.

Georg Guntermann

Lit.: S. Ettl: Anleitung zu schriftlicher Kommunikation: Briefsteller von 1880 bis 1980, 1984. – V. Langeheine: Textpragmatische Analyse schriftlicher Kommunikation am Beispiel des B. In: S. Grosse (Hg.): Schriftsprachlichkeit, 1983. – G. Mattenklott/H. Schlaffer/H. Schlaffer (Hg.): Deutsche B. 1750-1950, 1988. – R.M.G. Nickisch: B., 1991.

Buch, Buchdruck

1. Der Begriff „Buch" (B.) beschreibt der Form nach die Verbindung mehrerer Blätter oder Bogen mittels Heftung/Bindung, die von einem Einband umschlossen sind, und der Funktion nach einen Informationsspeicher, in dem mittels graphischer Zeichen (Schrift und Bild) aus allen Bereichen menschlichen Seins (Wissenschaft, Literatur, Theologie, Kunst, Handel usw.) Wissen und Kenntnisse verbreitet werden. Das B. bestimmt seit 2000 Jahren die Geistesgeschichte, in Abhängigkeit von der Entwicklung der Schrift, der Beschreibstoffe und der Herstellungstechnik. Der Begriff, got. „bôkôs", ahd./mhd. „(p)buoch", entstand metonymisch durch die Verbindung mit einem frühen Beschreibstoff, Buchenholz-Tafeln, vergleichbar mit griech. „bíblos" „Bast, Rinde" oder lat. „liber" in der Bedeutung „Bast" und „Buch".

2. Entwicklungsstufen des B. sind die Tontafel, die Rolle und der Codex. Sonderformen sind das indische Palmblatt-B., das Falt-B. oder das chinesische B. aus Bambus- oder Holzstreifen. Aus Mesopotamien kennen wir Tontafeln seit dem 3. Jahrtausend v. Chr., die bei längeren Texten numeriert und zusammengelegt wurden (z.B. die Tontafel-„Bibliothek" des Assyrerkönigs Assurbanipal in Ninive). Die zunächst mündlich tradierte Dichtung erreichte mit der Entwicklung von der Bilderschrift zur Laut- und Buchstabenschrift eine neue Qualität, die Lautschrift mit Vokalen bei den kleinasiatischen Griechen um 900 v. Chr. schuf das noch heute gebräuchliche Alphabet. Die Meißelarbeit in Stein, Holz oder Elfenbein wich dem Ritzen in Ton oder Wachs und dann dem Beschreiben von Papyrus und Pergament. Antike Papyri (aus dem präparierten Mark der Papyrus-Staude) in Rollenform haben sich aus Ägypten und dem vorderasiatischen Raum in großer Zahl erhalten und werden z.T. noch heute in Tonkrügen, Gräbern usw. gefunden; in der jüdischen Thora-Rolle hat sich die B.-Rolle bis heute im Gebrauch erhalten. Die Rollen sind in der Regel etwa 25-30 cm breit und ca. 5 m lang (in Sonderfällen bis zu 40 m, vgl. *Papyrus Harris* in London, British Museum). Sie wurden in Schriftspalten (Kolonnen) beschrieben, so daß „Seiten" entstanden; Angaben zum Inhalt, Schreiber usw. finden sich am Ende (in der Rollenmitte). Die geschlossene Rolle trug einen heraushängenden Streifen („titulus" oder „index").

Die Umstellung auf zweiseitig beschreibbares Pergament (geglättetes, ungegerbtes Schafs-, Kalbs- oder Ziegenleder, zunächst in Pergamon gebräuchlich) brachte im 1. Jh. n. Chr. nach Versuchen in Rollenform die Faltung und Heftung einzelner Blätter mit sich und schuf damit den „Codex", bes. im christlichen Bereich zur Niederschrift biblischer Texte, aber auch Pergamentcodices mit juristischen und literarischen Texten. Der Name „Codex" ist wiederum vom Material „Holzklotz, Bretter-Block" auf die Form übergegangen, die sich bis zum 4. Jh. n. Chr. durchsetzte. Vorbild waren antike Holztafeln mit Wachsauflage, die durch Schnüre oder Ringe zusammengehalten wurden, auf denen die Griechen und Römer ihre zumeist geschäftlichen Notizen festhielten.

Als Einband diente beim frühen Codex Holz oder Pergament; von der Rolle wurde die Schlußschrift (der Kolophon) übernommen und das Incipit, das sich vereinzelt zum Titelblatt ausbildete. Foliierung (Bogenzählung) und Paginierung (Seitenzählung) kamen im MA dazu, der ursprünglich quadratische Codex veränderte sich zur heute üblichen hochrechteckigen Form.

3. Mit dem Ende des Römischen Reiches gingen viele B.schätze verloren; die Klöster wurden zu Vermittlern christlicher, aber auch antiker Literatur; die B.kunst entstand, zumeist „ad maiorem dei gloriam"; neben dem Scriptor waren der Rubrikator (Rötelmaler), der Illuminator und der Miniator mit der Ausgestaltung der Codices befaßt. Seit dem 12. Jh. ging – parallel zur Entwicklung der Universitäten – die Verbreitung weltlichen, juristischen und fachwissenschaftlichen Schrifttums durch bezahlte Schreiber und Händler voran, es entstand der B.markt mit der Herstellung von Abschriften auf Vorrat, die Berufe der „stationarii" (Bücherverleiher) und „librarii" (Verkäufer) bildeten sich heraus. Diebold Lauber in Hagenau (Elsaß) z.B. vervielfältige im 15. Jh. Handschriften dt. Epen und Erbauungsschriften und trieb weitreichenden Handel damit. Unterstützt wurde die Verbreitung des B. durch das bereits im 2. Jh. in China erfundene Papier, das über die Araber nach Europa kam, im frühen 14. Jh. nach Italien, schließlich 1390 nach Deutschland (Nürnberg).

Seit dem frühen 15. Jh. wurden Holzschnitte nicht nur mit Abbildungen, sondern auch mit (eingeschnittenem) Text versehen und als „Blockbücher" verbreitet (einseitig bedruckte Blätter, die gefaltet und gebunden wurden); eine Sondergattung war die „biblia pauperum", eine nach festem Schema aufgebaute Bilderbibel, die zentrale Themen des NT mit den Prophetien des AT anschaulich verband.

4. 1454 erschien als erstes gedrucktes B. von Bedeutung Johannes Gutenbergs 42-zeilige Bibel (B 42), deren Fertigstellung auf dem Frankfurter Reichstag im Oktober 1454 verbürgt ist. Der Druck mit beweglichen Typen revolutionierte die B.herstellung und -verbreitung. Gutenberg hatte eine Vielzahl von Erfindungen gebündelt, von denen der Schriftguß und die Entwicklung des Handgießinstruments zur Herstellung einer unbegrenzten Zahl von identischen metallenen Typen im Mittelpunkt stehen; daneben verbinden wir mit seinem Namen die Entwicklung einer geeigneten Legierung des Typenmaterials, die Zusammensetzung der Druckfarbe, die Erfindung des Druckballens zum Einfärben, den Setzkasten und auch die Weiterentwicklung der Druckpresse.

Gutenberg schließt sich an die Handschriftenpraxis an, kennt z.B. noch kein separates Titelblatt und liefert unverzierte Druckbogen, die individuell rubriziert und illuminiert werden konnten. Er verwendet eine Vielzahl von Ligaturen und Abbreviaturen, um den Ausschluß der Zeile im Blocksatz zu erreichen und dem Handschriftenvorbild nahe zu kommen. Auch die Typographie der frühesten Drucke, der „Inkunabeln", d.h. „Wiegendrucke" (etwa 27.000 bis zum Jahr 1500), folgt der Handschriftentradition. Seit 1480 setzt sich das Titelblatt durch, nehmen die volkssprachigen Texte zu, wird überwiegend Papier verwendet, wird Buchwerbung im Kolophon und in Buchhandelsanzeigen betrieben. ↗ Humanismus und B.druck befruchten sich wechselseitig, kritische Editionen lat. und griech. Texte (Aldus Manutius, Venedig; Johann Froben, Basel) entstehen. Anton Koberger in Nürnberg wird um 1500 mit 24 Pressen und 100 Mitarbeitern zum bedeutendsten Druckerverleger in Mitteleuropa (1493 *Schedelsche Weltchronik*, das am reichsten illustrierte B. der Inkunabelzeit, daneben zahlreiche dt.sprachige illustrierte Bibeln). Kaiser Maximilian I. (1493-1519) wird Förderer der B.kunst, beschäftigt den Hofbuchdrucker Schönsperger in Augsburg und läßt Dürer eine neue Frakturtype entwerfen. Der Dualismus Fraktur-Antiqua für dt.sprachige/fremdsprachige Texte entsteht und hält bis zur Mitte des 20. Jh. an.

5. Die ↗ Reformation bedient sich des inzwischen weitverbreiteten Netzes von Druckereien; Luther nannte den B.druck „summum et postremum donum", durch das Gott die Ausbreitung des Evangeliums befördere. Im Mittelpunkt steht seine Bibelübersetzung seit 1521, daneben die Verbreitung der „neuen Lehre" in Flugschriften und ↗ Flugblättern. Zwischen 1518 und 1526 erschien dreimal soviel dt.sprachige Literatur wie zwischen 1501 und 1517. Wurden von Gutenbergs Vulgata-Augabe (B 42) etwa 180 Ex. gedruckt, so von Luthers NT in 15 Jahren etwa 200.000 Ex.

In der Regel wurden die B. ungebunden verkauft, die Bogen in Fässern transportiert und von den Händlern („Buchführern") auf den Messen Bogen gegen Bogen nach dem Materialwert getauscht; seit 1564 wird in Frankfurt ein „Meßkatalog" geführt. Das Format der Bücher wurde durch Falzung der (nicht normierten) Bogen bestimmt: 2° (Folio), 4° (Quart), 8° (Oktav), 16° (Sedez) usw.; zur Illustration dienten Holzschnitte und zunehmend Kupferstiche als Titelkupfer und Frontispize.

Das barocke B. kennzeichnet der reiche Schmuck an illustrativen Kupfern, Bordüren, ausladenden Titelblättern und beredten Widmungen; Casualcarmina, Leichenpredigten, Dissertationen wurden in großer Zahl verbreitet, ↗ Barock. Die ↗ Aufklärung brachte auch ein verändertes Autorenselbstverständnis: Urheberrecht und Honorarfragen wurden diskutiert, Selbstverlagsunternehmungen (Klopstock, Wieland) erprobt. Die Leipziger Buchmesse gewann ab 1764 die Oberhand, Philipp Erasmus Reich lehnte dort den Tauschhandel ab und propagierte den sog. Nettohandel. Die Reformen im Buchhandel (Göschen 1802, Perthes 1815) führten zur Gründung des Börsenvereins der Deutschen Buchhändler 1825.

6. Die B.herstellung hatte sich seit 300 Jahren nicht grundlegend verändert, dies geschah erst seit 1812 mit der Einführung von Friedrich Koenigs „Schnellpresse", die die Herstellungszeit deutlich verkürzte und den Einsatz gelernter Kräfte entbehrlich machte. Am 29. November 1814 wurde die Londoner *Times* mit der Schnellpresse gedruckt, im Buchdruck folgten in den zwanziger Jahren die Firmen Metzler (Stuttgart) und Cotta (Tübingen). War dabei die Papierzuführung beschleunigt worden, so brachte im frühen 19. Jh. das Papier aus Holzschliff und Zellstoff statt dem teuren Hadernpapier die Möglichkeit der maschinellen Papierherstellung; die Entwicklung der Rollenrotationsmaschine 1865 brachte den nächsten Schritt, der hohe Auflagen für die Zeitschriften- und B.produktion ermöglichte. Der Verlegereinband hatte sich seit dem frühen 19. Jh. durchgesetzt; neben dem gebundenen Exemplar blieb aber die Broschur beliebt, z.B. bei den preiswerten ersten „Taschenbüchern" wie Reclams Universal-Bibliothek, die nach dem Auslaufen der Urheberrechts-Schutzfristen im sog. „Klassikerjahr" 1867 auf den Markt kamen. Dem Massenb. wurde zu Beginn des 20. Jh. das bibliophil gestaltete B. entgegengesetzt, Privatpressen (Bremer Presse, Officina Bodoni) setzten weiterhin auf handwerkliche Kunst. Die Medienkonkurrenz zu Hörfunk, Stummfilm und Tonfilm zu Beginn des Jh. führte durch ihre Komplimentärwirkung eher zu einem Aufschwung des B.

Setzmaschinen (Monotype, Linotype) verdrängten den Handsatz, die Fotochemie (Autotypie, Lichtdruck) veränderte die Illustrationsverfahren, Rotationsmaschinen lösten die Tiegeldruckpresse ab. Seit 1960 dominiert der Offsetdruck, ein indirektes Flachdruckverfahren; der Bleisatz wurde in den 1970er Jahren vom Fotosatz abgelöst. DTP, Desk-top-publishing, ermöglicht seit den 80er Jahren Seitenumbruch in kürzester Zeit. Digitale Satz- und Drucktechniken (Printing on demand) revolutionieren in den 90er Jahren das Buchgewerbe, schaffen Abbildungsmöglichkeiten von hoher Brillanz, perfekten Satz und die Anpassung des Drucks an veränderte Märkte (kleinere Auflagen, Druck nach Bedarf).

7. Die neuen Möglichkeiten der EDV wirken sich aber nicht nur positiv auf die B.herstellung aus, sie bedrohen auch den Informationsspeicher B. durch die Bereitstellung von kompakteren, zugriffsschnelleren und preiswerteren Speichermedien (Disketten, CD-ROM). Bestimmte Bereiche der Nachschlagewerke, Lexika, Bibliographien, gegebenenfalls Zeitschriften werden zunehmend in Datenbanken – auch online – bereitgehalten; es gibt somit eine Veränderung in der B.landschaft, allerdings keine Verdrängung. Entgegen pessimistischer Visionen der 70er Jahre (McLuhan, *Die Gutenberg-Galaxis* u.a.) hat sich der spezifische Charakter des B. für den privaten, literarischen, künstlerischen, wissenschaftlichen und geschäftlichen Bereich als optimal erwiesen, haben sich die haptischen und ästhetischen Vorzüge des B. neben der Praktikabilität und der Disponibilität gegenüber den elektronischen Speichermedien behauptet.

Stephan Füssel

Lit.: H. Blanck: Das B. in der Antike, 1992. – F. Funke: B.kunde, [5]1992. – F. Geldner: Inkunabelkunde, 1978. – Gutenberg-Jahrbuch. Begr. v. A. Ruppel, hg. v. St. Füssel, 1926ff. – M. Janzin/ J. Güntner: Das B. vom B., 1995. – S. Corsten/St. Füssel/G. Pflug (Hg.): Lexikon des gesamten B.wesens, [2]1987ff. – J. Moran: Printing presses, 1973.

Bürgerliches Trauerspiel

1. Der Begriff B.T. umfaßt ein stilistisch-strukturell, geistesgeschichtlich und soziologisch heterogenes Segment bürgerlicher Dramatik, das sich Mitte des 18. Jh. aus der Bindung des klassizistischen Tragödienbegriffs löst und tragische Konflikte unter Verlagerung des Konfliktgeschehens aus dem öffentlichen Raum in die häuslich-familiäre Lebenssphäre innerhalb der bürgerlichen Lebens- und Wertewelt ansiedelt. Als Prototyp der ↗ Gattung gilt George Lillos bereits 1731 erschienenes ↗ Drama *The London Merchant, or, The History of George Barnwell* (dt. 1752; dt. Erstaufführung Hamburg 1754), das allerdings die Gattungsbezeichnung selbst nicht verwendet. Erst die französische Übersetzung von 1748 weist im Untertitel den Begriff „tragédie bourgeoise" auf, der in Frankreich 1733 erstmalig belegt ist und 1750 in einer (vermutlich von Lessing übersetzten) Besprechung von Voltaires „comédie" *Nanine* auf dem Umweg über das Französische als B.T. den Weg ins Deutsche findet. Der Begriff selbst ist in dieser frühen Phase seiner Geschichte noch nicht eindeutig festgelegt und verschwimmt als Bezeichnung für solche Tragödien, deren Hauptkennzeichen eine rührende Wirkung ist, mit demjenigen der „comédie larmoyante", über die sich in Frankreich das ernste bürgerliche Drama herausbildete (Diderot, *Le fils naturel ou les épreuves de la vertu, Le père de famille*, 1757 bzw. 1758).

In Deutschland bereitet neben dem Einfluß der Stücke Lillos und Edward Moores (*The Gamester*, 1753; dt. 1754) der Erfolg des rührenden Lustspiels und die allmähliche Verbürgerlichung des Helden in der klassizistischen Tragödie sowie die Konjunktur antifranzösischer und prodt. Stücke in der ersten Hälfte des 18. Jh. der neuen Gattung den Boden. Mit Lessings rührendem Familienbild *Miß Sara Sampson* und Gottlob Benjamin Pfeils Abhandlung *Vom bürgerlichen Trauerspiele* erschienen 1755 die ersten literarischen bzw. umfassenden literaturtheoretischen Beiträge zum B.T., das im Zuge der aufkommenden ↗ Empfindsamkeit in der zweiten Hälfte des 18. Jh. zunehmend an Bedeutung gewinnt.

2. Während sich in Lillos Drama das Selbstbewußtsein einer erfolgreichen Kaufmannsschicht ausspricht, stehen im dt. B.T. familiär bestimmte Konflikte der bürgerlichen Moral und solche zwischen dem Wertsystem „Bürgerlichkeit" und der höfisch-feudalen Ordnung zur Diskussion. Der damit im Vergleich zur ↗ Tragödie vollzogene Blickwechsel, mit dem sich der Ausgangspunkt des Tragischen aus dem Bereich der transzendenten Weltdeutungen in den Menschen und die Welt hineinverlagert, gründet in dem Interesse der Zeit an Empirie und Psychologie, das eine allmähliche Aufwertung der Affekte und Gefühle mit sich brachte und die alte stoisch fundierte Anthropologie und Ethik, wie sie das barocke Trauerspiel und das klassizistische Drama noch weitgehend geprägt hatte, allmählich ablöste. Dabei lassen sich zwei Phasen der Entwicklung unterscheiden. Im Zentrum der ersten Phase steht der um Tugend bemühte, „empfindsame" Mensch. Sittliche Besserung gilt als das Ziel des B.T., die erreicht werden soll nicht über eine intellektuelle Leistung (rationale Einsicht, Bewunderung für ein gegebenes Beispiel etc.), sondern über eine Gemütserregung: das Moment der Rührung und die Kultivierung der Mitleidsfähigkeit (Lessing). Praktisch artikuliert sich diese Wirkungsabsicht in der Forderung nach einer Annäherung des Dramas an die praktische Lebenserfahrung des Publikums und damit einer Absetzung von der mythisch-heroischen bzw. geschichtlich-heroischen Wirklichkeit der Tragödie. Die Annäherung der auf der Bühne agierenden Personen an die Lebenswirklichkeit des Publikums soll Identifikation ermöglichen. Entsprechend begründen Pfeil, Lessing und die anderen Theoretiker der Gattung auch die von ihnen geforderte Aufhebung der im Drama des Klassizismus zur Norm erklärten Ständeklausel, mit der die Tragödie zum Spielfeld allein hoher Standespersonen erklärt und dem Bürgertum der Horizont geschichtlichen Handelns abgesprochen wird. Im 14. Stück der *Hamburgischen Dramaturgie* (1769) erklärt Lessing: „Das Unglück derjenigen, deren Umstände den unsrigen am nächsten kommen, muß natürlicherweise am tiefsten in unsere Seelen dringen", woran wenig später der berühmt gewordene Satz anschließt: „Die geheiligten Namen des Freundes, des Vaters, des Geliebten, des Gatten, des Sohnes, der Mutter, des Menschen überhaupt: diese sind pathetischer als alles; diese behaupten ihre Rechte immer und ewig."

In Lessings Mitleidskonzeption, die in dem Satz gipfelt, der „mitleidigste Mensch" sei „der beste Mensch", fallen die emotionale und die moralische Wirkung des Theaters zusammen. Ob er mit seiner wirkungsästhetischen Bestimmung des Trauerspiels als Mittel zur Steigerung der Mit-Leidensfähigkeit allerdings ein für das B.T. des 18. Jh. allgemein verbindliches Dramenmodell zur Sprache gebracht hat, ist aufgrund neuer Untersuchungen zum B.T. mit erheblich erweiterter Quellenbasis in Zweifel geraten. Zu fragen ist nun, ob statt der von Lessing dem Trauerspiel abverlangten Verfeinerung der Gefühlskultur nicht eher die „exemplarische Abschreckung" (C. Mönch) im Zentrum der moraldidaktischen Konzeption des B.T. gestanden hat. Lessing selbst immerhin hat im 76. und 77. Stück der *Hamburgischen Dramaturgie* seine Vorstellungen in persönlicher Auslegung des Aristotelischen Katharsisgedankens präzisiert und mit der ästhetischen Wirkungskategorie der Furcht („phobos") in Einklang zu bringen versucht. Mitleid ohne Furcht sei nichts mehr als „Philanthropie", die bestenfalls in sozialkaritatives Handeln münde; nur durch die Rückbeziehung des Mitleids auf die Furcht (verstanden als „das auf uns selbst bezogene Mitleid") werde die emotionale Mitleidserregung zu einer praktischen „Fertigkeit" und damit zu einer über die Dauer der Aufführung hinausgehenden Tugend.

3. Der empfindsame Typus des B.T. bleibt zwar noch bis in die 90er Jahre des 18. Jh. hinein virulent, hat als solcher seine Bedeutung allerdings bereits seit den 70er Jahren an einen anderen, ständische Konflikte betonenden Typus des Trauerspiels abgetreten, den wiederum Lessing 1772 mit *Emilia Galotti* installiert und Schiller mit *Kabale und Liebe* (1784) zu einem Höhepunkt geführt hat. Im Unterschied zum empfindsamen Typus des B.T. rücken nun die Leidenschaften des subjektivistischen Menschen ins Zentrum des Spiels. Die ↗ Utopie der „empfindsamen" Gesellschaft, die gesellschaftliche Interessengegensätze „moralisch" überwindet, hat ausgespielt; der Bürger als moralischer oder unmoralischer Privatmensch tritt von der Bühne der Geschichte ab und macht dem Bürger als Vertreter

eines genau umrissenen Standes- oder Berufsmilieus bzw. einer ständisch bedingten Mentalität Platz, die sich in einer Interessensspaltung der aus Bürgern und Adligen gebildeten „Mittelschicht" niederschlägt. Zugleich werden Tugend und Laster aus ihrer Abstraktheit befreit und auf ihre gesellschaftlichen Bedingungen zurückgeführt. Erst mit dieser „Sozialpolitisierung" (Guthke) des B.T. erhält das Attribut „bürgerlich" im Gattungsbegriff eine eindeutig ständische Dimension.

Zwar richtet sich die nun zur Sprache gebrachte Gesellschaftskritik in erster Linie noch gegen den Adel; bereits beim späten Lessing allerdings, spätestens dann im Drama des ↗ Sturm und Drang (Lenz, Klinger, H.L. Wagner), das vom B.T. markierte Positionen aufnimmt, modifiziert und transformiert und zugleich die Gattung aus dem psychologisch-moralischen Bereich in die realgesellschaftliche Sphäre überführt, gerät dabei auch das Bürgertum selbst ins Visier der Kritik. Das weist voraus auf Hebbel, der in der Mitte des 19. Jh. dem B.T. noch einmal zu einer späten Nachblüte verholfen hat (*Maria Magdalene*, 1844), nachdem bereits die Autoren von Weimarer ↗ Klassik und ↗ Romantik in der Gattung kaum mehr adäquate ästhetische Ausdrucksformen hatten erkennen können. Mit Hebbel tritt das B.T., das bereits um 1800 seine Bedeutung an populäre Sentimentalisierungsformen des Tragischen vom Schlage der Rührstücke Schröders, Grossmanns, Ifflands und Kotzebues abgetreten hatte, dezidiert nun in die Auseinandersetzung mit dem Wertsystem „Bürgerlichkeit", wird es zum Mittel im Kampf gegen eine kleinbürgerliche Geistigkeit und die Enge formalistischer Anschauungen.

4. Die Fortdauer der Gattung nach 1850 wird in der Forschung kontrovers diskutiert. Bis zu einem gewissen Grade lassen sich die Dramen Ibsens (*Vildanden*, 1884), Strindbergs (*Fadren*, 1887), Schnitzlers (*Liebelei*, 1896) und Gerhart Hauptmanns (*Rose Bernd*, 1903) als Weiterbildungen der im B.T. vollzogenen Auseinandersetzung mit dem Wertsystem der Familie begreifen. Vergleichbares gilt für die Bearbeitungen Lenzscher oder Wagnerscher Vorlagen (*Der Hofmeister*, *Die Soldaten*, *Die Kindsmörderin*) durch Brecht, Hacks und Kipphardt, in denen Teile der Literaturgeschichtsschreibung den Ausdruck einer Gattungskontinuität haben sehen wollen, die sich in den 60er und 70er Jahren mit Stücken Adolf Muschgs (*Rumpelstilz*, 1968), Rainer Werner Fassbinders (*Bremer Freiheit*, 1972) und Franz Xaver Kroetz' (*Maria Magdalena*, 1974) fortsetze. Ausgeblendet wird damit allerdings das prekäre Verhältnis von B.T. und dem sozialen Drama des ↗ Naturalismus im 19. Jh. sowie die bloß noch ironische Art des Rückbezugs der Kritik an der bürgerlichen Gesellschaft in den Dramen der jüngeren Autoren.

Norbert Otto Eke

Lit.: E. Fischer-Lichte: Geschichte des Dramas. 2 Bde., 1990. – K.S. Guthke: Das dt. B.T., 1994. – H. Koopmann (Hg.): Bürgerlichkeit im Umbruch. Studien zum dt.sprachigen Drama 1750-1800, 1993. – C. Mönch: Abschrecken oder Mitleiden. Das dt. B.T. im 18. Jh., 1993.

C

Comics

1. Abgeleitete Kurzform von engl./amerik. „comic strips“ = komische, drollige Bildstreifen. C. bezeichnen die Abfolge von gezeichneten Bildkästchen (Panels), wobei meist verschiedene Textformen (Sprechblasen: Dialoge/Denkinhalte, Blocktext: Erzählerbericht und sog. Soundwörter) in das Bild integriert sind. Graphisches und verbales Zeichensystem stehen in enger Wechselwirkung. Die Gestaltung der Einzelbilder und ihrer Abfolge ist stark von Filmschnitt, Montage, Einstellungs- und Perspektivendynamik beeinflußt. Zur eigenen Formsprache der C. gehören u.a. sog. Speed lines (Geschwindigkeitslinien) bzw. Action lines (Überraschung, Geruch, Lärm u.a.) oder eine differenzierte Gestaltung des Bildrahmens (z.B. gestrichelter Rand = gedachter/geträumter Inhalt).

2. Bildfolgen mit beigefügtem Text finden sich schon im MA (Wandteppich von Bayeux, 11. Jh.), seit dem 13. Jh. in Armenbibeln und sog. Bilderbogen (Kurzlegenden, Sensationsberichte), ab dem 15. Jh. in sog. Bilderbibeln und ab dem 17. Jh. als Moritatentafeln des Bänkelsangs zur volkstümlichen Unterhaltung und Belehrung. Weitere Vorläufer der C. sind engl. Karikaturen des 18./19. Jh., v.a. W. Hogarths detail- und anspielungsreiche Serienbilder (*A Harlot's Progress*, 1732 u.a.), die humoristischen Bildergeschichten des Schweizers R. Toepffer (*Histoire de M. Jabot*, 1833 u.a.), frz. Graphiker des 19. Jh. wie G. Doré und H. Daumier mit beißenden Satiren, die Witzserien in dt. humoristisch-satirischen Zeitschriften (u.a. *Fliegende Blätter*, 1845ff., *Simplizissimus*, 1896ff.), H. Hoffmanns *Struwwelpeter* (1845) und W. Buschs satirische Bildgeschichten mit gereimtem Untertext (*Max und Moritz*, 1865 u.a.).

3. 1884 erschien der erste regelmäßige „comic strip“ in einer englischen Wochenzeitung (noch mit Untertexten), diese „Kids-“ bzw. „Animal-Strips“ wurden v.a. in Kinderzeitschriften publiziert. Als erster amerik. Zeitungsstrip gilt R.F. Outcaults *The Yellow Kid* (1886) – ein altkluges Baby gibt derb-witzige, sozialkritische Kommentare von sich; R. Dirks nimmt Anleihe bei W. Busch und zeichnet als Zeitungsbeilagen grobe Lausbubenstreiche: *The Katzenjammer Kids* (1897ff.). Die frühen C. neigen stark zum Grotesken und Phantastischen, sind aber v.a. komische Geschichten („Funnies“) wie W. McCays *Little Nemo* (1905ff.), L. Feiningers *The Kinder-Kids* (1906) oder G. Herrimanns *Krazy Kat* (1913ff.). In der Tradition dieser Tier-C. entwickelt W. Disney *Mickey Mouse* – ab 1928 in Zeichentrickfilmen, 1930ff. als Bildstreifen – und *Donald Duck* (1936ff., ab 1943 C. Barks). Im Zuge zunehmender Kommerzialisierung werden C.-Hefte Ende der 20er Jahre schließlich selbständige Massenware, und C.-Figuren werden durch Merchandising immer mehr in den amerik. Alltag (Gebrauchsartikel, Spielzeug) integriert.

4. Die neuen Produktionsbedingungen fördern die Trivialisierung der Inhalte, es kommen erstmals pseudo-realistisch gezeichnete Abenteuer-C. auf den Markt. Sie bieten Ablenkung, fördern Wunschphantasien und Identifikation mit neuen Helden: *Tarzan* (1929), *Dick Tracy* (1931), *Phantom* (1936), *Prince Valiant* (1937, dt. *Prinz Eisenherz*), *Superman* (1938), *Batman* (1939). Genres wie Kriminal-, Science-Fiction-, Wild-West-, Grusel-, Horror-C. etablieren sich zunehmend (↗ Kriminalliteratur, ↗ Trivialliteratur).

5. Im Europa der Zwischenkriegszeit wird der franko-belgische Raum bedeutsam und bleibt Hochburg anspruchsvoller Alben-C. 1928 startet Hergé seine erfolgreiche Serie *Tintin*, dt. *Tim und Struppi*. Sein Zeichenstil („ligne claire“) wird nachgeahmt und erfährt eine Wiederbelebung in den 80er Jahren. Im dt.sprachigen Raum bleiben C. auf zeitungsgebundenes, meist amerik. Lizenzmaterial beschränkt. Nur die *Vater und Sohn*-Bildgeschichten (1935-1938) E.O. Plauens (d.i. E. Ohser) und der erste dt.sprachige, regelmäßig erscheinende politisch-satirische Comic *Tobias Seicherl* (1930-1938) von L. Kmoch in einer Wiener Tageszeitung ragen heraus. Nach dem Krieg gelingt es in der BRD, neben Zeitungsstrips wie *Mecki*, *Kommissar Schmidtchen* und der Krimi-Parodie *Nick Knatterton* mit den sog. Piccolo-Heften im Genre der Dschungel-C. (*Akim*) und Ritter-C. (*Sigurd*, *Falk*) und trotz des Marktführers *Micky Maus* (seit 1949 in Deutschland) auch eine eigenständige Produktion mit *Fix und Foxi* (1953ff. Kauka/Neugebauer) aufzubauen.

6. Die in der BRD in den 50/60er Jahren sehr erfolgreiche amerik. Serienadaption *Illustrierte Klassiker* publiziert Stoffe der Weltliteratur (*Odyssee*, *Hamlet*, *Faust* u.v.a.) und findet in anspruchsvollen Autoren-Alben in den 80/90er Jahren ihre Fortsetzung (u.a. D. Battaglia: *Der*

Sandmann, Der Golem, Woyzeck; F. Loser: *Der Besuch der alten Dame;* B. Sienkiewicz: *Moby Dick).*

7. Satirische C. (↗ Satire) mit philosophischen Aspekten sind C.M. Schulz' *Peanuts* (1950ff.) und der kleinbürgerlich-egozentrische Kater *Garfield* (1978, dt. 1984) von J. Davis. Mit Pornographie und Gewalt provozierende Underground-C. (R. Crumb: *Fritz the Cat*, 1958, *Head Comix,* 1967f.), parodistische Elemente verknüpft mit Sex (C.-Serien *Barbarella,* dt. 1966; *Jodelle,* dt. 1967) und das grotesk überzeichnende Satire-Magazin *MAD,* 1952, dt. 1969, erweitern das Genre. Großen Einfluß auf die C.-Produktion in der BRD hat Uderzos *Asterix*-Serie (1959ff., dt. 1968), die mittels historisierender Satire neue Leserschichten erschließt. Star unter den dt. Klamauk-C. der 80er Jahre ist *Werner* (1981ff.) von Brösel (d.i. R. Feldmann).

8. Ernste politische C. seit den 70er Jahren befassen sich mit Themen wie Atombombenabwurf (K. Nakazawa: *Barfuß durch Hiroschima,* dt. 1982) oder dem Zweiten Weltkrieg (Kalenbach/Bedürftig: *Hitler,* dt. 1989). Während des US-Präsidentschaftswahlkampfs 1989 wird das C.-Album *Brought to Light* (B. Sienkiewicz u.a.) – eine kritische Dokumentation über den CIA - veröffentlicht. Beachtung fand in der BRD A. Spiegelmans Comic-Roman *Maus* (1986, dt. 1989). Er schildert darin die Erlebnisse seiner jüdischen Eltern in Auschwitz.

9. Nach der jugendschützerischen Phase der 40/50er Jahre („Comic Codes") folgen verstärkt sprachpädagogische und ideologiekritische Auseinandersetzungen mit dem Massenmedium C. (A.C. Baumgärtner u.a.). Die Wechselwirkungen mit Pop-art (R. Lichtenstein, A. Warhol), Pop-Literatur und Underground-Literatur fördern die künstlerische Beachtung der C. Innovatives Wirken geht u.a. von Zeichnern wie B. Sienkiewicz, R. Corben (USA); F. Schuiten, Hermann (Belgien), Moebius, J. Tardi, R. Loisel, A. Goetzinger (Frankr.); Derib (Schweiz); M. Götze, M. Schultheiss, G. Seyfried, G. Sieber (BRD); R. Putzker (Österr.); H. Pratt, D. Battaglia (Ital.); K. Otomo (Japan) aus. Heute findet diese C.-Produktion als spezifische visuellverbale Kunst- bzw. Erzählform zunehmend Anerkennung (C.-Fachzeitschriften, C.-Jahrbücher, C.-Ausstellungen).

Erich Perschon

Lit.: B. Dolle-Weinkauff: C., 1990. – W.J. Fuchs/R. Reitberger: C.-Handbuch, 1978. – A.C. Knigge: C.-Lexikon, 1989 – S. McCloud: C. richtig lesen, 1994.

D

Dadaismus

1. Der Begriff D. bezeichnet eine während des Ersten Weltkriegs von Zürich ausgehende internationale avantgardistische Kunstbewegung, die „radikalste" (P. Bürger) des frühen 20. Jh (↗ Avantgarde). Das zufällig gefundene Wort „Dada" verschließt sich jeder Bedeutungsfestlegung (heißt im Rumänischen „Ja, ja", im Frz. „Steckenpferdchen", kann im Deutschen als Ausdruck kindlicher Naivität gelten, bezeichnete in der Schweiz Toiletteartikel) und führt jeden Definitionsversuch von vornherein ad absurdum: „Dada bedeutet nichts" (T. Tzara), ist „Garnichts oder alles" (Dada-Reklame), „Dada ist Zersetzung" und „Dada ist mehr als Dada" (R. Hausmann). Der D. wird nicht als „Kunstrichtung", sondern als „Richtung des Lebens selbst" und als „stärkste Negation aller Wertmaßstäbe" (Th. v. Doesburg) verstanden. Radikaler Bruch mit allen Traditionen, Destruktion und Verlachen jeglichen Sinns, aber auch jeglicher Heilserwartung und eine vehemente, auf Polemik, Blasphemie und Schock zielende Antikunsthaltung, die allerdings – dadaistisches Paradox – wiederum Kunst produziert, sind bei aller Verschiedenheit der einzelnen Gruppierungen des D. deren gemeinsamer Nenner. Sie sind Antwort auf die Erfahrung des totalen Zusammenbruchs aller Werte und der bürgerlichen Moral im Weltkrieg. Das in diesem freigesetzte, bis dahin ungeahnte technische Vernichtungspotential sowie die Revolutionierung des physikalischen Weltbilds zu Beginn des 20. Jh. provozieren die Ablehnung rein zweckrationalen Denkens, traditioneller Autonomieästhetik und zelebrierter Autorschaft. Gegen die Verlogenheit einer Kunst, die die als Chaos erfahrene Wirklichkeit in eine ästhetische Ordnung zu bannen versucht, zerstört der D. die traditionelle Vorstellung eines Sinn transportierenden organischen Kunstwerks und setzt auf die Verfahrensweisen von Montage und Collage heterogenster Versatzstücke, die auf keinen außerhalb ihrer selbst liegenden Sinn mehr verweisen.

2. Die Eröffnung des von H. Ball und E. Ball-Hennings gegründeten Cabaret Voltaire in Zürich am 5.2.1916 gilt als Beginn der dadaistischen Bewegung. Der Zürcher D. ist durch T. Tzaras *Chronique Zurichoise* (1920) und H. Balls Edition *Cabaret Voltaire* (1916) sowie sein Tagebuch *Die Flucht aus der Zeit* (1927) dokumentiert. U.a. treten im Cabaret Voltaire die Rumänen T. Tzara und M. Janco, die Deutschen R. Huelsenbeck und H. Richter, der Elsässer H. Arp und der Österreicher W. Serner auf und lassen es durch ihre Experimente mit Zufallstexten, Collagen, Lautpoesie, mit selbstironischen Manifesten, mit unkonventioneller Darbietungskunst (z.B. Simultanvortrag), ungewöhnlichen Maskierungen, Kostümierungen und Tänzen sowie durch spontane Provokationen des Publikums in kürzester Zeit zu einem „Tummelplatz verrücktester Emotionen" (Ball) werden. Am folgenreichsten sind, in Weiterentwicklung futuristischer Ansätze, akustische, sich der Geräuschmusik annähernde Texte, Simultangedichte (wie *L'amiral cherche une maison à louer* von Huelsenbeck, Janco, Tzara), Huelsenbecks *Phantastische Gebete* und exotische Rhythmen imitierende Negergedichte sowie Lautgedichte von H. Ball (z.B. *Karawane*).

3. Bereits 1917 kehrt Huelsenbeck nach Berlin zurück, wo er 1918 mit dem „Dadasophen" R. Hausmann den „Club Dada" gründet, zu dem u.a. H. Höch, G. Grosz, F. Jung, der „Oberdada" J. Baader, W. Mehring, der „Monteurdada" J. Heartfield und der Verleger W. Herzfelde gehören. War der Zürcher D. bei allen anarchistischen Zügen eher auf Nonsense, so ist der Berliner D. eher politisch ausgerichtet. Vehement tritt er auf gegen den Geist der Weimarer Spießerrepublik (mit deren Justiz man immer wieder in Konflikt gerät), aber auch gegen die in Bürokratie erstarrende proletarische Revolution (ironisiert etwa im dadaistischen Zentralrat der Weltrevolution) sowie gegen Pathos und messianische Heilserwartungen des ↗ Expressionismus. Gegen die Versprechungen und das falsche Bewußtsein der Kultur- und Werbeindustrie arbeiten die Dadaisten mit deren eigenen Mitteln (Gründung einer „dada-Reklame-Gesellschaft"). Beispielhaft hat sich R. Hausmann alle Medien zunutze gemacht und, Kunstgrenzen überschreitend, Plakatgedichte oder optophonetische Gedichte (z.B. *kp'erioum*) geschaffen, die typographisch in Richtung musikalischer Notation verweisen, des weiteren, angeregt von H. Höch (*Schnitt mit dem Küchenmesser Dada durch die erste Weimarer Bierbauchkulturepoche Deutschlands*), die Photomontage weiterentwickelt. Mit gezielter, wenngleich ironischer Eigenreklame, mit provokanten Auftritten (etwa J. Baaders in Dom und Reichstag), mit der ersten internationalen Dada-Messe (1920) und mit Dada-Tourneen nach Dresden,

Leipzig, Prag und Hamburg hat der Berliner D. über kunstinteressierte Kreise hinaus die Aufmerksamkeit einer breiteren Öffentlichkeit auf sich gelenkt.

4. Ausgehend von der Wortkunst des Berliner „Sturm“-Kreises und in engem Kontakt zum Berliner D. entwickelt der Werbefachmann, Schriftsteller und bildende Künstler K. Schwitters (1887-1948) in Hannover eine eigenständige Variante des D. Der zufällige Ausschnitt MERZ aus einer Reklame der KOMMERZ und PRIVATBANK für eine Collage hat seinem – im Gegensatz zu den übrigen Richtungen des D. expliziten – Kunstwollen den Namen gegeben. Die Abgrenzung, „MERZ ist nicht dada“, ist so gesehen richtig, allerdings relativiert durch seine dadistische Ironisierung traditionellen Kunst-pathos im Gedicht *An Anna Blume*, durch sein Paradebeispiel dadaistischer Lautpoesie, die *Ursonate*, oder durch sein *i-Gedicht*, ein literarisches „objet (poème) trouvé“, sowie durch seine europaweite Reklame für den D. und seine die Exilzeit überdauernde Freundschaft mit Hausmann.

5. Kurzzeitig und vor allem für bildkünstlerische Aktivitäten finden sich in Köln der „Dadamax“ M. Ernst, H. Arp und Th. Baargeld in der Dada-Zentrale W/3 und im Zeitschriftenprojekt „schammade“ zusammen. Arp und Ernst, der literarisch mit dem Collageroman *La Femme 100 Tetes* hervortrat, tendierten nach Paris, wo der D. 1920/21, vorbereitet durch A. Jarry und G. Apollinaire und in Gang gesetzt durch T. Tzara, im Kreis um A. Bretons Zeitschrift „Littérature“ als Antikunstbewegung große Resonanz fand und gewissermaßen als Initialzündung für den Surrealismus wirkte. Wesentlich mitgeprägt wurde der Pariser D. durch die bildenden Künstler M. Duchamp – mit seinen „ready mades“ als größter Provokation traditionellen Kunstverständnisses –, F. Picabia und Man Ray, die als Hauptvertreter eines New Yorker D. gelten können. Ein letztes großes Aufflackern erlebte die dadaistische Bewegung in den Niederlanden, wo sie, nicht mehr als Schock und Provokation empfunden, vielmehr bereits als anerkannte Kunstrichtung rezipiert, vor allem dank Th. v. Doesburg, einem Grenzgänger zwischen Konstruktivismus und D., sehr erfolgreich war.

6. Der D. hat nicht nur im Surrealismus, sondern in allen kulturellen Avantgarden sowie Antikunst- und Nichtkunstbewegungen weitergewirkt, in den literarischen Experimenten der Wiener Gruppe und der ↗ Konkreten Poesie wie auch in Happenings und Pop-art.

Kurt Bartsch

Lit.: R. Huelsenbeck (Hg.): Dada. Eine literarische Dokumentation, 1964. – H. Richter: Dada. Kunst und Antikunst, 1964. – H. Bergius: Das Lachen Dadas, 1989. – H. Korte: Die Dadaisten, 1994.

DDR-Literatur

1. Die am 3. Oktober 1990 vollzogene Selbstauflösung des zweiten dt. Teilstaates hat die Frage nach der Zahl der dt. Literaturen (eine, zwei oder gar vier) mehr als je zuvor zu einer akademischen Angelegenheit werden lassen, ohne daß auch nur im Ansatz geklärt wäre, ob eine saubere Trennung beider dt. Literaturen nach ästhetischen, thematischen oder nur regional-geographischen Kriterien wirklich jemals möglich gewesen ist, und wenn ja, ob mit dem Beitritt der DDR zur Bundesrepublik Deutschland zugleich mit der DDR-Literatur nicht auch die bundesdt. Literatur als solche aufgehört hat zu existieren.

Von Beginn an sprach die Kulturpolitik der DDR der Literatur einen hohen Stellenwert zu als Medium sozialer Einflußnahme, gesellschaftlicher Identitätsfindungen, nicht zuletzt auch politischer Mythenbildungen. Die dirigistische Steuerung der Literaturströme, wie sie sich über vier Jahrzehnte hin in der DDR beobachten läßt, ist lediglich die Kehrseite dieser Gewichtung der Literatur. Nicht nur war die Buchproduktion weitgehend den Bedingungen des Marktes entzogen – die überwiegende Mehrzahl der Verlage waren „volkseigene“ Staatsverlage oder gehörten Parteien und Massenorganisationen –, auch die Programmgestaltung der Verlage erfolgte weitgehend im Rahmen der durch die Kulturpolitik gesetzten Spielräume. Die strukturellen Eingriffe in die Literaturproduktion wurden auf der anderen Seite ergänzt durch das Bemühen, die Schriftsteller durch Privilegien (großzügige Stipendien, hohe Autorenhonorare, große Auflagen, Übersetzungs- und Beraterverträge) an den Staat zu binden. Voraussetzung dafür allerdings war die Mitgliedschaft im Schriftstellerverband der DDR, dessen Statuten die Anerkennung der führenden Rolle der Partei und des sozialistischen Realismus als literarischer Methode zwingend voraussetzte.

2. Die Anfänge des literarischen Lebens in der (zunächst) „Sowjetisch besetzten Zone“ (SBZ) erfolgten unter der politischen Programmatik einer allumfassenden Erneuerung. Erklärtes Ziel der Politik war die Errichtung einer „antifaschistisch-demokratischen Ordnung“. Dieser programmatische Neuanfang wurde flankiert durch die kulturpolitischen Setzungen eines Erbeverständnisses, das die am 7. Oktober 1949 gegründete DDR zur Verwirklichung der humanisti-

schen Traditionen in der (dt.) Geschichte erklärte, womit sie die Kontinuität einer Kulturentwicklung propagierte, die in der Rückkehr prominenter linker Emigranten (u.a. Johannes R. Becher, Anna Seghers, Arnold Zweig, Bertolt Brecht, Friedrich Wolf, Hanns Eisler) ihre nach außen sichtbare Bestätigung zu finden schien. Weitgehend fungierte der Antifaschismus in dieser Phase der antifaschistisch-demokratischen Erneuerung als ideologische (und auch ästhetische) Klammer zwischen den Rückkehrern; er bildete gleichzeitig eine Brücke zu den Vertretern der jüngeren Generation, die ihre Jugend unter der Herrschaft der Nationalsozialisten verbracht und zum Teil noch aktiv am Krieg teilgenommen hatten. Zumal die Auseinandersetzung mit der zurückliegenden Epoche des Faschismus, mit Verfolgung und Krieg war eines der zentralen Anliegen v.a. der erzählenden Literatur dieser Jahre, während die Spielpläne der Theater zunächst noch weitgehend von Stücken der dt. und internationalen Klassik beherrscht wurden. Berichte und Erzählungen mit aufklärerisch-dokumentarischer Tendenz (Theodor Plievier, *Stalingrad*, 1945; Ernst Wiechert, *Der Totenwald*, 1946; Günther Weisenborn, *Memorial*, 1948) sowie – zum Teil schon vor 1945 begonnene – Epochenbilanzen (Willi Bredel, *Verwandte und Bekannte*, 1941-1953; Anna Seghers, *Die Toten bleiben jung*, 1949) beherrschten zunächst das Bild der Literatur. Weitgehend erfolgte die Darstellung des Faschismus in diesen Werken in den Bahnen der von der Komintern 1933 vorgenommenen Bestimmung seiner Wurzeln in den Interessen des Großkapitals; der ↗ Mythos vom Widerstand des Volkes und der grundsätzlichen Abwehrkraft der Arbeiterklasse gegenüber den Sirenenklängen des Faschismus war tonangebend. Erst mit zunehmendem Abstand, etwa ab den 60er Jahren, begann sich demgegenüber allmählich eine Sichtweise durchzusetzen, die den Nationalsozialismus als Massenphänomen anzuerkennen bereit war und den Faschismus nicht nur als politisch-ökonomisches Problem, sondern als mit der Befreiung von 1945 keineswegs erledigten „gewöhnlichen" Faschismus in den Subjekten und damit auch als Problem der Gegenwart begriff (Franz Fühmann, *Das Judenauto*, 1962; Heiner Müller, *Germania Tod in Berlin*, UA BRD 1978, entstanden bereits 1956/71; *Die Schlacht*, UA 1975, entstanden bereits 1951/74; Klaus Schlesinger, *Michael*, 1971; Christa Wolf, *Kindheitsmuster*, 1976; Hermann Kant, *Der Aufenthalt*, 1977).

3. Der Verschiebung der gesellschaftlichen Leitprämissen in Richtung auf den „Aufbau der Grundlagen des Sozialismus", wie ihn die zweite Parteikonferenz der SED im Juli 1952 offiziell proklamierte, läßt in den 50er Jahren ein neues Sujet in den Vordergrund treten: die Gestaltung und den Aufbau des Neuen, zunächst v.a. in Form von Reportagen und Erzählungen aus den Betrieben (Willi Bredel, *Fünfzig Tage*, 1950; Eduard Claudius, *Vom schweren Anfang*, 1950), dann auch in Romanen, die ihre in der Regel klischierte und schönende Handlung zum Teil auf dem Land, zum Teil in der industriellen Produktion ansiedelten (Otto Gotsche, *Tiefe Furchen*, 1949; Eduard Claudius, *Menschen an unserer Seite*, 1951; Maria Langner, *Stahl*, 1952; Karl Mundstock, *Helle Nächte*, 1952; Hans Marchwitza, *Roheisen*, 1955; Harry Thürk, *Die Herren des Salzes*, 1956). Etwa zeitgleich nahm die für das sozialistische Kulturverständnis zentrale Beziehung auf das kulturelle Erbe unter dem bestimmenden Einfluß der Realismustheorie Georg Lukács' die Züge einer dem sowjetisch-stalinistischen Literaturverständnis verpflichteten doktrinären Regelpoetik an. Sie schrieb eine (mehr oder weniger) kritische Aktualisierung der klassizistischen ↗ Ästhetik durch die sozialistisch-marxistische Literaturtheorie vor, kanonisierte den vormodernen ↗ Realismus des 19. Jh. als Muster für das sozialistisch-realistische Erzählen der Gegenwart, teilte die Literaturgeschichte in ein fortschrittliches (Weimarer ↗ Klassik, bürgerlicher Realismus) und ein reaktionäres (↗ Romantik, ↗ Moderne/↗ Avantgarde) Erbe und machte gleichzeitig eine Reihe von Schreibe-Regeln verbindlich (Darstellung der Wirklichkeit in ihrer revolutionären Entwicklung, sozialistische Produktion als bevorzugtes Sujet, positiver Held, Typisierung, Geschlossenheit und Totalität), mit der die ästhetischen Spielräume der Literatur parteiideologisch weitgehend eingeschränkt wurden. Im Zuge dieser bis weit in die 60er Jahre hinein gültigen Erbekonzeption wurde die „sinnliche Unmittelbarkeit" zum Postulat einer sozialistisch-realistischen Dichtkunst erhoben, die von allen „modernistischen" Tendenzen freigehalten werden sollte.

Weitgehend auf der Strecke blieb bei dieser Verengung der ästhetischen Wahrnehmung auf einen vormodernen Realismus zugleich mit der klassischen Moderne auch das spezifisch „progressive" Erbe einer revolutionär-proletarischen Literatur, wie es in den 1920er und frühen 30er Jahren in Deutschland zur Blüte gekommen war, und mit ihm die ↗ Utopie einer kommunistischen Kunst, in der die Trennung von Hand- und Kopfarbeit sowie die Schranken zwischen Berufs- und Laienkunst aufgehoben sind. Nachdem der V. Parteitag der SED 1958 die Losung ausgegeben hatte, die „noch vorhandene Trennung von Kunst und Leben, die Entfremdung zwischen Künstler und Volk" müsse überwunden werden, markieren die Beschlüsse der 1. Bitterfelder Kulturkonferenz von 1959 in dieser Hinsicht den wohl weitestgehenden Versuch einer Rückbesinnung auf die durch die Orientierung auf das klassische Erbe verdrängte ,linke' Tradition. Das Programm zielte darauf ab, die Arbeiter systematisch an die Literatur („Greif zur Feder, Kumpel") und gleichzeitig die Künstler an die Produktion heranzuführen. Letztlich wurde damit eine Synthese gesucht zwischen proletkultisch-agitatorischen und klassischen Literaturformen, um so den Bruch mit der gültigen kulturpolitischen Linie einer traditionalistischen Erbepflege zu vermeiden, die bereits zu Beginn der 50er Jahre durch den Antiklassizismus Brechts (*Urfaust*-Inszenierung, 1952) und Eislers (*Johann Faustus*, 1952) herausgefordert worden war und durch das sog. „Didaktische" oder „Dialektische Theater" einer jungen Autorengeneration – am konsequentesten Peter Hacks und Heiner Müller – weiterhin in Frage gestellt wurde. Präsentierten die Agro- und Produktionsdramen vom Schlage des Lustspiels *Bürgermeister Anna* von Friedrich Wolf (UA 1950) oder Harald Hausers *Am Ende der Nacht* (UA 1955), die in den 50er Jahren die traditionelle Klassikerpflege auf den Bühnen der DDR abgelöst hatten, in gleicher Weise wie die zahllosen Aufbaugedichte, Betriebsreportagen und Produktionsromane dieser Jahre in ungebrochener Weise einen zum „Helden der Arbeit" geadelten Arbeiter als Figuration des „neuen Menschen", so suchten Hacks (*Die Sorgen und die Macht*, UA 1960; *Moritz Tassow*, UA 1965) und Müller (*Der Lohndrücker*, UA 1958; *Die Korrektur*, UA 1958; *Die Umsiedlerin*, UA 1961, danach sofort verboten; *Der Bau*, UA 1980, entstanden bereits 1963/64) ernst zu machen mit der von Brecht auf dem IV. Schriftstellerkongreß erhobenen Forderung, im Publikum einen „Kampf des Neuen gegen das Alte" anzufachen und zur künstlerischen Aneignung der Wirklichkeit „neue Kunstmittel [zu] schaffen und die alten um[zu]bauen".

4. Die Partei akzeptierte diese literarischen Angebote nur zeitweise und schaltete das „Didaktische" Theater bald mit dem Vorwurf des Sektierertums aus. Auch das in Bitterfeld beschlossene Programm einer breiten massenkulturellen Bewegung, dessen Geist heraus neben vielen kaum nennenswerten Produkten immerhin auch Werke wie Christa Wolfs *Der geteilte Himmel* (1963) und Erwin Strittmatters *Ole Bienkopp* (1963) entstanden, wurde 1965 endgültig abgebrochen, nachdem die im Jahr zuvor veranstaltete 2. Bitterfelder Konferenz den ursprünglichen Ansatz bereits weitgehend aufgegeben hatte. Zugleich erteilte die SED auf dem berüchtigten 11. Plenum des ZK im Dezember 1965 erneut allen modernistischen Tendenzen eine schroffe Absage und leitete nur vier Jahre nach dem Bau der Mauer mit der Abmahnung kritischer Autoren wie Wolf Biermann, Werner Bräunig, Heiner Müller und Stefan Heym eine neue kulturpolitische Eiszeit ein.

Bereits zwei Jahre zuvor hatte die SED auf ihrem VI. Parteitag mit dem Beschluß zur Einführung des sog. „Neuen Ökonomischen Systems der Planung und Leitung" (NÖSPL bzw. NÖS) eine gesellschaftspolitische Weichenstellung vorgenommen, der ein gewandeltes Verständnis vom Sozialismus als nun „relativ eigenständiger sozioökonomischer Formation in der historischen Epoche des Übergangs vom Kapitalismus zum Kommunismus im Weltmaßstab" zugrunde lag. Mit der Einführung des NÖS, mit dem die SED versuchte, das Wirtschaftssystem zu modernisieren und Entscheidungsstrukturen (in Maßen) zu dezentralisieren, wurde der Literatür nun vorzüglich die Gestaltung der übergeordneten Perspektive der Planer und Leiter zur Aufgabe gemacht, die den Prozeß der Produktivitätssteigerung in beispielhafter Weise vorantreiben. Damit wurde in der zweiten Hälfte der 60er Jahre ein aufgrund seiner idealistischen Zuspitzung bereits brüchig gewordenes literarisches Muster, die sog. „Ankunftsliteratur", obsolet, die nach dem Titel eines 1961 erschienenen Romans von Brigitte Reimann von der geglückten „Ankunft im Alltag" erzählte, von der Integration einer jungen Generation in die neue Gesellschaftsordnung oder Produktionssphäre.

Widerstand gegen die neuen ideologischen Leitprämissen erwuchsen dem Staat nicht nur aus der in den 60er Jahren forcierten Auseinandersetzung mit der Antike, durch die insbes. eine von der Kulturpolitik gegängelte Dramatik Möglichkeiten der Zeitdiagnostik im mythologischen Gewand suchte (Heiner Müller, *Philoktet*, UA BRD 1968; *Ödipus Tyrann*, UA 1967; *Herakles 5*, UA erst BRD 1974; *Prometheus*, UA Schweiz 1969; Peter Hacks, *Der Frieden*, 1962; *Die schöne Helena*, 1964; *Amphitryon*, UA 1968; Karl Mickel, *Nausikaa*, UA 1968; Joachim Knauth, *Die Weibervolksversammlung*, UA erst 1972). In Teilen der Literatur formierte sich sukzessive nun zugleich auch eine neue Subjektivität auf den verschiedensten, sowohl inhaltlichen als auch formalen Ebenen als Gegenschrift zum offiziellen gesellschaftlichen Leitdiskurs (Christa Wolf, *Nachdenken über Christa T.*, 1968; Günter de Bruyn, *Buridans Esel*, 1968; Fritz Rudolf Fries, *Der Weg nach Oobliadooh*, BRD 1966; DDR erst 1989). Insbes. die anfangs der 60er Jahre hervortretende Lyrikergeneration (Endler, Kahlau, Mickel, Kunze, Braun) setzte unter der gedachten Prämisse eines dialektisch zu begründenden Verhältnisses von Ich und Wir die verpönte Subjektivität als

Moment der gesellschaftlichen Objektivität wieder in ihr Recht. Sie tat dies allerdings noch im Rahmen der traditionellen Formensprache, weitgehend unberührt von den durch die Moderne entwickelten ästhetischen Verfahren, die erst in den 80er Jahren mit der experimentellen Erprobung neuer Schreibweisen durch die Autoren der sog. Prenzlauer-Berg-Szene (u.a. Uwe Kolbe, Bert Papenfuß-Gorek, Rainer Schedlinski) in größerem Maße in der ↗ Lyrik Einzug halten konnten.

5. Die nach dem Mauerbau und den Umbrüchen um die Mitte der 60er Jahre entscheidende Zäsur innerhalb der Kulturgeschichte der DDR wird markiert durch den VIII. Parteitag der SED 1971 und das wenige Monate später anschließende 4. Plenum des ZK. Wirtschaftspolitisch leitete der VIII. Parteitag eine Wende vom Produktions- zum Konsumsozialismus ein, ideologisch eine Abkehr vom harmonisierenden Theorem der „sozialistischen Menschengemeinschaft", das die Spätphase der Ulbricht-Ära gesellschaftspolitisch bestimmt hatte und nun der Anerkennung des realexistierenden Sozialismus als einer „nichtantagonistischen Klassengesellschaft" weichen mußte. Mit dem bald geflügelten Wort des 1971 nach dem Rücktritt Ulbrichts zum neuen Generalsekretär der SED aufgestiegenen Erich Honecker, daß es „auf dem Gebiet von Kunst und Literatur keine Tabus geben" dürfe, wenn man nur „von der festen Position des Sozialismus ausgeht", schien die Partei auf dem 4. Plenum des ZK gleichzeitig erstmals nun auch wirkliche Pluralität und Meinungsvielfalt zuzulassen und damit eine kritische Literatur zu lizensieren, die den realexistierenden Widersprüchen der sozialistischen Gesellschaft in der Dialektik von Individuum und Gesellschaft, von Alt und Neu, Geschichte und Utopie, Ideal und Praxis Ausdruck verleiht. Daß der „ideologische Funktionscharakter der Kunst" (Riewoldt) in den kulturpolitischen Verlautbarungen der folgenden Jahre zunächst nur eine untergeordnete Rolle spielte, ist ebenso Ausdruck einer nach außen nun demonstrativ zur Schau gestellten kulturpolitischen Gelassenheit wie die neue Offenheit in Fragen des kulturellen Erbes. So öffnete Kurt Hager, verantwortlich für Kultur im Politbüro der SED, 1972 auf dem 6. Plenum des ZK mit einer vorsichtigen Absage an die sog. Vollstreckertheorie (die Arbeiterklasse als Vollstreckerin des klassischen Erbes) den Weg für eine neue Verhältnisbestimmung des Erbes. Der utopische bürgerliche ↗ Humanismus büßte damit auch offiziell seine längst abhanden gekommene Vorbildfunktion für die sozialistische Kunst ein; das Erbe verlor seine sakrosankte Bedeutung und wurde dem experimentellen Zugriff zugänglich. Die in Teilen der Literatur bereits seit den 60er Jahren vollzogene ästhetische Neuorientierung wurde nun zum Massenphänomen. Phantastische und spezifisch moderne Formelemente hielten auf allen Ebenen Einzug in die Literatur; Kleist und Hölderlin, Jean Paul, Rimbaud, Lautréamont und Baudelaire, die Romantik, ↗ Sturm und Drang, Vormärz, die Phasen historischer Krisen und Umbrüche wurden in verstärktem Maße zu ästhetischen und geistigen Bezugspunkten, von denen aus eine sensibilisierte Literatur einem Zeitgefühl der Stagnation, der Leere der Geschichte und der Tragik Ausdruck verlieh (Heiner Müller, *Leben Gundlings*, UA BRD 1979; Christa Wolf, *Kein Ort. Nirgends*, 1979). Zugleich wurden die Verwerfungen der dt. Geschichte (neben Heiner Müller im Drama etwa auch Volker Braun, *Simplex Deutsch*, UA 1980; Thomas Brasch, *Rotter*, UA BRD 1977) und das Verhältnis von Geist und Macht (Martin Stade, *Der Meister von Sanssouci*, 1971; *Der König und sein Narr*, 1975; Peter Hacks, *Ein Gespräch im Hause Stein*, UA 1976; Volker Braun, *Großer Frieden*, UA 1979; Christoph Hein, *Die wahre Geschichte des Ah Q*, UA 1983) zu bestimmenden Themen. Ergänzt wird die allmähliche Ablösung der Weimarer Klassik als Leitparadigma auf der anderen Seite durch die Herausbildung eines neuen Alltagsrealismus, u.a. in den Werken Ulrich Plenzdorfs (*Die neuen Leiden des jungen W.*, 1972), Klaus Schlesingers (*Alte Filme*, 1975), Paul Gratziks (*Transportpaule*, 1977; *Kohlenkutte*, BRD 1982), Thomas Braschs (*Vor den Vätern sterben die Söhne*, BRD 1977), Jurek Beckers (*Schlaflose Tage*, BRD 1978), Kurt Bartschs (*Wadzeck*, BRD 1980) oder Christoph Heins (*Der fremde Freund*, 1983; *Horns Ende*, 1985), der die Glücksansprüche des Individuums artikuliert, deformierte bzw. deformierende, das Subjekt zurichtende Alltagsrealität als Grund eines umfassenden Scheiterns erscheinen läßt und dabei Entfremdungs-, Trennungs- und Zerstörungprozesse, und zwar sowohl der inneren als auch der äußeren Natur, zur Sprache bringt. Hier ordnen sich neben der neuen Literatur von Frauen, die in den 70er und 80er Jahren das Thema der Emanzipation aufgreifen (Brigitte Reimann, *Franziska Linkerhand*, 1974; Gerti Tetzner, *Karen W.*, 1974; Irmtraud Morgner, *Leben und Abenteuer der Trobadora Beatriz*, 1974; *Amanda*, 1983; Kerstin Hensel, *Hallimasch*, 1989), die nun in großer Zahl erscheinenden faktographischen oder (semi)dokumentarischen Werke (Erlebnisberichte, Reisebücher, Tagebücher, Protokolle, Reportagen, Interviews) ein, die den Alltag ungeschönt reproduzieren (Sarah Kirsch, *Die Pantherfrau*, 1973; Maxie Wander, *Guten Morgen, Du Schöne*, 1977; Christine Lambrecht, *Männerbekanntschaften*, 1986).

6. In auffallender Häufung schiebt sich in der Literatur der DDR seit dem Ende der 70er Jahre zugleich das Auseinandertreten von sozialem und ökonomischem Fortschritt, von Utopie und Geschichte, Anspruch und Wirklichkeit thematisch in den Vordergrund. Der Blick zurück in die Geschichte, der eine ganze Reihe wichtiger Werke bestimmt (Günter Kunert, *Unterwegs nach Utopia*, BRD 1977/DDR 1980; *Abtötungsverfahren*, BRD 1980; Heiner Müller, *Quartett*, UA BRD 1982; *Verkommenes Ufer*, UA BRD 1983; Volker Braun, *Dmitri*, UA BRD 1982; *Siegfried Frauenprotokolle Deutscher Furor*, UA 1986; Christa Wolf, *Kassandra*, 1983), wird zu einem von Melancholie, Trauer, Skepsis und Ernüchterung begleiteten Blick auf eine Geschichte, die ihrer eigenen Dialektik anheimzufallen droht. Damit findet eine Entwicklung ihren Abschluß, die sich im Überblick der DDR-Literatur mit Wolfgang Emmerich als Weg von der Gesinnungsliteratur zur Literatur einer Sinn- oder Zivilisationskritik beschreiben läßt. Wohl nicht zufällig wird diese Entwicklung offenkundig nach der Ausbürgerung Wolf Biermanns (17. November 1976), die das Ende der durch den VIII. Parteitag eingeleiteten Liberalisierung einläutete. Die Liste derjenigen Autoren, die der neuerlichen kulturpolitischen Restauration in den folgenden Jahren nicht standgehalten und die DDR verlassen haben, ist lang. Zwar gewann das „verkommene Ufer“ der Utopie (Heiner Müller), das für viele nur noch eine „versteinerte Hoffnung / Im Rücken“ (Kurt Bartsch) sein konnte, für eine Reihe zumal der zurückgebliebenen Autoren mit den Reformen, die Gorbatschow ab 1985 in der UdSSR einleitete, vorübergehend wieder an Leuchtkraft; mehr als den Untergang des sozialistischen Gesellschaftsexperiments allerdings hat die von der Partei- und Staatsführung der DDR argwöhnisch verfolgte Politik von Glasnost und Perestroika nicht mehr illuminiert.

Norbert Otto Eke

Lit.: H.L. Arnold/F. Meyer-Gosau (Hg.): Literatur in der DDR, 1991. – W. Emmerich: Kleine Literaturgeschichte der DDR 1945-1988, 1989 (erw. Neuausgabe 1996). – H. Haase u.a.: Geschichte der Literatur der Deutschen Demokratischen Republik, 1976 .– H.-J. Schmitt (Hg.): Die Literatur der DDR, 1983. – E. Schubbe (Hg.): Dokumente zur Kunst-, Literatur- und Kulturpolitik der SED, 1972; Bd. 2: 1971-1974, hg. von G. Rüß, 1976; Bd. 3: 1975-1980, hg. von P. Lübbe, 1984.

Dekonstruktion (Poststrukturalismus)

1. D. ist gegenwärtig ein Sammelbegriff für unterschiedliche theoretische Ansätze, die aus einer Kritik der Identitätsphilosophie und der klassischen Psychoanalyse Perspektiven einer Textanalyse entwickeln, die sich der hermeneutischen Tradition widersetzen (↗ Hermeneutik). Autoren wie Derrida, Lacan und de Man werden zueinander in Beziehung gesetzt, ohne daß sie einer „Schule“ zuzurechnen wären. Die D. hat eine philosophische und eine linguistische Grundlage; sie ist ohne den sogenannten Post- oder Neostrukturalismus und seine Radikalisierung des zeichentheoretischen Strukturbegriffs nicht denkbar. Mit Blick auf zentrale Texte der Identitätsphilosophie und des ↗ Strukturalismus kritisiert sie deren Prämissen, daraus ergeben sich ihre eigenen theoretischen Vorgaben für die Lektüre literarischer Texte. Die traditionelle hermeneutische Interpretation sieht in jedem Text einen durchlaufenden, entzifferbaren und mitteilbaren Sinn. Die Ideologiekritik beschreibt gewissermaßen von außen die Irrtümer und Verstellungen eines Textes. Dagegen sucht die D. nicht nur nach der Wirklichkeitsfiktion, sondern auch nach den inneren Widersprüchen, die jeder Text hat, die er aber durch sogenannte Figurationen, durch nicht hinterfragte Grundannahmen, zu verdecken sucht. Weil sie diese Figurationen erfassen und auflösen will, initiiert sie durch Lektüre eine Bewegung innerhalb der Struktur des Textes, die sich letztlich gegen diese selbst richtet.

2. Die damit einhergehende Widerlegung der Annahme eines durchlaufenden Sinns begründet die D. aus einem kritischen Blick auf die philosophische Metaphysik. Sie wendet sich gegen den von Platon bis Husserl geltenden Grundsatz, daß, analog zur Präexistenz Gottes vor der Welt, das Bewußtsein als eine ideale Selbstpräsenz vor der Sprache verstanden werden muß. Diese zeichentheoretische Bestimmung von Signifikant und Signifikat, Zeichen und Bezeichnetem führt nach Derridas Meinung zur philosophischen Setzung eines „transzendentalen Signifikats“, der Annahme, daß es einen ordnungsstiftenden Zentralbegriff gibt, der vom Spiel der Signifikanten unabhängig ist. Er soll den Zusammenhang und die systematische Organisation der Zeichen garantieren. Indem er gleichzeitig innerhalb und außerhalb der Zeichenordnung gedacht wird, ist er zentraler Referenzpunkt aller Zeichen und darüber hinaus ihre metaphysische Begründung. Die Subversion dieser Vorstellung versucht Derrida zunächst durch eine Kritik von de Saussures Zeichenbegriff. Er legt klar, daß die Trennung zwischen Signifikant und Signifikat nicht stabil ist, sondern allein innerhalb eines strukturellen Zusammenhangs gilt: Jedes Signifikat ist immer schon in der Position eines Signifikanten, Moment eines Verweisungszusammenhangs, die ideelle Bedeutungsbildung ist untrennbar mit

ihrer materiellen Artikulation verwoben. Den Begriff des Zeichens als eines Zeichens von etwas stellt Derrida grundsätzlich in Frage. Sein Kunstwort der „différance“ radikalisiert diesen Gedanken der Strukturalität. Es meint „unterscheiden“ und „aufschieben“ zugleich und charakterisiert so die Verwobenheit von Sprachordnung und Denkordnung. Im Spiel der Differenzen gibt es „keine an und für sich und für alle Zeit geltende Interpretation des Seins und der Welt“.

3. Die D. mündet deshalb in eine diskursanalytische Überlegung ein, zudem verbindet sie sich mit einer intertextuellen. Im Begriff des Buches, der Vorstellung eines abgeschlossenen, sinnzentrierten Werks, sieht Derrida den metaphysischen Logozentrismus fortleben. Der Idee des Buches wie der Vorstellung eines selbstgewissen und selbstpräsenten Subjekts, das sich in seiner Selbstreflexion zu spiegeln und zu begegnen versucht, setzt er deshalb den Begriff „Text“ entgegen. Er wird zum Schlüsselpunkt seiner *Grammatologie*. So wie das Sprachzeichen nur als Differenz funktioniert und niemals in seiner Fülle präsent sein kann, wird auch in einem Text Sinn nur „nach Maßgabe der jeweiligen textuellen Ordnung“ erzeugt.

4. Diese Annahmen sind grundlegend für die Lektüre fiktionaler Texte. So wie Zeichen immer Umwandlungen anderer Zeichen darstellen, sind für Derrida auch Texte immer Transformationen anderer Texte. Die dekonstruktivistische Lektüre sucht deshalb nicht nach Originalität, sondern beschreibt das Gesetz der ↗ Intertextualität: Sie zeichnet eine Bewegung nach, die sich im Text und durch sein Verhältnis zu anderen Texten vollzieht. Da es weder einen abgeschlossenen Text als Buch, noch ein selbstpräsentes Subjekt oder das synthetisierende Selbstbewußtsein des Autors gibt, bleibt einzig „die Erfahrung der unendlichen Derivation der Zeichen“. Texte disseminieren, verstreuen also Sinn, statt ihn zu fixieren, sie verlangen nach einer pluralistischen Lektüre anstelle der identifizierenden Interpretation, nach der Herausarbeitung einer sich ständig wandelnden Struktur anstelle einer Bedeutung. Die dekonstruktive Lektüre unterstellt sich selbst den gleichen Gesetzen; sie vollzieht sich als ein Spiel, das sich dem der Zeichenbildung und Bedeutungszuweisung vergleichen läßt.

5. Paul de Man, der Exponent der amerik. Schule der „deconstruction“, radikalisiert Derridas theoretische Überlegungen, indem er die Bedingungen jeder Lektüre, der hermeneutischen wie der dekonstruktivistischen, bedenkt. Texte lesend weist er auf das zwangsläufige Scheitern allen Lesens, das auf Erkenntnis aus ist; er beschreibt, so ein programmatischer Titel seiner literarkritischen Essays, die *Allegorien des Lesens*. Im Bemühen, die interpretatorische Praxis zu theoretisieren, setzt er seinen kritischen Ansatz und den philologischen Kommentar zueinander in Beziehung. Die Uneindeutigkeit des literarischen Textes, die Unsicherheit, ob er allegorisch oder wörtlich, figural oder nach dem Wortsinn gelesen werden muß, wird zur Grunderfahrung der Interpretation, die ↗ Rhetorik zu einer Epistemologie der Sprache; sie arbeitet deren Selbstbezüglichkeit heraus. Auch bei de Man ist die Textanalyse figural und literal zugleich, sie spricht nicht selten im Modus des Uneigentlichen. Gleichzeitig durchschneidet ihre innen operierende Lektüre die Verbindung zwischen „rhetorisch“ zu verstehender Grammatik und außersprachlicher Realität.

6. Ihre Bedeutung hat die D. vor der Folie einer bewußt gehaltenen Tradion hermeneutischen Textverstehens. Sie verfehlt diese, wenn sie sich autonomisiert und allein auf eine provokative Abkoppelung von der europäischen Tradition zielt.

Rolf Günter Renner

Lit.: M. Frank: Was ist Neostrukturalismus?, 1983. – R.G. Renner: Die postmoderne Konstellation, 1988. – D. Wills: Dem Buchstaben nachgeben. In: M. Wetzel/J.-M. Rabaté (Hg.): Ethik der Gabe. Denken nach Derrida, 1993. – P.V. Zima: D., 1994.

Dialektdichtung

1. D., auch „Mundartdichtung“, ist Literatur, die – zumindest zu einem vorwiegenden Teil – in einem Dialekt, einer Mundart, geschrieben ist. Dialekt, von griech. „dialektos“ (= „Zerredetes“; einzelne griech. Idiome; bes. Sprechweisen; Umgangssprache), bezeichnet eine Form einer (fast nur) gesprochenen Sprache innerhalb einer Standardsprache, die Besonderheiten auf allen Ebenen, insbes. in Phonologie und Lexik, kennt und als geographisch gebunden, als regionale Variante einer Hochsprache, betrachtet wird.

2. Das Wort „Dialekt“ kam im 16. Jh. mit den Bemühungen auf, in dem – von verschiedenen „lantsprachen“ gebildeten – dt. Sprachraum eine einheitliche Schriftsprache hervorzubringen. Im Rahmen der sprachpuristischen Bewegung des 17. Jh. übersetzte Philipp von Zesen 1640 „Dialekt“ mit „Mundart“. Seither werden beide Termini meist synonym verwendet; eine Bedeutungsdifferenzierung wurde in einigen sprachwissenschaftlichen Arbeiten vorgenommen (z.B. von Jacob Grimm in der *Deutschen Grammatik*, 1822ff.).

3. D. kann als „kollektives Werk“ mündlich tradiert sein, wird aber als literarischer Text im engeren Sinn einer „hochliterarischen“ Vorstellung als „individuelles Werk“ schriftlich fixiert. Als Beispiele der D. gelten auch einige Texte, in denen Dialekt *und* Hochsprache Verwendung finden (etwa zur sozialen Kennzeichnung). Die D., die größtenteils in einer Mundart verfaßt ist, stieß im Laufe ihrer Geschichte insbes. auf drei Probleme: a. Der Dialekt als Sprechsprache muß in geschriebene Sprache „übersetzt“ werden – wobei innerhalb eines Dialektes nebeneinander verschiedene Schreibweisen existieren können; es geht oft eine der Mundart zugute gehaltene Spontaneität verloren, die Decodierung fällt schwerer; b. die Verbreitung ist zum großen Teil auf die Sprachgemeinschaft des verwendeten Dialektes beschränkt; c. der Literatur-Begriff ist spätestens seit dem 17. Jh. vor allem hochsprachlich besetzt, Dialekt gilt meist als „schlechtere“ Sprache.

4. Mit zunehmenden Bemühungen um eine dt. Einheitssprache stachen im 16. Jh. Dialektformen in literarischen Texten deutlicher hervor. Die Forschung setzt somit i.a. den Beginn der D. gegen Ende des 16. Jh. an. Der Dialekt diente bis in die 2. Hälfte des 18. Jh. meist zur Differenzierung, vor allem des bäuerlichen Bereiches (in der Bauernposse), und im komischen Genre (Fastnachtspiele des 16. Jh., Komödien des Herzogs Heinrich Julius von Braunschweig und von Andreas Gryphius im 17. Jh., Wiener Volkstheater). Erst mit der – vor allem auf Bodmer und Herder fußenden – Aufwertung des „Volkhaften“ im ↗ Sturm und Drang und in der ↗ Romantik fand auch die D. mehr Zuspruch. Bekannt wurden die Werke in schwäbischer Mundart von Sebastian Sailer (1743ff.), realistische Idyllen (↗ Idylle) im niedersächs. Dialekt von Johann Heinrich Voß (1775), die Gedichte des Nürnbergers Johann Konrad Grübel (1798ff.). Nachdem sich einflußreiche Autoren, insbes. Goethe, sehr positiv über die D. geäußert hatten, galt diese als ästhetisch legitimiert. Einen Höhepunkt der Belebung der D. in dieser Zeit stellen 1803 die *Alemannischen Gedichte* von Johann Peter Hebel (1760-1826) dar: Bilder aus dem Alltagsleben im Schwarzwald sind im Dialekt und im klassischen Hexameter ausgedrückt – der ländliche Bereich wird nicht mehr negativ und als „niedrige“ Sphäre gezeigt. Die attestierte „Literaturfähigkeit“ und auch das verstärkte Interesse am Nationalen führte zu einer Intensivierung der D. in Produktion und ↗ Rezeption; zahlreiche Autoren knüpften bei Hebel an (z.B. Karl von Holtei *Schlesische Gedichte*, 1830; Johann Martin Usteri in den Züricher Idyllen *De Herr Heiri* und *De Vikari*, um 1810 entstanden). Während die Volksstücke (↗ Volksstück) in der 1. Hälfte des 19. Jh. mit städtischen Mundarten arbeiteten – Ferdinand Raimund und vor allem die Lokalpossen von Johann Nestroy in Wien, Ernst Elias Niebergall in Darmstadt –, sollte in der vormärzlichen Dorfgeschichte nach Berthold Auerbach und Jeremias Gotthelf eine Mischung aus Mundart (insbes. in den Dialogen) und Hochsprache dem realistischen Anspruch genügen, ohne die Verbreitung zu behindern: Mit der ästhetischen wurde eine pädagogisch-sozialaufklärerische Intention verbunden.

5. Im norddt. Raum erlebte die D. erst in der 2. Hälfte des 19. Jh. eine – auch in anderen Regionen wahrgenommene – Blütezeit, insbes. in der plattdt. Lyrik Klaus Groths (*Quickborn*, 1853) und der Prosa Fritz Reuters (1810-1874), in der die ländliche Welt und das eigene Leben dargestellt sind. Reuter, ein Opfer der Unterdrückung des vormärzlichen Polizeistaates (*Ut mine Festungstid*, 1862), setzte in *Kein Hüsung* (1858) sozialkritische Anklage in die Form eines Dialekt-Versepos.

6. Im Rahmen der verstärkten Ansiedlung des Volksstückes im ländlichen Raum (von Ludwig Anzengruber, später in den Bauernpossen Ludwig Thomas) und mit zunehmender Trivialisierung in der „Heimatkunst“ begann der Dialekt langsam seine ästhetische Legitimation einzubüßen. In naturalistischen Dramen Gerhart Hauptmanns (↗ Naturalismus) ist die Mundart „wahre“ Sprachform eines sozialen Dramas. Die meisten Werke der D. vom Ende des 19., Anfang des 20. Jh. aber beschränkten sich auf Klischees der Heimatidyllik und standen in Genrehaftigkeit eben gegen eine Spontaneität des Dialektes, der – von Karl Kraus in *Die letzten Tage der Menschheit* (1919) illustriert – zur Sprachmaske verzerrt wurde. Erst in einigen Prosawerken der 20er und 30er Jahre (z.B. von Oskar Maria Graf) und in den Versuchen einer Erneuerung des Volksstücks in der Folge von Ödön von Horváth wurde der Dialekt wieder Teil eines anspruchsvollen literarischen Programmes; die Komik Karl Valentins etwa basiert auf der Mundart des Münchner Kleinbürgertums und dem Spiel mit verschiedenen Sprachebenen.

7. Nach 1945 und nach der „Blut-und-Boden“-Literatur roch Mundart im Gedicht nach völkischer Scholle. In der national-konservativen und der idyllisierenden Tradition wird noch heute von einer Vielzahl sog. „Heimatdichter“ eine heile Welt im Dialekt besungen. In kritischer Manier hingegen, als eigenständiges Sprachmaterial, wurde der Dialekt von verschiedenen Autoren der „Hochliteratur“ (z.B. von Uwe Johnson und Martin Walser) und in den 50er Jahren zunehmend in der ↗ Konkreten Poesie ver-

wendet, von Eugen Gomringer, Kurt Marti und insbes. von der „Wiener Gruppe", die ihn als „innovativ, subjektiv und provokant" bezeichnete (z.B. H. C. Artmann *med ana schwoazzn dintn*, 1958). Seither ist D. immer wieder auch im Sinne der ↗ Avantgarde fruchtbar gemacht worden, etwa von Ernst Jandl (*stanzen*, 1992) und – weniger bekannt – in kritischen Dialektgedichten, Bildern einer Frauenwelt „von unten" in einer Sprache „von unten", von Christine Nöstlinger, Annemarie Regensburger oder Anna Nöst.

Klaus Zeyringer

Lit.: H. Bausinger: Formen der „Volkspoesie", ²1979. – P. Goetsch (Hg.): Dialekte und Fremdsprachen in der Literatur, 1987. – K. J. Mattheier: „Mit der Seele Atem schöpfen". Über die Funktion von Dialektalität in der dt.sprachigen Literatur. In: Ders. (Hg.): Vielfalt des Deutschen, 1993. – F. Schön: Geschichte der dt. Mundartdichtung, 1920.

Drama

1. D. von griech. „drama", d.h. „Handlung" ist als Schauspiel eine der drei großen literarischen ↗ Gattungen. Das D. als Kunstform hat magisch-kultische und rituelle Wurzeln; Sprache, Gesang und Tanz sind an seiner Entstehung beteiligt. Ursprünge des europäischen D. liegen in der griech. Antike; Aristoteles' *Poetik* stützt sich grundlegend auf diese Kunstform und sucht sie erstmals systematisch zu beschreiben. Die dramatische der „Grundformen der Poesie" (E. Staiger) ermöglicht, unterschiedliche Welten, Zeitalter, Wirklichkeitsbereiche, Gesellschaftsschichten o.ä. aufeinandertreffen zu lassen. Auch wird die Zeit („was wird/passiert gleich?") als konstitutive Größe des D. angesehen. Problematisch wird die Anwendung solcher idealtypischer Kategorien auf konkrete Werke der ↗ Literaturgeschichte angesichts der Tatsache, daß die Gattung in der Praxis kaum in Reinform anzutreffen ist, sondern zumeist nur als Mischung verschiedener Bestandteile realisiert wird; viele „große" D. lassen sich tatsächlich nur schwer in dieses Schema einfügen, einige der größten unter ihnen beziehen ihren Rang und ihre Reichhaltigkeit nicht zuletzt aus einer solchen Grenzüberschreitung, weil sie eben nicht in einer Gattung aufgehen.

2. Handlung ist für das D. konstitutiv. Doch wird die Handlung nicht von einem Erzähler präsentiert, sondern von Schauspielern unmittelbar als gespielter Vorgang repräsentiert. Das D. bietet hierfür Redeanweisung und Handlungsvorgabe, die im Spiel auf dem ↗ Theater realisiert werden: Schauspieler simulieren Geschehen vor Publikum mit verbalen (Sprache, „Dialog") und nonverbalen Mitteln. Dem entspricht eine unterschiedliche Haltung des Rezipienten: Der Leser eines D. setzt sich individuell mit der Fiktion im Text auseinander, hat während seiner Lektüre die Möglichkeit, vor- und zurückzublättern, innezuhalten, vorauszueilen usw.; durch den Text entstehen vor seinem inneren Auge „Szenen". Der Besucher eines Theaterstücks dagegen schaut in einem Kollektiv den vor ihm agierenden Schauspielern zu, ist an den einmaligen, unwiederholbaren Ablauf, das Hier und Jetzt der Aufführung gebunden.

3. Der Schauspieler verkörpert eine Rolle, er tut so, als ob er sei, was er zeigt. Seine Darbietung ist an ein Publikum gerichtet. Er und seine Mit-/Gegenspieler tragen einen Konflikt aus mit Hilfe von Worten und Aktionen, lassen Figuren reden, sich bewegen und handeln. Das D. stützt sich auf Handlung, die, mit Figurenrede (Monolog, Dialog) versetzt, durch das Rollenspiel von Schauspielern repräsentiert wird.

4. Nachahmung („mimesis") einer Handlung („drama"), ↗ Mimesis, ist die Aufgabe für den Schauspieler, der einen „Charakter", allgemeiner gesprochen: eine Figur, vorzustellen hat. Die Figuren des antiken D. waren entweder gut oder schlecht. Der gute Mensch im antiken Sinne war der allgemeine Mensch, ein Stellvertreter für alle, der auf exemplarische Weise einen Konflikt austrug; der schlechte Mensch dagegen jemand, der auffallend negative Charakteristika (in Aussehen, Eigenheiten, Schrullen) besaß. Ein Typus als Figur wird durch ein herausgehobenes, gleichbleibendes Merkmal bestimmt, oft ist er mit einem sprechenden Namen ausgestattet (*Der Geizige*). Erst im 18. Jh. darf der gute Mensch auf dem Theater nicht mehr allzu gut sein, ist er als „gemischter Charakter" komplex beschaffen und nur indirekt zu charakterisieren. D. lassen sich nach den in ihnen spielenden Figuren klassifizieren (Ritter-D., Familienstück, Arbeiter-D. u.a.). Der soziale Rang der Figur markiert wichtige Stationen in der Entwicklung des europäisch-abendländischen D.: Nachdem zuvor (bis zum ↗ Barock und Gottsched) die Ständeklausel bestimmte (heroische, tragische) Stoffe an die adlige Herkunft der Figur band, befreite das ↗ Bürgerliche Trauerspiel (Lessing) eine neue gesellschaftliche Schicht für das Theater, bevor schließlich auch der „Vierte Stand" als Held auftreten durfte (Büchner).

Der Schauspieler hat eine Reihe von Möglichkeiten, der von ihm gespielten Figur Gesicht zu geben: durch Aussehen, Kostüm, Bewegung, Sprechweise, Mimik und Gestik. Die Figur bestimmt sich durch Interaktion mit den Spielpartnern bzw. -gegnern. Die Stimme, das gesprochene Wort, trägt die Figurenrede als Monolog oder Dialog vor, in langer Rede oder in Stichomythie: Rede und Gegenrede, schnellem Gesprächswechsel, verbalem Kampf. Die Geschichte des D. läßt sich verfolgen nach der Art der Figurenrede: vom Vers zur Prosa (18. Jh.), von einer einzigen, einheitlich durchgehaltenen Sprachebene zur Freiheit situativer oder milieubedingter Brechungen (↗ Naturalismus). Verschiedene Sprachformen erlauben eine Klassifizierung in bestimmte Dramentypen (Alexandrinertragödie, Jamben-D., Dialektkomödie, Konversationsstück, u.a.). Diese Einteilungen versagen jedoch spätestens angesichts von Theaterstücken, in denen die Figuren sich nurmehr bewegen und nicht mehr sprechen (Handke: *Die Stunde da wir nichts voneinander wußten*, 1992).

Der Schauspieler hat die Möglichkeit, sein Verhältnis zur von ihm gespielten Rolle zwischen Identifikation und Distanz variieren zu lassen: mit den Mitteln des Spielens (Tanz, Pantomime), Zeigens (der Präsentation von szenischen Bildern einer Fiktion) oder Darstellens (der Simulation eines in der Gegenwart ablaufenden Geschehens). Die Geschichte der D.-Literatur bietet Vorlagen in verschiedener Richtung. Der griech. Schauspieler der klassischen Zeit war überwiegend Sprecher; Mienenspiel war durch die Gesichtsmaske ausgeschlossen, durch Kothurn, Leibpolster und Schleppgewand waren nur einfache Bewegungen des Körpers möglich. In der Commedia dell'arte herrschte das marionettenhafte improvisierte Spiel, bei den engl. Komödianten eine Spielweise mit grellem Vortrag und heftigen Bewegungen. Im klassischen frz. Schauspiel trat die gezierte (höfische) Form an die Stelle der ungebändigten Natur, an Stelle gefühlsbetonten Sprechens oft reine ↗ Rhetorik. Im 19. Jh. wurde immer stärker ein realistischer bis naturalistischer Darstellungsstil ausgebildet. Im Gegensatz dazu stand die Schauspielkunst des ↗ Expressionismus, der vom Schauspieler nicht Wiedergabe der Wirklichkeit, sondern den leidenschaftlichen Ausdruck von Gefühlen und Gesichten forderte. Ähnlich wie bei den Sängern durch die Stimmlagen gibt es auch für die Schauspieler Rollenfächer: jugendliche Heldin (*Maria Stuart*), Heldenvater (Stauffacher in *Wilhelm Tell*), Charakterkomiker (Dorfrichter Adam in *Der zerbrochne Krug*), Komische Alte (Marthe Schwerdtlein in *Faust*) u.a.

5. Handlung im D., verstanden als „Geschehen" („plot"), umfaßt alles, was passiert: das konkret erfahrbare Bühnengeschehen. Dazu gehören neben der Handlung im engeren Sinne („action") auch Momente der Inaktivität der Figuren, ihre Gedanken, Gefühle, Träume, ebenso Geschehnisse, die nicht an das Tun der Figuren gebunden sind wie Unwetter oder Krankheit. Handlung im D., als scheinbares, ritualisiert geordnetes Abbild von Lebens-Praxis, birgt stets ein Moment von Kampf in sich. Allgemeingültige Züge werden so vorgestellt als beispielhaftes Agieren. Die Bewegungsrichtung des Geschehens auf der Bühne kann unterschiedlich sein: Das synthetische D. entwickelt Handeln auf ein Ziel hin, das analytische D. dient dem Aufdecken eines vor der Handlung des Stückes liegenden Geschehens.

Handlung als Nachahmung („mimesis") hat nach klassischer Auffassung einzelne Begebenheiten zu einer Fabel zu verknüpfen und dabei, um die Handlung „wahrscheinlich" zu machen, die Wahrung der drei Einheiten zu respektieren: Die Einheit des Ortes war durch die Bedingungen der Freilichtbühne und die Präsenz des Chores gewährleistet; für die Einheit der Zeit sorgte die Beschränkung des Geschehens, das einen Sonnenumlauf nicht überschreiten durfte; der Einheit der Handlung diente eine grundsätzliche Zweiteilung aus Schürzung und Lösung des Knotens. Entwickeltere Formen verlangen nach Unterscheidung zwischen Haupt- und Nebenhandlung, einfacher und verflochtener Handlung, Handlungskern („Fabel") und episodischen Zutaten, Rohstoff und gestalteter Ereignisfolge, Fabel und Sujet, „histoire" und „discours" usw., auch zwischen offener (auf der Bühne sichtbarer) und verdeckter Handlung (Todes-Schrei „hinter der Szene"). Spezielle Techniken dienen der Vergegenwärtigung weiterer Aktionsfelder außerhalb des durch Kulissen begrenzten Bühnenraums, so der Augenzeugenbericht über gleichzeitig Stattfindendes (Teichoskopie) oder der Rapport über zwischenzeitlich andernorts Geschehenes (Botenbericht).

Der Aufbau der Handlung ist in „Szenen" organisiert, räumlich-zeitliche Einheiten, die eine Portionierung der Handlung durch zusätzliche Mittel (Bühnenpräsenz der Figuren, Bühnenform, Bühnenbild, Beleuchtung) erreichen. „Szene" im engeren Sinne bedeutet einen Handlungsabschnitt mit gleichbleibendem Schauplatz und dient so, an Bautechniken Shakespearescher Stücke abgeschaut, zur inneren Unterteilung in größere Einheiten, wohingegen „Auftritt" im Sinne der klassischen frz. Tragödie mit jedem Auf- und Abtreten einer Person kleinere Untereinheiten schafft.

6. Die antiken Theoretiker unterschieden für den Aufbau eines D. zwischen Anfang (dem voraussetzungslosen Beginn als Zündfunken der Handlung), Mitte und Schluß. Dieses dreigliedrige Modell aus Einleitung/Exposition („prótasis"), Herstellung von Verwicklung / „Intrige" („epítasis") und Lösung („katástrophe") bestimmte die Bauweise von und das Nachdenken über D. bis in

die Neuzeit hinein, als symmetriebezogene Überlegungen und verfeinerte Techniken der Spannungserhaltung eine Ausrichtung an fünf Bauteilen („Akten“) üblich werden ließen. In Popularisierung des klassischen D.-Bauplans formulierte Gustav Freytag (*Technik des Dramas*, 1863) ein pyramidenförmiges Schema aus Einleitung, Steigerung, Höhepunkt, Fall/Umkehr und Katastrophe.

Dieses klassische Muster mit fester Anzahl und Funktion von Akten, die sich in einzelne Szenen bzw. Auftritte untergliedern, ist in neuerer Zeit aufgebrochen worden zugunsten einer lockeren Szenen- bzw. Bilderfolge ohne von oben herab festgelegte Ordnung (Büchner). Klotz hat diesen Paradigmenwechsel beschrieben (*Geschlossene und offene Form im Drama*, 1960) als Ablösung gedanklicher und formaler Einheit und Kontinuität durch Vielfalt in Sprüngen, als Überführung von linearer Entwicklung in kreisförmige, simultane Zuständlichkeiten, als Aufgabe geistbestimmter „Idee“ zugunsten der Hinwendung an materiell-hinfällige Realitäten.

7. Unterscheidet man im D. zwischen „Haupttext“ und „Nebentext“, so umfaßt der Haupttext alle gesprochenen Darstellungsmittel, jene Sätze also, die auf der Bühne „wirklich“ ausgesprochen werden; der Nebentext hingegen liegt zwar ebenfalls vom Autor vor, realisiert sich aber nonverbal in den Reproduktionsbedingungen der Aufführung: in Gestik, Bewegung, Gegenständen, Beleuchtung usw. In Lessings *Miss Sara Sampson* unterbrechen etwa 150 Bühnenanweisungen den Text, mehr als 600 Gedankenstriche zeigen Redepausen an, die durch Mimik und Gebärden auszufüllen sind.

Verschiedene Bühnenformen in der Geschichte des abendländischen D. (Arenabühne, Budenbühne, Guckkastenbühne) haben unterschiedlichen D.-Konzepten und Spielweisen gedient, die auch verschiedene Haltungen des Zuschauers zur Welt (auf dem Theater) begünstigten. Auf der Simultanbühne des MA war den Zuschauern alles zugleich vor Augen. Die Trennung Oberbühne-Unterbühne in der Shakespearezeit etwa bot die Möglichkeit, gesellschaftliche Hierarchien der Handlungsebenen anzuzeigen, oder Intimität und Öffentlichkeit voneinander zu scheiden. Die Perfektionierung der Illusionsbühne in der Neuzeit unterstreicht die festlegende Kraft des „Milieus“. Realer Bühnenraum und fiktiver Ort des Geschehens: gedachter, vorgestellter Raum (als Leistung der Phantasie des Betrachters) können miteinander identifiziert werden (↗ Naturalismus), oder die Differenz zwischen ihnen wird akzentuiert (↗ Episches Theater). Sie kann praktisch aufgehoben sein (Straßentheater, Fabriktheater) oder als Teil der Fiktion des D. eigens selbstreflexiv herausgestellt werden, wenn sich Theater selbst als Theater im Stück problematisiert.

Verbale (im Text gesprochene) und nonverbale Lokalisierungstechniken (Kulissen, Beleuchtung, Versatzstücke) können aber, wie die Requisiten, mitbedeutend symbolische Kraft gewinnen, zum „Mitspieler“ werden (Kleist: *Der zerbrochne Krug*; Sternheim: *Die Hose*). Entweder dienen solche Utensilien mit Eigenleben, ausgestattet mit gleichbleibender fester Bedeutung wie in der Tragödie, als Erinnerungsmittel in der Situation des Wiedererkennens („anagnorisis“) des Nachgeahmten, oder sie lassen, mit der Freiheit des Bedeutungswechsel versehen wie in der ↗ Komödie, den Zuschauer von Szene zu Szene, von Fall zu Fall raten.

8. Der Gattungseigenart, kollektiv rezipiert zu werden, entspricht, daß die fundamentalen Begriffe, die bei Aristoteles als konstitutiv für das D. zusammengestellt sind, auf dessen Wirkungsvermögen abzielen, also publikumsbezogen zu verstehen sind: „Die Tragödie ist Nachahmung einer guten und in sich geschlossenen Handlung (‚práxis‘) von bestimmter Größe, in anziehend geformter Sprache (‚hedysménos lógos‘), wobei diese formenden Mittel in den einzelnen Abschnitten je verschieden angewandt werden – Nachahmung von Handelnden (‚dróntes‘) und nicht durch Bericht (‚apangelía‘), die Jammer (‚éleos‘) und Schaudern (‚phóbos‘) hervorruft und hierdurch eine Reinigung (‚kátharsis‘) von derartigen Erregungszuständen (‚pathémata‘) bewirkt“ (*Poetik*, 6. Kap.).

Die bis heute andauernde Diskussion über Jammer und Schaudern bzw. „Furcht“ und „Mitleid“ (Lessing) fragt nach der zentralen Rolle der „Katharsis“ als Ziel: Ist sie den Figuren als den Stellvertretern des Zuschauers zugedacht? Oder hat dieser die Freiheit, sich gegenüber dem Dramengeschehen alternativ zu fühlen bzw. zu verhalten? Verstehensprobleme haben sich bis zu dem Übersetzungsstreit darüber zugespitzt, wie der Genetiv „Reinigung der Affekte“ zu verstehen sei: Werden die Affekte als Mittel benötigt („genetivus instrumentalis“)? Geht es um Reinigung, d.h. Abfuhr und Entladung eines der Gesundheit abträglichen Affektstaus („genetivus separativus“)? Soll eine „Verwandlung der Leidenschaften in tugendhafte Fertigkeiten“ (Lessing) gelingen („genetivus obiectivus“)?

Weinen oder Lachen des Zuschauers begleiten als extreme Möglichkeiten der Aufnahme den unterschiedlichen D.-Ausgang in ↗ Tragödie und Komödie. Der Untergang des Helden in der Tragödie besiegelt einen ambivalenten Gang der Anteilnahme, „bei der der Zuschauer sich positiv mit einem schuldig werdenden Helden identifiziert, für den er zuerst hofft, dann um ihn fürchtet und zuletzt mit ihm leidet“ (Gelfert). Dazu ist es notwendig, daß der Held nicht nur sich gegen seinen Untergang aufgelehnt, sondern diesen Untergang in gewissem Umfang selbst durch eigene Fehler („hamartía“) verursacht hat. Vor allem muß er zu seiner Schuld gekommen sein durch die erzwungene Wahl zwischen zwei gleich großen Übeln („aporía“ = „Ausweglosigkeit“), erlitten im großen Antagonismus zwischen Ich und Welt – dies ist der heutigen Alltags-Inflation des Wortes „tragisch“ entgegenzuhalten. Die Auflösung der Verwicklung in der Komödie dagegen, mit den Mitteln der Komik oder der ↗ Satire, in der Hoffnung auf die Errettung eines positiven Helden oder mit dem Wunsch nach Entlarvung und Bestrafung eines negativen, bestärkt den Zuschauer in der Erfahrung eigener Normalität, der Überlegenheit, das gezeigte Gefühl der Ohnmacht der anderen (Figuren) nicht teilen zu müssen.

„Die Komödie sucht schlechtere, die Tragödie bessere Menschen nachzuahmen, als sie in der Wirklichkeit vorkommen“ (*Poetik*, 2. Kap.). Das führt dazu, daß jede Tragödie einen definitiven, endgültigen Schluß besitzt: Mindestens eine Figur ist nicht mehr imstande, den vorangegangenen Wechsel von Auftritt und Abgang aus eigenen Kräften fortzusetzen, sondern ist dazu verurteilt, weggetragen zu werden oder liegen zu bleiben (Klotz). Keine Komödie dagegen kann richtig aufhören, jede weist einen iterativen, zur Wiederholbarkeit offenen Schluß auf.

Der übergroße Schatten des Aristoteles hat nicht nur die Wirkungsgeschichte der verschiedenen D.-Gattungen bestimmt und die Dominanz der Tragödie über die Komödie nach sich gezogen – weil seine Ausführungen über die Komödien nur fragmentarisch überliefert sind, ist die Komödie über Jahrhunderte eher geringgeschätzt worden. Aristoteles hat auch bewirkt, daß Gegenentwürfe sich bis in unsere Tage an ihm messen; noch Brecht definiert sich (anti-)aristotelisch in seinem „Epischen Theater“, wenn er der alten Einfühlungs-Doktrin seine Konzeption eines Einspruchs der Zuschauer gegen das D.-Geschehen entgegenhält; durch Distanz statt Identifikation, Verfremdungseffekte anstelle von Illusion sucht er eine Demokratisierung der Verhältnisse auf dem Theater zu erreichen. Der Zuschauer, zuvor zu einer aufschauenden Identität mit dem Helden verurteilt, soll energisch aktiviert werden, sich das Geschehen anders als dargestellt vorstellen, wünschen, herstellen zu können.

Georg Guntermann

Lit.: B. Asmuth: Einführung in die D.-Analyse, [3]1990. – M. Brauneck: Die Welt als Bühne, Bd 2, 1995. – E. Fischer-Lichte: Geschichte des D. 2 Bde., 1990. – H.-D. Gelfert: Wie interpretiert man ein D.?, 1992. – N. Greiner u.a.: Einführung ins D. Handlung, Figur, Szene, Zuschauer. 2 Bde., 1982. – G. Hensel: Spielplan. Schauspielführer von der Antike bis zur Gegenwart, [2]1975. – W. Hinck (Hg.): Handbuch des dt. D., 1980. – V. Klotz: Geschlossene und offene Form des D., 1960 [u.ö.].

E

Edition

1. Literarhistorisches Arbeiten setzt den gesicherten Text voraus. Ihn in wissenschaftlich überprüfbaren Verfahren zur Verfügung zu stellen, ist Aufgabe der E. Für die Herausgabe von Texten der Vergangenheit hat die germanistische E.philologie verschiedene Verfahren und Modelle entwickelt, nicht zuletzt im Zusammenhang mit der Neudefinition des Textbegriffs. Über die Wahl des E.prinzips entscheiden das E.ziel und die zu seinem Erreichen verfügbaren Möglichkeiten; dabei sind die spezifischen Entstehungs- und Existenzbedingungen eines Textes ebenso zu berücksichtigen wie die objektiven Gegebenheiten seiner Überlieferung.

2. Die E. der älteren dt. Literatur: a. Bis gegen Ende des 15. Jh. wird mittelalterliche Literatur fast ausschließlich handschriftlich überliefert. Wie die Originale selbst sind i.d.R. auch die ersten Abschriften verloren; die Überlieferung besteht aus Abschriften zweiten oder dritten Grades, wobei der Wortlaut des ursprünglichen Textes im Prozeß des wiederholten Abschreibens zunehmend verändert wurde. Die aufs engste mit dem Namen des Begründers der germanistischen E.wissenschaft Karl Lachmann (1793-1851) verbundene traditionelle kritische Ausgabenpraxis hat das Ziel, aus der abschriftlichen Überlieferung den Autortext bzw. den Text des Archetyps, d.h. die gemeinsame Vorlage aller erhaltenen Handschriften, zu rekonstruieren. Das methodische Instrumentarium liefert die klassische Textkritik, die im wesentlichen auf den Schritten Filiation, „recensio“ und „emendatio“ beruht. In der Filiation werden die Verwandtschaftsverhältnisse zwischen den Textzeugen mit Hilfe sog. Binde- und Trennfehler bestimmt. Die „recensio“, die Herstellung des Archetyps, erfolgt auf der Basis einer Leithandschrift mit Hilfe der erhaltenen Textzeugen. Aufgabe des Editors ist es dabei, aus einer Mehrzahl von Lesarten (Varianten) die jeweils ursprüngliche herauszufinden und den Nachweis zu erbringen, daß die ausgesonderten Varianten als fehlerhaft einzustufen sind; bei gleichwertigen Lesarten (Präsumtivvarianten) entscheidet das „judicium“ des Editors, das indes hinreichend begründet sein muß. Dem eigentlichen Ziel einer kritischen Ausgabe, zu einem Text „hinter“ der Überlieferung zu gelangen, dient die Korrektur offenkundiger, bereits für den Archetyp anzusetzender und damit nicht mit Hilfe der Textzeugen zu bessernder Überlieferungsfehler („emendatio“) sowie die Korrektur mutmaßlich verderbter Textstellen, d.h. solcher, die nach dem Urteil des Herausgebers nicht dem „usus scribendi“ und der Aussageintention des Autors entsprechen (Konjektur).

Der E.text wird, da die Graphie des Originals bzw. des Archetyps nicht zu ermitteln ist, in normalisierter Sprach- bzw. Schreibform (z.B. des „klassischen“ Mhd.) oder in der Graphie der Leithandschrift geboten. Der Apparat dient der Rechtfertigung des kritischen Textes und seiner Überprüfbarkeit. Er gibt Aufschluß über alle Eingriffe des Herausgebers in den Text und verzeichnet die für die Begründung des kritischen Textes relevanten Varianten, gegebenenfalls auch die nicht im konstituierten Text berücksichtigten sinnrelevanten Varianten einzelner Handschriften oder Handschriftengruppen.

b. Das Funktionieren dieses textkritischen Verfahrens ist an bestimmte entstehungs- und überlieferungsgeschichtliche Voraussetzungen gebunden. Solche Bedingungen sind (1) ein einziger, einheitlicher und prinzipiell fehlerfreier Ausgangstext, (2) „vertikal“ verlaufende Überlieferung, d.h. Ausschluß der Möglichkeit, daß ein Schreiber zwei oder mehr Vorlagen zugleich benutzte (Kontamination), (3) eine eindeutige, durch Binde- oder Trennfehler zu bestimmende Deszendenz der abschriftlichen Überlieferung und (4) das Bemühen der Schreiber, den Wortlaut ihrer Vorlage getreu wiederzugeben. Die Wirklichkeit mittelalterlicher Textüberlieferung lehrt jedoch, daß kaum einmal solche idealen Voraussetzungen gegeben sind: Konservative Überlieferung muß eher als Ausnahme denn als Regelfall gelten. Nachlässigkeit beim Abschreiben spielte dabei ebenso eine Rolle wie dezidierter Umgestaltungswille. ↗ Geschichtsdichtung und Texte der sog. Gebrauchsliteratur wurden wiederholt bearbeitet und zeitgemäßen Situationen und Bedürfnissen angepaßt, aber auch literarische Texte im engeren Sinn unterlagen nicht selten modernisierender und aktualisierender Bearbeitung. Auch ist mit kontaminierter Überlieferung vor allem bei breiterer Bezeugung eines Textes zu rechnen. Daß Binde- und Trennfehler nicht immer in der wünschenswerten Eindeutigkeit vorhanden sind, macht das Problem der Präsumtivvarianten augenfällig, und jene Autographe, die nachweislich (vom Autor verursachte) Fehler enthalten, erweisen die Annahme eines fehlerfreien Autortextes als Fiktion. In vielen Fällen ist auch die Vorstellung eines einzigen, festumrissenen Originals bzw. Archetyps aufzugeben. Bei bestimmten literarischen Typen hat es aufgrund spezifischer Existenzbedingungen von vornherein nie ein verbindliches Original gegeben. Dies gilt zumindest für einen Teil der ursprünglich mündlich tradierten und in verschiedenen Fassungen verschriftlichten Heldenepik (↗ Heldendichtung), für die ↗ Predigt und für weite Bereiche der mhd. Novellistik (↗ Novelle) und Reimsprecherdichtung (↗ Sangspruch/Reimspruch), die im Vortrag jeweils neu aktualisiert wurden. Für einen Teil der Lied- und Spruchdichtung, für die sog. ↗ Spielmannsepik und für das geistliche Spiel sind vergleichbare Voraussetzungen anzunehmen. Ebenso legt die Überlieferungslage im Bereich des ↗ Höfischen Romans die Möglichkeit von Doppelfassungen nahe, die auf den Autor selbst zurückgehen könnten (z.B. [Teil-]Ausgabe eines noch nicht vollständig ausgearbeiteten Werkes und zweite, „verbesserte und vermehrte Auflage"). Die Rekonstruktion des Originals stößt in solchen Fällen oftmals auf unüberwindliche Schwierigkeiten bzw. verbietet sich von selbst.

c. Die Einsichten in die spezifischen Bedingungen mittelalterlicher Textentstehung und -überlieferung, aber auch die Erkenntnis, daß Lachmanns Methode der Texterstellung die Gefahr willkürlicher Herausgeberentscheidungen birgt, haben zur Modifizierung des alten Verfahrens, zur Entwicklung neuer E.methoden und zu differenzierten Zielsetzungen bei den Editoren geführt. Sie unterscheiden sich von der kritisch rekonstruierenden Methode jeweils dadurch, daß sie sich stärker der Überlieferung anvertrauen: Für all jene Fälle, in denen die Rekonstruktion des Archetyps nach wie vor sinnvoll und wünschenswert erscheint, stehen zwei Möglichkeiten zur Verfügung: die E. nach dem Leithandschriftenprinzip und der Abdruck einer einzelnen Handschrift. Im ersten Fall erfolgt die Textkonstituierung unter Einbeziehung der gesamten Überlieferung auf der Basis einer Leithandschrift, deren Text nur bei offenkundigen Verderbnissen (Schreibfehlern und sprachlich-sachlichen Unstimmigkeiten, soweit aus dem Kontext bzw. durch Vergleich mit der Quelle erkennbar) gebessert wird; die Eingriffe sind jeweils zu kennzeichnen (meist durch Kursivierung) und im Apparat zu rechtfertigen. E.ziel ist eine durch die Überlieferung abgesicherte partielle Rekonstruktion des Autortextes; der Anspruch auf dessen vollständige Wiederherstellbarkeit ist hingegen aufgegeben. Dies gilt erst recht für die zweite E.methode: den bereinigten und gegebenenfalls leicht normalisierten Abdruck des relativ besten Textzeugen, der repräsentativ für Entstehungszeit und Schreibsprache des Originals sein sollte; die notwendigen Korrekturen werden mit Hilfe der Parallelüberlieferung durchgeführt. Die E.aufgabe beschränkt sich in diesem Fall auf die Wiedergabe einer einzelnen historisch beglaubigten Gebrauchsfassung.

Bei unikal überlieferten Denkmälern, zu denen etwa die Werke der ahd. und frühmhd. Zeit (↗ Ahd. Lit., ↗ Frühmhd. Lit.) fast ohne Ausnahme zählen, sind der Rekonstruktion des Autortextes, auch nur der partiellen, schon überlieferungsbedingt enge Grenzen gezogen. Hier bietet sich ein diplomatischer Abdruck (d.h. Wiedergabe der Handschrift einschließlich Abbreviaturen, Superskripta und diakritischen Zeichen) oder eine – aus Gründen der Benutzerfreundlichkeit – regulierte Wiedergabe des handschriftlichen Textes an.

d. Die bisher beschriebenen Verfahren sind produktionsästhetisch ausgerichtet: Ihnen geht es um die Wiedergewinnung des Autortextes oder zumindest um Näherungsformen. Das neueste Verfahren, die textgeschichtlich-überlieferungskritische E.methode, macht es sich hingegen zur Aufgabe, die Erstfassung, sofern aufgrund der Überlieferungsverhältnisse greifbar, und die Veränderungen, denen der Text im Laufe der Überlieferung unterlag, zu dokumentieren und den historisch wirksamen Text, d.h., „das gesamte Rezeptionsfeld des Denkmals zu erschließen" (Kurt Ruh); Vollständigkeit ist freilich nur im Falle relativ schmaler Überlieferung möglich. Die Methode eignet sich vor allem bei Texten, „die durch ihren vielfachen Gebrauch mit unterschiedlicher Zweckbestimmung eine offene Überlieferungsform aufweisen, d.h. zahlreichen Textmutationen ausgesetzt waren, ja z.T. in verschiedenen Redaktionen erscheinen" (Ruh). Erstfassung und alle weiteren Textfassungen werden auf der Basis ausgewählter Handschriften konstituiert; bei der Wahl der jeweiligen Leithandschrift gilt nicht mehr das Kriterium des „besten Textes", sondern das Kriterium „Repräsentativität für eine bestimmte Textstufe bzw. -fassung". Der Apparat dient sowohl der Rechtfertigung der konstituierten Redaktionstexte als auch der Dokumentation der individuellen Textveränderungen gegenüber dem jeweils fassungstypischen Text. Einen Sonderfall der Dokumentation verschiedener Textfassungen stellt der (korrigierte) Paralleldruck dar, wie er z.T. für die Heldenepik und bei den wenigen mehrfach überlieferten Texten der ahd. und frühmhd. Epoche realisiert wurde. Eine verbindliche Methodenlehre, d.h. Patentrezepte, für den Bereich der altgermanistischen E. gibt es nicht. Jeder Text ist aufgrund seiner spezifischen Entstehungs- und Überlieferungsbedingungen ein Fall für sich. Das E.ziel kann deshalb erst nach sorgsamer Prüfung aller Voraussetzungen und nach Abwägung aller Argumente formuliert werden.

3. Bei der E. der neueren dt. Literatur liegen andere Voraussetzungen vor: Hier hat man es üblicherweise mit autorisierten Texten zu tun. Darunter versteht man alle Autographe, ferner die im Auftrag und unter Aufsicht des Autors hergestellten Abschriften sowie die vom Autor gewünschten und gebilligten Drucke, für die er die Druckvorlage lieferte und die er oder eine legitimierte Person während der Drucklegung revidierte. Die Aufgabe der Rekonstruktion des Originals mittels „recensio" und „emendatio" stellt sich hier praktisch nicht, wohl aber die Frage, welche der autorisierten Fassungen zu edieren und wie die vielfach komplizierte Entstehungs- und Bearbeitungsgeschichte eines Werkes editorisch darzustellen sei.

a. Gleichwohl war die E.praxis des frühen 19. Jh. zunächst ebenfalls der textkritischen Methode Lachmanns verpflichtet. Sie wurde abgelöst durch das Prinzip der „Ausgabe letzter Hand" bzw. der letzten Fassung eines Werkes, die die Textgrundlage vieler E. des 19. und 20. Jh. wurde. Es beruht auf der Vorstellung, daß die letzte Textfassung zugleich die beste sei, was indes die Herausgeber zunächst nicht hinderte, Emendationen und Konjekturen vorzunehmen. Mit K. Goedekes Ausgabe der Werke Schillers 1867ff. wurde erstmals eine historisch-kritische Textausgabe vorgelegt, die neben dem konstituierten Text auch die Entstehung eines Werkes von ersten Entwürfen und Zwischenfassungen über Niederschrift und Reinschrift bis zu den verschiedenen Druckauflagen dokumentierte. Diese doppelte Aufgabenstellung, Herstellung des Textes und Darstellung der Entstehungs- und Bearbeitungsgeschichte eines Werkes, ist für die neuere E.philologie bis heute verbindlich. Auf Texte aus der Zeit vor 1750 ist das historisch-kritische Verfahren allerdings nicht anwendbar, da hier nicht durchweg mit autorgebundenen Varianten gerechnet werden kann. Sie erfordern eigene Editionsmethoden.

b. Was die Textherstellung angeht, so gilt in der modernen E.philologie das Prinzip der „Ausgabe letzter Hand" nicht mehr uneingeschränkt. Vielfach bevorzugte Alternative ist die „Ausgabe früher (erster) Hand"; E.grundlage ist hier der Erstdruck eines Werkes oder, soweit vorhanden, die autornähere originale Druckvorlage. Aus historischer Sicht sind die verschiedenen Fassungen eines Werkes prinzipiell gleichwertig. Die Entscheidung ist dem Herausgeber freigestellt, sie setzt aber in jedem Fall ein klares Bild über die Arbeitsweise des Autors voraus, und sie muß hinreichend begründet sein. Für eine historisch-wissenschaftliche Ausgabe wird der ausgewählte Textzeuge unverändert in historischer Orthographie und Interpunktion abgedruckt. Die Herstellung von Mischfassungen (Kontamination) ist der dt. E.philologie obsolet. Nach wie vor umstritten ist die Frage der Korrektur autorisierter (d.h. vom Autor gebilligter oder nicht bemerkter) Fehler. Der Position, Korrekturen auf eindeutige – als solche leicht erkennbare – Unsinnskonfigurationen (Druckfehler) zu begrenzen (die konsequenterweise auf den Reprint als ideale Darbietungsform eines Textes hinausläuft), steht die Forderung gegenüber, auch bei solchen Lesungen einzugreifen, die zwar verständlich, aber – weil nicht vom Autor stammend – als „falsch" im Sinne der Textkritik einzustufen sind. In der praktischen E.tätigkeit spielt der Streit zwischen den beiden theoretischen Positionen eine untergeordnete Rolle, sofern die vorgenommenen Korrekturen begründet und nachprüfbar bleiben.

c. Das zweite Ziel einer historisch-kritischen Ausgabe ist die Darstellung der Textgenese; sie erfolgt im kritischen Apparat. Ihre technische Bewältigung ist um so schwieriger, je komplizierter die Überlieferung ist. Einen Durchbruch bei der Darstellung komplexer und schwer aufzuschlüsselnder Schreib- und Bearbeitungsschichten in einem Manuskript erzielte erst F. Beißner in der Großen Stuttgarter Hölderlin-Ausgabe (1943ff.), in der der traditionelle lemmatisierte Apparat (der die einzelnen Lesarten und damit die Textgenese gleichsam in atomisierter Form bietet) durch einen Schichtenapparat ersetzt wurde. Die Varianten wurden hier „treppenartig" vom Endpunkt der Werkentwicklung angeordnet, wobei sich die Anordnung auf die Vorstellung vom „idealen Wachstum" stützt. Diesem interpretierenden Darstellungsprinzip begegnete H. Zeller in der Ausgabe der Werke C.F. Meyers mit einem Gegenmodell: Dokumentation des Überlieferungsbefundes vom Anfang der Entwicklung her, Rekonstruktion des realen Wachstums, kontrollierbar durch genaue Angaben zum Typus der Varianten (Zusatz, Ersatz, Kürzung, Amplifikation), zu ihrer räumlichen Anordnung (über, unter, neben der Zeile notiert) und zeitlichen Abfolge im Manuskript des Autors. Die Interpretation des Befundes bleibt dem Benutzer der E. überlassen. Dem Verfahren sind freilich dort Grenzen gezogen, wo eine absolute Chronologie der Textentwicklung nicht rekonstruierbar und wo nicht entscheidbar ist, was als alternative Variante erwogen oder was endgültig verworfen wurde. An Beißners und Zellers Apparatgestaltung entzündete sich ein lebhafter Methodenstreit. Er führte zur Einsicht, daß keine der beiden Verfahren eine mechanische Übertragung auf andere Autoren erlauben. Wie im Bereich der altgermanistischen E. ist eine Anpassung der Methode an die individuellen Überlieferungsbedingungen eines jeden Textes erforderlich. Die beiden Modelle des Schichtenapparats wurden deshalb modifiziert, und es wurden Näherungsformen entwickelt, etwa eine Textdarstellung mit Varianten im fortlaufenden Text (integraler Apparat) oder die synoptische (zeilenparallele) Textpräsentation, die sich namentlich bei komplexer Überlieferung mit reicher textgenetischer Varianz anbietet; eine Sonderform dieses Verfahrens stellt wiederum der Paralleldruck dar. Keines der beschriebenen Darstellungsprinzipien kommt ohne Vorentscheidungen des Herausgebers aus; eine wirkliche Kontrolle der editorischen Entscheidungen erlaubt nur das Autograph bzw. ein Faksimile und dessen diplomatische Umschrift. Bei diesem chronologisch-integralen E.verfahren bleibt dem Leser vollständig die Aufgabe der Textkonstituierung überlassen.

Dorothea Klein

Lit.: Th. Bein (Hg.): Altgermanistische E.wissenschaft, 1995. – K. Kanzog: Einführung in die E.philologie der neueren dt. Literatur, 1991. – K. Ruh: Votum für eine überlieferungskritische E.praxis. In: L. Hödl/D. Wuttke (Hg.): Probleme der E. mittel- und neulat. Texte. 1978. - K. Stackmann: Mittelalterliche Texte als Aufgabe. In: W. Foerste/K.H. Borck (Hg.): Festschrift für J. Trier zum 70. Geb., 1964.

Empfindsamkeit

1. Im Deutschen tauchen die ersten Belege für „empfindsam"/"Empfindsamkeit" bereits um 1760 in Übersetzungen aus dem Englischen auf. Zunächst hat das Wort zwei Bedeutungsaspekte: als „moralische Zärtlichkeit" meint es freundschaftliche und verwandschaftliche Gefühle, vor allem der Liebe; als „physische E." bezeichnet es die Fähigkeit, sinnliche Empfindungen wahrzunehmen. Vor 1760 wurde von „zärtlich"/"Zärtlichkeit" gesprochen, womit aber meist schon die „Tugendempfindsamkeit" der späteren Zeit gemeint war. Joachim Heinrich Campe, der mehrfach versucht hat, das Vokabular der E. zu regeln, verstand darunter in seinem *Wörterbuch der dt. Sprache* (I, 1807) die „Fertigkeit", an „theilnehmenden Gemüthsbewegungen Vergnügen zu empfinden". Von Campe stammt auch der wichtigste Negativbegriff: 1778 ist „Empfindelei" zum ersten Mal belegt.

2. Die E. tritt als Tendenz der ↗ Aufklärung – von einem eigenen Stilbegriff kann nicht die Rede sein – zwischen 1740 und 1760 hervor. Am intensivsten wird sie als „Zärtlichkeit" durch die *Moralischen Wochenschriften* verbreitet. Zwischen 1760 und 1770 erfaßt sie alle literarischen Gattungen und reicht als Mode in nahezu alle Bereiche des Alltagslebens. 1773 ist ihr Höhepunkt erreicht. Von dieser Zeit an werden die kritischen Stimmen zahlreicher. Es ist von einer zu bekämpfenden Modekrankheit die Rede. Etwa 1785 scheint die Tendenz vollkommen kraftlos geworden zu sein. Nach 1795 führt eine zweite Welle der Laurence-Sterne-Rezeption zu einem letzten Aufleben. In Frankreich hat sich die E. schon um 1650/60 in ersten Ansätzen als Kritik am herrschenden Stoizismus und in der positiven Wertung des Mitleids bemerkbar gemacht. Zunächst steht die „sensibilité" im Zentrum einer traditionalen Liebestheorie; erst nach 1700 treten Konnotationen aus dem Bereich der natürlichen Moral hinzu. Um 1727 ist die „sensibilité" in Theaterstücken (Marivaux) und Romanen (Prévost) voll entfaltet; mit Rousseaus *Nouvelle Héloïse* (1761) ist der Höhepunkt und gleichzeitig der beginnende Niedergang erreicht.

In England ist die „sensibility" seit der Jahrhundertwende 1700 bekannt. Die *Moral Weeklies* verbreiten die empfindsame Ethik der schottischen Moralphilosophie des „moral sense" um 1710/20. Das bürgerliche Trauerspiel und die „Sentimental Comedy" von George Lillo, Edward Moore und Richard Cumberland, die Briefromane von Richardson und Sternes Reiseroman *A Sentimental Journey* (1768) sind wesentliche Stationen der Entfaltung der „sensibility".

In der neuesten Forschung werden für die verschiedenen Nationalliteraturen auch unterschiedliche Ursprungstheorien geltend gemacht. In Frankreich scheinen eine antistoische Liebeslehre und die Naturrechtsdiskussion bedeutsam gewesen zu sein, bis die englische Moralphilosophie durch die *Moralischen Wochenschriften* in England und Frankreich ausgebreitet wurde. Für England gilt die schottische Moralphilosophie nach wie vor als wesentliche Anregung, wobei die anglikanischen liberalen Geistlichen wesentlich zur Ausbreitung der Moral-Sense-Theorie beitrugen. Hutcheson, Hume und Shaftesbury haben auch in Deutschland früh Anhänger gefunden. Hierzulande hielt man die E. lange Zeit für säkularisierten Pietismus. Die häufig gefühlsbetonte Frömmigkeitspraxis der verschiedenen pietistischen Gruppen hat zweifellos an der Ausbreitung der E. mitgewirkt, doch ist eine monokausale Erklärung des Phänomens aus dem ja keineswegs im ganzen dt.sprachigen Raum verbreiteten, zersplitterten Pietismus nicht haltbar.

In den einzelnen europäischen Ländern sind die Träger der E. nicht identisch. In Frankreich entstand in der gemeinsamen Opposition des Bürgertums und von Teilen der Aristokratie gegen den zentralistischen Absolutismus eine „überständische Elite". Im späteren 18. Jh. ist allerdings eine fortschreitende Verbürgerlichung der „sensibilité" erkennbar. Dies läßt sich besonders gut an den Phasen wachsender Affektivität in der Familie beobachten. Auch in England wird die „sensibility" sowohl von Adligen als auch von anglikanischen und unabhängigen Geistlichen, von Konservativen und Radikalen, von Handel treibenden Bürgern und Angehörigen der Gentry getragen. Eine eindeutige Zuordnung der E. zu einer Schicht ist in England nicht möglich. In Deutschland sind treibende Kräfte zunächst die Bürgerlichen in den großen Handels-, Universitäts- und Residenzstädten. Anfangs hält sich der Adel fern; seit E. in den späten 60er Jahren zur Modetendenz geworden ist, sind auch Adlige bereit, den neuen Gefühlsregeln zu folgen. In allen Phasen der „sensibilité", „sensibility" und „E." waren junge Menschen und Frauen am stärksten davon affiziert.

3. In den einzelnen Gattungen und Textsorten – ↗ Roman (v.a. Brief- und Reiseroman), ↗ Brief, ↗ Tagebuch, ↗ Autobiographie, Stammbuch, Poesiealbum, ↗ Idylle, ↗ Lyrik, Melodram, „weinerliche ↗ Komödie" und ↗ Bürgerliches Trauerspiel – ist die E. meist nicht dominant, sondern taucht neben den für aufklärerische Literatur typischen Tendenzen auf.

Der bedeutendste Beitrag der E. zur ↗ Ästhetik der Aufklärung besteht in der umfassenden Förderung und Differenzierung der Wirkungsästhetik. In ihr ist die rhetorische Affektenlehre aufgehoben. Ein neues Publikum verändert in diesem Kontext die ↗ Rezeption von Kunst und läßt sich durch diese selbst wieder verändern. Die Mitleidsthematik und die generell auf Rührung zielende Tragödientheorie der Aufklärung stellen eine wichtige Phase der modernen Ästhetik dar. Zweifellos gehen von der E. aber auch fragwürdige Entwicklungen aus. Die am Ende des 18. Jh. schon etablierte Unterhaltungsliteratur kumuliert empfindsame Motive und Stilmittel. Das Interesse an Physiognomik und Pathognomik führt zu einer bisher unbekannten Intensität der Beobachtung nichtverbaler Äußerungen in Gebärde, Geste, Bewegung des Körpers. In der bildenden Kunst werden empfindsame Anregungen aufgenommen im neu entdeckten Schattenriß und in der Porzellanmalerei, der Kleinplastik und Illustration (Chodowiecki). Das empfindungsvoll konzipierte Porträt, Freundschafts-, Familien- und Genrebilder, idyllische Landschaften und melancholische Naturszenerien nehmen literarische und soziale Aspekte der Tendenz auf. In der Musik wird vor allem die Theorie empfindsam verändert – ↗ Lied und Melodram wurden zu spezifischen Gattungen. Klavier, Harfe (Äolsharfe), Flöte und Glasharmonika konnten der Musik als einer „tönenden Empfindung" am besten dienen.

Eine ausgeprägte Stilistik hat die empfindsame Tendenz kaum entwickelt. In der Beschränkung der Motive und der Ausdrucksmöglichkeiten für Empfindungen spiegelt sich die Problematik von Empfindung und Privatsprache überhaupt. So dominieren elliptische Stilfiguren, Losungsworte, Gedankenstriche, der Unsagbarkeitstopos. Eine eigentümliche Metaphorik ist kaum vorhanden. Es charakterisiert die E. als *Tendenz*, daß empfindsame Passagen nur in Kurzform möglich sind.

Selbst die Kritiker der „Empfindelei" erwarteten von der „wahren E." eine Reform der menschlichen Beziehungen. Sie blieb aus. Die E. beschränkte sich meist auf den Bereich der Literatur und Kunst. Aber einige soziale Folgen hatte die E. doch. Mancher Pfarrer legte sie in seinen Predigten den Gläubigen ans Herz. Als „Ergebnis" bleibt soziale Sensibilisierung: Zärtlichkeit, Wohlwollen, Sympathie oder Mitgefühl können durch soziale Interaktion zur fragilen „Vollkommenheit" der Empfindsamen führen.

Gerhard Sauder

Lit.: W. Doktor: Die Kritik der E., 1975. – G. Jäger: E. und Roman, 1969. – G. Sauder: E. Bd. 1, 1974; Bd. 3, 1980. – N. Wegmann: Diskurse der E., 1988.

Enzyklopädie

1. Mit E. wird die ↗ Gattung von Werken der Wissensliteratur bezeichnet, die die Gesamtheit des theoretischen und praktischen Wissensstoffes und (oder) den Zusammenhang und die Anordnung des Wissens, seine Gliederung und Klassifikation enthält. Sie ordnet den Stoff nach den Sachbereichen, nach den Disziplinen und Künsten oder (später) alphabetisch. Die Summe des überhaupt Wißbaren einer ↗ Epoche, sozusagen der Welt als ganzer, macht die Universal-E., die Summe und der Zusammenhang eines Bereichs oder einer Disziplin die Spezial- oder Fach-E. aus. Innerhalb eines weiter gefaßten Begriffs „enzyklopädischer Literatur" ist die E. als Gattung sui generis trotz gemeinsamer Züge doch abzugrenzen gegenüber Summen, Handbüchern, Kompendien verschiedener Art, Memorabilienliteratur und Buntschriftstellerei, ferner wissenversammelnden Gattungen wie Fürstenspiegel, Ökonomik (Hausbuch, Hausväterliteratur). Mit dem historisch in neuen Funktionen begründeten

Übergang von systematischen Sachordnungen zur alphabetischen Form tritt die E. in die Nähe zu verschiedenen Arten des Lexikons, des Dictionnaire, deren Bezeichnungen zur Gegenwart hin auch mit zunehmender Häufigkeit auf sie angewandt werden.

2. Die Bezeichnung E. ist hergeleitet von dem griech. Ausdruck „enkyklios paideia", der aus dem Substantiv „Erziehung" und dem qualifizierenden, von „kyklos", „Kreis", abgeleiteten Attribut besteht (früheste Belege 1. Jh. v. Chr.). Das Adjektiv bestimmte die Erziehung ursprünglich wohl dahin, daß sie die Fertigkeiten der im Chor zu Gesang und Reigentanz vereinigten attischen Bürger bezeichnete, also etwa „chorisch" meinte. Weitere in der Antike belegte Erklärungen deuten enkyklios als „regelmäßig wiederkehrend", die „enkyklios paideia" dann als „die übliche Bildung". Oder sie wird in historisch prägender, wenn auch wortgeschichtlich falscher Explikation auf den „Kreis der Wissenschaften" bezogen und als höhere Bildung des Freien verstanden, die auf der Kenntnis bestimmter Disziplinen basiert (etwa auf den späteren Artes liberales). Entsprechend der antiken Vorgeschichte und aus ihren Überlieferungsvorgaben sind Wort und Begriff der E. (cyclopaedia, encyclopaedia) erst Ende 15./Anfang 16. Jh. entwickelt und in die Nationalsprachen auch noch in der ersten Hälfte des 16. Jh. als Buchtitel übernommen worden.

3. Hinter die relativ spät einsetzende Begriffsgeschichte im engeren Sinn reicht die Sache selbst zurück bis in die Antike: als erster Enzyklopädiker gilt der Platonneffe Speusippos (408-339). Die Antike hat, generell betrachtet, zwei Formen der E. hervorgebracht, eine additive und eine integrative. Die erste bringt die gesammelte Darstellung mehrerer Disziplinen für verschiedene, nach den Intentionen der Autoren und den Gebrauchszusammenhängen wechselnde wie auch am Bildungscurriculum orientierte Fächerkombinationen (Artes liberales, erweitert durch Artes mechanicae, wie Medizin, Agrikultur, Architektur, Militärkunst sowie durch Jurisprudenz). Die zweite wird von Plinius (gest. 79 n. Chr.) im Bewußtsein von der Neuheit seines Verfahrens mit der *Naturalis historia* geschaffen, deren einheitliches stoisch-synkretistisches, naturphilosophisches Konzept die Umordnung des aus dem umfassenden Fachschrifttum gezogenen Sachwissens bedingte und Kulturhistorisches als „Natur im Gebrauch des Menschen" dieser unterordnete. Die Fortsetzung beider Typen in Spätantike und Frühmittelalter ermöglichte die erste Synthese in Isidors *Etymologiae* (um 600 n. Chr.), die Artes, kirchliche Wissenschaft, natürliche Welt und Kulturtechniken vereinigen und jede Sacherläuterung durch die Worterklärung fundieren.

Im 9. Jh. erhält die mittelalterliche E. mit Hrabans *De naturis rerum* (= *De universo*), ihrer Abbildung der Seinshierarchie in der Ordnung des Werkes und ihrer hinzugefügten Allegorisierung der Realien (zu einem Bedeutungskosmos), ihre gültige Form. Doch entwickelt bereits das Hoch-MA, vor allem das 13. Jh., neue enzyklopädische Ansätze und Werkformen, die sich zunächst teilweise, dann konsequent durchsetzen: bei Arnoldus Saxo, Alexander Neckam, Thomas von Cantimpré, Bartholomäus Anglicus, Vinzenz von Beauvais, Brunetto Latini. Umfangreichste E. des Mittelalters ist das *Speculum maius* des Vinzenz mit seinen Großteilen Kosmos, Geschichte, Wissenschaften, Ethik (der letzte geplant, aber erst im 14. Jh. hinzugefügt). Die Entwicklung führt zur Verwissenschaftlichung und zum multifunktionalen Nachschlagewerk einerseits, zum für Laien oder die Laienunterweisung eingerichteten Weltspiegel andererseits, der nun zunehmend volkssprachig abgefaßt wird.

4. Die E. der Neuzeit behält zunächst weitgehend mittelalterliche Züge und Formen, entwickelt dann jedoch neue Konzeptionen und perfektioniert die Sachdarstellung (bedeutendste E. des Barock: J.H. Alsteds *Encyclopaedia septem tomis distincta* von 1630). Im späteren 17. Jh. setzt eine bedeutende Expansion großer alphabetischer Lexika ein, sie führt im 18. Jh. zum Höhepunkt der frz. *Encyclopédie* von Diderot, d'Alembert u.a. (1751-80). In Deutschland ging dieser bereits Zedlers *Großes vollständiges Universal-Lexikon der Wissenschaften und Künste* (68 Bde., 1732-54) voran wie auch die von J. Chr. Gottsched betreute Übersetzung (1741-44) des *Dictionnaire historique et critique* P. Bayles (1697).

Als Differenzierungen innerhalb der Gattung E. nach der Aufklärungszeit lassen sich in der dt. Wissenschafts- und Literaturgeschichte drei Hauptbereiche hervorheben: die Fortsetzung und Popularisierung der Universal- und Konversationslexika, etwa mit F.A. Brockhaus (Erstausgabe 1809) und J. Meyer (Erstausgabe 1839-55); die Ausbildung von Spezial- und Fach-E. im 18./19. Jh. mit der Konsolidierung der akademischen Disziplinen; die Entwicklung der philosophischen E. von Kant bis Hegel (bes. *Enzyklopädie der philosophischen Wissenschaften im Grundrisse*, 1817).

Christel Meier

Lit.: Cahiers d'histoire mondiale 9/3 (1966) [22 Beiträge zur E., von der Antike bis zur Gegenwart]. – U. Dierse: E., 1977. – F.M. Eybl u.a. (Hg.): E. der Frühen Neuzeit, 1995 [Mit Bibliographie]. – Ch. Meier: Vom homo caelestis zum homo faber. Die Reorganisation der mittelalterlichen E. für neue Gebrauchsfunktionen bei

Vinzenz von Beauvais und Brunetto Latini. In: H. Keller u.a. (Hg.): Pragmatische Schriftlichkeit im MA, 1992.

Episches Theater

1. E.T. ist ein von Bertolt Brecht geprägter Begriff für seine Dramen-Theorie und -Praxis etwa seit der Mitte der 20er Jahre. Parallel zu ähnlichen Bestrebungen auf anderen Feldern (*Über reimlose Lyrik mit unregelmäßigen Rhythmen*, 1939) entwickelte Brecht auch im ↗ Drama Techniken des Widerspruchs gegenüber den herkömmlichen Spielarten, in umstürzlerischer, später theaterreformatorischer Absicht. Er wollte durch Bearbeitung, Aufführung, auch Produktion von Stücken Kritik der falschen Vorlagen betreiben, gegen die schlechte, weil affirmative Praxis des etablierten Theaters opponieren, kurzum: eigene Literatur als Kritik der herrschenden, vorfindlichen entwickeln.

Als Geburtsstunde des E.T. werden gemeinhin Brechts (zusammen mit Lion Feuchtwanger erfolgte) Bearbeitung und Regie von Christopher Marlowes *Leben Eduards des Zweiten von England* (UA 1924) angesehen. Die Anekdote überliefert, daß Karl Valentin auf die ratlose Frage während der Probenarbeit mit den Schauspielern, wie denn Soldaten in der Schlacht sich verhielten, geantwortet habe: „Weiß sans, Angst hams", und man sie daraufhin zur Verdeutlichung mit weiß angemalten Gesichtern habe spielen lassen. So kam es zu einer Art der Schauspieler-Führung, die auf Zeigen, Demonstrieren ausgerichtet war und sich weit von „Realismus" und jeglichem Anschein von Lebensechtheit auf der Bühne entfernte.

2. Entsprechende Überlegungen Brechts reichen jedoch weiter zurück; schon seine frühen Theaterkritiken sind davon inspiriert, als Vorlauf für eigene Produktionen, die er sich damals schon nur alternativ vorstellen kann. So sind bereits in *Trommeln in der Nacht*, dem ersten Stück Brechts auf der Bühne (Erstfassung 1919, UA 1922), Züge dessen auszumachen, was Jahre später erst in vielschichtigen Theorien von ihm formuliert worden ist. Dieses Stück enthält als Wegbereiter des E.T. bereits eine Vielzahl der später so genannten „V-Effekte" (Verfremdungs-Effekte): Mittel, um dem Zuschauer die Einfühlung in das Bühnengeschehen zu verwehren. Es hat literatur- und theatergeschichtlich Furore gemacht durch frühe Techniken der Desillusionierung, die hier noch „instinktiv" gebraucht zu sein scheinen; sprichwörtlich die Aufforderung „Glotzt nicht so romantisch", die ein Plakat zierte, das Brecht bei der Berliner Aufführung 1922 aufhängen ließ. Es sind verfremdende Elemente, Mittel epischer Distanzierung allesamt: die Glosse für die Bühne, der Einsatz der Musik, kommentierende Nebenfiguren oder der Schlußmonolog des unheldischen Helden, der antiheroisch das „große weiche weiße Bett" der Revolution vorzieht und gerade damit für eine Umwälzung der Verhältnisse auf der Bühne sorgt. Alle Theaterrequisiten („Trommel", „roter Mond", „Fluß") werden im Finale entlarvt als das, was sie sind, nämlich Requisiten. Als Effekt solcher Elemente ergibt sich eine neue Spielweise, ein An-Spielen gegen die in Brechts Sicht überkommenen „richtigen Theater", gegen die „Oh-Mensch-Dramatik dieser Zeit" und deren falsch-verklärende Neigung, den Zuschauer ‚mitzureißen'.

3. Brecht hat die Theorie des E.T. u.a. in der *Straßenszene* (1938) des *Messingkauf* (2. Nacht) entfaltet. Er postuliert ein Theater des technischen Zeitalters, angepaßt an den Wissensstand der Zeit, ausgerüstet mit Verfahrensweisen, die wissenschaftlichen Methoden adäquat seien. Es soll beim Zuschauer durch Demonstrations- und Zeigetechniken kritisch distanzierte Beobachtung fördern und so dessen (im herkömmlichen ↗ Theater stillgelegte) Produktivität freisetzen; Wunschziel ist eine aktive ↗ Rezeption. Der Mensch als ein veränderliches wie verändern könnendes Wesen ist Adressat dieser „kopernikanischen Wende", die sich gegen überkommene Festschreibungen auf allen Ebenen richtet: gegen Gebundenheit der Handlung an ein Schicksal, gegen Gebundenheit des Schauspielers an seine Rolle mittels Identifikation, gegen Gebundenheit des Zuschauers an das Gezeigte qua Einfühlung. Daber müssen die Stücke mit Bestandteilen ausgestattet werden, die allesamt auf eine Unterbrechung des Bühnengeschehens durch Kommentierung abzielen. Dazu gehören die berühmten Songs (wie das ↗ Lied der *Mutter Courage*), Chöre oder „Erzähler"-Figuren, die sich in direkter Ansprache an das Publikum richten. Szenentitel, die den einzelnen Abschnitten vorangestellt sind und über den Inhalt der folgenden Sequenz informieren, dienen als Gebrauchsanweisung für den Zuschauer: Indem er von Beginn an weiß, *was* passieren wird, soll sein Interesse darauf gelenkt werden, *wie* es geschehen wird. Er wird, so die Absicht des Stückeschreibers, dadurch veranlaßt, seine gewohnten Sehweisen zu überprüfen und alternative Wertungen zu bedenken.

Denn „wer mißtraut dem, was ihm vertraut ist?" lautet eine der programmatischen Fragen aus Brechts *Kleinen Organon für das Theater* (1948), in dem er noch einmal Wesentliches seiner Methode zusammenfaßt: eine offene Dramaturgie der Brüche; ein demonstratives Desinteresse an „inneren“ Wandlungen, dem subjektiven persönlichen Ergehen der Figur; einen („epischen“) Stil, der durch demonstrativ einfache Gesten jede Gefühlsmogelei im Keime erstickt.

Damit ist die Position des Zuschauers grundsätzlich neu bestimmt: „Einfühlung“, Erlebnis und Empfindung werden ersetzt durch Spaß und „ungemütliches“ intellektuelles Abenteuer. Brecht legte auf diesen Aspekt der Ent-Idealisierung großen Wert. Sein polemisches Gegenbild zum überkommenen „Kultur“-Genuß im Theater sieht einen Betrachter im Parkett vor, zurückgelehnt kritisch, teilnehmend und distanziert zugleich, dazu aufgefordert, „tüchtig zu rauchen“, mit Bier und Zigarre dem Geschehen gegenübersitzend (Anhang zu *Mann ist Mann*) – in der gleichen Haltung wie gegenüber einem Krimi im Kino oder in der Art des Zuschauers am Box-Ring, der informiert die einzelnen Runden verfolgt.

Nach seiner Wende zum Marxismus Ende der 20er Jahre versprach sich Brecht, als kulturelles Pendant zu den ihm wünschenswerten Umwälzungen, so etwas wie „Mitbestimmung“ des Zuschauers. Er solle nicht mehr passiv aufnehmen, sondern sich, wie in einer Parteiversammlung, zur Stellungnahme aufgefordert sehen und in einen Dialog eintreten können mit dem, was ihm auf dem Podium „Bühne“ vorgestellt werde. Auch die Konzeption der Lehrstücke, des wechselseitigen Austausches zwischen Publikum und Schauspielern, hängt damit zusammen.

4. Brecht hat diese Methode des Theaterspielens – die in gewissen Elementen anknüpft an Spielweisen des Elisabethanischen Theaters, auch an chinesisches Theater – in der Folgezeit ausgebaut. Viele seiner „klassisch“ gewordenen Stücke der Exilzeit bedienen sich der Technik epischer Verfremdung. Gleichwohl gehen auch die größten dieser Stücke nicht völlig in einer solchen didaktisch motivierten Doktrin auf. Überlebensgroße Gestalten wie *Mutter Courage* oder *Galileo Galilei* sind stärker, als ihr Urheber wollte, sind mehr als geplant: menschlich, individuell, zum Mit-Leiden herausfordernd. Hier gerät die Rezeption der theatralischen Gestalten in Widerspruch zur Intention des Autors, weil heute nicht mehr (soziologische) Typen als Antworten, sondern (psychologische, innertextuelle) Mechanismen als Fragen interessieren.

Nach dem Krieg suchte Brecht den Terminus E.T. und damit den polemischen Widerspruch zu Aristoteles' *Poetik* und seiner Einfühlungsdoktrin zu ersetzen durch Überlegungen zur *Dialektik auf dem Theater*. Dem war in den 40er Jahren ein intensiveres Studium der Klassiker (auch Goethes und Schillers) vorausgegangen, bei dem er größere Gemeinsamkeiten zwischen der eigenen und der klassischen Aristotelischen Theorie entdeckte. Auch der Anspruch auf Haltbarkeit, ja Dauerhaftigkeit der eigenen Werke – ein Gedanke, der durch die Exilsituation motiviert war – spielte hierbei eine Rolle.

Dennoch ist Brechts vielzitierte „nichtaristotelische Dramatik“ ein Streitfall für die Theatergeschichte geblieben. Von den einen wird sie gerühmt als Inbegriff der Demokratisierung der Verhältnisse auf dem Theater: Der Zuschauer sei nicht länger dem Diktat der Illusion unterworfen, das, was er sieht auf der Bühne, als (bessere) Wirklichkeit konsumieren zu sollen. Gerade in dieser Umwertung des Zuschauers aber, so die Vorwürfe von der anderen Seite, stecke der Pferdefuß: Der distanziert kritische Zuschauer, weit davon entfernt, sich anmuten oder beeinflussen zu lassen, werde zur quasi-richterlichen Instanz, absolut gesetzt und damit letzlich unbelehrbar, ebenso dogmatisch wie sein Autor und Herr.

Georg Guntermann

Lit.: R. Grimm (Hg.): E.T., ²1970. – W. Hecht: Brechts Weg zum E.T. Beitrag zur Entwicklung des E.T. 1918-1933, 1962. – W. Hinderer (Hg.): Brechts Dramen. Neue Interpretationen, 1984. – J. Knopf: Brecht-Handbuch. Theater. Eine Ästhetik der Widersprüche, 1980.

Epoche

1. Der Begriff „epoché“ stammt aus dem Griechischen, wo er eine Zäsur bezeichnet, von der aus Zeit berechnet werden kann; seit der ↗ Aufklärung meint der Begriff nicht mehr einen Zeitpunkt, sondern einen Zeitabschnitt, der durch ein „epochemachendes“ Ereignis geprägt wird.

2. E.begriffe sind ebenso problematisch wie unverzichtbar. Ihr ontologischer Status ist umstritten. Während die einen in E. „Wesenheiten“ sehen, deren Natur intuitiv erfaßt werde, halten andere sie für beliebige sprachliche Etikette. – Hegel hatte E. als logisch auseinander hervorgehende Entwicklungsstufen des absoluten Geistes angesehen; Rechts- (Geistesgeschichte) wie Linkshegelianer (Marxismus) übernahmen diese Vorstellung. Sie postulierten E., in denen die Literatur mit allen gesellschaftlichen Bereichen, mit den anderen Künsten und den jeweiligen Denkrichtungen eng verbunden sei. – Unter Mißachtung ihres historischen Charakters wurden die E.begriffe nicht selten als überzeitliche, idealtypische Begriffe verwendet; so entdeckte F. Strich in

allen E. „den klassischen" oder „den romantischen Menschen".

3. In der Abfolge von E. meinten Positivisten wie W. Scherer Naturgesetze zu erkennen, weshalb für die Veränderungen auf dem Gebiet literarischer Konventionen bevorzugt Metaphern aus dem biologischen Bereich wie „Blüte", „Reife", „Verfall" gewählt wurden. Aus der Tatsache, daß kürzere historische Abschnitte oft mit dem Namen literarischer Gruppierungen bezeichnet werden, die als Generationen auftraten („↗ Sturm und Drang", „↗ Expressionismus"), leitete man eine dominante Funktion von Generationen für die Periodisierung der Literaturgeschichte ab; im leicht modifizierten 33-Jahre-Takt sollten sie (etwa nach O. Lorenz) die Jahrhunderte prägen.

4. Gegen die angebliche Naturgesetzlichkeit literarischer E. wurde protestiert: „Die geistesgeschichtlichen E. folgen sich nicht im ausrechenbaren Gänsemarsch" (B. v. Wiese). E.begriffe seien keine geschichtlichen Substanzen, sondern geschichtliche Kategorien und damit letztlich reine Konstruktionen. – Über den Status der E.begriffe läßt sich nur solange ernsthaft streiten, wie man davon ausgeht, der Historiograph bilde eine historische Wirklichkeit getreulich ab. Die Einsicht in die Standortgebundenheit jeder Erkenntnis führt zur prinzipiellen Revidierbarkeit der E.einteilungen.

5. Jenseits dieser grundsätzlichen Probleme von Geschichtsschreibung zeigen sich für die Literarhistorie noch weitere, genuine Schwierigkeiten. So stehen neben unstrittigen E.namen wie „Klassik" und „↗ Realismus" auch weit weniger verbindliche; v.a. die Zeit um 1900 bereitet Probleme: Neben „Jugendstil" und „Impressionismus" firmieren Begriffe wie „Ästhetizismus", „Dekadenz" oder schlicht „↗ Jahrhundertwende". – Bereits die Heterogenität dieser Bezeichnungen zeigt, daß die dt. ↗ Literaturwissenschaft viele ihrer E.begriffe anderen Disziplinen entlehnt hat. Aus der Religions- und Philosophiegeschichte stammen Bezeichnungen wie „↗ Reformation" und „Aufklärung", aus der Kunsthistorie Begriffe wie „Gotik", „↗ Barock", „↗ Biedermeier(zeit)" oder „↗ Neue Sachlichkeit". Für manche E.bezeichnungen wurden Begriffe der politischen oder sozialen Geschichte gewählt: „Restaurationszeit", „Vormärz", „Wilhelminisches Zeitalter".

6. Marxistische Literaturwissenschaftler wie H.-G. Thalheim haben versucht, jede Periodisierung der Kulturgeschichte von politischen Faktoren abhängig zu machen. Das glückt im Falle des ausgehenden 18. Jh., das auf sozialem wie auf literarischem Gebiet einen fundamentalen Wandel zeitigte; der zunehmenden Bedeutung des Bürgertums korrelierte die immer deutlicher werdende Vorstellung von künstlerischer Autonomie. – Andere politische Veränderungen dagegen blieben für die Literatur weitgehend folgenlos; so bildete das Ende des Dreißigjährigen Krieges (1648) zwar eine politische Zäsur, aber keine ästhetische.

7. Gegen das materialistische Verständnis von Literatur als Widerspiegelung gesellschaftlicher Entwicklungen, gegen die Kopplung von Literarhistorie an Sozial- und Wirtschaftsgeschichte wurde von manchen Literaturwissenschaftlern die Eigengesetzlichkeit der Künste betont; so erhoben Wellek/Warren die Forderung, die literarischen E. sollten aufgrund rein literarischer Kriterien festgesetzt werden. Ein Blick auf die gängigen Literaturgeschichten zeigt, daß dies allerdings nur in wenigen Fällen als sinnvoll erachtet wurde („↗ Romantik", „Realismus"). – Da Literatur (nach der Formulierung Brechts) zwar ein autonomer, aber kein autarker Bereich ist, erweist es sich als notwendig, sie in Beziehung zu setzen zu gesellschaftlichen Veränderungen, v.a. zu den Bedingungen, unter denen sie entsteht und rezipiert wird (z.B. Erfindung des Buchdrucks, Einführung der allgemeinen Schulpflicht, Autorenlesungen in den elektronischen Medien, Entstehung von Hypertext).

8. Die spezifisch moderne Vorstellung einer gesetzmäßig fortschreitenden Geschichte ist zerstört; ausdifferenzierte Gesellschaften folgen keinen einheitlichen Regeln, entwickeln sich erst recht nicht permanent in Richtung eines positiv konnotierten Fortschritts. Geschichtsphilosophie und mit ihr das E.problem spielen daher in der zeitgenössischen literaturwissenschaftlichen Diskussion kaum eine Rolle. Ein Abschied von der Begrifflichkeit erscheint dennoch weder möglich noch wünschenswert, aus pragmatischen Gründen: Die Fülle des historischen Materials muß notwendigerweise gegliedert werden.

9. Werden E.begriffe nicht unkritisch, sondern reflektiert benutzt, erweisen sie sich weiterhin als nützlich. Es ist durchaus möglich, Zeiträume zu bestimmen, innerhalb derer Gemeinsamkeiten in der literarischen Produktionsweise nachgewiesen werden können; allerdings besteht bei einer solchen Reduktion von Komplexität zwangsläufig die Gefahr, nur noch Typisches zu erkennen, die vielen Geschichten zu einer Geschichte zusammenzufassen und darüber die Individualität konkreter Texte zu vernachlässigen.

10. Obwohl die Durchsetzung von Bezeichnungen eher akzidentiell erfolgt, erscheint es zweckmäßig, das überlieferte (unsystematische) Begriffsrepertoire weiter zu benutzen, da es kulturelle Verständigungsmittel liefert. Nicht die Verwerfung der E.begriffe stellt sich als Aufgabe der

Literaturwissenschaft dar, sondern vielmehr die Erforschung der Entstehungs- wie Rezeptionsgeschichte dieser Begriffe.

Michael Serrer

Lit.: M. Riedel: E., E.bewußtsein. In: J. Ritter (Hg.): Historisches Wörterbuch der Philosophie. Bd. 2, 1972. – B. Steinwachs: Was leisten (literarische) E.begriffe? In: H.-U. Gumbrecht/U. Link-Heer (Hg.): E.schwellen und E.strukturen im Diskurs der Literatur- und Sprachhistorie, 1985. – B. v. Wiese: Zur Kritik des geistesgeschichtlichen E.begriffes. In: DVjS 11 (1933).

Epos

A. Mittelalter

1. Das E. (griech. „épos“: „Wort, Redensart, Ausspruch; Rede, Erzählung; Sage, Lied, Gedicht; Vers“) ist nach Aristoteles die „Nachahmung guter Menscher in Versform“, ursprünglich in Hexametern, weil sie „sich auf Grund der Erfahrung als angemessen erwiesen“ haben: „Denn das heroische Maß ist das erhabenste und feierlichste unter allen Maßen“ (*Poetik*). Allein schon aus diesem Grund verbietet es sich, jede Form von erzählender Dichtung, auch die in Prosa, als Epik zu bezeichnen. Trotzdem bleiben die Grenzen fließend. Bereits Quintilian stellt im 10. Buch seiner *Institutio oratoria* Hesiod, Antimachos von Kolophon, der u.a. Elegien gedichtet hat, und den Bukoliker Theokrit in eine Reihe mit Homer, da sie sich desselben Versmaßes bedienten wie dieser. Umgekehrt finden sich aber auch, besonders in den volkssprachigen Literaturen des MA, Bearbeitungen „klassischer“ Epenstoffe (Troja, Alexander usw.) in anderer metrischer Form als der des Hexameters, ↗ Antikerezeption. Dennoch wäre es wenig hilfreich, Epik im Sinne des 18. Jh. lediglich als erzählende Versdichtung größeren Umfangs im Genus grande (↗ Stil) zu definieren, weil damit die Unterscheidung vom ↗ Roman unmöglich würde. Für Georg Lukács (*Die Theorie des Romans*, 1920) liegt die Grenze zwischen beiden im Verhältnis des Autors bzw. seines Protagonisten zu seiner Umwelt: „Die Epopöe gestaltet eine von sich aus geschlossene Lebenstotalität, der Roman sucht gestaltend die verborgene Totalität des Lebens aufzudecken und aufzubauen.“ Während der epische Held im Einklang mit sich und der „Lebenstotalität“ (Natur, Gesellschaft) handelt und dabei ein übermächtiges Schicksal, dem er schließlich unterliegt, zum Gegenpart hat, ist der Romanheld ein „Zerrissener“, der an sich und der Welt leidet: „Alle Risse und Abgründe, die die geschichtliche Situation in sich trägt, müssen in die Gestaltung einbezogen [...] werden.“ Insofern zeigt der ↗ Höfische Roman, wie das schon Hugo Kuhn andeutete, noch vielfach Spuren des Übergangs.

2. Die mittelalterliche Epik ist gekennzeichnet vom Nach- und Nebeneinander lat. und volkssprachlicher Texte. Beide fußen in unterschiedlicher Weise auf der antiken Tradition. Bedeutete die Christianisierung Europas zunächst auch einen Einschnitt in die Kontinuität epischer Stoffe, so blieben doch Autoren wie Vergil und (seit dem 12. Jh.) Ovid stilistische Vorbilder, an denen man sich auch dann noch orientieren konnte, wenn der Gegenstand der Darstellung ein völlig anderer war. Bereits in der Spätantike hatte sich eine lat. Bibeldichtung (↗ Bibel) herausgebildet, die das Leben Christi, seiner Jünger oder einzelne Episoden daraus versifizierte. Sie bleibt bis weit ins 12. Jh. hinein fruchtbar. Neben ihr finden sich schon früh epische Ausgestaltungen der eigenen Geschichte, etwa die Darstellung der Taten Ludwigs des Frommen durch Ermoldus Nigellus (9. Jh.) oder die *Gesta Oddonis* der Hrotsvith von Gandersheim (10. Jh.). In diesem Zusammenhang sind auch die Kreuzzugsepen zu nennen, die ab dem 12. Jh. auftreten. Etwa zur gleichen Zeit werden die antiken Stoffe wiederbelebt: für Erzbischof Balduin von Canterbury (gest. 1190) schreibt Josephus Iscanus das Epos *De excidio Troiae historia*, für Erzbischof Wilhelm von Reims (gest. 1202) Walter von Châtillon seine *Alexandreis*. Schließlich ist noch die Gattung der Tierepik (↗ Fabel) zu erwähnen, deren bekannteste Vertreter die *Ecbasis cuiusdam captivi* (11. Jh.) und der *Isengrimus* des Nivardus von Gent (12. Jh.) sind.

3. Auch in der dt. volkssprachigen Epik ist die Bibel- und Legendendichtung schon früh vertreten, wie etwa im altsächs. *Heliand* (9. Jh.), einer Darstellung des Lebens Jesu nach dem Vorbild germanischer Heldenlieder, oder in Otfrids von Weißenburg *Evangelienharmonie* (ebenfalls 9. Jh.), ↗ Ahd. Literatur. Obwohl auch hier mit der Ausbildung ritterlicher Gesellschaftsformen die ↗ Geistliche Dichtung ihre anfängliche Monopolstellung verliert, bleibt sie das gesamte MA hindurch existent, sei es als ↗ Kreuzzugsdichtung (mit oder ohne frz. Vorbild) oder als ↗ Legende. Aber schon in ahd. Zeit finden sich daneben erste Anfänge verschriftlichter ↗ Heldendichtung. Sieht man vom *Ludwigslied* (881/82: Preisgedicht auf den Sieg des westfränkischen Königs Ludwig bei Saucourt über die Normannen) als einem einmaligen Sonderfall ab, sind es vor allem die Stoffe der Völkerwanderungszeit (5. Jh.), die zunächst in mündlicher (oral poetry) und dann in schriftlicher Form weiterleben, ↗ Mündichkeit/Schriftlichkeit. Ältestes Beispiel dafür ist das nur fragmentarisch erhaltene *Ahd. Hildebrandslied*, das

um 830/40 im Kloster Fulda aufgezeichnet wurde, es folgt die lat., an Vergil geschulte Hexameterdichtung des *Waltharius* aus dem Kloster St. Gallen (um 930), die mit den Kämpfen Walthers gegen Gunther und Hagen in den Vogesen auf die Vorgeschichte des *Nibelungenliedes* rekurriert, bis mit dessen Verschriftlichung als Buch-E. (Ende des 12. Jh.) die mündliche Tradition ihren Höhepunkt und Abschluß gleichermaßen findet. Von da ab gehen Veränderungen im Handlungsablauf und in der Personenkennzeichnung nicht mehr auf mündliche Vortragsvarianten zurück, sondern sind Ergebnis eines bewußten Gestaltungswillens. Genauso verhält es sich mit dem Sagenkreis um Dietrich von Bern, der wenig später verschriftlicht wird. Ebenfalls ins 12./13 Jh. zu datieren, obwohl in den meisten Fällen auf älterer mündlicher Tradition basierend, aber z.T. erst im 15. Jh. überliefert, ist die sog. ↗ Spielmannsepik, eine Gruppe höchst heterogener Texte, die nichts anderes miteinander verbindet als der romantische Glaube, sie stammten aus dem Auftrittsrepertoire fahrender Spielleute. Tierfabel und novellistische Kleinepik vervollständigen das Bild, sieht man vom Höfischen Roman als Randphänomen des E. einmal ab. Allerdings ist nicht zu leugnen, daß gerade diese Grenzsituation es möglich macht, daß sich E. und Roman im Spät-MA wieder einander annähern, etwa im *Buch der Abenteuer* Ulrich Fuetrers (Ende 15. Jh.) oder in den autobiographischen „Romanen" Kaiser Maximilians I. (Anfang 16. Jh.).

4. Beziehungen zwischen lat. und dt. Epik sind seit den Anfängen nachweisbar, wobei naturgemäß der lat. Bereich meist der gebende Teil ist (z.B. Konrad von Würzburg, Rudolf von Ems, Ulrich von Etzenbach). Der umgekehrte Fall ist seltener: der *Ernestus* des Odo von Magdeburg (nach dem *Herzog Ernst*) oder der *Gregorius Peccator* des Arnold von Lübeck (nach dem *Gregorius* Hartmanns von Aue) sind die einzigen vollständigen, nach dt. Vorlagen gedichteten lat. Epen (Anfang 13. Jh.).

Hans-Joachim Behr

Lit.: E. In: Lexikon des MA, Bd. III, 1986. – H. Kuhn: Gattungsprobleme der mhd. Literatur. In: H. Kuhn: Dichtung und Welt im MA, 1959. – V. Mertens/U. Müller (Hg.): Epische Stoffe des MA, 1984.

B. Neuzeit

1. Als E. oder Heldengedicht bezeichnet man in der Neuzeit eine Handlung erzählende Versdichtung größeren Umfangs und gehobenen Anspruchs. Diese Bestimmung grenzt das E. von verwandten und konkurrierenden Gattungen ab: Verserzählung und ↗ Ballade bleiben in Umfang und Anspruch zurück, in Lehr- und Lobdichtungen (↗ Lehrliteratur, -dichtung) wird in der Regel keine Handlung erzählt, der modern-subjektive Prosaroman unterscheidet sich nicht nur formal, sondern auch durch gemäßigte Stillage und weniger heroische Protagonisten vom hohen Vers-E. Eng verwandt ist das komische E., das heroische Muster travestiert oder parodiert, ↗ Parodie.

Die weltliterarischen Vorbilder neuerer dt. Versepik (vor allem die klassischen Epen Homers und Vergils, daneben die neuzeitlichen Epen Ariosts, Tassos, Miltons und Voltaires) weisen eine Reihe gattungsprägender inhaltlich-thematischer und stilistischer Merkmale auf. Im klassischen E. und seiner Nachfolge wird ein meist kriegerisches Thema von höchster nationaler bzw. religiöser Bedeutung besungen (so Roms Gründungsmythos von Vergil). Die in „epischer Breite" und distanziert erzählte Handlung, die von menschlichen Protagonisten getragen und von göttlich-wunderbaren Mächten beeinflußt wird, umfaßt in den kanonischen Texten einen kleinen Zeitraum, dem Rück- und Vorblicke sowie retardierende Episoden (etwa Liebeshandlungen) eingelagert sind. Diese zentrifugalen Episoden führen zur sog. „Romanzo"-Debatte in der italienischen ↗ Renaissance, die auf Differenz zum klassischen E. besteht. Zu den Struktur- und Stilmerkmalen des E. zählen ferner ein Proömium oder Exordium mit Musenanruf und Benennung des Themas, ausführliche Gleichnisse, Wiederholungen formelhafter Wendungen und katalogartige Aufzählungen (von Streitmächten u.ä.).

2. Als alte und thematisch wie stilistisch anspruchsvolle Form steht das E. traditionell an der Spitze der Gattungshierarchie. Durch die neulat. und volkssprachige Poetik der Renaissance vermittelt, gelangt diese Einschätzung in die dt. Dichtungslehre des ↗ Barock. Bis zur Mitte des 18. Jh. (bei Gottsched wie bei den Schweizern) bleibt der besondere Rang des E. unangefochten. Mit der Überwindung der normativen Poetik und der Etablierung des Romans als theoretisch akzeptierter Gattung erwächst dem E. eine moderne Konkurrenz: Von Blankenburg (*Versuch über den Roman*, 1774) über Hegel bis hin zu Lukács (*Die Theorie des Romans*, 1920) wird der Roman, der einer „subjektiv" und „privat" gewordenen Gegenwart angemessener sei, gattungstheoretisch als „bürgerliches Heldengedicht" und Nachfolger des E. begründet. Dieser seit Hegel geschichtsphilosophisch fundierten Konstruktion entspricht, daß die überdauernden Werke der letzten beiden Jh. nicht in der epischen Gattung zu finden sind. Gleichwohl verkürzt die

These von der Ablösung des E. durch den Roman die Verhältnisse. Denn die Geschichte des neueren dt. E. dauert bis ins 20. Jh. fort.

3. Die Gattungsgeschichte (↗ Gattung) des neuzeitlichen dt. E. prägt das Streben, die national repräsentativen Epen anderer Literaturen zu erreichen und ein ebenbürtiges dt. National-E. zu schaffen. Da man sich erst zu Beginn des 19. Jh. auf die eigene Tradition besinnt und im *Nibelungenlied* ein Pendant zu Homers Epen sieht, sucht die neuzeitliche Versepik zunächst den Anschluß an die humanistische Gelehrtendichtung der fortschrittlicheren Nationalliteraturen. Neulat. Epik und dt. Übersetzungen antiker wie neuzeitlicher Epen stehen so im 16., 17. und mit Einschränkung noch im 18. Jh. gleichberechtigt neben oder über dt. Originalwerken, ↗ Neulat. Dichtung. Mit der Übersetzung und Nachahmung fremdsprachiger Epen werden auch die bedeutendsten epischen Versmaße (Hexameter, Stanze, Alexandriner) in die dt. Literatur eingeführt, ↗ Metrik. Werders Tasso- und Ariostübersetzungen (1626 und 1632/36) stehen am Beginn der dt. Stanzendichtung, und die dt. Hexameterepik des 18. Jh. begleiten Versuche, Homer und Vergil im originalen Versmaß zu übersetzen. Während der aus Frankreich übernommene Alexandriner in der Barockzeit auch das E. dominiert, spielen sonstige Versmaße (die von Milton gebrauchten Blankverse oder Dantes Terzinen) im dt. E. keine bedeutende Rolle. Versuche, im modernen E. mhd. Versmaße (etwa die Nibelungenstrophe) wiederzubeleben, bleiben gleichfalls isoliert.

4. Neben der fortlebenden neulat. Tradition (bei A. Gryphius u.a.) und den Übersetzungen etabliert sich in der Barockzeit nur zögerlich eine eigenständige dt.sprachige Epik. Sie verfolgt als Kasualdichtung vielfach panegyrische Ziele und bleibt oft der Darstellung aktueller Gegenstände verhaftet (wie Greflingers poetische *Erzehlung deß Deutschen Krieges*). Traditionsstiftende Rückgriffe auf Geschichte und Sage versuchen Helmhard von Hohberg, dessen *Habspurgischer Ottobert* (1664) einem fiktiven ritterlichen Ahnherrn der Habsburger gilt, und Postel, dessen 1724 postum veröffentlichter *Wittekind* den legendären Sachsenkönig besingt.

Im Literaturstreit der Mitte des 18. Jh. befehden sich zwei Ausprägungen des E.: die Milton folgende biblische Hexameterepik Bodmers und seiner Schüler Klopstock (*Messias*) und Wieland sowie die an Vergil und Voltaire anknüpfende historische Epik der Gottschediander (Schönaichs *Hermann*). Während beide Tendenzen in Polemik erstarren und die aus der Barockzeit übernommene panegyrische Epik dem verinnerlichten Zeitgeschmack angepaßt wird (z.B. in einer Reihe von Epen auf Friedrich II.), wirken zukunftweisend: Wielands romantisch-halbernste Epen (*Idris* und *Oberon*) im Geiste Ariosts und Goethes Verbindung von ↗ Idylle und E. in *Hermann und Dorothea* (1797). – Auf die Anstrengungen um ein heroisches E. reagieren im 18. Jh. eine Fülle heroikomischer Werke, die in der Nachfolge Tassonis und Popes die europäischen Moden der Parodie und Travestie nach Deutschland übertragen (mit größtem Erfolg Zachariä und Blumauer).

Im 19. Jh. werden der idyllische, der historische und der romantische Gattungszweig weitergeführt und miteinander verbunden. Das erneuerte Interesse am christlichen MA läßt moderne Bearbeitungen mhd. Werke sowie Kreuzzugsepen in der Nachfolge von Tassos *Befreitem Jerusalem* entstehen und begünstigt die epische Behandlung regionalhistorischer Stoffe. Neben einer Tendenz zum Monumentalen (Scherenbergs Schlachtenepen) und zur Wahl weltanschaulich-nationaler Themen (Jordans *Nibelunge*, Hamerlings *Ahasverus in Rom*, Linggs *Völkerwanderung*) sind formale Auflösungserscheinungen zu beobachten, die das streng gefügte E. dem locker gebauten Romanzenzyklus annähern. Der Erfolg solcher Werke, die dem klassischen E. kaum mehr zu vergleichen sind, dauerte bis zur Jahrhundertwende an (Redwitz' *Amaranth* und Scheffels *Trompeter von Säckingen*). Die seit dem ↗ Naturalismus noch zu verzeichnenden großen Epen (etwa Spittelers und Däublers) bleiben erfolglose Versuche, an die nun verlorene Tradition des heroischen E. anzuknüpfen. Mit der ↗ Moderne versiegt – trotz einzelner Werke (Döblins *Manas*, Ernsts *Kaiserbuch*) – die Gattungsgeschichte des E.

Dieter Martin

Lit.: H. Maiworm: Neue dt. Epik, 1968. – A. Maler: Der Held im Salon, 1973. – D. Martin: Das dt. Versepos im 18. Jh., 1993. – K. Schmidt: Vorstudien zu einer Geschichte des komischen E., 1953.

Erzähler, Erzähltheorie

1. Erzähltheorie (E.) im allgemeinen Sinn versteht sich als Theorie eines mit allem menschlichen Sein verbundenen, transhistorischen und transkulturellen Phänomens. Im einzelnen verfolgt die moderne E. zwei methodologisch verschiedene Ansätze, um die Vielgestaltigkeit des Erzählens zu erfassen. Zum einen versucht sie, auf deduktivem Weg eine systematische Grundlage für die Beschreibung von faktualen und/oder fiktionalen Erzählungen im allgemeinen zu gewinnen. Zum

anderen untersucht die E. bestimmte Erzählungen auf verallgemeinerbare Momente hin, zu denen z.B. Handlungslogik, Erzählform und Erzählsituation gehören. Vor dem Hintergrund verschiedener Auffassungen darüber, was das Besondere einer Erzählung (im Gegensatz z.B. zur Beschreibung oder zur Abhandlung) ausmacht, setzen die einzelnen Entwürfe einer E. in der Auswahl und Differenzierung solcher Momente z.T. sehr unterschiedliche Akzente.

2. Im Rahmen fiktionaler Erzählungen werden in Deutschland verschiedene Möglichkeiten des Erzählens schon in der Erzählrede und inbes. den Prologen des mittelalterlichen ↗ Höfischen Romans reflektiert. Von den Ursprüngen der narrativen Selbstreflexion im Zeitalter der (Wieder-) Entdeckung der ↗ Fiktionalität bis in die zeitgenössische Erzählliteratur der sogenannten ↗ Postmoderne lassen sich innerhalb der dt.sprachigen Literatur jeweils epochenspezifische, unterschiedlich komplexe Formen der Selbstreflexion verfolgen (vgl. H. Scheffel: *Formen selbstreflexiven Erzählens*, 1997).

In dt.sprachigen theoretischen Schriften werden allgemeine erzähltheoretische Fragen zunächst im Rahmen von normativen Poetiken angesprochen, die – wie z.B. Opitz' *Buch von der deutschen Poeterey* (1624) – in der Tradition der antiken und humanistischen Poetiken auch die Scheidung der Gattungen behandeln, ↗ Poetik. Mit dem Entstehen eines funktional spezifizierten „Sozialsystems Literatur" (S.J. Schmidt: *Die Selbstorganisation des Sozialsystems*, 1989) im 18. Jh. und der Entwicklung von ↗ Literaturkritik und Literaturinterpretation als einer eigenständigen Disziplin rücken dann im Zusammenhang mit einer Theorie der epischen Formen zunehmend auch spezifischere erzähltheoretische Themen in den Blick. Frühe Zeugnisse dafür sind u.a. Lessings Überlegungen zur ↗ Fabel (*Abhandlung vom Wesen der Fabel*, 1759), Engels *Fragmente über Handlung, Gespräch und Erzählung* (1774), Blanckenburgs *Versuch über den Roman* (1774), Goethes und Schillers Aufsatz *Über epische und dramatische Dichtung* (1797) sowie die Märchentheorien der Brüder Grimm (↗ Märchen). Einflußreiche Beispiele für die seit der zweiten Hälfte des 19. Jh. immer umfangreicher und vielfältiger werdende Auseinandersetzung mit theoretischen Fragen der epischen Dichtung sind etwa Spielhagens als eine normative Theorie der „objektiven Darstellungsweise" angelegte Theorie des Romans (z.B. *Beiträge zur Theorie und Technik des Romans*, 1883) und Heyses als „Falkentheorie" berühmt gewordenes, ebenso normativ konzipiertes Strukturmodell der ↗ Novelle (u.a. Einleitung zum *Deutschen Novellenschatz*, 1871).

3. Im modernen Sinne wird das „Wesen der Erzählungskunst" erstmals in Käte Friedemanns Abhandlung über *Die Rolle des Erzählers in der Epik* (1910) bestimmt. Weitgehend unabhängig von einem normativen Ansatz und jenseits aller Beschränkungen auf bestimmte Erzählformen und -inhalte beschreibt Friedemann das „Sichgeltendmachen eines Erzählenden" als den entscheidenden formalen Unterschied zwischen epischer und dramatischer Technik. Dabei weist sie auch darauf hin, daß zur Wirklichkeit jeder Art von Erzählung zunächst „nicht der erzählte Vorgang, sondern das Erzählen selbst" gehört. Auf dieser Grundlage argumentieren dann in aller Regel die älteren dt. Ansätze einer E., die in der Tradition Diltheys ↗ Literaturwissenschaft als systematische Ergänzung der ↗ Literaturgeschichte verstehen und in der Tradition von Goethes Morphologiebegriff eine Formpoetik der epischen Dichtung zu entwerfen versuchen. In diesen Zusammenhang gehören u.a. die Arbeiten von Wolfgang Kayser, Eberhard Lämmert, Günther Müller und Robert Petsch.

In seiner Studie über *Wesen und Formen der Erzählkunst* (1934) untersucht Petsch den „Aufbau" der epischen Dichtung, d.h. die Rolle des Erzählers und die „Elemente der epischen Handlung" Zeit, Raum, Figuren und Umwelt. Neben der Ermittlung von Bericht, Beschreibung, Bild, Szene und Gespräch als „Baugliedern der epischen Gestalt" deutet Petsch hier u.a. eine „point-of-view-Theorie" an, indem er zwischen Erzähler- und Figurenperspektive differenziert. Im Gegensatz zu Petschs umfassendem Versuch einer systematischen Ordnung der Erzählformen beschränkt sich Müller auf die *Bedeutung der Zeit in der Erzählkunst* (1946). Auf der Basis der bereits bei Friedemann angelegten Differenzierung zwischen einer Ebene des Erzählens und einer Ebene des Erzählten sowie der These, daß alles Erzählen ein „Vergegenwärtigen von Abwesendem" sei, begründet und erläutert er in mehreren Aufsätzen (*Morphologische Poetik*, 1968) den kategorialen Unterschied von Erzählzeit und erzählter Zeit: hier die unterschiedlich umfangreiche Zeit des Erzählvorgangs, in dessen Verlauf Zeitspannen übersprungen und Ereignisse auf verschiedene Weise gerafft werden können, dort die unterschiedlich umfangreiche Zeit des erzählten Vorgangs, die sich wiederum nach Gestalttypen ordnen und in die kalendarisch präzise Zeit, die vage angegebene Zeit und die ganz verschwiegene Zeit unterteilen läßt. Das in systematischer Hinsicht von Müller und seinen zahlreichen Schülern noch vergleichsweise grob erfaßte „Zeitgerüst des Erzählens" wird dann von Lämmert sehr viel differenzierter beschrieben. In seinen *Bauformen des Erzählens* (1955) behandelt er auch die Gliederungs- und Verknüpfungsmodi sogenannter mehrsträngiger Erzählungen und untersucht u.a. „Phasenbildung" und „Raffungsarten" im Zusammenhang mit Erzählweisen wie szenische Darstellung und Bericht sowie unterschiedlichen Möglichkeiten der Gegenwart des Erzählers. Daneben entwirft Lämmert eine präzise Terminologie für die Klassifizierung verschiedener Arten der Rückwendung (u.a. Rückschritt, -griff, -blick) und Vorausdeutung (u.a. zukunftsgewiß oder zukunftsungewiß). Auch die möglichen Funktionen von direkter Rede und Figurengespräch innerhalb des Erzählvorgangs werden von Lämmert ermittelt.

Im Unterschied zu den Arbeiten Müllers und Lämmerts konzentriert sich die in Kaysers älterem Standardwerk *Das sprachliche Kunstwerk* (1948) entworfene und in *Entstehung und Krise des modernen Romans* (1954) genauer bestimmte Typologie dreier „Großformen" des Romans in erster Linie auf die Ebene des Erzählten und die drei „Bauelemente" der „epischen Welt": Figur, Raum und Geschehen. In diesem Sinne unterscheidet Kayser den „Geschehnisroman", zu dem er neben dem spätgriech. Liebes- und Abenteuerroman z.B. den Schauerroman zählt, den „Figurenroman", in dem eine einzelne Figur im Mittelpunkt steht (z.B. *Don Quijote*, *Werther*), und den „Raumroman", in dem eine „vielfältige, offene Welt" gestaltet ist (z.B. pikarischer Roman), ↗ Roman, ↗ Romantheorie.

4. Eine Sonderstellung innerhalb der vorgestellten Ansätze in der Tradition des Goetheschen Morphologiebegriffs nimmt André Jolles' frühe Studie *Einfache Formen* (1930) ein. Im Rahmen der zeittypischen phänomenologischen Betrachtungsweise von Literatur untersucht Jolles vorliterarische Formen, die sich „sozusagen ohne Zutun eines Dichters in der Sprache selbst ereignen". Zu diesen sogenannten einfachen Formen, die unter der Herrschaft einer jeweils verschiedenen, als eine bestimmte Haltung des menschlichen Geistes gegenüber der Welt verstandenen „Geistesbeschäftigung" entstehen, zählt Jolles Legende, Sage, Mythe, Rätsel, Spruch, Kasus, Memorabile, Märchen und Witz. Diese Einteilung beansprucht universale Gültigkeit. Die „Geistesbeschäftigung" der „imitatio" z.B., die zur einfachen Form der Legende führt, kann sich für Jolles im MA in einer Heiligenvita, in der Antike in einem Teil der Epinikien und in der Neuzeit in einem Sportbericht vergegenwärtigen. Jolles' Konzept der „einfachen Formen", das sich jenseits der Unterscheidung von fiktionalem und faktualem Erzählen bewegt, hat in Literaturwissenschaft und Volkskunde gleichermaßen Eingang gefunden.

5. Käte Hamburger begreift die erzählende Dichtung vor einem spezifischen Hintergrund. Von der schlichten Tatsache ausgehend, daß alle Dichtung als Kunst der Sprache oder aus Sprache beschrieben werden kann, konzipiert Hamburger ihre einflußreiche *Logik der Dichtung* (1957) als eine Sprach- bzw. Aussagetheorie, die versucht, das Verhältnis der Dichtung zum allgemeinen Sprachsystem zu bestimmen. Die Beobachtung, daß im epischen Präteritum u.a. Verben mit Zukunftsadverbien verbunden („morgen war Weihnachten") und Verben innerer Vorgänge auf dritte Personen angewendet werden können („er spürte große Angst"), führt Hamburger zu der These, daß das Präteritum im Fall des fiktionalen Erzählens seine übliche grammatische Funktion, das Vergangene zu bezeichnen, verliert. Hamburger leitet daraus ab, daß hier kein reales Aussagesubjekt etwas über Wirklichkeit aussagt und insofern eine von der Wirklichkeitsaussage kategorial zu unterscheidende logische Struktur vorliegt: anders als dort besteht „zwischen dem Erzählten und dem Erzählen kein Relations- und das heißt Aussageverhältnis, sondern ein Funktionszusammenhang". In diesem Sinne gibt es für Hamburger im besonderen Fall der fiktionalen Er-Erzählung (im Gegensatz zur Ich-Erzählung, die Hamburger als „fingiert" beschreibt) nur den erzählenden Dichter und sein Erzählen, d.h., Hamburger betrachtet das Erzählen nicht als das Produkt eines fiktiven Erzählers, sondern als „eine Funktion, durch die das Erzählte erzeugt wird, die *Erzählfunktion*, die der erzählende Dichter handhabt, wie etwa der Maler Farbe und Pinsel".

6. Hamburgers Unterscheidung eines epischen und eines nicht-epischen Tempussystems wurde in der Forschung ebenso energisch kritisiert (z.B. H.Weinrich, *Tempus*, 1964) wie ihre Ablehnung des personifizierenden Ausdrucks „Erzähler". Am prominentesten wird diese Kritik von Franz K. Stanzel vertreten, der seinerseits in der Tradition von Friedemann, Petsch u.a. „Mittelbarkeit" als Gattungsmerkmal der Erzählung betrachtet und die Annahme eines das Erzählte vermittelnden Erzählers nutzt, um ein einfaches Modell der *Typischen Erzählsituationen im Roman* (1955) zu entwerfen. Dieses Modell hat Stanzel an anderer Stelle weiterentwickelt. Auf der Basis der Triade Modus (Erzählerfigur vs. Reflektor), Person (Identität vs. Nichtidentität der Seinsbereiche von Mittlerfigur und Charakteren) und Perspektive (Außenperspektive vs. Innenperspektive) unterscheidet Stanzel in seiner *Theorie des Erzählens* (1979) drei idealtypische Erzählsituationen, in denen eine jeweils andere Konstituente, bzw. ein Pol der ihr zugeordneten binären Opposition dominiert. Stanzels Typologie zufolge ist die auktoriale Erzählsituation primär durch Vorherrschaft einer Allwissenheit sug-

gerierenden Außenperspektive und sekundär durch die Anwesenheit einer Erzählerfigur sowie die Nichtidentität der Seinsbereiche von Erzähler und Figuren definiert. In der Ich-Erzählsituation dominiert dagegen die Identität der Seinsbereiche von Erzähler und Figuren, sekundär charakterisiert sie einerseits die Präsenz einer Erzählerfigur, andererseits das Überwiegen einer an einen bestimmten Standort gebundenen Innenperspektive. Die personale Erzählsituation schließlich wird primär durch die Dominanz einer Reflektorfigur, sekundär durch das Überwiegen der Innenperspektive sowie die am Er-Bezug auf die Reflektorfigur festzumachende Nicht-Identität der Seinsbereiche von Mittlerfigur und Charakteren bestimmt. Stanzels vielzitierte Typologie ist in der Form eines Kreises geordnet und sieht insofern auch alle möglichen Modifikationen der genannten drei Idealtypen vor. Daß die Erzählsituation im Verlauf einer Erzählung wechseln oder nicht wechseln kann, beschreibt Stanzel als „Dynamisierung" bzw. „Schematisierung" der Erzählsituation.

An der Entwicklung von Stanzels Typenkreis, der zunächst ohne „Konstituenten" und ein System von binären Oppositionen konzipiert worden war, läßt sich beispielhaft verfolgen, wie auch die zunächst morphologisch und phänomenologisch orientierte E. in Deutschland seit Anfang der siebziger Jahre zunehmend von strukturalistisch ausgerichteten Ansätzen beeinflußt wird, ↗ Strukturalismus.

7. Vor einem internationalen Hintergrund gesehen, wird eine strukturalistische E. im Anschluß an den russischen Formalismus entwickelt, der die „Verfremdung der Dinge" und die „Komplizierung der Form" als Grundlage aller Kunst definiert und unter der Bedeutung eines literarischen Werks zunächst „die Summe aller darin angewandten stilistischen Kunstgriffe" (Šklovskij, *Theorie der Prosa,* 1925) versteht. Für den besonderen Fall von Erzähltexten markiert Vladimir Propps *Morphologie des Märchens* (1928) in diesem Zusammenhang den Übergang von einer bloßen Inventarisierung formaler Erzählmittel wie z.B. Parallelismus, Retardation, Rahmen- und Reihenkomposition zum Entwurf einer Theorie von Narrativität. Propp untersucht ein Korpus von 100 russischen Zaubermärchen auf ein allen Märchen gemeinsames Handlungsprogramm. Zu diesem Zweck nominalisiert er Sätze wie z.B. „Der Drache raubte das Mädchen" als „Schädigung" bzw. „Sein größter Wunsch war, ein Pferd zu besitzen" als „Fehlelement" und unterteilt die einzelnen Märchen auf diese Weise in Handlungseinheiten, die er als „Funktionen" definiert. Dabei wird eine Handlung nur dann als Funktion A transkribiert, wenn ihr Funktion B folgt usw. Der Raub des Mädchens z.B. gilt also nur dann als „Schädigung", wenn er dazu führt, daß eine Gegenhandlung folgt, d.h., der Held sich auf den Weg macht („Abreise"). Auf dieser Basis kann Propp das Zaubermärchen abstrakt als eine Erzählung beschreiben, die sich aus „einer Schädigung oder einem Fehlelement über entsprechende Zwischenfunktionen zur Hochzeit oder anderen konfliktlösenden Funktionen entwikkelt." Den Entwurf eines Narrationsschemas im Sinne einer festgelegten Abfolge von bis zu 31 Funktionen verbindet Propp mit einer Systematik der handelnden Figuren. So können nach Propp mehrere Funktionen mit jeweils einem Handlungsträger in Verbindung gebracht und zu Handlungskreisen zusammengefaßt werden: „Schädigung", „Zweikampf mit dem Helden", „Verfolgung des Helden" lassen sich z.B. dem Handlungsträger „Schadensstifter" zuordnen. Vor dem Hintergrund einer grundsätzlichen Unterscheidung zwischen Funktionen- und Aktantenebene kann Propp schließlich die 31 möglichen Funktionen auf ein begrenztes, für alle Zaubermärchen gültiges Repertoire von sieben Handlungsträgern verteilen.

8. Propps *Morphologie* wurde 1958 erstmals ins Amerik. übersetzt und bekam bald darauf über die Vermittlung von Claude Lévi-Strauss grundlegende Bedeutung für den frz. Strukturalismus. Eine Richtung innerhalb der strukturalistischen E. versuchte, die Beschränkung auf ein bestimmtes Erzählgenre zu überwinden und Propps Entwurf eines narrativen Basisvokabulars und eines einfachen Systems von Verknüpfungsregeln so auszuarbeiten, daß die narrative Logik beliebiger Erzähltexte analysiert werden kann. In diesen Kontext gehören verschiedene Arbeiten u.a. von Claude Bremond, Algirdas Julien Greimas, Tzvetan Todorov und Roland Barthes.

Während Bremond (*Logique du récit*, 1973) aus der Perspektive einer Entscheidungslogik eine Logik aller möglichen Erzählungen zu entwikkeln versucht, baut Greimas sein komplexes, in methodologischer Anlehnung an die Generative Transformationsgrammatik konzipiertes Modell einer *Narrativen Grammatik* (Blumensath [Hg.], *Strukturalismus in der Literaturwissenschaft*, 1972) auf der Annahme auf, daß sich die Tiefenstruktur jeder Erzählung im Sinne einer achronischen Struktur semantischer Oppositionen beschreiben läßt. In einer schlichteren, an der traditionellen formalen Grammatik orientierten Form systematisiert dagegen Todorov den narrativen Prozeß als Abfolge eines Zustands (Adjektiv), eines Übergangs (Verb) und eines neuen Zustands (Adjektiv) und erstellt eine Typologie sogenannter narrativer Transformationen, die die primär syntagmatische Perspektive Propps mit einer paradigmatischen Perspektive (z.B. Greimas) verbinden sollen. Im Unterschied etwa zu Propp und Bremond beschränkt Todorov sich in seiner *Poetik der Prosa* (1972) und anderen Arbeiten allerdings nicht auf eine Analyse der Tiefenstruktur des Erzählten, sondern berücksichtigt auch unterschiedliche Aspekte der Narration. Das gilt auch für Barthes (1988), der zwischen einer Beschreibungsebene der „Funktionen" (Propp und Bremond), der „Handlungen" (Greimas) und der „Narration" (Todorov) unterscheidet. Barthes skizziert hier ein allgemeines Modell der Erzählung, das die genannten strukturalistischen Ansätze resümiert und in einen systematischen Zusammenhang zu bringen versucht.

9. Von den vorgestellten Entwürfen einer strukturalistischen E. grundsätzlich zu unterscheiden sind schließlich Gérard Genettes grundlegende Studien zum „Diskurs der Erzählung" (*Die Erzählung*, 1994). Im Gegensatz zu den oben genannten Autoren klammert Genette die Analyse der narrativen Inhalte bewußt aus und konzentriert sich, ähnlich wie z.B. Stanzel und ein Großteil der dt.sprachigen E., auf die Untersuchung der Erzählung, verstanden als ein spezifischer „Modus der 'Darstellung' von Geschichten", der von nicht-narrativen Modi wie etwa dem dramatischen zu trennen ist. Genette ordnet die Analyse des narrativen Diskurses nach drei Kategorien, die der Grammatik des Verbs entnommen sind, und liefert für diesen Zusammenhang ein detailliertes Beschreibungsvokabular. Im einzelnen behandelt er unter „Zeit" das Verhältnis zwischen der Zeit der Geschichte und der des Diskurses, wobei er z.T. präziser als Müller und Lämmert zwischen „Ordnung" (Anachronien, Ana- und Prolepsen), „Dauer" (Summarische oder szenische Erzählung, Pause, Ellipse) und „Frequenz" (alle möglichen Arten von Wiederholungsbeziehungen von Erzähltem und Erzählen, d.h. wiederholtes oder nicht wiederholtes Ereignis verbunden mit wiederholtem oder nicht wiederholtem Erzählen) differenziert. Als „Modus" faßt Genette Formen und Stufen der narrativen „Darstellung" wie z.B. die erzählte, transponierte oder unmittelbare Figurenrede sowie verschiedene Arten der Fokalisierung (unfokalisiert, extern, intern; im Fall von interner Fokalisierung fixiert, variabel oder multipel). Unter der Kategorie der „Person" bzw. „Stimme" betrachtet er allgemein das Verhältnis von narrativer Instanz und erzählter Geschichte, also den Zeitpunkt der Erzählung (im Verhältnis zur erzählten Geschichte spätere, frühere, gleichzeitige oder eingeschobene Narration), die narrativen Ebenen und Verschachtelungen (extra-, intra-, metadiegetisch sowie Metalepsen, d.h. alle möglichen Formen der nur in fiktionalen Erzählungen möglichen Verletzung der Grenze zwischen Erzählen und Erzähltem) sowie die Beziehung zwischen der Welt des Erzählers und der der Figuren (homo- oder heterodiegetisch). Anders als der Typenkreis in Stanzels *Theorie des Erzählens* ist Genettes Beschreibungsmodell insofern offen, als es einseitige Determinationen (wie z.B. „diese Wahl der Stimme führt zu jener Position beim Modus") und Interdependenzen („diese Wahl der Stimme und diese Wahl des Modus bedingen einander wechselseitig") vermeidet und bloße Konstellationen vorsieht, in denen a priori jeder Parameter mit jedem anderen zusammentreten kann. Ein detaillierter Vergleich der beiden in einzelnen Punkten kompatiblen Ansätze findet sich z.B. bei Cohn (1981), die ihrerseits ausführlich beschreibt (*Transparent Minds*, 1978), welche Möglichkeiten der narrativen Wiedergabe von Figurenbewußtsein im Rahmen einer internen Fokalisierung zur Verfügung stehen (erlebte Rede, Gedankenzitat, Innerer Monolog, Stream of Consciousness usw.).

10. Versucht man, die teils auf primär deduktivem, teils auf primär empirisch-induktivem Weg gewonnenen Modelle der E. in systematischem Zusammenhang zu betrachten, so ergibt sich in etwa folgendes Bild. Unabhängig von der je nach Ansatz verschiedenen Begrifflichkeit ist wohl konsensfähig, daß einer Erzählung (im Gegensatz z.B. zur Beschreibung oder zur Abhandlung) mindestens ein Ereignis zugrunde liegen muß. Dieses wiederum setzt neben einem Gegenstand (belebt oder unbelebt) den *Wandel* einer Qualität dieses Gegenstandes in der Zeit voraus. Nach A.C. Danto läßt sich diese Mindestbedingung wie folgt formalisieren: 1) x ist F zum Zeitpunkt t-1; 2) H ereignet sich mit x zum Zeitpunkt t-2; 3) x ist G zum Zeitpunkt t-3 (*Analytische Philosophie der Geschichte*, 1974). Der Satz „Veni, vidi, vici" erfüllt insofern bereits alle Bedingungen für eine Erzählung. Mit den älteren Standardwerken der E. ist überdies davon auszugehen, daß „Mittelbarkeit" als Gattungsmerkmal der Erzählung gelten kann und dementsprechend grundsätzlich zwischen einem Erzählvorgang und einem Erzählten Vorgang unterschieden werden muß. Dabei erscheint es sinnvoll, im Sinne der modernen E. (z.B. Genette) noch weiter zu differenzieren und im einzelnen von drei Komponenten der Erzählung zu sprechen: dem *Erzählten* (die Gesamtheit der erzählten Ereignisse), dem *Diskurs* (der gesamte geschriebene oder gesprochene „Text", in dessen Rahmen die Folge der erzählten Ereignisse auf eine bestimmte Weise dargestellt ist) und dem *Erzählen* (der Akt, der den Diskurs hervorbringt). Die besondere Akzentuierung einer dieser Komponenten beeinflußt auch den Anwendungsbereich und die Arbeitsbedingun-

gen einer E. Eine E. z.B., die das Erzählte in den Mittelpunkt rückt (u.a. Propp, Bremond), ist im Ansatz insofern universell, als sie den unterschiedlichen Darstellungsmodus von Ereignisfolgen sowohl in einzelnen Erzählungen als auch in verschiedenen ↗ Medien wie gesprochener und geschriebener Sprache, Film, gegenständlicher Malerei, ↗ Comics usw. ignoriert.

11. Im typischen Fall einer realen Erzählung, die sich auf historische Ereignisse bezieht (faktuale Erzählung), lassen sich die drei Komponenten der Erzählung in eine chronologische Folge bringen: Ereignis – Erzählen – Diskurs. Das unterscheidet diesen Fall von dem der fiktionalen Erzählung, wo sich das Verhältnis insofern kompliziert, als die Mittlerfigur des Diskurses hier bekanntlich nicht mit dem Autor des Textes verwechselt werden darf: Der reale Autor erfindet, der fiktive Erzähler erzählt, was gewesen ist. Zu den Folgen dieser Doppelung gehört, daß der raum-zeitliche Zusammenhang, an den das faktuale Erzählen gebunden ist, für die fiktionale Erzählung nur bedingte Gültigkeit besitzt. Im Rahmen des imaginären Kommunikationskontextes, den die Sätze der fiktionalen Erzählrede entwerfen, kann die Illusion einer faktualen Erzählung gefördert (z.B. realistischer Roman), verletzt (z.B. in bestimmten Erzähltexten der ↗ Romantik) oder nahezu vollkommen aufgehoben werden (z.B. in den „Romanen" Becketts). Schon deshalb – und das berücksichtigen die Modelle der modernen E. in aller Regel noch nicht – setzt ein genaues Beschreibungsmodell des fiktionalen Erzählens letztlich nicht nur eine E., sondern immer auch eine Theorie der Fiktionalität voraus.

Michael Scheffel

Lit.: M. Bal: Narratology: Introduction to the Theory of Narrative, 1985. – R. Barthes: Einführung in die strukturale Analyse von Erzählungen. In R.B.: Das semiologische Abenteuer, 1988. – D. Cohn: The Encirclement of Narrative. In: Poetics Today 2,2 (1981). – G. Genette: Fiktion und Diktion, 1992. – E. Lämmert (Hg.): Erzählforschung, 1982. – R. Tarot: Narratio Viva, 1993.

Essay

1. Die Geschichte des E. (von frz. „essai" – „Versuch") als einer Gattung nicht-fiktionaler, meist kultur- und zivilisationskritischer Kunstprosa reicht bis zum Beginn der Neuzeit zurück und weist eine formalästhetische und poetologische Vielfalt auf, als deren antipodische Ahnherren Michel de Montaigne (1533-1592) und Francis Bacon (1561-1626) angesehen werden können. Zu einer vielfach geübten Schreibform wird die essayistische Reflexion im 18. Jh., man denke etwa an Rousseau, Diderot, Lessing, Herder, Schiller und die dt. Frühromantiker, deren „Fragmente" sich zwischen dem E. und dem Aphorismus bewegen. Während in der ↗ Aufklärung die moralistische und die geschichtsphilosophische Betrachtung Schwerpunkte sind, ist in der Nachfolge der ↗ Romantik der kunstkritische E. ein bevorzugter Typus (bei Heine, Baudelaire u.a.). Von besonderer gattungsgeschichtlicher Bedeutung ist Nietzsches Essayistik, die die Geschichte des E. im 20. Jh. einleitet. Der Beginn des „essayistischen Zeitalters" brachte freilich eine Inflation des Begriffs „E." mit sich, gegen die sich gerade jene Schriftsteller wehrten, zu deren bevorzugten Ausdrucksformen der E. zählt. Der E. wurde zum Ärgernis: eine „alles verschlingende Unform", die „alles vermischt und verflacht" (Hofmannsthal), eine „belletristische Pseudowissenschaft" (Broch), eine „Maskerade der Seele" (Tucholsky) oder „Maskerade und Lüge" (Hesse). Noch in der Einleitung zum *Glasperlenspiel* (1943) trifft Hesse mit der Polemik gegen das „feuilletonistische Zeitalter" die inflationäre Essayistik, wobei er sich „außerstande" sieht, „eine eindeutige Definition jener Erzeugnisse zu geben".

2. Eine Sonderstellung in der Geschichte des dt. E. im 20. Jh. nimmt Musil ein. Als wesentliches Kriterium des E. bezeichnet er die Verschränkung von Kunst und Wissenschaft, Phantasie und Intellekt, Ästhetik und Ethik, Leidenschaft und Genauigkeit. Wie Adorno später (*Der Essay als Form*, 1958) dem E. – bei aller Freiheit und Offenheit der Gedankenführung – „die Einheit einer in sich auskonstruierten Form" bescheinigt, definiert Musil den E. nicht als „den vor- oder nebenläufigen Ausdruck einer Überzeugung", sondern als „die einmalige und unabänderliche Gestalt, die das innere Leben eines Menschen in einem entscheidenden Gedanken annimmt". Über den literarischen Gattungsbegriff hinweg verleiht Musil der „Utopie des Essayismus", die in seinem Roman Ulrich, der „Mann ohne Eigenschaften", vertritt, eine allgemeine poetologische und existentielle Qualität im Sinne einer spezifisch modernen, reflektierenden Literatur- und Lebensform, die sich durch steten Versuchscharakter auszeichnet. Der „Utopie des Essayismus" zu huldigen, das ist der Versuch, „hypothetisch zu leben", „nach allen Seiten frei" zu sein, einen „Möglichkeitssinn" als die Fähigkeit zu bewahren, „alles, was ebensogut sein könnte, zu denken, und das, was ist, nicht wichtiger zu nehmen als das, was nicht ist". Musils „Utopie des Essayismus" wird zum Ausdruck „des innerlich schwebenden Lebens", vergleichbar dem Begriff der „freischwebenden Intelligenz", den der

Soziologe Karl Mannheim (*Ideologie und Utopie*, 1929) geprägt und den man auf die individualistische, soziologisch nicht eindeutig fixierbare Haltung repräsentativer Romanciers und Essayisten des 20. Jh. wie H. und Th. Mann, Musil und Broch, Hesse, Döblin u.a. angewandt hat.

Daß die auf Montaigne und Bacon zurückreichende Tradition des E. bis ins 20. Jh. wirksam ist, zeigt ein Vergleich der Essayistik Musils und Brochs. Musils Essayistik bevorzugt eine betont subjektive und unverbindliche, offene, konstruktiv-ironische, aber auch skeptische Möglichkeitserwägung mit der Attitüde eines lockeren und assoziativen, unsystematischen und ziellosen Spaziergangs – ganz im Sinne der von Montaigne gestifteten französischen Tradition des E. –, während Brochs Essayistik durch Geschlossenheit und Systematik, differenzierte Gliederung und logische Diskursivität gekennzeichnet ist – mit dem Pathos seriös wissenschaftlicher Diktion und dem pragmatischen Anspruch objektiv gesicherter Erkenntnisvermittlung, die nichts offen und unbeantwortet läßt –, ganz im Sinne der von Bacon gestifteten englischen Tradition des E., eines Typus, dessen apodiktische und belehrende Tendenz eher an den Traktat gemahnt.

3. Infolge des schon von Georg Lukács (*Über Wesen und Form des E.*, 1910) betonten permanenten Rückgriffs auf kulturell Vorgeformtes tendiert der E. im 20. Jh. vielfach zu konservativen Positionsbestimmungen. Zivilisationskritik und Kunstverehrung sind die beiden miteinander verschränkten Leitthemen des kulturkonservativen E., wie ihn namentlich Hofmannsthal, der junge Th. Mann, Borchardt, R.A. Schröder, E.R. Curtius, Kommerell, Gundolf u.a. vertreten. In der ästhetischen, zivilisationskritischen Selbstreflexion des vereinsamten, isolierten bürgerlichen Subjekts wird eine rückwärtsgewandte ↗ Utopie, eine „konservative Revolution" beschworen. Die Vergangenheit kontrastiert der Gegenwart wie das Ideal der Wirklichkeit. Die nostalgische Rückkehr der kulturkonservativen Essayisten in die Vergangenheit zur evokativen Rechtfertigung der eigenen problematischen Existenz vollzieht sich als Aufhebung von Geschichte überhaupt: „Vergangenheit wird zum verlorenen und zurückgewonnenen Ursprung" (Schlaffer). Die Kontinuität des kulturkonservativen E. erstreckt sich über das „Dritte Reich" (Alverdes, Binding, Kolbenheyer, Bertram, Wehner u.a.) bis in die Nachkriegszeit, als es galt, abgerissene oder verschüttete abendländische Kulturtraditionen wiederherzustellen (vgl. Benn, E.R. Curtius, C.J. Burckhardt, Rychner, Holthusen, F. Ernst, E. und F.G. Jünger u.a.), wobei die hier meist vorbehaltlos zelebrierte Klassikerverehrung (z.B. Curtius: *Goethe – Grundzüge seiner Welt*, 1949) freilich auch zum Widerspruch reizte (vgl. A. Schmidt: *Goethe und Einer seiner Bewunderer*, 1971).

4. Im Gegensatz zur kulturkonservativen Essayistik, wo die einseitige historische Fixierung auf die Vergangenheit zu einer Identitätskrise führen konnte (vgl. auch R. Huchs E. *Entpersönlichung*, 1921), hatten schon in der Weimarer Republik etliche Essayisten ihr literarisches Selbstverständnis auf eine gegenwarts- und zukunftsgerichtete Geschichtsauffassung gegründet. H. Mann, Tucholsky, Benjamin, A. Zweig u.a. schufen einen neuen, Kunst, Wissenschaft und politisches, d.h. demokratisch-republikanisches Engagement verschränkenden E.-Typ. Nach der Unterdrückung durch Faschismus und Weltkrieg und der Ablenkung durch den Wiederaufbau der Nachkriegszeit fand diese politisch-engagierte Essayistik in den 50er und 60er Jahren ihre Fortsetzung bei jenen Schriftstellern, die sich kritisch mit der Entwicklung der Bundesrepublik (Böll, Grass, H.M. Enzensberger, Hochhuth u.a.) oder auch mit weltpolitischen Konflikten wie dem Vietnam-Krieg auseinandersetzten (M. Walser, P. Weiss) oder die, seit den späten 60er Jahren, über das Verhältnis von Literatur und Utopie, Fiktion und Aktion, kurzum über den Spielraum und die Wirkungsmöglichkeiten von Literatur überhaupt reflektierten (Wellershoff, H.M. Enzensberger, D. Kühn, Grass). In der DDR wurde die Tradition des politisch engagierten E. namentlich durch Ch. Wolf, Fühmann, Hermlin, Hacks u.a. fortgeführt, die ihr literarisches Selbstverständnis als aktive Friedenssicherung formulierten, ↗ DDR-Literatur.

5. Der im romantischen Konzept einer Universalpoesie erhobenen Forderung nach wechselseitiger Annäherung von Kunst und Wissenschaft entspricht die „Verwissenschaftlichung" des modernen ↗ Romans, die sich in der forcierten Verschränkung von epischer Fiktion und essayistischem Diskurs manifestiert. Als ihr prototypischer Repräsentant gilt Th. Mann seit dem *Zauberberg* (1924). Ihm glückt die völlige, unauflösliche Integration des Essayistischen – im Gegensatz zu Broch, der im dritten Teil der *Schlafwandler* (1931-32) den E. über den „Zerfall der Werte" als Ausdrucksform des Rationalen aufsplittert und schroff von der epischen Fiktion absetzt. Zwischen diesen beiden Extremen ist, wenn auch Th. Mann formal näher stehend, Musil mit dem *Mann ohne Eigenschaften* (1930-43) anzusiedeln. Der essayistische Diskurs als spielerisch-experimentelle Möglichkeitserwägung im Kontrast zur erstarrten empirischen Realität ist seit den „Klassikern" des essayistischen Erzählens, Th. Mann, Musil und Broch, zum festen Bestandteil des modernen Romans geworden.

6. Gegen diese sich unaufhaltsam ausbreitende „Essayfizierung des Romans" hat es indessen von Anfang an Einwände gegeben. Während Th. Mann den modernen Roman noch als „Pseudo-Essayistik" verteidigt, kritisiert A. Döblin diese Entwicklung als „essayistische Degeneration". Musil bemerkte während der Arbeit am *Mann ohne Eigenschaften* resigniert, daß er an die Grenze seiner erzählerischen Möglichkeiten gelangt sei – angesichts „der Überladenheit des Romans mit Essayistischem, das zerfließt und nicht haften will". Diese Selbstkritik wiederholte dann H. von Doderer (1896-1966), wenn er Musil eine „im Essayismus erstickende fadendünne Handlung" und ein „gänzliches Zerdenken [...] einer fragwürdig gewordenen faktizitären Umwelt" vorwarf. Roman und E. gerieten in ein Konkurrenzverhältnis. W. Jens hat in seinem *Herrn Meister* (1963), einem „Dialog über den Roman" in Form eines fingierten Briefwechsels, die Konsequenz aus dieser problematischen „Essayfizierung des Romans" gezogen: „Der Roman wird beiseite gelegt, und es beginnt der Essay [...]". So kann denn auch ein Kritiker des zugegebenermaßen erfolgreichen Romans der 1970er Jahre, der – wie das Beispiel von Grass, Böll, Frisch, S. Lenz, Kempowski u.a. lehre – nichts anderes mehr bieten als die unaufhörliche Reproduktion „dominierender Ideologien einer aufgeklärten oberen Mittelklasse" (Bohrer), den E. als intellektuell und erkenntniskritisch überlegene Alternative empfehlen. Dies gelte freilich nicht für den von Lukács, Bense und Adorno beschriebenen Idealtypus des E., denn ihm fehlten infolge des steten Rückgriffs auf kulturell Vorgeformtes entscheidende Qualitäten wie „Imagination", „Phantasie" und „entdeckerische Spontaneität", v.a. aber „der ästhetische Wahrnehmungsmodus des 'Plötzlichen'", „die jähe Unmittelbarkeit einer subjektiven Erfahrung" und Erkenntnis. Was Bohrer hier – unter Berufung auf die Frühromantik (F. Schlegel und Kleist, ↗ Romantik), auf Musil und Benjamin sowie auf die Zeitgenossen A. Schmidt, Breitbach, Koeppen, Canetti, Wiener, Th. Bernhard und vornehmlich auf Ch. Enzensberger und den Schweden Gustafsson – als „Utopie des Essayismus", als „geistesrevolutionären", „antizipatorischen" und „hypothetischen Angriff auf die Welt" umschreibt, hat indessen der kritisierte Adorno (*Der Essay als Form*, 1958) größtenteils und zudem in ganz ähnlichen Formulierungen vorweggenommen. Die „Spontaneität subjektiver Phantasie", die auf die „Negation des Faktischen" abzielende „utopische Intention", die „experimentelle Geisteshaltung", das „erkenntniskritische Motiv" und die „ins Unendliche weiterschreitende Selbstreflexion" des essayistischen Subjekts gemäß der „romantischen Konzeption des Fragments" sind auch bei Adorno (wie schon z.T. bei Lukács und Bense) unverzichtbare Bestandteile des idealtypischen E. Daß sie sich mit der expliziten „Beziehung auf kulturell Vorgeformtes" auch in der Praxis des E. durchaus vereinbaren lassen, hat schon zu Beginn des 20. Jh. K. Kraus mit seiner Sammlung *Sittlichkeit und Kriminalität* (1908) paradigmatisch unter Beweis gestellt, was die Vermutung nahelegt, daß Adorno bei der Konzeption seiner E.-Theorie gleichsam auch die „Fackel im Ohr" hatte.

Dietmar Goltschnigg

Lit.: K.H. Bohrer: Ausfälle gegen die kulturelle Norm. Erkenntnis und Subjektivität. Formen des E. In: Literaturmagazin 6 (1976). – L. Rohner: Der dt. E., 1966. – H. Schlaffer: Der kulturkonservative E. im 20. Jh. In: H. u. H. Schlaffer: Studien zum ästhetischen Historismus, 1975. – G. Stanitzek: Abweichung als Norm? Über Klassiker der Essayistik und Klassik im E. In: W. Voßkamp (Hg.): Klassik im Vergleich, 1993.

Exilliteratur

1. Als E. werden diejenigen künstlerischen und nicht-künstlerischen Texte bezeichnet, die von politischen Gegnern des NS-Regimes bzw. von aus politischen oder rassenideologischen Gründen Verfolgten zwischen 1933 und 1945 verfaßt wurden und außerhalb des nationalsozialistischen Herrschaftsbereichs entstanden bzw. erschienen sind. Da Verfolgung und Exil einen über Jahrzehnte fortwirkenden lebensgeschichtlichen Einschnitt darstellen, werden der E. in erweitertem Sinne auch die Texte zugerechnet, die von ehemaligen Hitler-Flüchtlingen *nach* 1945 verfaßt wurden. Mit Blick auf die unterschiedlichen literarisch-kulturellen Voraussetzungen, den besonderen Verlauf und die spezifischen Organisationsformen des Exils wird zwischen der dt. („reichsdt.") und der österreichischen E. unterschieden.

2. Den Ausgangspunkt des Exils bildete die Fluchtbewegung der ersten Hälfte des Jahres 1933. Sie wurde durch mehrere spektakuläre Verfolgungs- und Repressionsakte des NS-Regimes ausgelöst: durch die Verhaftungen im Gefolge des Reichstagsbrandes (27./28. Februar 1933), die politisch bzw. rassenideologisch motivierten Berufsverbote infolge des „Gesetzes zur Wiederherstellung des Berufsbeamtentums" (7. April 1933), durch die Bücherverbrennungen (10. Mai 1933), durch das Verbot der politischen Parteien bzw. durch andere Gleichschaltungsmaßnahmen. Die Fluchtbewegung erreichte weitere Höhepunkte durch die Expansion des „Dritten Rei-

ches" infolge der Annexion Österreichs, der Sudetengebiete und der sog. „Resttschechei", durch die Novemberpogrome des Jahres 1938 sowie insbesondere durch den Verlauf des Zweiten Weltkrieges. Aufgrund der Flucht- und Verfolgungsgeschichte wird das Exil in die Phase des „Vorkriegsexils" (1933 - 1940/41) und die des „überseeischen Exils" unterteilt.

Von den durch das NS-Regime erlassenen Berufs- und Publikationsverboten waren politisch bzw. künstlerisch mißliebige Schriftsteller und „nichtarische" Künstler in prinzipiell gleicher Weise betroffen. Allerdings war die Vorgehensweise des NS-Regimes zumindest in der Anfangsphase des Exils unterschiedlich, indem einige Autoren von den Verboten entweder ganz oder teilweise ausgenommen waren. – Für das jüdische Kulturleben richtete das NS-Regime einen separaten innerdt., unter nationalsozialistischer Aufsicht stehenden Bereich ein mit eigenen Verlagen, Theatern und Besucherorganisationen, dessen Kernstück der Jüdische Kulturbund war. Er hatte bis zu den Novemberpogromen (in Berlin bis 1941) Bestand.

3. Dem Ausschluß aus dem innerdeutschen Verlags- und Publikationssystem begegneten die Exilanten mit dem Aufbau eines eigenen Verlagssystems im Ausland. Durch Vertrieb beschlagnahmter Restauflagen unter Wert, durch Druck auf die Autoren vermittels der innerdt. Verlage und durch diplomatische Interventionen versuchte das NS-Regime, die Konsolidierung der Exilverlage zu behindern. Die Konkurrenz zwischen dem innerdt. Verlagssystem und dem Verlagssystem des Exils führte binnen kurzem zu Konflikten zwischen den Autoren, die sich offen zum Exil bekannten, und denen, die diese Festlegung einstweilen vermieden, da ihre Werke noch innerhalb Deutschlands erscheinen konnten. Dieser Streit war entschieden, als sich Thomas Mann, der prominenteste Autor dieser Gruppe, im Februar 1936 (Brief an Eduard Korrodi) zum Exil bekannte. – Die führenden Exilverlage waren Querido und Allert de Lange (beide Amsterdam), Oprecht in Zürich und Bermann-Fischer (Wien bzw. Amsterdam; im Exil seit 1936), wobei Querido mit Autoren wie Alfred Döblin, Lion Feuchtwanger, Leonhard Frank, Heinrich Mann, Anna Seghers, Ernst Toller, Arnold Zweig u.a. der literarisch bestimmende Exilverlag war. Im Querido Verlag bzw. im Malik Verlag (Prag) erschienen die beiden wichtigsten literarisch-kulturellen Zeitschriften des Exils, *Die Sammlung* und die *Neuen Deutschen Blätter*.

In bezug auf sein Programm unterschied sich der Querido Verlag deutlich von vergleichbaren Verlagen der Zeit vor 1933. Bei Querido war das konservative Autorenspektrum nicht vertreten; es dominierten die „linken", der ↗ Moderne zugehörigen Autoren. Neben ihnen spielten Publizisten wie Leopold Schwarzschild, Rudolf Olden oder Konrad Heiden eine bedeutende Rolle. Eine unerläßliche finanzielle Stütze bildete, repräsentiert durch eine Autorin wie Vicki Baum, die publikumsorientierte Literatur. – Zahlreiche Werke kommunistischer und linkssozialistischer Autoren erschienen in hohen Auflagen in der Sowjetunion, doch wurde der Absatz, da es sich um einen Binnenmarkt handelte, für das Exil nur bedingt wirksam. Durch die Finanzierung zweier literarischer Zeitschriften (*Internationale Literatur* und *Das Wort*) und durch die verdeckte Finanzierung der *Neuen Deutschen Blätter* übte die Sowjetunion einen starken, insgesamt problematischen Einfluß auf die E. aus.

Mit Ausbruch des Zweiten Weltkriegs kollabierte das Verlagssystem. Die literarische Produktion verteilte sich fortan auf eine Vielzahl von Kleinverlagen. Der bedeutendste unter ihnen war der von kommunistischen Emigranten geführte Verlag „El Libro Libre" in Mexiko, in dem u.a. Anna Seghers' *Das siebte Kreuz* erschien. – Wie schwierig die Situation war, wird daran erkennbar, daß es dem Bermann Fischer Verlag nur mit Hilfe des Bonnier Verlages in Stockholm gelang, seine dt.sprachige Thomas-Mann-Ausgabe weiterzuführen. Die Schwäche des literarischen Systems während des „überseeischen Exils" ist eine der wichtigsten Ursachen für das Scheitern einer Re-Integration der E. nach 1945.

4. Durch die ungewöhnliche Reputation, über die Schriftsteller wie Ernst Toller, Heinrich Mann oder Lion Feuchtwanger im Ausland verfügten, wuchs den Exilautoren nahezu zwangsläufig die Rolle von Sprechern der antinationalsozialistischen politischen Opposition zu. Ausgelöst wurde diese Entwicklung nicht zuletzt durch den Autoritätsverlust, den die politischen Parteien seit der Endphase der Weimarer Republik erlitten hatten. Die gegebene Plattform für die Exilautoren waren u.a. die internationalen Schriftstellerkongresse: der PEN-Kongreß in Ragusa (Mai 1933), der 1. Allunionskongreß der Sowjetschriftsteller in Moskau (August 1934) oder der Erste Internationale Schriftstellerkongreß zur Verteidigung der Kultur in Paris (Juni 1935). Den Höhepunkt dieser Entwicklung bildete die Konstituierung des sog. Lutetia-Comités („Ausschuß zur Vorbereitung einer deutschen Volksfront") am 26. September 1935 mit Heinrich Mann als Vorsitzendem, den entscheidenden Rückschlag stellten die Moskauer Prozesse von 1937 dar, das Ende war der Hitler-Stalin-Pakt von August 1939. Beide Ereignisse führten zu einer politischen Spaltung des Exils. Diese wurde auch

durch die Bildung der Anti-Hitler-Koalition während des Zweiten Weltkrieges nur oberflächlich behoben. Mit dem Wiederaufleben des Ost-West-Konflikts nach Beendigung des Krieges traten vielmehr die alten Spannungen erneut in Erscheinung.

5. Die spezifische Funktionszuweisung an die E. hatte Auswirkungen auf ihre literarische Prägung und ihr Selbstverständnis. Innerhalb der „Humanistischen Front“ (Walter A. Berendsohn), als die die E. sich verstand, gewannen auch Werke wie Thomas Manns *Lotte in Weimar* (1939), die nach Konzeption und Selbstverständnis nicht politisch bestimmt waren, einen unmißverständlich politischen Stellenwert als gegen das „Dritte Reich“ gerichtete Manifestationen.

Aufgrund der politischen Rahmenkonstellation stellten viele Autoren Teile ihres künstlerischen Werkes unmittelbar in den Dienst der Dokumentation der in Deutschland herrschenden politischen Unterdrückung, der Verfolgung und des Widerstands (Willi Bredel, Oskar Maria Graf, Alfred Neumann, Balder Olden, Paul Zech, Arnold Zweig u.a.). Es entstanden autobiographisch-dokumentarische Darstellungen über die Haftbedingungen in den KZs und Gefängnissen (Kurt Hiller, Heinz Liepman, Wolfgang Langhoff, Gerhart Seger u.a.). Im Ausland spektakuläre Beachtung fanden die ersten Darstellungen des antisemitischen Terrors durch Lion Feuchtwanger (*Die Geschwister Oppermann*, 1933), Friedrich Wolf (*Professor Mamlock*, 1935) und Ferdinand Bruckner (*Die Rassen*, 1933). Die Themen (Februaraufstand in Österreich, Spanischer Bürgerkrieg, Flucht und Verfolgung, Entwicklung des Zweiten Weltkriegs) waren der E. vorgegeben.

In der Frage der Zulässigkeit einer derartigen Funktionalisierung der Literatur bestanden innerhalb des Exils Meinungsunterschiede. Praktische Folgerungen ergaben sich aus den von der Mehrheit abweichenden Auffassungen (Alfred Döblin, Hermann Kesten) jedoch nicht. Aus der Rückschau wird vielmehr erkennbar, daß die gemeinsame *politische* Prägung des Exils weit charakteristischer war als die fortbestehende politische und künstlerische Heterogenität. Die politische Prägung erfaßte letztendlich *alle* Gruppierungen der E.

Diese Entwicklung ist im Exil – unzulänglich und z.T. irreführend – als Hinwendung zum „Realismus“ interpretiert worden. Bestimmend für diese Deutung war dabei der starke Einfluß der sowjetischen Kulturpolitik auf das Exil und ihrer auf den „sozialistischen Realismus“ ausgerichteten Programmatik. Er wurde am prägnantesten durch Georg Lukács, den führenden Theoretiker des Moskauer Exils, formuliert und über die der KPD nahestehenden Zeitschriften und Künstlerorganisationen verbreitet. Wie die sog. „Expressionismus“-Debatte beweist, war dieser Anspruch jedoch nicht einmal im engeren Kreis der marxistisch-kommunistischen Autoren (Brecht, Bloch, Eisler, Seghers) unumstritten, doch konnten sich aufgrund des politischen und organisatorischen Prestiges, über das die Sowjetunion im Exil lange Zeit verfügte, abweichende bzw. differenziertere Standpunkte nicht durchsetzen.

6. Unter epochengeschichtlichem Aspekt setzte sich im Exil zumindest im Bereich der literarisch führenden Autoren (Brecht, Broch, Döblin, H. Mann, Th. Mann, Seghers) die Entwicklung hin zur „Moderne“ weiter fort. Dies ging mit der beschriebenen Öffnung zu politisch-zeitgeschichtlich bestimmten Themen einher, wie es u.a. am Beispiel von Thomas Manns *Doktor Faustus* (1947) erkennbar wird. Die eigentlichen Ursprünge der „Moderne“ (Schopenhauer, Nietzsche, Freud, die Existenzphilosophie in der Nachfolge Kierkegaards) und die Parallelentwicklungen in der nicht-dt.sprachigen europäischen Literatur wie der Surrealismus wurden allerdings zumindest im Bereich der im Exil dominierenden marxistischen Literaturkritik – als Phänomene „bürgerlicher“ Dekadenz (Lukács) – tabuisiert bzw. sogar inkriminiert. Dies führte dazu, daß die „modernen“ Züge, die in der E. unverkennbar sind, zeitweilig in der Forschung zu wenig Beachtung gefunden haben.

Im literarischen System vollzogen sich während des Exils entscheidende Veränderungen. Die Dramatik (↗ Drama, Dramentheorie), die während der Weimarer Republik noch die publikumswirksamste, aktuellste Gattung gewesen war, verlor deutlich an Gewicht, da es ihr nicht im entferntesten gelang, auf den nicht-dt.sprachigen Bühnen ihre bisherige Stellung zu behaupten. International setzten sich nur wenige Dramen durch: Wolfs *Professor Mamlock*, das meistgespielte Exildrama, Bruckners *Die Rassen* oder, nach 1945, Werfels *Jacobowsky und der Oberst*. Diese Stücke repräsentierten, gemessen am Standard der Weimarer Republik, eher eine Ästhetik des Mitgefühls. Allerdings bereitete sich im Exil bereits der spätere Aufstieg Brechts und damit des ↗ „Epischen Theaters“ vor, und zwar sowohl im Bereich der Theorie (*Der Messingkauf* und *Kleines Organon für das Theater*) als auch durch die dramatische Produktion (*Galilei*, *Mutter Courage*, *Der Kaukasische Kreidekreis* u.a.). – Das künstlerische Zentrum des Exiltheaters war zwischen 1933 und 1945 das Zürcher Schauspielhaus, wo von einem hervorragenden Ensemble in spektakulären Inszenierungen die bedeutendsten Dramen der E. zur Aufführung kamen.

Charakteristisch für die Entwicklung der ↗ Lyrik ist eine starke Reduzierung der ästhetischen Vielfalt auf wenige dominante Funktionen: die Klage, die Selbstreflexion, die agitierende Polemik gegen den politischen Gegner. Hiervon ist das Œuvre nahezu aller Exillyriker in auffallend ähnlicher Weise geprägt. Die Reduktion ist Ausdruck dominanter Funktionszuweisungen an die Gattung. Die Lyrik ist von den Gattungen am deutlichsten durch eine Ästhetik der Betroffenheit und der Gesinnung geprägt.

Im Bereich der politischen Lyrik (↗ Politische Dichtung) ist Brecht durch Sprachvermögen und theoretische Reflektiertheit die zweifelsohne dominierende Erscheinung. Nelly Sachs, die ästhetisch differenzierteste Stimme der jüdischen Verfolgten, wird erst nach 1945 entdeckt. Interessant ist, daß mit Erich Arendt und Stephan Hermlin zwei Autoren in Erscheinung treten, die – was im Kontext der E. ungewöhnlich ist – nachhaltig durch die Lyrik ihrer Asylländer geprägt wurden. – Die Lyrik ist von den Gattungen am stärksten von der großen Spannbreite der Generationen und literarischen Richtungen bestimmt, die für die E. insgesamt charakteristisch ist: Der Bogen reicht von Karl Wolfskehl und Else Lasker-Schüler als den ältesten zu Stephan Hermlin und Erich Fried als den jüngsten Exilierten.

Am erfolgreichsten bewährte sich der ↗ Roman. Zwischen 1933 und 1950 entstanden mit dem *Doktor Faustus* von Thomas Mann, *November 1918* und *Hamlet* von Döblin, den *Henri-Quatre*-Romanen Heinrich Manns, Brochs *Der Tod des Vergil*, *Das siebte Kreuz* und *Transit* von Anna Seghers einige der bedeutendsten dt.sprachigen Romane dieses Jahrhunderts. Bei anderen, weniger prominenten Autoren schwächte sich – z.T. aufgrund der notwendigen Ausrichtung auf die Erfordernisse des literarischen Marktes – der „literarische" Impuls merklich ab. Die marktgängigen Genres: historische Romane und historische Biographien, Reiseberichte und trivialliterarische Sujets, drängten in den Vordergrund. Dies führte dazu, daß das Werk der „literarisch" geprägten, prominenten Exilautoren, das nach 1945 ungleich schneller wieder präsent war, das Werk der weniger prominenten, oftmals aber deutlicher „politisch" geprägten Autoren z.T. unverhältnismäßig stark in den Hintergrund drängte. – Nachteilig im Hinblick auf die deutlicher politisch geprägten Autoren wirkte sich auch die Spaltung des innerdt. literarischen Marktes nach 1949 aus. Im Zuge des Ost-West-Konfliktes wurden hier generelle politische Vorurteile gegen das Exil aktiviert.

7. Obwohl die E. mit Werken über die antisemitische Verfolgung eröffnet wurde, hat diese Thematik im Selbstverständnis der E., von Einzelfällen abgesehen, keine dem Gewicht des Themas entsprechende Beachtung gefunden. Texte, die sich mit der Geschichte – und dem Ende – der jüdischen Assimilation beschäftigten, hat das Exil zwar in größerer Zahl hervorgebracht, sie wurden aber mehr oder weniger stark durch Werke mit eingängigerer politischer Aussage verdeckt. Der Grund ist in der zwischen 1933 und 1940 sich immer weiter verstärkenden Dominanz politisch-ökonomisch bestimmter Faschismus-Theorien zu sehen.

Diese Fehlentwicklung ist erst seit den 70er Jahren korrigiert worden. Unter dem Einfluß des *Holocaust*-Films sowie der danach breit veröffentlichten Erinnerungsliteratur ehemaliger jüdischer Häftlinge und Verfolgter veränderte sich allmählich der Blick. Die Kohärenz der E. wurde nicht länger ausschließlich unter politischen („antifaschistischen") Auspizien hergestellt, sondern immer stärker auch unter Einbeziehung der aus rassenideologischen Gründen motivierten Verfolgung. Damit rückten auch das „Exil der kleinen Leute" (Wolfgang Benz) und die entsprechenden literarischen Zeugnisse stärker ins Zentrum des Interesses.

Frithjof Trapp

Lit.: W. Benz (Hg.): Die Juden in Deutschland 1933-1945, 1988. – W. Koepke/M. Winkler (Hg.): E. 1933-1945, 1989. – F. Trapp: Dt. Literatur im Exil, 1983. – H.-A. Walter: Dt. E., 1978ff.

Expressionismus

1. Als kulturelle Gesamterscheinung, die sich in Literatur, Theater, bildender Kunst, Architektur, Musik und Film manifestierte, bildet der E. ein eigenständiges Paradigma der ästhetischen ↗ Moderne im 20. Jh. Wie diese reagiert der E. auf Probleme der durch Rationalisierung, Industrialisierung, Technisierung, Bürokratisierung und Verstädterung geprägten neuen Wirklichkeit. Seine spezifische Signatur als dominante Phase (ca. 1910-20) innerhalb der rasch wechselnden „Ismen" nach dem Jh.-Beginn erhält der E. durch die artistische und intellektuelle Ambivalenz seiner Auseinandersetzung mit der Krise des modernen Ich vor dem Hintergrund des Zerfalls der wilhelminischen Gesellschaft im Ersten Weltkrieg und in der Novemberrevolution. In der Literatur lassen sich vor allem zwei Tendenzen beobachten. Es entsteht einerseits ein ekstatisch-pathetischer Code, der in visionär-messianischer Beschwörung den *Geist der Utopie* (E. Bloch, 1918, 1923) bezeugt und zu politischem Aktivismus drängt. Andererseits wird ein erkenntnis- und wahrnehmungskritischer Code ausgeformt,

in dem sich die Negativ- und Entfremdungserfahrungen in der Zeit des E. widerspiegeln. Insb. die analytische Thematisierung der von Angst, Wahnsinn, Ichdissoziation, Transzendenzverlust, Tod und Nichtigkeit bedrohten Existenz gilt heute als Zeichen seiner Modernität.

2. Als Stilbegriff, Gruppensymbol und Werktitel ist das Wort E. vereinzelt seit der Mitte des 19. Jh. belegt. Ohne direkten Bezug dazu erscheint E. als programmatische Sammelbezeichnung zuerst 1911 für eine Ausstellung frz. Maler des Fauvismus und Kubismus in Berlin. Als kunsthistorisches Stichwort wird E. in H. Waldens Zeitschrift *Der Sturm* (1910-32) für die gesamteuropäischen fortschrittlichen Kunstrichtungen propagiert. K. Hiller überträgt das Wort auf die Literatur: „Wir sind Expressionisten. Es kommt uns wieder auf den Gehalt, das Wollen, das Ethos an" (*Die Jüngst-Berliner*, Juli 1911). Zwar empfindet man das Schlagwort schon zeitgenössisch fragwürdig, doch wird aus der Vielzahl widersprüchlicher Definitionen eine abgrenzende Funktion deutlich: E. signalisiert a. die Absicht, das materialistische Weltbild des ↗ Naturalismus zurückzuweisen, b. den Ästhetizismus von Jugendstil und Impressionismus sowie die formkonservative Neuromantik und Neoklassik (↗ Jahrhundertwende) zu überwinden und c. in Sprache und Kunstgestaltung ein verändertes Erleben authentisch und gesteigert zum Ausdruck zu bringen. Dennoch bezeichnet E. weder einen Stilkanon, noch wird der Terminus für die neue experimentelle Kunst verbindlich.

3. Genaueres Profil gewinnt der E. als krisenhafte Bewußtseinslage von Teilen der dt. Kulturintelligenz, die aus einer geistigen Situation des Werteverfalls und der Desorientierung zu neuer Ordnungs- und Sinnsuche aufbrechen. In diesem Kontext berührt sich der E. sowohl mit Lebensreform- und Jugendbewegung, als auch mit verwandten Bestrebungen der anarchischen Boheme. „Drei Dinge" nennt H. Ball, die seine Generation umtrieben: „Die von der kritischen Philosophie vollzogene Entgötterung der Welt, die Auflösung des Atoms in der Wissenschaft und die Massenschichtung der Bevölkerung im heutigen Europa" (*Kandinsky*, 1917). Neben dem durch F. Nietzsches Kulturkritik vorbereiteten Problemhorizont sind die Psychoanalyse S. Freuds, H. Bergsons lebensphilosophischer Vitalismus und E. Husserls phänomenologische Wesensschau für die Denk- und Stilformen des E. wichtig. K. Pinthus bestimmte den kritischen Gehalt des E. als begründete Intuition vom bevorstehenden Untergang einer Zivilisation, „die sich ganz und gar abhängig gemacht hatte von ihrer eigenen Schöpfung, von ihrer Wissenschaft, Technik, Statistik, Handel und Industrie, von einer erstarrten Gemeinschaftsordnung, bourgeoisen und konventionellen Bräuchen" (*Menschheitsdämmerung*, 1920, Neuausg. 1959). Das epochentypische Projekt allgemeiner Erneuerung radikalisiert Gegensätze (Alter/Jugend, Väter/Söhne, Bürger/Mensch, Norm/Abweichung, Erstarrung/Leben, Masse/Gemeinschaft usw.) zur unüberbrückbaren Dichotomie zwischen dem „alten" und dem „neuen Menschen", dessen Erscheinen anfangs durch kriegerische Läuterung und später als Ergebnis der politisch-sozialen Revolution erhofft wurde. Mit deren Scheitern und im Verhältnis zum pragmatischen Ansatz der ↗ Neuen Sachlichkeit verliert die appellative „O-Mensch"-Rhetorik des späten E. schnell ihre Überzeugungskraft. Dabei gerät aus dem Blick, daß das Idol des „neuen Menschen" nicht nur an illusionär-utopische Heilserwartungen gebunden war, sondern auch konkrete soziale und zivile Tugenden umschrieb. Grundsätzlich zeigt sich die zu Extremen neigende Bewußtseinslage politisch-ideologisch anfällig, weshalb der E. nicht pauschal als eindeutig fortschrittliche Gegenkultur gelten kann.

4. Aus soziologischer Sicht konstituiert sich der literarische E. als kreative Protestbewegung und als Gruppenprozeß einer antibürgerlichen Revolte gegen die wilhelminische Patriarchalgesellschaft und deren Widersprüche. Die Mehrheit der ca. 350 Autoren, die man zum Umkreis des E. rechnet, ist zwischen 1885 und 1895 geboren, stammt aus oft gutsituiertem Milieu, verfügt meist über gymnasiale Bildung und erwirbt ein Examen; viele sind Germanisten, Kunsthistoriker, Juristen oder Mediziner. Der Anteil der in Berlin Geborenen war groß, viele studierten hier; andere kamen aus Wien und Prag oder aus Dresden, Hamburg, Hannover und München. Es sind die Metropolen und Zentren, in denen sich das literarische Leben des E. entfaltet und Talente produktive Anregung, Kritik und Förderung durch Ältere wie A. Döblin, C. Sternheim, G. Kaiser oder durch Mentoren wie F. Pfemfert, den Hg. der Zeitschrift *Die Aktion* (1911-32), erfahren. Trotzdem ergibt sich aus Herkunft und Sozialisation, Gruppenzugehörigkeit und Generationserlebnis keine homogene Autorschaft. Stärker als K. Kraus und A. Kerr wurde H. Mann zu einer Integrationsfigur, insofern sein Vorbild und die in den Essays *Geist und Tat* (1910) und *Zola* (1915) entworfene Rolle des engagierten Schriftstellers für das Selbstverständnis vieler richtungweisend wirkten. Sie vermittelten das aus der frz. Dreyfus-Affäre abstrahiert, republikanisch-demokratische Leitbild des Intellektuellen, dessen Aufgabe es sei, politisch zu intervenieren und Macht, die nicht Recht ist, publizistisch anzugreifen.

5. Als Bewegung setzt sich der E. der Literatur sozial und medial in kollektivierenden Formen durch. Wie die Künstlervereinigungen „Die Brücke" (begr. 1905) und „Der blaue Reiter" (begr. 1912) vorgaben, verschafft sich der frühe E. im „Neuen Club" (1908-14) und durch Gruppenbildungen wie den „Aktions-" und den „Sturm-Kreis" kommunikativen Rückhalt, ↗ Gruppen, literarische. Über 100 Periodika, teils mehr künstlerisch-avantgardistisch geprägt, teils betont politisch interessiert, erhöhen die öffentliche Resonanz; außer den genannten Hauptorganen und vielen kurzlebigen Zeitschriften, tragen *Die weißen Blätter* (1913-21) R. Schickeles, nicht weniger aber auch Schriftenreihen wie *Der jüngste Tag* (1913-22), *Lyrische Flugblätter* (1907-23), *Der rote Hahn* (1917-25), die von K. Edschmid hg. *Tribüne der Kunst und Zeit* (1918-23) und Anthologien wie L. Rubiners *Kameraden der Menschheit* (1919, Nachdr. 1979) zur Publizität des E. bei. Verlagsgründungen wie H.F.S. Bachmair (München), E. Reiss (Berlin), H. Meister (Heidelberg) oder P. Steegemann (Hannover), insb. K. Rowohlt und der K. Wolff Verlag (Leipzig) widmen sich nahezu exklusiv der Verbreitung des E. Werbeeffekte erzielte auch das ausgiebig genutzte Genre des Manifests, in dem sich von Aeternismus bis Zenitismus die verschiedenen Richtungen der ↗ Avantgarde präsentieren.

6. Anders als der ↗ Dadaismus stellt der E. weder die Institution Kunst in Frage, noch löst er den Werkbegriff durch Aktionen auf. Dem Postulat einer Konvergenz der Künste jedoch kommen viele Doppelbegabungen wie E. Barlach, O. Freundlich und L. Meidner entgegen; sie versuchen sich an der Kreation des Gesamtkunstwerks wie z.B. O. Kokoschka in *Mörder, Hoffnung der Frauen* (1907). Es entwickelt sich eine ↗ Ästhetik und ↗ Poetik der Provokation, die formale und inhaltliche Typisierung und Abstraktion (vgl. W. Worringer: *Abstraktion und Einfühlung*, 1908) bevorzugt, Deformation bis zur Groteske treibt und die Darstellung des sog. „Häßlichen", „Kranken" und „Abseitigen" enttabuiert. In antiklassischer Wendung wird der ↗ Barock aufgewertet; man beruft sich auf Außenseiter wie Büchner und Lenz, Hölderlin und Grabbe; Randexistenzen werden Mittelpunkt von Dichtung. Zentrale Themen bilden Großstadt und Maschinenwelt, Jugend und Sexualität, Masse und Individuum. Ein zentrales Sujet im E. ist der Vater-Sohn-Konflikt wie z.B. in J.R. Bechers Gedicht *Oedipus* (1916), in F. Kafkas Erzählung *Das Urteil* (1912) oder in den Dramen *Der Bettler* (1912) von R.J. Sorge und *Der Sohn* (1914) von W. Hasenclever. Auch in Bild, ↗ Metapher und Sprache sucht man die Abweichung von Konvention bzw. Grammatik. Am auffälligsten sind die Formen der Sprachverknappung durch Wegfall von Artikel, Präposition und Konjunktion, durch nominale Ballung und Parataxe sowie innovative Bildlichkeit und Neologismen. In den Geschwindigkeitsphantasien berührt sich der E. auch mit dem ital. Futurismus, wobei F.T. Marinettis Thesen insb. in der Wortkunsttheorie des „Sturm-Kreises" Nachhall finden.

7. Überliefert ist der literarische E. in mehr als 2.000 Büchern und ca. 30.000 weiteren Veröffentlichungen. Eigentliche Leistung und Schwerpunkt der frühen Phase (1910-14) liegt im Beitrag zur Entwicklung der modernen ↗ Lyrik. Erstmals programmatisch vorgestellt in der Sammlung. *Der Kondor* (1912), zeigt sich die Intention, über die Gedichtkunst St. Georges, R.M. Rilkes und H. v. Hofmannsthals hinauszugelangen und die den neuen Themen adäquate Tonlage, Rhythmik und Metaphorik zu finden. J. v. Hoddis' Gedicht *Weltende* (1910) wird zum Vorbild eines Reihungsstils, der die Heterogenität der Wahrnehmung beleuchtet. G. Heyms *Der ewige Tag* (1911) und *Umbra vitae* (1912), G. Benns *Morgue* (1912), F. Werfels *Der Weltfreund* (1911) und *Wir sind* (1913), G. Trakls *Gedichte* (1913), W. Hasenclevers *Der Jüngling* (1913), A. Ehrensteins *Die weiße Zeit* (1914), A. Lichtensteins *Dämmerung* (1913), E. Stadlers *Der Aufbruch* (1914), aber auch weniger Beachtetes, wie die Gedichtsammlung. *Die Straßen komme ich entlanggeweht* (1912) von E. Blass oder P. Boldts *Junge Pferde! Junge Pferde!* (1914) eröffnen ein lyrisches Spektrum zwischen aggressiver Mythisierung (↗ Mythos) und analytischer Reduktion, optimistischer Weltfrömmigkeit und melancholischer Klage, pathetischem Hymnus und lakonischer Wortmontage wie z.B. in A. Stramms Werk. Formal und thematisch sind Anleihen bei W. Whitman, Ch. Baudelaire und dem frz. Symbolismus, insb. bei P. Verlaine und A. Rimbaud, nachgewiesen.

8. Der Erste Weltkrieg bedeutet für den E. eine Zäsur schon deshalb, weil er fast 20 Autoren das Leben kostete und viele literarische Pläne zunichte machte Zeitweise tritt die mit der ersten Anthologie *Flut* (1912) noch kaum beachtete Innovation des Erzählens in den Vordergrund, deren bevorzugte Form die Kurzprosa ist. Unterscheidbar folgen die Texte entweder einem objektivierenden oder einem ideell bestimmten Erzählprinzip und verzichten weitgehend auf Psychologie und Kausalität, so C. Einsteins *Bebuquin* (1912), Döblins *Die Ermordung einer Butterblume* (1913), Heyms *Der Dieb* (1913), Edschmids *Das rasende Leben* (1915) und Kafkas *Der Heizer* (1913) und *Die Verwandlung* (1915). Als narrative Tendenzen prägen sich a. die mono-

logische Reflexion aus, z.B. in Benns *Gehirne* (1916), b. die phantastische Allegorie bei Lichtenstein u.a., c. die aphoristische ↗ Ironie in A. Ehrensteins *Tubutsch* (1911) oder Sternheims *Busekow* (1914) und *Schuhlin* (1916) und d. die predighafte ↗ Rhetorik wie in L. Franks Novellensammlung *Der Mensch ist gut* (1918), die zugleich Beispiel für die politische Prosa des Pazifismus abgibt und sich in der sozialutopischen Gesinnungsliteratur nach der russ. Oktoberrevolution fortsetzt.

9. Vor allem das ↗ Drama beherrscht die zweite Phase des E. (1915-20), vorbereitet durch die Traum- und Visionsspiele A. Strindbergs (*Nach Damaskus*, 1898, 1904), F. Wedekinds Zeitkritik (*Frühlings Erwachen*, 1891, 1906) und Sternheims Dramenzyklus *Aus dem bürgerlichen Heldenleben*, der die gesellschaftliche Doppelmoral und das kapitalistische Profitdenken konfrontiert. Mit G. Kaisers *Die Bürger von Calais* (1914) erobert das zeittypische Protagonisten- und Verkündigungsdrama die Bühne, das die Idee der Geburt des „neuen Menschen" durch Wandlung und Aufopferung allegorisch-symbolisch demonstriert; Nachahmung findet auch die in Kaisers *Von Morgens bis Mitternachts* (1916) vorgeführte Stationentechnik, die Entwicklung revueartig in Einzelszenen auflöst. Hauptwerke des mit typisierten Figuren, Massenszenen, abstraktem Bühnenbild, zeitlosem Kostüm und theatralischer Deklamation auf die Erschütterung durch den Krieg antwortenden Theater-E., wie R. Goerings *Seeschlacht* (1917), F. v. Unruhs *Ein Geschlecht* (1917) und *Platz* (1920) oder E. Tollers *Die Wandlung* (1919) und *Masse Mensch* (1921), erreichen ein breiteres Publikum. Um 1920 wird der E., in dessen Aura junge Autoren wie B. Brecht, E. Roth oder C. Zuckmayer beginnen, bereits kritisch bilanziert.

10. Das künstlerische und politische Erbe des E. war nie unumstritten. Gegensätzliche Optionen und oft tragische Schicksale kennzeichnen die Biographien seiner Vertreter: Toller u.a. exponieren sich als Mitglieder von Räteregierungen, A. Bronnen wendet sich vom Kommunismus zum Faschismus und zurück, Benn preist anfangs den NS-Staat und H. Johst endet als Anhänger des Nationalsozialismus, der den E. als „entartete Kunst" und „zersetzende Literatur" diffamiert und Autoren jüdischer Herkunft ins Exil treibt (↗ Exilliteratur). Andere sterben durch Suizid, nicht wenige werden in den Todeslagern ermordet. Die Doktrin des sog. „sozialistischen Realismus" verwirft den E. als Dekadenzerscheinung des imperialistischen Überbaus; die 1937/38 in der Moskauer Emigranten-Zeitschrift *Das Wort* geführte E.-Debatte bleibt unentschieden kontrovers. Die internationale E.-Forschung betont hingegen das systemkritische Potential des E. und hebt die durch den Normbruch der Kunst gewonnene Freiheit hervor. Produktive ↗ Rezeption erfuhr der Dramen-E. bei Fr. Dürrenmatt etwa; die Lyrik des E. inspirierte über den späten Benn bis hin zur ↗ Konkreten Poesie"; in der Prosa lassen sich Linien zu P. Weiss, U. Johnson, D. Wellershoff u.a. ziehen.

Michael Stark

Lit.: Th. Anz/M. Stark (Hg.): E. Manifeste und Dokumente zur dt. Literatur 1910-1920, 1982. – H.G. Rötzer (Hg.): Begriffsbestimmung des literarischen E., 1976. – P. Raabe: Die Autoren und Bücher des literarischen E., 1985. – S. Vietta/H.-G. Kemper: E., 1975.

F

Fabel

1. Eine F. ist eine Erzählung, in ihr wird eine erfundene Geschichte (im epischen Basistempus Präteritum) erzählt: Sie ist ein (1) episch-fiktionaler Text. Ihr Figural (typisch: die Eiche, das Schilfrohr, der Löwe, der Fuchs) ist der bekannten Realität entlehnt, es ist nicht an sich schon „wunderbar“ oder phantastisch; in der F. werden diesem Figural jedoch textübergreifend und wie selbstverständlich „menschliche“ Handlungsweisen und Attribute zugeordnet (z.B. sprechende, denkende, intrigierende Tiere). (2) Die F. weist also die globale Anthropomorphisierung von – der Realität entlehntem – Figural auf. Schließlich hat die F. (3) mindestens ein Anwendungssignal. Dabei handelt es sich entweder um ein (a) Transfersignal, das den Text als ganzen als uneigentlich kennzeichnet und dadurch zu seiner „Übertragung“ auffordert (die F. als „Erzählmetapher“, ↗ Metapher); oder es handelt sich um ein (b) Subsumtionssignal, das den erzählten Fall als einen Beispielfall für einen allgemeinen Aspekt ausweist (die F. als „Beispielgeschichte“). Ein typisches, aber nicht trennscharfes Merkmal der F. ist ihre Kürze. Typologisch unterscheidend ist neben dem Anwendungssignal die Versform (Versf.) oder die Prosaform (Prosaf.).

2. Das Kriterium der selbstverständlichen und im Text selbst nicht weiter thematisierten „globalen Anthropomorphisierung von Figural, das der Realität entlehnt“ ist, unterscheidet die F. sowohl von der (a) ↗ Parabel (in der höchstens allegorische Anthropomorphisierung – etwa der „Neid“ spricht – oder aber eine als ungewöhnlich oder wunderbar thematisierte „partielle Anthropomorphisierung“ – „‘wie kommt es, daß du sprechen kannst, lieber Fisch’, sprach der Fischer“ – vorkommen darf), als auch (b) von reinen Allegorien, als auch (c) von ↗ Märchen oder anderen „wunderbar“-phantastischen Texten mit lediglich „partieller Anthropomorphisierung“. Bei gewahrter globaler Anthropomorphisierung wenigstens einer Figur des Textes sind ansonsten alle möglichen „Mischungen“ im Figural erlaubt (von Göttern über allegorische Figuren bis hin zu menschlichem Figural).

3. Die historischen Anfänge der Gattung reichen bis in das 18. Jh. v. Chr. zurück; in den europäischen Literaturen ist ihre Geschichte mit dem Namen des vermeintlichen Gattungsbegründers Äsop (5. Jh. v. Chr.) sowie mit denen ihrer „Väter“ Babrius (2. Jh. n. Chr.), Phädrus (1. Jh. n. Chr.), Avianus (4. Jh. n. Chr.) und Romulus (4. Jh. n. Chr.) verbunden. In der dt. Literatur treffen wir bereits im MA auf F. (in der sog. *Kaiserchronik*, um 1150, in der Spruchdichtung Reinmars von Zweter und beim Stricker, 1. Hälfte 13. Jh., in Ulrich Boners *Edelstein*, 1349/50 usw.). Es handelt sich um Versf. in der Funktion rhetorischer Argumentations- und Beweishilfen, die mit vieldeutigen Namen wie „maere“, „bîspel“ oder „bîschaft“ bezeichnet werden. Die ersten Prosaf. finden wir in der dt. Literatur seit dem 15. Jh. (*Nürnberger Prosa-Äsop*). Der lat. und dt.sprachige *Esopus* (1476) des Heinrich Steinhöwel faßt in gewisser Weise die das ganze MA beherrschende lateinische Gattungstradition zusammen und vermittelt die hier erstmals als „äsopische“ F. bezeichnete Gattung an die dt. Literatur. Die äsopische Traditionslinie wird durch Antons von Pforr *Buch der byspel der alten wysen* (1480), das auf das in vorchristlicher Zeit entstandene indische *Pantschatantra* zurückgeht, ebenso wie durch das 1490 in Augsburg und Nürnberg erschienene *Buoch der natürlichern weißheit* ergänzt. Im 16. Jh. entwickeln sich in der dt. Literatur eine gelehrte neulat. sowie eine dt.sprachige F.-Literatur. Verfolgten die neulat. F.-Anthologien (wie der *Aesopus dorpii* von 1513 oder wie die zu Recht als „Enzyklopädie der F.“ gerühmte Sammlung *Aesopi Phrygis Fabularum celeberrimi autoris vita. Fabellae Aesopicae quadringentis* des Joachim Camerarius von 1538) in erster Linie humanistische Ziele – nicht zuletzt die Einübung in die lat. Sprache –, so hatten die dt.sprachigen ↗ Anthologien, die teilweise auch auf die neulat. Anthologien zurückgriffen, eher volksbildnerische Ziele. Zu den wichtigsten dt.sprachigen F.-Autoren des 16. Jh. zählen Erasmus Alberus (*Etliche fabeln Esopi verteutscht*, 1534ff.), Burkhard Waldis (*Esopus*, 1548) oder auch Hans Sachs (1494-1576) – allesamt Verfasser von Versf. Daneben wäre noch Martin Luther zu nennen, dessen Prosaf. zu seinen Lebzeiten ungedruckt blieben und deshalb zunächst auch nicht stilbildend wirken konnten. Die reichhaltige dt. F.-Literatur des 16. Jh. findet – nach einem Rückgang im 17. Jh. (und während in der frz. Literatur die später vorbildlichen F. Jean de La Fontaines, in der englischen die John Ogilbys entstanden) – im 18. Jh. ihre Fortsetzung (mit Belegfällen bei Friedrich von Hagedorn, Christian Fürchtegott Gellert, Gotthold Ephraim Lessing u.a.). Hier wird die F. zu einer Leitgattung der Aufklärungsliteratur (↗

Aufklärung), die nach Ansicht der zeitgenössischen F.-Theoretiker eine optimale Verbindung von Poesie und Belehrung erlaube. Um 1800 zeigen die F. Gottlieb Konrad Pfeffels und Christian August Fischers neben dem didaktischen Moment auch das oft vorhandene revolutionäre Potential der F. Die Instrumentalisierung der Gattung in der dt.sprachigen Kinderliteratur (↗ Kinder- und Jugendliteratur) des 19. Jh. (Johann Heinrich Pestalozzi, Friedrich Adolph Krummacher) geht dagegen einher mit einer Vermischung von F. und bloßen Tiergeschichten (wie oft bei Wilhelm Hey) sowie einer Verflachung des Genres. Mindestens bis ins 18. Jh. zeigte sich die Kunst des F.-Dichters weniger in der neuen Erfindung als vielmehr in der Neugestaltung traditioneller Stoffe. Demgegenüber ist gerade das ironisch distanzierende Spiel mit der Tradition und die Weiterentwicklung der Gattung – etwa durch eine Abkehr vom traditionellen, typischen F.-Figural – ein Kennzeichen der F. im 20. Jh. Das zeigt sich nicht nur international (etwa in den F. von James Thurber oder in denen von Jean Anouilh), sondern auch in der dt. Literatur bei Franz Kafka, Georg Born, Helmut Arntzen, Reiner Kunze und Robert Gernhardt.

Rüdiger Zymner

Lit.: R. Dithmar (Hg.): F., Parabeln, Gleichnisse, 1995. – A. Elschenbroich: Die dt. und lat. F. in der Frühen Neuzeit. 2 Bde., 1990. – K. Grubmüller/G. Dicke: Die F. des MA und der Frühen Neuzeit, 1987. – H. Lindner (Hg.): F. der Neuzeit, 1978.

Feministische Literaturwissenschaft

1. Als F.L. bezeichnet man Fachrichtungen, die literaturwissenschaftliches Arbeiten in Anlehnung an den Feminismus mit dem Ziel einer Geschlechteremanzipation verbinden, ↗ Literaturwissenschaft. Vorausgesetzt wird eine kulturelle Verdrängung des Weiblichen, die aus der historischen, sozialen, wirtschaftlichen und ideologischen Unterdrückung der Frau entstanden sei und sich auf Literatur und ↗ Ästhetik ausgewirkt habe. So werden literarische Phänomene historisch und systematisch in bezug auf Geschlechterdifferenzen verstanden und untersucht; das schließt Auseinandersetzungen mit Arbeitsweisen und -ergebnissen der nichtfeministischen L. ein. Die Prämisse der Frauenunterdrückung und das Emanzipationsziel sind so allgemein, daß sie vielfältige und z.T. unvereinbare Ansätze zulassen. Deshalb erscheint die F.L. als Einheit nur aus hochschul- und fachpolitischer Perspektive. Wissenschaftstheoretisch hingegen ist sie der allgemeinen nichtfeministischen L. mit ihrem Theorien- und Methodenpluralismus vergleichbar; einziges Unterscheidungsmerkmal sind die an eine recht unterschiedlich verstandene Geschlechterdifferenz gebundenen Erkenntnisinteressen.

Von der F.L. im weiteren Sinne, zu der die literaturwissenschaftliche Frauenforschung ebenso gehört wie die feministische ↗ Dekonstruktion, ist die F.L. im engeren Sinne abzusetzen. Diese vertritt in Opposition zur nichtfeministischen L. eigene Texttheorien und Analysemethoden und übt Kritik auch an einer konventionellen Frauenforschung. In Anlehnung an die z.Zt. dominierenden nichtfeministischen Diskurse der Dekonstruktion hat sie sich so durchgesetzt, daß man sie zunehmend mit *der* F.L. schlechthin gleichsetzt.

2. Die F.L. im weiteren Sinne hat viele Arbeitsgebiete. Dazu gehören die Literaturgeschichtsschreibung, z.B. H. Gnüg/R. Möhrmann (Hg.): *Frauen Literatur Geschichte*, 1985; G. Brinker-Gabler (Hg.): *Deutsche Literatur von Frauen*, 2 Bde., 1988; die Kanonkritik (R. v. Heydebrand); die Edition vergessener Autorinnen (durch R. Möhrmann, B. Hahn u.v.a.); vergleichende Analysen von literarischen Weiblichkeitsentwürfen und außerliterarischen Rollenzuschreibungen, v.a. S. Bovenschen, *Die imaginierte Weiblichkeit*, 1979; Textinterpretationen, Untersuchungen von Schreibweisen, ästhetischen Phänomenen und Theorien in bezug auf die Geschlechterfrage, z.B. S. Weigel, *Topographien der Geschlechter*, 1990; die Kritik und Beförderung von ↗ Frauenliteratur; die Aufarbeitung der eigenen Wissenschaftsgeschichte und Kritik am männlich dominierten Fachbetrieb, z.B. K. Hansen/Helga Nowotny (Hg.): *Wie männlich ist die Wissenschaft?*, [3]1990; die Entwicklung interdisziplinärer Projekte zur Geschlechterforschung, z.B. *Geschlechterdifferenz und Literatur* (Münchner Graduiertenkolleg) u.v.m. Die Entfaltung der F.L. in fast allen literaturwissenschaftlichen Bereichen hat das Gesamtfach seit den 70er Jahren verändert und erweitert.

3. Entwickelt hat sich die F.L. im Zuge der Internationalen Frauenbewegung nach 1968. Ihr verspäteter Einzug in die dt. Universitäten begann um 1975 als Bewegung von außen und „von unten". Die ersten Veröffentlichungen (z.B. *alternative* 1975/76: *Das Lächeln der Medusa*) wiesen theoretisch und thematisch in viele Richtungen. In der Konsolidierungsphase der 80er Jahre bildeten sich Zentren der F.L. v.a. in Hamburg, Berlin, Hannover und Bielefeld heraus; vergleichbare Entwicklungen in der DDR gab es wegen der sozialistischen Nebenwiderspruchstheorie (Geschlechterkampf als eine Begleiterscheinung

der Klassengesellschaft) nicht. Das Bemühen, die F.L. als Einheit durchzusetzen, zeigte sich u.a. an den Hamburger Publikationen, z.B. I. Stephan, S. Weigel u.a. (Hg.): *Feministische Literaturwissenschaft*, 1984; Dies. (Hg.): *Frauen in der Literaturwissenschaft*, Rundbrief, ist aber nur z.T. gelungen. Seit Ende der 80er Jahre findet eine zunehmende Institutionalisierung der F.L. nach dem Vorbild der amerikan. „women's studies" statt; viele dt. Universitäten haben inzwischen Frauenforschungsprofessuren und Professuren für F.L. eingerichtet.

4. Die Theorien und Modelle der F.L. sind in der nichtfeministischen L. wenig bekannt. Unterschieden werden müssen subjektorientierte und dekonstruktivistische Ansätze, die in der feministischen Interpretationspraxis häufig verbunden erscheinen. Zu den ersten gehören z.B. ↗ Hermeneutik, Ideologiekritik, Psychoanalyse (↗ Literaturwissenschaft, psychoanalytische), Sozial- und Mentalitätsgeschichte, Kulturanthropologie oder, seit den 90er Jahren, die sog. „gender studies", die Erforschung sozialer Zuweisungen von Geschlechterrollen und ihre Bedeutung für Literatur und literarisches Leben. Im Unterschied zu diesen Richtungen unterziehen die dekonstruktivistischen Ansätze sowohl den Subjekt- als auch den Differenzbegriff der Kritik. Sie verstehen „männlich" und „weiblich" nicht als Attribute, sondern als Signifikanten und untersuchen Schreibweisen, nicht Geschlechterfragen. Sie gehen aus von der Sprache als symbolischer Ordnung, die Subjektbildungen und Geschlechterdifferenzen allererst ermögliche. Diese Ansätze dienen literaturwissenschaftlichen Erkenntnisinteressen eher als die subjektorientierten, wenn es um formalästhetische Textphänomene geht, vgl. z.B. B. Vinken (Hg.): *Dekonstruktiver Feminismus*, 1992).

Die F.L. im engeren Sinne folgt dem amerikan. „French Feminism", der sich am frz. Dekonstruktivismus (J. Lacan, J. Derrida) und an der sog. „écriture féminine" (H. Cixous, L. Irigaray, J. Kristeva) ausrichtet. Die Verbindung von Feminismus und Dekonstruktion ist in den USA wie in der BRD offenbar Voraussetzung für die akademische Akzeptanz der F.L.; ihr frauenemanzipatorischer Wert ist fragwürdig (A. Schwarzer). Gegenwärtig findet in den USA eine Rückbesinnung auf die politischen Ziele der ursprünglich subjektorientierten F.L. statt (J. Gallop, *Around 1981*, 1992), dabei rücken neben der Geschlechterdifferenz Differenzen unter Geschlechtsgenossinnen in den Vordergrund. Die feministische Selbstkritik in den USA wird in der BRD noch kaum rezipiert; zu beobachten sind Ansätze, in denen die feministische Dekonstruktion mit den ebenfalls aus den USA übernommenen „gender studies" amalgamiert wird (z.B. R. Hof: *Die Grammatik der Geschlechter*, 1995).

5. Die Problematik der F.L. liegt in der Unvereinbarkeit ihrer Theorien, während sie zugleich als Einheit wahrgenommen wird. Ihre Prämissen und Ziele sind an realen Frauen orientiert und politisch gemeint; sie werden unterlaufen durch die Metaphorisierung von „Weiblichkeit" als moderner, sinnverschiebender oder -auflösender Schreibweise, die unabhängig vom biologischen Geschlecht praktiziert werden kann (vgl. z.B. E. Meyer: *Zählen und Erzählen. Für eine Semiotik des Weiblichen*, 1983). Die feministische Theoriediskussion (z.B. von T. Moi: *Sexus, Text, Herrschaft. Feministische Literaturtheorie*, dt. 1989; L. Lindhoff: *Einführung in die feministische Literaturtheorie*, 1995) hat noch keine überzeugenden Ergebnisse gezeitigt. Kritik kam u.a. von seiten der Systemtheorie, vgl. N. Luhmann: *Frauen, Männer und George Spencer Brown*. In: Zeitschrift für Soziologie 17/1 (1988). Klärungen stehen noch aus, weil in den Diskussionen um die F.L. hochschulpolitische Aspekte der Frauenförderung, Theorien, Postulate und Handlungsstrategien häufig vermengt werden. Die F.L. ist weitgehend eine Sammelbandkultur geblieben; die Vielfalt ihrer Richtungen spricht neben dem Theoriendilemma für eine Lebendigkeit, die man auch positiv werten kann (B. Hahn, M. Janz).

6. Die Leistungen der F.L. in der literaturwissenschaftlichen Praxis sind heute allgemein anerkannt. Ihr akademischer Status hingegen ist trotz der hochschulpolitischen Akzeptanz umstritten.

Jutta Osinski

Lit.: H. Bußmann/R. Hof (Hg.): Genus. Zur Geschlechterdifferenz in den Kulturwissenschaften, 1995. – G. Dietze (Hg.): Die Überwindung der Sprachlosigkeit, 1979. – Feministische Studien, 1982ff. – K. Nölle-Fischer (Hg.): Mit verschärftem Blick. Feministische Literaturkritik, 1987.

Fiktion(alität)

1. F. ist abgeleitet von lat. „fingere", das u.a. „bilden", „erdichten" oder auch „vortäuschen" bedeuten kann. In einem allgemeinen Sinn meint Fiktion eine Annahme, Unterstellung, der die Form des Als-ob zugrunde liegt (vgl. H. Vaihinger: *Die Philosophie des Als Ob*, 1911) und die (im Gegensatz zur Hypothese) insofern ohne unmittelbaren Wirklichkeitsbezug auskommt, als sie erklärtermaßen keinen Wahrheits- oder Wahrscheinlichkeitsbeweis benötigt. Als literaturwis-

senschaftlicher Begriff bezeichnet F. die Grundlage aller Formen von fiktionaler Literatur (im Gegensatz zu nichtfiktionaler Literatur wie ↗ Geschichtsschreibung, ↗ Essay, ↗ Autobiographie usw.), nämlich den imaginären Status der fiktionalen Rede bzw. den imaginären Charakter der dargestellten Gegenstände und Sachverhalte. Pragmatisch gesehen, handelt es sich im Fall der fiktionalen Rede um ein Als-ob-Benehmen ohne Täuschungsabsicht, d.h., anders als im Fall der Lüge (Als-ob-Benehmen mit Täuschungsabsicht) liegt hier kein Verstoß gegen die üblichen Regeln sprachlicher Kommunikation vor, sondern eine Nutzung der Sprache nach spezifischen Regeln.

2. Die Scheidung von Dichtung und Wirklichkeit ist ein historisches Phänomen. Aus europäischer Sicht entsteht das Bewußtsein von F. zusammen mit einer Schriftkultur in der griechischen Antike und ist im 4. Jh v. Chr. mit Aristoteles' klassischer Unterscheidung zwischen Geschichtsschreiber und Dichter für die antike Kultur endgültig festgeschrieben. Nicht die sprachliche Form der schriftlich fixierten Rede macht nach Aristoteles den Unterschied zwischen Dichtung und Geschichtsschreibung aus, sondern das, wovon die Dichtung spricht: „Der Geschichtsschreiber und der Dichter unterscheiden sich nicht dadurch, daß der eine Verse schreibt und der andere nicht (denn man könnte ja die Geschichte Herodots in Verse setzen und doch bliebe es gleich gut Geschichte, mit oder ohne Verse); sie unterscheiden sich vielmehr darin, daß der eine erzählt, was geschehen ist, der andere, was geschehen könnte" (*Poetik*, 9. Kap.). Der systematischen Differenzierung zwischen Verfassern von Werken, die erzählen, „was geschehen ist", und solchen, die erzählen, „was geschehen könnte", verbunden mit der Trennung von Dichtung und Wirklichkeit, entsprechen zwei gegensätzliche Bewertungen des Geschäfts der Dichter. Innerhalb der abendländischen Kultur haben sie in jeweils verschiedenen Formulierungen und epochenspezifischer Verteilung eine Tradition bis hinein in die Gegenwart. Hier der in dieser Form auf Platon zurückgehende Vorwurf, daß Dichtung nichts als Täuschung und insofern überflüssig, wenn nicht gar schädlich sei (*Politeia*, 2., 3. u. 10. Buch, bes. 398a), dort die bereits von Aristoteles selbst mit seiner Unterscheidung verbundene Behauptung, daß die Dichtung nützlich und notwendig sei: Sie kultiviere den Trieb zur Nachahmung, den Aristoteles als eine anthropologische Konstante des Menschen versteht, und sie rede weniger vom Besonderen als vom Allgemeinen und sei insofern „philosophischer und bedeutender als die Geschichtsschreibung."

Dem Vorwurf der Täuschung haben die griechischen Dichter seit Kallimachos wiederholt den Boden zu entziehen versucht, indem sie den Fiktionscharakter ihrer Werke in diesen selbst offen eingestanden. So beginnt z.B. Lukian das 1. Buch seiner *Wahren Geschichten* (um 180 n. Chr.) mit dem Hinweis: „(...) ich sage doch wenigstens *eine* Wahrheit, indem ich sage, daß ich lüge; (...). Ich urkunde also hiemit, daß ich mich hinsetze um Dinge zu erzählen, die mir nicht begegnet sind; Dinge, die ich weder selbst gesehen noch von andern gehört habe, ja, was noch mehr ist, die nicht nur nicht *sind*, sondern auch *nie* sein *werden* (...)."

Im Verlauf der christlichen Ära ist dann sowohl die Trennung von F. und Wirklichkeit als auch die *Poetik* des Aristoteles in Vergessenheit geraten. Das Bewußtsein der F. ist über Jahrhunderte verschüttet und erst in einem ebenso langwierigen wie komplexen Prozeß wieder neu gewonnen worden. Im Rahmen der volkssprachlichen Literatur wird F. erstmals im ↗ Höfischen Roman des 12. Jh als „autonomes Medium menschlicher Erfahrung" (W. Haug: *Literaturtheorie im dt. MA*, 1985) (wieder)entdeckt. Den Vorwurf, daß alle Dichtung Täuschung sei, widerlegt, wiederum Jahrhunderte später, am Beginn der Neuzeit, Sir Philip Sidney, indem er sich in seiner *Defence of Poesie* (1595), anders als Aristoteles in seiner *Poetik*, weniger auf den Inhalt als auf den besonderen Status der Rede des Dichters beruft. Im Gegensatz zu den Geschichtsschreibern und den Verfassern aller möglichen anderen Arten von Texten, so Sidneys vielzitierte These, lügen die Dichter per defintionem nicht, weil sie in ihren Werken erklärtermaßen nichts behaupten, sondern von mehr oder minder frei erfundenen Gegenständen handeln: „I think truly, that of all writers under the sun the Poet is the least liar, and though he would, as a poet can scarcely be a liar. (...) the Poet, he nothing affirms, and therefore never lieth." Nach Sidney stellt der Dichter etwas vor, das nicht ist (aber sein oder nicht sein sollte), sein Geschäft ist das Erfinden, nicht aber das Lügen oder Täuschen. Mit modernen Worten: Die Werke der Dichter sind fiktional; wovon sie handeln, das ist fiktiv, aber nicht fingiert.

3. Sidneys These, daß Dichtung die Rede eines Dichters und die Rede des Dichters in der Dichtung eine besondere, nämlich nicht-behauptende Rede ohne unmittelbare Referenz in der Wirklichkeit sei, haben neuzeitliche Theoretiker in verschiedenen Kontexten aufgegriffen und ihre Implikationen auf der Folie moderner aussagentheoretischer (z.B. R. Ingarden: *Das literarische Kunstwerk*, [2]1960), semantischer (z.B. G. Frege: *Über Sinn und Bedeutung*, 1892) und pragmatischer Ansätze (z.B. J.R. Searle: *The Logical Status of Fictional Discourse*, 1975) begrifflich differenzierter zu formulieren versucht. Fiktionale Rede

ist in diesem Zusammenhang wiederholt als Repräsentation (oder auch ↗ Mimesis) von Rede ohne empirischen Objektbezug und ohne Verankerung in einem realen Situationskontext beschrieben worden (z.B. Keller, 1980). Eine solche Beschreibung ist insofern problematisch, als sie sich nur auf den realen Kontext der ↗ Rezeption bezieht, nicht aber auf den (in diesem Kontext gleichwohl präsenten) imaginären Kontext der fiktionalen Rede. Zur adäquaten Rezeption von Dichtung gehört jedoch, daß wir sie als die echte (wenn auch fiktive) Rede eines bestimmten (wenn auch fiktiven) Sprechers verstehen, die nicht auf nichts, sondern auf bestimmte (wenn auch z.T. fiktive) Dinge referiert. Berücksichtigt man den Unterschied zwischen einem realen und einem imaginären Kontext fiktionaler Rede, so erscheint es sinnvoll, innerhalb derselben Zeichenkette (nämlich den Zeichen der fiktionalen Rede) eine semiotische Differenz zu sehen zwischen den Zeichen, die ein realer Autor produziert, und den Worten, die ein fiktiver Sprecher äußert. Der bekannten Tatsache, daß der reale Autor eines fiktionalen Werks mit dem fiktiven Aussagesubjekt der fiktionalen Rede nicht identisch ist, trägt ein solcher Ansatz Rechnung, indem er davon ausgeht, daß der reale Autor „Pseudo-Sätze" produziert, die ikonisch imaginär authentische Sätze repräsentieren (Martínez-Bonati, 1984). So gesehen teilt der reale Autor in erster Linie nicht etwas außerhalb der Sprache Liegendes (wie etwa eine Geschichte), sondern Rede mit, in der – wie auch in aller faktualen Rede – jemand jemandem etwas mitteilt. Zu den Spezifika dieser Rede gehört, daß ihre Kommunikationssituation imaginär ist. Mit anderen Worten: Zur literarischen F. gehören sowohl die vorgestellten Gegenstände und Sachverhalte als auch die Kommunikationssituation, die mit den entsprechenden erzählenden oder beschreibenden Sätzen entworfen wird. Berücksichtigt man, daß die Sätze eines fiktionalen Werkes nicht wirkliche kommunikative Rede, sondern eine auf besondere, nämlich nicht-linguistische Weise kommunizierte Kommunikation darstellen, wird auch die spezifische Leistung der Dichtung deutlich: Dank eines mit der fiktionalen Rede eröffneten Freiraums kann Rede zu einem transzendenten Objekt für Autor und Leser (oder Hörer) werden, das heißt alle drei Konstituenten der dieser Rede immanenten, rein imaginären Kommunikationssituation können betrachtet werden, ohne daß der reale Produzent oder Rezipient fiktionaler Rede in diese Situation selbst unmittelbar eingebunden wären.

Von der Seite des realen Rezipienten aus gesehen gehört zur Existenz der fiktionalen Rede schließlich wesentlich ein Paradox. Einerseits dürfen die „Pseudo-Sätze" der fiktionalen Rede nicht als linguistische Sätze mißverstanden und unmittelbar auf eine empirische Wirklichkeit bezogen werden, anderseits wird die mit diesen „Pseudo-Sätzen" repräsentierte imaginäre Rede nur dann angemessen rezipiert, wenn sie als authentische und wirksame Rede aufgefaßt wird. Insofern wird das Phänomen der fiktionalen Rede gleichermaßen durch den Glauben an ihre Echtheit wie das Wissen um ihre Fiktivität ermöglicht, d.h., diese besondere Form von Rede verlangt von ihrem Rezipienten – so die berühmte Formulierung Samuel Taylor Coleridges – „a willing suspension of disbelief".

4. Sidneys These, daß die Rede des Dichters in der Dichtung eine besondere Form von Rede sei, hat auch insofern eine Spezifizierung erfahren, als der Begriff der literarischen F. (samt seinen Ableitungen) heute gemeinhin als ein relativer oder auch relationaler verstanden wird. So definiert etwa G. Gabriel fiktionale Rede ähnlich wie Sidney „als diejenige nicht-behauptende Rede, die keinen Anspruch auf Referenzialisierbarkeit oder auf Erfülltheit erhebt", und ergänzt: „*Ob* Rede fiktional, also nicht-behauptend und ohne Anspruch auf Referenzialisierbarkeit oder Erfülltheit ist, läßt sich der Rede selbst nicht ohne weiteres entnehmen. (...) An dieser Stelle geht Semantik in Kommunikationstheorie über, die festlegt oder feststellt, auf Grund welcher Sanktionen oder Konventionen bestimmte Intentionen und Rezeptionen ausgezeichnet werden" (*Fiktion und Wahrheit*, 1975). Fiktional ist ein Text demnach nicht an und für sich, sondern in einem bestimmten historischen und sozialen Kontext, d.h., er ist fiktional für ein Individuum, eine Gruppe, eine Gesellschaft, in einer bestimmten Situation, in einer bestimmten Epoche. Erst als einem pragmatisch als fiktional bestimmten und rezipierten Text kommen ihm die Eigenschaften zu, die bereits Sidney im Ansatz ermittelte und deren Implikationen unterdessen präziser formuliert worden sind. Dabei ist unbestritten, daß die innerhalb der Konsens-Wirklichkeit einer Kultur und Gesellschaft adäquate Rezeption einer Rede als fiktional der Kontextmarkierung durch metakommunikative, für den Rezipienten erkennbare Signale bedarf. Eine radikal relativistische Position in dem Sinne, daß „es keine Eigenschaft des Texts" gibt, „die einen Diskurs als fiktionales Werk ausweist" (Searle), erscheint jedoch übertrieben. Über eine jeweils situationsspezifische Kontextmarkierung hinaus (z.B. ganz schlicht durch bestimmte konventionelle Signale paratextueller und kontextueller Art, wie z.B. das Wort „Roman", „Drama" oder „Novelle" im Untertitel oder die Publikation eines Textes in einer bestimmten Verlagsreihe) gibt es durchaus – in einem zwar nicht absolut gültigen, aber doch

zumindest Epochen und Nationen übergreifenden Zusammenhang – Textsignale, die die Rezeption eines Textes als fiktional wenn nicht erzwingen, so doch jedenfalls nahelegen. An erster Stelle anzuführen sind hier bestimmte Incipit-Formeln („Es war einmal" u.ä.) oder auch Textschlüsse („Und wenn sie nicht gestorben sind…"; das Wort „Ende" am Schluß u.ä.), die – jedenfalls innerhalb der abendländischen Kulturtradition – auf bestimmte fiktionale Textsorten hindeuten. Zu nennen wären außerdem die von Hamburger (vgl. *Logik der Dichtung*, 1957 u.ö.) vorgestellten textinternen Merkmale (wie z.B. die Anwendung der Verben innerer Vorgänge auf dritte Personen, die Modifikation des Tempussystems der Sprache u.ä.), die die F. eines ganzen Textes zwar nicht – wie Hamburger behauptet – zwingend begründen, aber, pragmatisch gesehen, doch wahrscheinlich machen.

Daß eine Rede als fiktionale Rede in einem besonderen Sinn rezipiert werden soll, wird schließlich keineswegs nur mit Signalen oder Merkmalen deutlich gemacht, die für einen bestimmten kulturellen Kontext fest kodifiziert sind. Wäre das der Fall, so könnten die Regeln für das (Sprach-)Spiel der literarischen F. nur in nichtfiktionalen Texten vermittelt oder in sozialen Zusammenhängen außerhalb dieses Spiels eingeübt und verändert werden. Tatsächlich aber kann die fiktionale Rede noch auf andere Weise auf ihre spezifischen Bedingungen aufmerksam machen: Indem sie nämlich durch verschiedene Formen der Selbstreflexion ihren besonderen Status in Form und Inhalt reflektiert und sowohl die Grundlagen ihrer Produktion explizit macht als auch Anweisungen für ihre Rezeption enthält. Für die Literatur im (post)modernen „Zeitalter der Simulation" (Baudrillard) hat diese von Autoren fast aller Epochen in jeweils zeitspezifischer Form genutzte Technik der Metafiktion an besonderer Bedeutung gewonnen (Scheffel: *Formen selbstreflexiven Erzählens*, 1997). Angesichts des „Wegs der Wirklichkeit ins Fiktive" (Marquard) bleibt abzuwarten, ob die literarische F. sich nun ihrerseits in einer Art kompensatorischem Prozeß zur „Antifiktion" und insofern zur neuen Heimat von „Wirklichkeit" entwickelt.

Michael Scheffel

Lit.: D. Henrich/W. Iser (Hg.): Funktionen des Fiktiven, 1983. – U. Keller: Fiktionalität als literaturwissenschaftliche Kategorie, 1980. – F. Martínez-Bonati: Fictive Discourse and the Structures of Literature, 1981. – J.H. Petersen: Fiktionalität und Ästhetik, 1996. – K.L. Pfeiffer: Zum systematischen Stand der Fiktionstheorie. In: Zs. für Allgemeine Wissenschaftstheorie 21 (1990).

Flugblatt, -schrift

1. Fb. (Flugblatt) und Fs. (Flugschrift) sind frühe wirkungsorientierte, neben der Sprache auch das Bild einsetzende Druckmedien, die seit der Wende vom 15. zum 16. Jh. aktuelle und sozial relevante Themen rasch einer möglichst großen Öffentlichkeit nahezubringen suchen. Dabei beschränken sie sich nicht auf die bloße Vermittlung von Gegenständen des allgemeinen Interesses, sondern rufen durch parteiliche Kommentierung und Deutung zur Einnahme des „richtigen" Standpunkts auf. Der Angriff auf bestehende Wert- und Herrschaftsverhältnisse ist ebenso zu beobachten wie deren Stützung und Verteidigung. Als Informations- und Beeinflussungsmedien, die sich häufig unterhaltender, ja reißerischer Mittel bedienen, werden sie von Obrigkeiten mit Mißtrauen betrachtet und von Fall zu Fall zensiert, ↗ Zensur. Als Ware, die den Regeln von Angebot und Nachfrage unterliegt, sind sie in Darbietungsform und Inhalt deutlich publikumsorientiert. Ihr durch die Vielfältigkeit und den Gebrauchswert des Mediums begründeter Erfolg hat dazu geführt, daß sie „verbraucht" werden; von den zeitweise in großer Zahl ausgehenden Fb. und Fs. haben selten mehr als einige wenige Abzüge pro Exemplar und Auflage überdauert.

2. Als Terminus sind die Bezeichnungen Fb. und Fs. bis zum Ende des 18. Jh. unüblich. Abhängig von Aufmachung und Inhalt werden – z.T. als Selbstbenennung im Titel, z.T. als eingebürgerter Sachbegriff – Termini verwandt wie: Zettel, gemalter Brief, Bilderbogen, Kupferstück, Lied, Bericht, Sendschreiben, Dialog, Neue Zeitung, Fliegendes Blatt, sowie Wunderzeichen, Schmähschrift, Schandlied, Pasquill, Scharteke. 1787 prägte Ch.F.D. Schubart als Analogbildung zum franz. „feuille volante" den Begriff Fb., 1788 – als Entsprechung hierzu – Fs. Schubarts Bezeichnungen setzten sich nicht in vollem Umfang durch; so verwendet die Forschung eine von Disziplin zu Disziplin differierende Fb.- und Fs.-Begrifflichkeit, die erst in jüngster Zeit Angleichungstendenzen aufweist.

3. Zur Definition von Fb. und Fs. eignen sich am ehesten formale Kriterien: Das Fb. ist ein einseitig mit beweglichen Lettern, graphischen Verfahren oder der Kombination beider Techniken bedrucktes Blatt unterschiedlichen Formats. Es ist eine Sonderform des Einblattdrucks. Die mehrblättrige Fs. hat Quart- oder Oktavformat und besteht aus einem oder mehreren beidseitig bedruckten Foliobögen, die gefaltet, z.T. geheftet, nicht aber gebunden sind. Durch Umfang und Heftform erweist sie sich als Sonderform des Buches. – Fb. und Fs. zeichnen sich zudem da-

durch aus, daß sie jeweils abgeschlossene, selbständige Drucke sind. Ihr anlaßgebundenes Erscheinen grenzt sie von der regelmäßig herauskommenden ↗ Zeitung ab.

4. Vorläufer von Fb. und Fs. sind handgemalte geistliche Blätter (12./13. Jh.) sowie Holztafeldrucke städtischer Handwerker (14./15. Jh.) und frühe Streitschriften und Korrespondentenbriefe. Die eigentliche Geschichte von Fb. und Fs. beginnt mit der Erfindung des Buchdrucks (↗ Buch, Buchdruck). Rasche, einfache Vervielfältigungstechniken in Verbindung mit sinkenden Papierpreisen schufen die Voraussetzungen für die neuen Medien. Schon ab 1492 entstand mit S. Brants ersten politisch-religiösen Fb. der Blatt-Typus, der bis ins 19. Jh. zum Standard wurde: das illustrierte Fb. mit Bild, Titelzeile und Text. Die anfangs verbreiteten bildlosen Fb. spielen erst im 18. Jh. wieder eine Rolle; grundsätzlich hat das Bild im modernen Fb. viel von seiner Bedeutung verloren. – Die ihrem Wesen nach textorientierten Fs. haben sich im Laufe der Zeit wenig verändert. Sofern sie das Bild nutzen, geschieht dies am ehesten im Sinne von Titelblatt-Illustrationen.

5. Die überwiegend in der Volkssprache verfaßten Fb. und Fs., die auf ein großes Publikum zielen, sind seit ihren Anfängen preiswert, aber nicht für jedermann erschwinglich. Das Verkaufshemmnis mangelnder Lesefähigkeit wird einerseits durch geschickte sprachliche Gestaltung (Versform, Rhetorik, Kontrafaktur) der zum Vorlesen oder Vorsingen zugeschnittenen Texte überwunden und andererseits – vornehmlich beim Fb. – durch die sprechende Illustration (Holzschnitt, Kupferstich). Großen Anteil an der Verbreitung des Mediums haben überdies die Fb.- und Fs.-spezifischen Vertriebsformen: der ambulante Handel durch Kolporteure und seit dem 19. Jh. die massenhafte, zumeist kostenlose Verteilung.

6. Im Anspruch der Text- und Bildgestaltung wie in der Auswahl der Inhalte und Themen besteht seit Beginn der Fb.- und Fs.-Produktion eine erhebliche Streuung. Die Bandbreite reicht vom populären Bauernblatt und der einfachen Lied-Fs. bis zum zweisprachigen naturkundlichen Fach-Fb. und der theologischen Streit-Fs. Unter den Textautoren und Bildkünstlern finden sich in der Blütezeit so bekannte Namen wie H. Sachs, J. Fischart, M. Luther, Ph. Melanchthon und A. Dürer, die Brüder Beham, T. Stimmer, P. Isselburg. Seit der Mitte des 17. Jh. reduzieren sich durch das Aufkommen neuer Medien (Zeitung, Zeitschrift, Jahrmarktsdruck, Plakat) die Einsatzbereiche von Fb. und Fs. zunehmend. – Insgesamt lassen sich für die Fb.- und Fs.-Produktion folgende Schwerpunkte benennen: a. Agitation, Propaganda und Satire, die in konfessionellen, sozialen und politischen Krisensituationen als Instrumente der Meinungslenkung eingesetzt werden. b. Moraldidaktische Unterweisungen (z.T. unterhaltenden Zuschnitts), die durch Verlachen menschlicher Schwächen zur gesellschaftskonformen Lebensführung aufrufen. c. Politische Nachrichten (Schlachten, Krönungen, Entdeckung ferner Länder) und sensationelle Ereignisse (Hinrichtungen, Katastrophen, Mißgeburten, Himmelszeichen), die neben der Neuigkeit nicht nur den Nervenkitzel, sondern auch die eschatologische Ereignisdeutung bieten. d. Religiöse Unterweisungen zum Zweck der Erbauung und Glaubensstützung. e. Gelegenheits- und Personalschriften (z.T. in gehobener Qualität) zu Anlässen des öffentlichen und privaten Lebens. f. Lied-Fb. und -Fs., die sich bekannter Melodien bedienen und Themen aus allen genannten Bereichen aufnehmen.

7. Die keineswegs abgeschlossene Erfassung erhaltener Bestände macht die Einschätzung von Fb. und Fs. schwierig. Die frühesten Fb. sind in *Einblattdrucke des 15. Jh.* (1914; Nachdr. 1968) bibliographisch nachgewiesen. Fb. von 1500-1700 sind in den Einblattdruck-Ausgaben von M. Geisberg (1923-30; neu hg. v. W.L. Strauss, 1974), W.L. Strauss (1975) und D. Alexander (1977) abgedruckt. Bedeutende Fb.-Sammlungen (Wolfenbüttel, Darmstadt, Straßburg, Zürich) werden durch W. Harms' Edition (1980ff.) dokumentiert und kommentiert. Hilfen bieten auch Kataloge einschlägiger Ausstellungen (Braunschweig, Coburg, Heidelberg, Nürnberg). – Fs. werden in H.-J. Köhlers *Bibliographie der Fs. des 16. Jh.* (1991ff.) verzeichnet und über seine Microfiche-Serie (1978-1987, 1990ff.) quellenmäßig erschlossen. Fs. von 1518-1535 liegen in den von A. Laube (1975ff.) edierten Bänden vor.

Birgit Habel

Lit.: W. Harms: Dt. illustrierte Fb. des 16. u. 17. Jh., 1980ff. – H.-J. Köhler: Die Fs. In: Festgabe für E.W. Zeeden, 1976. – M. Schilling: Bildpublizistik der frühen Neuzeit, 1990. – K. Schottenloher: Fb. und Zeitung, 1922.

Formalismus

1. Als F. (lat. „forma“ = Form) bezeichnet man im allgemeinen eine Literatur- oder Kunstbetrachtung, die auf dem Gedanken gründet, daß das spezifisch Künstlerische oder Literarische eines Werks in dessen Formgebung (z.B. Farbenkomposition, Erzählweise, ↗ Metrik) anzutreffen ist. Vertreter formaler Methoden lehnen im allgemeinen biographische, psychologische oder soziologische Erklärungen von Kunstwerken ab und berufen sich dabei häufig auf deren Vieldeutigkeit

oder Begriffslosigkeit im Sinne Kants (↗ Ästhetik).

2. Als spezifischer Begriff bezeichnet F. vor allem den russischen F. der Jahrhundertwende, der einerseits aus dem Moskauer Linguistenkreis (1915), andererseits aus der Petersburger OPOJAZ-Bewegung (1916), hervorging. (OPOJAZ = Opščestvo Izučennija Poetičeskogo Jazyka/Gesellschaft zur Erforschung der poetischen Sprache.) Wie die meisten Varianten des F. geht auch der russische F. von dem Postulat aus, daß das Kunstwerk eine autonome ästhetische Einheit ist und daß Literaturwissenschaftler in erster Linie die formalen Verfahren literarischer Texte untersuchen und heteronome Reduktionen auf biographische, psychische und soziale Faktoren meiden sollten. Sie stellen die „Literarizität" (russ. „literaturnost'") in den Mittelpunkt der Betrachtung und neigen dazu, den sozio-historischen Kontext auszuklammern.

3. Allerdings gilt diese Kurzcharakteristik nicht uneingeschränkt für den gesamten F. in allen seinen Ausprägungen und Phasen, sondern eher für die Strömung, die Peter Steiner als „mechanistischen F." bezeichnet, und deren Hauptvertreter Viktor Šklovskij (1893-1984) ist. Nicht minder wichtig sind die beiden anderen Varianten des F., die „morphologische" und die „systematische", deren Vertreter sich zwar auch primär mit dem literarischen Text und seinen Strukturen befassen, zugleich aber versuchen, den Kontext einzubeziehen. Während die vorwiegend von Jurij Tynjanov (1894-1943) entwickelte systematische Richtung die Literatur als historisches System auffaßt, streben Vertreter der morphologischen Variante wie Vladimir Propp (1895-1970) und Viktor Žirmunskij (1891-1971), der später als Marxist wesentliche Beiträge zur Komparatistik lieferte, die Entwicklung einer strukturalen Methode an, deren systematische Anwendung Propp in seiner *Morphologie des Märchens* (1928) erprobt.

4. Obwohl der F. – wie hier deutlich wird – nicht als homogene Theorie darstellbar ist, setzen die meisten russischen Formalisten die Autonomie der künstlerischen oder literarischen Form sowie die Begriffslosigkeit des Kunstwerks (des Schönen im Sinne von Kant) voraus: Das Kunstwerk spricht uns an, ohne auf einen philosophischen, psychologischen oder soziologischen Begriff reduzierbar zu sein. Neue Formen, sagt Viktor Šklovskij, entstehen nicht, um neue Inhalte oder Ideen auszudrücken, sondern um alte Formen abzulösen, die ihre Wirkung als künstlerische Formen eingebüßt haben. Kantianisch ist nicht nur Šklovskijs „begriffslose" Auffassung der Literatur, sondern auch die Betrachter- oder Rezipientenperspektive, die allen russischen Formalisten gemeinsam ist. Denn aus der Sicht der Rezipienten wird Literatur nicht primär als Darstellung ideeller Gehalte aufgefaßt, sondern als formale Innovation, als „Entautomatisierung" der „Wahrnehmung".

5. In diesem Zusammenhang sind die beiden Schlüsselbegriffe der Formalisten, „Innovation" und „Verfremdung", zu verstehen: Sie stammen beide von den russischen Futuristen, die als literarische ↗ Avantgarde die Theorien der Formalisten nachhaltig beeinflußt haben, und beziehen sich einerseits auf das Verhältnis von Text und ↗ Leser, andererseits auf das „Wie" der Texte, d.h. auf die Verfahren („priëm", Šklovskij), mit deren Hilfe ein Gedicht oder eine ↗ Novelle formal neu gestaltet wird oder auf die Art, wie im ↗ Roman erzählt wird: wie etwa Laurence Sterne das traditionelle Erzählen parodiert, verfremdet und erneuert. Im Hinblick auf diese beiden Begriffe kann die „literarische Evolution" erklärt werden, mit der sich vor allem Jurij Tynjanov ausführlich befaßt hat. Er faßt die Entwicklung der Literatur als ständige Wechselwirkung von „Automatisierung" und „Entautomatisierung" (Innovation) auf und versucht zu zeigen, wie der Verschleiß alter, d.h. vom Leser als klischeehaft empfundener Formen eine neue, revolutionäre Produktion zur Folge hat. Diese Produktion setzt sich als neue Form durch, erfaßt alle literarischen Gattungen, verkommt ihrerseits zu einem Klischee und wird von einer neuen Form abgelöst.

6. Nicht zu Unrecht wurde diese Darstellung der literarischen Evolution, in der kantianische (Betrachterperspektive, Begriffslosigkeit) und avantgardistische (Innovation, Entfremdung) Elemente zusammenwirken, von Marxisten wie Anatolij Lunačarskij und später Kurt Konrad kritisiert. Sie weisen darauf hin, daß gesellschaftliche Faktoren in Tynjanovs Schema kaum vorkommen und daß sie dort, wo sie berücksichtigt werden, lediglich als „äußere Einwirkung" (Konrad) erscheinen, nicht jedoch als eigentliche Triebfedern der literarischen Entwicklung. Ähnlich argumentieren Michail M. Bachtin und sein Schüler Pavel N. Medvedev (*Die formale Methode in der Literaturwissenschaft*, 1928), wenn sie den Formalisten vorwerfen, daß sie die literarische Entwicklung zu mechanistisch auffassen, ihre sozialen Bedingungen vernachlässigen und vor allem die Mannigfaltigkeit ihrer Gattungen und Stile nicht erklären können. Zweifellos geht aber Trockij zu weit, wenn er in *Literatur und Revolution* (1924) behauptet, nur der Marxismus sei in der Lage, die Entstehung neuer Kunstformen zu erklären.

7. Denn die Formalisten haben auch Begriffe eingeführt, die in einer Sozialgeschichte der Literatur eingesetzt werden könnten. An erster Stelle ist Boris Ejchenbaums (1886-1959) Terminus des „literarischen Lebens" zu erwähnen, der sich auf

das Umfeld der Literatur bezieht, etwa auf die literarischen Salons, die Zeitschriftenkultur, das redaktionelle Leben. So erklärt beispielsweise Ejchenbaum Puškins Übergang zur Zeitschriftenprosa durch die allgemeine Professionalisierung der literarischen Arbeit zu Beginn der 30er Jahre des 19. Jh. und durch die neue Bedeutung des Journalismus als eines literarischen Faktums. Als „literarische Fakten" bezeichnen Ejchenbaum und Tynjanov (*Das literarische Faktum*, 1924) Textsorten wie ↗ Brief, journalistische Prosa, ↗ Tagebuch oder ↗ Reportage, die ihrer Form nach nicht zur Literatur gehören, in bestimmten Situationen aber literarisiert werden können: etwa im Briefroman oder im Tagebuchroman, wo die ursprünglich kommunikative Textsorte ästhetisch-poetische Funktionen annimmt. Für die ↗ Literatursoziologie oder die Sozialgeschichte der Literatur sind Begriffe wie literarisches Leben und literarisches Faktum deshalb wichtig, weil sie einen Brückenschlag von der literarischen zur sozialen Wirklichkeit ermöglichen, der die Literatur nicht auf heteronome Faktoren wie Ideologie oder Weltanschauung reduziert. Sie bestätigen Tynjanovs These, daß das außerliterarische Leben „vor allem durch sein sprachliches Moment in Korrelation zur Literatur" steht. Zu diesem sprachlichen Moment gehört auch das gesprochene Wort, das Ejchenbaum als „skaz" (russ. „skazat'" = sagen) bezeichnet und mit dessen Hilfe er den strukturellen Aufbau von Gogols *Der Mantel* analysiert. Es zeigt sich u.a., daß der „skaz" als gesprochene Rede, als Bestandteil der Alltagssprache in Gogols Novelle eingeht und dort – ähnlich wie der Brief im Roman – eine strukturierende Funktion erfüllt.

8. Insgesamt kann behauptet werden, daß der F. trotz seiner Mängel einen wesentlichen Beitrag zur Entwicklung der ↗ Literaturwissenschaft und der Literatursoziologie geleistet hat: einen Beitrag, der zwar durch die Unterdrückung der Formalisten im Stalinismus (seit 1930) in Vergessenheit zu geraten drohte, jedoch im tschechischen Strukturalismus der Zwischenkriegszeit und in den Debatten der 60er und 70er Jahre voll anerkannt und aufgearbeitet wurde.

Peter V. Zima

Lit.: V. Erlich: Russischer F., 1973. – A. Hansen-Löve: Der russische F., 1978. – J. Striedter: Russischer F., 1969.

Frauenliteratur

1. Der Begriff F. ist mehrdeutig; er bezeichnet a. die von Frauen geschriebene und in die Literaturgeschichten eingegangene Literatur überhaupt; b. Literatur von Frauen über Frauen für Frauen. Darunter werden meist Liebes- und Eheromane mit weiblichen Protagonisten, Autobiographien oder Ratgeber verstanden. Von der traditionellen F. kann man die Neue F. unterscheiden, die im Zusammenhang mit der Internationalen Frauenbewegung in den 60er und 70er Jahren entstanden ist. Sie ist eng verbunden mit feministischer Theorie und Praxis und in zwei Hauptströmungen zu differenzieren: eine Selbsterfahrungs- und Erkundungsliteratur ohne besonderen formalästhetischen Anspruch, und eine Literatur, die subjektive Authentizität auf sprachlich und ästhetisch neue Art darstellen will. Diese Richtung der Neuen F. entspricht Postulaten einer weiblichen ↗ Ästhetik, die bes. weibliche Schreibweisen zu erfassen sucht. Gegenwärtig erhält die F. wichtige Impulse aus der afro-amerikan., afrikanischen und lateinamerikan. Literatur.

2. Die F. ist weder auf bestimmte Gattungen noch Epochen beschränkt. Zur Weltliteratur gehört die altgriech. Lyrik schon Sapphos (um 600 v. Chr.). Im MA und in der Frühen Neuzeit entstand lateinische und volkssprachliche F. im Umkreis von Klöstern und Höfen. Zu nennen sind etwa: Hrotsvith von Gandersheim (10. Jh.), Frau Ava, Hildegard von Bingen, Marie de France (12. Jh.), Hadewijch, Mechthild von Magdeburg (13. Jh.), Christine de Pizan, Elisabeth von Nassau-Saarbrücken, Elisabeth von Österreich (15. Jh.). Im 16. Jh. traten die sog. gelehrten Frauen hervor, etwa Caritas Pirckheimer und Olympia Morata, berühmt wurden besonders die Lyrikerinnen V. Colonna, G. Stampa und L. Labé. Charakteristisch für die F. des 17. Jh. ist die frz. Salonkultur (M. de Scudéry, M. de La Fayette); als begabteste dt. Dichterin des ↗ Barock gilt K. R. von Greiffenberg. Im 18. Jh. differenzierte sich die F. und brachte Beachtliches in verschiedenen Gattungen hervor: auf den Gebieten des ↗ Dramas (L.A. Gottsched), der ↗ Lyrik (A. L. Karsch) u.v.a. des empfindsamen ↗ Romans. *Die Geschichte des Fräuleins von Sternheim*, 1771, von S. von La Roche ist einer der ersten dt. Frauenromane, deren Handlungs- und Denkmuster über die F. des 19. Jh. (E. Marlitt, H. Courths-Mahler) bis in die triviale F. des 20. Jh. verfolgt werden können. Mit der zwar nicht politischen, aber doch geselligen Emanzipation der Frau um 1800 traten die Freundinnen und Gefährtinnen der Klassiker (↗ Klassik, Weimarer) und Romantiker (↗ Romantik) als Autorinnen von Lyrik, Briefen und Bekenntnisliteratur hervor (Ch. von Kalb, S. Mereau, D. Veit-Schlegel, C. Schlegel, B. von Arnim, K. von Günderrode u.a.); bedeutendere F. entstand in England (J. Austen, die Schwestern Brontë, M. Shelley). Bis auf wenige Vorbilder

(Mme. de Staël) war die Frauenemanzipation für die dt. Autorinnen noch nicht gelebte Wirklichkeit. Das änderte sich im Vormärz, als eine politisch-emanzipatorische F. entstand (L. Aston, M.F. Anneke, I. Hahn-Hahn, L. Otto u.a.); biographisches und literarisches Leitbild war häufig G. Sand. In der nichtpolitischen F. des ↗ Biedermeier nimmt A. von Droste-Hülshoff eine herausragende Stellung ein. Die 2. Hälfte des 19. Jh. brachte keine F. von Rang; produziert wurden Liebes-, Ehe-, Bekehrungs- oder Geschichtsromane für die Leihbibliotheken und den Massenbedarf (L. Mühlbach u.a.). Einen Aufschwung nahm die F. um 1900; sie kann den allgemeinen literarhistorischen Strömungen zugeordnet werden, ohne daß sie frauenspezifisch erscheint (M. von Ebner-Eschenbach, R. Huch, I. Kurz, L. von Strauß und Torney, E. Lasker-Schüler, M. Fleißer u.v.a., ↗ Jahrhundertwende). In der Hitlerzeit verfielen nicht wenige dt. Autorinnen der Blut-, Boden- u. Mutterideologie (J. Berens-Totenohl, A. Miegel, I. Seidel); in der Nachkriegszeit hatten religiöse Werke der F. großen Erfolg (G. von Le Fort, E. Langgässer). Nach 1945 entwickelte sich die F. wie die Nicht-F. in die unterschiedlichsten Stilrichtungen. Den Lyrikerinnen älterer Strömungen (R. Ausländer, N. Sachs, H. Domin) folgten jüngere wie I. Bachmann, Chr. Lavant, F. Mayröcker, S. Kirsch u.a. Namen wie G. Wohmann, G. Elsner, B. Frischmuth, Chr. Wolf sind neben dem I. Bachmanns aus der F. seit den 60er Jahren nicht mehr wegzudenken.

Die Neue F., die seit den 70er Jahren entstanden ist, richtet sich z.T. feministisch-bewußt gegen männliche literarische Traditionen; die ästhetische Qualität der Texte hängt vom schriftstellerischen Talent der Autorinnen ab. Ein Erfolg wurde K. Strucks Roman *Klassenliebe*, 1973; skandalisierend wirkte v.a. V. Stefans Text *Häutungen*, 1975. Er gehört zu einer Selbsterfahrungsliteratur, die viele Frauen erreichte, in der Kritik aber umstritten blieb. (M. Erlenberger, H. Green u.v.a., ↗ Neue Subjektivität). Zu den anerkannten Autorinnen der dt. Neuen F. gehören Chr. Reinig, G. Leutenegger u.v.a., denen es gelungen ist, das Subjektiv-Authentische sprachlich und ästhetisch eindrucksvoll zu literarisieren. Die Qualität der Werke von I. Bachmann, Chr. Wolf, I. Morgner, E. Jelinek und vergleichbaren Schriftstellerinnen ist so allgemein anerkannt, daß man sie sowohl der Neuen F. als auch der F. als Teil der nicht geschlechterspezifischen ↗ Literaturgeschichte zuzählt.

In der DDR entwickelte sich keine Neue F. wie in der alten BRD, weil es weder Frauenbewegung noch Feminismus-Debatte gab. I. Morgner selbst lehnte die Bezeichnung F. für ihren phantastischen Roman *Leben und Abenteuer der Trobadora Beatriz* (1974) ab. Die meisten DDR-Autorinnen sahen die Frauenfrage als Teil der Klassenfrage. Dennoch läßt sich von einer F. auch in der DDR sprechen; Werke von I. Morgner, B. Reimann, Chr. Wolf, M. Wander u.a. können als Ausdruck einer subjektiven Suche nach Authentizität aus weiblicher Perspektive gelesen werden. So betrachtet, ist der Neuen F. insgesamt ein wie auch immer geartetes Bemühen um neue sprachliche und formale Möglichkeiten gemein.

3. Theoretisch sind F. und Neue F. nicht von Literatur männlicher Autoren zu unterscheiden. Zwar wird die Frage einer spezifisch weiblichen Ästhetik seit Mitte der 70er Jahre in der ↗ Feministischen Literaturwissenschaft diskutiert. Da die Begriffe des Weiblichen und des Männlichen jedoch seit den 80er Jahren als Bezeichnungen für Schreibweisen metaphorisiert werden, die geschlechtsunabhängig zu praktizieren sind, stehen Klärungen zum Verhältnis von biologischem Geschlecht und Schreibweisen noch aus. Die gegenwärtigen „gender studies", in denen es um Bedingungszusammenhänge sozialer Geschlechterrollenzuweisungen geht, haben die Definitionsprobleme der F. verstärkt, nicht gelöst. Texte moderner Autorinnen können mit Hilfe von Theorien der frz. „écriture féminine" (H. Cixous, L. Irigaray, J. Kristeva) zwar ohne weiteres analysiert werden, doch sagt dies noch nichts über ein Spezifisches der F. im Unterschied zu stilistischen Möglichkeiten männlicher Autoren.

Das Definitionsdilemma zeigt sich v.a. an der Geschichtsschreibung der F.; die einzige Konzeption, die ihr zugrunde liegen kann, ist die Bindung von Literatur an das Geschlecht der Autorinnen. Erst auf dieser Basis werden Betonungen eines theoretischen und methodischen Pluralismus, eine überzeugende Sozialgeschichte oder Untersuchungen von Schreibweisen möglich. Daß das biologische oder auch soziale Geschlecht konstitutiv sei für Literatur als Kunst, bezweifeln viele; nicht wenige Autorinnen von internationalem Ruf haben sich gegen eine Zuordnung ihrer Werke zur F. gewandt (D. Lessing, N. Gordimer, M. Atwood, M. Duras u.a.).

4. Die Verbreitung der Neuen F. hing mit ihrer gezielten Vermarktung zusammen. Zahlreiche dt. Verlage haben eigene Programme für F. Bekannte Reihen sind Rowohlts *neue frau* oder Fischers *Die Frau in der Gesellschaft*; Suhrkamp veröffentlichte 1980 einen Almanach mit dem Titel *Im Jahrhundert der Frau*, der einen Unterschied zwischen der F. im üblich verstandenen Sinne und F. als hoher Literatur markieren sollte. Gegen eine solche Unterscheidung richteten sich viele neugegründete Kleinverlage, die gerade die feministisch orientierte Neue F. publizierten (Frauenverlag, Courage Verlag, Verlag Frauen-

buchladen, Frauenoffensive u.a.). Gegenwärtig ist im Literaturbetrieb von der Esoterik bis zur Weltliteratur alles unter dem Begriff F. zu finden; der Markt ist unüberschaubar.

Jutta Osinski

Lit.: J. Braxton/A. Nicola-McLaughlin (Hg.): Wild Women in the Whirlwind. Afro-American Culture and the Contemporary Literary Renaissance, 1989. – G. Brinker-Gabler u.a.: Lexikon dt.sprachiger Schriftstellerinnen 1800-1945, 1986. – G. Brinker-Gabler (Hg.): Dt. Literatur von Frauen. 2 Bde., 1988. – H. Gnüg/R. Möhrmann (Hg.): Frauen Literatur Geschichte, 1985.

Frühmittelhochdeutsche Literatur

1. Als F.L. wird die dt. Literatur von ca. 1060 bis ca. 1180 bezeichnet. Der Anfang der Epoche läßt sich klar abgrenzen a. durch die ziemlich genaue, auf textexterne Informationen gestützte Datierung einiger Texte um 1060 oder bald danach (Williram von Ebersberg, *Ezzolied*, *Annolied*), b. dadurch, daß dt. Literatur zwischen ca. 900 und dem letzten Drittel des 11. Jh. fast gar nicht mehr überliefert und wohl auch nicht neu entstanden ist, ↗ Ahd. Literatur. Die F.L. stellt auch insofern einen Neuansatz dar, als ihre Texte erstmals in der dt. ↗ Literaturgeschichte ein historisches Kontinuum bilden und Ansätze einer inneren Entwicklung zeigen. – Weniger klar ist die untere Grenze, weil es Kontinuitäten und Entwicklungstendenzen gibt, die in die nächste Epoche hineinreichen. Doch zeichnen sich genügend deutliche Kontraste zur Literatur des höfischen Hoch-MA der Stauferzeit ab: auf dem Gebiet der Überlieferungsgeschichte, der Literatursprache, der literarischen Formen und Gattungen, der Themen, der Inhalte und der Ideologie sowie im Hinblick auf Autoren und Rezipienten.

2. Die Texte der F.L. sind gewöhnlich nur einmal überliefert. Gut die Hälfte der Werke sind in wenigen Sammelhandschriften erhalten. Etwa ein Drittel des Bestandes steht in den untereinander verwandten, programmatisch angelegten und sich zu erheblichen Teilen gegenseitig inkorporierenden Handschriften Wien 2721 (W), Millstatt (M), und Vorau (V), die ins letzte Viertel des 12. bzw. an den Anfang des 13. Jh. datiert werden. Die Anlage dieser Handschriften spiegelt ein rückblickend nivellierendes Bewußtsein der Sammler, das die Einheit der zu Ende gehenden ↗ Epoche gegenüber den neuen literarischen Strömungen stark hervortreten läßt, aber die innere Vielfalt sowie immanente Entwicklungstendenzen der dokumentierten Periode ausblendet oder verwischt. Daneben gibt es sowohl anders strukturierte Sammlungen als auch typologisch mannigfaltige Einzelüberlieferung. Seit der Mitte des 12. Jh. ist mit selbständigen Werk- und Autorœuvrehandschriften zu rechnen (*Kaiserchronik*, *Rolandslied*, *König Rother*). Zu Anfang des 13. Jh. reißt die Überlieferung weitgehend ab. Nur wenige Texte aus typischen Gebrauchzusammenhängen werden noch lange weiter tradiert und überarbeitet (Williram; *St. Trudperter Hohes Lied*; Frau Ava; *Kaiserchronik*, *König Rother*, *Roland*, *Alexander*).

3. Die Syntax der frühmhd. Texte ist anfangs weitgehend, aber keineswegs ausschließlich parataktisch. Obwohl die Entwicklung im ganzen zur Hypotaxe verläuft, ist im Einzelfall immer nach bewußter Gestaltung oder sprachlichem Unvermögen zu fragen. Starke Formelhaftigkeit ist Stilmerkmal. Zu unterscheiden ist aber eine Formelhaftigkeit, die ihre Wurzeln in der volkssprachig mündlichen Tradition poetischer, alltags- oder fachsprachlicher Idiome hat, von einer neuen, literarischen Formelhaftigkeit, deren Wurzeln in der lat. Kirchensprache und den geistlichen Denkformen der Kirche zu suchen sind, ↗ Mündlichkeit/Schriftlichkeit. Eine besondere, stilistisch mehrdeutige Erscheinung stellen die lat. Einsprengsel in vielen Texten der Epoche dar.

4. Grundmodell des frühmhd. Verses ist eine zweiteilige Einheit, die sich syntaktisch als binnengereimter Langvers, metrisch als vierhebiges Reimpaar mit unterschiedlich freier Füllung deuten läßt, ↗ Metrik. Die Reimbindungen zeigen eine breite Palette zwischen schwacher Assonanz und reinem ↗ Reim. Die Handschriften machen durch Initialensetzung verschieden lange Abschnitte aus Reimpaaren optisch kenntlich, die als Gliederungs- oder Vortragseinheiten, nicht aber metrisch als Strophen deutbar sind, ↗ Strophenformen. Strophische Formen wie in der Lyrik (↗ Minnesang) oder Heldenepik (↗ Heldendichtung) des Hoch-MA gibt es nicht, außer in der frühen Spruch- und Liebeslyrik (Herger/Spervogel, ↗ Sangspruch/Reimspruch) wohl vorliterarischen Ursprungs und in lyrischer Mariendichtung, deren strophische Sonderformen im Anschluß an lat.-liturgische Vorbilder (Hymne, Sequenz) oder auch an eine volkssprachig-mündliche Formtradition (Leich) ausgebildet sind, ↗ Lied.

5. Die äußere Chronologie der Epoche beruht a. auf ganz wenigen textexternen Kriterien, b. auf der idealtypischen Rekonstruktion einer stilistischen, metrischen und reimtechnischen Entwicklung (von der Para- zur Hypotaxe, von Vers-Syntax-Kongruenz zu Versbrechung, von freier Versfüllung zum alternierenden Vierheber, von der Assonanz zum reinen Reim) und c. auf der Beobachtung von Einwirkungen der Texte aufein-

ander in Gestalt von Textentlehnungen und metrisch-stilistischen Bearbeitungen. Die Argumentation auf diesen drei Ebenen ist weder in sich durchweg konsistent noch verläuft sie unabhängig voneinander. Daher ist die äußere Chronologie der Epoche in vielen Einzelfällen unsicher und wird z.T. sehr kontrovers beurteilt. Im ganzen gilt aber das Folgende. Nach den frühen Texten des 11. Jh. (Williram, *Ezzolied*, *Annolied*, *Memento mori*) mit überwiegend geistlicher Thematik zeichnet sich ein neues Stadium von der Mitte des 12. Jh. an deutlich und unabhängig von allzu subtilen Kriterien der äußeren Chronologie ab. Die welt-, heils- und reichsgeschichtliche Motivik, ↗ Geschichtsschreibung, -dichtung, von *Ezzo-* und *Annolied* verbindet sich in der *Kaiserchronik*, im *Alexander-* und *Rolandslied*, in den *Graf Rudolf*-Fragmenten und im *König Rother* mit einem neuen, frühritterlichen Bewußtsein. Der Einschnitt ist hier zugleich handfest durch eine erste Einflußwelle frz. Literatur greifbar. (*Alexanderlied*/Alberic von Pisançon, *Rolandslied*/Chanson de geste, Chanson-de-geste-Vorlage des *Grafen Rudolf*, Gattungselemente der Chanson de geste im *König Rother*). Mit dieser Epik etwa zeitgleich ist die von der F.L. ganz unabhängige und erst viel später im Rahmen der Minnesangüberlieferung aufgezeichnete, von romanischem Einfluß noch kaum berührte frühe Spruch- und Liebeslyrik. Eine zweite Welle romanischen Einflusses sollte bald (ab etwa 1180) und nun in Lyrik und Epik parallel folgen. Dabei richtet sich die Lyrik schon ganz am neuen Vorbild aus, während in der Epik (Veldekes *Eneide*, Trierer *Floyris*, Eilharts *Tristrant*) nach Mentalität, Sprachstil und z.T. auch Überlieferungsverbund (*Floyris* und *Silvester* in *einer* Handschrift, ebenso Eilharts *Tristrant*, Lamprechts *Tobias* und ein geistliches Gedicht über die *Sieben Tagzeiten*) die Kontinuität der frühmhd. Dichtung noch deutlich greifbar ist.

6. Schwierig ist die Frage nach der Gattungstypologie der F.L. Es gibt Sachprosa unterschiedlichen Anspruchs- und Gebrauchniveaus. Die poetische Überlieferung der Sammelhandschriften W, M, V präsentiert die Gesamtheit der frühmhd. Dichtung unter den Aspekten heilsgeschichtlicher und auf die private Frömmigkeitspraxis gerichteter Thematik. Das bestimmt das Verständnis der einzelnen Stücke, vor allem aber des Ensembles der Sammlungen im ganzen. Die Texte sind hier nach einem Programm arrangiert, das ihnen nach Stoff und Thematik den chronologisch und typologisch passenden Ort im Ablauf der Heilsgeschichte zuweist, dies aber aus einem jetztzeitlichen Aktualitätsverständnis des ganzen Programms und seiner einzelnen Stücke heraus. In diesem Rahmen hat auch der die Sammlungen abschließende „Andachtsteil“ seinen programmatischen Ort.

7. Einzelne Gattungstypen (Bibelepisches, Liturgisches und Pragmatisches im Bereich privater Frömmigkeit, moralisch-allegorisch Traktathaftes, Hymnen- und Sequenznachbildungen) bilden sich zwar nach Mustern der lat. Literatur heraus, binden sich aber eng an den neuen, heilsgeschichtlich-pragmatischen Rahmen. – Schwer abtrennbar, aber doch deutlich reflektiert sind dabei auch die typenformenden Merkmale einer dreifachen poetologischen Schichtenspezifik: a. Vor- und Unterliterarisches, das erst mit dem *Nibelungenlied* literarischen Status annehmen wird, dessen Existenz aber im Fortleben einer verlorenen mündlichen Gedächtniskultur angesetzt werden muß, prägt im sprachlichen Ausdruck (mündliche Formelhaftigkeit, heldenepische Idiomatik, z.B. in *Annolied*, *Exodus*, *Kaiserchronik*, *Rolandslied*) greifbare Spuren, formt gelegentlich auch in der epischen Szenengestaltung die Umrisse eines ganzen Typs „Geistliches Heldenlied“ (*Ältere Judith*, *Lob Salomons*, *Drei Jünglinge im Feuerofen*). – b. Klerikales, „lat.“-literarisches Bewußtsein – gegründet auf die lat. Bildungstradition von Antike und Christentum – ist vielfältig präsent, in sich wiederum geschichtet nach dem Grad der Souveränität der Aneignung lat.-literarischer Tradition. – c. Die Schicht eines neuen, volkssprachig-, d.h. nicht „lat.“-literarischen Bewußtseins ist in den frühen Texten des *Memento mori*, des *Ezzo-* und *Annoliedes* erkennbar, durch die ein neues, religiös-politisches, laikales und nationales Selbst- und Lebensbewußtsein des Adels in seiner Stellung gegenüber dem Klerus und zwischen Welt und Gott dokumentiert ist. Seine Fortsetzung findet dies in der reichshistorischen und Chanson-de-Geste-Thematik epischer Großwerke von der Mitte des 12. Jh. an (*Kaiserchronik*, *Rolandslied*, *König Rother*), zu denen die neue Gattung des Antikenromans hinzukommt (*Alexanderlied*), ↗ Antikerezeption. Diese Werke haben auch über die Epoche hinaus ein Fortleben in sprachlich modernisierender Überlieferung (*Kaiserchronik*, *Alexander*, *König Rother*) wie in Neuschöpfungen und -bearbeitungen aus dem gleichen Gattungskreis. – Schließlich ist in dem gleichsam embryonalen Status der gattungstypologisch weitgehend amorphen frühmhd. Dichtung die Anlage von Entelechien erkennbar, die in den Hauptgattungen hochmittelalterlicher dt. Dichtung ihre Erfüllung finden, Mhd. ↗ Klassik. Stofflich und ideologisch ist hier auf die Reihe *Ezzo-*, *Annolied*, *Kaiserchronik* usw. zu verweisen. Auch lassen diese Leittexte ein Strukturmuster erkennen, das – aufgenommen in den Strom des Einflusses, der von der Artusepik Chrestiens de Troyes ausgeht, ↗

Höfischer Roman – maßgeblich für die hochhöfische Epik werden sollte: das Muster der sog. „Gerüstepik". Es konstruiert lose verbundene Episoden einer Erzählung nach einer programmatischen Leitidee als sinnvoll aufeinander bezogene Stationen eines Handlungsweges und bildet als neues Strukturmodell eine Alternative zum in frühmhd. Zeit noch vorliterarischen, final-dramatischen Modell der szenenepischen Heldenepik mündlicher Tradition.

8. Die F.L. ist weitgehend anonym. Auf rund 80 Texte kommen 18 Autorennamen, die aber fast alle ohne Referenz auf außerliterarische Nennungen sind. Kein Werk läßt sich mit Sicherheit einem laikalen Autor zuschreiben. Manchmal begegnen die Bezeichnungen Pfaffe oder Priester. Monastische Bezeichnungen (Mönch, Abt, Probst o.ä.) gibt es so gut wie nie. Das schließt aber Mönche als Autoren in keinem Fall aus. Die einzige Ausnahme ist Ezzo, für den textextern die Bezeichnung „canonicus" bezeugt ist und damit die Zuordnung des Autors zum – freilich monastisch regulierten – Weltklerus. Die Autornennungen haben ebensowenig wie andere Kriterien die Frage entscheiden können, ob die F.L. monastischen oder weltgeistlichen Autoren zuzuschreiben sei. Sie signalisieren kein literarisches Autorbewußtsein und stehen gewöhnlich im Zusammenhang der Bitte um göttliche Inspiration oder frommer Demutsbezeugung des Autors bzw. seines Wunsches, für sein Werk mit dem Fürbittgebet des Rezipienten belohnt zu werden. Eher als von den Namen sind von der Überlieferung her Rückschlüsse auf Autoren und Rezipienten möglich, wenn nämlich die Herkunft der Handschriften auf Gebrauch der Texte in Klöstern verweist, die den Seelsorgeorden (Augustiner-Chorherren und -frauen, Prämonstratenser) angehören, oder auf reformierte benediktinische Klöster, die sich seelsorgerischen Aufgaben zugewandt hatten und damit einer mittleren Position zwischen monastischem und weltlichem Klerus. Die Seelsorge für die literarisch nicht oder nur wenig gebildeten Klosterfrauen wurde zur Aufgabe der Männer im Doppelkloster. Hier lag die Schaffung einer neuen religiösen Literatur in der Volkssprache nahe. Sie kann aber auch ihre Wirkung auf ein laikales Publikum außerhalb der Klöster gehabt haben, das nur ausnahmsweise als adlig, meist aber nach Stand und Geschlecht kaum näher bestimmbar ist.

Ernst Hellgardt

Lit.: G. Ehrismann: Geschichte der dt. Literatur bis zum Ausgang des MA. 2. Teil: Die mhd. Literatur I. Frühmhd. Zeit, 1922 (ND 1959). – F.G. Gentry: Bibliographie zur frühmhd. geistlichen Dichtung, 1992. – H. Kuhn: F.L. In: H.K.: Text und Theorie, 1969. – Ders.: Gestalten und Lebenskräfte der frühmhd. Dichtung. In: H.K.: Dichtung und Welt im MA, 1959. – Ders.: Gattungsprobleme der mhd. Literatur. In: Ebd. – G. Vollmann-Profe: Wiederbeginn volkssprachiger Schriftlichkeit im hohen MA (1050/60-1160/70). In: J. Heinzle (Hg.): Geschichte der dt. Literatur. Bd. I/2, 1986.

G

Gattung

1. Der Begriff G. findet sich in der ↗ Literaturwissenschaft auf zumindest dreifache Weise verwendet. Zum ersten, in übergeordneter Bedeutung, werden etwa im Zusammenhang der "G.-Trias" deren Konstituenten „Epik", „↗ Lyrik" und „Dramatik" als G. bezeichnet. Zum zweiten gelten einzelne literarische Formen als G., z.B. der „↗ Roman", die „↗ Novelle", die „Kurzgeschichte". Zum dritten, in untergeordneter Bedeutung, werden auch spezifische Ausprägungen eben genannter Formen als G. bezeichnet, im Fall des „Romans" etwa der „Abenteuerroman", der „↗ Bildungsroman", der „Kriminalroman" (↗ Kriminalliteratur).

2. G. sind Ensembles sprachlicher Merkmale, die einer Gruppe von Texten gemeinsam sind und diese eine Gruppe zu einem bestimmten historischen Zeitpunkt von anderen Gruppen unterscheiden. Dabei können einzelne Merkmale in den Merkmalssätzen verschiedener G. auftauchen. Entscheidend ist letztlich eine je nach G. spezifische Kombinatorik der versammelten Merkmale. Die Flexibilität einer G., die Möglichkeiten ihrer Ausdehnung um weitere oder der Reduktion auf wenige Merkmale, ist abhängig von der damit verbundenen Unterscheidungsleistung hinsichtlich der anderen G.

3. In ihrer unterscheidenden Funktion eignen sich G. vorzüglich zur Klassifikation von Texten. Sie helfen, die Gesamtheit der literarischen Texte überschaubar zu machen und zu ordnen (Editionen des Gesamtwerks eines Autors etwa gehorchen weitgehend gattungssystematischen Bauplänen). Die eminente Rolle, welche die G. diesbezüglich spielen (neben den G. gibt es andere, nicht minder effiziente Ordnungsmodelle: die Chronologie, das Alphabet usw.), ist auf die besondere Verstehensqualität zurückzuführen, die mit dem Begriff der G. und dessen systematischen Möglichkeiten einhergeht.

4. G. sind heuristische Größen. Jeder Sprachgebrauch, ob literarisch oder nicht, impliziert die Entscheidung für bestimmte und gegen andere Darstellungsweisen, d.h. für oder gegen bestimmte „Textsorten" (linguistisch) oder „Gattungen" (literaturwissenschaftlich). Die Frage, was einen Autor zu seiner G.-Wahl bewegt; die Frage nach der Affinität gewisser Stoffe zu bestimmten G. oder deren begrenzte Kompatibilität; schließlich die Frage danach, was einen Leser dazu bewegt, die eine G. vor der anderen zu bevorzugen – all diese Fragen haben ihren Grund in der Tatsache, daß mit der G. wie mit den „Textsorten" die Bedingungen und Möglichkeiten dessen vorgegeben sind, was überhaupt gesagt werden kann. Um ein Beispiel zu geben: Das Bild, das eine „↗ Autobiographie" vom Leben eines Menschen gibt, läßt dieses Leben ganz anders „lebendig" werden als das „↗ Tagebuch" desselben Menschen oder sein „Lebenslauf". Mögen sie auch noch so verwandt erscheinen: G. wie „Textsorten" konkurrieren miteinander, sie heben einander niemals gegenseitig auf.

5. Woran erkennt man die G. eines Textes? In erster Linie sind es die sprachlichen, im weitesten Sinn stilistischen Phänomene, die in ihrer spezifischen Kombination auf die Zugehörigkeit zu einer G. schließen lassen. Vokabular, Formeln und Themen sind hier ebenso vordringlich zu nennen wie grammatische Wortformen, Satzformen und über den Satz hinausgehende Texteinheiten. Darüber hinaus kann die G. namentlich explizit gemacht werden: im Text, zwischen Text und Titulatur (in „Vorworten", „Nachworten" usw.) und schließlich in der Titulatur, drei in aufsteigender Reihenfolge zu benennende Ebenen, deren jeweils höchst vorhandene die unteren dominiert (linguistisch spricht man diesbezüglich von der „inklusivsten" Ebene). Gibt es keinerlei Divergenzen hinsichtlich der Stilistik eines Textes und seiner namentlichen Festlegung, kann von „reiner" G. gesprochen werden. Im Fall stilistischer Ambivalenzen vermögen namentliche Festlegungen eine vereindeutigende Funktion zu übernehmen (diesbezüglich spricht man von „gemischten" G.). Namentliche Nennungen können indes auch der stilistischen Faktur eines Textes gänzlich widersprechen, indem sie den Darstellungsanspruch einer G. durch ungewöhnliche sprachliche Mittel realisiert wissen wollen und dadurch die mit einer G. verbundene Verstehenserwartung irritieren.

6. G. sind historische Phänomene, die ihre eigene, literarisch in der jeweiligen G.-Tradition sichtbar werdende Geschichte haben. Über ihre Entstehung, die Entwicklung, die sie durchlaufen, ihr Verschwinden gibt die G.-Geschichte Auskunft. Dabei zeigt es sich, daß G. – je nach ihrer Eignung für die Darstellungserfordernisse, die mit historischen Epochen und deren Veränderungen einhergehen – von unterschiedlicher Lebensdauer

sind und zuweilen auch, schon tot geglaubt, Renaissancen erfahren können.

7. Die Grenzziehung zwischen literarischen G. und deren nichtliterarischer Entsprechung, den „Textsorten“, ist ebenfalls eine historisch sich verändernde. Literarische G. können zu Textsorten werden (der „↗ Brief“ etwa ist im 17. Jh. eine durchaus literarische G., im 19. hingegen eine „Textsorte“), nichtliterarische „Textsorten“ zu G. (dies trifft vor allem für das 20. Jh. zu). D.h., der Kanon literarischer G. ist wandelbar, er kann sich sowohl erweitern als auch verengen. Die Frage nach den G. einer Epoche ist deshalb auch eine Frage danach, was diese Epoche unter Literatur versteht.

8. Ihre bewußte Aufmerksamkeit haben unterschiedliche Zeiten und Literaturen dem G.-Charakter von Texten (und es gibt Texte wohl außerhalb von G.-Systemen, niemals aber außerhalb von G.) in ganz unterschiedlichem Ausmaß zugewandt. Wie die G. selbst unterliegt auch die ↗ Poetik der G. historischer Entwicklung. Dabei stehen Zeiten, in denen der G.-Charakter der Texte vollkommen unreflektiert blieb, solchen intensivster Reflexion und Systematisierung gegenüber. Auch die Art der G.-Poetiken unterscheidet sich in vielfacher Hinsicht. Präskriptive Poetiken finden sich neben deskriptiven, normative Ansätze neben empirischen, produktions- neben rezeptionsästhetischen etc. Der nach wie vor folgenreichste Versuch einer G.-Poetik liegt in Goethes Entwurf einer Poetik der „Naturformen“ vor (vgl. die *Noten und Abhandlungen* zum *West-östlichen Divan*).

Arno Dusini

Lit.: K. Hempfer: G.theorie, 1973. – M. Głowinski: Die literarischen G. und die Probleme der historischen Poetik. In: A. Flaker/V. Žmegač (Hg.): Formalismus, Strukturalismus und Geschichte, 1974. – M.M. Bakhtin: The Problem of Speech-Genres. In: Ders.: Speech Genres & Other Late Essays, 1986. – G. Genette: Einführung in den Architext, 1990. – W. Voßkamp: G. In: H. Brackert/J. Stückrath (Hg.): Literaturwissenschaft. Ein Grundkurs, 1992.

Geistliche Dichtung

Der Begriff G.D. bedarf hinsichtlich seiner Extension der näheren Erklärung. Während man nämlich heute, wie moderne Anthologien (↗ Anthologie) zeigen, unter G.D. vorzugsweise geistliche ↗ Lyrik versteht und ansonsten noch narrative geistliche Texte mit ausgeprägtem künstlerischen Potential darin einschließt, läßt sich eine derartige Unterscheidung zwischen hochliterarischer Dichtung einerseits und „prosaischen“ Gebrauchstexten andererseits für das MA nicht durchgängig postulieren. Abgesehen davon, daß hier schon der herausragende Stellenwert der Werke mit geistlicher Thematik einer engen Eingrenzung des Begriffs widerspricht, kommt, bildungsgeschichtlich bedingt, dem Schrifttum schlechthin ein exklusiver Sonderstatus zu. Und die Stildiskussion, die von der lat. Literatur aus auch auf die volkssprachliche ausstrahlte, ließ lange Zeit die Frage offen, ob nicht – im Gegensatz zum modernen Begriff von Dichtung – gerade der „sermo humilis“, d.h. der im Zeichen christlicher Demut bewußt einfache, kunstlose Stil, der geistlichen Thematik angemessener sei als der „sermo grandis“ mit seinem rhetorischen Ornat. Bei aller Konzentration auf die dichterischen Hauptwerke soll deshalb insbes. im Hinblick auf das MA ein breiteres Spektrum volkssprachlicher geistlicher Literatur zumindest skizzenhaft erfaßt werden.

A. Mittelalter

1. Aus der ↗ Ahd. Literatur, die insgesamt Literatur von Geistlichen und daher auch vorwiegend geistliche Literatur ist, ragt auf dem Gebiet der Epik die ↗ Bibeldichtung hervor: der altsächs. *Heliand* (Mitte des 9. Jh.), der das Heilsgeschehen aus germ.-heroischer Sicht in der auch in der ↗ Heldendichtung verwendeten Form des Stabreimverses wiedergibt, bzw. Otfrids von Weißenburg *Evangelienharmonie* (zwischen 863 und 871), die bereits den in der Folge dominierenden Reimvers aufweist und anders als der *Ahd. Tatian* den Erzählvorgang durch gelehrte Kommentare, hymnische und gebethafte Passagen unterbricht, ↗ Reim. Dazu kommen v.a. in frühmhd. Zeit auch Bearbeitungen einzelner Ausschnitte aus dem Alten und dem Neuen Testament, u.a. ein zyklisches Werk, das von einer Frau stammt, nämlich der um 1127 verstorbenen Witwe und Inkluse Ava, ↗ Frühmhd. Literatur. Neben die Bibelepik treten religiöse Geschichtsdichtungen, die wie *Annolied* (spätes 11./frühes 12. Jh.) und *Kaiserchronik* (2. Drittel des 12. Jh.) auch postbiblische Ereignisse in den großen heils- und profangeschichtlichen Gesamtzusammenhang christlicher Weltdeutung einordnen. Auf seine Weise bekräftigt ebenfalls der seit ahd. Zeit wiederholt bearbeitete *Physiologus* mit der konsequenten geistlichen Ausdeutung der Eigenschaften verschiedenster Tiere den allumfassenden Verweisungszusammenhang zwischen Schöpfung und Schöpfergott. Die geistliche Lyrik, deren Übergang zur Narrativik fließend sein kann (vgl. die hymnischen Erzähllieder über den hl. Georg bzw. den hl. Gallus), entwickelt sich mit Gebeten, Hymnen, Sündenklagen und poetischen Heilslehren langsam aus meist lat. Vorbildern heraus. Sie ist auf den Ausdruck dogmatisch-allgemeiner, als

objektive Realität empfundener Glaubenswahrheiten bezogen: Das Ich, das seine Sünden beklagt oder Gott preist, fungiert ebenso wie das Du des memento mori stets als pars pro toto, so daß die Perspektive trotz mancher Verinnerlichungstendenzen ähnlich wie in der Epik (↗ Epos) vom Standpunkt religiöser Transzendenz aus auf die Totale ausgerichtet bleibt.

2. Im Hoch-MA (ca. 1150-1275) wird das Bild differenzierter und welthaltiger. Dies liegt erstens an der zunehmenden Etablierung des volkssprachlichen Schrifttums allgemein, die nicht nur dazu führt, daß der literarische Kosmos der Latinität auf breiterer Basis eingeholt und das Spektrum der G.D. um wichtige Bereiche, etwa dem der ↗ Legende, erweitert wird, sondern auch nicht-geistliche, in höfischen oder städtischen Kontexten wirkende Verfasser das Wort in Sachen G.D. ergreifen läßt. Dazu kommt zweitens eine personalisierende Spezifizierung im Verhältnis des Menschen zu Gott, die frömmigkeitsgeschichtlich bedingt ist (Stichwort: Laienfrömmigkeitsbewegung) und dem einzelnen größere Mündigkeit, aber auch Verantwortung bei der Nachfolge Christi zumißt. Die Legendenautoren, darunter Dichter wie Heinrich von Veldeke, Rudolf von Ems und Konrad von Würzburg, stimmen die Heiligengeschichten vermittlungsstrategisch auf je spezifische Gebrauchssituationen, besondere Interessen der Auftraggeber oder gar das eigene persönliche Anliegen ab. Dabei kann sich der Einfluß weltlicher Dichtung geltend machen. Umgekehrt wirkt die Legende auf die höfische Epik ein, z.B. auf das der Chanson-de-geste-Tradition entstammende *Rolandslied* des Pfaffen Konrad bzw. Strickers *Karl* und auf den *Willehalm* Wolframs von Eschenbach, dessen *Parzival* seinerseits weltliche âventiuren-Suche mit religiöser Heilssuche verbindet. Vom Weg des Laien zwischen Welt und Gott handeln auch religiöse Erzählungen wie der *Gregorius* und der *Arme Heinrich* Hartmanns von Aue. Die Predigtliteratur wird durch die in der Laienseelsorge engagierten Neuen Orden vorangetrieben (Berthold von Regensburg), ↗ Predigt. Darüber hinaus entsteht eine vielgestaltige, auf höfisch-laikale Publikumskreise abgestimmte geistliche Lyrik (religiöser Leich, Kreuzzugs-, Marienlyrik, Weckruf u.a.), ↗ Kreuzzugsdichtung. Da die Verfasser oft gleichzeitig für ihre Minnelieder bekannt sind (Friedrich von Hausen, Walther von der Vogelweide), lassen sich die ähnlich wie bei der Epik auch hier vorliegenden Interferenzen zwischen G.D. und weltlicher Dichtung leicht erklären. Der ↗ Minnesang beeinflußt aber ebenfalls die religiös-visionäre Liebesmystik im Umkreis Mechthilds von Magdeburg (*Das Fließende Licht der Gottheit*), ↗ Mystik. Allgemeineres Erfahrungswissen vermittelt die religiöse Spruchdichtung (Reinmar von Zweter, Freidanks *Bescheidenheit*), ↗ Sangspruch/Reimspruch.

3. Das späte MA (ausgehendes 13. Jh. bis zur ↗ Reformation) zeugt von einer fortschreitenden Ausdifferenzierung und Vergrößerung des Spektrums der G.D. bei gleichzeitiger Tendenz zum Sammeln und Ordnen, ↗ Spätmittelalterliche Literatur. Ursache ist die durch die Laienfrömmigkeitsbewegung bedingte Ausdifferenzierung des Spektrums religiöser Orden (erweitert noch um den der Kreuzzugsbewegung entstammenden Deutschen Orden), die nach einer Phase organisatorischer Etablierung rege literarische Produktivität entfalten. Hinzu kommen neben der Mystik (Meister Eckhart, Tauler, Seuse, Dominikanerinnenmystik) eine Reihe religiöser Bewegungen („devotio moderna") und Gruppen. Und infolge des Alphabetisierungsfortschritts erweitert sich ganz allgemein der Rezipientenkreis der G.D. So entstehen Marien-, Apostel- und Heiligenleben als Einzelwerke oder in Legendaren (*Der Heiligen Leben*), in Vers oder in Prosa, in ordens- bzw. gruppenspezifischen oder „neutralisierten" Diskursformen. Bibeldichtung und -übersetzung (nach der *Vulgata*) etablieren sich. Eine kaum überschaubare Katecheseliteratur verdeutlicht Dekalog, Sünden- und Glaubenslehre je nach Bedarf in allegorischer (*Des Teufels Netz*), narrativer (vgl. Exempelsammlungen wie den *Seelentrost*) oder moraltheologischer Form (Marquard von Lindau: *Die Zehn Gebote*). Geistliche Lieder (↗ Lied), teils von namhaften Autoren (Mönch von Salzburg, Peter von Arberg, Heinrich Laufenberg, Hugo von Montfort, Oswald von Wolkenstein), decken eine breite Palette zwischen Liturgienähe und Privatfrömmigkeit, artifiziellem Anspruch und „Volkstümlichkeit" ab; das ↗ Tagelied wird geistlich variiert; der ↗ Meistergesang reiht sich in die Tradition der G.D. ein. Das geistliche Spiel verselbständigt sich aus dem liturgischen Kontext heraus zum Massenspektakel, an dem neben den zahlreichen Akteuren auch die Zuschauer als Gemeinde beteiligt sind.

4. Den kontinuierlichen Entfaltungsprozeß der G.D. mentalitätsgeschichtlich zu konturieren, die Textmasse zu strukturieren und zumal im Blick auf das ausgehende MA die Gewichtung verschiedener Frömmigkeitstendenzen frei vom Klischee der späteren protestantischen Polemik zu rekonstruieren, ist eine auch literaturwissenschaftlich vielversprechende Aufgabe.

Lit.: R. Bergmann: Spiele, mittelalterliche geistliche. In: Reallexikon der dt. Literaturgeschichte. Bd. 4, [2]1979. – P. Dronke: Die Lyrik des MA, 1973. – E. Feistner: Historische Typologie der dt. Heiligenlegende des MA, 1995. – F. Ohly:

Schriften zur mittelalterlichen Bedeutungsforschung, ²1958.

B. Neuzeit

1. Im 16./17. Jh., dem Zeitalter der Glaubenskämpfe einschließlich ↗ Barock und Pietismus, erhält die G.D. noch einmal einen energischen Impuls und hochgradige Öffentlichkeitswirkung. Die konfessionelle Spaltung der G.D., entsprechend der Spaltung in katholische und protestantische Territorialstaaaten, trägt das Ihre dazu bei. Der „gemeine Mann“ wird seit Luthers These von der Priesterschaft aller Gläubigen zum vielbeschworenen Adressaten der protestantischen Literatur; die Gegenreformation, vertreten u.a. durch Jesuiten und Kapuziner, reagiert ihrerseits mit Popularisierungsbemühungen, insbes. mit einer ausgedehnten Übersetzungstätigkeit und einer Weiterentwicklung des mittelalterlichen Katecheseschrifttums. Obwohl auch die protestantischen Autoren mittelalterliche Traditionen keineswegs völlig abreißen lassen (die Exempelliteratur z.B. genießt hohes Ansehen), wird in den Jahrzehnten nach der Reformation die G.D. zum Forum kämpferischer Agitation, verdrängen Satiren (Thomas Murner: *Von dem großen lutherischen Narren*), ↗ Satire, Streitschriften (↗ Flugblatt) und Kontroversdialoge (Hans Sachs) die epischen Gattungen. Die katholischen Legenden überleben trotz aller Polemik („erstunkene Papistische Lügen“) das 16. Jh. als *Historien* der Heiligen i.S. eines neuzeitlichen Wahrheitsverständnisses (Laurentius Surius) und sind im 17. Jh. wieder außerordentlich populär (Martin von Cochem). Gleichzeitig kehren, nachdem auch auf katholischer Seite die Heiligenspiele den Inszenierungen biblischer Stoffe Platz gemacht haben, Legendenthemen ebenfalls im (Schul-)Drama zurück, mit dem die Jesuiten (Jakob Bidermann, Jakob Balde) das protestantische Schul- bzw. Kampfdrama an Wirkung bei weitem überflügeln. Der bedeutendste, über zeitbedingte Agitatorik hinausgehende Beitrag des Protestantismus aber liegt neben Luthers Übersetzung der Bibel auf dem Gebiet des Kirchenlieds, des (paraliturgischen) geistlichen Lieds, der geistlichen Lyrik allgemein. Motor ist Luthers Aufhebung der Schranke zwischen Klerikern und Laien bzw. die dadurch freigesetzte religiöse Emanzipation des einzelnen. Lieder und Gedichte zeugen zumal seit Barock und Pietismus (vgl. neben Andreas Gryphius und Paul Gerhardt auch Simon Dach und Johann Rist bzw. Joachim Neander und Gerhard Teerstegen) von der Suche nach neuartigen Ausdrucksformen individueller religiöser Emotion. Auf katholischer Seite reihen sich Friedrich Spee, der Konvertit Angelus Silesius (d.h. Johann Scheffler/Johannes Angelus), Prokop von Templin und Laurentius von Schnüffis unter die Lieddichter.

2. Seit der ↗ Aufklärung beginnt der Stern der G.D. zu sinken, wenngleich zumindest die aufklärerische ↗ Empfindsamkeit mit Christian Fürchtegott Gellert, Friedrich Gottlieb Klopstock und Matthias Claudius noch namhafte Vertreter der geistlichen Lyrik vorzuweisen hat, mit Klopstocks *Messias* (1748/73) auch das erste große religiöse Epos der modernen dt. ↗ Literaturgeschichte. In einer zunehmend säkularisierten Gesellschaft ist die G.D. aber ebenso wie die religiöse oder gar kirchlich-dogmatische Gemeinschaftsbindung randständig geworden. Zudem hat sich angesichts der überbordenden Buchproduktion nur ein kleiner, ästhetisch anspruchsvoller Teil der G.D. im Bewußtsein präsent gehalten, während das kirchliche Schrifttum (Katechese, Meditation; Lieder, Gedichte) in der Masse der Gebrauchsliteratur versinkt. Zweimal noch hat, von Ausnahmen abgesehen, die G.D. eine Renaissance erlebt: in der ↗ Romantik und in den Jahrzehnten vor und nach dem 2. Weltkrieg. Im Fall der Romantik resultierte dies aus einer politisch-philosophisch motivierten Verklärung des katholischen MA (Novalis: *Die Christenheit oder Europa*, 1799). Die Brüder Schlegel, Achim v. Arnim, Clemens Brentano und Ludwig Tieck führten die von Herder neuentdeckte Legende ähnlich wie das ↗ Märchen i.S. einer rückwärts gewandten ↗ Utopie vom Goldenen Paradies präreflexiver, „naiver“ Einheit dichterisch weiter. Die „apokryphisch-religiöse“ Kunstlyrik (Brentano) instrumentalisierte ihrerseits christliche Motive für die (spielerische bis mystisch-exzessive) Suche des Subjekts nach Einheit im Spiegel reflexiver Gebrochenheit. Im 20. Jh. war nach einer Ära positivistischer Wissenschaftsgläubigkeit die Rückkehr zur religiösen Bindung eine der Reaktionen auf existentielle Not- und Kriegserfahrungen. Auf protestantischer Seite ging daraus eine Erneuerung des Kirchenlieds hervor (Rudolf Alexander Schröder, Jochen Klepper, Heinrich Vogel), die sich in der Bekennenden Kirche bündelte (Dietrich Bonhoeffer). Die katholische Erneuerungsbewegung (Werner Bergengruen, Elisabeth Langgässer, Stefan Andres, Franz Werfel, Gertrud von Le Fort, Edzard Schaper, Reinhold Schneider) bediente sich des gesamten Gattungsspektrums, um, oft freilich nur im Rückgriff auf historische Stoffe, modellhaft den inneren Sieg des christlichen Ethos, den Trost der Gottesmacht zu entbergen.

3. Weitaus aufgeschlossener jedoch ist die Literatur der ↗ Moderne für das Religiöse in einem unspezifisch-allgemeinen Sinn. Ob man dies nun als Symptom für das Ende der G.D. ansieht oder für ihre Erneuerung im Zeichen eines kulturüber-

greifenden Kosmopolitismus: Die Wege zur Befriedung metaphysischer Orientierungsnot sind stets von erstrangiger zeitdiagnostischer Relevanz. Ihre Analyse verdient erhöhte Beachtung diesseits und jenseits definitorischer Abgrenzungen.

Edith Feistner

Lit.: W. Brückner (Hg.): Volkserzählung und Reformation, 1974. – H.-P. Ecker: Die Legende, 1993. – W. Grenzmann: Dichtung und Glaube, 1967. – M. Jenny/J. Henkys: Kirchenlied. In: Theologische Realenzyklopädie. Bd. 18, 1989.

Germanische Dichtung

1. G.D. ist nicht unmittelbar erhalten, da sie nicht schriftlich aufgezeichnet, sondern mündlich im Rahmen einer illiteraten Gedächtniskultur überliefert wurde, ↗ Mündlichkeit/Schriftlichkeit. Mit deren Untergang und der Übernahme lat. Schriftkultur, die bei den germanischen Einzelvölkern zu verschiedenen Zeiten zwischen dem 7. und 11. Jh. stattfand, geht die mündliche Überlieferung zu Ende, wenn auch nicht schlagartig, sondern neben der Schriftüberlieferung fortbestehend, auslaufend und in wechselseitigem Austausch mit ihr während eines z.T. bis in die Frühe Neuzeit reichenden Prozesses. Zwar haben die Germanen schon im 1. Jh. n. Chr. eine eigene Schrift, die Runenschrift, entwickelt. Doch finden die Runen abgesehen von ihrer Bedeutung als einzelne oder Gruppen von „Begriffsrunen“, d.h. als Zeichen für bestimmte magisch-mythische Begriffe oder Begriffskomplexe, fast ausschließlich bei Inschriften auf Sachgegenständen, Münzen (Brakteaten) und Gedenksteinen im Sinne einer Buchstabenschrift Verwendung. Dort bezeichnen sie meist ganz kurz den Hersteller oder Eigentümer, den Empfänger oder die Bestimmung des Gegenstandes, auf Gedenksteinen denjenigen, dem das Gedenken gelten soll. Als Gebrauchsschrift zur Nachrichtenübermittlung und als Medien der Bewahrung von Dichtung spielen die Runen nur eine sehr marginale Rolle.

Gemeint ist mit der Bezeichnung G.D. im wesentlichen also Dichtung, die im Rahmen einer mündlichen Gedächtniskultur seit der Mitte des 1. vorchristlichen Jahrtausends bis ins frühe MA voraussetzbar ist als Schöpfung des germanischen Urvolks und der vorliterarischen, im besonderen – aber nicht ausschließlich – der noch nicht christianisierten germ. Einzelvölker, die sich im Laufe der über tausendjährigen Wanderungen germanischer Stämme im gesamten europäischen Raum herausgebildet haben. Herkömmlicherweise nicht eingeschlossen in den Begriff der G.D. ist sagenhafte Überlieferung mündlicher Tradition in ungebundener Form. Doch ist dieser Ausschluß nur technisch-formal begründet. Als originäre Schöpfung ist die Sage in ungebundener Sprache dem geistigen Erbe der Germanen ebenso zuzurechnen wie die Dichtung. Im übrigen lassen die verfügbaren Quellen keineswegs immer eindeutige Schlüsse auf die gebundene oder ungebundene Form verlorener Überlieferungen zu.

2. Das konstitutive sprachlich-formale Merkmal gehobener Sprache, durch das sich G.D. von der Dichtung aller anderen idg. Sprachen unterscheidet, ist der Stabreim. Daß er diese Bedeutung erlangen konnte, erklärt sich aus einer der wichtigsten lautgeschichtlichen Veränderungen, die das Germanische um die Mitte des 1. vorchristlichen Jahrtausends vom Indogermanischen scheiden: aus der Verlagerung des idg. freien Wortakzents auf die erste Silbe der Wörter im Germanischen. Dieser lautgeschichtliche Vorgang wird damit zum äußersten Terminus ante quem non für die germ. Stabreimdichtung. Den Stabreim kann es in ungebundener und in versmetrisch gebundener Sprache geben. Beides ist durch literarische Denkmäler belegt, die unabhängig von diesem formalen Kriterium auf Wurzeln in vorliterischer Tradition zurückgeführt werden können. Vorherrschend ist allerdings die Tradition des Stabreimverses, ↗ Reim. Vorliterarische G.D. mit Endreim als verskonstituierendem Element ist kaum anzunehmen.

3. Erschließbar ist mündliche, eventuell vorchristliche heidnische Dichtung der Germanen außer durch allgemeine Erwägungen konkreter a. aus schriftlichen Überlieferungen der engl., dt. und nord. Literaturen des Früh-MA, soweit sie auf Wurzeln einer vorliterarisch mündlichen und heidnischen Tradition zurückweisen; b. aus Termini der germ. Einzelsprachen, mit denen Textsorten und Gattungstypen der G.D. bezeichnet werden, die Bezug auf die Vortragsweise der G.D. haben, und aus Bezeichnungen für die Dichter; c. aus sekundären Zeugnissen über G.D. bei griech. und lat. Autoren der Antike und des frühen MA, auch aus Zeugnissen der engl. und nord., seltener der dt. Literatur des frühen MA.
Die ca. 50 Zeugnisse von den ersten Belegen bis ins Früh-MA setzen am Ende des 1. Jh. n. Chr. mit Tacitus ein, der an verstreuten Stellen seiner Werke, besonders der *Germania*, G.D. erwähnt. Erst aus dem 4. und 5. Jh. sind dann wieder einige Nachrichten griech. und röm. Autoren erhalten, das 6. Jh. bringt neben griech. und röm. Quellen drei neue Quellentypen. Mit der lat. *Gotengeschichte* des Jordanes kommt erstmals ein Autor germ. (got.) Herkunft zu Wort. Den Typus der germanischen Stammesgeschichte als Quelle für G.D. haben wir im 7. und 8. Jh. wieder mit Fredegars *Franken-* und mit der *Langobardenge-*

schichte des Paulus Diaconus. Auch Bedas angelsächsische *Kirchengeschichte* läßt sich hier angliedern, im 10. Jh. Widukinds *Sachsengeschichte* und noch um 1200 die *Dänengeschichte* des Saxo Grammaticus. Seit Reginos von Prüm *Chronik* (9./10. Jh.) und den *Quedlinburger Annalen* (11. Jh.) bringt dann auch die mittelalterliche Chronistik und Annalistik Nachrichten über G.D. – Neu ist an der Wende zum 6. Jh. ferner mit der *Lex Visigotorum* ein lat. Germanenrecht als Quellentyp. – Als dritter, im 6. Jh. neuer Typ beginnen christlich-klerikale Quellen zu fließen (Gregor der Große, Konzil von Autun). Vermischte Quellen klerikal-polemischer Art treten bis ins 11. Jh. immer öfter auf. Zu all diesen Quellentypen kommen im 9. Jh. die Herrscher- und die Heiligenbiographie (Einhards *Karlsleben* und der Poeta Saxo mit der Bezeugung einer Heldenliedersammlung, die Karl d. Große anlegen ließ usw.) und als Fundorte für Nachrichten über G.D. noch manches Gelegenheitszeugnis. Unter den volkssprachigen Zeugnissen der Frühzeit sind am wichtigsten die altengl. des *Wîdsið*, der *Klage Deors* und des *Beowulf*.

4. Die Terminologie der germ. Einzelsprachen im Bereich der Dichtung ist am reichsten im Altnord. entwickelt und läßt hier vielfach auch den Bezug auf die bezeichneten Dinge erkennen. Oft geht dieser aber auf Erscheinungen einer späten Sonderentwicklung, so daß eine Rückprojektion der Bezeichnungen und der bezeichneten Dinge auf gemeingerm. Verhältnisse problematisch ist. Die altengl. und ahd. Termini geben in der Regel nur das Wort ohne die Sache und bleiben so Begriffe ohne Anschauung.

Ein gemeingerm. Wort für den Dichter ist nicht belegt. Der Grund dafür könnte sein, daß die Germanen keinen eigenen Dichterstand gekannt haben. G.D. wäre einzelnen Funktionen (religiösen, kriegerischen, politisch bzw. ethisch beratenden oder unterhaltenden) zu- und untergeordnet gewesen, nach denen die Dichter jeweils bezeichnet worden waren. Die bekanntesten einzelsprachlichen Bezeichnungen für den Dichter sind altengl. „scop" / ahd. „sco(p)f" und altnord. „skáld". „Scopf" begegnet auch als Bezeichnung für das Werk des Dichters, und auch für „skáld" ist dies vorauszusetzen. Die etymologischen Ursprünge beider Wörter scheinen darüber hinaus in analoger Weise auf Wurzeln mit der Bedeutung „schelten, schmähen" („skáld") bzw. „spotten, scherzen" („scop") rückführbar. Für den Skalden wird nicht nur die erst im 9. Jh. in Skandinavien entwickelte hochartifizielle Dichtart der Skaldik in Anspruch zu nehmen sein, sondern auch die ältere eddischen Typs. Während „skáld" als Bezeichnung des Dichters lange in Geltung bleibt, stirbt „scop" im 12. Jh. aus.

Die wichtigsten gemeingerm. Termini für Dichtungsgattungen sind ↗ Lied, Leich und Spell. Für „Lied" läßt sich als ursprüngliche Bedeutung „kurzes Gesangsstück" erschließen. Im Dt. erscheint das Wort später auch in der Bedeutung „Strophe", für die altnord. „vísa" steht, während dt. „wîse" eher „Melodie" bedeutet. Mhd. erscheint „Lied" schließlich noch als Bezeichnung des buchumfänglichen ↗ Epos (*Nibelungenlied*). Altnord. ist auch die Bedeutung „Zauberspruch" belegt. Typisch ist die Verbindung von „Lied" und ahd./mhd. „singen", altengl. auch die mit „galan". Schon in der Völkerwanderungszeit und auch später nicht selten begegnen Zeugnisse für den gesanglichen Vortrag mit Harfenbegleitung, der aber nicht für alle Zeiten und Gattungen anzunehmen ist. – Als Grundbedeutung von „Leich" kann „schnelle Bewegung" angesetzt werden. Für den südgerm./westgerm. Bereich entwickelt sich daraus der Bedeutungskomplex „Tanz + Melodie + Vers", wobei u.U. an chorischen Vortrag zu denken ist. Mhd. ist „leich" die Bezeichnung für eine komplexe, weltliche und geistliche Sondergattung der Lyrik des 12. und 13. Jh, ↗ Lied. Ob zwischen deren Texten und dem verlorenen vorliterarischen Leich ein genetischer Zusammenhang besteht, ist umstritten. – „Spell" hat die ganz allgemeine Bedeutung des Erzählbaren, die in den einzelnen Sprachen verschieden spezifiziert wird. Poetische Gestaltung kann dem Spell zukommen, sie muß es aber nicht.

5. Aus der Zusammenschau der drei genannten Ansatzmöglichkeiten läßt sich ein wenn auch lückenhafter und seiner Natur nach hypothetischer Aufriß der G.D. nach Formen und Gattungstypen rekonstruieren, ↗ Gattung. Problematisch ist dabei, a. wie weit späte, schriftlich erhaltene Dichtung vorliterarische Typen widerspiegelt, b. wie weit sich aus den Termini für Dichtung und Dichter auf die Beschaffenheit nicht erhaltener Dichtung und die Vorstellung vom vorliterarischen Dichter schließen läßt, c. wie kompetent die nicht selten verächtlichen, polemischen oder auch idealisierenden Zeugnisse der meist nichtgerm. und selbst der germ. Autoren über G.D. sind, bei denen gelegentlich sogar zweifelhaft ist, ob sie überhaupt auf G.D. und nicht etwa auf Keltisches, Romanisches, Hunnisches oder Antik-Heidnisches zu beziehen sind. Fraglich ist neben alledem nicht selten, ob ein früher oder später bezeugter Gattungstyp als gemeingermanisch repräsentativ gelten kann, oder ob er für eine regional oder chronologisch begrenzte Sonderentwicklung steht, was in manchen Fällen als sicher anzunehmen ist. Unsicher ist bei der Mehrdeutigkeit der Zeugnisse auch oft die Festlegung und wechselseitige Abgrenzung von Gattungstypen.

6. In einem gattungstypologischen Aufriß der G.D. lassen sich niedere und höhere Gattungen unterscheiden. Zu den niederen Gattungen ist Zauber- und Ritualdichtung, Gnomik, und Merkdichtung sowie Kleinlyrik zu rechnen, zu den höheren Preislied und Erzähllied, im Früh- und Hoch-MA auch Epik (*Beowulf*, *Waltharius*, *Nibelungenlied*, Dietrichepik, ↗ Heldendichtung). Für die niederen Gattungen lassen sich urgermanische, archaisch primitive Anfänge konstruieren, die später hochentwickelte Sproßformen hervorgebracht haben. Die höheren Gattungen sind erst seit der Völkerwanderungszeit reichlicher bezeugt. An den niederen Gattungen haben produktiv und rezeptiv alle gesellschaftlichen Schichten teil. Die höheren sind exklusiver, setzen ein Publikum höheren Standes, eine hochentwickelte Kunstübung und ein spezielles, aber nur in bedingtem Sinne ein berufsständisches Autorbewußtsein voraus.

Auf schon vorgermanische Wurzeln führt die Gattung des Zauberspruchs. Bezeugt ist sie vor allem durch die Polemik klerikaler Quellen. Seit dem Früh-MA liefern die altengl. und die ↗ Ahd. Literatur Texte zu schadenverhütender oder -behebender Magie. Schadenszauber wurde als „schwarze Magie" nur in geheimer Tradition mündlich weitergegeben und nicht verschriftet. Einige der ahd. Denkmäler (*Merseburger Zaubersprüche*, *Pro Nessia*) stehen einer archaischen Stufe nahe, näher als die elaborierten altengl., die gleichwohl im Detail hochaltertümlich sein können. Skandinavien überliefert keine Texte, dafür aber detaillierte volkssprachige Zeugnisse, in denen wiederholt Odin als zauberkundiger Gott erscheint.

Ritualdichtung, die z.T. als chorisch vorgetragen zu denken ist, darf man sich in den Bereichen der Religion, des Rechts und profaner Anlässe wie Hochzeit und Leichenbegängnis vorstellen. Auch der „barditus" als chorisch skandierter Schlachtruf gehört hierher. Ritualdichtung ist durch viele Sekundärzeugnisse seit Tacitus belegt und scheint in runischen Inschriften sowie Texten Englands und Skandinaviens nachzuwirken.

Gnomik zielt in Vers und Prosa auf Lebensklugheit, Scharfsinn und Ratekunst. Sie ist pragmatisch auf das Alltägliche bezogen und will weder spezielles Wissen noch Gelehrsamkeit vermitteln. Man begegnet ihr auf elementarer Stufe in stabenden Wendungen der Alltagssprache, die in altnord. und fries. Quellen auf gezielte Weise die Rechtprosa strukturieren können. Älteste Einzelüberlieferung findet sich im Kontext des *Ahd. Hildebrandsliedes*, umfängliche Sammlungen eher literarischen Charakters bietet die altengl. Überlieferung. Das Rätsel als Typ der Spruchpoesie ist unabhängig von lat.-literarischer Rätselmode nur gelegentlich in Deutschland und im Norden erhalten. Kleinlyrik ist durch Terminologie und schon früh durch Sekundärzeugnisse meist der klerikalen Polemik bezeugt, in Ausläufern der Schriftüberlieferung aber kaum erhalten. Hierher werden chorische bzw. solistische auch instrumental begleitete Arbeits-, Gelage-Spott-, erotische und Tanzlieder gehört haben. Der Stabreim als Gedächtnisstütze ist Grundelement der aus Zeugnissen seit Tacitus erschließbaren, mit altnord. eddischen und skaldischen Sproßformen bis ins 14. Jh. produktiven Gattung lehrhaft-gelehrter germanischer Merkdichtung. Ursprünglich wird sie in trockener Reihung stabende Götter-, Helden-, Völker-, Länder- und andere Namen fast ohne erzählerisches oder preisendes Beiwerk memoriert haben. Als ältesten Text hat man ein Merkgedicht über die Herkunft der germanische Hauptstämme nach Tacitus rekonstruiert. Kosmogonische und mythologische Thematik lebt altnord. u.a. in Einlagen größerer eddischer Gedichte fort. Auch runische Gedenkinschriften zählen zur Merkdichtung: Das merkwürdigste Denkmal der Gattung ist der altengl. *Wîdsîð* (8./9. Jh.), „der Weitgereiste", so genannt nach dem sprechenden Künstlernamen, den der Kompilator des Gedichts seinem fiktiven Gewährsmann zuschreibt. Der Text enthält nach älteren, bis ins 6. Jh. zurückreichenden Quellen einen Herrscher-, einen Völker- und einen Heldenkatalog mit zahlreichen Namen der germ. Geschichte und Heldensage, deren älteste Träger im 3. Jh. gelebt haben.

7. Die Haupttypen höherer Gattung, Preis- und Erzähllied, lassen sich nicht streng voneinander trennen. Das Preislied ist offen für erzählende Elemente, das Erzähllied für preisende. Doch hat das Preislied einen aktuellen Zeitbezug, für den es geschaffen ist. Seine weitere Tradierung ist möglich, aber nicht primär intendiert. Es feiert das Lob einer lebenden oder im Totenpreis einer jüngst verstorbenen Person und ihrer Taten, die aktuell für ein zeitgenössisches Publikum gewürdigt werden. Gewandelt in Form und Ethos lebt das Preislied in Deutschland im endreimenden *Ludwigslied* (881/882) fort, in England in dem Stabreimgedicht *The Battle of Maldom* (991). Der Norden bildet skaldische Sonderformen aus.

Der wichtigste Typ des Erzählliedes ist das Heldenlied. Erst in den späten Denkmälern der *Edda* ist auch das epische Götterlied belegt. Das Heldenlied gilt als ostgot. Schöpfung des 4. Jh., die sich nach Deutschland, England und Skandinavien verbreitet hat. Haupttexte der literarischen Überlieferung sind in Deutschland das *Ahd. Hildebrandslied*, in England das Bruchstück des *Finnsburgliedes* und die *Waldere*-Fragmente. Aus dem Kreis der eddischen Lieder sind das *Wie-*

lands-, das *Hunnenschlachts-*, das *Alte Sigurd-*, das *Alte Atli-* und das *Alte Hamdirlied* die innerlich ältesten, wenn auch ihre Datierung bis hinauf ins 9. Jh. oft umstritten ist. Das Heldenlied gestaltet mit dem Anspruch auf überzeitliche Wirkung und Tradierung in 80-200 Versen eine einzige, in sich geschlossene Handlung der näheren oder ferneren Vergangenheit in wenigen, Dialogrede und Erzählung verbindenden, sprunghaft aufeinander folgenden Szenen (doppelseitiges Ereignislied). Einsträngigkeit der von wenigen Personen getragenen Handlung ist charakteristisch. Das Erzähltempo ist rasch, es gibt kein episch ausmalendes Verweilen. Den Reden kommt großes Gewicht zu. Das mittelalterliche Heldenepos entwickelt sich durch epische Aufschwellung aus dem Heldenlied, nicht durch Aneinanderreihung von Einzelliedern, die keine vollständigen Handlungen sondern episodische Handlungsausschnitte aus einem größeren Ganzen geboten haben müßten. Stoffe, Themen und Motive des Heldenliedes sind die kriegerisch heroische Tat des einzelnen, der Kampf mit einem übermenschlichen Gegner (Drache, Riese), Treuebruch, Verrat, verräterische Einladung, Verhöhnung des Gegners, Aufreizung des Helden durch eine Frau, Erbstreit, legitime/illegitime Geburt des Helden, Verwandtenmord, Rache, tragischer Wertekonflikt. Der Held erscheint in außerordentlicher, nicht aber in mythisch übermenschlicher Gestalt. Das Heldenlied hat Bezug auf Geschichte, es ist nicht fiktional. Aber es deutet Geschichte von einem dezidiert parteiischen Standpunkt aus. Auch dort, wo es die Ereignisse scheinbar enthistorisierend oder geschichtsfälschend auf allgemein menschliche Emotionen und private Motivationen der Handlungsträger zurückführt, ist es nicht unpolitisch, sondern dokumentiert stets auch eine spezifische Art von Geschichtsverständnis.

Träger der höheren Gattungen Preislied und Erzähllied ist der individuell begabte und kunstmäßig gebildete, schöpferische Dichter, der als Sänger wohlvorbereitet und auswendig oder auch extemporierend seine eigene Dichtung zur Harfe vorträgt, aber auch reproduzierend Schöpfungen anderer. Gemeinsamer Vortrag einer Dichtung durch zwei Sänger ist bezeugt. Ort und Anlaß des Sängerauftritts ist die Halle des germ. Kriegs- und Gefolgschaftsherrn und das festliche Männergelage, an dem der Sänger als freier Mann und Gleichgestellter teilnimmt. Die Namen der Dichter werden in älterer Zeit gelegentlich in Sekundärzeugnissen genannt, aber nur ausnahmsweise als Künstlernamen mit den Gedichten selbst überliefert: Aber auch die anonym erhaltenen Lieder spiegeln ein ausgeprägtes Autorbewußtsein. Ihre Namenlosigkeit bedeutet, anders als bei den niederen Gattungen, keineswegs, daß diese Schöpfungen als überindividuell kollektives Gemeingut zu verstehen sind. Die Leistung des Dichters wird durch ehrende Anerkennung und entsprechende, nicht für seinen Lebensunterhalt bestimmte, materielle Geschenke belohnt, nicht aber durch geregelte Bezahlung.

Ernst Hellgardt

Lit.: H. de Boor: Dichtung. In: H. Schneider (Hg.): Germ. Altertumskunde, [2]1951. – A. Heusler: Die altgerm. Dichtung, [2]1941. – S. Sonderegger: Überlieferungsgeschichte der frühgerm. und altnord. Literatur. In: K. Langosch u.a. (Hg.): Geschichte der Textüberlieferung der antiken und mittellaterlichen Literatur. Bd. II: Überlieferungsgeschichte der mittelalterlichen Literatur, 1964. – K. v. See: Germ. Heldensage. Stoffe, Probleme, Methoden, 1971. – O. Gschwantler: Älteste Gattungen germ. Dichtung. In: Europäisches Früh-MA (= Neues Handbuch der Lit. wiss. Hrsg. von K. v. See), 1985.

Germanistik

1. Die Fachbezeichnung G. wird heute im allgemeinen zumeist im engeren Sinne von „Dt. Philologie" und/oder als übergreifende Bezeichnung der Teilfächer Altgermanistik/Germanistische Mediävistik (zuständig für die dt. Literatur des MA und für die älteren Sprachstufen), Neuere dt. Literaturwissenschaft (zuständig für die dt. Literatur der Neuzeit), Germanistische Linguistik (zuständig für die dt. Sprache), Fachdidaktik der dt. Sprache und Literatur und Deutsch als Fremdsprache verwandt. Im weiteren Sinne bezeichnet G. auch die Wissenschaften von den germ. Sprachen und Literaturen („Germanische Philologie"). Zu den germanistischen Fächern werden selbständige Disziplinen wie die Nordistik/Skandinavistik und Niederlandistik gerechnet.

2. Der Terminus G. kam erst in der zweiten Hälfte des 19. Jh. auf, als bereits an den meisten Universitäten im dt.sprachigen Raum ordentliche Professuren für das Fach der dt. Sprache und Literatur, wie die Denominationen in dieser Zeit zumeist lauteten, eingerichtet waren. Bei den Fachvertretern fand die neue Bezeichnung keineswegs einhellige Zustimmung. „*germanistik, germanist* ist und bleibt mir barbarisch", bekannte R. Hildebrand 1873 in der Vorrede des 5. Bandes des *Dt. Wörterbuchs* von J. und W. Grimm. 1888 fragte K. Weinhold: „Wann und wo ist das ungeheuerliche wort Germanistik aufgekommen? Bis 1860 war es meines wissens unerhört." Und noch 1930 plädierte E. Schröder da-

für, „das unschöne Geschäftswort 'Germanistik' [...] auf die Antiquariatskataloge [zu] beschränken." Die ältere Bildung „Germanist" entstand in der Rechtswissenschaft und bezeichnete in der ersten Hälfte des 19 Jh. v.a. den auf die Erforschung des germ.-dt. Rechts ausgerichteten Juristen, im Unterschied zu dem sich dem röm. Recht widmenden „Romanisten". Daß der Terminus Germanist jedoch auch schon vor 1840 für den Fachvertreter der „Germanischen und Dt. Philologie" gebraucht wurde, zeigt die Verwendung bei dem Göttinger Studenten G. K. Frommann (1837), dem Breslauer Privatdozenten G. Freytag (1840) oder dem Pädagogen K. W. E. Mager (1840). Eine bewußte Ausweitung des Namens Germanist über die Rechtswissenschaft hinaus war mit der ersten Germanistenversammlung in Frankfurt am Main (1846) intendiert. Das neue Verständnis führte J. Grimm als Präsident der Versammlung näher aus: Der Name Germanist sollte nunmehr als übergreifende und zusammenhängende Bezeichnung auf die Vertreter der „drei fächer" der „deutsche[n] philologie [...] des deutschen rechts und der deutschen geschichte" übertragen werden, wobei als Germanist derjenige zu gelten habe, „der das deutsche element in einem einzelnen theil oder seinem ganzen umfang sich erkoren habe". In der von J. Grimm 1846 vertretenen umfassenden Bedeutung bürgerte sich der Begriff Germanist nicht ein, doch blieb für das Selbstverständnis der G. – auch bei sich ändernden Gegenstandsbestimmungen – der Bezug auf das „Deutsche" für eineinhalb Jh. von zentraler Bedeutung.

3. Die Herausbildung und Entwicklung der G. als wissenschaftliche Disziplin an den Universitäten beginnt in der ersten Hälfte des 19. Jh., wobei dieser Prozeß eingebettet ist in übergreifende, in der zweiten Hälfte des 18. Jh. einsetzende Veränderungen im Wissenschaftssystem (Auflösung der Hierarchie der Fakultäten, Übergang von der gelehrten zur disziplinären Gemeinschaft, Autonomisierung der Fächer, Reform der Universität mit ihrer Einheit von Forschung und Lehre, Durchsetzung des Forschungsimperativs). Die gelehrte Beschäftigung mit dt. Sprache und Literatur, mit Altertümern, Geschichts- und Rechtsquellen reicht jedoch viel weiter zurück. Im ↗ Humanismus (Wiederentdeckung der *Germania* des Tacitus) und in der Reformationszeit erfolgten Suche, Sammlung und Publikation kultureller Zeugnisse der dt. Vergangenheit v.a. aus dem Bestreben, die eigene Sprache, Literatur und Kultur aufzuwerten, ihre Gleichwertigkeit mit anderen europäischen Sprachen und Literaturen nachzuweisen. Hinzutreten konnten konfessionelle Beweggründe, rechtshistorische und antiquarische, sprachpflegerische, allgemein sprachkundliche und sprachvergleichende Interessen, subjektive Entdeckerfreude und poetologische Motive. Die vor dem 19. Jh. entstandenen beachtlichen wissenschaftlichen Leistungen gingen von individuellen und punktuellen Bemühungen einzelner Gelehrter aus, entsprangen noch nicht der kontinuierlichen Bearbeitung abgrenzbarer Problemstellungen. Im Bereich der altdt. Studien lassen sich zu Beginn des 19. Jh. fünf verschiedene Ausrichtungen idealtypisch unterscheiden: die Fortsetzung der Sammeltätigkeit, die literarisch-romantische, die durch die Napoleonische Herrschaft und die Befreiungskriege gesteigerte nationalpolitisch-publikumsorientierte, die kulturhistorische und philologische Vorgehensweise. Ein intensiver Briefverkehr, Austausch der Publikationen, Rezensionen und Bibliotheksreisen führten zu einer Verdichtung der Kommunikation, die wesentlich zur Entstehung einer disziplinären Gemeinschaft beitrug, für die die Frage(n) der ↗ Edition der altdt. Literatur einen Kristallisationspunkt bildete. Das Beherrschen des von der Klassischen Philologie übernommenen philologischen Instrumentariums (G.F. Benecke, K. Lachmann) und der Erkenntnisse der historischen (nicht der philosophischen und/oder kritischen) Grammatik (J. Grimm, *Dt. Grammatik*, Bd. 1, 1819) sonderte zunehmend die Liebhaber/Dilettanten von den Fachleuten/Wissenschaftlern, wobei von diesen der Vorwurf des Mangels an „Methode" mit einem Mangel an Ethos gleichgesetzt wurde.

Die Wissenschaft von dt. Sprache und Literatur gewinnt auf diese Weise als „Dt. Philologie" – die die historische Sprachwissenschaft als Teilaspekt einbegreift, die Felder der Textinterpretation und der ↗ Literaturgeschichte weitgehend unbestellt läßt – die Anerkennung als wissenschaftliche Disziplin. Professionalisierung, Philologisierung, Wissenschaftlichkeitsanspruch und Spezialisierung sind die Schlüsselworte ihres Erfolgs. Gefördert wurde diese Entwicklung noch durch die Gründung (der bis heute bestehenden) *Zeitschrift für deutsches Altertum* (1841) als Publikationsforum der Dt. Philologie durch den Leipziger ao. Professor M. Haupt.

Hatten die frühen Germanisten zumeist Klassische Philologie, Theologie, Jura oder Philosophie studiert und waren als Archivare, Bibliothekare und Gymnasiallehrer tätig, so verstärkte sich allmählich die Bindung an die Universität. Um 1810 dominierten noch die Generalistenprofessoren, deren Lehrprogramm ↗ Rhetorik und Theorie des Stils mit praktischen Übungen, ↗ Ästhetik und ↗ Poetik, Litterär- und Literaturgeschichte sowie vereinzelt Übungen in der Auslegung dt. Dichtungen umfaßte. G.F.W. Beneckes seit 1806 an der Universität Göttingen kontinuierlich angebotene Vorlesung *Anleitung zur Kenntniß der ältern Deutschen Literatur* und F.H. von der Hagens (seit 1810 ao. Professor an der neugegründeten Berliner, ab 1811 an der Breslauer Universität) altertumswissenschaftliches Vorlesungsprogramm signalisierten hier eingreifende Änderungen.

Die im Entstehen begriffene neue Disziplin gewann jedoch an den Universitäten nur langsam an Boden. 1820 gab es an den 20 (auf dem Territorium des späteren Dt. Reichs befindlichen) Universitäten vier ordentliche Professuren, 1830 sechs und 1840 acht. Seit der Mitte der 30er Jahre kamen (vorübergehend) einige v.a. ästhetisch-philosophisch oder historisch ausgerichtete Professuren für Literaturgeschichte hinzu. Herausragende Werke auf diesem Gebiet schufen bezeichnenderweise der Philosoph K. Rosenkranz (*Geschichte der Deutschen Poesie im Mittelalter*, 1830) und insbes. der Historiker G.G. Gervinus mit seiner epochalen *Geschichte der poetischen National-Literatur der Deutschen* (5 Bde., 1835-42). Bedeutsam für den universitären Institutionalisierungsprozeß war das in den 30er Jahren einsetzende rapide Anwachsen der Habilitationen und die mit der Aufnahme der Privatdozententätigkeit verbundene Aussicht auf eine akademische Karriere. Im folgenden Jahrzehnt nahm die Zahl der Habilitationen noch weiter zu, wobei jetzt die Mehrzahl der neuen Privatdozenten, von denen nahezu alle Professorenstellen erlangten, im wesentlichen den durch K. Lachmann und J. Grimm repräsentierten Richtungen des neuen Fachs zuzurechnen ist. 1848/49 bestanden an acht der zwanzig Universitäten insgesamt neun (für die Anerkennung als Universitätsdisziplin maßgebliche) ordentliche Professuren für das Fach, von denen ihm nominell nur vier ausschließlich gewidmet waren, während es sonst nur eines von zwei oder mehreren Fächern (Klassische Philologie, Neuere [europäische] Literatur, Orientalische Sprachen und Literatur, Vergleichende Sprachwissenschaft usw.) bildete. 1848/49 war das neue Fach an 17 von 20 Universitäten mit Professuren vertreten, überwiegend jedoch erst im Status von Extraordinariaten. Ihre Einrichtung war erfolgt, noch bevor eine wirksame funktionelle Verknüpfung zwischen dem Universitätsfach und der Deutschlehrerausbildung stattgefunden hatte. Eine der Klassischen Philologie oder dem Fach Geschichte auch nur annähernd vergleichbare Stellung hatte es noch nicht erreicht. Für die junge Universitätsdisziplin Dt. Philologie fungierte die Klassische Philologie als „Leitdisziplin". Dies zeigte sich im personalen wie im methodisch-philologischen Bereich, in dem Gegensatz von Formal- und Sachphilologie, in der Diskussion über die unterschiedliche Bestimmung des Gegenstandsbereichs wie der Zielsetzung des Fachs.

4. Im Vergleich zur ersten Jh.hälfte beschleunigte sich der Institutionalisierungsprozeß in den beiden Jahrzehnten nach der Jh.mitte rasant. Bestanden 1850 an acht Universitäten ordentliche Professuren für das junge Fach, so war es 1860 an 13 und bereits vor der Gründung des Dt. Reichs (1870/71) an 19 Universitäten mit Ordinariaten vertreten, so daß der Institutionalisierungsprozeß auf dieser Ebene als abgeschlossen gelten durfte. Doppelvertretungen des Fachs bestanden nur an wenigen Universitäten. Die Ansätze zu selbständigen Literaturgeschichtsprofessuren in den 40er und 50er Jahren fanden, von Sonderfällen abgesehen, keine Fortsetzung. Trotz des starken Zuwachses an Ordinariaten v.a. in den 60er Jahren gewann die Dt. Philologie nicht mehr Stellen hinzu als etwa die Klassische Philologie oder die Geschichte, obwohl diese bereits ungleich mehr Professuren besaßen. Bemerkenswert war im Hochschullehrerbereich v.a. die im Vergleich zu den vorangegangenen Jahrzehnten außerordentlich starke Zunahme der Privatdozenten: in dem Jahrzehnt von 1870 bis 1880 sind fast 30 Habilitationen zu verzeichnen. Dieser Anstieg signalisiert sowohl eine Verfestigung der inneruniversitären Laufbahn – 1860 war die Hälfte der ordentlichen Professoren nicht habilitiert, 1870 gut ein Drittel – als auch die durch die zunehmende Binnendifferenzierung des Fachs steigenden Erwartungen des akademischen Nachwuchses auf eine Universitätskarriere.

Für die Ausbildung der Studierenden gewann die Einrichtung germanistischer Seminare, in denen sie zu methodischer und selbständiger Arbeit angeleitet werden sollten, eine herausragende Bedeutung. Unter institutionsgeschichtlichem Aspekt markiert diese sich über die gesamte zweite Hälfte des 19. Jh. erstreckende Gründungsphase (Rostock 1858, Münster 1895) die endgültige Integration des Faches Dt. Philologie in den Universitätsbetrieb und den institutionellen Angleichungsprozeß an die Klassische Philologie, zugleich auch ihren zunehmenden Stellenwert für die Lehrerausbildung. Mit der entscheidenden Aufwertung des Deutschunterrichts im gymnasialen Fächerkanon und den Prüfungsanforderungen im Fach Deutsch für die Kandidaten des höheren Lehramts am Ende des 19. Jh. fungierte das Fach Dt. Philologie endgültig als Berufswissenschaft für die künftigen Deutschlehrer. Für die Ausdifferenzierung des Fachs in verschiedene Gruppierungen gewann der wenige Jahre nach Lachmanns Tod (1851) mit A. Holtzmanns *Untersuchungen über das Nibelungenlied* (1854) einsetzende erbitterte „Nibelungenstreit", in dem nicht allein einzelne Forschungspositionen, sondern das philologische Ethos Lachmanns selbst zur Diskussion standen, eine wegweisende Bedeutung. In Opposition zur Berliner Schule (Lachmann, Haupt, Müllenhoff) war der Wiener Ordinarius F. Pfeiffer (ab 1857) bestrebt, deren philologische Verengung zu überwinden. Sprachrohr dieser Gruppierung bildete das 1856 von Pfeiffer gegründete Fachorgan *Germania. Vierteljahrsschrift für deutsche Altertumskunde* (bis 1892). In entschiedener Abkehr von seinem Lehrer Haupt öffnete sich der Leipziger Ordinarius (1858 ff.) F. Zarncke – seit 1850 Herausgeber des *Literarischen Zentralblattes* – neuen wissenschaftlichen Richtungen. Aus seinem Leipziger Schülerkreis gingen die der junggrammatischen Schule zugerechneten H. Paul, E. Sievers und W. Braune hervor. Unter dem Einfluß der lautphysiologischen und psychologischen Sprachbetrachtung verfochten die von der vergleichenden idg. Sprachwissenschaft herkommenden Junggrammatiker insbes. die Prinzipien „Ausnahmelosigkeit der Sprachgesetze" und „Analogie". Mit den 1873 gegründeten *Beiträgen zur Geschichte der deutschen Sprache und Literatur* schufen Paul, Braune und Sievers ein weiteres wichtiges Publikationsforum. Bereits einige Jahre zuvor hatte sich der Hallenser Ordinarius (und überzeugte Lachmannianer) J. Zacher mit der Gründung der *Zeitschrift für deutsche Philologie* (1869 ff.) programmatisch von dem „Partheitreiben" distanziert und seine Zeitschrift, mit der er auch den Interessen der Deutschlehrer entgegenkommen wollte, für alle Gebiete der dt. Philologie einschließlich der neueren dt. Literatur geöffnet.

5. Die Entstehung und allmähliche Etablierung der Neugermanistik bildete die wichtigste Folge der Binnendifferenzierung der G. im letzten Drittel des 19. Jh., wobei man die G. „gewiß nicht zu den großen Profiteuren der gewaltigen staatlichen Investitionen in den Wissenschaftsbereich" in dieser Zeit rechnen kann (K. Weimar, 1989). Die Einrichtung der ersten Ordinariate (für neuere dt. Literatur und Sprache, neuere dt. Literaturgeschichte) und die Gründung eigener Fachzeitschriften (ab 1870; seit 1894 erschien der *Euphorion*) signalisierten die Anerkennung der neueren dt. Literatur als eigenständigen wissenschaftlichen Gegenstandsbereich (ordentliche Professuren 1874 in Leipzig und München, 1877 in Berlin; vorangegangen war 1868 Wien). Nach einigen neuen Extraordinariaten in den 80er Jahren wurde zunehmend seit den 90er Jahren eine zweite ordentliche Professur gegründet und mit einem Neugermanisten besetzt. Erst nach einem halben Jh. (ca. 1920) hatte die Neugermanistik jedoch ihre volle institutionelle Gleichberechtigung erreicht (in Erlangen, Jena und Würzburg endgültig erst in den 50er Jahren). Um ihre akademische Anerkennung zu erlangen, hatten die Neugermanisten zunächst die philologische Behandlung ihres Gegenstandes übernommen. Textkritik und Edition, Kommentar, Bibliographie und biographische Monographie standen im Mittelpunkt ihrer Arbeit; ihr Hauptgebiet bildete die Goethe-Philologie (*Goethe-Jahrbuch* seit 1880). Eine Sonderstellung nahm W. Scherer (1841-1888) ein, nicht allein in Hinblick auf die Teilung des Fachs und als Wissenschaftsorganisator, sondern ebenso durch seine publizistische Wirksamkeit und sein wissenschaftliches Werk (*Zur Geschichte der deutschen Sprache*, 1868; *Geschichte der Deutschen Literatur*, 1883; *Poetik*, 1888) wie durch sein methodisch bewegliches und innovatives Verfahren (von der historisch-philologischen zur historisch-psychologischen Rekonstruktion).

1901 beklagte H. Paul, daß die infolge der „wachsende[n] Ausdehnung der Wissenschaft" unumgängliche Arbeitsteilung „zu einer vollständigen Spaltung" des Fachs zu führen drohe. In der immer mehr zunehmenden „einseitige[n] Beschränkung auf Sprachwissenschaft oder auf Literaturgeschichte" erkannte er die Gefahr, daß die Hochschulgermanisten ihrer Aufgabe der Ausbildung der künftigen Gymnasiallehrer nicht mehr gerecht werden könnten. Da es an den Universitäten jedoch im allgemeinen nur zwei Ordinariate für G. gab, konnte sich die Sprachwissenschaft innerhalb der G. noch nicht ausdifferenzieren. Die Verselbständigung der neueren dt. Literaturwissenschaft erfolgte zu Lasten der Sprachwissenschaft: Zwar lautete die Lehrstuhldenomination in der Regel „neuere dt. Literatur und Sprache", doch blieb die sprachwissenschaftliche Komponente gewöhnlich mit der älteren Dt. Philologie verbunden, die bis dahin weitgehend die Grammatikforschung und Lexikographie bestimmt hatte.

Verschiedentlich wandten sich (Alt-)Germanisten auch volkskundlichen Themen in Lehre und Forschung zu und erwarben später z.T. eine Zusatzvenia für Volkskunde.

6. Die seit dem zweiten Jahrzehnt des 20. Jh. mit der Kritik am sog. (philologischen) „Positivismus" der Scherer-Schule einhergehende Aufnahme des Gedankenguts des Philosophen W. Dilthey und des Kunsthistorikers H. Wölfflin markiert eine geistesgeschichtliche Wende der ↗ Literaturwissenschaft (1923 gründeten der Literaturhistoriker P. Kluckhohn und der Philosoph E. Rothacker die *Deutsche Vierteljahrsschrift für Literaturwissenschaft und Geistesgeschichte*). Die Hinwendung zur Philosophie (R. Unger) und die Aufwertung des Ästhetischen und der Form (O. Walzel, F. Strich) verstärkten die Eigenständigkeit der in andere Disziplinen ausgreifenden, in ihren untereinander konkurrierenden Methoden plura-

listischen neueren dt. Literaturwissenschaft gegenüber der älteren Dt. Philologie. Die vier Hauptrichtungen – die geistesgeschichtliche, die formanalytische, die existentialistische (H. Pongs) und die in politisch-ideologischer Hinsicht wichtigste Richtung, die völkisch-stammeskundliche (J. Nadler) – bestanden auch nach 1933 weiter, wenngleich mit charakteristischen Unterschieden. In wissenschaftstheoretischer und methodologischer Hinsicht bildete das Jahr der Machtergreifung keine besondere Zäsur. Eine nationalsozialistische Literaturwissenschaft setzte sich nicht durch, obwohl sich viele Germanisten den Forderungen der Partei anpaßten und auch bei der Beförderung der nationalsozialistischen Ideologie aktiv mithalfen. Durch die nationalsozialistischen Rassegesetze, das „Gesetz zur Wiederherstellung des Berufsbeamtentums" (1933) und die „Nürnberger Gesetze" (1935), erfolgte jedoch ein tiefer Einschnitt in den Lehrkörper. 1931 hatte das Fach G. an den dt. Hochschulen mit 144 Lehrpersonen seine größte quantitative Ausdehnung im Zeitraum von 1810 bis 1949 erreicht. Nach 1933 verloren im Bereich der G. 56 Hochschullehrer (einschließlich Österreich) ihren Arbeitsplatz und mußten emigrieren. Von den aus rassischen Gründen Vertriebenen kehrten nach 1945 nur wenige nach Deutschland zurück. Wie schon das Jahr 1933 so markierte auch das Jahr 1945 in gegenstands- und methodengeschichtlicher Hinsicht keinen tiefgreifenden Einschnitt. Die methodologischen Hauptrichtungen der 20er und 30er Jahre wurden fortgeführt (die völkisch-rassenkundliche ausgenommen), wobei dann in den 50er Jahren die „werkimmanente Interpretation" (E. Staiger, W. Kayser) eine beherrschende Stellung erlangte. Die unterschiedliche Entwicklung der G. in der DDR muß im folgenden ebenso ausgespart bleiben wie die Besonderheiten und Wandlungen der verschiedenen nationalen Germanistiken (Fremdsprachengermanistik/Auslandsgermanistik), vgl. z.B. E. Timm (Hg.): *Challenges of Germanistik*, 1992; Chr. König (Hg.): *Germanistik in Mittel- und Osteuropa 1945 -1992*, 1995.

7. Eine nachhaltige Auseinandersetzung mit der nationalistischen Tradition des Faches und der Rolle führender Germanisten in der NS-Zeit bewirkte erst der Münchener Germanistentag (1966). Die Studentenbewegung von 1968 forcierte die Infragestellung der G. als „nationale" und „bürgerliche" Wissenschaft, drang auf eine sozial- und kommunikationswissenschaftliche Umorientierung und insistierte auf einer gesellschaftlichen Rechtfertigung des Fachs. Durch die Bildungsreform Ende der 60er Jahre wandelte sich die Universität zu einer Massenausbildungseinrichtung in einer demokratischen Gesellschaft (1957 gab es ca. 8.000 Studierende der G., 1975 ca. 57.000 und 1995 ca. 100.000). Mit der universitären Expansionspolitik erfolgte auch eine starke Ausweitung der Zahl der geisteswissenschaftlichen Professuren (Versiebenfachung in der Zeit von 1954 bis 1984), die in dem Lehrerausbildungsfach G. sogar noch übertroffen wurde. Einige Zahlen (nach P. Weingart u.a.: *Die sog. Geisteswissenschaften: Außenansichten*, 1991) können diese Entwicklung für die Teildisziplinen Ältere G. (ÄG) und Neuere dt. Sprache und Literatur (NDSL) veranschaulichen: 1954: 20 Prof. für ÄG, 25 für NDSL; 1969: 53 Prof. für ÄG, 51 für NDSL; 1975: 88 Prof. für ÄG, 144 für NDSL; 1984: 109 für ÄG, 233 für NDSL. In dreißig Jahren stieg demnach die Anzahl der Professuren in NDSL um das Neunfache. Die Stellen für das wissenschaftliche Personal insgesamt erhöhten sich in der G. zwischen 1960 und 1979 von 289 auf 1.397.

An der Einrichtung eigener Lehrstühle für Germanistische Linguistik seit Ende der 60er Jahre wird eine gravierende Neuerung institutionell kenntlich: die bisherige zweigliedrige Fachstruktur erfährt eine Erweiterung um einen dritten Kernbereich. Den drei Professuren für Germanistische Linguistik im Jahr 1969 stehen 1975 bereits 47, 1984 95 gegenüber. Eine weitere Folge des Umstrukturierungsprozesses der G. seit der zweiten Hälfte der 60er Jahre wird an der Etablierung der Fachdidaktik als eigener Bereich in der G. ersichtlich. Durch die Integration der Pädagogischen Hochschulen wurde die Zahl der Professuren zusätzlich gesteigert (1969: 3 Professuren; 1975: 50; 1984: 102). Auf die zunehmende Verselbständigung der Volkskunde von ihrer „eigentlichen Mutterwissenschaft" G. (W. Brückner) weisen dagegen die Denominationen der volkskundlichen Professuren hin. Lauteten diese in den 50er und 60er Jahren noch weithin auf „Dt. Philologie und Volkskunde" oder „Dt. Altertums- und Volkskunde", so findet sich seit Mitte der 70er Jahre zunehmend die Denomination „Volkskunde" ohne weiteren philologischen Zusatz. Zu dieser Zeit setzte die Einrichtung von Studiengängen für Deutsch als Fremdsprache in den Universitäten ein, in der Absicht, dadurch das Berufsfeld ihrer Absolventen zu erweitern. Wie rasch sich das neue Fach, dessen Konturen sich seit Anfang der 70er Jahre abzeichneten, etablieren konnte, illustriert der steile Anstieg der Professorenstellen (1969: 0, 1975: 5, 1984: 18, 1995: ca. 30).

Die seit der zweiten Hälfte der 60er Jahre erhobene Kritik an der G. (mangelnder Praxisbezug, Vernachlässigung der Gegenwartssprache, Kanonproblematik, veralteter Wissenschaftsbegriff, Theoriedefizite) stellte insbes. die etablierte Altgermanistik in Frage. Die Reformdiskussion trug wesentlich zur Aufnahme neuer bzw. zum Durchbruch z.T. schon zuvor entwickelter Ansätze (H. Kuhn) und zur Erweiterung des Gegenstandbereichs (Entfaltung der Spät-MA-Forschung, Erforschung der geistlichen und weltlichen Fachliteratur) bei, unterstützte die Anwendung linguistischer Modelle auf die Beschreibung des älteren Deutschen und beförderte insgesamt eine Neuorientierung der ältesten germanistischen Teildisziplin. Die neuere dt. Literaturwissenschaft reagierte auf die Kritik mit einer Hinwendung insbes. zu rezeptions-, wirkungs- und sozialgeschichtlichen Fragestellungen, zu linguistisch-strukturalistischen Methoden und Veränderungen im Gegenstandsbereich (Erweiterung des Literaturbegriffs, Ausgreifen auf audiovisuelle ↗ Medien). Durch literaturtheoretische Einflüsse aus Frankreich und den Vereinigten Staaten, die Übernahme poststrukturalistischer und dekonstruktivistischer, systemtheoretischer u.a. Konzepte weitete sich in den 80er und 90er Jahren der weitgefächerte Pluralismus konkurrierender methodologischer Richtungen noch einmal gewaltig aus, ↗ Dekonstruktion, ↗ Postmoderne. Die Ausdifferenzierungen reichen von einer „radikalen Philologie" bis zu einer medien- und kulturwissenschaftlich orientierten Disziplin. Die Unsicherheit über die disziplinäre Identität zeigt sich auch in der gegenwärtigen Germanistischen Linguistik. 1990 etwa zog B. Switalla die fachkritische Bilanz, daß von einer Einheit der Disziplin nicht mehr die Rede sein könne, sondern nur von unterschiedlichen linguistischen Versionen (wie der linguistischen Pragmatik, Textlinguistik, Generativen Transformationsgrammatik, Psycholinguistik, Kognitiven Linguistik, Computerlinguistik).

Die vor dem Hintergrund des Wandlungsprozesses zur Informationsgesellschaft und den damit einhergehenden Veränderungen der sprachlichen und literarischen Kultur besonders dringliche Frage nach der disziplinären Identität des Gesamtfachs G. bleibt offen.

Uwe Meves

Lit: W. Bahner/W. Neumann (Hg.): Sprachwissenschaftliche G., 1985. – W. Barner/Chr. König (Hg.): Zeiten Wechsel, 1996. – H.H. Christmann: Romanistik und Anglistik an der dt. Universität im 19. Jh., 1985. – J. Fohrmann/W. Voßkamp (Hg.): Wissenschaftsgeschichte der G. im 19. Jh., 1994. – J. Hermand: Geschichte der G., 1994. – L. Jäger (Hg.): G.: Disziplinäre Identität und kulturelle Leistung, 1995. – P. Lundgreen (Hg.): Wissenschaft im Dritten Reich, 1985. – K. Weimar: Geschichte der dt. Literaturwissenschaft bis zum Ende des 19. Jh., 1989.

Geschichtsschreibung, -dichtung

A. Für die erzählende, erinnernde und deutende Darstellung historischer Erfahrung wurden und werden verschiedene literarische Gattungen und Texttypen benutzt, für die sich die Sammelbegriffe Geschichtsschreibung (G.S.) und Geschichtsdichtung (G.D.) eingebürgert haben. In dieser Unterscheidung lebt das alte, auf Isidor von Sevilla (um 560-636) zurückgehende Oppositionspaar von „res factae" und „res fictae" fort, das jedoch das Verhältnis von Historiographie und Dichtung nur unzureichend definiert. Heute unterscheidet man die verschiedenen Formen der Geschichtsdarstellung nach dem graduell verschiedenen Gebrauch fiktionaler Mittel und nach der je spezifischen Lesererwartung, nicht mehr aber danach, ob sie diese Mittel ausschließen bzw. zulassen. Unabhängig davon ist und bleibt G.D. ein nicht einheitlich definierter Begriff. Was darunter zu verstehen sei, bestimmen die jeweils zeitgebundenen Auffassungen von Dichtkunst und Wahrheit bzw. Fiktionalität einerseits, die je spezifischen Anschauungsformen von Geschichte andererseits. So hat insbes. für die volkssprachige Geschichtsliteratur des MA eine „kategoriale Trennung von Dichtung und Geschichte und damit ein Bewußtsein von Gattungsgrenzen" nicht existiert (H. Wenzel).

B. Mittelalter

Im frühen und hohen MA wurde die verschriftlichte Auseinandersetzung mit Geschichte ausschließlich im Bereich klerikaler Gelehrsamkeit gepflegt; die Geschichtswerke wurden in lat. Sprache abgefaßt. Erst ab dem 12. Jh., im Zusammenhang mit der neuen, von der adeligen Laienkultur getragenen Literatur, nahm sich auch die Volkssprache geschichtlicher Themen an; vielfach wurden dabei Inhalte, Formtypen und Deutungsschemata der lat. Tradition adaptiert. Mit dem sprunghaften Anstieg der literarischen Produktion seit dem 14. Jh. nahm auch die Zahl lat. und dt. Geschichtswerke zu, wobei sich neue Typen ausbildeten.

1. Was die lat. G.S. des MA angeht, so hat die Forschung verschiedene Gattungen (↗ Gattung) herauszuarbeiten und abzugrenzen versucht. Mit den modernen Kategorien lassen sich viele mittelalterliche Werke indes nur schwer erfassen; sie stellen Misch- und Übergangsformen dar. Als älteste Form mittelalterlicher Historiographie gelten die auf spätantik-patristischer Grundlage (Eusebius, Hieronymus, Orosius) aufbauenden Weltchroniken, die die Geschichte von der Erschaffung der Welt bis in die Gegenwart des Verfassers, gelegentlich bis zu Parusie und Jüngstem Gericht darstellen. In ihnen artikuliert sich am deutlichsten die mittelalterliche Auffassung von

Geschichte als Heilsgeschichte, d.h. als planmäßiges Wirken Gottes in der Zeit. Die systematischen Vorstellungen vom Geschichtsablauf konkretisierten sich in verschiedenen Gliederungsmodellen: Die auf das biblische Buch Daniel 2 zurückgehende Periodisierung nach vier Weltreichen konkurrierte v.a. mit der von Augustinus (354-430) begründeten Weltalterlehre, d.h. der Einteilung in sechs bzw. sieben Weltalter. Ursprünglich als Hilfsmittel zu Berechnung des Weltendes konzipiert, kamen die Weltchroniken seit der Zeit der Karolinger v.a. dem Bedürfnis nach universalhistorischer Einordnung der eigenen Zeit entgegen. Einflußreiche Autoren lat. Universalchronistik waren: Frutolf von Michelsberg (gest. 1103) und Ekkehard von Aura (gest. nach 1125), Otto von Freising (um 1112-1158), Petrus Comestor (um 1100-um 1179), Vinzenz von Beauvais (1184/94-um 1264), Martin von Troppau (gest. 1278). Neben der Weltchronistik wurde bis ins Hoch-MA hinein die Berichtsform der Annalen gepflegt: kurze Aufzeichnungen historischer, aber auch naturhafter Ereignisse und anderer Merkwürdigkeiten, die an der Abfolge der Jahre orientiert und deshalb ohne sachliche Geschlossenheit sind. Fast ausschließlich von geistlichen Kommunitäten getragen, verloren sie seit dem 12. Jh. an Bedeutung; nur noch vereinzelt wurden sie bis zum Ende des MA fortgeführt. Ähnliches gilt für die Gestae genannten Berichte über die Taten einer historischen Persönlichkeit, von geistlichen Gemeinschaften, Völkern oder Volksstämmen (Beispiel: Ottos von Freising *Gesta Friderici*, d.i. Kaiser Friedrichs I. Barbarossa, 1157/58). Hingegen hatten Vitae (Biographien und Legenden) das gesamte MA hindurch „Hochkonjunktur“: Lebensbeschreibungen einzelner Personen, meist von Heiligen, Bischöfen und Äbten, seltener von weltlichen Personen, die primär dem Aufweis christlicher Lebensführung und exemplarischen Handelns dienen, daneben aber zahlreiche historische Informationen vermitteln. Traditionstiftendes Vorbild war hier des Sulpicius Severus (um 400 n. Chr.) *Vita s. Martini*. Für die volkssprachige Legendenliteratur hatte namentlich die vor 1267 entstandene *Legenda aurea* des Jacobus de Voragine als Vorlage großes Gewicht, ↗ Legende. Überwiegend spätmittelalterliche Artikulationsformen historischen Wissens sind die landes- und territorial-, dynastie- und stadtgeschichtlich orientierten Chroniken, in denen sich die allgemeine Entwicklung neuerer staatlicher Organisationsformen spiegelt. Sie machen neben den Viten die Hauptmasse der Geschichtswerke aus. Schließlich darf der Hinweis auf die historische Dichtung in lat. Sprache nicht fehlen, die in der Zeit Kaiser Friedrichs I. Barbarossa (1152-1190) zur höchsten Entfaltung kam (vgl. etwa Gunthers von Pairis *Ligurinus*, das Œuvre Gottfrieds von Viterbo, Walthers von Châtillon *Alexandreis*). Konzeptionelle Neuansätze entwickelte erst der ↗ Humanismus; die auf den wiederentdeckten antiken Quellen beruhende Beschäftigung mit Geschichte erhält nun einen gleichsam wissenschaftlichen Zuschnitt.

2. Vor dem Hintergrund der reichen lat. G.S. und G.D. müssen die volkssprachigen Geschichtswerke gesehen werden. Erstes Zeugnis ist das um 1080 oder nach 1105 entstandene *Annolied*, das einen knappen Abriß der Heils- und Weltgeschichte mit der Vita des Kölner Reichsbischofs Anno II. verknüpft. Geschichte im Kontext von Legendendichtung bietet auch die *Kaiserchronik* (um 1150). Sie erzählt die Geschichte des römischen Reiches bis König Konrad III. in Form exemplarischer Geschichten, Mirakel und Legenden, die den römischen und dt. Kaisern jeweils zugeordnet werden. Ein universalgeschichtliches Konzept wurde erstmals in der Vorauer Handschrift (Cod. 276 der Stiftsbibl. Vorau) vom ausgehenden 12. Jh. realisiert. Was hier „nur“ in Form einer sinnvollen und planmäßigen Überlieferungsgemeinschaft jeweils abgeschlossener Texte (u.a. *Vorauer Genesis*, *Joseph* und *Moses*, *Ältere* und *Jüngere Judith*, Lamprechts *Alexander*, Frau Avas Werke vom Leben Jesu bis zum Jüngsten Gericht) gelang, ist in den volkssprachigen Weltchroniken des 13. Jh. durchgehende Dichtung geworden. Den ersten großangelegten Versuch, die gesamte Weltgeschichte in dt. Reimpaarversen zu erzählen, unternahm Rudolf von Ems in der Mitte des 13. Jh. Hauptquelle ist Petrus Comestors *Historia scholastica*, deren kompendienartig zusammenfassendem Darstellungsstil Rudolf weitgehend verpflichtet ist. Die Chronik blieb Torso wie auch die etwa zur gleichen Zeit entstandene *Christherre-Chronik* eines Thüringer Anonymus, die sich zum einen durch nahezu wörtliche Bibelparaphrase, zum anderen durch gelehrtes theologisches Beiwerk auszeichnet. Von beiden unterscheidet sich die nach 1272 oder 1284 entstandene *Weltchronik* des Wiener Stadtbürgers Jans Enikel durch episodisch-anekdotenhaftes Geschichtsverständnis: Als Kompendium unterhaltsamer Erzählungen macht sie sich die Chronologie als Organisationsprinzip zunutze, ist indes nicht auf lückenlose Rekonstruktion der Vergangenheitsgeschichte angelegt. Eine vollständige, bis zum Ende der Staufer geführte Darstellung der Weltgeschichte kam erst im letzten Drittel des 14. Jh. mittels Kompilation zustande: die aus dem wörtlichen Text der gereimten Quellen (die drei älteren Weltchroniken, Antikenromane, neutestamentliche Bibelepik, dt. Chanson de geste u.a.) konstituierte *Weltchronik* Heinrichs von München. Als ihre primäre Auf-

gabe wird man, wie schon bei Rudolf und der *Christherre-Chronik*, die umfassende Vermittlung von Bibel- und Geschichtswissen, aber auch von Bildungswissen der lat. Scholastik annehmen müssen. Hingegen erfüllten die nach 1225/30 oder 1260/75 entstandene *Sächsische Weltchronik* und das *Buch der Könige alter und neuer Ee* (um 1275) einen anderen Zweck: Als historischer Vorspann zu dt. Rechtsbüchern dienten sie jeweils der Legitimation und Exemplifizierung bestehenden Rechts. Mit dem Funktionswandel korreliert der Wandel der Form: Beide sind in Prosa abgefaßt.

3. Im Zusammenhang mit der zunehmenden Literaturfähigkeit der Volkssprache und der Ausdifferenzierung der lat. Historiographie entstanden seit dem 13. Jh. neue Formen volkssprachiger G.S.: landes-, dynastie- und ordensgeschichtliche Darstellungen und Klostergründungsgeschichten, oft mit weltgeschichtlichem Bezug. Die frühen Zeugnisse sind jeweils noch in Versen abgefaßt: etwa die *Gandersheimer Reimchronik* des Priesters Eberhard (1216/18), die die Gründung des Klosters und die Familiengeschichte der Liudolfinger darstellt; die *Braunschweigische Reimchronik* (zwischen 1279 und 1292), eine Geschichte des Welfenhauses; Jans Enikels *Fürstenbuch* und Ottokars von Steiermark *Österreichische Reimchronik*, die jeweils die Geschichte Österreichs behandeln; die *Livländische Reimchronik* (Ende 13. Jh.), die die Eroberung Livlands durch den Deutschen Orden beschreibt. Primäre Aufgabe regionaler G.S. ist die Versicherung historischer Kontinuität, Wissensbewahrung und -vermittlung zum Zwecke der Legitimation und Sicherung von Machtansprüchen und territorialer Herrschaft, Panegyrik und Lebenslehre. Auch das ältestes Beispiel einer Stadtchronik, Gottfried Hagens *Boich van der Stede Coelne* (1270), ist gereimt. Zu einem blühenden Zweig entwickelte sich die offiziöse oder offizielle, im Auftrag des Rats auf der Basis von Archivalien und Akten verfertigte städtische G.S. freilich erst nach 1350; Prosa ist dann die durchgängige Form. Bedeutende Vertreter sind z.B. Fritsche Closener (gest. vor 1396) und Jakob Twinger von Königshofen (1346-1420) aus Straßburg, Ulman Stromer (1329-1407) und Heinrich Deichsler (1430-1506) aus Nürnberg und der Benediktiner Sigismund Meisterlin (um 1437-nach 1497). In vielen Chroniken begegnet die Empfehlung, das aufgezeichnete Wissen im Sinne von Belehrung und Orientierung künftiger Generationen anzuwenden. Tatsächlich waren sie pragmatisches Instrument, wenn es galt, sich bei innerstädtischen Konflikten der Autorität der Tradition zu vergewissern. Darüber hinaus kam ihnen gemeinschaftverbürgende und identitätstiftende und nicht zuletzt auch unterhaltende Funktion zu.

4. Neben diesen nach heutigem Verständnis historiographischen Formen bezog das volkssprachige Laienpublikum sein Geschichtswissen vielfach, im 12. und in der ersten Hälfte des 13. Jh. fast ausschließlich, aus den Großformen der Epik, wie ja auch antike Texte wie Vergils *Aeneis* oder Lucans *Pharsalia* im MA in den Kreisen lat. Gelehrsamkeit als Geschichte begriffen wurden. Als Zeugnisse historischer Handlungen wurden nicht nur die volkssprachigen Adaptationen der antiken Stoffkreise um Alexander und Troja (↗ Antikerezeption) gelesen, sondern auch die verschiedenen Formen der ↗ Heldendichtung und ↗ Spielmannsepik, d.h. die Gestaltungen historischer Stoffe aus der Völkerwanderungs- und Karolingerzeit wie *Nibelungenlied* oder *Rolandslied* oder aus der dt. Geschichte wie *Herzog Ernst* und *König Rother*. Die Stoffe entstammen schriftlicher (lat. und frz.) und mündlicher Überlieferung, ↗ Mündlichkeit/Schriftlichkeit. Das im Vers-, später im Prosaroman gebotene Geschichtswissen wurde gern als Identifikations- und Repräsentationsmöglichkeit für die eigene säkulare Kultur benutzt, daneben aber auch für die Legitimation zeitgenössischer Herrschaftspraxis und für panegyrische Zwecke, für Erbauung und Belehrung und als Anschauungsmaterial für richtiges Verhalten in Welt und Zeit, ↗ Höfischer Roman, ↗ Volksbuch.

5. Kleinformen historischer Literatur brachte v.a. das spätere MA hervor. Dazu zählen die historisch-politischen Lieder (↗ Politische Dichtung), die Ereignisse der Zeitgeschichte zum Thema haben, und die nahezu unübersehbare Masse von nach lat. Vorbild entstandenen Viten und Legenden; vereinzelte Vorläufer gab es bereits im 12. und 13. Jh. Neben den neuen Formen volkssprachiger G.S. und G.D. wurden auch weiterhin, d.h. bis ins 15. Jh., die älteren Weltchroniken und Romane kopiert und gelesen. Im 16. Jh. schließlich wurde historisches Wissen v.a. in Meisterlied, Reimspruch und ↗ Drama weitergereicht, die auf der Grundlage humanistischer Übersetzungen antiker Quellen entstanden, ↗ Meistergesang, ↗ Sangspruch/Reimspruch.

Dorothea Klein

Lit.: H. Brunner (Hg.): Die dt. Trojaliteratur des MA und der frühen Neuzeit, 1990. – H. Grundmann: Geschichtsschreibung im MA, 1965. – F.-J. Schmale: Funktion und Formen mittelalterlicher G.S., 1985. – R. Sprandel: Chronisten als Zeitzeugen, 1994.

C. Neuzeit

1. Der Begriff Geschichte mit seinen zahlreichen Implikationen (Geschehnis, „historia“ und „fa-

bula") gehört zu den zentralen Denkfiguren der Neuzeit. Schon von daher ist begreiflich, daß die Literatur in verschiedenen Gattungen und Formen die Tragweite des Begriffs erprobt und genutzt hat. Das innige Verhältnis von G.S. und G.D. hat im Laufe der Zeit zu sehr unterschiedlichen Ausprägungen des Geschichtsbegriffs beigetragen. Ist dem 17. Jh. gleichsam die Entdeckung der Geschichte zuzuschreiben, so nimmt Geschichte im 18., v.a. aber im 19. Jh. im Historismus einen identifikatorischen Selbstwert an, der in neuerer Zeit – zuletzt durch den Begriff des Posthistoire – zunehmend in Frage gestellt wird. Mehr noch als unterschiedliche Darstellungsformen von Geschichte kommen dabei (bewußte und unbewußte) Anschauungsformen zum Tragen, die jeder (wissenschaftlichen und literarischen) Darstellung von Geschichte vorausgehen. Neuere geschichtstheoretische Untersuchungen haben gezeigt, daß solche Anschauungsformen als poetologische Vorausentscheidungen insbes. auch dort anzutreffen sind, wo sich Geschichte als Wissenschaft begreift. Auch für die ↗ Literaturwissenschaft gilt daher, daß die Untersuchung solcher Anschauungsformen die Leistungen einzelner Werke der sog. G.D. genauer zu erfassen vermag als etwa mit Neubuhrs Unterscheidung zwischen Geschichtsdrama und Historischem Drama (nach dem Maße der Deutung und der Faktizität).

2. Die Chroniken des MA und die verschiedenen eschatologischen Programme, die Geschichte im Sinne der christlichen Heilslehre interpretierten, werden in der Neuzeit durch ein historisches Bewußtsein abgelöst, das zunächst verstärkt darauf zielt, Stoffe der Vergangenheit als Spiegel der Gegenwart darzustellen. Nachdem in ↗ Renaissance und ↗ Humanismus mit der Wiederentdeckung antiker Quellen („fontes") die materiale Grundlage dafür geschaffen war (Enea Silvio, Celtis, Hutten, Sebastian Franck u.a.), nutzt der höfisch-historische Roman des ↗ Barock die allegorischen Möglichkeiten der Geschichtsdarstellung. Mit der Übersetzung von John Barclays *Argenis* (1626) durch Martin Opitz, selbst polnischer Hofhistoriograph, beginnt auch in Deutschland eine literarische Tradition, die fremde und historische Stoffe in den Dienst der zeitgenössischen Bildung und oft auch des historisch vermittelten politischen Kommentars stellt. Liebes- und Staatsgeschichten sind in den Romanen Anton Ulrichs von Braunschweig (*Octavia*, 1677-1707), Philipp von Zesens (*Assenat*, 1670), Daniel Casper von Lohensteins (*Arminius*, 1689-90) oder – besonders erfolgreich – in Heinrich A. von Ziegler und Kliphausens *Die asiatische Banise oder das blutig – doch mutige Pegu* (1689) kunstvoll miteinander verwoben. Wegen dieser Mischung verstanden die Zeitgenossen (bis hin zu J. J. Bodmer) solche Werke als Bildungsinstrumente par excellence, auch wenn später etwa Eichendorff diese Romane als „tollgewordene Realenzyklopädien" abtat. Eberhard Werner Happel hatte in seinem Roman *Der Insulanische Mandorell* (1670) die Definition aus Pierre-Daniel Huets *De l'Origine des Romans* (1666) übernommen, wonach sich Dichtung und G.S. dadurch unterscheiden, daß die Historien „in Genere wahr / aber in gewissen Stücken falsch [seien]. Die Romanen hingegen sind in gewissen Theilen wahr / und im gantzen oder in Genere falsch". Derart brachte er jenen komplexen Zusammenhang zwischen literarisch bzw. fiktional und faktisch orientierter G.S. zum Ausdruck, zu deren definitorischer Unterscheidung erst die Differenzierung der Begriffe Historie und Roman im 18. Jh. beitragen sollte, ↗ Roman, ↗ Romantheorie.

3. Wie der höfisch-historische Roman bediente sich auch das barocke Geschichtsdrama historischer Stoffe zur Gestaltung gegenwärtiger Probleme, insbes. sog. „Staatsaktionen". Gryphius' *Leo Armenius* (1650), die römischen und türkischen Stoffe bei Lohenstein sowie zum Teil auch die zahlreichen protestantischen Schuldramen und die Stücke des Jesuitentheaters sind hier zu nennen, und noch Gottscheds *Sterbender Cato* (1731) muß in dieser Tradition gesehen werden, ↗ Aufklärung. Wenngleich Lessings *Emilia Galotti* (1772) nicht eigentlich als Geschichtsdrama anzusehen ist, so kommt in der doppelten geschichtlichen Vermittlung des Stoffs (die römische Virginia als Folie, das Italien der Renaissance als Bühnengegenwart) doch jene historische Anschauungsform zum Ausdruck, die die Idee einer zeitlosen literarischen Wahrhaftigkeit über die Einsicht historischer Differenzen stellt.

4. Geschichte als eigenen Erfahrungswert zu interpretieren, in dem die Vergangenheit als solche vermittelt auf die Gegenwart wirke, blieb der Zeit ab dem ausgehenden 18. Jh. vorbehalten. Im Anschluß an Shakespeare bieten J. Elias Schlegels *Hermann* (1741) und Goethes *Götz von Berlichingen* (1773) sowie später Schillers *Don Karlos* (1787) und *Wallenstein* (1798-1799) historische Stoffe nicht als beliebige Spiegel der Gegenwart, sondern in ihrem Selbstwert als geschichtlich verbindliche Erfahrungsgröße. Ihnen gegenüber tritt die Gegenwart als Mangelerfahrung zum Vorschein. Von hier aus ist es kein weiter Weg zur nationalen Identitätsstiftung durch Geschichte. Kleists *Herrmannsschlacht* (entstanden 1808) eignet in diesem Sinne sowohl die plakative Größe in der Gestaltung historischer Helden als auch die patriotische Vereinnahmung der Vergangenheit. Hier wie überhaupt haben historische Zäsuren

entscheidenden Einfluß auf den Begriff und die Darstellung der Geschichte. Georg Büchners *Dantons Tod* (1835) ist ein herausragendes Beispiel dafür, wie historische Erfahrungen (hier die Französische Revolution) selbst Anlaß und Wendepunkt des in der Literatur vermittelten Geschichtsbewußtseins darstellen.

5. Im 19. Jh. konkurrieren insbes. zwei Vorstellungen miteinander, nämlich die der Krise bzw. des „gräßlichen Fatalismus der Geschichte" (Büchner) und die des wachsenden und sich vollendenden historischen Fortschritts (Herder, Hegel). Die eigentümliche Sehnsucht nach Vergangenheit, wie sie etwa in den Dramen Grillparzers zum Ausdruck kommt, stellt in diesem Sinne den Versuch dar, die als krisenhaft erfahrene historische Entwicklung durch eine rückwärtsgewandte Idealisierung der Vergangenheit zu revitalisieren. Ein solches Verfahren ist sowohl bei der romantischen Wiederbelebung des MA (Novalis, Wackenroder, Tieck u.a.), ↗ Romantik, zu beobachten als auch noch in der Vorliebe des 19. Jh. für den historischen Roman in der Nachfolge Walter Scotts (v.a. Alexis, Laube, Gutzkow, Meyer, Stifter, Fontane, Raabe) und für die zahlreichen Formen des historischen Gedichts, insbes. der ↗ Ballade. Solche literarischen Bemühungen korrespondieren – jenseits des Begriffs der Faktizität – mit den großen Werken der Geschichtswissenschaft im 19. Jh. (Gervinus, Droysen, Mommsen), die sich der Vergangenheit annahm, um – wie es Leopold von Ranke ausdrückte – zu schildern, wie es eigentlich gewesen ist.

6. Gegen diese Verselbständigung historischer Anschauungsformen richtet sich Nietzsches Schrift *Vom Nutzen und Nachtheil der Historie für das Leben* (1874), die gleichermaßen Ausdruck einer Krise der G.S. und eines Unbehagens an der Geschichte selbst ist. So ist auch die G.D. im 20. Jh. in doppelter Weise Ausdruck der Erfahrung von Krisen. Die Konzepte des 19. Jh., insbes. aber der Glaube an die Vollendung der Geschichte durch historischen Fortschritt, ist in drastischer Weise erschüttert. Neben Versuchen, das Wesen der Geschichte mythisch zu erschauen (Stefan-George-Kreis), sind es v.a. die historischen Romane des Exils, die eine Aktualisierung geschichtlicher Stoffe zu nutzen wissen, ↗ Exilliteratur. In den verschiedenen Fassungen von Brechts Drama *Leben des Galilei* (1938-1956) sind der Glaube an ein neues Zeitalter und das Bewußtsein für den wissenschaftlichen Fortschritt zunehmend von der Einsicht in dessen Gefahren geprägt. Zentraler Bezugspunkt des Geschichtsdramas nach 1945 ist die Erfahrung des Nationalsozialismus, dessen historische und literarische Darstellbarkeit v.a. das Dokumentartheater der 1960er Jahre (Hochhuth, Weiss, Kipphardt) zu erproben suchte. Das *Elend des Historizismus*, gegen das Karl R. Popper bereits 1944 mit Blick auf die geschichtlichen Gewißheiten des Marxismus anschrieb, entwickelt sich im Laufe des 20. Jh. zur Idee vom Ende der Geschichte überhaupt. Während etwa in Peter Weiss' *Marat/Sade* (1964) die Geschichte zu einem ewigen Antagonismus widerstreitender Interessen zu erstarren droht, ersetzt Heiner Müller in seinen Dramen den geschichtlichen Fortschritt durch die Permanenz von Gewalt, Vernichtung und Tod. In Botho Strauß' *Schlußchor* (1991), der auf die Wende des Jahres 1989 anspielt, ist das historische Ereignis schließlich zum Trugbild der Lähmung geronnen, in dem Stillstand und Bewegung unverbunden bleiben.

7. Im Bereich der Prosa erfreut sich die Geschichte dennoch fortwährender Beliebtheit, sei es in zahlreichen, der Trivialliteratur zuzurechnenden Historischen Romanen, sei es in den sog. postmodernen Entwürfen, die – wie etwa Wolfgang Hildesheimers *Marbot* (1981) oder Christoph Ransmayrs *Letzte Welt* (1988) – die Vergangenheit stets aufs neue zu erfinden wissen. Einen umfassenden Versuch, die Geschichte erzählerisch zu bewältigen, hat Peter Weiss mit dem Roman *Die Ästhetik des Widerstands* (1975-1981) vorgelegt, in dem zugleich reflektierend und erzählend die Suche nach den Gesetzen und der Darstellbarkeit der Geschichte fortgeführt wird. Uwe Johnsons *Jahrestage* (1970-1983) bedienen sich eines bescheideneren Verfahrens, indem die Protagonistin Gesine Cresspahl nur deshalb aus ihrem Leben (und damit aus der Geschichte des 20. Jh. zwischen Ost und West) erzählt, weil sie ihrer Tochter damit eine erfahrungsreiche Orientierung an die Hand geben kann. „Geschichte ist ein Entwurf", heißt es am Ende dieses vierbändigen Romans, der die Vorläufigkeit, aber auch die Notwendigkeit einer Vermittlung historischer Erfahrung literarisch belegt.

Peter Hanenberg

Lit.: H.V. Geppert: Der 'andere' historische Roman, 1976. – W. Hinck (Hg.): Geschichte im Gedicht, 1979. – E. Neubuhr (Hg.): Geschichtsdrama, 1980. – H. White: Die Bedeutung der Form. Erzählstrukturen in der G.S. 1987.

Gruppen, literarische

I. In der wissenschaftlichen Literatur fehlt eine einheitliche Bezeichnung für die meist lockeren Verbindungen von Autoren, Gelehrten und interessierten Laien, die sich um Entstehung und Verbreitung einer über das aktuelle literarische

Tagesgeschehen hinausgehenden qualitativ und thematisch „neuen" Literatur bemühen. Es gibt verschiedene Formen des Zusammenwirkens.

1. Eine von einem gemeinsamen Lehrer abhängige und auf dessen Kunst verpflichtete G. nannte man im 19. Jh. „Dichterschule". Seit die Geschichtsschreibung den Glauben an die überragende Wirkung einzelner verloren hat und den Blick mehr auf geistes- und sozialgeschichtliche Vorgänge richtet, an denen alle teilhaben, gilt der Begriff als überholt. Doch ein neuer Begriff hat sich nicht durchgesetzt, um Autoren zusammenzufassen, deren Texte sich an gemeinsamen, mehr oder weniger verbindlichen Ideen und Absichten orientieren. „Schulbildung" im eigentlichen Sinn gibt es, dem gesellschaftlichen Umfeld entsprechend, bei den Meistersingern, ↗ Meistergesang. Bereits in der sog. „Schlesischen Dichterschule", die in der Mitte des 17. Jh. den Reformvorschlägen des Gymnasialprofessors Martin Opitz folgt, oder in der durch den Leipziger Universitätsprofessor Johann Christoph Gottsched seit etwa 1730 beeinflußten „Deutschen Gesellschaft" hat der Begriff nur noch übertragene Bedeutung und bindet die Mitglieder der „Schule" allenfalls partiell und für kurze Zeit. Dennoch bildet die Übereinstimmung theoretischer Einsichten und künstlerischer Absichten noch öfter die Grundlage für die Zusammenarbeit von Autoren, ob sie nun nach außen als G. auftreten oder nicht. Das gilt für die Kreise der Romantiker, für das „Junge Deutschland", für naturalistische und neuromantische Zirkel am Ende des 19. Jh. und noch für die Gegenwart. Der Wandel in den Bedingungen der G.bildung bedürfte ausführlicher vergleichender Studien.

2. Im Paris des 17. Jh., als die Stadt zum politischen und geistigen Zentrum Frankreichs wird, treffen sich im „Salon" reicher Damen Schriftsteller, Künstler, Politiker, Gelehrte und gebildete Frauen. Produzenten und Rezipienten von Literatur entwickeln gemeinsam in bewußt gestalteter geistreicher Konversation eine gesellschaftliche Kultur, die ästhetische Maßstäbe festlegt und ein urteilsfähiges Publikum heranbildet. In Deutschland entstehen Salons erst im frühen 19. Jh. in Jena, Weimar, Wien, vor allem aber in Berlin, hier geführt etwa von Henriette Hertz, Rahel Varnhagen, Fanny Lewald und anderen. Da ein kulturelles Zentrum fehlt, bleibt in Deutschland freilich die öffentliche Wirkung solcher Salons gering.

3. Um gemeinsam Bücher zu erwerben, zu tauschen und die Inhalte zu diskutieren, schließen sich im 18. Jh. interessierte Bürger zu „Lesegesellschaften" zusammen. Da diese ständeübergreifend sind und intern nach demokratischen Spielregeln verfahren, stellen sie nicht nur ein wichtiges Moment bürgerlicher Emanzipation dar, sie fördern ihrerseits das Entstehen und den Druck neuer Literatur.

4. Zusammenschlüsse solcher Art sind allesamt „literarische Gesellschaften", doch ist der Begriff seit dem 19. Jh. für eine bestimmte Erscheinung festgelegt. Während die bisher genannten Gruppen immer interessiert sind an aktueller Literatur, entstanden in der zweiten Hälfte des 19. Jh. Vereine zur Verbreitung und wissenschaftlichen Erschließung der Werke einzelner Autoren der Vergangenheit, so die Shakespeare-Gesellschaft (1864), die Dante-G. (1865), die Goethe-G. (1885), die Schiller-G. (1895). Seit der Gründung einer Vielzahl solcher Gesellschaften im 20. Jh. sind die Ränder fließend. Oft sind sie nicht nur auf die Autoren fixiert, deren Werke sie im Bewußtsein halten wollen. Sie suchen auch das Gespräch mit zeitgenössischen Autoren und wollen einwirken auf das literarische Leben.

5. Im Rückblick wird deutlich, daß in der neueren ↗ Literaturgeschichte kaum eine literarische Gruppierung exklusiv ist, was das Programm oder die Mitglieder betrifft. „Dichter", schreibende Dilettanten, interessierte Leser, Kritiker, Gelehrte und Mäzene treffen sich gleichberechtigt. Die – oft auch in der Lebensgeschichte der einzelnen G. – wechselnde Zusammensetzung entspricht den Zielen in einer je anderen gesellschaftlichen Situation. Und seit dem frühen 18. Jh. läßt sich kein Autor auf Dauer in seiner Entwicklung einengen durch ein verabredetes Programm. Fast jeder der im folgenden genannten G. wurde von der Geschichtsschreibung nachgesagt, sie sei unfruchtbar geblieben in der eigenen Produktion ebenso wie in der Nachwirkung. Dennoch bilden solche G. die zentralen Sammelpunkte, an denen die Veränderung historischer Prozesse deutlich zu machen ist.

II. 1. Die dt. Sprachgesellschaften des 17. Jh. folgten ital. Vorbildern des 16. Jh., deren Programm es war, den Gebrauch der Volkssprache in wissenschaftlichen und literarischen Texten zu fördern, ↗ Barock. Auf einer Kavaliersreise wurden Ludwig Fürst zu Anhalt-Köthen und Caspar von Teutleben Mitglieder der Accademia della Crusca in Florenz. Sie gründeten 1617 – daß das 100 Jahre nach Luthers Thesenanschlag war, erhob man später zum Programm – die „Fruchtbringende Gesellschaft". Voraussetzung für die Aufnahme war nicht nur, „in gut rein deutsch" reden und schreiben zu können, sondern auch standesgemäße christliche Lebensführung. Sprachliche und moralische Disziplinierung ergänzten einander. Daß es darüber hinaus auch um die Dichtung ging, zeigt das Bemühen um Martin Opitz, der 1625 zweihundertstes Mitglied wurde und vor seine neue Gedichtausgabe einen Aufsatz setzte, der programmatisch die Rolle des Dichters im entstehenden absolutistischen Staat beschrieb. Die Gesellschaft war eine Sache des protestantischen und calvinistischen Adels, dessen neues Selbstverständnis allerdings auch Bürgerliche, die ihrerseits dann meist die Nobilitierung erstrebten, in die kulturelle Sammlungsbewegung einbezog.

Noch stärker an der Poetik und an der „Reim- und Dicht-Kunst" interessiert war der von Georg Philipp Harsdörffer und Johann Klaj 1644 in Nürnberg gegründete „Löbliche Hirten- und Blumen-Orden an der Pegnitz", abgekürzt „Pegnitzschäfer" genannt. Vom italienischen Manierismus angeregt, galt es, die Musikalität der dt. Sprache zu beweisen. „Reine und zierzeigende Reimgedichte" sollten die „tausend Stimmen der Natur" nachahmen. Der Orden hatte fast ausschließlich Mitglieder aus dem bürgerlichen Stand und nahm gleichermaßen Protestanten und Katholiken, darunter auch Frauen, auf.

2. Aus einer Sprachgesellschaft hervorgegangen ist die 1727 von Johann Christoph Gottsched in Leipzig gegründete „Deutsche Gesellschaft", die im Lauf des Jh. viele Nachfolger fand. Die Gründung war Teil eines umfassend konzipierten Aufklärungskonzepts, ↗ Aufklärung. Gottsched wollte Theorie und Praxis verbinden. Philosophie, ↗ Poetik und ↗ Rhetorik, aber auch eine von überhandnehmenden frz. Brocken gereinigte Sprache sollten dazu dienen, den Deutschen Anschluß zu verschaffen an das europäische Geistesleben. Gottsched hoffte vergeblich, der sächsische Staatsminister Graf Manteufel möge „wie ehemals der Cardinal Richelieu die französische Akademie" die Deutsche Gesellschaft seines „hohen Schutzes würdigen." Damit ist die nationale Bedeutung angegeben, die der Gesellschaft zugedacht war. Die Gründung zeigt den Übergang der kulturellen Führung zu den bürgerlichen Schichten.

3. Gottscheds Glaube an eine abstrakte, für alles und für jeden gleichermaßen gültige Vernunft machte Rang und Grenze seines Unternehmens aus, denn der Protest gegen sein absolutistisches Gebaren führte zur Abspaltung vor allem jüngerer Anhänger (J.A. Schlegel, C.G. Gärtner, J.A. Cramer, C.F. Gellert, G.W. Rabener u.a.). Sie gründeten die Zeitschrift *Neue Beiträge zum Vergnügen des Verstandes und Witzes* (1744-48), nach ihrem Erscheinungsort *Bremer Beiträge* genannt. Erstmals machte eine studentische Gruppierung Literaturgeschichte. Sie vertraute nicht mehr auf die Autorität eines Lehrers oder einer Poetik. Alle Arbeiten wurden gemeinsamer Kritik und einer Mehrheitsentscheidung unterworfen. Die poetischen Werke der G. zeigen zwar noch wenig Eigenleben, doch sie schuf mit ihrer Zeitschrift das Forum für den ersten Auftritt Klopstocks. Dessen Epos *Der Messias* und seine frühe Lyrik verschoben den Zweck der Dichtung vom „docere" und „delectare" zum „movere", vom Belehren und Ergötzen zur empfindsamen Ergriffenheit. Damit spielen gerade „junge" Autoren eine wichtige Rolle bei der Entwicklung der Literatur. Klopstocks Ode *Der Hügel und der Hain* (gemeint sind griechische und ↗ Germanische Dichtung) wurde namengebend für den „Göttinger Hain", eine G. von Studenten, die sich spontan am 12. November 1772 – so ein Brief von Johann Heinrich Voß – zum Bund ewiger Freundschaft zusammenschlossen. Begriffe wie „aufrichtig, wahr, bieder, natürlich" kennzeichneten ihr Verhältnis. Das Streben nach der „Fülle des Herzens" ergibt trotz der viel moderateren Töne Parallelen zum gleichzeitigen Freundeskreis Goethes in Straßburg.

4. Charakteristisch für Weimarer ↗ Klassik und ↗ Romantik waren G.-Bildungen, auf der Basis persönlicher Beziehungen und eines engen geistigen Austausches, ohne daß der einzelne sich einem Programm unterworfen hätte. Am ehesten läßt sich von einem solchen reden bei dem durch Goethe und Schiller unternommenen Versuch, mit Hilfe der Zeitschrift *Die Propyläen* Literatur und bildende Kunst auf die Nachfolge der Antike festzulegen, ↗ Antikerezeption. Die Jenaer und die Heidelberger Romantik werden geprägt durch G. von Studenten und jungen Dozenten, die den zeitweiligen Aufenthalt am gleichen Ort intensiv nutzten.

5. Typisch für das 19. Jh. sind Zusammenschlüsse auf lokaler Basis, die über längere Zeit die gesellschaftlichen Veränderungen ebenso spiegeln wie deren Rückwirkung auf die Literatur.

Die mit verschiedenen Hilfsnamen belegten „Schwäbischen Romantiker" stammen aus der pietistischen Honoratiorenschicht Altwürttembergs und gehen einem bürgerlichen Beruf nach. Zwischen 1810 und 1850 sammeln sie sich um Ludwig Uhland und Justinus Kerner, später stoßen Wilhelm Hauff, Eduard Mörike u.a. dazu. Wegen des Interesses an volkstümlichen lyrischen Formen und lokalen mittelalterlichen Stoffen sagt man ihnen provinzielle Enge nach. Über den biedermeierlichen Zügen wird aber leicht übersehen, daß sie wichtige Anregungen liefern für den süddeutschen Liberalismus, ↗ Biedermeierzeit.

Der Berliner „Tunnel über der Spree" wurde 1827 gegründet als geselliges Gegenstück zur „Mittwochsgesellschaft", die im Geiste Goethes Dichter und Leser zusammenführen und über neue in- und ausländische Literatur berichten wollte. Der Tunnel, gleichzeitig satirisch-witzige Männerrunde und „Dichtervereinigung" (Fontane), privater Verein, aber öffentlich auftretend, geriet wegen auseinandergehender politischer Interessen im Revolutionsjahr 1848 in eine Existenzkrise, um in den fünfziger Jahren mit Franz Kugler und dem jungen Paul Heyse den Höhepunkt seines öffentlichen Wirkens zu erreichen.

Ein klares kulturpolitisches Programm verfolgte der Dichterkreis der „Krokodile". König Maximilian II. von Bayern hatte 1853/54 norddt. Autoren „berufen", um München seinen politischen Vorstellungen gemäß zur kulturellen Hauptstadt Deutschlands zu machen. Emanuel Geibel und Paul Heyse suchten das Gespräch mit den Einheimischen, um, ihrem Auftrag entsprechend, eine idealisierende „Form-Reinheit, hohen Stil, eine Neigung zu dem Vornehmen" (Felix Dahn) durchzusetzen. Die Verbindung mit den im „Poetenverein an der Isar" organisierten einheimischen Autoren gelang zwar nur in Ansätzen, doch erkannte man am Ende des Jahrhunderts respektvoll an, die Norddeutschen hätten ein „fühlbares" neues Leben in die Literaturszene Münchens gebracht.

6. Als einen „Übergang" verstanden manche Zeitgenossen von 1890 ihre Epoche eines nach außen hin glänzenden Materialismus und Imperialismus, in der sie überall Brüche und Verwerfungen bemerkten. Gerade die G. zeigen die Vielfalt der neuen Ansätze. Da ist etwa der Verein „Durch", 1886 in Berlin gegründet, in dem Heinrich und Julius Hart, Wilhelm Bölsche, Gerhart Hauptmann u.a. die Möglichkeit einer objektiv nach naturwissenschaftlichen Methoden arbeitenden naturalistischen Literatur erörterten, ↗ Naturalismus. Aber die Umsetzung der Pläne blieb schwierig. Etwa gleichzeitig begann Stefan George Dichter, Künstler und Wissenschaftler um sich zu sammeln („George-Kreis") und vermittelte ihnen seine Idee, daß schöpferischer Umgang mit dem Wort eine Schönheit hervorbringt, die magisch heilend das Leben erneuert. Im kleinen Zirkel sollte sich die geistige Führerschicht eines künftigen Reiches heranbilden. Aber der Plan einer „großen geistigen Allianz", die Hoffnung gar, „durch jahre in unserm schrifttum eine sehr heilsame diktatur" ausüben zu können, erfüllte sich nicht.

7. Der literarische und künstlerische Neueinsatz vor dem Ersten Weltkrieg war nur möglich durch ein besonderes Wir-Gefühl der Künstler: „Wir sind Expressionisten. Es kommt wieder auf den Gehalt, das Wollen, das Ethos an" (Kurt Hiller 1911), ↗ Expressionismus. Sie sammelten sich etwa um die Zeitschriften *Der Sturm* und *Die Aktion*, ohne feste Programme oder Strukturen auszubilden. Der Versuch in den zwanziger Jahren, durch einen „Bund proletarischer Schriftsteller" demokratische Freiheiten zu sichern, scheiterte an den politischen Widersprüchen innerhalb der G. Die verordneten Zusammenschlüsse in Nazizeit und DDR sollten disziplinieren. Mit dem Fortschritt von Literatur hatten sie nichts zu tun.

8. Eine wichtige Rolle für die Beeinflussung literarischer Prozesse über einen längeren Zeitraum spielt die „Gruppe 47" im Nachkriegsdeutschland. Nach dem Verbot der Zeitschrift *Der Ruf* planten deren Herausgeber, ihr Eintreten für demokratische Verhältnisse und für den Anschluß der dt. Literatur an die literarische ↗ Moderne fortzusetzen. Wortführer der Gruppe wurde Hans Werner Richter. Der Ort der jeweiligen Treffen bildete eine Art „literarischer Ersatzhauptstadt" (Böll) in der doppelten Funktion als kritischer Austausch und literarischer Markt. In den fünfziger und sechziger Jahre prägte die Gruppe die Entwicklung der dt. Literatur. Die Verabredung, Verantwortung zu übernehmen „gegenüber der politischen und gesamtgesellschaftlichen Entwicklung" wich freilich einem zunehmenden Rückzug von der Politik. Als die Studentenrevolte von 1968 ausbrach, stellte sich heraus, daß die Gruppe 47 „weder Stichwörter noch Beifall" liefern konnte. Erneuerungsversuche in den siebziger Jahren hatten keinen Erfolg mehr.

Ein nicht eingelöstes Versprechen der Gruppe 47 übernahm die „Gruppe 61". Sie wollte die Probleme der industriellen Arbeitswelt aufgreifen. 1971 verschärfte man noch die Formulierung des Programms und verabredete, „die Probleme der Ausbeutung ins Bewußtsein zu bringen". Literarische Arbeit wurde damit ebenso wichtig wie politische Aktion. Inzwischen hatte sich der „Werkkreis Literatur der Arbeitswelt" abgespalten, der – Vorstellungen der Literaturpolitik der DDR aufgreifend – in Workshops Literaten und bildende Künstler, Angestellte und Arbeiter zusammenführte, um gemeinsam gesellschaftliche Veränderung möglich zu machen. Über die Fischer-Taschenbücher erreichte der Werkkreis ein großes Publikum.

In den fünfziger Jahren bildeten in Wien Autoren, Maler und Komponisten die „Wiener Gruppe". Sie teilten den Abscheu vor der Nachkriegs-Restauration und suchten die „gemeinsame Auseinandersetzung mit dem Material Sprache überhaupt". Radikal zugespitzt zeigen sie das Grundanliegen aller G.: die Literatur als „Experimentierfeld zu sehen für neue Ordnungen, eine andere Denkweise, eine neue Sprache."

Johannes Mahr

Lit.: W. Wülfing/K. Bruns/R. Parr: Handbuch literarischer Vereine, G. und Bünde, 1996. – M. Bircher: Im Garten der Palme. Ausst.-Katalog Wolfenbüttel, 1992. – H.L. Arnold: Die Gruppe 47, [2]1987.

H

Heldendichtung

1. H., abgeleitet von „Held", altsächs./ahd. „helid" „Mann, Krieger", ist poetisch geformte Erzählüberlieferung von Ereignissen aus der kriegerisch bewegten heroischen Frühzeit einer Gemeinschaft, dem „heroic age" (Chadwick). Soziologische Voraussetzung ist das Vorhandensein einer Kriegeraristokratie. Das „heroic age" der griechischen Antike etwa ist die Zeit des Trojanischen Kriegs, das der Germanen die Völkerwanderungszeit, das der altfrz. H. i.d.R. die Karolingerzeit.

H. erzählt von den außergewöhnlichen Taten des Helden, die meist von historischer Bedeutung für seine Gemeinschaft sind. Der Held, Idealtypus des adligen Kriegers, ist ein Mensch von außerordentlicher Stärke und Tapferkeit; seine Lebensform ist die Tat, meist kriegerische Aktion auf Leben und Tod, seine Lebensnorm die Ehre. Heroische Überlieferung gilt als Geschichtsüberlieferung des Kriegeradels, als „Vorzeitkunde" (Höfler) oder adlige „Hausüberlieferung" (Hauck). Daher rührt die gattungstypische Anonymität der H.; die Verfasser treten hinter dem als kollektiver Besitz empfundenen Stoff zurück. H. tendiert zur Zyklusbildung: Durch Verwandtschaftsbeziehungen, Vorgeschichten und Fortsetzungen, Auserzählen der Schicksale von Nebenfiguren und Verweise auf andere Helden wird einzeltextübergreifend eine in sich kohärente, nach außen abgeschlossene Welt entworfen, eine Geschichte der jeweiligen Heldenzeit.

Stoff der H. ist die Heldensage, die gesamte geformte und ungeformte – u.a. durch bildliche Darstellungen oder Reflexe in anderen Texten (z.B. Heldenkatalog des altengl. *Widsith*, Handschrift 10. Jh.; lat. Historiographie) bezeugte – heroische Überlieferung. Für die ältere Forschung fielen Heldensage und H. zusammen: der ↗ Romantik galt H. selbst als kollektives Erzählgut; Andreas Heusler (1865-1940) u.a. schien heroische Überlieferung nur in individuell geformten Dichtungen möglich. Die neuere Forschung geht von der Existenz von Heldensage vor und neben der H. aus.

H. und Heldensage sind übernationale Phänomene, bezeugt u.a. im Altmesopotamischen (*Gilgamesch*) und Altindischen, in der griechischen (Homer) und römischen Antike, im MA in der Germania und Romania, im slawischen Bereich noch in der Neuzeit, auf dem Balkan bis ins 20. Jh.

2. Ausgangspunkt für heroische Überlieferung ist die Geschichte. ↗ Mythos und ↗ Märchen liefern allenfalls sekundäre Motive. Die H. der Germania bezieht sich vor allem auf Ereignisse der Völkerwanderungszeit (vom Einfall der Hunnen ins Ostgotenreich um 375 bis zum Einfall der Langobarden in Oberitalien 568) und der merowingischen Geschichte (Siegfried?), ↗ Germanische Dichtung.

Die historischen Ereignisse sind jedoch überformt (z.B. wird aus dem Usurpator Theoderich dem Großen, Ostgotenkönig 493-526, der unrechtmäßig vertriebene Dietrich von Bern); historisch Ungleichzeitiges wird gleichzeitig: im *Nibelungenlied* sind der Burgundenkönig Gunther (Gundaharius, gefallen 436/437), der Hunnenkönig Etzel (Attila, gest. 453), Dietrich von Bern (Theoderich, gest. 526) Zeitgenossen. Historische Konflikte werden in persönliche Konflikte, oft unter Verwandten, transformiert, komplexe politische Sachverhalte auf elementare menschliche Verhaltensweisen (Habgier, Ehre, Rache u.a.) reduziert; erzählt wird in vertrauten literarischen Mustern und Rollen (gefährliche Brautwerbung, verräterische Einladung, treuloser Ratgeber, Rächer u.a.). Doch bedeuten solche Personalisierung und Literarisierung nicht Entpolitisierung, sondern einen Versuch der Bewältigung von Geschichte (Haug).

3. H. stammt aus mündlich-illiterater Tradition; vor ihrer Verschriftlichung ist mit mündlicher Überlieferung zu rechnen, ↗ Mündlichkeit/Schriftlichkeit. Deren genaue Form entzieht sich unserer Kenntnis. Vorstellungen von den Verfahren mündlicher Erzählkunst vermittelt jedoch die „oral poetry"-Forschung (Parry, Lord) aufgrund von Untersuchungen an der mündlichen südslawischen Epik des 20. Jh.: Anhand eines Repertoires fester Sprachformeln, Handlungsschablonen und Melodieteile konzipiert der analphabetische Sänger (Guslar) die Dichtung für jeden einzelnen Vortrag neu; nur die Grundlinien der Fabel stehen fest, Wortlaut und inhaltliche Details sind variabel. Die schriftlich erhaltene H. des europäischen MA ist nicht „oral poetry" in diesem Sinn; sie zeigt Spuren von Mündlichkeit (Formelhaftigkeit der Sprache, wiederkehrende Erzählmuster), aber auch schriftliterarische Einflüsse; ihre Verfasser verfügen über literarische Fähigkeiten.

4. Die wichtigsten Formen von H. sind Heldenlied und Heldenepos, ↗ Epos. Sie unterscheiden sich in Länge und Erzählduktus (liedhafte Knappheit, Konzentration auf zentrale Szenen und wenige Personen vs. epische Breite). Die in der älteren Forschung gängige Antithese von (gesungenem) „Vortragslied“ und schriftliterarischem „Buchepos“ (Mohr) ist inzwischen relativiert: auch Heldenepen waren sangbar; ein mündliches Epos ist nach den Ergebnissen der „oral poetry“-Forschung nicht undenkbar. Buchepen sind jedoch die erhaltenen Heldenepen (altengl. *Beowulf*, 8. Jh.?; afrz. und mhd. Heldenepik).

Als ältere Form gilt das Heldenlied. Die erhaltenen Heldenlieder der Germania (*Ahd. Hildebrandslied*, s.u.; altengl. *Finnsburg*-Fragment; altnord. Lieder der *Edda*, Handschrift um 1270, älteste Lieder 9./10. Jh.) vertreten einen komplexeren als den international nachweisbaren archaischen, mündlich konzipierten Typ; sie sind kunstvolle Schöpfungen vermutlich individueller (anonymer) Dichter, Stabreimlieder (ursprünglich stichisch, d.h. metrisch gleichgebaute Verse reihend, später auch strophisch), ↗ Metrik, ↗ Reim, ↗ Strophe(nformen); als typisch gilt das „doppelseitige Ereignislied“ (Heusler; unmittelbare, nicht rückblickende Vorführung eines Ereignisses im Wechsel von knappem Erzählerbericht und dramatischen Dialogen). Ob dieser Typ bereits für die Völkerwanderungszeit anzusetzen ist – womöglich als die Form germ. heroischer Überlieferung schlechthin –, ist fraglich. Die Entstehung des Heldenepos aus dem Heldenlied stellte sich Karl Lachmann (1793-1851) als Addition von Einzelliedern vor (Lieder- oder Sammeltheorie). Heusler ging davon aus, daß das Epos durch „Anschwellung“ aus dem Lied entstehe, das bereits die ganze Fabel enthalte.

Varianten des Heldenlieds sind die Heldenballaden (skandinavische, englisch-schottische Balladen; zu den frühnhd. Balladen s.u.), ↗ Ballade, Varianten des Heldenepos die Heldenromane (altnord. Prosa-Sagas; der Begriff wird z.T. auch für die vom höfischen Roman beeinflußten mhd. Heldenepen verwendet).

5. Afrz. Heldenepik („Chansons de geste“, „Lieder von Taten“) ist seit dem Ende des 11. Jh. überliefert. Die ältere Forschung nahm eine volkstümliche, bis ins „heroic age“ (Karolingerzeit) zurückreichende Tradition mündlich überlieferter Heldenlieder an; die jüngere Forschung sieht die Chansons de geste eher als schriftliterarische Gattung des 11./12. Jh.; hierfür spricht v.a. die konstitutive Rolle aktueller Probleme (Kreuzzugsthematik, Konflikte zwischen Zentralgewalt und Territorialherren). Die historischen Ereignisse sind unter christlich-heilsgeschichtlicher und nationaler Perspektive stilisiert. Die Chansons des geste bilden biographisch und genealogisch organisierte Zyklen: a. die Königsgesten (Karlsgesten) um Karl den Großen und seine zwölf Paladine (z.B. *Chanson de Roland*, um 1100); b. die Wilhelmsgesten um Guillaume d' Orange und dessen Geschlecht; c. die Empörergesten: Epen über die Empörung verschiedener Vasallen gegen König oder Kaiser.

Die Motivübereinstimmungen zwischen Chansons de geste und der germanisch-dt. H. sind nicht geklärt; umstritten ist, ob in fränkischer Zeit mit dem Einfluß germ. H. zu rechnen ist. Neuere Forschungen machen einen gewissen Chansons-de-geste-Einfluß auf die mhd. H. plausibel.

Die wichtigsten mhd. Bearbeitungen afrz. Chansons de geste, sog. „dt. Chansons de geste“, sind das *Rolandslied* des Pfaffen Konrad (um 1170; vgl. auch die Bearbeitung in Strickers *Karl*, um 1220/30?) und der *Willehalm* Wolframs von Eschenbach (um 1210/1220; vgl. auch die Fortsetzungen: Ulrich von dem Türlin, *Arabel*, 1261/69; Ulrich von Türheim, *Rennewart*, nach 1243). Sie sind gattungsmäßig schwer einzuordnen zwischen ↗ Kreuzzugsdichtung, ↗ Geistlicher Dichtung (*Rolandslied*), Legendenroman (↗ Legende) und ↗ Höfischem Roman (*Willehalm*). Als „dt. Chansons de geste“ bezeichnet man auch in der Art von Chansons de geste, aber ohne altfrz. Vorlagen abgefaßte mhd. epische Texte (↗ Spielmannsepik): *König Rother* (um 1165; Karlsgeste: Geschichte der fiktiven Großeltern Karls des Großen), *Herzog Ernst* (älteste Fassung um 1170/80; Empörergeste: Empörung Herzog Ernsts gegen seinen Stiefvater Kaiser Otto).

6. Einziges Zeugnis germ. H. in dt. Sprache ist das *Ahd. Hildebrandslied* (Fragment, aufgezeichnet um 830/40). Es erzählt eine Sproßfabel der Dietrichsage, den – wohl tragisch mit der Tötung des Sohnes endenden – Kampf zwischen Dietrichs von Bern Gefolgsmann Hildebrand und dessen Sohn Hadubrant, ↗ Ahd. Literatur.

Mhd. Heldenepik entsteht etwa vom Ende des 12. Jh. an, hauptsächlich im Donau- und Alpenraum. Sie umfaßt a. die Nibelungendichtungen *Nibelungenlied* (um 1200; Siegfrieds Tod, Burgundenuntergang) und *Klage* (kommentierende Fortsetzung zum *Nibelungenlied*); b. *Kudrun* (13. Jh., erst Anfang 16. Jh. überliefert; Brautwerbungsepos, außer durch die Hildesage als Vorgeschichte ohne Bezüge zur heroischen Stofftradition, in der Gattungszugehörigkeit umstritten, meist als versöhnlicher Gegenentwurf zum *Nibelungenlied* interpretiert); c. Bruchstücke einer *Walther und Hiltgunt*-Dichtung (13. Jh.; die Walthersage – sonst nur im fragmentarischen altengl. *Waldere* und im lat. *Waltharius*, 10. Jh., einer H.-Parodie aus klerikaler Perspektive, überliefert – erzählt Walthers Flucht mit Hiltgunt aus hunnischer Geiselhaft und seine Kämpfe mit Gunther und Hagen); d. *Ortnit* und die *Wolfdietriche* (13. Jh.; Erzählungen von Brautwerbung, Drachenkämpfen, Enterbung, Rache, Abenteuern; zurückgehend auf russische Heldenepik – *Ortnit* – bzw. Motive der merowingischen Geschichte – *Wolfdietrich*?); e. Dietrichepik (meist 13. Jh.): „historische Dietrichepik" (Dietrichs von Bern Rückeroberungskämpfe gegen Ermenrich/Ermanarich: *Dietrichs Flucht*, *Rabenschlacht*, *Alpharts Tod*), „aventiurehafte Dietrichepik" (Dietrichs Abenteuer mit Helden, Riesen, Zwergen, Ungeheuern: *Rosengarten zu Worms*, Albrechts von Kemenaten *Goldemar*, ferner *Eckenlied*, *Sigenot*, *Virginal*, *Laurin*, *Wunderer*, *Biterolf und Dietleip*, *Dietrich und Wenezlan*). Charakteristisch für die Überlieferung mhd. H. ist die hohe Variabilität der Texte bis hin zur Existenz verschiedener Fassungen.

Konstitutives Gattungsmerkmal ist der Stoff, die weitgehende Beschränkung auf die aus mündlich-illiterater Tradition stammenden (pseudo-)historischen Erzählstoffe aus dem „heroic age" (im Gegensatz zu den schriftliterarischen Stoffen des Antikenromans, ↗ Anikerezeption und zur Fiktionalität der „matière de Bretagne", Höfischer Roman); andere Stoffe (*Ortnit*, Dietrichs Abenteuer) lagern sich an Helden aus heroischen Stoffkreisen an (Ausnahme: *Kudrun*). Zeitgenössisches Gattungsbewußtsein belegen die stoffliche Geschlossenheit mhd. H. (Bezüge auf einen gemeinsamen Hintergrund von Personen und Ereignissen aus heroischer Überlieferung unter Ausschluß anderer Stoffkreise) und der bevorzugte Überlieferungstyp der sog. Heldenbücher (Sammelhandschriften v.a. des 15. Jh., die ausschließlich oder überwiegend heldenepische Texte sammeln und zyklisch miteinander verknüpfen). Gattungstypisch sind ferner die fast ausnahmslos festzustellende Anonymität; die meist strophische Form (Langzeilenstrophen, im Gegensatz zum fortlaufenden Reimpaarvers des Höfischen Romans); der gesungene Vortrag (Höfische Romane wurden rezitiert); ein archaischerer Sprachstil; geringere Bedeutung der Minnethematik und meist andere Akzentuierung der Kampfthematik (Ernstkampf, nicht „âventiure" zur individuellen Bewährung); eine weniger ausgeprägte Erzählerrolle, geringere Bedeutung von Reflexion und Kommentaren; eine stärker typisierte, rollenhafte Figurengestaltung; Erzählen von der Handlung, nicht vom Einzelhelden her. Diese Merkmale grenzen vor allem H. und Höfischen Roman gegeneinander ab; Berührungen gibt es dagegen mit der Spielmannsepik. Mhd. Heldenepik, verschriftlich in einer vom Höfischen Roman dominierten Literatursituation, ist jedoch von Anfang an durch diesen beeinflußt (Darstellung höfischen Lebens, Minnethematik im *Nibelungenlied*, Aventiure-Thematik der aventiurehaften Dietrichepik u.a.). Typisch für H. ist allerdings eine realistischere, oft illusionslose Weltsicht; dem optimistischen Entwurf des Artusromans stellt das *Nibelungenlied* den Untergang einer ganzen Welt entgegen.

Überliefert wird mhd. H. bis weit in die Frühe Neuzeit hinein (Drucküberlieferung bis ins 16./17. Jh.). Im 16. und 17. Jh. sehr beliebt waren Heldenballaden (*Jüngeres Hildebrandslied*, frühestens 15. Jh., mit versöhnlichem Ausgang des Vater-Sohn-Kampfes; *Lied vom Hürnen Seyfrid*, um 1500?; niederdt. Lied von *Koninc Ermenrikes Dot*, erstmals gedruckt um 1560). 1557 verfaßte Hans Sachs sein Drama *Der hurnen Seufrid*. Die 1657 erstmals gedruckte Prosaauflösung *Von dem gehörnten Siegfried* wurde bis ins 19. Jh. gelesen. Im 19. Jh. wurden Heldensagenstoffe, besonders der Nibelungenstoff, in Dramen behandelt (Fouqué, Wagner, Hebbel u.a.), ↗ Mittelalterrezeption. Von der Romantik bis 1945 gab es zahlreiche Versuche national(istisch)er Vereinnahmung. Die wissenschaftliche Beschäftigung mit germanisch-dt. H. beginnt – nach der Wiederentdeckung des *Nibelungenlieds* durch Johann Jacob Bodmer Mitte des 18. Jh. – Anfang des 19. Jh. mit Karl Lachmann.

Elisabeth Lienert

Lit.: H. Brunner (Hg.): Interpretationen. Mhd. Romane und Heldenepen, 1993. – J. Heinzle: Das Nibelungenlied, 1994. – W. Hoffmann: Mhd. H., 1974. – V. Mertens/U. Müller (Hg.): Epische Stoffe des MA, 1984. – K. von See: Germ. Heldensage. Stoffe, Probleme, Methoden, 1971. – H. Uecker: Germ. Heldensage, 1972. – A. Wolf: Heldensage und Epos, 1995.

Hermeneutik

1. H. (griech. „hermeneúein" – „auslegen, erklären") bezeichnet die Lehre vom Verstehen. Eingeführt zur Bibelauslegung, findet sie später in allen textorientierten Künsten und Wissenschaften Anwendung. Die ↗ Literaturwissenschaft bezieht sich auf allgemeine hermeneutische Prinzipien; die Möglichkeit und Notwendigkeit einer eigenen literarischen Spezial-H. (analog zur theologischen, juristischen, historischen H.) wird erst in den vergangenen zwanzig Jahren diskutiert. Besondere Bedeutung erhält in der Literaturwissenschaft neben dem Problem des Verstehens die Kunst der Textauslegung, auf ihr beruht jede Interpretation.

Verstehen funktioniert im Alltag reibungslos: In der praxisorientierten Kommunikationssituation werden Schwierigkeiten durch Rückfragen behoben. Anders ist dies bei schriftlich fixierten Texten, vor allem bei solchen aus fernen Kontexten, hier sind Mißverständnisse unvermeidlich. Problematisiert wurde der Vorgang des Verstehens und sein Ergebnis erst im Laufe der ↗ Aufklärung. Die philosophische H. entwickelte sich, je deutlicher das hermeneutische Problem in den Mittelpunkt des Interesses rückte: Wie kann ein überlieferter Text überhaupt verstanden werden, welchen Bedingungen unterliegt das Verstehen?

Ursprüngliche Aufgabe der H. ist die Sicherung eines adäquaten Textverständnisses. Dies heißt zunächst, Einübung in die normierte Auslegung überlieferter Texte mit kanonisiertem Sinn (z. B. Kirchenväter, römisches Recht, klassische antike Dichtung). In hermeneutischen Regeln, sogenannten Kanones, wird dies technisch festgelegt. Erst mit einsetzender Kritik an jeglicher dogmatischer Tradition wird deutlich, daß sich Verstehen von der unterstellten Absicht der Autoren und dem vermeintlich unveränderlichen Sinn ihrer Schriften entfernen kann. Nicht nur die Autorseite legt in Textstrategien Sinn fest, auch die Leserseite bringt eigene hermeneutische Voraussetzungen für die Art und Weise mit, wie sie dem Text Sinn zumißt.

Über den Vorgang der Sinnaufnahme existieren konkurrierende Vorstellungen. Je nach theoretischer Ausrichtung wird unterschieden zwischen dem Rekonstruieren der Autormeinung, dem Einfühlen in mögliche Vieldeutigkeit oder dem Neuschöpfen beim Lesen. Der erstere Fall geht von geringen Mißverständnissen, der letztere von großen Sinndifferenzen zwischen der Autormeinung und dem Rezipientenverständnis aus; in allen Fällen geht es darum, den Autor letztlich besser zu verstehen, als er sich selbst verstanden hat. Textverstehen tritt als Auslegung des Textes auf. Diese kann niemals abgeschlossen sein, der Vorgang ist ständig präzisier- und erweiterbar. Je größer der historische Abstand zwischen Textproduktion und -rezeption, desto schwieriger wird das Verstehen und desto kompliziertere Bedingungen gelten. Die „historische Differenz" – gemeint sind zeitliche, räumliche und generell kulturelle Unterschiede – zu überbrücken, ist das praktische Problem; diesen Vorgang theoretisch zu untersuchen, ist Gegenstand der hermeneutischen Theorie.

2. Grundmodell der H. ist der „hermeneutische Zirkel": Der Verstehensakt geht von einem im – um Verstehen bemühten – Subjekt vorhandenen Vorwissen (über den Text und über die Welt) aus, das mit dem wahrzunehmenden Text konfrontiert wird. In dem Maße, wie eine Bedeutung von Textteilen vom Subjekt rekonstruiert wird, unterliegt das Vorwissen einer Korrektur. Im weiteren Verlauf wird das Textganze auf die Bedeutung seiner Teile bezogen und so eine mehr oder weniger konsistente Textaussage erschlossen. Bei erneuter Textlektüre wird dieser Vorgang jedesmal wiederholt, wobei das Vorwissen differenzierter wird und das Verstehen des Textganzen besser gelingt. (Eine Annahme, die von der allgemeinen Leseerfahrung gestützt wird: Beim zweiten- oder drittenmal „sagt einem der Text mehr"). Das Zirkuläre des Vorganges kann nicht überwunden werden. Hierin liegt der Hauptangriffspunkt aller Kritik gegenüber der H.: Da sie auf logischen Zirkelschlüsseln aufbaut, die als „vitiöse" nicht umgangen werden können, verstößt sie gegen ein grundlegendes Kriterium wissenschaftlicher Logik. Von diesem Problem aus entwickelt sich die erkenntnistheoretische Diskussion in den Geistes- und Sozialwissenschaften: Der hermeneutische Zirkel wird von seiten der H. entweder als prinzipielle Grundstruktur begrüßt oder seine „Vitiosität" heruntergespielt, von strukturalistischer oder analytisch-empirischer Seite dient er als Argument, mit dem die H. aus der Reihe ernst zu nehmender Wissenschaften ausgegrenzt wird.

3. Die Geschichte der modernen H. beruft sich in groben Zügen auf die Positionen Schleiermachers, Diltheys, Staigers und Gadamers. Im 18. Jh. wurde zwar die dogmatische Textdeutung kritisiert, dem Verstehensprozeß selbst jedoch kaum Problematisches zugeschrieben: Sprache galt als Repräsentation von etwas zuvor jeweils schon Gedachtem, woraus folgt, daß die Rezipienten die vom Autor gemeinte Bedeutung des Textes ohne Probleme nachvollziehen können. Da Sprache als in ihrem Zeichencharakter und ihrer grammatischen Strukturierung eindeutig aufgefaßt wurde, gab es keinen Spielraum der Interpretation im Verstehensakt. Wer Semantik und Grammatik beherrschte, konnte die gemeinten Dinge eindeutig rekonstruieren.

Die „romantische Hermeneutik" (↗ Romantik) Friedrich Ernst Daniel Schleiermachers (Basistext: *Hermeneutik und Kritik*, aus dem Nachlaß 1838) wertet erstmals den Einfluß des wahrnehmenden Subjektes auf und billigt ihm Entscheidungsmöglichkeiten im Verstehensprozeß zu. Die eindeutige Struktur der Grammatik tastet er nicht an; als Folge daraus resultieren zwei Wege des Zugangs (Kanones): ein grammatischer und ein psychologischer. Das gelingende Verstehen gilt Schleiermacher im alltäglichen Sprachgebrauch als Normalfall – solche Texte haben einen hermeneutischen „Nullwert". Eine gesteigerte Bemühung um Verstehen wird nur nötig, wenn Texte Anzeichen einer nicht-alltäglichen Bedeutung aufweisen. Dann sind beide Kanones mit

Sorgfalt anzuwenden. Für die „grammatische Auslegung" gilt: „Alles, was noch einer näheren Bestimmung bedarf in einer gegebenen Rede, darf nur aus dem dem Verfasser und seinem ursprünglichen Publikum gemeinsamen Sprachgebiet bestimmt werden." Der Zusammenhang der ganzen Rede muß leitend sein – „Alles bedarf näherer Bestimmung und erhält sie erst im Zusammenhang". Hierzu gehören Verfasser und Leser mit ihrem gemeinsamen Wissen und Sprachgebrauch: „Das Gebiet des Verfassers ist das seiner Zeit, seiner Bildung und das seines Geschäfts". Der „psychologische" Kanon als „Die strengere Praxis" geht davon aus, daß sich das „Mißverstehen von selbst ergibt und das Verstehen auf jedem Punkt muß gewollt und gesucht werden". „Jeder Punkt" ist bezogen auf das Verstehen des Ganzen: „Der gemeinsame Anfang für diese Seite der Auslegung und die grammatische ist die allgemeine Übersicht, welche die Einheit des Werkes und die Hauptzüge der Komposition auffaßt. Aber die Einheit des Werkes, das Thema, wird hier angesehen als das den Schreibenden bewegende Prinzip, und die Grundzüge seiner Komposition als seine in jener Bewegung sich offenbarende eigentümliche Natur." Statt der Konstruktionsregeln der Sprache, die in der „grammatischen" Auffassung die Texteinheit zusammenhalten, ist hier „die Einheit" aufgefaßt als „das, wovon der Verf.[asser] zur Mitteilung in Bewegung gesetzt wird." Die Einheit entsteht aus dem eigenen Willen und ist deshalb nur psychologisch zugänglich. Der Verfasser erscheint aus dieser Perspektive nicht als Vollzugsinstanz, die den Regeln der Sprache gehorchen muß, sondern als Individuum, das eigenmächtig „in der Sprache mitarbeitet". Dieses sprachliche Tun, das im Textverlauf als schöpferische Rede hervortritt, heißt bei Schleiermacher „Stil". „Das ganze Ziel ist zu bezeichnen als vollkommenes Verstehen des Stils"; diesem bleiben Grenzen gesetzt, es gelingt „nur durch Annäherung". Voraussetzung dafür ist die Beherrschung und Durchführung der „grammatischen" Auslegung, deshalb ist die Praxis der Auslegungskunst keineswegs in ihrer Wahrnehmung des einzelnen als willkürlich zu bezeichnen. Sie ist jedoch in ihrer „psychologischen" Seite auch nicht regelbar (und bleibt deshalb selber eine „Kunst").

Wilhelm Dilthey (*Die Entstehung der Hermeneutik,* 1900, *Der Aufbau der geschichtlichen Welt in den Geisteswissenschaften*, 1910) setzt die Geisteswissenschaften den Naturwissenschaften auf der Basis der H. methodisch offensiv entgegen. Er gilt damit als Begründer dieser Opposition. Er argumentiert dabei mit den jeweiligen Gegenständen, die einerseits analytisch-empirische, andererseits hermeneutische Methoden erfordern. Ein Ideal von wissenschaftlicher Objektivität muß freilich – gegenüber der „romantischen Subjektivität" Schleiermachers – auch in der H. gesichert werden. Die „Hauptaufgabe" liege darin, „gegenüber dem beständigen Einbruch romantischer Willkür und skeptischer Subjektivität in das Gebiet der Geschichte die Allgemeingültigkeit der Interpretationen theoretisch [zu] begründen, auf welcher alle Sicherheit der Geschichte beruht. Aufgenommen in den Zusammenhang von Erkenntnistheorie, Logik und Methodenlehre der Geisteswissenschaften, wird diese Lehre [...] ein Hauptbestandteil der Grundlegung der Geisteswissenschaften." Damit wird die H. zur Grundlage einer ganzen Traditionslinie von Geschichts- und Literaturwissenschaft. In der Verallgemeinerung des Individuellen im Verstehensprozeß wird Schleiermachers Entdeckung eben dieses Individuell-Besonderen auf die Ebene einer verfügbaren Wissenschaft nivelliert, ohne die Besonderheit des Individuellen zu leugnen. Geschichte wird zu einer allgemeinverständlichen Abfolge besonderer Erlebnisse. Den Anspruch auf Verallgemeinerbarkeit sieht Dilthey folgendermaßen legitimiert: „Die Möglichkeit der allgemeingültigen Interpretation kann aus der Natur des Verstehens [d.i. für Dilthey der „Vorgang, in welchem wir aus Zeichen, die von außen sinnlich gegeben sind, ein Inneres erkennen"] abgeleitet werden. In diesem stehen sich die Individualität des Auslegers und die seines Autors nicht als zwei unvergleichbare Tatsachen gegenüber: auf der Grundlage der allgemeinen Menschennatur haben sich beide gebildet, und hierdurch wird die Gemeinschaftlichkeit der Menschen untereinander für Rede und Verständnis ermöglicht [...] Alle individuellen Unterschiede sind letztlich nicht durch qualitative Verschiedenheiten der Personen voneinander, sondern nur durch Gradunterschiede ihrer Seelenvorgänge bedingt." Die Verständigung auf der Ebene des Erlebens ist unmittelbar: Im historischen Verstehen gibt es „keine hypothetischen Annahmen, welche dem Gegebenen etwas unterlegen. Denn das Verstehen dringt in die fremden Lebensäußerungen durch eine Transposition aus der Fülle eigener Erlebnisse". Der Begriff für den „das menschliche Geschlecht umfassenden Zusammenhang", der im Erleben und dessen Verstehen nachgebildet ist, lautet „Leben". Dieses „Leben" ist letztlich der Erkenntnisgegenstand der Geisteswissenschaften, die mit ihrem Erkenntnisprozeß selbst innerhalb des „Lebens" stehen: „Auf jeder Stufe ist das Verständnis der geistigen Welt ein Einheitliches – homogen, von der Konzeption der geistigen Welt bis in die Methode der Kritik und der Einzeluntersuchung." Dieses Postulat führt später dazu, daß geistesgeschichtliche Arbeiten sich selbst als kunstvolle Darstellungen verstehen, die ihrerseits der Auslegung bedürfen.

Martin Heidegger erklärt die H. zur einzigen Erkenntnisform des „Seins“ (*Sein und Zeit*, 1927). Durch die Seinserfahrung wird jenes Vorwissen gegeben, das als Verstehensgrundlage immer erforderlich ist („existentiale Vorstruktur des Daseins“). Diese existenzphilosophische Richtung regte in der Literaturwissenschaft eine Schule der Interpretation an, deren einflußreichster Vertreter Emil Staiger war. In Anlehnung an Heidegger begrüßte er den Zirkel als Grundlage des literarischen Verstehens, da er die Verbindung zwischen der immer schon gegebenen Seinserfahrung (als „Allgemein-Menschliches“) und dem Text herstelle.

Hans-Georg Gadamer (*Wahrheit und Methode. Grundzüge einer philosophischen Hermeneutik*, 1960) betont noch einmal den historischen Aspekt des hermeneutischen Problems. Er stärkt die Seite des Vorurteils: in ihm wirke die Autorität der Tradition, das je von den Vorgängern als bewahrenswert Angesehene präformiere einen Horizont des historischen Verstehens. Gadamer wendet sich ablehnend gegen Schleiermacher und die Eigenleistung des Subjektes; dagegen behauptet er dessen überwiegende Prägung durch die unentrinnbare Tradition – eine Prägung, auf die nicht zu achten eine Durchbrechung, ein Fehlschlagen des hermeneutischen Vorgangs zur Folge hätte! In den tradierten Vorurteilen – die hier ganz im Gegensatz zum aufklärerischen Verständnis positiv bewertet werden – sei eine fortdauernde historische Erfahrung enthalten, ohne die das aktuelle Verstehen nicht sinnvoll zu denken sei: „Ein wirklich historisches Denken muß die eigene Geschichtlichkeit mitdenken [...] Ich nenne das damit Geforderte Wirkungsgeschichte.“ Auf die Literatur angewendet bedeutet dies, daß alle Subjekte die Einbettung ihres Denkens in eine fortwirkende Geschichtlichkeit anerkennen, indem sie sich der Wirkung der klassischen „Vollkommenheit“ unterwerfen. Was den klassischen Formen und Inhalten nicht entspricht, erscheint fremd und ist kaum zugänglich. Das bedeutet jedoch nicht die Aufhebung der Möglichkeit eines aktuellen anderen Verstehens: Es bleiben zwei Horizonte, der historisch-zeitgenössische und der aktuelle; im Falle des gelingenden Verstehens geschieht deren „Verschmelzung“.

4. Um hermeneutische Verfahren zu standardisieren und durch kontrollierbare Anwendung wissenschaftlich aufzuwerten, wurden neue Kanones (mit einer Tendenz zur Wiedereinführung dogmatischer Regeln) vorgeschlagen (Betti 1962 u.a.). Verbindlich für die Auslegung sollte zunächst die Autorseite sein: Die mögliche Mehrdeutigkeit wird auf die Bedeutung eingeschränkt, die dem Autor mit größter Wahrscheinlichkeit unterstellt werden kann. Nach diesem Modell können Kriterien einer „richtigen“ Interpretation vorgegeben werden (Hirsch 1972). Durchgesetzt haben sich jedoch – soweit H. angesichts vielfältiger Kritik überhaupt noch Anhänger findet – andere neuere Entwürfe, die die Polysemie nicht reduzieren. Für eine H. der Entfaltung plädiert Uwe Japp, ohne deshalb auf Konsistenzprüfung zu verzichten (Japp 1977). Dabei soll die literarische H. als „philologische“ von der Universal-H. abgetrennt und eigenen literaturwissenschaftlichen Standards unterworfen werden. Auf die mehrdeutige Auslegung von literarischem Stil zielt Manfred Franks an Schleiermacher orientierte „divinatorische H.“ Sie gibt der Freiheit des schöpferischen Nachvollzugs im Verstehen den Vorzug gegenüber einer methodisch kontrollierbaren allgemeingültig formulierten Verfahrensweise.

5. Die meisten Ansätze der H. verweigern sich dem Ideal von Nachprüfbarkeit und Objektivität, wie es die strukturalistische (↗ Strukturalismus) und vor allem analytisch-empirische Theorie fordert. Für diese Richtungen ist es nach wie vor eine wichtige, aber bislang kaum gelöste Aufgabe, Verstehen alternativ zur H. zu konzeptionalisieren. In der allgemeinen Wissenschaftstheorie widmet sich eine fast unüberschaubare Diskussion dieser Aufgabe (zusammenfassend Danneberg/Müller 1984).

Die Methodisierung der H. zielt darauf, das hermeneutische Verstehen gegen ein deduktives, auf Gesetzen beruhendes Erklären auszutauschen. Der Gegensatz durchzieht die methodischen Diskussionen aller historischen, Kunst- und Sozialwissenschaften. „Verstehen“ zielt auf die inneren Vorgänge in Individuen, die in Äußerungen (Texten oder Handlungen) überliefert sind. Sie schließen Absichten, Meinungen oder sonstige Gedanken in das Mitgeteilte ein, die in Auseinandersetzung der Individuen untereinander oder mit äußeren Gegebenheiten artikuliert werden. Diese zu rekonstruieren ist das Problem; Sachaussagen über Fakten sind unproblematisch und damit kein Gegenstand der H. „Verstehen“ unterstellt immer einen wahrnehmbaren sozialen Sinn, der zur Hervorbringung der sprachlichen Äußerung geführt hat, deren Inhalt und Form bestimmt und auch aus einer (räumlichen wie zeitlichen) Distanz noch nachvollziehbar ist. H. erhebt den Anspruch, das Allgemeine und Besondere im Bezug aufeinander verständlich zu machen; der naheliegende Vorwurf, die Subjektzentrierung schließe ein intersubjektiv vermittelbares Verstehen aus, wird zurückgewiesen. Jedes Ergebnis von Verstehensprozessen muß – wenn es als Beitrag zur Wissenschaft dienen soll – anderen Subjekten plausibel vermittelt werden. Diese Vermittlung stellt, wenn sie zustande kommt, Intersubjektivität her.

„Erklären“ dagegen versucht, Zusammenhänge aufgrund der Beobachtung äußerer Merkmale herzustellen, ohne zu behaupten, daß diese von innen her verstehbar wären. „Erklären“ ist als wissenschaftliches Verfahren in den modernen Naturwissenschaften entstanden und in sozialwissenschaftlicher Anwendung modifiziert worden. Im analytisch-empirischen Wissenschaftsmodell stehen die forschenden Subjekte den Gegenständen distanziert gegenüber: szientifisches Ideal ist Objektivität. Menschliche Äußerungen verwirklichen Absichten und führen Veränderungen herbei. Dieser Sinn muß berücksichtigt werden, wenn eine „Erklärung“ der Handlung nicht fehlschlagen soll. Dies unterscheidet sozialwissenschaftliches und historisches Erklären von dem der Naturwissenschaften.

6. H. ist in der dt. Literaturwissenschaft die weit verbreitete Grundlage für „Interpretation“. Im engeren Sinn ist dieser Terminus an das hermeneutische Verstehen gebunden, er bezeichnet die in sich geschlossene sprachliche Wiedergabe einer Textauslegung. Allgemein wird er jedoch darüber hinaus auch für die Sinnermittlung und -darstellung aufgrund anderer Erkenntnisverfahren verwendet. Dabei kommt es zu Überschneidungen mit „Kommentar“, „Textanalyse“ (strukturalistisch), „Lektüre“ und ↗ „Dekonstruktion“ (neostrukturalistisch) u.a. Wenn die Rede auf „Interpretation“ kommt, ist deshalb zur Präzisierung der Diskussionsbasis die Bedeutung des Terminus einzugrenzen. „Interpretation“ wird zu den Arbeitsfeldern der Literaturwissenschaft gerechnet; die wenigsten Ansätze schließen die Ermittlung von Textsinn aus ihren Gegenstandsbereichen aus.

„Interpretation“ gehört zur alltäglichen – und weithin anerkannten – Praxis der Literaturwissenschaft, steht aber ebenso allseits in einem schlechten Ruf. Der anti-hermeneutische Vorwurf unkontrollierbarer Subjektivität trägt dazu genauso bei wie viele seltsame Interpretationsmeinungen. „Interpretation“, so lassen sich die Vorbehalte zusammenfassen, sei eine Spielwiese für all diejenigen, die in die von ihnen behandelten Texte etwas „hineininterpretieren“ wollten. Nach welchen Kriterien sind schlechtere und bessere Interpretationen zu unterscheiden? Gibt es völlig falsche unter ihnen?

Einige Verfahrensweisen sind in der Praxis konsensfähig, weil sie den Rahmen des sinnvollerweise Erwartbaren abstecken. Die Voraussetzung lautet: Interpretationen formulieren Thesen, die zur kritischen Diskussion exponiert werden. Das heißt: Kann einer Interpretationsthese mit Gründen widersprochen werden, so ist dies keine Schwäche, sondern ein Zeichen von Wissenschaftlichkeit. Anzustreben sind exemplarische Aussagen – nicht alle Textstellen und möglichen Fragen können berücksichtigt werden –, die im Bemühen um Klarheit und Deutlichkeit komplexe Sachverhalte vereinfachen. Bei der Formulierung von Thesen sind Regeln einzuhalten: Jede Interpretation muß in sich widerspruchsfrei und zusammenhängend sein (Konsistenz), sowohl im Hinblick auf die aus theoretischen Überlegungen heraus gewählte Erkenntnismethode als auch der Darstellung. Interpretationsthesen können frei gewählt werden, sind aber nicht zufällig oder willkürlich beliebig. Sie müssen das relevante Wissen (historisches, ästhetisches, methodisches, aber auch allgemeines Weltwissen) der Disziplin und bereits vorliegende andere Interpretationen beachten, sowie zugleich in diesem Rahmen etwas Neues bieten. Interpretationen sind nie abgeschlossen, weil immer ein weiterer, neuer Aspekt gefunden werden kann. Unterschiedliche Interpretationen sind gleichwertig, wenn sie im Rahmen ihres Ansatzes die genannten Kriterien erfüllen. Auch wenn in der Diskussion um Interpretationsergebnisse einzelne Positionen mit Gründen als problematisch ausgewiesen werden, sind Interpretationen nicht korrigierbar. Sie müssen durch neue ersetzt werden.

Wenngleich die genannten Punkte kein Prüfverfahren mit objektiver Strenge erzeugen, bieten sie doch Maßstäbe zur Beurteilung von Interpretationen. Diese haben sich im Laufe der Zeit bewährt – auch wenn sie die Kritik nicht ganz entkräften können. Die Instanz, die über Akzeptanz oder Zurückweisung von Interpretationen entscheidet, ist die disziplinäre Gemeinschaft. Eine Interpretation setzt sich durch, wenn sie für eine möglichst große Gruppe nachvollziehbar, ihre Ergebnisse also offensichtlich oder überzeugend sind. Evidenz und Plausibilität schließen die Aspekte des Fachwissens, der konsistenten Darstellung, der sinnvollen Einordnung in einen bestehenden Forschungskontext sowie die notwendige Innovation ein. Dabei muß nicht einmal weitgehende Zustimmung herrschen, es reicht aus, eine zentrale Rolle in der Diskussion zu erhalten. Von Zurückweisung muß gesprochen werden, wenn die Disziplin mit Sanktionen auf eine Interpretation reagiert, sie bestreitet oder ignoriert.

Rainer Baasner

Lit.: E. Betti: Die H. als allgemeine Methode der Geisteswissenschaften, 1962. – L. Danneberg/ H.-H. Müller: Wissenschaftstheorie, H., Literaturwissenschaft. In: DVjS 58 (1984). – M. Fuhrmann u.a. (Hg.): Text und Applikation. Theologie, Jurisprudenz und Literaturwissenschaft im hermeneutischen Gespräch, 1981. – E.D. Hirsch: Prinzipien der Interpretation, 1972. – U. Japp: H., 1977. – U. Nassen (Hg.): Texthermeneutik, 1979.

Höfischer Roman

1. Als H.R. bezeichnet man die afrz. und mhd. Versromane der 2. Hälfte des 12. Jh. bis zum 14. Jh., neben dem ↗ Minnesang die zweite Hauptgattung der höfischen Literatur, die der idealisierenden Selbstdarstellung der weltlichen Oberschicht dient. „Höfisch" bezieht sich dabei einerseits auf Publikum und Entstehungsbedingungen (höfische Gesellschaft, meist fürstliche Gönner), andererseits auf die Thematik und den ethischen und ästhetischen Anspruch der Gattung (Darstellung höfischen Lebens, Propagierung höfischer Werte; hohe Ansprüche an Reimtechnik, Sprache, ↗ Rhetorik). Afrz. „romanz" bedeutet „(Erzählung) in der Volkssprache"; der moderne Romanbegriff, ↗ Roman, wird auf Teile der mittelalterlichen Versepik übertragen, die „romanhafte" Züge (Erzählen vom Einzelhelden her, Liebesthematik, ↗ Fiktionalität) aufweisen. Die Anwendung des Begriffs auf die mhd. Romane wurde erst in der Neuzeit üblich.

Von der ↗ Heldendichtung unterscheidet sich der H.R. vor allem durch die Stoffe (es begegnen unterschiedliche Quellenbereiche – antike, keltische, orientalische, märchenhafte, legendenhafte –, jedoch nicht germanisch-heroische Stoffe) ferner durch die schriftliterarische Tradition, aus der er schöpft (schriftliche Vorlagen; für den frz. H.R. spielt indes auch mündliches keltisches Sagenmaterial eine Rolle), damit verbunden auch durch das Selbstverständnis der Verfasser (Namensnennung, nicht Anonymität, ist die Regel); durch Versform und Vortragsweise (vierhebiger Reimpaarvers, nur selten strophische Formen; Sprechvortrag, wohl meist Vorlesen, nicht gesungener Vortrag; daneben wohl Privatlektüre). Kennzeichnend sind ferner eine spezifische Poetik und Erzähltechnik (an rhetorischen Mustern orientierter Stil; frz. geprägter Wortschatz; Vorliebe für die „dilatatio", das breite Auserzählen, v.a. für Beschreibungen; an Ovid geschulte Liebespsychologie und Affektdarstellung; ausgeprägte Erzählerrolle mit Prologen, Epilogen, Kommentaren, Exkursen; ein persönlicher Erzähler, der Kontakt mit dem Publikum pflegt); die Themen Minne (Liebe) und Aventiure (Kampf als ritterliche Bewährung des einzelnen Helden); Erzählen vom (repräsentativen) Einzelhelden her.

Die – rein quantitative – Grenze zur höfischen Verserzählung (z.B. Hartmann von Aue, *Gregorius*, *Armer Heinrich*) ist unfest. Als dominierende Gattung der erzählenden Literatur des 12. und 13. Jh. beeinflußt der H.R. andere Gattungen: die dt. Chansons de geste (v.a. Wolframs von Eschenbach *Willehalm* – um 1210/20 – ist, mindestens formal, in die Tradition des H.R. gestellt), ↗ Heldendichtung, die ↗ Legende (der Legendenroman steht zwischen H.R. und ↗ Geistlicher Dichtung; romanhaft gestaltet ist z.B. Reinbots von Durne *Georgslegende*, um 1240) und die Heldendichtung.

2. Eine Unterteilung nach Typen erfolgt aufgrund der Stoffkreise. Man unterscheidet vor allem Antikenroman (Alexander-, Eneas-, Trojaroman); Romane mit keltischen Stoffen (sog. „matière de Bretagne": Artusroman, Gralroman, Tristanroman); Minne- und Aventiureromane mit Stoffen verschiedener Herkunft (orientalische, märchenhafte, v.a. Muster des hellenistischen Romans: Trennung und Wiederfinden von Liebespaaren).

3. Der H.R. entstand um die Mitte des 12. Jh. in Frankreich. Vorreiter war der Antikenroman (↗ Antikerezeption), nach dem franko-provenzal. *Roman d'Alexandre* des Alberic von Bisinzo (um 1120/30) v.a. die vermutlich am anglonormannischen Königshof Heinrichs II. Plantagenet und Eleonores von Aquitanien entstandene Trias *Roman de Thèbes* (um 1150/55), *Roman d'Eneas* (um 1160), *Roman de Troie* (Benoît de Sainte-Maure, um 1165): antike Erzählstoffe wurden, in höfischem Gewand und mittelalterlichen Verhältnissen angepaßt, an volkssprachliches Publikum vermittelt. Noch geht es im Antikenroman um Völkerschicksale, Kampf als Krieg, historische Stoffe (deswegen gilt er bisweilen nur als Vorläufer des eigentlichen H.R., d.h. des fiktionalen Artus-, Gral- und Tristanromans); doch werden neue romanhafte Themen eingeführt: Liebe, Darstellung ritterlich-höfischen Lebens.

Chrestien de Troyes (um 1140-1190, wichtige Gönner: Gräfin Marie de Champagne, Graf Philipp von Flandern) ist u.a. der Begründer des Artusromans (*Erec et Enide*, um 1170; *Yvain*, um 1180) und des Gralromans (*Perceval*, vor 1190). Chrestien benutzte sagen- und märchenhafte keltische Stoffe sowie die pseudo-historische Tradition um König Artus (historisch ein britischer Heerführer des 6. Jh., zu mythischer Größe und welthistorischer Bedeutung erhoben durch die fabulöse *Historia regum Britanniae* des Geoffrey of Monmouth, 1138, und den *Roman de Brut* des Wace, 1155) und gestaltete sie um zu einem genuin fiktionalen Sinnentwurf: Artus und seine Tafelrunde, das Idealbild einer adligen Gesellschaft, sind in eine geschichtsenthobene, märchenhafte Welt verpflanzt. Der Artushof ist das strukturelle

Zentrum der Romane, Artus selbst wird nicht aktiv. Erzählt wird der Weg eines Artusritters, ein Weg voller Abenteuer (afrz. „avanture", mhd. „aventiure") mit Begegnungen, meist Kämpfen mit Angehörigen einer außerhöfischen, bedrohlichen Welt. Die Siege des Helden erweisen die Überlegenheit höfischer Werte. Der Ritter selbst erringt Ruhm und Anerkennung durch die Artusgesellschaft, eine Frau, oft eine Herrschaft. Dann jedoch erleidet er einen Rückschlag (die sog. Krise) und verliert alles; das Verlorene muß er sich auf höherer Ebene erneut erkämpfen. Dabei geht es vor allem um das rechte Verhältnis von Einzelheld und Gesellschaft, Minne und Gesellschaft und um richtiges Herrscherverhalten. Zwischengeschaltete Szenen am (Artus-)Hof strukturieren die Abenteuerketten. Die einzelnen Episoden sind sinnträchtige Stationen auf dem Weg des Helden; man spricht daher von Symbolstruktur. Die durch die Krise des Helden zweigeteilte Struktur nennt man Doppelwegstruktur bzw. doppelten Cursus.

Neben dem Antiken- und dem Artusroman sind in der frz. Erzählliteratur des 12. Jh. u.a. der Tristanroman (eine höfische Version, Quelle für Gottfried von Straßburg, stammt von Thomas von Bretagne, um 1170), Minne- und Abenteuerromane (z.B. die des Gautier d'Arras) sowie genealogisch orientierte Romane (z.B. *Partonopeus de Blois*, nach 1159) vertreten.

4. Der mhd. H.R. folgt bis etwa 1220 zumeist frz. Vorlagen. Vorformen des H.R. faßt man als sog. vor- und frühhöfische Epik zusammen: Lamprechts *Alexander* (um 1150; höfisch geprägt ist nur eine der drei Fassungen, der *Straßburger Alexander*), Eilharts von Oberg *Tristrant* (um 1170, nach einem verlorenen älteren frz. Tristanroman); *Trierer Floyris* (um 1170, Minneroman nach frz. Quelle von Kinderliebe, Trennung und Wiederfinden). Die frühhöfische Epik war schnell veraltet, vor allem aufgrund der rasch fortschreitenden Entwicklung der Reim- und Verstechnik.

Begründer der höfischen Erzählliteratur war im Bewußtsein der Epiker der nachfolgenden Generationen Heinrich von Veldeke mit seinem *Eneasroman* (begonnen um 1170, vollendet am Thüringer Landgrafenhof nach 1184). Vor allem für die Poetik des H.R. (Reimreinheit, Technik von Beschreibungen und Kampfschilderungen, Affektdarstellung, Liebespsychologie) war Veldeke Muster und Vorbild. (Das um 1190 entstandene *Liet von Troye* Herborts von Fritzlar dagegen griff eher heldenepische und historiographische als romanhafte Traditionen auf.)

Gattungsprägend sind die Artusromane des schriftliterarisch gebildeten alemannischen Ministerialen Hartmann von Aue, ↗ Klassik, Mittelhochdeutsche. Seine Romane *Erec* (um 1185) und *Iwein* (um 1200) sind Bearbeitungen von Werken Chrestiens. Die von diesem geschaffene Symbolstruktur bringt Hartmann im *Erec* musterhaft, in belehrender Absicht zur Geltung: Der Königssohn Erec steigt auf zu höchstem Ruhm und erringt eine schöne Gemahlin, Enite; aus Liebe zu ihr vernachlässigt er jedoch seine Pflichten als Ritter und Herrscher; mühevoll stellt er in einem zweiten „âventiure"-Weg sein ritterliches Ansehen wieder her, zugleich wird das Ehepaar mit sich und der höfischen Gesellschaft versöhnt. Im *Iwein* kommt es dadurch zur Krise des zum Gemahl der Landesherrin Laudine aufgestiegenen Helden, daß dieser die fristgerechte Rückkehr von ritterlichen Abenteuern versäumt und seine Ehe, vor allem aber seine Herrscherpflichten vernachlässigt; nun muß er lernen, Rechtstermine einzuhalten, Verantwortung für andere zu tragen. Wolfram von Eschenbach verbindet in seinem Gralroman *Parzival* (um 1200/10) Artus- und Gralthematik. Ritterliche Bewährung allein reicht nicht aus; gefragt sind Mitleidsfähigkeit, Selbsterkenntnis, Gottvertrauen. Der Heilsweg des Helden führt durch die Sünde zur Einsicht in die eigene Schuld und zu Gottes Gnade. Eine Krise ist unverkennbar, doch ist die Doppelwegstruktur v.a. im zweiten Teil verkompliziert durch die Ansätze zu einem „Doppelroman" zweier Helden, die Geschichten Parzivals und des arturischen Musterhelden Gawan. Problematisch ist die Frage des Verhältnisses von ritterlich-höfischen und christlich-religiösen Werten, von Artus- und Gralswelt. Die Schluß-Harmonie wird jedenfalls ironisiert und problematisiert. – Neben dem Modell des doppelten Cursus gibt es, nahezu gleichzeitig, auch ein anderes Muster: den Weg eines Helden ohne Krise (Ulrich von Zatzikhofen, *Lanzelet*, nach 1194, nach unbekannter frz. Vorlage).

Insgesamt stellt der Artusroman einen von Optimismus getragenen Entwurf dar: Die Ansprüche des einzelnen und der höfischen Gesellschaft, Minne und Gesellschaft (Konzept der Minneehe), höfische und christliche Werte sind vereinbar. Dem steht im Tristanroman eine heillose Geschichte entgegen von zwanghafter, durch einen Zaubertrank ausgelöster Minne, von Ehebruch und Betrug, vom Scheitern der Liebenden an der Gesellschaft und von ihrem Tod. Gottfrieds von Straßburg *Tristan* (unvollendet, um 1210) macht dennoch die utopische Qualität der Minne von Tristan und Isolde vor allem auf der Ebene der Reflexionen und Kommentare deutlich. Der optimistische Artusroman hat Gegenentwürfe provoziert: die tragische Liebesgeschichte in Wolframs *Titurel*-Fragmenten (um 1217/20); außerhalb der Gattung H.R.: Wolframs Weg zur Geschichte, zur Realität von Tod und Leid im *Willehalm*; die desillusionierte Darstellung höfischen Lebens im Tierepos *Reinhart Fuchs* (nach 1192?); möglicherweise auch das *Nibelungenlied* (↗ Heldendichtung).

Seit etwa 1220 gehen die mhd. H.R. meist nicht von frz. Vorlagen, sondern von den als Vorbild begriffenen Romanen Hartmanns, Wolframs, Gottfrieds aus; daneben gibt es lat. Quellen. Nicht wieder aufgegriffen wird die Chrestien-Hartmannsche Doppelwegstruktur; die „nachklassischen" Artusromane folgen meist dem Modell von Wirnts von Grafenberc *Wigalois* (um 1210/1220): Ein von vornherein idealer Held meistert ohne Krise alle Situationen. Der späte Artusroman zehrt von der literarischen Tradition: durch Reproduktion und Variation vorgegebener Erzählmuster (z.B. die Romane des Pleier, vor ca. 1270), durch literarisches Spiel bis hin zur Persiflage (Stricker, *Daniel von dem Blühenden Tal*, um 1220/30?), durch Zitate, Kombination und Montage vorgeprägter Elemente (Heinrich von dem Türlin, *Crône*, um 1230), unter Anreicherung mit märchenhaften und phantastischen Elementen und (seit Wirnts *Wigalois*) mit großer Kunst in der Schilderung unheimlicher Atmosphäre. Die bedeutenden Fragmente werden vervollständigt; es entstehen Fortsetzungen zu Gottfrieds *Tristan* (Ulrich von Türheim, um 1230; Heinrich von Freiberg, 1285/90), am Rande der Gattung *Willehalm*-Fortsetzungen (Ulrich von dem Türlin, *Arabel*, 1261/69; Ulrich von Türheim, *Rennewart*, nach 1243). Albrechts *Jüngerer Titurel* (um 1260/74) erzählt um Wolframs von Eschenbach *Titurel*-Fragmente herum die mythische Geschichte der ganzen Gralsfamilie. Eine dt. Bearbeitung frz. *Perceval*-Fortsetzungen ist der *Rappoltsteiner Parzival* von Philipp Colin und Claus Wisse (1331/36).

Um 1280 ist der Artusroman weitgehend überlebt. Die beiden bedeutendsten Epiker der nachklassischen Zeit des 13. Jh., Rudolf von Ems (gest. um 1254) und Konrad von Würzburg (gest. 1287), meiden ihn; sie verfassen sentimentalisierende Minne- und Aventiure-Romane mit differenzierten Affektschilderungen und genealogisch-historischer Anbindung (Rudolfs *Willehalm von Orlens*, 1235/43; Konrads *Partonopier und Meliur*, 1277?), legendenhafte Romane (Rudolfs *Der guote Gêrhart*, um 1220, *Barlaam und Josaphat*, um 1225; Konrads *Engelhard*, um 1260), Antikenromane (Rudolfs *Alexander*, vor 1235 und um 1240/45; Konrads *Trojanerkrieg*, 1281/87). Die Suche nach neuen Verbindlichkeiten im Geschichtlichen und im Religiösen ist eine zentrale Tendenz des späthöfischen Romans; damit verknüpft ist eine gewisse Annäherung von Roman und Chronik einerseits, von Roman und Legende andererseits: Viele Romane zeigen genealogisches Interesse (z.B. auch Johanns von Würzburg *Wilhelm von Österreich*, 1314) und erbaulich-legendenhafte Züge (*Mai und Beaflor*, um 1270/80; Ulrich von Etzenbach, *Wilhelm von Wenden*, um 1290); der pseudo-historische Antikenroman (Alexander- und Trojaroman) erlebt eine zweite Blüte. Umgekehrt gehen Exzerpte aus Romanen mit (pseudo-)historischen Stoffen (Troja, Alexander, Karl der Große, Willehalm) in die Reimchronik-Kompilationen (Heinrich von München) ein, werden Legenden romanhaft auserzählt, ↗ Geschichtsschreibung, -dichtung.

5. Die Geschichte des H.R. endet in der ersten Hälfte des 14. Jh., etwa gleichzeitig mit der des Minnesangs. Die Überlieferung dauert jedoch bis zum Anfang des 16. Jh. fort (*Ambraser Heldenbuch* Kaiser Maximilians I., 1506/15). *Parzival* und *Jüngerer Titurel* gelangen in den Druck (1477). Interesse am H.R. dokumentiert der *Ehrenbrief* des bayerischen Landadeligen Jakob Püterich von Reichertshausen (1462). Im Auftrag Herzog Albrechts IV. von Bayern entstand das *Buch der Abenteuer* des Münchener Dichters Ulrich Fuetrer (um 1470/80), das kürzende Bearbeitungen von 13 H.R. in Titurelstrophen enthält. Kaiser Maximilians I. autobiographisch-allegorischer Schlüsselroman *Theuerdank* (1517) folgt Erzählmustern des H.R.

Seit dem ausgehenden 14. Jh. wird der Versroman zunehmend durch den Prosaroman ersetzt. Erst im 14. Jh. wird der frz. *Lancelot en prose* (1215/30) vollständig ins Deutsche übertragen. Einige H.R. (z.B. Konrads von Würzburg *Trojanerkrieg*, Eilharts von Oberg *Tristrant*, Wirnts von Grafenberg *Wigalois*) werden als Prosaauflösungen verbreitet und z.T. bis ins 17./18. Jh. hinein gedruckt. Doch entstanden auch im 15. Jh. noch Versromane.

Elisabeth Lienert

Lit.: H. Brunner (Hg.): Interpretationen. Mhd. Romane und Heldenepen, 1993. – W. Haug: Literaturtheorie im dt. MA, ²1992. – W. Haug/B. Wachinger: Positionen des Romans im späten MA, 1991. – V. Mertens/U. Müller (Hg.): Epische Stoffe des MA, 1984. – K. Ruh: Höfische Epik des dt. MA, 2 Bde., ²1977/1980.

Hörspiel

1. Der Begriff H. als Bezeichnung für die genuine radiophone literarische Gattung wurde im Jahr der ersten H.-Produktionen 1924 von H.S. von Heister eingeführt. Als reine Fiktion grenzt sich das H., auch „Funkstück" genannt, sowohl von

hörfunkgerechten Adaptionen anderer Textsorten (Romane, Dramen usw.) ab als auch vom „Feature“, der ästhetischen Aufbereitung von Sachinformationen. Seine Möglichkeiten sind abhängig von der grundlegenden Bedingung der „Abstraktion von einer sichtbar gegenständlichen Welt“ (W. Klose) sowie vom Zusammenwirken der akustischen Ausdrucksmittel Sprache, Musik und Geräusche mit den medienspezifischen technischen Gestaltungsmitteln wie Mikrophon, magnetische Aufzeichnung, Regler, Filter, Verzerrer usw.

2. Die H.-Geschichte beginnt nach der Gründung des Hörfunks im Jahr 1923 mit *A Comedy of Danger* von R. Hughes (Radio London, Januar 1924) und im dt. Sprachraum mit H. Fleschs *Zauberei auf dem Sender* (Frankfurt a.M., Oktober 1924). In seinen Anfängen „litt“ das H. unter der Abstraktion von allem Visuellen, die es, einer naturalistischen Abbild-Ästhetik verpflichtet, durch die Wahl lichtloser Spielorte (z.B. unbeleuchteter Bergwerksstollen) bzw. auf das bloß Akustische reduzierter, vermeintlich besonders hörfunkadäquater Spielsituationen (z.B. Funkverkehr) zu legitimieren versuchte. Es verstand sich als Art „Theater für Blinde“ (W. Klose), das sich auf der „inneren Bühne“ der Zuhörenden abspielt (E. Wickert). Dem entsprechen in der frühen theoretischen Auseinandersetzung mit dem Genre die folgenreichen, auf totale Verinnerlichung zielenden Überlegungen R. Kolbs, während W. Benjamin und B. Brecht den Rundfunk als Kommunikationsapparat zwischen Produzierenden und Rezipierenden und als Medium zur politischen Aufklärung der Massen eingesetzt wissen wollten. Thematisch dominieren in der Frühphase der Gattung: a. Auseinandersetzungen mit dem Krieg, beispielhaft in E. Johannsens quasidokumentarisch sachlicher *Brigadevermittlung* (1929); b. Pionierleistungen und außergewöhnliche Ereignisse (W.E. Schäfer: *Malmgreen*, 1929; F. Wolf: *S.O.S. ... Rao Rao ... Foyn - 'Kressin' rettet 'Italia'*, 1929; B. Brecht: *Der Flug der Lindberghs*, 1929; A. Schirokauer: *Magnet-Pol*, 1930); c. Arbeitslosenproblematik (Drei Hörmodelle von W. Benjamin und W. Zucker; H. Kasack: *Der Ruf*, 1932).

3. Schon seit etwa 1930 kam es im bis dahin vorgeblich apolitischen Rundfunk zu tiefgreifenden Veränderungen. 1930 forderte H. Pongs die politische Funktionalisierung des Mediums für die völkische Idee. Mit der Machtübernahme durch die Nationalsozialisten wurde der Rundfunk endgültig zu deren „stärkster (Propaganda-)Waffe“ (J. Goebbels). Zu den bevorzugten Sujets des NS-H. gehörten Blut- und Boden-Themen, die Auseinandersetzung mit der Reichsidee und der Geschichte der dt. Nation sowie der Führerkult. Formal läßt sich eine Präferenz für Hörberichte sowie chorische Fest- und Weihespiele beobachten. Mit dem Ausbruch des Zweiten Weltkriegs wurde die der ideologischen Bewußtseinsarbeit dienende kultische Hörstückform zurückgedrängt durch das Kurz-H., das der psychologischen Kriegsführung, einerseits der Motivation der Soldaten und der Bevölkerung, andererseits der Demoralisierung der fremden Soldaten dienen sollte.

4. Die Quellenlage zum H. im Exil ist schlecht (↗ Exilliteratur). Z.T. war es bestimmt von Gegenpropaganda zum Nationalsozialismus, insgesamt bot es, den unterschiedlichen ideologischen und ästhetischen Einstellungen der Autoren entsprechend, sowohl in thematischer Hinsicht wie auch in den Verfahrensweisen einen sehr heterogenen Eindruck. Herausragende Beispiele sind *Der Prozeß der Jeanne d'Arc zu Rouen* von A. Seghers (1937), B. Brechts *Lukullus vor Gericht* (1940), beide auf der im H. beliebten Verhörsituation basierend, sowie E. Ottwalts an epischer Dramaturgie geschulte *Kalifornische Ballade* (1939), eine „Rundfunkerzählung mit Musik“.

5. Als der Rundfunk nach dem Zweiten Weltkrieg vorübergehend wichtigstes Informations- und Unterhaltungsmedium war, erlebte auch das H. eine Blütezeit. Der erste Erfolg, zugleich herausragendes Beispiel der Trümmerliteratur, war W. Borcherts Heimkehrerstück *Draußen vor der Tür* (1947), eigentlich für die Bühne verfaßt, aber vom Verfahren her (rasche Szenenwechsel, Allegorisierungen) für funkische Realisierungen besonders geeignet. Das existentialistisch ausgerichtete H. der 50er Jahre thematisiert bevorzugt latente Ängste, Alptraumartiges, Gewissens- und Schuldprobleme, innere Konflikte, die die Zuhörenden auf ihrer „inneren Bühne“ einfühlend miterleben (vgl. u.a. G. Eichs *Träume*, 1951, I. Bachmanns *Ein Geschäft mit Träumen*, 1952, L. Ahlsens *Philemon und Baukis*, 1955, W. Kloses *Reifeprüfung*, 1959, A. Anderschs *Fahrerflucht*, 1961). Das traditionelle H. versteht sich als radiophones Wortkunstwerk, den Ausdrucksmitteln Musik und Geräusche kommt lediglich illustrierende oder stimmungerzeugende, selten strukturierende (Musik in Anderschs *Fahrerflucht*) oder gar konstitutive Funktion (Geräusche in Eichs *Träumen*) zu.

6. Veränderte politische Einstellungen sowie die Entwicklung der technischen Möglichkeiten (Stereophonie) haben in den 60er Jahren Kritik an der ↗ Ästhetik und Ideologie des traditionellen H. provoziert. W. Wondratschek bewertet es pauschal als „reaktionär“ und destruiert die herkömmliche Form in seinem Funkstück *Paul oder die Zerstörung eines Hörbeispiels* (1969) radikal. Das „Neue H.“ (K. Schöning) rückt von üblicher

Handlungsgestaltung, Lokalisierung und psychologischer Zeichnung der Personen ab und tendiert einerseits zum „totalen Schallspiel" (F. Knilli), andererseits zum dokumentarischen O(riginal)-Ton. Schöning charakterisiert es als „antiirrationalistisch, sprachkritisch und spielerisch". Bedeutendste Vertreter der experimentellen, an Verfahren des ↗ Dadaismus und der ↗ Konkreten Poesie orientierten Spielart: E. Jandl und F. Mayröcker, die sich in *Fünf Mann Menschen* (1968) virtuos der Stereophonie bedienen, L. Harig (*Ein Blumenstück*, 1968) und F. Mon (*das gras wies wächst*, 1969), die sprachspielerisch politische Akzente setzen, oder M. Kagel und G. Rühm, die als „akustische Ingenieure" (Schöning) ihre H. nach musikalischen Prinzipien im Tonstudio gestalten und erst nach der Produktion die „Partituren" vom Band renotieren (z.B. Rühm: *Wintermärchen*, 1976). Das dokumentarische O-Ton-H. knüpft an Brechts Forderung an, die Kluft zwischen Produzierenden und Konsumierenden zu schließen, und läßt den „Mann von der Straße" (P. Wühr: *Preislied*, 1972) oder Arbeiter an ihrem Arbeitsplatz über ihre Lebensbedingungen (M. Scharang: *Einer muß immer parieren*, 1973) mehr oder weniger stark redigiert zu Wort kommen.

7. Das Neue H. hat das traditionelle nie ganz verdrängt, aber auf dessen Ästhetik (Einsatz technischer Gestaltungsmittel) gewirkt. Insgesamt hat das Wort und damit auch das H. unter der zunehmend starken Konkurrenz der visuellen ↗ Medien seit den 80er Jahren an Bedeutung verloren. Auf dem Hintergrund durchgehender U- und E-Musik-Leisten dominiert das Kurz-H.

Kurt Bartsch

Lit.: R. Döhl: Das H. zur NS-Zeit, 1992. – R. Döhl: Das Neue H., 1988. – W. Klose: Didaktik des H., 1974. – St.B. Würffel: Das dt. H., 1978.

Humanismus

1. Der Begriff läßt sich auf lat. „humanus" oder „humanitas" – „menschlich" bzw. „menschlicher Edelmut", „geistig sittliche Bildung" u.a. zurückführen. Als wissenschaftlicher Terminus wurde er im 19. Jh. u.a. von G. Voigt (*Die Wiederbelebung des classischen Altherthums oder das erste Jh. des H.*, 1859) etabliert. Der Begriff bezeichnet eine weltliche Bildungsbewegung bzw. geistes- und literaturgeschichtliche Strömung, die sich zwischen dem 14. und 17. Jh. von Italien über Europa ausbreitete; daher ist auch oft von Renaissance-H. die Rede. Man kann zwischen Gründer-H. und entwickeltem H. unterscheiden. Die Vertreter des Gründer-H. wurden in den einzelnen Ländern mit unterschiedlicher Verzögerung wirksam. Als erste Gründerfiguren des H. gelten die Italiener Francesco Petrarca (1304-1374) und Giovanni Boccaccio (1313-1375). Ihnen folgen u.a. Coluccio Salutati (1331-1406), Leonardo Bruni (ca. 1370-1444), Poggio Bracciolini (1380-1459), Angelo Poliziano (1454-1494), Lorenzo Valla (1407-1457), Marsilio Ficino (1433-1499).

In Deutschland kann erst seit der Mitte des 15. Jh. von einem Gründer-H. die Rede sein, der um 1500 in einen entwickelten H. übergeht. Bei aller Vielfalt liegt die bedeutendste literarhistorische Leistung der dt. Humanisten auf lange Sicht wohl im Bereich der Kunstprosa. Die Entwicklung dt. Prosaliteratur aller Gattungen erfährt entscheidende Impulse durch reflektierte Übersetzungen, bewußte Neuetablierung alter Prosagattungen (z.B. die Rede), Nachahmung bzw. Fortschreibung klassischer Stilideale, absichtsvolle Verwendung und positive Neubewertung der Prosa sowie theoretische Beschäftigung mit Gestaltungsprinzipien oder Sprachnormen auf rhetorischer Grundlage. Die Formenwelt der ebenfalls hoch kultivierten humanistisch-neulat. Lyrik fand erst mit großer Verspätung und unter anderen historischen Bedingungen Eingang in die dt.sprachige Literatur.

2. Die Gründer hatten ein relativ klares Bildungsprogramm. Sie sahen den Standard der Antike auf allen literarischen und wissenschaftlichen Sektoren als vorbildlich an. Zunehmend bewußt grenzten sich die exponierteren Humanisten von der vorangehenden ↗ Epoche ab, die sie als dunkles, zwischen ihnen und der Antike liegendes „mittleres Zeitalter" („medium aevum"), ja als Epoche des Bildungs- und Kulturverfalls ansahen. Die Antike wurde nicht nur in ihrer Eigenart wahrgenommen und als etwas Eigenständiges akzeptiert, sondern auch programmatisch als solche rekonstruiert und zur Diskursnorm erhoben. In den „studia humanitatis" fand dies seinen institutionellen Rahmen. Leonardo Bruni formulierte als Motiv dieser Bestrebungen die philosophisch-anthropologische Maxime von der Veredelung und Vervollkommnung des Menschen. Grundlage der „studia" war die bewußte Pflege der klassischen Latinität (später auch des Griechischen). Schon Petrarca verband dies mit intensiver Überlieferungsforschung und einem methodisch-philologisch ausgerichteten Studium der antiken Quellen. So wurde es möglich, daß die sprachlichen, literarischen, philosophischen, juristischen, wissenschaftlichen und historischen Elemente der antiken Tradition für die Humanisten diskurskonstitutiv wurden.

Vor diesem Hintergrund ist die Neigung der Gründer zur Patristik (vor allem zu Augustinus und Hieronymus) zu sehen; da die christliche

Doktrin im Grundsatz unbestritten blieb, stellten die Kirchenväter eine Brücke zur älteren paganen Antike dar, deren Vorstellungswelt man mit der christlichen weitgehend zu harmonisieren suchte. Die christliche Religion war auch später nie ernsthaft gefährdet. In Deutschland blieben Debatten wie im sog. Locher-Streit Ausnahme, bei denen es um die Rolle der „heidnischen" Dichtung in einer christlichen Welt und damit um die Frage ging, wieweit die zweite konzeptionelle Komponente des Humanistenprinzips (vgl. unten) ausdehnbar ist. Der um die Daseinsberechtigung hebräischer Texte entbrannte „Dunkelmännerstreit" von 1515/17 (Reuchlin, U. v. Hutten) ging unter anderen Vorzeichen in eine ähnliche Richtung.

3. Die Vertreter des entwickelten H. trieben diese Bestrebungen (seit dem 16. Jh. in ganz Europa) voran, nahmen maßgeblichen Einfluß auf die Literatur, das Wissenssystem, speziell auch die Bildungseinrichtungen, und etablierten den H. als integrative Kraft, der die frühneuzeitliche Kultur insgesamt zu neuen Standpunkten brachte. Die Orientierung an der Antike blieb dabei eine Basiskomponente, wurde aber auf verschiedenen Sektoren durch eigene Ansätze relativiert. Deutlich zutage trat das auf dem Gebiet der Naturwissenschaften. Ein Gelehrter wie Regiomontan (Johannes Müller, 1436-1476) rekonstruierte zunächst mit philologischer Methodik die antiken naturkundlichen Texte; sehr bald aber überschritten seine eigenen Forschungen die antiken Grundlagen. Dementsprechend formulierte er bereits in seiner um 1465 entstandenen Widmung der *Tabulae primi mobilis* den später für den entwickelten H. selbstverständlichen Grundsatz, das Studium der Antike sei mit eigener empirischer Forschungsarbeit zu verbinden.

4. Eine literarhistorische Würdigung des dt. H. hat sich mit mindestens drei Fragen auseinanderzusetzen: Wer kann als Humanist gelten? Welches Werk ist humanistisch? Und welchen Verlauf nimmt der dt. H. vom 14. bis zum 16. Jh.? Generell gilt als differentia specifica: Ein Humanist ist ein Autor, der die Antike in ihrer Eigenart bei seinen Werken als Diskursnorm akzeptiert (Humanistenprinzip), wenigstens der Idee nach. Speziell ist dann weiter nach der Art und Weise zu differenzieren, wie dieses Prinzip konkret realisiert ist. Mindestens zwei Kriterien kommen in Betracht: a. eine rein sprachliche Sicht der Diskursnorm (d.h. vor allem klassische Latinität); b. eine weitergehende konzeptionelle Sicht der Diskursnorm (d.h. antike oder zumindest auf die Antike rekurrierende Denkformen und Denkinhalte). Aus diesen beiden Komponenten ergeben sich Abstufungen der H.-Ausprägung: es gibt Autoren, die nur eines der Kriterien erfüllen wollten oder konnten; andere machten sich beide zu eigen, aber in unterschiedlichem Grade usw. So ergibt sich ein vielgestaltiges Bild der Geschichte des H. im dt. Kulturraum mit fünf Verlaufsphasen.

5. Den Gründer-H. kann man der Forschungskonvention folgend zunächst in drei Abschnitte einteilen: a. Das sog. „böhmische Vorspiel" in der 2. Hälfte des 14. Jh.: Burdach nannte die ersten Berührungen mit den neuen Bestrebungen im Umfeld des Prager Kaiserhofes „böhmischer Früh-H.". Kaiser Karl IV. (1316-1378) und sein Kanzler Johann von Neumarkt (um 1315/20-1380) hatten Kontakte zu Petrarca. Johanns Reform des kaiserlichen Kanzleischriftwesens und seine Übersetzungsliteratur lassen erste Einflüsse des Humanistenprinzips erkennen. Man muß die Wirkungen der Italiener aber relativieren, weil im Deutschland des 14. Jh. schon eine eigenständige laikale Bildungsbewegung (z.B. von „maistern" wie Heinrich von Mügeln) schon bestand. In jedem Fall gehörte aber eine signifikante Neubesinnung auf die ↗ Rhetorik dazu. Der programmatische Begleitbrief zum wichtigsten dt. Literaturwerk dieser Zeit, dem *Ackermann* des Johann von Tepl (um 1400), bestätigt das ausdrücklich.

Seit dieser Zeit gibt es ununterbrochenen Austausch mit Italien, z.B. durch die Aufenthalte dt. Studenten an ital. Universitäten. Abschriften humanistischer Mustertexte und die daran geknüpfte Wertschätzung des Humanistenprinzips gelangten so über die Alpen. Hier nur einige Fälle: Albrecht von Eyb (1420-1475) studierte zwischen 1444 und 1459 in Bologna, Padua und Pavia. Seine 1459 veröffentlichte *Margarita poetica* wurde zu einem der wichtigsten humanistischen Bildungsbücher in Deutschland. Am Anfang des Werkes steht eine rhetorische Stilistik, an die sich eine überlegt konzipierte humanistische Musterphrasen- und -textsammlung anschließt. Auch Peter Luder (um 1415-1472) begann 1436 in Ferrara ein Studium. Er vertritt den Typus des Wanderhumanisten, der nach seiner Rückkehr an verschiedenen dt. Universitäten die „studia humanitatis" propagierte und mit Antikenvorlesungen und lat. Redekultur das Humanistenprinzip zu verbreiten suchte. Diese Art von Gründerhumanisten findet sich bis zum Beginn des 16. Jh. an dt. Hochschulen. Zur nächsten Generation zählt der in Groningen geborene Rudolph Agricola (1444-1485), der zwischen 1468 und 1479 in Pavia und Ferrara studierte. Zu seinen Werken gehört eine von humanistischer Programmatik motivierte Petrarca-Biographie. Umgekehrt kamen aber auch ital. Humanisten ins Land. So Enea Silvio Piccolomini (1405-1464, seit 1458 Papst Pius II.), der mehr als ein Jahrzehnt vom Wiener Hof aus humanistische Auffassungen vermitteln konnte. Dazu griff er intensiv auf die Gattungen des Humanistenbriefs und des Traktats zurück. Bedeutung gewann auch seine lat. ↗ Novelle *Eurialus und Lucretia*.

b. Schwäbisch-fränkischer „Früh-H." (ca. 1450-1480): In dieser Phase spielen die Übersetzungsbestrebungen eine wichtige literarhistorische Rolle; etwa Konrad Humerys Boethius-Übersetzung von ca. 1463 oder Hans Neitharts dt. Terenz (Druck 1486). Volkssprachliche H.-Aneignung heißt aber nicht zuletzt Bearbeitung von „modernen" ital. Humanistentexten. Die erste Übersetzung von Petrarcas moralphilosophischem Hauptwerk, dem *Glücksbuch*, datiert bereits um 1400. Nach 1450 intensiviert sich das Aneignungsstreben. U.a. übersetzt Heinrich Steinhöwel (1411/12-1479) Petrarcas lat. *Griseldis*-Version (1461/62). Niklas von Wyle (um 1415-1479) nimmt Humanistentraktate in seine ab 1461 entstandenen *Translatzen* auf usw. Hierher gehören auch die Arbeiten Albrechts von Eyb.

c. Der sog. „ältere H." bis um 1500: Zu Zentren des H. werden in dieser Phase vor allem Heidelberg (Dalbergkreis mit R. Agricola, D. v. Plieningen, J. Reuchlin, A. Werner v. Themar) sowie Basel und Straßburg (S. Brant, J. Geiler v. Kaisersberg, J. Wimpfeling). Die beiden Komponenten des Humanistenprinzips treten in diesen Kreisen unterschiedlich stark hervor. Bei Sebastian Brant (1457-1521) etwa dominiert die traditionelle religiöse Vorstellungswelt noch stark das literarische Werk und auch sein Gebrauch antikisierender Versatzstücke (z.B. Exempelfiguren) ist nur schwer von dem der Bildungsdichter des 14. Jh. zu unterscheiden. Speziell antike Themen sind nicht sein Anliegen. Andererseits gründen sich viele seiner programmatischen Anschauungen auf das Humanistenprinzip (Rezeption des römischen Rechts, Studium antiker Autoren, Pflege von Poesie und Rhetorik usw.).

6. Der entwickelte H. läßt sich in zwei weitere Abschnitte untergliedern: a. „Hoch-H." vom Ende des 15. Jh. bis zur Reformationszeit: In den bedeutendsten Städten Deutschlands gibt es jetzt Anhänger der „studia humanitatis". An den Universitäten werden als Ausdruck des neuen Bildungsbewußtseins systematisch Poetik- bzw. Rhetoriklehrstühle eingerichtet. Gefördert wird die Bewegung jetzt u.a. durch Kaiser Maximilian I. Zu den herausragenden Figuren gehören H. Bebel, U. v. Hutten und W. Pirckheimer. Voran stehen aber die auch in ihrer philosophischen Leistung als „Erzhumanisten" zu bezeichnenden Konrad Celtis (1459-1508) und Erasmus von Rotterdam (1466/1469-1536). Der fränkische Winzersohn Celtis gründete u.a. 1495 eine Humanistengesellschaft (Sodalität) in Heidelberg und 1501 als Wiener Professor für Rhetorik und ↗ Poetik das „Collegium poetarum et mathematicorum". Man kann Celtis mit seinem lyrischen Hauptwerk der *Vier Bücher Amores* gewiß den wichtigsten lat. Dichterhumanisten der Zeit nennen. Allerdings zeigt der Name des Wiener Kollegs an, daß Celtis die beiden in Deutschland wetteifernden Richtungen des H. mit mathematisch-naturwissenschaftlichen Interessen und desjenigen mit eher literatursprachlich-philosophischen Interessen integralistisch zusammenführen wollte. Celtis stand mit diesem Konzept nicht allein. Den Kosmopoliten Erasmus von Rotterdam kann man demgegenüber eher als Typus des Philologenhumanisten kennzeichnen. Mit seinen höchst erfolgreichen *Adagia* (gedr. 1500) etwa sammelte er antike Weisheit in rund 800 sprichwörtlichen Redensarten, und mit seinen kritischen Klassikerausgaben, vor allem aber dem griechischen Neuen Testament setzte er hinsichtlich der humanistischen Quellenmaxime („ad fontes") philologische Maßstäbe.

b. „Spät-H." oder „nachreformatorischer Schul-H." von etwa 1530 bis zum Beginn des 17. Jh.: Zu den wichtigen Autoren dieses Entwicklungsstadiums zählen J. Fischart (1546-1590) und N. Frischlin (1547-1590). Im nachreformatorischen Schul- und Universitätssystem wird das Humanistenprinzip jetzt als rein formaler Bildungswert übergreifend etabliert. Das sprachliche Kriterium steht insofern voran, als alle konzeptionellen Aspekte im Sinne eines christlichen H. nach wie vor mit den christlichen Grundanschauungen harmonisiert bleiben müssen. Der Straßburger protestantische Schulreformer J. Sturm gab dazu die Parole von der gelehrten und rhetorisch geschulten Frömmigkeit aus („docta et eloquens pietas").

7. Spätere Bildungsbewegungen, wie der Neo-H. des 19. Jh. („zweiter H."), beziehen sich in ihren Wertvorstellungen auf das Humanistenprinzip dieser Epoche. Der H.-Begriff bekommt dabei eine Bedeutung, die ihn zu einer überzeitlichen Kategorie werden läßt. Dieser auch heute gebräuchliche philosophische H.-Begriff bezeichnet ein universales Menschlichkeitsideal, das auf dem Natur- und Menschenrechtsgedanken gründet, teilweise zudem antimetaphysisch gewendet ist.

Joachim Knape

Lit.: E. Bernstein: Die Literatur des dt. Frühh., 1978. – H.O. Burger: Renaissance – H. – Reformation, 1969. – J. Knape: Die ältesten dt. Übersetzungen von Petrarcas ‚Glücksbuch', 1986. – P.O. Kristeller: H. und Renaissance, 1974-1976. – D. Wuttke: H. als integrative Kraft, 1986.

I

Idylle

1. Das Wort I. ist von griech. „eidyllion", – „kleine Gedichtform", abgeleitet, das traditionell falsch als „kleines Bild" übersetzt und gedeutet wurde. I. bezeichnet eine aus der klassischen Antike übernommene Gattung relativ kurzer Vers- oder Prosatexte, die harmonische Szenen aus dem Leben einfacher Menschen darstellen. Die I. konzentriert sich auf die heile Welt im kleinen, ein erfülltes Dasein innerhalb überschaubarer Verhältnisse und fern von allen komplexen sozialen Gefügen, sie beschreibt den vertrauten Umgang der Menschen miteinander und mit einer freundlichen Natur. Eine besondere Bedeutung kommt der musischen Betätigung (Singen, Dichten, Beschreiben von Kunstgegenständen usw.) zu. Die beschränkte Dimension unterscheidet die I. von der anspruchsvolleren Gattung der literarischen ↗ Utopie, mit der sie andererseits ihr gegenbildlicher Charakter verbindet.

2. Die in einer kunstvollen episch-dramatisch-lyrischen Mischform abgefaßten Hirtengedichte des alexandrinischen Autors Theokrit (1. Hälfte 3. Jh. v. Chr.) und seines römischen Nachahmers Vergil (2. Hälfte 1. Jh. v. Chr.) gaben den Anstoß zu der umfangreichen und weitverzweigten Tradition der neuzeitlichen Bukolik oder Schäferdichtung, die viele literarische Formen und die anderen Künste als eine komplexe Sinngebungs- und Deutungskonvention durchdrang und z.B. ebenso erotische wie religiöse Texte konstituierte. In der Bukolik hebt sich die I. heraus durch die größere formale Treue zu den klassischen Vorbildern. Ihre Blütezeit liegt im 18. Jh., wo sie die anderen Formen der Pastoraldichtung verdrängte und schließlich auch die artifizielle Figur des singenden und dichtenden Hirten und seine topische Szenerie durch realistisches Personal und Lokal ersetzte. Es ist sinnvoll, neben dem „Bukolischen" und „Idyllischen" in seiner vielfältigen Erscheinung, die I. als historische Gattungsbezeichnung (↗ Gattung) auf diese, durch einen markanten Neueinsatz charakterisierte Entwicklung im 18. und frühen 19. Jh. zu beschränken. Den Anstoß gab der Zürcher Salomon Geßner, dessen *Idyllen* (1756; vgl. auch *Neue Idyllen* 1772 sowie den Hirtenroman *Daphnis* 1754 und das biblische Hirtenepos *Der Tod Abels* 1758) europäischen Ruhm erlangten. Sie verbanden das empfindsame Tugendethos der ↗ Aufklärung mit sensibler Naturbeobachtung und zivilisationskritischer Idealisierung des naiven Menschen. Wirkungsvoll wurde Geßners Berufung auf Theokrit, den er dem überfeinerten Geschmack der eigenen Zeit entgegenhielt. Tatsächlich galten seine I., die übrigens als Novum in Prosa verfaßt waren, vor allem in Frankreich als die wiedergewonnene, von allegorischer Maskerade und höfischer Frivolität befreite klassische Naturwahrheit. Dagegen wurden sie in Deutschland rasch zur Zielscheibe der an den neuen ästhetischen Idealen des ↗ Sturm und Drang orientierten ↗ Literaturkritik. Herder (1767) machte ihnen das griechische Vorbild streitig und verwies künftige Dichter an dessen vermeintliche frische Ursprünglichkeit. Der hier theoretisch vollzogene Bruch mit dem konventionellen poetischen Hirtentum und dem „goldenen Zeitalter" als seiner fiktiven Begründung bedeutete keinen Bruch mit dem antiken und besonders dem griechischen Gattungsmuster, das vielmehr der normative Bezugspunkt auch der realistischen Gattungsentwicklung blieb. Er verband sich mit der idealen Naturvorstellung der Aufklärung und konstitutierte gemeinsam mit dieser die kritisch-utopische Qualität, wie sie in Schillers Bestimmung der I. als dem dargestellten Ideal befreiter und versöhnter Menschheit ihren theoretischen Höhepunkt fand (*Über naive und sentimentalische Dichtung*, 1795).

3. So wuchs der „Idee" der I. besonders für die Weimarer ↗ Klassik eine Bedeutung zu, die die einzelnen Werke weit übersteigt. Ein signifikanter Text für die Konstellation von „Natur" und „Antike" ist Goethes an Geßner anschließende I. *Der Wandrer* (1772). Drei Jahre später erschienen die ebenfalls Geßner aufgreifenden Prosaidyllen von Friedrich (gen. der Maler) Müller, deren sprachliche Urwüchsigkeit, seelische Expressivität und dynamisch erregte Naturschilderungen sich aus einer neuen Rezeption der antiken Faunsfigur speisten (*Der Satyr Mopsus*, *Der Faun* und *Bacchidon und Milon*, alle 1775). Die zeitgenössischen Bauern und Schulmeister von Müllers „pfälzischen Idyllen" *Die Schaf-Schur* (1775) und *Das Nuß-Kernen* (veröffentlicht 1811), die einerseits auf die Dorfgeschichte des 19. Jh. vorausweisen, sind andererseits – etwa in ihrer Sanges- und Gesprächsfreude – immer noch erkennbare Nachfahren der pastoralen Tradition. Am folgenreichsten für die Verbindung von realistischem Zeit- und neuklassizistischem Antikebezug wurden die I. von Johann Heinrich Voß, die

sich auch äußerlich (Hexametervers) an den klassischen Mustern orientierten. In den I. *Die Pferdeknechte* und *Der Ährenkranz* (ebenfalls 1775) wurde der Protest gegen den sozialen Mißstand der Leibeigenschaft unter Rückgriff auf das berühmte erste Hirtengedicht Vergils vorgetragen. Auch wenn Voßens spätere I. diesen revolutionären Klassizismus abschwächten und sich oft in behaglicher Ausmalung mittelständisch-provinziellen Glücks gefielen (*Der Abendschmaus*, 1778; *Der siebzigste Geburtstag*, 1780), blieb die Legierung antiker Form, zeitgenössischen Stoffs und politischen Emanzipationsanspruchs wegweisend. Schule gemacht hat Voß auch mit der von Theokrit inspirierten Einführung des niederdt. Dialekts in die Literatursprache (vgl. z.B. Johann Peter Hebel, *Allemannische Gedichte*, 1803), ↗ Dialektdichtung.

4. Mit den drei *Luise*-Idyllen (1783/4 einzeln, 1795 wesentlich erweitert in Buchform erschienen) gab der Homerübersetzer außerdem den Anstoß zu dem Gattungszweig des idyllischen ↗ Epos, das seinen Höhepunkt in Goethes *Hermann und Dorothea* (1797) und in der ersten Hälfte des 19. Jh. eine lange Reihe populärer Nachahmungen fand, von denen Mörikes *Idylle vom Bodensee* (1846) und Hebbels *Mutter und Kind* (1859) die bedeutendsten sind. Ein später Nachläufer ist Thomas Manns *Gesang vom Kindchen* (1919). Die idyllischen Epen stellten bürgerliches Leben in archetypisch-homerischer Stilisierung vor – die besten Exemplare mit leisem ironischen Bewußtsein von der Diskrepanz zwischen dem alltäglichen Stoff und der hohen Form, die trivialeren nicht ohne Züge falscher und ideologischer Monumentalisierung. In jedem Fall war die epische Aufblähung der kleinen privaten Welt der I. problematisch. Besonders beliebt war das von Voß vorgegebene ländlich-kleinstädtische Pfarrhausmilieu, das eine Art autarker Existenz in der ↗ Moderne zu bewahren schien. Die spärliche Handlung wurde meistens bestritten von einer Verlobung oder sonstigen Familienfeier. Goethe freilich hatte die überraschende Verbindung seines Wirtshaussohns mit der vertriebenen Braut in Bezug gesetzt zum politischen Hintergrund der Französischen Revolution und damit die episch-homerische Form zumindest teilweise eingeholt. Daß *Hermann und Dorothea*, der Gipfel der Gattungsentwicklung der dt. I. und eines der populärsten Werke der Weimarer Klassik, dann freilich weniger als artistisches Experiment denn als Verklärung des dt. Bürgertums gelesen wurde, ist bezeichnend für die Wirkungsgeschichte.

5. Neben der I. als historischem Gattungsbegriff verwendet die ↗ Literaturwissenschaft die Kategorie des „Idyllischen" zur Kennzeichnung verwandter Phänomene in anderen Gattungen, wobei aber die Beziehung zur eigentlichen Gattungstradition häufig ungeklärt bleibt. Zweifellos weist die dt. Literatur besonders des 19. Jh. viele „idyllische" Züge auf, die sich aber keineswegs aus der konkreten Gattung herzuleiten brauchen. Eine radikal verschiedene Spielart von I. wurde von Jean Paul geschaffen, dessen humoristische Erzählungen, die den poetischen ↗ Realismus beeinflußten, kaum noch den antiken und aufklärerischen Gattungshintergrund voraussetzen. (*Leben des vergnügten Schulmeisterlein Maria Wuz in Auenthal*, 1793; *Leben des Quintus Fixlein*, 1796; *Der Jubel-Senior*, 1797; *Leben Fibels*, 1812.) Eine späte, *Hermann und Dorothea* variierende idyllische Erzählung schrieb Wilhelm Raabe (*Horacker*, 1876).

Helmut J. Schneider

Lit.: R. Böschenstein-Schäfer: I., ²1977. – G. Kaiser: Wandrer und I., 1977. – H.J. Schneider (Hg.): I. der Deutschen, ²1981. – Ders. (Hg.): I.theorien des 18. Jh., 1988. – H.U. Seeber/P.G. Klussmann (Hg.): I. und Modernisierung in der europäischen Literatur des 19. Jh., 1986.

Innere Emigration

1. Der Begriff der I.E. wurde vermutlich bereits 1933 von dem Schriftsteller Frank Thieß geprägt. Er bezeichnet, oftmals in Abgrenzung oder Entgegensetzung zur ↗ Exilliteratur, eine durch die Machtübernahme der Nationalsozialisten bestimmte literarisch-geistige Haltung in Deutschland von 1933 bis 1945. Die Vertreter der I.E. versuchten, sich der „Gleichschaltung" im politischen und gesellschaftlichen Leben dadurch zu entziehen, daß sie einen Weg nach „innen" propagierten, um sich so zumindest eine (scheinbare) Unabhängigkeit im Geiste zu bewahren. Der I.E. zugehörig betrachtet werden i.d.R. Autoren, die dem NS-Regime reserviert bzw. feindlich gegenüberstanden, ohne den Gang ins Exil anzutreten. Das Spektrum der politischen Verhaltensweisen der Betroffenen ist groß: Es reicht von duldender Verweigerung bis hin zum versteckten Protest. Das Phänomen wurde nicht nur von F. Thieß so benannt; früh kursierten vergleichbare Wendungen, die vom „geistigen Exil" (J. Klepper) oder von einer „Art Emigrantendasein" (E. Barlach) in Deutschland sprachen. Die Diskussion um die I.E. war von Anfang an nicht von politischen und moralischen Wertungen zu trennen, da sie automatisch die Frage berührt, inwieweit die der I.E. zugerechneten Schriftsteller mit dem Hitler-Staat zusammenarbeiteten bzw. zu-

sammenarbeiten mußten. Die wechselnde Klein- oder Großschreibung des Attributs „innere" zeigt die unterschiedliche Akzeptanz des Begriffs an.

2. Die Beurteilung der I.E. hängt stark vom Kontext der nationalsozialistischen Literaturpolitik ab. Neuere Forschungen belegen, daß diese weit weniger konsequent und zusammenhängend war, als man dies lange annahm. Trotz der zahllosen Beschränkungen, die nach der Büchverbrennung 1933 mißliebigen Schriftstellern auferlegt wurden, kann von einer einförmigen staatlichen Kulturpolitik nicht gesprochen werden. Die Sanktionen, die von Überwachungen bis zu Zensurmaßnahmen (↗ Zensur) und Inhaftierungen reichten, hingen oftmals von willkürlichen Einschätzungen ab. Bekannt ist beispielsweise Hitlers Eintreten für den „soldatischen" Ernst Jünger, gegen den Widerstand in der Partei. Der Hörfunk in Teilen oder Zeitschriften wie die *Neue Rundschau* oder die *Kölnische Zeitung* druckten inmitten aller Restriktionen Texte, die nicht regimeergeben oder ideologisch deformiert waren.

3. Literatur, die im Dritten Reich erscheinen konnte, mußte künstlerischen Verhüllungsstrategien folgen. Wo offene Opposition unmöglich war, galt es, „Rückzüge in eine machtgeschützte ästhetische Nischenwelt" (J.-P. Barbian) anzutreten. Techniken der Anspielung und der indirekten, uneigentlichen Aussage erlaubten es, Texten eine doppelbödige Botschaft einzuschreiben. Was den Kontrollinstanzen des Staates auf den ersten Blick unverdächtig blieb, konnte für den zunehmend geschulten Leser Verschlüsseltes über den NS-Staat enthalten. Bekanntestes Beispiel hierfür ist E. Jüngers Roman *Auf den Marmorklippen* (1939): Der Rückzug der Hauptfiguren in eine entlegene Klause, wo eine „unberührte Stille wie im Zentrum des Zyklons" herrscht, ließ sich unmittelbar als Symbol der I.E. lesen, zumal andere Episoden des Romans – wie die Geschehnisse in der Folterstätte Köppelsbleek – auf das Grauen hinter dem NS-Alltag hinzuweisen schienen. Was die Zeitgenossen vielfach als symbolische Zeitdeutung auffaßten, zeigt sich im nachhinein weit mehr als Ausdruck geschichtsphilosophischer Grundanschauungen Jüngers, die nicht entscheidend durch die Erfahrungen der I.E. bestimmt wurden.

Wie *Auf den Marmorklippen* als Roman einer symbolischen Gegenwartskritik lesbar war, so wurde die bewußt gepflegte Gattung des historischen Romans (↗ Geschichtsdichtung) zur geeigneten Form, Zeitkritik kaschiert zu äußern. Bekannte Beispiele sind W. Bergengruens *Der Großtyrann und das Gericht* (1935) und R. Schneiders *Las Casas vor Karl V.* (1938). Dem verwandt sind Textformen, die auf den antiken Mythenschatz zurückgreifen (so bei M. L. Kaschnitz, Erhart Kästner), ↗ Mythos. Zugrunde liegt diesen und vielen anderen Romanen eine für die I.E. typische Haltung des Pessimismus, die die Geschichte von undurchschaubaren, irrationalen Mächten gelenkt sieht und eine Wiederkehr des Immergleichen annimmt. Ein aktives Eintreten des einzelnen in den Lauf der Geschichte wird kaum erwogen oder als zum Scheitern verurteilt angesehen. Dominierend ist ein tiefsitzender Antimodernismus, der die technischen und industriellen Entwicklungen des 20. Jh. für den moralischen Niedergang verantwortlich macht. Bezeichnend etwa der Zusammenhang, den Ernst Wiechert zwischen der „Zerfaserung der Seele und der Zertrümmerung der Atome" herstellte. Wiecherts vielgelesener Roman *Das einfache Leben* (1939) spiegelt diese Anschauung und setzt der Moderne den Glauben an eine unwandelbare Ordnung der Schöpfung entgegen.

Dieser Rückzug auf Bereiche, die von der Tagespolitik vermeintlich nicht berührt werden können, findet sich auch in der ↗ Lyrik der I.E., die vor allem Naturlyrik ist (bekannteste Vertreter: Oskar Loerke, Wilhelm Lehmann, Georg von der Vring). Die oftmals magisch heraufbeschworene Natur erlaubte es, in deren minutiös festgehaltenen Details sich auf unumstößliche Formen des überzeitlichen Seins zu berufen und gleichzeitig in Momenten des Verfalls oder Herbstes weltanschauliche Skepsis mitschwingen zu lassen.

4. Ungeachtet der vielen Berührungspunkte ist abzugrenzen von der I.E., die häufig auf bereits vor 1933 hervorgetretene Autoren wie Ernst Jünger, Ernst Wiechert, Hermann Kasack, Günter Eich oder Wilhelm Lehmann gemünzt wird, die Literatur einer jungen, nichtnationalsozialistischen Generation, die Mitte der 30er Jahre zu publizieren begann. Bezugspunkt ihrer sich oft in Tagebuch oder (Kurz-)Prosa äußernden Literatur ist eine Anlehnung an die Jahrhundertwende oder die Vormoderne des 19. Jh. Neoklassizistische, zur ↗ Idylle neigende kleinteilige Texte überwiegen; wichtige Vertreter dieser Gruppe sind Eugen Gottlob Winkler, Horst Lange, Hermann Lenz, Friedo Lampe, Elisabeth Langgässer.

5. Unmittelbar nach dem Zweiten Weltkrieg entzündete sich in der literarischen und politischen Diskussion ein Streit um das Verhältnis von Exilliteratur und I.E., der sich vor allem an der Person Thomas Manns entzündete. Während Autoren der I.E. ihre Haltung verteidigten und die Exilanten auf den bequemen „Logen und Parterreplätzen des Auslands" (F. Thieß) ausmachten, entgegnete Th. Mann im September 1945 mit einem berühmten gewordenen Verdikt: „Es mag Aberglauben sein, aber in meinen Augen sind Bücher, die von 1933 bis 1945 in Deutschland

überhaupt gedruckt werden konnten, weniger als wertlos und nicht gut in die Hand zu nehmen. Ein Geruch von Blut und Schande haftet ihnen an. Sie sollten alle eingestampft werden." Die sich anschließenden Debatten zementierten über lange Jahre hinweg den Gegensatz zwischen Autoren des Exils und der I.E. Die politisch wie kulturell eher restaurative Phase der 50er Jahre sorgte in der Bundesrepublik (↗ DDR-Literatur) dafür, daß sich die I.E. großer Wertschätzung erfreute, zumal Nachkriegserfolge wie Kasacks *Die Stadt hinter dem Strom* (1947) thematisch und stilistisch an sie anknüpften. Autoren wie Wiechert, Bergengruen oder Carossa prägten die Lesebücher. Die Berufung auf die I.E. diente oftmals dazu, opportunistisches Verhalten während der NS-Zeit zu entschuldigen und das eigene Mitläufertum als diffuse, nicht verifizierbare Verweigerungsposition auszugeben. Eine sich zunehmend ideologiekritisch verstehende ↗ Literaturwissenschaft trug seit den sechziger Jahren dazu bei, die Texte der I.E. auf ihren untergründigen politischen bzw. apolitischen Gehalt zu befragen. Erst die Feinanalyse der Bedingungen, unter denen Literatur im Dritten Reich entstand und publiziert werden konnte, wirkte einer einseitigen Sicht der I.E. entgegen. Der Begriff der I.E. selbst wird immer mehr als bloßer Behelfsterminus gebraucht, da selbst Autoren, die dieser Strömung zugerechnet werden, Unbehagen über dessen apolegetische Untertöne äußern: „(...) I.E., das hat ja einen Geschmack und Geruch, den ich schon damals, als das Wort aufgekommen ist, gar nicht gemocht habe" (H. Lenz). Die ästhetisch meist traditionelle Literatur der I.E. hat ihre Wirkung inzwischen eingebüßt; ihre Autoren sind oftmals völlig vergessen. Losgelöst vom engen Bezug auf die Jahre von 1933 bis 1945 wird der Begriff mitunter auch auf jedwedes Leben in totalitären Regimen gemünzt; der Schriftsteller Joachim Walther etwa sprach von seiner „I.E." in der DDR-Gesellschaft.

Rainer Moritz

Lit.: J.-P. Barbian: Literaturpolitik im 'Dritten Reich', 1993. – U.-K. Ketelsen: Literatur und Drittes Reich, 1992. – H.-D. Schäfer: Das gespaltene Bewußtsein. Dt. Kultur und Lebenswirklichkeit 1933-1945, 1981. – R. Schnell: Literarische I.E., 1976.

Intertextualität

1. In weitestem Sinne umfaßt I. alle Bezüge eines literarischen Textes auf andere literarische oder auch außerliterarische (Prä-)Texte. Meist wird I. allerdings enger gefaßt und dem verwandten Begriff der „Imitatio" gegenübergestellt, der in der antiken, mittelalterlichen und frühneuzeitlichen ↗ Poetik eine zentrale Position einnimmt. Der Verfasser einer Imitatio erkennt die Überlegenheit des nachgeahmten Prätextes an oder versucht, ihn wetteifernd zu übertreffen („aemulatio"); jedenfalls wird eine Vergleichbarkeit von Prä- und Folgetext im Hinblick auf absolut gesetzte poetologische Normen angenommen, der überlieferte Kanon besitzt vorbildhafte Verbindlichkeit und der Zielpunkt der Beurteilung des Folgetextes liegt in der Person des Autors, dessen Bildung und Können sich in seinem Text beweisen. I. hingegen betont eher den selbständigen Umgang des Folgetextes mit der Tradition, gesteht kanonischen Werken keine privilegierte Rolle gegenüber anderen Prätexten zu und bezieht sich eher auf den Text als auf die Person des Autors.

Literarische Texte verwendeten seit jeher intertextuelle Verfahren in Form von ↗ Parodien, Travestien, Pastiches, Adaptionen, Florilegien oder auch von Zitaten und Anspielungen. Allerdings dominieren bestimmte Arten der I., in denen der Text einen offenen, vom Leser allererst auszufüllenden Spielraum intertextueller Bezüge und Assoziationen anbietet, erst in Texten der literarischen ↗ Moderne und ↗ Postmoderne.

2. Der russische Literatur- und Kulturwissenschaftler Michail Bachtin (1895-1975) wurde mit seiner Theorie der „Dialogizität" zum wichtigsten Anreger der I.theorie, die seit den späten sechziger Jahren in der ↗ Literaturwissenschaft große Verbreitung findet. Bachtin zufolge differenziert sich im lebendigen Gebrauch einer Sprache die abstrakte Norm der nationalen Hochsprache in die besonderen „Sprachen" sozialer Gruppen (gemäß Schicht, Generation, Region, Bildung, Beruf, Konfession usw.), die jeweils durch bestimmte „verbalideologische" Standpunkte geprägt seien. Da ein Sprecher in seiner Rede stets auch die „fremden Worte" anderer berücksichtige, sei jede sprachliche Äußerung durch die Rivalität mehrerer „Sprachen" bestimmt, so daß eine „innere Dialogizität" von Standpunkten und Weltsichten entstehe. In der Literatur sei insbes. der ↗ Roman seit der Antike dialogisch geprägt, während Gattungen wie das ↗ Epos oder die (klassisch-romantische) ↗ Lyrik eher „monologisch" gebaut seien. Erst Dostoevskij jedoch habe als Begründer des „polyphonen Romans" das dialogische Prinzip, d. h. die gleichberechtigte Gegenüberstellung miteinander unvereinbarer Weltsichten, vollständig künstlerisch verwirklicht.

3. Bachtins Dialogizitätsbegriff wurde von Julia Kristeva in I. umbenannt und von ihr und anderen in poststrukturalistische Theoriefelder über-

geleitet. I. ist hier ein allgemeines Merkmal von Texten: „Jeder Text baut sich als Mosaik von Zitaten auf, jeder Text ist Absorption und Transformation eines anderen Textes" (Kristeva). Da der Textbegriff sehr weit gefaßt und Literatur zu einem Teil des allgemeinen Textes der Kultur wird, bleibt I. (wie schon Bachtins Dialogizität) nicht auf den Bereich der Literatur beschränkt. Dem als produktiver Mechanismus verstandenen Text wird eine Selbständigkeit zugesprochen, die sich von der künstlerischen Gestaltungsabsicht des Autors, dem Konzept eines geschlossenen Werkes und der Idee einer dialogischen Kommunikation zwischen Subjekten ablöst. Der Autor wird zum Schnittpunkt von Diskursen, das intendierte Werk zum ambivalenten Text, an die Stelle von Intersubjektivität tritt I. In diesem Verständnis wird I. zu einem Leitbegriff von Dekonstruktivismus (↗ Dekonstruktion) und Poststrukturalismus.

4. Anders als die an Kristeva anknüpfenden Poststrukturalisten versuchen hermeneutisch oder strukturalistisch orientierte Ansätze, I. als begrenztes Verfahren innerliterarischer Sinnbildung zu fassen; hier hält man an einem traditionelleren Verständnis von Begriffen wie Autor, Werk und Leser fest. Im Unterschied zur Quellen- und Einflußforschung geht es diesen I.stheorien weniger um die Einwirkung fremder Texte auf die Textgenese als vielmehr um Verweise des Folgetextes auf Prätexte, die vom Autor beabsichtigt, im Text markiert und vom Leser im Interesse eines angemessenen Textverständnisses erkannt sein müssen.

In der bislang umfassendsten Systematik unterscheidet Gérard Genette fünf Typen der „Transtextualität" (Inbegriff der Sachverhalte, die einen Text in eine manifeste oder geheime Beziehung zu anderen Texten bringen): „Paratextualität" bezeichnet die pragmatische Einrahmung des Textes durch beigeordnete Texte wie Titel, Motto, Vor- oder Nachwort, Einleitung, Umschlagstext u.ä.; „Metatextualität" liegt vor, wenn der Text einen anderen kommentiert; die „Architextualität" eines Textes besteht in seiner taxonomischen Zugehörigkeit zu bestimmten Gattungen, Textsorten oder Schreibweisen; „I." wird von Genette in einem engen Sinne gefaßt als effektive Präsenz eines Textes in einem anderen Text in Form von Zitat, Plagiat oder Anspielung; „Hypertextualität" schließlich bezeichnet die Beziehung eines Textes zweiten Grades (den Genette „Hypertext" nennt) zu Prätexten (Genette: „Hypotexten"), von denen er durch Transformation (Parodie, Travestie) oder Nachahmung (Persiflage, Pastiche) abgeleitet ist.

Bei intertextuellen Bezügen ist zwischen Einzeltextreferenz und Systemreferenz (Genette: „Architextualität") zu unterscheiden, d.h. zwischen Verweisen auf individuelle Prätexte oder aber auf literarische Muster und Normen wie Gattungen oder Schreibweisen; da Gattungsnormen und Schreibweisen im literarischen Bewußtsein oft durch paradigmatische Einzelwerke repräsentiert sind, ist die Grenze zwischen Einzeltext- und Systembezug allerdings nicht immer scharf zu ziehen. Die intertextuellen Bezüge können neben der semantischen auch andere Ebenen des Textes betreffen, nämlich linguistische Aspekte wie Graphie, Interpunktion, Phonologie, Morphologie, Lexik oder Syntax, aber auch Aspekte der metrischen, rhetorischen oder erzählerischen Gestaltung.

Die verschiedenen Arten und Grade intertextueller Bezüge sind nur durch ein Bündel von Kriterien erfaßbar. Ein Text kann bei der Übernahme einzelner Elemente die Fremdheit des ursprünglichen Kontexts und damit seine Referentialität mehr oder weniger deutlich als solche markieren; er kann seine eigene I. autoreflexiv thematisieren; er kann nur punktuell Anleihen machen oder sich zu großen Teilen oder auch insgesamt eines Prätextes als struktureller Folie bedienen; er kann in direkter oder indirekter Weise auf den Prätext anspielen; schließlich kann er in größerer oder kleinerer semantischer und ideologischer Spannung zum Prätext stehen.

5. Eine Zwischenstellung zwischen den beiden hier idealtypisch akzentuierten Richtungen der I.theorie nimmt Harold Bloom ein. Bloom sieht literarische Produktivität durch „anxiety of influence" bestimmt und rekonstruiert die Literaturgeschichte als einen intertextuellen, aber innerliterarischen Kampf von Autoren gegen ihre kanonischen Vorbilder. Jeder bedeutende Autor sei unweigerlich auf literarische Vorbilder bezogen und versuche gleichzeitig, sie zu verdrängen. In ödipaler Ambivalenz verbleibe er zwar unter dem Einfluß des übermächtigen „Vaters", müsse dessen Werke aber notwendig mißverstehen („misreading"), um eine selbständige künstlerische Artikulationsmöglichkeit zu finden.

Matías Martínez

Lit.: M. Bachtin: Die Ästhetik des Wortes, 1979. – H. Bloom: The Anxiety of Influence, 1973 (dt. 1995). – U. Broich/M. Pfister (Hg.): I., 1985. – G. Genette: Palimpseste, 1993.

Ironie

1. I. kommt in Alltagszusammenhängen vor, ist aber auch ein wichtiges literarisches Stilprinzip. Der Begriff ist schwierig zu fassen, da ihm sich

historisch wandelnde Konzepte zugrunde liegen und auch die gemeinsprachliche Begriffsverwendung unterschiedliche Gewichtungen vornimmt. Abzugrenzen ist die I. insbesondere von Humor, Witz, Komik, Spott, Sarkasmus, Zynismus, ↗ Parodie (↗ Komische, das). Die literarische I. ist, v.a. in ihrer Ausprägung als „romantische I.", für die ↗ Literaturwissenschaft deshalb von besonderem Interesse, weil man in ihr eine Reflexionsform des Literarischen schlechthin gesehen hat. Tatsächlich zeichnen sich die Spielarten der literarischen I. durch ein deutliches Bewußtsein ihres theoretischen Anspruchs aus.

2. Die Linguistik beschreibt die I. als uneigentlichen Sprechakt, da im ironischen Sprechen die geäußerte Bedeutung mit der gemeinten Bedeutung nicht übereinstimmt. Allerdings will eben diese Nichtübereinstimmung durchschaut werden. Entscheidend für das Verständnis einer ironischen Äußerung ist, daß die Adressaten mit dem Wertsystem und dem Wissenshorizont der Sprecher vertraut sind. Das allgemeinste Signal der I. ist der Kontext, in dem eine ironische Äußerung oder eine ironische Handlung stattfindet. Wenn der situative Kontext nicht hinreichend eindeutig ist, werden andere Signale wichtig, die ein wörtliches Verständnis der betreffenden ironischen Äußerung verhindern. Die sog. „Ironiesignale" bilden indessen keinen eigenständigen Code, vielmehr handelt es sich um sprachliche und parasprachliche Mittel (z. B. Mimik, Gestik), die eingesetzt werden, um die wörtliche Bedeutung zu konterkarieren. Jedes sprachliche Mittel, das diese Funktion erfüllt, kann daher zum I.-Signal werden. Die häufigsten I.-Signale sind Unter- oder Übertreibung, Häufung, Reihung, stilistische Unangemessenheit, Sperrdruck, Anführungszeichen.

3. Die ↗ Rhetorik unterscheidet I. als Wort- und als Gedanken-Tropus. Sie kennt vier Hauptversionen der I.: a. das Gegenteil von dem sagen, was man meint, b. etwas anderes sagen, als man meint, c. durch falsches Lob tadeln und durch scheinbaren Tadel loben, d. Sich-Lustigmachen, Spotten. Unter „dissimulatio" versteht die Rhetorik die Verheimlichung der eigenen Parteimeinung, während die vorgetäuschte Vertretung der gegnerischen Position als „simulatio" bezeichnet wird.

4. In den Platonischen Dialogen kommt die sog. „sokratische I." zum Einsatz. Sie ist aber nicht zu verwechseln mit dem Begriff der „eironeía", wie er vor Platon und bei Platon selbst verwendet wird. „Eironeía" (von „eireothai" = „fragen") bezeichnet die „Fragekunst, die ihre eigene Meinung verbirgt", ein Sichverstellen und Harmlostun. Ihr fehlt die für die I. wesentliche Durchsichtigkeit; sie geschieht aus schlechter Absicht und wird daher negativ bewertet. Als „sokratische Ironie" wird das Nichtwissen verstanden, das Sokrates in Platons Dialogen gegenüber seinem sich zunächst seines Wissens sicheren Gesprächspartner zeigt. Sokrates, der von seinem dialogischen Gegenüber lernen möchte, erweist im Verlauf des Gesprächs dessen Wissen als widersprüchlich. Die Gespräche enden aporetisch mit dem Nichtwissen beider Beteiligter. Dies bedeutet aber nicht, daß Platons Position die des propagierten Nichtwissens wäre. Das Ziel seines Philosophierens bleibt das Finden der Wahrheit; die Dialoge fordern zum Weitersuchen und Weiterfragen auf. Die „sokratische I." darf daher nicht als I. des Sokrates mißverstanden werden; vielmehr handelt es sich um das philosophische Prinzip Platons, eine Darstellungsform der philosophischen Erkenntnissuche.

5. Die „tragische Ironie" läßt die Helden eines ↗ Dramas im Unwissen über das von den anderen Beteiligten oder den Zuschauern bereits erkannte herannahende Verhängnis.

6. Bis ins 18. Jh. wurde die I. in einem sehr eingeschränkten rhetorischen Sinn als Redefigur verstanden, die das Gegenteil des Gesagten zu verstehen gibt. Ein neues Verständnis von I. wird erst in der ↗ Romantik entwickelt. Die sog. „romantische I.", wie sie v.a. von Friedrich Schlegel formuliert wurde, bezieht sich durchaus auf die sokratische I. und erkennt in ihr „ein Gefühl von dem unauslöschlichen Widerstreit des Unbedingten und des Bedingten, der Unmöglichkeit und Notwendigkeit einer vollständigen Mittheilung" (*Lyceums*-Fragment 108). Für Schlegel ist die I. ein philosophisches Prinzip, das sich über alles Bedingte erhebt, auch über sich selbst; daher bezeichnet er sie als „transcendentale Buffonerie". Im Grunde lassen sich bei Schlegel drei I.vorstellungen unterscheiden: a. Das 51. *Athenäums*-Fragment setzt die I. gleich mit einem „steten Wechsel von Selbstschöpfung und Selbstvernichtung". Sie versucht, zwischen Enthusiasmus und Skepsis zu vermitteln und zielt auf ein Bewußtsein künstlerischer Selbstbeschränkung. b. Im Rückgriff auf Fichtes Bewußtseinsphilosophie entfaltet das 116. *Athenäums*-Fragment den Gedanken der „poetischen Reflexion": Die von der I. bestimmte romantische Poesie solle zwischen dem Dargestellten und dem Darstellenden schweben, „diese Reflexion immer wieder potenzieren und wie in einer endlosen Reihe von Spiegeln vervielfachen". c. Schließlich zeigt sich eine symbolische Auffassung der I.: In der I. ist alles nur „Zeichen, Mittel und Anschauung des Ganzen", heißt es im *Gespräch über die Poesie*. Während bei Schlegel die I. trotz ihres ästhetisch-kreativen Anspruchs wesentlich ein theoretisches Postulat bleibt, versucht Friedrich von Hardenberg (Novalis), sie poetisch zu verwirklichen und

statt vernichtender Überhebung über das Endliche eine poetisch-ironische Durchdringung der Welt ins Werk zu setzen. Gebrauch von der I. als Kunstmittel macht auch Ludwig Tieck, der in seinen Dramen und Erzählungen ein überlegenes Spiel mit den eigenen Kunstmitteln inszeniert.

7. Im Grundsätzlichen mit Schlegels fragmentarischen Äußerungen zur I. verwandt, ist K.W.F. Solgers I.-Konzept, wie es vor allem in *Erwin* (1815) und in den *Vorlesungen über Ästhetik* (1829) zum Ausdruck kommt, von ungleich systematischerer Art. Im Zentrum von Solgers Argumentation steht der Übergang von Idee und Erscheinung und die dabei vonstattengehende Vernichtung der Idee. Unter dem Eindruck Hegels interpretiert Sören Kierkegaard die I. in seiner Dissertation *Über den Begriff der Ironie mit ständiger Rücksicht auf Sokrates* (1841) als unendliche und absolute Negativität. Unter den ironischen Autoren des 19. Jh. sind insbesondere Heinrich Heine und Friedrich Nietzsche hervorzuheben. Während Heine, der, oft in der Funktion, das eigene Ich zu schützen, Gebrauch von der romantischen I. als Kunstmittel macht, sie auch als historische Erscheinung ironisiert, gewinnt Nietzsche aus dem Spiel der I. neue philosophische Überlegenheit.

8. Unter den Autoren des 20. Jh. ist besonders das Werk Thomas Manns von der I. geprägt. Die *Betrachtungen eines Unpolitischen* (1918) beschreiben sie als eine Form der Moral, als eine persönliche Ethik und „innere Politik". Der Gegensatz von „Leben" und „Geist" setzt vor allem im Frühwerk ironische Effekte; ein wichtiges ironisches Prinzip stellt auch die von Mann oft ins Werk gesetzte individuelle Wiederholung des ↗ Mythos dar. Robert Musil hält in einer Tagebuchnotiz fest: „Sokratisch ist: Sich unwissend stellen. Modern: Unwissend sein!" Daß die Welt so, aber auch ganz anders sein kann, verleiht ihr einen ironischen Grundzug, den Musil besonders nachdrücklich in seinem Roman *Der Mann ohne Eigenschaften* (1930-54) herausstellt. Auch in der neueren Literaturtheorie hat die I. Konjunktur: Begreift Roland Barthes (*S/Z*) den ständigen Aufschub der textuellen Bedeutungsbewegung als ironisch, ist für Paul de Man (*Allegories of Reading; Blindness and Insight*) I. das Unterlaufen unmittelbaren Verstehens, das durch die postulierte Unversöhntheit von rhetorischer und referentieller Sprachfunktion bedingt ist.

Martina Wagner-Egelhaaf

Lit.: E. Behler: Die Theorie der romantischen I. In: Ders.: Studien zur Romantik und zur idealistischen Philosophie, 1988. – U. Japp: Theorie der I., 1983. – H. Prang: Die romantische I., 1980. – R. Schnell: Die verkehrte Welt. Literarische I. im 19. Jh., 1989. – A. Schaefer (Hg.): I. und Dichtung, 1970.

J

Jahrhundertwende

1. Unter J. versteht man in der dt. Literaturgeschichtsschreibung den Zeitraum zwischen ↗ Naturalismus und ↗ Expressionismus (1890-1910). Zur näheren Beschreibung der literarischen Erscheinungen findet sich eine Vielzahl von Begriffen: Neuromantik, Impressionismus, Fin de siècle, Jugendstil, Symbolismus, Décadence. Eindeutige Abgrenzungen erscheinen kaum möglich, in literaturwissenschaftlichen Lexika tauchen dieselben Bestimmungsmerkmale und dieselben Autoren unter mehreren Lemmata auf. Die insgesamt verwirrende Stilpluralität kann auch im vorliegenden Artikel nicht aufgelöst, sondern lediglich kommentiert werden. Die unterschiedlichen ästhetischen Programme und Dichtungsarten folgen nicht chronologisch aufeinander, es handelt sich vielmehr um ein Mit- und Ineinander. Die Literatur der J. soll daher als dynamischer Transformationszusammenhang mit variabler Dominantsetzung von Merkmalen verstanden werden. Impressionismus, Décadence und Symbolismus lassen sich dabei als wesentliche literarische Richtungen herauskristallisieren.

2. Als weiterführende Errungenschaft des Naturalismus, der am Ausgangspunkt der J. steht, kann eine geschärfte Aufmerksamkeit für das Detail und die Entwicklung eines entsprechenden Beschreibungsvokabulars gelten. Diese Leistung hatte Hermann Bahr im Auge, als er den Naturalismus als die „Entbindung der Moderne“ ausmachte. Während zunächst die äußere Erfahrungswirklichkeit bevorzugter Gegenstand war, wandte sich das Interesse der Schriftsteller schon bald den inneren Vorgängen der menschlichen Psyche zu. Die Grenzen zwischen Innen- und Außenwelt erwiesen sich dabei als fließend. Im Rahmen der Psychologie Ernst Machs, die Bahr als „Philosophie des Impressionismus“ bezeichnete, lassen die Sinnesempfindungen keine klaren Abgrenzungen zwischen Objekt und Subjekt zu, das Ich löst sich quasi in ihnen auf (= Empiriokritizismus). Das Flüchtige und Veränderliche der Wahrnehmung prägte die impressionistische Malerei, deren Figuren und Gegenstände ihre festen Konturen zugunsten von Farb- und Lichteffekten verlieren. Auch in den als impressionistisch geltenden Dichtungen geht es nicht um exakte Abbildung der Beobachtungsgegenstände, sondern um das Erfassen rasch wechselnder Sinneseindrücke. Das Transitorische der Wahrnehmung drückt sich im Nebeneinander visueller, akustischer und olfaktorischer Eindrücke aus, die ohne hierarchisierende Organisation wiedergegeben werden. Dem Augenblickhaften und Unvollständigen der Reizempfindungen entsprechend stehen punktuelle Details im Vordergrund: ein Farbeindruck, ein auffallendes Geräusch, eine ausdrucksstarke Geste. Durch ungewöhnliche Zusammenstellungen von Farben soll das Changieren des visuellen Eindrucks, durch Synästhesien das Miteinander verschiedener Sinnesempfindungen nachgezeichnet werden. Innerer Monolog und erlebte Rede vermitteln dem Leser den Eindruck von Spontaneität und Zufälligkeit des Wirklichkeitserlebens. Ein adäquates Genre impressionistischer Wahrnehmungskunst ist die Prosaskizze, wie sie v.a. von Johannes Schlaf (*In Dingsda*, 1892) und Peter Altenberg (*Wie ich es sehe*, 1896) gepflegt wurde. Mit dem Impressionismus werden auch der *Anatol*-Zyklus (1893) und einige Erzählungen Arthur Schnitzlers (*Leutnant Gustl*, 1901), Eduard von Keyserlings Romane und Erzählungen seit 1903 und die Lyrik Detlev von Liliencrons in Verbindung gebracht. Sieht man die impressionistische Dichtung als Ausdrucksform verfeinerter Wahrnehmung, kann sie als Weiterentwicklung des Naturalismus verstanden werden. Der Zusammenhang deutet sich bereits dadurch an, daß Schnitzler und Keyserling zunächst mit dem Naturalismus liebäugelten oder daß Schlaf im Erscheinungsjahr von *In Dingsda* gemeinsam mit Arno Holz die *Neuen Gleise* herausgab, die allgemein als Produkt einer konsequenten naturalistischen Dichtung interpretiert werden, deren nuancierende Wirklichkeitsbeschreibung aber kaum vom impressionistischen Verfahren unterscheidbar ist. Liliencron wurde von den Naturalisten als einer der ihren geschätzt. Auch wenn der Impressionismus nicht mehr wie in der älteren Forschung als Epochenbezeichnung gebräuchlich ist, kann der Begriff gute Dienste zur Kennzeichnung bestimmter Wahrnehmungsphänomene der J. bzw. ihrer literarischen Reaktionsformen leisten. In diesem Sinne steht er nicht nur mit dem Naturalismus in Verbindung, sondern verweist auch auf die Décadence. Grundlage der impressionistischen Wahrnehmungsform ist eine gesteigerte Reizempfindlichkeit des Subjekts, die mit der zeitgenössischen Wirklichkeitserfahrung zu tun hat. Die hektische Industrialisierung im letzten Drittel des 19. Jh. mit ihrem technischen Fortschritt, der Urbanisierung und sozialen Mobilität

führte zu einer Dynamisierung des Lebens, die das menschliche Perzeptionsvermögen erfaßte. Die nervöse Wahrnehmungsdisposition des modernen Menschen kann einmal als Sensibilisierung für die rasch wechselnden Umweltreize verstanden werden, d.h. als neue Wahrnehmungsqualität, zum anderen als Mangelerscheinung, insofern als durch die Bedrohung stabiler Wahrnehmungseinstellungen Verhaltensunsicherheit entsteht. Sowohl die Verfeinerung der Wahrnehmung als auch die Auflösung von Wahrnehmungsgewohnheiten gelten als Merkmale dekadenter Lebenserfahrung.

3. In *Der Fall Wagner* (1888) definierte Friedrich Nietzsche die literarische Décadence als „Unfähigkeit zum organischen Gestalten" bei gleichzeitiger Überpointierung des Details. Gemessen an Ganzheitsvorstellungen der klassisch-idealistischen Kunstkonzeption erscheint die Décadence-Ästhetik als Verfall. Andererseits sind mit ihr aber auch psychische Verfeinerung und künstlerisches Raffinement verbunden. Im Anschluß an Paul Bourget gehen Nietzsche und Thomas Mann von einer dialektischen Einheit von biologischem Niedergang und ästhetischer Sublimierung aus. Von einem außerliterarischen Verständnis der Décadence als geschichtlichem Niedergang leiten sich die Konnotationen Sitten- und Kulturverfall, Genußsucht und Willensschwäche ab, die Zivilisationskritiker der J. wie Julius Langbehn (*Rembrandt als Erzieher*, 1890) und Max Nordau (*Entartung*, 1892/93) auch auf die entsprechende Literatur übertrugen. Begreift man die literarische Décadence als eigenständiges antibürgerliches und antiklassisches Kunstkonzept, lassen sich die Motive der Entartung und des Verfalls als Ausdruck einer oppositionellen Lebenseinstellung erklären. Wertvorstellungen wie Gesundheit, Normalität, Leistungswille und Tatkraft werden das Exzentrische und Ungewöhnliche, das Kranke und Abartige, narzißtische Selbstbespiegelung und Passivität provokativ entgegengesetzt, den bürgerlichen Frauendarstellungen antworten Bilder grausamer „Femmes fatales" und krankhaft reizbarer „Femmes fragiles". Exotische Orte und künstliche Interieurs, eine Vorliebe für antike Möbel und erlesene Kunstgegenstände, für exquisiten Schmuck und ausgefallene Kleidung verdrängen die Natur als bevorzugtes Motivreservoir traditioneller Dichtung. Eine Bestimmung der literarischen Décadence über Figuren, Themen und Motive, wie sie in der dt. ↗ Literaturwissenschaft üblich ist, kann sich eher auf Joris-Karl Huysmans' *A Rebours* (1884) und Oscar Wildes *The Picture of Dorian Gray* (1891) berufen als auf Heinrich und Thomas Mann, Hugo von Hofmannsthal und Arthur Schnitzler, deren Frühwerk mit der Décadence in Verbindung gebracht wird. Die Nähe zur Décadence tritt bei ihnen v.a. in einer komplizierten Figurenpsychologie und einem ausgeprägten Formbewußtsein hervor. Die Reduzierung der literarischen Décadence auf inhaltliche Motive hat zu einer Abgrenzung vom Symbolismus als einer vorrangig an der Form interessierten Kunstrichtung geführt. Aus heuristischen Gründen läßt sich eine solche Trennung zwar vornehmen, zumal bei einer Einschränkung des Symbolismus auf ↗ Lyrik, lyrische Prosa und lyrisches ↗ Drama (Maurice Maeterlinck). Andererseits finden sich auch im Symbolismus die typischen Décadence-Motive, wie umgekehrt die sprachartistische Gestaltung in dem als Musterbuch der Décadence geltenden Roman *A Rebours* auffällt. Sinnvoller erscheint es daher, von einer gemeinsamen Lebenseinstellung auszugehen, die sich sowohl in der Motivwahl als auch in bestimmten Formmerkmalen niederschlug. Symbolismus und Décadence lassen sich als eine Einheit verstehen. Dieser Auffassung entspricht es, daß viele Schriftsteller der J. die Begriffe synonym verwandten: „die Einen nennen es Décadence [...] die Anderen nennen es Symbolismus", konstatierte Hermann Bahr.

4. In der neueren Forschung werden Zusammenhänge zwischen Naturalismus, Impressionismus und Symbolismus hergestellt (vgl. Hoffmann, 1987). Die Konzentration auf das Detail rief bereits bei den Naturalisten eine differenzierte Analyse der Wahrnehmungsgegenstände hervor, deren Konturen sich dabei zunehmend in impressionistischen Sinneseindrücken auflösten. Teil dieses Transformationszusammenhangs ist eine Bereicherung der sprachlichen Mittel, welche den Anstoß gab für eine Akzentverschiebung von der mimetischen Funktion der Sprachzeichen zu ihrer symbolischen Qualität. Die Schärfung des Sprachbewußtseins in Naturalismus und Impressionismus, die ein zunehmendes Mißtrauen gegen die Leistungsfähigkeit diskursiver Sprache hervorrief, trat im Symbolismus in einer ausgeprägten Lyrisierung und symbolischen Aufladung des sprachlichen Potentials hervor, Ungewöhnliche Metaphern (↗ Metapher), Klänge und Rhythmen sollten die geheimen inneren Regungen erfaßbar machen. Anders als beim klassischen Symbolbegriff, der auf die Darstellung des Allgemeinen und Gesetzlichen im Besonderen zielte, wird das symbolistische ↗ Symbol als Zeichen subjektiver seelischer Befindlichkeit eingesetzt. Der Dichter sucht nach Äquivalenten einer Empfindung in der Außenwelt. So vermögen in Baudelaires berühmtem Sonett *Correspondences*, das man als Quintessenz symbolistischer Poetik verstanden hat, Farben, Düfte und Töne als Entsprechungen innerseelischer Stimmungen zu fungieren. Das

symbolistische Zeichen ist ein hochartifizielles Produkt schöpferischer Phantasie. Daraus erklärt sich, daß der Symbolismus meistens von seiner sprachkünstlerischen Leistung her definiert wird. Eine solche einseitige Bestimmung verdeckt aber das eigentliche Ziel der dichterischen Anstrengung, sprachliche Äquivalente für ein tieferes, auf naturmonistischen und lebensphilosophischen Einheitsvorstellungen gründendes Erleben zu schaffen. Die frühen Gedichte Hofmannsthals sind Beispiele für die Einheit von Sprachartistik und Lebensphilosophie. In Stefan Georges *Algabal*-Gedichten (1892) geht die symbolistische Sprachkunst eine Verbindung mit der Lebenseinstellung der Décadence ein: Aus dem Garten in „Mein garten bedarf nicht luft und nicht wärme" ist die Natur verbannt, der Kreislauf der Tages- und Jahreszeiten erscheint aufgehoben, Vegetation und Tierwelt sind erstarrt.

5. In den übergreifenden Transformationszusammenhang von Naturalismus, Impressionismus, Décadence und Symbolismus können auch die anderen Begriffe, die zur näheren Bestimmung der Literatur der J. im Umlauf sind, eingefügt werden. Fin de siècle bezeichnet einen Teilbereich der zeitlich umfassenderen Décadence, der vorrangig mit dem Spätzeitbewußtsein und der Untergangsstimmung des ausgehenden 19. Jh. in Verbindung gebracht wird. Der Begriff avancierte in der zeitgenössischen Dichtung und Publizistik vorübergehend zu einem Modewort. Daß er sich im literaturwissenschaftlichen Diskurs durchgesetzt hat, muß eher verwundern angesichts der Tatsache, daß die damit verknüpfte Lebenseinstellung und die entsprechenden Kunstmittel der Décadence entstammen. Der Begriff Neuromantik war in der älteren Forschung zur Bezeichnung der nachnaturalistischen literarischen Strömungen verbreitet. Versteht man darunter das Aufgreifen bestimmter Gattungen und Stoffe der ↗ Romantik, die Vorliebe für germanische Mythologie (↗ Mythos), ↗ Sage und ↗ Märchen, läßt er sich auch heute noch als flankierende Bestimmungskategorie für spezifische Erscheinungen der Literatur verwenden. Ernst Hardts Tristan-Drama *Tandris der Narr* (1900) bietet ein markantes Beispiel der sog. Neuromantik. Die in ihm verwendeten Kunstmittel wie lyrisierende Sprache, symbolische Zeichen und stilisierende Raumgestaltung verweisen auf Symbolismus und Décadence. Daraus folgt, daß eine stilgeschichtliche Zuordnung auch ohne den Begriff Neuromantik auskommt. Zu überdenken wäre auch die Einschätzung als Gegenbewegung zum Naturalismus, denn das Naturverständnis, wie es beispielsweise in dem der Neuromantik zugeordneten Drama *Die versunkene Glocke* (1896) von Gerhart Hauptmann zum Ausdruck kommt, verdankt sich weniger einer Renaissance der Romantik als den naturmonistischen Vorstellungen der Naturalisten. In den letzten Jahrzehnten hat sich in der Literaturwissenschaft der Jugendstil-Begriff zur Kennzeichnung bestimmter literarischer Erscheinungen der J. etabliert. Er kommt aus der bildenden Kunst (wichtigste Vertreter: A. Beardsley, W. Morris, F. von Stuck, G. Klimt, E. Munch, F. Hodler) und ging über Buchillustrationen und Zeitschiften wie *Pan* (1895ff.), *Jugend* (1896ff.), *Ver Sacrum* (1898ff.) und *Die Insel* (1899ff.) eine Verbindung mit der Dichtung ein. Als entscheidendes Merkmal des Jugendstils gilt die rhythmische Linearität, die häufig mit pflanzlichen Motiven verknüpft ist und in biegsamen Körpern von Menschen und Tieren in Erscheinung tritt. Diese Tendenz zum Ornament erschöpft sich nicht im Formalen, die rhythmischen Schwingungslinien sollen vielmehr Vorstellungen von einem organischen Lebenszusammenhang möglichst unmittelbar zum Ausdruck bringen. Der Naturmonismus Ernst Haeckels sowie die Lebensphilosophie und die Lebensreformbewegung der Zeit bilden den bewußtseinsgeschichtlichen Rahmen, in dem der Jugendstil verankert ist. Einige Schwierigkeiten ergeben sich bei der heuristischen Übertragung der in Malerei und Kunsthandwerk entwickelten Formensprache auf die Literatur. Entsprechende Versuche, typische sprachliche Merkmale herauszuarbeiten, blieben eher unbestimmt, eine Abgrenzung vom symbolistischen Stil erscheint kaum möglich. Im Vordergrund der Definitionen des literarischen Jugendstils stehen daher meistens inhaltliche Elemente wie Frauenbild, Parklandschaft, Interieur und bestimmte Motive (z.B. Tanz). Diese entsprechen aber exakt dem Figuren- und Motivbestand der literarischen Décadence. Wollte man die Begriffsvielfalt der J. vereinfachen, ließen sich die zentralen Bestimmungsmerkmale des literarischen Jugendstils zwischen naturmonistischem Naturalismus, symbolistischer Kunstsprache und Décadence-Motivik aufteilen.

6. Insgesamt ergibt sich, daß die literarischen Erscheinungen der J. durch Impressionismus, Décadence und Symbolismus weitgehend erfaßt werden können. Die mit diesen Begriffen verbundenen sprachkünstlerischen und motivischen Innovationen stellen sich als Transformationszusammenhang dar, in dem die verschiedenen Stilrichtungen nicht eindeutig voneinander abzugrenzen sind und sich die Grenzen zum vorausgehenden Naturalismus als fließend erweisen. Insofern erscheint es sinnvoll, nicht von Stilpluralismus zu sprechen, sondern von einer dynamischen Einheit, in der die unterschiedlichen literarischen Erscheinungsformen in einem Verweisungszusam-

menhang stehen. Ihren Ausgangspunkt haben sie in Bewußtseins- und Mentalitätsstrukturen der wilhelminischen Zeit und der Habsburgmonarchie, in Vorstellungen vom Verfall tradierter Ordnungen und lebensweltlicher Gewohnheiten sowie einer latenten Sehnsucht nach ganzheitlichem Erleben. Die Schriftsteller antworten darauf mit der Entwicklung spezifischer sprachkünstlerischer Mittel, um die veränderte Wirklichkeitserfahrung wiedergeben zu können, und mit dem Entwurf künstlicher Gegenwelten, in denen sich Verfallsbewußtsein und Sinnverlangen verbinden. Der Transformationszusammenhang scheinbar der divergenten Stilrichtungen der J. erklärt sich aus dem gemeinsamen bewußtseins- und mentalitätsgeschichtlichen Bezugspunkt der literarischen Reaktionsformen.

Dieter Kafitz

Lit.: P. Hoffmann: Symbolismus, 1987. – H. Marhold: Impressionismus in der Dichtung, 1985. – A. Nitschke u.a. (Hg.): J., 2 Bde., 1990. – W. Rasch: Die literarische Décadence um 1900, 1986.

K

Kabarett

1. K. (frz. „Wirtshaus, Schenke") bezeichnet eine Form der Kleinkunst, die sich in Deutschland ab 1901 auch unter dem Namen „Überbrettl" etablierte. Charakteristisch für sein Programm ist die abwechslungsreiche Folge verschiedener Nummern, die meist von einer Conférence begleitet und kommentiert wird und stets auf den witzigen und überraschenden Effekt der Einzeldarbietung abzielt. Ähnlich wie Varieté, Revue und Zirkus lebt das K. von der Mischung verschiedener Kunstdisziplinen und -gattungen, favorisiert jedoch die intime Atmosphäre des kleinen Vortragsraums, der meist auch den Charakter von Eß- und Rauchlokalen besitzt. Im Gegensatz zu Varieté und Zirkus verzichtet das K. weitgehend auf artistische Einlagen und bezieht seine Wirkung aus der Mischung von literarischen, musikalischen und theatralischen Kleinformen. Zum typischen Repertoire gehören vorzugsweise Dramolett, Einakter und Sketch sowie Gedicht und ↗ Ballade; daneben Gesang- bzw. Liedvortrag in Form von Chanson, Bänkelsang, Duett und Couplet (↗ Lied); schließlich Schattenspiel und Marionettentheater (u.a. zur Illustration von Bänkelliedern) sowie Pantomime und Tanz. Als gattungsübergreifend dominante Formen können ↗ Parodie und ↗ Satire gelten; inhaltlich zielt das K. auf die gesellschafts- und zeitkritische Beleuchtung von aktuellen Erscheinungen des öffentlichen Lebens. Der Anteil der verschiedenen kabarettistischen Formen und Effekte am jeweiligen Programm ist – wie diese selbst und wie die dominierenden Inhalte und Ziele – einem ständigen historischen Wandel unterworfen. Als systematische Konstanten können in formaler Hinsicht die additiv-episodische Komposition des K.-Programms und sein Rekurs auf unterschiedlichste Stile und Formen gelten; in inhaltlicher Hinsicht lebt das K. von der Aktualität und der Provokationskraft der behandelten Themen, weshalb sein Erfolg in starkem Maße davon abhängt, inwiefern es Zeit- und Adressatenbezug als Gestaltungsfaktor berücksichtigt. Seine provozierende Wirkung erzielt das K. bevorzugt durch die Thematisierung erotischer und gesellschaftlicher Tabus, durch die Bloßlegung von (z.B. künstlerischen) Klischees, aber auch durch die Attackierung gesellschaftlicher Entwicklungen und politischer Entscheidungen. Charakteristisch für die kabarettistische Darbietung ist, daß sie Wissens- und Bedeutungszusammenhänge nicht extensiv entfaltet oder herstellt, sondern sich auf sie meist nur anspielend bezieht bzw. sie nur nutzt, um sie in unerwartete und überraschende Zusammenhänge zu stellen. Insofern gehören Typisierung und Stilisierung, aber auch distanzschaffende, verfremdende Elemente zu den wichtigsten Gestaltungsverfahren der Einzelnummer, und insofern ist ihr Wirkungseffekt nicht nur vom gesprochenen oder gesungenen Wort, sondern auch von der mimischen und gestischen Realisation sowie Kostüm, Bühnen- und Raumausstattung abhängig.

2. 1901 etablierte sich in Deutschland eine kaum überschaubare Zahl von K.-Bühnen, die sich zunächst stark an frz. Vorbilder anlehnten. Zu deren bedeutendsten zählten das 1881 von Rodolphe Salis und Emile Goudeau am Pariser Montmartre gegründete „Chat noir" und das „Mirliton" Aristide Bruants (gegr. 1885). Sie knüpften an die Tradition der bereits seit ca. 1830 bestehenden Cafés-concerts und Cafés-chantants an, betonten im Gegensatz zu diesen, die sich teilweise zu Massenvergnügungsstätten entwickelt hatten, jedoch den künstlerischen Anspruch eines v.a. literarisch und musikalisch, aber auch zeitkritisch ambitionierten Programms, das sich vorzugsweise an Boheme- und Poetenkreise wandte. Innerhalb des Programms kam dem Chanson und den einzelnen Interpreten eine herausragende Bedeutung zu. Paris-Aufenthalte dt. Literaten und Intellektueller (u.a. zur Weltausstellung 1889), Gastspiele frz. Unternehmen und Interpreten in Deutschland (Y. Guilbert, 1898) sowie literarische Impulse durch H. Drachmanns *Forskrevet* (*Verschrieben*; 1890) und O.J. Bierbaums Roman *Stilpe* (1890) regten bereits in den 90er Jahren zahlreiche Pläne (u.a. diskutiert von Bierbaum, F. Wedekind, A. Langen) zur Gründung eines dt. K. nach frz. Vorbild an. Den literarischen Anspruch des frz. Cabarets und Gedanken des Jugendstils aufgreifend, lieferte wiederum Bierbaum in seiner Vorrede zu *Dt. Chansons (Brettl-Lieder*, 1900) die zentralen Stichworte: Der moderne Stadtmensch verlange nach einer „neuen" Kunst, die zwischen der „rohen Unkunst" der Singspielhallen, Specialitäten-Theater und Tingeltangel-Etablissements und dem rein geistigen Anspruch des ernsthaften, von den Massen aber auch als langweilig empfundenen Theaters vermittle; als zeitgemäße Alternative forderte Bierbaum eine „angewandte" Kunst, die mit einem künstlerisch anspruchsvollen und abwechslungsreichen Nummern-Programm geistreich unterhalte.

3. Dieser ideale Brückenschlag zwischen Massenunterhaltung und Kunstanspruch wurde von den im Kaiserreich gegründeten K. mit unterschiedlichem Erfolg realisiert. Das erste dt. K., das „Bunte Theater“, das sich in Anlehnung an Nietzsches „Übermenschen“ auch „Überbrettl“ nannte, wurde am 18.1.1901 unter der Leitung des Literaten Ernst von Wolzogen an der ehemaligen Berliner „Sezessionsbühne“ eröffnet. Das Programm bestand aus Liedern, Rezitationen, dramatischen Kurzszenen, Schattenspiel und Pantomime, in denen Zeitkritik, pikante Erotik und literarische Parodie gleichermaßen vertreten waren und für das u.a. Bierbaum, Christian Morgenstern und Ludwig Thoma die Texte und Oscar Straus die Musik lieferten. Die Mitwirkenden bestanden aus einer ständigen Truppe von Berufsschauspielern, darunter zeitweilig Hanns Heinz Ewers und – als Gesangsstar – Božena Bradsky. Während die ersten Vorstellungen einen sensationellen Publikumserfolg verbuchen konnten, geriet das Unternehmen bald in finanzielle Schwierigkeiten. Die Programmauswahl, die zunächst auf ein ausdrücklich literarisches Publikum ausgerichtet war, berücksichtigte nun zunehmend die Interessen eines „breiteren“ Publikums. Als K. löste das Theater sich Ende 1902 auf. – Wenige Wochen nach dem „Bunten Theater“ wurde in München am 13.4.1901 das K. „Die Elf Scharfrichter“ eröffnet. Im Gegensatz zu Wolzogen wählte die Gruppe keinen Theatersaal, sondern den Nebenraum eines Schwabinger Wirtshauses. Zum festen Ensemble, das in der Mehrzahl unter „Henckersnamen“ auftrat, gehörten u.a. als Conférencier der frz. Journalist und ehemalige „Chat noir“-Interpret Marc Henry, die Schriftsteller Leo Greiner und Willy Rath, der Regisseur Otto Falckenberg sowie der Musiker Hans Richard Weinhöppel und – damals als Dramatiker noch weitgehend unbekannt – Frank Wedekind. Neben der Sängerin Marya Delvard, die u.a. mit Wedekinds *Ilse* Triumphe feierte, galt er als der bedeutendste Einzelinterpret der Gruppe, der hier eigene Lieder in schaurig-scharfem Ton und unbewegter Mimik zur Laute vortrug und damit stilistische Akzente setzte, die den Liedvortrag im dt. K. dauerhaft beeinflußten. Außer seinen Liedern gehörten auch Wedekinds Pantomime *Die Kaiserin von Neufundland* sowie Bearbeitungen seiner *Lulu*-Tragödien zum „Scharfrichter“-Repertoire. Im Mittelpunkt der ca. monatlich wechselnden Programme standen neben Lied, Pantomime und Puppenspiel v.a. literarische Parodien in Form von Einaktern bzw. Kurzdramen. Textbeiträge lieferten – neben den Mitwirkenden selbst – u.a. Hanns von Gumppenberg, Bierbaum und Heinrich Lautensack. Die Gruppe löste sich 1904 auf. Teile des alten Ensembles, darunter Wedekind, wechselten zu dem von Josef Vallée geleiteten Münchner K. „Die sieben Tantenmörder“ („Intimes Theater“). M. Delvard und M. Henry setzten die „Scharfrichter“-Tradition in Wien fort, wo sie Ende 1905 das „Nachtlicht“ und 1907 die „Fledermaus“ gründeten und Literaten wie Roda Roda, Carl Hollitzer, Peter Altenberg sowie Alfred Polgar und Egon Friedell als Mitwirkende gewinnen konnten. – Die Erfolge des „Bunten Theaters“ und der „Scharfrichter“ initiierten schon 1901/02 eine regelrechte Flut weiterer Neugründungen. Besondere Bedeutung kam hier u.a. dem 1901 von Max Reinhardt gegründeten „Schall und Rauch“ in Berlin zu. Hier präsentierten – unter der Federführung Reinhardts, Friedrich Kayßlers und Martin Zickels – junge Schauspieler des Deutschen Theaters Berlin, die zuvor unter dem Namen „Die Brille“ aufgetreten waren, neben politischer Satire v.a. künstlerisch anspruchsvolle literarische Parodien, die – vorwiegend unter Rekurs auf klassische Vorlagen – zeitgenössische dramatische Stile und Aufführungspraktiken ad absurdum führten. Als Solisten wirkten zeitweilig Gertrud Eysoldt und Josef Kainz mit. 1902 verschmolz das K. mit dem von Reinhardt geleiteten „Kleinen Theater“, in dem die Parodie bald an Bedeutung verlor. Einen vergleichbar hohen literarischen Anspruch verfolgte das – ebenfalls aus Schauspielern bestehende – Berliner K. „Böse Buben“ (1901-1905), das unter der Regie von Rudolf Bernauer und Carl Meinard auftrat. Bekannt wurde das Ensemble, das nur zweimal jährlich Vorstellungen gab, v.a. durch seine Parodien auf Ibsens *Nora*. Aus einem ausgesprochenen Künstler- und Literatenzirkel hervorgegangen ist dagegen das Berliner „Cabaret zum hungrigen Pegasus“ (1901-1902). Unter der Federführung des Malers Max Tilke wurde hier ein nicht exakt festgelegtes Programm von Liedern, Rezitationen und Witzen präsentiert, bei dem auch die Mitwirkung künstlerisch ambitionierter Zuschauer willkommen war; u.a. Hans Hyan und Peter Hille nutzten dies zu gelegentlichen Auftritten. Im „Cabaret zum Peter Hille“ (1903-1904) wurde diese Tradition unter Verstärkung der literarischen Komponente fortgesetzt, indem u.a. Else Lasker-Schüler, Richard Dehmel, Detlev von Liliencron und Erich Mühsam zu Lesungen geladen wurden; hier stießen auch die *Galgenlieder* Christian Morgensterns auf große Resonanz. Stärker an der Tradition des frz. „cabarets“ orientierte sich die von Hans Hyan ebenfalls in Berlin gegründete „Silberne Punschterrine“ (1901-1904), wo das sozialkritische Chanson im Mittelpunkt des Programms stand. Der größte Teil der ersten, 1901/02 gegründeten Unternehmen konnte seine literarischen und zeitkritischen Ansprüche gegen die Forderungen einer kommerziell einträglicheren Programmge-

staltung nicht durchsetzen. Witzig-spritzige Unterhaltung, häufig mit dezenter Erotik garniert, dominierte infolgedessen in der Mehrzahl der Etablissements, die sich teilweise zu Vergnügungsstätten im Stil der Singspielhallen zurückentwickelten.

4. Neue Impulse gingen erst vom „Neopathetischen Cabaret" (1910-1911) aus, dessen Gründung von den Mitgliedern des „Neuen Clubs" initiiert wurde. Diese Gruppe frühexpressionistischer Literaten um Kurt Hiller, Jakob van Hoddis, Erwin Loewensohn u.a. knüpfte an die Grundpostulate der dt. K.-Bewegung an, indem sie sich zum Ziel setzte, „seriöse Philosopheme zwischen Chansons und zerebrale Ulkigkeit zu streun" und „Pathos" als „universale Heiterkeit, als panisches Lachen" (Hiller) zu erzeugen. Das „Neopathetische Cabaret", in dem u.a. Georg Heym und Alfred Lichtenstein mit eigenen Texten auftraten, präsentierte sein Programm in Form literarisch-musikalischer Abende, auf denen Texte Wedekinds und Dehmels, aber auch bereits Franz Kafkas und Max Brods rezitiert und z.B. Werke Schönbergs und Debussys vorgestellt wurden.

5. Während sich das dt. K. mit Ausbruch des Ersten Weltkrieges zunehmend der unterhaltsamen Bestätigung des Hurra-Patriotismus widmete, fand sich im Zürcher „Cabaret Voltaire" um Hugo Ball und Emmy Hennings, Hans Arp und Richard Huelsenbeck u.a. eine Gruppe internationaler Emigranten zusammen, deren Zusammenarbeit den ↗ Dadaismus begründete. Ihrem Protest gegen Krieg, aber auch gegen traditionelle Kunst- und Lebensauffassungen verliehen sie in provozierender „Lärmmusik" (Bruitismus), grotesk-phantastischen Masken-Auftritten sowie in bloßen Laut- und Simultangedichten unmittelbar Ausdruck.

6. Die Aufhebung der Theaterzensur bot dem K. der Weimarer Republik die Möglichkeit, seine gesellschafts- und zeitkritischen Programmanteile zu verschärfen; gleichzeitig erzeugte der Wirtschaftsaufschwung der „Goldenen 20er Jahre" ein bislang ungekanntes Amüsier- und Vergnügungsbedürfnis auch breiterer Bevölkerungskreise. Die erfolgreichsten K. der Zeit, darunter das „Kabarett der Komiker" (gegr. v. Kurt Robitschek u.a., 1924-1933) und die „Katakombe" (gegr. v. Werner Finck u.a., 1929-1935) in Berlin, nutzten beide Möglichkeiten in Programmen, die Literatur und Polit-Satire mit Anteilen aus Varieté und Revue vereinigten. Während im literarischen Repertoire Texte von Erich Kästner, Roda Roda, Joachim Ringelnatz und Kurt Tucholsky dominierten, bereicherten Solisten wie Erich Carow, Karl Valentin und Liesl Karlstadt das K. mit dem hintergründigen Humor des Volkstheaters, trugen z.B. Ernst Busch und Hanns Eisler zur Verschärfung des politischen Tonfalls bei und entwickelten u.a. Werner Finck und Willi Schaeffers einen neuen, geistreich-ironischen Conférence-Stil. Stärker an die frz. Tradition knüpften das K. „Größenwahn" unter der Regie der Diseuse Rosa Valetti (1920-1922) und Trude Hesterbergs „Wilde Bühne" (1921-1924) an. Mit Installierung des Faschismus wurde das bestehende K., sofern es sich nicht „gleichschalten" ließ, verboten, kritische Repräsentanten wie z.B. Finck zu KZ verurteilt oder in die Emigration getrieben, wo u.a. Erika und Klaus Mann 1933 in Zürich die „Pfeffermühle" gründeten (↗ Exilliteratur).

7. Mit Gründung der „Schaubude" (1945-1949) knüpften Schauspieler der Münchner Kammerspiele um Ursula Herking unter Mitwirkung von Kästner an die unterbrochene Tradition an. Es folgten 1947 das Düsseldorfer „Kom(m)ödchen" (Kay und Lore Lorentz), 1948 die „Mausefalle" (Finck) in Stuttgart, 1949 die Berliner „Stachelschweine" (Günter Pfitzmann), 1950 „Die Schmiere" (Rudolf Rolfs) und 1953 die „Münchner Lach- und Schießgesellschaft" (Dieter Hildebrandt). Während das Kabarett der DDR dem Postulat der „positiven Satire" unterlag und die „Überwindung" traditioneller kabarettistischer Elemente (z.B. Chanson) anstrebte, hielt das K. der BRD an der typischen Mischung musikalischer, tänzerischer und literarischer Programmelemente (insbes. der literarischen Parodie) fest, betonte aber stärker als das K. je zuvor zeit- und gesellschaftkritische Ansprüche. Prägenden Einfluß gewann seit den 60er Jahren der Stil der „Münchner Lach- und Schießgesellschaft". Charakteristisch sind zunehmende Reduktion von Ausstattung und Dekor, direkte Ansprache des Publikums und die tendenzielle Umwandlung des Programms in eine Kette von geistreichen, scheinbar improvisierten Pointen von hohem intellektuellen Anspruch.

Elke Austermühl

Lit.: K. Budzinski: Die Muse mit der scharfen Zunge, 1961. – J. Henningsen: Theorie des K., 1967. – R. Otto/W. Rösler: K.geschichte, ²1981 – L. Richard: Cabaret – K., 1993.

Kinder- und Jugendliteratur

1. K. und J. ist jener Teilbereich der Allgemeinliteratur, der durch seinen spezifischen Bezug auf Kinder und Jugendliche konstituiert wird. In ihrer modernen Form bildet sie sich (mit Vorläufern im 16. und 17. Jh.) im Zuge der ↗ Aufklärung

im 18. Jh. heraus. K. und J. umfaßt heute alle schriftlichen sowie audiovisuellen Rezeptionsangebote in Form von Druck-, Hör- oder audiovisuellen Texten bzw. Text-Bildkombinationen als Bilderbuch, auf Kassetten, Schallplatten, als Rundfunk- oder Fernsehbeitrag, Kinofilm usw., die sich entweder speziell an die verschiedenen Altersgruppen der Noch-nicht-Erwachsenen richten oder die von Kindern und Jugendlichen rezipiert werden (↗ Rezeption). Jener Teil des Rezeptionsangebotes, der eigens *für* Kinder und Jugendliche produziert wird, wird auch als intentionale K. und J. bezeichnet. Er bildet den Kernbereich der K. und J. und besteht hauptsächlich aus fiktionalen Texten (Belletristik). Grundsätzlich umfaßt K. und J. dieselben Gattungen und Textsorten, wie sie auch die Allgemein- oder Erwachsenenliteratur aufweist (Epik, ↗ Lyrik, Dramatik; d.h. erzählende Literatur, Gedichte und Theaterstücke für Kinder). Darüber hinaus gehören zur K. und J. auch alle Arten von Sachtexten speziell für ein jugendliches Lesepublikum (Sachbuch). Intentionale K. und J. ist Literatur für Kinder und Jugendliche, die ursprünglich zumeist von schriftstellernden Pädagogen und Theologen in erzieherischer Absicht verfaßt wurde. Sie ist damit Teil der Sozialisation und des Erziehungswesens der jeweiligen ↗ Epoche. Dabei steht ihre literarische Gestalt im Dienst pädagogisch-didaktischer Absichten. Ihre pädagogische Funktion nimmt K. und J. auch heute noch wahr, allerdings nicht mehr in offen belehrender oder gar indoktrinierender Form. Vielmehr versteht anspruchsvolle K. und J. sich als kritische Wahrerin der Interessen ihrer Leser, denen sie v.a. in der sog. Problemliteratur die vielfältigsten Welt- und Lebensausschnitte zur Auseinandersetzung, zum Miterleben und Mitdenken anbietet. Von thematisch wie literarästhetisch moderner K. und J. kann man in Deutschland in größerem Maßstab erst seit den 1970er Jahren sprechen. Ausnahmen gibt es jedoch seit jeher in den Genres Kunstmärchen (↗ Märchen), ↗ Phantastik, Nonsense und komisch-humoristische Literatur.

Zu Klassikern der K. und J. wurden oft Bearbeitungen von Werken der Weltliteratur (*Don Quijote*, *Gullivers Reisen*, *Robinson Crusoe*, *Lederstrumpf*-Erzählungen). Daneben existiert aber auch eine ganze Reihe genuin kinderliterarischer Klassiker (*Struwwelpeter*, *Die Schatzinsel*, *Alice im Wunderland*, *Heidi*, *Pippi Langstrumpf*). Zu den klassischen Stoffen und Werken der K. und J. zählen auch Märchen(sammlungen) der Weltliteratur (*Kinder- und Hausmärchen* der Brüder Grimm, *1001 Nacht*) sowie Volksbücher und Schwankliteratur des späten MA (*Eulenspiegel*, *Schildbürger*).

2. Literatur, die sich speziell an Kinder richtet bzw. für deren Gebrauch geschrieben wurde, ist seit dem Spät-MA nachweisbar. Ihre hohe Zeit beginnt jedoch in der ↗ Reformation (mit dem Buchdruck) und der damit einhergehenden Bildungsrevolution. Diese frühe K. und J. trägt stark religiös-sittenlehrende Züge, umfaßt aber neben vielerlei Sonderarten von sachbuchartigen Erziehungs- und Benimmtexten (Kinder- und Tischzuchten u.ä.) auch Werke didaktisch-unterhaltenden Charakters (z.B. Jörg Wickrams Erziehungsroman *Der jungen Knaben Spiegel*, 1554; Georg Rollenhagens Tierepos *Froschmeuseler*, 1596). Zu den ältesten, auch für die unterhaltende Belehrung der Kinder genutzten poetischen Gattungen zählt die (Tier-)Fabel (Äsops Fabeln erschienen in zahlreichen Ausgaben, Bearbeitungen und Nachdichtungen), ↗ Fabel. Als Beginn einer K. und J. im modernen Sinne kann in Deutschland die Spätaufklärung und die mit ihr in Verbindung stehende pädagogische Konzeption des Philanthropismus (J.B.Basedow, J.H. Campe, Ch.G. Salzmann) der 1760er bis 1780er Jahre gelten. Mit Basedows *Elementarwerk* (einer Kinderenzyklopädie, 1770ff.) und Campes *Kleiner Kinderbibliothek* (1782ff.) entsteht in Deutschland die moderne eigenständige, hauptsächlich belletristisch ausgerichtete K. und J.: ABC-, Sittenbüchlein, Kinderromane (Campe: *Robinson der Jüngere*, 1779), -schauspiele und -gedichte erschließen neben Kinderzeitschriften aus dem Geist der Aufklärung (J.Ch. Adelung: *Leipziger Wochenblatt für Kinder*, 1772-74; Ch.F. Weiße: Der *Kinderfreund*, 1776-82) neue Leserschichten: die Kinder aus bürgerlichen (und adeligen) Familien (↗ Leser). Der ersten Welle dieser unterhaltsam-sittenlehrenden Literatur für Kinder folgt nach 1800 im Zuge der ↗ Romantik ein weiterer entscheidender Wandel: Mit den *Kinder- und Hausmärchen* (1812/1815) der Brüder Grimm und den Beiträgen der Romantiker (Clemens Brentano: *Gockel, Hinkel und Gackeleia*, um 1815; Ernst Theodor Amadeus Hoffmann: *Nußknacker und Mausekönig*, 1816) zur intentionalen K. und J. beginnt der Aufstieg des ↗ Märchens zu einer der führenden literarischen Gattungen der K. und J. (Wilhelm Hauff,1802-1827; Hans Christian Andersen, 1805-1875). Auch das Kinderlied (Friedrich Güll, 1812-1879) wird im 19. Jh. bevorzugt gepflegt (↗ Lied). In seinem weiteren Verlauf gerät die K. und J. in den Bann des Geschichts- und des Abenteuerromans (Indianerabenteuer, Karl May, 1842-1912). Ebenso entsteht mit dem sog. „Backfischbuch" eine eigenständige Mädchenliteratur (Clementine Helm: *Backfischens Leiden und Freuden*, 1863; Emmy v. Rhoden: *Trotzkopf*, 1885; Else Ury: *Nesthäkchen*-Reihe, 1918ff.). Seit den 1870er Jahren entwickelt sich eine eigene sozialdemokratisch-sozialistische K. und J. Um

1900 nimmt die intentionale K. und J. mit Großstadterzählungen (Heinrich und Wilhelm Scharrelmann) und geradezu antiautoritärer Kinderlyrik (Paula und Richard Dehmel) im Zuge reformpädagogischer Bestrebungen („Dichtung vom Kinde aus") eine Wendung zur ↗ Moderne und zum ↗ Realismus. Entscheidende Modernisierungsschübe erfährt sie in den 1920er Jahren mit der weiteren Adaption der Großstadtthematik und dem Einbeziehen der sozialen Konflikte der Zeit (Erich Kästner [1899-1974]: *Emil und die Detektive*, 1928; *Pünktchen und Anton*, 1931). Die sozialistische K. und J. wird zu einer wichtigen Strömung (Alex Wedding, d.i. Grete Weiskopf [1905-1966]: *Ede und Unku*, 1931). Im Dritten Reich wird die K. und J. entschieden in den Dienst der nationalsozialistischen Ideologie genommen (K.A. Schenzinger: *Der Hitlerjunge Quex*, 1932). Nach 1945 steht die dt.sprachige K. und J. im Zeichen der Spaltung und Sonderentwicklung beider dt. Staaten. Im Westen dominiert zunächst die märchenhaft-phantastische Erzählung (James Krüss [geb. 1926], Otfried Preußler [geb. 1923], Michael Ende [1929-1995]), nach 1968 auch die realistisch-sozialkritische Geschichte (Problemliteratur). Im Zuge der 68er-oder Studentenbewegung wird der gesamte Bestand an traditionellen Genres der K. und J. einer kritischen Prüfung unterzogen und verändert dadurch sein Gesicht. Autorinnen wie Christine Nöstlinger (* 1936) schaffen den neuen Typus des emanzipatorischen Mädchenbuchs und Familienromans für Kinder (*Gretchen Sackmeier*-Trilogie, 1981ff.). Auch das Kindertheater, das lange Zeit ein Hort kindertümelnder Weihnachtsmärcheninszenierungen war, wird zu einem antiautoritären Medium von Spaß und Aufklärung (Stücke und Inszenierungen des Berliner Grips-Theaters). Die K. und J. der DDR, die sich als Erbin der sozialistischen kinderliterarischen Traditionen (u.a. des Exils) verstand und innerhalb der „sozialistischen Literaturgesellschaft" einen geachteten Platz einnahm, zeichnete sich durch einen von vornherein größeren Realitätsbezug auch gegenüber der (Zeit-)Geschichte (Thema NS/Drittes Reich) aus und trug bewußt politische Züge.

3. K. und J. ist im Medienzeitalter (↗ Medien) nicht mehr umstandslos mit ihrer traditionellen Buchform gleichzusetzen, auch wenn sie in dieser über entsprechende Verlage (Arena, Beltz & Gelberg u.a.) oder über Buchreihen wie rororo-rotfuchs, dtv-junior, Fischer Schatzinsel u.ä.m. sehr präsent ist und von den mit K. und J. befaßten Institutionen (dt. Jugendliteratur-Preis) favorisiert wird. Demgegenüber ist davon auszugehen, daß auch die intentionale K. und J. seit geraumer Zeit in wachsendem Maß in Nonprint-Form angeboten und rezipiert wird und sich dabei Präsentations- und Erzählstrukturen (von der Bildergeschichte für Kinder und von ↗ Comics bis zum Jugendfilm, Videoclip oder -spiel) herausgebildet haben, die angemessen nur mittels eines erweiterten Literatur- und Textbegriffs erfaßt werden können.

Rüdiger Steinlein

Lit.: Th. Brüggemann u.a. (Hg.): Handbuch zur K. Vom Beginn des Buchdrucks bis 1800. 3 Bde., 1982ff. – K. Doderer (Hg.): Lexikon der K. 3 Bde. und Ergänzungsbd., 1975ff. – H.H. Ewers/K.U. Pech/G.Wilkending u.a. (Hg.): K. der Aufklärung, K. der Romantik, K. vom Biedermeier bis zum Realismus, K. von der Gründerzeit bis zum Ersten Weltkrieg; K. Mädchenliteratur vom 18. Jh. bis zum Zweiten Weltkrieg. Eine Textsammlung. 5 Bde., 1980ff. – R. Wild (Hg.): Geschichte der dt. K., 1990.

Klassik, Mittelhochdeutsche

1. Nach Aulus Gellius (2. Jh. n.Chr.) ist derjenige ein „scriptor classicus", dessen Werke sich als Muster von Sprachrichtigkeit auszeichnen und daher ewigen Bestand haben, weshalb zeitgenössische Autoren nur selten in den Genuß dieses Prädikates gekommen sein dürften. Das MA übernimmt de facto die antike Definition, indem es einen Kanon von lat. Schulschriftstellern ausbildet, die in Thematik, Sprache und Form als vorbildhaft gelten und damit für die eigene literarische Praxis nachahmenswert erscheinen. Auf diese Weise an das Kriterium ästhetischer Normsetzung gebunden, findet sich das Adjektiv „klassisch" trotz unterschiedlicher Verständnisgrundlage gleichbedeutend bei Lessing, Goethe und Schiller (vgl. Grimm, *Deutsches Wörterbuch*, Bd. 11), wobei vor allem die Antike und ihre Kunst als idealtypisch angesehen werden. Insofern sind Traditionsbezug und vorbildhafte Gestaltung dem Begriff gleichermaßen inhärent, als in der Orientierung an den „Alten" die normsetzenden Maßstäbe für das eigene künstlerische Schaffen liegen, wobei jedoch die dargestellten Probleme von wechselndem, aktuellem Interesse sind. So verlangt Friedrich Schlegel von einer „klassische(n) Schrift", daß man stets „draus lernen" können muß. Von dort ist es nur noch ein kleiner Schritt bis zur Verwendung des Wortes „Klassik" (seit dem 19. Jh. belegt) als Bezeichnung für all jene Epochen (↗ Epoche), die im Urteil der Nachwelt traditionelle Gestaltungsmuster mit gültigen Antworten auf die Fragen der Zeit vorbildlich zu verknüpfen wußten. Allerdings sind mit dieser Begriffsbestimmung dem inflationären Miß-

brauch Tür und Tor geöffnet, weshalb die Bezeichnung „Klassik“ innerhalb der dt. ↗ Literaturgeschichte wegen der Abgrenzung von „klassisch“ und „romantisch“ (Goethe) der Weimarer Zeit vorbehalten bleiben sollte (↗ Klassik, Weimarer).

2. Vor allem die Zeit zwischen 1180 und 1220/25, also jene Epoche, in der Hartmann von Aue, Gottfried von Straßburg, Wolfram von Eschenbach und Walther von der Vogelweide dichteten und außerdem das *Nibelungenlied* in verbindlicher Form verschriftlicht wurde, wird häufig als „Mhd. K.“ apostrophiert, vor allem in geistesgeschichtlichen Arbeiten, die sich von Wilhelm Scherers „Wellentheorie“ (Aufstieg, Blüte, Verfall in kontinuierlicher Wiederkehr) inhaltlich noch nicht gänzlich haben lösen können: Zu verlockend erscheint wohl noch immer der Gedanke von einer Autonomie der Kunst, die ihre eigenen gesellschaftlichen Rahmenbedingungen negiert, zum Ausdruck gebracht in der Metapher vom gleichsam ewigen „Stirb und werde“. Denn ohne die geschichtliche Perspektive, reduziert auf das jeder Kunst scheinbar immanente Faktengerüst von Traditionsaneignung und normativer Rezeptionsprägung besitzt die mhd. Literatur um die Wende vom 12. zum 13. Jh. tatsächlich eine Art von „Klassikcharakter“. Um 1180 begründet Hartmann von Aue mit seinem *Erec* in Deutschland den ↗ Höfischen Roman, indem er von Chrestien (Chrétien) de Troyes nicht nur die Matière de Bretagne, den Stoffkreis um König Artus und die Ritter der Tafelrunde, übernimmt, sondern auch die Erzählstruktur (Doppelweg) und das neue aristokratische Wertebewußtsein, das „minne“, „êre“ und „âventiure“ in einer höchst fragilen Synthese vereint. Danach besteht die Aufgabe des Ritters im Eintreten für die gesellschaftliche Ordnung im Kampf gegen deren Feinde zugunsten jener, die sich nicht selbst helfen können („âventiure“), um sich so im Frauendienst („minne“) und in der Gesellschaft zu beweisen, deren Anerkennung („êre“) ihn belohnt und der Gunst der Dame näherbringt. Mag dabei auch die Doppelwegstruktur in der ursprünglichen Form sehr bald obsolet geworden sein (lediglich Hartmann selbst hat sie im *Iwein*, um 1200, noch einmal unverändert aufgegriffen), so finden Sprache und Form Anerkennung und Nachahmung: Gottfried von Straßburg rühmt seine „kristallînen wortelîn“, seine kristallklaren Worte, Wirnt von Gravenberc und der Pleier haben sich im 13. Jh. an ihm orientiert, und noch für Ulrich Fuetrers *Iban* (15. Jh.) ist er Stoffgrundlage. Selbst Wolfram von Eschenbach, der mit seinem *Parzival* (ca. 1200-1210) seinerseits normsetzend wird, übernimmt das von Chrestien und Hartmann formulierte Ritterideal nahezu unverändert. Allerdings differenziert er es, indem er sich nicht auf einen einzigen Protagonisten beschränkt, sondern die Taten seines Helden denen anderer Musterritter gegenüberstellt, wie denn auch die Artuswelt und deren Werte im Gralsbereich Kontrast und Ergänzung erfahren. Darüber hinaus erweisen sich sein genealogischer Ansatz (Vorgeschichte des Helden, kurzer Ausblick auf die Zukunft) und seine Sprache als vorbildgebend. Bereits im 13. Jh. wird Wolfram zum meistverwendeten Stilmuster, so daß ihm gelegentlich sogar fremde Texte als geistiges Eigentum unterschoben werden (*Jüngerer Titurel*, Handschrift H des *Alexander* Ulrichs von Etzenbach). Sein *Willehalm* (ca. 1210-1220) ist ebenso wie der *Tristan* (um 1210) Gottfrieds von Straßburg Fragment geblieben. Beide Texte erfahren noch im 13. Jh. ihre Fortsetzung, allerdings nicht immer im Sinne der ursprünglichen Konzeption: der *Willehalm* durch Ulrich von Türheim und Ulrich von dem Türlin, der *Tristan* ebenfalls durch Ulrich von Türheim und Heinrich von Freiberg.

3. In der um die Wende zum 13. Jh. entstandenen Buchfassung des *Nibelungenliedes* wird erstmals der seit dem 5./6. Jh. mündlich überlieferte Stoff vom Untergang der Burgunden im Kampf gegen die Hunnen schriftlich fixiert – Voraussetzung für die sich anschließenden genealogischen Spekulationen der *Klage* und die Umdeutungen in der sog. „liet“-Version (Handschrift C und deren Derivate). Zudem ist das *Nibelungenlied* richtungweisend für die spätere ↗ Heldendichtung (*Kudrun*, teilweise auch für die *Dietrichepik*); seine Strophenform bleibt anregend bis weit ins Spät-MA, und das sogar außerhalb der Epik (*Elegie* Walthers von der Vogelweide, *Thüringisches Zehnjungfrauenspiel*), ↗ Strophe(nformen).

4. Mit Walther von der Vogelweide treten zwei weitere Gattungen in den Blickpunkt: ↗ Minnesang und Spruchdichtung (↗ Sangspruch/Reimspruch). In beiden Fällen ist Walther derjenige, der überkommene Denk- und Sprachmuster fortführt und verändert, gleichzeitig aber neue Perspektiven und Maßstäbe setzt: im Minnesang, indem er dem traditionellen Modell der Hohen Minne seine bisherige Monopolstellung nimmt und damit der Gattung neue Wege zu einer größeren Vielfalt an Liebeskonzeptionen erschließt, in der Spruchdichtung durch ein breiteres Themenspektrum und mehr Variabilität im formalen Bereich. Beide Gattungen sind damit grundlegend verändert; in ihnen zu dichten, setzt die Kenntnis des Waltherschen Œuvres in Zukunft notwendig voraus.

Hans-Joachim Behr

Lit.: R. Grimm/J. Hermand (Hg.): Die K.-Legende, 1971. – H.-J. Simm (Hg.): Literarische K.,

1988. – M. Wehrli: Geschichte der dt. Literatur vom frühen MA bis zum Ende des 16. Jh., 1980. – P. Weitmann: Die Problematik des Klassischen als Norm und Stilbegriff. In: Antike und Abendland 35 (1989).

Klassik, Weimarer

1. Eine pragmatische Begriffsbestimmung lautet: klassisch ist, was auch nach langer Zeit mehrheitlich nicht vergessen ist. Im allgemeinen Verstande hat jede kulturelle Entwicklung ihre K., das heißt Ausprägungen, die im Bewußtsein der Nachwelt als Höhepunkt und Vorbild überliefert werden. K. ist Bezugsgröße für Traditionsbildung und Wertmaßstäbe (↗ Klassik, Mhd.). Mit Weimarer Klassik (W.K.) wird ein Teilbereich der dt. ↗ Literaturgeschichte bezeichnet, dessen Leistungen für die Entwicklung von Form, Inhalt und Funktion von Literatur nach allgemeiner Auffassung wegweisend sind. Die Prägung W.K. ersetzt heute weitgehend ältere sinnverwandte Bezeichnungen, so Deutsche K. oder Klassische dt. Literatur. Sie kann als selbständige ↗ Epoche, aber auch als Bestandteil weitergefaßter historischer Zusammenhänge gesehen werden. Unverzichtbare Elemente der W.K. sind die Autoren Johann Wolfgang Goethe (1749-1832) und Friedrich Schiller (1759-1805), ein chronologisch wie ästhetisch einzugrenzender Teil ihres Gesamtœuvres sowie die darin ausgedrückten leitenden Ideen. W.K. darf jedoch nicht aufgefaßt werden als eine Summe dieser historischen Gegebenheiten: entscheidend für die Besonderheit der Epoche ist vielmehr auch, was die Nachwelt daraus gemacht hat.

W.K. stiftet nicht nur überzeitlich gültige Normen, sondern ist selbst auch einem historischen Wandel unterworfen. Was mit K. jeweils gemeint ist, verändert sich mit der Zeit. Jedes Zeitalter bestimmt durch seinen Umgang mit der W.K., welche Komponenten – Autoren, Texte, Ideen – dazugehören und welchen Rang sie im Gesamtbild der zeitgenössischen Kultur einnimmt. Es lassen sich traditionsbewußte, k.orientierte oder k.nachahmende (klassizistische) Strömungen von solchen antiklassischer Innovation (↗ Moderne, ↗ Avantgarde) abgrenzen. Charakteristisch aber ist, daß K. konstant zur Auseinandersetzung anregt. Der Begriff W.K. umfaßt trotz solcher Wandlungen einen festen historischen Kern, dessen Komponenten seit der Prägung des literaturgeschichtlichen Terminus W.K. allgemein als unverzichtbar gelten. Von ihm gehen dann im Laufe der K.-Rezeption historische Erweiterungen, sowie differerierende Beurteilungen und Funktionalisierungen in apologetischer wie auch kritischer Absicht aus. Für die heutige ↗ Literaturwissenschaft ist W.K. letztlich nur ein Modell, das zur Beschreibung, Untersuchung und Erklärung der Ereignisse und Strukturen in einem bestimmten Feld der dt. Literatur benutzt wird.

2. Die literaturgeschichtliche Abgrenzung der W.K. beschränkt sich auf bewährte heuristische Daten, die nicht den Anspruch erheben, umumstößliche Epochenschwellen zu sein. Der Zeitraum des historischen Kerns beginnt mit Goethes Italienreise (1786-1788), seinem Besuch des „klassischen Bodens“, und endet mit Schillers Tod (1805). Hervorzuheben ist im besonderen die Zeit der unmittelbaren Zusammenarbeit zwischen Goethe und Schiller, die in ihren Briefen über verschiedene Gegenstände (*Briefwechsel zwischen Schiller und Goethe,* 1794–1805) dokumentiert ist. Durch die Entwicklung der Werke Goethes, Schillers und anderer aus dem ↗ Sturm und Drang heraus, wird W.K. als dessen Ablösung aufgefaßt. Gemeinsam bleibt beiden Strömungen die Orientierung an einer Genieästhetik mit ihrer Vorstellung eines von der Natur besonders begabten, „von innen“ aus sich selbst heraus schaffenden Dichters. In der K. werden die Werke jedoch in strengen Formen ausgeführt. In formgeschichtlicher Hinsicht bilden die sogenannte Vor-K. und Goethes Spätwerk literarische Abschnitte, die den K.-Begriff mitprägen.

In den Werken der W.K. werden außerdem wichtige soziale und politische Entwicklungen des 18. Jh. hervorgehoben und ästhetisch verarbeitet. W.K. bietet eine Fortsetzung der ↗ Aufklärung durch eine ästhetische Transformation von deren Denkweisen. In einem weiter gefaßten sozialhistorischen Kontext ist K. ein Konzept innerhalb der „Sattelzeit“ (Koselleck) von 1770 bis etwa 1830, eines Zeitraums beschleunigter Modernisierung in den dt. Territorien. W.K. reagiert auf die Veränderungen der sozialen und kulturellen Fundamente, indem sie unter anderem der verbreiteten lebensweltlichen Krisenerfahrung weitreichende utopische Lösungs- oder Harmonisierungsvorschläge entgegenstellt.

3. W.K. entsteht in Weimar, der kleinen Residenzstadt des Herzogtums Sachsen-Weimar. Ort und Zeitpunkt boten einzigartige Bedingungen für die Entfaltung von Literatur. Eine von den politischen Spannungen West- und Zentraleuropas entlastete Situation (garantiert im Frieden von Basel, 1795), verkehrsgünstige Lage im dt. Sprachraum und relative ökonomische Stabilität begründeten eine Ausnahmesituation in den Wirren des Zeitalters der Französischen Revolution. Darüber hinaus war jedoch das kulturelle Interesse der regierenden Familie entscheidend: Unter der Herrschaft des Herzogs Karl August

und seiner Mutter Herzogin Anna Amalia prosperierte das Mäzenatentum. Herausragende Künstler verschiedensten Sparten wurden an den „Musenhof" eingeladen. Freilich waren die Weimarer Ressourcen – im Vergleich zu den europäischen Metropolen des 18. Jh. – bescheiden; das Fehlen einer kulturellen Hauptstadt im zerrissenen Territorialgebiet des Deutschen Reiches ließ jedoch auch dem Kleinen seine innovatorische Chance.

Als Institutionen im literarischen Feld treten wenige Zeitschriften – als programmatische Diskussionsplattformen und Rezensionsforen – hervor, die den Geist der W.K. befördern: darunter die *Jenaische Allgemeine Litteraturzeitung* und die von Friedrich Schiller begründeten und redigierten *Horen* (1795-97). W.K. zeichnet sich – im Gegensatz zu Aufklärung und Frühromantik – nicht durch öffentlich ausgetragene kritische Reflexion oder Diskussion aus. Verlage, die sich der neuen Entwicklung verschreiben, gewinnen Einfluß und eine gesicherte Marktposition bis weit ins 19. Jh. hinein, darunter besonders Göschen und Cotta. Letzterer behält bis zur urheberrechtlichen Freigabe der Klassikertexte im Jahr 1867 eine monopolistische Position als Verlag der Klassiker.

4. Eine Reihe von Leitideen und Formprinzipien werden von der W.K. hervorgehoben. Sie erhalten im Laufe ihrer Rezeption Geltung als zeitlose Normen. Deren prominenteste ist „Humanität". Darin wird der Menschenbegriff der Aufklärung über die natürliche und sittliche zur ästhetischen Humanität gesteigert. Dies schließt ein Menschenideal ein, welches körperliche und geistige Fähigkeiten in abgewogenen Proportionen zum Entwicklungsziel stilisiert („aussöhnende Abrundung", Goethe). Die Kunst bietet das Medium seiner wirklichkeitsentlasteten Proklamation. Angeregt werden Konzeption wie Darstellung durch die Vermittlung antiker Vollkommenheitsvorstellungen, die Johann Joachim Winckelmann (1717-1768) durch seine Interpretation hellenistischer Kunst vermittelt (viel zitiert ist seine Deskriptionsformel für antike Plastik: „Edle Einfalt und stille Größe"). Gleichzeitig entsteht die Forderung nach einer angemessenen Entsprechung zwischen literarischer Form und ausgedrückten Ideen: Die ↗ Ästhetik, die eine solche ideale Humanität zu vermitteln vermag, findet ihre Maßstäbe nicht in alltäglichen Abbildungen. Sie artikuliert sich in Darstellungen, deren Formbewußtsein das Künstliche und Kunstvolle jenseits jeder Normalität betont. Es entsteht eine Ästhetik der Autonomie. Sie bezieht sich nicht nur auf Formen, sondern bestimmt die Beziehung zwischen Kunst und Wirklichkeit neu: Die „schöne Literatur" wird in Form wie Inhalt von aller aufklärerischen Nützlichkeit und Ausrichtung auf politische Wirkung befreit. Mit der Kunstautonomie begründet die W.K. ein Konzept, das bis heute zu den unbestrittenen Merkmalen von Kunstwerken gehört. Literatur der W.K. unterscheidet sich durch diese Prinzipien von der unterhaltenden Massenware der Zeit. Die Autoren sichern sich in dem geschaffenen Freiraum künstlerischer Expression die Freiheit ästhetischer Selbstbestimmung, gleichzeitig wird von den Rezipienten eine Anpassung an die neuen Normen erzwungen: es entsteht klassischer Geschmack.

5. Trotz Übereinstimmung im Prinzip der ästhetischen Autonomie werden mindestens zwei Hauptrichtungen der Darstellung entfaltet: eine Tendenz zum Realismus (Goethe) und zum Idealismus (Schiller). Die Prinzipien Goethes und Schillers entwerfen dabei grundlegende Muster, die in der Ästhetik der folgenden Zeitalter diskutiert werden. Goethes Konzentration auf das ↗ Symbol als dichterische Figur (im Besonderen das Allgemeine darstellen) setzt sich nach und nach gegenüber Schillers Vorliebe für die Allegorie durch (zum Allgemeinen ein Besonderes suchen). Mit der Auffassung, Dichtung vermöge im darzustellenden Besonderen die Grundzüge des allgemeinen Zusammenhanges der Welt anschaulich zu machen, wertete Goethe die Dichtung gegenüber der Philosophie als Weltdeutungsmedium auf – und setzte sich damit gegen Schillers eher philosophische Dichtweise durch. Dies begründete auch die Rolle der Literatur als bevorzugtes Bildungsmedium. Entscheidendes leistet dabei Goethes ↗ Roman *Wilhelm Meisters Lehrjahre* (1795/96): als mustergebender „Bildungsroman" hat er über ein Jahrhundert lang größte Vorbildfunktion für die literarische Deutung von Lebenszusammenhängen, ↗ Bildungsroman.

Klassische Literatur beruht auf dichterischem Vermögen und reflexiver Ausarbeitung ästhetischer Konzepte. Ohne daß Theorie zu den bevorzugten klassischen Arbeitsgebieten gehörte, ist W.K. doch nicht ohne die theoretischen Beiträge ihrer Akteure zu denken. Während Goethes Dichtung weithin ohne systematische Ausführungen zur ↗ Poetik auskommt, erhebt Schiller den Anspruch theoretischer Klärung. Philosophische Studien (besonders der Kritiken Immanuel Kants) sollen die Autonomieästhetik fundieren. Als eines der wirkungsmächtigsten Konzepte entsteht das Programm der ästhetischen Erziehung (*Briefe über die ästhetische Erziehung des Menschengeschlechts*, 1795).

Ergänzend zur Verfertigung und Reflexion von Dichtung widmen sich beide „Olympier" anderen Wissensgebieten. Sie verfolgen damit das Ziel der Universalität persönlicher Kenntnisse (als

Folge der aufklärerischen Universalgelehrsamkeit). Die meisten dieser Beschäftigungen – die beide keineswegs als Nebentätigkeiten auffaßt – wirken wiederum auf Dichtung und Poetik zurück: Goethes Forschungen im Bereich der Biologie (Entdeckung des Zwischenkieferknochens, Formulierung eines Konzeptes der Pflanzenmetamorphose als universell übertragbares Entwicklungsmodell), Schiller im Bereich der Medizin und der Geschichtsschreibung (*Geschichte des dreißigjährigen Krieges*).

6. Als weitere Autoren werden auch Johann Gottfried Herder (1744-1803), Christoph Martin Wieland (1733-1813), Karl Philipp Moritz (1756-1793) und Karl Ludwig von Knebel (1744-1834) dem Umkreis der W.K. zugerechnet. Sie sind zum ausschlaggebenden Zeitpunkt ebenfalls in Weimar ansässig und tragen in besonderem Maße – in Gesprächen, kritischen und dichterischen Schriften – zur Entwicklung bei. Die zeitlich-räumliche Koinzidenz allein reicht für eine Zurechnung zur W.K. nicht aus. In älteren Literaturgeschichten werden gelegentlich noch die richtungweisenden Vorläufer Friedrich Gottlieb Klopstock (1724-1803) und Gotthold Ephraim Lessing (1729-1781) in die W.K. mit einbezogen; durch die Aufwertung der Aufklärungsliteratur seit den 1960er Jahren ist jedoch eine Trennung zwischen der Aufklärung – welcher beide zugerechnet werden – und der W.K. stärker ausgeprägt.

7. Die Epoche der W.K. bietet erstmals in der dt. Literaturgeschichte ein Nebeneinander konkurrierender Strömungen. Die Literaturgeschichtsschreibung teilt den Zeitraum dementsprechend in verschiedene, gleichberechtigte Epochenstrukturen auf; dabei kommen unterschiedliche Ordnungsmuster zur Anwendung. Das einfachste stellt das herausragende historische Ereignis des Zeitraums überhaupt in den Mittelpunkt: dt. Literatur im Zeitalter der Französischen Revolution. Hier stehen nicht die Merkmale der konkurrierenden literarischen Paradigmen im Vordergrund, sondern die Chronologie und die von ihr implizierte Kontextuierung. Die Folge ist eine Gleichbehandlung aller Literatur des Zeitalters; eine Auszeichnung einzelner Strömungen unterbleibt zunächst. Für eine genauere Deskription ist jedoch eine weitergehende Binnendifferenzierung erforderlich. Sie umfaßt neben der W.K. die Jenenser ↗ Romantik und (Spät-)Aufklärung. Unterschieden werden diese Strömungen durch die ihnen jeweils zugerechneten Autoren, Werke und Leitideen. Während die Spätaufklärung eine Fortsetzung der älteren Literaturkonzeption des 18. Jh. vertritt, hat die Romantik modernistische Züge. Die W.K. ist von ihrer geschichtlichen Stellung zwischen diesen beiden angesiedelt: Sie betreibt gleichermaßen die Weiterentwicklung eines älteren und den Neuentwurf eines zukünftigen Literaturbegriffs. Die W.K. in diesem Nebeneinander hervorzuheben, ist eine willkürliche Entscheidung; sie zur Blüte neuzeitlicher Literatur schlechthin zu erklären erfordert emphatische ästhetische und politisch-funktionale Werturteile. Im Laufe der Germanistikgeschichte haben unterschiedliche Perspektiven eingängige Formeln der Abgrenzung („Vollendung und Unendlichkeit", F. Strich) – oder der Verbindung geschaffen („klassisch-romantische Dichtung", H.A. Korff). Aus der Perspektive der europäischen Literaturen erscheint die W.K. als Spielart der europäischen Romantik.

8. Die Epochenbildung W.K. hängt von Entscheidungen der späteren Literaturgeschichtsschreibung ab. Das Selbstverständnis ihrer „Olympier" ist für die nachfolgende Stilisierung als Muster und Höhepunkt aller dt. Literatur nicht ausschlaggebend – eine Selbstbeschreibung in diesem Sinne liegt nicht vor. K. bezeichnete für die Zeitgenossen noch ausschließlich antike Dichtung. Die Möglichkeit einer dt. K. wurde erst im frühen 19. Jh. erwogen; beispielgebend war die Bestimmung einer neuzeitlichen italienischen (15. Jh.) und französischen K. (17. Jh.), die nach der zeitgenössischen Vorstellung von nationaler Kultur geradezu eine dt. K. einforderte. Die „Verspätung" der eigenen Literatur- und Sprachentwicklung (u.a. durch den 30jährigen Krieg und die Zerrissenheit der Territorien) galt damit im kulturellen Bereich als überwunden. Der Literaturgeschichtsschreiber G.G. Gervinus (1805-1871) gab das Stereotyp vom Wettlauf der Nationen auf den Parnaß (Musenberg) und vom dt. Sieg vor: „die Deutschen allein setzten den steileren, aber belohnenderen Weg fort und gelangten zur schönsten Blüthezeit griechischer Weisheit und Kunst […] Göthe und Schiller führten zu einem Kunstideal zurück, das seit den Griechen Niemand mehr als geahnt hatte" (*Geschichte der poetischen National-Literatur der Deutschen*, 1835-42, Bd. I). Goethes und Schillers Werke werden vorläufig als „classisch" ausgewiesen, erst um 1850 setzt sich die Bezeichnung „dt. K." wirklich durch. Je weniger erfolgreich die politischen Bestrebungen zur Bildung eines dt. Nationalstaates waren, desto stärker wurde die kulturelle Einigung unter dem Leitbild der K. beschworen: „Was sie [=unsere classischen Dichter] auf ästhetischem Gebiete vollbracht, genau dasselbe muß die Nation jetzt auf dem Gebiete der Geschichte und der politischen Praxis thun. Das ist der eigentliche Charakter unserer classischen Epoche, darum führt sie diesen Namen und darin [...] besteht die unverlierbare und unschätzbare Erbschaft [...]" (R.E. Prutz, *Die deutsche Literatur der Gegenwart*, 1859, Bd. 2). Auch Julian

Schmidt benennt in der 5. Auflage seiner *Geschichte der deutschen Nationalliteratur* den einschlägigen Band um in *Das classische Zeitalter* (1866). Diese Vorstellung einer kulturellen nationalen Identität wirkte bis in die Zeit dreier dt.sprachiger Nationalstaaten (Schweiz, Österreich-Ungarn, Deutsches Kaiserreich), deren politische Differenzierung im Begriff der „dt. Kulturnation" aufgehoben wurde.

9. Die normative Funktion der W.K. wird im kollektiven Bewußtsein bis in die Gegenwart über kanonisierte Texte vollzogen. Der Kanon tradiert eine verbindliche Auswahl von Texten, die den autonomie-ästhetischen wie humanitätsverpflichteten Programmen einer nationalen Erziehung entspricht. Ihre allgemeine, normative Gültigkeit im Rahmen der Bildung von Individuum und Gesellschaft werden durch das Literatursystem beherrscht – ohne die Hochschätzung der Literatur zu diesem Zweck wäre der K.-Kult nicht entstanden. Die Leitideen der W.K. werden zum unverzichtbaren Bildungswissen, das im Gymnasialunterricht als Zugangsberechtigung zum national-liberalen Bürgertum vermittelt wird. Diese Konstellation herrscht weitgehend unangefochten – Ausnahmen bietet etwa die Ablehnung des klassischen Idealismus und Formstrebens durch die Jungdeutschen – bis in die 1960er Jahre, bevor sie einer durchgehend kritischen Reflexion unterzogen wurde. Die Entdeckung der Konstruiertheit der „Klassik-Legende" unterbrach die Kontinuität. Auch wenn die „Klassiker-Schelte" in den 1980er Jahren nachließ, vermittelte sie doch eine bleibende Einsicht in die historische Bedingtheit des traditionellen Nationalkanons.

10. W.K. stellt in ihrer äußersten Steigerung der literarischen Entwicklung des 18. Jh. die nachfolgenden Generationen in den Schatten: Sie schließt den Aufstieg der dt. Literatur durch das Erreichen des „Gipfels" ab und stellt den Nachkommen die Aufgabe, auf ebenso hohem Niveau fortzufahren. Die Folge ist die Institutionalisierung der Klassikerverehrung. Geburts- und Todesjubiläen der Autoren werden als Anlässe für Feiern im Kulturbetrieb festgeschrieben, für das nationale Selbstbewußtsein gewinnen zunächst die im ganzen dt. Sprachraum abgehaltenen Schillerfeiern größte Bedeutung (besonders der 100. Geburtstag 1859). Deren Organisation übernehmen die Schillervereine. Zahllose Denkmale werden enthüllt, die je einen der beiden Klassiker zeigen oder beide gemeinsam (bekanntestes Beispiel ist das Goethe-Schiller-Denkmal vor dem Weimarer Schauspielhaus). Um die Verbreitung der Texte der W.K. in allen gesellschaftlichen Bereichen zu beschleunigen, werden im „Klassikerjahr" 1867 alle mit ihnen verbundenen Urheberrechte aufgehoben. Der traditionelle Klassikerverlag Cotta verliert die Vorherrschaft über diesen Markt, zahllose preiswerte Klassikerausgaben erscheinen (darunter Reclams Universal-Bibliothek, die Reihen der Verlage Bong, Mayer, Hempel, Hesse & Becker u.v.a.m.). In historisch-kritischen Ausgaben wird der Anspruch auf Beherrschung der nationalen Kultur durch die K. fortgeschrieben, die maßgebliche Schillerausgabe heißt noch heute *Nationalausgabe*.

11. Über die Epochenbezeichnung W.K. hinaus wird der Begriff K. zur Verwendung kanonisierter Texte aller Zeiten verwendet: Klassiker des MA, des ↗ Barock, der Aufklärung, der Moderne konstituieren den Grundstock von als überlieferungswürdig eingeschätzten Werken. Im geläufigen Gegensatz K. versus Moderne kommt zum Ausdruck, daß die Herrschaftsansprüche der K. immer durch innovative Konzepte bestritten werden.

Rainer Baasner

Lit.: W. Barner: W.K. und europäische Romantik. In: JbDSG 1988/89. – J. Fohrmann: Das Projekt der dt. Literaturgeschichte, 1989. – R. Grimm u.a. (Hg.): Die K.-Legende, 1971. – H.-J. Simm (Hg.): Literarische K., 1988. – W. Voßkamp (Hg.): K. im Vergleich, 1993.

Komische, das

1. Das Wort wird um 1500 von griech. „komikos", lat. „comicus" – „zur Komödie gehörig", gebildet; es hat entsprechend zuerst den Gehalt, den die (antike) Komödie vermittelt. Unter dem Einfluß von frz. „comique", „lustig, närrisch, possierlich", bildet sich seit 1700 die heutige Bedeutung von „komisch" heraus: „erheiternd, spaßhaft, drollig, sonderbar, wunderlich".

2. Erfahrungsfelder des K. sind nicht allein alle Künste (Komik, d.h. Kunst, die K. darstellt i.S. von: was belustigend wirkt, Lachen erregt), sondern virtuell alle Tätigkeitsbereiche und Artikulationsformen des Menschen. In einer schwer zu bestimmenden Weise sind dabei physische und geistige Vorgänge zugleich wirksam. Nicht eindeutig voneinander abzugrenzen sind weiter das K. und das Lächerliche. Im gängigen Wortgebrauch hat das Lächerliche vergleichsweise minderen Rang, was Hegel mit dem selbstreflexiven Moment begründet, das das K. gegenüber dem Lächerlichen auszeichne. Umgekehrt sind Theorien des Lachens aber in der Regel umfassender, schließen sie jeweils auch eine Theorie des K. ein. Unterschiedliche Bestimmungen des K. ergeben sich weiter daraus, daß das K. in manchen Theo-

rien als ein Prädikat behandelt wird, das man Gegenständen, Sachverhalten, Zuständen usw. zuerkennt, in anderen Theorien dagegen als ein Phänomen, das sich erst im Bewußtsein eines urteilenden Subjekts herstellt, das seinen je spezifischen Erwartungshorizont auf einen begegnenden Sachverhalt bezieht. Für die zweite Betrachtungsweise, mit der das Urteil „komisch" i.S. Kants statt als ein logisches als ein ästhetisches Urteil aufzufassen ist, spricht, daß „sich nichts Entgegengesetzteres auffinden [läßt] als die Dinge, worüber die Menschen lachen" (Hegel).

3. Die theoretische Bemühung um das K. ist, nach marginaler Überlieferung aus der Antike, erst in der Neuzeit, entscheidend befördert durch Th. Hobbes (1588-1679), vorangekommen. Die besondere Schwierigkeit ergibt sich für Theorien des K. daraus, daß am K. nicht nur der Intellekt beteiligt ist (insofern sich das Phänomen erst in einem urteilenden Subjekt herstellt), sondern auch und zugleich die Triebe. Das K. löst „eine unhemmbare Lust aus, wie sie sonst nur durch sinnliche Genüsse erzeugt zu werden pflegt, die zur Erhaltung des Lebens oder der Gattung dienen" (Martens). Am K. sind Verstand und Sinnlichkeit zugleich beteiligt, aber in einer Weise, die ein stabiles, kontrollierbares Verhältnis zwischen beiden unterminiert (im Gegensatz z.B. zur Erfahrung des Schönen). In unterschiedlicher Weise gehen die vielfältigen Theorien des K. auf diese Doppelpoligkeit ein. Systematisch lassen sich drei Großgruppen der Theorien des K. unterscheiden: Kontrasttheorien des K., Entgrenzungstheorien des K., semiologische Theorien des K. (das K. als paradoxe Zeichenrelation).

4. Inkongruenz- und Kontrasttheorien des K., das K. der Herabsetzung: Das K. wird aus einem Akt des Vergleichens bestimmt. Eine Figur (ihre Handlungen, Selbsteinschätzungen, Einstellungen), ein Sachverhalt usw. wird jeweils an Erwartungen, Normen gemessen und ein Mißverhältnis zwischen beiden Bereichen festgestellt. Das Objekt der Komisierung wird damit herabgesetzt (komische Vernichtung); im Hinblick auf die zugrundegelegte Norm (Subjekt der Komik) kann dies affirmativ oder destruktiv geschehen; dem Betrachter, der das Mißverhältnis feststellt („lachender Dritter") bereitet dies ein lustvolles Gefühl der Überlegenheit. Th. Hobbes betont am Lachen die Bestätigung der Überlegenheit über ein begegnendes Inferiores (*On Human Nature*, 1650); ist hier die psychische Situation des Verlachenden akzentuiert, so tritt im 18. Jh. mehr der Gegenstand des (Ver-)Lachens in den Blick, was zu vielfältigen Bestimmungen komischer Mißverhältnisse führt: Ungereimtheit, Kontrast von Mangel und Realität (Lessing), Erwartung und Erfüllung, Gegenstand und Begriff, Ansehen und Aussehen, Selbsteinschätzung und Sicht der anderen usw. Kant betont, daß das Innewerden des Mißverhältnisses plötzlich geschehen müsse („Das Lachen ist ein Affekt aus der plötzlichen Verwandlung einer gespannten Erwartung in nichts"), Jean Paul akzentuiert das intellektuelle Moment dieser Art Komik (als in einem Akt des Vergleichens gründend), Henri Bergson einen sozialen Aspekt (*Le rire*, 1900): das Lachen als Warnungsruf des Lebendigen der Gesellschaft an den einzelnen, der sich in ihr „versteift". Zum Humor wird das K., wo das aus dem Innewerden von Mißverhältnissen sich erhebende Lachen von der Position eines höheren Wissens aus geschieht, das alle Mißverhältnisse, den Betrachter in sie eingeschlossen, anzuerkennen und sich vom Standpunkt einer weltüberlegenen Heiterkeit über sie zu erheben vermag (Schiller und Hegel akzentuieren diesen Aspekt).

5. Entgrenzungstheorien des K., das K. der Heraufsetzung: Das in diesem Umkreis bestimmte K. entspringt dem Freisetzen und Bejahen (unterdrückter) Kreatürlichkeit. Es artikuliert sich in einem virtuell alle Grenzen auflösenden, „grotesken" Lachen, so impliziert es Auflösung ins A-Morphe, Mißachten aller Über-Ich-Gebote (Lust am Nonsens als Mißachten des Gebots der Sinnhaftigkeit). Leitend für diese Art Komik ist die Figur der Übertretung; die dionysisch-orgiastische Tradition des „Komos" ist hier fortgeführt. Ihrer a-morphen Komponente wegen wurde diese Art Komik in den Theorie-Entwürfen lange vernachlässigt. Baudelaire hat sie als „absolute Komik" bestimmt (*Vom Wesen des Lachens*, 1855), Nietzsche spricht von ihr im Hinblick auf ein Lachen, das aus jahrtausendealten (metaphysischen) Sicherheiten herauszugehen wagt (*Die Fröhliche Wissenschaft*, 1882), Bachtin beschreibt sie als „karnevalistische Lachkultur" (*Literatur und Karneval*, 1965). Das Prinzip der Entgegensetzung und damit der Identität werden in ihr aufgehoben, so daß Geburt und Tod, hoch und niedrig, Torheit und Weisheit, das Heilige und das Profane usw. durcheinandergehen können; der Körper erscheint nicht als geschlossene Einheit, sondern offen zum Austausch, zur Vereinigung mit anderen Körpern (gerade auch als Mesalliance). Bachtin verknüpft die Karneval-Kultur mit einer Zeichentheorie: das Wort erscheint in diesem Umfeld als „dialogisch", d.h. polyvalent; es ruft vielfältige andere Bedeutungskontexte herauf zur Dementierung des einen Sinns.

6. Semiologische Theorien des K., das K. als paradoxe Zeichenstruktur: Im Zentrum der Überlegungen steht hier nicht, was das K. ist, sondern, wie es Gestalt gewinnt: wie das der Festlegung virtuell sich gerade Entziehende in die Ordnung

der Zeichen (der Sprache, jeder Art künstlerischer Darstellung) gebracht werden kann. Zugleich wird in diesem Umfeld die starre Opposition von Kontrast- und Entgrenzungstheorien des K. überwunden. J. Ritter entwickelt eine Sprachtheorie des K.: Im Lachen spricht sich ein aus der herrschenden Lebensordnung ausgegrenztes Anderes so aus, daß die ausschließende Ordnung selbst dazu gebracht wird, das auszusprechen, was sie ausschließt (*Über das Lachen*, 1941). So wird im Lachen die Zugehörigkeit des Ausgeschlossenen zur ausschließenden Ordnung manifest. Freud beschreibt dieselbe Struktur triebdynamisch (*Der Witz und seine Beziehung zum Unbewußten*, 1905): Im Lachen insbesondere über den tendenziösen Witz manifestiere sich die Anwesenheit des Ausgeschlossenen (der Triebwünsche des Es) an der ausschließenden Macht (des Über-Ich, seiner Manifestationen), was primär lustvoll für den unbeteiligten Zuhörer sei (dieser lache über den Witz, nicht der, der ihn machte). Im Unterschied zu Bachtin beschreibt Freud das Lachen nicht als Übertretung der „ernsten" Kultur, ihrer Normen und Sitten, in ein „Jenseits" hierzu, sondern als in der ernsten Kultur selbst sich ausbreitend, mithin paradox als immanente Übertretung. K. Stierle entwirft eine Handlungstheorie des K., die wieder den interpretierenden Betrachter ins Zentrum rückt (*Komik der Handlungen*, 1976). Der Betrachter schließt aus einem Teil der vorgestellten Handlung auf das Ganze, um dann dem Fortgang der Handlung die Nichterfüllung des unterstellten Schemas entgegenzuhalten. Statt Scheitern der Handlung im Hinblick auf das Schema könnte aber auch Infragestellen des Schemas intendiert sein: In dieser Offenheit erschließt sich die grundlegende „Ambiguität des K.".

Bernhard Greiner

Lit.: H. Plessner: Lachen und Weinen. In: Ders.: Philosophische Anthropologie, 1970. – W. Preisendanz/R. Warning (Hg.): Das K., 1976. – J. Ritter: Über das Lachen. In: Ders: Subjektivität, 1974.

Komödie

1. Das Wort ist von lat. „comoedia" und griech. „komodia" gebildet, letzteres eine Zusammensetzung aus „komos", „Gelage", „Umzug", „Festgesang" und „odos", „Sänger", was den Ursprung der europäischen K. wiedergibt: ein festlich-ekstatischer, von Gesang begleiteter Umzug einer im Dienste des Rauschgottes Dionysos umherschweifenden, „des Gottes vollen" Menge. Das Wort K. bezeichnet allgemein ein Theaterstück komischen Gehalts mit gutem Ausgang (in der Regel der Ausblick auf eine Hochzeit als Feier des Lebens). Im dt. Sprachraum werden zunächst (15. Jh.) die entsprechenden Stücke der lat. und griech. Antike „K." genannt, seit dem 16. Jh. konkurrieren die Begriffe „K." und „Lustspiel" miteinander. In den roman. Ländern hat das Wort noch einen weiteren Sinn: span. „comedia", ital. „commedia", frz. „comédie" kann jede Art Schauspiel bedeuten, neben „K." im engeren Sinn. Im Dt. findet sich dieser weite Wortsinn umgangssprachlich: „Komödie spielen" als „etwas vormachen".

2. Das Wesen der K. zu bestimmen stößt auf eine prinzipielle Schwierigkeit, was auch erklärt, daß die Theoriebildung zur K. erst spät (in der Frühen Neuzeit) einsetzt und selten die Komplexität der Tragödientheorien erreicht. Die diskursive Praxis der K. widersetzt sich der Festlegung auf Begriffe wie der Unterwerfung unter ein ideelles System. Denn die K. konstituiert sich aus zwei gegenläufigen, nur schwer und nie eindeutig und sicher zu verbindenden Momenten. Das eine ist die dionysisch-kultische Tradition, die um Erfahrungen des Orgiastischen zentriert ist, was immer zum Form- und Gesetzlosen drängt, als Aufheben von Grenzen, Lust am Vermischen, am Durcheinandergehen-Lassen noch des Disparatesten (anstelle von Abgrenzung und Vereinzelung), Aufheben des Prinzips der Unterscheidung, sei es des Geschlechts (Nachspielen des anderen Geschlechts, Herausstellen des Sexuellen), der Arten (Mensch-Tier: K.-Spiel in Tiermasken, z.B. der Chor bei Aristophanes; Mensch – Gott: saturnalisches Entthronen der Götter), des Seins (lebendig – tot: Feier des sich fortzeugenden Lebens gegen den je individuellen Tod), des Modus (Zurückholen des durch das Spiel Repräsentierten in das Ereignis, die Präsenz des Spielens hier und jetzt z.B. im Aus-der-Rolle-Fallen der Spieler oder in potenzierten Spiel-im-Spiel-Strukturen; entsprechend Ins-Spiel-Bringen des Schauspieler-Körpers gegenüber den Zeichen, die er durch sein Spiel schafft). Im Sinne von Bachtin kann dies insgesamt als das „karnevalistische" Moment der K. gefaßt werden. Wesensmäßig widersetzt es sich der Feststellung im Begriff. Das zweite konstituierende Moment der K. besteht in den unabdingbaren Maßnahmen, diesem virtuell freigelassenen Dionysisch-Orgiastischen doch einen Halt in spezifischen Organisationsformen zu geben. Das geschieht institutionell durch Zuweisen eines begrenzten Spielraums (ein von der Alltagswirklichkeit ausgegrenzter Bereich) wie einer begrenzten Spielzeit (Saturnalien, Fastnachtspiel, K.-Spiel im antiken Athen als „Erholung", nachdem zuvor drei Tage lang Tragödien gespielt worden waren).

Halt wird dem dionysisch-orgiastischen Moment der K. ebenso literarisch-formal gegeben, durch Einbinden in die Gesetzlichkeit des Dramas. Damit ist gefordert, das virtuell alle Grenzen sprengende Spiel der K. in einer erkennbaren und bestimmbaren Handlung auszuprägen, das Mimesisgebot zu beachten, das Geschehen aus dem Miteinanderhandeln konsistenter Figuren und aus einer geformten (statt spontanen, ekstatischen) Rede zu entwickeln. Zum Wesen der Gattung K. gehört, daß das – formensprengende – dionysisch-karnevalistische Moment und das Moment der institutionellen wie literarisch-dramatischen Regulierung nicht sicher verbunden bzw. vermittelt sind. In jeder (gelungenen) K. wird die dramatische Zeichenordnung virtuell unterminiert vom Ereignishaften, Grenzensprengenden des dionysisch-karnevalistischen Moments, wie umgekehrt dieses in jener erst seinen Spiel-Ort erhält.

3. Die Abgrenzung der K. als zweite dramatische Hauptgattung gegenüber der ↗ Tragödie, die auf Aristoteles zurückgeht (wobei der K.-Teil seiner *Poetik* nicht erhalten ist; überliefert sind einige Äußerungen zur K. im Tragödienteil und in der *Rhetorik*), wird mit Blick auf die dargelegte Spannung zwischen diskursivem (dionysisch-karnevalistischem) Gehalt und materieller Form- bzw. Ordnungsforderung besonders sinnfällig. Stehen in der K. diese beiden Momente gegenläufig zueinander, so in der Tragödie parallel. Die Tragödie unterwirft als eine Todesmaschinerie den Körper mit seinen ordnungslosen Wünschen dem Gebot, Zeichen zu sein für die Sinnordnung, die sie – im Untergang des Helden – als überkommen und weiterhin gültig bestätigt oder als neue setzt. Diesem Vorgang auf der Handlungsebene entspricht der diskursive Gehalt, eine abgründige Selbst- und Welterfahrung, die sich verfügbaren Erklärungsmustern entzieht, streng kalkulierten, formierenden Gesetzen (wie sie z.B. Aristoteles' Katharsis-Theorie entwirft) zu unterwerfen. Demgegenüber macht sich in der K. der Körper mit seinem Lustanspruch, ebenso das latent A-Morphe und Chaotische des K.-Diskurses an der unterwerfenden Macht, den dargestellten wie literarischen und institutionellen Ordnungs- und Sinnsystemen, in einer Weise geltend, daß diese dazu gebracht werden, dem Raum zu geben, was sie ausschließen müssen. K. kann entsprechend nur angemessen erfaßt werden, wo dieser paradoxe Bezug von ausschließender Macht und Ausgeschlossenem im Blick ist. Daher kann sich K.-Interpretation nicht auf den Text beschränken – denn dieser hält nur das jeweils Darzustellende fest –, sie hat vielmehr das Spiel- bzw. Theatergeschehen stets mitzubeachten, sowohl jenes, das die K. setzt, als auch jenes, das ihr institutionell als Rahmen vorgegeben ist. Für diese Forderung spricht, daß sich die europäische K. in ihrer 2500jährigen Geschichte nicht primär durch thematische Umorientierungen oder literarische Innovationen immer wieder regeneriert hat, sondern durch neues Zur-Geltung-Bringen ihres theatralischen Geschehens. Dieses bewahrt offenbar unverwüstlicher ihr dionysisch-karnevalistisches Moment. Immer neu wird z.B. auf die „Parabase" („Übertretung") zurückgegriffen, das Herzstück der attischen K., das darin besteht, daß der Chor die Welt des Spiels durchbricht und sich direkt an den Zuschauer wendet. Reaktiviert wird dies in jeder Form des Heraustretens aus der Spielillusion, was jeweils die Gegenwart des Spielens hier und jetzt ins Bewußtsein ruft; in Nestroys Vorstadttheater erscheint dies z.B. im verbotenen, polizeilich verfolgten und gerade darum für das Publikum so attraktiven Extemporieren, ↗ Volksstück. Analog wurde die Commedia dell'arte mit ihrem Ausstellen des nicht bedeutenden, in akrobatischen Leistungen vielmehr sich präsentierenden Körpers der Schauspieler, ebenso in ihrer Unabhängigkeit gegenüber Textvorgaben immer wieder zum Fluchtpunkt und zum Reservoir der Wiedergewinnung ursprünglicher Komik.

Der paradoxe Bezug in jeder K. von entgrenzendem diskursiven Gehalt und materiellen Ordnungsforderungen, der die Herrschaft des Textes im Spielraum der K. in Frage stellt, hatte auch die Konsequenz, daß die K. über einen langen Zeitraum hinweg (von der Spätantike bis zur Neubesinnung auf die Gattung in der ↗ Renaissance und im ↗ Humanismus) zwar gepflegt, aber nicht als literarische ↗ Gattung tradiert worden ist, vielmehr als nach bestimmten Regeln zugelassene Veranstaltung, über die institutionell und nicht literarisch befunden wurde (Zulassung in den Saturnalien, als Fastnachtspiel, im Karneval, als Zwischenspiel in Tragödien).

4. Spielarten der K. wurden nach unterschiedlichsten Gesichtspunkten bestimmt, z.B. struktural: Typen-, Charakter-, Situations-, Intrigen-K. oder intentional: satirische (gesellschaftskritische), didaktische, Unterhaltungs-K. (Boulevard-K., Vaudeville) und ernste (Tragi)-K. Am angemessensten erfolgt eine Binnendifferenzierung nach der jeweils leitenden Komik, was zur Unterscheidung von drei Großgruppen führt. Komik der Herabsetzung, des Mißverhältnisses ist in verschiedener Abstufung bestimmend für die satirische K., die Farce, die Charakter-, Intrigen-, Situations-K., in der Regel auch für die reinen Unterhaltungs-K. Komik der Befreiung unterdrückter Kreatürlichkeit (bis hin zum Derben), der dionysischen Entgrenzung, groteske K. (die das Lustige ins Unheimliche umschlagen läßt),

sind bestimmend für Posse, ↗ Schwank, Burleske, ebenso für das Nonsense-Spiel oder die absurde K. Komik weltüberlegener Heiterkeit, humoristischen Anerkennens der Beschränktheit der Welt wie des Betrachters wurde im rührenden/weinerlichen und empfindsamen Lustspiel vorbereitet, vermag dann auch am ehesten „Lustpiel“ von K. zu unterscheiden (sofern die Begriffe nicht, wie es Regel ist, synonym gebraucht werden): Dem Lustspiel eignet dann eine gedämpftere Komik, Humor ist sein tragendes Element.

5. Die K.-Theorie der Antike (Aristoteles, Horaz) und der Renaissance (G. Trissino, J.C. Scaliger, L. Castelvetro) blieb rein poetologisch (in dieser Tradition steht noch Opitz): festgelegt wurden Figurenpersonal (niedrigere Charaktere als sie in der Wirklichkeit vorkommen: Aus dieser Äußerung des Aristoteles wurde in Fehlinterpretation die Ständeklausel entwickelt, wonach sich die K. auf sozial niedere Personen zu beschränken habe), Themen (das Lächerliche), Sprachformen (Horaz: der K. ist das Pathos des Tragödienverses versagt; also Festlegung auf einfache Verse oder Prosa, von den drei Genera dicendi auf das „genus humile“). Eine intensive theoretische Auseinandersetzung mit der K. wird in der dt. ↗ Aufklärung geführt. Die K. wird aufgewertet als Feld der Erziehung wie der Selbstverständigung des Bürgertums in seinem Autonomieanspruch; entsprechend erfolgt eine Festlegung auf didaktische Ziele (damit Favorisieren reiner Verlach-K.) und vor allem (massiv betrieben von Gottsched) ein Unterdrücken des gesamten dionysisch-karnevalistischen Bereichs der K. (manifest in der Vertreibung der Repräsentativgestalt für diesen Bereich, der komischen Figur, des Harlekin). Mit J. Möser, Lessing und J.M.R. Lenz wird dies enge K.-Verständnis überwunden. Mit Blick auf den göttergleichen Zustand, in den die K. den Menschen versetze (über allem frei schwebend, durch kein Gesetz gezwungen werdend), hat Schiller die K. über die Tragödie gesetzt, Hegel führt dies in bestimmter Weise fort, insofern er das ↗ Komische auf eine Subjektivität bezieht, die ihrer selbst so gewiß ist, daß sie die Auflösung ihrer Zwecke und Realisationen wohlgemut ertragen kann. Das romantische Konzept der „progressiven Universalpoesie“ (Fr. Schlegel) führte zu einer neuen Aufwertung des entgrenzend-dionysischen Moments der K. Eine geschichtsphilosophische Theorie der K. hat Karl Marx skizziert und damit das K.schaffen im proletarisch-revolutionären und sozialistischen Umfeld stark geprägt (K. als Verabschieden geschichtsphilosophisch schon überlebter Positionen und Gesellschaftsformationen, mithin eine Art mit Lachen betriebene Trauerarbeit). Eine andere geschichtsphilosophische Theorie gibt Hugo von Hofmannsthal: „Nach einem unglücklichen Krieg müssen Komödien geschrieben werden“, da diese frei machten gegenüber einer Welt, in der alle Werte hinfällig werden, jede Position durch eine andere ironisiert wird. Das wird neu bedacht und differenziert in Dürrenmatts Bemerkungen zur K., die in den bekannten Dikta gipfeln: „Uns kommt nur noch die Komödie bei“, und: „Die schlimmstmögliche Wendung, die eine Geschichte nehmen kann, ist die Wendung in die Komödie“. Zu beachten ist der Doppelsinn dieser Sätze: in einer chaotischen, undurchschaubaren, sinnverweigernden Welt, als die die Jetztzeit gedeutet wird, macht sich Handeln, das Sinn setzen will, nur lächerlich. Das gilt für die dargestellte Welt. Diskursiv aber besagt dies, daß alle Versuche, durch Spielen von Sinn in sinnloser Welt diese doch noch zu transzendieren, scheitern, von K. i.S. von „etwas vormachen“ eingeholt werden. Mit dem Ausarbeiten der Kategorie des „Karnevalistischen“ durch Bachtin hat die theoretische Begründung der dionysischen Komponente der K. neuen Auftrieb erhalten, eine Konsequenz ist die Forderung, K. als theatralisches Geschehen, d.h. als gerade nicht eingrenzbar auf die Textvorgabe, aufzufassen (Greiner).

6. Die Entwicklung der europäischen K. speist sich im wesentlichen aus vier Quellen: a. die antike K., die sich auffächert in die „ältere attische K.“ (5.-4. Jh. v Chr.) als Bestandteil der Dionysien; ihr Hauptvertreter ist Aristophanes, dessen K. das dionysisch-orgiastische Moment breit ausspielen, weiter sich auszeichnen durch eine Dramaturgie des phantastischen Einfalls, durch Maskenspiel und Phalloskostüm, durch aggressive ↗ Satire; die „neue attische K.“ (3.-2. Jh. v. Chr., Menander) nimmt das orgiastische Moment zurück, das Spiel auf der Bühne wird in sich geschlossener, verschlungener, allegorischer, weniger aggressiv, die Thematik zielt mehr auf Allgemein-Menschliches. Die neue attische K. wurde nach Form, Stil, Themen (bei Verstärken wieder der satirischen Komponente) bestimmend für die römische K. (Plautus, Terenz), die für lange Zeit die abendländische Entwicklung der K. bestimmt hat.

b. Die K. Shakespeares gewinnt die gesamte Bandbreite der Gattung zurück, die Intellektualität der Verlach-K. wie das dionysisch-karnevalistische Moment der K. Zwei „Grenzfiguren“ geben der K. den Spielraum: der Melancholiker und der Narr. Der Melancholiker deutet alles als Spiel, Verstellung, Verschleierung, beharrt auf absoluter Differenz zum „Wahren“; der Narr macht alles zu Spiel, er ebnet ein, hebt Differenz auf bzw. setzt sich ihr nicht aus.

c. Die Commedia dell'arte (entwickelt in der ital. Renaissance und wirksam in ganz Europa bis ins

18. Jh.) ist die wohl radikalste und produktivste Neuaneignung des dionysisch-orgiastischen Moments der K., die die Neuzeit ausgebildet hat: Als Stegreifspiel mit festem Figurenpersonal bricht sie die Herrschaft des Textes, damit des Bedeutungsgebots auf dem ↗ Theater auf, akzentuiert sie Theater als Ereignis hier und jetzt in der Wirklichkeit des Zuschauers. Sie entlastet von den Ansprüchen der Kultur durch ihre Verweigerungen: von Individualisierung (durch ihre Typen und Masken), der Akkumulation von Erfahrung (durch Orientierung am reinen Hier und Jetzt des augenblicklichen Vorgangs), des Sinnanspruchs (durch Desinteresse am Aufbau einer schlüssigen Welt und Handlung); so erhalten die Spieler in ihrer körperlichen Präsenz Eigenraum gegenüber dem bedeuteten Spiel. Und nicht zuletzt bietet sie Identifikation mit dem „Ungeziemenden" an, dem Grobianischen, „Niederen", Häßlichen.

d. Molières K. steht an einem Übergang: Sie bewahrt Züge der Commedia dell'arte auf dem Weg zur Charakter- und Verlach-K. Neu gewinnt Molière der Gattung das Verfahren, die Komik diskursiv und nur noch vordergründig gegenständlich zu verankern. Die Komik seiner Stücke hat ihren Ort wohl in den unmittelbar in die Augen springenden Konstellationen des Verlachens, wesentlich aber in der diskursiven Struktur, daß die jeweils ausschließende Macht (seien dies die extremen Forderungen des herausgehobenen einzelnen, seien es die der Geselligkeit) stets als verwiesen auf das gezeigt wird, was sie ausschließt. In dieser Balance gelingt der K. der stellvertretende Vollzug des Ideals geselliger Verwirklichung ethischer Forderungen.

Die K. der Neuzeit hat bis ins 18. Jh. eine antibürgerliche Komponente. Überwiegend bürgerliche Wertvorstellungen, Forderungen, Machtpositionen, Artikulationsformen werden zur Debatte gestellt, bezweifelt, verlacht. Da in Deutschland der Bezugspunkt dieses Diskurses, ein sozial erstarkendes, an Einfluß gewinnendes Bürgertum, lange nicht gegeben war, blieben die genannten „Quellen" der europäischen K. entsprechend ohne Einfluß, setzt das breiter werdende Interesse an der Gattung im 18. Jh. mit der erläuterten Strategie ein, die K. zum Medium bürgerlicher Erziehung und Selbstverständigung zu bilden. Erst mit Lessings Überwindung der reinen Verlach-K., sodann mit Tiecks K. potenzierter Spiel-im-Spiel-Strukturen und vor allem mit den K. Kleists, die der Gattung das Ereignishafte des Theatergeschehens, zugleich die Orientierung auf einen „Fluchtpunkt" radikaler Entgrenzung zugewinnen, ist der Anschluß an die gesamteuropäische Entwicklung der Gattung erreicht.

Bernhard Greiner

Lit.: E. Catholy: Das dt. Lustspiel. 2 Bde., 1982. – B. Greiner: Die K., 1992. – W. Hinck: Das dt. Lustspiel des 17. und 18. Jh. und die ital. K., 1965. – H. Mainusch (Hg.): Europäische K., 1990.

Komparatistik

1. K., („comparative literature", „littérature comparée"), im dt. Sprachraum zumeist als „Vergleichende Literaturwissenschaft" bezeichnet, hat literaturwissenschaftliche Fragestellungen zum Gegenstand, die in doppelter Weise grenzüberschreitend sind – zum einen bezogen auf Sprach- und Nationengrenzen, zum anderen im Hinblick auf die Grenzziehungen zwischen der Literatur einerseits und den Künsten bzw. den Natur- und Geisteswissenschaften andererseits. So kann K. definiert werden als eine Wissenschaft, die sich mit Literatur über die Grenzen eines Landes hinaus sowie mit jenen Beziehungen beschäftigt, die zwischen der Literatur und anderen kulturellen Phänomen wie z.B. den Künsten auf der einen, den Wissenschaften auf der anderen Seite bestehen.

2. Die speziellen Aufgabenbereiche der K. leiten sich aus der historisch gesicherten Erkenntnis ab, daß die Wirkung von Literatur an den Grenzen der Sprachen, Nationen und Disziplinen nicht haltmacht und daß die Spezifik des Literarischen im Zusammenwirken mit anderen kulturellen Phänomenen besonders deutlich hervortritt. Internationale Literaturbeziehungen sind Gegenstand der Einfluß-, Wirkungs- oder Rezeptionsforschung, die in Frankreich lange Zeit insbesondere unter dem Aspekt der „rapports de fait" betrieben wurde (Baldensperger, Van Tieghem, Guyard). Die Wirkung von Literatur über Sprach- und Nationengrenzen hinaus betrifft auch das traditionelle Gebiet der Stoff-, Themen- und Motivforschung (↗ Thematologie), das teilweise auch die anderen Künste bzw. die Ethnologie, Geistes- und Mentalitätsgeschichte (Trousson) tangiert. In einem Grenzbereich zwischen Literatur-, Geistes- und Sozialgeschichte ist die komparatistische Imagologie situiert; als „image"/„mirage"-Forschung (J.-M. Carré) hat sie das Eigen- und Fremdbild der Nationen zum Gegenstand (D.-H. Pageaux in Frankreich, H. Dyserinck in Deutschland). Die Beschäftigung mit Übersetzungen als Mittel des Literatur- und Kulturtransfers gehört, eher unter kulturgeschichtlichem als unter im engeren Sinne linguistischem Aspekt, ebenfalls zu den Aufgabenbereichen der K. Zumeist der Allgemeinen Literaturwissenschaft zugerechnet, wobei sich die

genaue Abgrenzung zur Vergleichenden Literaturwissenschaft schwierig gestaltet, umfaßt das Gebiet der K. auch Problemstellungen der Gattungsgeschichte und -typologie sowie Fragen der Epochenbestimmung und -abgrenzung. All diese Aufgabenbereiche lassen sich als ein Bündel von literaturwissenschaftlichen Problemstellungen betrachten, die zu ihrer Lösung der vergleichenden Perspektive bedürfen.

3. Insbesondere Themen- und Motivforschung sowie Epochen- und Periodisierungsfragen bilden die Nahtstellen zwischen der Literatur und den Künsten bzw. Wissenschaften. Über seine „innerliterarische" Aufgabenstellung hinaus, die lange Zeit von der frz. Schule als die eigentliche und einzige Domäne der K. aufgefaßt wurde, öffnet sich das Fach zunehmend dem Dialog der Literatur mit den anderen Künsten sowie mit den ↗ Medien; dieser Impuls ging von der amerik. Schule (vor allem von Bloomington, wo Remak und Weisstein lehrten) aus und erfaßt in neuerer Zeit auch die frz. K. Handelt es sich bei den intermedialen Beziehungen der Literatur – unter Beachtung der jeweiligen Unterschiede der „medialen" Vermittlung – um innerkünstlerische Bezüge, stellt das neueste Gebiet der K., der Vergleich zwischen der Literatur und den Wissenschaften, literarische Texte in außerästhetische, soziokulturelle Kontexte. Die Beziehungen zwischen Literatur, Theologie, Philosophie, Psychologie, Medizin, Soziologie usw. bilden im Rahmen der K. – gegenüber der innerliterarischen und der innerästhetischen – eine innerdiskursive Ebene: Der Vergleich zwischen Literatur und Wissenschaften hat nicht nur thematische und konzeptionelle Analogien zum Inhalt, sondern die Vergleichbarkeit basiert hier auf der „diskursiven Verfaßtheit" von Literatur und Wissenschaften gleichermaßen; beide Vergleichsglieder übernehmen, variieren und erarbeiten Diskursformen und -modelle. In einer Zeit immer engerer internationaler Verbindungen, aber auch immer größerer Spezialisierungen der akademischen Fächer, kann die K. dazu beitragen, die Bedeutung der Literatur in kulturellen Kontexten zu unterstreichen.

4. Trotz dieser vielschichtigen Aufgabenbereiche versteht sich die K. nicht gegenüber den Einzel- oder „National"-Philologien als eine Hyper-Philologie, zumal deshalb nicht, weil sie selbst keine textkritisch-editorische Arbeit leistet und somit auf dem Fundament ihrer Forschungen, der Textinterpretation, von den anderen Philologien profitiert. Dies gilt auch für Forschungsergebnisse, einzelne Autoren, Werke, Epochen usw., die vielfach für die K. den Ausgangspunkt ihrer Arbeit markieren.

5. Die K. hat sich (als „littérature comparée" eigentlich: „verglichene Literatur") schon in der Nomenklatur dem Vergleichen verschrieben und damit einer traditionellen heuristischen Methode. Gemeinsamkeiten und Unterschiede zwischen den Phänomenen zu finden, zu allgemeinen Regeln und Gesetzmäßigkeiten vorzudringen ist, nicht nur in der K., Ziel und Aufgabe des Vergleichens. Die Komplexität literarischer Werke macht die Unterscheidung verschiedener Vergleichsebenen notwendig, die z.B. Thematik, Stilistik, Metaphorik, Technik des Diskurses, Konzeptualisierung („Gehalt") betreffen. Die Beziehungen zwischen den verglichenen bzw. zu vergleichenden Autoren und Werken, Schulen und Epochen können grundsätzlich von zweierlei Art sein: zum einen bestehen nachweisbare historische Einflüsse, Wirkungen, Bezugnahmen („Kontakte"); zum anderen basiert die im Vergleich sich darstellende Verwandtschaft nur auf der Analogie von kulturellen Rahmenbedingungen. Deshalb unterscheidet man zwischen genetischen und typologischen Relationen bzw. Vergleichen (Durisin). Liegt im Falle von inter- und supranationalen Literaturvergleichen die Vergleichbarkeit im Gegenstand selbst, seiner „Literarität", erfordert der Vergleich zwischen der Literatur und den Künsten („comparative arts") bzw. Wissenschaften andere methodische Vorgehensweisen. ↗ Strukturalismus, ↗ Semiotik und Diskurstheorie geben hierbei dem Vergleichen ein theoretisches Fundament, das auch für den Literaturvergleich im engeren Sinne nutzbar gemacht werden kann. Wenn das Fach von einer allgemein akzeptierten Theorie des Vergleichens noch weit entfernt ist, mag sich dieser methodologische Makel auch daraus erklären, daß der Vergleich zwar den Anfang komparatistischer Literaturbetrachtung bildet, kaum aber den Schlußpunkt zu setzen vermag. Die weite Perspektivik des Faches erfordert vielmehr die Synopsis der Phänomene, so daß der Vergleich eher eine pragmatische Ausgangsbasis als die Realisation einer Zielvorstellung ist. Auch insofern gilt die streitbare Formel von René Etiemble: „Comparaison n'est pas raison."

6. Die im 19. Jh. sich vollziehende Etablierung der neueren Philologien als Nationalphilologien, zugleich der historische „Grund" für die Herausbildung der K., ließ die inter- und übernationalen Aspekte der ↗ Literaturgeschichte in den Hintergrund treten; auch Einsichten in den Charakter des Literarischen sowie die Reflexion der Literatur als eines kulturellen Phänomens jenseits nationaler Unterschiede wurden durch die Beschränkung auf nationalliterarische Gesichtspunkte eher erschwert. Die langwierige und komplizierte Entstehungsgeschichte der K. ist vor dem Hintergrund der Nationalphilologien und des weiteren auch im Zusammenhang mit der

Herausbildung der Nationalstaaten im 19. Jh. zu sehen.

Bereits vor der Etablierung der K. als akademische Disziplin gab es erste Ansätze zu einer vergleichenden Literaturbetrachtung. Hierzu zählt die *Querelle des Anciens et des Modernes* (1687-1716), da hier erstmals ein Bewußtsein von kulturellen Unterschieden und von der jeweiligen Besonderheit der neueren Literaturen im Vergleich mit der Antike entstand. Vergleichende Literaturbetrachtung, wie sie z.B. durch Voltaire (*Essai sur la poésie épique*, 1727), Lessing (*Briefe, die neueste Literatur betreffend*, 1759-1765) oder John Andrew (*Comparative view of the French, and English nations in their manners, politics, and literature*, 1785) repräsentiert wird, hatte die K. vorbereitet und den internationalen Vergleich als Mittel der Literaturgeschichtsschreibung ins Bewußtsein gehoben; sie ist jedoch von der Fachgeschichte im engeren Sinne zu unterscheiden. Dies gilt auch für die im Rahmen des Faches K. kanonisch gewordenen Schriften wie z.B. A.W. Schlegels frz. geschriebener Vergleich (1807) der *Phädra* von Euripides und Racine oder dessen *Vorlesungen über dramatische Kunst und Literatur* (1808), Mme de Staëls *De l'Allemagne* (1810), Stendhals *Racine et Shakespeare* (1822), Friedrich Bouterweks *Geschichte der Poesie und Beredsamkeit seit dem Ende des 13. Jh.* (1801-1819). Als Beginn der K. im akademisch-programmatischen Sinne gelten die Vorlesungen von Abel François Villemain an der Sorbonne (*Examen de l'influence exercée par les écrivains français du XVIIIe siècle sur les littératures étrangères*, 1827/28) sowie die von Jean-Jacques Ampère an der Ecole Normale Supérieure (seit 1830), dann ab 1833 am Collège de France durchgeführten Veranstaltungen zur vergleichenden Literaturgeschichte. Das erste Fachorgan erschien, ediert von Hugó Meltzl de Lomnitz, 1877 im damals ungarischen Klausenburg (*Zeitschrift für vergleichende Literatur*, ab 1879 *Acta Comparationis Litterarum Universarum*); die Zeitschrift stellte, wohl unter dem Konkurrenzdruck der *Zeitschrift für Vergleichende Literaturgeschichte* (1887-1910, herausgegeben von Max Koch), 1888 ihr Erscheinen ein.

7. Es dauerte noch mehrere Jahrzehnte, bis nach den programmatischen Anfängen des Faches in Frankreich die ersten Lehrstühle für K. eingerichtet wurden: in Neapel 1861, in Harvard 1890, Zürich 1896, Lyon 1897 – dieser Lehrstuhl, den zuerst Joseph Texte, dann Fernand Baldensperger innehatte, markiert den Anfang der frz. Universitäts-K. –, schließlich 1910 an der Sorbonne (Paris). In Deutschland begann die Geschichte der K. als akademischer Disziplin 1946 mit der Einrichtung der Mainzer Professur durch die frz. Besatzungsmacht. 1954 wurde die „International Comparative Literature Association" in Oxford gegründet, die seit 1955 im Drei-Jahres-Zyklus Kongresse veranstaltet, deren Akten publiziert werden. 1969 erfolgte die Gründung der „Deutschen Gesellschaft für Allgemeine und Vergleichende Literaturwissenschaft", die ebenfalls alle drei Jahre Tagungen veranstaltet. Zu den wichtigsten Fachorganen gehören die *Revue de Littérature Comparée* (Paris, seit 1921), *Comparative Literature* (University of Oregon, seit 1949), *Comparative Literature Studies* (University of Illinois, seit 1964), *Yearbook of Comparative and General Literature* (Indiana University, seit 1952), *arcadia* (Bonn, später Tübingen, seit 1966), *Neohelicon* (Budapest, seit 1973), *Rivista di letterature moderne e comparate* (Florenz, seit 1949).

8. Gegenüber den Anfängen des Faches und den Gründen seiner Entstehung ergeben sich aus den historischen Entwicklungen sowohl innerhalb der Wissenschaften als auch global für die K. vielfach neue Aufgaben. Hatte Baldensperger 1921 der K. die Vorbereitung eines „neuen Humanismus" angetragen, steht das Fach heute, im Zeitalter immer engerer internationaler Beziehungen und immer größerer kultureller Vielfalt, vor ungekannten Herausforderungen. Sah Manfred Gsteiger 1967 eine der Aufgaben der K. darin, den Nationalliteraturen eine Super-Struktur zu verleihen und die Gemeinsamkeiten aller Literaturen zu eruieren, scheint heute eine ausschließlich auf die Literatur ausgerichtete K. kaum in der Lage, im Rahmen eines Dialogs der Kulturen ihre Stimme vernehmlich zu machen. Schon 1963 hatte René Etiemble die Beschränkung auf einen europäischen oder zumindest eurozentrischen Literaturkanon scharf kritisiert, und die aktuelle Multikulturalität rückt das Fach, zumal in den USA, in größere Nähe zu den „Cultural Studies" als zur ↗ Literaturwissenschaft im engeren Sinne. Es ist nicht zu bestreiten, daß Literatur und Kultur keine einander ausschließenden Größen sind, sondern daß im Gegenteil die „litterae" in diversen kulturellen Kontexten stehen; gleichwohl bewahrt die Literatur, auch wenn sie als kulturelle Praxis verstanden wird, einen spezifischen Charakter, der insbesondere durch den Vergleich – literaturintern, aber ebenso zwischen der Literatur und anderen Formen der Kultur – zutage tritt: Am Studium der Texte führt auch in der K. kein Weg vorbei.

Angelika Corbineau-Hoffmann

Lit.: C. Bernheimer (Hg.): Comparative literature in the age of multiculturalism, 1995. – H. Dyserinck: K., ³1991. – Z. Konstantinovic: Vergleichende Literaturwissenschaft, 1988. – U. Weisstein: Einführung in die Vergleichende Literaturwissenschaft, 1968.

Konkrete Poesie

1. K.P., auch Konkrete Dichtung, erhielt ihre Bezeichnung zu Beginn der 1950er Jahre (damals auch synonym oder geringfügig variierend: experimentelle, materiale, abstrakte, absolute Literatur bzw. Poesie). Sie ist eine inzwischen weitgehend abgeschlossene internationale nichtmimetische Sprachkunstform, die von den materialen Eigenschaften der Sprache ausgeht, d.h. von der verbalen, vokalen und visuellen Materialität des Wortes. So entstanden auch Bezeichnungen wie Visuelle Poesie (synonym zur K.P.), Akustische Poesie (im Unterschied zur Visuellen Poesie) und Skripturale Malerei (im Unterschied zur Schriftkunst,Typographie): „es handelt sich um eine poesie, die weder den semantischen noch den ästhetischen sinn ihrer elemente, etwa der wörter, durch die übliche bildung linear und grammatisch geordneter kontexte erzeugt, sondern dabei auf visuelle und flächige konnexe reflektiert. nicht das nacheinander der wörter im bewußtsein ist also das ursprüngliche konstruktive prinzip dieser art von poesie, sondern ihr miteinander in der wahrnehmung. das wort wird nicht in erster linie als intentionaler bedeutungsträger verwendet, sondern mindestens darüber hinaus auch als materiales gestaltungselement, aber so, daß bedeutung und gestaltung einander wechselseitig bedingen und ausdrücken“ (Max Bense in: *rot* 21/5, 1965).

2. Der Begriff der K.P. taucht zunächst 1953 in dem Manifest *Hätila Ragulpr Pa Fatskliaben. Manifest för konkret poesie* des Schweden Öyvind Fahlström auf. 1953 erschienen aber auch die *konstellationen* von Eugen Gomringer in Bern, denen 1954 das Manifest *Vom Vers zur Konstellation* (*Augenblick* 2, 1955) folgte. In diesem Manifest definiert und beschreibt Gomringer K.P. ohne den Terminus zu verwenden. Der Begriff wurde geprägt, "als sich pignatari, als vertreter der brasilianischen gruppe 'noigandres', und gomringer im jahr 1955 an der ulmer hochschule für gestaltung trafen und sich einigten, ihre parallelen experimente aufgrund ästhetischer verwandtschaft und geistiger verpflichtung gegenüber den theoretikern, malern und bildhauern der konkreten kunst ebenfalls als konkret zu bezeichnen“ (Eugen Gomringer in: *Konkrete Poesie*, 1972).

Gomringers Nähe zur Konkreten Kunst ergab sich aus der Verbindung zu den Schweizer Konstruktivisten, insbesondere zu Max Bill, dessen Sekretär er 1954 bis 1958 in Ulm war. Bill, angeregt durch das Manifest *Base de la peinture concrète* (in: *Art Concret*. Paris, Januar 1930) Theo van Doesburgs, hatte sich bereits seit 1936 (*konkrete gestaltung* in: *Zeitprobleme in der Schweizer Malerei und Plastik*, 1936) der Konkreten Kunst verpflichtet. Die Noigandres-Gruppe mit den Hauptvertretern Decio Pignatari, Augusto und Haraldo de Campos formierte sich schon 1952 (*Antologia Noigandres* 1, 1952), publizierte ihr Manifest aber erst nach der Begegnung mit Gomringer (*plano-pilóto para poesia concreta*, in: *Noigandres* 4, 1958).

3. In diesem Manifest werden auch Vorläufer benannt, die in Programmatik und künstlerischer Praxis der K.P. nahekamen. Neben dem Essay von Ernest Francisco Fenollosa *The Chinese Written Character as a Medium for Poetry* (The *Little Review* 6, 1919), in dem die früheste Erwähnung des Begriffs „concrete poetry“ zu finden ist und dem besonders Gomringer große Bedeutung zumißt, sind vor allem Stéphane Mallarmé mit seinem 1897 erschienenen Gedicht *Un Coupe de Dés*, Guillaume Apollinaires *Calligrammes* sowie die Futuristen und Dadaisten aufgeführt. Dabei müssen zu dem *Technischen Manifest der futuristischen Literatur* (11.5. 1912) von Filippo Tommaso Marinetti die fast zur gleichen Zeit verfaßten Manifeste des russischen Futurismus 1912/13 von Velimir Chlebnikov und Aleksej Eliseevic Krucenych, insbesondere *Slovo kak takovoe (Das Wort als solches*, 1913), ebenso erwähnt werden wie der Beitrag von Kurt Schwitters, *Konsequente Dichtung* (*G. Zeitschrift für elementare Gestaltung* 1/3, Berlin 1924) oder die Texte zur Literatur in van Doesburgs *De Stijl* (bes. im 7. Jahrgang 1926-28).

4. Sowohl bei den Vorläufern als auch bei den eigentlichen Vertretern der K.P. ist als wichtiges Merkmal hervorzuheben, daß die Künstler immer auch zugleich Theoretiker in eigener Sache waren und umgekehrt, wie z.B. Max Bense oder Reinhard Döhl, die 1964 eine Art Formenkatalog der Konkreten Poesie verfaßten (*Manuskripte* 13, 1965). Dieser Formenkatalog wurde von Gomringer später ergänzt und präzisiert. Als gebräuchlichste Formen der K.P. nennt er Ideogramm und Konstellation (z.B. Gomringer), Dialektgedicht (z.B. Wiener Gruppe), Palindrom (z.B. André Thomkins), Typogramm (z.B. Franz Mon), Piktogramm (z.B. Claus Bremer), Raumgedicht (z.B. Pierre Garnier, der für diese Art der K.P. auch den Begriff „spatialisme“ prägte).

Allen theoretischen Äußerungen und künstlerischen Ausformungen gemeinsam sind die „parole in libertà“ (Marinetti), die Befreiung des Wortes von den Zwängen der Metapher und der Syntax, vom Satzspiegel und von der typographischen Normung, von Lese-, Hör- und Sprechgewohnheiten, das Bekenntnis zum Sprachspiel und der Versuch, mit einem neuen Sprachbewußtsein gegen den Sprachverschleiß zu bestehen. Diese

Position fordert zugleich auch eine veränderte Rezeptionshaltung und setzt Aktivität und Produktivität beim Betrachter/Leser der K.P. voraus.

5. Obwohl die ↗ Literaturwissenschaft Arbeiten der K.P. im engeren Sinne erst mit dem 1944 in Mailand veröffentlichten Gedichtband *testi poemi murali* von Carlo Belloli anerkennt, besitzt der freie Umgang mit dem Wort eine lange Tradition. Dazu zählen die Dadaisten Hugo Ball und Hans Arp (↗ Dadaismus) ebenso wie Arno Holz und Christian Morgenstern oder die mittelalterliche Wortalgebra, auf die Bense mehrfach hinwies. Insbesondere Visualisierungen von Texten, beginnend bei den griechischen Zauberpapyri, den frühen Figurengedichten der griechischen Bukolik, über die lat. Gittergedichte des Porphyrios, die Varianten der karolingischen Renaissance, die barocken Textfiguren bis hin zum freien Textbild der Jahrhundertwende und den Experimenten des 20. Jh. werden oft für diese Traditionslinie herangezogen. Sie dürften aber vor allem für die Entwicklung der Visuellen Poesie wichtig sein, die auch als eine Art Fortentwicklung aus der K.P. verstanden werden kann (K.P. Dencker: *Text-Bilder. Visuelle Poesie international*, 1972). Denn Visuelle Poesie im späteren, mit Konkreter Poesie nicht synonymen Gebrauch, ist die wechselseitige Beziehung von bildender Kunst und Literatur, von Bild und Text, von figurativen und semantischen Elementen, die Verbindung beider Kunstformen in einem intermedialen Raum, die sensible Reaktion auf Mitteilungen der Umwelt jedweder Form, das Sammelbecken für wichtige Erkenntnisse aus Collage, Concept-Art, Konkreter Kunst, verschiedener Varianten von Realismusvorstellungen, Spurensicherungen und allen denkbaren Spielarten logischer Sprachführung. Visuelle Poesie ist neben dem kalkulierten Spiel, dem gegen die Tradition gerichteten Experiment und dem mit ihren Erfahrungen entwickelten künstlerischen Entwurf, neue Sensibilisationsprozesse einzuleiten, auch Spiegel und Antwort auf die Entwicklung der Medienlandschaft, auf die im 20. Jh. besonders starke wechselseitige Befruchtung und Durchdringung der Künste. Nach den traditionellen ↗ Medien bieten die gegenwärtigen ein unerschöpfliches Reservoir für die Weiterentwicklung der Visuellen Poesie und die Qualität ihrer ↗ Rezeption. Diese Weiterentwicklung der Visuellen Poesie hat sich auch früh in den einzelnen Gruppen der K.P. gezeigt: in der „Wiener Gruppe“, bei den französischen Lettristen, in Italien mit der „Poesia Visiva“, in Jugoslawien mit dem „Signalismus“, in der japanischen „Vou“-Gruppe oder in den USA.

Während die Poeten der Visuellen Poesie unter dem Einfluß der elektronischen Medien zu immer neuen Ausdrucksformen finden, sind die Poeten der klassischen K.P. wie Gomringer und Heinz Gappmayr, nicht mehr gefolgt, z.T. haben sie später literarisch andere Wege beschritten wie Ernst Jandl oder Helmut Heißenbüttel.

Klaus Peter Dencker

Lit.: E. Gomringer (Hg.): Visuelle Poesie, 1996. – W. Haas: Sprachtheoretische Grundlagen der K.P., 1990. – Th. Kopfermann (Hg.): Theoretische Positionen zur K.P, 1974. – Texttheorie und Konkrete Dichtung. In: Sprache im technischen Zeitalter, 15. Sonderheft, 1965. – Ch. Weiss: Seh-Texte. Zur Erweiterung des Textbegriffes in konkreten und nach-konkreten visuellen Texten, 1984.

Kreuzzugsdichtung

1. Als K. lassen sich all jene Texte zusammenfassen, die in irgendeiner Form den religiös motivierten Kampf gegen Andersgläubige zum Thema haben. Enger gefaßt meint der Begriff diejenigen literarischen Texte, die im 12. bis 14. Jh. im Kontext der Kämpfe um Palästina, das „Heilige Land“, entstanden sind.

2. Die Rechtfertigung dieser Kriege, „bewaffneter Wallfahrten“ (H.E. Mayer), lieferte Augustinus (5. Jh.) mit seiner Theorie des „bellum iustum“, des gerechten Krieges gegen die Feinde des Christentums. 1095 rief Papst Urban II. in Clermont alle Christen zur Befreiung Jerusalems von den Heiden auf; das Echo war überwältigend: „Deus lo vult“ – „Gott will es“. 1099 wurde das Königreich Jerusalem errichtet (Gottfried von Bouillon), sechs weitere Kreuzzüge zur Stabilisierung bzw. Rückgewinnung der Macht folgten, mit wechselndem Kriegsglück; 1291 fiel Akkon, der letzte Stützpunkt der Kreuzfahrer in Palästina.

3. Vor allen politischen Gegebenheiten basierte die Kreuzzugsidee auf einer Umakzentuierung des Christusverständnisses, die sich schon seit dem 10. Jh. anbahnte: Vom „Christus gloriosus“, dem verherrlichten Christus, wandte man sich dem „Christus patiens“ zu, dem leidenden Christus, sah nicht mehr den erhöhten Gott, sondern den Menschen; aus diesem Grund erhielt das Land, „dâ got mennischlîchen trat“ – „wo Gott als Mensch auftrat“ (Walther von der Vogelweide: *Palästinalied*), entscheidende Bedeutung. Die kirchliche Propaganda entfaltete drei Grundgedanken: Die Heiden sind als Andersgläubige Feinde Gottes; Gott hat die Menschen erlöst, daher muß man ihm nun im hl. Land zu Hilfe kommen; Lohn dieser Hilfe ist das ewige Leben.

4. Schon früh fand die Kreuzzugsidee Niederschlag in der Literatur. Neben epischen Texten (*Rolandslied* des Pfaffen Konrad, um 1170; *Graf Rudolf*, 1170-1200), auch solchen, die Palästina lediglich als Handlungsraum nutzen (*Herzog Ernst* um 1170; *König Rother*, 1150/60), und neben Chroniken (*Kaiserchronik*, um 1150; *Livländische Reimchronik*, Ende 13. Jh.) wird die Kreuzzugsthematik vor allem seit dem 3. Kreuzzug (1187-92) zu einem zentralen Thema lyrischer Texte (↗ Minnesang). Zahlreiche dieser Kreuzlieder (den Begriff „kriuzliet" verwendet Reimar der Videler im 13. Jh.) sind geistesgeschichtlich ausgesprochen modern und in die Zukunft weisend. Im Vordergrund steht nicht die Propaganda, sondern es werden subjektiv-individuelle Standpunkte dargelegt, um die Position des einzelnen im Beziehungsnetz von Du (Frau), Gesellschaft und Gott unter dem Anspruch des Kreuzzugs zu klären. Folgende Typen lassen sich unterscheiden:

a. Entscheidungslieder: Der Kreuzzugsaufruf wird als Forderung wahrgenommen, die mit der Liebe zur Frau konkurriert; das lyrische Ich reflektiert das Dilemma einander ausschließender Verpflichtungen: Beides, die Liebe zu Gott und zur Frau, verlangt den ganzen Menschen. Von daher kommt es – zum ersten Mal in der dt. Literatur – zur Konstatierung einer Spaltung der Persönlichkeit: „Mîn herze und mîn lîp diu wellent scheiden" – „Mein Herz und mein Körper wollen sich trennen" (Friedrich von Hausen, 1188/89). In der Regel wird der Kreuzzug – der Propaganda entsprechend – vom Mann als absolute Forderung verstanden, während es die Aufgabe der Frau ist, sich mit der Entscheidung des Mannes abzufinden, andernfalls kann sie ohne weiteres „abserviert" werden. Mitunter wird der Frau für ihr Gebet für den Ritter der halbe Lohn seiner Fahrt versprochen („sî bete vür siu beidiu hie, sô vert er vür siu beidiu dort" – „sie bete hier für sie beide, er zieht für sie beide dorthin"; Hartmann von Aue, Ende 12. Jh.). Höchst eindringlich ist die unlösbare Situation des Ich in einem Lied Albrechts von Johansdorf gefaßt (*Die hinnen varn die sagen dur got*, 1188/89), das mit zwei scharfen Propagandastrophen beginnt, während sich in der letzten Strophe das lyrische Ich zu Wort meldet und bekennt, daß es von der Liebe zur Frau nicht lassen kann; es bleibt, in einem offenen Schluß, die unmittelbare Hinwendung zu Gott, ohne Vermittlung der Kreuzzugskirche.

b. Bekenntnislieder: Diese Lieder enthalten häufig propagandistische Elemente, die sich jedoch nicht aus der kirchlichen Propaganda ergeben, sondern aus individueller Einsicht; im Zentrum steht die Beziehung zwischen Individuum und Gott, vor der die Frauenminne keinen Bestand hat; der Kreuzzug wird als persönliche Chance zur Gewinnung des ewigen Heils verstanden. Das kann zur Folge haben, daß die Welt – und damit die Frau – abgewertet wird (Heinrich von Rugge: *Leich*, 1190), doch zielt Hartmanns von Aue Vorwurf an die Minnesänger („ir ringent umbe liep, daz iuwer niht enwil" – „ihr kämpft um etwas Freudvolles, das euch nicht will") nicht gegen die Frauenminne, sondern gegen den Minnesang als gesellschaftliche Institution. Kompromißlos gilt Walthers *Palästinalied* ebenso wie seine sog. *Elegie* (beide um 1227/28) dem ewigen Heil.

c. Politische Lieder: Der geschichtliche Aspekt rückt in den politischen Liedern (Sprüchen, ↗ Sangspruch/Reimspruch) ins Zentrum, bei Walther eingebunden in die Auseinandersetzung zwischen Kaiser und Papst (Imperium und Sacerdotium), mit massiven Vorwürfen an die Kirche: sie beute das dt. Volk aus, stecke das für den Kreuzzug gesammelte Geld in die eigene Tasche (*Unmutston*, 1213); der Kaiser, nicht der Papst, sei der von Gott bestimmte Führer des Kreuzzugs (*Ottenton*, 1212). Freidanks *Akkonsprüche* (1228/29) spiegeln ernüchtert realistisch die Situation in Palästina, wo über die Glaubensgrenzen hinweg viele Christen mittlerweile gemeinsame Sache mit den Moslems machten. Die Kreuzzugsidee ist verblaßt. Die Verdammung der Heiden als Feinde Gottes weicht den Erfordernissen des Alltags in der Fremde, sie werden als Handelspartner akzeptiert, ↗ Politische Dichtung.

d. Kreuzzugskritische Lieder: Zunehmend machte sich Resignation bemerkbar, genährt auch durch die Erfahrungen im Krieg: „daz her ist mer dan halbez mort" – „mehr als die Hälfte des Heeres ist tot" stellt Neidhart fest (um 1220) und fordert die Rückkehr in die Heimat, da nur ein Narr in einem fernen Land für eine Idee kämpfe, die religiös wie politisch sinnlos ist. Der Kreuzzug als „bellum Deo auctore", als „Krieg im Auftrag Gottes", ist in diesem ersten Antikriegslied vollends demaskiert: „nindert waere baz ein man dan heime in sîner pharre" – „nirgends geht es einem Mann besser als daheim in seiner Pfarre".

Die modernste Stimme, aktuell über die Jahrhunderte hinweg, läßt Wolfram von Eschenbach in seinem *Willehalm*-Epos (um 1220) zu Wort kommen: Willehalms Frau, die getaufte Heidin Gyburc, fordert in einer theologisch fundierten Rede (sog. „Toleranzrede") die christlichen Ritter zur Schonung der Heiden auf; auch sie seien Geschöpfe Gottes, darum: „schônt der gotes hantgetât" – „schont Gottes Kreatur". Allerdings kann dieser Toleranzgedanke sich in der Handlung selbst ebensowenig durchsetzen wie in der Wirklichkeit, die Heiden werden weiterhin erschlagen „alsam ein vihe" – „wie Vieh".

Joachim Theisen

Lit.: H.E. Mayer: Geschichte der Kreuzzüge, 71989. – F.W. Wentzlaff-Eggebert: K. des MA, 1960. – R. Wisniewski: K., 1984.

Kriminalliteratur

1. Unter K. versteht man Texte, die hauptsächlich von der Aufdeckung eines Verbrechens (lat. „crimen") und der Verfolgung des Verbrechers durch eine Person handeln, die selbst an der Tat unbeteiligt war. Nach dieser Person läßt sich K. auch als „Detektivliteratur" bezeichnen (engl. „detective fiction", vgl. frz. „roman policier"). Zu unspezifisch wäre es, K. mit jedweder Literatur über Verbrecher und Verbrechen ineinszusetzen („Verbrechensdichtung"). Kaum ein Werk der Weltliteratur wäre dann davon auszunehmen, der Sophokleische *Oedipus* ebensowenig wie Dostojewskis *Verbrechen und Strafe*.

2. K. ist charakterisiert durch beträchtlichen Schematismus und Eingängigkeit. So zählt sie vielfach zur ↗ Trivialliteratur. Entsprechend begegnet sie in besonders verbreiteten Formen: als Erzählprosa, als Kinofilm, Fernseh- oder ↗ Hörspiel (↗ Medien) oder als ↗ Drama. Ihre Darstellungsweise ist zumeist traditionalistisch. Im Vordergrund steht die analytisch verlaufende Handlung, die Spannung erzeugt: Ungewißheit, durch wen, wie oder aus welchen Motiven das Verbrechen begangen wurde. Diese Fragen werden am Ende aufgelöst, was jedoch nicht unbedingt zu einem Happy-End führt. Falsche Spuren (engl. „false clues", „red herrings") verhindern die frühzeitige Entdeckung. Wegen der Konzentration auf eine „unerhörte Begebenheit" (↗ Novelle) und der Schwierigkeit, die Spannung unbegrenzt aufrechtzuerhalten, bleibt K. oft auf die Erzählung beschränkt („Kriminal-" oder „Detektivgeschichte"; engl. „detective story"), auch als ↗ Roman bleibt sie meist relativ kurz. Der Handlungsverlauf muß wahrscheinlich sein; Zufälle, blinde Motive, haben darin meist ebensowenig Platz wie Übernatürliches. In der Regel spielt die K. in der Zeit, in der sie entstanden ist; sie tendiert jedoch dazu, die Komplexität zeitgenössischer Wirklichkeit auf eine Antithetik von Gut und Böse zu reduzieren. Der Thriller („Reißer", aus dem Engl.: „to thrill", d.h. erschauern lassen, packen) basiert weniger auf der Ungewißheit. Im Vordergrund stehen hier vielmehr die Aktionen bei der Ausübung des Verbrechens oder der Verfolgung des Täters. Hauptperson der K. ist derjenige, der das Verbrechen aufklärt, sei er Angehöriger der Polizei oder – typischer – Privatdetektiv. Bezeichnend für seine Außenseiterrolle sind vielfach bestimmte exzentrische Eigenschaften. Hauptsächlich ist es intellektuelle Aufklärungsarbeit, die er leistet; auch physische Gewalt kann dabei jedoch im Vordergrund stehen (engl. „hard-boiled detective"). Dem Detektiv kann ein intellektuell unterlegener Assistent zur Seite gestellt sein, eine Identifikationsfigur für das Publikum. Die Funktion der übrigen Personen besteht vor allem darin, einen Kreis von Verdächtigen zu bilden. Ebenso wie ihre Zahl ist auch der Handlungsort meist eng begrenzt. Beliebt ist die Lokalisierung des Verbrechens in einem abgeschlossenen Raum (engl. „locked room mystery").

3. Ursprünge der K. liegen im 18. Jh., in der ↗ Aufklärung mit ihrer Akzentuierung von Verstand (Rationalismus) und Sinneserfahrung (Empirismus). Literarische Vorläufer sind die *Causes célèbres et intéressantes* (1734/43), eine Sammlung berühmter Kriminalfälle von F.G. de Pitaval, und der engl. Schauerroman („gothic novel"), initiiert durch H. Walpoles *The Castle of Otranto* (1764). In Deutschland zählt man August Gottlieb Meißner (*Criminalgeschichten*, ab 1778) und Friedrich Schiller (*Verbrecher aus Infamie*, 1786) zu den ersten Verfassern von K. Entscheidende Voraussetzungen für das Genre bot jedoch erst das 19. Jh.: der Positivismus mit seiner kausal deduzierenden Faktengläubigkeit, die Entwicklung der Technik, die zur Massenproduktion von Druckerzeugnissen ebenso wie zu neuen Methoden bei der Aufklärung von Verbrechen führte, ferner die Ablösung der Folter durch den Indizienbeweis in der Kriminalistik. Dadurch erst wurde die detektivische Ermittlung wesentlich.

4. K. ist eine angloamerikanische Domäne. Als Modell gilt E.A. Poes Erzählung *The Murders in the Rue Morgue* (1841) mit dem Detektiv A. Dupin. *The Moonstone* (1868) machte W. Collins zu einem Begründer des Kriminalromans. 1887 erschien der erste Roman A.C. Doyles um den Detektiv Sherlock Holmes. Als Gegenfigur dazu schuf E.W. Hornung seinen virtuosen Verbrecher Raffles. Zu den zahlreichen engl. Nachfolgern Doyles zählen G.K. Chesterton mit seinem Priester-Detektiv Father Brown, D. Sayers mit Lord P. Wimsey, A. Christie mit H. Poirot und Miss Marple sowie E. Wallace. Aus den USA stammt neben psychologisierender K. (P. Highsmith) im 20. Jahrhundert v.a. der Typus des „hard-boiled detective" (D. Hammett, R. Chandler mit seinem Detektiv Ph. Marlowe, M. Spillane). Eine Variante der K. ist der Spionageroman (G. Greene, I. Fleming mit seinem Geheimagenten James Bond). – Aus Frankreich wirkten im 19. Jh. E. Sues *Les mystères de Paris* (1842/43) richtungweisend, ferner É. Gaboriau und M. Leblanc, der Schöpfer des Gentleman-Diebs A. Lupin. Bekanntester frz. Autor von K. im 20. Jh. wurde G. Simenon mit seinem Kommissar Maigret.

5. Dt. K. blieb demgegenüber meist von sekundärer Bedeutung. Manche Werke berühmter Autoren zeigen Züge des Genres, so Kleists *Michael Kohlhaas* (1810), E.T.A. Hoffmanns *Fräulein von Scuderi* (1819), A. v. Droste-Hülshoffs *Judenbuche* (1842), Th. Fontanes *Unterm Birnbaum* (1885) oder W. Raabes *Stopfkuchen* (1891), J. Wassermanns *Der Fall Maurizius* (1928), W. Bergengruens *Der Großtyrann und das Gericht* (1935) und R. Huchs *Der Fall Deruga* (1917). Die eigentlichen Pioniere dt. K. im 19. Jh. sind jedoch weitgehend vergessen: Laurids Kruse (*Der krystallene Dolch*), Adolph Müllner (*Der Kaliber*), J.D.H. Temme (*Der erste Fall im neuen Amte*) Heinrich Ritter v. Levitschnegg (*Der Diebsfänger*) oder Adolph Streckfuß (*Der Sternkrug*). Zu einer Blütezeit der K. wurde die Weimarer Republik. E.G. Seeliger (*Peter Voss, der Milionendieb*), H. Possendorf (*Klettermaxe*), Otto Soyka oder Walter Serner trugen dazu bei. In ihrem Rang erkannt sind heute die Romane des Schweizers Friedrich Glauser um Wachtmeister Studer (1936/41) nach dem Vorbild Simenons. Bereits in den ersten Jahrzehnten des 20. Jh. florierten dt. Heftserien mit angloamerik. geprägten Detektiven (z.B. Nick Carter, Jack Franklin). Nach 1945 wurde zur populärsten dt. Detektivfigur wiederum ein Heftromanheld harten amerik. Schlages: Jerry Cotton. Friedrich Dürrenmatt erinnert mit seinen Schweizer Polizisten Bärlach (*Der Richter und sein Henker*, *Der Verdacht*) und Matthäi (*Das Versprechen*) an Glauser; seine K. thematisiert auch eigene Kernprobleme. Zu den bekanntesten dt. K.-Autoren der Gegenwart zählen außerdem Jakob Arjouni, Richard Hey, -ky (Horst Bosetzky), Hansjörg Martin, Herbert Reinecker (*Der Kommissar*, *Derrick*), Werner Schmitz oder Friedhelm Werremeier. Zunehmend profilieren sich Frauen (D. Gercke, P. Biermann, Ch. Grän, U.-M. Heim) in der K. Dt. K. zeigt sich heute besonders offen für Sozialkritik, die sie bevorzugt in der Provinz ansiedelt. Beliebt sind ungewöhnliche Sujets wie der historische K. (exemplarisch: U. Ecos *Der Name der Rose*) oder der fabelähnliche Katzenkrimi (Akif Pirinçcis *Felidae*). Ohne die Verquickung mit Kino und Fernsehen wäre K. kaum mehr denkbar.

Peter Cersowsky

Lit.: H.-O. Hügel: Untersuchungsrichter – Diebsfänger – Detektive, 1978. – P. Nusser: Der Kriminalroman, [2]1992. – J. Schmidt: Gangster, Opfer, Detektive, 1989. – J. Vogt (Hg.): Der Kriminalroman. 2 Bde., 1971.

L

Legende

1. Der Terminus L. leitet sich ab von lat. „legenda“, d.h. „das zu Lesende“; er meint die Beschreibung des Lebens heiliger bzw. als heilig geltender Personen, die an deren jeweiligem Festtag vorzulesen ist. Die L. strebt aber weder eine Lebensbeschreibung im Sinn eines aufs äußere Faktengerüst bedachten „curriculum vitae“ noch im Sinn einer biographischen „Persönlichkeitsanalyse“ an. Sie will vielmehr am Beispiel der Heiligen das Einwirken Gottes auf die Welt oder, allgemeiner formuliert, die Berührung von Immanenz und Transzendenz ins Bild setzen und profiliert deshalb speziell jene Elemente, bei denen die über-menschliche, gottbegnadete Kraft besonders anschaulich wird. Im Unterschied zum ↗ Märchen ist die L. also nicht in einer von vornherein außergeschichtlichen Welt angesiedelt, wo sich Wunder wie selbstverständlich ereignen. Im Unterschied zur ↗ Sage bleibt der Einbruch des Wunders jedoch in einen religiös geordneten Begründungszusammenhang eingebettet und verselbständigt sich nicht ins Geheimnisvoll-Unheimliche des Numinosen. Aufgrund dieser Gattungsdisposition besteht ein breit gefächertes interdisziplinäres (literaturwissenschaftliches, aber auch theologisch-religionswissenschaftliches, geschichtswissenschaftliches und volkskundliches) Interesse an der Erforschung der L.

2. Im christlichen Kulturkreis lassen sich die Heiligen zu zwei großen Gruppen zusammenfassen, mit denen zwei morphologische Grundtypen der L. korrelieren. Die eine Gruppe bilden die Märtyrerheiligen, die, zumal in der Verfolgungszeit der ersten nachchristlichen Jahrhunderte um ihres Glaubens willen den Tod erlitten haben. Die „klassische“ Märtyrer-L. („Passio“) konzentriert sich denn auch meist auf den Geschehenszusammenhang, der zum Opfertod des Heiligen hinführt. Seit der Spätantike hat sich dabei ein typischer Basisnexus mit den drei Elementen Verhör, Haft und Hinrichtung ausgebildet, der aus den Märtyrerakten mit Gerichtsprotokoll und Todesurteil narrativ entfaltet ist. Auf späteren Entstehungs- bzw. Bearbeitungsstufen werden nicht nur die dem Opfertod vorausgehenden Elemente Verhör und Haft wiederholt und variiert, sondern auch die Elemente Folter, Wunder und Bekehrung ergänzt, die als paradigmatische, beliebig addier- und austauschbare Einlagerungen das Erzählsyntagma des Basisnexus baukastenartig erweitern. Zu dieser Entfaltung des Basisnexus tritt eine Erweiterung des Erzählsyntagmas durch eine Vorgeschichte, die meist den Verhaftungsgrund skizziert, gelegentlich aber weiter ausgreifen und sogar ursprünglich distinkte Geschichten einbinden kann (vgl. das Märchensubstrat in Georgs Drachenkampf zur Befreiung einer Prinzessin). Eine Nachgeschichte berichtet meist von der Bestattung des Leichnams und dem Tod des Richters oder Henkers als Strafe Gottes. Die zweite Heiligengruppe neben den Märtyrern bilden die Bekenner („Confessores“), die nicht den Opfertod erleiden, aber durch ihr Leben insgesamt die Kraft des Glaubens bezeugen. An die Stelle des typischen, im Blutopfer gipfelnden Geschehenszusammenhangs tritt bei den Bekenner-L. eine Reihung paradigmatischer Episoden, die nach dem Motto „pauca e multis“, d.h. „weniges aus vielem“ aus dem Leben des Heiligen ausgewählt werden. Diese Episoden können in chronologischer Abfolge angeordnet oder nach Themenbereichen gegliedert sein. Oft liegt eine Kombination aus beidem vor, etwa wenn für eine bestimmte Lebensphase (z.B. das Eremitendasein oder, wie in der Martins-L., nacheinander die Phase des Soldaten-, des Mönchs- und des Bischofslebens) die Tugenden durch paradigmatische Episoden veranschaulicht werden. Die in Relation zur Märtyrer-L. ausgeprägtere Vielfalt der Lebensbilder ist strukturell durch das Reihungsprinzip kanalisiert, inhaltlich durch die Bündelung der Bekenner in Päpste, Bischöfe, Ordensleute und Eremiten, während die heterogene Gruppe der Laien nur schwach vertreten ist.

3. Jenseits der erzählten Geschichte selbst gehört die diskursive Flexibilität, d.h. die je spezifische, an Gebrauchssituationen und Publikumsbedürfnisse angepaßte Vermittlungsweise, zu den Gattungsmerkmalen der L. Diese diskursive Flexibilität ist Ausdruck der standes- und schichtenübergreifenden lebenspraktischen Verankerung, die die L. bis in die Frühe Neuzeit hinein zu einer der am weitesten verbreiteten Gattungen (↗ Gattung) werden ließ. Ein und dieselbe Geschichte konnte je nach Vermittlungsweise für den hochgelehrten Theologen ebenso attraktiv sein wie für den „einfachen“ Konsumenten. Walther von Speyer etwa stellt neben seine lat. Prosafassung der Christophorus-L. für das Chorgebet eine artifizielle Hexameterversion (spätes 10. Jh.) mit gesuchtem Vokabular, rhetorischem Ornat und

literarischen Anspielungen, um seinen Bildungsgrad zu dokumentieren, während der mhd. *Prager Christophorus* (1. Hälfte 13. Jh.) die Geschichte als religiöses Propädeutikum für Laien instrumentalisiert. Wo bei lat. Autoren Bibel- und Väterzitate den L.-Diskurs prägen, zitiert der höfische Dichter Reinbot von Durne in seinem *Georg* (um 1240) aus dem Werk Wolframs von Eschenbach. Wo Konrad von Würzburg als städtischer Berufsautor in seinem *Alexius* (um 1275) das zum Andachtsbild ästhetisierte Leben des keuschen Asketen ob seiner Andersartigkeit bestaunt, vollzieht im *Alexius A* (um 1300) eine Nonne das Heiligenleben aus identifikatorischer Innenperspektive nach, ↗ Geistliche Dichtung.

4. Im Spät-MA (↗ Spätmittelalterliche Literatur) konkurrieren mit den Einzel-L. die Legendare, die nach dem Vorbild der *Legenda aurea* des Jacobus de Voragine L.-Kurzfassungen kalendarisch anordnen. V.a. *Der Heiligen Leben* (um 1400) war ein Bestseller der Frühdruckzeit. Ähnliches gilt auf dem Gebiet der Einzel-L. für die sog. Heiligen-*Büchlein*, die die Erwartung wunderbarer Hilfe durch den Heiligen einseitig betonen. Gleichwohl entstand im Schatten dieser Massenprodukte nach wie vor differenzierte L.-Literatur, z.B. der *Zürcher Georg* (vor 1470), eine rationalisierend-reflektierte Prosabearbeitung von Reinbots Werk, oder das theologisch anspruchsvolle *Buch von den heiligen Mägden und Frauen* (um 1460) der Zisterzienserin Regula.

5. Die Vitalität, die die L. zum sozial- und frömmigkeitsgeschichtlichen Seismographen machte, erfuhr nicht nur durch die ↗ Reformation einen Bruch, sondern auch durch den Wandel vom bildhaft-symbolischen zum empirischen Wahrheitsverständnis der Neuzeit. Die Interdependenz zwischen der in ihrer Gültigkeit feststehenden „materia" und der dadurch freigesetzten diskursiven Flexibilität ging verloren. So reduzierte sich die L. zur „naiv-volksfrommen" Erzählung. Dieses Klischee wurde durch die Renaissance der L. in der ↗ Romantik noch verstärkt. Jenseits der Erbauungs- bzw. Kinderliteratur lebt die L. heute meist nur noch als „Endform" (Th. Mann) mit ironisch-parodistischer Tendenz, ↗ Ironie, ↗ Parodie. Die Breitenwirkung des Heiligenkults wird in säkularisierter Form von „legendären" Stars übernommen.

Edith Feistner

Lit.: H.-P. Ecker: Die L., 1993. – E. Feistner: Historische Typologie der dt. Heiligenl. des MA, 1995. – A. Jolles: Einfache Formen, [6]1986. – W. Williams-Krapp: Die dt. und niederländischen Legendare des MA, 1986.

Lehrliteratur, -dichtung

1. Neben der von der Form her bestimmten klassischen Trias der ↗ Gattungen von ↗ Epos, ↗ Lyrik und ↗ Drama nimmt sich die L. als vom Inhalt her definierte „Dichtart" schon nach den Worten Goethes (*Über das Lehrgedicht*) wie ein Fremdkörper aus, und bereits in Aristoteles' Vorstellung von Dichtung als Nachahmung der Natur war für L. kein Raum. Geht man indes, analog der Horazischen Formel des „prodesse et delectare", von einer prinzipiellen Bifunktionalität aller Dichtung aus, so wird für die Zuweisung zur L. nicht die Form, sondern der Zweck eines Werkes wichtigstes Merkmal der Gattungsbestimmung: Bei L. steht die klare didaktische Ausrichtung und Wissensvermittlung im Vordergrund; dieser Gruppierung sind jene Dichtungen gegenüberzustellen, die auf eine zweckfreie ästhetische Gestaltung des Stoffes abzielen. Damit ist grundsätzlich L. in allen Formen denkbar; folglich dehnte man den Begriff zuweilen sehr weit (B. Boesch) und faßte alle Werke mit belehrenden Tendenzen darunter. Doch ist an einer Abgrenzung festzuhalten, da sich in fast allen Epochen bestimmte, nur der L. eigene Typen etabliert haben. Weil aber Formen wie Allegorie, ↗ Fabel, ↗ Parabel u.a. wesensgemäß in einem Übergangsbereich stehen, ist eine exakte Trennung und Zuordnung im Einzelfall nicht immer möglich. L. deckt fast alle Stoffkreise von der ↗ Poetik und Philosophie bis hin zu praktischen Bereichen wie Heilkunde und Landwirtschaft ab. Die Versform sicherte den Werken nicht nur die vom Lehrzweck geforderte Memorierbarkeit, sie unterstrich ferner bei religiösen und moralischen Dichtungen auch die Dignität des Stoffes.

2. Antike Wurzeln und Vorbilder: Es ist bezeichnend, daß die älteste L., die überliefert ist, die *Theogonia* des Hesiodos (Wende 8./7. Jh. v. Chr.), eine Schilderung vom Werden der Welt und der Götter bietet, den einzigen „Schöpfungsbericht" der griech. Literatur. Schon an diesen 1.020 Hexameterversen läßt sich eine Eigenheit beobachten, die später immer wieder als Merkmal von L. auftritt: Weil die Verbindung der in sich geschlossenen stofflichen Bausteine rein parataktisch erfolgt, entsteht eine in der Form völlig offene Komposition, die zu Ergänzungen und Nachträgen geradezu einlädt. Im 5. Jh. folgt das erste Naturlehrgedicht *Peri Physeos* (*Über die Natur*, Titel nicht authentisch) des Xenophanos aus Kolophon mit bemerkenswerten Vorstellungen über die Götter. Nur teilweise erhalten (330 von etwa 2.000 Hexametern) ist das jüngere, unter dem gleichen Titel geläufige Lehrgedicht des Empedokles, zweifellos eines der Spitzenwerke der frühen griech. Philosophie. – Die röm. L.

setzte an der Wende vom 3. zum 2. Jh. v. Chr. mit Ennius' *Heduphagetica* ein. Einen Höhepunkt in der Gattungsentwicklung beobachten wir im 1. Jh. v. Chr., wobei neben Vergils *Georgica* (eine vom Landleben aus entwickelte L., die Natur und Staatswesen umgreift) und Lukrez' *De rerum natura* v.a. Horaz' *De arte poetica* als im MA eifrig rezipiertes Werk hervorzuheben ist; das gleiche gilt für die scherzhafte L. Ovids (*Ars amatoria, Remedia amoris*). Die knappen moral-didaktischen Sprüche der anonymen *Disticha Catonis* (3. Jh. n. Chr.) begründeten eine neue Form der L. mit reicher Wirkung. Im 4. Jh. n. Chr. beginnt die christlich-apologetische L. mit den *Instructiones* des Commodianus.

3. Mittelalter: Neben der Weitertradierung und Übersetzung der röm. L., v. a. Ovids und der *Disticha Catonis*, schuf das MA eine Fülle an lat. und volkssprachlicher L., hauptsächlich moralischen und religiösen Charakters; die letztere wird besonders durch Bibeldichtungen (ahd. *Wessobrunner Schöpfungsgedicht*, altsächs. *Heliand*, beide 9. Jh.) repräsentiert, ↗ Ahd. Literatur. Die frühe moralische L. des Werner von Elmendorf (um 1170) zählt nur wenig mehr als 1.200 Verse, ist jedoch unvollständig erhalten. Der mit einem gereimten Prolog versehene, dann aber bewußt in Prosa abgefaßte *Lucidarius* (Ende 12. Jh.) gehört mit seiner Form in den Grenzbereich. Wirklich bedeutsam ist daher erst die Tugendlehre *Der welsche Gast* des Thomasin von Zerklaere (1215/16, 14.800 Verse). Die disparate Spruchsammlung Freidanks unter dem Titel *Bescheidenheit* (1. Hälfte 13. Jh.) ist in verschiedensten Fassungen überliefert. Die wohl erfolgreichste L. des dt. MA war die 24.600 Verse umfassende moralische „Enzyklopädie" *Der Renner* des Hugo von Trimberg (1300). Ab dem 13. Jh. begegnet eine Vielzahl von L. in allegorischen Rahmen, so die auf lat. Vorlagen gründenden Schachzabelbücher, Vintlers *Pluemen der tugent* (1411) oder die anonyme L. *Des Teufels Netz* (um 1420). Parallel dazu entstanden zahlreiche gereimte Moral- und Sittenspiegel, Tischzuchten, Stände- und Minnelehren (Hadamars von Laber *Die Jagd*, Strickers *Frauenehre*), Schriften zur Naturkunde (Volmars *Steinbuch*). Einen gewissen Höhepunkt, zugleich Abschluß der mittelalterlichen dt. L. bildet Heinrich Wittenwilers komisch-didaktisches Epos *Der Ring* (1408/10), ↗ Spätmittelalterliche Literatur.

4. Humanismus bis Aufklärung: Der ↗ Humanismus brachte im Bereich der L. ein so wichtiges Werk wie die Sprichwortsammlung (1529/34/48) des Johannes Agricola hervor, daneben pflegten die Autoren aber eher die lat. L. (Daniel Heinsius, *De contemptu mortis libri IV*, 1621). Der wichtigste Lehrdichter des dt. ↗ Barock war sicher Martin Opitz (u.a. *Trostgedichte in Widerwertigkeiten des Krieges*, 1633). Blütezeit der L. in Theorie und Praxis bildete die ↗ Aufklärung, als deren frühestes dt. Werk Barthold Heinrich Brockes' *Irdisches Vergnügen in Gott* (1721/48) zu nennen ist. Fast gleichzeitig mit dem weithin anregenden *Essay on man* (1733) Alexander Popes gelang Albrecht von Haller mit seinen *Alpen* (1732) das prägende Lehrgedicht der dt. Aufklärung. In der Folgezeit legten nahezu alle bedeutenden aufklärerischen Autoren (Bodmer, Gellert, Gottsched, Uz, Wieland u.a.) L. vor, doch blieb der Versuch, in Anlehnung an die Theorie von Charles Batteux dauerhaft eine vierte Gattung zu etablieren, nicht ohne Widerspruch: G.E. Lessing, der in seiner Jugend selbst noch Lehrgedichte verfaßt hatte, und Moses Mendelssohn (*Pope ein Metaphysiker*, 1755) waren die Wortführer der ablehnenden „aristotelischen" Richtung.

5. Weimarer ↗ Klassik bis Gegenwart: Die Ablehnung der L. durch die Klassiker erhellt schon aus dem obigen Zitat Goethes, dennoch schufen sie so eindrucksvolle L. wie Schillers *Der Spaziergang* und *Das Ideal und das Leben* (1795) sowie Goethes *Metamorphose der Pflanzen* (Fragment 1798). Der ↗ Romantik war die L. wesensfremd, eine Haltung, die für das ganze weitere 19. Jh. bestimmend blieb, und so stellt Rückerts *Weisheit des Brahmanen* (1836-39) einen einsamen Versuch dar, die L. fortzuführen. Erst im 20. Jh. bemühte sich dann Bertolt Brecht erfolglos um eine Wiederbelebung (*Lehrgedicht von der Natur des Menschen*, um 1945, darin eine Versfassung des *Kommunistischen Manifests*); eine neue Form der L., die nun das Drama zu vorrangig didaktischen Zwecken einsetzt, stellen indes seine „Lehrstücke" (1929-38) dar.

Rudolf K. Weigand

Lit.: L.L. Albertsen: Das Lehrgedicht, 1967. – B. Boesch: Lehrhafte Literatur, 1977. – H.G. Rötzer/H. Walz (Hg.): Europäische L., 1982. – Ch. Siegrist: Das Lehrgedicht der Aufklärung, 1974. – Ch. Siegrist: Lehrgedicht. In: W. Killy (Hg.): Literaturlexikon, Bd. 13, 1992.

Leser/Leserin (Lesetheorien/Lesekultur)

1. Ein Interesse am Leser entwickelte die Literaturwissenschaft erst zu einem Zeitpunkt, als bereits allenthalben vom „Verfall der Lesekultur" die Rede war. Die Rezeptionsästhetik (↗ Rezeption) der Konstanzer Schule (W. Iser, H.R. Jauß) fundierte dieses Interesse theoretisch mit der Erkenntnis, daß literarische im Unterschied zu

pragmatischen Texten ihre Wirklichkeit als Wirksamkeit einzig im L. entfalten. Allerdings hat die Rezeptionsästhetik selbst sich v.a. dem „impliziten L." zugewandt, einem theoretischen Konstrukt, das die ideale L.instanz bezeichnet, die einen literarischen Text adäquat (d.h. entsprechend seiner Komplexität) „realisieren" kann (W. Iser). Davon zu unterscheiden ist sowohl der „fiktive L.", d.h. die Figur des L. im literarischen Text selbst, als auch der „reale L.", d.h. die Vielzahl empirischer Rezipienten eines Textes (als text-externe Instanz). Während die Untersuchung des impliziten wie des fiktiven L. letztlich auf die Analyse von Texten hinausläuft, ist der reale L. Gegenstand der empirischen Rezeptionsforschung, in der auch psychologische und soziologische Aspekte berücksichtigt werden, um die tatsächlichen Leseerfahrungen einzelner Personen oder Gruppen zu rekonstruieren.

2. Der Frage, wie jemand in lebensgeschichtlicher Entwicklung zum L. von Literatur wird, widmet sich das noch relativ junge Forschungsgebiet „Literarische Sozialisation" (Eggert/Garbe 1995). Eine seiner grundsätzlichen Unterscheidungen betrifft die von Lesekompetenz und literarischer Rezeptionskompetenz (Eggert/Garbe 1995). Der Begriff der „Lesekompetenz" zielt auf den „geübten L.", genauer gesagt: auf „adaptive" Lesestrategien, die für unterschiedliche Textsorten angemessene Verarbeitungsweisen garantieren (N. Groeben: *Leserpsychologie*, 1982). Lesekompetenz zu entwickeln ist Aufgabe des schulischen Unterrichts in allen Fächern: Textverständnis zum Erwerb von Wissen und allgemeinen kognitiven Kompetenzen ist hier das übergeordnete Ziel. „Literarische Rezeptionskompetenz" meint dagegen die Fähigkeit zum angemessenen Umgang mit dem Formenspektrum der literar-ästhetischen Kultur; ihr Erwerb gehört zu den Lernzielen des Deutschunterrichts.

3. W. Iser zufolge definiert sich der literarische (= fiktionale) Text nicht durch seinen (abbildenden oder beschreibenden) Bezug auf die Wirklichkeit, sondern findet seine spezifische Wirklichkeit im Bewußtsein des L. Daß der L. sich mit eigenen Gedanken und Phantasien in den literarischen Text involviert, erreicht dieser durch seine „Unbestimmtheits-" oder „Leerstellen", die der L. „konkretisieren" muß: Die strukturelle Offenheit eines literarischen Textes animiert den L., eigene Vorstellungen mit der literarischen Vorlage zu verschmelzen. Der Text selbst gleicht einer (musikalischen) „Partitur", die im „Akt des Lesens" (W. Iser 1976) allererst „realisiert" wird. Die Erkenntnisse der Rezeptionsästhetik über den literarischen Kommunikationsprozeß werden inzwischen von der kognitiven Psychologie für alle Formen des Lesens als grundlegend erachtet. Auch das nicht-literarische Lesen ist nicht einfach ein Akt der passiven Sinnentnahme aus einem Text, sondern eine aktive Konstruktion von Sinn: „Beim Lesen selbst einfacher Schrifttexte werden ständig Informationen nicht nur über Syntax und Semantik aktiviert, sondern auch umfassende Systeme außersprachlichen Wissens" (S. Gross 1994). Gross will darum die Einsichten von kognitiver Psychologie und Rezeptionsästhetik integrieren zu einem allgemeinen Lesemodell (für Schrift- und bildliche Zeichen), innerhalb dessen die Besonderheit von literarischen Leseprozessen situiert werden könnte. Literarische Texte zeichnen sich ihr zufolge dadurch aus, daß sie die stets ablaufenden, habitualisierten Strategien der Bedeutungszuweisung stören (entautomatisieren, irritieren) und dadurch sowohl ins Bewußtsein heben als auch affektiv aufladen: „In der Literatur ist der Text nicht transparent und der Leseprozeß nicht automatisch. Vieles von dem, was das normale Lesen zu einem erfolgreichen Kommunikationsakt macht, kann – ja soll – hier durchbrochen werden" (S. Gross 1994).

4. Diese an die ↗ Poetik und ↗ Ästhetik der ↗ Moderne angelehnte Definition von Literarizität ist stark kognitiv orientiert; vernachlässigt werden dabei die affektiven Anteile im literarischen Rezeptionsprozeß und die ihnen zugrunde liegende Triebdynamik. Die differenziertesten Theorien zur Erklärung der hier angesprochenen Leselust bietet die psychoanalytische Rezeptionsforschung, die sich insbes. für die unbewußten Dimensionen des Lesens interessiert. Sie trennt zwischen Rezeption und Interpretation: Während die (wissenschaftlich angeleitete) Interpretation darauf zielt, das literarische Objekt adäquat zu erfassen, umfaßt die Rezeption alle Formen der subjektiven, vor allem: emotionalen Involviertheit des L. bei der Lektüre eines Textes (egal ob sie diesem angemessen ist oder nicht). Daß ein Text bei L. intensive Gefühle auszulösen vermag, läßt sich nur verstehen, wenn man die unbewußten Formen der Text-Leser-Interaktion (Identifikation, Projektion, Introjektion usw.) untersucht. Freud zufolge ist literarisches Phantasieren – als Fortsetzung des kindlichen Spielens – eine Form des Tagträumens, bei dem der Autor eigene Wünsche und Ängste gestaltet. (Die ästhetische Form dient nach Freud vor allem der Verhüllung der peinlich-primitiven Impulse, ähnlich wie beim Witz.) Beim Rezipienten wird dieser Text nur auf Resonanz stoßen, wenn er eigene Wünsche und Ängste darin gestaltet findet. Anders gesagt: Im literarischen Rezeptionsakt kommunizieren in großem Umfang das Unbewußte von L. und Autor. Insbesondere kindliche und jugendliche Leseprozesse werden so verständlich, speist sich doch kindliche Leselust

nicht primär aus dem Drang nach Wissenserwerb und Weltverständnis, sondern aus der tagträumerischen Inszenierung von Wunschphantasien oder der Bearbeitung altersspezifischer Triebkonflikte (Beispiel: B. Bettelheim, *Kinder brauchen Märchen*, 1980). Auch die häufig sehr abschirmend arrangierte Lesesituation selbst (Rückzug ins Bett oder eine „Lesehöhle") wird von psychoanalytischen Leseforschern bisweilen als Regression in die Mutter-Kind-Symbiose beschrieben (vgl. R. Steinlein, *Die domestizierte Phantasie*, 1987).

5. Am ausgreifendsten sind Lesetheorien, die die „Lesbarkeit der Welt" (H. Blumenberg 1989) in anthropologischer Perspektive mit dem Bedürfnis nach Sinnstiftung verknüpfen. Der Begriff des Lesens meint dann eine menschliche Grunddisposition zum „Herauslesen" von Sinn aus allen Wahrnehmungsgegenständen, die sich erst im Laufe der phylo- wie ontogenetischen Entwicklung spezialisiert zur Fähigkeit der Dechiffrierung von Zeichensystemen. So sieht W. Benjamin im „Herauslesen aus Sternen, Eingeweiden, Zufällen" die ursprüngliche Form des Lesens schlechthin (*Lehre vom Ähnlichen*, in: *Gesammelte Schriften* Bd. II/1,1977). In dieser Perspektive werden Wirklichkeit und Fiktion im Akt des Lesens kompatibel: Beide müssen als sinnvolle Gestalten lesbar sein, da sie sonst in willkürliche, unzusammenhängende Einzelheiten zerfallen würden: „Es hat vieles für sich, die menschliche Fähigkeit, Sinn zu produzieren, ganz grundsätzlich mit dem Lesen zusammenzudenken (...). Ohne dieses gleichsam primäre Herauslesen – beim Kind aus dem Mienenspiel der Mutter, aus den Schneeflocken hinter dem Fenster, aus dem Bilderbuch – wäre wohl nichts von dem, was das Kind umgibt, belebt; die Wirklichkeit bestünde aus dem wirren und gleichgültigen Gemenge der Dinge, die auf nichts Künftiges hin konfiguriert sind und deshalb auch unlesbar bleiben. (...) In dem Maße, in dem das Lesen der Dinge und dann auch das Lesen der Schrift für Kinder eine wichtige Tätigkeit ist, in dem Maße sind sie in der Lage, eine lebendige und sinnvolle Wirklichkeit zu konstituieren" (C. Rosebrock).

Dieser weite Lesebegriff hat den Vorteil, daß er die „Lesbarkeit" (als Deutungsbedürftigkeit) nicht nur von Schriftzeichen, sondern auch von Bildern (Filmen, Videoclips usw.) und Wahrnehmungsgegenständen betont; zu fragen bleibt allerdings, ob ein solcher (gleichsam metaphorischer) Lesebegriff in der Lage ist, trennscharfe Kategorien für die Untersuchung und praktische Beeinflussung von literarischen Leseprozessen bereitzustellen. Der „Lesbarkeit der Welt" setzen dekonstruktionistische Konzepte (↗ Dekonstruktion) die These von der Unlesbarkeit der Welt (und auch jeder Art von Text) entgegen. „Verstehen" ist in dieser Sicht tendenziell eher ein Mißverstehen. Zum zentralen Anliegen wird damit die Infragestellung von Sinnversprechen jeder Art. Diesen Theorien zufolge bezeichnet es v.a. die Qualität literarischer Texte, daß sie jedem Versuch eines vereindeutigenden Verständnisses hartnäckigen Widerstand entgegensetzen, so daß jedes „Lesen" zu einem „Verlesen" wird (z.B. P. de Man, *Allegorien des Lesens*, 1988).

6. Lesekultur in ihrer modernen Gestalt hat sich im letzten Drittel des 18. Jh. herausgebildet. Ihr zugrunde liegt die Ablösung des traditionellen „Wiederholungslesens" zur Belehrung und Erbauung (Bibellektüre) durch das einmalige Lesen säkularer Lesestoffe, vorrangig des bürgerlichen Romans. Ein expandierender literarischer Markt, Lesegesellschaften und Leihbibliotheken stellten immer neue Lesestoffe zur Verfügung. Das Lesepublikum selbst ist seit dem 18. Jh. stark geschlechtsspezifisch differenziert: Männer lesen eher Zeitungen, Zeitschriften und „Sachbücher", Frauen eher die „schöne Literatur". Männern war die (nicht-professionelle) Beschäftigung mit Literatur nur in Kindheit und Jugend erlaubt; für Frauen mußte die Lektüre vieles kompensieren, was ihnen sozial verwehrt war: Bildung, Reisen, Erwerbstätigkeit, politische Betätigung, Bewegungsfreiheit im öffentlichen Raum. Die bürgerlichen Frauen waren auch zuständig für die literarische Sozialisation des Nachwuchses; sie wurden so zu „Kulturträgerinnen", ohne in den Genuß einer fundierten (literarischen) Bildung gekommen zu sein. Auch im 20. Jh. bleibt dieses Grundmuster weitgehend erhalten. – Die historische Leseforschung hat zeigen können, daß das bis heute gehegte Bild von „bürgerlicher Lesekultur" selbst eine nostalgische Verklärung darstellt, eng verquickt mit der Literaturdoktrin der Weimarer ↗ Klassik und ihrer Vorstellung von der zweckfreien autonomen Kunst. Die Idee „bürgerlicher Lesekultur" basiert auf dem Ausschluß vieler Formen von „illegitimer" Lektüre (Kolportage, Trivialliteratur, nicht-klassische Literatur) sowie aller Formen von Sach- und Fachbuchlektüre (zur Qualifizierung, Information usw.). Sie ist daher keineswegs mit dem faktischen Leseverhalten der Bevölkerung identisch. Auch täuscht der universale normative Anspruch des Konzepts „Lesekultur" leicht über seine minimale Reichweite hinweg: Zur Zeit der dt. Klassik (um 1800) betrug die Zahl der wenigstens gelegentlichen Belletristik-L. weniger als 1 % der erwachsenen Bevölkerung. Auch im 19. Jh. (der angeblichen „Blütezeit" bürgerlicher Lesekultur) lag diese Zahl, Schätzungen zufolge, bei max. drei bis sechs Prozent der Bevölkerung (E. Schön, 1993).

7. In kulturkritischen Debatten des 20. Jh. wird immer wieder der Verfall der Lesekultur beklagt, der durch die Ausbreitung der audiovisuellen Medien bedingt sei (z.B.: N. Postman, *Das Verschwinden der Kindheit*, 1983). Solche globalen Klagen konnten durch differenzierte kommunikationswissenschaftliche Untersuchungen entkräftet werden (Beispiel: A. Fritz, *Lesen im Medienumfeld*, 1991). Dennoch unterliegt das Lesen infolge beschleunigter Medienentwicklungen und sozialstruktureller Veränderungen zweifellos tiefgreifenden Umwälzungen. Für viele westliche Industriestaaten ist gegenwärtig folgende Relation kennzeichnend: Rund ein Drittel der Bevölkerung gehört zu den „Viellesern" von Büchern (= mehrmals pro Woche), ein Drittel zu den „Weniglesern" und ein Drittel zu den „Nichtlesern". Die wichtigsten Einflußfaktoren für das Leseverhalten sind allen neueren Untersuchungen zufolge Bildung und Geschlecht. Da in der sog. Wissenskluftforschung nachgewiesen werden konnte, daß L. auch andere Medien effektiver und kompetenter nutzen als Nicht-L., zeichnet sich als zentrale (medien-)pädagogische Aufgabe eine umfassende Leseförderung ab (B. Hurrelmann). Speziell das literarische Lesen scheint unter dem Einfluß anderer medialer Unterhaltungsangebote noch stärker als früher zu einer weiblichen Domäne zu werden; R. Köcher zufolge ist belletristisches Lesen bei Männern in den letzten Jahrzehnten überproportional zurückgegangen. Als Trends für die Zukunft lassen sich prognostizieren: eine zunehmende Feminisierung (und möglicherweise Marginalisierung) der literarischen Lesekultur bei gleichzeitiger Ausweitung der Bedeutung von Sach- und Fachbuchlektüre bzw. Informationslektüre am Computer.

Christine Garbe

Lit.: H. Eggert/Ch. Garbe: Literarische Sozialisation, 1995. – S. Gross: Lese-Zeichen. Kognition, Medium und Materialität im Leseprozeß, 1994. – W. Iser: Der Akt des Lesens, ³1990. – E. Schön: Der Verlust der Sinnlichkeit oder Die Verwandlungen des Lesers. Mentalitätswandel um 1800, ²1993.

Lied

A.

L. ist ein Sammelbegriff für vielerlei Arten singbarer oder als singbar intendierter, vorwiegend strophischer Texte meist kleineren Umfangs aus allen literarisch greifbaren Epochen. Nähere typologische, inhaltliche, traditionsmäßige und funktionale Zusammenhänge zwischen einzelnen L. ergeben sich aus erläuternden Attributen, vgl. etwa Preislied, politisches L., Gemeindelied, Kirchenlied, Minnelied, Liebeslied, Trinklied, Meisterlied, Studentenlied, Kinderlied, Jagdlied, einstimmiges/mehrstimmiges L., Tenorlied, Sololied/Chorlied, Klavierlied/Orchesterlied, weltliches/geistliches L., Volkslied/Kunstlied, Strophenlied/durchkomponiertes L. usw. Im umfassenderen Feld der ↗ Lyrik wird das L. in erster Linie durch den potentiellen oder tatsächlichen Zusammenhang mit der Musik markiert. Werden Einzellieder zu größeren Einheiten zusammengeschlossen, spricht man von L.-Zyklen. Von manchen neueren Autoren und Komponisten werden bisweilen besonders anspruchsvolle, oft unstrophische L. als Gesänge bezeichnet. Nicht unter den Begriff L. fallen Arien und Ensemblestücke in ↗ Opern, Oratorien und Kantaten. Außer Betracht bleiben können textlose, rein musikalische Gebilde wie L. ohne Worte, auf die der Liedbegriff metaphorisch angewandt wird. – Das Wort war in allen germ. Sprachen verbreitet (ahd. „liod"). Im Mhd. bezeichnet „liet" die Einzelstrophe („driu liet" meint ein dreistrophiges Gedicht); im Bereich der Erzähl- und ↗ Lehrliteratur kann „liet" auch die Gesamtheit eines Werkes meinen (vgl. *Nibelungenlied*). Die neuzeitlich übliche Verwendung des Singulars für kürzere singbare Texte mit meist mehreren Strophen ist seit dem 15. Jh. belegt.

B. Mittelalter

1. Das ganze MA hindurch gab es religiöse und weltliche Lieddichtung in lat. Sprache (Hymnen, Sequenzen, Cantionen, Vagentenlieder usw.). Volkssprachliche Lieddichtung wird seit dem späten 11. Jh. zunächst in der Provence greifbar (Trobadors), seit etwa 1150 auch in Nordfrankreich (Trouvères) und in Deutschland. Älteres dt. Liedgut ist nur in verschwindend geringen Resten erhalten. Aufgrund der Überlieferung kann man eine ältere Epoche (ca. 1150 bis ca. 1350) und eine jüngere Epoche (ca. 1350 bis ca. 1500) unterscheiden. Kennzeichnend für die ältere Epoche sind v.a. Pergamenthandschriften, in denen die Texte zahlreicher Autoren unter deren Namen überliefert sind (Sammelhandschriften, fast durchweg ohne die Melodien): *Kleine Heidelberger Liederhandschrift* (Straßburg um 1270, Sigle A), *Weingartner Liederhandschrift* (Konstanz, nach 1300, B), *Große Heidelberger (Manessische) Liederhandschrift* (Zürich, etwa 1300/30, C), *Würzburger Liederhandschrift* (Würzburg, um 1350, E), *Jenaer Liederhandschrift* (Wittenberg?, um 1340, mit Melodien, J). Für die jüngere Epoche charakteristisch sind v.a. Handschriften (Pergament oder Papier), in denen die L. einzelner Autoren gesammelt wurden (Autorhandschriften, z.B. Hugo v. Montfort, Oswald v. Wolkenstein), da-

neben Meisterliederhandschriften mit L. vieler Autoren, deren Namen aber selten genannt werden, und zum Privatgebrauch zusammengestellte Liederbücher (meist ebenfalls ohne Autornamen); Melodieaufzeichnungen finden sich nunmehr häufig. Die Drucküberlieferung setzt erst in der 2. Hälfte des 15. Jh. ein.

2. Die Geschichte des Liebesliedes verläuft parallel mit der der Überlieferung: höfischer ↗ Minnesang ca. 1150 bis ca. 1350, spätmittelalterliche Liebeslieder ca. 1350 bis ca. 1500. Dem spätmittelalterlichen Liebeslied, dessen erster herausragender Autor der Mönch von Salzburg war (2. Hälfte 14. Jh.), liegt eine veränderte Liebeskonzeption zugrunde: Die Liebe verläuft meist ohne Spannungen und Konflikte zwischen den Liebenden, ihr Verhältnis wird i.d.R. von „außen" gestört (räumliche Trennung, Austräger und Klatschbasen verhindern die Liebeserfüllung). Die wichtigsten Typen des Liebesliedes sind: a. Ich-Lieder oder Sängerlieder (Minneklage, Werbungslied, Kreuzlied, Abschiedsklage usw.); b. Rollenlieder (Frauenklage, Botenlied, Dialoge usw.); c. „objektive" L. (meist tritt ein Erzähler auf; ↗ Tagelied, Pastourelle: Ein Kleriker oder Hirte trifft mit einer Hirtin zusammen und spricht mit ihr über die Liebe).

3. Neidhartlieder: Ausgehend von den Sommer- und Winterliedern des Dichters Neidhart (ca. 1210/40) entwickelte sich ein beliebter Typ erzählender L. für die das Zusammentreffen des Ritters Neidhart, einer stehenden Figur, mit der bäuerlichen Welt kennzeichnend ist. Oft geht es dabei um die Liebe des Ritters zu Bauernmädchen; schwankhafte und grobianische Züge sind häufig, ↗ Minnesang.

4. Die Prunk- und Großform der mittelalterlichen Liedautoren ist der Leich (Plural: Leichs). In den Stücken dieser Art sind die Verszeilen in strophenartigen Abschnitten unterschiedlichen Baues, sog. Versikeln, angeordnet; die Abschnitte werden auf unterschiedliche Melodien gesungen, d.h., es handelt sich um durchkomponierte Stücke. Leichs konnten geistliche oder weltliche Thematik haben. Es gab die Form vom späten 12. Jh. bis zur Mitte des 14. Jh.; bekannte Autoren sind Ulrich v. Gutenburg, Heinrich v. Rugge, der Tannhäuser, Heinrich Frauenlob.

5. Zu den vom 12. bis über das 16. Jh. hinaus überlieferten Texten der Sangspruchdichter und Meistersinger ↗ Sangspruch/Reimspruch und ↗ Meistergesang.

6. Das geistliche L. des MA stellt keinen einheitlichen Liedtyp dar. Schon früh belegt sind vereinzelt Gemeindelieder, auch „Leisen" genannt (da ihr Refrain mit „kyrieleis" endet), etwa Predigtlieder, die die Gemeinde zum Abschluß der Predigt sang oder Prozessionslieder (ältestes Beispiel: das *Petruslied* aus dem 9. Jh.). In religiösen Gemeinschaften gesungen wurden sog. Konventikellieder. Auch an Höfen und in städtischen Kreisen wurden geistliche L. gesungen. Hierher gehören etwa die unter die Liebeslieder gezählten Kreuzlieder (↗ Kreuzzugsdichtung), religiöse Leichs, Sangsprüche und Meisterlieder und weitere religiöse L., etwa auch Marienlieder, die sich in den Liederhandschriften finden. Erst seit der ↗ Reformation spricht man vom Kirchenlied, da erst durch Luther die Gemeinde in die Liturgie miteinbezogen wurde.

7. Politische L., Liedtexte, die sich mit politischen Ereignissen und Protagonisten der politischen Bühne befassen, finden sich bis ins frühe 14. Jh. fast ausschließlich im Bereich der Sangspruchdichtung, ↗ Sangspruch/Reimspruch. Daneben sind seit dem 13. Jh., zunächst vereinzelt, dann häufiger literarisch anspruchslose, oft vielstrophige L. greifbar, die bei politischen Auseinandersetzungen einseitig Partei ergreifen (früher bezeichnete man derartige Texte unzutreffend als „historische Volkslieder"). Meist sind die Texte anonym oder pseudonym. Sie zeigen einige typische gemeinsame Darstellungsmerkmale. Überliefert wurden sie meist in Chroniken, ↗ Politische Dichtung.

Horst Brunner

Lit.: H. Apfelböck: Tradition und Gattungsbewußtsein im dt. Leich, 1991. – H. Bergner (Hg.): Lyrik des MA. 2 Bde., 1983. – D. Sittig: Vyl wonders machet minne, 1987. – H. Tervooren (Hg.): Gedichte und Interpretationen. MA, 1993.

C. Neuzeit

1. Das L. lebte bis in die Neuzeit u.a. im funktionalen Gebrauch (z.B. Hochzeitslieder, Begräbnislieder, brauchgebundene Heischelieder [gesellschaftlich toleriertes und kodifiziertes Betteln], rhythmusgebende Arbeitslieder, Soldatenlieder zum Marschieren und Anfeuern), im sakralen Bereich (lutherische Kirchenlieder, katholische Wallfahrtslieder), als Handelsware und Neuigkeitenvermittler (Liedflugschrift, „Newe Zeitung", ↗, Flugblatt, ↗ Zeitung, Bänkelsang), zur gefälligen Unterhaltung (Theaterlied, vgl. Opernarie und ↗ Oper) und im laienmäßigen Gebrauch (privates Singen und im Verein). Für alle Formen des entsprechenden L. als „sangbare lyrische Kurzform" gibt es Vorläufer in früheren Zeiten und ein Weiterleben aktualisierter älterer Muster in literarischer und in mündlicher Überlieferung bis heute.

2. Johann Gottfried Herder (1744-1803) sah im „Volkslied" (seine Wortschöpfung 1773, quasi sogar seine „ideologische Erfindung") das Spiegel-

bild nationaler Denk- und Eigenart. Für die Nachfolger, auch für Goethe, verengte sich Volkslied weitgehend zu einem ästhetischen Muster für die Erneuerung dt. (Kunst-)Dichtung in „patriotischer" Absicht (d.h. in Ablehnung vor allem frz. Literaturmuster). Die Romantiker Achim von Arnim und Clemens Brentano (*Des Knaben Wunderhorn*, 1806-08) nahmen das angeblich naive Volkslied zum Vorbild für imitierence Neuschöpfungen, um „Freuden und Leiden ihrer Helden auszudrücken, denn die Prosa schien ihnen dazu unfähig" (G.-L. Fink). In diesem Sinn werden Verseinlagen und assoziationsgeladene Liedzitate häufig in literarischen Werken von G. Büchner (*Woyzeck*, 1837) bis A. Döblin (*Berlin Alexanderplatz*, 1929) verwendet, wo besondere, affektionsbesetzte Gefühle thematisiert werden sollten. Das L. ist damit seit Herder ein starker Ideologieträger für literarische Botschaften und darin wirkungsvoller als manche Prosa-Gattung. Bewußt werden die Grenzen zwischen Volkslied und Kunstlied verwischt; ↗ Strophenformen und ↗ Reim, verstärkt durch Vertonung bzw. Verwendung einer gefälligen Melodie (im 19. Jh. besonders beliebt das „L. im Volkston" nach dem Muster der formal anspruchslosen, vierzeiligen „Volksliedstrophe" mit Endreimen ohne starre Regeln: z.B. Eichendorff, Mörike), schaffen eine poetische Form von hoher Dichte und Intensität. L. bündeln dichterischen Willen effektiv von G.A. Bürger (*Lenore*) und Heine bis zu Brecht (*Moritat von Mackie Messer*) und dem modernen Chanson (↗ Kabarett) bzw. dem Song (F.J. Degenhardt, W. Biermann).

3. Im Engl. und Frz. wird mit dem dt. Fremdwort L. („The German Lied", „le Lied") vor allem das romantische, durchkomponierte Kunstlied im Stil von *Am Brunnen vor dem Tore*... (Franz Schubert, *Winterreise*) bezeichnet. Als quasi „typisch" dt. Phänomen wird daran und am Volkslied praktisch die gesamte liedhafte Dichtung der neueren Zeit gemessen, bzw. man setzt sich damit kritisch oder ironisch auseinander, und zwar oft, wie bei Heinrich Heine, im Werk desselben Verfassers. Das L. ist vielfach Spiegelbild seiner Zeit, es kann ideologisch verführerisch wirken, und es transportiert mittels eingängiger Melodien Vorurteile, kollektive Meinungen und Mentalität in verdeckter Weise. Es war eine ethische Fragestellung, ob nach dem Grauen des Nationalsozialismus solche Lyrik überhaupt noch „möglich" sei. H.M. Enzensberger z.B. hat generell vor dem (politischen) L. gewarnt. Es ist heute zunehmend ein ästhetisches Problem, ob es neben dem sogenannten „volkstümlichen" L. (Schlager), wie es die beherrschenden ↗ Medien anbieten, noch Platz für ernstzunehmende liedhafte Dichtung gibt.

4. Mit Goethe (Liedabschriften 1771 im Elsaß) und mit den Brüdern Grimm (als Sammlung *Brüder Grimm, Volkslieder*, 3 Bde., hg. 1985-89) beginnt die durch Herder angeregte Begeisterung für das Volkslied, die dann besonders die ↗ Romantik erfaßt, die aber auch schon ideologisch gefärbt war. Modellcharakter im ausgehenden 18. Jh. hat das damals neu entdeckte Volkslied als populäres und (weitgehend) mündlich überliefertes L.; die Bezeichnung verdrängte schnell ältere Ausdrücke wie Gassenhauer, Bauerngesang oder Straßenlied. Man ist heute dazu übergegangen, in diesem Kontext von „Gruppenlied" zu sprechen, um der höchst undifferenzierten wie auch mißverständlichen Bezeichnung „Volk" zu entgehen.

5. Die Wissenschaft unterscheidet verschiedene Gattungen. Darunter ist z.B. das Liebeslied, eine schwer beschreibbare Großgattung, die Gefühle stereotypisiert. Gleiches gilt für den modernen Schlager; solche L. sind durchweg einfache Kommunikationsformen und dienen damit der Einübung in bestimmte Verhaltensmuster. Moralische Normen wurden früher auch im erzählenden L. tradiert; das in der Volksballade (↗ Ballade) beschriebene Schicksal von Menschen wird als beispielhaft vorgestellt. Das Gewicht solchermaßen ideologisierter Sprachinhalte im L. wird unterschiedlich bewertet. Traditionelle Soldatenlieder z.B. transportieren Klischees von Männlichkeit und Freiheit; sie verschleiern aber auch die Realität und glorifizieren den Tod. – Volkslied im Spannungsfeld zwischen ↗ Mündlichkeit und Schriftlichkeit ist traditionelles L. Tradition ist eine zentrale Stütze der Volkskultur; sie bezeichnet das Ergebnis einer Überlieferung als Gegenstand der Forschung und den Prozeß der Überlieferung selbst (Tradierung). Mündliche bzw. gedächtnismäßige Weitergabe ist durch Assoziationen charakterisiert; L. und Liedteile vermischen sich, und daraus entstehen „neue" L. Variabilität ist ein Hauptkennzeichen des Volksliedes (H. Strobach). Ein (quasi zeitloser) Liedtyp konstituiert sich als wissenschaftlicher Begriff durch die Gesamtzahl seiner Varianten (Einzelaufzeichnungen als zeitgebundene Augenblicksformen). – Die Betrachtung des dt. Volksliedes erfordert auch die Heranziehung internationaler Parallelen.

6. Der funktionellen (und ideologischen) Einordnung des L. in seiner Zeit steht die Fiktion der älteren Volksliedforschung entgegen, eine „Urform" erschließen und vor die früheste tatsächlich dokumentierbare Überlieferung vordatieren zu können. Vorreden zu Sammlungen des 19. Jh. beschreiben das Volkslied als eine sprießende Pflanze (z.B. „Feldblumen" bei Herder); „Unkraut" jedoch wurde gerne übersehen. Entsprechend fielen z.B. erotische und politisch kritisierende Töne im L. der (staatlichen und kirchli-

chen) ↗ Zensur und der (wissenschaftlichen) Selbstzensur zum Opfer. Die sozialkritische Potenz z.B. des Arbeiterliedes ist allerdings von der DDR-Volksliedforschung vielfach aus ideologischen Gründen überschätzt worden (W. Steinitz; I. Lammel, 1975). Indirekte Kritik konnte sich (früher) eher in Klageform äußern (Bauernklagen; H. Strobach). – Mit der Bezeichnung „Gruppenlied" weitet sich der Begriff Volkslied und schließt jegliches laienmäßige Singen ein (auch z.B. den Gesangverein). Gelegenheiten und Anlässe des Singens (früher Spinnstube, Wandervogel, Jugendmusikbewegung, Hausmusik; heute z.B. Gottesdienst, evangelisches Kirchenlied) sind weitgehend durch Orte des Musikkonsums abgelöst worden (Discothek). Die Kreativität schafft sich neue Nischen (z.B. Imitation von Schlagerstars). Kinderreime (↗ Kinder- und Jugendliteratur) gehören weiterhin zum „poetischen Existenzminimum" (H.M. Enzensberger) bzw. zur „Geheimwelt des Kindes" (E. Borneman).

7. Dialekt (↗ Dialektdichtung) kann eine identitätsstiftende Funktion haben; aus solcher Haltung heraus scheinen bereits kurz nach 1800 L. im „Schweizer Dialekt" (um)geschrieben worden zu sein („Schweizerlied"). Der Trend zum Regionalismus in den 1980er Jahren hat eine neue Dialektbewegung gefördert, die auch das L. prägt und umformt. – In unserer Schriftkultur seit dem 16. und 17. Jh. beruht das Volkslied weitgehend auf „literarischer" und hochdt. Tradierung; nur wenige Gattungen (z.B. Kinderlied und Schnaderhüpfel bzw. Vierzeiler) bedienen sich daneben kreativ der Alltagssprache und der Mundart. Das Volkslied des 18. und 19. Jh. ist also *für* das Volk geschaffen bzw. (in der mündlichen Überlieferung) vom jeweiligen Singmilieu umgeformt worden, nicht (romantisch gesehen) *aus* dem Volk erwachsen. Im volkstümlichen Wiegenlied macht sich zudem häufig der Kunstlied-Geschmack breit (vgl. das von Bernhard Flies, nicht Mozart, 1796 vertonte *Schlafe, mein Prinzchen* ...). – Die Abgrenzung zwischen traditionellem „Volkslied" in überlieferten Formen und dem „volkstümlichen L.", wie es heute in den Medien vermarktet wird, ist ein ungelöstes Problem. Man erlebt heute in vielen Bereichen die Imitation angeblicher Volkskultur als bloßes Objekt eines tourismusfördernden Folklorismus und im Dienst eines identitätsstützenden Regionalismus.

8. Das Studentenlied hat seine Vorläufer im L. „fahrender Schüler" (Scholaren) des Spät-MA; seit dem Ende des 18. Jh. spielt es in den studentischen Verbindungen (Korporationen) eine zentrale Rolle. Die berufsbezogenen L. (z.B. standesstolze Bergmannslieder, besondere L. der Flößer, Handwerkerlieder, L. von Jägern und Hirten u.ä.) faßt man mit dem Begriff „Ständelieder" zusammen. – Der Bänkelsang ist bestimmt durch Requisiten (Tafel, d.h. bemalte Leinwand bzw. „Bänkelsängerschild" und Bank) und Vortragsweise (Drehorgel). Der Liedverkauf (Kolportage) wurde seit dem Ende des 15. Jh. ein neuer Gewerbezweig; das L. wurde zur „Ware" (R.W. Brednich, 1974). Die Liedflugschrift (↗ Flugblatt) war ein Jahrmarktsartikel und ist Vorläufer des Schlagerheftchens bzw. der illustrierten Presse (Zeitungslied). Mit der Moritat (wahrscheinlich aus: „Mordtat") entstand eine Gattung, die in neuerer Zeit vor allem im literarischen Bereich auflebte (B. Brecht). In dieser Tradition steht auch das literarische Chanson.

9. Legendenlieder (vor allem Marienlieder), ↗ Legende, waren wichtige Formen traditioneller katholischer Volksfrömmigkeit (z.B. als Wallfahrtslieder). Weihnachtslieder des 16. und 17. Jh. tauchen im klavierbegleiteten Kunstlied des 20. Jh. wieder auf; die heute volkstümlichen Weihnachtslieder entstanden im 18. und 19. Jh. (*Stille Nacht! Heilige Nacht!*). – Mit dem Heimatlied wird das Volkslied für den Kitsch anfällig, stiftet aber auch wichtige „regionale Identität". Folklorisierung bedeutet heute nicht mehr nur Popularisierung, sondern zunehmend Kommerzialisierung; aus dem „echten" Volkslied wird Folklore, wird „das als echt erklärte Unechte" (H. Bausinger). Beliebt ist ebenfalls die ↗ Parodie, weil mit Anleihen an das Volkslied bestimmte Assoziationen geweckt werden können (auch im Dienste der Werbung). – Wertfrei als „Parodie" wird von der Wissenschaft auch die Übernahme geistlicher Melodien für einen weltlichen Text (oder umgekehrt) bezeichnet (Kontrafaktur). Die „Tonangabe" (d.h.: „zu singen nach der Melodie von...") steht dabei auch als Zeugnis für ein in der betreffenden Zeit besonders populäres L.

10. Der evangelische Choral des 19. Jh. hat heute keinen guten Ruf (z.B. die evangelischen *Reichslieder*, um 1875); über das katholische Kirchenlied dieses Jh. wurde ähnlich geurteilt. Einerseits unterliegt das Kirchenlied starken ästhetischen (und theologischen) Moden, andererseits sperrt sich die Hymnologie weitgehend gegen die geistliche Volksüberlieferung (z.B. katholische Wallfahrtslieder und entsprechendes Brauchtum). Die Einführung neuer Gesangbücher verursachte früher oft heftige Gegenbewegungen traditioneller Gemeinden; Kirchenlied ist eben „verordnetes" L. In der katholischen Kirche hatte die Bewegung der Cäcilienvereine eine tiefgreifende Wirkung. Im Kirchenlied verschwimmen heute zunehmend die konfessionellen Grenzen. Es gibt einen festen Bestand an ökumenischen L., und offen ist man für liturgische Neuerungen (auch im evangelischen Bereich), wie z.B. für gesungene

Psalmen und meditative Gesänge aus dem burgundischen Taizé.

11. Der Gesangverein (C.F. Zelters Berliner „Liedertafel“, 1809) bildet eine klassische Form dt. Vereinslebens, doch Chöre und Vereine sind heute durch abrupten Generationenwechsel und Nachwuchssorgen gekennzeichnet. Das Repertoire bestimmt der Dirigent (Brahms und Beethoven neben Schlager und Gospelsong, seit etwa 1980 zunehmend Heimathymnen). – Anonymes Volkslied unterscheidet man wissenschaftlich (unscharf) vom populär gewordenen, volkstümlichen L. (Kunstlied im Volksmund). Zwischen Kunstlied und Volkslied gab und gibt es viele Übergänge. Heute bilden Liedermacher eine Brücke zwischen Volkslied, Schlager und gesellschaftskritischem Song. Im Protestlied der 1970er Jahre wurde der Text zur ideologischen „Waffe“, das neue L. im Dialekt zum Zeichen für angestrebten Regionalismus.

12. Schlager ist als Begriff geläufig seit etwa 1869 für das neue und aktuelle L. (Vorläufer im Bänkelsang, Theaterlied u.ä.). Es handelt sich um kurzlebige Modelieder, und der Schlager tritt durch „produktives Umsingen“ in ein permanentes Spannungsverhältnis zum traditionellen L. – Kollektive Zwänge ergeben, daß in Krisenzeiten der sentimentale Schlager besonders beliebt ist; er gleicht Beziehungsverluste aus und stiftet kompensative Gefühle. Der Heimatschlager zielt auf eine „Wertsteigerung des politischen Territoriums“, der Heimwehschlager ist retrospektiv orientierte Gegenwartsflucht. Zu Musik und Text kommt beim Schlager (und bei anderen modernen Gattungen) als drittes, gleichwertiges Element der Interpret bzw. der Star hinzu; Schallplattenumsätze spielen eine Rolle. Mit dem L. assoziiert man den Vorbildcharakter des als Idol verehrten Interpreten. Die Imitation des Stars beim Karaoke im Playback-Verfahren ist eine typische Form moderner Rezeption des L.

Otto Holzapfel

Lit: E. Klusen: Volkslied. Fund und Erfindung, 1969. – R.W. Brednich/L. Röhrich/W. Suppan (Hg.): Handbuch des Volksliedes, 2 Bde., 1973-1975. – H. Strobach: Dt. Volkslied in Geschichte und Gegenwart, 1980. – O. Holzapfel: Lexikon folkloristischer Begriffe und Theorien (Volksliedforschung), 1996.

Literarische Kleinformen

1. In dem Terminus L.K. bedient sich die ↗ Literaturwissenschaft eines vagen Beschreibungsbegriffes, der weder terminologisch noch definitorisch gefestigt ist. Es ist zunächst ein Sammelbegriff, der ein äußerliches Kriterium (geringer Umfang) zum Bestimmungsmerkmal einer Restgruppe macht. Für den konkurrierenden Begriff „Kurzformen“ spräche, daß in ihm das latent Minderrangige des eben nur „Kleinen“ durch ein nicht rein äußerlich bleibendes und (erst) dadurch bezeichnendes Kriterium ersetzt ist. Er ist aber durch längere epische Formen, die sich um die Kurzgeschichte gruppieren, besetzt. Mit „Kurz- oder Kleinprosa“ nähme man eine Begrenzung vor, die unbedingt Zusammengehöriges, nicht nur bei Spruch und Epigramm, bis zur Unzulässigkeit unsachgemäß auseinanderrisse. So bezeichnet man also relativ gesehen am besten mit L.K. oder auch Kleinstformen im wesentlichen: die Anekdote, an deren Zweiteilung sich die Grenze zu den größeren, rein epischen Textsorten exakt bestimmen läßt, den Witz und das Rätsel, die sich schon umgangssprachlich von ihrer Intention her abgrenzen lassen, und das durch seine in der Regel gebundene Form zu bestimmende Epigramm, des weiteren und kernhaft das Sprichwort, die in der griech. und röm. Antike gegründeten Apophthegma und Sentenz, die Maxime mit ihrer inhaltlich bestimmten, das Fragment mit seiner an eine literarische Epoche geknüpften Sonderbedeutung, schließlich den Aphorismus als die vieles integrierende und für die ↗ Moderne besonders bedeutsame und ertragreiche Textsorte. In dieser Auswahl spiegelt sich die literaturwissenschaftliche Bedeutung. Darüber hinaus beschreiben Begriffe wie Denkspruch, Denkbild, Aperçu, These, Aufzeichnung, ferner Gnome, Adagium, Emblem, Fazetie, Priamel, Bonmot, Geflügeltes Wort, Devise, Motto, Slogan, Graffito, Notat, Skizze, Glosse, Formel, Diktum ein weites Forschungsfeld.

2. Zwei Probleme ergeben sich bei der Begriffsbestimmung dieser Gruppe und ihrer Bestandteile; beide sind bisher höchst unzureichend bearbeitet. Die Frage nach der Abgrenzung nach außen heißt konkret, ob der Begriff der L.K. mehr bedeutet als die Summe seiner Teile und sich also gemeinsame Merkmale beschreiben lassen; sie ist bisher kaum gestellt worden. Die Frage der inneren Abgrenzungen ist zwar das Leitmotiv jeder wissenschaftlichen Beschäftigung mit einzelnen L.K., die Menge an Detailvergleichen, die die jeweils im Mittelpunkt stehende Textsorte gegen die benachbarten abheben, steht aber in einem Mißverhältnis zu grundsätzlichen Betrachtungen; eine systematisierende Synopse fehlt auch im Ansatz. Sie sieht sich einer Fülle ungelöster Probleme gegenüber und muß über das Gestaltästhetische hinaus auf möglichst vielen Ebenen Antwortteile bereitstellen. Dahinter muß die

Frage, ob es sich im einzelnen (oder etwa im ganzen) im strengen Sinne um eine Textsorte oder ↗ Gattung oder – unter Verzicht auf zusätzliche Erkenntnisse – um einen „Text" handelt, als grundsätzliches Problem der Gattungstheorie zurückstehen, auch wenn eine solche Frage mit unterschiedlichen Ansprüchen an eine Definition oder Merkmalsbeschreibung verknüpft ist.

3. Will man zur Abgrenzung des Begriffes nach außen einen definitorischen Schnitt in die organische Fülle der literarischen Erscheinungen legen, dann spricht vieles dafür, nach erzählenden und sprüchlichen Elementen, also epischen und gnomischen Anteilen zu unterscheiden und unter Ausschluß von verwandten kurzen, rein epischen Textsorten wie ↗ Schwank, Fazetie, Kalender-, Kurz- oder auch Kürzestgeschichte (die ausdrücklich als erzählerischer Zwitter mit Hang zum Aphoristischen verstanden worden ist) die Grenze zwischen den epischen Kurzformen und den L.K. innerhalb der Anekdote genau dorthin zu verlegen, wo erzählte Begebenheit und pointierte Äußerung aneinanderstoßen. Diese auf einer Zweiteiligkeit beruhende Grenznähe verbindet sie mit dem Witz, in dem man Witzfabel und Pointe unterscheiden kann, und noch mit einer Sonderform des Sprichwortes, dem Wellerismus; das Apophthegma, bei dem der Situationsbezug zugunsten des Denkspruches zurückgedrängt ist, und die Sentenz, die sich aus der Einbettung in eine meist dramatische Situation gelöst hat, stehen unter dieser Perspektive weiter in der Begriffsmitte. Es bieten sich, skizzenhaft und nur mit ausgewählten Beispielen belegt, mehrere Merkmale an, die nicht die Qualität von Definitionskriterien erfüllen, wohl aber eine innere Zusammengehörigkeit beschreiben können. Eigenständigkeit als formale Geschlossenheit und gehaltliche Selbständigkeit, Abgrenzung gegeneinander wie gegen das Aufgehen in einer größeren Textorganisation ist ein unabdingbares Merkmal dieser kleinsten Textsorten. In manchen Fällen wie der Unterscheidung von Sprichwort und sprichwörtlicher Redensart trennt es scharf und ohne weiteres einsichtig, in anderen wie der aus einem Zitat hervorgegangenen Sentenz sind scharfsinnige Überlegungen notwendig, ob und wie sie sich als „work within a work" und schließlich als zu einem selbständigen Dasein Gewandelte begreifen läßt. Am konsequentesten und entschiedensten ist das Merkmal als kotextuelle Isolation (gegen aus Exzerpten hergestellte „sekundäre" Erscheinungen) für den Aphorismus erprobt und behauptet worden. In spezifischer Weise bilden die L.K. eine Einheit auch nach innen. Sie bilden einen Punkt, nicht eine Linie oder Fläche ab. Nur unter dieser Perspektive ist ihre Pointierung hinreichend zu verstehen. Die Kürze in Spannung zur sprachlichen Sukzessivität ist deshalb kein rein äußeres Kriterium, sondern ein inneres Strukturmerkmal, das auf stärkstmögliche intellektuelle Intensivierung auf knappstmöglichem Raum hinwirkt. Quantitative Überlegungen müssen aus diesem Grunde fehlgehen; es ist eine qualitative Bestimmung, die sich äußert als Lakonismus, Konzision und Bündigkeit, verstanden als das Verbindliche wie das fest Gefügte. Von dieser Kürze leitet sich eine Metaphorik der Schärfe her, die sich in Bildern des Eindringlichen, Einprägsamen, Spitzfindigen, Scharfsinnigen, Zugespitzten (und also potentiell Verletzenden) ausdrückt. Überhaupt fällt das besondere Gewicht ins Auge, das den sprachlich-stilistischen Mitteln in diesen konzentrierten Textsorten zukommt, der ↗ Metapher etwa im Rätsel, dem Wortspiel im Witz, dem Paradoxon im Aphorismus. Ein Unverhältnis zwischen dem Umfang und der (intendierten) Wirkung ist bezeichnend, beim Aphorismus geradezu programmatisch, aber auch bis hin zur Anekdote zu beobachten. Die L.K. verlangen eine besondere Rezipientenleistung, mehr oder weniger stark auf den Intellekt eingeschränkt, hier aber von besonderem Anspruch; sie machen sich geradezu abhängig davon. Nicht nur Anekdote, Witz und Rätsel fordern einen besonderen Erkenntnisakt, rationale Durchdringung ist unabdingbar auch bei Epigramm und Sentenz; insbesondere der Aphorismus zielt auf die selbstdenkende Rezeption. Die Herkunft aus einer didaktisch-zweckhaften Literatur haftet den L.K. in unterschiedlichem Maße an; für Rätsel, Epigramm, Aphorismus gleichermaßen ist die Literarisierung sekundär, die Spannung konstitutiv.

4. Bei den Abgrenzungen innerhalb der L.K. spricht vieles für eine Unterteilung in Anekdote, Witz, Rätsel einerseits und eine Gruppe, die das Epigramm so gut wie das Sprichwort, die Apophthegma, Sentenz und Maxime ebenso wie Fragment, Aperçu und Aphorismus umfaßt. Der Spruch eignet sich zu ihrer Bezeichnung wenig. Er ist zwar ein gattungsmäßig schwerlich zu fixierender lyrisch-prosaischer Oberbegriff, der mit Merkmalen wie Bündigkeit, Prägnanz und Pointierung, Beziehung auf Normen und Appell an den Intellekt ihre semantische Mitte ideal repräsentiert, auch als Simplex (bis zu Nietzsche, Kraus, Schnitzler) wie in zahlreichen Komposita, in Kern-, Sinn-, Gedanken-, Lehr-, Weisheits-, Zettel-, Merk- oder Denksprüchen (Gutzkow) mit dem Aphorismus interferiert und verschmilzt, im eigentlich verengten Sinne aber doch genauer für eine Gattung älterer lyrisch-didaktischer Texte steht. Eine „Aphoristik", die mehr als eine Textsorte und weniger oder anderes als eine Gattung im Sinne der klassischen Trias darstellte

und ihren Namen nach der im 20. Jh. dominierenden L.K. wählte, mit ihr also in keiner Weise identisch wäre, könnte diese Aufgabe besser erfüllen. Die Differenzkriterien sind auf verschiedenen Ebenen und in wechselnden Koalitionen zu suchen. Neben gestalt- und schaffensästhetische (und ergiebiger als diese) treten rezeptions- und wirkungsästhetische Aspekte. So ist das Epigramm am leichtesten von der Versform her zu bestimmen, Witz und Rätsel von ihrer kommunikativen Funktion, das Sprichwort aus seiner Mischung von individueller Produktion und volkstümlicher Adaption, Umarbeitung und Überlieferung, die Sentenz von ihrem Normanspruch her, der Aphorismus aus seiner denkexperimentellen Subjektivität. Dichotomische Überlegungen wie episch-gnomisch vs. gnomisch (Anekdote, Witz vs. Maxime, Sentenz, Aphorismus), mündlich vs. schriftlich (Gnome, Sprichwort, Witz, Anekdote vs. Sentenz, Epigramm, Apophthegma, Aphorismus), normativ vs. subjektiv (Sprichwort, Sentenz vs. Aphorismus, Aperçu), nicht-fiktional vs. fiktional (Epigramm, Aphorismus vs. Witz, z. T. auch Anekdote), repetitiv vs. kreativ, kollektiv vs. individuell (Sprichwort vs. Aphorismus) oder situativ vs. generell (Sprichwort vs. Sentenz) wären in der Form eines mehrdimensionalen Netzes systematisiert weiterzuführen. So mag sich die unterschiedliche Haltung zum Problem der Norm, zum Geltungsanspruch der jeweiligen L.K. also, als Frage darstellen lassen, ob sie das übergreifende Merkmal der Bündigkeit in ausschließlich oder überwiegend moralischer oder aber in ästhetischer Weise versteht; damit ließe sich die Modernität des Aphorismus innerhalb der verwandten Textsorten begreifen, der statt auf allgemeine Geltung auf bedingungslose Subjektivität setzt. In jedem Fall muß sich die Forschung (notwendig im Gegensatz dazu) auch mit der Tatsache mannigfacher und vielfältiger Interferenzen abfinden.

5. Immerhin haben sich auch auf die bisher herrschende, vielfach vereinzelte Weise Konsensaspekte ergeben.

a. Die Anekdote erzählt ein kleines historisches, freilich nicht immer gesichertes, Ereignis in gedrängter Form und, oft auf eine Äußerung hin, pointiert zugespitzt als eine menschlich bedeutsame Begebenheit von besonderer Wirkkraft, über die zwischen Erzähler und Hörer oder Leser Einverständnis herrscht. Von der Historiographie hebt sie sich als eine literarische Textsorte ab, die das anschauliche Einzelne als historisch bedeutsam präsentiert, allgemein bekannte Persönlichkeiten charakterisiert und historische Zusammenhänge simplifiziert oder eine intensivere Interpretation fordernde Nachdenklichkeit erzeugt. In dieser letzten Form könnte man sie von der Nachbargattung her durchaus als Rätsel mit Auflösung bezeichnen. Ihr Witz ist nicht auf oberflächliche Wirkung, sondern auf die Erhellung eines existentiell Bedeutsamen gerichtet. Darin unterscheidet sie sich vom Schwank; das Geschichtliche und Belehrende stellt sie der Kalendergeschichte zur Seite. Witz und Rätsel erfüllen nicht nur wie der Spruch als sog. „Einfache Formen" offensichtlich Grundbedürfnisse des Menschen, in dem vom Hörer zu leistenden Erkenntnisakt, der einmal durch Lachen, das andere Mal durch Mitteilung bezeugt wird, haben sie auch eine sehr ähnliche Struktur.

b. Der Witz ist kurz, meist als Dialogsituation und im historischen Präsens, auf Steigerung und plötzliche Entladung einer Spannung sowie auf Erwartungsstörung angelegt, lebt also von der intellektuellen sprachlichen Zuspitzung. Er ist auch in allen anderen L.K. erkennbar und wirksam, allerdings in einer umfassenderen Bedeutung, die sich aus seiner höchst bemerkenswerten Begriffsgeschichte erklärt. Er wird von einer persönlichen Eigenschaft auf eine Schreibart und von einem poetischen Prinzip auf eine Textsorte übertragen und verengt und verkleinert sich erst im 19. Jh. zum geistreich Komischen, das ↗ Komische.

c. Das Rätsel verschlüsselt als ungeregelte Prüfungsfrage ein Wort oder einen Begriff in der Weise zu einem Text, daß jedes beschreibende Element einen Hinweis auf ein Inhalts- oder Ausdruckselement gibt, Lösbarkeit ist dabei ein klares Kriterium. Vom Epigramm ist es durch die Kommunikationsform unterschieden: Es ist spezifisch dialogisch. Auffällig gern wird gerade im literarischen Rätsel die Sprachgestalt selbst Grundlage der Verschlüsselung. Ob man es derart gewichten sollte, daß man in ihm Formen einer alternativen Erkenntnis aufgehoben findet, steht noch dahin.

Von den restlichen L.K. lassen sich Sprichwort und Epigramm noch relativ am sichersten eingrenzen.

d. Das Epigramm ist schon von seiner Etymologie her genuin schriftlichen Charakters. Es wird für eine bestimmte Gelegenheit, ursprünglich einen Grabstein oder ein Gastgeschenk, als Aufschrift, Inschrift oder Beigabe gebraucht und ist schon von daher „punktuell": Es ist *einer* Person gewidmet, *einem* Objekt zugeordnet oder stellt *einen* Einfall dar, jeweils in qualitativ kurzer, also konziser und pointierter Versform. Seine zweiteilige Grundstruktur deutet nicht mehr auf epische Anteile, sondern ist eine solche von Gegenstand und Deutung. Näher als dem aus mündlicher Tradition erwachsenden Spruch, mit dem es sich in vielfältiger Weise vermischt und überschneidet, steht ihm, bei formal wie historisch größter Eigenständigkeit, der Aphorismus, im Englischen bisweilen „prose epigram" genannt.

e. Das Sprichwort drückt sprachlich und gedanklich formelhaft feststellend sowie unter intensiver Nutzung sprachlicher Mittel und deshalb in ebenso prägnanter wie einprägsamer Weise eine Lebensregel oder -weisheit aus und fixiert praktische Lebenserfahrung. Es ist damit in Denken und Sprachschatz breiter Schichten verwurzelt. Seine Richtlinien für die Lebensführung, die jeweils nur partiell gültig sein können, beanspruchen gleichwohl generelle Geltung, darin der Sentenz (und auch der Maxime) nahe, die im übrigen von der Produktions- (ihr Autor ist bekannt) wie von der Rezeptionsseite her (ihrer Sprache philosophischer Betrachtung kontrastiert die alltäglich-konkrete Sprache des Sprichworts) distinktiven Abstand hält. Die charakteristischen Einseitigkeiten und Widersprüche, die es mit anderen L.K. bis hin zum Aphorismus verbinden, resultieren eben aus der Pointiertheit und weiterreichenden Punktualität. Nimmt man hingegen seinen Willen zur Objektivierung, seine traditionelle Moralvorstellung und seinen Ordnungssinn, das Kollektiv-Anonyme und das Fixierende in den Blick, so besetzt der Aphorismus geradezu den anderen Pol.

Überschneidungen und Überlagerungen im Begriffsumfeld sind für Apophthegma, Sentenz, Maxime, dann auch Aperçu, Fragment und Aphorismus besonders vielfältig. f. Während das Apophthegma als ein aus einer bestimmten Situation hervorgegangener und auf sie bezogener Denkspruch zu verstehen ist – die Erzählung eines zeitlichen Vorganges ist um seiner spruchhaften Deutung willen zurückgetreten –, formuliert g. die Sentenz pointiert und lakonisch generalisierend allgemeingültige Erfahrungen, Sachverhalte und Normen. Sie wandelt sich aufgrund der kotextuell isolierbaren Formulierung und der intellektuellen Intensivierung des Ausdrucks von einem – vorzugsweise dramatischen – Zitat zur Eigenständigkeit.

h. Im engeren Sinne zielt die Maxime zunächst auf etwas Axiomatisches, einen nicht weiter ableitbaren obersten ethischen Grundsatz, eine (Verhaltensmaß-)Regel. Alle drei Begriffe interferieren nicht nur miteinander, sondern auch mit dem Spruch. Das Apophthegma ist als seine schriftgestützte Variante erläutert, die Sentenz von der ursprünglich volkstümlich-mündlichen Spruchdichtung der griech. Gnome als Exzerptionsphänomen abgehoben worden.

i. Im Begriff des Fragments ist immer die Korrelation zu einer Totalität mitgedacht. Von wesentlicher Bedeutung wird er nicht dort, wo diese unabsichtlich unerreicht ist, sei es, daß der Autor sich von dem Werk abwendet oder stirbt, sei es, daß nur ein Teil überliefert ist, sondern dort, wo ein Ganzes als nicht mehr oder noch nicht erreichbar und notwendig abwesend gedacht wird und das Fragment als Textsorte seine teilweise Repräsentanz übernehmen soll. In nächster Verwandtschaft zum Aphorismus steht auch

j. das Aperçu, das als überraschende, geistreiche Bemerkung in knapper Form auf dem Weg zu einer (selbständigen) Textsorte weniger weit gekommen ist.

k. Der Aphorismus schließlich bildet den im 20. Jh. literarisch fruchtbarsten, weitesten und damit auch problematischsten Begriff. Konzis, pointiert und eigenständig, formal wie denkerisch offen, unbedingt ästhetische Erkenntnis beanspruchend, ist er von der Sprach- wie von der Denkform her verstanden worden.

6. Entscheidende Aufschlüsse lassen sich aus Begriffs- und Gattungsgeschichte der einzelnen L.K. gewinnen. Die Anekdote wird gegen Ende des 18. Jh. als literarische Gattung wahrgenommen und findet in Hebel und Kleist ihre klassische Ausprägung. Sie hat im 19. Jh. mit Autoren von Gotthelf bis Fontane eine reiche Gattungsgeschichte und wird im 20. Jh. bei einzelnen Erneuerungsversuchen (Brecht) im wesentlichen von konservativ-epigonalen Autoren gepflegt. Sammlungen von Sprichwörtern, aus zwei Hauptquellen, einer volkstümlichen Spruchweisheit und einer literarischen, aus ↗ Bibel und antikem Schrifttum schöpfenden Buchweisheit, und von Rätseln sind in Deutschland seit dem 10. Jh. bekannt. Beide haben eine Blütezeit im 16. und 17. Jh., das Sprichwort in den Sammlungen des Erasmus von Rotterdam, Johannes Agricolas und Sebastian Francks und bei Autoren wie Luther, Brant, Sachs und Fischart. ↗ Aufklärung und Weimarer ↗ Klassik stehen ihm zugunsten der Sentenz und des klassischen Zitates gleichgültig bis verächtlich gegenüber, das Rätsel erlebt durch Schiller einen kurzen Versuch zur literarischen Erneuerung. Das 19. Jh. ist die Zeit der umfassendsten Sammlung und Sichtung (Rätsel: Simrock 1850; Sprichwort: Simrock 1846, Wander 1867-80). Während das Rätsel im 19. und 20. Jh. zum zeitvertreibenden, massenhaft produzierten (Kreuzwort-)Rätsel absinkt, ist das Sprichwort lebendig bis in die Gegenwart hinein. Die Aphoristiker setzen sich mit ihm auseinander; es steht in lebendiger Wechselwirkung mit dem Slogan, der sich nicht nur seiner bedient, sondern auch zum modernen Sprichwort werden kann, wenn in sprachlich besonders geglückten Fällen sein zweckgebundenes Sonderinteresse verblaßt. Im Witz fassen wir seit dem 19. Jh. auch eine Gattungsbezeichnung, vor allem aber ein in jeder

Form von Literatur aus einer Persönlichkeitsstruktur erwachsendes literarisches Merkmal (Jean Paul, Nestroy, Tucholsky) sowie dessen Theorie. Der Witz wird im 18. Jh. zur zentralen poetischen Kategorie vor dem Geniebegriff, einer besonderen kombinatorischen Erfindungskunst, einem psychischen Vermögen, durch den Schluß vom Besonderen auf das Allgemeine plötzlich erhellend Ähnlichkeiten verschiedener Objekte wahrzunehmen (Wolff, Gottsched, Lichtenberg). In der Theorie des romantischen Fragments (F. Schlegel) bezeichnet er nicht weniger als ein Kunst und Wissenschaft integrierendes Erkenntnisprinzip; Freud erfaßt ihn wegweisend neu. In der Pointierung ist er konstitutiv für die L.K. und spielt besonders für den Aphorismus von Lichtenberg bis zu Kraus eine entscheidende Rolle.
Sprichwort, Rätsel und Witz eignet bei allem historischen Wandel etwas Überzeitliches, die Geschichte der Anekdote verläuft relativ unabhängig, für die übrigen L.K. hingegen ist die Zeit um 1800 deutlich als Kulminationszeitraum zu erkennen: Apophthegma und Epigramm sind erloschen oder im Niedergang, der Aphorismus beginnt seinen Aufstieg (Anzeichen für die Komplementarität dieser Vorgänge sind im Wandel zur Verschriftlichung und zur Prosa gegeben), Maxime, Sentenz, Fragment, auch Aperçu erleben eine Zeit besonderer Bedeutung. Die maßgeblichen Apophthegmata-Sammlungen (Erasmus 1536, Bacon 1625, Zincgref 1626) bezeichnen Blüte und Abschluß dieser Textsorte, die in den Nachbarformen aufgeht. Von den beiden Traditionslinien des Epigramms setzt sich gegen die griech. Spruchweisheit der pointiert satirische Typ Martials stärker durch. Nach Scaligers und Opitz' Theorien erlebt es seine Blüte im ↗ Barock (Logau, Angelus Silesius) und in der Aufklärung (A. Kästner, Lessing). Nach den kontroversen Überlegungen Lessings und Herders und einem letzten Höhepunkt in Goethes und Schillers Schaffen der 1790er Jahre spielt es im 19. (Grillparzer, Hebbel, Platen) und erst recht im 20. Jh. trotz vereinzelter Erneuerungsversuche (Brecht, E. Kästner) eher eine untergeordnete Rolle. Die Sentenz, seit dem 16. Jh. als allgemeingültig, denkwürdig und merkfähig formulierter Kernsatz begriffen – Seneca bietet die Grundmuster –, hat ihre Blütezeit in der dt. Klassik, mit dem schwindenden Glauben an deren idealistische Wertewelt schwindet auch ihr Gebrauch. Nietzsche bedient sich des Begriffes von der frz. Moralistik her anfangs, ersetzt ihn aber allmählich durch den des Aphorismus, dessen eigen-sinnig (ideologie)kritisches, sprachlich und denkerisch auf Innovation Zielendes sich im 20. Jh. gerade im unüberbrückbaren Gegensatz zu sentenzhaft-verbindlichem Sprechen versteht. Der Allgemeingültigkeitsanspruch der Maxime weicht auf dem Weg von Gracian (*Oráculo manual*, 1647) zu den frz. Moralisten auf. Durch ihre zentrale Funktion in Kants Moralphilosophie ist sie am stärksten auf auch außerliterarische, eben ethisch-philosophische, Zusammenhänge bezogen. Nicht nur die terminologischen Einflüsse aus dem Französischen (La Rochefoucaulds *Reflexions ou sentences et maximes morales*, 1665), haben dabei zu einem begrifflichen Bei-, Mit- und Ineinander beigetragen, das, wie im Fall von Goethes *Sprüchen in Prosa*, den *Maximen und Reflexionen*, jeweils unter strengem Rückgang auf die Autorenintention skrupulöse begriffs- wie gattungsgeschichtliche Klärung verlangt. Nicht weniger gilt das für Aperçu und Fragment. Das Aperçu, erst 1797 ins Deutsche übernommen, macht Goethe zu dem entscheidenden Begriff im Zusammenhang von Wahrnehmung und Erkenntnis, ehe es im 19. Jh. in seiner Bedeutungsdimension gekürzt und verharmlost wird. Der Fragment-Begriff, aus biblischem Geiste heraus seit der ↗ Renaissance eucharistisch (als die übriggebliebenen Brocken der wunderbaren Brotvermehrung) wie eschatologisch (als irdisches Stückwerk) verstanden, gewinnt bei Hamann, Herder und Lessing spezifischere literarische Bedeutung, erst recht dann bei Novalis und F. Schlegel, dessen *Fragmente* 1797 als die Geburtsstunde einer neuen Literaturgattung gelten. Von den Maximen Chamforts, mit denen sie in Verbindung stehen, unterscheiden sie sich in ihrem Schweben zwischen Philosophie und Poesie mit dem Witz als geistiger Grundlage relativ klar. Für die Moderne mit ihrem Gedanken einer notwendig fragmentarischen Gestalt des Ästhetischen (von Nietzsche über Adorno bis Derrida) kann das Fragment geradezu als Leitmetapher gelten.
Der Aphorismus selbst schließlich, auf den bisher mannigfache Bezüge verwiesen, wird im 18. Jh. von Hippokrates und Bacon aus als (populär)-wissenschaftlicher Terminus innerhalb der Anthropologie und Lebensphilosophie gebraucht, von daher auf andere wissenschaftliche Disziplinen übertragen, vor allem aber fortschreitend mehr zu einem Begriff innerhalb der Literatur. Die allgemeine Selbst- und Menschenbeobachtung wird im Zuge wissenschaftlicher Spezialisierung zu deren Gegenstand, der Aphorismus mit Aspekten wie Anti-Systematik, Konzentrat und Konzentration, Skizze und Experiment und spezifischer Rezeptionsverwiesenheit zur Darstellungsform eines ästhetischen Denkens. Um 1900 entwickelt die Literaturwissenschaft unter dem Einfluß Nietzsches und unter Voranstellung des Gründungsvaters Lichtenberg eine dt. Gattung unter diesem immer stärkere Zentripetalkraft entwickelnden Begriff, zu der Autoren von Goethe, Jean Paul, F. Schlegel und Novalis über Seume, Börne, Feuchtersleben,

Varnhagen, Ebner-Eschenbach und Nietzsche bis zu Kraus, Schnitzler, Morgenstern, Kafka wesentliche Beiträge geliefert haben und die bis in die Gegenwart hinein quantitativ wie qualitativ (Canetti, Hohl, Benyoetz) sehr beachtlich ist. Sein Erkenntnis-Spiel auf der Brücke zwischen Philosophie und Poesie ist vielfach beschrieben, eine Gattungsgeschichte aber gibt es angesichts der über das Literarische hinausweisenden Offenheit des Begriffes, der Integration (und wechselnden Interferenz) der Nebenbegriffe sowie der Konkurrenz zwischen Eigenbezeichnungen und systematisierenden Normierungsversuchen noch nicht.

Friedemann Spicker

Lit: O.F. Best: Der Witz als Erkenntniskraft und Formprinz, 1989. – R. Bubner/U. Dierse: Maxime. In: J. Ritter (Hg.): Historisches Wörterbuch der Philosophie, Bd. 5, 1980. – H. Fricke: Aphorismus. In: G. Ueding (Hg.): Historisches Wörterbuch der Rhetorik, Bd. 1, 1992. – P. Hess: Epigramm, 1989. – W. Mieder: Sprichwort – Wahrwort!?, 1992. – E. Ostermann: Das Fragment, 1991. – Z. Skreb: Die Sentenz als stilbildendes Element. In: Jb. f. Int. Germanistik XIII/2, 1981. – T. Tomasek: Das dt. Rätsel im MA, 1994. – T. Verweyen: Apophthegma. In: W. Killy (Hg.): Literaturlexikon, Bd. 13, 1992. – B. Wachinger: Kleinstformen der Literatur. In: W. Haug/B. Wachinger (Hg.): Kleinstformen der Literatur, 1994. – V. Weber: Anekdote, 1993.

Literaturgeschichte

1. L. bezeichnet gleichzeitig abstrakt die historische Entwicklung einer Literatur, d.h. eines Systems von als „Literatur“ angesehenen Texten und ihrer Kontexte, und konkret die schriftliche Fixierung dieses geschichtlichen Prozesses, eine Ordnung und Anordnung der entsprechenden Zeugnisse. L. ist also in einem „Kollektivgedächtnis“ als Bestand literarischer Überlieferung aufbewahrt, ist herausragender Ausdruck eines literarischen Kanons, indem sie als wichtig erachtete Elemente (Texte und Kontexte) aufzeichnet.

2. L. im konkreten Sinn ist eine literaturwissenschaftliche Textsorte mit impliziten und expliziten (historisch wandelbaren) Regeln, mit Gewohnheiten und Festschreibungen, mit einer Geschichte, die wiederum in die „Geistesgeschichte“, die „Kulturgeschichte“, eingelassen ist, also mit einer Reihe von bewußten und unbewußten Voraussetzungen: „L. sind immer funktional bestimmt und deshalb von ihren aktuellen Entstehungsbedingungen nicht ablösbar“ (W. Voßkamp). Die Textsorte verknüpft zwei Konzepte, nämlich Literatur und Geschichte. Die erste wirft die Frage der Kunst und damit der Wertung auf, die zweite jene nach der Art und Form einer Kette von Fakten, Erfahrungen, Interpretationen und deren selektiver Konstruktion in einem Text. Bei Geschichtsschreibung wird „die heterogene Mannigfaltigkeit vergangener Ereignisse in die Einheit eines bedeutsamen Zusammenhanges gebracht“ (Heinrich Anz). Literaturgeschichtsschreibung, im heutigen Verständnis seit der 2. Hälfte des 18. Jh. betrieben, geht von einem bestimmten Begriff von Geschichtlichkeit und von Literatur aus: Geschichtlichkeit als – in seinen Strukturen und in Zusammenhängen fixierbarer – Wandel; Literatur als – durch ein besonderes poetisches Wesen ausgezeichnete – Kunst. Daß auch diese Begrifflichkeit im historischen Wandel steht, zeigt die Geschichte der Literaturgeschichtsschreibung.

3. Nach Michel Foucault (*L'ordre du discours*, 1971) gehört die L. zu den „procédures de contrôle“, den Kontrollverfahren. L. ist Organisation, ist Herstellung von Zusammenhängen, ist Ordnung in einer Zeitfolge. Dieser Anspruch einer diachronisch ausgerichteten Geschichtsschreibung, die verschiedene und vielfältige Ereignisse in einem chronologischen Ablauf als Prozeß einheitlicher historischer Momente auffaßt, ist vor allem in der 2. Hälfte des 20. Jh. zunehmend kritisch betrachtet worden, etwa von Siegfried Kracauer, der „the uniform flow of time“ anzweifelte: „Any historical period must therefore be imagined as a mixture of events which emerge at different moments of their own time“ (in: *Time and History*, erschienen 1963); es handle sich um Momente verschiedener „Zeitkurven“. Die temporale Anordnung und Auffächerung einer L. untersteht einer Spezifik des Erzählens, die der Textsorte als „Laokoon-Problem“ (Karl Otto Conrady) immanent ist: L. ist eine „Kunst des Nacheinander“ und arbeitet mit zeitlichen Abgrenzungen, setzt Zäsuren, Epochen (von Niklas Luhmann z.B. als ein für historische „Selbstbeschreibungen“ nötiges, allerdings vereinfachendes Mittel der Erfassung von Diskontinuität verstanden) als Ordnungsbegriffe und -schemata ein.

4. L. ist Auswahl aus einer (oft angesprochenen) „Überfülle des Stoffes“, schreibt somit einen literarischen Kanon fest. Die als bedeutend erachteten Dichter der Vergangenheit wurden im 17. und 18. Jh. von der „Poetik“ überliefert, danach übernahm die L. diese Aufgabe. Sie erhielt – wie Peter Uwe Hohendahl ausgeführt hat – „eine Schlüsselstellung innerhalb der Institution Literatur“, indem sie Normen setzen und propagieren konnte. Die (jedenfalls implizite) Kanon-

funktion ist eine Machtfunktion – und auch dies zeigt die Geschichte der dt.sprachigen Literaturgeschichtsschreibung seit dem 18. Jh.

5. In der Antike (ab dem 4. Jh. v. Chr.) wurde die „Biographik“ gepflegt, d.h., man erzählte das Leben berühmter Männer, beschrieb etwa Dichter und ihre Werke. Diese Darstellungsweise wurde im MA übernommen und unter Einfluß des ↗ Humanismus im 16. Jh. erweitert: In Katalogen erfaßte man, oft in alphabetischer Anordnung, biographische Fakten, zählte man Titel auf. Die „historia literaria“ (dt. dann „Litterärgeschichte“) war keine zeitlich-sinnhafte Anordnung und verstand unter „Literatur“ das gesamte Schrifttum in allen Bereichen des Wissens – eine bis ins 18. Jh. gängige Methode (z.B. Daniel Georg Morhof, *Unterricht von der teutschen Sprache und Poesie, deren Uhrsprung, Fortsetzung und Lehrsätzen*, 1682). Im Rahmen der Auseinandersetzung zwischen den Anhängern der Antike und jenen einer „modernen“ Kultur Ende des 17., erste Hälfte des 18. Jh. (in Frankreich: „Querelle des Anciens et des Modernes“) wurde die Vorstellung aufgegeben, daß Geschichte in einem immer gleichen Zyklus ablaufe (oft als natürliches Entwicklungsschema mit Vorbildern aus der Pflanzenwelt – „Blüte“ usw. – beschrieben), wurde weiter unter „Literatur“ nunmehr „Poesie“ verstanden. Damit war die Basis für eine „neue“ L. gegeben, die das Vergangene als Zusammenhang mit beschreibbaren Strukturen verstand und eine Sinn-Ordnung herzustellen suchte. Eine sinnstiftende Einheit der historischen Entwicklung schien nur in Ausrichtung auf ein zentrales Konzept („Trägerkonzept“) möglich – und dies war, verstärkt ab Beginn des 19. Jh., die Nation. Die philologischen Bemühungen um die nationale Vergangenheit konnten auf den Humanismus zurückgreifen, konnten sich als L. auf Herders Forderung nach einer dt. L. und seine geschichtsphilosophischen Entwürfe der 1770er Jahre stützen: Herder bezeichnete die Geschichte der Poesie eines Volkes als Prozeß der Humanisierung, als dessen Höhepunkt und somit absolut gesetzte Norm später die nationale Klassik angesehen wurde.

6. Am Anfang des 19. Jh. betonten Friedrich und August Wilhelm Schlegel, vielerorts als Begründer der Literaturgeschichtsschreibung im 19. Jh. bezeichnet, daß die Nation der Ausgangspunkt der romantischen Entwicklung und das Zentrum der Geschichte sei. Zu den ersten „pragmatischen“ (= einen historischen Zusammenhang schaffenden) L. gehören der *Versuch einer pragmatischen L.* (1770) von Johann Jakob Rambach und der dreibändige *Versuch einer allgemeinen Geschichte der Litteratur* (1792-96) von Ludwig Wachler, der 1818 seine *Vorlesungen über die Geschichte der teutschen Nationalliteratur* publizierte. In seinem *Grundriß zur Geschichte der deutschen National-Literatur* setzte August Koberstein 1827 voraus, daß diese ihrem inneren Wesen nach ein eigentümlich dt. Gepräge an sich tragen müsse; Nationalliteratur sei jene, die dem nationalen Charakter entspreche. „Die Grundlage des Selektionsprozesses wurde, grob gesagt, eine nationalmoralische“ (Michael S. Batts). Dieser Vorstellung ist die bekannteste und einflußreichste dt. L. des 19. Jh. verpflichtet, die fünfbändige *Geschichte der poetischen National-Litteratur der Deutschen* (1835-42) von Georg Gottfried Gervinus. Für den national-liberalen Historiker Gervinus ist die Entwicklung der Literatur ein kontinuierlicher Prozeß, in dem das dt. Volk poetisch „zu sich gekommen“ sei, indem es sich in einer Blütezeit des 18. Jh. von fremden Einflüssen und adeliger Kultur emanzipiert habe; dieser kulturellen müsse nun die politische Nationswerdung folgen. Grundlegendes Element dieser Befreiung sei eine „Sittlichkeit“, die das Wesen der Weimarer ↗ Klassik bilde, einer gelungenen Synthese der von Goethe und Schiller verkörperten Pole Idealismus und Realismus, von gelehrten und volkstümlichen Tendenzen. Diese Orientierung der nationalen Literaturgeschichtsschreibung blieb das ganze 19. Jh. hindurch bestimmend. Seit Mitte des 19. Jh. begannen die L. im akademischen Betrieb und auch im Deutschunterricht eine zentrale Stellung einzunehmen: L. und ↗ Literaturwissenschaft wurden fast deckungsgleich. Die L. diente als nationales Bildungsinstrument, wurde zu einem wichtigen Faktor des kulturellen Lebens. Zu den nationalen Voraussetzungen kamen konfessionelle: in den deutlich protestantisch grundierten L. von Wilhelm Zimmermann (1846), Hermann Hettner (1856-70) u.a.; in den vom Katholizismus getragenen Werken u.a. von Moritz Brühl (1854), Joseph von Eichendorff (1857). Den größten Erfolg hatte die *Geschichte der dt. Nationalliteratur* (1845, 27 Auflagen bis 1913) von August Friedrich Christian Vilmar, in der das Nationale deutlich konservativ (und keineswegs liberal und/oder demokratisch) besetzt und mit dem Christlichen verbunden ist. Alle diese L. beruhen auf dem Zirkelschluß, daß zunächst eine weltanschaulich fundierte Norm fixiert und dann der so vorgegebene Rahmen entsprechend gefüllt wurde.

7. Die Jungdeutschen (etwa Robert Prutz) kritisierten das Gervinus-Konzept und wendeten Hegels Vorstellungen des historischen Prozesses, der sich dialektisch entfalte, auch in den L. an, in denen nicht nur die „großen“ Werke, das „Ewig-Schöne“, in den Vordergrund gestellt wurden (z.B. Carl Rosenkranz *Die Poesie und ihre Ge-*

schichte, 1855). Der Hegel-Schule erteilte Wilhelm Dilthey eine deutliche Absage: Es sei die Aufgabe des Historikers, aus dem überlieferten Material herauszufiltern, was bleibenden Wert habe; Ausgangspunkt seien die Tradition und der entsprechende Kanon. Wie Hohendahl gezeigt hat, antizipierte Diltheys hermeneutisch-ideengeschichtlicher Ansatz die Reichsgründung, wurde L. zur Legitimationswissenschaft (etwa auch bei Julian Schmidt). Das Nationale als Trägerkonzept wurde ab den 1880er Jahren zwar zunehmend auch kritisch betrachtet, blieb allerdings in nicht wenigen L. konstituierendes Prinzip, das etwa Wilhelm Scherer in seiner *Geschichte der dt. Literatur* (1880-83) mit einem an den Naturwissenschaften orientierten – angeblich „objektiven" – Positivismus verband.

8. Um die Jahrhundertwende begann sich ein Methodenpluralismus zu entwickeln, der sich u.a. auf die Schriften Diltheys stützte. Die nationalistisch fundierte Richtung der L. führten August Sauer und Josef Nadler weiter. In Nadlers *L. der dt. Stämme und Landschaften* (ab 1912) ist bestimmendes Merkmal das „Stammliche", d.h. die Abhängigkeiten „Geist" – „Blut", „Blut" – „Boden" (ähnlich die rassistische L. *Geschichte der dt. Literatur*, 1901-02, von Adolf Bartels). Zur gleichen Zeit kamen in L. geistesgeschichtlich orientierte Konzepte (nach Rudolf Unger *L. und Geistesgeschichte*, 1925) zum Tragen, die mit „immanenten Gesetzen geistesgeschichtlicher Dialektik" argumentierten, dabei aber literarische Texte nur als Beispiele in einer sich auf einen „Zeitgeist" berufenden Ideengeschichte sahen. In den 20er und 30er Jahren entstanden zudem auffallend viele Arbeiten über „Epochenstile" (am bekanntesten: *Geist der Goethezeit* von Hermann August Korff, 1923), die u.a. auf Anregungen Heinrich Wölfflins (*Kunstgeschichtliche Grundbegriffe*, 1915) zurückgingen, und es wurden stiltypisch orientierte L. publiziert (z.B. *Dt. Dichtung von Gottsched bis zur Gegenwart* von Oskar Walzel, 1930). In diese Zeit fallen auch gesellschaftswissenschaftlich, marxistisch-materialistisch, literatursoziologisch, rezeptionsgeschichtlich ausgerichtete Ansätze. Diese Versuche konnten in der NS-Zeit in Deutschland nicht weitergeführt werden. Nadler und seine L., deren letzter Band 1941 erschien, beherrschten nunmehr das Feld: Das rassistisch begründete „dt. Wesen" stellte das entsprechende literarhistorische Trägerkonzept und fixierte die Normen.

9. Nach 1945 zogen sich zunächst die bekannten (und bis auf wenige Ausnahmen durch ihre NS-Vergangenheit „belasteten") Vertreter des Faches ↗ Germanistik in eine hermeneutische Praxis der „werkimmanenten Interpretation" zurück. Die an Methoden der 20er Jahre anknüpfende L. erwies sich bald als wenig befriedigend, vor allem weil einerseits eine auf ein „Zentrum" ausgerichtete L. durch eine a-priori-Annahme deutlich nicht nur eine konstruierte Historizität, sondern auch die dem Verfasser eigenen Voraussetzungen transportierte, und weil andererseits z.B. die *Geschichte der dt. Literatur* (1949ff.) von Helmut de Boor und Richard Newald als Aufzählung philologischer Summen eine Auswahl perpetuierte und großteils im (engen) innerliterarischen Rahmen blieb, also die Texte von den Kontexten abhob. Die traditionelle L. im narrativen, sinngläubigen Duktus wurde zunehmend von diskursanalytischen, systemtheoretischen, strukturalistischen (↗ Strukturalismus) u.a. Methoden in Frage gestellt. Vor allem seit Ende der 60er Jahre wurde neben einem neuen, erweiterten Literaturbegriff auch eine Differenzierung und Pluralisierung des Geschichtsbewußtseins wirksam.

10. Neben formalistischen Ansätzen und diskursanalytischen Überlegungen, die in der Folge von Foucault dann auch auf eine Unmöglichkeit der L. schließen, neben den auf der Rezeptionsforschung (↗ Rezeption) basierenden Modellen (*L. als Provokation der Literaturwissenschaft* von Hans Robert Jauß, 1967) und strukturalistisch fundierten Konzepten wurden in den letzten Jahrzehnten vor allem Modelle einer Sozialgeschichte der Literatur forciert. Dabei wird Literatur als soziales Interaktionssystem gesehen und das Wechselverhältnis von literarischer Produktion, Distribution, Rezeption und historischem Kontext untersucht. Die publizierten Sozialgeschichten der dt. Literatur haben allerdings meist den theoretischen Anspruch unter der Hand aufgegeben, während komplexe theoretische Ansätze – wie jene der Münchner Forschergruppe (1988) – bislang ohne Praxis geblieben sind. Auch wenn in Theorie und in der Praxis der Gruppenarbeit – L. werden kaum mehr von einzelnen geschrieben – Offenheit demonstriert wird, bleibt hinter den publizierten L. allemal eine Folie bestehen. Dem Weiterschreiben von Voraussetzungen könnte eine „offene L." entgegenwirken, die auf Reflexion der Bedingungen ihrer Möglichkeiten, auf Kanonreflexion, auf einem umfassenden Literaturbegriff beruht und so die Text-Kontext-Beziehungen zu beschreiben versucht.

Klaus Zeyringer

Lit.: M.S. Batts: A History of Histories of German Literature, 1987. – J. Fohrmann: Das Projekt der dt. L., 1989. – R. v. Heydebrand u.a. (Hg.): Zur theoretischen Grundlegung einer Sozialgeschichte der Literatur, 1988. – W. Voßkamp/E. Lämmert (Hg.): Historische und aktuelle Konzepte der Literaturgeschichtsschreibung, 1986.

Literaturkritik

1. Unter L. läßt sich in einem sehr allgemeinen Sinne die öffentlich geführte Auseinandersetzung mit (aktueller) Literatur bezeichnen. Ort dieser Diskussion sind ↗ Medien wie Tages- und Wochenzeitungen, (literarische) Zeitschriften, Rundfunk und Fernsehen. L. kann sich – wie ihre Geschichte belegt – in verschiedensten Textformen äußern: beispielsweise als Rezension, ↗ Essay, Glosse, Porträt, ↗ Reportage, Polemik oder als literaturgeschichtliche Darstellung. L. im dt. Sprachraum wird i.d.R. deutlich enger gefaßt, als es die vermeintlich kongruenten Begriffe des Englischen („literary criticism") oder Französischen („critique littéraire") nahelegen. Das angelsächsische Verständnis schließt oftmals die Felder der ↗ Poetik und Literaturtheorie mit ein. L. im gegenwärtigen Verständnis grenzt sich so im Deutschen – trotz vielfältiger, auch personeller Überschneidungen – von der ↗ Literaturwissenschaft ab. Während diese dem universitären Bereich zugeordnet wird, ist jene meist mit dem Journalismus verbunden. L. scheint in historischer Verengung weitgehend auf die Textsorte der Rezension beschränkt. Sie operiert unbefangener als die Literaturwissenschaft mit Wertungen und ist aufgrund ihrer medialen Präsenz auf „große" Vertreter ihrer Zunft fixiert. Von Lessing, Börne und Heine über Fontane und Alfred Kerr bis hin zu Friedrich Sieburg und Marcel Reich-Ranicki reicht diese namenkonzentrierte Auffassung von L. – eine Tendenz, die im Zeitalter des Fernsehens und der Kunstvermarktung eher zu- denn abnimmt.

2. L. gilt als „Spätphänomen" (W. Barner), das in seiner modernen Ausprägung – von Vorbereitungen im 17. Jh. abgesehen – im 18. Jh. zu rascher Blüte gelangte. Nicht bestritten ist damit natürlich, daß sich Auseinandersetzungen über Literatur, gerade auch in polemischer und subjektiver Absicht, zu allen Zeiten und in den vielfältigsten Texten nachweisen lassen. Die poetologischen Passagen im ↗ Höfischen Roman des 13. und 14. Jh. z.B. sind oftmals eminent „literaturkritischer" Natur. Wenn es dennoch sinnvoll ist, die moderne L. erst im 18. Jh. mit der ↗ Aufklärung beginnen zu lassen, so ist das durch den sich damals vollziehenden „Strukturwandel der Öffentlichkeit" (J. Habermas) zu rechtfertigen. Das sich formierende Bürgertum nutzte die Möglichkeiten der Kunstkritik, um seiner eigenen Wertvorstellungen gewiß zu werden und ein Forum für (politische) Meinungsbildung auszubauen. Maßgeblich beteiligt am neuen Verständnis von L. war Johann Christoph Gottsched (1700-1766), der um 1730 dazu aufforderte, Literatur nicht allein in ihrer äußeren Form (Metrik, Grammatik, Rhetorik) zu erfassen, sondern eine rational gestützte Beurteilung ihres gedanklichen und ästhetischen Wertes zu liefern. Die Zahl der Zeitschriften, in denen sich das Publikum an diesen „Geschmacksdebatten" beteiligen konnte, stieg zusehends, und ein breites Rezensionswesen begann sich zu installieren. Gotthold Ephraim Lessing, der bereits von seinen Zeitgenossen als „neuer Criticus" (J.G. Sulzer) eingestuft wurde, trieb die Abkehr von der Regelpoetik voran und historisierte die L. Er etablierte sie in ihrer Funktion, eigenes Denken und Urteilen als geistigen Wert zu begreifen. L. diente ihm so nicht als Mittel, Normierungen zu setzen; es war ihm lieber, „Wolken zu machen, als sie zu zerstreuen". Vor diesem aufklärerischen Bewußtsein waren auch die scheinbar unantastbaren Größen der Vergangenheit nicht gefeit. In den *Rettungen des Horaz* etwa forderte Lessing dazu auf, „die Namen berühmter Männer zu mustern, ihr Recht auf die Ewigkeit zu untersuchen, unverdiente Flecken von ihnen abzuwischen, die falschen Verkleisterungen ihrer Schwächen aufzulösen".

Die politisch-gesellschaftliche Bedeutung, die L. zu Zeiten Lessings erlangte, verdankt sich, wie erwähnt, dem radikalen Wandel von Öffentlichkeit. Diese meinungsbildende, zur Emanzipation ihrer Träger beitragende Rolle verlor sich indes rasch. Der Breitenanspruch ging verloren, bereits die L. der Weimarer ↗ Klassik sah ihre Aufgabe vornehmlich darin, allgemeine Prinzipien einer autonom verstandenen Kunst zu verteidigen, und entfremdet sich vom stetig wachsenden Lesepublikum. Die L. wurde mit einer rasant ansteigenden Buchproduktion konfrontiert, die – und mit ihr das Rezensionswesen – den Mechanismen des Marktes folgen mußte. Bereits J.G. Fichte klagt – ein bis heute beschworener Topos – in seinen *Grundzügen des gegenwärtigen Zeitalters* (1806) über die immer schneller abfolgenden Schübe von Neuerscheinungen und stellt fest, „daß in diesem Systeme die Bücher lediglich gedruckt werden, damit sie rezensiert werden können, und es überhaupt keiner Bücher bedürfen würde, wenn sich nur Rezensionen ohne Bücher machen ließen".

3. Die ↗ Romantik – wortführend: Friedrich Schlegel – legte Wert darauf, das Kunstwerk von Grund auf zu verstehen und es als „poetische Kritik" gleichsam zu vollenden. Der in der Aufklärung hergestellte Bezug zum Publikum blieb unmaßgeblich; es galt für die Romantiker, historische und philosophische Standpunkte zu vereinen und ein projektiertes Einswerden von Kunst und Wissenschaft in der Kritik vorwegzunehmen. Die L. des Jungen Deutschland (↗ Biedermeierzeit) setzte sich von den hermeneutischen Bemühungen der Romantiker (↗ Hermeneutik) deutlich ab, war publikumsbezogener und oppo-

nierte gegen die Autonomieästhetik. Die L. eines Ludwig Börne oder Heinrich Heine bereitete die sich in der zweiten Hälfte des 19. Jh. durchsetzende „Feuilletonisierung" vor. Die Kluft zwischen L. und Literaturwissenschaft wurde festgeschrieben: Letztere verlagert ihre Diskussionen an die Universität und in die neugegründeten Fachzeitschriften, wohingegen die L. sich zunehmend des journalistischen Stils bedient, ihre subjektive Haltung zuspitzte und ästhetisiert wurde. Alfred Kerr (1867-1948) wurde zum bekanntesten Vertreter dieser Ausrichtung. L. drohte sich zu verselbständigen, und Kerr forderte folgerichtig, die Kritik als eigenständige ↗ Gattung neben Epik, Lyrik und Dramatik anzuerkennen. In der Weimarer Republik und im Dritten Reich politisierte sich die L., entpuppte sich mitunter als bloßes ideologisches Sprachrohr. Der Nationalsozialismus versuchte, L. als „Kunstbetrachtung" gänzlich zu instrumentalisieren.

4. Trotz mancher Versuche (W. Muschg, E.R. Curtius, W. Jens, R. Baumgart, A. Muschg, P. von Matt), eine Brücke zwischen Literaturwissenschaft und L. zu schlagen, fungiert die L. nach dem Zweiten Weltkrieg v.a. als subjektives Korrektiv, das meist ohne offengelegte Prinzipien Werturteile fällt. Die Stegreifkritiken der Gruppe 47 und des seit 1977 durchgeführten Ingeborg-Bachmann-Wettbewerbs in Klagenfurt zeigen dies deutlich. Die pluralistische L. der BRD läßt sich auf keinen gemeinsamen Nenner bringen; das gesellschaftliche Interesse ist, von wenigen Ausnahmen (etwa die Diskussion um Günter Grass' Roman *Ein weites Feld*, 1995) abgesehen, konstant gering. Die L. in der DDR stand über die Jahrzehnte hinweg unter verschieden stark ausgeprägten ideologischen Prämissen (↗ DDR-Literatur) und hatte vor allem das „Fortschrittliche" des besprochenen Werkes herauszustellen bzw. vor gesellschaftlich schädlichen Einflüssen zu warnen.

Im Umfeld des literarischen Umbruchs von 1968 wurde in der BRD die Existenzberechtigung der L. vehement angezweifelt. Wie der Literatur selbst wurde auch ihr der nahende „Tod" prophezeit; als „bourgeoise" Äußerungsform einer kleinen Bildungselite galt L. als überholt und reaktionär. Parallel zu den literarischen Verschiebungen der Folgejahre (↗ Neue Subjektivität) konnte sich die L. alsbald wieder etablieren. Sie geriet indes zunehmend in die ökonomisch bedingten Zwänge des Buchmarktes und wird oftmals nur als Zuträgerin für Verlagswerbung verstanden.

5. Eine neue Dimension erfuhr die L. durch die Popularität der TV-Kritikerrunde *Das Literarische Quartett* (begründet 1988). Von „Literaturpapst" M. Reich-Ranicki (* 1920) moderiert, erreichen die analytisch kaum untermauerten Empfehlungen der Runde eine enorme Breitenwirkung, die sich auf die Absatzzahlen der gerühmten Werke nachhaltig auswirkt. In- und ausländische Autoren wie Cees Nooteboom, Javier Marías, Margriet de Moor, Marcel Beyer oder Josef Haslinger verdanken ihre Absatzerfolge nicht zuletzt der L. via Fernsehen. Typisch für diese sich auch in den Printmedien (*Die Woche, Focus*) niederschlagende Tendenz ist eine Reduktion der L. Substantielle, ausholende Darstellungen treten zurück; L. beschränkt sich oft auf farblich untermalten „Häppchen"-Journalismus, dessen Informationswert gering ist. Die 1975 ins Leben gerufene *Bestenliste* des Südwestfunks versucht, dieser Entwicklung und der Ausweitung des international geprägten Bestsellertums entgegenzuwirken, und empfiehlt jeden Monat ohne Blick auf Verkäuflichkeit Werke, die nach dem Urteil ausgewählter Kritiker qualitativ bedeutungsvoll sind.

6. Ungeachtet dieser aktuellen Erscheinungen erfüllt L. zumindest ihrer Intention nach verschiedene Aufgaben im Zusammenspiel der literarischen Institutionen und lebt dabei von (unumgänglichen und selbstverschuldeten) Defiziten der literaturwissenschaftlichen Rede. Sie bietet (a) einen Überblick über die vom einzelnen längst nicht mehr zu erfassenden literarischen Novitäten. Sie bildet (b) das Scharnier zwischen Verlagen und Publikum, beeinflußt Programmlinien der Lektorate und wertet (c) im Gegensatz zur Literaturwissenschaft schärfer und eindeutiger, sorgt für erste Vorentscheidungen des künftigen Kanons und verzichtet oftmals bewußt darauf, im Detail nachvollziehbare Argumentationen zu liefern. L. erlaubt so (d) zumindest potentiell eine Teilhabe des Lesers an gegenwärtiger Literatur und gibt Hilfe beim Verständnis „avantgardistischer" Textformen, ↗ Avantgarde.

Rainer Moritz

Lit.: W. Barner (Hg.): L., 1990. – P. Gebhardt (Hg.): L. und literarische Wertung, 1980. – P.U. Hohendahl (Hg.): Geschichte der dt. L., 1985. – W. Irro: Kritik und Literatur, 1986.

Literatursoziologie

1. Die Frage nach der Beziehung von Kunst und Gesellschaft wird in der für den philosophischen Idealismus repräsentativen *Ästhetik* (1835-38) Hegels zum ersten Mal systematisch bestimmt. Diese lenkt den Blick auf die Beziehung von Form und Inhalt, auf die Organisation des literarischen Werkes als Totalität und entwickelt aus

dem jeweiligen Verhältnis von Geistigem und Sinnlichem im Kunstwerk schließlich eine Historisierung der künstlerischen Formen und Gattungen, die auf einen gesellschaftlichen Kontext verweist. Die Form des ↗ Romans erklärt Hegel beispielsweise aus dem Versuch, die auf Darstellung einer Totalität der Dinge zielende Gestaltungsabsicht des Epos auch im „kunstfeindlichen" bürgerlichen Zeitalter zu verwirklichen. Die materialistische Literaturbetrachtung, die Hegels Systematik folgt und sie zugleich im Sinn des philosophischen Materialismus umdeutet, hat ihre Grundlagen ebenfalls im 19. Jh. in den kunstkritischen Überlegungen von Marx und Engels. Die soziologische Literaturbetrachtung des 20. Jh. orientiert sich an diesen Vorgaben, ohne ihre materialistischen Implikationen zu übernehmen.

2. Die materialistische Literaturtheorie ändert die Prämissen des Idealismus und schafft die Voraussetzung für spätere soziologische Überlegungen. Reale gesellschaftliche Widersprüche werden von ihr als bewegende Kraft der Geschichte bestimmt. Nicht im Denken findet der Mensch seine Identität, sondern durch Arbeit als Auseinandersetzung mit der Natur. Sein Vermögen der Produktion und Selbstreproduktion schafft die Produktivkräfte, die technische Beherrschung materieller Wirklichkeit. Ihrem jeweiligen Stand entsprechen Produktionsverhältnisse, in erster Linie Eigentumsverhältnisse, die Organisationsformen gesellschaftlicher Arbeit. Der materialistische Grundsatz, daß nicht das Bewußtsein das gesellschaftliche Sein des Menschen, sondern vielmehr das gesellschaftliche Sein das Bewußtsein bestimme, erhält damit eine historische und eine erkenntnistheoretische Bedeutung. Die Kunst wird zu einem ideologischen Reflex des geschichtlichen Prozesses. Sie spiegelt die materiellen Verhältnisse, die jeweilige Beziehung von Produktivkräften und Produktionsverhältnissen wider. Dabei konzentriert sich Marx insbes. auf die ökonomischen und sozialpsychologischen Bedingungen der kapitalistischen Ordnung. Ihre ökonomische Konsequenz ist, daß der „Tauschwert" und die „Fetischisierung der Ware" den „Gebrauchswert" ablösen. Sozialpsychologische Folge ist, daß sich der einzelne nicht nur von seinem Produkt und dem gesamten Produktionsprozeß entfremdet, sondern auch eine Entfremdung vom anderen und schließlich von sich selbst erfährt.

3. Den materialistischen Literaturtheoretikern wird schon bald bewußt, daß diese Beziehung nicht mechanistisch aufgefaßt werden darf. Deshalb rückt Georg Lukács (1885-1971) unter Berufung auf den späten Lenin und mit Bezug auf Überlegungen von Marx im *Kapital* seit den 1930er Jahren den Begriff des ↗ Realismus ins Zentrum der materialistischen Kunsttheorie. Dieser hat eine ästhetische und eine ideologische Seite. Er kennzeichnet den Stand des Bewußtseins und die Form der Verarbeitung von Wirklichkeit, im Falle der Kunst ihre ästhetische Form. Mit seiner Differenzierung des Realismusbegriffs erkennt Lukács auch bürgerlichen Werken progressive Kraft zu: Er bewertet den bürgerlichen ↗ Humanismus als Vorläufer des Sozialistischen Realismus. Die damit einhergehende Unterscheidung von ↗ Formalismus und ↗ Naturalismus, Parteilichkeit und Tendenz führt durch ihre politisch-ideologische Konturierung zur Schaffung einer Inhaltsästhetik, ↗ Ästhetik. Diese ist weitgehend normativ, sie neigt dazu, moderne Formen der Literatur, die sich der geschlossenen Form und der Schaffung eines durchlaufenden Sinns verweigern, abzulehnen. Zugleich erhält das Ästhetische wieder eine teilweise Autonomie, die Bestimmung der „Parteilichkeit" richtet sich nicht mehr auf eine politische Agitation, wie es noch Lenins *Parteiorganisation und Parteiliteratur* fordert.

4. Dies hat Konsequenzen für die Ausdifferenzierung der nichtmarxistischen Literatursoziologie. Hier etabliert sich neben der vom Materialismus angeregten dialektischen Beschreibung der Beziehung von Gesellschaft, Kunst und Literatur eine empirisch und kausal verfahrende Methode. Die empirische Kunstsoziologie und die Soziologie der Literatur als Zweige der Soziologie untersuchen die empirisch erfaßbare Wirkung von Kunstgegenständen und das Kunsterlebnis als soziale Handlung (A. Silbermann). Sie wenden allgemeine soziologische Kategorien auf den Bereich der Kunst an. Gegenüber der Beschreibung des „sozialen Grundverhältnisses", in dem Literatur produziert und rezipiert wird, tritt deshalb bei einigen Ansätzen das Spezifische der Kunst zurück. Weder wird auf den Gegenstand Literatur ein spezifischer Wertbegriff angewendet, noch wird die Kontingenz des Ästhetischen, die Tatsache, daß es unmittelbare Abhängigkeiten auch überspringen kann, ausdrücklich erfaßt. Statt dessen beschreiben diese Ansätze die Produktions- und Distributionsregeln von Literatur, die den Gesetzen des Marktes unterworfen ist, sie bestimmen ihren Anteil am gesellschaftlichen System. Im gleichen Zug werden die Rolle des Individuums und die Bestimmung seiner Möglichkeiten in Anlehnung an den soziologischen und sozialpsychologischen Rollenbegriff bei E. Goffman und anderen entwickelt. Entsprechend ist das Medium Literatur Ausdruck tragender Wertvorstellungen der Gesellschaft, es hat teil an der Modellierung des gesellschaftlichen Bewußtseins.

5. Daneben etabliert sich ein Ansatz, der Literatur nicht als beliebigen Gegenstand der Soziolo-

gie untersucht, sondern das „literarische Verhalten“ als ein „durch eine spezifische Tradition und Normierung von anderen Klassen sozialen Verhaltens“ zu unterscheidendes zwischenmenschliches Handeln bestimmt (H.N. Fügen). Diese Überlegungen werden später vom Konstruktivismus, von der Systemtheorie und vom amerikanischen New Historicism modifiziert. Für die konstruktivistischen Ansätze ist dabei die wahrgenommene Wirklichkeit nur ein Konstrukt, das dynamisch und interaktiv ist, durch Denken, Sprechen und Handeln zustande kommt. Wirklichkeit kann deshalb nur nach Maßgabe der internen Regeln des jeweiligen, Wahrnehmung organisierenden Systems erfaßt werden. Allein so gewinnt das geschlossene System Literatur seine soziale Funktion innerhalb des historischen und kulturellen Wandels. Demgegenüber untersuchen die „New Historicists“ nicht nur die Einbettung literarischer Texte in einen historischen und sozialen Zusammenhang, die „Geschichtlichkeit von Texten“. Vielmehr lenken sie, beeinflußt von der Diskursanalyse und vom Dekonstruktivismus (↗ Dekonstruktion), den Blick auch auf die „Textualität von Geschichte“ (L. Montrose). Die so skizzierte „Poetik der Kultur“ (St. Greenblatt) ist allerdings nicht totalisierend, sie zeigt nur „einzelne Diskursfäden“ in unterschiedlichen Bereichen des „historisch-kulturellen Gewebes“ (M. Baßler).

6. Grundsätzlich anders verfahren die dialektischen Ansätze der Literatursoziologie. Sie zielen auf die Beschreibung einer „soziokulturellen Allianz“ (E. Köhler) und zugleich auf die Spezifität der ästhetischen Form, die für sie „das wirklich Soziale“ in der Literatur ist. An die Stelle des marxistischen Widerspiegelungsbegriffs tritt die Annahme einer Vermittlung von Gesellschaft und Kunst im Kunstwerk selbst, die Adorno in seinen kunstsoziologischen Überlegungen entwickelt; formelle und reelle Subsumtion des Künstlers unter die gesellschaftliche Ordnung werden jetzt strikt unterschieden (P. Bürger). Die Untersuchung der Beziehung von Kunst und Gesellschaft faßt den „Gesamtprozeß“ ins Auge, sie betrachtet unterschiedliche Vermittlungsschichten beider Bereiche auf historischer und ästhetischer Ebene (Köhler). Vor allen Dingen rechnet sie auch mit epochenspezifisch differenten Formen der Spiegelung gesellschaftlicher Verhältnisse im literarischen Text; kausale Ableitungen sind ihr fremd.

7. Die empirische Literatursoziologie zielt in ihrer marxistisch beeinflußten Variante auf die Beschreibung der „Warenästhetik“ (W.F. Haug), sie bestimmt die Bedingungen von Kunst und Literatur in der bürgerlich-kapitalistischen Gesellschaft. Die dialektische Literatur- und Kunstsoziologie entwickelt dagegen unterschiedliche Formen der Kritik. Ideologiekritik, Gesellschaftskritik und Formanalyse stehen für sie in einem komplizierten Wechselverhältnis. Die Voraussetzungen dafür sind in der marxistischen Literaturtheorie geschaffen, doch die leitenden Fragen haben sich verschoben und differenzieren sich aus. Die Leninsche Position vermittelt sich etwa in das Werk von Gramsci (1891-1937), das auf einen völlig neuen Kulturbegriff zielt. Für ihn muß Literatur grundsätzlich aktiv sein. Die kulturelle Praxis, der sie angehört, will sie zugleich verändern. Diese Idee der Revision der herrschenden Kultur aus ihrer Erfahrung schließt an Walter Benjamin (1892-1940) an und weist auf die Kritische Theorie der 1970er Jahre voraus. Benjamin deutet, beeinflußt vom materialistischen Denken, die Bilder der städtischen Zivilisation des 19. Jh. als Ausdruck gesellschaftlicher und ökonomischer Widersprüche, die durch die Entwicklung der Technik und ihre Auswirkungen auf die künstlerische Produktion deutlich werden. In seiner Studie über *Das Kunstwerk im Zeitalter seiner technischen Reproduzierbarkeit* (1936) zeigt er zudem, wie die Entwicklung von Fotografie und Film dazu führt, daß der „auratische“, der Kritik entzogene, Kultwert des Kunstwerks durch seinen bloßen Warenwert abgelöst wird. Empirische Beschreibungen, soziologische und ideologiekritische Analysen verbinden sich so nicht nur mit kunsttheoretischen Überlegungen, sie münden auch in eine geschichtsphilosophische Spekulation ein. Benjamin will Geschichte „lesbar“ machen, indem er dialektische Bilder aus einer reflexiven Verbindung von Material und Interpretation entstehen läßt. Damit wird er zum Vermittler zwischen dem materialistischen Ansatz und der sogenannten „Kritischen Theorie“ der 1960er und 1970er Jahre, der Adorno, Horkheimer und später Habermas angehören. Auch die „Kritische Theorie“ dechiffriert die Widersprüche der Gesellschaft an der ästhetischen Form selbst, sie folgt der von Hegel bis zu Marx überlieferten Auffassung einer Dialektik von Form und Inhalt, ohne den normativen Kunst- und Formbegriff der materialistischen Literaturtheorie zu übernehmen. Einerseits konzentriert sie sich auf Ideologiekritik, insofern setzt sie die materialistische Bestimmung des Wechselverhältnisses von historischer wie gesellschaftlicher Wirklichkeit und Kunst fort. Andererseits artikuliert sie, der Eigenart ihres Gegenstandes folgend, ihre Form der Kritik selbst häufig in einer spielerischen, ästhetischen Form. Das Ästhetische wird ihr, wie in Adornos *Ästhetischer Theorie* (1970), zum letzten Widerpart des bloß Wirklichen, das Mimetische in Kunst und Philosophie zur Gegenkraft gegen eine gesellschaftliche Rationalität, die der instrumentellen Vernunft verfällt.

8. Die marxistische Literaturtheorie bereitet gleichzeitig den Boden für einen anderen Ansatz der Literatursoziologie. Lukács Differenzierung des marxistischen Widerspiegelungsbegriffs findet ihre Entsprechung in der von Philosophen und Literaturkritikern bestimmten westlichen Marxismusrezeption der 1950er und 1960er Jahre, die insbes. von Frankreich ausgeht. Sie begründet eine soziologisch orientierte Literaturbetrachtung, die einerseits an der Beschreibung formaler Strukturen und ästhetischer Momente orientiert ist und andererseits die gesellschaftstheoretischen und ideologiekritischen Ansätze der materialistischen Ästhetik abschwächt. Lucien Goldmanns (1913-70) „genetischer Strukturalismus“ setzt die bei Lukács vorgelegten Ansätze in der „Soziologie des Romans“ durch die Annahme einer „Strukturhomologie“ zwischen künstlerischen Formen und gesellschaftlich bedingten Bewußtseinsformen fort. In jedem großen Kunstwerk konvergieren für Goldmann subjektive Interessen, die psychisch geprägt sind, mit der durch die gesellschaftliche Praxis erzeugten Weltsicht.

9. Goldmanns Konzentration auf die Eigenart der ästhetischen Form erreicht bei Pierre Bourdieu (*Zur Soziologie der symbolischen Formen*, 1970) schließlich eine andere Qualität. Dessen Theorie des „literarischen Feldes“, ein zentraler Begriff seiner neuen soziologischen Schule, trägt der Tatsache einer Autonomisierung gesellschaftlicher Bereiche Rechnung. Handeln ist bestimmt durch die Beziehung zwischen zwei Bezirken des Sozialen, den gesellschaftlichen Institutionen und den Dispositionen des Subjekts, die Bourdieu als „Habitus“ bezeichnet. Demgegenüber verfügt das literarische Feld, durchaus vergleichbar der späten Ästhetik von Lukács, über eine Ordnung eigener Logik, die relativ autonom ist. Sie ist dem Feld der Macht nicht homolog, wie es Goldmann meint, sondern steht in Spannung zu ihm; die im ökonomischen Feld geltenden Regeln und Gesetze sind in ihm suspendiert. Im literarischen Feld wirken deshalb ein „heteronomes“ und ein „autonomes“ Prinzip gegeneinander. Es sind Symbolsysteme, die auf das System der sozialen Positionen bezogen sind: Im Wechselspiel beider wird die Dialektik von Text und gesellschaftlichem Kontext erkennbar. Auf sie richtet sich die Sozio-Analyse, die zunächst die Form des literarischen Textes untersucht, diese aber stets in Beziehung zur Position seines Produzenten im literarischen Feld setzt. Auch hier ist das literarische Werk kein einfaches Abbild der Geschichte oder der gesellschaftlichen Wirklichkeit, sondern es kommt durch eine dialektische Beziehung von Positionen und Dispositionen zustande.

Rolf Günter Renner

Lit.: J. Bark (Hg.): Literatursoziologie. 2 Bde., 1972. – M. Baßler: New Historicism, 1995. – P. Bürger (Hg.): Seminar: Literatur- und Kunstsoziologie, 1978. – H.N. Fügen: Wege der Literatursoziologie, 1968. – J. Jurt: Das literarische Feld, 1995. – R.G. Renner: Ästhetische Theorie bei G. Lukács, 1976.

Literaturwissenschaft

1. Der Begriff L. ist in Deutschland erst seit den 1960er Jahren verbreitet. Er ersetzt den älteren der Philologie. L. bezeichnet den wissenschaftlichen Arbeitsbereich, in dem im weitesten Sinne Wissen über Literatur und damit in Verbindung stehende Gegenstände und Handlungen gewonnen und verwaltet wird. L. gehört, je nach Forschungsrichtung, zu den Gesellschafts- oder Geisteswissenschaften. Die Tradition der letzteren wird seit dem späten 19. Jh. begrifflich den Naturwissenschaften entgegengesetzt (Wilhelm Dilthey); gegenwärtig nimmt der Gebrauch des Sammelnamens Kultur- statt Geisteswissenschaften zu. Im Rahmen der akademischen Studienfächer wird L. untergliedert in zahlreiche Nationalphilologien, die die Literatur jeweils eines Sprach- oder Kulturraumes in den Mittelpunkt stellen (Anglistik, ↗ Germanistik, Orientalistik, Romanistik u.a.). Sie besitzen gemeinsame theoretisch-methodische Grundlagen, die Gegenstand der Allgemeinen L. sind. Mit dem Vergleich der spezifischen nationalliterarischen Ausprägungen befaßt sich die ↗ Komparatistik. Als Folge der raschen gegenwärtigen Entwicklung auf dem Gebiet der literarischen Gattungen und verwandten Medien werden zunehmend weitere Teilwissenschaften abgegrenzt, die sich in einigen Bereichen mit der L. überschneiden (↗ Theaterwissenschaft; Medienwissenschaft, ↗ Medien).

2. Die Herkunft der L. läßt sich auf eine lange Tradition bis in die Antike zurückführen. Diese umfaßt mehrere Teilgebiete, die im Prozeß der wissenschaftlichen Modernisierung seit der ↗ Aufklärung aufgelöst oder umgeformt wurden und deren ehemalige Aufgabenfelder heute in der L. zusammengefaßt sind. Die Lehre von der Dichtkunst (↗ Poetik) diente gleichermaßen als kritisches Medium wie auch der Durchsetzung von festgefügten Regelwerken. Bis weit ins 18. Jh. hinein war sie in Gymnasium und Universität Lehrfach, das der Verbreitung von literarischem Wissen am Beispiel der antiken Vorbilder diente. Während Poetik Verse betraf, befaßte sich die Redekunst (↗ Rhetorik) mit Prosa. Seit der späten Aufklärung beschäftigt sich auch die philosophische Lehre von der sinnlichen Wahrnehmung (↗ Ästhetik) mit Literatur. Die ↗ Literaturgeschichte

dient der Verzeichnung überlieferter Schriften, in philologischen Kommentaren werden die Auslegungen der kanonisierten Werke überliefert. Das Verhältnis der aktuellen L. zu ihren Vorgängern ist zwiespältig, da sie einerseits viele Aufgaben im durchaus traditionellen Sinne weiterführt, sie aber zugleich moderner wissenschaftlicher Analyse unterwirft. L. erforscht auf einer übergeordneten Ebene auch ihre eigene Geschichte, aktuelle Bedeutung und Zukunftsperspektive.

3. Die großen Arbeitsfelder der L. sind Textsicherung und -bereitstellung (↗ Edition, hierfür ist weiterhin die Bezeichnung Editionsphilologie üblich), deutender Umgang mit Texten (Interpretation) sowie historische und soziale Einordnung von Personen und Texten, Ereignissen und Handlungen (Literaturgeschichte). Die drei Arbeitsfelder gehen nicht unabhängig voneinander vor, stützen sich aber in der Praxis auf eigene Regeln und Gewohnheiten. Als viertes Feld hat die Theoriedebatte (auch: Methodendiskussion) seit etwa 1965 an Bedeutung gewonnen. Sie dient der Selbstreflexion der L.: Was ist L., was leistet sie, und wofür sind ihre Erkenntnisse zu gebrauchen? Inwiefern ist sie eine Wissenschaft, inwiefern ein Bereich gesellschaftlicher Kulturpraxis?

4. Im breiten Spektrum kultureller Praxis ist L. nur eine Facette des Umgangs mit Literatur. Ihr Zugriff mit wissenschaftlichem Anspruch nimmt nur einen kleinen Raum ein; die soziale Sinnverständigung über Literatur vollzieht sich überwiegend in den Bereichen der ↗ Leser (des Publikums), der ↗ Literaturkritik, der Produktions- und Vertriebsorganisationen sowie des Literaturunterrichts in den Schulen. Es lassen sich weitere Bereiche abgrenzen, die genannten haben sich aber in der Forschung als die wichtigsten literaturbezogenen Handlungsrollen erwiesen. Diese auf Literatur ausgerichteten Handlungsräume haben jeweils eine eigene Logik des Zugriffs, gemeinsam aber prägen sie eine zu einem historischen Zeitpunkt konsensfähige Auffassung von Literatur und dem Umgang mit ihr. In dieser Funktion stehen sie im Gedankenaustausch mit der L., sind jedoch nicht von ihr abhängig. Das Publikum kann sehr gut Literatur lesen, ohne L. zu studieren usw. In der Praxis finden die Beiträge der L. allgemein Beachtung – oftmals gerade nicht durch ihre wissenschaftlichen Standards, sondern durch populäre Aspekte der kulturellen Praxis.

5. L. pflegt den wissenschaftlichen Umgang mit Literatur. Diese ist ihr Objekt. Was Wissenschaftlichkeit heißen soll und kann, ist vom Objekt abhängig. Deshalb wird zuerst die Frage gestellt: Was ist Literatur? Darüber gehen die Auffassungen auseinander. Die Gegenstandsbestimmung wird einerseits von jeder Theorie auf systematischem Wege geleistet, andererseits besteht aber immer schon eine vorgängige konsensuelle Auffassung von Literatur in der Gesellschaft. Grob gesagt werden drei Literaturbegriffe unterschieden: a. der pragmatische Literaturbegriff: Literatur ist, was in einer Gesellschaft zu einem historischen Zeitpunkt mehrheitlich dafür gehalten wird; b. der deskriptive: Alles Geschriebene gehört zur Literatur (erweiterter Literaturbegriff); c. der normative: Zur Literatur gehören schriftlich fixierte Werke, die bestimmten ästhetischen Anforderungen genügen (Hochliteratur im Gegensatz zur ausgeschlossenen ↗ Trivialliteratur). Die Schriftform der Texte wird in der Regel vorausgesetzt, bei besonderen kulturhistorischen Phänomenen kann jedoch auch die mündliche Überlieferung (orale Tradition, ↗ Mündlichkeit/Schriftlichkeit) in der L. berücksichtigt werden. Unterschieden wird zwischen fiktionaler Literatur und Sachliteratur. Die ↗ Fiktionalität kennzeichnet Literatur, wie sie traditionell zum zentralen Gegenstand der L. gehört. Mischformen (Dokumentarliteratur, Briefe, Tagebücher usw.) sowie unter bestimmten theoretischen oder historischen Voraussetzungen auch Sachliteratur finden ebenfalls Berücksichtigung. Mit der Zunahme visueller (Illustration) oder multi-medialer Medien wird in Sonderfällen über den sprachlichen Text hinausgegangen. Um das traditionelle Fach nicht ins Unkenntliche aufzulösen und gleichzeitig für die Erfordernisse aktueller Theorie- und Gegenstandsentwicklungen offenzuhalten, ist die Rede von einem philologischen Kern und diversen offenen Rändern der Disziplin. Inhaltlich wie formal dient Literatur der Überlieferung kulturellen Wissens. Was zu verschiedenen Zeiten wichtig und üblich war, ist jeweils in die Texte eingegangen. Deshalb kann Literatur auch als kulturelles Gedächtnis („memoria") beschrieben werden. Es hält unter anderem fest, wie das Menschenbild der unterschiedlichen Zeitalter zusammengesetzt (literarische Anthropologie) oder wie die Kommunikation jeweils organisiert ist (Archäologie der Kommunikation).

Publikum, Kritik und die anderen Bereiche gesellschaftlicher Sinnverständigung über Literatur bestimmen – in Anlehnung an eine historische Überlieferung, der sie sich nicht ganz entziehen können – eine Menge von Texten, die fraglos als Literatur angesehen wird. Sie kommt durch normative Bewertungen zustande, sie konstituiert den (Wertungs-)Kanon. L. trägt in ihrer jeweiligen Forschungsperspektive zur Kanonbildung bei, die Ansätze bevorzugen jeweils andere Kanonschwerpunkte. Wertung geht hier über die Kriterien „lesenswert oder nicht" hinaus, sie erfolgt unter Anwendung aller Normen, die für die Zulassung zum Kern des Literaturbegriffs vorgesehen sind (ästhetische, sozialfunktionale, traditionsorientierte, pragmatische).

Form, Inhalt und Sinn von Texten in ihrer Eigenschaft als selbständige Kunstwerke zu interpretieren ist traditionelle Aufgabe des philologischen Kernbereiches. Aufgrund der methodischen Entwicklung sind hier werkimmanente Interpretation, strukturale Textanalyse, Lektüre und ↗ Dekonstruktion zu unterscheiden. Durch den Einfluß sozialwissenschaftlicher und -historischer Fragestellungen ist dieser Gegenstandsbereich – massiv seit den 1960er Jahren – kontinuierlich erweitert worden. Historische Handlungen, die Produktion, ↗ Rezeption, Distribution und Verarbeitung von Texten betreffen, werden ebenfalls erforscht. Was ein Text für uns heute bedeutet, mag umstritten sein. Welche Gründe den Autor zum Schreiben bewegten, welche Normen ihn zu einer bestimmten Textform bewegten (↗ Gattungen), wer den Text gedruckt, verkauft, rezensiert oder gelesen hat, läßt sich auf der Ebene von Fakten rekonstruieren. Die literarischen und literaturbezogenen Handlungen bieten damit die Möglichkeit einer historisch-rekonstruierter Objektivität, welche die subjektive Auslegungskomponente der Interpretation vermeidet.

Welche Gegenstände bearbeitet werden, muß durch die Begründung von Fragestellungen entschieden werden. Dabei ist der Gegenstandsbereich nicht nach Belieben wählbar, er ist abhängig vom Theorieentwurf und der Überlieferung (Quellenlage). Die Theorie, die abgeleiteten Fragestellungen und die gesamte Begriffsbildung müssen der tatsächlichen Materiallage Rechnung tragen. Es wäre beispielsweise sinnlos, aus theoretischen Überlegungen heraus etwas untersuchen zu wollen, was es nie gegeben hat.

6. Welche Bestimmung des Literaturbegriffs auch gewählt wird, alles darunter Zusammengefaßte ist Ausdruck menschlicher Handlungen. Die Art der Wissenschaftlichkeit, die diesen Objekten angemessen ist, unterscheidet sich von der der Naturwissenschaften, die in der Moderne das Ideal von Wissenschaftlichkeit schlechthin liefert. Die seit rund 30 Jahren immer wieder erhobene Forderung, L. nach deren Ideal von Objektivität und Methode umzuformen, verfehlt insofern die Anforderungen der literarischen Gegenstände. Diese sind nicht denselben Erkenntniswegen zugänglich wie Steine oder Atome.

Die Objekte der L. lassen sich weiterhin in zwei Gruppen einteilen: einzigartige Objekte (besondere, individuelle) und gewöhnliche (allgemeine, wiederholbare). Diese Unterscheidung bezieht sich gleichermaßen auf Texte wie historische Begebenheiten; gefragt werden kann in beiden Fällen: Inwieweit zeigt der Gegenstand ganz besondere Merkmale und ist deshalb einzigartig, und inwiefern weist er ähnliche oder dieselben Ausprägungen auf wie alle in seiner Zeit? So hebt sich das Individuelle als „Ereignis“ von der allgemeinen „Struktur“ ab.

Menschliche Handlungen richten sich auf Ziele, drücken Absichten aus. In wissenschaftlichen Untersuchungen können sie deshalb nicht allein „von außen“ (nach ihrer Erscheinung und kausaler Wirkung) beurteilt werden, sondern müssen „von innen“ (nach ihren Absichten und psychisch-sozialen Folgen) erfaßt werden. Erst aus dem „Inneren“ wird historischer, sozialer oder künstlerischer Sinn nachvollziehbar. Das Verfahren, Sinn nachzuvollziehen, heißt Verstehen (↗ Hermeneutik). L. stützt sich auf Verstehen, sofern es um das Besondere, das Ereignishafte in den Gegenständen geht. Die allgemeinen historischen Bedingungen hingegen müssen beschrieben oder erklärt werden. Zu diesem Zweck werden Fakten gesammelt und auf ihren Zusammenhang hin untersucht. Wenn etwas immer gleich aussieht und immer in denselben Zusammenhängen geschieht, kann unterstellt werden, daß eine Regelmäßigkeit vorliegt. Auf deren Basis sind Erklärungen des Typs „es ist so, weil in dieser historischen Situation bestimmte Voraussetzungen gegeben sind, die immer diese Form oder Handlung nach sich ziehen“ möglich. Dies ist historisches Erklären, wie es generell in den Sozialwissenschaften Anwendung findet. Es unterscheidet sich von dem der Naturwissenschaften darin, daß es statt kausaler nur quasi-kausale Zusammenhänge erzeugt. Gälte strikte Kausalität, müßte eine bestimmt Ursache eindeutige Folgen haben; wo menschliches Handeln einbezogen wird, ist jedoch jederzeit eine Willens- oder Zufallsentscheidung gegen die übliche Regelmäßigkeit der Handlungsoptionen möglich. Während wiederkehrende Strukturen die Grundlage für Erklärungen bieten, erscheint das Besondere vor ihrem Hintergrund immer nur als Abweichung. Deren Motivation, Intention und Rezeption aber müssen verstanden werden. Als Folge daraus kann die L. nicht auf Objektivität – d.h. Gegenüberstellung von erkennendem Subjekt und ganz von ihm getrennten Erkenntnisobjekt – als Kriterium für Wissenschaftlichkeit bestehen, ohne das Besondere an ihren literarischen Gegenständen aus den Augen zu verlieren. Das Verstehen erfordert vom erkennenden Subjekt, sich auf das Individuelle in seiner Sinnhaftigkeit einzulassen. Die literaturwissenschaftliche Forschung steht in dieser Hinsicht immer in einer Tradition kultureller Praxis, die, um Sinn wahrzunehmen, selbst Sinn stiftet.

Zwischen den Klippen einer unkontrollierten Subjektivität, die zugunsten ihrer eigenen Meinung historische Zustände ignoriert, und strukturorientierter szientifischer Verfehlung des Besonderen eines Gegenstandes sucht die L. ihren Weg. In der wissenschaftlichen Praxis heißt das zu verstehen, was zu verstehen ist, und zu erklären, was zu erklären ist. In den meisten Ansätzen ergänzen sich diese Verfahren. Die historische Erklärung errichtet einen Rahmen, der das Verstehen kontrolliert, etwa indem historisch unangemessene Verstehensweisen durch empirische Fakten als unplausibel ausgewiesen werden. Allgemein gesagt, kein neues Ergebnis darf dem bereits vorhandenen Wissen der L. unbegründet zuwiderlaufen. Eine weitere entscheidende Kontrolle überzogener Subjektivität liegt in der Notwendigkeit, die Ergebnisse des Verstehensaktes anderen mitzuteilen. L. beruht, wie alle Wissenschaft, auf einer intersubjektiven Vermittelbarkeit. Deren Gelingen setzt Kriterien der Logik, der begrifflichen Klarheit und der Orientierung an den bereits vorhandenen Wissensbeständen der L. voraus. Begriffliche Klarheit muß als wichtigste Voraussetzung für Wissenschaftlichkeit angesehen werden. Aussagen innerhalb der L. beruhen auf einer vorausgesetzten – weil im allseitigen Einvernehmen längst vorhandenen – oder immer wieder neu zu leistenden Klärung der verwendeten Begriffe und Denkweisen. Im Gegensatz zu formalisierbaren Wissenschaften ist in der L. in der Regel keine Begriffsdefinition möglich, sondern nur eine Entfaltung (Explikation) dessen, was mit dem Begriff jeweils gemeint ist. Dabei behält die historische Überlieferung vieler Begriffe einen beständigen Einfluß: Gattungsbezeichnungen, rhetorische Figuren, philosophische Muster stehen oft in einer Tradition, die bereits seit der Antike besteht. Das vorhandene Wissen beruht – eingestanden oder uneingestanden – auf diesen Vorgaben, deshalb werden neue Begriffspräzisierungen oder -bildungen auf sie bezogen. Die Klärung von Begriffen mit ihren zugehörigen Begriffswörtern erzeugt eine literaturwissenschaftliche Fachsprache, die literaturwissenschaftliche Terminologie. Unterschiedliche Versuche, die Sprache der L. von der Standardsprache des gesamten Literaturbetriebes abzutrennen, um durch eine strikte Terminologie Wissenschaftlichkeit zu verstärken, haben sich nicht bewährt. Durch die historische wie soziale Einbindung der L. und des Literaturbegriffes ist eine konsistente Terminologiebildung jenseits der Sprache der Gebildeten nicht funktional, wohl aber unterscheiden sich die Begriffsumfänge in den verschiedenen Bereichen.

7. Soll L. als Wissenschaft betrieben werden und sich nicht nur der Traditionspflege widmen, ist eine weitergehende gedankliche Systematisierung erforderlich. Wissenschaft besteht aus systematisch aufeinander bezogenen Erkenntnissen über bestimmte Gegenstände. Aussagen beziehen sich sowohl auf Ähnlichkeiten der Gegenstände (Strukturhomologie und Klassifikation) wie auf einzelne Besonderheiten. Die Gliederung für dieses System von Aussagen gibt eine wissenschaftliche Theorie vor. Sie entwirft sozusagen den abstrakten Plan, in dem die grundlegenden Fragen formuliert und auf mögliche Beantwortbarkeit hin untersucht werden: Was ist Literatur (Gegenstandstheorie), was daran ist der Erkenntnis zugänglich (Erkenntnistheorie), wie muß verfahren werden, um systematische Erkenntnisse zu gewinnen (Methode)? Die Theorie leitet die Forschung und die Systematisierung des überlieferten Wissens. Eine entscheidende Leistung besteht in der Praxis darin, durch systematische abstrakte Überlegungen Fragen zu stellen, die bislang noch nicht berücksichtigte Aspekte und Gegenstände des Forschungsfeldes erkennen lassen. In jeder Wissenschaft gibt es blinde Flecken, die durch eine entsprechende theoretische Reflexion aufgefunden und auf ihre Erforschbarkeit hin untersucht werden. Umgekehr fordern historische Gegenstände durch besondere Eigenschaften dazu auf, theoretische und methodische Reflexionen auf diese auszurichten. Theorie, Methode und Gegenstand sind voneinander wechselseitig abhängig, ohne daß eine der drei Komponenten den anderen überlegen wäre.

Im Vergleich zu naturwissenschaftlicher Theoriebildung, wie sie in der Wissenschaftstheorie als Vorbild verwendet wird, können die literaturwissenschaftlichen Entwürfe aber nur in Grenzen als Theorien anerkannt werden. Da die genannten Eigenschaften der Gegenstände fast immer eine Kombination aus verschiedenen erkenntnistheoretischen Verfahren erfordern, sind der Konsistenz und Allgemeingültigkeit der literaturwissenschaftlichen Theorie Grenzen gesetzt, deren Verlauf sich je nach durchgeführter Untersuchung und hermeneutischer Implikation der forschenden Subjekte ändert. Zur Verdeutlichung dieser „weichen" Konturen literaturwissenschaftlicher Theorien werden sie meist mit Bezeichnungen versehen, die einen geringeren Anspruch an die eigene Reichweite stellen: Ansätze, Entwürfe oder Konzepte.

Nicht jeder abstrakt entwickelte Plan zur Erforschung eines Gegenstandsfeldes muß möglichst umfassend entworfen werden. Zur Beschreibung und heuristischen Erklärung kleinerer Datenmengen und der in ihnen aufgefundenen Zusammenhänge dienen Modelle. Sie erheben nicht den Anspruch, historische Dinge so zu beschreiben, „wie sie wirklich waren", sondern stellen nur einen gedanklichen (Re-)Konstruktionsversuch dar. Modelle dürfen deshalb nicht als Abbild der vermeintlichen Wirklichkeit angesehen werden.

In der L. sind seit dem „scientific turn", der wissenschaftlichen Wende der 1960er Jahre mehrere Theorietypen zu unterscheiden. Traditionell ist die geisteswissenschaftliche Theorie, wie sie von Dilthey begründet wurde; sie dominierte seit Beginn des 20. Jh. die sich ausdifferenzierende Philologie. Hinzugekommen sind weitere Orientierungen, die aus Nachahmungen der Vorgehensweisen benachbarter Disziplinen hervorgegangen sind. Den entscheidenden Einfluß (Theorieimport, -transfer) hatten die Sozialwissenschaften, die (neo)strukturalistische und empirisch-analytische Verfahren bereitstellen.

8. Für das Funktionieren der L. ist neben der kognitiven, theoretischen Strukturierung eine soziale Organisation erforderlich. Sie regelt die Einrichtung, Ausrichtung und Anerkennung der L. nach außen im gesamtgesellschaftlichen Umfeld, sowie ihre Durchführung nach innen. In der Gesellschaft greift L. Fragen über Literatur auf, die ihr von außerhalb ihrer eigenen Grenzen gestellt werden. Jede Wissenschaft muß eine Begründung (Legitimation) für ihr eigenes Tun liefern, indem sie etwas leistet, was allgemein nachgefragt wird. In einem ökonomisch-technischen Verwertungszusammenhang hat L. keine Funktion, trotzdem steht ihre politische und soziale Notwendigkeit außer Frage. Beschränkt sie sich auf selbstgestellte Aufgaben, verliert sie auf längere Sicht die Daseinsberechtigung (und damit Finanzierung, soziale Anerkennung, politische Struktursicherung). Die wechselseitige Beziehung zwischen der Gesamtgesellschaft, ihren Teilen und der einen Disziplin der L. konstituiert sich aus einem gegenseitigen Forderungs- und Leistungskatalog. Die politische Verfassung garantiert der L. größtmögliche Selbstbestimmung, weil die wissenschaftliche Unabhängigkeit in einer ausdifferenzierten Gesellschaft die meisten Erkenntnisse und größte Kreativität erwarten läßt.

Innerhalb der disziplinären Gemeinschaft gehören geregelte Zugangs- und Ausbildungswege, gemeinsame Interessen und Anerkennung von Kriterien der Wissenschaftlichkeit unter die sozialen Verhaltensmuster. Dies schließt ein, daß die Akteure sich für ihre Arbeit geeignete Theorieentwürfe aussuchen können. Über die Auswahl wird zunächst nach inhaltlichen und strukturellen Gründen befunden: Was will ich erforschen, was kann ich mit welcher Theorie in welcher Hinsicht erreichen? Die Akteure berücksichtigen aber auch Argumente, die keine wissenschaftliche Begründung geben, es handelt sich um soziale Einflüsse, die mit der Leistungsfähigkeit von Theorien im engeren Sinne nichts zu tun haben (Vorlieben, Gewohnheiten, politische Opportunität, kritische Haltung oder andere). Ein Schiedsgericht der Disziplin gibt es nicht, entschieden wird innerhalb einer umfassenden Diskussion, in deren Verlauf sich einzelne und Gruppen für oder gegen bestimmte Theorien entscheiden. Diese Prozesse werden, sofern sie Teile der sozialen und nicht der kognitiven Auseinandersetzung sind, von der Wissenschaftssoziologie untersucht: Dort ist der Terminus des „Paradigmas" (Th. Kuhn) üblich geworden zur Bezeichnung solcher Theorien, die in einem bestimmten Zeitraum jeweils hohe soziale Akzeptanz finden. Die gegenwärtige Gleichberechtigung mehrerer unterschiedlicher Ansätze in der L. bildet die Grundlage für wissenschaftlichen Pluralismus.

Rainer Baasner

Lit.: R. Baasner: Methoden und Modelle der Literaturwissenschaft. Eine Einführung, 1996. – L. Danneberg u.a. (Hg.): Vom Umgang mit Literatur und Litraturgeschichte. Positionen und Perspektiven nach der „Theoriedebatte", 1992. – F. Griesheimer/A. Prinz (Hg.): Wozu L.?, 1991. – D. Harth u.a. (Hg.): Erkenntnis der Literatur. Theorien, Konzepte, Methoden der L., 1989. – M. Riedel: Verstehen oder Erklären? Zur Theorie und Geschichte der hermeneutischen Wissenschaft, 1978 – C. Wagenknecht (Hg.): Zur Terminologie der L., 1989.

Literaturwissenschaft, psychoanalytische

1. Die psychoanalytische Literaturtheorie rückt die Gesetze von Traum und Tagtraum in enge Beziehung zu jeder Tätigkeit der Phantasie, mithin auch zur ästhetischen und dichterischen. In seinem Aufsatz *Der Dichter und das Phantasieren* bestimmt Sigmund Freud (1856-1939) die dichterische Tätigkeit zunächst mit Blick auf die Analogien zwischen der künstlerischen Tätigkeit und dem kindlichen Spiel. Mit dieser strukturellen Überlegung verbindet er eine genetische: Unter den Anforderungen des Realitätsprinzips versucht noch der Erwachsene, Erfahrungen nachzustellen, die er als Kind machte; der ursprünglich im Spiel erreichte Lustgewinn wird jetzt durch Phantasie und Tagtraum ersetzt. Unter diesem Blickwinkel ist die poetische Produktion eine Entsprechung zum Tagtraum. Der dichterische Text, der individuelle Kindheitserfahrungen oder die *„Säkularträume* der jungen Menschheit" verzeichnet, ist einerseits Ergebnis einer Transformation des Wunsches, als deren Gesetze schon in der *Traumdeutung* (1900) Verschiebung, Verdichtung und Symbolisierung benannt werden. Andererseits geht er aus der Auf-

spaltung und Ausdifferenzierung psychischer Konstellationen hervor.

2. Das spezifisch Ästhetische bestimmt Freud allerdings nur abstrakt – zum einen als das Vermögen zum Verhüllen des Egoistischen, zum andern als „Entbindung größerer Lust aus tiefer reichenden psychischen Quellen" durch Erzeugung einer „Verlockungsprämie" oder „Vorlust". Unter diesen Voraussetzungen läßt sich das in der *Traumdeutung* entwickelte neurophysiologische Modell des „seelischen Apparats", das die Systeme von Bewußtsein und Unbewußtem und die Vorgänge von Verdrängung und Regression beschreibt, auch für die Analyse literarischer Texte fruchtbar machen. Der Traum wird zum Paradigma des literarischen Textes. Er ist ein „Wiederbeleben der Kindheit", das bestimmten Gesetzen folgt. Im sogenannten „Primärprozeß" werden unterschiedliche vorbewußte Vorstellungen zu einem Gemeinsamen „verdichtet", auf Nebensächliches „verschoben" oder durch „Symbole" ausgedrückt und bewußtseinsfähigen Vorstellungen angepaßt. Nach Passieren der Zensurschranke werden die so verwandelten Vorstellungen im „Sekundärprozeß" bearbeitet und mitteilbar, erzählbar gemacht: durch die Traumarbeit entsteht der „manifeste Traum". Die Deutung muß den umgekehrten Weg gehen und aus dem vorliegenden Traum wieder die latenten Traumgedanken erschließen. Sie rekonstruiert das ihr zur Verfügung stehende Material im Kontext, mit Blick auf Vorgeschichte und Situation des Traums und des Träumers. Sie ist einer hermeneutischen „Lektüre" vergleichbar.

Aus diesen theoretischen Vorgaben entwickeln sich in der Nachfolge Freuds zunächst reduktionistische Ansätze einer psychoanalytischen Literaturbetrachtung, häufig sind sie auf die Beschreibung einer ödipalen oder narzißtischen Störung fixiert und autorpsychologisch orientiert. Sie gehen an den vorsichtigen Differenzierungen Freuds vorbei und übersehen, daß dieser bei aller Verwandtschaft auch die Differenz von Traum und Kunstwerk betont hat. Im Gegensatz zu den biographisch ausgerichteten Ansätzen der Literaturpsychologie, die den ästhetischen Produktionsprozeß beeinflussende Störungen dechiffrieren wollen, richtet die ichpsychologisch orientierte Literaturpsychologie ihr Augenmerk auf die produktive Transformation psychischer Konstellationen. Dieser Ansatz ist insbesondere durch die späteren Präzisierungen der Narzißmustheorie E. Kohuts beeinflußt; weil er nicht einfach psychische Konflikte entschlüsselt, sondern die Gesetze ihrer Verwandlung herausarbeitet, gewinnt für ihn die Besonderheit der jeweiligen ästhetischen Form für Produktion wie Rezeption zentrale Bedeutung.

3. Unter dem Blickwinkel der methodischen Ansätze von Diskursanalyse und ↗ Dekonstruktion erhält die psychoanalytische Literaturbetrachtung schließlich eine völlig andere Richtung: Freuds Modell des „Wunderblocks", das seine Vorstellung über das Zusammenwirken von Wahrnehmung und Erinnerung bestimmt und in der Traumanalyse Bedeutung gewinnt, wird von der Texttheorie des Dekonstruktivismus aufgenommen. Ende der 1960er Jahre weist Jacques Derrida (*1930) darauf hin, daß Freud das Unbewußte als eine „Schrift-Landschaft" behandelt. In ihr sind Bedeutungen nicht konstant und eindeutig, sondern sie werden im Zusammenspiel von Erfahrungen und Erinnerungszeichen gewissermaßen „kontextuell" je erneut erzeugt. Diese Überlegung hat Konsequenzen für die gegenwärtige Verbindung von Psychoanalyse und Poststrukturalismus, die durch Jacques Lacan (1901-1981) angeregt wurde.

4. Lacan bestimmt das Gesetz der Kulturisation als ein familiales und sprachliches zugleich. Das ursprüngliche Ich, „le moi", wird durch den Sozialisationsprozeß zu „le je". Die grammatische Lokalisation weist auf den Prozeß der Sozialisation und benennt als sein Medium die Sprache. Hier schließt eine weitere sprachtheoretische Überlegung an. Lacan deutet die von Freud beschriebenen Wahrnehmungszeichen in der Traumanalyse als Signifikanten, die Sprachzeichen vergleichbar sind. Diese Zeichen bilden Signifikantenketten, die eine autonome Struktur entwickeln und sich von der Referenz auf Wirklichkeit lösen. Diese Autonomisierung der Zeichen hat zwei Konsequenzen. Zum einen formiert sie eigene, allein strukturell motivierte Schwerpunkte, zum anderen werden die Sprache und das Unbewußte aufeinander bezogen: Das Unbewußte entsteht, weil die Sprache dem menschlichen Wünschen keinen Ort gibt. Zugleich erweisen sich die Zeichenordnungen der Sprache und des Unbewußten als symmetrisch und kompatibel. Die Sprache wird zu einer Artikulationsfläche des Unbewußten. Als Spiegelfläche der Urverdrängung bildet sie eine Ebene, auf der sich die Verschiebung, die Reorganisation und das Abgleiten der Signifikanten ins Unbewußte beobachten läßt. Die von diesen Überlegungen ausgehende Textanalyse zielt deshalb wie die psychoanalytische Traumdeutung auf einen doppelten Text: die geheime Inschrift, die sich auf die Bedürfnisse und Wünsche des „Ur-Ich", des „moi", ausrichtet, und die kultural sanktionierte Oberfläche. Sie ist eine Einschrift, die sich auf die gesellschaftlichen Anforderungen bezieht, die sich dem „je" als einem „je social" stellen. Der Interpret wie der Analytiker sehen sich auf ein Schriftsystem verwiesen, das durch ein Spiel von

Signifikanten strukturiert ist. Diese haben keine semantische Funktion, sondern befinden sich in einer semiologischen Bewegung. Hinter dem textuellen Spiel der Differenzen gilt es deshalb, einen geheimen, hinter dem verschriftlichten einen nicht zur Sprache gebrachten Text zu erkennen, der zum Ziel der Interpretation wird.

Rolf Günter Renner

Lit.: J. Hagestedt: Die Entzifferung des Unbewußten. Zur Hermeneutik psychoanalytischer Textinterpretation, 1988. – C. Pietzcker: Lesend interpretieren. Zur psychoanalytischen Deutung literarischer Texte, 1992. – W. Schönau: Einführung in die psychoanalytische Literaturwissenschaft, 1991. – S.M. Weber: Rückkehr zu Freud. Jacques Lacans Entstellung der Psychoanalyse, 1978.

Lyrik, Lyriktheorie

1. Der Begriff L. basiert auf dem griech. Wort „Lyra, Leier" und deutet den Ursprung lyrischen Sprechens an: den Gesang. Aus dieser anfänglichen Bestimmung, die gleichzeitig eine Spekulation über den Anfang von Dichtung ist, läßt sich freilich weder poetologisch noch normativ eine Hierarchie erstellen; die Fülle der lyrischen Formen verbietet jede auf ein Prinzip reduzierte Definition. Weder antike Poetiken oder Gedichte noch spätere Epochen geben, anders als im Fall der ↗ Tragödie oder des ↗ Epos, überdauernde Exempla und eine konsistente Begrifflichkeit von L. Zwar sind Metrum, Rhythmus, Vers (↗ Metrik) und ↗ Strophe charakteristisch für alle L. (der ↗ Reim entstand erst in der Spätantike), aber diese formalen Bestimmungen waren und sind so wenig grundlegend, daß nicht vor der Wende vom 18. und 19. Jh. die Dreiheit der Gattungen (Epik, L., ↗ Drama) zur allgemeinen Basis poetologischer Reflexion wurde. Was L. sei, jenseits ihrer Qualität als Bezeichnung für kürzere Versdichtung und liedhafte Gemütsaussprache: diese Frage wird nicht vor dem Ende des 18. Jh. zum Problem, dann freilich bis heute zum Zentrum eines nicht zur Ruhe kommenden Denkens.

2. Die mittelalterliche L. wird gespeist aus den Quellen der religiösen Tradition und der höfischen Lebenswelt. Hymne und ↗ Lied, ↗ Sangspruch/Reimspruch und ↗ Minnesang sind weniger Teil einer subjektiven Introspektion als vielmehr Momente einer gesellschaftlich konditionierten Sphäre, innerhalb derer der Künstler als Bewahrer des Überlieferten, Verkünder der christlichen Lehre und Teil des höfischen Repräsentationsraums lebt und arbeitet. Nur teilweise findet sich, etwa bei Walther von der Vogelweide, ein unverwechselbares Sprechen aus dem Geist eines zur eigenen Form und zum Ausdruck einer Innenspannung drängenden Selbst-Bewußtseins. Mit dem ↗ Barock beginnt eine der Blütezeiten der dt. L. Sowohl in den religiösen wie in den weltlichen Gedichten des 17. Jh. artikuliert sich zum ersten Mal in dt. Sprache ein hohes Formbewußtsein in Verbindung mit stupender Gelehrsamkeit und poetischer Sicherheit und Innovationskraft. Zwar ist nicht zufälligerweise eine der bevorzugten (Gedicht-)Formen das Sonett – eine ital. Erfindung des 13. Jh. ohne antike Vorbilder und mit strenger Zeilen- und Strophenvorgabe –, mit dem sich die Fülle der rhetorischen Überlieferung gleichsam prunkend aufnehmen und variieren läßt, aber alle lyrischen Artikulationen dieser Zeit sind grundiert von einem so intensiven künstlerischen Wollen, daß von da der Schritt hin zu einer distinkten lyrischen Subjektivität klein und gleichsam unvermeidlich scheint, freilich erst ein knappes Jh. später mit allen Konsequenzen gegangen wird. Thematisch umkreisen die meisten Barockgedichte die Motive innerweltlicher Daseinslust, die Vergänglichkeit der Welt und des Körpers und die Sehnsucht nach transzendenter Erlösung. Damit partizipieren sie an der Themen- und Formtradition der Antike und eines freilich oft schon sehr subjektiv interpretierten Christentums. Am Ende der Epoche steht, wie häufig zum Abschluß der Gültigkeit literarischer Modelle, die geschmäcklerische Übersteigerung, die leere und repetitive Fortführung des historisch Abgelebten – der Manierismus.

3. Das barocke Paradigma der komplexen Gedicht- und Motivstrukturen wird in der ersten Hälfte des 18. Jh. abgelöst von einer Wiederaufnahme des anakreontischen Schreibens und einer aufklärerischen, sprachlich und gedanklich vereinfachten, auf Welt-Erklärung und innerweltliche Erkenntnis abzielenden L., ↗ Aufklärung. Ihr bedeutendster Vertreter, Barthold Heinrich Brockes (1680-1747), versucht, in unermüdlicher Variation, das Thema der innerweltlichen Ordnung im Zeichen der göttlichen Logik und Vorsehung, der erscheinenden Welt als Signum der Wahrheit des christlichen Glaubens, dem Leser vor die Augen der inneren Erfahrung zu stellen. Er inauguriert damit die moderne Form des Lehrgedichts als eine zeitgemäße Form lyrischen Sprechens, ↗ Lehrliteratur, -dichtung. Zwar haben spätere Epochen nur noch selten eine so simple Versuchsanordnung hervorgebracht und akzeptiert, aber prinzipiell gehört auch das reflexive, deiktische, didaktische Reden zum Kanon

der L. (Im 19. und 20. Jh. vor allem in der Weise des politisch-aktionistischen Gedichts, wofür Bertolt Brecht beispielhaft stehen mag.) Die lehrhafte L. verliert freilich in der zweiten Hälfte des 18. Jh. vollständig an Ansehen. In der Mitte des Jh. vollzieht sich einer der folgenreichsten Umbrüche der europäischen und damit auch der dt. Geistesgeschichte: die Inthronisation des autonomen Subjekts (des kreativen „Genies") als Basis aller künstlerischen Produktion. Paradigmatisch und repräsentativ für diese Internalisierung der Normen, Verfahrensweisen und Strukturprinzipien ist das dichterische Werk Klopstocks und Goethes. In ihren Gedichten, vor allem denen ihrer Jugend, wird formal, thematisch und metaphorisch ein neuer Ton, eine neue Sprache künstlerische Realität greifbar. Nicht mehr der Rekurs auf Tradition, transzendente Verankerung des Ich und Ausrichtung des Gedichts auf eine existente Lesererwartung prägen nun die Hymnen und Lieder, etwa die des jungen Goethe, sondern der aus dem „heilig glühenden Herzen" (Goethe, *Prometheus*, wahrscheinlich 1774 entstanden) kommende Strom eines zwar nicht notwendigerweise unmittelbaren und spontanen, wohl aber radikal subjektiven und aus dem autonomen Formgesetz legitimierten Sprechens. Dabei knüpfen Klopstock und Goethe durchaus an Vorbilder an: das lyrische Werk des antiken Dichters Pindar zum Beispiel (dessen komplexe Metrik individualisiert wurde zu jenem Gestus pathetisch-ungebundenen Redens, der von nun an aus der dt. L. nicht mehr wegzudenken ist), an die Sprache der Luther-Bibel und das vordem von Künstlern verachtete und ignorierte Volkslied (↗ Lied). Das Autonomiepostulat, das die Struktur und Qualität von Literatur im allgemeinen und von L. im besonderen an die Unverwechselbarkeit des je eigenen Formgesetzes bindet, an die Eigentlichkeit der Sprache, und nicht mehr an vorgängige Normen – dieses Autonomiepostulat bildet bis heute die poetologische Basis für alle L. Es wird daher zunehmend schwieriger, die Fülle der Gedichte unter allgemeine Begriffe, Stileigentümlichkeiten oder Epochencharakteristika zu subsumieren. Zwar teilen die Angehörigen mancher Generationen einige distinkte Gemeinsamkeiten in bezug auf Metaphorik, ideelle Intention und das Verhältnis von lyrischem Subjekt und Objektsphäre oder Tradition (z.B. die Frühromantik oder das Junge Deutschland oder die Expressionisten), aber der Entwurf der subjektiven Beglaubigung eines jeden literarischen Textes verlangt von Autor wie Leser die Konzentration auf das eine unverwechselbare Gedicht. Daher ist die Epoche der ↗ Romantik zwar von einigen zentralen Vorstellungen durchzogen und konditioniert, aber die Gedichte der bedeutendsten Lyriker der Jahre 1795-1830 entfalten eine nicht auf einen Nenner zu bringende Vielfalt und bildliche Kraft. Die Gedichte des alten Goethe (in erster Linie die des *West-Östlichen Divan*), die Hölderlins, Novalis', Brentanos, Eichendorffs und des Spätromantikers Heine zeigen eher die Tiefe des in ihrem Zeitraum Möglichen, als daß sie, wie noch die Barockepoche, als Ausfluß und Manifestation weniger Prinzipien und metaphorischer Prozesse definierbar wären. Jeder Lyriker entwickelt fortan aus seinem eigenen Kosmos die ästhetische Welt seiner Gedichte.

Die Radikalität und weltverwandelnde Religiosität und Kunst-Religiosität der Hölderlinschen Dichtung ist in ihrer Zeit singulär. Sie berührt sich freilich an den Rändern mit einem Sprach- und Kunstverständnis der Romantik, das auf den immer schneller sich vollziehenden Säkularisierungsvorgang der ↗ Moderne mit einer Sakralisierung der Kunst antwortet, programmatisch und poetisch.

5. In der nachromantischen Epoche des ↗ Realismus gewinnt ein Gedicht-Typ quantitativ an Gewicht, der nicht grundsätzlich neu ist und nun in zeitgenössischer Einkleidung auftritt: das politische Gedicht (↗ Politische Dichtung). Darunter ist nicht nur das Gedicht als Kommentar zu politischen oder allgemein gesellschaftlichen Vorgängen oder Situationen zu verstehen, sondern zunehmend dominierend wird jene Ausprägung, die das Gedicht begreift als Movens politischer Ereignisse. Dabei sieht sich der Autor häufig als Agitator einer Partei oder Parteilinie. Das Gedicht entsteht als Reaktion auf eine politische Gegebenheit oder eine ideologische Kontroverse in der Hoffnung, zu einer bestimmten Aktion beitragen zu können. Gesehen aus der Perspektive des Autonomiepostulats, markieren solche Texte eine Art partieller oder totaler Regression zurück zu Positionen heteronomen Sprechens. Dies auch dann, wenn sie inhaltlich und von ihren Prämissen her sich dem Fortschritt verbunden zu haben glauben. Man könnte sogar pointiert sagen, daß gerade in der unreflektierten lyrischen Feier des gesellschaftlichen Progresses die formale Rückbindung an vor-autonome Positionen schon beschlossen liegt, da das Politische als „summum bonum" keine anderen Götter neben sich duldet und auch keine Freiheit der Form und des Ausdrucks. In den marxistischen Polit-Hymnen des 20. Jh. hat diese Tendenz ihren Tiefpunkt und voraussichtlich auch ihren Endpunkt erreicht.

6. War die Epoche des Realismus und des ↗ Naturalismus von ihren eigenen Vorstellungen und Zielen her eine des epischen Sprechens und Verstehens und damit nur ausnahmsweise dem Gedicht zugeneigt, so beginnt mit dem 20. Jh. eine lange und vielgestaltige Kunst-Periode, die ent-

scheidend eine Periode der exzeptionellen L. war. Am Beginn der die erste Hälfte des 20. Jh. einnehmende Zeit der klassischen Moderne steht, was die dt. L. anbetrifft, das Œuvre Rainer Maria Rilkes. Sind seine Anfänge epigonal und am Rande des Kitsches, so gewinnen seine Gedichte von der *1. Duineser Elegie* (1912) an jene Kraft, metaphorische Sicherheit und das unnachahmliche Ineinander von Anschauung und Reflexion, das diesen Zyklus, die 1922 entstandenen *Sonette an Orpheus* und einige späte Gedichte zu Meilensteinen der Moderne machen.

Die „authentische" Lyrik des frühen 20. Jh. ist zwar in einem vorläufigen Sinn als hermetisch zu bestimmen; zentral partizipiert sie jedoch, wie alles ernsthafte Denken einer Epoche, an ihren Horizonterweiterungen und Perspektiven, ihren Fragen und Aporien – und ist in Antworten die Erscheinung einer neuen künstlerischen Wahrheit. Das gilt in besonderem Maße für die L. der expressionistischen Generation (also etwa Heym, Stadler, Trakl, Benn, Stramm, Becher), ↗ Expressionismus. Radikal subjektiv ist sie in den Bildern und den Formen von Vers, Strophe und Gedicht, aber die Denkfigur der Erwartung, die ideell die meisten Gedichte strukturiert, bindet sie transindividuell an die Zeit kurz vor und nach 1914. Diese Erwartung ist meist objektlos oder nur vage assoziiert mit apokalyptischen Bildern, in denen freilich, charakteristisch für die säkulare Moderne, die Dimension des Destruktiven, der Bestrafung und des Untergangs vorherrscht. Die – genuin religiösen Offenbarungsvisionen inhärente – „Neue Welt", das nach der Zerstörung sich zeigende „Neue Jerusalem" – sie dringen erst in den Revolutionsjahren 1917-1919 als innerweltliche Erlösungsphantasien in die Literatur und damit auch in die L. ein. In der nach-expressionistischen Phase gewinnen, wofür das Werk Gottfried Benns auf der einen Seite und das Bertolt Brechts auf der anderen stehen oder idealtypisch gegeneinander gesetzt werden können, die explizit politische L. und die L. als „Gegenglück" (Benn) zur geschichtlichen Katastrophe eine dominante Position. Die politische L. knüpft dabei strukturell an die des 19. Jh. an, ist aber jetzt natur- und geschichtsmäßig geprägt von der Revolutionstheologie der ersten Hälfte des 20. Jh. In ihrer linksrevolutionären Variante definiert sie sich als Endzeit-Erwartung unter dem Signum der Arbeiterklasse, der Sowjetunion, Lenins und Stalins; die rechtsrevolutionäre Variante hat zwar in einigen anderen europäischen Ländern (etwa als „Futurismus" in Italien) Spuren hinterlassen, nicht jedoch in Deutschland; das Niveau nationalsozialistischer Partei-L. ist nicht diskussionsfähig. Die Opposition zur politisch-aktionistischen L. markiert ein Schreiben, das in Weiterführung romantischer Motive und Denkfiguren die prononcierte Selbstreflexivität der Kunst zu ihrem Zentrum und herausragendem Thema macht. Nur die „hinterlassungsfähigen abgeschlossenen Gebilde" (Benn), das radikal aus dem pragmatischen Funktions- und Kommunikationszusammenhang gelöste und auf sich selbst und seine Geschichte bezogene Wort vermag der mythischen Schuld der geschichtlichen Phänomene entgegenzutreten. Nur das Reich der Kunst, der Sprache, des magischen Wortes kann sich freihalten von dem Fluch der sinnlosen und kontingenten Historie. Diese „absoluten" Gedichte im Sinn Benns beschwören die Zeitlosigkeit des Ausdrucks herauf, um seine Gegenwärtigkeit zu bestätigen und die Dichtung als reines Form-Spiel in eine ansonsten leere Zukunft zu entlassen. Brechts aktionistische L. als Anbindung der Kunst an die vermeintlich siegreichen Fahnen des Weltgeistes und Benns dichotomischer Kosmos sind zwei grundsätzlich differente, aber parallel sich entwickelnde und verwirklichte Versuche, der L. im Zeitalter einer entfesselten Technik und verzweifelten Geschichtsgläubigkeit eine Legitimation zu restituieren, die an sich zu Beginn des 20. Jh. im Orkus des neuen planetarischen Utilitarismus untergegangen war.

7. Die die erste Hälfte des 20. Jh. einnehmende Kunst-Periode (und sie umfaßt und affiziert alle Künste in den meisten europäischen Kulturen) vollzieht sich in prekärer Nähe und bewußter Distanz zum Chaos der Geschichte. Die große Teile Europas zerstörende Gewalt der totalitären Heils-Mythen ist nicht zu trennen von der Fülle und Vielfalt der gleichzeitig entstehenden Kunst. Bei keinem anderen Lyriker dt. Sprache ist dies so evident wie bei Paul Celan (1920-70). Seine L. umkreist und thematisiert die Shoah, die Vernichtung der europäischen Juden (darunter Celans Familie), fragt in immer neuen, immer karger und dunkler werdenden Ansätzen nach der Möglichkeit von Sprache, Bild und Wahrheit im Angesichts des Grauens und des „deus absconditus". Die Suche nach dem genauen, dem richtigen Wort wird zur Erfahrung der einzigen Denk-Spur in der Asche der historischen Verwüstung. Celans literarisches Œuvre markiert einen letzten Höhepunkt der klassischen ↗ Moderne und ihr historisch vermitteltes und innerkünstlerisches Ende. Das Schreiben von Gedichten nach 1945 ist, von ihm abgesehen, in allen dt.sprachigen Ländern gekennzeichnet durch eine tiefgreifende Epigonalität, ja eine zunehmende Erschöpfung der literarischen Mittel. Das wird zunächst überspielt durch die diktatur-, kriegs- und nachkriegsbedingte Verzögerung der poetischen Entwicklung und Produktivität. Durch die verspätete Rezeption der außerdt. und partiell

auch der dt. ↗ Avantgarde, darunter der international schon lange etablierten ↗ Konkreten Poesie, eine Aufarbeitung, die in den 50er Jahren beginnt und sich bis in die 70er Jahre hinzieht, wird die grundsätzlich epigonale Struktur der gleichzeitig entstehenden L. verdeckt oder bewußt ignoriert. Weder die explizit politische L. (Enzensberger, Fried u.a.) noch die Nachfolger der hermetischen Tradition (z.B. Meister, Bachmann, Eich) noch die Ideologen der perennierenden Avantgarde (Heißenbüttel, Mon u.a.) – keine dieser Tendenzen schafft, kritisch von unserer heutigen Position aus beurteilt, eine neue, wahrhaft zeitgenössische Bilderwelt. Auch die gesellschaftlich-politischen Veränderungen im Gefolge des Jahres 1968 konstituieren keine unverwechselbare Generationensprache oder bringen eine einzelne überragende lyrische Begabung hervor. Lediglich der jung verstorbene Rolf Dieter Brinkmann (1940-75) hat, zumindest in Ansätzen, eine Überwindung der Aporien der klassischen Moderne und ihrer epigonalen Verflachung in der zweiten Hälfte des Jh. versucht. Der Rekurs auf Alltagserfahrungen, das epiphanische Aufleuchten der Dingwelt in Momenten klaren und durchschauenden Betrachtens – dies war immerhin der Beginn eines Weges aus der Sackgasse.

8. Vor der Mitte des 18. Jh. kann von der Existenz einer Lyriktheorie nicht gesprochen werden; in den diversen normativen Poetiken von Renaissance, Barock und Aufklärung wurden lediglich Anweisungen zum Verfertigen und Verstehen einzelner Gedicht-Formen gegeben, mehr nicht. Erst mit dem Autonomiepostulat auf der produktionsästhetischen Seite entsteht auf der Seite der Rezipienten eine Theorie des Gedichts. Alle nun unternommenen Versuche, zu einer übergreifenden Bestimmung von L. zu gelangen, oszillieren zwischen spekulativer Einbindung in ein vorgängiges System, historisierender Beschreibung und formalistischer Abstraktion. Exemplarisch für ersteres sei Hegel genannt, bei dem die „lyrische Poesie“ auf Subjektivität und den „Gehalt und die Tätigkeit des innerlichen Lebens“ gegründet wird. Das Gedicht erscheint als das „von jeder Zufälligkeit der Stimmung gereinigte Objekt, in welchem das befreite Innere zugleich in befriedigtem Selbstbewußtsein frei zu sich zurückkehrt und bei sich selber ist“ (*Vorlesungen über die Ästhetik*, 1835-38). Daß damit Momente der damalig zeitgenössischen L. begrifflich gemacht sind, ist evident; ebenso evident dürfte sein, daß die Fülle und Vielfalt aller Gedichte damit nicht getroffen oder geradezu verfehlt wird. Der ambitionierte Versuch Emil Staigers (*Grundbegriffe der Poetik*, 1946), die drei Gattungen L., Epik und Drama unter Rekurs auf die ihnen zugrunde liegenden elementaren Welterfahrungen und -darstellungsweisen (die lyrische, epische und dramatische) zu legitimieren, ist zwar durchgängig erkenntnisfördernd, stiftet aber, zumindest im Fall der L. und des Lyrischen, eine implizite Hierarchie der (dt.) Gedichte und entwirft eine Blütezeit- und Verfallstheorie. Denn wenn die L. fundiert ist im Lyrischen als der sich versenkenden Erinnerung, der Stimmung, der abstandslosen Präsenz, der Musikalität und der Unwillkürlichkeit, dann ergibt sich – wiewohl Staiger diese Konsequenz zurückweist – eine in Goethes L. und der Romantik kulminierende Pyramide des dt. Gedichts; und gleichzeitig läßt sich auf diesen Prämissen eine Geschichte von Blüte und Verfall, von Anstieg und Abstieg, Erfüllung und Dekadenz konstruieren. Die meisten anderen theoretisch geleiteten Arbeiten zur L. sind historisch orientiert und prätendieren nicht, das Wesen der L. oder des Lyrischen darzulegen. Zentral für das Verständnis der Gedichte der klassischen Moderne ist das Buch Hugo Friedrichs (*Die Struktur der modernen Lyrik*, 1956), in dem er nicht nur die Vor-Bildlichkeit des Œuvres Baudelaires, Rimbauds und Mallarmés betont, sondern, von ihnen ausgehend, in der radikalen Negation tradierter Kategorien das Zentrum einer trans-nationalen lyrischen Moderne sieht. Diese Negationsästhetik wird philosophisch weitergedacht und zugespitzt von Theodor W. Adorno (*Ästhetische Theorie*, 1970), für den Kunst im allgemeinen und die monologische und monadologische L. im besonderen ein Moment des Widerstands darstellt gegen den Ungeist der gesellschaftlichen Normierung und der Verstrickung in den blinden ↗ Mythos des Fortschritts und der universalen Funktionalität. Die hermetischen Züge eines großen Teils der L. des 20. Jh. erscheinen so als Aspekte einer ambivalenten Tendenz: Ein Sprechen der wenigen für wenige im Namen der vielen und ihrer geschwätzigen Sprachlosigkeit. Der jüngste formalistische Versuch, das Gedicht zu definieren, stammt von Dieter Lamping (*Das lyrische Gedicht. Definitionen zu Theorie und Geschichte der Gattung*, 1989). Er nennt das Gedicht eine „Einzelrede in Versen“, eine im strengen Sinn fundamentale Bestimmung, womit gleichzeitig eine Abgrenzung gelingt zum dramatischen Monolog, Texten in rhythmisierter Prosa und zu vielen Werken der Konkreten Poesie, sofern sie nicht dies, sondern graphische Notate sind. Ob nun deskriptiv oder tendenziell normativ: Jedes Nachdenken über L. muß sich im Spannungsfeld abspielen zwischen dem Anspruch des einzelnen Gedichts und seiner Verbundenheit mit der Tradition, der Gattungsgeschichte und den synchronen Beziehungen zu anderen Texten der Epoche. Schon deshalb bleiben das Sprechen des Gedichts und das Sprechen

über das Gedicht ein unabschließbarer Auftrag an Dichter und Leser.

Bernhard Sorg

Lit.: H. Gnüg: Entstehung und Krise lyrischer Subjektivität, 1983. – R. Grimm (Hg.): Zur L.-Diskussion, 1966. – W. Iser (Hg.): Immanente Ästhetik – Ästhetische Reflexion. L. als Paradigma der Moderne, 1966. – W. Killy: Elemente der L., 1972. – B. Sorg: Das lyrische Ich, 1984.

M

Märchen

1. M. (oberdt. Märlein) ist das Diminutiv zu „Mär" (mhd. „maere") und bedeutet Nachricht, Bericht, Kunde, Erzählung. Der Wortstamm ist abgeleitet von ahd. „māri" „Ruhm". Bereits vor Luther wird der Begriff auch pejorativ verwendet und durch Komposita verstärkt: „lügenmaere", „tandmäre", „gensmär". Im Diminutiv wird M. zum Begriff für eine erfundene, unwahre Erzählung; erst durch die Brüder Grimm wird das Wort zur Gattungsbezeichnung (↗ Gattung) im heutigen Sinne. Noch Wieland schreibt 1786: „Ammenm., im Ammenton erzählt, mögen sich durch mündliche Überlieferung fortpflanzen, aber gedruckt müssen sie nicht werden" (Vorrede zu *Dschinnistan*). Von den Romantikern (↗ Romantik) hatten zunächst Achim von Arnim und Clemens Brentano die Gedanken Herders über „Natur-" bzw. Volkspoesie aufgenommen und Volkslieder (↗ Lied) und M. gesammelt (*Des Knaben Wunderhorn*, 1805). Der Beginn der Grimmschen Sammeltätigkeit muß im Zusammenhang mit diesen Bestrebungen gesehen werden. Anliegen der Romantiker war es, in ihrer Hinwendung zur altdt. Literatur und zur Volkspoesie den Nachweis einer germ.-dt. Urkultur zu führen, die das vereint hatte, was in Kleinstaaterei zersplittert war. So wurde Volkspoesie bald zur Nationalpoesie, und die Theorien der Brüder Grimm entfalteten eine starke ideologisch-politische Wirkung in Hinblick auf den Gedanken einer einheitlichen dt. Nation. Es entstand ein gesellschaftlich-politischer „Erwartungsraum", den die Brüder Grimm mit ihren „nationalen" M.- und Sageneditionen (1812/15; 1816/18) und insbesondere mit der 1835 erschienenen *Deutschen Mythologie* Jacob Grimms ausfüllten. Was zu dieser Zeit freilich unter dem Stichwort „Mährchen" erschien, waren keineswegs Volksm. im philologischen Sinne. Nicht wenige Autoren hatten bereits seit dem Ende des 18. Jh. M. oder Sagen publiziert (L.L. Wächter, W. Müller, F.W. Schumann, Otmar/Nachtigall, Büsching, Gottschalck, Wyß, Dobeneck), so daß Jacob Grimm ohne Übertreibung von einer „Mode" sprechen konnte. Freilich wurde und wird in der populären Tradition bis heute nicht gattungstypologisch differenziert. Die moderne philologisch-gattungstypologische Trennung von M., ↗ Sage, ↗ Schwank usw. ist eine wissenschaftliche Konvention, die keineswegs der Lebenswirklichkeit entspricht, wie sie die Sammler und Aufzeichner des 18. und 19. Jh. antrafen. Umgangssprachlich sind Begriff und Sache in keiner Weise präzise zu fassen und werden häufig durch regionale bzw. mundartliche Bezeichnungen: „Stickelche", „Vertellsel", „Zelleni" ersetzt. Auch in den anderen europäischen Sprachen deckt die jeweilige Bezeichnung (engl. „fairy tale"; franz. „conte"; ital. „fiaba"; span. „cuento"; niederld. „sprookje") nicht immer vollständig den dt. Gattungsbegriff ab. Durch die Brüder Grimm wurde die von der ↗ Aufklärung verachtete Gattung aufgewertet und in ihren *Kinder- und Hausmärchen* (KHM) 1812/15 einer breiten Öffentlichkeit und vor allem dem Bildungsbürgertum zugänglich gemacht. Bei diesem Erfolg spielten von Anfang an literarisch-ästhetische Bewertungen eine wichtige Rolle.

2. Nur wenige der zahlreichen Definitionen beschreiben die wesentlichen Züge des M. so umfassend, daß sie die Gattung wirklich bestimmen könnten. Häufig werden Teilaspekte in den Vordergrund gestellt: Kurt Ranke bezeichnet das M. als „eine von den Bedingungen der Wirklichkeit (...) unabhängige Erzählung wunderbaren Inhaltes, die keinen Anspruch auf Glaubwürdigkeit erhebt"; Max Lüthi nennt es eine „welthaltige Abenteuererzählung von raffender, sublimierender Stilgestalt." Als konstituierende Merkmale des Volksm. lassen sich festhalten, daß es keinen (namentlich benannten) Verfasser hat, daß es über längere Zeiträume mündlich tradiert wird und daß es sich im Laufe der Zeit verändert und Varianten bildet. Stilistisch wird das M. geprägt durch einen parataktischen Satzbau, formelhafte Wendungen, direkte Rede und Verse, die besonders an Stellen der Begegnung mit dem Jenseitigen stehen, sowie das Happy-End, das das M. mit der ↗ Trivialliteratur verbindet. Inhaltlich gesehen lassen sich Zauberm., Schwankm., Tierm., Lügenm., ätiologische M. und Legendenm. unterscheiden. Nach formalen Kriterien differenziert man zwischen Kettenm. (Wiederholung desselben Motivs), Konglomeratm. (lose Kompositonen) und Novellen- bzw. Parabelm. 1910 schuf der Finne Antti Aarne aufgrund finnischer, dänischer und dt. M.sammlungen ein Typensystem, das in der Bearbeitung von Stith Thompson alle bisher bekannten M.typen (wobei der Index auch zahlreiche Sagen- und Schwanktypen enthält) klassifiziert und als praktische Hilfe für die Forschung gedacht ist (zitiert als AaTh, bzw. AT). Der Typenindex umfaßt Tierm., Zauberm. und Schwankm. und enthält zweitausend Typennum-

mern mit zahlreichen Untergliederungen nach Episoden, Quellennachweise und Literaturangaben. Der M.typus ist die repräsentative Form eines meist in unterschiedlichen Versionen (Varianten) verbreiteten M., das entweder aus einem einzigen Motiv (Episode), wie bei den Tierm., oder aus der Kombination mehrerer Motive (mehrepisodig) besteht. Inzwischen gibt es für fast alle europäischen und viele außereuropäischen Länder Typenregister. Während Aarne/Thompson die M. nach den einzelnen Bauelementen gliederte, versuchte Vladimir Propp (russ. 1928, dt. 1972) die M. nach ihrer inneren Struktur, d.h. der Gesamtkomposition zu bestimmen. Mit seiner strukturanalytischen Untersuchung wies er die gesetzmäßige Organisation der M. nach und stellte ein System von Beziehungen konstanter und variabler Funktionen auf, wobei er die Grundstruktur des M. beschrieb als Mangelsituation, aus der sich die epische Handlung über verschiedene Funktionen der Handlungsträger bis hin zur Behebung des Mangels entwickelt. Weniger auf morphologische Kriterien als auf literarästhetische Zusammenhänge geht M. Lüthi mit seinen stilphänomenologischen Kriterien ein, indem er Beobachtungen von Jolles, Berendsohn und anderen Forschern aufnimmt und weiterführt. Er arbeitete einen Grundtyp des europäischen Volksm. heraus, der durch seine Neigung zu einer bestimmten Darstellungsart gekennzeichnet ist. Lüthis Stilgesetze sind in den meisten Fällen aus der Abgrenzung des M. zur Sage entstanden. Eindimensionalität: Diesseits und Jenseits sind im M., anders als in der Sage, zu einer Dimension verschmolzen; Flächenhaftigkeit: die Figuren des M. sind ohne Körperlichkeit, Innenwelt, Umwelt, ohne Tiefengliederung; Abstraktheit: Dinge und Handlungen werden nicht geschildert, nur benannt; hierzu gehört die Mineralisierung und Metallisierung und Formelhaftigkeit des M.; Isolation und Allverbundenheit: Personen und Dinge sind isoliert, aber gerade dadurch können sie alle Bindungen eingehen; Sublimation und Welthaltigkeit: magische, mythische (↗ Mythos), numinose, profane Motive werden entleert und sublimiert, dadurch vermag das M. „Welt in sich aufzunehmen“. Es spricht für die Prägnanz der Untersuchungen, daß die Lüthischen Stilmerkmale vielfach miteinander zu verknüpfen sind: Flächenhaftigkeit ist eine Komponente des abstrakten Stils, Eindimensionalität bedingt Sublimation und Isolation.

3. Die überwiegende Mehrzahl der europäischen M. wurde erst seit dem Ende des 18. Jh. aufgezeichnet. Indem die Brüder Grimm in ihrem Freundes- und Bekanntenkreis M. sammelten und publizierten (und in der Folge auch die Gelehrten anderer Länder dazu aufforderten), schufen sie ein Bild des (dt.) Volksm., das bis heute die Gattung bestimmt. Die Impulse, die von den Brüdern Grimm ausgingen, sind in ihrer innovativen Wirkung für den europäischen Raum und darüber hinaus kaum zu überschätzen. Nicht zuletzt ist es ihnen zu verdanken, daß das M., das bis dahin Erwachsenenunterhaltung war (was für manche Ethnien und Länder bis heute gilt) zur Kinderlektüre wurde, ↗ Kinder- und Jugendliteratur. Unter den Händen der Brüder Grimm wurde aus der traditionellen Unterhaltung der unteren Schichten einer vorwiegend ländlichen Bevölkerung das Kinderm. des bürgerlichen Stadthauses. Dieser Wechsel der Kommunikationssphäre beinhaltete nicht nur einen Wechsel der sozialen Schicht, sondern auch einen Funktions- und Formenwechsel. Infolge der stilistisch glättenden und an den geltenden bürgerlichen Moralvorstellungen orientierten Eingriffe vor allem Wilhelm Grimms konnten die Volksm. zu den Kinderm. werden, deren Erfolg noch heute anhält. Er fügte archaisierende Wendungen ein, ersetzte das Präsens durch erzählendes Imperfekt, indirekte durch direkte Rede, führte volkstümliche Doppelausdrücke und Gefühlswörter ein. Die Brüder Grimm schufen damit den Typus des „Buchm.“, das durch Motivkombinationen, Kontaminationen einzelner M.typen, Eliminierung von erotischen und sozialkritischen Elementen eine homogene Textgestalt bietet. Aus wissenschaftlicher Sicht handelt es sich nicht um philologisch authentische Texte, auch wenn die Brüder Grimm in ihrer Vorrede betonten, daß es ihnen „zuerst auf Treue und Wahrheit angekommen“ sei und sie „aus eigenen Mitteln nichts hinzugesetzt“ hätten (Vorrede 1819). Freilich haben diese romantisierenden, kindertümlichen stilistischen Eingriffe erst den literarischen Erfolg dieser M. bewirkt und sie zum Kinderbuch werden lassen, dessen Auflagenhöhe die der ↗ Bibel erreicht.

4. Generalisierende Aussagen über Entstehung und Alter des M. lassen sich aufgrund der Forschungslage nicht treffen. Nur in Einzelfällen führen Untersuchungen einzelner M.typen über das späte MA hinaus. Auch das Vorkommen einzelner märchenhafter Motive in einer früheren Kulturstufe, etwa im *Gilgamesch*-Epos oder das altägyptische Zweibrüderm. lassen nicht den Schluß zu, es handle sich um frühe Belege für das M. als Gattung. Nicht nur stehen sie in einem völlig anderen Kontext, sondern es ist auch mit einem kulturell bedingten Funktionswandel dieser Erzählform zu rechnen, Übereinstimmungen, die sich lediglich auf einzelne Motive beziehen und nicht auf die Mehrzahl aller konstituierenden Elemente, so daß sie in diesem Sinne als Erzählvarianten eines M.typs gelten könnten, lassen sich

nicht als Beleg für das Vorkommen des M. in vor- und frühgeschichtlicher Zeit oder in frühen Hochkulturen heranziehen. Zwar lassen sich archaische Motive auch in rezenten M.aufzeichnungen feststellen, doch kann dies nicht als Beweis für die frühe Entstehungsstufe der gesamten Erzählung dienen. Es ist freilich festzustellen, daß bestimmte Einzelmotive in märchenhaften Erzählungen aus der antiken Überlieferung wie auch in orientalischen Sammlungen (*1001 Nacht*, *Papageienbuch*, *Pantschatantra*, *Vetalapantschavinsati*) und nicht zuletzt in der Bibel überraschende Übereinstimmungen mit rezenter Überlieferung zeigen, ohne daß man eine Traditionskontinuität feststellen könnte. Gleiches gilt auch für die romanischen Sammlungen des Don Juan Manuel, Straparolas, Basiles, Perraults, Boccaccios, Sacchettis, Bandellos, um nur einige zu nennen. Das führt zur Frage nach der Genese und Verbreitung des M. (und anderer volkstümlicher Prosaformen). Der Orientalist Th. Benfey erklärte die Herkunft der M. aus Indien, d.h. monogenetisch (ein Erzähltypus entsteht an einem bestimmten Ort zu einer bestimmten Zeit und verbreitet sich wellen- oder strahlenförmig). Diese Theorie ist zugleich die Grundlage der sogenannten geographisch-historischen Methode in der Erzählforschung, die auf diesem Wege zur Urform (= Archetyp; nicht zu verwechseln mit dem Archetyp bei C.G. Jung) eines Erzähltypus gelangen wollte. Dieser Archetyp einer Erzählung ist in den meisten Fällen ein reines Konstrukt, das sich schon aus Gründen der mangelnden bzw. unterschiedlichen Kontinuität oraler Überlieferung kaum fixieren läßt. Demgegenüber läßt sich feststellen, daß eine große Anzahl von identischen Erzählungen bzw. M. an geographisch weit auseinanderliegenden Orten, bzw. Ländern und zu verschiedenen Zeiten aufgezeichnet werden konnte, ohne daß man einen genetischen Zusammenhang oder eine Wanderung feststellen konnte. Dies führte zu der Theorie der polygenetischen Entstehung, d.h. zu der Ansicht, daß aufgrund bestimmter anthropologischer Grundkonstanten bestimmte Erzählungen an verschiedenen Orten unabhängig voneinander in einer „generatio aequivoca" (Ranke) entstehen können. Auf die heute bekannten Erzähltypen angewandt, kann sicher keine der beiden Theorien Ausschließlichkeit beanspruchen. Es hat sich gezeigt, daß solche Theorien immer einer Verifizierung am einzelnen Erzähltypus bedürfen. Die Brüder Grimm vertraten im Grunde eine monogenetische Theorie, wenn sie die Volkserzählung aus einem ursprünglich gemeinsamen Erbe der indoeuropäischen Völker erwachsen sahen.

5. Grundsätzlich ist zu unterscheiden zwischen dem über längere Zeiträume mündlich (oral) überlieferten Volksm., das der Unterhaltung und Belehrung der Erwachsenen diente, wobei die Erzählsituationen kulturell und sozial unterschiedlich anzusetzen sind, und dem in der Schicht der Gebildeten angesiedelten, der Hochdichtung zugehörigen Kunstm. Das Kunstm. übernimmt zwar Motive aus der volkstümlichen, mündlichen Tradition, integriert sie jedoch in die eigene Dichtung, die letztlich Individualdichtung ist. Auch in den KHM finden sich Kunstm. von Ph. Otto Runge, J.H. Jung-Stilling, C. Brentano, die von den Brüdern Grimm dem „Volkston" angeglichen wurden. Mit J.K.A. Musäus' *Volksmährchen der Deutschen* (1782-87) beginnt eine Reihe von Kunstm., in denen zum Teil in einem ironisierenden Stil (↗ Ironie), der mit Anspielungen auf die zeitgenössische Literaturszene versetzt ist, M.- und Sagenmotive verarbeitet und beliebig verwandelt werden. Ihm folgt Ch.M. Wieland mit seiner 1789 erschienenen Sammlung *Dschinnistan oder auserlesene Feen- und Geister-Mährchen, teils neu erfunden, theils neu übersetzt und umgearbeitet*. Wielands Kunstm. sind weitgehend orientalischen Sammlungen wie *1001 Nacht* verpflichtet. Formal waren sie auch durch die frz. Mode der Feenm. beeinflußt, in deren Folge 1785 die umfangreiche Sammlung des *Cabinet des Fées* (41 Bde.) erschienen war. Es ist nur folgerichtig, daß das Zeitalter der ↗ Romantik zugleich den Beginn der Kunstm.dichtung signalisiert. Nahe an der Motivik des Volksm. bewegen sich die M.dichtungen von C. Brentano, W. Hauff, E. Mörike, G. Keller und E. Wiechert. Insbesondere aber sind die romantisch intendierten bis ins Satirische gehenden M.dichtungen L. Tiecks zu erwähnen, wobei seine M.dramen eine Sonderstellung genießen. Sie sind, wie auch die M.dichtung im 19. Jh., stark durch Goethes *Märchen* (in den *Unterhaltungen dt. Ausgewanderten*, 1795) beeinflußt, das geradezu als Prototyp des (romantischen) Kunstm. gelten kann. Traditionelle M.motive werden adaptiert und phantasievoll zu einer bedeutungschweren Handlung montiert.

6. In unserer Zeit läßt sich wieder eine Verlagerung des Wissenschaftsinteresses vom Text zum Kontext, d.h. zur „Biologie" des M. bzw. der Volkserzählung feststellen. Der Erzählvorgang (Performanz), Interaktion der Erzählerpersönlichkeit mit dem Publikum, Soziologie des Erzählens und der Erzählgemeinschaft, Erzählgelegenheiten und die Entwicklungs- und Veränderungsprozesse, denen der Erzählstoff unterliegt, sind Themenbereiche der M.biologie im Sinne einer funktionalistischen Betrachtungsweise, die ihre Schwerpunkte ethnologisch, anthropologisch, soziologisch oder psychologisch setzt. Mehr denn je wird heute das M. als phantasiean-

regende Lektüre mit einem scheinbar in jeder ↗ Epoche neu ausdeutbaren Symbolgehalt und einem gewissen eskapistischen Zug von den verschiedensten Richtungen rezipiert und in einer ahistorischen Betrachtungsweise interpretiert, ohne zu beachten, daß das M. wie alle anderen Stoffe der Volksliteratur (↗ Sage) in einer konkreten literarischen und gesellschaftlichen Situation entstanden ist und in einer ebensolchen Situation reproduziert wird.

Leander Petzoldt

Lit.: J. Bolte/G. Polivka: Anmerkungen zu den Kinder- und Hausm. der Brüder Grimm. 5 Bde., 1913-32, Nachdruck 1963. – M. Grätz: Das M. in der dt. Aufklärung, 1988. – F. Karlinger: Wege der M.forschung, 1985. – M. Lüthi: Das europäische Volksm., [5]1976 (u.ö.) – M. Lüthi: M., [8]1990 (u.ö.). – L. Petzoldt: Volksm., 1982. – K. Ranke: Die Welt der Einfachen Formen, 1978. – L. Röhrich: M. und Wirklichkeit, [4]1979. – J. Tismar: Kunstm., 1977.

Medien

1. Als M. lassen sich alle akustischen und/oder optischen Kommunikationsmittel bezeichnen; Gegenstand der ↗ Germanistik sind v.a. diejenigen, die der Vermittlung von Sprache dienen: neben der mündlichen Rede (↗ Rhetorik) auch ↗ Brief, ↗ Buch, Einzelblatt (z.B. ↗ Flugblatt, Plakat), Heft, ↗ Zeitung, Zeitschrift, ↗ Theater. Eine wesentliche Voraussetzung für die schriftlichen M. wurde der Buchdruck („Print-M."). Moderne M.-kunde beschäftigt sich jedoch hauptsächlich mit solchen Mitteln zur – überwiegend sprachlichen – Massenkommunikation („Massen-M."), die auf den technischen Reproduktionsmöglichkeiten von Ton und/oder Bild basieren – den elektronischen oder audiovisuellen M. Sie sind heute weitaus verbreiteter als die Druck-M. Das hängt mit ihren besonderen technischen Möglichkeiten ebenso zusammen wie damit, daß sie durch ihre Konzentration auf Akustisches und/oder Visuelles auch Rezipienten anzusprechen vermögen, die nicht lesefähig sind.

2. Eine Vorstufe aller audiovisuellen M. ist das Drehbuch. Was vermittelt werden soll, ist darin vorab schriftlich fixiert. Auf ein „Exposé" (eine Projektskizze) folgt das „Treatment" (eine genauere Darstellung des geplanten Verlaufs) und schließlich das eigentliche Drehbuch (auch: „Szenarium"). Gegliedert ist es oft in zwei Spalten. In der einen stehen etwa beim Filmdrehbuch der zu sprechende Text sowie Anweisungen für Musik und Geräusche, die andere fixiert Kameraeinstellungen.

3. Der Kinofilm ist eine Folge sehr rasch bewegter photographischer Bilder („Kinematographie" = Bewegungsaufzeichnung). Er zerlegt die Wirklichkeit in einzelne Segmente, die durch Schnitt und Montage neu zusammengesetzt werden. Im Stummfilm blieb die Bilderfolge ohne Ton; untermalende Musik wurde live oder per Grammophon zugespielt. Zwischentexte auf der Leinwand oder ein Conferencier gaben die zum Verständnis notwendigen Erläuterungen. Dagegen sind die Bilder des Tonfilms unmittelbar mit Sprache und Geräuschen verbunden. Die Kameraeinstellungen im Film wechseln zwischen Nähe und Distanz: Großaufnahme, Normale und Totale. Auch die Dynamik von Einstellungswechseln kann zum Stilmittel werden („Zoom", „Schwenk"). Seit jeher ist der Kinofilm einerseits Medium des Realismus („Dokumentarfilm"), andererseits des Illusionismus („Spielfilm"). Er legt durch seine einprägsame, affektbetonte Ausdrucksweise die Identifikation nahe. Seine Identifikationsfiguren gelten als „Stars".

4. In der Laterna magica kann ein Vorläufer des Kinofilms gesehen werden. Die Geschichte dieses vielleicht internationalsten Mediums beginnt mit einer Phase experimenteller Anfänge um 1895/96 in Berlin (Brüder Skladanowsky), Paris (Brüder Lumière, Georges Méliès), London und New York. Zunächst war der Kinofilm nur ein technisches Kuriosum; die ersten Vorführungen fanden in Varietétheatern (z.B. im Berliner „Wintergarten") oder auf Jahrmärkten statt. Kinos waren zunächst Wanderunternehmen ohne feststehende Säle. Schon bald nach der ↗ Jahrhundertwende etablierten sich die ersten Gesellschaften für Produktion und Distribution von Filmen. Die größte dt. Produktionsgesellschaft, die Universum-Film-AG (Ufa), wurde 1914 gegründet. Eine zweite Phase der Filmgeschichte war die Entwicklung des Stummfilms zur Kunstform, vorbereitet in den USA durch D.W. Griffith. Amerikanische Slapstick-Komödien zeigten spielerische Auseinandersetzungen mit aktuellen gesellschaftlichen Problemen (z.B. Ch. Chaplin, dessen frühe Filme bereits in den 20er Jahren auch in Deutschland begeistert rezipiert wurden). In der Sowjetunion stellte Sergej Eisenstein den Film als Kunst-Medium in den Dienst der Revolution. In Deutschland gewann der Film künstlerisches Profil während der Weimarer Republik im Gefolge des ↗ Expressionismus. Gedreht wurden dabei neben phantastischen Filmen (z.B. Paul Wegener: *Der Golem*, Friedrich Wilhelm Murnau: *Nosferatu*, Hans Janowitz/Carl Mayer: *Das Cabinett des Dr. Caligari*; ↗ Phantastik) besonders Kriminalfilme (z.B. Fritz Lang: *M. Die Mör-*

der sind unter uns; ↗ Kriminalliteratur), Komödien (Ernst Lubitsch) und Abenteuerfilme (Joe May). Die moderne Großstadt wurde ebenso zum Thema (Lang: *Metropolis*, Georg Wilhelm Pabst) wie der nationalgeschichtliche ↗ Mythos (Lang: *Die Nibelungen*, Arzèn von Cserèpy: *Fridericus Rex*). Als dritte Hauptphase der Filmgeschichte, bis heute nicht abgeschlossen, kann die des Tonfilms gelten (seit den 20er Jahren). In den 30er und 40er Jahren behauptete sich Hollywood weltweit als Zentrum der Filmproduktion mit Mythisierungen des „American Way of Life" (z.B. *Citizen Kane*) und der eigenen Vergangenheit, v.a. in Western, „schwarzen" kriminalistischen und komödiantischen Filmen. In den 50er Jahren dominierte im italienischen Kino der „Neorealismus" (Roberto Rossellini, Pier Paolo Pasolini) und in Frankreich die „Nouvelle Vague" („Neue Welle") um Jean-Luc Godard, Claude Chabrol und François Truffaut. Im internationalen Vergleich war der dt. Tonfilm lange Zeit bedeutungslos. Unter dem Nationalsozialismus diente er der Propaganda (z.B. *Jud Süss*), so auch in den Wochenschauen, die bis in die 60er Jahre einem Kinospielfilm vorausgingen, oder der unterhaltenden Ablenkung (z.B. *Die große Liebe* mit Zarah Leander). Der Unterhaltungscharakter bestimmte weiterhin den westdt. Film der Nachkriegszeit mit seiner Vorliebe etwa für Heimatsujets. Erst seit den 60er Jahren entwickelte sich der qualitativ höherstehende Neue dt. Film, konzentriert auf die Persönlichkeiten von Regisseuren wie Rainer Werner Fassbinder, Werner Herzog, Alexander Kluge, Volker Schlöndorff, Wim Wenders. In der DDR wurden Kinofilme ausschließlich von der staatlich gelenkten Deutschen Film-AG (DEFA) produziert (z.B. Wolfgang Staudte, *Die Mörder sind unter uns*, 1946). So war sichergestellt, daß sie weitgehend im Dienste sozialistischer Politik standen. Nach vorwiegend propagandistischen Filmen in der Ära des Kalten Krieges kam es jedoch auch in der DDR der 70er Jahre vereinzelt zu individuelleren Produktionen (z.B. Heiner Carow: *Die Legende von Paul und Paula*).

5. Enge Beziehungen gibt es zwischen Film und Literatur. Bereits in der Erzählkunst des 19. Jh. hat man filmische Mittel entdeckt (S. Eisenstein über Flaubert und Dickens). Moderne Literatur verdankt ihrerseits dem Film Anregungen (vgl. etwa die Technik der Montage). Zu den dt. Autoren des 20. Jh., die sich vom Kinofilm fasziniert zeigten, zählen u.a. Bertolt Brecht, Thomas Mann oder Franz Kafka. Von Anfang an basierte die Mehrzahl aller Filme auf literarischen Vorlagen – in Hollywood (z.B. *Gone with the Wind*) ebenso wie in Deutschland (z.B. *Der Golem* nach G. Meyrink, *Der Blaue Engel* von Josef von Sternberg nach H. Mann bis zu Schlöndorffs *Blechtrommel* nach G. Grass und mehrere Verfilmungen von Fontanes *Effi Briest*, u.a. durch Fassbinder). V.a. neuere Arbeiten zur Literaturverfilmung plädieren dafür, das jüngere, sekundäre Medium neben der Vorlage nicht pauschal abzuwerten, sondern vielmehr dessen eigenständige Möglichkeiten der Transformation zu sehen. So vereinfacht der Film naturgemäß; dem Vorstellungsvermögen des Publikums läßt er zwangsläufig weniger Freiraum als die Literatur.

6. Dominierendes Medium ist gegenwärtig das Fernsehen. Es basiert auf einer anderen Technik als der Kinofilm, auf dem zeilenweisen Abtasten von Bildern. Sie lassen sich speichern durch das Magnetaufzeichnungsverfahren (MAZ). Die elektronische Kamera ermöglicht eine unmittelbarere Bildumsetzung als beim Film. Aufgenommen werden die Bilder in der Regel mit verschiedenen Kameras, ihre Auswahl und Verbindung erfolgt dann an einem Regiepult („Mischung"). Anders als beim Kinofilm können beim Fernsehen Aufnahme und Sendung auch gleichzeitig erfolgen („live"). Dies ermöglicht mehr Aktualität, was dazu beigetragen hat, daß Nachrichtensendungen im Fernsehen die Wochenschauen des Kinos abgelöst haben. Fernsehen, aus dem heutigen Privathaushalt kaum mehr wegzudenken, ist weniger sozial als die öffentliche Rezeption eines Kinofilms. Während das Kinopublikum zu großen Teilen aus jüngeren Erwachsenen besteht, umfaßt das Fernsehpublikum fast alle Altersgruppen und sozialen Schichten. Fernsehen nötigt weniger zur Aufmerksamkeit als die große Kinoleinwand im verdunkelten Saal, die kaum Abwendung gestattet; der Fernsehzuschauer ist dadurch einerseits freier als der Kinobesucher; er kann nach Belieben um- oder abschalten („zappen", „switchen"). Andererseits provoziert die Fortdauer des Programmablaufs im Fernsehen auch eine unkritische Dauerrezeption. Eine vorherrschende Programmform des Fernsehens ist die Serie. Während sich der Kinofilm längst als Kunstform etabliert hat, steht das Fernsehen noch immer im Ruf eines unkünstlerischen, daher fragwürdigen Massenmediums. Durch die vorherrschende Orientierung an Einschaltquoten bei der Programmgestaltung wird dieser Ruf heute weiter zementiert.

7. Ein Vorläufer des Fernsehens war das von Paul Nipkow erfundene elektronische Teleskop, die „Nipkowscheibe" (1883), die Bilder durch eine rotierende Lochscheibe zeilenweise erfaßte. Die Braunsche Röhre ermöglichte dann die elektronische Übertragung von Bildsignalen auf einen Schirm. Erste Bildexperimente datieren aus den 20er Jahren, 1934 kam der Ton hinzu. In den USA wurde 1935 das erste Fernsehprogramm ge-

sendet, seit 1939 gab es dort einen regelmäßigen Programmbetrieb. Einen ersten Höhepunkt boten Sendungen von den Olympischen Spielen 1936. Unter dem Nationalsozialismus wurde in Deutschland die Entwicklung des Mediums unterbrochen. Danach setzte in Europa und in den USA der eigentliche Fernsehboom ein: 1950 übertrug der Nordwestdeutsche Rundunk das erste Fernsehbild nach dem Krieg, seit 1954 sendete das ARD-Gemeinschaftsprogramm täglich; 1962 wurde das Zweite Deutsche Fernsehen (ZDF) gegründet, seit 1964 kamen in verschiedenen Bundesländern Dritte Programme hinzu; 1967 wurde in der Bundesrepublik das Farbfernsehen eingeführt. Die seit 1984 in der Bundesrepublik arbeitenden privaten Programmanbieter finanzieren ihre (über Kabelnetze verbreiteten) Programme im wesentlichen durch Werbeeinnahmen.

8. Pendant des Kino-Spielfilms ist das Fernsehspiel. Das erste Werk dieser Gattung wurde 1928 in den USA gesendet (*The Queen's Messenger*). In der Bundesrepublik war das Fernsehspiel zunächst Fernsehtheater (1961 erreichte z.B. die Sendung von Shakespeares *Hamlet* eine Einschaltquote von 58 %). Danach entwickelte das Fernsehspiel zusehends eine eigenständige ↗ Ästhetik. Stärker als der Kinofilm konzentrierte es sich auf einheitliche architektonische und seelische Innenräume, sparsameren Ausdruck, weniger Personal und kleinere Gestik, entsprechend den kleineren Dimensionen des Fernsehbildes. Entschiedener als der Kinofilm wandte sich das Fernsehspiel alltäglichen sozialen Problemen zu. Heute hat es zugunsten anderer, anspruchsloserer Formen der Fernsehunterhaltung an Bedeutung verloren.

9. Der Hör- oder Rundfunk, basierend auf der Übertragung elektromagnetischer Tonaufzeichnungen, wird gegenwärtig überwiegend nebenher rezipiert als Medium für Hintergrundmusik. Wortsendungen im Hörfunk sind dagegen eher zu Minderheitenprogrammen geworden. Das gilt namentlich für die genuine künstlerische Ausdrucksform des Rundfunks, das ↗ Hörspiel. Stärker als die visuellen elektronischen M. appelliert es an das Vorstellungsvermögen seines Publikums. Aus Sprache und Geräuschen ist alles übrige zu erschließen. Das Hörspiel neigt in Handlungsführung und Personal noch mehr zur Konzentration als das Fernsehspiel. Fließend sind die Grenzen zwischen Hörspiel und Feature. Der Begriff (engl. „to feature", d.h. herausstellen) hat sich in Deutschland unter dem Einfluß englischer Medienpolitik nach dem Zweiten Weltkrieg eingebürgert. Man versteht darunter eine Rundfunksendung, die auf möglichst lebendige Weise informieren will, indem sie Dokumentarisches und Fiktives, Bericht, Reportage, Dialog, Musik, Geräusche usw. mischt.

10. Was vor kurzem noch zu den sog. „Neuen M." gezählt wurde, ist heute bereits gang und gäbe, so neben dem Computer v.a. Video, die Aufnahme und Wiedergabe von Bild und Ton auf Magnetband. Dies erlaubt beliebige Wiederholungen auch am privaten Fernsehgerät, und eine Videokamera versetzt jedermann in die Lage, ohne größeren Aufwand Filme zu produzieren. Die spezifischen Möglichkeiten dieses Mediums haben eine eigenständige Videokunst begründet.

11. Die derzeitigen „Neuen M." charakterisieren sich durch geographisch kaum mehr begrenzte Verbindungen verschiedener M.-Komponenten: Seit 1980 bietet „Videotext" drahtlos zahlreiche Zusatzinformationen zu Fernsehprogrammen oder als eigene Information im Sinne einer „Bildschirmzeitung" (Faulstich). Der „Bildschirmtext" stellt die Verknüpfung von Telefon und Fernsehgerät mit einem Decoder dar. Damit können interaktiv Datenbanken angewählt und die gewünschten Informationen beschafft werden (z.B. „Telebanking"). Unter „Multimedia" versteht man heute grundsätzlich die gleichzeitige Bedienung unterschiedlicher Medien (z.B. Text, Ton, Bild) und jeweils verschiedener Gerätekomponenten. Der Computer selbst wird zum Medium für vielfältige akustische und optische Signale. Mit dem Einsatz computerunterstützter bzw. -generierter Bilderwelten, in die sich der Mensch mit besonderen Hilfsmitteln hineinbegeben kann, ist darüber hinaus die Simulation von Realität möglich („Cyberspace", „Hyperrealität").

Die rasante technische Entwicklung führt dazu, daß die Massen-M. heute in großer Konkurrenz zueinander stehen. All dies geht einher mit fortschreitender Kommerzialisierung – bezeichnend etwa das Gewicht der Fernsehwerbung.

Peter Cersowsky

Lit.: L. Döhn/K. Klöckner: M.-lexikon, 1979. – W. Faulstich: Grundwissen Medien, 1994. – K. Hickethier: Film- und Fernsehanalyse, 1993. – W. Jacobsen u.a. (Hg.): Geschichte des dt. Films, 1993.

Meistergesang

1. Als M. bezeichnet man das Dichten und den Vortrag von Meisterliedern durch die Meistersinger, Einwohner dt. Städte, meist süddt. Reichsstädte, die sich im 15. bis 17. Jh., vereinzelt auch

noch im 18. und 19. Jh., zum Zweck des Dichtens und Vortragens von Meisterliedern zu „Gesellschaften“ oder „Bruderschaften“ zusammenschlossen. In der Regel handelte es sich um Handwerker, vereinzelt auch um Geistliche, Juristen und Lehrer. Den M. übten sie neben ihrem Beruf aus. Die für das Dichten der Meisterlieder geltenden Regeln wurden im 16. Jh. in den „Tabulaturen“ kodifiziert; die für die Organisation, die meist öffentlichen Konzerte („Singschulen“) und den Vortrag geltenden Vorschriften waren in den „Schulordnungen“ enthalten. Die Gesellschaften waren überall gleich oder ähnlich organisiert und standen in Beziehung zueinander. Gemeinsam war den Meistersingern ein ausgeprägtes Kunstbewußtsein. Sie unterstanden überall der strengen Aufsicht durch die Stadtbehörden.

2. Wichtigste Quellen für die Kenntnis des M. sind rund 150 Handschriften des 15. bis 19. Jh. mit ca. 16000 Meisterliedern. Diese sind zum größten Teil ungedruckt; sie werden durch das *Repertorium der Sangsprüche und Meisterlieder* umfassend erschlossen. Bekannte Handschriften sind die *Kolmarer Liederhandschrift* (um 1460 wohl in Speyer entstanden, heute in München), die Prunkhandschrift des Magdeburger Meistersingers Valentin Voigt (1558, heute in Jena), das *Singebuch des Adam Puschman* (1584/88 Breslau, seit dem 2. Weltkrieg verschollen) und die Codices des Benedict von Watt (um 1600, Nürnberg). Weiter von Bedeutung sind die Tabulaturen und Schulordnungen, darunter besonders der 1571 und 1596 gedruckte *Gründliche Bericht des dt. Meistergesangs* von Adam Puschman (1532-1600), ferner die aus Augsburg, Iglau und Nürnberg erhaltenen (in modernen Editionen vorliegenden) Singschulprotokolle, Eingaben an die Behörden und zeitgenössische Darstellungen von Nicht-Meistersingern, besonders Johann Christoph Wagenseils *Buch von der Meistersinger Holdseligen Kunst* (Altdorf 1697).

3. Über die Entstehung des M. ist nichts bekannt. Die ersten nachweisbaren Gesellschaften gab es im 15. Jh. Die Meistersinger verehrten als Begründer ihrer Kunst die mhd. Sangspruchdichter (↗ Sangspruch/Reimspruch) des 13. bis 15. Jh., die sog. „Alten Meister“, von denen sie Themen, Darstellungsstil, eine Anzahl von Strophenformen („Tönen“) und Kunstbewußtsein übernahmen und denen sie auch ihren Namen verdankten: Die Sangspruchdichter wurden in ihrer Zeit ihrer Gelehrsamkeit wegen als „meister“ (dt. für „magister“) bezeichnet, in Beziehung auf sie taucht im 13. Jh. auch erstmals der Begriff „meistersanc“, Gesang der „meister“, auf. Im frühen 16. Jh. überhöhten die Meistersinger den Zusammenhang durch die „Ursprungssage“, nach der die Alten Meister 962 durch Kaiser Otto und Papst Leo privilegiert worden seien. Im 15. Jh. gab es Meistersinger u.a. in Nürnberg, Augsburg, Mainz, Straßburg. Am meisten bekannt ist über die Nürnberger Gesellschaft. Ihr ältester Autor war Fritz Kettner (nachweisbar 1392/1430), ihr berühmtester Hans Folz (1435/40-1513). Neuen Aufschwung nahm die Gesellschaft und der M. überhaupt durch Hans Sachs (1494-1576). Er dichtete 4.286 Meisterlieder und stellte den M. rückhaltlos in den Dienst der Reformation. Im 16./17. Jh. gab es Gesellschaften u.a. in Nürnberg (G. Hager, B.v. Watt, H. Winter, A. Metzger u.a.), Augsburg (O. Schwartzenbach, J. Spreng u.a.), Colmar (J. Wickram), Straßburg (W. Spangenberg), Breslau (A. Puschman), Mainz, Freiburg i. Brsg., in Oberösterreich, Tirol, Mähren. Die Ulmer Gesellschaft bestand bis 1839, die Memminger bis 1875. Das späteste erhaltene Meisterlied entstand 1788 in Memmingen.

4. Die Mehrzahl der Meisterlieder aus vorreformatorischer Zeit hat geistliche Themen (Maria, Trinität, Passion usw.). Nach der ↗ Reformation stehen geistliche Themen, v.a. Versifikationen von Teilen der Bibelübersetzung Luthers, und weltliche Themen (historische Stoffe, Fabeln, Schwänke) etwa gleichberechtigt nebeneinander; häufig ist der M. selbst Thema („Schulkünste“). Meisterlieder bestehen stets aus einer ungeraden Zahl von Strophen, mindestens drei. Die Meistersinger selbst bezeichneten ihre Lieder als „Bare“. Sie sind nicht in individuellen Strophenformen, sondern in vorweg feststehenden „Tönen“ abgefaßt („Ton“ bezeichnet die Gesamtheit von Strophenform und Melodie). Insgesamt sind über 1.000 Meistertöne bekannt – ein Teil von ihnen stammt von Sangspruchdichtern des 13. bis 15. Jh. –, die freilich nicht immer und überall verwendet wurden. Die Töne haben in der Regel mindestens sieben, meist jedoch mehr Zeilen mit Endreim, typisch ist eine Länge von zwölf bis zwanzig Zeilen. Die Zeilenlänge wurde seit dem 15. Jh. nach Silben gemessen, rhythmische Alternation spielte eine eher untergeordnete Rolle. Alle Töne folgen der Kanzonenform (AAB), ↗ Strophe(nformen). Charakteristisch ist die Bezeichnung der Töne durch den Namen ihres Urhebers und den eigentlichen Tonnamen, z.B. Frauenlob, Langer Ton; Konrad Nachtigall, Abendton; Marner, Kreuzton. Die Tonnamen beziehen sich meist auf inhaltliche oder formale Momente eines in ihnen abgefaßten Textes (der Kreuzton etwa heißt nach den für das Schema kennzeichnenden Kreuzreimen abab).

5. Für die Konzerte, die „Singschulen“, galten strenge Regeln. Gesungen wurde stets einstimmig und ohne Instrumentalbegleitung. Die Veranstaltungen liefen als Wettbewerb zwischen den Sin-

gern ab, der Vortrag wurde von den „Merkern" überwacht und bewertet. Gesungen wurden keineswegs nur von den jeweiligen Singern selbst gedichtete Lieder, vielmehr standen meist Texte allgemein bekannter Autoren im Vordergrund. – Nicht zum eigentlichen M. gehörte die Tätigkeit mancher Meistersinger als Dichter von Theaterstücken und die Aufführung solcher Stücke. In einigen Städten hatten die Meistersinger allerdings auch das Theaterprivileg.

6. Der M. bot den Stadtbewohnern des Spät-MA und der Frühen Neuzeit v.a. die Möglichkeit, sich mit religiöser und weltlicher Bildung vertraut zu machen. Meisterlieder waren ein Medium, durch das diese Bildung in den allgemein offenen Zustand der Hörbarkeit überführt wurde. Freilich verlor der M. diese Funktion im 17./18. Jh. immer mehr. Durch starres Festhalten an traditionellen Inhalten und Regeln geriet er teilweise in den Geruch der Lächerlichkeit. Im 18. und 19. Jh. haben bedeutende Autoren (Goethe, Jean Paul, E.T.A. Hoffmann) den M., oft in Zusammenhang mit Hans Sachs, behandelt; durch Richard Wagners *Die Meistersinger von Nürnberg* (1868) wurde er weltweit bekannt.

Horst Brunner

Lit.: H. Brunner/B. Wachinger: Repertorium der Sangsprüche und Meisterlieder [abgekürzt: RSM]. 16 Bde., 1986ff. – E. Klesatschke/H. Brunner (Hg.): Meisterlieder des 16. bis 18. Jh., 1993. – D. Merzbacher: M. in Nürnberg um 1600, 1987. – J.K.W. Willers: Hans Sachs und die Meistersinger, 1981.

Metapher

1. Die M., griech. „metaphorá", lat. „translatio" (nach gr. „metaphérein", lat. „transferre" – „übertragen"), ist ein sprachlicher Ausdruck (Wort oder Wortgruppe), der nicht das lexikalisch eigentlich (d.h. ursprünglich) Gemeinte bezeichnet, sondern etwas, was diesem ähnlich ist. Wesentliche Elemente der M. sind also Uneigentlichkeit (in Form einer Gleichsetzung der ersetzenden mit der ersetzten Sache), Ähnlichkeit und sprachliche Kurzform (unterhalb der Satzgrenze). Hauptbeispiel ist im Anschluß an Aristoteles (*Rhetorik*) und Quintilian (*Institutio oratoria*) der an Homers Löwen-Gleichnis (*Ilias*) ausgerichtete Satz: „Achill ist (oder war) ein Löwe (in der Schlacht)." „Löwe" hat hier ungefähr den Sinn von „Held". Der Reiz der M. beruht auf der Spannung („Bildspanne") zwischen „Bildspender" (Löwe) und „Bildempfänger" (Held; H. Weinrich). Erkennbar ist die M. durch den sprachlichen oder situativen Kontext. Da in seinem Rahmen die normale Bedeutung keinen Sinn ergibt, kommt es zur „Richtungsänderung des Bedeutens" (G. Gabriel, R. Zymner). Am engsten verbinden sich M. und Kontext durch Wortzusammensetzung (Häusermeer) und Genitivmetapher (Flamme der Liebe).

2. Verringert man die drei Grundelemente, ergeben sich unterschiedliche Nachbarschaften. Schon Aristoteles und Quintilian erwähnen die Nähe der M. zum Vergleich: „Achill kämpft(e) wie ein Löwe." Der Vergleich beruht wie die M. auf Ähnlichkeit. Grundlage der Ähnlichkeit ist ein gemeinsames Drittes (tertium comparationis), das insb. bei der M. selten genannt wird. So bleibt ein Interpretationsspielraum. Das Löwenhafte an Achill etwa ist als Tapferkeit, Angriffslust, Gefährlichkeit oder Überlegenheit verstehbar. Anders als die M. setzt der Vergleich Bild- und Sachhälfte nicht gleich, sondern hält sie durch Formulierung der Vergleichsbeziehung („wie") getrennt. Die Entstehung der M. ist deshalb als Verkürzung des Vergleichs vorstellbar. Ein kurzer Vergleich ist die M. aber nicht, es sei denn, man begreift „Vergleich" in heute unüblichem Sinn als Oberbegriff.

3. Eine andere Nachbarschaft bilden die „Tropen" (griech; d.h. Wendungen; Singular: die Trope, der Tropus), die Figuren des übertragenen oder uneigentlichen Ausdrucks. Das Übertragen, das in der M. Wort wird, gilt also auch für die übrigen Tropen. Diese beruhen aber nicht auf Ähnlichkeit (Similarität), sondern auf Kontiguität (von lat. „tangere", „contingere", berühren), d.h. auf einem Realzusammenhang. Bei der Metonymie vertritt etwa der Behälter den Inhalt bzw. der Ort die Bewohner (ein Glas trinken, ganz Berlin war auf den Beinen), der Hersteller sein Werk (Goethe lesen, einen Opel fahren). Bei der Synekdoche, die auch als Variante der Metonymie gilt, ist eine Sache in der anderen enthalten. Bei der partikularisierenden Spielart ersetzt ein Teil das Ganze („an Deck" für „auf dem Schiff"), bei der generalisierenden ist es umgekehrt (Das Tier bellt). Zu den Tropen zählen weitere Stilfiguren (z.B. Periphrase), deren Zuordnung zum Teil strittig ist. Nicht als Tropen gelten die rhetorische Frage und sonstige indirekte Sprechakte (z.B. Bitte für Befehl). Ihnen kommt weniger semantische als grammatische Uneigentlichkeit zu. Weinrichs Begriff „Tempusmetapher", z.B. für das historische Präsens (*Tempus*, 1964), ist mangels Ähnlichkeitsbewußtsein problematisch (trotz Quintilian, der griech. „metástasis" als „translatio temporum" übersetzt).

4. Die M. ist auch den Sinnbildern (Emblem, ↗ Symbol, Allegorie) benachbart. Diese überschrei-

ten die sprachliche Form, jedenfalls die Kurzform. Beim barocken Emblem, dem „Sinn-Bild" in ursprünglicher Bedeutung, ergänzen z.B. zwei sinngebende Textteile („inscriptio" und „subscriptio") ein gemaltes Bild („pictura"). Die narrativ erweiterten Sinnbildformen ↗ Parabel, Gleichnis und ↗ Fabel sind Großformen des Vergleichs, angesichts ihrer oft unausdrücklichen Vergleichsbeziehung (insb. bei der Parabel) aber auch der M. verwandt.

5. Die M. äußert sich v. a. als Substantiv. Auch Verben (die Wiesen lachen), Adjektive (grauer Alltag) und Redensarten („den Vogel abschießen" für Spitzenleistung) sind oft metaphorisch. Die M. dient auch als Basis für andere Stilfiguren. Dazu gehört die Allegorie im älteren Sinne einer tropischen Kleinform als sog. erweiterte M. (metaphora continua[ta]), z.B. die Beschreibung der Göttinger Studenten als „Menschenstrom, wo eine Semesterwelle die andere fortdrängt" (Heine: *Harzreise*). Als Katachrese (Bildbruch) gilt die Überlagerung einer verblaßten M. durch eine neue (auf den Schultern der öffentlichen Hand) bzw. die Mischung mehrerer M. (Das schlägt dem Faß die Krone ins Gesicht). Im Zeugma kontrastieren oft eigentliche und metaphorische Bedeutung eines Verbs (Nestroy, *Talisman*: „verschließt er mir sein Herz und seine Kassa"). Die Personifikation eines Satzsubjekts stützt sich vielfach auf ein metaphorisches Verb (Goethe: „Der Abend wiegte schon die Erde"). Bei der Synästhesie ist von den sich mischenden Sinnesbereichen meist einer metaphorisch (Brentano: „der Töne Licht"). Eine sich wiederholende M. bildet eine Metaphernkette, die dramatische und epische Texte strukturieren kann. Verschiedene M. eines Textes gehören oft einem einheitlichen Bildfeld an.

6. Die M. ist Ausdruck vorbegrifflichen Denkens. Als sog. rhetorische Figur dient sie in ↗ Rhetorik und Dichtung der Wirkungssteigerung. Besonders stark wirken neue, inhaltlich kühne M. (Klopstock: „Tropfen am Eimer" für die Erde; Celan: „Schwarze Milch"). Die verbrauchte M. ist v. a. in der Dichtung verpönt. Als die Rhetorik im 18. Jh. an Ansehen verlor, wurde die M. im Feuilleton heimisch. Auch die Alltagssprache ist voller M. Diese sind jedoch durch ihren Gewohnheitscharakter weitgehend verblaßt (z.B. Tischbein). Wörterbücher verzeichnen nach der eigentlichen auch die eingebürgerte übertragene Bedeutung. Jean Paul nannte „jede Sprache [...] ein Wörterbuch erblasseter Metaphern" (*Vorschule der Ästhetik*). Selbst die Wissenschaft kommt nicht ohne M. aus. Doch gelten sie dort wegen ihrer Unklarheit zumindest bei zentralen Aussagen als bedenklich. Schon Thomas von Aquin (13. Jh.) warnte: „Ex tropicis locutionibus non est assumenda argumentatio" („Tropischen Reden ist keine Beweisführung zu entnehmen").

7. Die älteste Theorie der M. bietet Aristoteles (*Poetik*; *Rhetorik*). Er schwankt zwischen einem weiten Verständnis und einem engeren, dem heute gültigen. Einerseits umfaßt sein Begriff M. auch Metonymie und Synekdoche (noch ohne deren Benennung), also die Tropen im allgemeinen. Sogar den Vergleich bezieht er ein. Andererseits rückt er, wie das Löwenbeispiel zeigt, die auf Analogie bzw. Ähnlichkeit beruhende Metapher in den Vordergrund, hält er M. und Vergleich auseinander. Prägend wurden die Vorstellungen, die er mit der M. verbindet. Er kennt ihre Eignung für erhebendes Lob und erniedrigendes Schimpfen, weiß auch von der hyperbolischen M. der Jugendsprache. Als Kunstmittel findet er die M. schön, lobt ihre Kraft, etwas vor Augen zu führen, schätzt das Ungewöhnlich-Fremdartige an ihr, warnt aber vor der zu weit hergeholten, rätselhaften, ungewollt lächerlichen M. Die Warnung gilt insb. dem Redner. Dem metrisch gebundenen Dichter billigt Aristoteles mehr Freiheit zu. Als Voraussetzung guter M. gilt ihm eine dem philosophischen Denken vergleichbare Begabung (lat. „ingenium") zum Erkennen von Ähnlichkeiten. Sein Hinweis auf Homers Fähigkeit, Unbeseeltes zu beleben, führte zur Klassifikation von Übertragungswegen (Quintilian: belebt/belebt, unbelebt/unbelebt, belebt/unbelebt, unbelebt/belebt).

8. Die heutige, in der griech. Stoa entwickelte Auffassung der M. und der Tropen wurde im antiken Rom maßgebend. Die anonyme *Rhetorik an Herennius* (zwischen 86 und 82 v. Chr.) behandelt die M. innerhalb einer Gruppe von zehn Tropen. Cicero (*De oratore*; *Orator*) und Quintilian (*Inst. or.*) systematisieren die bei Aristoteles anklingenden Funktionen und fehlerhaften Verwendungen der M. Sie unterscheiden z.B. die mangels eigentlicher Bezeichnung notwendige M. von jener, die dem Vergnügen bzw. der Verschönerung dient. Die lat. Rhetoriken grenzen die M. von den anderen Tropen ab, indem sie ihr „similitudo" zuschreiben. Das Wort bedeutet Ähnlichkeit, aber auch, als „Gleichnis" übersetzt, Äußerungsform der Ähnlichkeit. Gleichnis, so verstanden, umfaßt neben der M. den Vergleich und dessen Großformen (z.B. Parabel). Anders als Aristoteles, der den Vergleich der M. begrifflich unterordnete, definiert deshalb Quintilian umgekehrt die M. als „brevior similitudo", als kürzeres Gleichnis oder verkürzten Vergleich (Vergleich hat dann, wie gesagt, den heute unüblichen Sinn eines Oberbegriffs). Die Einordnung der M. unter das Gleichnis galt bis ins 18. Jh., findet sich noch 1760 bei M.C. Curtius.

9. Im MA spielte die M. wie die Stilistik überhaupt eine untergeordnete Rolle. Wichtiger als die Stilqualität der Wörter fand man die Seinsqualität der durch sie bezeichneten Dinge und deren allegorischen Sinn. Bedeutsamer als kreative Neuschöpfungen waren konventionelle, dem chistlichen Weltbild entsprechende M. („Buch Gottes“ für „Welt“). Galfred von Vinsauf (*Poetria nova*, um 1200) ließ nicht Substantive, sondern nur Verben und Adjektive als M. gelten. Durch die Unterscheidung von schwerem und leichtem Schmuck (ornatus difficilis bzw. facilis), die sich aus dem Gegensatz von Tropen und sonstigen rhetorischen Figuren entwickelte, kam die M. vorwiegend dem dunklen Stil (z.B. Wolframs von Eschenbach) zu, während auf Klarheit bedachte Dichter (z.B. Gottfried von Straßburg) andere Stilmittel vorzogen.

10. Eine Aufwertung erfuhr die M. seit etwa 1580 durch das manieristische Streben nach Scharfsinnigkeit („argutia“). Poetisch äußerte es sich als Marinismus (Italien), Gongorismus (Spanien) und Euphuismus (England). In Deutschland entsprach ihm der hochbarocke Stil der Schlesier Hoffmannswaldau und Lohenstein, etwa durch gesuchte Genitivmetaphern (Hoffmannswaldau: „der Schultern warmer Schnee“), ↗ Barock. Der Italiener E. Tesauro bezeichnete die M. als große Mutter allen Scharfsinns („gran Madre di tutte le Argutezze“) und Mutter der Dichtungen („Madre delle Poesie“). Er entwarf eine Metaphernmaschine, die eine Vielzahl ungewöhnlicher Kombinationen eröffnet (*Il cannocchiale Aristotelico*, 1654; vgl. U. Eco, *Die Insel des vorigen Tages*, 1995). „Den erst- und höchsten Platz bey aller Poesie“ wies auch Stieler (*Die Dichtkunst des Spaten*, 1685) der M. zu. Wenn Harsdörffer von „Gleichnis“ spricht, das er als „Königin“ der Tropen bezeichnet, meint er wohl auch die M., in erster Linie aber den Vergleich (*Poetischer Trichter*, 1648-53). Die M. verdeutscht er als „Umsetzung“.

11. Die bürgerlichen Aufklärer des 18. Jh. tadelten den höfischen Barockstil als Schwulst, billigten ihm „ingenium“ (Phantasie, Talent, Genie) zu, sprachen ihm aber jeden Geschmack („iudicium“) ab, ↗ Aufklärung. Johann Jakob Breitinger (*Critische Abhandlung von der Natur, den Absichten und dem Gebrauche der Gleichnisse*, 1740) verurteilte besonders die „hieroglyphische und Rätzelmässige Dunckelheit“ der „Gleichnisse“, d.h. der M. und Vergleiche, in Lohensteins Trauerspielen. Anders als Gottsched, dessen vernunftbetonter Kampf gegen die Barockmetaphorik die Dichter im Gebrauch der Bildersprache einschüchterte, sah Breitinger allerdings auch die Gefahr der „Plattheit“ und forderte zu einem „neuen Muth“ auf. Er erklärte – wie nach ihm Lessing – die M. zum natürlichen Zeichen. Ähnlich lobt Johann Georg Sulzer (*Allgemeine Theorie der Schönen Künste*, 1771-74) M., „die ästhetische Kraft haben [...], die folglich nicht mehr als willkührliche Zeichen, sondern, als Bilder erscheinen, an denen man die Beschaffenheit der Sachen lebhaft und anschauend erkennet“. Nicht mehr die ingeniöse, sondern die anschaulich-emotionale Seite der M. steht hier im Vordergrund. Dem entspricht die in der zweiten Hälfte des 18. Jh. aufkommende Bezeichnung der M. als „Bild“, ihr Aufstieg zum Inbegriff literarischer „Bildlichkeit“. Als sprachliches Bild galt vorher nur der Vergleich (gr. „eikon“, lat. „imago“). Jean Paul (*Vorschule der Ästhetik*, 1804) stellt der unbildlichen (oder eigentlichen) Sinnlichkeit der Menschendarstellung und poetischen Landschaftsmalerei die bildliche (oder uneigentliche) Sinnlichkeit der M. gegenüber, die er – in nun wieder ingeniös-phantastischer Form – in seinen Romanen bevorzugt. Auch die Romantiker betonen mit ihrer Liebe zur Synästhesie (Brentano, Hoffmann) das kreative Moment der M., ↗ Romantik. Heine erwies sich als „Meister der Witzmetaphorik“ (F. Sengle). ↗ Biedermeierzeit und ↗ Realismus reagierten zurückhaltend, zogen den Vergleich vor. G. Keller versuchte, etwa bei Überarbeitung seines *Grünen Heinrich* (1854/55), das „subjektive und eitle Geblümsel“ zu überwinden (an Freiligrath). Im übrigen ordnen Autoren von Jean Paul bis Benn die M. eher der ↗ Lyrik als neuer Zentralgattung der Dichtung zu, den Vergleich eher der Epik.

12. Die moderne Lyrik im Gefolge des frz. Symbolismus fixiert nicht vorhandene Ähnlichkeiten. Sie erschafft neue, nur sprachlich existierende Welten. Die M. gewinnt so erhöhte Wichtigkeit. Zugleich wird ihr überliefertes Verständnis fragwürdig. Ein Wort (oder eine Wortverbindung), das einen vom Dichter (z.B. Trakl, Celan) gesetzten, dem Leser schwer zugänglichen Sondersinn beansprucht, wird eher als Chiffre bezeichnet. „Aus Chiffren steigen / erkanntes Leben, jäher Sinn“, dichtet Benn (*Ein Wort*). Die Chiffre changiert zwischen Tropus und Symbol. Ob sie den normalen Wortsinn ersetzt oder ergänzt, bleibt oft unklar, z.B. bei Trakls Farbadjektiven (*Kaspar Hauser Lied*: „weiße Menschen“). Die tropische Chiffre, die sog. „absolute M.“, ist keine M. im herkömmlichen Sinn, da es ihr an erkennbarer Ähnlichkeit mangelt. In der Lyriktheorie nach 1945 stehen den Befürwortern der M. (Krolow, Heise) ablehnende Stimmen gegenüber (Różewicz; Heißenbüttel, Born), die eine weniger erhabene als alltagsbezogene Dichtungsauffassung vertreten.

13. Neuere Sprachtheoretiker betonen die Bedeutung der M. als Denktypus im Gegensatz zur

Metonymie (R. Jakobson), ihre Kontextabhängigkeit (H. Weinrich) und ihre Unbegrifflichkeit (H. Blumenberg).

Bernhard Asmuth

Lit.: B. Asmuth: Bild, Bildlichkeit. In: Historisches Wörterbuch der Rhetorik, Bd. 2, 1994. – A. Haverkamp (Hg.): Theorie der M., ²1996. – G. Kurz: M., Allegorie, Symbol, ³1993. – H. Weinrich: M. In: Historisches Wörterbuch der Philosophie, Bd. 5, 1980.

Metrik

1. Grundlagen: Der Gegenstand der M. ist die Literatur in Versen. Verse zeichnen sich durch rhythmische Wiederkehr bestimmter sprachlicher Besonderheiten gegenüber der Prosa aus, sie sind als sprachliches Ereignis auch außerliterarisch greifbar. Als literarisches verschriftlichtes Phänomen können sie von graphischen Elementen begleitet oder unterstützt werden und im Extremfall ausschließlich graphisch verständlich sein.

In europäischen Sprachen sind die Hauptelemente der rhythmischen Wiederkehr eine geregelte Wiederkehr akzentuierter Silben (Metrum) und eine geregelte Wiederkehr von Sprechgrenzen (Vers). Der Rhythmus kann noch durch weitere klangliche Elemente unterstützt werden, von denen die wichtigsten Alliteration und Endreim sind.

Die Prosodie regelt für eine bestimmte Sprach- und Kulturgemeinschaft, welche Verteilungsregeln für Worte und Silben in der jeweils gültigen M. gelten sollen, um als richtig und harmonisch empfunden zu werden. Auf die prosodischen Regeln wirken einerseits natürliche Konstanten ein, unter denen man Herzschlag und Bewegungsmuster (Gehen, Tanzen, gleichmäßige Arbeitsbewegungen) nennt, daneben spielen die Bedingungen der Sprache eine Rolle, je nachdem, ob dynamischer Akzent (Tonstärke, wesentlich in den germanischen Sprachen), quantitativer Akzent (Tondauer, entscheidend für die antike M.) oder musikalischer Akzent (Tonhöhe) bestimmendes Strukturelement der Sprache ist. Die prosodischen Regeln haben sich im Verlauf der dt. ↗ Literaturgeschichte mehrmals deutlich verändert, einerseits abhängig von der Veränderung der sprachlichen Grundvoraussetzungen, andererseits abhängig von immanenten Neuorientierungen der literarischen Konventionen, unter denen die Einflüsse anderer Literaturen die wichtigsten sind.

So kommt es, daß gänzlich unterschiedliche Texte als Gedichte erscheinen:

Tóugen mínne díu ist gúot,
sî kan gében hốhen múot.
dér sol mán sich vlî́zèn.
swér mit tríwen dér nit pflíget,
déme sol mán daz wî́zèn.
(Unbekannter mhd. Dichter)

Vor grauen Jahren lebt' ein Mann im Osten,
der einen Ring von unschätzbarem Wert
Aus lieber Hand besaß. Der Stein war ein
Opal, ...
(Gotthold Ephraim Lessing, *Nathan der Weise*)

Melde den Mann mir, Muse, den Vielgewandten, der vielfach
Umgeirrt, als Troja, die heilige Stadt, er zerstöret,
Vieler Menschen Städte gesehn und Sitte gelernt hat.
(Homer, *Odyssee* in der Übertragung von Johann Heinrich Voss)

Es war, als hätt der Himmel
die Erde still geküßt,
daß sie im Blütenschimmer
von ihm nun träumen müßt.
(Joseph von Eichendorff, *Mondnacht*)

w w
d i
n n n
i d i d
w w
(Eugen Gomringer, aus: *Konstellationen*)

Entsprechend dieser Erkenntnis muß die Betrachtung der M. in einzelne Epochen gegliedert werden. Nach heute verbreiteter Überzeugung läßt sich die dt. Versgeschichte nicht mit Hilfe eines einzigen Systems sinnvoll beschreiben; zu unterschiedlich sind die poetischen Ausgangsbedingungen, obgleich immer dieselben Faktoren beteiligt sind. Ahd., mhd., frühnhd. und nhd. Vers unterliegen infolge des historischen Wandels von Sprache und Prosodie starken Änderungen. Aus Gründen der Verständlichkeit beginnt der Überblick nicht mit den Anfängen überlieferter Dichtung in ahd. Zeit, sondern mit der mhd. M.

2. Mhd. M.: Die mhd. Dichtung ist bis auf wenige Ausnahmen Versdichtung. Sie wird entweder in gesprochenen Reimpaaren oder in gesungenen Strophen, die ebenfalls stets gereimt sind, ↗ Strophe(nformen), rezitiert. Strophische Dichtung ist allerdings auch bald still gelesen worden. Die Strophe ist die Form der ↗ Lyrik, aber auch der ↗ Heldendichtung und teilweise der ↗ Lehrdichtung. Der vierhebige Reimpaarvers ist das Ausdrucksmittel aller anderen Dichtungsgattungen, insbes. des ↗ Höfischen Romans, der kürzeren

Erzählungen und des größeren Teils der lehrhaften Literatur. Der mhd. Vers läßt sich am sinnvollsten mit den Mitteln der M. Andreas Heuslers, die man heute etwas modifiziert hat, beschreiben. Für eine vereinfachte Beschreibung nach seinem System, das nur die Normalfälle des Mhd. abdeckt, benötigt man folgendes Zeichensystem:

– Halbe   x Viertel   ◡ Achtel   ^ Viertelpause
´ Haupthebung (Hebung = Betonung)
` Nebenhebung | Taktstrich
‖ Zäsur der Langzeile

Dazu muß man beachten, daß auf der mhd. Sprachstufe noch weit zahlreicher Kurzvokale vorkommen als im Nhd. Kurzvokale sind in offenen Silben (wenn kein Konsonant folgt), metrisch kurz, sonst lang. Im normalerweise angesetzten Zweivierteltakt bilden kurze Silben Viertel oder Achtel, lange Silben Viertel oder Halbe. Auf diese Weise wird der zunächst ungeordnet scheinende Wechsel von ein oder zwei Senkungssilben zwischen zwei Hebungssilben zu einem geregelten System, das in der Dichtung der klassischen Zeit um 1200 meist aufgeht, obwohl es keine mittelalterliche Theorie für das System gibt. Hartmann von Aue beginnt seinen Prolog zum *Armen Heinrich*:

Ein rítter sô gelêret wás   x| x́x| x́x| x́x| x́^|
dáz er án den búochen lás.   x́x| x́x| x́x| x́^|

Die Takte bestehen hier nur aus Vierteln, der erste mit Auftakt, der zweite ohne. Wie normalerweise auch im musikalischen Takt, ist immer die erste Silbe des Taktes die betonte. Wenige Verse später stellt sich der Dichter vor: „dér was Hártmàn genánt" x́x| –́| x̀x| x́^| . Die erste Silbe des Namens enthält einen durch doppelten Auslaut gedeckten Kurzvokal und kann daher lang sein (Positionslänge), der zweite Namensbestandteil erhält im folgenden Takt eine Nebenhebung, d.h. eine Hebung mit einem weniger ausgeprägten Iktus. Nur so läßt sich die Zeile ohne Verstoß gegen den natürlichen Akzent (Tonbeugung) lesen. Durch seine Erzählung möchte er sich „gelíebèn den líutèn" („iu" sprich lang-„ü"): x| –́| x̀x| –́| x̀^| . Hier erscheint auch eine Halbe im Versausgang, der Kadenz. Einen solchen Versausgang nennt man weiblich klingend (wk) oder klingend (k). Er unterscheidet sich deswegen von dem vorhergehenden männlichen (m oder mv, d.h. männlich voll) deutlich, weil er einen anderen, einen weiblichen ↗ Reim fordert, dessen Gleichklang bereits in der vorletzten Silbe beginnt: auf „líutèn" reimt „díutèn". Hartmann erzählt „ein réde die ér geschríben vánt." x| ◡́◡x| x́x| x́x| x́^| . Da „rede" aus zwei Kurzsilben besteht, kann man die beiden als Achtel auffassen und kommt auch hier zu einer geradtaktigen Lösung.

Alle angezeigten Beispielverse haben vier Hebungen. Das ist in der Reimpaardichtung der klassischen mhd. Zeit stets so, aber anders in der Lyrik. Dort können die Zeilen länger oder kürzer sein und sogar unterschiedlich lang im selben Gedicht. Das eingangs zitierte anonyme Gedicht „Tougen minne diu ist guot" ergibt z.B. folgendes Rhythmusbild und metrisches Schema:

x́x| x́x| x́x| x́^| 4m(v)   a
x́x| x́x| x́x| x́^| 4m(v)   a
x́x| x́x| –́| x̀^| 4(w)k   b
x́x| x́x| x́x| ◡́◡^| 4m(v)   x
◡́◡x| x́x| –́| x̀^| 4(w)k   b

In der Lyrik ist es notwendig, die Taktzahl (= Hebungszahl) anzugeben, ebenso die Kadenz und die Verteilung der Reime, da hier der Paarreim nur eine Möglichkeit unter anderen darstellt. Die rhythmische Verteilung kann in einer anderen Strophe abweichen, die Zahl der Takte, die männliche oder weibliche Kadenz und das Reimschema dagegen bleiben unverändert. Die Hebungszahl einer Zeile kann von 2 bis 10 schwanken, in wenigen Ausnahmefällen kann der Vers sogar noch länger sein. Verse von 7 und mehr Hebungen haben in den meisten Fällen eine feste Zäsur (‖), die dann nur ausnahmsweise bereimt wird. Solche Langzeilen kommen v.a. im frühen ↗ Minnesang, in der Sangspruchdichtung (↗ Sangspruch/Reimspruch) und in der Heldenepik vor. Die Abgrenzung von Langzeile und Zeilenpaar mit Waise (im Reimschema x, ↗ Reim) der ersten Zeile ist nicht immer eindeutig zu ziehen. (Man kann im Beispiel oben die letzten beiden Zeilen auch als Langzeile verstehen.) Der erste Teil der Langzeile heißt Anvers, der zweite Abvers.

Gelegentlich gibt es in der Minnelyrik auch echte Dreiertakte, die man „Daktylen" nennt, obwohl sie sicherlich nicht antik beeinflußt sind.

Heusler unterscheidet in der Kadenz bei den männlichen Reimen auch noch zwischen männlich voll (mv) und männlich stumpf (ms), wobei stumpf einen gänzlich pausierten Takt bezeichnet, um möglichst zu geradtaktigen Zeilen zu kommen. Die Messung Heuslers ist zwar nachvollziehbar, aber nicht zwingend, und die tatsächliche Einhaltung von Pausentakten jedenfalls nicht nachweisbar. Heusler war hier vom Axiom der geradtaktigen Periode in der Musik der Klassik und Romantik beeinflußt. Anders steht es bei der Unterscheidung von weiblich voll (| x́x|) und weiblich klingend. Die klingende Messung mit Haupthebung der langen Tonsilbe und Nebenhebung der mitreimenden Endsilbe wird vom Reimpaarvers und von bestimmten Erscheinungen v.a. in epischen Strophen her sehr wahrscheinlich. In der Lyrik dagegen ist die Entscheidung zwischen weiblich voll und weiblich klingend eher willkürlich, weswegen man oft nur die Zahl der mit Haupthebung realisierten Takte zählt. Im obigen Beispiel würde man dann statt 4wk 3w lesen (zu weiteren Besonderheiten der Kadenz ↗ Reim).

3. Ahd. M.: Die M. des ahd. Stabreimverses (↗ Reim) kann sich nur auf die etwa 200 Verse der ahd. Stabreimliteratur stützen, doch sie ist von der umfangreicheren altsächsischen, altengl. und den wenigen Beispielen älterer germ. Versdichtung nur unbedeutend unterschieden. Sie ist konstitutiv verbunden mit dem gemeingerm. namengebenden Stabreim, der die Hauptbetonungen des Verses unterstützt. Daneben existiert ein Endreimvers, der vermutlich durch Otfrid von Weißenburg um 860 eingeführt wurde.

Der Stabreimvers baut sich aus Langzeilen aus zwei Halbzeilen auf (Anvers und Abvers), deren jede meist zwei Haupttongipfel (Ikten) trägt, an denen die Stäbe plaziert werden können. Diese sind an der Verskonstitution wesentlich beteiligt, weil sie die Ikten markieren. Allerdings ist die Verteilung der Stäbe (a) auf die vier Haupthebungen recht frei. Die häufigste Form ist a a a x, daneben kommen a x a x und x a a x vor, jedoch auch die anderen denkbaren Möglichkeiten sind belegt, und manche Verse tragen zwei unterschiedliche Stäbe wie a b a b. Zweites Verskonstituens ist die Zäsur zwischen den beiden Halbzeilen, die nur selten ohne syntaktischen Einschnitt bleibt. Die weitere Interpretation ist umstritten. Heusler hat auch für diesen Vers ein taktierendes Modell angesetzt. Er fordert für den ahd. Vers Viervierteltakt, ordnet also jeder Haupthebung noch eine Nebenhebung zu. Eine einfache Variante des Grundmuster wäre:

Híltibrànt gimáhaltà   Héribràntes súnu
x́xx̀x| x́xx̀^|| x́xx̀x| x́x^^|

Die Schwierigkeit liegt darin, daß nur selten so einfache Verhältnisse herrschen. Einerseits müssen die Viertel häufig in Achtel, ja sogar in Sechzehntel zerlegt werden, andererseits müssen viele Nebenhebungen völlig pausiert werden. Die Gegenposition, Stabreimdichtung sei alliterierte gehobene Prosa, ist jedoch ebenfalls einseitig. Auch wenn ein taktierendes Modell der Stabreimdichtung wohl nicht zu halten ist, so kann man sich der Idee eines Verses, der die extrem unterschiedlichen Längen zumindest tendenziell durch eine Variation des Sprechtempos kompensiert, kaum verschließen.

Der ahd. Otfrid-Vers ist nach Meinung der meisten Forscher von Otfrid von Weißenburg für sein *Evangelienbuch* neu aus dem Vers der lat. Hymnenstrophe entwickelt. Er ist ein meist vierhebiger Paarreimvers mit freier Silbenzahl, also Schwanken der Silbenzahl zwischen 1 und 4 pro Takt, jedoch im Verlauf des Werkes zunehmender Neigung zu Alternation. Otfrid hat durch unregelmäßiges Setzen von Akzenten und durch gelegentlich eingetragene Elisionspunkte seine Versstruktur deutlich gemacht. Sein Vers kann als Vorform des mhd. Paarreimverses gelten und führt den Endreim (konsequent) in die dt. Dichtung ein.

Der frühmhd. Reimpaarvers (11. und frühes 12. Jh.) ist in seiner Interpretation stark umstritten, da er in der Silbenzahl deutlich mehr schwankt als Otfrids Verse. Er stellt das historische Zwischenglied zum oben besprochenen mhd. Reimpaarvers dar.

4. Frühnhd. Verssysteme; strenger und freier Knittelvers: Im Zuge der Sprachentwicklung zum Nhd. wurden die kurzen offenen Tonsilben gedehnt. Dadurch war das mhd. metrische System nicht mehr aufrechtzuerhalten, denn es gab im Sinn dieser M. nur noch wenige Kurzsilben. Die Dichtung reagierte darauf mit zwei unterschiedlichen Anpassungen. Die Reimpaardichtung verteilte frei, unabhängig von den Quantitäten der Silbe, die Zeile auf meist vier metrische Gipfel und ließ dabei sogar eine größere Füllungsfreiheit zu als der mhd. Vers sie erlaubt hatte. Dieser freie „Knittelvers" hielt sich bis ins 16. Jh., wurde aber danach auch weiter gelegentlich altertümelnd und in volkstümlicher Dichtung bis in die Gegenwart verwendet.

Unter roman. Einfluß wird der mhd. Vers v.a. in der Lyrik zunächst zum streng alternierenden Vers umgebildet. Dieser wird dann nach Silben gezählt, und die Verslängen werden mit der Zeit zum einzigen Kriterium; die Zahl der starken Ikten (Betonungen) kann dagegen abweichen und auch auf jene Silben fallen, die bei alternierender Abfolge unbetont wären. Die rhythmische Spannung erzeugt die Orientierung am bzw. die Abweichung vom alternierenden Modell. Geregelt bleibt allerdings der Versausgang, da weiterhin nur Wörter mit gleichem Reimgeschlecht (männlich/weiblich, d.h. betonte/unbetonte Silbe) reimen, ↗ Meistergesang. Soweit das silbenzählende Prinzip in der Reimpaardichtung angewendet wird, läßt es achtsilbige männliche und neunsilbige weibliche Verse zu, was alternierenden Vierhebern mit Auftakt entspricht.

5. Nhd. M.: Die humanistischen Dichter des 16. Jh. experimentieren mit dem roman. Vers einerseits, mit antiken Metren andererseits, bis hin zu Versuchen, die antiken prosodischen Regeln exakt im Dt. nachzuahmen – also nach dem quantitativen Akzent zu regulieren –, was den Wortgebrauch aufs stärkste einschränkt. Zum Teil er-

setzen die humanistischen Dichter bereits den quantitativen durch den dynamischen Akzent, ohne sich jedoch genau ihres Verfahrens bewußt zu sein. Schließlich machte Martin Opitz (1597-1639) unter niederländischem Einfluß den gegenüber dem Lat. abweichenden Sprachakzent des Dt. zur Grundlage einer neuen M. gemacht, in der die Ikten die Längen des Lat. vertraten, die allerdings als dem Dt. angemessen nur Jambus ∪ – und Trochäus – ∪ zuließ („Opitzsche Versreform"). In der angegebenen Notation vertritt – in der antiken M. die Länge, ∪ die Kürze, in der dt. M. werden sie auf Hebung und Senkung angewendet. Der wichtigste Reimvers der barocken alternierenden Dichtung wird der Alexandriner, ein Sechsheber mit Pause nach der dritten Hebung und mit männlichem oder weiblichem Ausgang:

Wir sindt doch nuhmer gantz / ja mehr den gantz verheret! (Andreas Gryphius)
∪ – ∪ – ∪ – | ∪ – ∪ – ∪ – ∪.

Dieser aus dem Französischen stammende Vers (dort silbenzählend) wird zum Hauptvers des barocken Sonetts und des Dramas, wo bis dahin der strenge Knittelvers gegolten hatte, ↗ Barock. Dichter, die seine als steif empfundene Form stört, umgehen ihn durch Metren, die vom freieren ital. Madrigalvers abgeleitet sind. Auch Maße mit doppelter Senkung werden wieder eingeführt, deren wichtigste in der Antike Daktylus – ∪ ∪ und Anapäst ∪ ∪ – waren:

Lobet den Herren, den mächtigen König der Ehren (Philipp Neander)
– ∪ ∪ – ∪ ∪ – ∪ ∪ – ∪ ∪ – ∪

Ein echter Anapäst kommt im Dt. so gut wie gar nicht vor, da i.d.R. die Verse mit nur einer unbetonten Silbe anheben, man müßte dann genaugenommen Amphibrachen (Sg. Amphibrachys) ∪ – ∪ ansetzen, die jedoch nur gleichmäßig aufgehen, wenn am Ende tatsächlich ein weiblicher Reim steht. Es ist daher üblich geworden, dort, wo es nicht unmittelbar um die Nachahmung eines antiken Versmaßes geht, die dreisilbigen Füße auf Daktylen zu beschränken und zu Versbeginn im Sinne der M. Heuslers Auftakt anzusetzen. An folgenden Versen seien beide Möglichkeiten nebeneinander gezeigt:

Wie heimlicher Weise
∪ – ∪| ∪ – ∪| oder ∪| – ∪ ∪| – ∪^
Ein Engelein leise
∪ – ∪| ∪ – ∪| ∪| – ∪ ∪| – ∪^
(Eduard Mörike, *Zum neuen Jahr*)

Seit Friedrich Gottlieb Klopstocks *Messias* (ab 1748) wird auch der (reimlose) Hexameter wieder als epischer Vers genutzt (vgl. die oben zitierte Stelle aus der Homerübersetzung von Voss). Er besteht in der Antike aus einer Folge von sechs Daktylen, deren erste vier durch Spondeen – – ersetzt werden können. Da sich Spondeen nach der Opitzschen Versreform nicht mehr ohne Schwierigkeiten nachahmen lassen, werden sie normalerweise durch Trochäen ersetzt. Doch gibt es weiterhin Bemühen um adäquate Wiedergabe der antiken Versmaße unter Berücksichtigung unterschiedlicher Betonungsstufen. Im Distichon tritt der Hexameter mit dem im Dt. ebenfalls sechshebigen Pentameter zusammen, dem nach der dritten und sechsten Hebung die Senkungssilbe fehlt.

Im Hexameter steigt des Springquells flüssige Säule, – ∪ – ∪ ∪ – ∪ – ∪ – ∪ ∪ – ∪
Im Pentameter drauf fällt sie melodisch herab.
– ∪ – ∪ ∪ –| – ∪ ∪ – ∪ ∪ –
(Friedrich Schiller)

Seltener ist der jambische Trimeter aus sechs Jamben. Doch werden seit Klopstock auch wieder verstärkt klassische Oden-Strophenmaße verwendet.

Klopstock ist als Versreformer von einer Opitz vergleichbaren Bedeutung. Er unterscheidet Wortfüße von Versfüßen, versucht also den natürlichen Sprachrhythmus von der metrischen Regulierung zu scheiden. Um von der alternierenden Monotonie loszukommen, belebt er eine große Zahl antiker Strophenformen und entwickelt eigene neue, in denen die Versfüße geregelt sind, in den Hymnenstrophen auch frei wechseln. In Anlehnung an die antiken Formen sind diese Gedichte reimlos.

Aus der antiken M. stammt auch die Gepflogenheit, entsprechend Längen und Kürzen durch – und ∪ darzustellen. Um das dynamisch akzentuierte Verssystem davon abzusetzen, verwendet man in der Gegenwart normalerweise andere Darstellungssysteme:

Zu Aachen in seiner Kaiserpracht
x X x x X x X x X oder x x́ x x x́ x x́ x x́
Im altertümlichen Saale
x X x X x x X x x x́ x x́ x x x́ x
Saß König Rudolfs heilige Macht
x X x X x X x x X x x́ x x́ x x́ x x x́
Beim festlichen Krönungsmahle
x X x x X x X x x x́ x x x́ x x́ x
(Friedrich Schiller, *Der Graf von Habsburg*)

Neben Klopstock wirkt im 19. Jh. noch die Tradition des durch Herder der Kunstlyrik zur Seite gestellten Volksliedes, das (wie Schiller in seiner Ballade) frei zwei- und dreisilbige Maße mischen kann, ↗ Lied, ↗ Ballade.

Die nicht endgereimte oder in ganz festen Metren abgefaßte Dichtung kann Verse nur im Vortrag oder schriftlich durch Unterstützung graphischer

Elemente wie Zeilenbruch und abgesetzte Strophen erkennbar machen. Das gilt für den Blankvers (s.u.) ebenso wie für Hymnen Klopstocks. Durch Einrücken machte etwa Hölderlin seine Strophenstrukturen deutlich. Der Versreformer Arno Holz (*Phantasus*, seit 1888/89) ordnete seine rhythmische Prosa zeilenweise um eine Mittelachse.

Schon seit der Antike gibt es eine Tendenz, graphische Strukturen zu verselbständigen und in ihnen eine zweite Ebene der Form-Inhalt-Beziehung aufzubauen. Wenn sich diese Ebene zu deutlich erkennbaren Gebilden ordnet, spricht man von „carmina figurata" oder Figurengedichten. Figur und äußere Form der Dichtung können dabei die verschiedensten Konstellationen zu einander einnehmen. Sehr häufig tritt die Gestalt umittelbar in Beziehung zum Inhalt, ohne daß die Figur eine Korrespondenz zur Zeilenstruktur der Dichtung aufwiese. Sie kann jedoch auch mit ihr zusammenwirken oder, wozu es bereits barocke Ansätze gibt, sogar graphische Dominanz gewinnen. Enge Beziehungen bestehen zur ↗ Konkreten Poesie.

6. Dramenvers: Der Dramenvers des 16. Jh. ist häufig noch der strenge Knittelvers. Paul Rebhun setzt daneben erstmals aus der Antike übertragene gereimte jambische und trochäische Maße unterschiedlicher Länge ein; der Dramenvers des Barock wird dann der Alexandriner. Seit Lessings *Nathan der Weise* wird der steife Alexandriner vom Blankvers als Regelvers im Drama abgelöst (vgl. das Beispiel am Anfang). Dieser von Shakespeare adaptierte jambische Fünfheber ist reimlos, in seiner Ausdrucksform höchst variabel und wird von vielen Dichtern noch variabler angewendet, indem er stichomythisch auf die Rede mehrerer Personen verteilt wird, gelegentlich verlängert oder verkürzt werden kann und oft, v.a. im Verseingang, schwebende Betonung – Betonung, die eigentlich gegen den Akzent gerichtet ist – zuläßt. Obwohl wegen seiner potentiellen Annäherung an die Prosa oft gescholten, bleibt er der Regelvers des Dramas bis zum ↗ Naturalismus. Im 20. Jh. hat das ↗ Drama meist Prosaform, was ebenfalls schon Lessing erprobt hat. Wenn es ganz oder teilweise in unterschiedlichsten Metren versifiziert auftritt, hat das jeweils besondere Gründe. Neben dem freien Knittelvers, den bereits Goethe in *Faust I* anwendet und neben anderen gereimten Formen behauptet sich der Blankvers v.a. in Dramen von Peter Hacks und Heiner Müller. Dagegen hat sich die Wiederaufnahme des Stabreimverses in der eigengeprägten M. Richard Wagners im Drama nicht, in der Lyrik nur bei wenigen Expressionisten fortgesetzt.

Johannes Rettelbach

Lit.: S. Beyschlag: Altdt. Verskunst in Grundzügen, [6]1969. – D. Breuer: Deutsche M. und Versgeschichte, 1981. – A. Heusler: Dt. Versgeschichte. 3 Bde., 1925-1929. – W. Hoffmann: Altdt. M., [2]1981. – W. Kayser: Kleine dt. Versschule, [9]1962. – Ch. Wagenknecht: Dt. M., 1981.

Mimesis

1. Der Begriff M. geht auf das griech. Verb „mimeisthai" zurück, das etwa die Bedeutung „ausdrücken", „zur Darstellung bringen" hat. Ursprünglich war damit die Darstellung des Heiligen in rituellen Tänzen gemeint. Seit Platons *Staat* wird M. auf alle Künste bezogen; Aristoteles hat in seiner *Poetik* den Terminus genauer definiert als die „Nachgestaltung" menschlicher Handlungen in Dichtung, Musik, Tanz, Malerei und Bildhauerkunst, wobei schon hier die Eigenständigkeit des künstlerischen Subjekts betont wird, das nicht nur die vorgefundene „Wirklichkeit" nachahmt, sondern schöpferisch nachschafft. Weiterentwickelt wurde der M.-Begriff in der *Ars poetica* des Horaz, der vor allem die Wahrscheinlichkeit des Dargestellten fordert.

2. Das Verhältnis zwischen der Kunst und einer außerkünstlerischen Wirklichkeit, auf die sie sich bezieht, prägt die Diskussion über den Wahrheitsgehalt der Literatur und Kunst über Jahrhunderte (↗ Ästhetik). In der dt. Literatur ist es v.a. Johann Christoph Gottsched, der in seinem *Versuch einer critischen Dichtkunst vor die Deutschen* (1730) im Anschluß an Aristoteles von der Nachahmung der „natürlichen Dinge" in der Dichtung spricht, wobei die künstlerische „Erfindung" ausdrücklich verlangt wird, solange sie nicht der Wahrscheinlichkeit widerspricht. In diesem Punkt bricht der grundlegende Streit zwischen Gottsched und den Schweizer Theoretikern Bodmer und Breitinger auf, die auch und gerade das „Wunderbare" für literaturfähig erklärten. In der zweiten Hälfte des 18. Jh. haben insb. Lessing – v.a. im *Laokoon* (1766) – und Goethe zu einer Differenzierung des M.-Begriffs beigetragen, ohne ihn ganz aufzugeben. In seiner Schrift *Einfache Nachahmung der Natur, Manier, Stil* (1789) zeigt Goethe die verschiedenen Facetten des Nachahmungsbegriffs auf, wobei er zwischen der „einfachen Nachahmung", der „Manier" und dem „Stil" keine qualitativen, wohl aber strukturelle Unterschiede gelten läßt. Grundsätzlich in Frage gestellt wurde der M.-Begriff von den „Originalgenies" des ↗ Sturm und Drang und v.a. von den Romantikern (↗ Romantik). So schreibt Novalis Ende März 1800: „Ja keine Nachahmung der Natur. Die Poësie ist durchaus das Gegentheil. Höchstens kann die Nachahmung der Natur, der Wircklichkeit nur

allegorisch, oder im Gegensatz, oder des tragischen und lustigen Effects wegen hin und wieder gebraucht werden."

3. Im 19. Jh. erlebte der M.-Gedanke in der Literatur des ↗ Realismus eine Renaissance, wobei hier eine breite theoretische Diskussion über Nachahmung und Widerspiegelung, über Wahrhaftigkeit und Wahrscheinlichkeit stattfand. Die theoretische Reflexion über die sprachkünstlerischen Mittel zur Darstellung außerliterarischer Wirklichkeit führte dabei zu einem differenzierten Verständnis des Begriffs, wie es sich schon bei Goethe angekündigt hatte: „Aber die Natur, wie sie vor uns liegt, kann doch nicht nachgeahmt werden: sie enthält so vieles Unbedeutende, Unwürdige, man muß also wählen; was bestimmt aber die Wahl? man muß das Bedeutende aufsuchen; was ist aber bedeutend?" (*Dichtung und Wahrheit*, 7. Buch). Ähnlich argumentiert Hegel in seiner *Ästhetik*, wenn er bemerkt, daß der Versuch exakter Nachahmung „nur die Heuchelei des Lebens" hervorbringen könne, und Friedrich Theodor Vischer betont in der *Ästhetik oder Wissenschaft des Schönen* (1846-57), daß der Mensch die „Wirklichkeit" immer nur subjektiv und selektiv wahrnehmen und folglich auch nur so wiedergeben könne. Konsequenterweise verlagert sich mit diesen Erkenntnissen im Realismus das Interesse vom objektiven „Was" des Gegenstandes zum „Wie" der Darstellung, wie es Theodor Fontane im Zusammenhang mit seinem Roman *Die Poggenpuhls* (1896) formulierte. Im Spätrealismus wird mit der betont subjektiven Erzählweise und dem polyperspektivischen Erzählverfahren, wie man sie besonders bei Wilhelm Raabe antrifft, auf die Fiktion einer mit literarischen Mitteln objektiv darstellbaren Realität zunehmend verzichtet zugunsten einer eigenständigen Wirklichkeit in der Literatur. Das läßt sich besonders gut an den Raumdarstellungen beobachten: In der Literatur sind Orte und Landschaften selbst dann nicht mit der außerliterarischen Wirklichkeit „identisch", wenn sie die Namen realer Örtlichkeiten tragen. Stifters Böhmerwald, Fontanes Berlin und Storms Friesland sind autonome „poetische" Räume, in denen sich zwar Spuren ihrer Vorbilder finden, von denen sie aber durchaus unabhängig sind.

4. Selbst diejenige Literaturströmung, die eine beinahe naturwissenschaftlich exakte Nachahmung der „Wirklichkeit" forderte und anstrebte, der ↗ Naturalismus, konnte in ihren radikalsten Programmschriften nicht die Identität von Natur und Kunst behaupten. Wenn Arno Holz auch feststellte, die Kunst habe „die Tendenz, wieder die Natur zu sein" (*Die Kunst. Ihr Wesen und ihre Gesetze*, 1891-93), so lautete sein „Kunstgesetz" doch nicht schlicht „Kunst = Natur", sondern bezeichnenderweise „Kunst = Natur – x", wobei mit dem „x" die künstlerischen Mittel und die Fähigkeit des Künstlers zu ihrer Anwendung gemeint sind. Gleichwohl hat der konsequente Naturalismus mit dem Konzept des „Sekundenstils" (v.a. in Holz' und Schlafs *Papa Hamlet* und *Ein Tod*, 1889), der minutiösen Beschreibung von Interieurs und Verhaltensweisen, den Gedanken der M. in seiner ursprünglichen Bedeutung des Nachschaffens so ernst genommen wie kaum eine literarische Richtung vor ihm. In der bewußten Subjektivität des Erzählens erscheint der Spätrealismus „moderner" als der Naturalismus. An seine illusionsdurchbrechenden Erzähltechniken knüpft noch Bertolt Brecht mit seinem Konzept des „Verfremdungs-Effekts" an, der, ähnlich wie z.B. der kommentierende Erzähler beim späten Raabe, auf dem Gebiet des Theaters die Fiktion wirklichen Geschehens konterkariert.

5. In der Literatur des 20. Jh. wird der M.-Gedanke zunehmend problematischer gesehen, wiewohl man bei aller Fragwürdigkeit eines oberflächlichen Verständnisses von „Nachahmung" auch nicht völlig von einer wie auch immer zu definierenden „Wirklichkeit" absehen kann. Eine besonders radikale Verabschiedung des M.-Konzepts findet sich z.B. in den *Tauchübungen* von Jutta Schutting (1974). Dort ruft der Erzähler beim Anblick eines Gemäldes im Wohnzimmer des Großvaters: „Das ist der Dachstein." Vom Großvater auf die grundsätzliche Sinnlosigkeit dieses Satzes hingewiesen, versucht er die Aussage immer weiter zu präzisieren: „es ist die Wiedergabe des Dachsteins", heißt es zunächst, dann: „es ist die um vieles verkleinerte Wiedergabe des Dachsteins", weiter: „es ist das Bild des Dachsteines [...], das Abbild des Dachsteines", und, wieder um eine Nuance genauer: „das ist ein Bild des Dachsteins", bis man schließlich das außerkünstlerische Objekt ganz negiert: „was du hier siehst, ist es selbst, aber ist, was es sein will, nur in bezug auf das, was es nicht ist, und so bedarf es und bedarf es nicht des wirklichen Berges. / wir wollen also in Hinkunft, wenn wir ins Zimmer treten, sagen: das ist ein Bild." Dieses komplizierte Verhältnis von Gegenstand, Abbild und Bild, die Spannung zwischen wirklichkeitsbezogener Nachahmung und ästhetischer Autonomie, das die M.-Diskussion von Anfang an bestimmte, wird vielleicht nirgends so sinnfällig vergegenwärtigt wie in René Magrittes Gemälde *Der Verrat der Bilder* (1948). Unter seine detailgenaue Darstellung einer Tabakspfeife schreibt der Maler den Satz: „Ceci n'est pas une pipe."

Walter Hettche

Lit.: E. Auerbach: M., 1946 u.ö. – G. Gebauer/Ch. Wulf: M., 1992. – H. Koller: Die M. in der Antike, 1954. – W. Preisendanz: M. und Poiesis in der dt. Dichtungstheorie des 18. Jh.. In: Festschrift Günther Weydt, 1972.

Minnesang

1. M. ist die dt.sprachige höfische Liebesliedichtung von etwa 1150 bis etwa 1350 (zum Liebeslied ab etwa 1350 vgl. ↗ Lied). Mhd. „minne" (ahd. „minna") „Liebe" bedeutet ursprünglich „Gedenken"; „Sang" verweist auf gesungenen Vortrag. Das Thema Liebe, das in Ich-Form behandelt wird (ein Ich spricht über seine Empfindungen und Erfahrungen), unterscheidet M. von der lehrhaften Sangspruchdichtung (↗ Sangspruch/Reimspruch).

M. war adlige Standesdichtung, in der sich die höfische Gesellschaft über ihre Wertvorstellungen im Bereich der Geschlechterbeziehungen verständigte. M. thematisiert also nicht private Gefühle oder individuelle Erlebnisse; er ist Rollendichtung: ein repräsentatives Ich stellt in einer bestimmten Rolle (meist der des Liebenden) öffentlich, vor der Hofgesellschaft, allgemeingültige Erfahrungen vor. M. als Vortrags- und Formkunst („Gesamtkunstwerk" von Text, Melodie, evtl. Instrumentalbegleitung) war Teil höfischer Geselligkeit, diente adliger Repräsentation. Publikum des M. war primär die höfische Gesellschaft (im späten M. auch der Stadtadel). Auch die Autoren waren vielfach adlige „Dilettanten"; daneben gab es Berufsdichter. In der Regel waren Textdichter, Komponist und Vortragender identisch.

2. Erhalten sind rund 1.200 Minnelieder von etwa 110 Autoren (Anonymität ist im M. die Ausnahme). Überliefert sind die Texte (Melodien sind kaum erhalten) in rund 40 z.T. fragmentarischen Handschriften vom Ende des 13. bis zum Ende des 15. Jh., hauptsächlich in den großen Sammelhandschriften der Zeit um 1300 (↗ Lied), daneben auch in Autorhandschriften (Reinmar und Walther in der *Würzburger Liederhandschrift* E; Neidhart in R, *Riedegger Handschrift*, Ende 13. Jh., und c, 15. Jh.).

3. M. hat seine Entsprechung in der provenzalischen Trobador- (seit etwa 1070) und der nordfrz. Trouvère-Dichtung (seit etwa 1160). Er ist von dieser romanischen Dichtung mindestens in der zweiten Phase seiner Entwicklung (s.u.) beeinflußt. Diskutiert wurden daneben volkstümliche Wurzeln, Wirkungen der antiken oder mittellat., für die roman. Lieddichtung sogar der arabischen Lyrik, der Einfluß der Marienverehrung sowie verschiedene sozialhistorische Erklärungsversuche. Eine vorliterarische Schicht von Liebesdichtung ist schwer greifbar; Hinweise liefern u.a. der ahd. Begriff „winileod" „weltliches, volkssprachliches Lied; Liebeslied", einige dt. Strophen in den *Carmina burana* (lat. Liedersammlung, zusammengestellt um 1225/1230), dt. Liebesgrüße in lat. Dichtung und Briefliteratur (*Ruodlieb*, Mitte 11. Jh.; *Tegernseer Liebesbriefe*, 2. Hälfte 12. Jh.). Einflüsse Ovids und der mittellat. Vagantendichtung (erotische Lieder der Fahrenden) sind in Einzelfällen nachweisbar, ↗ Mittellat. Literatur. Analogien zur Mariendichtung und zur feudalen Wirklichkeit des Lehensdienstes bestehen. Das Gesamtphänomen M. erklären solche Theorien jedoch nicht. Insbes. ist M. (vor allem Hoher M., M. der Hohen Minne, s. u.) nicht Widerspiegelung historischer Wirklichkeit, eher ein (fast utopischer) Gegenentwurf.

4. Die Entwicklung des M. wird in folgende Phasen gegliedert: a. Donauländischer M., etwa 1150-1170/80; b. Rezeption der romanischen Trobador- und Trouvère-Dichtung, etwa 1170-1190; c. „klassischer" M., etwa 1190-1210; d. Walther von der Vogelweide, etwa 1190-1230; e. Neidhart, etwa 1210-1240; f. später M., etwa 1230-1350.

a. Zum Donauländischen M. – benannt nach der Herkunft der meisten Dichter – rechnet man: Den von Kürenberg; den Burggrafen von Regensburg; Meinloh von Sevelingen; den Burggrafen von Rietenburg; Dietmar von Eist; Kaiser Heinrich (VI., gest. 1197); hinzu kommen einige anonyme Strophen. Romanischer Einfluß ist nicht konstitutiv, doch begegnen bei Meinloh, Rietenburg, Dietmar und Kaiser Heinrich zum Teil schon Motive und Formen des Hohen M. Milieu und Personal sind höfisch: adliger Ritter und Dame (auch „megedîn" „Mädchen"). Kennzeichnend ist die potentielle Gegenseitigkeit der Liebe; thematisiert werden Sehnsucht, erotisches Verlangen (von Mann und Frau), Werbung, Liebesglück, Auseinandersetzung mit liebesfeindlicher Umwelt (den „merkern", d.h. „Aufpassern") und Rival(inn)en, Trennungsklage, meist als Frauenklage. Der Mann dominiert: Er ist frei zu lieben – oder sich zu entziehen. Leiderfahrung ist der Frau auferlegt. Das Gattungsspektrum umfaßt Männerstrophen, Frauenstrophen (fiktiver Sprecher ist eine Frau), Wechsel (Verbindung von Frauen- und Männerstrophe als Nebeneinander zweier Monologe, nicht Dialog), Botenlied, ferner lehrhafte Formen (Meinloh) sowie ein ↗ Tagelied (Dietmar). Formale Merkmale des Donauländischen M. sind die Einstrophigkeit (mehrstrophig ist zunächst nur der Wechsel; lediglich das *Falkenlied* des Kürenbergers wird meist als zweistrophiges Frauenlied aufgefaßt); die Langzeilen-Strophe als metrische Form (↗ Strophenformen); schlichte Reimtechnik (Paarreim, Assonanzen, ↗ Reim); schlichte sprachliche Form

(Zeilenstil: Zusammenfall von Vers und Satz; Parataxe).

b. Von etwa 1170 an wird, besonders im Westen des Reichs (daher auch: Rheinischer M.), durch Rudolf von Fenis-Neuenburg (Schweizer Jura; urk. 1158-1192), durch den als Verfasser des *Eneasromans* bekannten Heinrich von Veldeke (im Limburgischen), durch den politisch einflußreichen Reichsministerialen Friedrich von Hausen (gest. 1190) und die sog. Hausen-Schule (Ulrich von Gutenburg, Bligger von Steinach, Bernger von Horheim) sowie durch Heinrich von Rugge und Hartwic von Rute die Liedkunst der Trobadors und Trouvères rezipiert. Die Anlehnung an romanische Vorbilder ist – vor allem im Formalen – relativ eng. Teilweise werden Strophenformen und Melodien übernommen (sog. Kontrafakturen), gelegentlich Texte bearbeitet.

Thematisch dominiert fortan die Konzeption der Hohen Minne (provenzal. „fin' amors"): die einseitige, prinzipiell unerfüllte Liebe eines Mannes zu einer Dame, die in der Liedfiktion über ihm steht. Die Frau, nicht individuelle Person, sondern Idealtypus höfischer Vollkommenheit, wird zur Minneherrin, zum höchsten irdischen Wert. Die Minne des Mannes vollzieht sich als Frauendienst (formuliert in der Terminologie des Lehenswesens). Der Mann wirbt um Liebeserfüllung, doch ist diese prinzipiell ausgeschlossen. Daraus resultiert Leiderfahrung, die Minneklage des Mannes. Dienst, Affektkontrolle, Leiderfahrung führen den Mann jedoch zu sittlicher Vervollkommnung und zu gesteigertem Ansehen vor der Gesellschaft. Im Rheinischen M. werden die Paradoxa der Hohen Minne diskutiert; Leiderfahrung wird beklagt, aber grundsätzlich bejaht. Die einzige Relativierung erfolgt im Kreuzlied (Lied vom Konflikt zwischen Minne und Kreuzzugsteilnahme, ↗ Kreuzzugsdichtung), das die Minne zur Dame an der Vorbildlichkeit der Gottesminne mißt.

Das Gattungsspektrum umfaßt fast ausschließlich Sängerlieder (das Ich als Liebender spricht von seinen Empfindungen): Minnekanzone (hier: Lied der Hohen Minne; Hauptformen: Werbung, Frauenpreis, Minneklage) und Kreuzlied. Frauenstrophen, Dialoge, Wechsel sind äußerst selten. Metrisch wird die dreiteilige Kanzonen- oder Stollenstrophe (AAB, ↗ Strophenformen) zur Leitform; Mehrstrophigkeit wird die Regel; jedes Lied hat seine eigene Strophenform und Melodie; Reimreinheit setzt sich durch; der Stil ist abstrakt reflektierend, meist hypotaktisch und bilderlos.

c. Als „klassischen" M. bezeichnet man die Lieder Albrechts von Johansdorf, Hartmanns von Aue, Heinrichs von Morungen, Reinmars, Wolframs von Eschenbach. Kennzeichen dieser Phase sind: die weitgehende Unabhängigkeit von romanischen Vorbildern (nachdem die romanischen Minnevorstellungen und Formmuster etabliert sind, entwickelt sich der M. ab etwa 1190 selbständig, auf eigene Traditionen aufbauend, weiter); die formale Souveränität der Dichter und die zunehmende Komplexität der Reimverhältnisse und Strophenformen (weiterhin herrscht die Stollenstrophe vor); das wieder breiter werdende Gattungsspektrum, das außer Minnelied und Kreuzlied nunmehr auch Tagelied, Dialoglied und wieder die alten Formen von Wechsel, Frauenlied, Botenlied umfaßt; das Konzept der Hohen Minne, das jedoch auch problematisiert wird (Absagelied); die unverwechselbare Individualität der einzelnen Autoren.

Der Alemanne Hartmann von Aue, vor allem als Epiker bekannt (Schaffenszeit etwa 1185-1205, 18 Lieder), problematisiert den unerfüllten Dienst und die unverbindliche Fiktionalität Hoher Minne; bedeutend sind seine Kreuzlieder, in denen er der Hohen Minne eine Absage erteilt. Dagegen entschärft der Passauer Ministeriale Albrecht von Johansdorf (urk. 1180-1206, 12 Lieder) die Aporien der Hohen Minne und den Konflikt von Frauenminne und Gottesminne. Kennzeichnend für den Thüringer Heinrich von Morungen (um 1200, 35 Lieder: meist Minneklagen, zwei Preislieder, ein Freudenlied, ein Tagelied-Wechsel) sind die visionäre Schau, das Sichverlieren des Ich in den Anblick der Minneherrin, und die suggestive Bildersprache. Der wohl zeitweise am Wiener Herzogshof tätige Reinmar der Alte (um 1200, über 60 Lieder; viele sog. „Pseudo-Reinmare" sind in ihrer Echtheit umstritten) ästhetisiert in seinen Minneklagen die Leiderfahrung in virtuoser Reflexion zur Kunst schönen Trauerns. Der bedeutende Epiker Wolfram von Eschenbach (Schaffenszeit ca. 1200-1220, 9 Lieder) verfaßte vor allem Tagelieder.

d. Walther von der Vogelweide (Schaffenszeit ca. 1190-1230; der erste sichere Berufs-Minnesänger), durch Vielfalt des Œuvres, innovative Konzeptionen und Sprachkraft der bedeutendste mhd. Lieddichter, verfaßte außer Minneliedern Sangsprüche (↗ Sangspruch/Reimspruch), einen religiösen Leich, Kreuzzugslieder, Alters- und Weltabsagelieder. Walthers M. i.e.S. umfaßt Sängerlieder (Minneklagen, Werbungslieder, Preislieder), Frauenlieder, pastourellenartige Lieder, Botenlieder, Wechsel, Dialoglieder, ein Tagelied (Parodie?), minnedidaktische Lieder; vielfach werden dabei konventionelle Gattungsgrenzen überspielt. Traditionell werden unterschieden 1. konventionelle Lieder in der Nachfolge Reinmars; 2. Hoher M. eigener Prägung, zum Teil in Auseinandersetzung mit Reinmar (↗ Parodie); 3. Lieder der Auseinandersetzung mit der Hohen

Minne (v.a. hier führt Walther neben Minnekritik auch Gesellschaftskritik und Normendiskussion, Themen der Spruchdichtung, in den M. ein); 4. Mädchenlieder, die Gegenseitigkeit und Freude, erfüllte Minne zu einem nicht-adligen Mädchen (aber vor der Folie Hoher Minne) thematisieren; 5. „Lieder der neuen hohen Minne", in denen es um den grundsätzlichen Wert von Minne und M. geht. Inwieweit die Gliederung auch eine relative Chronologie bezeichnet, ist unsicher. Walthers Minnelieder gelten als Höhepunkt und Überwindung des Hohen M., ↗ Klassik, Mittelhochdeutsche.

e. Neidhart (Schaffenszeit ca. 1210-1240, zeitweise Berufsdichter am Wiener Hof der Babenberger) leitet den sog. Gegensang ein. Neidhart, gegen den Walther polemisiert, transponiert das Minneschema des Hohen M. in ein fiktives, nur in Einzelheiten realistisches Bauernmilieu und ersetzt Hohe Minne durch derb-erotische Abenteuer: der Sänger-Liebhaber ist ein heruntergekommener Ritter, der sich mit Bauernburschen („dörper" „unhöfisch-ungehobelter Mensch") als Rivalen herumschlägt, Bauernmädchen ersetzen die höfische Dame. Neidharts Lieddichtung gliedert sich in Sommerlieder (zweiteilig, sog. Reihenform AB) und Winterlieder (Kanzonenform AAB), benannt nach der Jahreszeit, in der sie spielen, gekennzeichnet durch einen entsprechenden Natureingang (einleitende Naturschilderung, die zeichenhaft auf menschliche Gefühle verweist); in den Sommerliedern (oft Rollenliedern, z.B. Mutter-Tochter- oder Gespielinnendialoge) wird der Sänger von Bauernmädchen umschwärmt, in den Winterliedern (meist Sängerliedern) wirbt er erfolglos und setzt sich mit dörperlichen Rivalen auseinander. Integriert sind andere Typen: Kreuzlieder, politische Strophen, Bitt- und Dankstrophen, Weltabsagelieder, Bilanzstrophen (Angaben über den Werkbestand des Dichters, Echtheit umstritten), Trutzstrophen (Angriffe gegen den Dichter, rivalisierenden „Dörpern" in den Mund gelegt). Anregungen durch mittellat. Vagantendichtung, durch Walthers Mädchenlieder und die Pastourelle sind wahrscheinlich, Bezug auf den Hohen M. ist konstitutiv. Konzepte, Formeln, Rollen des Hohen M. sind stets präsent, kippen jedoch komisch-parodistisch ins Bäurische. Neidharts Dichtung ist dennoch höfische Liedkunst. Umstritten ist, ob Neidhart Kritik am Verfall höfischer Werte bzw. Entlarvung des Scheincharakters höfischer Werte beabsichtigt. M. scheint zum exklusiven, artistischen Gesellschaftsspiel zu werden. Andererseits wird Neidharts komische Kunstwelt immer wieder transparent für Unsicherheit und Bedrohung. Eine sichere Unterscheidung echter und unechter Strophen ist oft nicht möglich. „Neidhart" wird im Spät-MA zur Gattungsbezeichnung für ein Lied in Neidhart-Manier. In v.a. im 15. Jh. überlieferten Schwankliedern agiert Neidhart in der Rolle des erfolgreichen Bauernfeinds.

f. Der umfangreiche späte M. (ca. 1230-1350; rund zwei Drittel des überlieferten M.: etwa 750 Lieder von rund 90 Autoren) ist hauptsächlich Variation, entweder konventionellen höfischen Sangs oder von Ansätzen Neidharts. Wichtige Tendenzen sind einerseits Formalisierung (es geht vielfach um – oft geradezu artistische – Formkunst, weniger um Inhalte) und Objektivierung (fraglos gültige Normen und Formen werden als solche zelebriert, ohne subjektive Betroffenheit eines repräsentativen Ichs), andererseits Realistik, Neigung zum Auserzählen, zum Schwankhaften (↗ Schwank), zur Parodie (Neidhart-Rezeption, Aufschwung der objektiven – d.h. der im Unterschied zum Ich-Lied erzählend-dialogischen-Gattungen). Manche Autoren faßt man nach ihrer Herkunft zu Gruppen zusammen: Schwäbische Minnesänger (spätstaufischer Dichterkreis um Heinrich VII.: Gottfried von Neifen, Burkhard von Hohenfels, Ulrich von Winterstetten, 2. und 3. Viertel 13. Jh.) und Schweizer Minnesänger (Ulrich von Singenberg, Steinmar, Johannes Hadlaub, Konrad von Würzburg, v.a. 2. Hälfte 13. Jh.). Weitere bedeutende Autoren sind der steirische Ministeriale Ulrich von Lichtenstein (gest. 1275), die Berufsdichter Tannhäuser (gest. nach 1266) und Wilder Alexander (Mitte/Ende 13. Jh.) sowie Heinrich Frauenlob (gest. 1318). Das Gattungsspektrum wird erweitert; noch immer dominiert die Minnekanzone (meist Minneklage, auch Frauenpreislied), daneben gibt es vereinzelt Freuden- und Absagelieder; es entstehen zahlreiche Tagelieder, ferner pastourellenartige Lieder, M.parodien sowie neue Gattungen (Steinmars Herbstlied: Schlemmerei wird dem freudlos-vergeblichen Minnedienst vorgezogen; Schwanklied); gepflegt wird auch der Leich, die Prunkform mhd. sangbarer Dichtung (↗ Lied), vor allem durch den Tannhäuser.

5. Mit Bodmers und Breitingers ersten Veröffentlichungen von Minneliedern beginnt Mitte 18. Jh. die neuzeitliche Beschäftigung mit dem M., Anfang des 19. Jh. entstanden die ersten kritischen Editionen. Bis in das 20. Jh. hinein wurde M. weitgehend auf den Hohen M. eingeengt und biographistisch als Erlebnislyrik mißverstanden. Die neuere Forschung sieht M. als Rollenlyrik, berücksichtigt die ganze Breite von Liebesauffassungen und Gattungen und geht primär von der Überlieferung aus.

Elisabeth Lienert

Lit.: H. Brunner u.a. (Hg.): Walther von der Vogelweide, 1996. – H. Fromm (Hg.): Der dt. M.,

1961/1985. – G. Schweikle: M., [2]1995. – Ders.: Neidhart, 1990. – H. Tervooren (Hg.): Gedichte und Interpretationen. MA, 1993.

Mittelalterrezeption

1. Der Begriff M. ist unscharf, weil schon die mittelalterliche dt. Literatur selbst ein Rezeptionsphänomen darstellt: Nach dem Kunstverständnis der Zeit war Dichtung im wesentlichen Wiedergabe des Vorgefundenen. Meist bezeichnet M. die Bemühungen neuzeitlicher Autoren um Neubelebung und aktualisierende Anverwandlung von Stoffen, Themen und Motiven aus dem MA. Dabei ist zwischen der kreativen und der wissenschaftlichen M. zu unterscheiden: Zur ersteren zählen die künstlerischen Nachschöpfungen und Bearbeitungen mittelalterlicher Vorlagen im Sinne einer produktiven (v.a. literarischen) Wirkungsgeschichte; die letztere bezieht sich auf die gelehrten Anstrengungen zur Erschließung und Deutung mittelalterlicher Werke und ist mithin auch ein wichtiger Teil der einschlägigen Fachgeschichte (etwa der ↗ Germanistik).

Insbesondere für die jüngere Vergangenheit ist es wichtig, die primäre M., d.h. die unmittelbar auf mittelalterliche Quellen Bezug nimmt, von der sekundären M. zu trennen, die sich ihrerseits bereits auf spätere Rezeptionszeugnisse stützt. So hat etwa Richard Wagner als wirkmächtiger „Mittler des Mittelalters“ (P. Wapnewski) eine lebhafte M. „aus zweiter Hand“ ausgelöst, und das verfälschende MA-Bild der ↗ Romantik wirkt, allen modernen Korrektur-Bemühungen zum Trotz, bis heute namentlich in der populären, breitenwirksamen M. (etwa in Hollywood-Filmen oder in touristisch aufgezogenen Ritterturnieren unserer Tage) nach.

2. Die wissenschaftliche Erforschung der M. hat sich seit 1979 (wohl als Folge des MA-Booms nach der spektakulären Stuttgarter Staufer-Ausstellung 1977) in einer neuen Teildisziplin der Germanistik organisiert, deren (v.a. von Altgermanisten getragener) Aufschwung sich seither in einer bemerkenswerten Fülle von einschlägigen Tagungen und Veröffentlichungen niedergeschlagen hat.

3. Die Anfänge der neuzeitlichen M. reichen ins 16./17. Jh. zurück. Die Motive der (spät)humanistischen Gelehrten für die Beschäftigung mit Texten des MA gründeten sich im wesentlichen auf antiquarische, sprach- und rechtsgeschichtliche, bisweilen auch patriotische Interessen, ↗ Humanismus. Als folgenreich erwiesen sich die Arbeiten des Juristen Melchior Goldast (1578-1635), dem wir erste Nachrichten über die mhd. Lyrik (bes. Walther von der Vogelweide) verdanken (↗ Lied, ↗ Minnesang, ↗ Sangspruch/Reimspruch). Bedeutungsvoll waren auch etwa die Bemühungen von Martin Opitz um eine Entdeckung und Aufarbeitung der „altdt. Frühe“ (z.B. mit seiner Ausgabe des *Annoliedes*, 1639).
Wichtige Grundlagen für die produktive wie auch für die gelehrte M. seit der Frühromantik wurden schon im 18. Jh. durch Editionen (↗ Edition) und Sammlungen altdt. Texte geschaffen – etwa durch den *Thesaurus Antiquitatum Teutonicarum* (1726-28) von Johannes Schilter oder durch die wertvollen Aushebungen mittelalterlicher Werke durch die Schweizer Johann Jakob Bodmer und Johann Jakob Breitinger – z.B. die erste (Teil-)Veröffentlichung des *Nibelungenliedes* (*Chriemhilden Rache, und die Klage*, 1757) oder die lange Zeit gültige Lyrik-Anthologie aus der Manessischen Liederhandschrift (*Sammlung von Minnesingern*, 1758/59). Für die ↗ Rezeption der höfischen Epik (↗ Höfischer Roman, ↗ Heldendichtung) lieferte Christoph Heinrich Myllers *Samlung teutscher Gedichte aus dem XII., XIII. und XIV. Jahrhundert* (1782-87) die wichtigste Textgrundlage. All diesen Ausgaben blieb jedoch wegen ihrer wenig leserfreundlichen Aufbereitung die erhoffte Breitenwirkung versagt. Wichtige Anregungen erfuhr die frühromantische M. überdies vom ↗ Sturm und Drang, insb. von Johann Gottfried Herders Vorstellung einer „Volksdichtung“.

4. Vor dem Hintergrund der dt. Befreiungskriege zu Beginn des 19. Jh. erhielt die Beschäftigung mit dem MA als verklärender Rückgriff auf die nationale Vergangenheit einen starken vaterländischen Akzent. Das *Nibelungenlied* diente nun als „Kraftquell“ im Ringen gegen die Napoleonische Fremdherrschaft. Eine „Feld- und Zeltausgabe“ (1815 hg. von Johann August Zeune) des Werkes, zahlreiche populäre Bearbeitungen, Übersetzungen und Dramatisierungen belegen die Vereinnahmung des ↗ Epos für politische Zwecke. Zugleich verweist dieser Vorgang paradigmatisch auf die Tendenz der M. auch im weiteren Verlauf des 19. Jh. Vergleichbare Fälle sind etwa die ideologische Instrumentalisierung des MA für die Restauration der Reichsidee (z.B. im Barbarossa-Mythos) oder die patriotische, tagespolitische Indienstnahme Walthers von der Vogelweide als „Sänger des Reiches“ (etwa durch den Walther-Biographen Rudolf Menzel, 1865).

5. Solche „Sündenfälle“ der M. zählen auch zur fachgeschichtlichen Hypothek der zu Beginn des 19. Jh. entstehenden Dt. Philologie. Die Portalfiguren dieser neuen Disziplin (etwa die Brüder

Grimm, Ludwig Uhland, Friedrich Benecke oder Karl Lachmann) widmeten sich ausschließlich der Erforschung mittelalterlicher Denkmäler, wobei ihre anfängliche vaterländische Begeisterung, die durch den Sieg der politischen Restauration nach dem Wiener Kongreß ohnehin gedämpft wurde, erst allmählich einem strengen philologischen Methodenbewußtsein wich. Die zunehmende Hermetisierung der Germanistik verminderte die öffentliche Wirkung der M., wie sie noch von den Frühromantikern angestrebt wurde. Gleichwohl führten freie, populäre Bearbeitungen der alten Texte (etwa durch Ludwig Tieck, später v.a. durch Karl Simrock) zu einer Trivialisierung, die dann – neben den einflußreichen Werken Richard Wagners – für die sekundäre M. der Folgezeit bestimmend wurde.

Die breite M. in Literatur, Kunst, Musik oder Architektur des 19. Jh. wurde durch politische und historische Faktoren geprägt. Die Reichsgründung von 1871 bewirkte (über die Jahrhundertwende hinweg) eine Monumentalisierung des MA, das immer wieder zur Projektionsfläche für die Diskussion aktueller politischer wie gesellschaftlicher Fragen geriet – z.B. im Bismarckschen Kulturkampf, in dem Walther von der Vogelweide als antipapistischer Herold propagandistische Verwendung fand. Besonders schwerwiegend war der Mißbrauch der M. durch die völkische Ideologie – bis hin zu der berüchtigten Stalingrad-Rede Hermann Görings 1943, die das *Nibelungenlied* zum Fanal heroischen Durchhaltewillens umdeutete. Als Folge dieser Korrumpierung war das MA nach dem Zweiten Weltkrieg lange Zeit kaum noch ein Thema. Erst in den 70er Jahren setzte eine lebhafte dt. M. ein – in der Literatur etwa mit Dieter Kühns *Ich Wolkenstein* (1977), im Theater mit Tankred Dorsts Mythenspektakel *Merlin* (1981), das eine Reihe von mehreren Versuchen (auch in den Medien und in der Unterhaltungsindustrie) einleitete, das MA als aktuelles Thema vorzustellen.

Rüdiger Krohn

Lit.: G. Kozielek (Hg.): M., 1977. – R. Krohn (Hg.): Forum. Materialien und Beiträge zur M., I, 1986, III, 1992. – J. Kühnel u.a. (Hg.): M., I-IV, 1979-91. – P. Wapnewski (Hg.): M., 1986.

Mittellateinische Literatur

1. Unter M.L. versteht man die im Zeitraum von etwa 600 bis etwa 1450 in lat. Sprache abgefaßten Schriftzeugnisse. Die zentrale Kulturtechnik der Handhabung von Schriftlichkeit übernahm das westliche Europa im MA aus der lat. Sprache der Antike und Spätantike. Über den Bildungsbetrieb der Lateinschulen der Klöster, Stifte und – im Spät-MA – der städtischen Kommunen wurden neben der Sprache auch das Wissen und die Literatur der Antike und Patristik vermittelt. Sog. „Deutsche" Schulen sind erst vom ausgehenden 14. Jh. an belegt. – Literarische Erfahrung und poetische Techniken wurden an klassischen Mustern ausgebildet („imitatio", „aemulatio"). Ziel war die aktive Handhabung des Lateinischen in mündlicher wie schriftlicher Kommunikation ebenso wie die selbständige und aktuelle literarische Produktivität in lat. Sprache. Auch die Autoren, die in der Volkssprache schreiben, sind überwiegend an der literarischen Kultur der mittelalterlichen Latinität geschult (z.B. Otfrid von Weißenburg, Heinrich von Veldeke, Hartmann von Aue, Gottfried von Straßburg). Und nicht wenige Autoren schreiben sowohl lat. wie dt. (Williram von Ebersberg, Marner, Hugo von Trimberg, Konrad von Megenberg, Sebastian Brant u.a.). – Der Gebrauch des Lateinischen überwiegt quantitativ bis ins 17. Jh. die Volkssprachen. In einem historisch und bildungssoziologisch differenzierten und keineswegs kontinuierlichen Prozeß, der das gesamte MA durchzieht, tritt die Volkssprache aus ihrer Domäne der Mündlichkeit in die unterschiedlichen Felder pragmatischer und literarischer Schriftlichkeit ein (↗ Mündlichkeit/Schriftlichkeit). – Die lat. Sprache und Literatur entwickeln sich in den einzelnen Regionen Westeuropas unterschiedlich, gleichwohl bilden sie bis in die Frühe Neuzeit hinein ein Kommunikationsmedium von internationaler Relevanz: als Sprache der Verständigung, auch der Diplomatie, der Wissenschaft wie auch der Literatur.

2. In der Geschichte der M.L. bilden das 8./9. und das 11./12. Jh. Höhepunkte hinsichtlich poetischer Produktivität und literarischer Innovation. Die Antike-Orientierung beider Perioden führte zur Ausprägung eines Klassizismus, die – nicht ganz unberechtigt – zur Bezeichnung als „Renaissancen vor der Renaissance" geführt hat. Im frühen MA bilden sich Zentren der Literatur heraus: die Höfe der Karolingerzeit, vor allem aber die großen Reichsklöster wie Tours, Reichenau, St. Gallen oder Fulda. Die weitere Entwicklung führt zu einer breiteren Streuung literarischer Produktivität, an der aber der Norden des Reichs lange nur geringen Anteil hat.

3. Das Gattungsspektrum der M.L. ist bereits in der Karolingerzeit in einer Breite ausgeprägt, wie sie die dt.sprachige Literatur erst vom Ausgang des 12. Jh. an allmählich gewinnt: geistliche und weltliche ↗ Lyrik, ↗ Epos, Lehrgedicht (↗ Lehr-

literatur), Biographie, ↗ Brief, ↗ Geschichtsschreibung, wissenschaftliche Prosa und Traktat, ↗ Predigt u.a. Und erst im 15. Jh. erreicht das Deutsche in allen Gattungen, oder allgemeiner: auf sämtlichen Feldern der Schriftlichkeit, eine eigene Formulierungskompetenz.

4. Die Lyrik nutzt neben den antiken Metren und Strophenmustern auch die Möglichkeiten rhythmischer Formen, die den natürlichen Wortakzent berücksichtigen, dazu zahlreiche Spielarten des Reims. Seit dem 9. Jh. durchzieht eine formal wie musikalisch anspruchsvolle Lyrik das gesamte MA, die geistliche zunächst weitgehend liturgisch gebunden (vor allem Sequenz, Hymnus und Tropus), später auch als Andachts- oder Leselied. Weltliche Lyrik mit Themen wie Freundschaft und Liebe, Trinken und Spiel, Satire, Kirchenkritik, Herrscherpreis steht daneben. An Autoren ragen heraus Theodulf von Orleans, Hrabanus Maurus, Gottschalk von Orbais oder Notker Balbulus im 9./10. Jh., im 12. Jh. der Archipoeta oder Hugo Primas; vielfach blieb die Lyriküberlieferung jedoch anonym. Neben den *Carmina Cantabrigensia* (11. Jh.) sind die *Carmina Burana* (13. Jh.) die bedeutendste Lyriksammlung des MA (moralisch-satirische, Liebes-, Trink- und Spiellieder; geistliche Spiele). – Epische Dichtung, geistliche wie weltliche, ist in breitem Spektrum und zahlreichen Beispielen belegt (*De Karolo rege et Leone papa*, um 800; Hrotswiths von Gandersheim *Gesta Oddonis* und *Primordia*, 10. Jh.; der romanhafte *Ruodlieb*, 11. Jh.; der heldenepische *Waltharius*, 9./10. Jh., das Herrscherepos *Ligurinus*, 12. Jh.). Neben zahlreichen Umdichtungen antiken Fabelguts steht Tierepik: die *Ecbasis cuiusdam captivi* (11. Jh.) und der *Ysengrimus* (12. Jh.). – An „dramatischen" Formen tritt neben die liturgische Feier (vor allem zu Ostern und Weihnachten) vom 12. Jh. an das geistliche Spiel, das bald auch volkssprachliche Bestandteile aufnimmt. Eine eigentliche Dramatik entwickelt sich indes erst in der Frühen Neuzeit aus der ↗ Rezeption der antiken Komödie und Tragödie. – Reich vertreten ist die (vielfach anonyme) didaktische Literatur, insbesondere in Versform; ja, man kann wohl sagen, daß es kaum einen Wissensbereich im MA gab, der nicht in memorierbare Verse gefaßt wurde. – Kleinere Erzählformen treten früh auf, schwankhafte, wie das *Schneekind* (*Modus Liebinc*, 11. Jh.), ↗ Schwank, daneben belehrende wie in den Exempelsammlungen (Caesarius von Heisterbach, *Dialogus miraculorum*, 13. Jh.; *Gesta Romanorum*, 14. Jh.). ↗ Legende und Mirakel sind durchgängig reich belegte Texttypen. – Geschichtsdarstellung, orientiert auf die Weltgeschichte, auf Reich oder Kaiser, auf Klöster und ihre Gründung, seit dem 12. Jh. auch vermehrt für fürstliche Familien, hält Vergangenes im Bewußtsein und dient vielfachen Interessen wie dynastischer Legitimation oder Besitzsicherung. – Schließlich bot die M.L. für alle Bereiche der Wissenschaften, Theologie und Philosophie, Recht, Medizin, Septem Artes, eine Fülle von Texttypen an wie Traktat, Kommentar, Summe, Dialog, Lehrgedicht, Merkvers usw.

5. Innerhalb des kulturellen Paradigmenwechsels, den ↗ Humanismus und ↗ Renaissance herbeiführten, verlor die M.L. an Bedeutung und fiel weitgehend der Vergessenheit anheim, bis sie im Zuge der neuen MA-Orientierung des 19. Jh. wiederentdeckt wurde. Immerhin gab es am Beginn der Neuzeit eine Reihe bemerkenswerter Ausnahmen. So entdeckte und publizierte der Humanist Konrad Celtis 1501 bzw. 1504 das Werk Hrotswiths von Gandersheim und das Barbarossa-Epos *Ligurinus*, Historiker wie Aventinus (16. Jh.) studierten (und nutzten) die Quellen des MA. Matthias Flacius Illyricus versuchte im Gefolge der Reformation aus den Quellen des Investiturstreits (11. Jh.) und der kirchenkritischen Lyrik des Hoch-MA die Korruptheit der Papstkirche in früheren Zeiten zu erweisen. Und als offenbar unverzichtbare enzyklopädische Wissenssumme wurde das *Speculum maius* des Vinzenz von Beauvais (13. Jh.) bis ins 17. Jh. in vier großen Folianten nachgedruckt, ↗ Enzyklopädie.

Nikolaus Henkel

Lit.: F. Brunhölzl: Lat. Sprache und Literatur des MA, LexMA 5,1991. – Ders.: Geschichte der lat. Literatur des MA, bisher 2 Bde., 1975/92. Artikel zu Autoren und Werken in ²VL 1ff., 1978ff. – N. Henkel/N.F. Palmer (Hg.): Latein und Volkssprache im dt. MA, 1992 (mit Forschungsbericht) – Bibliographien: Medioevo latino 1ff., 1980ff. – Bibliographie annuelle du moyen âge tardif 1ff., 1991ff.

Moderne

1. Grundsätzlich ist zwischen einem politischen und einem ästhetischen Begriff der M. zu unterscheiden. Beide entstammen verschiedenen Traditionen und zielen auf unterschiedliche Datierungen. Im Zentrum des politischen Begriffs der M. steht die Idee eines linearen Progresses, während der ästhetische M.begriff, allerdings unter verschiedenen Blickwinkeln, vor allem den Bruch mit der Tradition in den Vordergrund stellt. Rimbauds Diktum „Man muß unbedingt modern sein" zeichnet diese Grundfigur nach. Schon vor-

her wird die ästhetische M. vor allem als eine künstlerische Emanzipationsbewegung gedeutet, in deren Verlauf sich etwa die literarische wie die bildende Kunst von Vorbildern lösen und ihr eigenes Gesetz erkennen. Dagegen meint politische M. in den westlichen Zivilisationen zumeist eine Fortschreibung der tragenden Ideen der ↗ Aufklärung, der großen erkenntnisleitenden „Erzählungen", die J.-F. Lyotard benennt, wenn er ihr Enden in der ↗ Postmoderne beschreibt. In der politischen M.-Auffassung ist die Idee des gesellschaftlichen Fortschritts zudem mit technischen und sozialen Modernisierungsprozessen verbunden und potentiell unendlich. Für J. Habermas beispielsweise ist das „Projekt der M." noch nicht abgeschlossen. Daraus erklären sich einige geläufige Abwehrstrategien gegen den Begriff der Postmoderne, die von ihren Gegnern zu Unrecht mit einer politischen Anti-M. gleichgesetzt wird (H.R. Jauß).

2. Auch der ästhetische M.begriff entfaltet sich zunächst als dynamisches Modell, das gegen eine zunehmend als statisch begriffene Klassik gesetzt wird. Perraults *Querelle des anciens et des modernes* (1687 ff.) kommt durch den Gedanken der „perfectibilité" überdies zu einer graduellen Abwertung der antiken Kunst. Im dt. Sprachraum betonen vor allem Friedrich Schlegel und Friedrich Schiller den Eigenwert der modernen Epoche gegenüber der antiken. Während Schiller durch seine Unterscheidung des „Naiven" und des „Sentimentalischen" zugleich einen Verlust, die Möglichkeit der Perfektibilität und die Qualität des Neuen schildert, sieht Schlegel, für den das Interessante zum Prinzip der modernen Dichtung wird, dadurch auch eine Regellosigkeit entstehen, die er als Ausdruck eines zerrissenen Gemüts deutet. Daß der Terminus „modern" im Bereich des Ästhetischen nicht nur epochal ist, sondern eine Einstellung bezeichnet, zeigt sich darin, daß A.W. Schlegel 1808 für den „eigentümlichen Geist der modernen Kunst" den Begriff „romantisch" benutzt (Gumbrecht).

3. Der Begriff der ästhetischen M. belegt exemplarisch die Problematik epochaler Einheitsbegriffe. Er geht unmittelbar aus dem Gefühl des Verlusts unmittelbarer Einheit hervor, zugleich weiß er, daß das Neue, das er etablieren will, bald selbst Vergangenheit sein wird. Zudem hat man gezeigt, daß ein Kennzeichen der ästhetischen M. nicht nur die bewußte Absetzung von Vergangenem, sondern häufig auch die bewußte Verschränkung des schon Bekannten mit dem völlig Neuen sein kann. Dies belegt beispielsweise Apollinaires Gedicht-Zyklus *Alcools* (1913).

4. Die Kunst- und Musikkritiken Baudelaires, die *Curiosités esthétiques* (1855), die Berichte über die Pariser Salons von 1845, 1846 und 1859 und die Weltausstellung von 1855, ebenso die Abhandlung über *Art romantique* führen die Bestimmungen der M. systematisch mit jener der ↗ Romantik zusammen. Delacroix wird hier mit Balzac zum wichtigsten Vertreter einer Romantik, die Baudelaire als Schule der Modernität versteht. In seiner Studie über den Maler Constantin Guys verbindet er die M. nicht nur mit den Insignien der neuen technischen Zivilisation, mit Gas, Elektrizität und dem Schiff. Sie erfordert für ihn auch die Wahrnehmung des Flaneurs oder des Dandy. Dieser ist Repräsentant einer von der Beschleunigung der Zeit überholten Epoche. Inmitten der als Spät- und Verfallszeit verstandenen Gegenwart erhebt er einen Anspruch, der nicht mehr eingelöst werden kann. Bedingung und Voraussetzung für sein Selbstgefühl sind die Erfahrung der Großstadt und das Leben in der Menge. Auf sich selbst verwiesen, wird er zum Helden einer neuen Form der Wahrnehmung, die auch durch seine psychologische Disposition geprägt ist. Im Gegensatz zum Promeneur registriert der Dandy seine Umgebung in kalter Unberührtheit und aus der Distanz. Die gesellschaftliche Welt verwandelt sich ihm in das Kaleidoskop einer Zeichenwelt.

5. Baudelaire setzt den Begriff der ästhetischen M. in unmittelbaren Gegensatz zur Idee des gesellschaftlichen und politischen Fortschritts. Sein Konzept einer „supernaturalen" Poesie der M. versucht zudem, über alle Epochen der Vergangenheit frei zu verfügen, weil es die eigene Zeit nicht mehr als epochale Einheit versteht. Dabei zielt die ↗ Ästhetik auf eine Steigerung der sinnlichen Wahrnehmung, auf Rausch und die ästhetische Sensibilisierung; die Bedeutung psychischer Prozesse für die ästhetische Wahrnehmung wird so lange vor Freud thematisiert (Jauß). Parallel zu Flauberts Idee des „roman sans sujet", der die objektive Realität bereits als subjektive Illusion enthüllt, entwirft Baudelaires Ästhetik der „nouveauté" einen „Aufruhr des Schönen gegen das bürgerlich Gute", eine „negative Anthropologie der Massengesellschaft" (Adorno).

6. Um die Mitte des 19. Jh. befestigt sich die Einsicht, daß die Modernität der Kunst eigene Perspektiven entwickelt, daß der Begriff des „progrès" auf technischem, wirtschaftlichem und künstlerischem Gebiet zunehmend unterschiedlich bestimmt werden muß. Für diese Aufhebung der geläufigen Unterscheidung von Fortschritt und Rückschritt ist Baudelaires Einschätzung von Delacroix paradigmatisch. Ausgerechnet das, was auf den ersten Blick als „Décadence" und als historisch rückschrittlich erscheint, macht für Baudelaire den künstlerischen „progrès" Delacroix' aus. Dessen „dekadente" Malerei leistet eine produktive Realitätsverarbeitung. Dabei

verläßt sich die Kunst nicht mehr auf sichtbare Zeichen allein, sondern beginnt, sich grundsätzlich vom Mimetischen abzulösen (↗ Mimesis). Sie inszeniert Erfahrungen und Konstellationen, spricht unbewußte Emotionen an, bedarf der Trauer und der Bizarrerie. Das Ästhetische entfernt sich vom Mimetischen. An die Stelle der repräsentierenden Zeichen tritt eine autonome Zeichenordnung, wie sie nicht zuletzt Courbets „Atelier“bild darstellt, das entschieden die neue Kunstauffassung Baudelaires umsetzt. Im „Salon von 1859“ formuliert dieser programmatisch, daß die ganze sichtbare Welt nichts anderes sei als ein „magasin d'images et de signes“, denen allein die Imagination ihre relative Bedeutung zuweisen kann.

7. In der Malerei wird der Terminus „modern“ bereits um das Jahr 1818 zum ersten Mal populär: es entsteht die Zeitschrift *La Vie moderne*. Huysmans versammelt 1883 seine Artikel unter dem Titel *L'Art moderne*; Albert Aurier, Förderer van Goghs, Gauguins und der Symbolisten gibt das Blatt *Le Moderniste* heraus. Für die dt.sprachige Literatur wird „modern“ durch einen Vortrag Eugen Wolffs im literarischen Verein in Berlin 1886 und durch eine Lyrikanthologie Wilhelm Arents von 1884 zu einem programmatischen Begriff, der auf epochale Gültigkeit zielt (Sprengel). Die Berliner M. etabliert sich als naturalistisch, später expressionistisch orientierte Kunstrichtung gegen die Poesie der Gründerzeit; Gerhart Hauptmann, Arno Holz, Georg Heym und Alfred Döblin – um nur einige zu nennen – kennzeichnen unterschiedliche Akzentuierungen dieser M.bewegung (↗ Naturalismus, ↗ Expressionismus). Wie für die europäische M., die Baudelaire begründet, sind – nur unterbrochen durch den als elementar empfundenen Einschnitt des Ersten Weltkriegs – die Erfahrung der Großstadt und der Massengesellschaft, Entwicklungen in Wissenschaft und Technik, die sozialen Umwälzungen, das Doppelgesicht des Fortschritts, Ausgangspunkte ästhetischer Erfahrung. Auch neue Formen der öffentlichen Kultur, das Theater Max Reinhardts, das ↗ Kabarett, die Malerei der „Berliner Sezession“, die Architektur der klassischen M. bei Bruno Taut und Peter Behrens, die Lebensform der Boheme gewinnen Bedeutung. Die sich fast zur gleichen Zeit etablierende Wiener M., deren Aufbruch Hermann Bahr emphatisch einleitet, beginnt ebenfalls zunächst – vor allem in der Programmatik von Friedrich Ludwig Fels – mit einem naturalistischen Anspruch; die 1890 gegründete Zeitschrift *Moderne Dichtung*, später *Moderne Rundschau*, die sich schließlich mit der *Freien Bühne* vereinigt, spiegelt diese Orientierung und bereits nachfolgende Umorientierungen; sie verrät den Versuch, die Ästhetik zum „Spiegel des gesamten modernen Lebens“ zu machen. Durch Hermann Bahr gewinnt die österreichische Bewegung schließlich Anschluß an die europäische M., zuerst an Zola und Flaubert, später an Baudelaire und Barrès, bevor sie in einer gesamteuropäischen M. aufgeht. Sehr schnell überschreitet die Wiener M. die Grenzen des Naturalismus. Symbolismus, Ästhetizismus und Psychologismus, die Bahr als Sprachrohr der Bewegung nicht zuletzt mit Blick auf die französische Literatur in den Vordergrund stellt, findet er bei den Autoren des „Jungen Wien“, bei Hofmannsthal, Beer-Hofmann und Schnitzler ästhetisch realisiert (↗ Jahrhundertwende). Die von Hofmannsthal formulierte „potenzierte Sensation“ und seine „raffinierte Empfindung“ schließen nicht nur an die kunstkritischen Schlagworte der Décadence und des Fin de siècle an, sie skizzieren auch eine subjektive Annäherung an die „Wahrheit, wie jeder sie empfindet“, an den ästhetisch inszenierten „Einzug des auswärtigen Lebens in den inneren Geist“, von dem Bahr spricht.

8. Der Avantgardismus, den Apollinaire um 1912 für die ästhetische M. beansprucht, will, ebenso wie der Futurismus, die Gegenwart als Vorbereitung der Zukunft bestimmen (↗ Avantgarde). Der Versuch, dabei die Trennung des Ästhetischen und des Wirklichen in einer „action directe“ aufzuheben, scheitert jedoch. Statt dessen führt die Idee einer Etablierung der revolutionären Wirklichkeit, die Apollinaire und Marinetti noch als Poesie der industriellen M. rühmen, mit Sorels *Réflexions sur la violence*, die auch auf eine apokalyptische Erneuerung der Welt setzen, letztlich zu einer problematischen Position. Die Idee des ästhetischen Fortschritts gerät hier in die Nähe eines politischen Rückschritts, der mehr oder weniger bewußt in Kauf genommen wird. Alle diese Entwürfe verbleiben zudem noch in der Tradition des auratischen Kunstwerks.

9. Dagegen wendet sich die nach 1930, unter dem Eindruck des sich abzeichnenden Faschismus einsetzende ästhetische, philosophische und ideologiekritische Selbstreflexion der M. Walter Benjamin bewertet die Epochenschwelle von 1912 als einen entscheidenden Bruch zwischen auratischer und post-auratischer Kunst, der eine Pluralität des Ästhetischen und neue Wahrnehmungsformen freisetzt. Daneben etabliert sich die philosophische und ideologiekritische Infragestellung der M., die ihre Zuspitzung in Th.W. Adornos und M. Horkheimers *Dialektik der Aufklärung* (1947) findet. Dort beschreiben die beiden Autoren den Umschlag der fortschrittlichen Ideen der Aufklärung in das der Macht verpflichtete Herrschaftssystem der instrumentellen Vernunft. Daraus zieht Adorno eine ästhetische Konsequenz.

Die Kunst der M. kann für ihn nicht mehr mimetisch sein, die Darstellung von Totalität wird vielmehr zum Problem. Das Prinzip der Mimesis, das in die Philosophie ebenso eingehen soll wie in die Kunst, muß deshalb einen Gestus der Verweigerung entfalten. Kunst ist alles das, „was nicht der Fall ist", die „einsame Rede" sagt Entscheidendes über den Status der Gesellschaft. Dieses Konzept literarischer M. orientiert sich an Autoren wie Beckett oder Kafka, an Texten, die Brüche aufweisen und der allein hermeneutischen Deutung Widerstand entgegensetzen.

10. Im Gegensatz dazu, im Widerspruch aber auch zum expansiven und dynamischen M.-Begriff, wie ihn die Avantgarde auf die Spitze treibt, werden die großen Autoren der erzählenden Literatur des 20. Jh., z.B. Musil, Joyce, Proust und Thomas Mann, häufig der sogenannten „klassischen M." zugeordnet. Dieser Terminus wird nicht nur offensiv gegen die Idee einer plural geprägten Postmoderne eingesetzt, er greift auch auf den normativen Gattungsbegriff der hegelianischen, später der marxistischen Tradition zurück. Dabei werden die sich erst in der Literaturkritik des 19. Jh. ausbildenden Epochenstereotypen einer als normativ verstandenen Klassik und einer temporal geprägten M. zusammengezogen. Eine Orientierung bietet dabei der politische M.begriff. Selbst das ästhetisch Normsprengende wird den progressiven Leitvorstellungen von der Emanzipation des Individuums, vom gesellschaftlichen Fortschritt und von der ↗ Hermeneutik des Sinns zugeordnet. Zugleich wird die Sprache der „klassischen M." auf Referenz und Repräsentanz verpflichtet, ihre Texte werden als mimetisch im weitesten Sinne angesehen. Die in Lukács' *Theorie des Romans* (1920) entwickelte Vorstellung, daß der die moderne Epik prägende Verlust von abbildbarer Totalität durch formale Rekonstruktionen wie das biographische oder ironische Schreiben überwunden werden könne, liefert dafür ein ästhetisches Erklärungsmodell. An den Romanen der „klassischen M." werden deshalb die Momente von Kontinuität und Kohärenz hervorgehoben, während man die Zeichen der Diskontinuität, die Bruchstellen der erzählerischen Entwürfe weniger beachtete. Gerade bei diesen Texten wird jedoch deutlich, daß in der M. bereits Schreibstrategien entwickelt werden, die der gegenwärtigen Bestimmung der literarischen Postmoderne nahekommen.

Rolf Günter Renner

Lit.: P. Bürger: Theorie der Avantgarde, 1974. – H.R. Jauß: Studien zum Epochenwandel der ästhetischen M., 1989. – J. Schutte/P. Sprengel (Hg.): Die Berliner M. 1885-1914, 1987. – S. Vietta: Die literarische M., 1992.– C. Wiedemann (Hg.): Rom-Paris-London, 1988. – G. Wunberg (Hg.): Die Wiener M., 1981.

Mündlichkeit/Schriftlichkeit

1. „Literatur" hat sich als Oberbegriff für Texte aller Art und als Name für den Untersuchungsgegenstand der „Literatur"-Wissenschaft so sehr etabliert, daß dabei der ursprünglich an die Schrift gebundene Wortsinn (lat. „littera", d.h. „Buchstabe") und die damit implizierte Abgrenzung gegenüber der Sphäre der Mündlichkeit fast in Vergessenheit geraten sind. Dichten bzw. ganz allgemein das Produzieren von „Texten" ist freilich weder von der Verschriftlichung noch von der Existenz der Schrift überhaupt abhängig. Mit der Alphabetisierung einer Gesellschaft treten Mündlichkeit (M.) und Schriftlichkeit (S.) aber in komplexe Wechselbeziehung zueinander: Einerseits bleibt die Verschriftlichung nicht darauf beschränkt, bloße Abbildrelationen zwischen „vox" („Stimme") und sprachlichem Zeichensystem herzustellen, sondern führt zur Entwicklung eines eigenen, in seiner Wortgebundenheit kognitiv differenten Begriffs von Literarizität. Dieser unterwirft Produktion und ↗ Rezeption, Tradition und Präsentation von Texten anderen Gesetzen als das sich im Vortragsakt erschöpfende mündliche Erzählen mit seiner klanggebundenen Formelhaftigkeit. Andererseits werden aber auch die Realisationen der M. davon beeinflußt, wenn schriftliterarische Ausdrucksmöglichkeiten und schriftliterarisch artikulierbare Denkformen als Alternativen verfügbar sind. Die Interaktion von M. und S., die durch das Faktum, daß mündliches Erzählen vergangener Zeiten prinzipiell nur im Filter der S. faßbar ist, noch zusätzlich kompliziert wird, will stets reflektiert sein, um den diagnostischen Wert nicht durch ahistorisch-spekulative Klischees zuzudecken.

2. Im MA trifft die mündliche Überlieferung der germanischen Stämme (↗ Germanische Dichtung) mit der im Zuge der Christianisierung adaptierten lat. Schrift- (und Sprach-)Kultur zusammen, über die zunächst nur eine klerikal-monastische Minorität verfügte, ↗ Ahd. Literatur. Der in diesem Kommunikationskontext initiierte, später auf den höfischen und städtischen Raum übergehende Eintritt der Volkssprache in die Welt der S. ermöglicht es, das Zusammenwirken von M. und S. im Spiegel einer Schriftkultur zu verfolgen, die von einer mehrheitlich analphabetischen Bevölkerung getragen wird. Diese Zwiegesichtigkeit verleiht der volkssprachlichen Literatur des MA

ihr eigenes Gepräge: S. bleibt hier insofern stets auf M. bezogen, als Literatur auch dort, wo sie nicht mehr unmittelbar den mündlichen Ausdruck, sondern bereits schriftlich Tradiertes verarbeitet, zum Vortrag vor einem illiteraten Publikum (und nicht zur stillen Lektüre) gedacht ist. Den sinnfälligen Ausdruck dafür bildet der Vers, der – anders als in der den Schriftgelehrten vorbehaltenen lat. Literatur – bis ins Spät-MA hinein die Normalform der volkssprachlichen S. schlechthin darstellt, ↗ Metrik. Über diesen grundsätzlichen Befund hinaus ist quantitativ, aber auch qualitativ die Rolle der M. gattungsspezifisch variabel. Im Kontext von Heldensage und -epik mit ihrem Ursprung in der altheimischen, genuin mündlichen Erzähltradition (↗ Heldendichtung) ist der Anteil der M. größer als beim ↗ Höfischen Roman, der im dt. Sprachgebiet von Anfang an auf schriftliterarische, meist frz. Vorlagen zurückgeht. Das ↗ Lied wiederum aktualisiert im Zusammenspiel von Text und Melodie seinerseits eigene Formen von M. Die gattungsspezifischen Prämissen entheben den Interpreten aber nicht der Aufgabe, das Verhältnis von M. und S. auch jeweils textspezifisch zu orten. Ein Heldenepos wie das *Nibelungenlied* kann im Zuge der Verschriftlichung romanhaft-literarische Merkmale gegenüber dem ursprünglich gattungstypischen Moment der M. profilieren, während geistliche Texte, z.B. Predigten (↗ Predigt), die aus der schriftliterarisch-lat. Tradition hervorgehen, im Hinblick auf ein volkssprachliches Publikum umgekehrt mit mündlichen Diskursformen durchsetzt sein können. Und die Romane um König Artus, dessen Lieblingsbeschäftigung es ist, den „Aventiure"-Geschichten seiner Ritter zuzuhören, verherrlichen im schriftlichen Gewand die mündliche Erzählkultur.

3. Die Erfindung des Buchdrucks (↗ Buch, Buchdruck) markiert Mitte des 15. Jh. einen ersten Höhepunkt in der Geschichte der Alphabetisierung und wirkt zugleich als zukunftsweisender Multiplikator der S. Als Antwort auf das wachsende Lesebedürfnis eines nicht lat. gebildeten Laienpublikums hatte sich die Volkssprache den literarischen Kosmos mehr und mehr erobert und war bis in die Gebiete der Sach- und Fachliteratur eingedrungen. Die Ablösung des Verses durch die Prosa indiziert auch einen Übergang vom Vortrag zur Einzellektüre. Abgesehen vom Spezialfall der Spiel- bzw. Theatersituation vollzieht sich die Rezeption von Literatur immer weniger im auditiven Gemeinschaftserlebnis der M. Das Buch wird zumindest für Kreise aus der Ober- und Mittelschicht als Gebrauchsartikel verfügbar. Wo die (fingierte) M. als stilistischer Kunstgriff der schriftliterarischen Tradition einverleibt ist, bedarf es zur Bewahrung der mündlichen Praxis geradezu des Druckverbots wie im ↗ Meistergesang.

4. Die von aufklärerischem Optimismus (↗ Aufklärung) getragene Emanzipation der modernen Schriftkultur, die im 18./19.Jh. in einer durch die Institution der Leihbibliothek unterstützten Lesewut gipfelte, veranlaßte v.a. seit der ↗ Romantik Märchen- und Liedersammler wie die Brüder Grimm, im Gegenzug das Goldene Paradies einer nostalgisch-verklärten „volkstümlichen" M. zu suchen. Die Entmythisierung der sog. Volkspoesie durch die Einsicht in die Interferenz zwischen M. und S. ließ vielfach bis in die jüngere Vergangenheit hinein auf sich warten. Heute führen Entfremdungserfahrungen durch die Übermacht technisierter S. auf der einen Seite und die durch die elektronischen ↗ Medien möglich gewordene (freilich auch ihrerseits entpersönlichte) Abrufbarkeit der universelleren Codes Bild und Ton auf der anderen Seite zum Modell einer arbeitsteiligen Medienkultur, in der die S. im Begriff ist, ihre Dominanz de facto wieder zu verlieren.

Edith Feistner

Lit.: A. u. J. Assmann/Ch. Hardmeier (Hg.): Schrift und Gedächtnis, 1983. – H. Keller u.a. (Hg.): Pragmatische S. im MA, 1992. – W. Raible (Hg.): Erscheinungsformen kultureller Prozesse. Jahrbuch 1988 des Sonderforschungsbereichs „Übergänge und Spannungsfelder zwischen Mündlichkeit und Schriftlichkeit", 1990. – R. Schenda: Volk ohne Buch, 1970. – H. Wenzel: Hören und Sehen, Schrift und Bild, 1995.

Mystik

1. Der schwer zu fixierende Begriff M., abgeleitet von griech. „mystikos", d.h. „geheimnisvoll", „geheim", wird weithin als unmittelbare und erlebnishafte Erfahrung des Göttlichen oder Transzendenten definiert, die das gewöhnliche Bewußtsein und die verstandesmäßige Erkenntnis übersteigt. Ziel ist die Vereinigung (christl.: „unio mystica") mit dem absoluten Seinsgrund; Mittel sind Askese, Meditation und Kontemplation.

2. M. ist in allen großen Kulturen und Religionen präsent (vgl. Schamanismus; Taoismus; *Upanischaden*; Zen; Sufismus; Kabbala). Spätantike Philosophie und Neuplatonismus postulieren die mystisch-ekstatische Einigung mit dem Urgrund des Seins. Für den christlichen Bereich des MA kann man M. mit Thomas von Aquin und Bona-

ventura als „cognitio dei experimentalis", als „erfahrungshafte Gotteserkenntnis" definieren, muß aber differenzieren: Zum Phänomen gehören nicht nur unmittelbar erlebte (oder gnadenhaft geschenkte) Visionen, Auditionen, sensuelle Empfindungen, sondern ebenso deren notwendig literarische Beschreibung sowie die theoretisch-philosophische Reflexion darüber. So ist von verschiedenen Textsorten auszugehen, die sich grob in praktische (Erlebnis-) und spekulative (theoretisch/philosophische) M. einteilen lassen: autographische (oder pseudoautographische) Erlebnisberichte einerseits (↗ Autobiographie) – theologisch-philosophische Reflexionen (Mystologie) und Lehrschriften über den mystischen Weg oder die Vorbereitung (Mystagogie) andererseits (↗ Lehrliteratur, -dichtung). Die Textsorten lassen sich nicht immer scharf trennen; im ersten Fall kann zudem die Bewertung von Realitätsgehalt und literarischer Inszenierung zu Schwierigkeiten führen.

3. Die abendländisch-christliche M. des MA kann in der ↗ Bibel besonders an Paulus und das Johannes-Evangelium anknüpfen. Bei ihrer Grundlegung spielt der Neuplatonismus (Plotin) eine zentrale Rolle. In der Frühzeit wird sie geprägt u.a. durch Origenes (um 185-254), der das für Meister Eckhart wichtige Modell von der Gottesgeburt in der Seele entwirft, in der Ostkirche weiter durch Johannes Cassianus (Begründer der monastischen Tradition mittelalterliche Spiritualität, als Lehrer der Kontemplation auch „Vater der M."), Maximus Confessor und Gregor von Nyssa (die das Modell des Origenes zur eigentlichen Lehre ausbauten). Die größte Bedeutung für den christlichen Westen gewann Dionysius Areopagita (um 500). Dionysius, der lange als Schüler des Paulus galt, formulierte sowohl die Lehre von der negativen Theologie (Gott als das schlechthin unsagbare mystische Dunkel) als auch von einem möglichen dreifachen Aufstieg der Seele zu Gott („via triplex": Reinigung, Erleuchtung, Vollendung).

4. Im Westen entwickelten besonders Augustinus (354-430; Sieben-Stufen-Schema des Aufstiegs; „visio dei" als wesenhafte Schau; Gebetsfrömmigkeit) und Gregor der Große (um 540-604; Differenzierung von „vita activa" und „vita contemplativa") die mystische Tradition fort. Zentrale Bedeutung im Hoch-MA gewinnt die M. der Zisterzienser, allen voran Bernhard von Clairvaux (*Liber de diligendo Deo*; *Sermones super Cantica canticorum*; zwischen 1135 und 1153), der mit den „wahrhaft epochalen Innovationen" (Ruh) der Christusm. („compassio" und „imitatio passionis") und der Brautm. Schule machte und die Rolle der ekstatischen Liebe hervorhob. Ein weiteres Zentrum wurde das Augustiner Chorherrenstift St. Viktor am Seine-Ufer, in dem Hugo (um 1100-1141) und Richard († 1173) von St. Viktor wirkten. Die franziskanische Form der M. nimmt ihren Ausgang beim Heiligen Franziskus († 1226) selbst (Christusliebe in Armut, Demut und Liebe zu allen Kreaturen); sein Leben deuteten schon die ersten Biographen und die Mitbrüder als exemplarische „vita mystica". Bonaventura (1221-74) schuf mit dem *Itinerarium mentis in Deum* einen der Höhepunkte spekulativen Denkens im christlichen Abendland.

5. Wie schon die Herkunft der genannten Verfasser mystischer Schriften lat. Sprache zeigt, handelt es sich bei der abendländischen christlichen M. um ein gesamteuropäisches Phänomen. Mystisches Schrifttum brach sich dabei vor allem in den Volkssprachen Bahn. Von besonderer Bedeutung für die dt. M. ist (wegen der unscharfen Sprachgrenzen, der vielfältigen Berührungspunkte und Interferenzen) die M. der spätmittelalterlichen Niederlande, zunächst die „religiosae mulieres", die „religiösen Frauen" der Diözese Lüttich (Brabant) und deren „Viten". Der zisterziensischen Nonne Beatrijs van Nazareth (1200-1268; *Seven manieren van minne*) und der Begine Hadewijch (sichere Daten um 1235/44; *Strophische Gedichten*, *Mengeldichten*, *Visioenen*, *Brieven*) kommt gleichermaßen der Ruhm zu, die volkssprachige M. begründet zu haben. Einen zweiten Höhepunkt niederländischer M. markieren die weitverbreiteten Werke Jans van Ruusbroec (wohl 1293-1381), einen dritten die weitausstrahlende Bewegung der „Devotio moderna" (Gert Groote; † 1384).

6. In Deutschland findet sich mystische Literatur in dt. und in lat. Sprache. Am Beginn volkssprachiger M. steht das anonyme *St. Trudperter Hohelied* (wohl um 1150/60), ↗ Frühmhd. Literatur. Die lat. Werke der Elisabeth von Schönau wie ihres Bruders Ekbert zeigen erste Ansätze zu einer Passions- und Liebesm. und bezeugen die in Deutschland einsetzende Rezeption Bernhards von Clairvaux. Hildegard von Bingen (1098-1179) ist der M. zuzurechnen, wenn man Prophetie unter Vision subsumiert. Ihre Schauungen unterscheiden sich jedenfalls deutlich von den Entrückungen und Gesichten der Mystiker. Auch ist sie in der Wirkungsgeschichte nicht in die mystische Tradition eingebunden.

Der Höhepunkt der dt. Frauenm. ist ins späte 13. Jh. zu datieren und auf einen Ort konzentriert: Im sächsischen Zisterzienserinnenkloster Helfta begegnen sich Mechthild von Magdeburg (um 1207-um 1290) und die beiden Visionärinnen Gertrud von Helfta (1256-1301/02) und Mechthild von Hackeborn (1241/42-1299).

Das fließende Licht der Gottheit Mechthilds v. Magdeburg, von hoher poetischer Kraft, wechselt zwischen Visionen, Meditationen, Gebeten, Allegorien und Lehrreden. Die bildhafte Sprache ist von Gefühlen geprägt, ohne Einbindung in die literarische Tradition jedoch nicht denkbar. Gertruds Erfahrungen sind intensiv brautmystisch. Jesusminne und klösterliche Liturgie dominieren ähnlich wie bei Mechthild von Hackeborn (lat. *Liber specialis gratiae*).

Die franziskanische M. findet den ersten und wichtigsten dt.sprachigen Vertreter in David von Augsburg († 1272), der aber ganz in der Tradition der Zisterzienserm. steht: In seinem Hauptwerk *De exterioris et interioris hominis compositione*, einem der wichtigsten geistlichen Lehrbücher des MA, behandelt er in mystagogischer Weise den Aufstieg zu Gott in einem Dreistufenweg. In den *Sieben Staffeln des Gebets* beschreibt er die Gebetsstufen bis dorthin, wo man Gott „von Angesicht zu Angesicht" erblickt.

Den Höhepunkt dt.sprachiger M. bilden die Werke des Dominikaners Meister Eckhart (um 1260-1328; am Ende seines Lebens einem Inquisitionsprozeß ausgesetzt) und nach ihm diejenigen seiner Ordensbrüder Heinrich Seuse (um 1295-1366) und Johannes Tauler (um 1300-1361). Allerdings sollte man Eckhart nicht als selbstentrückten Visionär verstehen, sondern die philosophische Qualität seines Werkes im Auge behalten. Eckhart betont – ganz im Sinne der Dominikanerschule, die den Franziskanern gegenüber den Vorrang der Erkenntnis vor der Liebe behauptete – die wichtige Rolle des Intellekts bei der Gotteserkenntnis. Wesentliche Voraussetzungen sind darüber hinaus innere Armut (nicht haben, nicht wollen, nicht wissen), Gelassenheit und Abgeschiedenheit, die aber nicht im Sinne klösterlichen Lebens oder einer Weltflucht zu verstehen ist. Zentraler Gedanke ist die Einheit mit dem Urgrund (der „Seelenfunke" als Analogon Gottes). Diese Einheit wird möglich im „Durchbruch zur Gottheit", versinnbildlicht in der Lehre von der „Gottesgeburt in der Seele". Eckhart formulierte seine Lehre in weit über hundert dt. Predigten (und einigen dt. Traktaten). Der appellative Charakter seiner Sprache und die Vielfalt der Ausdrucksmittel zeugen von einer Sprachgewalt, die in der volkssprachigen ↗ Predigt des MA lange nach Vergleichbarem suchen läßt. (Dazu kommt eine Vielzahl lat. Schriften.)

Die Höhe der Reflexionen Eckharts wird freilich schon in der unmittelbaren Folge „zurückgeholt". Zwar hat Heinrich Seuse Eckharts Lehren in einer mutigen und philosophisch dichten Schrift (dem *Büchlein der Wahrheit*) noch verteidigt. Aber Seuse ist – anders als Eckhart – auch Erlebnismystiker. Als solcher stilisiert er sein Leben in einer Art Autobiographie in der dritten Person („der Diener") zu einer exemplarischen Illustration des Aufstiegs, wobei grausame Askese in konkret vollzogener Imitatio Christi eine wichtige Rolle spielt. Bei Johannes Tauler treten sowohl das spekulative als auch das erlebnishafte mystische Element weiter zurück. Seine dt. Predigten zielen mehr auf die Praxis religiösen Lebens und auf moralische, freilich auch mystagogische Unterweisung. Sie erfuhren weite Verbreitung. Die dt.sprachige Dominikanerm. ist nicht denkbar ohne den Hintergrund, der sie prägte. Anlaß mystologischer und mystagogischer Werke und Predigten ist vielfach die Frauenseelsorge. Man versucht, auf die unter den Nonnen verbreitete ekstatische Braut- und Passionsm. mäßigend zu wirken. Die süddt. Dominikanerinnen brachten vielfache Zeugnisse ihrer spezifisch mystischen Frömmigkeit hervor: die hauptsächlich an Auditionen, Visionen, Offenbarungen usw. interessierten Klosterchroniken und „Schwesternbücher". Ein Zentrum für die Aufzeichnung von Offenbarungen bildete das Kloster Engeltal bei Nürnberg (Friedrich Sunder, Christine Ebner, Adelheit Langmann). Als extremster Fall leidensfixierter M. gilt Elsbeth von Oye (um 1290-um 1340), die nach „allerblutigster Gleichheit" mit dem Herrn strebte. Die M. des MA klingt aus mit dem Kreis der Gottesfreunde in Südwestdeutschland. Der bekannteste ist Rulman Merswin († 1382), der die Schriften eines geheimnisvollen „Gottesfreundes vom Oberland" fingierte.

Im ausgehenden 14. und im 15. Jh. wurde das mystische Schrifttum darüber hinaus in Klöstern (besonders bei reformierten Dominikanerinnen, bei den Kartäusern, Franziskanern und Benediktinern) rezipiert. Über die Überlieferungsgeschichte ist bisher nur wenig bekannt. Im 15. Jh. debattierte Nikolaus von Kues (1401-1464), unterstützt vor allem von süddt. Benediktinern, mit einem Kartäuser und Universitätsgelehrten über das Wesen der M.

7. Von den literarischen Gattungen spielt die Lyrik (abgesehen u.a. von Werken Hadewijchs und dem nach Form und Inhalt beinahe singulären *Granum sinapis*) für die M. des MA insgesamt gesehen eine weniger zentrale Rolle als in der Neuzeit, in der zudem die Naturm. an Bedeutung gewinnt.

a. Luther lernte die Gedankenwelt der dt. M. in Predigten Taulers, vor allem jedoch in der anonymen *Theologia deutsch* kennen, die er 1516 herausgab. Er wandte sich jedoch bald davon ab, anders als Thomas Müntzer und die sog. „Spiritualisten" (Franck, Weigel), die an der mystischen Tradition festhielten. Auch die Wiedertäufer Hans Denk und Kaspar von Schwenckfeld lassen sich in eine mystische Traditionslinie stellen, ebenso Paracelsus und Jakob Böhme (1575-1624). b. In der Lyrik des ↗ Barock schlug Friedrich von Spee in der *Trutz Nachtigall* (1649) den Bogen zurück zur Bernhardschen Brautm., ließ allerdings Möglichkeiten zur Introversion oft ungenutzt. Wichtiger ist Angelus Silesius (vor seiner Konversion zur kath. Kirche: Johannes Schefler, 1624-1677), der in der Bibliothek eines Freundes die mystische Tradition von Mechthild über Gertrud und Tauler, Seuse, Merswin u.a. kennenlernte; Schefler, besonders beeinflußt durch Hendrik Herp, wurzelte letztlich auch in der spekulativen M. Meister Eckharts und stellte diese besonders in den ersten beiden Büchern seines *Cherubinischen Wandersmann* (1657 bzw. 1675) in der kurzen Form seiner Epigramme konzentriert dar.

c. Zur selben Zeit begann die M. protestantischer Prägung im Pietismus. Philipp Jakob Spener (1635-1705) empfahl die Lektüre Bernhards, Taulers und der *Theologia deutsch*. Gottfried Arnold veröffentlichte 1703 die *Historia und Beschreibung der mystischen Theologie*. In der beginnenden ↗ Romantik standen die „Nachfahren des Pietismus" (Jacobi, Hamann, Matthias Claudius), aber auch Novalis und E.T.A. Hoffmann als Böhme-Rezipienten der christlichen M. nahe, während Clemens Brentano sich mit einer zeitgenössischen Visionärin befaßte.

d. In der Philosophie blieb die Wiederentdeckung der Eckhartschen Predigten nicht ohne Wirkung auf den dt. Idealismus (Baader, Hegel, Schelling). Mystische Reflexe finden sich auch bei Schopenhauer (vermittelt über die altindischen *Upanischaden*) und Nietzsche. Heidegger befaßte sich schon in seiner Habilitationsschrift von 1916 mit Meister Eckhart, und von den bedeutenden Philosophen der Gegenwart ist es vor allem Jacques Derrida (*Sauf le nom*, 1993; *Dénégations. Comment ne pas parler*, 1987), der sich mit der Theologia negativa des Dionysius und Eckharts auseinandersetzt.

Auch in der Literatur (u.a. Rilke, Lasker-Schüler, Musil, Bachmann) bleibt die mystische Tradition in anderer Weise präsent als in der gegenwärtigen Esoterik-Welle, die sich vorgeblich in diese Tradition stellt, dabei aber das Anliegen der M. oft genug gründlich mißversteht.

Freimut Löser

Lit.: P. Dinzelbacher: Christliche M. im Abendland, 1994. – A.M. Haas: Sermo mysticus, 1979. – B. McGinn: Die M. im Abendland, Bd. 1, 1994. – K. Ruh: Geschichte der abendländischen M. 3 Bde., 1990-1996. – K. Ruh (Hg.): Abendländische M. im MA, 1986.

Mythos

1. In allen Kulturen wird von Göttern, Helden, hervorragenden Familien und wichtigen Ereignissen aus ferner Vorzeit erzählt. Diese elementaren Formen des Erzählens nennen wir Mythen. In Europa bilden die Epen Homers und das Lehrgedicht des Hesiod über die *Entstehung der Götter* die ältesten Beispiele. Doch seit dem 6. vorchristlichen Jh. beginnen sich die Philosophen vom M. zu distanzieren: Er bietet erfundene, unwahre, lächerliche Geschichten, die allenfalls unterhaltend zu hören sind, aber keinen Anspruch auf Wahrheit erheben dürfen. Für diese ist fortan der „logos" zuständig (die Antithese findet sich zum ersten Mal bei dem Hymnendichter Pindar im 4. Jh.). Doch Dichtung und Philosophie werden den M. damit nicht einfach los. Er kehrt immer wieder und macht erneute Arbeit nötig (Blumenberg). Platon dachte an eine Art „Mythen-Politik" (Détienne): Die Erzählungen der Ammen und der Greise sollten, wenn sie schon nicht Wahrheit berichten, wenigstens dem Staat nützlich sein. In einige seiner Schriften hat Platon selber Mythen eingebaut, so in den *Gorgias, Phaidon, Phaidros* und in den *Staat*. Auch die attische ↗ Tragödie führt den Bürgern der Polis ein mythisches Geschehen vor Augen. Vor allem aber wird der M. rational gedeutet: Er enthält demnach, in poetischer, bildhafter, vielleicht lügnerischer Gestalt, sehr wohl Wahres, dessen eine kompetente Interpretation habhaft zu werden vermag. Euhemeros von Messene (um 300 v. Chr.) behauptete, die Götter des M. seien in Wirklichkeit Menschen gewesen, allerdings besonders starke und mächtige. Die Reduktion von Mythen auf historische Ereignisse heißt seither „Euhemerismus". Sie findet sich noch bei einem hochmittelalterlichen Geschichtsschreiber wie Saxo Grammaticus (um 1200) oder dem Isländer Snorri Sturluson (ermordet 1254), die skandinavische Göttersagen als die Geschichte der ältesten Könige im germanischen Norden wiedergeben. Häufiger noch begegnet im Altertum die Allegorese: Hier sollen die Götter Naturphänomene bedeuten oder moralische und metaphysische Begriffe. Der Neoplatonismus schließlich rechtfertigt den M. als eine für menschliche Ekenntnis notwendige Form der Darstellung von Wahrheit. Er allein vermöge es, das zeitlose, eine Sein in Raum und Zeit auseinanderzulegen und damit der Menschenseele zugänglich machen. Noch die romantische Mythentheorie von Friedrich Creuzer (s.u.) wird postulieren, daß der M. „das Göttliche einer höchsten Idee zur unmittelbaren Anschauung" bringe. – Die christlichen Schriftsteller seit der Spätantike greifen auf diese Argumente zurück; in der Karolingerzeit werden germanische Gottheiten einer Art „interpretatio

christiana" unterzogen. Als Bildungsgut der Gelehrten bleiben die klassischen Mythen im ganzen MA lebendig. Fulgentius hatte schon am Beginn des 6. Jh. in der *Aeneis* des Vergil einen verborgenen christlichen Sinn entdeckt; darauf greift im 12. Jh. u.a. Bernhard Silvestris zurück. Moralisierende Auslegungen des Ovid (↗ Antikerezeption) finden sogar den Weg in die Volkssprache (*Ovide moralisé*). – Diese Tradition wird auch in ↗ Humanismus und ↗ Renaissance nicht unterbrochen. Giambattista Vico (1668-1744), dessen *Principj di scienza nuova* oft als Beginn eines neuzeitlichen Geschichtsdenkens angesehen werden, sieht den M. als Denkform, die einer Art „poetischer Logik" gehorche: Wenn nicht mehr das Denken von Kindern, Lügnern und Dichtern überhaupt, so bezeugt er uns doch die Intellektualität aus der Kinderzeit der Menschengattung.

2. Eine neue Aktualität erhält der M. seit dem 18. Jh., in der klassischen Philologie Chr.G. Heynes und Fr.A. Wolfs, aber auch bei Herder, Wieland und Karl Philipp Moritz. Immer geht es darum, in den Gebilden einer mythenschaffenden Phantasie, seien es Dichtungen und alte Sagen oder Werke der bildenden Kunst, das Prinzip einer Einheit zu erkennen, das überzeitliche Wahrheit verheißt. Noch spekulativer sind dann die Philosopheme der ersten romantischen Generation. Friedrich Schlegel, Novalis, Schelling weisen dem M. einen prominenten Platz in ihren Systemen an; im sog. *Ältesten Systemprogramm des deutschen Idealismus* von 1796/97, das aus dem Kreis Hegels, Hölderlins und Schellings stammt, wird sogar das Projekt einer „Mythologie der Vernunft" ins Auge gefaßt. Damit wäre der alte Widerstreit von „mythos" und „logos" versöhnt. Um welchen Preis? – Auch die um 1800 entstehenden neuen Humanwissenschaften kommen ohne den M.begriff nicht aus. J.A. Kanne (1808) und Friedrich Creuzer (1819ff.) entwerfen nicht nur Systeme, sondern versuchen diese mit dem Material aus Orient und Okzident zu füllen, das die Altertumskunde bereitgestellt hat. Der Germanist F.J. Mone fügt den vier Bänden von Creuzers *Symbolik und Mythologie der alten Völker, besonders der Griechen* zwei Bände zur *Geschichte des Heidentums im nördlichen Europa* an (1822/3). Jacob Grimm deutet das Heldenepos (↗ Heldendichtung) als Artikulation historischer Ereignisse mit Hilfe uralter religiöser Schemata – der Mythen eben. Das erklärt Motiv-Parallelen in weit auseinanderliegenden Überlieferungen (z.B. Wilhelm Tell und der Schütze Egil bzw. Toko in Skandinavien). In seiner *Deutschen Mythologie* (1835) sammelt Grimm die weitverstreuten Zeugnisse germanischer Religion, die nur noch als ein „Urzusammenhang" erhalten sind. Die folgenden Generationen werden den M. aus der Lektüre der Heldenepen, der Literatur überhaupt, so weit wie möglich verbannen. Läßt seine Faszination nach? In der Philologie gewiß, aber nicht in der Kunst. Dafür zeugen Richard Wagners Musikdramen, die sowohl die griechische Tragödie als auch den germanischen M. erneuern sollen.

3. Gegen Ende des 19. Jh. nimmt das Wissen um die Mythen fremder Völker rapide zu. Es entstehen neue Theorien über „prälogisches Denken" (Lévy-Bruhl), über die spezifischen, unersetzbaren Leistungen des mythischen Denkens (Cassirer), schließlich eine neoromantische Religionswissenschaft, die in den Mythen archaische Erfahrungen des Sakralen diagnostiziert (M. Eliade, K. Kerenyi). Eine profane Mythenhermeneutik ergibt sich aus der Psychoanalyse Sigmund Freuds, welcher elementare Strukturen der seelischen Entwicklung auch moderner Menschen mithilfe der mythischen Tradition erläutert („Ödipuskomplex", „Narzißmus"). Claude Lévi-Strauss (* 1908) erschließt die nicht schriftlich tradierten Erzählungen der Indianer Süd- und Nordamerikas als unendlich reiches System eines Wissens um die ersten und die letzten Dinge (*Mythologiques*, 1964-1971). Georges Dumézil (1898-1986) entschlüsselt in den Epen der indoeuropäischen Völker die Imagination eines Sozialsystems, das die Kultur in die Funktionen von „Souveränität", „Krieg" und „Fruchtbarkeit" gliedert. Roland Barthes (1913-1980) entziffert die Bilder und Erzählungen der modernen Warenwelt als *Mythen des Alltags* (frz. *Mythologies*, 1957). Der M. ist auch die zentrale Kategorie in einer geschichtsphilosophischen Diagnose der Katastrophen des 20. Jh., der *Dialektik der Aufklärung* von Max Horkheimer und Theodor W. Adorno (1947): Wer sich aus dem Bann mythischer Gewalten löst, verfällt selber dem Terror der Rationalität, dem M. der Aufklärung gewissermaßen. Vielleicht ist aber das Erzählen auch immer ein Stück Distanzierung von stummer Gewalt.

4. Der M. wird noch gebraucht. Die Literatur gerade des 20. Jh. hat immer dann, wenn sie sich von den Imperativen einer ↗ Ästhetik des ↗ Realismus zu emanzipieren trachtete, auf mythische Sujets, Vorstellungsmuster und Bedeutungspotentiale zurückgegriffen. „Machen wir mythologische Opern, es ist die wahrste aller Formen" (Hofmannsthal zu Richard Strauss, 1928); James Joyce schreibt das Odysseus-Epos neu (*Ulysses*, 1922), Adolf Muschg den mhd. Parzivalroman (*Der rote* Ritter, 1993); Heiner Müller plündert für seine schwarzen Theaterspektakel den Fundus mythischer Stoffe. Dabei wird das archaische, irrationale Potential direkt aktiviert oder aber „ins Humane umfunktioniert": das ist das Pro-

gramm Thomas Manns, wenn er die Geschichten von *Joseph und seinen Brüdern* (1933-1943) oder die Legende vom Papst Gregorius (*Der Erwählte*, 1951) neu erzählt. Damit verbindet sich eine politische Perspektive. Es gilt, dem M. die urzeitliche Gewalt über das Denken, Fühlen und Handeln der Menschen zu entziehen; aus dem Terror von Lüge und Unvernunft soll die humane Chance des ernsten und heiteren Spiels werden.

Ulrich Wyss

Lit.: M., Mythologie. In: Hist. Wörterbuch der Philosophie, Bd.6, 1986. – H. Blumenberg: Arbeit am M., 1979. – M. Détienne: L'invention de la mythologie, 1981. – M. Fuhrmann (Hg.): Terror und Spiel. Probleme der Mythenrezeption, 1971.

N

Naturalismus

1. In der Kunstwissenschaft versteht man unter N. eine Stilrichtung, die, an der Erfahrungswirklichkeit ausgerichtet, ihre Gegenstände möglichst naturgetreu darstellen will. In dieser Bedeutung wird der Begriff auch auf literarische Werke unterschiedlicher Zeiten angewandt. Enger gefaßt, bezeichnet die ↗ Literaturwissenschaft damit eine ↗ Epoche im letzten Drittel des 19. Jh., die in Frankreich ihren Ausgangspunkt hatte. Im dt.-sprachigen Bereich erschienen die wichtigsten dem N. zugeordneten Werke in den 80er und 90er Jahren, v.a. in dem Jahrzehnt zwischen 1885 und 1895. Setzt man 1885 als Beginn, läßt sich auf die von Michael Georg Conrad herausgegebene naturalistische Zeitschrift *Die Gesellschaft* verweisen, deren erster Jahrgang 1885 erschien. Im gleichen Jahr gab Wilhelm Arent die von Hermann Conradi und Karl Henckell eingeleitete Lyrikanthologie *Moderne Dichter-Charaktere* heraus, die als erste dichterische Publikation der Naturalisten gilt. Gemessen an der Zahl einschlägiger Werke, erlebte der N. Ende der 80er/Anfang der 90er Jahre seinen Höhepunkt: Am 20.10.1889 wurde Gerhart Hauptmanns *Vor Sonnenaufgang* von der privat organisierten Bühnenvereinigung „Freie Bühne" uraufgeführt, im gleichen Jahr erschien die Prosasammlung *Papa Hamlet* von Arno Holz und Johannes Schlaf, am 7.4.1890 präsentierte die „Freie Bühne" *Die Familie Selicke* von Holz und Schlaf, 1892 wurde Hauptmanns Schauspiel *Die Weber* veröffentlicht (UA 1893), das bekannteste Werk des dt. N. Daß es sich trotz der Häufung naturalistischer Texte um eine literaturwissenschaftliche Epochenkonstruktion handelt, geht schon aus der Tatsache hervor, daß im gleichen Zeitraum auch gänzlich unnaturalistische Dichtungen von Stefan George, Hugo von Hofmannsthal und Arthur Schnitzler erschienen. Das naturalistische Jahrzehnt umfaßt außerdem Hauptwerke des Poetischen ↗ Realismus wie z.B. Wilhelm Raabes *Stopfkuchen* (1891) und Theodor Fontanes *Effi Briest* (1895). Im Blick auf die Vielfalt der literarischen Produktion ist der N. das Ergebnis der Dominantsetzung eines literarischen Konzeptes der 80er und 90er Jahre, das zwar nicht die gesamte Literatur des Zeitraumes abzudecken vermag, das sich aber im literaturwissenschaftlichen Diskurs durchgesetzt hat. Eine genauere Abgrenzung vom Realismus steht in der Forschung noch aus. Vielfach wurden beide Begriffe synonym verwandt, so in der als naturalistisch geltenden Zeitschrift *Die Gesellschaft*.

2. Drei speziellere Bestimmungen des N. finden sich in der Fachliteratur. Einmal – das ist die verbreitetste Auffassung – wird der N. als Steigerung des Poetischen Realismus verstanden: Das schon für den Realismus kennzeichnende Streben nach Wirklichkeitswiedergabe sei zu der Forderung radikalisiert worden, die gesellschaftlich-soziale Realität ohne beschönigende Poetisierung widerzuspiegeln. Eine zweite Richtung geht von einem erweiterten Wirklichkeitsbegriff der Naturalisten aus, der die Natur in ihrer Gesamtheit umfasse. Schließlich wird der N. auch als Ausgangspunkt der ↗ Moderne gesehen. Alle drei Auffassungen berufen sich auf die zur zentralen Programmschrift des N. erhobene Abhandlung von Arno Holz *Die Kunst. Ihr Wesen und ihre Gesetze* (1891, Neue Folge 1893), ↗ Mimesis. In ihr findet sich die bekannte Formel „Kunst = Natur – x" und die erläuternde Ausführung: „Die Kunst hat die Tendenz, wieder die Natur zu sein. Sie wird sie nach Maßgabe ihrer jedweiligen Reproduktionsbedingungen und deren Handhabung." Im Verlauf der Rezeptionsgeschichte dieses sog. Kunstgesetzes haben sich die drei genannten Auffassungen vom N. herauskristallisiert. Die eine Deutung des Kunstgesetzes sieht darin eine Aufforderung zur exakten Reproduktion der Alltagsrealität; der Faktor „x", die Reproduktionsmittel – in der Dichtung z.B. Sprache und Erzählverfahren – sowie ihre Handhabung durch das künstlerische Subjekt, soll so unauffällig wie möglich sein, damit im Idealfall Realitätsobjekt und Kunstprodukt zusammenfallen. So verstanden basiert der N. auf einer extremen Widerspiegelungstheorie. Die zweite Deutung des Kunstgesetzes betont, daß Holz nicht von Realität, sondern von Natur spricht. Die nähere Bestimmung der Natur hebt entweder stärker den Einfluß der positivistischen Philosophie hervor, d.h., daß Natur mit den den Erscheinungen zugrunde liegenden Naturgesetzen gleichgesetzt wird, oder sie rückt die Abhängigkeit von Charles Darwin und Ernst Haeckel in den Vordergrund. In diesem Fall werden evolutionstheoretische und naturmonistische Vorstellungen, wie sie sich z.B. in der *Phantasus*-Dichtung von Holz (ab 1898) und in der Prosalyrik von Schlaf (*Frühling*, 1896) niedergeschlagen haben, akzentuiert. Die dritte Deutung des Kunstgesetzes versteht Holz als Vorläufer der Moderne. Sie beruft sich dabei auf

seine Bemerkung, daß eine Reform der Kunst über die Reproduktionsmittel zu erfolgen habe: in der Dichtung über die Sprache, die nicht mehr nur als Medium, sondern als zentraler Gegenstand gilt.

3. Die folgenden Ausführungen halten sich an dasjenige N.-Verständnis, das, von Spezialstudien abgesehen, den literaturwissenschaftlichen Diskurs bestimmt: N. als möglichst genaue Wiedergabe von Erfahrungswirklichkeit ohne subjektive Perspektivierung und sprachkünstlerische Stilisierung. Daraus ergeben sich Konsequenzen für die Gattungswahl sowie die erzählerischen, dramatischen und sprachlichen Mittel. Die ↗ Lyrik bleibt im N. eher ein Randphänomen. Was die epische Gattung betrifft, so ließen sich zahlreiche ↗ Romane anführen – z.B. Michael Georg Conrads *Was die Isar rauscht* (1888), Conrad Albertis Romanzyklus *Der Kampf ums Dasein* (1888-1895) oder Max Kretzers *Meister Timpe* (1888) –, die thematisch, motivisch und in der Wahl des sozialen Milieus Vorstellungen vom N. entsprechen, in den erzählerischen und sprachlichen Mitteln aber kaum vom Poetischen Realismus zu unterscheiden sind. Das Problem eines naturalistischen Romans liegt in der Forderung nach genauer und unmittelbarer Wiedergabe der Wirklichkeit, was mit traditionellen erzählerischen Verfahren nicht erreichbar ist. Aus diesem Dilemma läßt sich die Vorliebe der Naturalisten für das Genre der Prosaskizze erklären, das dem naturalistischen Programm besser entspricht als der Roman, weil auf übergreifende Kompositionselemente verzichtet werden kann und die Begrenzung auf einen kleinen Realitätsausschnitt Detailgenauigkeit gewährleistet. Holz und Schlaf sparen häufig sogar die Inquit-Formeln aus, um eine größere Unmittelbarkeit zu erzielen. Als konsequenteste naturalistische Prosaskizzen seien *Papa Hamlet* (1889), *Ein Tod* (1889) und *Die Papierne Passion* (1892) genannt. Das ↗ Drama erscheint als adäquateste Gattung des N., da sein entscheidendes Gattungsmerkmal, wenigstens vor Brecht und der ↗ Avantgarde, dialogisch vermittelte Unmittelbarkeit ist. Eine dem konsequenten N. immanente Tendenz zur Dramenform deutet sich in der *Papiernen Passion* an, wo die episch berichtenden Partien zwischen den Gesprächen der Figuren durch andere Drucktypen abgegrenzt sind und so an Szenenanmerkungen im Drama erinnern.

4. Der Programmatik des N. entspricht am ehesten *Die Familie Selicke* von Holz und Schlaf. Von ausschlaggebender Bedeutung ist die Reduktion der Handlung. Gezeigt wird ein bestimmter Milieuausschnitt, das ärmlich ausgestattete Zimmer einer kleinbürgerlichen, proletarisierten Familie. Das Drama soll, wie es Holz einmal ausdrückt, einen Blick „in ein Stück Leben wie durch ein Fenster" eröffnen. Für die Darstellung eines solchen Zustandsbildes war die traditionelle Dramenform mit ihrer dialogisch vermittelten, zielgerichteten Handlung nicht mehr geeignet. Das Geschehen bleibt statisch, es entsteht eine bedrückende Atmosphäre, in der es zwar Bewegungen, aber keine Veränderungen gibt. Denken, Fühlen, Verhalten und die Sprache der Figuren sind durch das gewählte Milieu geprägt. Diese Bewußtseinsdetermination findet in der Form des Zustandsdramas ihren passenden Ausdruck, die Handlungslosigkeit unterstreicht die Ausweglosigkeit der Situation. Das Statische zeigt sich v.a. im Dialog, man hat von einer Monologisierung des Dialogs gesprochen: Im naturalistischen Drama gibt es zwar keine Monologe, da diese als unnatürlich abgelehnt werden, aber die Dialogpartien der einzelnen Sprecher wirken durch das Fehlen zielgerichteter Replikenverhakung monologartig. Die Sprache der Figuren erscheint restringiert. Angestrebt wird eine natürliche Sprechsprache mit dialektalen und umgangssprachlichen Wendungen bis hin zu fehlerhafter Syntax und Satzabbrüchen. Das mühsame und stammelnde Sprechen kann als Ausdruck einer Sprachnot in dem von den Naturalisten bevorzugt gewählten Unterschichtenmilieu gedeutet werden. Gestik und Mimik begleiten und ersetzen häufig die Worte. Als technische Hilfsmittel sprechsprachlicher Wiedergabe dienen Gedankenstriche, Auslassungspunkte, gehäufte Ausrufungszeichen sowie Doppel- und Mehrfachschreibung von Buchstaben, um die Intonationen zu kennzeichnen. Richard Dehmel nannte dieses Verfahren „Interpunktions-Naturalismus". Aufgrund der genauen Wiedergabe eines sozialen Milieus und der differenzierten Beschreibung von Gestik und Mimik nahmen im naturalistischen Drama die Szenenanmerkungen zu. Als gegenbildlicher Vergleich kann das klassische Drama Goethes dienen, in dem es kaum szenische Anmerkungen gibt, da alles noch durch die Sprache der Figuren ausdrückbar ist und die Handlung nicht in einem sozialen Milieu, sondern in einem idealen Raum stattfindet.

5. Die innovatorische und zukunftsweisende Leistung der Naturalisten liegt auf dem Gebiet der Sprache und der dialogischen Gestaltung. Die neuen Inhalte wie die Bevorzugung der Unterschichten sowie zerrüttete Familienverhältnisse, Not und Krankheit als wiederkehrende Motive führten dagegen zu einer sozialen Verengung, die zu Lasten der Bühnenwirksamkeit ging und dazu führte, daß die meisten Stücke schon bald nicht mehr auf dem Spielplan der Theater erschienen. Nicht unterschätzt werden darf aber die Erweiterung der sprachlichen und dialogischen Möglich-

keiten dichterischer Wirklichkeitserfassung, die in bewußter Abgrenzung von der klassizistischen Kunstsprache der Zeit entstand. Wilhelm Bölsche wies darauf hin, daß der naturalistische Dialog ein „ewiger Ansporn" für „die ganze künftige Dialogtechnik" sein müsse. Auch zeitgenössische Autoren wie Fontane und Hofmannsthal, die außerhalb des N. standen, erkannten das Neuartige der zur Wirklichkeitswiedergabe entwickelten Kunstmittel. Hofmannsthal nannte *Die Familie Selicke* das „plastischste kleinmalende Theaterstück [...] das wir haben". In ihrem Bemühen, die Alltagsrealität detailgetreu nachzuzeichnen, gelangten die Naturalisten zu einer Nuancierung des Beschreibungsvokabulars und zu subtilen dialogischen Techniken. Mit dem Interesse am Detail wurde der N. zu einer Schule der Beobachtung, die in den Impressionismus überleitete, und mit seinen sprachlichen und dialogischen Mitteln zu einer Schule der Natürlichkeit, die den epigonalen Klassizismus der wilhelminischen Zeit zu überwinden half.

6. Kunsttheorie und dichterische Praxis des N. lassen sich in einen Entsprechungszusammenhang mit bestimmten philosophischen Richtungen, naturwissenschaftlichen Erkenntnissen und sozialen Zuständen ihrer Zeit bringen. Einmal ist eine Nähe zum Positivismus festzustellen. Dieser geht davon aus, daß die Erfahrungswirklichkeit Grundlage jeglicher Erkenntnis sei, und fordert in Umsetzung seiner erkenntnistheoretischen Voraussetzung die Analyse eines begrenzten Wirklichkeitsausschnittes auf die in ihm wirksamen Naturgesetze hin. Als Vertreter der positivistischen Philosophie sind v.a. Auguste Comte und Hippolyte Taine zu nennen. Taine kommt in seinen geschichts- und kunstphilosophischen Schriften zu dem Ergebnis, daß menschliches Denken und Verhalten wesentlich geprägt seien durch biologische Erbanlagen, soziokulturelles Milieu und die historische Zeitsituation (race, milieu, moment). Ein weiterer wichtiger Einflußfaktor sind die Naturwissenschaften, und zwar nicht die exakten Naturwissenschaften, sondern eine popularisierte Biologie. Der Mensch wird im Gefolge von Charles Darwin und Ernst Haeckel als Teil eines übergreifenden Evolutionszusammenhangs gesehen, quasi eingebunden in die Naturentwicklung. Aus der Darwinschen Deszendenztheorie und ihrer monistischen Erweiterung greifen die Naturalisten hauptsächlich die Vererbungslehre auf. Zolas Romanzyklus *Les Rougon-Macquart* (1871-1893) stellt das wohl spektakulärste Beispiel eines Figurenentwurfs auf der Grundlage von Milieu- und Vererbungsfaktoren dar. In Gerhart Hauptmanns Drama *Vor Sonnenaufgang* verläßt der Protagonist seine Geliebte aus Angst vor geschädigtem Erbgut. Dichtungstheoretisch fanden diese Vorstellungen ihren Niederschlag in Wilhelm Bölsches Abhandlung *Die naturwissenschaftlichen Grundlagen der Poesie* (1887), die neben *Die Kunst. Ihr Wesen und ihre Gesetze* von Arno Holz als einflußreichste Programmschrift des N. gelten kann. Die darin vorgenommene naturmonistische und naturevolutionistische Grundlegung der Dichtung bietet eine Erklärungshilfe für die Werke von Autoren wie Bruno Wille oder Heinrich und Julius Hart, die die soziale Thematik einem monistischen Naturkonzept unterordneten. Ein dritter Bezugspunkt naturalistischer Dichtung neben der positivistischen Philosophie und der darwinhaeckelschen Naturwissenschaft ist der zeitgenössische Sozialismus. Viele Schriftsteller des N. sympathisierten mit sozialistischen Ideen, ohne daß sie sich mit entsprechenden Theoretikern auseinandersetzten oder sich politisch engagierten. Man kann allenfalls von einer emotionalen Zuwendung zu den Unterdrückten als Begleiterscheinung der Kritik an der wilhelminischen Bourgeoisie sprechen. Damit lassen sich die Bevorzugung von Figuren aus dem Vierten Stand und die häufig auftauchenden Motive sozialer Not und Ausbeutung in Verbindung bringen. Gerhart Hauptmanns *Weber* sind in diesem Zusammenhang das herausragendste Beispiel. Eine Perspektive der Überwindung des dargestellten sozialen Elends enthalten die naturalistischen Werke nicht. Gemäß der Forderung darzustellen, was ist, und nicht, was sein soll, zeigen die Naturalisten lediglich Mißstände auf, Folgerungen aus den oft drastischen Elendsschilderungen zu ziehen, überlassen sie den Rezipienten.

7. Der N. blieb nur eine kurze literarische Epoche. Wenn er auch von vielen Schriftstellern begrüßt wurde, so gingen sie doch schon bald andere Wege. Bereits auf dem Höhepunkt des N. veröffentlichte Hermann Bahr, der selbst vorübergehend zum naturalistischen Lager gehörte, einen Essay *Die Überwindung des N.* (1891), in dem er den N. als heilsamen „Zwischenakt" zwischen traditioneller Kunst und Moderne interpretierte.

Dieter Kafitz

Lit.: M. Brauneck/Ch. Müller (Hg.): N. Manifeste und Dokumente zur dt. Literatur 1880-1900, 1987. – G. Mahal: N., 1975. – H. Möbius: Der Positivismus in der Literatur des N., 1980. – H. Scheuer (Hg.): N., 1974.

Neue Sachlichkeit

1. NeuS. bezeichnet eine komplexe gesamtkulturelle Bewegung in der Weimarer Republik, die

sich auf die Akzeptanz und Entwicklung massendemokratischer und konsumkultureller Tendenzen bezieht.

2. Literarische NeuS. wird meist mit Gegenstands- und Aktualitätsorientierung, Dominanz dokumentaristisch-veristischer, medial neuer Formen gleichgesetzt (↗ Reportage, Dokumentation, Montage, Zeitroman, Zeitstück, ↗ Autobiographie, Reisebericht, Gebrauchslyrik, Dokumentarfilm, ↗ Hörspiel, Fotobuch u.ä.). Das intendierte Funktionsspektrum der Wirklichkeitsrepräsentation reicht dabei von Affirmation des Bestehenden (resignativ oder heroisch) bis Kritik und Krisenverschärfung (evolutionär oder revolutionär). Bevorzugte Themenbereiche sind Krieg und Technik (↗ Medien, Verkehr und Energie), Alltag und Lebensverhältnisse (Jugend, Sexualität, Wohnen, Sport, Angestellte). Zeitlich wird die literarische NeuS. gelegentlich auf die Jahre 1923-1929 begrenzt, häufiger bis 1932 ausgedehnt, manchmal sogar mit der Literatur der Weimarer Republik gleichgesetzt – gewöhnlich definiert in Abgrenzung zum vorhergehenden Spätexpressionismus und dem folgenden Magischen Realismus wie parallelen völkischen Tendenzen.

3. Der Begriff NeuS. ist in der Forschung umstritten. Die Geschichte seiner Diskussion spiegelt Fachgeschichte wider: Die Auseinandersetzung mit der NeuS. begann im Zusammenhang der Politisierung Ende der 1960er Jahre, die zu unterschiedlichen Bestimmungen führte. Initial dafür waren Arbeiten von H. Denkler (1967), die erstmals ein breiteres literarisch-programmatisches Textspektrum der Zeit analysierten. In ihnen ist ein Widerspruch von ästhetischen und politischen Kriterien markiert, der die Diskussion prägte: einerseits die Betonung von Veränderungsintentionen als Gemeinsamkeit jenseits politischer Optionen (Linke: F. Wolf, L. Renn; Mitte: A. Döblin, A. Zweig; Rechte: A. Bronnen, E. Jünger), andererseits politische Festlegung der NeuS. auf „Konsolidierung einer freiheitlichen, demokratischen, zeitgerechten und wirklichkeitsnahen Mitte". Radikalen Einspruch dagegen erhob H. Lethen ([2]1975). Er bestimmte die NeuS. als Einverständnis mit kapitalistischen Tendenzen zur „Unkenntlichmachung von Klassengesellschaft" und Verwandlung in den Faschismus. Gegen Lethen, dessen Buch durch seine einzelnen Analysen nach wie vor wichtig ist, wollte K. Prümm (1972) den Begriff nur für linksliberale und linke Autoren gelten lassen, während J. Hermand (1978) den Vorwurf der kapitalistischen Affirmation erneuerte, der auch die Literaturgeschichtsschreibung der DDR (↗ DDR-Literatur) bestimmte, wobei hier allerdings zunehmend kritische Funktionen eingeräumt wurden. Gegen diese Positionen hat K. Petersen (1982) geltend gemacht, daß NeuS. zwar „die literarische Hauptströmung" der 1920er Jahre gewesen sei, aber auf den bisher eingeschlagenen Wegen eine Epochenbezeichnung sich nicht gewinnen lasse. Weder sei NeuS. eine Künstlerbewegung gewesen, noch lasse sie sich auf politische Richtungen festlegen. Seither haben zahlreiche Monographien zur Literatur der Weimarer Republik den Begriff meist unproblematisiert gelassen. Seit H. Lethen (in H.A. Glaser [Hg.]: Deutsche Literatur, Bd. 9, 1983) das politische Bewertungsschema zugunsten eines komplexeren, nämlich mit Blick auf den Habitus des Einverständnisses mit dem Modernisierungsprozeß fallengelassen hat, dominiert dieser habitualistische Ansatz, der die Gemeinsamkeiten betont. Lethen hat ihn in *Verhaltenslehren der Kälte* (1994) als Darstellung von Strategien des Krisenmanagements präzisiert und zugleich zeitlich bis in die 50er Jahre ausgedehnt. Noch radikaler löst M. Lindner (1994) die NeuS. in eine Großepoche der „Lebensideologie" 1890-1955 auf, in der sie nurmehr eine spezifische Variante darstellt. Trotz der ästhetisch-politischen Definitionswidersprüche und Auflösungsversuche in einer bestimmten Großepoche scheint es sinnvoll, am Begriff NeuS. für literarische Tendenzen innerhalb einer allgemeinen Kulturbewegung („Lebensgefühl") im Zeitraum der 20er Jahre festzuhalten, wenn man zugleich notiert, daß der Begriff „Sachlichkeit" schon vorher bestand und sich dann im Verlauf der 30er Jahre in ganz unterschiedliche Richtungen modifiziert hat.

4. Die literarische NeuS. ist zwar im Kontext anderer Künste zu sehen, der Musik (etwa Jazz und Zeitoper, M. Brand: *Maschinist Hopkins*, 1927, E. Krenek: *Jonny spielt auf*, 1927, B. Brecht u. K. Weill: *Die Dreigroschenoper*, 1928), der bildenden Kunst (etwa O. Dix, G. Grosz, J. Heartfield, Ch. Schad, R. Schlichter, G. Schrimpf), der Architektur und dem Design (das „Bauhaus"), dem Film (vgl. „Querschnittfilm", W. Ruttmann: *Berlin – Sinfonie der Großstadt*, 1927), aber sie ist mit diesen zusammen in das entschieden weitere Feld alltagskultureller Erscheinungen zu stellen, die zeitgenössisch mit den Schlagworten Amerikanisierung, Kollektivismus, Rationalisierung und Technokratie, Sport und „Neue Frau", Asphalt-, Angestellten- oder Amüsierkultur belegt werden. Schon die Herkunft des Begriffs macht das deutlich. Zwar kann man davon ausgehen, daß der Terminus von G.F. Hartlaub 1923 für die von ihm arrangierte Ausstellung zeigenössischer Malerei in Mannheim 1925 geprägt wurde, aber die Literatur der NeuS. formuliert sich nicht in Anlehnung an die Malerei. Abgesehen davon, daß der Begriff Sachlichkeit sich bis zur

Jahrhundertwende zurückverfolgen, ein Höhepunkt seiner Verwendung sich 1910/20 nachweisen läßt, entstammt er zeitgenössisch politischem Gebrauch. Für die Literatur läßt sich zudem das um „Sachlichkeit" entfaltete terminologische Feld bis etwa 1920 zurückverfolgen, als: Nüchternheit, Objektivität, Einfachheit, Klarheit, Echtheit, Schmucklosigkeit, Nichtpathos, Unsentimentalität, Knappheit, Präzision, Härte, Kühle, Kälte u.ä. Damit setzt sich die NeuS. vor allem von zwei Antipoden ab: von der Elterngeneration, die als wirtschaftssaturiertes Bildungsbürgertum, als phrasenhaft-tatenlose Versager im und durch den Krieg verurteilt wird, aber auch von den vorauslaufend-konkurrierenden Bewegungen sowohl des expressionistischen Pathos, des Mystizismus und des Utopismus als auch der neuromantischen, individualpsychologisierenden Innerlichkeit. Das erlaubt es, sie als genuin moderne Jugendbewegung zu bestimmen, die durch lifestyle-Konzepte, Habitus-Wahl und peergroup-Verhalten beschreibbar ist. Die fundamentale Kränkung des humanistischen Menschenbilds und traditionaler Bildungsideale durch die technisierte Massenvernichtung im Krieg, das soziale und politische Chaos von Putsch und Bürgerkrieg, die wirtschaftliche Erschütterung und soziale Umschichtung durch die Inflation werden im Habitus des Einverständnisses mit den gesellschaftlich-technischen Modernisierungsphänomenen beantwortet. Man ergibt sich der Faszination oder setzt auf die Provokationskraft des kulturell Nichtapprobierten. Dazu gehören zugleich eine Haltung des Sichgewachsenzeigens, eine distanzierte, (natur)wissenschaftlich-experimentelle Beobachterposition und illusionsloser Funktionalimus. Diese Haltung wird zeitgenössisch häufig als neue Klassik begrüßt oder als verkappte ↗ Romantik kritisiert. Zwischen stoisch-fatalistischer Hinnahme und aktivistisch-aggressiver Beförderung bewegt sich das Verhältnis zum kulturell Neuen, das sich aus vielfältigen Phänomenen zusammensetzt: Neue Medien (Illustrierte, bes. Fotografie, Magazine, Reklame, Rundfunk und Film), großstädtische Alltagswelt, kulminierend in Berlin (Auto- und Flugverkehr, Sport, bes. Sechstagerennen und Boxen), neue Leitwissenschaften (Psychoanalyse oder Behaviorismus, Soziologie oder Marxismus), Veränderungen in der Arbeitswelt (Automatisierung, Zunahme des tertiären Sektors: Angestellte) und in der Codierung von Geschlechterdifferenzen (Bubikopf, kurzer Rock, Lederjacke, Autokappe u.ä.) hin zu geschlechtsindifferenten oder ausgesprochen virilen und jugendlichen Selbstbildern. Diese Phänomene werden häufig im Schlagwort Kollektivismus gebündelt und mit parallelen Gesellschaften identifiziert: Bolschewismus der Sowjetunion, ital. Faschismus und bes. kapitalistisches Amerika. Dabei wird die expressionistische Emphase der „Wandlung" bewußt zu Vorstellungen von „Übergang" („Wir befinden uns im Übergangsstadium. Wir schaffen bewußt die Übergangsleistung an der Schwelle einer Menschheitsepoche, die unübersehbare Umgestaltungen zur Folge haben wird": E. Piscator) oder „Dauerkrise" reduziert („Wir leben provisorisch, die Krise nimmt kein Ende", Erich Kästner). Je nach Position wird gefordert, die Krise auszuhalten oder auf eine Lösung hin zu verschärfen.

5. Entsprechend der der Kunst zugedachten direkten Nutzensfunktionen dominieren in allen literarischen Bereichen aktualitätsorientierte und handlungsanleitende Werke.

In der Dramatik (↗ Drama) sind es Zeitstück und Dokumentarmontagen, die insbes. in den Inszenierungen E. Piscators multimedial präsentiert wurden. Thematisiert werden Krieg und Bürgerkrieg: A. Bronnen: *Katalaunische Schlacht* (1924), S. Graff/C.E. Hintze: *Die endlose Straße* (1926), G. Weisenborn: *U-Boot S 4* (1927), Ö. v. Horvath: *Sladek der schwarze Reichswehrmann* (1929), P.M. Lampel: *Gitftgas über Berlin* (1929), Th. Plievier: *Des Kaisers Kuli* (1930). Wichtig sind Simultaneität, Entindividualisierung und NeuS. selbst: G. Kaiser: *Nebeneinander* (1923), B. Brecht: *Mann ist Mann* (1926), C. Sternheim: *Die Schule von Uznach* (1926). Zentral sind Wirtschaft und gewandelte Lebensverhältnisse: L. Lania: *Konjunktur* (1928), W. Mehring: *Der Kaufmann von Berlin* (1929), A. Döblin: *Ehe* (1929). Jugend ist eins der häufigen Themen: P.M. Lampel: *Revolte im Erziehungshaus* (1928), F. Bruckner (= Th. Tagger): *Krankheit der Jugend* (1928), aber auch Abtreibung als Exempel sozialer Mißverhältnisse: C. Credé: *§ 218* (1930), F. Wolf: *Cyankali* (1929).

Die ↗ Lyrik ist in Form und Inhalt ebenfalls von Aktualitäten bestimmt, häufig aus Tagesanlässen für ↗ Zeitung und ↗ Kabarett, gelegentlich auch den Rundfunk geschrieben oder imitiert solche Schreibanlässe. Exemplarisch sind dafür K. Tucholsky, E. Weinert und E. Kästner: *Herz auf Taille* (1928), *Lärm im Spiegel* (1929), *Gesang zwischen den Stühlen* (1932), sowie W. Mehring: *Die Gedichte, Lieder und Chansons des W.M.* (1929), O. Rombach: *Gazettenlyrik* (1928), M. Kaléko: *Lyrisches Stenogrammheft* (1933). Der Großstadt und Technik bejahende Duktus von B. Brechts Lyrik: *Hauspostille* (1927), *Aus dem Lesebuch für Städtebewohner* (1930), war prägend für andere Autoren wie etwa M. Kessel: *Gebändigte Kurven* (1927) oder W. Kordt: *Ruhrstädte* (1928).

6. Der Schwerpunkt der Literatur der NeuS. lag jedoch eindeutig auf der Prosa und darin wieder-

um auf publizistisch-dokumentarischen, aktuellen Formen, insbes. der ↗ Reportage, die zeitweilig mit NeuS. synonym gesetzt wurde. Selbst philosophisch-kritische Autoren wie W. Benjamin, E. Bloch, S. Kracauer reagieren darauf mit Kurzformen für die Zeitung („Denkbilder"). Gefragt waren – so ein erfolgreicher Reihentitel – „Berichte aus der Wirklichkeit". Ebenso standen die größeren Formen unter Aktualitäts- und Dokumentardiktat. Es dominierten Reise-, Sach- und Reportageroman (↗ Roman): A. Paquet: *Städte, Landschaften und ewige Bewegung* (1927), S. Kracauer: *Die Angestellten* (1929), K. Edschmid: *Glanz und Elend Süd-Amerikas* (1931), E. Ottwalt: *Denn sie wissen, was sie tun* (1931). Hierunter lassen sich auch die zahlreichen Kriegsromane fassen, die als „Tatsachenberichte" vorgelegt wurden. Neben den Schriften von E. Jünger bes. E. Glaeser: *Jahrgang 1902* (1926), L. Renn: *Krieg* (1928), E.M. Remarque: *Im Westen nichts Neues* (1929), E. Köppen: *Heeresbericht* (1930), desgleichen die sog. proletarisch-revolutionären Romane wie W. Bredel: *Maschinenfabrik N&K* (1930), K. Grünberg: *Brennende Ruhr* (1929), H. Marchwitza: *Schlacht vor Kohle* (1931). Besonders erfolgreich war E. Ludwig mit der Form der „biographie romancée": nach *Goethe* (1920) vor allem mit *Napoleon* (1925) und *Wilhelm der Zweite* (1925).

Im Rundfunk, der 1923 zu senden begonnen hatte, wurden Formen der Live-Reportage erprobt und im ↗ Hörspiel mit Dokumentarischem experimentiert. Aber auch jenseits direkter Tatsächlichkeitsorientierung war die Romanprosa durch publizistiknahe Aktualitätsansprüche, durch forciertes Tempo und protokollarischen oder intellektuell pointierten Distanzierungsduktus geprägt. Thematisch zentrieren die Romane sich häufig um Medien, z.B. A. Bronnen: *Film und Leben. Barbara la Marr* (1927), L. Lania: *Indeta – Fabrik der Nachrichten* (1927), M. Barthel: *Aufstieg der Begabten* (1929), H. Fallada: *Bauern, Bonzen, Bomben* (1931). Sie spielen oft im Angestellten-, Amüsier- und Gaunermilieu Berlins: W. Speyer: *Charlott etwas verrückt* (1927), A. Döblin: *Berlin Alexanderplatz* (1929), G. Tergit: *Käsebier erobert den Kurfürstendamm* (1931), E. Kästner: *Fabian* (1931), H. Mann: *Die große Sache* (1931), H. Fallada: *Kleiner Mann – was nun?* (1932), M. Kessel: *Herrn Brechers Fiasko* (1932), I. Keun: *Das kunstseidene Mädchen* (1932). Hinzu kommen Romane der Provinzkritik: F. Jung: *Gequältes Volk. Ein oberschlesischer Industrieroman* (1928), L. Feuchtwanger: *Erfolg. Drei Jahre Geschichte einer Provinz* (1930), M. Fleißer: *Mehlreisende Frieda Geyer* (1931) und – die Intentionen der NeuS. am komplexesten repräsentierend – der großangelegte soziologisch-ethnologische Aufriß schwerindustrieller Einflüsse im Ruhrgebiet, E. Reger: *Union der festen Hand* (1931). In diesem „Roman einer Entwicklung" verbinden sich dokumentierender Anspruch, Antipsychologismus und soziologische Typologisierung, ideologieferne Beobachterdistanz und „naturgeschichtliche" Perspektive auf die gesellschaftlichen Zustände zu einer „Vivisektion der Zeit". Reger, der den Leser in den analytisch-darstellenden Prozeß des Romans aktiv einbeziehen will, zeigt damit zugleich, was die Prosa der NeuS. in ihrer Gesamtheit hinsichtlich veränderter Autorschaft erkennen läßt: die Professionalisierung eines literarisch-publizistischen Typus.

Erhard Schütz

Lit.: S. Becker/Chr. Weiß (Hg.): Romane der NeuS., 1995. – H. Lethen: NeuS. 1924-1932, [2]1975. – Ders.: Verhaltenslehren der Kälte, 1994. – M. Lindner: Leben in der Krise, 1994. – K. Petersen: „Neue Sachlichkeit": Stilbegriff, Epochenbezeichnung oder Gruppenphänomen? In: DVjS 56 (1982).

Neue Subjektivität

1. Neue S. hat sich als literaturgeschichtlicher Terminus gegen Konkurrenzbegriffe wie Neue Sensibilität, Neue Innerlichkeit, Neue Empfindsamkeit u.a. durchgesetzt. Neue S. kennzeichnet eine der Hauptströmungen der Literatur nach der sog. Tendenzwende um 1970. Zu den Parametern dieser keineswegs einheitlichen Schreibweisen gehört der Bezug auf die politikenthobene Sphäre der alltäglichen Erfahrung im Zusammenhang mit Selbstbestimmung und Selbstverwirklichung. An die Stelle der ideologischen Funktionalisierung und programmatischen Indienstnahme der Literatur für gesellschaftspolitische Belange, wie sie die 68er Bewegung gefordert hatte, tritt die private ↗ Utopie.

2. Der literarische Traditionsbruch der Jahre um 1970 mit seiner gesellschaftlichen Umorientierung und langsamen Rückkehr zum subjektiven Erzählen unter veränderten Vorzeichen muß aber in einem Kontext gesehen werden, der über eine bloße Gegenbewegung hinausweist. Das von Enzensberger in einem aufsehenerregenden *Kursbuch*-Artikel proklamierte „Ende der Kunstperiode" hatte zwar, verkürzt zum Slogan vom „Tod der Literatur", von einer tiefgreifenden Legitimationskrise der Literatur gekündet, aus der diese sich mit einer Überbetonung des kritisch-operativen Moments in den dokumentarischen Realismus zu retten suchte. Die sog. Ten-

denzwende ist dennoch weder als rein literaturpolitisches Phänomen noch als literarischer Generations- und Ablösungskonflikt zureichend erfaßt. Vielmehr kann die These aufgestellt werden, daß der Rückzug auf eine Position der gesellschaftspolitischen „Unbestimmbarkeit" (Rutschky) mit dem literaturgeschichtlichen Versuch einhergeht, Lösungsmomente für die tieferliegende Strukturkrise des Erzählens bereitzustellen. Die Restauration subjektiver Schreibweisen ist daher nicht einfach nur als politische „roll-back"-Bewegung, sondern als ein auch erzähltheoretisch zu begründendes Phänomen zu verstehen. Elemente der Kontinuität bleiben bestehen: die wichtigsten Parameter der neuen literarischen Bewegungen, Authentizität und Unmittelbarkeit, hatten schon in den vorangegangenen dokumentarischen Phasen der 1960er Jahre Gültigkeit besessen. Als unableitbares und neuartiges Phänomen der existentiellen Schreibweisen erscheint so einzig jene Literarisierung einer „Protopolitik der Erfahrung" (Sloterdijk), die sich in der selbstzerstörerischen Dynamik des Negativen am unmittelbarsten äußert: in der sog. Katastrophenliteratur (Rutschky), die Selbstzerstörung, Krankheit und Leiden thematisiert.

3. Peter Schneiders Erzählung *Lenz* und Karin Strucks Roman *Klassenliebe* (beide von 1973) markieren den Beginn der Neuen S. Trotz aller Heterogenität der neuen Formen können als gemeinsame Kennzeichen festgehalten werden: Infragestellung oder doch Sensibilisierung gegenüber den Forderungen instrumenteller Vernunft; Konzentration auf Selbsterfahrung; Hinwendung zu autobiographischer Reflexion (↗ Autobiographie); Versuch, zu einer Übereinstimmung von Alltag und (politischer) Theorie zu gelangen. Der Vorwurf der Regression, welcher rasch von seiten der linken Literaturkritik ins Spiel gebracht wurde, griff jedoch zu kurz, wo er verneinte, daß Bedingungen der Erfahrungsbildung bei den „neoromantischen" Autoren reflektiert würden. ↗ Lyrik und Erzählprosa der Neuen S. setzten ihren Ehrgeiz gerade daran, verlorene Themenfelder zurückzuerobern oder neue Dimensionen von Erfahrung erst zu erschließen. Dies geschah auf dem Hintergrund postmoderner (↗ Postmoderne) oder auch medienkritischer Wirklichkeitsdeutungen, die eine zunehmende „Fiktionalisierung der Lebenswelt" beobachteten und theoretisch zu begründen versuchten (Neil Postman; Jean Baudrillard). Literatur erhält paradoxerweise durch ihren „medialen Anachronismus" (Hörisch/Winkels) die Funktion zugewiesen, den universellen Simulationszusammenhang zu durchbrechen, und zu einer Rückaneignung vertrauter Lebenswelt zu führen. Die neue Sparte der sog. Verständigungstexte, der rezeptionsästhetische Kult der Betroffenheit und insbesondere die Subjektivierungstendenzen autobiographischer Schreibweisen sind auf diesem Hintergrund zu verstehen (↗ Frauenliteratur).

4. Das autobiographische Genre wurde zum vorherrschenden Formmuster. Hatte der Aspekt der literarischen Gestaltung weit zurückreichender Erinnerungen bei den älteren Schriftstellern wie Grass und Frisch im Vordergrund gestanden, so wurde nun „Verständigung" als Wunsch und Impuls zur zentralen Kategorie. Die Palette der subjektiven Schreibweisen reichte von Tagebüchern, Erinnerungen und autobiographischen Romanen bis hin zum „mentalen Theater" von Botho Strauß, umfaßte konventionelle Erzählgattungen ebenso wie neu aufkommende literarische Formen des Bewußtseinsprotokolls, der Notatsammlung, des Romanessays, des autobiographischen Berichts oder der essayistischen Autobiographie. Als prototypisch können Werke gelten wie Max Frischs *Montauk* (1975, autobiographische Erzählung, Geschlechterverhältnis, Erinnerungen an Ingeborg Bachmann), Verena Stefans *Häutungen* (1975, autobiographische Aufzeichnungen, Gedichte, Träume, Analysen, Geschlechterverhältnis, lesbisches Coming-out), Franz Innerhofers *Schöne Tage* (1974), *Schattseite* (1975), *Die großen Wörter* (1977, authentischer Entwicklungsroman, Emanzipation eines Bauernjungen), Nicolas Borns *Die erdabgewandte Seite der Geschichte* (1976, Roman, Beziehungsproblematik, Realitätsschwund, Leben aus zweiter Hand), Fritz Zorns *Mars* (1977, autobiographischer Roman, Krankheitsbericht), Maria Erlenbergers *Hunger nach Wahnsinn* (1977, Bewußtseinsprotokoll, Bericht einer Schizophrenie), Peter Handkes *Wunschloses Unglück* (1972, biographische Erzählung, Leben und Sterben der Mutter), Bernward Vespers *Die Reise* (1977 postum erschienen, autobiographischer Romanessay, Drogen, problematische Vaterbeziehung, Nachkriegsjugend), Botho Strauß' *Trilogie des Wiedersehens* (1976), *Groß und klein* (1978, Anonymisierung von Beziehungen, Selbstentfremdung, Suche nach Sinn).
Neben im engeren Sinne literarischen Werken, die trotz aller Hinwendung zur subjektiven Lebenswirklichkeit die literarisch-formende Distanz bewahren, wird in einer Reihe von Selbsterfahrungstexten die unmittelbare Wiedergabe des persönlich Erlebten, die Sensation des Authentischen, zum Gebot eines trivialisierten Begriffs von Verständigung erhoben. Die dadurch ermöglichte identifikatorische Lektüre erklärt, weshalb einige der genannten Werke zu Kultbüchern wurden (Stefan, Zorn, Vesper).

5. Obwohl es bei einer kurzen literaturgeschichtlichen Episode blieb, sollte dennoch nicht überse-

hen werden, daß bei aller Reduktion des Verständigungselementes von Literatur auf ein marktkonformes Schlagwort doch die Marcusesche Utopie einer Entgrenzung von Kunst aufschien, die wenigstens kurzfristig u.a. zu einer Ausweitung literarischer Öffentlichkeit (literarische Werkstätten) beigetragen hat.

Michaela Holdenried

Lit.: P. Beicken: „Neue S.“ In: P.M. Lützeler/E. Schwarz (Hg.): Deutsche Literatur in der Bundesrepublik seit 1965, 1980. – J. Hörisch/H. Winkels (Hg.): Das schnelle Altern der neuesten Literatur, 1985. – D. Roberts: Tendenzwenden. Die sechziger und siebziger Jahre in literaturkritischer Perspektive. In: DVjS 56 (1982). – M. Rutschky: Erfahrungshunger. Ein Essay über die siebziger Jahre, 1980.

Neulateinische Dichtung

1. Mit dem schon Ende des 18. Jh. verwendeten Terminus „neulateinisch“ wird die dritte, neuzeitliche Epoche der lat. Literatur (nach der klassisch-antiken und mittellat.) bezeichnet. Sie greift über die als geringwertig angesehene lat. Dichtung des MA hinweg auf die sprachlichen und stilistischen Normen der antiken Latinität zurück. Inspiriert vom italienischen ↗ Humanismus, entfaltet sich die N.D. seit dem letzten Drittel des 15. Jh. im dt. Kulturraum und erlebt im 16. Jh. einen Höhepunkt. Während sie sich im katholischen Süden noch im ↗ Barock als Medium der Dichtung behaupten kann, wird die lat. Sprache in den protestantischen Territorien für poetische Werke zunehmend von der Muttersprache zurückgedrängt, bleibt aber im akademischen Milieu für wissenschaftliche Publikationen weiter in Gebrauch; daneben schreiben noch immer Autoren auch poetische Werke im neulat. Idiom. Träger dieser Dichtung sind Angehörige der „res publica doctorum“, die einen gemeinsamen Bildungsgang an humanistisch geprägten Lateinschulen und Universitäten durchlaufen haben und sich beruflich im Unterrichtswesen oder in der Verwaltung (Juristen) etablieren. Verfasser- wie Leserschaft der N.D. bleibt auf diese kleine Schicht vom Lateinschullehrer bis zum Fürstenberater beschränkt, selten nur werden neulat. Werke ins Deutsche übersetzt und einem nicht lateinkundigen Publikum zugänglich. Gleichwohl ist der Vorwurf, die N.D. habe die Entwicklung der muttersprachlichen Nationalliteratur behindert, gegenstandslos: Eine dt.sprachige Kunstdichtung, die hätte behindert werden können, existierte im 16. Jh. noch kaum, vielmehr mußte die N.D. der dt. Renaissancedichtung den Boden bereiten (↗ Renaissance). Ohne N.D. wäre die Leistung von Martin Opitz (1597-1639) als Gesetzgeber muttersprachlicher Kunstliteratur nicht denkbar.

2. Bezugsrahmen für die N.D. ist die Poesie des lat. Altertums, wobei die „manieristischen“ Autoren der Spätantike erst in der N.D. des Barock stärker rezipiert werden (↗ Antikerezeption). In Sprache, Stil und Gattungen bilden die antiken Dichter Muster für „imitatio“ und „aemulatio“, aneignende Nachahmung und überbietenden „Wettstreit“. Diese ↗ Rezeption erschöpft sich keineswegs in der Reproduktion, sondern zielt auf ein eigenständiges Werk. In subtiler Anspielung auf Motive und Formen der Tradition erweist der neulat. „poeta doctus“ seine Kenntnis der Tradition ebenso wie die Fähigkeit zu Neuem im Horizont der Frühmoderne. Ausgangspunkt von N.D. kann das Werk eines einzelnen antiken Autors werden: Konrad Celtis (1459-1508), Georg Fabricius (1516-1571), Paulus Schedius-Melissus (1539-1602), Jacobus Balde (1604-1668) und noch Christian Adolph Klotz (1738-1771) verstehen sich in ihren „carmina“ mit je eigenen Akzenten als „dt. Horaz“: Die Dichtung des augusteischen Lyrikers bildet die Folie für die der Neulateiner; in sie werden humanistische Freundschaftsdichtung (Celtis), konfessionelle und nationale Auseinandersetzung (Fabricius), literarische Kommunikation mit der Welt der Romania (Melissus), Abgrenzung katholisch-humanistischer von neostoizistischer Lebensauffassung (Balde) und anakreontischer Lebensgenuß (Klotz) integriert. Für den Jesuiten Balde, den bedeutendsten Neulateiner des dt. Barock, bedeutet die kontrastive „imitatio“ des Horaz ein Mittel zur Selbstfindung. Seine Marienlyrik verbindet individuelle Hingabe an die Gottesmutter mit gegenreformatorischer Gesinnung. An Ovids Liebesdichtung orientiert sich wiederum der Archeget der dt. neulat. Dichtung Celtis in den *Amores* (1502). Freilich weiten sich seine Liebesgedichte durch die Einbeziehung kosmologischer, naturkundlicher, geographischer und national-historischer Aspekte zu einer Gesamtschau Deutschlands in einer Lehrdichtung. Celtis bringt damit in die Lyrik der dt. Neulateiner einen patriotischen Grundzug, der u.a. von Ulrich von Hutten (1488-1523) und Eobanus Hessus (1488-1540) vertieft wird: Hutten unterstützt in seinen Epigrammen Kaiser Maximilian I. im Kampf gegen die Venetianer, Hessus verknüpft in seinen Lutherelegien (1521) nationalen und reformatorischen Impetus. Die wichtigsten neulat. Lyriker Deutschlands stellen sich auf die

Seite der ↗ Reformation, so z.B. Euricius Cordus (1486-1535), dessen pointierte Epigramme Martialnachfolge und Parteinahme für Luther zeigen. Von der Nachahmung der römischen Liebeselegie geht Petrus Lotichius Secundus (1528-1560) aus; er erreicht aber in den poetischen Tagebüchern (seit 1551) über seine Teilnahme am Schmalkaldischen Krieg und seine Studienreisen in Frankreich und Italien ein unverwechselbares Gepräge, das ihn zum bedeutendsten Lyriker der Mitte des 16. Jh. werden läßt. Christliche Dichtung der Spätantike nehmen im protestantischen Raum u.a. Georg Fabricius, Johannes Stigelius (1515-1562) und der Grimmaer Rektor Adam Siber (1516-1584) wieder auf. Ihre Poesie steht nicht zuletzt im Dienst der Schule.

3. Neben die „imitatio" vorbildlicher Autoren tritt die Weiterentwicklung antiker Gattungen: Die Hirtendichtung erschließt neue sozialkritische Inhalte (Eobanus Hessus, Euricius Cordus, Joachim Camerarius), die ↗ Gattung der Heldinnenbriefe (*Heroides*) wird christlich umgeformt (Hessus, Jacobus Bidermann), die in der Antike nur in Ansätzen ausgebildete Reisedichtung (*Hodoeporica*) in zahlreichen Beispielen weit über die Vorbilder hinaus entwickelt (Georg Sabinus: Italienreise u.v.a.), ebenso das poetische Städtelob. Trauergedichte (Hessus) und andere in der Gelehrtenrepublik wichtige Kasualpoesie werden in zahllosen Exemplaren verbreitet, Fürsten und historische Geschehnisse besingen neulat. Poeten in an die antike Tradition anschließenden Epen (z.B. Arnoldus Goerinus). Geistlich-emblematische Lyrik pflegen besonders die Jesuitendichter (u.a. Johannes Bisselius und Johannes Kreihing). Zur Übung im Lateinischen werden zahlreiche Schuldramen in lat. Sprache verfaßt, der Jesuitenorden bringt bis zu seinem Untergang (1773) tausende solcher Schulspiele hervor, darunter Meisterwerke des Barockdramas wie den *Cenodoxus* Jakob Bidermanns (1578-1639).

4. Zu Beginn des 17. Jh. archiviert der Niederländer Janus Gruterus, Professor in Heidelberg, über zweihundert neulat. Dichter Deutschlands in den Bänden der *Delitiae Poetarum Germanorum*, ein Anzeichen dafür, daß diese Kunstübung nicht mehr selbstverständlich ist. Dessen ungeachtet schreiben volkssprachliche Dichter von Rang noch beachtliche neulat. Gedichte, so z.B. Paul Fleming, Andreas Gryphius und Johann Ludwig Prasch. Auch im 18. Jh. versiegt der Strom neulat. Dichtung nicht ganz, im folgenden zieht sie sich weitgehend in das Refugium der Schule zurück, aber noch in unserer Zeit treten bisweilen neulat. Dichter an die Öffentlichkeit wie der Herausgeber der *Stuttgarter Zeitung* Josef Eberle (1901-1986) und die Philologen Hermann Weller, Harry C. Schnur und Fidel Rädle, letzterer, wie Eberle, in mittellat. Formen.

Hermann Wiegand

Lit.: G. Ellinger: Geschichte der neulat. Literatur Deutschlands im 16. Jh. 3 Bde., 1929-33 (ND 1969). – J. IJsewijn: Companion to Neo-Latin Studies, 1977, überarb. Neuaufl. Tl. 1, 1991. – E. Schäfer: Deutscher Horaz [...], 1976. – Humanistica Lovaniensia, 1974ff. (laufende Bibliographie).

Novelle

1. Die N., von lat. „novus", „neu" ist eine schriftliche Erzählgattung (↗ Gattung), deren mittlere Länge aus der Nachahmung mündlichen Erzählens resultiert. In Europa ist sie seit dem 14. Jh. bekannt, wenngleich in ihrem ästhetischen und moralischen Wert nicht immer anerkannt. Als geschlossene Form konzentriert sie sich auf einen prägnanten Fall, dessen Folgen in einer Handlung ohne Seitenstränge mit einem eindeutigen Ergebnis abgeschlossen werden. Dazu bedarf es nur eines kleinen Personals aus festen Typen, eines eng umgrenzten Spielraums, in dem diese agieren, und eines festen Repertoires an Handlungselementen, die auf eine unerwartete Lösung des Problems zusteuern. Die N. soll eine Neuigkeit erzählen, was aber in der Frühgeschichte der Gattung nur meint, daß hier, wie beim Witz, dessen Haltung die N. mit der Pointe des Schlusses nachahmt, alte Motive neu variiert werden. – Die dt. ↗ Literaturwissenschaft beschäftigt sich vor allem mit der Spätform der N. im 19. Jh. Sie übersieht den Ursprung der Gattung und damit so manche für sie charakteristischen Züge; gern ist daher die Rede von der dt. „Sondernovelle". Zwischen der alteuropäischen N. und der dt. Novelle des 19. Jh. ist also zu unterscheiden.

2. Das Muster der alteuropäischen N. hat Boccaccio mit dem *Decameron* (1349/1351), einer Sammlung von 100 Erzählungen, geschaffen. Sie sind in eine Rahmenhandlung einbettet, die eine Gefahrensituation, die Pest, schildert, vor der eine Gruppe adeliger Freunde, die „brigata", aus der Stadt Florenz an einen gesicherten, idyllischen Ort flieht. Die „brigata" überdauert die Wartezeit bis zur Beendigung der Gefahr durch das Erzählen von Geschichten. Unter der Herrschaft einer täglich neu zu wählenden Königin oder eines Königs erzählt an zehn Tagen jeder der zehn Teilnehmer, sieben Frauen und drei Männer,

je eine N. Ihr Inhalt ist die sündige Liebe; das Personal der N. organisiert sich zu einem erotischen Dreieck aus Ehemann, Frau und Liebhaber, doch können die Positionen umbesetzt werden; an die Stelle des Ehemanns etwa, der die Autorität der Gesellschaft und des Gesetzes vertritt, können Brüder oder Onkel treten. Die sexuelle Erfüllung ist das zentrale Faktum der N., das durch List („beffa") erreicht wird und straflos bleibt; der Ehemann ist immer der Gehörnte; im Unterschied zu anderen Liebesdichtungen dirigiert die Frau, nicht der Liebhaber das Spiel. Gegen die gottgesandte Prüfung der Pest setzt die erzählende „brigata" den reinen Lebenstrieb, der die gesellschaftliche Ordnung brüskiert. Rahmen und Erzählungen verhalten sich zueinander wie kosmisches und gesellschaftliches Chaos. – Das Schema der einzelnen Erzählung wird schon von Boccaccio variiert: Die sündige Liebe kann durch legendäre Treue überboten oder durch Motive des Abenteuerromans bereichert werden. Jede N. wird eingeleitet durch das Argumentum, eine vorangestellte, kurze Zusammenfassung des Inhalts, und beendet durch eine Moral; diese stellt eine Überlegung dar über die „Mores", die Sitten, nicht über die Sittlichkeit, der gegenüber sich die „brigata" ironisch verhält. – Das 10. Buch des *Decameron* nimmt als Kontrapost zu den erotischen Erzählungen eine besondere Stellung ein, indem es von Menschengüte, Heroismus und legendärer Liebe erzählt. Die letzte Geschichte von Griselda ist, vor allem durch die lat. Übersetzung Petrarcas, zu einem großen Stoff der Weltliteratur geworden.

3. Die Vorformen der N. sind in der mündlichen Literatur zu suchen, jedenfalls in „Einfachen Formen", die der Mündlichkeit nahe stehen, auch wenn sie schon verschriftlicht sind. Die Mündlichkeit des Erzählens bleibt daher ein Stilgestus der N. bis ans Ende ihrer Geschichte; sie wird durch das Auftreten eines Erzählers signalisiert. – Das Exemplum, das belehrende Beispiel, das in der mittelalterlichen ↗ Predigt der Veranschaulichung der Lehrmeinung diente, wird wegen seiner Kürze, der Beschränkung auf wenige Charaktere und der Konzentration auf den besonderen Fall als die wichtigste Vorform der N. angesehen. Den belehrenden Gestus des Exemplums aber parodiert die N. Das *Novellino*, eine Kompilation von Exempla (Ende 13./Anf. 14. Jh.) nimmt mit den 10 x 10 Erzählungen formal die Anlage des *Decameron* vorweg, doch fehlen Rahmen und Erzähler. – Ihre Stoffe scheint die N. eher aus dem ↗ Schwank zu beziehen, für den derb-lustige Streiche, Situationskomik, Ehekonflikt, erotische Affären typisch sind. Gerade wegen des starren Grundmusters kann die N. eine Fülle unterschiedlichster Stoffe aufnehmen, in die das markante Ereignis eingebettet wird. Als Stofflieferanten dienen etwa altfrz. Fabliaux (Schwankerzählungen), Lais, Mären. – Eine besondere Nähe hat die N. zum Kasus, dem juristischen Fallbeispiel und Normenkonflikt, der mit den einfachen Regeln des Gesetzbuchs nicht zu lösen und daher diskutabel ist.

4. Die N. bleibt bis ins 18. Jh. hinein eine Form der romanischen Literaturen, in Deutschland ist sie eine fremde Gattung, ein Grund dafür, daß sie, endlich akzeptiert, besonders kunstvolle und gattungspoetisch schwer faßbare Exemplare hervorbringt. – Das prägende Vorbild Boccaccios wird im romanischen Bereich lange nicht überwunden. In Frankreich steigert ein Anonymus mit den *Cent Nouvelles nouvelles* (gedr. 1486) die witzigen Unanständigkeiten Boccaccios noch. Der Pikanterie der Erzählungen entsprechend, besteht die Erzählerrunde ausschließlich aus einer männlichen Hofgesellschaft. Die letzte Erzählung, die legendäre Heilung einer Kaufmannsfrau von ihrer verwerflichen Liebe durch den Geliebten selbst, nach dem Muster Boccaccios der Kontrapost zur Unmoral, hat Goethe als *Geschichte vom Prokurator* in die *Unterhaltungen deutscher Ausgewanderten* (1795) aufgenommen. In Frankreich variiert Margarete von Navarra, Schwester König Franz' I., das Muster eigenwillig. Das *Heptaméron* ist die postume Sammlung ihrer 72 N. (1559), die offensichtlich auf die übliche Anzahl 100 geplant waren. Margarete hält an der Rahmensituation mit einer adeligen Gesellschaft, einer Gefahrensituation, der Flucht an einen geschützten Ort fest, um im Unterschied zu Boccaccio die Gespräche der „devisants" (frz. „Plauderer") ungewöhnlich weit auszudehnen. Der Reiz des Werkes liegt in der Liebeskasuistik der Erzählerrunde, die die erotischen Händel einer spitzfindigen Prüfung unterzieht. – Die „Alleinherrschaft" Boccaccios endet mit den spanischen *Exemplarischen Novellen* (1613) des Cervantes. Die N. des 17. und frühen 18. Jh. in Frankreich orientiert sich fast ausschließlich an ihm. Cervantes erweitert das Repertoire der Stoffe und gibt den Rahmen auf. Die berühmte Erzählung vom *Eifersüchtigen Estremadurer* übernimmt das Schema der erotischen Freizügigkeit, die *Geschichte von der Zigeunerin*, die vor reichen Männern tanzt und dennoch keusch bleibt, parodiert es. Cervantes' Beliebtheit beruht auf der Abenteuer-N., die zwar auch schon bei Boccaccio vorhanden war, im erotischen Witz der anderen Erzählungen aber unterging. Die deutschen Romantiker schätzten die Geschichte der Pikaros *Eklein und Schnittel*, die die Milieuschilderung in die N. einführt. – Im 18. Jh. nimmt die N. in Frankreich Märchenmotive aus dem arabischen Erzählzyklus *Tausendundeine Nacht*

auf, den eine französische Übersetzung 1751 in Europa bekannt gemacht hatte.

5. In Deutschland übersetzt Arigo 1472 das *Decameron*, doch bürgert sich die italienische N., vermutlich wegen ihrer Unmoral, nicht ein. Der Stoff der letzten N. hingegen, die *Griselda-Legende*, wird als ↗ Volksbuch beliebt. G.F. Harsdörffers fast 1.000 Erzählungen, etwa der *Große Schau-Platz Jämmerlicher Mord-Geschichten* (1650/52), verwenden Motive aus Märe und Schwank eher denn aus der N. und zielen immer auf moralische Belehrung. – Der Widerstand gegen die Unmoral der Boccaccio-N. nimmt im späten 18. Jh. zu, und zwar nicht nur in Deutschland. Die Autoren versuchen nun, entweder heroische und moralische Motive aus dem 10. Buch des *Decameron* zu übernehmen oder das erotische Faktum der Boccaccio-N. zum moralischen Problem zu machen. Schiller bildet das Motiv des *Verbrechers aus verlorener Ehre* (1786) Diderots *Zwei Freunden von Bourbonne* nach, der den Stoff dem 10. Buch des *Decameron* entnimmt. – Goethe schließt sich mit den *Unterhaltungen deutscher Ausgewanderter* an Boccaccio an, indem er die Rahmenhandlung aktualisiert und an die Stelle der Pest die Französische Revolution als existentielle Gefahr setzt. Die wichtigsten N. Goethes finden sich in *Wilhelm Meisters Wanderjahren* (1821/1825-29), etwa *Der Mann von funfzig Jahren*, *Nicht zu weit*, *Wer ist der Verräter*. Mit der Verbindung von Roman und N. schließt sich Goethe an Cervantes' *Don Quijote* an. Goethes *Novelle* (1828) hingegen kehrt zur Boccaccio-N. zurück; sie um- und überspielt das erotische Faktum in einer Weise, daß es kaum mehr spürbar ist. Die Leidenschaft Honorios zur Fürstin bleibt unausgesprochen und nur noch aus Symbolen ablesbar. Das ↗ Symbol als Versteck des erotischen Chaos wird für die N. des 19. Jh. charakteristisch. Kleists *Marquise von O...* (1806), das deutlichste Beispiel für diese Taktik, verbirgt den Geschlechtsakt hinter einem Gedankenstrich, seine problematische Folge aber, das unwissentlich gezeugte Kind, ist der eigentliche Inhalt der N. Die wenigen anderen Erzählungen Kleists, *Die Verlobung von St. Domingo*, *Das Erdbeben in Chili*, *Der Findling* variieren nur diesen Stoff der unbefleckten Empfängnis. Im *Michael Kohlhaas* hingegen wählt Kleist einen historischen Stoff. – Wie in allen Gattungen mischen sich im 19. Jh. Stoffe, Stile und Genres auch in der N. C. Brentanos *Geschichte vom braven Kasperl und vom schönen Annerl* ist ein ↗ Märchen ähnlich wie F. de la Motte-Fouqués *Undine*. Die zyklische Anordnung versuchen E.T.A. Hoffmann mit den *Serapions-Brüdern* (1819-21) und G. Keller mit dem *Sinngedicht* (1881), doch nimmt die Einzel-N. überhand, auch wenn N. in einem Band gesammelt sind, wie in E.T.A. Hoffmanns *Nachtstücken* (1814/15), A. Stifters *Studien* (1840-50) und den *Bunten Steinen* (1843/53), G. Kellers *Leuten von Seldwyla* (1856-74). Mit dem *Fräulein von Scudery* schafft E.T.A. Hoffmann das Schema der kriminalistischen N., das A. v. Droste-Hülshoff in der *Judenbuche* verwendet. Eichendorffs *Aus dem Leben eines Taugenichts* (1826) ist ein kleiner Pikaro-Roman, angereichert mit Motiven aus Märchen, ↗ Fabel, ↗ Idylle in der Tradition des Cervantes. Die N. des 19. Jh. beweist einen großen „Stoffhunger". An den Kern des erotischen Faktums lagern sich Charakter-, Natur- und Reiseschilderungen an. C.F. Meyer verlagert in der *Versuchung des Pescara* das Schema ins historische Milieu, Th. Storm verbindet die Liebesgeschichte mit melancholischen Stimmungsbildern (*Immensee*, *Viola Tricolor*) und mit dämonischen Naturszenerien (*Schimmelreiter*). – Die Zunahme von Zeitschriften fördert die N.-Produktion, so daß man seit der Mitte des Jh. von einer „Novellenwut" sprach. Die Schwäche des dt. Romans wurde auf die Vorherrschaft der N. unter den prosaischen Gattungen zurückgeführt. P. Heyse mit seinen 150 N. war der Lieblingsautor der Epoche, der seiner eigenen Produktion den 24bändigen *Dt. Novellenschatz* (1871-76) sowie einen 7bändigen *Novellenschatz des Auslandes* (1872) hinzufügte. Gegen diese Überproduktion und die Effekthascherei der Gattung entwickelt A. Stifter eine Erzählung, die, handlungsarm, voller Naturschilderungen und mit kargem Wortmaterial, als Anti-N. bezeichnet werden kann. – G. Hauptmann, H. v. Hofmannsthal, A. Schnitzler, Th. und H. Mann führen die Gattung im 20. Jh. fort, obgleich die Tendenzen der ↗ Avantgarde der geschlossenen Form nicht günstig sind.

6. Eine Theorie der N. wurde erst spät entwickelt. Während Aristoteles' *Poetik* von Anfang an eine Vorschrift für das ↗ Drama entwickelt, entsteht die N. als Variation von Vorbildern. Das Vorwort des Zyklus, üblich seit Boccaccio, verteidigt die Frechheiten der Gattung und ist mehr Apologie als Theorie. Die Gattung ordnet Boccaccio dem niederen Stil („stilo umilissimo") zu; damit unterscheidet er sie provokativ von den hohen Gattungen Drama und ↗ Epos. Ihre Sprache ist die Mündlichkeit des Volkes („fiorentin volgare"). Die Ansiedlung im niederen Stil hat der N. manche Verachtung eingetragen, so daß für die kurze Prosaliteratur in Deutschland im 19. Jh., da sich ohnehin das erotische Schema unter vielen Zutaten verbarg, der Terminus Erzählung einbürgerte. – Im späten 18. Jh. erst tritt an die Stelle des Vorworts die Theorie. Goethe diskutiert im Rahmen der *Unterhaltungen* Stoff und

gesellschaftliche Funktion der N. und nennt sie später „eine sich ereignete unerhörte Begebenheit". A.W. Schlegel entdeckt in seiner *Geschichte der romanischen Literatur* Boccaccio und Cervantes als Vorbilder neu und fordert, wie auch L. Tieck, einen „entscheidenden Wendepunkt, so daß die Hauptmasse der Geschichte deutlich ins Auge" falle. Th. Mundt hebt die Pointe des Schlusses hervor, F. Th. Vischer die konturierte Gestalt und die Beschränkung der Handlung auf eine bedeutende Situation. Dieses Stilelement faßt P. Heyse, dessen Theorie am nachhaltigsten gewirkt hat, in den Begriff Silhouette. Ereignis und Konflikt werden durch den „Falken", ein Leitmotiv oder Symbol, angekündigt und gegenwärtig gehalten. Heyse entnimmt diese Stilbestimmung der deshalb sogenannten „Falkennovelle", Boccaccios Erzählung V, 9, die weder für das *Decameron* noch für die alteuropäische N. typisch ist. Vielmehr faßt Heyse mit der häufig diskutierten „Falkentheorie" ein spezifisches Stilmerkmal der dt. N. des 19. Jh. – Im 20. Jh. gehen die theoretischen Überlegungen in die Hand der Germanistik über, die sich fast ausschließlich an die Angebote der Autoren des 19. Jh. hält. Die hohe Qualität der dt. „Sondernovelle" hat das Interesse auf das einzelne Werk gelenkt und seinen Gattungscharakter vergessen gemacht. Das Genie des Dichters, nicht die literarische Tradition verantworten in Deutschland Form und Inhalt der N. Im Unterschied zu den roman. Literaturen ist deshalb eine historische Gattungsdefinition nicht angestrebt worden.

Hannelore Schlaffer

Lit.: H. Aust: N., 1990. – K.K. Polheim (Hg.): Theorie und Kritik der dt. N. von Wieland bis Musil, 1970. – H. Schlaffer: Poetik der N., 1992. – H.H. Wetzel: Die romanische N. bis Cervantes, 1977.

O

Oper

Definitionen.

1. Oper ist die Phantastik des Wirklichen und die Wirklichkeit des Phantastischen.
   Oper ist organisierter Krach.
   Oper ist die Utopie vom nicht entfremdeten Leben im entfremdeten.
   Oper ist die sinnliche Darstellung unserer inneren Bilder (Archetypen), die sonst vom, im Freudschen Sinne, Realitätsprinzip beschnitten, ja geschluckt werden.
   Oper ist, wenn der Bürger zum Menschen transzendiert (Adorno).
   Oper ist, wenn *er* raufsingt, daß *sie* runterkommen soll (*Don Giovanni*, *Barbier von Sevilla*, *Troubadour*, *Margarete*, *Meistersinger*).
   Oper ist die sinnliche Darstellung des vermutlich doch ziemlich Sinnlosen.
   Oper ist das Richtige im falschen Leben.

2. Oper wurde 1594 von den Fiorentinern Giulio Caccini und Jacopo Peri mit ihrer beider Oper *Daphne* als Wiedergeburt der Antike erfunden, was aber ein sogar doppeltes Mißverständnis war: Es war weder Antike noch Oper.
   Oper ist, wenn das Ohr zum Auge und das Auge zum Ohr wird.
   Oper ist der Himmel auf Erden.
   Oper ist eine Versammlung [...] zum Zwecke der Selbstpeinigung vereinigt (Schopenhauer). Alles, was über zweieinhalb Stunden geht, ist von Übel.
   Oper ist der Traum, den wir von uns selber haben.
   Oper ist Sozialismus. Irgendwie, irgendwo. Oder jedenfalls sozusagen.
   Oper ist Ordnung in der Anarchie. Und umgekehrt.
   Oper ist, wenn hinter der bürgerlichen Fassade von Ordnung und Violinschlüssel und allem die Anarchie hervorschaut. Und schauert.
   Oper ist der reine Kosmopolitismus. Mit Ausnahme der Neger.

3. Oper ist der fabelhafte Versuch, die Fabel der antiken Tragödie mit der Parabel der christlichen Romantik zu vermählen. Also praktisch: Hölderlin.
   Oper ist Volksverhetzung, ja Aufwiegelung zur Eudämonie und anderen Straftaten.
   Oper ist die Kunstform, die den alten und neuen Bourgeois wenn schon nicht zum Menschen, so doch zum Citoyen schmiedet; wie Thomas Mann vergessen hat zu sagen. Ausnahme: natürlich wieder der Neger.
   Oper ist ein Gesamtkunstwerk aus Tragödie, Malerei, Orchester, Psychologie, Komödie, Beleuchtung, Psychedelik, Sprache, Singstimmen, Souffleur und ... äh ...: Oper. Oper natürlich.

4. Oper ist das Heimweh der blauen Blume. Nach was? Richtig! Nach der Romantik. Der Antike. Oder was.
   Oper ist die Kunst, mit vielen Tönen trotzdem die allerfalschesten zu umschiffen.
   Oper ist, wenn im falschen Leben wenigstens die Töne meistens richtig sind; jene, die da auf der Bühne und im Orchestergraben von diesen Flaschen verursacht werden.
   Oper ist die Heimsuchung durch jene Zumutung, deren gleichsam epiphanisch Erscheinendes sein Komplementäres in einem durchaus Barbarischen findet, jenseits dessen Kriminellen oder jedenfalls Kriminellem in Logik, Grammatik und Semantik nur noch eins liegt: Hausdurchsuchung (*Rosenkavalier* 3. Akt, *Manon Lescaut* 2. Akt usw.).
   Wenn Oper nicht wäre, müßte man sie erst recht auch nicht erfinden. Nein, jetzt schon gleich gar nicht mehr, um Gotteswillen, nein. Weil: Oper ist heute weitgehend durch Fernsehen ersetzt. Denn: „Fernsehen ist die schönste Oper" (Welterlöser Michael Weissmüller).
   In der Oper ist meist was los (Action). Sehr häufig Zweikämpfe, versehentlich losgehende Pistolen, Höllenfahrt. Oder zumindest Hinrichtung.
   Aber im Fernsehen noch viel mehr: Carolin Reiber, Karl Moik, Elmar Gunsch. Kurz, das richtige Leben im richtigen.

5. Oper ist postmoderne Prämoderne.
   Oper ist die Quadratur des Kreises aus magischem Quadrat und Drudenfuß; d.h. aus Romantik und Klassik. Auch nicht? Na, dann vielleicht aus *Aida* und *Don José*. Doch, die beiden hätten ein zukunftsträchtiges Paar abgegeben. Kein Vergleich zu Radames und Carmen. Doch, diese unio mystica aus *Aida* und *Don José* – die sollte mal einer opernmäßig packen. Und sei's der

ältere W. Henze. Aber auch Zerlina und Otello hat was. Doch. Hat durchaus was. „Du lieber Herr von Karajan / Was geht mich deine Oper an?" (A. Segerer)
Oper ist nämlich jene Kunstform, welche, auf der Suche nach ihrer eigenen Idee, die Balance von Rausch und Vergessen in seiner (seiner? ihrer!) radikalsten Gestalt intendiert; was aber der Neger nicht versteht.
Wenn Sie *mich* fragen: Die 7 größten Opern sind *Figaro*, *Don Giovanni*, *Don Carlo*, *Aida*, *Meistersinger*, *Götterdämmerung*, *Turandot*. Ersatz: *Elektra.* Und das gilt ein für allemal. Ist *das* klar? Dabei bleibt's.
Im übrigen klärt Fernsehen auch noch auf. Wo Oper vielmehr abklärt.
Oper ist dieses, was noch nicht ist, das verloren Geahnte, unsere im Dunkel, in der Latenz jedes gelebten Augenblicks (Bloch) verborgene Selbstbegegnung, Wirbegegnung, unsere durch Güte, Musik, Metaphysik sich zurufende, jedoch irdisch nicht realisierbare Utopie. Und dies aber entgegen dem Selbstverständnis des kleinen Negers am Schluß des *Rosenkavalier*.
Drum soll man Neger *nicht* in die Oper hineinlassen. Ausnahmen: *Porgy and Bess*, *Lulu* und *Jonny spielt auf*.
Die Oper *Ein Mann wird Neger* könnte trotzdem ein reizvolles Sujet abgeben.
Ein Anfang scheint immerhin schon gemacht. Der langjährige Opernkritiker der *Nürnberger Abendzeitung* hieß: Fred O. Neger.

Eckhard Henscheid

P

Parabel

1. Eine P., griech. „parabolé" = „das Nebeneinanderwerfen, Gleichnis", ist eine Erzählung, in ihr wird eine erfundene Geschichte (im epischen Basistempus Präteritum) erzählt: Sie ist also a. ein episch-fiktionaler Text („Vor grauen Jahren lebt ein Mann in Osten"). Dabei gehören zum Text ausdrücklich formulierte und/oder erschließbare Signale, daß die Bedeutung des Erzählten vom Wortlaut des Textes zu unterscheiden und eine vom Wortlaut des Textes unterschiedene Bedeutung des Erzählten zu suchen ist: Der Text weist also b. mindestens ein Explizites oder Implizites Transfersignal zur Richtungsänderung des Bedeutens auf („der rechte Ring war nicht / Erweislich; – [Nach einer Pause, in welcher er des Sultans / Antwort erwartet] Fast so unerweislich, als / Uns itzt – der rechte Glaube"). Die Richtungsänderung ist nun nicht vollkommen willkürlich oder unbestimmt, vielmehr wird sie entweder ausdrücklich angegeben, oder sie bleibt allenfalls offen im Rahmen des Bedeutungsspielraums, der durch den Text selbst, durch sein Wortmaterial, bestimmt wird: c. Die Richtungsänderung wird ausdrücklich gelenkt, oder sie bleibt offen im Rahmen des Bedeutungspotentials des Textes. Die einzige inhaltliche Beschränkung liegt darin, daß in keinem Fall textübergreifend „menschlich belebtes" Figural vorkommen darf, das an sich aus der bekannten Realität vertraut ist (z.B. die „sprechende" Eiche oder der irgendwie „menschlich" handelnde Löwe; wohl aber z.B. ein Engel oder die Gestalt des „Neides"): d. In keinem Fall enthält der Text global anthropomorphisiertes Figural aus der bekannten Realität. Zusammenfassend: Eine P. ist ein episch-fiktionaler Text mit mindestens einem Expliziten oder Impliziten Transfersignal zur Richtungsänderung des Bedeutens. Dabei kann die Richtungsänderung ausdrücklich gelenkt werden, kann aber auch offen bleiben im Rahmen des Bedeutungspotentials des Textes. In keinem Fall enthält der Text global anthropomorphisiertes Figural aus der bekannten Realität. – Ein typisches, aber nicht trennscharfes Merkmal der P. sind Kürze und skizzenhafte Verknappung. Typologisch unterscheidend ist neben der Art des Transfersignals (explizit und oder implizit) die Vers- bzw. Prosaform sowie die Funktion als (religiöse) Erbauungs-P. oder als Entdeckungs-P.

2. Das Kriterium der epischen Fiktionalität unterscheidet die P. vom Gleichnis. Das Gleichnis ist ein „erweiterter" oder „textueller" Vergleich nach der Grundformel „/X/ ist so /f/ wie /y/" – („/ *Eine Beschreibung* / ist so / *dehnbar* / wie ein / *Akordeon* /"). Die Erweiterung der Basisformel des Vergleiches kann beim Gleichnis darin bestehen, daß a. eines der Glieder der Basisformel (X,f,Y) durch die statische Beschreibung oder Aufzählung weiterer Details ausgebaut wird („... wie ein *Akordeon*, das mit besonders vielen und hohen Rippen versehen ist, zwischen denen ein großer Zwischenraum entstehen kann ...") oder aber b. durch die Erzählung einer Handlung („wie ein Akordeon, das von einem Akordeonspieler auseinandergezogen wird. Der kräftige und vielleicht jetzt von einer gespannten Zuhörerschaft umgebene Akordeonspieler muß dabei große Mühe aufwenden, denn ..."). Dieser Typus b) des Gleichnisses ist der P. sehr ähnlich, aber dennoch von ihr deutlich unterscheidbar: Während in der P. eine Geschichte als „vollkommen vergangen" (im Präteritum) erzählt wird, weist die Geschichte beim Gleichnis immer Signale des bloß Erdachten, Vorgestellten auf („Nehmen wir einmal an"; „Stellen wir uns einmal vor"; häufig Konjunktivgebrauch, Basistempus der Erzählung ist das Präsens). Erzählende Gleichnisse sind also „hypothetisch-fiktional" und nicht „episch-fiktional" wie die P. Das Kriterium der „Richtungsänderung des Bedeutens" unterscheidet die P. von der bloßen Beispielgeschichte, die nur etwas „belegt" aber nicht „übertragen" werden muß. Das Kriterium der „fehlenden globalen Anthropomorphisierung von Figural aus der bekannten Realität" unterscheidet die P. schließlich von der ↗ Fabel. Von der Allegorie läßt sich die P. insofern nicht scharf unterscheiden, als es auch allegorische, etwa durch die Anthropomorphisierung von Abstrakta („Der Neid sprach") gekennzeichnete P. gibt. Die Vokabel „P." wird vielfach auch im Hinblick auf Dramen verwendet (etwa bei den „Parabel"-Dramen Bertolt Brechts). Diese „dramatischen P." sind allerdings aufgrund der Andersartigkeit des semantischen Transfers von P. im präzisierten, engeren Sinne zu unterscheiden.

3. Die wichtigsten Belegfälle für P. sind die biblischen P., insbesondere die Jesus zugeschriebenen (z.B. *Gleichnis vom Sämann*, Mt 13,3-9; *Gleichnis vom verlorenen Sohn*, Lk 15,11ff.). In der dt. Literatur treffen wir bereits im MA (u.a in Rudolfs von Ems *Barlaam und Josaphat*, um 1230) und in der frühen Neuzeit (u.a. bei Hein-

rich Steinhöwel, *Esopus*, 1492; Johannes Pauli, *Schimpf und Ernst*, 1522) auf P., ohne daß man doch schon von einem eigenen etablierten Genre der P. sprechen könnte. P. werden hier noch nicht deutlich von anderen kleineren Erzählgattungen unterschieden. Das ändert sich im 17. Jh. Hier läßt sich eine erste Etablierungsphase der P. als eigene Gattung feststellen. Diese Phase setzt 1646 ein mit gattungstheoretischen Überlegungen Georg Philipp Harsdörffers in den *Gesprächspielen*, und sie reicht (mit Belegfällen für P. bei Georg Philipp Harsdörffer selbst – in den *Gesprächspielen*, im *Poetischen Trichter*, 1648, in *Nathan und Jotham*, 1650/51 –, in Anna Sophias *Der treue Seelenfreund Christus Jesus*, 1658, Samuel von Butschkys *Pathmos*, 1677, oder Justus Gottfried Rabeners *Nützliche Lehrgedichte*, 1691) bis gegen Ende des 17. Jh. Die P. wird in dieser Phase mit der Vokabel „Lehrgedicht" benannt, weshalb man diese erste Phase auch als „Lehrgedichtphase" bezeichnen kann. Die Lehrgedichtphase wird abgelöst von der „Latenzphase" in der Geschichte der P. In dieser Zeit bis 1778 treffen wir zwar auf P. (etwa in Friedrich von Hagedorns *Versuch in poetischen Fabeln und Erzählungen*, 1738; in Christian Fürchtegott Gellerts *Fabeln und Erzählungen*, 1741ff., und noch in Gotthold Ephraim Lessings *Fabeln*, 1759), die P. wird in dieser Zeit terminologisch jedoch nicht als eigene Gattung von der Fabel unterschieden. Das geschieht ab 1778, seit Lessings *Eine Parabel* – einem Text, mit dem die zweite Etablierungsphase der P. als Gattung in der dt. Literatur eingeleitet wird. Diese Phase dauert bis etwa 1823 (Friedrich Rückert, *Es ging ein Mann in Syrerland*), und sie ist gekennzeichnet durch eine intensive P.produktion (mit Belegfällen bei Johann Gottfried Herder, Matthias Claudius, Johann Wolfgang von Goethe, Friedrich Adolph Krummacher u.a.). In gattungstheoretischen Ausführungen wird die P. hier als eine „morgenländische" Gattung betrachtet, und die P. in dieser deshalb auch als „Morgenlandphase" bezeichneten Phase weisen selbst häufig eine „morgenländische" Einkleidung auf. Die bekannteste P. aus diesem Zeitraum ist wohl Lessings „Ringparabel" (1779) in seinem Schauspiel *Nathan der Weise*. Die Morgenlandphase wird abgelöst durch die „Konservierungsphase", die bis zum Beginn des 20. Jh. dauert. Diese Phase (mit Autoren wie Agnes Franz, Franz Grillparzer, Gottfried Keller u.a.) ist dadurch gekennzeichnet, daß die Gattungskontinuität durch einen permanenten affirmativen Rückbezug auf die Klassiker der Morgenlandphase sowie durch den Bezug auf und die Adaptation von biblischen P. gewährleistet wird. Seit Beginn des 20. Jh. kann man von einer „Erneuerungsphase" der P. sprechen. Vor allem durch die P. Bertolt Brechts (*Balkankrieg*, 1913, u.a.) und Franz Kafkas (*Vor dem Gesetz*, 1915, u.a.) wird eine Erneuerung der Gattung in quantitativer und qualitativer Hinsicht begründet: Der Typus der sogenannten Entdeckungs-P. mit Implizitem Transfersignal gewinnt an Gewicht, während der Typus der Erbauungs-P. (mit der Funktion, religiöse Überzeugungen zu verdeutlichen oder in diese einzuüben) lediglich Ergänzungen durch Texte aus jüdischer Quelle (u.a. bei Martin Buber oder Micha Josef Bin-Gorion) erfährt. P.-Autoren wie Friedrich Dürrenmatt, Günter Anders, Günter Kunert u.a. setzen die durch Kafka und Brecht eingeleitete Erneuerung fort.

Rüdiger Zymner

Lit.: J. Billen (Hg.): Dt. Parabeln, 1982. – W. Harnisch: Die Gleichniserzählungen Jesu, 1985. – R. v. Heydebrand: P. In: Archiv für Begriffsgeschichte 34 (1991). – R. Zymner: Uneigentlichkeit. Studien zu Semantik und Geschichte der P., 1991.

Parodie

1. Eine literarische P. ist (1) ein auf mindestens eine Vorlage (2) adaptierend bezogener Text. Bei der Vorlage kann es sich (1.1) sowohl selbst um einen einzelnen Text, als auch (1.2) um ein Genre handeln; es kann (1.3) ein Individualstil oder auch (1.4) ein Gruppen- oder ein (1.5) Epochenstil sein. Dabei richtet sich die Bezugnahme (2.1) auf die Schreibweise der Vorlage (nicht aber auf den Stoff oder das Sujet, nicht auf die Verfahren der Sujetfügung also); und sie besteht weder in einer nachbildenden Kopie des Originals (etwa als Nachschrift oder „imitatio") noch in seiner wetteifernden Überbietung (etwa als Umschrift oder „aemulatio"); weder in einer einfachen oder montierenden Zitierung (etwa als „Cento") noch in einer Übersetzung (als „interpretatio"); vielmehr handelt es sich um eine (2.2) distanzierende Adaptation: Eine P. ist nicht-affirmativ (also eine „Gegenschrift" oder, in Anlehnung an die Etymologie des Wortes P., das auf gr. „parodos" zurückgeht, ein „Gegengesang"). Zur Distanzierung verwendet sie eine Reihe verschiedener Techniken; zu den wichtigsten zählen hier die entstellende Adaptation der Vorlage durch Übertreibung, also Unter- oder Übererfüllung einer Textnorm, sowie durch eine antithematische Behandlungsweise. In jedem Fall haben die Techniken der Distanzierung (3) eine komisierende Funktion, die Funktion, durch Verhöhnen, Verspotten, Lächerlichmachen den Rezipienten zum

Lachen zu reizen (Beispiel: Vorlage Friedrich Gottlieb Klopstock, *Zweyte Ode von der Fahrt auf dem Zürcher See*, 1750: „Schön ist, Mutter Natur, deiner Erfindung Pracht, // Auf die Fluren verstreut; schöner ein froh Gesichte // Das den großen Gedanken // Deiner Schöpfung noch einmahl denkt"; P.: Friedrich Torberg, *Angewandte Lyrik von Klopstock bis Blubo*, 1976: „Schön ist, Mutter Natur, deiner Erfindung Pracht. // Aber wenn sich des Sees, streng in horazischem Takt, // Ein Professor ermächtigt, // Dann vergeht dir die Lust zum Baden").

2. Zu den nahen Verwandten der P. zählt die (1) Travestie, die lediglich die Abhängigkeit von einer Vorlage auf der Ebene des Mitgeteilten (Inhalt, Sujet, plot) aufweist, nicht jedoch im „Verfahren der Sujetfügung" (Verweyen/Witting 1979), auf der formalen Ebene der Mitteilung also; die Travestie ist somit im Unterschied zur P. eine „ganz selbständige Form". Daneben wäre das (2) Pastiche als eine bloße Stilimitation von der P. zu unterscheiden. Schließlich ist auch die (3) Kontrafaktur von der P. zu trennen. Wie bei der P., so wird auch bei der Kontrafaktur eine intertextuelle Beziehung zwischen zwei Texten hergestellt, zwischen einer Vorlage und einer „Gegen-Verfertigung". Während jedoch die P. eine komisierende Funktion hat und allgemein der Herabsetzung der Vorlage dient, besteht die Funktion der Kontrafaktur allgemein in der Ausnutzung der Vorlage für die eigenen Äußerungsabsichten. (Beispiel: Vorlage Rainer Maria Rilke: „Werkleute sind wir: Knappen, Jünger, Meister // und bauen dich du hohes Mittelschiff"; Kontrafaktur, Johann P. Tammen: „Malocher sind wir – bei Opel, Ford und Flick: // Und folgen dir, du rote Solidarität"). In einem engeren Sinne versteht man unter einer Kontrafaktur allerdings häufig lediglich die geistliche Umdichtung einer weltlichen Vorlage, oder die weltliche Umdichtung einer geistlichen Vorlage (Beispiel: Vorlage Philipp Nicolai, *Ein Geistlich Braut-Lied*, 1599: „Wachet auff / rufft vns die Stimme / Der Wächter sehr hoch auff der Zinnen / Wach auff du Statt Jerusalem"; Kontrafaktur, Emanuel Geibel, *Thürmerlied*, 1883: „Wachet auf! ruft euch die Stimme // Des Wächters von der hohen Zinne, // Wach auf, du weites deutsches Land!").

3. Die Kontrafaktur (K.) kommt als Verfahren auch in anderen Künsten vor. In der Literatur ist sie als Schreibweise seit dem MA nachweisbar; Ersetzungen weltlicher Liedtexte durch geistliche finden sich vielfach (z.B. bei Heinrich Laufenberg, 15. Jh.), auf zahlreiche Belege für K. im engeren Sinne treffen wir insbesondere im 16. und 17. Jh. (z.B. Martin Luthers *Vom Himmel hoch* als K. zu *Aus fremden Landen komm ich her*; Paul Gerhardts *O Haupt voll Blut und Wunden* als K. zu Hans Leo Haßlers Liebeslied *Mein G'müt ist mir verwirret*), aber auch noch im 20. Jh. (Bertolt Brechts „Hitler-Choral" „Bittet den Anstreicher, daß er den Zinsfuß uns senke!" als K. zu Joachim Neanders Dankgedicht *Der Lobende*, 1680: „Lobe den Herren den mächtigen König der Ehren"). Auch die K. in einem weiteren Sinne ist ein vom MA bis in die Gegenwart verbreitetes Phänomen, bei dem eine bekannte Vorlage als Trägermedium für die eigene neue Botschaft verwendet wird (wie etwa bei Johann Gottlieb Seumes „Bekränzt euch nicht, ihr weingelehrten Zecher" als K. zu Matthias Claudius' *Rheinweinlied*: „Bekränzt mit Laub den lieben vollen Becher"; oder Dieter Höss' *Krisenlied*: „O Wirtschaftswunderherrlichkeit" als K. auf das anonyme „O alte Burschenherrlichkeit").

4. Wie die K., so kommt auch die P. als Verfahren in anderen Künsten (etwa in der Musik) vor. Ebensowenig wie die K. ist die literarische P. an eine bestimmte ↗ Gattung gebunden, beide gibt es in Epik, ↗ Lyrik und ↗ Drama. Und ebensowenig wie sie gattungssystematisch gebunden ist, beschränkt sich die P. auf eine bestimmte Epoche. Es ist ein anscheinend zu allen Zeiten und in allen Literaturen verbreitetes Phänomen (Belege schon aus mhd. Dichtung bringt z.B. G. Schweikle [Hg.]: *P. und Polemik in mhd. Dichtung*, 1986; *P. vom Minnesang bis zur Moderne*, 1973, versammelt G. Jahn). Allerdings lassen sich Hoch-Zeiten der literarischen P. feststellen, die allem Anschein nach mit Endphasen literaturgeschichtlicher (z.B. gattungsgeschichtlicher) Entwicklungen zusammenfallen – so etwa das 18. Jh. in Frankreich (mit Hunderten von P. auf die klassische ↗ Tragödie Corneilles und Racines), die erste Hälfte des 19. Jh. in Deutschland (mit zahlreichen P. auf Texte Goethes und Schillers; vgl. hierzu W. Hecht [Hg.]: *Frei nach Goethe. P. nach klassischen Dichtungen Goethes und Schillers*, 1965; Chr. v. Grawe [Hg.]: *Wer wagt es, Knappersmann oder Ritt? Schillerp. aus zwei Jahrhunderten*, 1990), oder auch die zweite Hälfte des 19. Jh. in England (mit P. auf romantische Autoren wie Wordsworth oder Byron).

5. Als Technik der literarischen Kritik erlebte die P. in der dt. Literatur der ↗ Aufklärung und der Weimarer ↗ Klassik eine Blütezeit. So wird sie z.B. in der Auseinandersetzung zwischen den Anhängern Johann Christoph Gottscheds einerseits und „den Zürchern" um Johann Jakob Bodmer und Johann Jakob Breitinger andererseits (berühmt: *Gottsched ein Trauerspiel in Versen oder der parodierte Cato*, entstanden 1751, hg. 1765) zu einem wichtigen Bestandteil literarischer Fehden. Zum Gegenstand der Anstoßnahme wurde auch Goethes Sturm-und-Drang-Roman *Die Leiden des jungen Werthers*, 1774,

z.B. in Friedrich Nicolais *Freuden des jungen Werthers*, 1775 oder auch noch in Kaspar Jakob Kügelgens *Die Leiden des jungen Hubers oder Die schrecklichen Folgen der Onanie*, 1805; gegen die physiognomischen Studien Johann Kaspar Lavaters richtet sich Georg Christoph Lichtenbergs parodistisches *Fragment von Schwänzen*, 1783. Einem antiklassischen Affekt verpflichtet sind die P. auf Schiller seit dem Beginn des 19. Jh. (u.a. August Wilhelm Schlegels *Schillers Lob der Frauen. P.*, publiziert 1846, auf Schillers Gedicht *Würde der Frauen*) sowie die gegen Goethe (z.B. Clemens Brentanos *Es saß der Meister vom Stuhle*, 1803 als P. auf Goethes *Es war ein König von Thule*, Friedrich Theodor Vischers *Faust. Der Tragödie dritter Theil*, 1862 als P. auf Goethes *Faust*). Die anhaltende Beliebtheit und Verbreitung literarischer P. belegt eine ganze Reihe von Anthologien – nicht erst angefangen mit Z. Funcks *Das Buch deutscher P. und Travestien* (2 Bde., 1840/41) oder F. Mauthners *Nach berühmten Mustern* (2 Bde., 1878/80), und nicht schon abgeschlossen mit G. de Bruyns *Das Lästerkabinett. Deutsche Literatur von Auerbach bis Zweig in der P.* (1972), Th. Verweyens und G. Wittings *Walpurga, die taufrische Amme. P. und Travestien von Homer bis Handke* (1989) oder W. Freunds *Kein Pardon für Klassiker* (1992).

Rüdiger Zymner

Lit.: D. Lamping: Die P. In: O. Knörrich (Hg.): Formen der Literatur, 1981. – W. Pape: P., Nachtrag in: A. Liede: Dichtung als Spiel, ²1992. – Th. Verweyen/G. Witting: Die Kontrafaktur, 1987. – Th. Verweyen/G. Witting: Die P. in der neueren dt. Literatur, 1979.

Petrarkismus

1. Der wohl von Heinrich Heine erstmals im Deutschen verwendete Begriff P. bezeichnet ein europäisches literarisches Liebeskonzept, dessen Vorbild Francesco Petrarcas (1304–1374) Gedichtzyklus *Canzoniere* (ital., *Das Buch der Lieder*, ursprüngl. von Petrarca als Anthologie zusammengestellt unter dem Titel: *Rerum vulgarium fragmenta* „Bruchstücke muttersprachlicher Dinge") ist. Anders als der an höfischer Kultur orientierte ↗ Minnesang gewinnt im System petrarkistischer (petr.) Liebeslyrik einzig die Selbsterfahrung des lyrischen Subjekts Raum, wenn es Verlust oder Verweigerung der Liebe beklagt. Im Zentrum steht das Oxymoron von der „bittersüßen Liebe", das auf Sappho zurückgeht und von Ovid und Catull („dulcis amarities") übernommen wurde. Diese paradoxe, antithetische Thematik wird concettihaft zugespitzt oder in weithergeholten, vielfach gekünstelten Wortspielen erfaßt. Daher gehört Liebesdichtung zur Pflichtübung der Poeten, „weil die liebe gleichsam der wetzstein ist an dem sie jhren subtilen Verstand scherffen" (Martin Opitz).

2. Viele der im *Canzoniere* (1470) vereinten Bilder, Motive und Figuren begegnen bereits bei dem griech. Dichter Kallimachos (3. Jh. v. Ch.), bei den römischen Elegikern, in vorpetrarkischer sizilianischer Dichtung, ferner im „dolce stil nuovo" (Liebe als göttliche Ordnungskraft, die Geliebte als höchstes Tugendideal) oder bei den provenzalischen Troubadours. Zur *Canzoniere*-Nachahmung gesellte sich die Rezeption der *Griechischen Anthologie* (*Anthologia Graeca*, Druck 1484), der von erfüllter Liebe kündenden *Anakreonteen* (1554) und die Liebesbotschaft des biblischen Hohenliedes. – Die Petrarca-Nachahmer schöpfen aus dem reichen Fundus der Redefiguren (Oxymoron, Antithese, Adynaton, Namenssymbolik, Anagramm, Hyperbolik) und der Bildfelder (Liebeskrieg, Amors Blindheit, Augenritual, Polarität von Eis und Feuer; Stein-, Diamant-, Schiffahrts-, Herzmetapher, Schönheitsepitheta, Tugendpreis und Pretiosenmotivik, Traumvision, Gebärdenspiel) unter Einbeziehung der Jahres- und Tageszeiten und der Empfindungen widerspiegelnden Landschaft.

Das lyrische Ich des *Canzoniere* steht ganz im Banne der tugendhaften, den Liebeskranken abweisenden und später verstorbenen, in Geistigkeit enthobenen Laura. Der Liebende erduldet den Zwiespalt von sinnlichem Begehren und Distanz fordernder Idealisierung. Unerfülltheit der Liebe und Schuldbewußtsein begreift der Dichter als Quelle seines Leidens und zugleich seines Dichtertums.

3. Der P. dominierte seit 1501, als der *Canzoniere* im Druck vorlag. P. Pietro Bembos (1470–1547) fiktive Rede in Baldassare Castigliones (1478–1529) Hoftraktat *Libro del Cortegiano* (1528) komprimiert sein Liebeskonzept. Tugendadel der geliebten Herrin und universalistisches Liebesprinzip des Florentiner Neuplatonismus (M. Ficino 1433–1499) entsprechen einander. Der italienische P. reichte von rhetorischer Ausbeutung des *Canzoniere* im 15. Jh. (achtzeilige, epigrammatische Strambotti), über Bembos neuplatonischen Ansatz unter Neubewertung des Sonetts (Ariosto, Della Casa, Sannazaro, Michelangelo, Vittoria Colonna und Veronica Gambara) bis zur Endphase in der zweiten Hälfte des 16. Jh. (G. Marino, 1569–1625), als man, Intellektualismus und Sensualismus vereinend, concettistische Spielarten exzessiv betrieb. – Mit der „epidemieartigen Ausbreitung" (Pyritz) der petr. Mode entfaltete sich als Reaktion auf Sterilität und pure

Artistik der Anti-P. in Parodien, satirischen Inversionen, ironischen Frauenschelten, Burlesken und das Erotische forcierenden Priapeia.

In Spanien verschmolz mittelalterliche Volkspoesie mit petr. Liebeslyrik (Boscán, 1534), der „Bembismo" prägte Herrera und im „konzeptistischen P." Quevedos und Góngoras vollendete sich die epigrammatische Form. Marot war neben Mellin de Saint-Gelais der erste, der französische Sonette verfaßte (*Œuvre* 1532). Mit epigrammatischen „dizains" und reichem humanistischen Wissen (↗ Humanismus) versuchte Scéve, der neuplatonischen Liebesvorstellung gerecht zu werden. Dichter der Pléiade (Du Bellay, Ronsard) rezipierten Bembo. In England bahnte Wyatt dem P. den Weg. Spencers Sonette preisen die Freude künftigen Eheglücks. Petr. Elemente bediente sich auch Shakespeare, der die Sonettmode nahezu ad absurdum führte und sich in homoerotischen Gedichten zu realistisch-sensualistischer Liebesauffassung bekannte. In Donnes Witz und Gefühl vereinenden *Songs and Sonets* (1601) erreichte der englische P. seinen Höhepunkt. Neben volkssprachlicher Vermittlung schuf neulat.-humanistische Dichtung den für Deutschland maßgeblichen P. der Niederlande (↗ Neulateinische Dichtung). Johannes Secundus, der die Tradition antiker Kußgedichte erneuerte, griff in Elegien (Trauergedichte) und Epithalamien (Hochzeitsgedichte) auf petr. Motive zurück. Durch Daniel Heinsius gelangten petr. Gedichte in die Anthologie *Bloem-Hof* (1608). Auch Skandinavien erreichte diese Mode: Der bislang nicht identifizierte Skogekär Bergbo versetzte in seinem vor 1650 verfaßten Sonettzyklus *Wenerid* (1680) petr. Stilmittel in nordische Atmosphäre.

4. In Deutschland fand durch Martin Opitz das „Petrarquiser/ das ist/ wie Petrarcha buhlerische reden brauchen" (*Buch von der Deutschen Poeterey*, 1624) Eingang. Er bearbeitete Gedichte von Veronica Gambara, Ronsard und Heinsius und fügte zwei Petrarca-Sonette seiner ↗ Poetik ein. Zudem waren ihm die Gestaltungsmittel vertraut, die in der lat. Liebesdichtung dt. Humanisten (Celtis' *Amores* 1502, P. L. Secundus' *Poemata* 1563, Melissus-Schede, C. Barths *Erotopaegnion* 1623) begegnen. Weitere, petr. ↗ Lyrik begleitende Faktoren waren das dt. Gesellschaftslied und die Rezeption italienischer Liedkunst: G. Forsters *Frische teutsche Liedlein* (1539–1556), Orlando di Lassos Madrigalsammlungen, H. L. Hasslers Lieder *nach art der welschen Madrigalen und Canzonetten* (1596) oder J.H. Scheins *Venus Kräntzlein* (1609). Petr. Gestaltungsmittel kennen Theobald Hocks *Schönes Blumenfeldt* (1601) und Georg Rudolf Weckherlins *Oden und Gesänge* (1618). Dessen spätere Gedichte (1641, 1648) erinnern an den sinnlichen P. noch vor Bembos Neuerung. Paul Flemings (1609–1640) Liebesdichtung orientiert sich, obgleich mögliche erlebnishafte Spuren in sich bergend und den Spiel-Raum der Liebeshandlung changierend, an vorgegebenen Mustern. Seine lat. *Rubella*-Gedichte (1631) umspannen heitere Erotik und petr. Liebesklage. Die dt. Gedichte (1646 postum) widerspiegeln einzelne Lebensphasen. U.a. macht sich hier die Leipziger Liedkultur bemerkbar wie auch in den beliebten Arien und Ritornellen des Komponisten und Dichters Adam Krieger (1634–1666). Diesem Umkreis verwandt ist Kaspar Stielers (1632–1707) biographisch gefärbte, die Liebe in allegorisch-verblümtem Sprechen und schäferlicher Einkleidung besingende Sammlung *Die Geharnschte Venus* (1660, Pseudonym Filidor der Dorffer), das Vorbild für den barockisierenden Gedichtzyklus *Dafnis* von Arno Holz (1863–1929). Stieler verschmilzt vielerlei Traditionen der Liebeslyrik: römische Erotiker, *Anthologia Graeca* und petr. Motivkreise, er ist beeinflußt von Opitz, Fleming, Zesen und den Nürnberger Pegnitzschäfern, er weiß souverän concettistische und epigrammatische Verse zu gestalten und umspielt gelebte Liebe in priapeischen Texten. Ohnehin variieren die Genera erotischer Dichtung je nach Distanzhaltung der Liebespartner („genus grande" – „genus medium" – „genus humile").

Biblische Liebestopik (Hohelied, Psalmen), mittelalterlich-mystische Tradition und petr. Repertoire finden sich im Liedgut des Jesuiten Friedrich Spee (1590–1635), wenn er die Jesusminne artikuliert, oder bei Angelus Silesius (= Johannes Scheffler), der petr. Schönheitsepitheta auf Jesus bzw. Maria überträgt. In der zweiten Jh.hälfte tritt der P. mehr in den Hintergrund. Chr. Hoffmann von Hoffmannswaldau (1616–1679) greift in den erotischen Dichtungen (postum 1679) auf petr. Bausteine zurück, die sowohl sensualistisch-witzig dem Preis der Liebeserfüllung (piccolo morte) als auch mystischen Reflexionen dienen (↗ Mystik). Desgleichen begegnen petr. Versatzstücke bei Daniel Caspar v. Lohenstein (1635–1683), Hans Aßmann v. Abschatz (1646–1699, *Anemons und Adonis Blumen*) und bei Johann Christian Günther (1695–1723). Obgleich Anzeichen der Erlebnisdichtung signalisiert werden, stehen seine Texte noch ganz in der Tradition humanistischer Gelehrtendichtung.

5. Die petr. Liebeskonzeption verschwistert sich mit der heiteren, sinnenfrohen anakreontischen Liebe im Halberstädtischen Dichterkreis um Johann Wilhelm Ludwig Gleim (*Petrachische Gedichte*, 1764). Die Autoren der Göttinger Musenalmanache (L.Ch. H. Hölty und K.F. Cramer) huldigten in petr. Manier ihrem Frauenideal.

Friedrich Gottlob Klopstock (*Laura und Petrarca*, *Fanny*-Oden), Gottfried August Bürger (*Molly-Lieder*), Jacob Michael Reinhold Lenz (*Petrarch. Ein Gedicht aus seinen Liedern*) und Schiller (*Laura*-Gedichte) greifen auf petr. Reminiszenzen zurück. Doch der neue lyrische Entwurf der Erlebnisdichtung und die typenhaft gestaltete Liebeserfahrung in naiv gebrauchten Formeln des Volksliedes (↗ Lied) verweigern sich dem petr. System ebenso wie die religiös-allegorisierende und transzendierende Liebesdichtung der ↗ Romantik.

Wilhelm Müllers (1794–1827) Italienreise (1817/1818) und seine Edition dt. Barockdichter bieten trotz vermeintlicher volksliedhafter Simplizität erwägbare Rahmenbedingungen für die antagonistische petr. Grundstruktur in seiner *Winterreise* (1823/24). Zwar fehlen in diesem, von Franz Schubert vertonten lyrischen Monodrama die verdichteten Begriffs- und Bildfelder und eine Konturierung der Geliebten, doch zum „Weltschmerz" gesteigerte existentielle Einsamkeit des lyrischen Ichs wird in dipolaren Spannungsfeldern vermittelt, deren Hauptgegensatz glühendheiße Liebe und erstarrte, schnee- und eisbedeckte Natur bilden. Die romantische und spätromantische Musik öffnet sich dem petrarkisierenden Text. Musterbeispiel dafür ist Robert Schumanns *Dichterliebe* (1840) aus dem *Buch der Lieder* (1827) Heinrich Heines, der zugleich „Erneuerer und Zerstörer des P." (Windfuhr) war. Liedhafte Form vereint er mit petr. Bild- und Motivketten, die er jedoch durch Verfremdung gängiger Formeln und Wechsel der Stilebenen oder durch Konversationsgesten ironisiert. Er wendet sich gegen klischeehaften „sentimentalen P., der uns immer als eine lyrische Donquichotterie erschienen ist", und entlarvt das idealistische Liebesbild. In Rilkes *Sonette an Orpheus* (1923) oder Günter Eichs Prosastück *Lauren* (In: *Maulwürfe*, 1968) klingt die überlebte Tradition des P. nach.

Dieter Merzbacher

Lit.: L. Forster: Das eiskalte Feuer, 1976. – H. Friedrich: Epochen der italienischen Lyrik, 1964. – G. Hoffmeister: Petrarkistische Lyrik, 1973. – H. Pyritz: Paul Flemings Liebeslyrik, 1963. – H. Schlaffer: Musa iocosa. Gattungspoetik und Gattungsgeschichte der erotischen Dichtung in Deutschland, 1971.

Phantastik

1. Ph. ist kein Texttyp, sondern eine (narrative) Struktur, die nicht nur in sprachlichen Texten verschiedener Gattungen (↗ Gattung), sondern auch in nicht-sprachlichen Äußerungen (Film usw.) vorkommen kann. Jede historische Phase hat nicht nur ein kulturelles Wissen über die Welt im allgemeinen, sondern im besonderen auch ein Wissen darüber, was Realität sei: einen kulturellen Realitätsbegriff. Zu diesem gehören die fundamentalen – logischen, ontologischen, theologischen und/oder wissenschaftlichen – Basisannahmen, durch die festgelegt wird, was das jeweilige historische System für in der Realität möglich bzw. unmöglich hält. Zur phantastischen Literatur gehören alle Texte, die a. in einer grundsätzlich mit dem jeweiligen Realitätsbegriff kompatiblen Welt Phänomene auftreten lassen, die mit diesem nicht kompatibel sind, weil sie zumindest eine dieser Basisannahmen verletzen. Diese Phänomene müssen b. – zumindest zunächst – in der dargestellten Welt als gleichwohl real oder zumindest potentiell real gesetzt sein, d.h., sie dürfen zunächst nicht als einem wahrnehmenden Subjekt nur vorgetäuscht oder von diesem nur eingebildet (Traum, Halluzination usw.) erscheinen. Da die dargestellte Welt eine real mögliche ist, die Phänomene aber als unmögliche gelten, sind sie c. hochrangig erklärungsbedürftig. Dieses unerklärliche phantastische Phänomen, sei es nun das Auftreten „unmöglicher" Wesenheiten oder das Eintreten „unmöglicher" Ereignisse, kann d. im Textverlauf entweder weginterpretiert werden, indem es durch eine wissenskonforme Erklärung, z.B. auf Vortäuschung durch Betrug oder Selbsttäuschung reduziert wird: In solcher Rationalisierung und Psychologisierung erweist sich das Phänomen letztlich als nicht-phantastisch. Oder das Phänomen bleibt phantastisch, indem sein Realitätsstatus nicht in Frage gestellt wird: dann kann der Text entweder ein – dann notwendig okkultistisches – Erklärungsangebot machen oder nicht. In beiden Fällen konfrontiert er der kulturell möglichen Welt eine ganz andere Welt, deren „Gesetzmäßigkeiten" aber zumindest im ersten Falle skizziert werden, im zweiten hingegen völlig unbekannt bleiben. Der Text muß sich im übrigen nicht zwischen Reduktion und Faktizität des Phantastischen entscheiden: Er kann den Realitätsstatus des Phänomens zweideutig halten, indem er rationalisierende und okkultistische Erklärungsangebote unentschieden läßt.

↗ Utopie und ↗ Science Fiction entwerfen zwar alternative Welten zu der von den Zeitgenossen je erlebten Welt: Aber diese Welten sind im Gegensatz zur Ph. erstens normalerweise in fremden Räumen oder Zeiten situiert, während die fremde Welt der Ph. in der vertrauten Welt situiert ist; die Welten der Utopie und der Science Fiction sind zweitens primär durch soziale bzw. technologische Differenz zur gegebenen Welt charakterisiert, die phantastische Welt hingegen durch eine ontologische Differenz.

2. Die historischen Entstehungsbedingungen der Ph. folgen aus ihrer Struktur. Solange der theologische Diskurs bestimmt, was kulturell als „Realität" gilt, kann es, von Einzelfällen abgesehen, keine Ph. geben, denn die christlichen „Wunder" erscheinen als „real", und andere Wunder wären häretisch. Indem die ↗ Aufklärung die Dominanz der Theologie bricht, kann es, in scheinbarer Paradoxie, gegen Ende des 18. Jh. sowohl zu einem (anti)aufklärerischen Okkultismus als auch zu einer Ph. kommen, beides ein nicht nur dt., sondern europäisches Phänomen. Die Anfänge einer dt. Ph. im Geisterseher- und Geheimbundroman – Schillers *Der Geisterseher* (1789), Grosses *Der Genius* (1791ff.) usw. – sind im wörtlichsten Sinne Aufklärungsromane, in denen, gegen den zeitgenössischen Okkultismus, zunächst scheinbar Phantastisches jeweils rationalistisch reduziert wird; sie tilgen die Abweichung, nachdem sie mit ihrem Reiz gespielt haben. Erst seit den 1790er Jahren tritt nicht nur, aber nicht zuletzt, bei den Romantikern (↗ Romantik) ein nicht-reduziertes Phantastisches auf, dessen Erfolg ganz offenkundig daran gebunden ist, daß erstens dieses Kultursystem den Wunsch nach der Alternative, dem ganz „Anderen" in verschiedensten Formen hat, dessen primitivstes Symptom der zeitgenössische Okkultismus wäre (vgl. z.B. Mesmers Magnetismus oder Jung-Stillings *Theorie der Geisterkunde)*, und daß zweitens mit Hilfe dieser Ph. für dieses Kultursystem relevante Bedeutungen transportiert werden können, die in ihm auf keine andere Weise semiotisch repräsentiert werden können. Diese Texte – z.B. Tiecks *Der Runenberg* (1812), E.T.A. Hoffmanns *Die Bergwerke zu Falun* (1819), Eichendorffs *Das Marmorbild* (1826) usw. – funktionieren ebenso wie die Geisterseher- und Geheimbundromane und der ↗ Bildungsroman nach dem goethezeitlichen Modell der Initiationsgeschichte, bei der es darum geht, daß der jugendliche Protagonist zu Autonomie und Selbstfindung gelangt. Die phantastischen Phänomene stellen hier Gefährdungen dar, denen zu verfallen mit Selbstverlust und Entautonomisierung gleichbedeutend ist. Was hier als Gefährdung von außen erscheint, ist tatsächlich aber eine von innen: Was eigentlich ein psychisches Unbewußtes sein müßte, wird als phantastische Realität nach außen projiziert und damit zugleich indirekt repräsentiert, ohne direkt eingestanden werden zu müssen. Diese Ph. endet denn auch mit der Goethezeit, mit deren Ende zugleich auch die ersten Versuche einer Thematisierung von Unbewußtem auftreten.

3. In der Phase des ↗ „Realismus", wo ein zumindest tendenziell mit den wissenschaftlichen Diskursen kompatibler Realitätsbegriff vorherrscht und die Existenz eines Unbewußten zwar für irrelevant erklärt, aber nicht negiert wird, fehlt für eine Ph. somit sowohl die Bedingung ihrer Möglichkeit, d.h. die Denkbarkeit ontologisch alternativer Möglichkeiten/Realitäten, als auch eine mögliche kulturelle Funktion, etwa eben als Ausdruck des anders nicht Ausdrückbaren. Im dt. Realismus sind somit phantastische Texte bzw. Texte mit phantastischen Elementen extrem selten und stellen, wenn sie auftreten (vgl. z.B. Storms *Ein Bekenntnis*, 1887), selbst schon eine Veränderung dieses Literatursystems dar.

4. Gegen Ende des 19. Jh. konstituiert sich allmählich ein neues Literatursystem, die „Frühe Moderne" (↗ Moderne), in dem die Ph., ähnlich wie in der Goethezeit, und im übrigen nicht nur im dt.sprachigen Gebiet, eine wesentliche Rolle spielt: Frühe Beispiele sind Kubins *Die andere Seite* (1909), Ewers' *Alraune* (1911), Strobls *Eleagabal Kuperus* (1910), Meyrinks *Der Golem* (1915); der quantitative Höhepunkt dieser Literatur liegt in den 1920er Jahren (zu den genannten Autoren kommen z.B. noch Spunda, Perutz, Lernet-Holenia usw.). Auch diese Blüte der Ph. ist an denkgeschichtliche Voraussetzungen gebunden: Nicht zufällig einsetzend mit der Krise des Newtonschen Wissenschaftsparadigmas, verbreitet sich ein geradezu aberwitziger Okkultismus neuen Typs (z.B. H. Blavatsky, R. Steiner). Auch diese neue Ph. ist auf die Strukturen der sonstigen zeitgenössischen Literatur bezogen: Es geht in dieser um nichts anderes als in jener, nur eben anhand phantastischer, allen Realisationsbeschränkungen enthobenen Welten. Im Gegensatz zur Ph. der Goethezeit gilt es nicht, sich dem „Okkulten" zu entziehen, sondern es sich zu unterwerfen; nicht um Grenzen der Selbstfindung und Selbstverwirklichung des Subjekts, sondern um deren Ausweitung bis zur absoluten Größenphantasie geht es; ein Unbewußtes in der Person ist nicht mehr das Uneingestehbare und Gefährdende, sondern selbstverständliche Prämisse und zu verwirklichendes Potential. Was das Personenkonzept der Literatur der Frühen Moderne dabei zugleich von dem der Psychoanalyse unterscheidet, wird am deutlichsten in der Ph.: Es geht um die Erhaltung der Psyche als Geheimnis, als Ort quasi-magischer Macht. Auffällig für die dt. Ph. ist folgerichtig das Ausmaß, in dem Wesenheiten und Geschehnisse als Emanation dieses magischen Personenkerns interpretiert werden können.

5. Von vereinzelten Texten abgesehen, die weitgehend Nachläufer der Frühen Moderne sind, bildet die Ph. in den folgenden Jahrzehnten keinen bedeutenden Anteil an der Literatur. In der Gegenwartsliteratur sind Experimente mit Ph.-Strukturen wohl eher selten (z.B. A. Schmidts:

Herbstabend mit Goldrand und mehr noch *Julia*, begonnen 1979), während Science-Fiction-Literatur und der neue Typ der „Fantasy", deren Welten keine Infragestellung des Realitätsbegriffs beanspruchen, sondern eher ↗ Märchen für Erwachsene darstellen, zu florieren scheinen.

Marianne Wünsch

Lit.: Ch. Brooke-Rose: A Rhetoric of the Unreal. Studies in narrative and structure, especially of the fantastic, 1981. – J.M. Fischer /Ch.W. Thomsen (Hg.): Ph. in Literatur und Kunst, 1980. – T. Todorov: Einführung in die fantastische Literatur, 1970. – M. Wünsch: Die Fantastische Literatur der Frühen Moderne (1890-1930), 1991. – R.A. Zondergeld: Lexikon der phantastischen Literatur, 1983.

Poetik

1. Das Wort P. ist von griech. „poietiké" (zu ergänzen: „téchne") gebildet, dem das Verb „poiein" – „schaffen, machen, verfertigen, im bes. dichten, erdichten" zugrunde liegt. Seit Aristoteles, von dem die früheste P. stammt, umfaßt P. die Lehre von den Dichtungstechniken (poetischen Verfahrensweisen), vom Wesen, von den verschiedenen Arten (Formen, Gattungen), von der Wirkung und den Zwecken der Poesie, als eine von der Tätigkeit des Dichtens selbst unterschiedene Disziplin. In der nacharistotelischen Schultradition hieß der auf dem Feld der P. tätige Theoretiker „Kritikos", später „Grammatikos". Das zeigt an, daß sich die Fragestellungen und Bestimmungen der P. mit denen der ↗ Rhetorik, der Grammatik (insbes. im mittelalterlichen Studiensystem) und seit dem 18. Jh. partiell auch mit denen der ↗ Literaturkritik überlappen, in bestimmten Perioden sogar ganz von diesen abgedeckt werden. Der Gegenstand der P. hat sich mehrfach gewandelt: Bestimmte Bereiche wurden ausgeblendet (z.B. der Bereich der Anleitung für dichterisches Schaffen), oder sie verselbständigten sich (so etwa die Dichtungstheorie gegenüber der schöpferischen Produktion). In der Folge wurde auch der Begriff der P. durch andere Begriffe ersetzt: im 18. Jh. durch Dichtungstheorie, im 20. Jh. durch Literaturtheorie. Der Begriff P. wird aber auch weiterhin gebraucht, sei es konkurrierend mit ↗ Ästhetik als allgemeine Theorie der Künste in Abgrenzung zur Analyse der je besonderen geschichtlichen Erscheinungen (z.B. in der Bezeichnung des Arbeitskreises „P. und Hermeneutik"), sei es als Sammelname für alle Reflexionen und Theorien, die der Dichtkunst gelten, insbes. dort, wo ein enger Bezug zum literarischen Schaffen akzentuiert ist.

2. Im vielfältig verzweigten Aussagefeld der P. lassen sich doch zentrale „Orte" (Topoi) poetologischer Argumentationsbildung hervorheben und bestimmen. Teleologisch betrachtet, sind ein technisch-praktischer, ein theoretischer und ein kritischer Aufgabenbereich der P. zu unterscheiden, die allerdings bis ins 18. Jh. als eng sich durchdringend gedacht werden.

a. Eine technisch-praktische Aufgabe erfüllt die P. als Anleitung zum (richtigen) Dichten (P. als Lehre für die Dichtkunst), was ausgeführt wird in Regelsystemen (Verslehren im MA; seit der ↗ Renaissance in Regelpoetiken als Zusammenstellungen von Regeln und Vorschriften über das Schaffen dichterischer Werke). Aussagen auf diesem Gebiet berühren sich – sind zuweilen auch in diese vollständig aufgegangen – mit Bestimmungen der Rhetorik wie der Stilistik, ↗ Stil.

b. Eine theoretische Aufgabe erfüllt die P., insofern sie Bestimmungen gibt über das Wesen der Dichtkunst, ihre Konstituenten, deren wesensmäßigen Zusammenhang, auch in Abgrenzung zu anderen Künsten (P. als Lehre der Dichtkunst). Hierzu gehören auch (s.u.) Aussagen über den Ort der Dichtung in der Wirklichkeit des Menschen, über die Bezugnahme der Dichtung zur Wirklichkeit jenseits ihrer selbst und über die Binnendifferenzierung von Dichtung (verschiedene Dichtarten). Mit dem Schwinden des normativen Anspruchs der Theoriebestimmungen und der Entwicklung der Genieästhetik im 18. Jh. fällt die Einheit von „téchne"- und „theoria"-Aufgabe der P. auseinander, gerät der „téchne"-Bereich aus dem Blick. Das hat einerseits zur Folge, daß sich das Gegenstandsfeld poetologischer Bestimmungen und Reflexionen erweitert: zur Theorie der Dichtung nun als Lehre von der Dichtung oder der Literatur allgemein. Andererseits verengt sich das Gegenstandsfeld, insofern sich die Dichtungs- bzw. Literaturtheorie gegenüber der schöpferischen Produktion verselbständigt. Der Begriff der Literaturtheorie setzt dabei die Etablierung der Philologien als historische Wissenschaften im 19. Jh. voraus. Mit der Transformation der Aufgabenbereiche der P. geht die Begründung einer allgemeinen Theorie der Künste parallel (Baumgarten). Die Ästhetik übernimmt in der Folge wesentliche Fragefelder der P., bettet die Dichtung als Teil in ihre Systematik ein. Im 20. Jh. tritt als Begründungsfeld der Literaturtheorie eine allgemeine Zeichentheorie in den Blickpunkt des Interesses (S.J. Schmidt).

c. Eine kritische Aufgabe erfüllt die P. hauptsächlich in dreierlei Hinsicht: ontologisch, d.h. das Wesen der Dichtung betreffend, insbes. in Abgrenzung zur Nicht-Dichtung (z.B. theoretische Begründungen der Unterscheidung der Fiktion von Nicht-Fiktion oder – so schon in der

Poetik des Aristoteles – der Dichtung von der Geschichtsschreibung); wertend: Unterscheidungen im Hinblick auf die Qualität von Dichtung treffend; dies berührt sich mit Aufgaben und Leistungen der Literaturkritik, die sich mit dem Schwinden des normativen Anspruchs der P. und ihrer impliziten Theorieentwürfe als erstes Argumentationsfeld eines explizit theoretischen Interesses an der schönen Literatur im 18. Jh. ausgebildet hat (bei Akzentuieren des Literaturbegriffs gegenüber Poesie und Dichtung); hermeneutisch: durch Unterscheidungen im Hinblick auf den Umgang mit Dichtung (angemessene Einstellung auf ihre Eigenart und ihr jeweiliges Anliegen; Klären des Status von Aussagen über ästhetische Gegenstände wie z.B. durch Kants Begriff der „subjektiven Allgemeinheit").

3. a. In theoretischer Hinsicht untergliedert sich die P. bzw. Literaturtheorie in wiederum drei große Aussagefelder. Zum einen gibt die P. Bestimmungen über den „Ort" der Dichtung in der Wirklichkeit des Menschen. Aristoteles z.B. grenzt ein eigenes schöpferisches Wissen („episteme poietiké", Wissen über das Hervorbringen von Werken) von theoretischem und praktischem Wissen ab, bestimmt das „schöpferische Wissen" mithin als ein Wissen sui generis. Kant weist demgegenüber dem Schönen generell und implizit damit auch der Dichtung eine Zwischen- bzw. Vermittlungsstellung zwischen dem Feld der reinen Vernunft (naturwissenschaftlicher Kausalität) und dem Feld der praktischen Vernunft (der Freiheit des Menschen, des kategorischen Imperativs des Sittengesetzes) zu, als prekärer Brückenschlag, der gar nicht geleistet, im Hinblick auf den vielmehr ein „Symbol für die Reflexion" gegeben wird. Lacan wiederum und noch entschiedener Julia Kristeva bestimmen den Ort der Dichtung (der „Textpraxis" der Avantgardeliteratur des 20. Jh.) im „Bruch" zwischen der unstrukturierten Welt des „Imaginären" („Semiotischen") und der „symbolischen Ordnung".

b. Ein zweites großes Aussagefeld der P. bzw. Literaturtheorie betrifft die spezifische Bezugnahme der Dichtung zur Wirklichkeit jenseits ihrer selbst. Zu nennen ist hier allererst das Aussagefeld der ↗ Mimesis (Dichtung als „mimesis praxeos" [Nachahmung von Handlungen], als „imitatio veterum", als „imitatio naturae", als „Darstellung von Vernunftideen" [Kant, Schiller]); zur Debatte steht damit der semiotische Aspekt der Dichtung, insofern diese Welt ersetzt durch Zeichen. Mimesis kann dabei in Bezug gesehen werden zur Welt des menschlichen Handelns, zur Natur oder zu normativen Vorgaben (Nachahmung der Alten). Eine konstitutive Negation dieses Bezugs liegt in Konzepten des Hermetismus vor, ebenso des Gongorismus, der „ästhetischen Autonomie", der „poésie pure" usw.

Im Kontext der Linguistik und ↗ Semiotik als Leitwissenschaften des 20. Jh. erhält die Frage nach der poetischen Sprachverwendung, damit zugleich nach dem Status von Sprache und Schrift, neues Gewicht. Sinn, Bedeutung sind im Umfeld neostrukturalistischer Zeichentheorie (Derrida) nicht als der Sprache und der Schrift vorgängig aufzufassen, sondern als Effekt von Differenziationen zwischen Zeichenfeldern. Damit erhält die Textpraxis (so verstanden: der „Diskurs") entscheidende Aussagekraft gegenüber dem durch den Text jeweils Vorgestellten, was zugleich das (in letzter Konsequenz metaphysische) Repräsentationsmodell verabschiedet.

Ein weiteres Aussagefeld zum Komplex „Bezugnahme der Dichtung zur Wirklichkeit jenseits ihrer selbst" ist um den ↗ Mythos zentriert, zur Debatte steht hier der religiöse bzw. kultische Aspekt der Dichtung.

Weiter gehört zu diesem Komplex das Aussagefeld Geschlecht (gender). Hier steht der „Ort" des Schreibens zur Debatte als nicht geschlechtsneutral und damit zugleich Probleme und Entwürfe einer Theorie weiblichen Schreibens im Hinblick darauf, daß die Denkstruktur, mit der wir die Welt ordnen, einer Logik der Identität folgt, die die jeweils herausgestellten Oppositionen schon immer a-symmetrisch und d.h. männlich-hierarchisch interpretiert hat: Geist-Natur, Form-Stoff, Gesetz-Chaos, Subjekt-Objekt, Selbst-Anderes, Signifikat-Signifikant analog der Opposition Mann-Frau, ↗ Feministische Literaturwissenschaft, ↗ Frauenliteratur.

Große Bedeutung für die poetologische Theoriebildung hat von Aristoteles an das Aussagefeld Wirkung, ↗ Rezeption gehabt, womit der Handlungsaspekt und die Funktion der Dichtung zur Debatte stehen. Dies ist der systematische Ort der Wirkungspoetiken, ebenso verschiedener Wirkungsmodelle (z.B. das Katharsis-Konzept als Affekttheorie, das Konzept einer Durchdringung von „prodesse et delectare" oder das romantische Konzept schöpferischer Rezeption). Ebenso ist dies der systematische Ort für die Verknüpfung von P. und Rhetorik im Konzept des „aptums" (Angemessenheit der Sprachverwendung für die jeweilige Redesituation) und der systematische Ort der Verknüpfung von Poetik und Ethik in der Verpflichtung der Dichtung auf ethische Forderungen (auf der Ebene des Dargestellten wie des Diskurses).

Zum Komplex „Bezugnahme der Dichtung zur Wirklichkeit jenseits ihrer selbst" gehört weiter das Aussagefeld Geschichtlichkeit, damit der historische Aspekt der Dichtung.

c. Ein drittes großes Aussagefeld der P. bzw. Literaturtheorie betrifft die Binnendifferenzierung von Dichtung, mithin die Begründung und Bestimmung ihrer verschiedenen Formen und Gattungen, ↗ Gattung. Dies ist der systematische Ort der Entwürfe von Gattungspoetiken (die häufig einem triadischen Konzept folgen, das sich aber erst seit der Weimarer ↗ Klassik endgültig durchgesetzt hat). Andere Gliederungsparameter sind z.B.: die Struktur der Zeichenbildung (↗ Symbol-Allegorie, Metonymie-Metapher), Diskursformationen (Foucault), leitendes Medium (↗ Mündlichkeit/Schriftlichkeit, Handschrift/Buchdruck-virtuelle Literatur).

Im geschichtlichen Verlauf des poetologischen Diskurses sind immer wieder einzelne Kategorien isoliert und zu Fundamentalkategorien erhoben worden, von denen aus alle weiteren Bestimmungen zum dichterischen Schaffen wie zur Theorie der Dichtung abgeleitet werden. Die Kategorie der „Mimesis" hatte solche Leitfunktion, schon bei Aristoteles und z.B. noch in den Poetiken der ↗ Aufklärung als Forderung der „Naturnachahmung". Seit der frz. Klassik (im Rückgriff auf die röm. Antike) wird in immer neuen Ansätzen das „Erhabene" als Leitkategorie entworfen (in den idealistischen Ästhetiken in Abgrenzung zum „Schönen"). Im 17. und 18. Jh. hat auch die Kategorie der „Grazie"/"Anmut", wozu später (mit Schiller) auch die Kategorie des „Spiels" tritt, solch integrierende und begründende Funktion. Einen tiefen Bruch im Poetik-Diskurs markiert das Aufkommen des „Genie"-Gedankens, da sich damit das künstlerische Schaffen nicht mehr aus Regeln deduzieren ließ, es vielmehr selbst als Regel setzend aufgefaßt wird (Kant: „Genie ist die angeborene Gemütsanlage, durch welche die Natur der Kunst die Regel gibt"). Damit verschließt sich Aristoteles' „episteme poietiké" der begrifflichen Durchdringung, was von nun an zu einem bleibenden Topos des poetologischen Diskurses wird. Unter dem Aspekt der leitenden Zeichenkonstitution und Zeichentheorie zeigt sich der poetologische Diskurs auch darstellbar als fortgesetzte Bemühung um Verständnis, Sinnerweiterung wie -wandlung der Kategorien der „Allegorie" (damit verbunden die Diskussion um Emblematik) und des Symbols (z.B. in Bestimmungen zum vierfachen Sinn des Wortes im MA, zur Allegorie im europäischen ↗ Barock und im 20. Jh. oder zur singulären Theorie des Symbols in der dt. Klassik).

4. Historisch betrachtet, sind als Kristallisationspunkte oder Umschlagstellen des poetologischen Diskurses folgende Entwürfe hervorzuheben:

a. Aristoteles' Schrift *Peri poietikes*, „Über die Dichtkunst", hat die P. als eigenständige Disziplin begründet; sie wurde, seit ihrer Wiederentdeckung in der Renaissance, zur Grundschrift der poetologischen Reflexion der Neuzeit. In ihren wesentlichen Punkten (Mimesis, Affektenlehre) ist sie eine methodische Revision von Positionen Platons, die im Zusammenhang anderer Fragestellungen in verschiedenen Dialogen (*Phaidros*, *Symposion*, *Politeia*, *Ion*) entwickelt werden, entsprechend den verschiedenen Kontexten auch widersprüchliche Bestimmungen geben. Platon weist dem Schönen eine herausragende Funktion zu: Idee und Wirklichkeit zu vermitteln, insofern im Schönen die Idee durch den sinnlichen Schein hindurchscheine (*Phaidros*). Als Abbild von Abbildern (von Erscheinungen der Sinnenwelt statt von Ideen) ist die Dichtkunst demgegenüber minderen Ranges; der mimetische Künstler steht zwei Stufen von der Wahrheit entfernt. So impliziert Platons Ideenlehre eine Abwertung der Dichtkunst hinsichtlich ihrer Mimesisleistung (entsprechend der Vorwurf, die Dichter würden lügen, wogegen sich die Dichtung immer wieder zur Wehr hat setzen müssen). Im Kontext politischer Reflexion gelangt Platon zu einer Absage an die Dichtkunst wegen ihrer Wirkung auf die Affekte. Die Dichtung stelle Leidenschaften dar, die sich auf den mitfühlenden Zuhörer übertrügen und ihn zur Gesetzlosigkeit hinrissen (*Politeia*). Eine andere Einschätzung der Dichtkunst folgt aus Platons Enthusiasmuslehre. Dichten wird als Ekstase (Heraustreten aus sich selbst) und Enthusiasmus (von Gott erfüllt sein) verstanden (*Ion*).

Aristoteles hebt Platons moralisch-pädagogische Abwertung der Dichtung auf. Da er die Ideen als den Dingen der Erscheinungswelt selbst innewohnend bestimmt, kann die Mimesis der Dichtung als ideenbezogen gefaßt werden. Weiter werden die Affekte nicht grundsätzlich verworfen, womit der Affektbezug der Dichtung nicht mehr ein Argument gegen diese ist. Gleichzeitig wird mit der Katharsistheorie die Vorstellung eingeführt, daß die (tragische) Dichtung bestimmte Affekte („Eleos" und „Phobos", Jammer und Schrecken, von Lessing fälschlich in Furcht und Mitleid umgedeutet) ausagieren lasse, um so von diesen zu reinigen. Neben Mimesis- und Katharsis-Theorie gibt die *Poetik* eine Gattungslehre (erhalten sind die Ausführungen zur ↗ Tragödie und zum ↗ Epos), insbes. mit einer differenziert ausgearbeiteten Theorie des Tragischen (es zeige den Mensch in einer Situation, die seine Erkenntnisfähigkeit, sein Vermögen der „dianoia", übersteige, ihn einen Fehlgriff „harmatia", begehen lasse, wofür er aber doch die volle Verantwortung übernehmen müsse). Fälschlich auf Aristoteles rekurriert die Forderung der drei Einheiten im ↗ Drama (erst von Castelvetro 1570 mit Berufung auf Aristoteles formuliert, von Boileau dann dogmatisiert). Aristoteles akzentuiert Einheit der Handlung als vollständige Integration der Strukturelemente eines Werkes: „Es müssen die Teile der Begebenheiten so zusammenhängen, daß, wenn auch nur einer dieser Teile versetzt oder weggenommen wird, das Ganze zerstört wird und auseinanderfällt."

b. Von gleichfalls großem Einfluß auf die europäische poetologische Reflexion war bis ins 18. Jh. die Poetik des Horaz (*Epistola ad Pisones*, „Brief an die Pisonen"), ein Hexametergedicht, seit Quintilian meist als *Ars poetica* zitiert. Horaz fordert Einheitlichkeit des Kunstwerks, die durch Beachten des Angemessenen („decorum", „aptum", „conveniens") erreicht werde. Literarische Traditonen, soziale Konventionen und die Regeln der „ars" haben das dichterische ingenium zu begrenzen. Weiter wird der Dichter auf Nachahmen der literarischen Vorbilder („exemplaria Graeca") verpflichtet. Vielzitiert ist das doppelte Wirkungsziel, das der Dichtung zugesprochen wird: „prodesse et delectare", moralischer Nutzen und Vergnügen. Rhetorische Schriften (insbes. von Cicero und Quintilian) übernehmen einen Teil des poetologischen Diskurses. Hervorzuheben ist in diesem Kontext die Schrift *Peri Hypsous*, „Vom Erhabenen", die fälschlich dem Rhetor Cassius Longinos zugeschrieben wurde (entstanden wohl im 1. Jh. n. Chr.). Boileau hat sie in der Neuzeit wieder bekannt gemacht, seit dem 18. Jh. übt sie eine nachhaltige Wirkung aus. Mit rhetorischer Begrifflichkeit wird in antirhetorischer Intention argumentiert. Nicht Überredung ist das Ziel, sondern Verzückung, nicht Katharsis, sondern Überhebung über sich selbst in nicht mehr rational kontrollierbare Dimensionen. Das „Erhabene" wird als „Widerhall der Seelengröße" bestimmt, die den Hörer in eine Art Rausch versetze, zu analogem Aufschwung mitreiße, was erreicht werde durch einen hohen, pathetischen Stil, den man in gewisser Hinsicht lernen könne (entsprechend werden die erhabenen Ausdrucksmittel abgehandelt), der aber im wesentlichen doch in der Natur des Sprechenden und nicht in erlernbaren Techniken gründe.

c. Seit der Spätantike und durchweg im MA ging die Poetik in der Rhetorik auf, wurde Dichtung entsprechend als erlernbare Kunstfertigkeit (insbes. als „ars versificatoria") gefaßt. Poetologisch relevante Konzepte werden insbes. zur „amplificatio" (sprachliche Erweiterung des Ausdrucks) und zum „ornatus" (Schmuck der Rede durch die „Tropen", Formen uneigentlicher Redeweise) entwickelt. Wiederentdeckung des Aristoteles und Neubeschäftigung mit Horaz im 15. und 16. Jh. bilden die Grundlage der Renaissance-P. (insbes.: Castelvetro, Minturno, Tasso, Scaliger). Sie favorisieren den „poeta doctus" („poeta eruditus"), betont wird aber gleichwohl (insbes. von Scaliger) in platonischer Tradition die schöpferische Inspiration. Diskutiert wird die Bindung der Mimeses/imitatio an das Wahrscheinliche, sodann ihre Verpflichtung auf Nachahmung der mustergültigen klassischen Autoren, weiter die Zweckbestimmung der Dichtung („docere" – „belehren", „delectare" – „unterhalten", „movere" – „rühren") und die Aristotelische Katharsis-Lehre, die nun umgedeutet wird zur sittlichen Läuterung angesichts der vorgestellten Laster. Die rhetorische Lehre von den drei „genera dicendi" und die Aristotelischen Aussagen über die Charaktere von Tragödie und ↗ Komödie werden zur Ständeklausel verfestigt, ebenfalls mit Berufung auf Aristoteles werden die drei Einheiten der Tragödie zur Norm erhoben. Eine Gegenbewegung zu den klassizistischen P. repräsentieren Marino und Tesauro (Wende 16./17. Jh.). Sie fordern Befreiung der poetischen Einbildungskraft von den klassizistischen Regeln und dem Wahrscheinlichkeitsdogma, Loslösung des „verbum" von der „res", privilegieren ungewöhnliche Bilder, die „freie" Metapher, das „concetto", d.i. den scharfsinnigen Einfall. Die poetologische Reflexion der frz. Klassik nimmt eine ähnliche Entwicklung (Chapelain, Abbé d'Aubignac, Boileau: *Art poétique*, 1674). Mimesis wird als Naturnachahmung gedeutet, wobei „vraisemblance", „Wahrscheinlichkeit", und „bienséance", „Angemessenheit", zu beachten sind. Akzentuiert wird die Vernunft als Grundlage der Regelbestimmungen, als Kontrollinstanz der Phantasie und als literarkritische Kategorie. Dichtung wird verpflichtet auf „utilité" – „Nutzen" und „plaisir" – „Gefallen". Corneille lockert die strengen Bestimmungen wieder auf (*Trois discours sur le poème dramatique*, 1660), Perrault bestreitet die ewige Gültigkeit der antiken Muster, was zur literarischen Fehde „Querelle des anciens et des modernes" führt.

d. Die Renaissance-P. werden in Deutschland insbes. durch Heinsius und Vossius vermittelt. Harsdörffers *Poetischer Trichter* (1648-53) baut hierauf auf, zuvor Opitz' *Buch von der deutschen Poeterey* (1624), die erste P. in dt. Sprache, die die Entwicklung der dt. Dichtung erheblich beeinflußt hat. Die Schrift will erklärtermaßen der darniederliegenden dt. Dichtung aufhelfen; Opitz argumentiert klassizistisch, auf dem Stand der Dichtungstheorie, der im Laufe des 16. Jh. erreicht war. Eine vergleichbare Wirkung, nun für die Dichtung der dt. ↗ Aufklärung, hatte ein Jh. später Gottscheds *Versuch einer critischen Dichtkunst* (1. Aufl. 1730, jeweils revidiert in weiteren Aufl. bis zur 4. von 1751), ein großangelegtes systematisches Kompendium mit normativem Anspruch, das Wirklichkeitsbezug, Struktur der Dichtung, ↗ Gattungen, Stilistik (↗ Stil, Stilistik) und Verslehre behandelt. Gottsched baut auf der frz. Regel-P. auf; im Zentrum stehen Vernunftprinzip (Nachahmung der Natur als Nachahmung der durch Gott garantierten Vernünftigkeit der Schöpfung), Wahrscheinlichkeitsforderung und die Kategorie des „Geschmacks". Der Anspruch des „Critischen" gründet in der philosophischen Fundierung der Dichtungslehre. „Dichtkunst" ersetzt nun den Begriff „P."; nicht mehr normativ bestimmt dann Sulzer am Ende des Jh. als Aufgabe der „Theorie der Dichtkunst", die Poesie „in ihrem psychologischen Ursprung, in ihren mannigfaltigen Äußerungen und in ihrer bestimmten Anwendung" zu erforschen. Gottscheds *Dichtkunst* verfolgt ein doppeltes Ziel: Reform des Stils (gegen den „barocken Schwulst") und Reform der dramatischen Gattungen (auch Theaterreform); in diesem Kontext stehen auch die grundsätzlichen Ausführungen zur ↗ Fabel, zum Wunderbaren und zum Wahrscheinlichen. Gottscheds rigider Funktionalisierung der Phantasie wird von Bodmer und Breitinger widersprochen (*Von dem Wunderbaren in der Poesie und dessen Verbindung mit dem Wahrscheinlichen*, 1740), der engen frz.-klassizistischen Aristoteles-Auslegung tritt dann insbes. Lessing entgegen (*Briefe, die neueste Literatur betreffend*, 1759-65, *Hamburgische Dramaturgie*, 1767-69), Gottscheds Orientierung am „ut pictura poiesis"-Konzept (*Lnokoon*, 1766). In seiner Tragödientheorie stellt Lessing das Mitleid ins Zentrum, da in ihm das Gesuchte, die Verknüpfung von Affekt und Moral (Tugend), schon gegeben sei. Entsprechend wird die Aristotelische Katharsis-Theorie in eine Mitleids-Theorie umformuliert, wird das ↗ Theater als Schule des Mitleids gedeutet. Gegen Konvention und Etikette spielt Lessing „Natürlichkeit" (i.S. bürgerlicher Redeweise, bürgerlichen Lebensstils) aus, vom aufkommenden Geniegedanken des ↗ Sturm und Drang unterscheidet ihn aber ein Festhalten an objektiven Normen. Das Genie ist für Lessing nicht von jeder Regel, sondern nur von den zu allgemein gefaßten Regeln entbunden.

e. Mit der Begründung der allgemeinen Ästhetik durch Baumgarten (*Aestetica*, 1750-58), die den „unteren Erkenntnisvermögen" („cognitiones sensitivae") Recht einräumt gegenüber der intellektuellen Erkenntnis, und mit der Genieästhetik des ↗ Sturm und Drang fallen Dichtungspraxis und Wissen um die Dichtung auseinander. Von den Dichtern gibt es seither Stellungnahmen zu einzelnen Fragen dichterischen Schaffens, während systematische poetologische Reflexion von nun an im Horizont der allgemeinen Ästhetik stattfindet, was auch Einschränkung auf Fragen des Kunstschönen impliziert (z.B. Kant, Schiller, Hegel). Die poetologische Reflexion der Weimarer ↗ Klassik hat auf dem Gebiet der Gattungstheorie (Durchsetzung der Gattungstrias) nachhaltig gewirkt (im 20. Jh. wurden mehrere Versuche unternommen, diese Trias philosophisch zu fundieren, z.B. existenzialistisch durch Emil Staiger, sprachlogisch durch Käte Hamburger). Die Theoretiker der Frühromantik (F. Schlegel, Novalis) versuchen noch einmal, im Begriff „romantischer Poetik" Dichtung und Dichtungstheorie zusammenzudenken (als „progressive Universalpoesie"); weiter arbeiten sie die Kategorie der „Moderne" in Abgrenzung zur Antike heraus. Mit der programmatischen romantischen Abkehr vom Prinzip der Naturnachahmung und einer Aufladung des Allegorie-Begriffs (gegenüber der klassischen Symbolkonzeption) kommt eine Realismusdiskussion in Gang, die sich durch das gesamte 19. Jh. hindurchzieht und in Konzepten des „Sozialistischen Realismus" noch im 20. Jh. fortgeführt wird. Die poetologischen Diskussionen und Theoriebildungen des 20. Jh. kreisen um den Bezug der Literatur zur Wirklichkeit außerhalb ihrer selbst (Realismus, Parteilichkeit, künstlerische Autonomie, Pragmatisierung-Entpragmatisierung), im Rekurs auf Theorien der Psychoanalyse um den Prozeß künstlerischen Schaffens, im Rekurs auf ↗ Strukturalismus und neostrukturalistische Zeichentheorie (de Saussure, Lacan, Derrida, Kristeva) um ein neues Verständnis von „Text" als virtuell unendlichem „Intertext" (womit sich die Position des „Autors" auflöst) und um Sinnkonstitution als Effekt der Differenziation von Zeichenfeldern, um diskursive Praxis eines Textes statt des von ihm Vorgestellten (Foucault, Derrida) und um die mediale Bedingtheit poetologischer Positionen bzw. Aufschreibsysteme (Kittler). P. bzw. „Dichtkunst" und „Literaturtheorie" werden aufgehoben in Texttheorie, gleichzeitig zeigt sich ein neues Interesse an ästhetischer Theorie, die der „aisthesis"/sinnlichen Wahrnehmung wieder mehr Gewicht gibt anstelle der jahrhundertelangen Einschränkung dieses Diskussionsfeldes auf das Schöne (z.B. in neueren Diskussionen um die inhärente „Ethik" des Ästhetischen).

Bernhard Greiner

Lit.: M. Fuhrmann: Einführung in die antike Dichtungstheorie, 1973. – M. Groden/M. Kreiswirth (Hg.): The Johns Hopkins Guide to Literary Theory and Criticism, 1994. – B. Markwardt: Geschichte der dt. P. 5 Bde., 1937-1967. – H. Wiegmann: Geschichte der P., 1977.

Politische Dichtung

A.

Der Begriff P.D. setzt zwei Bereiche in Bezug zueinander, die sich auf den ersten Blick gegen eine Verbindung zu sperren scheinen. Unter dem Politischen lassen sich mit Max Weber alle Phänomene verstehen, die Machtverteilungs-, Machterhaltungs- und Machtverschiebungsinteressen betreffen. Diese Phänomene können sich zwischen Staaten oder innerhalb eines Staates bzw. der Gesellschaft abspielen. Dichtung wird in dem Moment politisch, in dem sie auf die Macht- oder Herrschaftsverhältnisse Einfluß zu nehmen versucht, sei es durch (häufig gefärbte) Information, durch tendenziöse Beeinflussung der Meinung einzelner oder der breiten Öffentlichkeit oder durch direkte Agitation (bis hin zur Handlungsaufforderung). Damit wird von einem Begriff der P.D. im engeren Sinn ausgegangen, der die generelle politische Bedingtheit aller Literatur ausklammert.

P.D. bezeichnet nicht eine literarische ↗ Gattung, sondern wird durch die Intention des Verfassers gekennzeichnet. Die Darstellungsmittel werden primär von ihrem Gebrauchswert bestimmt und weniger von ihrem ästhetischen Wert. Dies hat häufig zu einer negativen Einschätzung der P.D. geführt, die aber außer acht läßt, daß die Bedeutung des ästhetischen Wertes hinter die Frage zurücktritt, ob die Dichtung der politischen Intention des Verfassers gerecht wird oder nicht.

B. Mittelalter

1. In der P.D. des dt. MA werden vor allem Fragen der innerstaatlichen Macht- und Gesellschaftsverhältnisse angesprochen sowie die Umsetzung von Macht in Herrschaft, wie sie sich in der Herstellung von Recht und Frieden zeigt. Im Mittelpunkt des Interesses stehen der Zustand des Reiches und der Kirche sowie die Personen, die die Herrschaft darin ausüben: Kaiser, König und Papst, weltliche und geistliche Fürsten, der niedere Adel, die Städte. Der „gemeine Mann" bleibt als politische Größe fast völlig ausgespart. Dazu kommen aktuelle Ereignisse wie die Kreuzzüge im 12. und 13. Jh., lokale oder regionale Machtkämpfe im Rahmen des Territorialisierungsprozesses, im 15. Jh. die Hussiten- und Türkengefahr. Bis zur ↗ Reformation wird die Struktur des Reiches, der Kirche und der Gesellschaft nicht grundsätzlich in Frage gestellt, sondern es werden einzelne Personen und konkrete Mißstände angeprangert.

Häufig werden aktuelle Bezüge benützt, um einen Text politisch „aufzuladen". Es kann aber auch auf viel ältere Sachverhalte hingewiesen werden, wenn eine vergleichbare politische Situation vorliegt. In diesem Fall können Texte, die ursprünglich keine politische Intention besessen haben, eine solche Aussage gewinnen, wie umgekehrt ursprünglich P.D. jede konkrete Funktion verlieren, wenn der Kontext nicht mehr als politisch empfunden wird. Es kann aber auch durch zeitlose Bezüge (v.a. zur ↗ Bibel) eine Tendenzdichtung entstehen, z.B. wenn der Gegner mit dem Antichrist, mit Luzifer oder Judas verglichen wird. Allgemein gilt: Je mehr über den Hintergrund eines Textes bekannt ist (z.B. durch identifizierbare Namen und Anspielungen auf konkrete Ereignisse), desto größer ist die Chance, daß er als P.D. erkannt wird.

P.D. können im MA z.B. in Gestalt von ↗ Fabeln, Schelten, Zeitklagen oder Preisgedichten vorliegen. Verbreitete Formen sind einzelne Sangspruch-Strophen (↗ Sangspruch/Reimspruch), mehrstrophige Lieder, Reimpaarsprüche und -reden bis hin zu langen Vers- oder Prosatexten, wie sie in den spätmittelalterlichen Zeitchroniken zu finden sind.

2. Stärker noch als alle andere mittelalterliche Literatur ist die P.D. von Auftraggebern und Gönnern abhängig; grundsätzlich ist ein starker Öffentlichkeitsbezug anzusetzen. Es handelt sich also in der Regel um Auftragsdichtung oder zumindest um die Verbreitung von Parteiinteressen, nicht um private politische Äußerungen der Dichter. Diese Tatsache erklärt auch die häufigen Kurswenden im Werk einzelner Dichter. Von wenigen Ausnahmen abgesehen spiegelt die P.D. des MA die Interessen der Herrschaft tragenden Schichten. Auch die Adressaten spielen eine große Rolle. Hier hat man nicht nur an die direkt Angesprochenen zu denken, sondern auch an Unentschlossene und Gegner. Die öffentliche Meinung soll politisch beeinflußt werden, Anhänger sollen in ihrer Meinung bestätigt, Andersdenkende gewonnen werden.

Bei den Dichtern handelte es sich häufig um fahrende Lohndichter, die untereinander in scharfem Konkurrenzkampf standen. Daneben gab es aber auch adlige Verfasser (z.B. Oswald von Wolkenstein). Seit dem 15. Jh. läßt sich mitunter eine Nähe zu adligen oder städtischen Kanzleien feststellen. So setzte Hans Schneider im Auftrag der Kanzlei Kaiser Maximilians I. um 1500 amtliche Verlautbarungen in Reimpaarverse um, um sie einer breiten Öffentlichkeit zugänglich zu machen.

Über die Wirkung von P.D. sind wenige Zeugnisse erhalten. Eine Ausnahme ist der Hinweis Thomasins von Zerklaere, die Sprüche Walthers von der Vogelweide über die Geldgier von Papst und Kurie hätten um 1213 Tausende gegen Rom eingenommen. Erst im 15. Jh. gibt es mehr Anhaltspunkte, bei denen es sich aber meist um Verbote und Bestrafungen handelt. Die Wirksamkeit hängt in erster Linie vom Bekanntheitsgrad der Dichtung oder zumindest ihrer Inhalte ab. Für die P.D. des MA spielte neben dem Vortrag am

Fürstenhof die mündliche Verbreitung unter den Adressaten eine große Rolle; seit Beginn des Druckzeitalters konnten Flugblätter oder Flugschriften (↗ Flugblatt, -schrift) eine breite Öffentlichkeit erreichen.

3. Zwar besitzt schon das ahd. *Ludwigslied* (881/82) politische Elemente, aber erst seit Walther von der Vogelweide (ca. 1170-ca. 1230) kann man wirklich von P.D. sprechen. Walther galt schon den Zeitgenossen als herausragender Dichter. Sein Werk vereinigt Beginn und Höhepunkt der P.D. des MA. Im Zentrum steht die Reichsidee. Den Tod Kaiser Heinrichs VI. 1197 scheint Walther als Katastrophe für sich und das Reich empfunden zu haben; die folgenden Machtkämpfe zwischen Staufern (Philipp von Schwaben, Friedrich II.) und Welfen (Otto IV.) versucht er mit Spruchstrophen zu beeinflussen, die auch für den modernen Leser wenig von ihrer Ausstrahlungskraft verloren haben. Um 1213 verfaßte Walther Angriffe auf die Machtpolitik von Papst und Kurie. Weitere Texte gelten tagespolitischen Ereignissen und verschiedenen Fürsten (Landgraf Hermann von Thüringen, Markgraf Dietrich von Meißen, Herzog Leopold VI. von Österreich usw.).

Ähnliche Themen greifen auch jüngere Zeitgenossen wie Bruder Wernher, Freidank, Neidhart und Tannhäuser auf. Auch Reinmar von Zweter (gest. um 1250), der bedeutendste politische Dichter nach Walther, beschäftigte sich mit dem Zustand des Reiches und der Kirche, und er äußerte sich immer wieder – positiv sowie kritisch – zur Person Kaiser Friedrichs II.

4. Die Wirren des Interregnums (1256-1273) und die Uneinigkeit der Fürsten in der zweiten Hälfte des 13. Jh. beklagen und tadeln u.a. Höllefeuer, Hawart, Friedrich von Sonnenburg, der Meißner, der Marner, Sigeher und Kelin. Sie kleiden ihre Spruchdichtungen oft in die Form von Exempeln, Fabeln, Visionen und Prophezeiungen. Die Politik Rudolfs von Habsburg (reg. 1273-1291) greift der Schulmeister von Eßlingen in scharfem Ton an; sein Geiz, der nur die anderen Untugenden zusammenfaßt, wird auch vom Unverzagten und einem Anonymus im Ton Stolles kritisiert. Rudolf fand aber auch Zustimmung, z.B. bei Konrad von Würzburg (gest. 1287), Boppe und Rumelant von Sachsen. Die habsburgische Herrschaft über Österreich wird teilweise scharf von der Gedichtsammlung *Seifried Helbling* (spätes 13. Jh.) kritisiert. Um die Wende zum 14. Jh. verlagert sich das Zentrum der P.D. nach Norddeutschland, wo Frauenlob (gest. 1318), Rumelant von Sachsen, Hermann Damen u.a. als Spruchdichter tätig waren.

5. Während die lat. Publizistik unter Kaiser Ludwig dem Bayern (reg. 1314-1347) mit antipäpstlichen Schriften von Marsilius von Padua, Wilhelm von Ockham und Konrad von Megenberg einen Höhepunkt erlebte, trat die dt.sprachige P.D. in dieser Zeit weitgehend zurück. Erst Mitte des 14. Jh. lebte sie wieder auf. Zu nennen sind hier v.a. der Flame Gelre und der Österreicher Peter Suchenwirt mit ihren Heroldsdichtungen. Diese Preisreden auf lebende oder tote Adlige verbinden die Darstellung und Deutung von Wappen (Blasonierungen) mit dem Preis ihrer Träger. Neben diese sog. Ehrenreden treten seit dem 13. Jh., verstärkt aber erst im 14. und 15. Jh., die politischen Ereignisdichtungen, im 19. Jh. fälschlich „Historische Volkslieder“ genannt. Diese Lieder und Reimpaarsprüche thematisieren meist lokale und regionale Kriege und Fehden zwischen Adligen, Stadt-Adels-Konflikte, innerstädtische Kämpfe, aber auch die Kämpfe der Eidgenossen, Kämpfe in Dithmarschen und in Flandern. Im 15. Jh. kommen die Hussiten- und Türkenkriege hinzu. Die Texte wollen nicht nur über politische Ereignisse informieren, sondern gezielt die öffentliche Meinung beeinflussen zugunsten der eigenen Position. Sie zielen auf Identifikation oder Distanzierung, auf aktive Unterstützung bzw. auf Verweigerung von Hilfe für den Gegner. Dabei verwenden sie feste Darstellungsmittel wie Wappentierkämpfe, Küchen-, Bad- und Tanzbilder, allegorische Spaziergang-Szenen u.a. In vielerlei Hinsicht verwandt sind die ebenfalls politisch zu verstehenden Chroniken des Spät-MA, die häufig Kriege und Fehden aufgreifen.

Um die Mitte des 15. Jh. beeindruckt Michel Beheim durch die Breite und Vielfalt seines Werkes, das im Auftrag verschiedener Adliger entstand. Neben drei Reimchroniken verfaßte er viele Lieder, in denen er u.a. Themen wie den 2. Städtekrieg von 1449/53 zwischen Fürsten und oberdt. Städten und die Türkengefahr behandelt. Er wendet sich häufig an die verschiedenen Stände und führt ihnen ihre Aufgaben vor Augen. Gegen Ende des 15. Jh. finden ↗ Flugblatt und Flugschrift immer häufiger Verwendung. Jetzt ändert sich auch die Grundtendenz der P.D.: Kirche, Reich und Gesellschaft werden nicht mehr als unveränderlich hingenommen und der „gemeine Mann“ findet Eingang in die P.D., die bereits deutlich auf Reformation und Bauernkrieg hinweist.

Sonja Kerth

C. Neuzeit

1. Für die Zeit nach 1500 und dann vor allem nach 1800 wird die Verwendung des Begriffes P.D. zunehmend problematisch, da sich der durch ihn bezeichnete literarische Bereich mehr und mehr erweiterte, vielseitig differenzierte und auf diese Weise diffus wurde. Die aus dem MA überlieferten Formen P.D., die primär auf Personen von

politischem Einfluß bezogen waren – also polemisch, mahnend, rühmend an sie gerichtet bzw. von ihnen in Auftrag gegeben waren – , hielten sich in der dt.sprachigen Literatur noch bis in das 18. und 19. Jh. – erinnert sei vor allem an die verschiedenen Formen höfischer Ovationspoesie; sie verloren aber an literarischer Bedeutung. Entscheidend für diese Veränderung wurde die allmähliche, sich aber beschleunigende politische Durchdringung des gesamten gesellschaftlichen und privaten Lebens. Sie hatte zur Folge, daß politische Ereignisse und Entscheidungen die Lebensinteressen immer größerer Teile der Bevölkerung direkt betrafen und im Ergebnis dessen auch in wachsendem Maße zu Objekten der literarischen Darstellung und Auseinandersetzung wurden. Vor allem in geschichtlichen Zeiträumen, in denen die politischen Fundamente des gesellschaftlichen Lebens umkämpft waren, politisierte sich auch die literarische Öffentlichkeit derart, daß die meisten literarischen Äußerungen eine direkte oder indirekte politische Bedeutung erhielten und es infolgedessen schwerfällt, einen eigenen Bereich P.D. auszugrenzen. Das gilt besonders für das 20. Jh. mit seinen die Fundamente der europäischen Staaten erschütternden sozialpolitischen und kriegerischen Auseinandersetzungen. Schließlich wird die Anwendung des Begriffs P.D. auf literarische Phänomene der Neuzeit dadurch erschwert, daß sich seit dem Ende des 18. Jh. ein besonderes literarisches Genre herausbildete, die politische ↗ Lyrik, das aufgrund seiner ausschließlich politischen Funktionalität als Prototyp P.D. erscheinen konnte. Unter diesen Umständen ist der Begriff P.D. für die Neuzeit nur unter der Voraussetzung wissenschaftlich praktikabel, daß er auf Texte eingeschränkt wird, die als literarische Instrumente direkter politischer Auseinandersetzungen konzipiert sind und daß er mit dem Terminus Politische Lyrik als Bezeichnung für ein Genre P.D. vermittelt wird.

2. Die Reduktion des Begriffs P.D. auf Texte, die zum Zwecke politischer Instrumentalisierung geschaffen sind und deren historische Funktion vornehmlich diesem Zwecke entsprochen hat, bringt mit sich, daß politisch bedeutungsvolle literarische Werke hohen Ranges aus dem Begriffsfeld heraus- oder doch an dessen Rand gedrängt werden. Schillers *Kabale und Liebe*, Kleists *Prinz Friedrich von Homburg*, *Dantons Tod* von Büchner, Heinrich Manns *Untertan*, Brechts *Mutter Courage*, Thomas Manns *Doktor Faustus*, Grass' *Blechtrommel*, Dürrenmatts *Physiker*, Ingeborg Bachmanns *Unter Mördern und Irren* lassen sich – wie fast alle anderen großen Dichtungen politischen Gehalts – dem Begriff P.D. nur unter der Voraussetzung unterordnen, daß dieser, indem er Dichtungen mit politischer Bedeutung einen literarischen Sonderstatus zuweist, seine literaturwissenschaftliche Differenzierungsfähigkeit einbüßt. Es gibt allerdings Ausnahmen; satirische Dichtungen wie Heines *Deutschland ein Wintermärchen* oder Nestroys Posse *Freiheit im Krähwinkel* lassen sich unter den Begriff P.D. bringen, da hier die ästhetische Qualität der satirischen Überspitzung die politische Instrumentalisierung bedingt. Letztlich aber hat die Reduktion des Begriffs P.D. zur – sicher unbefriedigenden – Konsequenz, daß er nur kleinere Texte kategorial zusammenfaßt, die durch ideelle und formale Pointiertheit relativ einseitig und auf Grund geringer Rezeptionsanforderungen vergleichsweise schnell politisch motivierend wirken können. Er bezieht sich also vor allem auf Texte, die durch Fliegende Blätter, in Zeitschriften und Broschüren verbreitet wurden und die ihren politischen Zweck in verschiedenartigen, meist lockeren – prosaischen, gereimten, dialogisierten – Formen verfolgen. Vergleichsweise häufig sind es ↗ Parodien und Kontrafakturen. Als P.D. im engeren Sinne lassen sich auch Äußerungsformen des politischen ↗ Theaters fassen, die allerdings in der dt.sprachigen Literatur keine große Bedeutung erlangt haben. Ihre politische Funktion wurde oft mehr durch den Charakter der Aufführung – durch Anspielungen und Einlagen, Kostümierungstendenzen, Regieeinfälle – als durch den Text bestimmt. Vor allem die für Improvisation offenen Formen volkstümlichen Theaters erleichterten eine politische Aktualisierung. In der Weimarer Republik bildete sich die Sonderform des sogenannten Agit-Prop-Theaters heraus, durch das kommunistische Agitationsgruppen unter Verwendung von Sketches, Rezitationen, Gesang, Sprechchören, Pantomimen usw. ihr Publikum auf Straßen, in Betrieben und Versammlungen politisch zu beeinflussen versuchten. Auch die Lehrstücke (↗ Lehrliteratur, -dichtung) Brechts waren als politisches Theater – allerdings in einem speziellen Sinne – konzipiert; die Mitwirkenden sollten, indem sie Spielhandlungen probierten, beurteilten und festlegten, einen politischen Bildungsprozeß durchmachen, ↗ Episches Theater. Doch hat der sprachliche und geistige Rang der Texte ihnen ihre ästhetische Eigenständigkeit bewahrt.

3. Den literarischen Kernbereich der dt. P.D. des 19. Jh. bildet die Politische Lyrik als eigenes literarisches Genre. Seine Abgrenzung von den sonstigen Gedichten politischer Bedeutung ist ebenfalls nicht unproblematisch. Zweifellos haben die Friedenssonette von Gryphius, Klopstocks Revolutionsoden, Hölderlins Vaterländische Hymnen und die Historien aus Heines *Romanzero* politische Bedeutung, und ihr ästhetischer Rang stellt sie ebenso zweifellos über die

Masse politischer Lyrik. Es sind jedoch Weltanschauungsdichtungen, die zwar politische Gehalte implizieren, ihren Text aber nicht zu isolierten politischen Zwecken instrumentalisieren.

Das Entstehen der politischen Lyrik im engeren Sinne stand im Zusammenhang mit der Herausbildung politischer Institutionen in der modernen bürgerlichen Gesellschaft, deren Funktion darin bestand, möglichst große Bevölkerungsgruppen in die politischen Auseinandersetzungen einzubeziehen, und die dazu auf die ideologische Motivierung dieser Gruppen angewiesen waren. Das Beispiel der Kriegslyrik läßt diesen Zusammenhang besonders deutlich werden. Solange Kriege als dynastische Auseinandersetzungen mit Söldnerheeren geführt wurden, bestand kein sozialer Bedarf an einer die Massen für den jeweiligen Krieg mobilisierenden Dichtung. Die Kriegslyrik verherrlichte im allgemeinen eine Dynastie, den Herrscher oder den Feldherrn. Eine an das Volk adressierte Kriegslyrik entstand in Deutschland erst während der Befreiungskriege, als der Kampf gegen Napoleon in Form eines nationalen Krieges geführt werden mußte. Theodor Körner dichtete damals: „Es ist kein Krieg von dem die Kronen wissen ..." Die politische Lyrik der Befreiungskriege wandte sich daher an die Deutschen schlechthin. Dementsprechend bildete sie Tendenzen und Formen aus, die gemeinschaftsbildend wirken konnten. Sie setzte das abstrakt patriotische Interesse absolut, ließ also das subjektive Interesse des Adressaten in ihm aufgehen und förderte zu diesem Zweck eine ideologische Emotionalisierung, die nicht selten die Grenze zum Fanatismus überschritt. Die politischen Konflikte wurden meist auf moralische Schablonen reduziert, die nur die Alternative von „gut" oder „böse" offenließen. In vielen Gedichten sind Autor-Ich und Adressat zu einem Wir verschmolzen, was der demagogischen Kraft der Texte ebenso zugute kam wie ihre ausgeprägt rhetorischen Züge und ihre oft liedhaft einprägsame Form. Diese Lyrik erreichte zum ersten Mal in Deutschland eine eigenständige politische Bedeutung, so daß der Historiker Heinrich Luden 1814 erklären konnte: „Die neueste Zeit hat uns gelehrt, unsere Sprache und Literatur als eine Staatskraft zu betrachten; sie war eines der letzten und stärksten Bollwerke wider die fremde Oberherrschaft."

Die literarischen Formen der patriotischen Lyrik wurden von der politischen Lyrik revolutionären, demokratischen und liberalen Charakters, die den Kampf um die Etablierung bürgerlicher Institutionen zur Regulierung des innenpolitischen Lebens der dt. Staaten ideell begleitete, übernommen und modifiziert. Eine oppositionelle, teilweise revolutionäre politische Lyrik entstand – zum Teil frz. Vorbildern folgend – schon während der 90er Jahre des 18. Jh. In den Verfassungskämpfen nach 1815 und im Zusammenhang der Burschenschaftsbewegung gewann diese freiheitliche Dichtung an Breite. Den Höhepunkt ihrer literarisch-politischen Bedeutung erreichte sie zwischen 1830 und 1848/49, als sie große Teile des potentiell oppositionell eingestellten Publikums politisch beeindruckte. Namen wie Herwegh, Freiligrath, Hoffmann von Fallersleben und Heine waren damals in aller Munde. Mit dem Aufkommen der Arbeiterbewegung entstand in der zweiten Jh.hälfte auch eine politische Lyrik sozialistischer Tendenz. Deren Formensprache stand immer noch weithin im Banne der Tradition, die von der sogenannten Befreiungskriegslyrik geschaffen worden war und die sich auch für die Kriegslyrik von 1870/71 und 1914/18 modifizieren ließ.

Während des späteren 20. Jh. verlor diese Art politischer Lyrik ihre sinnlich mobilisierende Kraft, die an die audiovisuellen ↗ Medien überging. Entsprechend der weiter wachsenden existentiellen Bedeutung politischer Vorgänge für das gesellschaftliche und individuelle Leben stieg andererseits der geistige Rang und mehrte sich das literarische Gewicht politischer Weltanschauungsdichtungen in fast allen Genres der Literatur. Nicht zuletzt entstand eine politische Gedankenlyrik höchsten Ranges – oft spruchhaften Charakters –, deren artifizielle Rationalität, sprachliche Diszipliniertheit und kritische Reflexivität allen Formen literarischer Demagogie entgegenwirkt.

Hans-Georg Werner

Lit.: W. Hinderer (Hg.): Geschichte der politischen Lyrik in Deutschland, 1978. – R. v. Liliencron: Die historischen Volkslieder der Deutschen vom 13.-16. Jh., 1865-69. – U. Müller (Hg.): Politische Lyrik des dt. MA, 1972/74 (Texte). – U. Müller: Untersuchungen zur politischen Lyrik des dt. MA, 1974. – P. Stein: Politisches Bewußtsein und künstlerischer Gestaltungswille in der politischen Lyrik 1780-1848, 1971. – H.-G. Werner: Geschichte des politischen Gedichts in Deutschland von 1815 bis 1840, 1969. – B. v. Wiese: Politische Dichtung Deutschlands, 1931. – J. Wilke: Das „Zeitgedicht", 1974.

Postmoderne

1. Der Begriff der P. ist interdisziplinär bestimmt, ursprünglich bezeichnet er in der Architektur die Doppelcodierung von Gebäudefassaden durch Funktion und Stilzitat. Im Bereich der Literatur formuliert sich ein ästhetischer P.begriff zunächst

in den USA, bevor sich die P. als eine internationale Bewegung etabliert. Manches spricht gegen eine allein historische Bestimmung der P. als ↗ Epoche; sinnvoller ist es, ihre Beziehung auf die ↗ Moderne zu betrachten. Nur sofern man diese als eine „Neuzeit“ begreift, die noch an den Einheitsvorstellungen einer „mathesis universalis“ festhält, wäre „postmodern“ als nachneuzeitlich zu verstehen. Meint der Begriff der Moderne dagegen das Heraufkommen einer Pluralität der Wissenschaften, Methoden und Wissensgegenstände, so ist die P. eine Transformation der Moderne selbst: Sie treibt die Probleme hervor, die in der Moderne schon immer angelegt sind (Welsch). Sie läßt sich dann als eine Konstellation im Verständnis Adornos auffassen: Sie konsolidiert sich, wenn der Paradigmenwechsel der Moderne nicht mehr in einen traditionellen Verstehenszusammenhang rückgebunden wird.

2. Die „Postmodern Fiction“ löst in den USA bereits in den 1950er Jahren den mimetischen Realismus (↗ Mimesis) ab und zerstört die Leitlinien des gesellschaftlichen Denkens (Howe). Mitte der 1960er Jahre propagiert Leslie Fiedler die „futuristische Revolte“ der „New Mutants“. Susan Sontag fordert eine neue Sensibilität, die den Sinnstiftungen der Moderne eine ästhetische „Erotik“ entgegensetzen soll. Ihr Begriff der „einheitlichen Sensibilität“ meint ein „programming of sense“ (Bense), das sich auf die Medientheorie McLuhans stützt. Die Grenze zwischen Literatur, Wissenschaft und Subkultur, aber auch die geläufige Trennung zwischen ästhetischer Anschauung und theoretischer und philosophischer Reflexion werden jetzt ebenso in Frage gestellt wie die Kontur des wahrnehmenden Subjekts. Die neuen ↗ Medien schaffen das „environment“, eine Sofortkommunikation durch Zeichen und Bilder: Diese überfluten das Bewußtsein des Betrachters, der keine Inhalte und Bedeutungen mehr dechiffriert, sondern allein noch „patterns“ wahrnimmt. Die experimentelle Schreibtechnik William Burroughs und die Medientheorie McLuhans, später die medienkritischen Arbeiten von Neil Postman bestimmen zunächst das Spektrum.

3. Die in den 70er Jahren einsetzende linguistische und philosophische Diskussion über die Repräsentationsfunktion der Sprache und das Mimetische der Literatur nimmt diese Ansätze auf und gibt ihnen eine neue Dimension. Von ihr bestimmt sich die aktuelle Differenz in der Anwendung des Terminus P. Sie läßt sich auf zwei unterschiedliche wissenschaftstheoretische Ansätze zurückführen. Der dt., von der philosophischen Tradition bestimmt, konzentriert sich auf die Frage nach Erbe und Verhängnis der ↗ Aufklärung (Jauß) und nach der Rolle der ↗ Avantgarde (Bürger), der französische, mehr noch der nordamerikanische, stehen dagegen im Bann des „linguistic turn“ der Philosophie. Er vollendet sich in der von Foucault und Derrida beeinflußten poststrukturalistischen und dekonstruktivistischen Theoriebildung (Frank).

4. Jean-François Lyotard bestimmt die P. als Ergebnis einer „Delegitimierung“ der verpflichtenden Leitformeln der Moderne, der Emanzipation, des Fortschritts und der ↗ Hermeneutik des Sinns, die er als eine Fortschreibung der Ideen der Aufklärung betrachtet. An ihre Stelle treten miteinander konkurrierende „Sprachspiele“, die mit Blick auf Wittgensteins *Philosophische Untersuchungen* (1953) und Nietzsches Vorstellung von der „Welt als Erzählung“ charakterisiert werden. Unter ihnen soll sich schließlich das Narrative und ästhetische behaupten.

5. Der postmoderne Diskurs bildet sich als ästhetische und erkenntnistheoretische Einstellung in einem Bezugsfeld aus, das allein dem Gesetz gesellschaftlicher Modernisierung zu folgen glaubt. Er entsteht aus der Spannung zweier Orientierungsmodelle so wie zur Zeit Baudelaires die ästhetische Moderne ihr eigenes Gesetz in Abgrenzung gegen den Prozeß gesellschaftlicher Modernisierung formulierte, der sie zugleich hervorbrachte. Die postmoderne Konstellation ist kein politischer Anti-Modernismus, doch deutlicher als in der beginnenden Moderne erzeugt das Nebeneinander der politischen und der ästhetischen Ordnungen eine Dissoziation, in deren Verlauf es zu einer Prädominanz des Ästhetischen kommt.

6. Postmoderne Schreibstrategien entstehen deshalb als Reaktion auf das aufgeklärte Modell gesellschaftlicher Modernisierung, sie greifen auf literarische Techniken zurück, die sich bereits in der Frühromantik auszubilden begannen und später im Werk von Autoren wie Proust, Musil und Joyce bereits die Orientierungen der Moderne hinterliefen. Die postmoderne Konstellation führt zu einer Überbietung und Verdichtung von Vorangehendem, zu einem „réécrire“ (Lyotard) der Moderne.

7. In der ästhetischen Theorie des Postmodernismus werden die Frage der Differenz von diskursiver, ästhetischer und visueller Wahrnehmung, die Rolle des Subjekts wie die Frage nach der Funktion des Autors neu bedacht. Aus der Verbindung von Diskurs- und Intertextualitätstheorie begründet sich eine Texttheorie, die nicht nur der Kritik zuarbeitet, sondern auch Grundlage einer Schreibstrategie von Autoren wird. Die Texte des postmodernen Schreibens thematisieren und reflektieren einen Paradigmenwechsel, dem sie zugleich unterstehen. Theorie und ästhe-

tische Praxis rücken unmittelbar zusammen, beide unterstellen sich zudem der Vorstellung der Posthistoire: Der posthistorische Mensch (Seidenberg) hat alle seine Möglichkeiten bereits ausgeschritten, die Welt befindet sich im Zustand der Kristallisation (Gehlen), es gibt keine Möglichkeiten zielgerichteten Handelns mehr. Das Paradigma der Thermodynamik wird zur zentralen ↗ Metapher, es löst herkömmliche Vorstellungen von Kausalität ab.

8. Der Subversion des Bestehenden, die neue ästhetische Perspektiven freisetzt, innovativ im avantgardistischen Sinne ist, folgen Autoren wie Th. Pynchon, P. Auster, L. Gustafsson, J. Semprún und im deutschen Sprachraum vor allem Alexander Kluge und Heiner Müller. Daneben kommt es wie in der Moderne und in Entsprechung zur Transavanguardia in der Malerei auch zu narrativen und figuralen Rekonstruktionen, die im Bewußtsein eines universellen Sinnverlusts erfolgen. Die Wendung des Ästhetischen zum Gestus der „Wiederholung" bei Peter Handke oder zum Spiel bei Botho Strauß geben hier Beispiele.

Rolf Günter Renner

Lit.: J. Habermas: Der philosophische Diskurs der Moderne, 1986. – J.-F. Lyotard: Das postmoderne Wissen, 1986. – R.G. Renner: Die postmoderne Konstellation, 1988. – W. Welsch: Unsere postmoderne Moderne, 1987.

Predigt

1. Der Begriff P. stammt vom lat. „praedicare" – „öffentlich ausrufen, laut verkündigen" und meint die Verkündigung und Auslegung des Gotteswortes an die Gemeinde. Trotz des häufigen synonymen Gebrauchs werden zwei Typen unterschieden: a. Die Homilie bezieht sich auf ein bibl. Buch oder einen bestimmten Abschnitt, wobei die Perikope (Tageslesung) fortlaufend erläutert wird; Sammelform der Homilie ist die nach Sonn- und Festtagen des Kirchenjahrs geordnete Postille. b. Der Sermo dagegen ist thematisch ausgerichtet. Ein isoliertes Schriftwort und der Anlaß der P. stehen hier im Mittelpunkt. Die Unterscheidung berührt sich in gewisser Weise mit der zwischen den regelmäßigen Sonn- und Festtagsp. (ordinari) und den zu bestimmten Gelegenheiten gehaltenen (extraordinari) P.

2. Das Hauptproblem der ↗ Gattung liegt in der unfesten Position zwischen ↗ Mündlichkeit und Schriftlichkeit. P. ist die Form der mündlichen Rede, ist aber auch Hilfsmittel für den Prediger, ist geschriebene und gelesene Textsorte. Man kann im dt. MA davon ausgehen, daß die Niederschrift durch den Prediger selbst erfolgte oder autorisiert wurde (Mitschriften während der P. sind selten), daß aber der Mündlichkeitscharakter (z.B. durch Anrede des Publikums) beibehalten wurde. Andererseits können solche Mündlichkeitssignale auch fingiert sein und einen primär schriftlichen Text als aktuelle P. ausgeben.

3. Normative Quellen legten P.inhalte und P.recht fest. Karolingische Reichssynoden verlangten, daß den Gläubigen Credo und Paternoster ausgelegt wurden; bereits 813 wurde die Verwendung der Volkssprache gefordert. Trotz Reglementierungen des P.rechts, das zunächst nur die Bischöfe, dann auch die Ortspriester und die Bettelorden innehatten, kam es im MA immer wieder dazu, daß Kleriker, aber auch Laien ohne Erlaubnis der geistl. Gewalt predigten und dabei heterodoxe oder hierarchiefeindliche Ansichten vertraten.

4. Historisch gesehen schließt die P. der christlichen Kirchen an die Tradition des Judentums an, dessen Sabbatgottesdienst in der Synagoge Schriftlesung und -kommentierung beinhaltete. Unter den Kirchenvätern ragen als Prediger Origenes und Johannes Chrysostomos hervor. Augustinus (354-430) schuf mit *De doctrina christiana* eine bleibende Grundlage für die Homiletik und wurde durch Kommentare und „sermones" zum Vorbild abendländischer P. Für die lat. P. des MA sind vor allem die Mönchs- und Universitätsp. wichtig; von herausragender Bedeutung ist Bernhard von Clairvaux (gest. 1153) durch die *Sermones super Cantica canticorum* und die Kreuzzugsp. Die Frühzeit der dt.sprachigen P. (karolingische Zeit bis 11. und frühes 12. Jh.) ist nur durch wenige Beispiele vertreten. In der 2. Hälfte des 12. und im 13. Jh. entstehen Mustersammlungen. In der Regel sind P. in dieser Zeit anonym überliefert. Dies ändert sich langsam mit den Bettelorden. Von Bedeutung sind dabei die dem Franziskaner Berthold von Regensburg (um 1210-1272) zugeschriebenen dt. P., die freilich wohl um 1275 von Ordensbrüdern als Lesetexte redigiert wurden.
Die P.tätigkeit des Dominikanerordens kulminiert in den Texten Meister Eckharts (1260-1328), von dem weit über hundert dt.sprachige P. erhalten sind. Sein Anliegen war es, seine Lehre (↗ Mystik) auch den Lateinunkundigen zu vermitteln. Neben Eckhart ragt sein Ordensbruder Johannes Tauler hervor, auch wenn er Eckharts hohen spekulativen Anspruch eher reduziert und das moralisch-didaktische Element stärker betont. Der Einfluß der P. Eckhartscher Provenienz reicht über das 14. Jh. hinaus und bezieht Angehörige des Franziskanerordens mit ein (Mar-

quard v. Lindau, gest. 1392; Konrad Bömlin, 1380-1449). Das 15. Jh., das in den reformierten Klöstern und in der Bewegung der „Devotio moderna" die P. Eckharts und Taulers in umfänglichen Sammlungen bewahrte, entwickelte zudem eine eigene Form: Verschriftlichung der in den Klöstern gehaltenen P. So entstanden eigene „Haustraditionen". Die Kraft und Wirkung der Missions- und Bußp. von Wanderpredigern des Spätmittelalters muß unvorstellbar gewesen sein: allen voran Johannes v. Capestrano, der außerhalb Italiens (so 1452-54 in zahlreichen Städten des Reichs) nur lat. predigte und seine Reden von einem Dolmetscher zusammenfassen ließ, erhielt Zulauf durch riesige Volksmassen. Unter den Inhabern eines festen Predigtstuhls ragt der Straßburger Domprediger Johannes Geiler v. Kaisersberg (1445-1509) heraus.

5. Die katholische P. der Reformationszeit (↗ Reformation) stand zunächst im Zeichen der Auseinandersetzung mit Luther und dem Protestantismus (Kontroversp.: Thomas Murner, Johannes Eck). Das ↗ Barock bringt als Sonderform der Themenp. die auch in Deutschland wirksame ital./span. Concetti-P. (geistreich pointierte Sinnfigur, gesuchte Dunkelheit des Ausdrucks, differenzierteste Unterteilungen) hervor. Aus der Fülle der publizierten Texte erreichen vor allem Florentius Schilling und Prokop von Templin literarische Qualität (Bilderreihen, Allegorien, Embleme, ausladende, aber einprägsame Schilderungen, gehobene Sprache, bisweilen Reime). Als bedeutendste Figur der Zeit gilt der kaiserliche Hofprediger in Wien Abraham a Sancta Clara (1644-1709), der die Ausdrucksformen der Gattung bündelte.
Barocke Allegorien wurden in der Folge durch die nüchterne Sprache der Aufklärungsp. (Moral- und Lebensrezepte) ersetzt (↗ Aufklärung). Die Institutionalisierung der geistlichen Redekunst wird durch die Errichtung homiletischer Lehrstühle markiert. Im 19. Jh. sinkt (von Ausnahmen abgesehen) das Niveau der P. Auf den Tiefstand der P. wies Papst Benedict XV. 1917 hin.

6. Die P. steht, u.a. wegen der Bedeutung der Hl. Schrift („sola scriptura"), im Zentrum des protestantischen Gottesdienstes. Luther galt auch als wortgewaltiger Prediger, der mit der Interpretation der Schrift reformatorische Grundeinsichten vermittelt. Wichtig sind seine Postillen als Hilfsmittel für weniger geschulte Prediger. Die schulmäßig betriebene Homiletik beginnt mit Melanchthon (und Andreas Hyperius). Der Pietismus des 18. Jh. (Francke, Zinzendorf) richtet das Ziel auf die „Erbauung" (Bekehrung und Heiligung des einzelnen Zuhörers). Die Aufklärung wollte die Gemeinden in der Erkenntnis der Religionswahrheiten festigen. Gegen Ende des 18. und zu Beginn des 19. Jh. war die P. im wesentlichen ethisch-religiös geprägt. Zugleich kann die Zeit zwischen 1790 und 1830 (Johann Gottfried Herder als Hofprediger in Weimar) aber auch als einer der Höhepunkte der evangelischen P. gelten. Die herausragende Gestalt des 19. Jh. ist Friedrich Schleiermacher (1768-1834), dessen P. als gesellschaftliches Ereignis galten. Heute sieht sich der beherrschende Rang der P. im Selbstverständnis der protestantischen Kirchen häufig mit mangelnder Resonanz konfrontiert.

Freimut Löser

Lit.: R. Cruel: Geschichte der dt. P. im MA, 1879, ND 1970. – V. Mertens/H.J. Schiewer (Hg.): Die dt. P. im MA, 1991.– K. Morvay/D. Grube (Hg.): Bibliographie der dt. P. des MA, 1974. – J.B. Schneyer (Hg.): Repertorium der lat. Sermones des MA (Bde. 1-9), 1969-79.

R

Realismus, Poetischer

1. Die Definition des Begriffs R. ist insofern schwierig, als man es gleichzeitig mit einem Stil- und einem Epochenbegriff zu tun hat. Zu allen Zeiten haben Schriftsteller für sich in Anspruch genommen, realistisch zu schreiben. Goethe attestiert sich in einem Brief von 1796 an Schiller einen „realistischen Tic" und nennt sich zwei Jahre später „Stockrealiste". Fontane spricht 1853 vom „Realismus Lessings", bezeichnet Johann Gottfried Herder und Gottfried August Bürger als Realisten und behauptet schließlich: „Goethe wie Schiller (...) waren entschiedene Vertreter des Realismus." Ein so weitgefaßter, epochenunabhängiger R.begriff erklärt sich im Falle des frühen Fontane aus der einfachen Tatsache, daß er seinem literaturgeschichtlichen Essay die These zugrunde legt: „Der Realismus in der Kunst ist so alt als die Kunst selbst, ja noch mehr: *er ist die Kunst.*" Wenn man überdies bedenkt, daß Fontane auch den aufkommenden ↗ Naturalismus mit dem Etikett „R." versehen hat, wird deutlich, daß ein derart weiter R.begriff zur historisch fundierten literaturwissenschaftlichen Beschreibung und Einordnung von Texten untauglich ist.

2. Die ↗Epoche des R. wird in die Phasen des poetischen und programmatischen R. sowie des Spätrealismus untergliedert, wobei der Begriff des poetischen R. in verschiedener Weise gebraucht und oft auf die Literatur des gesamten Zeitraums von 1848 bis zum Naturalismus angewandt wird. Vom „poetischen" im Gegensatz zum „gemeinen" R. hat zuerst Arnold Ruge 1858 gesprochen; allgemein eingeführt wurde der Begriff allerdings erst durch Otto Ludwig (in *Shakespeare und Schiller*). – Zur Definition des Epochenbegriffs R. dienen zunächst nicht die literarischen, sondern zeitgeschichtliche Kriterien. Der Beginn der Phase des poetischen und programmatischen R. wird mit der Revolution von 1848 angesetzt; der Übergang zum Spätrealismus ist verknüpft mit dem dt.-frz. Krieg und der Reichsgründung 1871. Der Beginn des Naturalismus wird allgemein um 1889 – Uraufführung von G. Hauptmanns *Vor Sonnenaufgang* – datiert, wobei es wie bei allen Epochen auch hier natürlich Überschneidungen gibt.

3. Die historisch-gesellschaftlichen Voraussetzungen für die Entstehung des poetischen R. sind vor allem das Scheitern der Revolution von 1848 und die Entstehung der modernen Industriegesellschaft. Die uneingelösten Hoffnungen auf gesellschaftliche Umwälzungen werden nun in der Literatur zu erfüllen gesucht, und einer unübersichtlich gewordenen Welt wird die Ordnung gedichteter Welten entgegengesetzt. Dezidiert bürgerliche Wertvorstellungen, besonders die Idee der individuellen Entwicklung und Selbstbestimmung im öffentlichen wie im privaten Leben, finden Eingang in die Literatur, die im R. vor allem Erzählliteratur ist, während ↗ Lyrik und ↗ Drama eine untergeordnete Rolle spielen. Das liegt zum einen an den Publikationsbedingungen: Im 19. Jh. gibt es eine Fülle von literarischen Zeitschriften, die einen großen Bedarf an unterhaltenden Novellen und – im Interesse einer langfristigen Bindung ihrer Leser – an umfangreichen Fortsetzungsromanen haben. Zum andern bietet die Erzählliteratur nahezu unbegrenzte Möglichkeiten der breit und detailreich ausmalenden Schilderung von Figuren und Handlungsräumen; sie ist daher die ideale Gattung für die Erfüllung des Postulats „realistischer" Wirklichkeitsdarstellung.

4. Das klassische Muster des Bildungs- oder Entwicklungsromans (↗ Bildungsroman) wird in der Erzählliteratur des R. mit dem Ethos von Arbeit und Familie verbunden; Gustav Freytags *Soll und Haben* (1855) und Wilhelm Raabes *Der Hungerpastor* (1864) sind Beispiele dafür. Im ↗ Roman des poetischen R. gibt es weitgehend noch den ganz und gar bürgerlichen und guten „Helden", dem oft ein ebenso unbürgerlicher wie schlechter Antiheld entgegengestellt wird, in *Soll und Haben* und im *Hungerpastor* übrigens jeweils ein Jude: Veitel Itzig bei Freytag, Moses Freudenstein bei Raabe. Mit der Schilderung der Entwicklung eines einzelnen Romanhelden geht eine lineare Erzählstruktur einher. Vor- und Rückblenden finden kaum statt, der Erzähler begleitet seine Figuren von der Jugend bis zum guten, im Falle des Antihelden bis zum bösen Ende. Dabei fordern die „programmatischen Realisten", also der Kreis um die Herausgeber der Zeitschrift *Die Grenzboten*, Julian Schmidt und Gustav Freytag, den „objektiven Erzähler", der ein besonderes Anliegen Friedrich Spielhagens ist. Der Erzähler soll sich aller auktorialen Kommentare und Reflexionen enthalten und das Erzählte ohne eigene Zutat wiedergeben – eine Forderung, die im Spätrealismus beispielsweise von Wilhelm Raabe radikal in Frage gestellt und aufgegeben wird; dort auch wird erstmals bewußt zwischen dem Autor und dem Erzähler unterschieden.

Kennzeichnend für die Erzählprosa des poetischen R. ist weiterhin das Verharren in einer „mittleren" Stillage, der Verzicht auf rhetorisches Dekor (↗ Rhetorik), auf ↗ Mystik und Allegorik. Statt dessen legt man – im Sinne eines abbildhaften Verständnisses von R. (↗ Mimesis) – Wert auf möglichst detailgenaue Schilderung der „äußerlichen Dinge, das Drum und Dran des Lokals, der Geräte und Garderoben", wie es in Paul Heyses Roman *Merlin* (1892) heißt. In einer besonderen Spielart realistischen Erzählens, nämlich der z.B. von Wilhelm Heinrich Riehl gepflegten kulturhistorischen Novelle, ist damit eine didaktische Absicht verknüpft.

5. Eines der Schlagworte des poetischen R. ist der Begriff der Verklärung. Fast alle zeitgenössischen Autoren, die sich theoretisch über die Literatur äußern, halten an diesem Terminus fest, selbst noch zu einem Zeitpunkt, an dem sie in der Praxis diese Haltung längst überwunden haben. Otto Ludwig hat in seiner um 1850 entstandenen Studie *Dickens und die deutsche Dorfgeschichte* den Begriff auf eine bündige Formel gebracht, ohne ihn selbst zu nennen: „Poesie der Wirklichkeit, die nackten Stellen des Lebens überblumend, die an sich poetischen nicht über die Wahrscheinlichkeit hinausgehoben." Auch Fontane hat in seinem 1853 erschienenen Aufsatz *Unsere lyrische und epische Poesie seit 1848* ex negativo erläutert, was er unter R. versteht: „Vor allen Dingen verstehen wir *nicht* darunter das nackte Wiedergeben alltäglichen Lebens, am wenigsten seines Elends und seiner Schattenseiten. (...) [E]s ist noch nicht allzu lange her, daß man (namentlich in der Malerei) *Misere* mit Realismus verwechselte und bei Darstellung eines sterbenden Proletariers, den hungernde Kinder umstehen, (...) sich einbildete, der Kunst eine glänzende Richtung vorgezeichnet zu haben. Diese Richtung verhält sich zum echten Realismus wie das rohe Erz zum Metall: die Läuterung fehlt. (...) Das Leben ist doch immer nur der Marmorsteinbruch, der den Stoff zu unendlichen Bildwerken in sich trägt; sie schlummern darin, aber nur dem Auge des Geweihten sichtbar und nur durch seine Hand zu erwecken." Noch im Jahre 1886 insistiert Fontane auf der „verklärenden Aufgabe der Kunst", doch wird hier schon deutlich, daß sich der Begriff der „Verklärung" zu differenzieren beginnt. Fontane schreibt: „darauf kommt es an, daß wir in den Stunden, die wir einem Buche widmen, das Gefühl haben, unser wirkliches Leben fortzusetzen, und daß zwischen dem erlebten und erdichteten Leben kein Unterschied ist als der jener Intensität, Klarheit, Übersichtlichkeit und Abrundung und infolge davon jener Gefühlsintensität, die die verklärende Aufgabe der Kunst ist." Mit dem „Verklären" ist hier offenbar nicht mehr das „Überblumen" Otto Ludwigs gemeint, sondern eher ein Erzählverfahren, das auf „Klärung", „Erklärung" der Zusammenhänge zielt und eine Darstellung und Erhellung meint, die eben nur mit den Mitteln der Literatur möglich ist. Es handelt sich um eine Weiterentwicklung von der früheren, ästhetizistischen Verwendung des „Verklärungs"-Begriffs hin zu einem Terminus, der von einem gewachsenen Verständnis der Autonomie der Literatur zeugt. Wolfgang Preisendanz' Definition bezieht sich eher auf diese Auffassung des „verklärenden" Erzählens als auf diejenige Ludwigs und des frühen Fontane: „Verklärung meint (...) eine Schreibweise, die den Unterschied zwischen dem vom Leben gestellten Bilde und dem dichterischen Gebilde nicht verwischt, sondern verbürgt, eine Schreibweise, in der Darstellung mehr als Nachbildung oder Bestandsaufnahme, in der sie Grund und Ursprung einer Wirklicheit ist" (in: Brinkmann: *Begriffsbestimmung des literarischen R.*).

6. Mit der Betonung dieser Eigengesetzlichkeit der Literatur, ihrer Fähigkeit zum Entwurf einer eigenen „gedichteten" Welt, die sich einerseits zwar auf eine außerliterarische Realität bezieht, aber andererseits signifikant von ihr abhebt, ist bereits ein entscheidender Schritt hin zum Spätrealismus markiert. In engem Zusammenhang mit der politischen Zäsur der Reichsgründung, dem Boom der Gründerjahre und der sogenannten Gründerkrise um 1873 ändern sich sowohl die Inhalte als auch die Darstellungsmittel und -möglichkeiten der Literatur: „In dem Maße, wie der handelnde Mensch [in der modernen Massengesellschaft] zu einem 'behandelten', sich anpassenden wird, wird sein Verhältnis zur Realität undurchsichtig, und wie der Held aus der Wirklichkeit verschwindet, verschwindet er auch aus der Dichtung" (Gerhard Kaiser, in: Brinkmann: *Begriffsbestimmung des literarischen R.*). In der Tat führt die Erfahrung der zunehmenden Industrialisierung, der Aufspaltung der Wissenschaften, der Weiterentwicklung der arbeitsteiligen Gesellschaft und der damit einhergehenden Wirtschaftskrise von 1873/74 bei vielen Schriftstellern zu der Erkenntnis, daß eine ganzheitliche Sicht der Dinge kaum mehr möglich, ein so geradliniger bürgerlicher Entwicklungsgang wie derjenige Hans Unwirrschs oder Anton Wohlfarts nicht mehr „realistisch" und vor allem nicht mehr glaubwürdig erzählbar ist. Das wird besonders dann sichtbar, wenn man die späten Romane und Erzählungen Raabes und Fontanes mit dem Werk Paul Heyses vergleicht, der noch 1873 in dem Roman *Kinder der Welt* eben jene bürgerlichen Lebensläufe erzählt, die andere Autoren längst als anachronistisch erkannt haben. Mit diesen Erkenntnissen geht in den zentralen Texten des

Spätrealismus eine Abkehr vom Primat der Handlung wie auch des Helden einher. Den braven bürgerlichen Helden wie Anton Wohlfart werden die unbürgerlichen Außenseiter wie Velten Andres in Raabes *Die Akten des Vogelsangs* (1896) und die „halben Helden" wie Botho von Rienäcker in Fontanes *Irrungen, Wirrungen* (1887) gegenübergestellt; den abenteuerlichen und vielgestaltigen Handlungen von Raabes *Hungerpastor* und Freytags *Soll und Haben* mit ihren Liebesgeschichten, Entführungen, Betrügereien, Intrigen und Morden die späten Romane und Erzählungen Raabes und Fontanes, die kaum noch nacherzählbare „Handlungen" haben, wie etwa Fontanes *Die Poggenpuhls*, *Der Stechlin*, Raabes *Die Akten des Vogelsangs* und auch *Pfisters Mühle*. Die Autoren selbst haben diesen Übergang vom handlungsreichen zum handlungsarmen Roman selbst erkannt und in der Verlagerung des Interesses vom „Was" zum „Wie" des Erzählens das eigentlich Neue und Interessante ihres Schaffens gesehen. In dieser Betonung der „Mache" (Fontane) also liegt das eigentlich Neue, liegt die Innovation des Spätrealismus begründet. In dem Maße nämlich, in dem der aktive Held aus der Erzählung verschwindet, zieht sich auch der allwissende Erzähler zurück. Denn so sehr Spielhagen und seine Anhänger auf der „Objektivität" des Erzählers insistieren und jeden Kommentar des Erzählers – den sie weitgehend mit dem Autor gleichsetzen – ausgeschlossen sehen wollen, so klar ist auch, daß es sich bei solcher „Objektivität" um eine Illusion handelt. Gerade der vermeintlichen Objektivität liegt ein höchst subjektives Erzählverhalten zugrunde. Es zeigt sich am deutlichsten in der Charakteristik der Romanfiguren, wie sie z.B. in Raabes *Hungerpastor*, Freytags *Soll und Haben* und in den Novellen Paul Heyses geübt wird: Hier vergibt der Erzähler bereits die Kriterien, mit denen die Figuren zu beurteilen sind. So haben die positiven Figuren in Heyses Novelle *Im Grafenschloß* (1862) ein „seelenvolles Gesicht und edle Sitten", eine „edle Gestalt", sie blicken aus „schönen, sinnigen Augen" und „die unverfälschteste Seele" steht ihnen „an der adligen Stirn geschrieben", die weibliche Hauptperson ist „ein Staatsmädchen, prachtvoll gewachsen, mit einem ganz aparten stolzen Gesicht", der Bösewicht ist „ein sehr widerwärtiger Herr" und die „wilde" Natur des alten Grafen spricht schon aus seinen schwarzen und feurigen Augen. Für Zwischentöne, für gebrochene Gestalten oder gar für die „halben" Helden ist kein Platz in dieser übersichtlich in Schwarz und Weiß, Gut und Böse eingeteilten Welt.

7. Im Spätrealismus wird die Forderung nach erzählerischer Objektivität als unerfüllbar erkannt und in der Folge aufgegeben. R. bedeutet nicht mehr die Schein-Objektivität Spielhagenscher Prägung, er äußert sich vielmehr in einem ausgeprägten Erzählbewußtsein, in der Differenzierung zwischen Autor und Erzähler einerseits und im Verhalten des Erzählers zum Erzählten andererseits. Gerade im Bewußtmachen des Erzählvorgangs und seiner Probleme liegt einer der wesentlichen Aspekte „realistischen" Erzählens. Anders als im programmatischen R. hat der Erzähler in den repräsentativen Texten des Spätrealismus nicht mehr den souveränen Überblick des Außenstehenden; er ist – besonders im Spätwerk Raabes – Teil der erzählten Handlung, und der Akt des Erzählens selbst wird häufig zum Inhalt des Romans. Dies gilt z.B. für den Erzähler Eduard in *Stopfkuchen*, für Karl Krumhardt in *Die Akten des Vogelsangs* und für Ebert Pfister in *Pfisters Mühle*. Die Erzählerfiguren sind von dem, was sie erzählen, unmittelbar berührt, es sind eigene Erinnerungen, die sie schreibend zurückzurufen und einzuordnen suchen. Die Spannung zwischen dem Akt des Erzählens und dem Erzählten, zwischen der Zeit, *in* der und derjenigen, *von* der erzählt wird (Erzählzeit vs. erzählte Zeit), wird dabei nicht, wie vielfach im programmatischen R., verwischt, sondern gerade betont und hervorgehoben. Das lineare, zielgerichtete Erzählen wird aufgegeben zugunsten einer Diskontinuität mit Rückblenden, Vorausschauen und Unterbrechungen des Erzählflusses. Reflexionen und Kommentare des Erzählers, die im programmatischen R. verpönt waren, sind in diesen Texten die Regel, und sie können es um so eher sein, als der Erzähler eben Teil des Geschehens ist und nicht mehr als distanzierter Arrangeur über dem Ganzen steht. – Bei Fontane äußert sich die Abkehr vom außenstehenden Erzähler auf andere Weise als bei Raabe. In seinen Romanen gibt es zwar noch den Erzähler, der selbst nicht Teil der Erzählhandlung ist. Doch auch hier begegnet man dem Stilmittel des „Delegierens": Der Akt des Erzählens wird immer öfter einzelnen Romanfiguren anvertraut, so daß die karge Handlung in Gesprächen oder Briefen vermittelt und schließlich – wie im *Stechlin* – auf weite Strecken mit dem Gespräch identisch wird. Es entspricht der distanzierten Erzählhaltung Fontanes, daß die Unterschiede der im Roman dargestellten Lebensformen in keiner Weise bewertet oder gegeneinander ausgespielt werden: Das „Fragezeichen", das Dubslav von Stechlin „hinter alles" zu setzen pflegt, ist auch ein solches des Erzählers, der in die im Roman geführten Debatten nie eingreift. Ähnliche Möglichkeiten der Verlagerung des Erzählens in die Romanhandlung bietet der ↗ Brief, ein Stilmittel, das Fontane in seinen Werken gerne verwendet. Durch die kommentarlose Gegenüberstellung verschiedener, inhaltlich ge-

gensätzlicher Briefe – z.B. am Schluß der historischen Erzählung *Schach von Wuthenow* (1882) – relativiert Fontane die unterschiedlichen Äußerungen der Romanfiguren und ermöglicht dem Leser, sich die Haltung des Einerseits-Andererseits zu eigen zu machen.

8. Während sich im Hinblick auf Erzählhaltung und Erzählverfahren eine deutliche Unterscheidung zwischen den Texten des programmatischen und denjenigen des Spätrealismus treffen läßt, gibt es auf der inhaltlichen Ebene, im Bereich des Dargestellten, doch auch Kontinuitäten und Verbindungen zwischen den beiden Phasen. Es handelt sich um die Darstellung von Örtlichkeiten im weitesten Sinne, von Landschaften, Städten, Häusern und dergleichen. Hier ließe sich, so könnte man meinen, die landläufige Vorstellung vom R. als „Abbildung" von „Wirklichkeit" am ehesten anwenden. Doch erweist sich gerade die Raumdarstellung als derjenige Aspekt des R., an dem sich die Eigengesetzlichkeiten des literarischen Erzählens, die Spannungen zwischen außerliterarischer Realität und Fiktionalität besonders deutlich erkennen lassen, und es ist mithin ein Bereich, an dem die wirklichkeitsschaffende Qualität von Literatur sichtbar werden kann. R. Brinkmann schreibt: „Dichtung (...) baut (...) eine eigene Wirklichkeit auf mit eigener Struktur, eigenen Gesetzen, eigener Logik" (in: ders.: *Begriffsbestimmung des literarischen R.*). Hier zeigt sich die grundsätzliche Problematik des R.begriffs: Solche Definitionen und Forderungen treffen schließlich auf alle neuzeitlichen Literaturepochen zu. Das Neue und Besondere im dt. R. ist das hohe Reflexionsniveau, auf dem die Autoren selbst über das Verhältnis ihrer Literatur zur außerliterarischen Wirklichkeit nachdenken – und die Konsequenz, mit der die Ergebnisse solchen Denkens in die literarische Praxis umgesetzt werden.

Walter Hettche

Lit.: R. Brinkmann (Hg.): Begriffsbestimmung des literarischen R., 1969. – M. Bucher u.a. (Hg.): R. und Gründerzeit. Manifeste und Dokumente zur dt. Literatur 1848-1880. 2 Bde., 1981. – H. Denkler (Hg.): Romane und Erzählungen des bürgerlichen R., 1980. – H.V. Geppert: Der realistische Weg, 1994. – St. Kohl: R., 1977. – H.-J. Ruckhäberle/H. Widhammer: Roman und Romantheorie des dt. R., 1977.

Reformation, Reformationsliteratur

1. Der Begriff „reformatio" „Erneuerung, Umgestaltung u.ä." taucht bereits in vielen spätmittelalterlichen Programmschriften auf. Im 16. Jh. bezieht er sich speziell auf die „reformatio ecclesiae", die Neugestaltung der Kirche an Haupt und Gliedern, die Martin Luther (1483-1546), der „Reformator der Kirchen" (Bugenhagen 1546), als erster in Gang setzte. Der heute gebräuchliche wissenschaftliche Terminus R. geht bereits auf die Kirchengeschichtsschreibung des 17. Jh. zurück. Ursprünglich für eine institutionelle Neugestaltung gebraucht, dient der Begriff R. inzwischen auch als historische Epochenbezeichnung für die Zeit von 1517 (Luthers Thesenveröffentlichung) bis zum Ende des 16. Jh., manchmal auch nur bis zum Augsburger Religionsfrieden 1555 oder dem Tod Melanchthons 1560. Unter dem Begriff werden historische Phänomene selegiert und zu einem Epochenkonzept vereinigt, für die als Hauptkriterium gilt, daß sie mit der ersten Phase der konfessionellen Neugestaltung Europas im 16. Jh. in engem Zusammenhang stehen. Er konkurriert mit anderen Termini, wie ↗ Renaissance oder Frühe Neuzeit, steht teils in Opposition zu ihnen (etwa marxistisch „frühbürgerliche Revolution").

2. Die R. war anfangs von einem innerkirchlichen Reformanliegen getragen. Luther wollte zunächst nur gegen einige fragwürdige religiöse Praktiken (vor allem das Ablaßwesen) vorgehen. Durch die Uneinsichtigkeit der röm. Kirche entstand aber bald eine konfessionelle Sezessionsbewegung, an der sich weitere Reformatoren (Zwingli, Calvin in der Schweiz u.a.) beteiligten. Verschiedene traditionelle Glaubenssätze (etwa zum Allgemeinen Priestertum der Gläubigen, zu Papstprimat und Abendmahlsfrage) sowie Kulteinrichtungen und Kirchenorganisation (etwa Heiligen- und Bilderkult, Mönchswesen, Zölibat) wurden in Frage gestellt. Am Ende stand die Etablierung einer neuen, unabhängig von Rom in Landeskirchen organisierten christlichen Konfession, die gegen den Katholizismus missionierte. Erst in der Renaissance war die Zeit reif, daß sich damit eine der immer wieder aufretenden Kirchenreformbewegungen durchsetzen konnte. Ein Reformator wie Philipp Melanchthon (1497-1560) ist ganz humanistisch geprägt, und die entwickelte R.-bewegung integriert den ↗ Humanismus nach Kräften als formales Bildungskonzept. Bei inhaltlichen Divergenzen, wie im Falle von Petrarcas *Glücksbuch*, schafft man protestantische Versionen. Von der Renaissance in den Vordergrund gerückte Gedanken, z.B. jene von der besonderen Würde des Einzelmenschen oder der Rückkehr zu den (schriftverbürgten) Ursprüngen, mußten zeitbedingt notwendig religiös gewendet werden und leuchteten jetzt unmittelbar ein. Die neue Konfession leitete sich programmatisch nur von den („evangelischen") Quellen her und war mit dieser neuen Sicht von „reiner" Lehre sehr erfolgreich.

Für die ganz in religiösen Vorstellungswelten verwurzelten Zeitgenossen hatte die bis dahin nicht gekannte Verselbständigung einer neuen Konfession revolutionären Charakter. Das zog Erschütterungen im gesamten sozialen Leben nach sich und blieb nicht ohne Auswirkungen auf die Literatur der Zeit. So beobachtete W. Stammler etwa, daß der Druck rein weltlicher Literatur in der ersten reformatorischen Kampfphase zurückging („lutherische Pause" 1520-1530), und daß sich demgegenüber die Verleger im Zusammenspiel mit den Autoren (z.B. Hans Sachs) eine Zeitlang intensiver dem Thema Reformation zuwandten.

3. Mit einer gewissen Berechtigung kann man also für diese Epoche einen Sektor „R.-Literatur" abgrenzen. Dabei handelt es sich um Literatur, die zwar keine spezifischen Formen ausgebildet, einige aber doch besonders kultiviert hat (z.B. Dialog, ↗ Drama, ↗ Lied). Sie definiert sich inhaltlich aus ihrer Bindung an die religiös-konfessionelle Problematik und ansonsten durch ihre Einbettung in mindestens drei spezifische Funktionalzusammenhänge: den konfessionellen Kampf auf Reformatorenseite, die evangelische Mission und die konfessionelle Affirmation.

Der Kampf bestand in einer jahrzehntelangen Auseinandersetzung des evangelischen mit dem katholischen Lager, bei dem sich religiöse mit politischen Motiven vermischten (kaiserliche Reichsinteressen vs. fürstliche Territorialinteressen usw.). Die neuen Möglichkeiten des Buchdrucks (↗ Buch, Buchdruck) wurden dabei in dieser ersten publizistischen Großkampagne Deutschlands von allen Seiten genutzt. Es entstand eine reiche Kontroversliteratur (in durchaus traditionellen Formen wie Polemik, Invektive, disputativem Kontroverstraktat, ↗ Satire usw.), die in unzähligen Einblattdrucken, ↗ Flugschriften und Büchern Verbreitung fand. Die Zweisprachigkeit und der Status der lat. Gelehrtensprache blieben unbestritten, doch setzte schon Luther früh die weiterverständliche dt. Sprache gezielt neben bzw. statt des hermetischen Theologenlateins ein. Die anderen reformatorischen Autoren folgten ihm nach Möglichkeit hierin; in der *Karsthans*-Flugschrift (1521) wird der konfessionelle Gegensatz sogar an die Sprachenfrage geknüpft. Das Postulat Religions- und Kommunikationsgemeinschaft stiftender Volkssprachigkeit fügte sich nicht nur zur neuen Sicht des „Laien" in der Kirche (Allgemeines Priestertum), sondern war Voraussetzung für rasche Missionserfolge. Wesentliches publizistisches Anliegen war nämlich von Anfang an, die Mehrheit der Bevölkerung für die reformatorische Sache zu gewinnen – mit Erfolg, denn am Ende des 16. Jh. hatte die R. in fast ganz Deutschland gesiegt. Dann erst begann die Gegen-R. größere Revisionserfolge zu erzielen. Es entstand bald auch eine Literatur, in der sich der neue Glaube ausdrücken konnte und mit der die Gläubigen zugleich bestärkt wurden. Für dieses affirmative Anliegen bedienten sich die Autoren der unterschiedlichsten Gattungen (Erbauungsschriften, Traktate, Lieder, protestantische Heiligen- und Märtyrergeschichten, religiöse Dramen usw.).

4. Unter den Reformatoren kann man zwei Typen unterscheiden. An erster Stelle ist Martin Luther als Typus des sich literarisch vielfältig und bewußt „populär" betätigenden Autors zu nennen. Auf mindestens drei Sektoren volkssprachlicher Literatur muß ihm vor allen anderen Reformatoren eine Sonderrolle zugestanden werden: Bibelübersetzung (↗ Bibel), reformatorische Programmschriften und Kirchenlied. Luther begann im Dezember 1521 mit der Übersetzung des Neuen Testamentes und arbeitete in den Folgejahren weiter am epochemachenden Projekt der Bibelübersetzung. Es wird seit jeher wegen seiner Qualität und wegen seiner Wirkung auf Generationen dt. Dichter als Meilenstein der frühnhd. Literatursprache gesehen. Luthers auch in Deutsch erschienene Programmschriften sind Muster an Klarheit des Gedankens, Intensität des Ausdrucks und sprachlicher Prägnanz. Zur polemischen Kampfgestimmtheit gehört, daß Luther nicht auf Grobianismen verzichtet. Die wichtigsten dieser Schriften erschienen 1520, darunter *An den christlichen Adel dt. Nation* (Karl V. und die dt. Fürsten sollen für das Reformprogramm gewonnen werden) und *Von der Freiheit eines Christenmenschen* (Luther setzt sich mit der Willensfreiheit des Menschen auseinander und faßt bei dieser Gelegenheit seine Glaubensvorstellungen zusammen). Daß sich Luther 1523/24 dem Kirchenlied zuwandte und die meisten seiner Lieder schuf, hängt damit zusammen, daß die R. einen Punkt erreicht hatte, der nach liturgischer Neugestaltung, d.h. der dt. Messe verlangte. Bald wurden die Luther-Lieder fester Bestandteil der neuen evangelischen Gesangbücher, und das 1527 entstandene *Ein feste Burg ist unser Gott* avancierte zum protestantischen Kampflied.

Philipp Melanchthon, Luthers Wittenberger Mitstreiter, vertritt den Typus des gelehrten, nicht populär schreibenden Reformators. In zahlreichen Disputationen nimmt er die Partei Luthers ein. Er publiziert fast ausschließlich lat., ist also eher im engeren Sinne multiplikatoren-orientiert. Von großer Wirkung waren seine dogmatisch-theologischen *Loci communes*, seine Traktate, die unzähligen humanistisch gefärbten Deklamationen zu allen erdenklichen Bildungsthemen sowie seine dialektischen und rhetorischen Schriften, ↗ Rhetorik. Er und Luther pflegten die humanistische Form der Epistolographie, d.h. *Briefe* oder *Sendschreiben* wurden ausgetauscht, die von vornherein öffentlichen Charakter hatten.

5. Früh fanden die Reformatoren in außertheologischen Kreisen Unterstützung. Als Beispiele seien nur Ulrich von Hutten (1488-1523) und Hans Sachs (1494-1576) genannt. Sie brachten mit ihrem proreformatorischen Engagement den Dialog als literarische Form zu besonderer Blüte. Hutten hatte seine überragende Dialogkunst an Lukian (ca. 120-180 n. Chr.) geschult und begann 1519 in lat. und dt. Dialogversionen für die Reform und gegen alles röm. und verweltlichte Religionsgebaren zu polemisieren. Im Jahre 1524 schuf dann auch Hans Sachs, abweichend von seiner sonstigen Art Verse zu dichten, vier Reformationsdialoge in überzeugendem Prosastil.

Die Übergänge vom Reformationsdialog zum Drama der Zeit waren teilweise fließend. Dramen wurden als besonders wirkungsvolles Mittel der „propaganda fidei", der Glaubenspropaganda, geschätzt. Die deutsche Dramatik erreichte insgesamt einen neuen Standard. Nicht zwischenmenschliche oder individuelle Probleme wurden auf die Bühne gebracht, sondern Ereignisse und Themen, mit denen sich parabelhaft die neuen Auffassungen von religiöser Einstellung und sozialem Verhalten vorführen ließen. Man spielte dabei zahlreiche Formen durch, vom geschlossenen antikisierenden Drama bis hin zur lockeren Szenenreihe. Unter den bedeutenden Dramatikern der Reformationszeit ragen fürs Deutsche Hans Sachs, Burkard Waldis (ca.1490-1556) sowie die Schweizer Niklas Manuel (ca. 1484-1530) und Pamphilus Gengenbach (um 1480-1524/25), fürs Neulat. der Niederländer Guilelmus Gnapheus (1493-1568) und Thomas Naogeorg (Kirchmeyer, 1508-1563) heraus. Waldis und Gnapheus dramatisierten die biblische Parabel vom *Verlorenen Sohn* und schufen damit ein Erfolgsstück, das mit dem Thema der Annahme eines verloren Geglaubten durch einen gnädigen Vater offensichtlich den zeitgenössisch-konfessionellen Nervus rerum traf.

Joachim Knape

Lit.: H.O. Burger: Renaissance – Humanismus – R., 1969. – B. Könneker: Die dt. Literatur der R.zeit, 1975. – I. Spriewald u.a.: Grundpositionen der dt. Literatur im 16. Jh., 1976. – W. Stammler: Von der Mystik zum Barock 1400-1600, [2]1950.

Reim

1. R. ist ein sprachliches Stilmittel, das durch Gleichklang Aufmerksamkeit erregt. Als solches ist er ein in der allgemeinen ↗ Rhetorik bekanntes Phänomen, das nicht nur in der Dichtung angewandt wird. Nach dem Ort des Gleichklangs im Wort unterscheidet man Stabreim (Alliteration) und Endreim.

2. Der Stabreim ist ein gemeingerm. Stilmittel der Dichtung. Der älteste Stabreim (die bewußte Stabsetzung ist umstritten) findet sich als urnordische Runeninschrift aus der Zeit um 400. Beim Stabreim stimmen die anlautenden Konsonanten mehrerer der meist vier Hauptikten, d.h. Hauptbetonungen, überein. Konsonanten müssen gleich sein, um staben zu können, die Konsonantenverbindungen sp, st, sk bilden Einheiten; dagegen reimen alle Vokale untereinander. Der Stabreim wurde im dt. Sprachraum bereits im 9. Jh. durch den Endreim ersetzt. Danach bleibt die Alliteration ein ausschließlich rhetorisches Mittel, bis sie zu Beginn des 19. Jh. bei Friedrich de la Motte Fouqué (1777-1843) erfolglos wiederbelebt wurde. Auch Richard Wagner (1813-1883) verwendet den Stabreim im *Ring des Nibelungen*, allerdings mit einem eigengeprägten Verstyp, der nicht an den ahd. Stabreimvers anknüpft. Gelegentlich erscheint für Stabreim auch die Bezeichnung Anreim, die jedoch eigentlich für eine andere Erscheinung reserviert ist (s.u.).

3. Endreim in der seit mhd. Zeit gültigen Form ist Gleichklang zweier Wörter oder Wortfolgen vom letzten betonten Vokal an. Man unterscheidet nhd. zwei Reimgeschlechter: männlich und weiblich, gelegentlich wird auch in der Tradition der Meistersinger stumpf und klingend unterschieden. Männlicher R.: „Not: tot", weiblicher R.: „wegen: Regen"; dreisilbige R. vom Typ „singenden: klingenden" nennt man schwebenden R.

Im Mhd. ist der Zusammenhang komplizierter. Folgende Fälle sind nach Heuslers Metrik zu unterschieden: „muot: guot" ist männlicher R.; ebenso jedoch „clage: tage", d.h. kurzer Tonsilbe (betonter Silbe) folgt eine weitere kurze Silbe, man nennt diesen R. zweisilbig männlich (dieses Verständnis ist durch den Reimgebrauch in korrespondierenden Strophen gesichert). „vlîzen: wîzen" ist weiblicher R., da die reimende Tonsilbe lang ist. Die metrische Interpretation (↗ Metrik) läßt hier zwei Möglichkeiten zu: Man kann die Länge der ersten Silbe als Viertel oder Halbe werten und je nachdem wird die Kadenz als weiblich voll oder weiblich klingend beschrieben: | x́x | oder | –́ | x̀^ | . Die Entscheidung ist in jedem Fall Interpretationssache. Klingende Kadenz zu lesen ist zumindest dort sinnvoll, wo sie mit männlicher gleicher Hebungszahl in unterschiedlichen Strophen frei wechselt, ferner im klingenden Anversschluß der Langzeile und im weiblich endenden Reimpaarvers. Vor allem in der Lyrik ist jedoch eine Entscheidung oft nicht zu treffen. Ebenfalls als weibliches Reimwort (dreisilbig weiblich) gilt, wenn kurzer offener Tonsilbe zwei weitere unbetonte Silben folgen; auch hier ist klingende und weiblich volle Interpretation möglich (jugende: tugende; | x́x| x̀^| oder | ◡́◡x|).

4. Der Ursprung des Endreims ist nicht gänzlich gesichert. Der erste systematische Gebrauch als Verskonstituens im Dt. liegt bei Otfrid von Weißenburg um 860, wenn das endgereimte anonyme *Petruslied* nicht älter ist. Die geläufigste und wahrscheinlichste Meinung ist, daß Otfrid R. wie Verssystem und Strophik in eigener Gestaltung aus der lat. Hymnenstrophe entlehnt hat. Dabei sind im einzelnen noch vermittelnde und ergänzende Stufen erwogen worden, etwa irisch-angelsächsische Einflüsse. Weitgehend autochthon sieht dagegen Schweikle den Endreim. Tatsache ist jedoch, daß es endgereimte Hymnenstrophen seit dem 5. Jh. gibt, die ihre Herkunft vielleicht syrischen Hymnenvorbildern verdanken; auch in anderen semitischen Sprachen ist der Endreim früh nachgewiesen. Richtig ist ferner, daß es in vielen Sprachen eine Disposition zum Endreim gibt und bestimmte rhetorische Stilfiguren auch in der lat. Prosa Endreim produzieren.

5. Man zeichnet das Reimgefüge mittels Kleinbuchstaben auf, Reimkorrespondenzen erhalten denselben Buchstaben. Reimlose Zeilenenden heißen Waisen und erhalten den Reimbuchstaben x oder w; spielt das Anreimgefüge – wie in manchen mhd. Liedern – eine konstitutive Rolle, werden Anreime manchmal mit Großbuchstaben bezeichnet. Kornreime, im Schema K, nennt man Reime, die erst in der nächsten Strophe ihren Reimpartner finden, i.d.R. an der gleichen Stelle des Reimschemas.

Reimfolgen: aaaa ... Tiradenreim, aabb ... Paarreim, abab ... Kreuzreim, abba ... umarmender Reim, aba cbc ... Terzinenreim, axa Waisenterzine, abcabc ... verschränkter R., aabccb Schweifreim. Dieses Arsenal der Reimfolgen deckt v.a. die mittelalterlichen Möglichkeiten nicht im entferntesten ab, da in der Sangspruchdichtung (↗ Sangspruch/Reimspruch) und im ↗ Meistergesang auch über weiteste Distanzen gereimt wird. So gebraucht Michel Beheim in seiner Langen Weise (Mitte 15. Jh.) folgendes Reimsystem: abacdae/ fdfcbfe/ ghghiklmlgkinmn.

6. Der Endreim des Otfrid-Verses nimmt nicht immer Rücksicht auf die Betonungsverhältnisse und gibt sich oft mit Assonanzen (quad: gemah) und Gleichklang der unbetonten Endsilben (líndò: sélbò) zufrieden. Deutlichere Reinheit der R. verlangt das Hoch-MA seit Heinrichs von Veldeke *Eneit* (um 1180). Bestimmte konsonantische Unreinheiten sind jedoch auch in vielen späteren mittelalterlichen Dichtungen verbreitet. Unreine R. sind von dialektalen v.a. im MA unbedingt zu scheiden, doch kann man auch bei Goethe, der unreine R. schätzte, noch unsicher sein, ob „Ach neige/ du schmerzensreiche" als unrein oder als Frankfurter Idiom zu interpretieren ist. Weiter verbreitet als konsonantische Unreinheit ist vokalische, wo v.a. die Reimung von Kurz- auf Langvokal häufig belegt ist (wahr: Narr). Rührender R. entsteht, wenn die Reimung den/die vor dem letzten betonten Vokal liegende(n) Konsonanten mit betrifft (verarmen – umarmen); er wird im MA meist unbedenklich gebraucht, Martin Opitz (*Buch von der Deutschen Poeterey*, 1624) hat ihn verboten. Sind zwei homonyme Wörter bedeutungsverschieden gebraucht, nennt man sie im MA „Equivoca" (von „aequivocatio"), sie werden meist nur als besondere Formkunststücke gebraucht: „Ich viel ein gar swæren val/ von einem pferde, daz was val" (Wilder Alexander). Identische R. sind rührend und bedeutungsgleich, sie gelten auch im MA als Verstoß. Reiche R. heißen nhd. weibliche R. mit vollvokalischen Nebensilben oder unbetonten Wörtern in der Senkungssilbe („Wahrheit: Klarheit", „fein sind: gemein sind"). Der letztere Fall ist im Mhd. als männlicher R. zu werten und wird dort Strickerkadenz genannt („éine várt: gást wárt"; | x́x| x́^| /| –́| x́^|).

Wird der R. über den erforderlichen Gleichklang hinaus ausgeweitet, spricht man von erweitertem oder Doppelreim, sind beim Doppelreim die Konsonanten vor dem Reimvokal ausgetauscht, entsteht Schüttelreim („sing an dich/ Dingansich", Peter Rühmkorf).

Grammatischen R. nennt man den Gebrauch von grammatisch verwandten Reimwörtern; er ist eine stilistische Erscheinung, die mit dem eigentlichen R. nichts zu tun hat (Reimfolge „güete/ guot/blüete/bluot", Gottfried von Neifen).

7. Nicht immer steht Endreim nur am Zeilenende, darum wird er auch nach der Stellung im Reimtext unterschieden. Schlagreim liegt vor, wenn der R. sich im Bereich der nächsten Hebung wiederholt. („Herrgott mein Not ich klag/ bei Tag und Nacht ...") Der erste Schlagreim des Beispiels ist ein Sonderfall des Binnenreims, den zweiten Fall nennt man übergehenden R. Andere Formen des Binnenreims sind Mittenreim und Mittelreim, die oft nicht unterschieden werden, beide bezeichnen R. aus der Zeilenmitte; sofern unterschieden, geht der Mittelreim auf das Ende der akuten oder vorhergehenden Zeile, der Mittenreim auf einen anderen R. in Mittelposition. Von Zäsurreim spricht man, wenn in der Langzeile der mhd. Dichtung Waisenzäsuren ausnahmsweise untereinander reimen wie zu Beginn des *Nibelungenliedes*:

„Uns ist in alten mæren wunders vil geseit
von helden lobebæren von grozer arebeit.“

Anreim oder Anfangsreim ist R. am Beginn der Zeile („Dich also gar verwegenen man/ ich nicht bescheiden nennen kan“, Frauenlob). Der einsilbige Anreim, wie er hier verwendet wird, heißt nach der Terminologie der Meistersinger auch Pausenreim.

Johannes Rettelbach

Lit.: ↗ Metrik. – G. Schweikle: Reim. In: Reallexikon der dt. Literaturgeschichte, Bd. 3, 1977.

Reiseliteratur

1. R. ist der Oberbegriff für Darstellungen tatsächlicher oder fiktionaler Reisen. Er umfaßt zum einen die mehr sachorientierten Reisehandbücher, die nützliche Informationen für Reisende geben (Pilger-, Wallfahrtswegeführer, Reiseführer, Reisebücher) sowie die wissenschaftliche Reisebeschreibung (Forschungsreise) in Form von Tagebüchern oder Reiseskizzen, deren Vorläufer die geographischen Schriften der Antike waren. Zum anderen zählen die literarische Reisebeschreibung, der literarische Reisebericht, die Reiseerzählung und der Reiseroman zur R., in denen die tatsächlichen oder erfundenen Reiseerlebnisse literarisch geformt werden. Letztere erscheinen sehr häufig als Mischformen, d.h. in Verbindung mit anderen literarischen, bes. epischen, Formen, etwa dem Abenteuerroman, dem ↗ Bildungsroman, der ↗ Autobiographie, zeigen aber auch Übergänge zur wissenschaftlichen Sachprosa.

Im Gegensatz zu der sachdienlichen Informationsrhetorik, welche die Zweckformen der Reiseschriften prägt, ist für literarische Reiseberichte eine Entwicklung hin zur Dominanz der Überformung des Materials festzustellen. Die Reise gerät so aus dem Erzählzentrum an den Rand; sie stellt besonders in der modernen R. mehr den Anlaß als das Ziel der literarischen Reflexion dar.

2. Homers *Odyssee* (um 800 v.Chr.) bildet den Auftakt für den abenteuerlichen Reiseroman und dessen Muster der episodischen Reihung von Abenteuern, die ein Held mehr oder weniger unverändert durchläuft. Daneben stehen die geographischen Weltbeschreibungen der Periegesen und Periploi (Skylax um 500 v. Chr., Pytheas um 330 v. Chr., Pausanias um 170 n. Chr.). Das älteste geographische Werk, das auf lat. erhalten ist, eine Kreuzfahrt – „periplus“ – durch die alte Welt, stammt von Pomponius Mela (44 n. Chr.). Bereits in der antiken R. verbinden sich die „naturwissenschaftlichen“ Angaben (Meeresgezeiten u.ä.) mit den Memoranda (Bemerkenswertem, wie den Amazonen, Fabelwesen), was dem Wunsch des Lesepublikums nach phantastischen Gegenwelten und Wundern entgegenkommt, wie sie noch in den Lügenromanen des 18. Jh. (Münchhausen) nachklingen und für die in den „voyages imaginaires“, in der phantastischen R. (Jules Verne, 1828-1905), außerirdische Zufluchtstätten geschaffen werden.

3. Aus den Palästinaberichten hervorgehende Pilgerführer werden im 12. Jh. in großer Zahl verbreitet und bis ins 14./15. Jh. aktualisiert. Sie sollen der Pilgerschaft Informationen über die Pilgerstätten, Reiserouten und Ablaßhöhen geben. Neben Pilger- und Wallfahrten reiste man, um sich zu bilden. Im 16. Jh. entstehen die methodischen Reisebücher, Apodemiken, die der wissenschaftlich gewordenen Studienreise Rechnung tragen.

Arabische Reisende (Ibn Battuta, 14. Jh.) und der vielgelesene Bericht Marco Polos über seine Reise in die Mongolei (um 1300) prägen für lange Zeit die Vorstellungen von Afrika und dem Fernen Osten. Jeans de Mandeville *Reisen* (Mitte 14. Jh.), erst nach Jahrhunderten als Lügengespinst entlarvt, können als *die* Reiseerzählung des Spät-MA gelten.

4. Den Beginn der Neuzeit markiert die Entdeckung der Neuen Welt, über die in zahlreichen Reiseberichten von Seefahrern, Söldnern, Abenteurern, Missionaren geschrieben wird (N. Federmann, U. Schmidl u.a.). Jean de Lérys *Brasilien-Tagebuch* (1557) und die *Wahrhafftige Historia* (1557) Hans Stadens über seine Gefangenschaft bei den brasilianischen Tupinambas sind frühe Vorläufer ethnologischer Reiseberichte. Nur als exotische Folie für den Entwurf einer Staatsutopie (Th. Morus' *Utopia*, 1516) oder auch für die Kritik an der eigenen Gesellschaft dienen hingegen den Staatsromanen die weit entfernten imaginären Weltgegenden, ↗ Utopie.

Im ↗ Barock sind schließlich die von Schiffbrüchen und Entführungen durchzogenen „curieusen“ Reisen v.a. in asiatische Gefilde (*Asiatische Banise*, 1689, v. H.A. von Ziegler und Klipphausen) in den höfischen Gesellschaftsromanen Legion. Das der Subkultur der Fortbewegung von Bettlern, Gauklern, Fahrenden entstammende Abenteuerschema mit einem einheitlichen Typus des Abenteurers findet sich nach dem ↗ Volksbuch des 16. Jh. (*Fortunatus*, 1509) mit stark bürgerlichen Elementen im barocken Schelmenroman (Grimmelshausens *Simplicissimus* und *Continuatio*, 1668), und bleibt gattungskonstitutiv für den Typus der abenteuerlichen Unterhaltungsliteratur. Robinsonaden lösen nach D.

Defoes *Robinson Crusoe* (1719, dt. 1720) das barocke Schema ab.

Die Pilger des 18. Jh. haben ihr Ziel im Paris der Revolution. J.H. Campe, H. Zschokke, G. Kerner, G. Forster schreiben darüber. Noch in der R. des Jungen Deutschland (Heine; Börne, *Briefe aus Paris*, 1830-33 geschr.) wirkt die gesellschaftskritische Sicht auf die eigene Gesellschaft; sie bereitet den essayistisch-feuilletonistischen Reisejournalismus vor.

Die Entdeckerberichte werden seit dem 17. Jh. von wissenschaftlich exakteren Berichten großangelegter Forschungsreisen abgelöst. A. von Chamisso (*Reise um die Welt*, 1821/36) und Georg Forster (*Reise um die Welt*, 1777) hatten jeweils an solch größeren Forschungsfahrten teilgenommen. Letztes großes Beispiel einer individuell durchgeführten Forschungsreise war A. v. Humboldts *Reise in die Aequinoktialgegenden des Neuen Kontinents* (1805 frz. ersch.), der ein enzyklopädisches naturwissenschaftliches Beschreibungssystem entfaltet, das er mit aufklärerischem Interesse an fremder Kultur und gesellschaftlicher Kritik an Kolonialismus und Sklaverei verbindet. Mit Humboldt kann von einem neuen Geist der R. gesprochen werden: Der Typus des philosophischen Reiseberichts (Wuthenow) entsteht, der Fakten und Empfindungen notiert und zugleich interpretiert.

Vom empfindsamen Reiseroman des 18. Jh., nach dem Vorbild von L. Sternes *Empfindsamer Reise* (1768) (Schummels *Empfindsame Reise durch Deutschland*, 1770-72, u.a.) zieht sich eine Linie zur R. der ↗ Romantik. Die Zentrierung auf das subjektive Empfinden, gepaart mit rousseauistischem Naturerleben, wird für die Gattungsgeschichte markant: Nicht die Reise, sondern die Reiseerfahrung, der Niederschlag des Erlebten in Stimmungen, wird zum Programm.

5. Neben den großen Strömungen der literarischen Reiseberichte sind für das 19. Jh. insbesondere zwei Erscheinungen wesentlich: Immer mehr Frauen reisen und berichten darüber; Reisen wird zum (touristischen oder erzwungenen) Massenphänomen. Maria Sibylla Merian hatte bereits 1699 eine Reise nach Surinam unternommen; Lady Montagu schrieb in Reisebriefen über ihren Aufenthalt in der Türkei (1763). Ida Pfeiffer fand für ihre zahlreichen Reiseberichte (darunter Weltreisen auch in unwegsame Gebiete) ein großes Publikum, ebenso die Gräfin Ida Hahn-Hahn (*Orientalische Briefe*, 1844). Eine weitere Bestsellerautorin, Fanny Lewald, setzte sich in ihren Rom-Berichten mit Goethes *Italienischer Reise* (1786) auseinander; am Ende des Jh. berichtet, in einer Art abenteuerlichem Gelehrtenreisebericht, C. Seler-Sachs von ihren Lateinamerikareisen, ↗ Frauenliteratur.

Unfreiwillige Reisen, seien sie durch Massenarmut, politische Verfolgung o.ä. Gründe verursacht, bilden einen in der Gattungsgeschichte vernachlässigten Zweig. Anläßlich der Auswanderungsbewegung des 19. Jh. entsteht eine umfängliche Ratgeberliteratur. Parallel dazu ist der Typus unterhaltsamer (Jugend-)R. (Ch. Sealsfield, i.e. Postl, *Cajütenbuch*, 1841; F. Gerstäcker, *Flußpiraten des Mississippi*, 1848) weit verbreitet. K. May setzt diese Tendenz spannender Unterhaltung mit seinen Reiseerzählungen fort.

6. Die Erfahrung zunehmender Reisegeschwindigkeit durch neue Beförderungsmittel wie Eisenbahn und Auto, aber auch der Überseedampfer sind *das* Thema der R. in der Weimarer Republik. „Rasende Reporter" (E. Kisch, *Paradies Amerika*, 1930) folgen dem neuen Tempo (↗ Reportage); Entfernungen verkürzen sich; ebenso wird in den Stadtlandschaften fremder Städte das Erlebnis der Moderne gesucht (G. Stein, F. Hessel).

Im 20. Jh. werden die unfreiwilligen Reisen durch die Vertreibung ins Exil nicht weniger; Schriftsteller wie Stefan Zweig (*Brasilien – ein Land der Zukunft*, 1941), B. Traven u.a. beschreiben ihre Exilwelt, ↗ Exilliteratur.

Reisen, die weniger das Auswendige fremder Gegenden als vielmehr das Inwendige der Selbsterfahrung suchen, erscheinen im 20. Jh. immer mehr als dominierendes Motiv der R.; daneben bestehen Formen der Reiseführer, des Reisejournalismus weiter. Das aktuelle Spektrum reicht nach 1945 von Reiseberichten essayistisch-reflexiven Zuschnitts (W. Koeppen, *Nach Rußland und anderswohin*, 1958) bis hin zu experimentell-autobiographischen Formen (R.D. Brinkmann, *Rom. Blicke*, 1979) und zur sog. Ethnopoesie (H. Fichte, *Xango*, 1976).

Michaela Holdenried

Lit.: P.J. Brenner (Hg.): Der Reisebericht, 1989. – A. Pelz: Reisen durch die eigene Fremde. R. von Frauen als autogeographische Schriften, 1993. – H. Schlösser: Reiseformen des Geschriebenen, 1987. – R.-R. Wuthenow: Die erfahrene Welt. Europäische R. im Zeitalter der Aufklärung, 1980.

Renaissance

1. Den Begriff „rinascitá" (Wiedergeburt) verwendet erstmals der ital. Kunstgeschichtsschreiber Giorgio Vasari 1550 mit Bezug auf die Künstler seiner Zeit. Die frz. Wortform R. wurde

im 19. Jh. zuerst in Frankreich als wissenschaftlicher Terminus etabliert, dann u.a. von J. Burckhardt weiterverbreitet (*Die Kultur der Renaissance in Italien*, 1860). Der Begriff dient als kulturhistorische Epochenbezeichnung vornehmlich für das 15. und 16. Jh., zunächst auf Italien, dann auf ganz Europa bezogen. Er konkurriert mit anderen die Epoche benennenden Termini, wie z.B. „Frühe Neuzeit", steht teils in Opposition zu ihnen (etwa „Spät-MA"). Mit seiner Hilfe werden bestimmte kulturhistorische Phänomene selegiert und zu einem Epochenkonzept vereinigt, für die als Primärkriterium gilt, daß bei ihnen ein Rekurs auf die Antike nachweisbar ist; dieser zeitgenössische Antikebezug ist historistisch orientiert, geht also dem Originalcharakter der Antike nach und möchte folglich im Gegensatz zur vorangegangenen mittelalterlichen ↗ Antikerezeption möglichst assimilationsfrei sein, d.h. zeitgenössische Anverwandlungen meiden. Sekundärkriterium ist das Vorliegen von Neuansätzen, die mit dem epochenspezifischen Antikerezeptions- bzw. Erneuerungsparadigma in Zusammenhang stehen. Die so gewonnene differentia specifica blendet andere in den Zeitraum fallende Erscheinungen aus, die man etwa unter den Kategorien „Spät-MA" oder ↗ Reformation fassen müßte.

2. Der R.-Begriff ist maßgeblich an der Entwicklung in den Künsten (einschließlich Musik) orientiert. Gerade hier zeigt sich aber auch die zeitliche Verzögerung bei der Ausbreitung in den Ländern Europas. Während etwa Brunelleschi (1377-1446), Donatello (1382-1466) und Masaccio (1401-1428) für Architektur und bildende Kunst in Italien die Grundlagen der Früh- und Hoch-R. schufen (1. Hälfte 15. Jh.), mit ästhetischen Idealen wie Zentralperspektive, Geometrizität oder weitgehender Naturnachahmung, erreichte in Deutschland gerade die Gotik ihren Höhepunkt.

Auf der Ebene von Kunst und Architektur ist der Epochenbruch zwischen R. und MA radikaler (wahrnehmbar) als auf anderen Ebenen. Doch auch da lassen sich neuartige Phänomene isolieren, die der R.-Kategorie zugeordnet werden. Das betrifft bestimmte politische Strömungen (ital. Condottieri-Herrschaft; Romidee bei Cola di Rienzo, 1313-1354; Machtstaat Machiavellis, 1469-1527), rechtsgeschichtliche Entwicklungen (Rezeption des röm. Rechts) und wissenschaftsgeschichtliche Neuorientierungen (neue Naturwissenschaft, neue Technikvorstellungen, z.B. bei Leonardo da Vinci; Weltbild und Entdeckungsreisen usw.).

Daß die feudale und christliche Grundstruktur des MA auch in der R. weiterbestand, ist heute mentalitätsgeschichtlich unbestritten. Die R.-Humanisten selbst sahen aber schon eine Epochenschwelle. Sie verstanden sich als Neuerer bzw. Erneuerer, und die Forschung hat seit J. Michelets wegbereitender *Histoire de France* (7. Bd., 1855, S. II) die epochenspezifischen Diskursneuerungen herauszuarbeiten versucht.

Nach wie vor steht dabei Michelets Epochenformel „Die Entdeckung der Welt, die Entdeckung des Menschen" zur Debatte. Sie hat ihren Ursprung in verschiedenen Zeitphänomenen. Die neuartige Entdeckung der Welt äußerte sich u.a. in der jetzt systematisch einsetzenden vorimperialistischen Aneignung der außereuropäischen Welt (Entdeckungsreisen). Im inneren Sozialgefüge erreichte die Dominanz der laikalen Kultur eine neue Qualität. An den Universitäten schlug sich das u.a. in einem neuen humanistischen Eruditionsideal mit antischolastischem Affekt nieder. Das neue Bildungsideal wird in die Reformationsbewegung integriert, wenn Luther 1520 in *An den christlichen Adel deutscher Nation* die Abschaffung der Schriften des Aristoteles (mit Ausnahme der Logik, Rhetorik und Poetik) an den dt. Universitäten fordert. Die Entdeckung des Menschen tritt am sinnfälligsten in der bildenden Kunst zutage, wo die Darstellung von der Körperlichkeit des Menschen den antiken Standard wieder erreichte. Die philosophische Neuentdeckung Platons macht aber deutlich, daß damit nicht notwendig ein philosophischer Materialismus einhergehen mußte. Die jetzt auftretenden Schriften zur Würde des Menschen (z.B. Pico della Mirandola: *De dignitate hominis*, 1487) gründen durchaus auf idealistischem und religiösem Gedankengut. Mit all dem korrespondiert die Gewinnung umwälzender wissenschaftlicher Standpunkte (z.B. 1543 Kopernikus: *De revolutionibus orbium coelestium*, in der Astronomie, und ebenfalls 1543 Vesalius: *De humani corporis fabrica*, in der Medizin / Anatomie).

3. Auf literarhistorischem Feld konkurrieren die Begriffe R. und ↗ Humanismus. Dabei ist R. die weiter reichende Kategorie. In der Romanistik und der Anglistik etwa wird unter sie auch volkssprachliche Literatur subsumiert. Demgegenüber verwendet sie die ↗ Germanistik in literarhistorischen Zusammenhängen eher zurückhaltend und greift häufiger auf den Humanismus-Begriff zurück. Man verwendet R. dann, wenn man kunst-, sozial- und geistesgeschichtliche Aspekte einbeziehen und ihren gesamtkulturellen Konnex in der Epoche markieren will.

Im Unterschied zu der mit solchen Konzepten verbundenen R.-Kategorie bezeichnet der „unspezifische R.-Begriff" a. ältere, dem 15./16. Jh. vorangehende Bewegungen der Antikerezeption, z.B. „karolingische R.", „ottonische R." usw.

(Panofsky); b. alle Arten nach Wiederbelebung älterer Traditionen strebender Bewegungen.

Joachim Knape

Lit.: A. Buck (Hg.): Zu Begriff und Problem der R., 1969. – A. Buck (Hg.): R. und Barock. 2 Bde., 1972. – A. Buck: Die Rezeption der Antike in den romanischen Literaturen der R., 1976. – K. Burdach: Reformation, R., Humanismus, 1910, [2]1926. – E. Panofsky: R. and Renascences in Western Art, 1965; dt. 1979.

Reportage

1. Die R., frz. „reportage“ – „Berichterstattung“, ist ein dokumentarisches Genre im Spannungsfeld von Literatur, Journalismus und Sozialforschung, das sich auf Fakten und nachprüfbare Vorgänge bezieht. Sie beruht auf Recherchen, Interviews, Erlebnissen und Beobachtungen aus verdeckter (Rollen-R.) oder offener Teilnahme, aus deren Perspektive sie dargestellt ist. Das bestimmt ihre subjektivierte Präsentation, z.B. von Motivationen oder Rechercheprozessen, persönlichen Eindrücken, Wertungen usw. Sie wird von literarästhetischen Formelementen zwischen Personalstil und Medienrhetorik (↗ Medien) geprägt.

2. Im allgemeinen Sprachgebrauch wird R. meist mit Berichterstattung gleichgesetzt. Versuche normativer Festlegung auf Themen, Ziele und Darstellungsweisen, sind ebenso wirkungslos geblieben wie definitorische Abgrenzungen, literarisch etwa zu Feuilleton, ↗ Novelle oder Skizze, journalistisch zu Nachricht, Bericht, Feature, Magazinstory oder Report (vgl. M. Haller). Ihre Praxis folgt Zielgruppenorientierungen, gesellschaftlichen Trends, literarischen Moden und medialen Entwicklungen. So haben sich z.B. Text-Bild-R. und in Hörfunk und Fernsehen spezifische Formen und Schwerpunkte von Sport- bis Kriegs-R. entwickelt.

3. R. in Printmedien sind häufig aus individualisierendem Aufmacher, Berichtkern, in dem Fakten verknüpft oder Verläufe entwickelt werden, und einer Schlußpointe aufgebaut. Daneben gibt es die unterschiedlichsten Varianten. Die R. kann sich der Faktenpräsentation der Nachricht ebenso annähern wie das Reporter-Ich bis hin zu verspielter Eitelkeit ins Zentrum rücken. Ihre Intention, den ↗ Leser am Dargestellten teilhaben zu lassen, reicht vom Schock der Sensations-R. über situatives Einverständnis bis zur gesellschaftlichen Veränderungsanleitung (Sozial-R., operative R.). Zwei Funktionsmuster sind erkennbar: a. Sozial oder geographisch allgemein Unzugängliches oder Unbekanntes vertraut zu machen; b. Alltägliches in seiner Befremdlichkeit zu zeigen. So erlangt die R. regelmäßig als Orientierungshilfe in Phasen gesellschaftlicher Krisen oder Übergänge besondere Bedeutung (und literarhistorische Wertschätzung) und so bevorzugt sie bestimmte Gegenstandsbereiche (mit je spezifischen Formen): Reise-R., Sozial-R. (R. aus der Arbeitswelt), Kriminal-R., Gerichts-R., Wissenschafts-R., „personality“-R. und „human interest“-R. Letzteres indiziert die zunehmende publizistische Internationalisierung.

4. Ihren Höhepunkt hatte die R. in Deutschland in den 1920er Jahren. In der Dauerkrise von Kriegsniederlage, Bürgerkrieg und Inflation wurde auch von der Literatur kurzfristige Gebrauchsfunktion verlangt: Orientierung im Neuen, Sicherung durch Verknüpfung mit Vertrautem, Perspektivierung durch Nachweis von besserem Neuen. Damit bekam die R. eine ethologisch-ethnologische Dimension, „Sitten und Gebräuche des heraufkommenden Proletariats, die Institutionen Amerikas, Fabriken, Konzerne, Autos, Sport, Sowjetrußland“ zu zeigen (L. Feuchtwanger, 1927). Exemplarisch: Egon Erwin Kisch, synonym mit dem Titel seines Buches: *Der rasende Reporter* (1924). In der sprachspielerischen Tradition des k.u.k.-Feuilletons, im Gestus abenteuernder Unerschrockenheit, Weltläufigkeit und Technikvertrautheit und sozialkritischem Impetus, wurden seine zahlreichen R., die heutigen journalistischen Wahrheitskriterien nur bedingt genügen, zu Bestsellern, u.a. *Hetzjagd durch die Zeit* (1926), *Wagnisse in aller Welt* (1927), *Zaren, Popen, Bolschewiken* (1927), *Paradies Amerika* (1930). Ähnlich Joseph Roth, dessen R. vor allem in der *Frankfurter Zeitung* erschienen, für die die bekanntesten Reporter arbeiteten, z.B. B. von Brentano, H. Hauser und bes. S. Kracauer, der die R. in den soziologischen ↗ Essay überführte (*Die Angestellten*, 1929). Im *Berliner Tageblatt* schrieb Sling (= P. Schlesinger) vorwiegend Gerichts-R. (*Richter und Gerichtete*, 1977), F. Hildenbrandt oder G. Tergit (*Atem einer anderen Welt*, 1994). Reise-R. von R. Katz in der *Vossischen Zeitung* waren Bestseller (*Die weite, weite Welt*, 5 Bde., 1932). Aufschluß über kommende Entwicklungen lieferten zahlreiche R. über UdSSR und die USA. Die R. der Arbeiterkorrespondenten der KPD diente als Mittel der Politisierung und Kontrolle. Versuche, dokumentarische und fiktionale Elemente in R.romanen zusammenzubringen, z.B. zur Justizkritik Ernst Ottwalt (*Denn sie wissen, was sie tun*, 1931), wurden von G. Lukács heftig kritisiert. Nach 1933 verlor die literarische R. in Deutschland an Bedeutung, um in den Kriegs-R. der Propaganda-Kompanien (PK) eine problematische Variante zu finden. Nach 1945 erlebte die R.

einen neuerlichen Aufschwung als Krisenorientierung (vgl. *In Deutschland unterwegs*, hg. v. K. Scherpe, 1982). U.a. durch ehemalige PK-Reporter getragen, zeichnete sich die zunehmende Bedeutung von Illustrierten-R., Hörfunk- und bes. Fernseh-R. (P. v. Zahn) ab.

5. Ende der 60er Jahre wurde in der Bundesrepublik (Wirtschafts- und Energiekrise, Studentenbewegung usw.) während einer allgemeinen dokumentaristischen Welle die R. wieder literarisch dominant. R. bes. der Reihe *Literatur der Arbeitswelt* (1973-85) fanden große Verbreitung, G. Wallraff begann die Serie seiner Bestseller mit Rollen-R.: *Wir brauchen dich*, 1966 (= *Industriereportagen*, 1970); *Der Aufmacher*, 1977; *Ganz unten*, 1985. Im Zusammenhang damit stand die literarhistorische Rückwendung auf Traditionen der R., für die 20er Jahre z.B. *Reporter und Reportagen*, hg. v. E. Schütz (1974), für das Kaiserreich *Der Arbeitsmann, er stirbt*, [...], hg. v. F. G. Kürbisch (1982) und *Schwarze Reportagen*, hg. v. K. Bergmann (1984). In der DDR gehörte die Betriebs- oder Aufbau-R. zum literarischen Kanon. Unter ihren Autoren finden sich durchaus namhafte oder später kritische Autoren wie F. Fühmann, S. Kirsch oder G. Kunert (vgl. z.B. *DDR-Reportagen*, 1974). Während die durchschnittliche R. in „Parteilichkeit" als Schematismus und Schönfärberei erstarrte, hielten die Zeitungen *Sonntag* und *Wochenpost* ein bemerkenswertes literarisches Niveau. Aus der Tradition stammen J. Voigt, F.-J. Kopka, A. Osang (*Aufsteiger-Absteiger*, 1992) oder Ch. Dieckmann (*Die Zeit stand still*, 1993), deren literarische R. mit ähnlichen Tendenzen in der Bundesrepublik seit den 80er Jahren zusammentreffen. Deren Impulse kommen von Vorbildern des amerikanischen *New Journalism* (z.B. T. Capote, H.S. Thompson oder T. Wolfe), z.T. vermittelt über die Zeitschrift *TransAtlantik*, und aus dem Magazinjournalismus von *stern*, *Spiegel*, *Tempo* u.ä. Während etwa R. Kirbach (*Revier-Besichtigung*, 1989) oder C. Schnibben (*Neues Deutschland*, 1988) eher nüchterne Recherche-Traditionen fortschreiben, haben G.S. Freyermuth (*Endspieler*, 1993) oder M. Matussek (*Palais Abgrund*, 1990) einen ironisch-intellektuellen Subjektivismus entwickelt, der sich seine Themen gern in der internationalen (Medien-)Welt sucht. An Traditionen literarischer Nahbereichs-Ethnologie hingegen schließen in atmosphärisch dichten R. Marie-Luise Scherer (*Ungeheurer Alltag*, 1988) und Gabriele Goettle an, deren *Freibank* (1991), *Deutsche Sitten* (1991) und *Deutsche Bräuche* (1994) als Musterstücke für die Leistungsfähigkeit literarischer R. zwischen Wirklichkeitserkundung und -konstruktion gelten können.

Erhard Schütz

Lit.: M. Geisler: Die literarische R. in Deutschland, 1982. – M. Haller: Die R., 1987. – E. Schütz: Kritik der literarischen R., 1977. – C. Siegel: Die R., 1978.

Rezeption

1. Der Begriff R. ist abgeleitet von lat. „recipere", d.h. „in sich aufnehmen". – Wie alle (sprachlichen oder nicht-sprachlichen) Äußerungen sind literarische Texte Teil von Kommunikationsprozessen. Außer dem Text selbst sind zu einer solchen Kommunikation a. ein Textproduzent (Autor) und mindestens ein Textrezipient (Hörer, Leser) erforderlich. Bei der Produktion eines Textes bedient sich der Autor b. eines oder mehrerer Zeichensysteme, z.B. also der primären, natürlichen Sprache und zusätzlicher spezifisch literarischer, eventuell epochenspezifischer Zeichensysteme und setzt zugleich eine bestimmte Teilmenge des kulturellen Wissens voraus: Ob und wie ein Hörer bzw. Leser den Text versteht, hängt nicht zuletzt vom Umfang seiner Kenntnis dieser Zeichensysteme und Wissensmengen ab; im Falle etwa von Texten fremder Epochen (z.B. MA, Goethezeit) hätte der ideale Rezipient (= Literaturwissenschaftler) somit zunächst sowohl den Stand des Sprachsystems als den des Wissens zu rekonstruieren, während der nicht wissenschaftliche Leser an den Text sehr wohl einen historisch inadäquaten Sprach- bzw. Wissensstand herantragen mag. Zu unterscheiden ist also a. zwischen Interpretation und R.: Jede (wissenschaftliche) Interpretation ist zwar auch das Produkt eines R.aktes, unterscheidet sich aber von anderen Textdeutungen dadurch, daß sie sich wissenschaftlichen Normen der Intersubjektivität und der historischen Adäquatheit unterwirft, an die selbstverständlich die R.akte anderer Leser nicht gebunden sind. Zu unterscheiden ist b. zwischen der tatsächlichen externen Kommunikationssituation und der fingierten textinternen Sprechsituation: Sprecher (z.B. Erzähler) und Adressaten des Textes dürfen nicht mit den realen Autoren bzw. Hörern/Lesern verwechselt werden.

2. Informationen über R.prozesse sind grundsätzlich nur zugänglich, soweit es R.dokumente gibt. Zu diesen gehören a. die indirekten, aus denen nur geschlossen werden kann, daß ein Text in bestimmtem Umfang rezipiert wurde (z.B. Anzahl von Handschriften im MA, Zahl der Auflagen und der Auflagenhöhe in der Neuzeit), b. die direkten, die Folgerungen erlauben, wie rezipiert wurde. Zu diesen gehören einerseits alle intertextuellen Bezugnahmen auf einen Text (Erwähnung oder Zitierung von bzw. Anspielung

auf einen Text), andererseits alle Metatexte, die sich – deutend, kommentierend, wertend – über den Text äußern (z.B. in Briefen, Rezensionen, Poetiken, Ästhetiken). R.dokumente können selbstverständlich auch nicht-sprachlich sein (z.B. Gemälde zum Tristan- oder Nibelungenstoff im MA oder im 19. Jh.). Im Falle historisch vergangener R.prozesse, wo ein Text innerhalb seiner ↗ Epoche (z.B. Texte des ↗ Realismus im Realismus) oder nach seiner Epoche (z.B. Texte des MA oder der Goethezeit im Realismus) rezipiert wurde, ist die ↗ Literaturwissenschaft auf die tradierten R.dokumente angewiesen, wobei der Tradierungsprozeß selbstverständlich sozial selektiv ist und uns nur Zeugnisse privilegierter Rezipienten überliefert; im Falle der gegenwärtigen R. gegenwärtiger oder historischer Texte kann die Literaturwissenschaft hingegen selbst R.dokumente hervorrufen, indem sie etwa sozialwissenschaftliche Interview- und Testverfahren einsetzt, womit zugleich auch die soziale Repräsentativität der Untersuchungen gesichert werden kann. R.prozesse können als mentale nicht unmittelbar beobachtet werden, sie sind nur aus den tradierten oder hervorgerufenen R.dokumenten partiell erschließbar.

3. Im Rahmen der in seiner Epoche gegebenen Zeichensysteme und Wissensmengen hat jeder Text eine begrenzte Menge von Bedeutungen, ob diese nun ihrem Autor bewußt sind oder nicht, und das gilt sowohl für den literarischen Text wie für seine R.dokumente. Sowohl der Text als auch die R.dokumente bedürfen zunächst einer ihre Bedeutung rekonstruierenden Interpretation, bevor sie fruchtbar verglichen werden können. Im Regelfalle wird sich die R.deutung gegenüber der Textbedeutung in welchselndem Umfang sowohl selektiv – in der R. wird nur ein Teil der Textbedeutung wahrgenommen – als auch additiv – in der R. werden assoziativ nicht nachweisbare Bedeutungen hinzugefügt – verhalten. Historische R.prozesse sind immer das Produkt der semiotischen, ästhetischen, ideologischen Voraussetzungen der Rezipienten: R.geschichte gibt daher, soweit R.dokumente in repräsentativem Umfang vorhanden sind, Auskunft über die denk- und sozialgeschichtlichen Voraussetzungen von Literatur in einer Epoche und eventuell über deren interne gruppenspezifische Ausdifferenzierung sowie über den Wandel solcher Voraussetzungen. Die R. antiker Texte etwa im frz. Klassizismus des 17. Jh. oder in der Weimarer ↗ Klassik des 18. Jh. sind zwar verschieden, aber jeweils historisch inadäquat (↗ Antikerezeption): beide Male werden Texte einer fremden Kultur als Modell für die eigene Kultur funktionalisiert und gemäß den Bedürfnissen der eigenen Kultur uminterpretiert; ähnliches gilt für die Shakespeare-R. des ↗ Sturm und Drang. Die breite zustimmende R. eines Textes wie Goethes *Werther*, der in Relation zur bisherigen Erzählliteratur deutlich sehr innovativ ist, belegt ihrerseits eine anders nicht erschließbare kulturelle Bereitschaft zum denk- und mentalitätsgeschichtlichen Wandel. Die R.geschichte etwa des Werks von A. Stifter war eine extrem ideologisierte: Gestützt durch Daten der Textoberfläche – und insofern nicht zufällig – fiel der Autor langfristig in die Hände ·konservativer Rezipienten, deren Lesarten seines Œuvres jedoch durch ernsthafte Interpretation widerlegt werden. In den institutionalisierten R.prozessen des heutigen Rezensentenwesens werden anhand der rezipierten Texte nicht zuletzt ästhetische und ideologische Machtkämpfe ausgetragen, wie z.B. der Umgang mit den Erzähltexten über die „Wende" von 1989 belegt, ↗ Literaturkritik.

4. Während eine ältere Literaturwissenschaft ihren Umgang mit dem Text an einer fiktiven Autorenintention orientierte, verschob die neuere Richtung der R.ästhetik das Interesse auf die bisher kaum berücksichtigte Größe des ↗ Lesers. Abgesehen davon, daß weder Rekonstruktion der Autorenintention noch der Rezipientendeutungen die Interpretation des Textes selbst ersetzen können, war die Frage nach den Rezipienten und ihren R.akten selbstverständlich eine legitime und sinnvolle Erweiterung: ohne Rezipienten gäbe es keine Literatur. Der gemeinsame Nenner der R.ästhetik überdeckte freilich von vornherein grundsätzliche Divergenzen. In der programmatischen Schrift von Jauß (*Literaturgeschichte als Provokation*, 1967) wurde eine grundsätzliche Revision der Geschichtsschreibung durch R.geschichte postuliert; aus der Divergenz vorliegender Interpretationen wird hier nicht etwa auf die Notwendigkeit einer Diskussion wissenschaftlicher Kriterien einer Interpretation geschlossen, sondern vielmehr gefolgert, der literarische Text sei ein „Sinnpotential", das sich in der Serie der sukzessiven R.deutungen „konkretisiere"; da die Behauptung nur Sinn gibt, wenn es ein interpretatorisch nachweisbares Sinnpotential gibt, und wenn zwischen adäquaten und inadäquaten „Konkretisationen" unterschieden werden kann, widerspricht sich der Ansatz selbst. Zu Recht hat Jauß die Bedeutung des kulturellen Wissens hervorgehoben, insofern er den Begriff des „Erwartungshorizontes" einführt, welchen der Rezipient an den Text herantrage, was nichts anderes bedeutet, als daß der Leser den Text auf sein eigenes ideologisches und ästhetisches Wissen bezieht. Da nun freilich der Text in und für seine Epoche produziert ist, kann für sein Verständnis logischerweise nur das Wissen seiner Epoche relevant sein. Das Postulat einer solchen R.geschichte wurde nie eingelöst, es blieb bei Textinterpreta-

tion, die sich als solche verleugnete. Isers Ansatz (*Der Akt des Lesens*, 1976) blieb von vornherein textbezogen, insofern er sich für Mechanismen der Steuerung des Rezeptionsverhaltens durch den Text interessierte. Abgesehen davon, daß selbstverständlich alle Textdaten „rezeptionssteuernd" sind, hat er zu Recht einerseits auf die Relevanz von „Unbestimmtheiten" und „Leerstellen", d.h. bewußte Selektionen des Textes gegenüber potentiellen Welten, hingewiesen, hat aber, da er ebenfalls nie R.geschichte betrieben hat, naturgemäß nicht zeigen können, welche genauere Rolle solche „Leerstellen" in der Text-R. spielen. Andererseits hat er das Konzept des „impliziten Lesers" entwickelt, der nicht mit dem textinternen Adressaten identisch wäre, aber gewissermaßen einen vom Text intendierten Leser und dessen Operationen abbilden würde, was sich zwar insofern als sehr animierend erwies, als es zu einer Fülle solcher textinterner Leserkonzeptionen führte, aber weder jemals hinreichend präzisiert noch als relevant für die faktische R. nachgewiesen wurde. Die R.ästhetik blieb ein historisch begrenztes Phänomen der 70er Jahre, das zwar einige neue interpretatorische Fragestellungen entworfen hat, aber zur R.forschung quasi nur ex negativo, durch seine offensichtlichen Defizite, anregte.

5. Unabhängig von der R.ästhetik, aber ebenfalls schon in den späten 1960er Jahren, wurde auch anderswo in der Literaturwissenschaft die Einbeziehung des Lesers gefordert, wobei hier nun der tatsächliche text-externe Leser gemeint war. Daraus entwickelte sich eine empirische R.forschung, deren Materialbasis entweder historisch tradierte oder empirisch hervorgerufene R.dokumente waren. Diese Untersuchungen konnten, je nach literaturtheoretischen Prämissen, für sehr verschiedene Zwecke funktionalisiert werden, entweder, wie z.B. auch von Jauß postuliert, zur Ersetzung der Interpretation literarischer Texte durch die Erhebung von Rezipientendeutungen oder zur Ergänzung der Interpretation der Texte durch die Interpretation der R.dokumente. In letzterem Falle werden aus dem Vergleich der Interpretationen beider Textklassen dann Folgerungen zum tatsächlichen Rezipientenverhalten möglich, insofern rekonstruiert werden kann, welche Operationen die Rezipienten mit welchen Textstrukturen vorgenommen haben und von welchen Textfaktoren ihre Verarbeitung des Textes tatsächlich bestimmt wird, wodurch sich z.B. auch einige der Unterstellungen der R.ästhetik zum Leserverhalten falsifizieren lassen. Während die empirische R.forschung im Falle historischer R.prozesse auf die quasi „zufällig" tradierten Dokumente angewiesen ist und daher Fragen nach dem Rezipientenverhalten nur in dem Umfang beantworten kann, wie es diese nicht erweiterbare Materialbasis erlaubt, kann die R.forschung bei der Untersuchung gegenwärtiger R.prozesse, wo sie R.dokumente in beliebigem Umfang und zu beliebigen Aspekten selbst hervorrufen kann, nicht nur eine soziale Repräsentativität ihrer Ergebnisse erreichen, sondern auch neben den literaturwissenschaftlich-interpretativen Verfahren sozialwissenschaftliche Erhebungsverfahren einsetzen, was, da es die zweifache – literaturwissenschaftliche und sozialwissenschaftliche – Kompetenz erfordert, interdisziplinäre Zusammenarbeit notwendig macht.

6. R.untersuchungen zur Gegenwart, die sich auch sozialwissenschaftlicher Verfahren bedienen, können nicht nur quantitative Aspekte des Leserverhaltens (wer liest wieviel und was?) erfassen, sondern auch qualitative Aspekte (wer liest wie?), d.h. die Bedeutungszuordnungen, die die Leser gegenüber dem Text vornehmen. Je nach Zielsetzung der Untersuchung ist zunächst eine für diese repräsentative Population von Versuchspersonen zusammenzustellen, die nach allen potentiell relevanten soziodemographischen Merkmalen (z.B. Alter, Geschlecht, Schicht, Bildung usw.) aufgegliedert werden kann. Abhängig von den Fragestellungen der Untersuchung und den eventuellen Hypothesenbildungen zu diesen Fragestellungen ist dann eine Wahl aus den verfügbaren Untersuchungsverfahren vorzunehmen bzw. ein eigenes Untersuchungsverfahren zu konstruieren. Zur Verfügung stehen einerseits standardisierte psychologische und soziologische Testverfahren, darunter etwa auch die Messung psychophysischer Variabler und deren Veränderungen im Prozeß der Textwahrnehmung durch die Versuchspersonen, andererseits Befragungsverfahren, die dem jeweiligen Untersuchungszweck und den Strukturen des zu rezipierenden Textes angepaßt werden können. Je komplexer etwa semantische Sachverhalte des Textes sind, deren Verarbeitung in der R. erhoben werden soll, desto weniger können sie unmittelbar erfragt werden: sie müssen also über indirekte Indikatoren erhoben werden, deren diesbezügliche Eignung durch Pre-Tests geeicht werden kann. Die Verwendung sozialwissenschaftlicher Verfahren anhand einer repräsentativen Stichprobe erlaubt dann auch eine weitere mathematisch-statistische Auswertung der erhobenen Daten, bei der etwa Korrelationen zwischen verschiedenen Aspekten oder Operationen des Rezipientenverhaltens errechnet werden können. In dem Ausmaß, in dem repräsentatives Rezipientenverhalten gegenüber einer hinreichend verschieden strukturierten Menge von Texten erhoben wird, lassen sich auch generalisierbare Regularitäten des Umgangs von Lesern mit Literatur formulieren.

7. Empirische R.forschung bezüglich historischer wie aktueller R.prozesse stellt nach wie vor eine sinnvolle und nützliche Ergänzung der interpretatorisch zu den literarischen Texten gewonnenen Ergebnisse dar und erlaubt Folgerungen, die durch die Analyse der Literatur allein nicht gewonnen werden können.

Marianne Wünsch

Lit.: G. Grimm: R.geschichte, 1977. – N. Groeben: R.forschung, 1977. – W. Iser: Der Akt des Lesens. Theorie ästhetischer Wirkung, 1976. – H. Kreuzer/R. Viehoff (Hg.): Literaturwissenschaft und empirische Methoden, 1981. – R. Warning (Hg.): R.ästhetik, 1975. – M. Wünsch: Wirkung und Rezeption. In: Reallexikon der dt. Literaturgeschichte, [2]1984.

Rhetorik

1. Unter R. versteht man seit der Antike die Fertigkeit des angemessenen und vor allem wirkungsvollen Redens: sowohl die Praxis des Redens selbst („eloquentia“ „Beredsamkeit“) als auch die zugehörige Theorie oder Kunstlehre (griech. „rhetorike techne“; lat. „ars rhetorica“). Die R. als Kunstlehre lieferte ein ausgefeiltes Modell zur Herstellung von Texten und kann deshalb auch als Texttheorie verstanden werden, die bis weit ins 18. Jh. hinein das dominierende Paradigma darstellte. Für die ↗ Literaturgeschichte und ↗ Literaturwissenschaft resultiert daraus auch ihre Bedeutung als Instrument der Textbeschreibung und -analyse. Die R. als Unterrichtsdisziplin ist zudem ein kulturgeschichtliches Phänomen von größter Bedeutung: Sie war seit der Spätantike als eine der „Sieben freien Künste“ („septem artes liberales“) Teil der grundlegenden Ausbildung praktisch jedes Gebildeten. Jeder, der später an einer der höheren Fakultäten Theologie, Rechte oder Medizin studieren wollte – aber auch jeder andere Teilnehmer am gelehrten Diskurs –, mußte diese Ausbildung, deren integraler und vielleicht wichtigster Bestandteil die R. war, durchlaufen. Deshalb kann man für die weitaus größte Zahl der Autoren bis ins 19. Jh. hinein von einer rhetorischen Textmentalität sprechen, die das Denken von „Textproduzenten“ sehr tiefgehend geprägt hat. Letztlich geht es in dieser Textmentalität um das Verständnis des Textes als eines Gebildes, eines Produkts, das – wie ein Handwerkserzeugnis – in methodisch kontrollierter Weise „hergestellt“ wird. Nicht die Vorstellung vom sprachlichen „Akt“, vom Text als „Prozeß“ steht zumeist im Vordergrund, sondern die Idee vom Text als „Werk“ im emphatischen Sinne.

2. Das Modell der klassischen R. war zwar immer einem gewissen historischem Wandel unterworfen – im Fundus der Theoriestücke, in ihrer Gewichtung und auch in ihrer inneren Struktur –, aber ein Grundbestand kann doch idealtypisch als Kern des Systems festgehalten werden. In seiner ausgereiften Form (spätestens in der röm. Kaiserzeit) geht das Modell von einem Textherstellungsprozeß aus, der fünf Schritte umfaßt: a. Nach Maßgabe seiner Aufgabenstellung sammelt der Redner zunächst einmal argumentatives Material, das er für seine Zwecke nutzen möchte („inventio“). Dabei setzt er unter anderem die Fragemethoden der Topik ein, der Hilfsdisziplin zur Erkundung der verschiedensten Aspekte des Themas. Es handelt sich um ein Kategorienraster, das wie ein Netz die gesamte für den Redner relevante Wirklichkeit überzieht und die entscheidenden Aspekte ins Blickfeld bringen soll: Zeit, Ort, Umstände, Ursachen, Modus ... – Kann ich aus dem Namen des zu Lobenden Argumente beziehen (etwa wenn er „Leo“ heißt)? Aus seiner Herkunft? Aus seinen Taten? Was der Redner auf diese Weise findet, sind zunächst einmal „Gemeinplätze“ (griech. „topoi“, lat. „loci“), die dann einem konkreten Redeziel anverwandelt werden. b. Im nächsten Schritt geht es darum, die gewonnenen Argumente in eine sinnvolle Anordnung zu bringen („dispositio“): Hier findet sich traditionell die Lehre von den Redeteilen („partes orationis“): Die Einleitung („exordium“), welche die Aufmerksamkeit des Zuhörers erwecken („attentum parare“) und sein Wohlwollen erregen soll („captatio benevolentiae“); sodann der Hauptteil, der seinerseits aus folgenden Teilen besteht: der „propositio“ (Darlegung des Redeziels), der „narratio“ (Erzählung des Sachverhalts) und der „argumentatio“ (Erörterung der Argumente für und wider), ihrerseits bestehend aus „confirmatio“ (eigentliche Argumentation für den eigenen Standpunkt) und „confutatio“ (Widerlegung der Gegenmeinung); schließlich der Schlußteil der Rede („peroratio“ und „epilogus“). c. Der dritte Hauptschritt im rhetorischen Textherstellungsprozeß führt nun die in den ersten beiden Schritten gewonnene argumentative Struktur in eine sprachliche Gestalt über („elocutio“). Es geht um die Stillehre, die zeitweise für das Hauptstück der R. gehalten wurde, ↗ Stil, Stilistik. Es ist im Gesamtkontext der historischen Entwicklung das bei weitem ausgefeilteste. Seit der Antike werden drei Stilebenen unterschieden – der hohe, der mittlere und der niedrige Stil –, die vom MA bis ins frühe 18. Jh. dann auch den gesellschaftlichen Ständen und den literarischen Gattungen zugeordnet werden: Die sog. Ständeklausel verlangt für die in hohem Stil verfaßte ↗ Tragödie nur Personal von hohem Stand, für die ↗ Komödie in niedrigem Stil dage-

gen Personal niedrigen Standes. Die eingesetzten stilistischen Mittel müssen dem Gegenstand und dem Publikum angemessen sein, also den Forderungen des „aptum“ bzw. „decorum“ entsprechen. Sie werden meist klassifiziert nach Abweichungen auf der Basis der Bedeutung von Worten einerseits (Tropen) und Abweichungen in der Anordnung der Worte andererseits (Figuren). Tropen sind alle Stilmittel, bei denen ein zunächst als passend empfundenes Wort aufgrund einer semantischen Analogie ersetzt wird: durch Einsetzung eines Bildes, eines Vergleiches, einer Umschreibung. Die wichtigsten und für die Poetik bedeutendsten Tropen sind die ↗ Metapher und die Metonymie. Die erstere ersetzt ein Wort durch ein anderes aufgrund einer gemeinsamen Bedeutungskomponente (der Fuß des Berges ist unten und trägt den Rest – wie der Fuß des Menschen); die Basis der Ersetzung liegt also auf der Ebene der Worte. Die Metonymie andererseits ersetzt oder umschreibt aufgrund von Beziehungen, die auf der Ebene der Dinge, der Realität selbst gedacht sind (das Dach ist Teil des Hauses und kann deshalb für dieses eingesetzt werden: Komm unter mein Dach). Alle Abweichungen von „normaler“ Sprache, die nicht auf der Bedeutung der Worte basieren, sondern auf deren Anordnung, werden als Figuren bezeichnet: Es wird etwas hinzugefügt („accumulatio“), etwas weggelassen (Ellipse) oder die Folge verändert (wie etwa beim Chiasmus). d. Wenn der Redner auf diese Weise seinem Text eine angemessene sprachliche Gestalt verliehen hat, bleibt ihm noch das Auswendiglernen („memoria“) als vierter Schritt der Vorbereitung. e. Im Vortrag selbst („pronuntiatio, actio“) findet dies alles dann seine Realisierung.

Über das Fünferschema zum rhetorischen Textherstellungsprozeß hinaus gibt es eine Fülle von Theoriestücken, welche die Rede als ganze und die Tätigkeit des Redners betreffen. So hat der Redner als Aufgaben, welche die Erreichung seines Ziels fördern sollen, meist die folgenden vor Augen: Belehrung und Beweis („docere, probare“), Erfreuen und Vergnügen („delectare“) und schließlich die Erregung von Affekten bzw. Leidenschaften verschiedenster Art wie Zorn, Haß, Trauer, Mitleid usw. („movere“ „bewegen“).

3. Als lehrbare Disziplin ist die R. im attischen Stadtstaat der klassischen Zeit (also des 6. bis 5. Jh. v. Chr.) entstanden. Kunstvolle Formen praktizierter Beredsamkeit gab es natürlich weit früher, bereits bei Homer. Aber erst die klassische attische Demokratie schuf die Umstände für eine methodische Reflexion auf die Bedingungen und Möglichkeiten der Rede. Von den Bedingungen der klassischen Demokratie her muß auch die Gattungstrias verstanden werden. Es ging beispielsweise darum, die Volksversammlung zu einer politischen Entscheidung zu bringen: Das leistete die politische Entscheidungsrede, das „genus deliberativum“. Oder man hatte, zweitens, vor Gericht einen Mörder zu verteidigen oder anzuklagen: Dafür bildete sich die Gerichtsrede in ihren verschiedenen Variationen heraus, das „genus iudiciale“. Und es gab, drittens, viele Gelegenheiten, einen Amtsträger oder einen verdienten Feldherrn zu loben – oder auch einen Feind zu tadeln, wofür man die Lobrede, das „genus demonstrativum“, entwickelte. Diese Dreizahl blieb als Grundmodell bis zum Ende der klassischen R. immer erhalten, auch wenn sie – wie in der röm. Kaiserzeit oder den Monarchien und Territorialstaaten der Frühen Neuzeit – längst keine Grundlage mehr in der politischen Realität hatte. Denn zu Zeiten kaiserlicher Alleinherrschaft oder fürstlicher Kabinettspolitik gab es für die große politische Entscheidungsrede keine Funktion. Ähnlich verhielt es sich mit der Gerichtsrede.

Seit der Antike findet sich in den Quellen die Reflexion über die Zusammenhänge zwischen Staatsform und Beredsamkeit, und nicht selten wurde (und wird) diejenige Form der Redekunst, die an die Prozeduren und Anlässe der Demokratie gebunden ist, als die eigentliche R. verstanden, obwohl die R. in der weitaus längsten Zeit ihrer Geschichte keineswegs in demokratischen Verhältnissen beheimatet war. Trotzdem hat sich die Grundanlage ihrer Systematik nicht geändert.

Zunächst finden sich die Namen von Sophisten als Lehrer der Redekunst, die sich anheischig machten, über jeden beliebigen Gegenstand überzeugend sprechen zu können. Auf sie bezog sich die von Platon (427-348/47 v. Chr.) zuerst nachdrücklich geäußerte und seither nicht mehr verstummte Kritik an der R. als willfähriges Instrument auch für verwerfliche Ziele. Aristoteles (384-322 v. Chr.) verfaßte die erste größere überlieferte R. Diese ist aber weniger eine technisch-praktische Anleitung und auch kein Handbuch, sondern vielmehr ein Problemaufriß und der Versuch einer „wissenschaftlichen“ Fundierung der Redekunst. In einem der Kernstücke seiner Schrift, der Lehre vom Enthymem, versucht Aristoteles zu demonstrieren, daß auch die R. ein streng logisches Schlußverfahren anwendete, auch wenn sie als Prämissen nicht wie die Philosophie, Wahrheiten ansetzte, sondern „nur“ allgemein anerkannte Überzeugungen, Wahrscheinlichkeiten. Weitere zentrale Bestandteile der aristotelischen R. sind die Lehre von den drei Redegattungen samt den je spezifischen Argumenten – und vor allem die „Seelenkunde“ als neues, wissenschaftliches und für die weitere Tradition bedeutendes Teilstück. Hier entwirft Aristoteles

eine Theorie der Affekte und Charaktertypen. Bei Aristoteles findet man auch bereits, was für die Literaturgeschichte vor allem – aber nicht allein – des 16. und 17. Jh. so kennzeichnend ist: Die enge Verbindung von Poesie und R., genauer: die R. als Basis der schönen Literatur. Das zeigt sich nicht zuletzt an seinen Beispielen, von denen eine nicht unbeträchtliche Zahl der Dichtung entnommen ist.
Die Zeit nach Aristoteles ist geprägt vom Funktionsverlust der politischen Beredsamkeit durch den Sieg der Monarchie – ein Vorgang, der sich im röm. Reich wiederholen sollte. So wurde die R. als Vermittlungsinstanz für sprachliche Kompetenz zum Bildungsgut und zum Kennzeichen gesellschaftlicher Gruppen, die an dieser Bildung teil hatten. Mit der griech. Kultur insgesamt wurde auch die R. im 2. Jh. v. Chr. in Rom eingebürgert, wo sie anfangs auf Skepsis stieß. Ciceros (106-42 v. Chr.) Hauptwerk zur R., seine drei Bücher *Über den Redner* (*De Oratore*, vollendet 55 v. Chr.), gehören zu den bedeutendsten Werken der antiken R. Cicero begegnet den Vorwürfen über die Möglichkeiten rhetorischer Manipulation durch die Konzeption eines umfassenden Bildungsideals: Der Redner darf nicht einfach ein Sprachtechniker sein, er muß dem Ideal einer universal gebildeten und moralisch integren Persönlichkeit gerecht werden. Dieses Ideal findet sich übernommen und weitergeführt bei Quintilian (30-96 n. Chr.), der mit seinen *Zwölf Büchern über die Ausbildung des Redners* (*De institutione oratoria*, 95 n. Chr.) das ausführlichste und systematisch am weitesten durchgeformte R.handbuch der Antike vorlegte. Dort wird zugleich ein Curriculum der Redeausbildung, eine Handreichung für den Redelehrer, geboten. Der Redner muß nach Quintilian ein „vir bonus dicendi peritus" („ein des Redens kundiger Ehrenmann") sein. Zu Quintilians Zeiten mußte sich die R. wieder mit monarchischen Verhältnissen zurechtfinden; trotzdem wurde sie zur zentralen Bildungsinstanz der röm. Mittel- und Oberschicht. Bei Quintilian, für dessen Stilideal Cicero als großes Vorbild herangezogen wird, fungiert die R. zugleich auch als Instrument der Analyse vorbildhafter Texte, die im Verlauf der Ausbildung dann auch der Nachahmung durch die Schüler („imitatio auctorum") unterzogen werden. So finden sich in der R.-Ausbildung also immer die zwei Komponenten der eigentlichen Lehre („doctrina"), der aber die Vermittlung rhetorischen Wissens durch die „imitatio" der großen Beispiele („exempla") an die Seite tritt. – Ein besonders in der Neuzeit wieder lebhaft rezipiertes Werk ist die Schrift *Vom Erhabenen* (*peri hypsous*) eines Unbekannten, die in den ersten Jahrzehnten des 1. Jh. n. Chr. entstanden und unter der Verfasserschaft „Pseudo-Longinus" überliefert ist. Darin geht es um eine einzige Stilform, den „erhabenen" Stil, der geeignet ist, durch beeindruckende, ja gewaltsame sprachliche Mittel den Zuhörer zu „überrumpeln", ↗ Poetik.

4. Mit dem Übergang zum MA gibt es in der Überlieferung des rhetorischen Lehrgebäudes einige Brüche. Zwar schätzte auch der Kirchenlehrer Augustinus (354-430 n. Chr.), der in seiner *Doctrina Christiana* (425/26 v. Chr.) auch eine Predigt-R. entwirft, durchaus die positiven Möglichkeiten der R. zur Förderung und Verbreitung des Glaubens, ↗ Predigt. Dennoch wurden die großen Texte Ciceros und Quintilians in ihrer integralen Gestalt erst wieder zu Beginn der Neuzeit rezipiert. Zum einen wurde statt dessen das Grundgerüst innerhalb des in der Spätantike ausgeformten Systems der „Sieben freien Künste" vermittelt (dargeboten anhand von Textauszügen). Zum andern gewannen die Spezialrhetoriken immer mehr an Bedeutung, die neben das klassische System traten: die Predigtlehren und die „artes dictaminis" – Kanzleihandbücher für das richtige Verfassen von Urkunden, Verträgen, Verordnungen, Kanzleischreiben usw. Diese Handbücher enthalten häufig überhaupt keine Doktrin in Form allgemeiner Lehrsätze, sondern präsentieren sich als Mustersammlungen, die für die einzelnen Fälle der Praxis Beispiele und „Formulare" aus früherer Praxis anbieten. Die bis in die Gegenwart verbreiteten „Briefsteller" sind ein Ausläufer dieser Sammlungen.

5. Einen wichtigen Schritt in der neueren R.geschichte stellt die Etablierung der R. im Bildungskanon des protestantischen Schulwesens durch Philipp Melanchthon (1497-1560) dar, ↗ Reformation. Auch im katholischen Bildungswesen spielt sie seit der Gegenreformation eine immer wichtigere Rolle. Die Jesuiten stellen im 17. Jh. die anspruchsvollsten Theoretiker auf diesem Gebiet. Sie führen ebenso wie die Rhetoriker der protestantischen Seite die Traditionen des europäischen ↗ Humanismus fort, der vor allem in Italien und Frankreich die maßgeblichen Werke hervorgebracht hatte. Im Zeitalter des ↗ Barock gibt – wie schon an der Vorgehensweise von Martin Opitz (1597-1639) in seinem maßgeblichen *Buch von der deutschen Poeterey* (1624) deutlich erkennbar – die R. die unabdingbare Basis für die Poetik ab. Die erste dt.sprachige R. im 17. Jh., die *Teutsche Rhetorica oder Redekunst* (1634) von Johann Matthäus Meyfart, setzt die Systematik der lat. Werke voraus und konzentriert sich auf die Stillehre. Sie versucht aber auch zu demonstrieren, wie selbst unter den Bedingungen des Frühabsolutismus der Redekunst eine wichtige Funktion zukomme. Meyfart kritisiert jedoch einen Mißstand, der für die Verhältnisse im 17. Jh. überhaupt charakteristisch ist:

Er konstatiert eine Entfremdung zwischen der klassisch-humanistischen Schul-R. einerseits und der sozialen Praxis andererseits. Besonders der Adel ignoriere die Möglichkeiten, die durch eine humanistisch imprägnierte dt.sprachige R. für die politisch-soziale Kultur bereitgestellt würden. Und andererseits finden sich im Verlauf des Jh. immer wieder scharfsichtige Analytiker, die erkennen, daß die klassische Schul-R. für die Bedingungen des Fürstenstaates nur unzureichend geeignet sei. Für die Erfordernisse der höfisch-politischen Sphäre genüge sie nicht: Dort herrscht ein Redeverständnis, das die Rede als zeremoniell-politischen „Akt", als sprachliche Handlung versteht, nicht als in einem langwierigen Prozeß herzustellendes Werk. Immer wieder gibt es im Laufe des 17. Jh. Versuche, das klassische System so zu reformieren, damit es den Erfordernissen der neuen höfischen Praxis genüge. Besonders erfolgreich war damit Christian Weise (1642-1708), der in einer Vielzahl von Lehrwerken und pädagogischen Reformmaßnahmen eine Synthese erreicht: Ihm geht es um die Ausbildung flexibler Karrieristen im absolutistischen Staat. Gleichzeitig öffnet er die späthumanistische R. den neuen Grundlagen von ↗ Aufklärung und Rationalismus. Zentrale Redegattung ist bei Weise – wie in der höfischen Praxis bereits längst – das „Compliment", die elegant-knappe und für den zeremoniellen Ablauf passende Kurzrede, die aus „propositio" (das eigentliche Vorhaben) und „insinuatio" (die der „Einschmeichelung" dienenden Aspekte) als den Hauptkomponenten besteht.

6. Das 18. Jh., das Zeitalter der Aufklärung wird gemeinhin als Epoche des Niedergangs der R. betrachtet. Dabei ist zu bedenken, daß viele Versatzstücke im Kontext der Schule oder in speziellen Ratgebern und Handreichungen noch lange, teilweise bis zur Gegenwart, weiterwirken. Andererseits hat noch der Aufklärer Johann Christoph Gottsched (1700-1766) einflußreiche R.-Lehrbücher verfaßt und die R. keineswegs verabschiedet, sondern sie nur neuen rationalistischen Maßstäben angepaßt. Die weitere Entwicklung ist als „Niedergang" nur unzureichend beschrieben. Vielmehr geht ein großer Teil des bisher vor allem innerhalb der R. gepflegten Wissens (etwa: Temperamentenlehre, Menschenbeobachtung, Affektenlehre – allgemeiner: Psychologie u.v.a.) in andere, teilweise neu sich ausdifferenzierende Disziplinen wie etwa die Psychologie, die Physiognomik, die Biologie und die Anthropologie über. Im 20. Jh. finden sich einige Versuche, die klassische R. als Texttheorie wiederzubeleben und auf verschiedenste Weise theoretisch zu rekonstruieren, beispielsweise als Vorläufer-Paradigma „pragmatischer Texttheorie", in der die Intentionalität sprachlicher Erzeugnisse als organisierendes Zentrum verstanden wird. Auch im Zusammenhang postmoderner und neostrukturalistischer Theoriebildung findet sich eine neue Hochschätzung der R., insbesondere auch der Kategorie des „Erhabenen".

Georg Braungart

Lit.: T. M. Conley: Rhetoric in the European Tradition, ²1994. – K.-H. Göttert: Einführung in die R., 1991. – W. Groddeck: Reden über R., 1995. – H. Lausberg: Handbuch der literarischen R., ³1990. – C. Ottmers: R., 1996. – G. Ueding/B. Steinbrink: Grundriß der R., ³1994.

Roman

1. Seit dem 13. Jh. wurden in der Romania die Volkssprachen („lingua romana") mit Ableitungen von „romanicus" bzw. „romanice" bezeichnet: altfrz. „romanz", spanisch „romance", ital. „romanzo". Werke in dieser Sprache hießen bald ebenso („romanz", „romant", „roman", „romance"), so daß diese Begriffe zu literarischen Gattungszeichnungen wurden. In Deutschland wird das Wort „R." im MA ebenfalls zunächst bei Oswald von Wolkenstein (um 1377-1445) zur Bezeichnung einer Sprache gebraucht. Als Bezeichnung der neuen Prosagattung bürgert sich das Wort „R." (bis ins 18. Jh. auch: der „Romain", die „Romaine"; Plural: „Romans", „Romanen", „Romainen") erst im 17. Jh. als Übersetzung aus dem Frz. ein. Lange Zeit sind allerdings andere Bezeichnungen („Helden- und Liebes-Geschichte", „Wundergeschichte", „GeschichtGedicht", „Historie") verbreiteter.

2. Da der R. in antiken Poetiken nicht behandelt wird und das Wort „Roman" im Griech. oder Lat. keine Entsprechung besitzt, hängt es von der Gattungsdefinition ab, welche Werke man rückblickend als „Romane" bezeichnet. Die neueste Forschung setzt den Beginn des R. etwa im ersten vorchristlichen Jh. an, die frühesten literarischen Überlieferungen und Texte im ersten nachchristlichen Jh. Nach Achilleus Tatios und Longus von Lesbos schuf Heliodor mit dem Werk *Aithiopika* (1. Hälfte 3. Jh. n. Chr.) das wichtigste Beispiel der neuen ↗ Gattung. Diese spätantiken R. prägen auch mit der Festlegung auf die Themen Liebe und Abenteuer lange Zeit das Verständnis der Gattung.

3. Wenn vom R. des MA die Rede ist, sind damit (höfische) Versromane (↗ Höfischer Roman) gemeint; erst seit dem späten MA wird die Prosa-

form immer mehr als Bestimmungsmerkmal angesehen. Prosaromane gibt es in Frankreich seit dem frühen 13. Jh., in Deutschland v.a. seit dem ausgehenden 14. Jh., unter dem Einfluß der frz. Epik und zum Teil in deren Nachfolge (*Prosa-Lancelot*, 13.-15. Jh.; Elisabeth von Nassau-Saarbrücken, *Huge Scheppel*, um 1430; Thüring von Ringoltingen, *Melusine*, 1456 beendet); seit Ende des 14. Jh. finden sich allerdings bereits Prosaromane nach dt. Vorlagen (*Elsässisches Trojabuch*, um 1380, nach Konrad von Würzburg). Ohne (bekannte) Vorlagen – daher von einer älteren nationalliterarischen Forschung oft als Beginn des dt. „Originalromans“ betrachtet – erscheint im 16. Jh. zunächst der *Fortunatus* (1509), dann die Werke von Georg Wickram, beginnend mit *Ritter Galmy* (1539) (↗ Volksbuch). Noch längere Zeit dominieren jedoch eindeutig Adaptionen und Nachahmungen ausländischer Muster: Rabelais (Fischart, *Geschichtklitterung*, 1575), Cervantes' *Don Quijote*, 1605/1615, die spanischen Picaroromane, Heliodors *Aithiopika* und insbesondere die spanischen *Amadis*-Romane (dt. Bearbeitungen seit 1569).

Auch in der Ausprägung des R. in der Barockzeit (↗ Barock) in drei Unterarten, den hohen (höfisch-heroischen), mittleren (Schäferroman) und niederen (Schelmenroman, Picaroroman) R., werden ausländische Traditionen aufgegriffen. Eigenständigkeit hingegen erreicht Grimmelshausen, v.a. im *Simplicissimus* (1668), dem ersten bedeutenden neuzeitlichen Zeugnis der Gattung in dt. Sprache.

Bereits der frühe R. zeigt eine Fähigkeit zur Integration anderer Gattungen, vor allem epischer Kleinformen. Die Organisation ist dabei oft additiv; die Hauptthemen Liebe und Abenteuer, die Grundstruktur Trennung und Wiederfinden lassen sich beliebig reihen; äußerer Rahmen ist oft nur das Leben des Helden bzw. der Heldin. Zur Ausweitung trägt auch bei, daß Vor- und Binnengeschichten in die Erzählung aufgenommen werden können.

4. Die Geschichte des R. ist seit dem 17. Jh. eine vielfache Differenzierung dieses Modells. Die Wahl eines Ich-Erzählers ermöglicht unterschiedliche Erzählebenen. Durch das Reflektieren des Erzählers, das sich auch auf den Erzählprozeß selbst richtet und den Leser als Kommunikationspartner einbezieht, bildet sich die Selbstreflexion heraus – sie wird ein zentrales Merkmal der Gattung als eigenständiger moderner Kunstform. So entsteht auf der einen Seite der reflektierende, mit dem Leser plaudernde, sich ironisch vom Erzählgeschehen distanzierende Erzähler (Fielding; Sterne, *Tristram Shandy*; Jean Paul); auf der anderen Seite kann der Erzähler sich auch weitgehend aus dem Geschehen zurückziehen: im Briefroman, in der Verteilung des Erzählvorgangs auf mehrere Erzähler (point-of-view-Technik); ↗ Erzähler, Erzähltheorie.

Die Anregungen des engl. und frz. empfindsamen und komischen R. werden in Deutschland nach der Mitte des 18. Jh. von Wieland in *Don Sylvio von Rosalva* (1764) und in der *Geschichte des Agathon* (1766/67) weitergeführt. Goethe greift in *Die Leiden des jungen Werthers* (1774) das seit Richardson erfolgreiche Muster des Briefromans auf, macht es durch Konzentration auf *einen* Schreiber zum Ausdruck der Gefühle (des „Herzens“). (Das Buch wurde zum ersten dt.sprachigen R. von gesamteuropäischer Bedeutung.) Das vorrangige Interesse für die „innere Geschichte“ des Menschen (zur gleichen Zeit in Blanckenburgs *Versuch über den Roman*, 1774, theoretisch begründet), besonders ausgeprägt im psychologischen R. und im Künstlerroman, zeigt sich auch in Goethes *Wilhelm Meisters Lehrjahre* (1795/96). Er bestimmt die Geschichte des Entwicklungsromans (↗ Bildungsroman, Individualroman) im 19. Jh. und darüber hinaus.

Während diese Beispiele die wachsende Differenziertheit und Kunstfertigkeit der Romanciers zeigen, genießen daneben weiterhin R. großen Leserzuspruch, die traditionelle Erfolgsmuster ausbauen und aktualisieren. Von England aus treten im Anschluß an Defoes *Robinson Crusoe* (1719) die „Robinsonaden“ und an Walpoles *The Castle of Otranto* (1764) der „Gothic Novel“ (Schauerroman), später auch der sentimentale Familienroman (in der Nachfolge von Goldsmith und Richardson) ihren Siegeszug in Deutschland an. Im letzten Drittel des 18. Jh. nimmt die R.-Produktion sprunghaft zu, die Zahl der jährlich erscheinenden Titel übertrifft die der übrigen Belletristik. Die rasche Produktion geht häufig auf Kosten der sprachlichen und stilistischen Sorgfalt, der strukturellen Durcharbeitung. Aus qualitativen Gründen, aber auch durch die schiere Menge bedingt, kann und will die ↗ Literaturkritik nicht mehr die gesamte Produktion sichten, ein immer größerer Teil der Literatur – d.h. fast ausschließlich der R. – bleibt „unter der Kritik“, wird aus der Diskussion und damit für lange Zeit aus der ↗ Literaturgeschichte ausgeschlossen (dieser Diskriminierung als Unterhaltungsroman, Trivialroman, Schundroman verfällt bis zur Gegenwart ein quantitativ immer größerer Teil der R.-Produktion). Allerdings wiesen bereits aufmerksame zeitgenössische Beobachter auf die Wichtigkeit dieser „Massenproduktion“ unter dem Aspekt der Wirkung auf die Leser hin; neuere Forschung hat dem die Aspekte der Institutionen- und Mentalitätsgeschichte hinzugefügt mit dem Ergebnis, daß die lange mißachtete R.-Produktion in ihrer ganzen Breite wieder stärker in das Blickfeld der Gattungsgeschichtsforschung tritt.

5. Trägt die Vielzahl der R. Ende des 18. Jh. zu ihrer wachsenden Verachtung bei, die durch die Breitenwirkung klassizistischer Gattungsanschauungen verstärkt wird, so werten gleichzeitig die Romantiker (↗ Romantik) die Gattung dadurch auf, daß sie sie in den Mittelpunkt ihres Literaturbegriffs stellen. Der theoretischen Durchdringung entsprechen die Werke nur teilweise (Friedrich Schlegel, *Lucinde*, 1799; Clemens Brentano, *Godwi*, 1801/2; Achim v. Arnim, *Gräfin Dolores*, 1810). Erst E.T.A. Hoffmann (1776-1822) erreicht mit seinem Romanwerk, das die europäischen Traditionen aufgreift, Selbstreferentialität in den Mittelpunkt rückt, die traditionellen Gattungsmuster ironisiert und destruiert und trotzdem unterhaltsam bleibt, europäischen Rang (*Die Elixiere des Teufels*, 1815/16, *Kater Murr*, 1820/22). Nachdem in der Romantik Phantasie, Virtuosität und Spiel die Gattung prägen, rückt mit Walter Scott (*Waverley*, 1814) ein neues Paradigma in den Mittelpunkt der europäischen Entwicklung: der Geschichtsroman, der den Anspruch stellt, Wahrheit und Wirklichkeit zu erfassen. Diese Ziele werden vor allem im frz. R. (Balzac, Stendhal) auf den Zeit- und Gesellschaftsroman übertragen, den Untergattungen, die das 19. Jh. weitgehend prägten. Der dt. R. folgte beiden Entwicklungen (historischer R.: Alexis, Fontane; Zeit- und Gesellschaftsroman: Immermann, Gutzkow, Sealsfield, Freytag, Keller, Fontane), ohne sich allerdings europäisch durchsetzen zu können. Da gleichzeitig die Entwicklung des Individualromans in Deutschland besonders beliebt blieb (unter dem verkürzenden, seit Dilthey 1870 populären Begriff des Bildungsromans) – Mörike, *Maler Nolten*; Keller, *Der grüne Heinrich*; Stifter, *Der Nachsommer*; Raabe –, kam in der R.-Forschung die These von einem dt. „Sonderweg" des R. im 19. Jh. auf, der auf die politische Rückständigkeit der dt. Gesellschaft zurückzuführen sei. Diese These entstand aus Unkenntnis der breiten Gesellschaftsromanliteratur einerseits, der falschen Entgegensetzung von Individual- und Gesellschaftsroman andererseits. Auch im großen europäischen realistischen R. steht neben der umfassenden Schilderung und Kritik der konkreten gesellschaftlichen Wirklichkeit die innere Geschichte und die psychologische Erfassung von Individuen, die nicht nur Produkte der Gesellschaft sind. Das Problem des Verhältnisses von Gesellschaft und Individuum und von Allgemeinem und Besonderem bleibt ein Kernproblem des gesamten realistischen R.

6. Gegen Ende des 19. Jh. treten die politischen Zielsetzungen des Sozialromans oder Tendenzromans im ↗ Realismus und ↗ Naturalismus (Zola) einerseits deutlicher hervor, auf der anderen Seite wird die Psychologisierung der Gattung weiter vorangetrieben. Im Bereich des dt. R. verbinden Heinrich und Thomas Mann Realismus und Psychologisierung, in den folgenden Jahrzehnten – mit Kafka, Döblin, Musil, Broch – emanzipiert sich der R. (wie gleichzeitig bei Proust und Joyce) von allen Bindungen, die der Realismus mit Erzählung, Held, temporalen und kausalen Strukturen gesetzt hatte: Der R. der „klassischen ↗ Moderne" strebt einerseits nach Totalität der Welterfassung, treibt andererseits die Selbstreferentialität weiter, experimentiert mit Gattungen, Formen, integriert die Wissenschaften, entwickelt inneren Monolog und Bewußtseinsstrom, Techniken der Montage und Collage.

7. Spätestens seit dem frühen 20. Jh. ist von der „Krise" des R. die Rede, die auch eine Krise der Sprache ist, vom Ende der „Erzählbarkeit der Welt"; die Krise wird zum Merkmal, aber das prognostizierte Ende durch jeden neuen R. widerlegt. Nach den großen Experimenten der ersten Jh.hälfte sind die Erben der Moderne meistens wesentlich moderater im Innovationsdrang und Experimentieren, sie erreichen dennoch – besonders wenn sie sich mit zentralen Themen der Zeit befassen (Koeppen, Frisch, Arno Schmidt, Johnson, Bernhard) – bedeutenden Rang. So entfaltet sich in Deutschland in der zweiten Jh.hälfte eine in dieser Breite zuvor nicht gekannte unterhaltende und breitenwirksame Literatur auf hohem Niveau (Böll, S. Lenz, Grass, M. Walser, Ch. Wolf), die Darstellung und Analyse verbindet, Bilder der Vergangenheit (besonders der nationalsozialistischen Zeit) und der Gegenwart (aller dt.sprachigen Länder) entwickelt, vor allem: heutige Menschen und ihre Probleme (Alltag, gestörte Kommunikation, Kampf gegen Institutionen der Gesellschaft, Identität, weibliche Selbstfindung) schildert. Die internationale Verflechtung der R.-Produktion trägt dazu bei, daß sich Neuansätze des Romanschreibens (z.B. „nouveau roman", ↗ Postmoderne) meistens auch im dt. Sprachraum rasch durchsetzen.

Obwohl der R. nach wie vor periodisch totgesagt wird, erfreut er sich auch am Ende des 20. Jh. der größten Beliebtheit. Angesichts der großen Verbreitung übersetzter fremdsprachiger R. nimmt der dt.sprachige R. (wie in den meisten Phasen seiner Geschichte) allerdings nur einen kleinen Raum in der ↗ Rezeption durch Leser und Kritik ein.

Hartmut Steinecke

Lit.: H. Denkler (Hg.): R. und Erzählungen des bürgerlichen Realismus, 1980 (mit Bibliographie). – M. Durzak (Hg.): Der dt. R. der Gegenwart, [3]1979. – U. Eisele: Die Struktur des modernen dt. R., 1984. – H. Koopmann (Hg.): Handbuch des dt. R., 1983 (mit Bibliographie). – H. Koopmann: Der klassisch-moderne R. in Deutschland, 1983. – P. M. Lützeler (Hg.): Dt. R. des 20. Jh., 1983. – P. M. Lützeler (Hg.): R. und Erzählungen zwischen Romantik und Realismus, 1983 (mit Bibliographie). – J.H. Petersen: Der dt. R. der Moderne, 1991.

Romantheorie

1. R. steht in den meisten Phasen in einem sehr engen Verhältnis zu Werken und Entwicklungen der Gattung. So findet man Zeugnisse der R. – verstanden als reflektierende Beschäftigung mit der und „Sprechen über" die ↗ Gattung – zu allen Zeiten im ↗ Roman selbst und in seinen Vorreden, sodann in Texten, die sich direkt auf Einzelwerke oder Gattungsentwicklungen beziehen wie Literaturkritiken, feuilletonistischen Arbeiten, Briefen, Lexikonartikeln, weit seltener in systematischen, ästhetischen oder poetologischen Schriften.

Diese Ausrichtung der R. gilt verständlicherweise in besonderem Maße für die Anfangsphase der theoretisch-kritischen Auseinandersetzung mit der neuen Gattung. Erst nach mehreren hundert Jahren „moderner" (Prosa-)Gattungsgeschichte findet man 1670 den ersten Versuch einer historisch-theoretischen Zusammenfassung in Pierre Daniel Huets *Traité de l'origine des romans*; Happels Übersetzung *Discours von dem Uhrsprunge der Romanen* (1682) wird die erste größere Abhandlung zur R. in dt. Sprache.

Die Vernachlässigung des Romans in Poetiken hat eine gravierende Folge: Der Roman gilt lange Zeit als eine Gattung ohne Tradition und Regeln, der Willkür offen. Zu diesem Argument gegen die Gattung tritt ein formales. Als Prosaform ist dem Roman die Zugehörigkeit zur Poesie nach traditionellem Verständnis verwehrt. Dazu kommt die moralische Ablehnung wegen der Bindung an die Themen Liebe und Abenteuer. Mit der quantitativen Zunahme der Romane innerhalb der belletristischen Produktion verschärfen sich die Angriffe gegen die „Sündflut". Daher wird der Roman lange Zeit von (konservativen oder klassizistischen) Theoretikern wenig beachtet, häufig verachtet (vielzitiert wird Schillers Wort vom Romanschreiber als „Halbbruder" des wahren Dichters). ↗ Poetik des Romans heißt daher bis weit in das 19. Jh.: Apologie des Romans.

2. Versuche, das weite Feld der Gattung zu ordnen, waren fast durchweg inhaltlich bestimmt (historischer, sozialer, philosophischer Roman; Liebes-, Künstler-, Bildungs-, Zeit-, Gesellschafts-Roman). Seltener waren formale Bestimmungen (Briefroman, Dialogroman) oder Bezeichnungen von Darstellungsweisen (humoristischer, komischer Roman). Diese Untergattungen werden von der R. zunehmend in den Mittelpunkt des Interesses gerückt; Definitionsversuche sind oft präziser als die der Gattung überhaupt, sie finden eher Konsens bei der ↗ Literaturwissenschaft. Seit Friedrich von Blanckenburgs *Versuch über den Roman* (1774) wird überwiegend die Konzentration auf die „innere Geschichte", die Darstellung des Menschen als Individuum, die „innere Handlung" (Schopenhauer) statt der äußeren, der Taten, der Gesellschaftsdarstellung als konstitutiv für den „eigentlichen" („wertvollen") Roman angesehen; dies führt teilweise zu einer „Verinnerlichung" der Gattung.

Die langsam wachsende Anerkennung des Romans im 18. Jh. wird in den Poetiken begleitet von einer Annäherung seiner Bestimmung an die (angesehene) Geschichte und an die Wirklichkeit sowie dem Versuch, eine adäquate Stelle im Gattungssystem zu finden. Am folgenreichsten wird die Einfügung an der Systemstelle des ↗ Epos als dessen Nachfolger in der „Moderne", in einer Zeit der Prosa und des Bürgertums. Diesen geschichtsphilosophischen Ansätzen des 18. Jh. zur Bestimmung des Romans als der „modernen bürgerlichen Epopee" (Wezel) verhalf Hegel in seiner *Ästhetik* zur breiten Geltung; seine Vorstellungen wurden von seinen Schülern (Vischer) bis in das 20. Jh. weiterentwickelt (Lukács, *Theorie des Romans*, 1920, mit dem Entwurf der „transzendentalen Obdachlosigkeit" der Gattung, Walter Benjamin mit der medientheoretischen Unterscheidung von epischer Mündlichkeit und „modernem" reflexiven Roman des vereinsamten Subjekts).

Da im 19. Jh. Arbeiten von Philosophen selten, von seiten der „akademischen" R. weitgehend unoriginell blieben, stammen die wichtigsten Beiträge weiterhin von Romanautoren (Sealsfield, Keller, Spielhagen, Freytag, v.a. Fontane) und Kritikern. Durch die Dominanz der Praktiker und die zunehmende Geringschätzung der Theorie als „spekulativ" treten praktische Fragen des Romanschreibens („Technik") in den Vordergrund. Bis Anfang des 20. Jh. dominiert die Sicht des Romans als realistischer Prosaform; entsprechend wird vor allem die Frage des Verhältnisses zur Wirklichkeit behandelt (Widerspiegelung, Verklärung, Versöhnung).

3. Eine dieser Sichtweise entgegengesetzte Position hatten bereits um 1800 einige Schriftsteller (F. und A.W. Schlegel, Novalis, Jean Paul) ent-

wickelt, die den Roman in den Mittelpunkt einer „romantischen" Kunstlehre stellt: „Ein Roman ist ein romantisches Buch" (F. Schlegel), ↗ Romantik. Als „progressive Universalpoesie" ist der Roman ein werdendes, kein vollendetes Kunstwerk; es vereint und vermischt alle Gattungen der Poesie, er verbindet Heterogenes; Ironie und Selbstreflexion sind konstitutiv. Diese auf hohem Reflexionsniveau entwickelten Vorstellungen wurden erst im frühen 20. Jh. in ihrer Bedeutung erkannt und für die Theoriediskussion fruchtbar gemacht. Selbstreflexion und Universalitätsanspruch werden zu Hauptzügen des „modernen" Romans; die proklamierte Einheit von Werk und Theorie führt dazu, daß der Roman selbst zunehmend zum Ort der Theoriereflexion wird (Musil, Broch), daß in begleitenden Schriften über Wesen und Funktion der Gattung Roman nachgedacht und geschrieben wird (Th. Mann, Döblin). Dabei werden nun erstmals theoretische Vorstellungen entwickelt, die dem Rang des eigenen Schreibens entsprechen (Musil: „Möglichkeitsstil"; Broch: „polyhistorischer Roman").

In der zweiten Jh.hälfte vermehren sich zwar die romanpoetologischen Aussagen, sie führen jedoch nur selten über die Grundpositionen der „klassischen ↗ Moderne" hinaus (z.B. bei Johnson, Hildesheimer, Wellershoff). Neben diesen durchweg essayistischen Arbeiten stehen seit der Jh.wende erstmals „akademische" R., die die Bezeichnung „wissenschaftlich" verdienen. Sie systematisieren zentrale Fragestellungen (Erzählperspektive, Fiktionsbegriff) und werden damit Teil der im 20. Jh. aufblühenden allgemeineren Erzähltheorie (Narratologie), ↗ Erzähler, Erzähltheorie.

Hartmut Steinecke

Lit.: R. Grimm (Hg.): Deutsche R., 2 Bde., 1974. – B. Hillebrand: Theorie des Romans, 1980, [3]1993. – E. Lämmert (Hg.): R. Dokumentation ihrer Geschichte in Deutschland, 2 Bde., 1971-75, [3]1992. – H. Steinecke (Hg.): Romanpoetik in Deutschland. Von Hegel bis Fontane, 1984. –H. Steinecke: R. und Romankritik in Deutschland, 2 Bde., 1975/76. – H. Steinecke: Romanpoetik von Goethe bis Thomas Mann, 1987. – E. Weber (Hg.): Texte zur R., 2 Bde. [1626-1731 und 1732-80], 1974-81. – V. Žmegač: Der europäische Roman, 1990, [2]1991.

Romantik

1. Als R. bezeichnet man eine künstlerische, insbesondere literarische Epoche in Europa von etwa 1795 bis etwa 1840. Der Begriff (nach. afrz. „romanz": „in der Volkssprache"; dt. „romantisch" ca. 1700: „zügellos, wild"), ursprünglich abschätzig verwendet, hat sich seit Beginn des 19. Jh. als wertneutraler Epochenbegriff durchgesetzt. Demnach bedeutet „romantisch": nichtklassisch, romanhaft, modern. Die R. entstand im Zuge von Gruppenbildungen in regionalen Zentren. Zur „älteren R." (auch „Jenaer R." oder „Früh-R.") ab 1798 gehören F. v. Hardenberg (Novalis, 1772-1801), L. Tieck (1773-1835) und W.H. Wackenroder (1773-98), A.W. Schlegel (1767-1845) und F. Schlegel (1772-1829) sowie die Philosophen F. Schleiermacher (1768-1834), J.G. Fichte (1762-1814), F.W.J. Schelling (1775-1854) und der Naturphilosoph J.W. Ritter (1776-1810). Dieser Kreis um die Zeitschrift *Athenäum* (1798-1800) entwarf das Programm einer alle Künste (Literatur, Musik, bildende Kunst) und Wissenschaften (Philosophie, Theologie, Medizin u.a.) umfassenden Universalpoesie im Sinne einer Weiterführung der Weimarer ↗ Klassik und einer Synthese von Kunst, Staat und Gesellschaft. Zu der ab 1805 ausgeprägten „Heidelberger R." (auch „jüngere R." oder „Hoch-R.") gehören A. v. Arnim (1781-1831), C. Brentano (1778-1842), J. v. Eichendorff (1788-1857), J.J. v. Görres (1776-1848) sowie die Brüder J. Grimm (1785-1863) und W. Grimm (1786-1859). Diese um die *Zeitschrift für Einsiedler* (1808-09) gruppierten Autoren entwickelten ein auf historischen Forschungen gegründetes Bildungsmodell zur Beförderung der nationalen Schöpferkräfte bzw. des sog. „Volksgeistes". Diesem Ziel dienten die Sammlungen und Bearbeitungen volkstümlicher Literatur (*Des Knaben Wunderhorn* von Arnim/Brentano [1806-08], *Die teutschen Volksbücher* von Görres [1807] sowie die *Kinder- und Hausmärchen* [1812-22] und die *Deutschen Sagen* [1816-18] der Brüder Grimm). In Dresden formierte sich 1808-09 um die Zeitschrift *Phöbus* eine Gruppe mit H. v. Kleist (1777-1811), K.F.G. Wetzel (1779-1819), dem Wirtschafts- und Staatswissenschaftler A. Müller (1779-1829) und dem Naturphilosophen G.H. Schubert (1780-1860). Zur „Berliner R." (ab 1801) gehören E.T.A. Hoffmann (1776-1822), A. v. Chamisso (1781-1838), F. de la Motte-Fouqué (1777-1843), Z. Werner (1768-1823) und der Arzt D.F. Koreff (1783-1851), aber auch Autoren aus den anderen Gruppen stießen zeitweilig dazu (die Brüder Schlegel, Kleist, Arnim, Brentano). Zur „schwäbischen R." (oder „süddt. R.", ab 1810) zählen L. Uhland (1787-1862), J. Kerner (1786-1862), G. Schwab (1792-1850) und W. Hauff (1802-27). Keiner bestimmten Gruppe zuzuordnen sind Jean Paul (F. Richter, 1763-1825), F. Hölderlin (1770-1843) und E.A. Klingemann (1777-1831). Unter den Autorinnen der R. sind R. Varnhagen (1771-1833), K. v. Günderrode (1780-1806), H. Herz

(1764-1847), B. v. Arnim (1785-1859), D. Schlegel (1763-1839) und C. v. Schlegel-Schelling (1763-1809) zu nennen, deren literarische Leistungen und deren emanzipatorische und gruppenstiftende Wirkungen („romantische Geselligkeit" in den Salons) nicht zu unterschätzen sind. Mit der „Spät-R." nach 1820, zu der Eichendorff, E. Mörike (1804-75), N. Lenau (1802-50) und H. Heine (1797-1856) gehören, erreicht die Epoche im Übergang zur ↗ Biedermeierzeit und zum ↗ Realismus ihr Ende.

2. Die R. kann als Gegenbewegung zum utilitaristischen (auf Zweck und Nutzen ausgerichteten) Denken des 18. Jh. und zum mechanisch-rationalistischen System der ↗ Aufklärung und des absolutistischen Staates verstanden werden. In der Folge der Frz. Revolution versammelte die R. verschiedene Strömungen, die sich gegen den frz. Klassizismus und gegen die Weimarer ↗ Klassik, gegen die ↗ Aufklärung und gegen den Absolutismus richteten. Doch ist nicht von strikten Oppositionen auszugehen, sondern von einer Reihe sich überlagernder, heterogener Auffassungen. So läßt sich die R. nicht nur als Antithese zur Klassik, sondern auch als deren Fortsetzung oder intendierte „Vollendung" begreifen. Ebenso kann die antirationalistische Tendenz der R. als Versuch einer fortgeführten Aufklärung gesehen werden, der um eine Synthese aus der vernunftbestimmten Denkweise und den unbewußten Dimensionen der menschlichen Seele bestrebt ist. Die Entdeckung der „Nachtseiten" in Natur und Geschichte (Schuberts *Ansichten von der Nachtseite der Naturwissenschaft*, 1808) und das erwachte Interesse an den Phänomenen des Traumes, an der kindlichen Erlebnisperspektive (z.B. die „poetischen Gemüter" bei Hoffmann), an Mythologie (↗ Mythos) und „Geheimwissenschaften" (Alchemie, Mesmerismus, animalischer Magnetismus, Somnambulismus, Galvanismus) sind nicht vordergründige Folgen okkulter Schwärmerei, sondern in erster Linie Ausdruck des Bestrebens, rational nicht erklärte Dinge zu erforschen und damit der Kunst neue Darstellungsmöglichkeiten abzugewinnen. Die R. steht im Zeichen vielfältiger, z.T. widersprüchlicher Denkmodelle und Konzepte, die auf produktive Weise miteinander rivalisieren, etwa geschichtsphilosophisch begründete Utopievorstellungen (poetischer Idealstaat, ↗ Utopie) mit subjektivistischen Rückzugsmodellen (Elfenbeinturm, Eremitenklause), rationale Theorie mit ekstatischer Phantasie, System mit Chaos, Vernunft mit Irrationalismus. Solche Antinomien wurden bereits in der R. selbst als dialektisch gedacht (z.B. F. Schlegel, Novalis). Charakteristisch für die R. ist das Bemühen um eine ganzheitliche, alle Bereiche des Lebens durchdringende, wechselseitige Erneuerung von Kunst und Gesellschaft mit utopischen, an einem Kunstideal ausgerichteten Ansprüchen.

3. Die R. vorbereitende Strömungen sind die Gefühlskultur der ↗ Empfindsamkeit (S. Richardsons *Clarissa* und *Pamela*, die Schriften J.-J. Rousseaus, Goethes *Werther*), die volkstümliche Lit. des Göttinger Hains, die Naturdichtung (A. v. Haller, F.G. Klopstock), die sog. „Kirchhofpoesie" (E. Young, Th. Gray), die Ossian-Dichtung (MacPherson), die Genieästhetik (Shaftesbury, J.G. Hamann), der ↗ Sturm und Drang und seine Rezeption Shakespeares (v.a. durch Herder und Goethe). Die R. entdeckte neben Shakespeare auch Dante, Ariost, Cervantes und Calderón für sich (Übersetzungen von Tieck und Schlegel), die aus der Konzeption einer universalen Poesie heraus als romantische Autoren betrachtet wurden. Die staatsutopischen Ideen, das Naturideal und der Subjektivismus Rousseaus (vgl. seine *Bekenntnisse*, 1782/88) wurden von der R. ebenso rezipiert wie die ↗ Mystik (Meister Eckart, J. Böhme), der Pietismus, die Modelle Herders von einer „Ursprache" und „Naturpoesie der Völker" und die Philosophie des deutschen Idealismus (Kants Anthropologie und ↗ Ästhetik, Fichtes Wissenschaftslehre). Schillers ästhetisches Erziehungsprogramm und Goethes Bildungsideal im *Wilhelm Meister* (1795-96) galten als Vorbilder eines Kunstideals mit der Poesie als gesellschaftsfundierender Instanz.

4. Für das Geschichtsdenken der klassischen (bes. Schiller) wie der romantischen Epoche (bes. Novalis, Kleist, Hoffmann, Schubert) ist das sog. „triadische Modell" mit der Idee des „Goldenen Zeitalters" zentral. In der R. bezieht sich die Vorstellung auf eine ursprünglich vorhandene Einheit von Mensch und Natur (1. Stufe: als dafür repräsentative Epoche wird das christliche MA idealisiert, sog. „altdt. Zeit"), die in der Entwicklung zur Gegenwart verlorengegangen sei (2. Stufe) und deren Wiedergewinnung durch die Poesie künftig eine neue Synthese ergeben werde (3. Stufe: als Chiffre dafür steht z.B. „Atlantis").

5. Im „magischem Idealismus" (Novalis) der R. wird die Utopie eines poetischen Idealstaates mit universaler Geltung entworfen. Vor dem Postulat einer totalen Poetisierung erscheint den Romantikern die zeitgenössische Gesellschaft (Normenkodex, Anonymisierung, Industrialisierung) als ungenügend. Es werden Gegenmodelle zum bürgerlichen Alltag (repräsentiert im Negativbild des kunstfeindlichen „Philisters") entworfen: in den Figuren des Künstlers, Taugenichts, Träumers oder Wanderers. Neben der Idealisierung des MA erscheinen Italien und der Orient als Wunderländer der Poesie. Die „blaue Blume" (Novalis) symbolisiert Sehnsüchte, in denen sich Gegen-

normen zum gesellschaftlichen Normenkonsensus (verbindlich geregelt im *Allgemeinen Landrecht*) artikulieren: Einbildungskraft vs. Vernunft, Mobilität vs. Seßhaftigkeit, Natur (z.B. Tiecks „Waldeinsamkeit“) vs. Stadt, Krankheit gegen Gesundheit, Wahnsinn gegen Vernunft, Künstlerliebe vs. Ehe, Dynamik vs. Statik, Zweckfreiheit gegen Nutzen, Schönheit gegen Brauchbarkeit, (poetische) Utopie gegen (prosaische) Realität. Auch diese Gegensätze werden in der R. dialektisch gedacht. Die Versöhnung der Polaritäten ist das angestrebte Ziel: eine Synthese auf dem Umweg über das Heterogene und das Chaos. Garant einer solchen Harmonie ist die „progressive Universalpoesie“ (F. Schlegel im 116. *Athenäum-Fragment*). Unter der Progressivität wird ein fortschreitendes, ständig in die anderen Künste (Musik, Malerei) und in alle Wissenschaften (Philosophie, Theologie, Medizin, Chemie) ausgreifendes Prinzip verstanden. Der universale Aspekt meint eine ebenfalls andauernde, notwendig unabschließbare Potenzierung und Vervielfältigung (nach F. Schlegels Bild unendlicher Spiegelungen). Infolge der systembedingten Unabschließbarkeit der absoluten Poesie ergibt sich für die R. eine ausgeprägte Tendenz zum Fragment. Viele Texte (Hoffmanns *Kater Murr*, Novalis' *Heinrich von Ofterdingen*, F. Schlegels *Lucinde*) brechen im Übergang zur Utopie ab, leiten über in Mythen, ↗ Märchen und Allegorien, münden in einen „poetischen Nihilismus“ (Klingemanns *Nachtwachen von Bonaventura*) oder zersplittern sich in Bruchstücke, Skizzen und Notizen. Auch das Fragment ist die dialektisch notwendige Kehrseite einer wesensgemäß unrealisierbaren Utopie. Gestaltungsmittel der auf Fragmentarismus und Potenzierung zielenden Kunst ist die sog. „romantische Ironie“. Sie ist epochenspezifischer Ausdruck des Ungenügens an der gesellschaftlichen Realität und fungiert als künstlerische Gestaltungsmethode. Durch Phantasie und Einbildungskraft sollen Gegensätze geschaffen, aber in keine Synthese überführt, sondern ins Unauflösbare gesteigert werden. Als zugleich destruktives und konstruktives dialektisches Verfahren zielt die romantische ↗ Ironie im Sinne des triadischen Modells darauf ab, die Einheit des Zusammenhanglosen widerzuspiegeln, gemäß dem Diktum F. Schlegels: „Ironie ist klares Bewußtsein der ewigen Agilität, des unendlich vollen Chaos“. Zwar ist die romantische Ironie epochenspezifisch, aber sie beansprucht als Erkenntnismethode und als ästhetisches Prinzip zeitübergreifende Gültigkeit. In den literarischen Texten äußert sich diese Methode konkret als Kontrast von Alltäglichem und Wunderbarem, von Wirklichem und Phantastischem, von Regel und Willkür (z.B. in Hoffmanns *Der Goldene Topf*). Als Gestaltungsmittel finden sich Arabeske und Groteske (F. Schlegel, Hoffmann), Verwilderung (Brentano) und Fragment, Verdoppelungen und Spiegelungen, Fiktionsdurchbrechungen, -potenzierungen und das Spiel mit dem Leser (F. Schlegel, Jean Paul, Hoffmann), Vermischung der Genres (z.B. Tiecks Lustspiele als Märchen), potenzierte ↗ Intertextualität und Multimedialität (Idee des Gesamtkunstwerks), d.h. literarische Formen und Techniken, die auf die ↗ Moderne vorausweisen.

6. Den Beginn der R. markieren W.H. Wackenroder und L. Tieck, die in Nürnberg das MA und seine Kunst entdeckten und in programmatischen Schriften als Ideal verkündeten (*Herzensergießungen eines kunstliebenden Klosterbruders*, 1797, und *Phantasien über die Kunst*, 1799). Neben den theoretischen Schriften sind alle in der R. verwendeten Kunstformen bestrebt, die Palette literarischer Gestaltungsmittel zu erweitern und die Wirklichkeit (auch die Träume und Ahnungen) zur Gänze zu erfassen. In der ↗ Lyrik (Tieck, Novalis, Eichendorff, Brentano, Mörike, Heine) trat die Stimmungslyrik an die Stelle der Erlebnislyrik des 18. Jh. Es herrschen liedhafte Formen vor (↗ Lied), in denen die Virtuosität auf eine hohe Musikalität gegründet ist. Die romant. Lyrik zielt auf eine Musik der Worte (vgl. Tieck). Das Volkslied wird gegen Herders Auffassung von der Naturpoesie aller Völker verstanden als selbständige, den „Volksgeist“ unverstellt ausdrückende Poesie der Einfachheit (vgl. *Des Knaben Wunderhorn* v. Brentano/Arnim, 1806-08). Im ↗ Drama wird besonders auf die Vorbilder Shakespeare und Calderón zurückgegriffen (vgl. die Übersetzungen). Von der Form bricht auch die R., wie schon der Sturm und Drang, mit den verbindlichen Mustern der normativen ↗ Poetik und nähert sich dem offenen, nichtanalytischen Drama. Neben Geschichtsdramen (Tiecks *Leben und Tod der heiligen Genoveva*, 1799, *Kaiser Octavianus*, 1804, und *Fortunat*, 1815-16, Werners *Das Kreuz an der Ostsee*, 1806, Brentanos *Die Gründung Prags*, 1815, Eichendorffs *Der letzte Held von Marienburg*, 1830), den an einem dämonisierten Fatalismus orientierten Schicksalsdramen (Tiecks *Karl von Berneck*, 1795, Werners *Der 24. Februar*, 1809) und der ↗ Komödie (Brentanos *Ponce de Leon*, 1803, Eichendorffs *Die Freier*, 1833) sind v.a. die Stücke Kleists (*Das Käthchen von Heilbronn*, 1810, *Der zerbrochne Krug*, 1808, *Die Hermannsschlacht*, 1808 und *Amphytrion*, 1807) zu nennen sowie L. Tiecks Märchenspiele (*Der gestiefelte Kater*, 1797; *Die verkehrte Welt*, 1799), die dem Gedanken einer Ausweitung herkömmlicher Gattungsgrenzen auch in der Dramatik Rechnung tragen. Neben den Leistungen auf den Gebieten der ↗ Übersetzung und der ↗ Edition (Tieck, A.W. Schlegel,

Brüder Grimm) konzentriert sich das Schaffen in der R. auf die Prosa. Neben den Sammlungen von Volksmärchen erlangt das Kunstmärchen in der R. qualitativ wie quantitativ einen Höhepunkt. Im Modell der „Romantisierung" der Welt durch die Literatur erscheint das Kunstmärchen als der Inbegriff der Poesie, z.B. bei Novalis: „Das Mährchen ist gleichsam der *Canon* der *Poësie* – alles Poëtische muß mährchenhaft seyn." Goethes *Märchen* (1795) wurde für die R. vorbildlich, im Sinne der Romantisierung aber noch gesteigert. Die Märchen erkunden das utopische Zauberreich der Phantasie mit Hilfe des Wunderbaren, des Traums, der Allegorie und in der Poetisierung der Wirklichkeit. Das Wunderbare kann als symbolisches Traumbild erscheinen (Wackenroders *Wunderbares morgenländisches Märchen*, 1797, Novalis' *Hyzinth und Rosenblütchen*, 1799, Brentanos *Von dem traurigen Untergang zeitlicher Liebe*, entst. 1802-10, Eichendorffs *Marmorbild*, 1818), als philosophische Botschaft (Novalis' *Atlantis-Märchen*, 1802), als Kehrseite des Alltags (Hoffmanns *Der Goldene Topf*, 1814, Fouqués *Geschichte vom Galgenmännlein*, 1810, Arnims *Die Majoratsherren*, 1819, Chamissos *Peter Schlemihls wundersame Geschichte*, 1814, Hauffs *Das Kalte Herz*, 1828), als dämonisches Prinzip (Hoffmanns *Nachtstücke*, 1817, Tiecks *Der Runenberg*, 1804 und *Der blonde Eckbert*, 1797) und als Mischung all dieser Elemente. Die bedeutendsten Erzählzyklen (in der Tradition Boccaccios, Straparolas, Basiles, Perraults und von *1001 Nacht*) sind Tiecks *Phantasus* (1812) und Hoffmanns *Die Serapions-Brüder* (1819-21). Die Vermischung der Genres im Kunstmärchen ergibt fließende Grenzen zur ↗ Novelle, die durch zeitgenössisches Kolorit, Gesellschaftskritik, psychologische und moralische Fragen geprägt ist (Hoffmann, Kleist, Arnim, Tieck, Mörike) und auf den Realismus vorausweist.

7. Bevorzugte ↗ Gattung der R. ist jedoch der ↗ Roman, der als einzige moderne Gattung galt, weil er nach Universalität, Totalität und poetologischer Selbstreflexion strebt. Insofern kommt er den romantischen Kunstprinzipien entgegen. Ziel ist der „absolute Roman" (F. Schlegel). Goethes *Wilhelm Meister* war für die Romantiker Anlaß und Objekt produktiver Auseinandersetzung. F. Schlegels *Lucinde* (1799) will „chaotisch und doch systematisch" sein und versteht sich wie Novalis' *Heinrich von Ofterdingen* (1802) als romantischer Gegenentwurf zu Goethes klassischem ↗ Bildungsroman. Der romantische Roman zielt auf eine Synthese aus Individualität und Universalität, er soll die Bildung des Individuums vorantreiben, die eigene Zeit widerspiegeln und das Goldene Zeitalter wiederherstellen (Aufgabe des Romans ist nach Novalis die „*symbolische Construction* der transscendentalen Welt"). Er ist gekennzeichnet von formalen Experimenten, komplexen Strukturen, symbolisch-allegorischer Ambivalenz, Vermischung der Formen, Fragmentarismus, Verwilderung, Vieldeutigkeit, Fiktionsironie, Selbstbezogenheit und ausgeprägter Intertextualität. Formale Vorbilder sind neben Goethe bes. Cervantes, Sterne und Diderot. Erste Ausprägungen des von der R. angestrebten Romantypus' sind Tiecks *Geschichte des Herrn William Lovell* (1795-96), Jean Pauls *Siebenkäs* (1796-97) und Hölderlins *Hyperion* (1797-99). Tieck entfaltet das Thema des Subjektivismus, Jean Paul schildert den Konflikt zwischen Bürgerlichkeit und Freiheit, Hölderlin gestaltet bereits die triadische Vorstellung vom goldenen Zeitalter. Unter Verwendung von Elementen des Bildungs-, Schelmen-, Abenteuer- und Schauerromans ist das Romanschaffen der R. auf den Künstlerroman konzentriert. Häufig kommt es zur Mischung der Genres. Schlegels *Lucinde* (1799) entwirft das Konzept der Liebe als Synthese aus Weiblichem und Männlichem, aus der die utopische Gesellschaftsform hervorgehen sollte. Novalis' *Heinrich von Ofterdingen* schildert die Initiation eines Dichters und die Apotheose der Poesie. Brentanos *Godwi* (1801) stellt ein Experiment formaler Verwilderung im Sinne des humoristischen Erzählens dar und kritisiert die Idee einer Neuen Mythologie. In dieser Tradition stehen auch Hoffmanns *Lebens-Ansichten des Katers Murr* (1820-22), die sowohl Parodie des klassischen Bildungsromans sind als auch kritische Reflexion des künstlerischen Solipsismus (daher Kreis-Struktur und Fragmentarik). Auch Tiecks *Franz Sternbalds Wanderungen* (1798) ist ein Gegenmodell zum *Wilhelm Meister*, das eine zyklische Struktur an Stelle linearer Entwicklung setzt. Eichendorffs *Ahnung und Gegenwart* (1815) mündet in Abgrenzung zu Goethe in eine heilsgeschichtlich fundierte Erlösung, die mit zeitkritischen Aussagen verbunden wird. Der letzte Roman in der Kette der *Meister*-Repliken in der R. ist Mörikes *Maler Nolten* (1832), in dem der Bildungsroman ins Gegenteil verkehrt wird. Der Konflikt zwischen Künstler und Gesellschaft erweist sich hier als unlösbar. Den historischen Roman der R. (in der Nachfolge von W. Scott) vertritt A. v. Arnim (*Die Kronenwächter*, 1817). Den trivialen Schauerroman („Gothic Novel") vertieft Hoffmann in den *Elixieren des Teufels* (1815-16) zum psychologischen Roman, dessen skeptische Weltsicht die ↗ Moderne vorwegnimmt. Zum Typus des parodistischen Romans ist Jean Pauls *Titan* (1800-03) zu zählen, der den Genialismus der R. entlarvt. Neben Jean Pauls, Brentanos und Hoffmanns Skepsis der R. gegenüber sind es Klinge-

manns *Nachtwachen von Bonaventura* (1804), die das romantische Programm der Universalpoesie parodieren, der Kunstreligion eine radikale Absage erteilen, das Goldene Zeitalter dementieren und das Ende der Epoche andeuten.

7. Die R. wirkt nach in der Biedermeierzeit, im ↗ Realismus, im Symbolismus, in der Neuromantik (↗ Jahrhundertwende), im ↗ Expressionismus, im Roman der Moderne, in den Konzepten der Verfremdung, in der Literatur des Absurden, in der ↗ Neuen Subjektivität und bis hin zur ↗ Postmoderne mit dem System eines potentiell unendlichen Textes.

Franz Loquai

Lit.: R. Brinkmann (Hg.): R. in Deutschland, 1978. – K.R. Mandelkow/K. Heitmann (Hg.): Europäische R. 2 Bde., 1982-85. – L. Pikulik: Frühr., 1992. – K.K. Polheim (Hg.): Der Poesiebegriff der dt. R., 1972. – H. Prang (Hg.): Begriffsbestimmung der R., 1968. – H. Schanze (Hg.): R.-Handbuch, 1994.

S

Sage

1. Bis in das 18. Jh. hinein wird mhd. „sage“ (ahd. „saga“) definiert als „kunde von ereignissen der vergangenheit, welche einer historischen beglaubigung entbehrt“ (Grimm, *Deutsches Wörterbuch* s.v.). Das ahd. Verb „sagen“ bedeutet „das mündlich Ausgedrückte“, Sage ist somit eine Substantivierung des Verbs. Für die Brüder Grimm und insbes. Jacob Grimm ist die S. wie Volkslied und ↗ Märchen „Naturpoesie“; die S. gibt eine „natürliche Wahrheit“ wieder, die über der Wahrheit geschichtlicher Fakten angesiedelt ist. In der S. sieht er die nationale Überlieferung eines Volkes (*Nationalsagen*, Zeitung für Einsiedler 1808). Von daher ist das Interesse der gebildeten Schicht jener Zeit für märchen- und sagenhafte Stoffe zu verstehen, das freilich erst mit den Brüdern Grimm bzw. ihrem direkten Vorläufer J.C.Ch. Nachtigal in eine wissenschaftliche Behandlung der Volksüberlieferung mündete. Mit ihren 1816 und 1818 erschienenen Sammlungen *Deutsche Sagen* (DS), die insgesamt 579 Sagennummern enthält, versuchten sie erstmals die S. gegenüber dem Märchen gattungstypologisch abzugrenzen, wie es schon in dem Satz „Das Märchen ist poetischer, die Sage historischer“ (Vorrede zu DS) zum Ausdruck kommt. Im Gegensatz zu den *Kinder- und Hausmärchen*, die sie weitgehend bei Gewährsleuten aus der mündlichen Tradition aufgezeichnet hatten, beruhen die DS vorwiegend auf literarischen Quellen, Chronikerzählungen, Mirakel- und Wunderberichten aus Werken der Prodigien-, Exempel- und ↗ Reiseliteratur vom 15. bis zum 18. Jh., bis hin zu Goethes *Wilhelm Meister*.

2. Erst zu Beginn des 20. Jh. setzt eine systematische Erforschung der S. ein. Friedrich Ranke hebt den höheren Realitätsgehalt der S. (gegenüber dem Märchen) und ihre subjektive Glaubwürdigkeit hervor, wobei er in seinen späteren Arbeiten immer wieder den Erlebnischarakter der S. betonte und darauf hinwies, wie diese aus den jeweils vorgegebenen kollektiven Glaubensvorstellungen entstehen. Den Erlebnischarakter betont auch C. v. Sydow, der den Terminus „Memorat“ einführte, das er definiert als „Erzählungen der Leute über eigene, rein persönliche Erlebnisse“. Die S. gibt scheinbar einmalige, individuelle Begegnungen und Erlebnisse wieder, die vor dem Hintergrund kollektiver Glaubensvorstellungen und Erfahrungen interpretiert werden; damit werden sie selbst Bestandteil der gemeinschaftlichen Erfahrung. Über ihre konkrete inhaltliche Aussage hinaus hat die S. auf einer zweiten Ebene eine symbolische Bedeutung, die innerhalb der Gruppe, die sie tradiert, jeweils verstanden und wirksam wird. Die Erzählung wird so zum symbolischen Ausdruck der Normen, Wertungen und Ansichten der Menschen über die sie umgebende Welt und ihre kulturellen Manifestationen. Morphologisch betrachtet ist die S. eine Form, die durch die Simplizität ihrer Struktur einen leichten Zugang zu ermöglichen scheint. Inhaltlich umfaßt sie das breite Spektrum menschlicher Auseinandersetzung mit der eigenen und der umgebenden Natur, mit der historischen Realität und der transzendenten Welt. So gesehen ist die S. eine „Urform menschlicher Aussage“ und gehört als dichterische Form zu den „ontologischen Gattungs-Archetypen“ (Kurt Ranke), die, wie alle diese Formen volkstümlicher Dichtung, Grundbedürfnissen der menschlichen Psyche entspringen. Als entscheidendes Kriterium für die S. wird ihre „wahrnehmungspsychologische Authentizität“, d.h. der individuelle Wahrheitswert angeführt. Ein weiteres strukturelles Merkmal wird in der Mehrdimensionalität der S. sichtbar. Der Einbruch des Übernatürlichen wird hier – im Gegensatz zum Märchen – als etwas Schreckhaftes erlebt, ja es bildet selbst die S. Individualisierende Darstellung und das Verhältnis zwischen Diesseits- und Jenseitswelt, ihre Kontrastierung, sind Merkmale der inneren Form. Die äußere wird zum einen durch ihre Kürze, Einepisodigkeit, eine reduzierte Syntax und schließlich durch die genaue Lokalisierung und Zeitangabe bestimmt. Im Gegensatz zum Märchen erfährt die S. keine stilistische Formung; durch die umgangssprachliche Lautung, Kargheit der Ausdrucksmittel, parataktische Aneinanderreihung der Satzglieder, Dialektformen und Regionalismen gewinnt sie an Authentizität. Zusammenfassend läßt sich die S. als eine ursprünglich mündliche Erzählung definieren, die in einem Erzähltext fixiert wird. Sie ist eine Erzählform, die den Anschein erweckt, die erzählten Vorgänge seien wirklich geschehen und die dies durch zeitliche, räumliche und personale Angaben zu belegen sucht. Auch übernatürliche und phantastische Begebenheiten werden in der Realität festgemacht und durch Bezugspersonen beglaubigt.

3. Grundsätzlich lassen sich zwei Großgruppen von S. unterscheiden: a. die dämonologischen

oder mythischen S., d.h. die eigentlichen Volkss., deren Struktur durch das Vorhandensein magischer, numinoser und mythischer Elemente gekennzeichnet ist, und b. die historischen, d.h. geschichtlichen S. Hier steht die historische Persönlichkeit, das historische Ereignis im Mittelpunkt. Die historische S. neigt dazu, Alltägliches zum Bedeutsamen zu stilisieren, indem sie Personen und Geschehnisse aus einer mythischen Weltsicht heraus interpretiert, ↗ Mythos. Sie ignoriert die Komplexität der Verhältnisse und bietet vereinfachende, nichtsdestoweniger aber vieldeutige Erklärungen an. Zwischen beiden Gruppen und beiden zugehörig, stehen die aitiologischen (Ursprungs- und Erklärungs-) S. Nach dem griech. „aitia“ für Ursache bezeichnet man S., die Naturerscheinungen, Bauwerke, Denkmale, Namen, Eigenschaften von Tieren und Pflanzen erklären und deuten, als aitiologische (ätiologische) S. Jede dieser Gruppen läßt sich in zahlreiche Untergruppen gliedern, die je nach ihren Hauptkriterien inhaltlich (Teufels-, Hexens.) funktional (Warns.), formal (Chroniks.) oder strukturell (Erlebniss.) zu bestimmen sind.

4. Die S. ist eine spezifische, anthropologische Form von Realitätserfahrung und -erfassung auf der Ebene eines prärationalen Bewußtseins. Sie versucht Vorgänge, die den einzelnen Individuen unerklärbar erscheinen, durch mythisierende und symbolisierende Darstellung zu deuten. S.entstehung und -überlieferung ist an bestimmte Geisteshaltungen gebunden. Peuckert spricht in diesem Zusammenhang von Bewußtseinsebenen, von einer zauberischen, mythischen und rationalen Bewußtseinsebene. So ist es zu erklären, daß wir auch in einer hochzivilisierten technischen Umwelt auf atavistisch anmutende Äußerungen einer magischen Subkultur stoßen, die Stimmen aus der anderen Welt zu hören vorgibt und wo Autofahrer Begegnungen mit gespenstischen Anhaltern haben. Gerade letztere Gruppe von modernen S.bildungen, zu denen auch Berichte über unbekannte Flugobjekte gehören, zeigen die gleiche Struktur wie die traditionellen S. Als Schilderungen eigener, subjektiver Erlebnisse lassen sich diese Berichte als Memorate klassifizieren. Die in den Berichten von Wesen aus einer anderen Welt sichtbar werdende Geisteshaltung entspricht einem technisch verbrämten, mythischen Denken. Eine neue Forschungsrichtung beschäftigt sich, ausgehend von der anglo-amerikanischen Forschung mit diesen „contemporary“- oder „urban legends“, den gegenwärtig vorwiegend im urbanen Bereich anzutreffenden S.bildungen.

Leander Petzoldt

Lit.: L. Petzoldt: Dämonenfurcht und Gottvertrauen. Zur Geschichte und Erforschung unserer Volkss., 1989. – L. Petzoldt (Hg.): Deutsche Volkss., ²1978. – L. Petzoldt (Hg.): Vergleichende S.forschung, 1969. – W.-E. Peuckert: S., Geburt und Antwort der mythischen Welt, 1965. – K. Ranke: Die Welt der einfachen Formen, 1978. – L. Röhrich, S., ²1971. – H. Rölleke (Hg.): Deutsche S., hg. von den Brüdern Grimm, 1994.

Sangspruch/Reimspruch

1. Mit dem Terminus „Spruchdichtung“ bezeichnet die mediävistische Forschung zwei vorwiegend didaktisch orientierte Texttypen des Hoch- und Spät-MA, die genetisch anscheinend nicht zusammenhängen und deren Vertreter im 14./15. Jh. teilweise miteinander konkurrierten: Sangspruch (S.) und Reimspruch (R).

2. Der moderne Begriff der S.-Dichtung („Spruch“ in dieser Bedeutung zuerst 1833 bei Karl Simrock) bezeichnet eine Gattung mhd. Poesie, die neben dem ↗ Minnesang und dem Leich (↗ Lied) in den mittelalterlichen Liederhandschriften überliefert ist. Es handelt sich um Texte von Autoren des späten 12. bis 15. Jh., die religiöse, moralische und ständische Belehrung aller Art, Gelehrsamkeit, Dichtungsprobleme, Dichterpolemik und Dichterlob, sowie Stellungnahmen zu politischen Ereignissen und Protagonisten in singbare Strophen faßten. Bis etwa zur Mitte des 14. Jh. galt dabei prinzipielle Einstrophigkeit, d.h. im Prinzip stand jede Strophe für sich, doch konnten mehrere Einzelstrophen auch zu mehr oder weniger lockeren Verbänden zusammentreten. Die prinzipielle Einstrophigkeit ist ein wichtiger formaler Unterschied zum Minnelied, bei dem mehrere Strophen die Regel waren. Seit etwa der Mitte des 14. Jh. wird auch in der S.-Dichtung Mehrstrophigkeit üblich, man spricht von „Barbildung“, wobei „Bar“ die zeitgenössische Bezeichnung für das mehrstrophige Lied dieser Art ist (der Begriff ist aus der Terminologie der Fechter übernommen, „barat“/ „bar“ bezeichnet dort einen kunstvollen Schirmschlag). Meistens haben derartige Spruchlieder eine ungerade Zahl von Strophen, seit dem 15. Jh. war dies Vorschrift. Charakteristisch für die S.-Dichtung ist ferner, daß die Strophenformen und Melodien, deren die Autoren sich bedienten, meist nicht ad hoc erfunden und nur einmal verwendet wurden (wie dies beim Minnelied der Fall war), sondern daß den einzelnen Dichtern ein bestimmtes, meist kleines Repertoire bestimmter „Töne“ („Ton“ bezeichnet die Gesamtheit von Strophenform und Melodie) zur Verfügung stand, die sie immer wieder für Texte der ver-

schiedensten Inhalte verwendeten (manche benutzten nur einen einzigen Ton). Bereits im 13. Jh. kamen für die Töne Eigennamen auf, die meist aus einer formalen Besonderheit oder aus dem Inhalt besonders markanter Strophen abgeleitet waren, z.B. Frauenlob, Langer Ton (im Unterschied zum Kurzen Ton dieses Autors); Reinmar von Zweter, Frau-Ehren-Ton (nach der von Reinmar mehrfach verwendeten Personifikation der Frau Ehre); Frauenlob, Würgendrüssel (d.h. „Kehlenwürger" aufgrund der durch ihren Tonumfang besonders strapaziösen Melodie).

3. Überliefert ist die ältere S.-Dichtung (bis zur Mitte des 14. Jh.) in den gleichen Handschriften wie der Minnesang, vor allem in der *Großen Heidelberger (Manessischen) Liederhandschrift* (C); die Sprüche Reinmars von Zweter finden sich in einer Spezial-Handschrift, der Autorhandschrift D. Von besonderer Bedeutung ist die *Jenaer Liederhandschrift* (J; um 1340), die neben den Texten auch zahlreiche Melodien enthält. Die spätere S.-Dichtung findet sich v.a. in Autorhandschriften (Heinrich von Mügeln, Muskatblut, Michel Beheim) und in Sammelhandschriften der Meistersinger, v.a. in der *Kolmarer Liederhandschrift* (k oder t; um 1460), die ebenfalls Melodien enthält.

4. Anders als die Minnesänger waren die S.-Dichter überwiegend Berufsautoren, die ihren Lebensunterhalt v.a. als Fahrende und Auftragsdichter fristeten. Häufig standen sie in Konkurrenz zueinander, ferner in Konkurrenz zu anderen Unterhaltungskünstlern. Sie entwickelten im 13. Jh. ein ausgeprägtes Kunst- und Traditionsbewußtsein. Die typische „Rolle" war die des gelehrten Lehrers, woraus sich die zeitübliche Benennung als „meister", d.h. „magister", erklärt, die auf der Autorität des Sängers insistiert; dazu kam für die politischen Strophen die Rolle dessen, der politische Neuigkeiten mitzuteilen und zu kommentieren weiß (in der Regel für interessierte Auftraggeber). Um auf sich aufmerksam zu machen, legten zahlreiche Sänger sich klangvolle Dichternamen zu.

5. Früheste S.-Dichter noch des 12. Jh. waren Herger und Spervogel. Seinen Höhepunkt erreichte der Texttyp um 1200 durch Walther von der Vogelweide (der freilich zugleich Minnesänger war). Er erhob den S. durch sein anspruchsvolles Auftreten, durch den literarischen Rang seiner Texte und durch deren Thematik – die er v.a. auch durch den Themenbereich Politik erweiterte, ↗ Politische Dichtung. – und durch kunstvolle Formung (Einführung der fortan kanonischen Kanzonenform, ↗ Strophenformen) zur zweiten Hauptgattung des mhd. Liedes. Weitere bekannte S.-Dichter des 13. und frühen 14. Jh. waren Bruder Wernher, Reinmar von Zweter, der Marner, Friedrich von Sonnenburg, der Meißner, Konrad von Würzburg (mit einem Teil seines vielseitigen Schaffens), Hermann Damen, Rumelant von Sachsen, Frauenlob, Regenbogen. In der 2. Hälfte des 14. und im 15. Jh. wirkten Heinrich von Mügeln, Suchensinn, Harder, Lesch, Muskatblut, Michel Beheim, Jörg Schiller – mit den beiden zuletzt genannten verschwand die berufsmäßig ausgeübte Kunst im 3. Viertel des 15. Jh. Die S.-Dichtung lebte allerdings fort im ↗ Meistergesang.

6. Die Kunst der Reimsprecher unterschied sich von der der S.-Dichter dadurch, daß hier die weitgehend gleichen Inhalte in gesprochene vierhebige Reimpaarverse gebracht wurden. Der Terminus „Spruch" (oder „Rede") für ein Reimpaargedicht kurzen oder mittleren Umfangs war bereits im MA üblich. Vorläufer in der 1. Hälfte des 13. Jh. waren Freidank, dessen verbreitete Sammlung *Bescheidenheit*, d.h. „Bescheidwissen", zahlreiche kurze Texte belehrenden und zeitaktuellen Charakters enthält, und der vielseitige Stricker, der u.a. geistliche, weltlich-didaktische und politisch-didaktische R. verfaßte. Seine Blüte erlebte der R. im 14. Jh. durch Berufsdichter wie den König vom Odenwald, Heinrich den Teichner (ca. 720 Texte), Peter Suchenwirt und den flämischen Herold Gelre. Sog. „Sprecher", die oft als Herolde von Fürsten und Königen auftraten, gab es bis in das 16. Jh. Außer von Berufsautoren dieser Art wurde der R. auch von städtischen Handwerkern gepflegt, in Nürnberg im 15. Jh. etwa von Hans Rosenplüt und Hans Folz, im 16. Jh. von Hans Sachs.

Horst Brunner

Lit.: H. Brunner/B. Wachinger: Repertorium der S. und Meisterlieder des 12. bis 18. Jh. 16 Bde., 1986ff. – E. Lämmert: Reimsprecherkunst im Spät-MA, 1970. – F. Schanze: Meisterliche Liedkunst zwischen Heinrich v. Mügeln u. H. Sachs, 2 Bde., 1983/84. – H. Tervooren: S.-Dichtung, 1995.

Satire

1. Bei der Verwendung des Terminus S., abgeleitet vielleicht von lat. „satura lanx" = „mit allerlei Früchten gefüllte Schüssel", sind die unpräzise und an Ausdruckshaltung gebundene Bedeutung von mehreren präzisen und an die Form gebundenen Bedeutungen zu unterscheiden. Die unpräzise Bedeutung von S. im Sinne von „das Satirische" meint den Gesamtbereich der literarischen, bildlichen, filmischen usw. Äußerungen, die moralische Verfehlungen, bestimmte Sitten und Gebräuche, persönliche Eigenheiten, Überzeugungen usw. kritisch, polemisch und spöttisch in

der Absicht auf Besserung oder auch lediglich der witzigen Wirkung halber thematisieren. Freilich ist diese umfassende Verwendung von S. nicht überall exakt genug, um im Gebiet der Literatur und ihrer Geschichte die vorliegenden Sachverhalte und die literarhistorischen Entwicklungen erfassen zu können. Die wichtigsten präzisen Bedeutungen beziehen sich auf die beiden literarischen Texttraditionen („Gattungen"), die seit der Antike gepflegt wurden. Es handelt sich dabei um die lucilianische S. (auch Verssatire) und die menippeische S. (auch Prosasatire, varronische S.).

2. Die Theorie der S. ist im wesentlichen Theorie der lucilianischen S. Sie reflektiert in großem Maße die Unterschiedlichkeit der römischen Muster und konstituiert aus diesen Beispielen die gegensätzlichen Ausprägungen der S. entweder als strafende oder als lachende S. Erörtert werden in der Theorie die Genese der S.; die Etymologie des Wortes; der Affekt des Satirikers (Empörung, „indignatio"); der Rang der drei Muster Horaz, Persius, Juvenal; der ungeregelte Bau einer S.; die Wirkungsabsicht, wobei Lob als sekundärer Zweck neben Tadel und Kritik hervorgehoben wird; die Unzulässigkeit persönlicher Angriffe (Herabsetzung von Personen gilt als Charakteristikum des Pasquills); die verdeckte Rede- und Wirkungsweise. Bedeutende theoretische Beiträge lieferten Quintilian, Diomedes Grammaticus, J.C. Scaliger, I. Casaubonus, D. Heinsius, J. Dryden, G. Pasch. Bei der Überführung der ↗ Poetik in die ↗ Ästhetik seit ca. 1800 wurde die S. wegen ihres tendenziösen Charakters an den Rand gedrängt. Ab diesem Zeitpunkt läßt das Bewußtsein für die in der Praxis weiterbestehenden Unterschiede zwischen den verschiedenen Gattungen der S. nach, weshalb sich die unpräzise Bedeutung von da an großer Beliebtheit erfreute. Die literaturwissenschaftliche Begriffsbildung (R.C. Elliott, H. Arntzen u.v.a.) knüpft vielfach an die Ästhetik an. Sie gelangt kaum über Definitionen hinaus, blieb ohne Einfluß auf neuentstehende satirische Kunst und ohne echten Ertrag für die Erforschung der ↗ Literaturgeschichte.

3. In der Antike gab es drei Gattungen der S. (↗ Gattung). Das Satyrspiel wird hauptsächlich durch Euripides' *Cyclops* dokumentiert. Die menippeische Satire wurde durch Menippos von Gadara begründet und von Varro, Petron, Seneca, Lucian und leicht variiert auch von Apuleius gepflegt. Als Charakteristikum gilt vielfach das Prosimetrum: In den Prosatext wird ein Dichtervers in satirischer Absicht eingefügt. Die menippeische S. ist oft Dialog (z.B. Lukians Toten- und Göttergespräche) oder als Lügengeschichte und Bericht seltsamer Reisen romanhaft. Sie setzt auf die Selbstentlarvung der Verfehlung, was in reinster Form in dem paradoxen Enkomion geschieht. Die von dem Römer Lucilius entwickelte Verssatire wurde von Horaz, Persius und Juvenal zur Blüte gebracht. Diese Form zeichnet sich durch einen ausgeprägten Kunstanspruch aus. Horaz ist der Meister des indirekten, ironischen Verfahrens und bespöttelt geringfügige Vergehen; Persius liebt die dunkle Andeutung („obscuritas"); Juvenal attackiert mit Empörung auch schwerwiegende Vergehen.

4. Im MA gibt es S. im engeren Sinne des Wortes nur in lat. Sprache (z.B. Walter von Châtillon). Volkssprachliche Dichtungen mit moraldidaktischen Absichten werden mitunter als S. bezeichnet, ↗ Lehrliteratur, -dichtung. Im Grunde gehört S. Brants *Narrenschiff* (1494) noch zu dieser Gruppe, obwohl das Bemühen um eine Annäherung an die lucilianische S. spürbar ist.

5. Das 16. Jh. wird sowohl wegen der ↗ Reformation als auch wegen des ↗ Humanismus zu einer Epoche, in der satirisches Dichten einen besonders wichtigen Anteil am literarischen Leben einnimmt. Die Streitigkeiten der Reformation werden oft mit den Mitteln und mitunter in Formen der S. ausgetragen. Allerdings gelangt in der Reformation insbesondere auch das mit der S. nicht zu verwechselnde Pasquill zur Anwendung. Durch den Humanismus wird die antike S. vermehrt rezipiert. Die lucilianische S. findet vielfach Verwendung als Schullektüre; die wichtige neulat. lucilianische S. entsteht, ↗ Neulateinische Dichtung. Die menippeische S. wird insbesondere im Zuge humanistischer Griechischstudien neu rezipiert. In dieser Gattung entstehen zahlreiche neue S. sowohl in lat. als auch dt. Sprache. Die wichtigsten Vertreter der Menippea sind Erasmus von Rotterdam, U. v. Hutten, F. Rabelais, J. Fischart. Th. Morus entwickelt aus menippeischen Vorbildern (Lukian) sein als S. intendiertes *Utopia* (1516). Bei einem vom Humanismus nur begrenzt berührten Autor wie Hans Sachs (1494-1576) finden sich einzelne menippeische Satiren, sonst aber Spruchgedichte mit moraldidaktischer Tendenz, die im unpräzisen Sinne S. genannt werden.

6. Die Epoche des ↗ Barock bringt auch im Gebiet der S. die Anwendung humanistischer Vorstellungen auf die dt. Literatur. Dies führt dazu, daß zu der neulat. lucilianischen S., deren bedeutendster Vertreter im 17. Jh. Jakob Balde ist, nicht nur deren dt. Übersetzung, sondern auch die originale dt. Verssatire treten (P. Lauremberg; J. Rachel). Die menippeische Satire erfreut sich großer Beliebtheit. In reiner Form findet sie sich z.B. bei J.B. Schupp (*Corinna*). Zu großer Bedeutung gelangt im Barock der um die Mitte des 16. Jh. aus der menippeischen Satire des Apuleius entwickelte Picaroroman, der im Werk Grimmelshausens (*Simplicissimus*, 1668) seinen barocken Höhe-

punkt findet (↗ Roman). Weitere wichtige Satiriker des Barock sind J.M. Moscherosch und Chr. Weise.

7. Wahrend des 18. Jh. ist die Satire eine wichtige Form der Literatur, die einerseits Traditionen fortsetzt, sich mehr oder weniger eng an die lucilianische und menippeische Gattung anschließt, die andererseits aber auch stark die ↗ Aufklärung reflektiert. Neue, nun nicht mehr so ausschließlich um Moral zentrierte Inhalte werden thematisiert. Wichtige Autoren sind Chr.L. Liscow, G.W. Rabener und Chr.M. Wieland, der das Werk von Horaz und Lukian übersetzt sowie menippeische Satiren verfaßt. Georg Christoph Lichtenberg (1742-1799) ist der wahrscheinlich berühmteste S. des Jh. Bei ihm ist die Ablösung des „Satirischen" von den Gattungen der S. vielfach zu beobachten, obwohl auch er noch bewußt menippeische Formen verwendet.

8. Die S. steht im 19. Jh. unter dem ästhetischen Vorbehalt der Tendenzliteratur, so daß sie als im engeren Sinne poetische Literatur weniger in Erscheinung tritt (z.B. bei F. Grillparzer). Aus der intensiven Rezeption der menippeischen S. von J. Swift ergeben sich vor allem in den ersten Jahrzehnten des Jh. vielfach Anregungen für Romane (z.B. bei Jean Paul). In der politischen Auseinandersetzung avanciert die S. zusammen mit anderen polemischen Formen der Literatur wie der Invektive zu einem wichtigen Mittel des publizistischen Kampfes (A. Glaßbrenner u.a.), wobei sich u.a. Heine menippeischer Formen bedient, ↗ Politische Dichtung. Insgesamt nimmt das Bewußtsein für die Differenz der Gattungen der S. stark ab, während die Vorstellung, daß S. die in beliebiger literarischer Form und in vielfältigen Medien eindringende Haltung des „Satirischen" sei, stark an Boden gewinnt. Die S. wird ein Mittel der gesellschaftlichen und politischen Auseinandersetzung, wobei sie in der Regel durch die „Reformatoren", nicht die konservativen Kräfte, eingesetzt wird.

9. Im 20. Jh. setzt sich diese Entwicklung fort, indem S. in Zeitschriften (*Simplicissimus*), in Karikatur und Cartoon und Film genau wie in literarischen Formen (z.B. als Roman bei H. Mann, *Der Untertan* und *Professor Unrat*) Medium der Kritik an Gesinnungen und gesellschaftlichen Verhältnissen sowie des Kampfes gegen politische Bestrebungen sind. Die bitteren Auseinandersetzungen der Weimarer Republik reflektiert und betreibt das satirische Werk von K. Tucholsky (in vergleichbarer Weise auch der Wiener Karl Kraus). Nach dem Zweiten Weltkrieg schrieben Heinrich Böll und vor allem Günter Grass, letzterer von menippeischen Formen inspiriert, wichtige S.

Stefan Trappen

Lit.: J. Adamietz (Hg.): Die römische S., 1986. – J. Brummack: Zu Begriff und Theorie der S. In: DVjS 45 (1971). Sonderheft. – W. v. Koppenfels: Mundus alter et idem. In: Ders.: Bild und Metamorphose, 1991. – S. Trappen: Grimmelshausen und die menippeische S., 1994.

Schwank/Schwankroman

1. S. (von mhd. „swanc" „Schlag, Streich") sind kurze komische Erzählungen von typisierten Protagonisten in einer alltäglichen Welt, die sich mit bösartigen oder lustigen Streichen durchsetzen. In ihnen triumphiert ein sozial Unterlegener durch eine listige Inszenierung, durch überlegene sprachliche Kompetenz oder durch moralische Skrupellosigkeit über einen sozial Überlegenen (bisweilen gedoppelt in der Form des Überbietungs-S. mit „betrogenem Betrüger"). Dabei wird der Rezipient zum „Lachen mit dem oder über den komischen Helden" (Jauß) eingeladen. In formaler Hinsicht bedient sich der S. der „nicht-mehr-schönen-Künste", also komischer, grotesker, obszöner, blasphemischer, ekliger Details und Darstellungsformen, aber auch des parodistischen Zitats der hohen Gattungen, ↗ Parodie.

2. Im Zentrum des S. stehen soziale und ideologische Konflikte, die sich in einer witzigen Pointe abrupt lösen: Herrschaftsverhältnisse und Statuskonflikte, ökonomische Konkurrenz, Auseinandersetzungen zwischen den Geschlechtern in ehelichen und ehebrecherischen Beziehungen sowie Kritik am „autoritären Wort" von Kirche und säkularer Moral. Daraus ergeben sich auch typische Figurenkonstellationen (Herr und Bauer, Käufer und Verkäufer, Pfaffe und Laie, untreue Ehefrau und gehörnter Ehemann, strenger Hausvater und aufsässige Frau, Gelehrter und Dummkopf usw.) und standardisierte Handlungsabläufe. Dabei werden in dieser „Welt ohne höhere Wahrheit" keine Gegenpositionen programmatisch, es dominiert vielmehr die oppositionelle komische Logik, die sich häufig des Körpers und seiner vitalen Lebensäußerungen als Medium der Artikulation bedient, wenn sie die „Normen und Tabus des verordneten Lebens" suspendiert, das ↗ Komische.

Zwar formulieren die Epiloge in den Mären und die Vorworte der S.-Sammlungen oft explizite Wirkungsintentionen, die als Funktion der älteren Texte die Belehrung durch Gegenbildlichkeit benennen, während die der späteren vor allem Unterhaltung und Abhilfe bei der Überwindung melancholischer Stimmungen leisten wollen. Doch greifen diese Selbstauskünfte wohl im allgemeinen zu kurz. Denn oft genug besteht eine Spannung zwischen den Setzungen des lehrhaften Schlusses und der Erzählung selbst; und nicht selten wird die Nutzanwendung (das Epimythion) mit durchaus ironischem Gestus formuliert. Die Funktion der frühen S. und der Grund für ihre rege Produktion und Rezeption liegt wohl eher darin, daß sie einerseits zentrale Streitpunkte der spätmittelalterlichen und frühneuzeitlichen Gesellschaft verhandeln und so zur Formierung des modernen Weltbildes beitragen. Andererseits sind sie meist von einer unbändigen Freude am Komischen, Bösen und Obszönen bestimmt, die sich eindeutigen Moralisierungen verweigert, stattdessen eher eine kritisch-oppositionelle Position bezieht. Spätere Bearbeitungen (vor allem im 19. und 20. Jh.) negieren diese entschieden zeitbezogene Funktion und radikal amoralische Tendenz dann, indem sie verharmlosend und entschärfend in die Texte eingreifen, so daß die aggressiven und obszönen Momente zugunsten einer allgemeinmenschlichen närrischen Lustigkeit verschwinden (vgl. die Kinderbuchfassungen des *Eulenspiegel* oder des *Lalebuchs*).

3. In der dt. Literatur tauchen S. vom 12. Jh. bis ins 16. Jh. zunächst in Versform auf. Die schwankhaften Mären (der größte Teil des handschriftlich überlieferten Märenkorpus) stehen in der Tradition der lat. Facetien (Poggio Bracciolino: *Facetiae* 1450, Übersetzungen u.a. von Heinrich Steinhöwel 1476, Heinrich Bebel 1508), der volkssprachlichen Predigtmärlein (vgl. Johannes Pauli, *Schimpf und Ernst* 1522) und der frz. Fabliaux. Neben zahlreichen anonymen Texten finden sich Erzählungen von Autoren wie dem Stricker, Herrand von Wildonie, Hermann Fressant, Heinrich Kaufringer, Hans Rosenplüt, Hans Folz u.a. Seit dem 15. Jh. gibt es auch Prosa-S. Im 16. Jh. werden diese dann in zum Teil außerordentlich umfangreichen S.-Sammlungen gezielt für den Buchmarkt kompiliert und rege rezipiert. Als Autoren und Kompilatoren sind zu nennen: Jörg Wickram: *Rollwagenbüchlein* (1555), Jakob Frey: *Gartengesellschaft* (1556/60), Martin Montanus: *Wegkürtzer* (1557), Michael Lindener: *Rastbüchlein* (1558), Valentin Schumann: *Nachtbüchlein* (1559), Hans Wilhelm Kirchhof: *Wendunmuth* (1563); ein später, allerdings recht idyllischer Ableger dann Johann Peter Hebel: *Schatzkästlein des Rheinischen Hausfreundes* (1811). Eine große Zahl von S. in Liedform findet sich im ↗ Meistergesang des 16./17. Jh. (Hans Sachs u.a.).

4. Kompilieren die S.-Sammlungen die einzelnen Texte nach einer rein assoziativen und ansonsten beliebigen Logik, verfahren die ebenfalls außerordentlich publikumswirksamen S.-Romane, vgl. auch ↗ Volksbuch, anders. Hier werden z.T. schon lange tradierte, z.T. aber auch neu erfundene S. um eine Figur zentriert und bisweilen in einen größeren narrativen Zusammenhang integriert. Dadurch entstehen satirische, polemische oder ironische Auseinandersetzungen mit den geltenden Normen der sozialen und ideologischen Ordnung, aber auch gelungene Parodien des „hohen" Romans, ↗ Roman. Die wichtigsten Vertreter des S.-Romans sind der Stricker: *Pfaffe Amis* (ca. 1230), der *Neithart Fuchs* (1491), der *Dialog von Salomon und Marcolf* (lat. Fassungen seit dem 12., dt. seit dem 14. Jh.), Philipp Frankfurter: *Pfarrer von Kahlenberg* (15. Jh.), *Dil Ulenspiegel* (1515), Wolfgang Büttner: *Claus Narr* (1572), das *Lalebuch* (1597). Während der *Finckenritter* (1560) eine Verbindung zur Lügendichtung herstellt, entwickelt sich im 16. Jh. in der Tradition des span. Picaro- oder Schelmenromans eine neue Form des komischen Romans, die auf den Zerfall des mittelalterlichen Weltbildes reagiert und sich vor allem durch eine radikale Subjektivierung der Weltsicht, die Form der Ich-Erzählung und eine gesteigerte Selbstreflexivität auszeichnet und damit den (spät-)mittelalterlichen S.-Roman überwindet. Diese von der Frühen Neuzeit bis in die ↗ Moderne produktive Gattung hat ihren ersten Höhepunkt mit Grimmelshausens *Simplicissimus* (1668), einen späten Vertreter etwa in Th. Manns *Felix Krull* (1954).

5. Von den erzählenden Formen abzugrenzen sind die dramatischen Formen des S.: Dabei handelt es sich um harmlose populäre Unterhaltungsstücke, die häufig im ländlichen Milieu angesiedelt sind und immer ein Happy-End haben (↗ Komödie). Heute existieren sie überwiegend als fernsehspezifische Inszenierung „volkstümlichen" Entertainments (vgl. etwa den „Komödienstadl" oder das Ohnsorg-Theater).

Hans-Jürgen Bachorski

Lit.: H. Fischer: Studien zur dt. Märendichtung, 1968. – W. Röcke: Die Freude am Bösen. Studien zu einer Poetik des dt. S.-Romans im Spät-MA, 1987. – K.H. Schirmer (Hg.): Das Märe. Die mhd. Versnovelle des späteren MA, 1983. – E. Straßner: S., 1989. – H.J. Ziegeler: Erzählen im Spät-MA. Mären im Kontext von Minnereden, Bispeln und Romanen, 1985.

Science Fiction

1. Der Begriff wird entgegen dem Dudenvorschlag „Science-fiction" meist in obiger Schreibweise gebraucht, Abk.: SF, seltener Sci-Fi; wörtlich: wissenschaftliche Dichtung; „scientific fiction" ist im engl. Sprachraum schon im 19. Jh. nachweisbar, in den 30er Jahren wird „SF" in den

USA (belegt seit 1929), später international gebräuchlich. In Deutschland (belegt seit 1952) löste SF ältere Genrebezeichnungen („technische Utopie", „Zukunftsroman" u.ä.) ab. Die SF gehört wie die literarische ↗ Utopie, die Fantasy- und Schauerliteratur (mit denen sie jeweils Überschneidungen aufweisen kann) in das Feld der phantastischen Literatur (↗ Phantastik). Von anderen phantastischen Subgenres unterscheidet sie das Bemühen um eine rationale oder pseudorationale Begründung und Plausibilität der phantastischen Elemente – meist durch Verlagerung des Geschehens in die Zukunft bzw. in andere Welten und die Methode der Extrapolation. Im Gegensatz zur Utopie ist die dominierende Intention der SF nicht Gesellschaftskritik, sondern Unterhaltung. Dagegen definiert D. Suvin die SF (allerdings nur in ihren anspruchsvollsten Beispielen) als eine „Literatur der erkenntnisbezogenen Verfremdung".

2. SF verbindet die gängige Dramaturgie der Abenteuer- und Spannungsliteratur mit einem spezifischen Repertoire an Motiven, Topoi und Themen: Zukunft, Weltraum, Außerirdische, alternative Welten, interplanetare Kriege und Invasionen, Weltkatastrophen, postapokalyptische Szenarien, Zeitreisen, Ökologie, Gentechnik, technisch-wissenschaftliche Antizipationen, aber auch Parapsychologie. (Ufo- und „Götter-Astronautentheorien" [E. v. Däniken] nutzt zwar auch die SF, deren Anhänger bilden aber meist eigene Sekten.)

3. Der Entstehungsprozeß der SF ist „multigenerisch" (H.J. Schulz): ↗ Märchen, Utopien, phantastische Abenteuer- und Reiseromane, Robinsonaden und szientistische Schauerliteratur (z.B. Mary Shelley, *Frankenstein*, 1818) zählen zu ihren Wurzeln. Zur Ausbildung eines eigenen Gattungssystems haben Ende des 19. Jh. bes. die Erfolge Jules Vernes und Herbert George Wells beigetragen. In ihrer Nachfolge beginnt die Verfestigung der SF zu einem seriell produzierten Genre, dessen Hauptleserschaft männliche Jugendliche sind.

Vor bzw. zwischen den Weltkriegen waren in Deutschland Kurd Laßwitz (*Auf zwei Planeten*, 1897), der Kolportageroman-Autor Robert Kraft, die Heftserie *Der Luftpirat* (1908-1911), Bernhard Kellermann (*Der Tunnel*, 1913) und Hans Dominik (*Die Macht der Drei*, 1922 u.v.a.) bes. populär. In den dt. „Zukunftsromanen" wurden schon in den 1920er Jahren von Dominik, Otto W. Gail, Edmund Kiss, Karl A. Laffert u.a. neben zeittypischen auch protofaschistische Ideologien und Mythen imaginiert (Rassismus, „völkischer" Atlantismythos, „Welteislehre", Hohlwelttheorie, dt. Erfinder- und Ingenieurskult, antidt. Weltverschwörungen, Revanchekriege, Militarismus, Führerkult und „Lebensraum"-Eroberung, Spiritismus usw.). Erfolgreiche SF-Heftserien der 30er Jahre waren *Sun Koh* (1933-1936) und *Jan Mayen* (1936-38), beide von Lok Myler (d.i. Paul A. Müller).

Seit 1945 dominiert in der Bundesrepublik SF amerikanischen Typs im Heft-, ab den 60er Jahren im Taschenbuchformat. Ein spezifisch dt. Phänomen stellt die seit 1961 wöchentlich erscheinende Heftserie *Perry Rhodan* dar. Carl Amery (d.i. Christian Mayer), Herbert W. Franke, Wolfgang Jeschke und Hans Kneifel sind repräsentative Vertreter der (west-)dt. SF-Szene. In der DDR, wurde die SF („wissenschaftliche Phantastik") als optimistisch-staatskonforme Unterhaltungsliteratur propagiert, seit den 70er Jahren von Autoren und Publikum aber auch als Vehikel kritischer Positionen geschätzt (Johanna und Günter Braun, Franz Fühmann, Gottfried Meinhold u.a.).

4. In den USA entwickelte sich das Genre seit den 1920er Jahren durch spezielle SF-Magazine. Die 40er Jahre gelten durch Autoren wie Isaac Asimov, John W. Campbell, Robert A. Heinlein und A.E. van Vogt als „Golden Era" der SF. In den 50er Jahren wurde das Taschenbuch zum bevorzugten Format. Alfred Bester, Ray Bradbury, Arthur C. Clarke, Robert Sheckley, Theodore Sturgeon, Kurt Vonnegut erweiterten das abenteuerlich-eskapistische, juvenile Themenspektrum durch zeitkritische Aspekte. Seit den 60er Jahren ist die SF durch Autoren wie Brian W. Aldiss, James G. Ballard, John Brunner, Samuel R. Delany, Philip K. Dick, Ursula LeGuin, Michael Moorcock auch zum Vehikel subkultureller und gegen-kultureller Positionen geworden. In dieser sog. „New Wave" wurden vereinzelt auch stilistische Mittel der literarischen ↗ Avantgarde des 20. Jh. in die SF eingebracht. Feministische Intentionen vertreten u.a. Joanna Russ und Marion Zimmer-Bradley. Kultstatus erlangten Frank Herbert mit seinem *Dune*-Zyklus und Douglas Adams mit seinem fünfteiligen *Hitch-Hiker's Guide*. New-Age-Ideologie, Computerbegeisterung und resignativ-gesellschaftskritische Aspekte zeichnen die „Cyberpunk"-SF (William Gibson, Bruce Sterling u.a.) seit den 80er Jahren aus. Populär sind auch Mischungen aus SF und Fantasy („Science Fantasy"). Weltgeltung haben neben amerik. und engl. Autoren nur Stanislaw Lem (Polen) und die russischen Brüder Arkadi und Boris Strugazki.

5. Die SF ist heute ein umfassender Medien- und Produktverbund im Sinne des „Systems von Markenzeichen" (F. Jameson), das in der Popularkultur an die Stelle kanonisierter, konsistenter Gattungen und autonomer Medienbereiche getreten ist. Der Verbund umfaßt Filme, TV-Serien,

↗ Comics, Spiele, Literatur, ↗ Hörspiele, Bilderbücher, Spielzeug u.v.a. In der Pop- und Rockmusik sind SF-Elemente häufig. Produktion, Vertrieb, Präsentation und Rezeption der SF werden heute durch eine typisch massenmediale „serielle Periodizität“ (M. Nagl) bestimmt, d.h. durch das permanente Angebot seriell oder serienartig gestalteter Produkte. Noch stärker als in anderen Bereichen populärer Jugendkultur ist die Tendenz zur Abschottung vom „Mainstream“ des Medienbetriebs und zur Bildung einer geschlossenen Fangemeinde (bes. ausgeprägt im Umfeld erfolgreicher TV-Serien: *Star Trek/Raumschiff Enterprise*). Kommunikationsmittel der Szene ist, neben SF-Zeitschriften, auch das Internet.

Manfred Nagl

Lit.: H.-J. Alpers u.a.: Lexikon der SF Literatur, 1988. – Bibliographisches Lexikon der utopisch-phantastischen Lit., 1984ff. – U. Gottwald: SF als Literatur in der Bundesrepublik der 70er und 80er Jahre, 1990. – M. Nagl: SF, 1981. – H.-J. Schulz: SF, 1986. – E. Simon/O. Spittel: Die SF der DDR, 1988. – Werkführer durch die utopisch-phantastische Lit., 1989 ff.

Semiotik

1. Die S. (v.a. in frz. Texten auch „Semiologie“), von griech. „semeion“, d.h. „Zeichen“, die Lehre von den Zeichen und den Zeichensystemen, untersucht die Struktur und das Funktionieren von sprachlichen und nicht-sprachlichen (z.B. in Architektur, Mode, Gestik usw. vorkommenden) Zeichen und Äußerungen. Sie ist damit einerseits Grundlagendisziplin für alle mit Kommunikation (und damit naturgemäß mit Zeichen) in irgend einer Form beschäftigten Wissenschaften (z.B. ↗ Literaturwissenschaft, Kunstgeschichte, Sprachwissenschaft, aber auch in Teilbereichen etwa Soziologie und Wirtschaftswissenschafte, usw.), andererseits versteht sie sich als interdisziplinärer Ansatz, der durch die Analyse aller in der Kultur vorkommenden Kommunikationsformen (künstlerischen ebenso wie alltäglichen) die zentralen Elemente kultureller Kommunikation untersucht. Hauptaufgaben der S. sind die Zeichendefinition und die Klassifikation von verschiedenen Zeichenarten, die Untersuchung der Struktur unterschiedlichster Zeichensysteme („Kodes“), der Semantik (der „Bedeutung“ der Zeichen) und der Pragmatik (des Gebrauchs und der damit zusammenhängenden Transformation von Zeichen in der kulturellen Kommunikation).

2. Semiotische Einzelfragen tauchen – auch wenn der Begriff nicht genannt wird – seit der Antike in philosophischen Texten auf (z.B. Aristoteles, Locke, Wolff, Kant, Hegel usw.). Als Begründer der modernen S. als eigenständiges Forschungsgebiet gelten der amerik. Philosoph Charles Sanders Peirce (1839-1914) und der Schweizer Sprachwissenschaftler Ferdinand de Saussure (1857-1913). Während Peirce sich von einem erkenntnistheoretischen Interesse leiten ließ und folglich der Relation zwischen Zeichen und Denken großen Platz einräumte, stellte de Saussure das Einzelzeichen und seinen Gebrauch im sozialen Kontext in den Mittelpunkt seiner Theorie. Peirce betrachtete die S. als einen Teil der Logik; demzufolge ist seine komplexe und vielschichtige Klassifikation von Zeichentypen eine, die nach der logischen Funktion dieser Typen vorgeht. De Saussure dagegen definiert die S. als „eine Wissenschaft, welche das Leben der Zeichen im Rahmen des sozialen Lebens untersucht“ (*Grundfragen der allgemeinen Sprachwissenschaft*, 1931). Die Auseinandersetzung zwischen diesen beiden Grundansätzen ist noch heute eine der am häufigsten geführten Diskussionen in der S.; dabei orientieren sich eher philosophisch-erkenntnistheoretisch orientierte Semiotiker mehr an Peirce, kulturwissenschaftlich-anwendungsorientierte dagegen mehr an de Saussure. Dahinter steckt letztlich das Problem, daß sich jeder Semiotiker entscheiden muß, auf welcher dieser beiden Ebenen – der philosophischen oder der kultur- bzw. sozialwissenschaftlichen – er seine Theoriebildung ansetzt, eine Entscheidung, der sich alle seither entstandenen Theorien – genannt seien hier nur C.W. Morris, Roland Barthes, Max Bense, L. Hjelmslev oder Umberto Eco – mit dem einen oder anderen Ergebnis stellen mußten.

3. Der heutige Stand der semiotischen Forschung ist zum einen geprägt durch diese Grundauseinandersetzung über den Gegenstandsbereich der S. zwischen den verschiedenen Schulen, die wohl maßgeblich dafür verantwortlich ist, daß sich noch immer kein „Paradigma“ einer allgemein verbindlichen semiotischen Basistheorie herausgebildet hat; letztlich muß jeder Semiotiker zu Beginn seiner Einlassungen erklären, was er unter S. versteht. Zum anderen hat sich – zumindest in Deutschland – die S. noch kaum als eigenständige Wissenschaft etabliert; es existiert bislang nur ein Lehrstuhl für S. (in Berlin). S. wird also in erster Linie von Einzelwissenschaftlern betrieben, die dabei i.d.R. das Interesse ihres Faches in den Vordergrund stellen. Es haben sich so eine Vielzahl von Unter-Disziplinen der S. entwickelt (wie z.B. Literatur-S., Theater-S., Sozial-S., S. der Werbung usw.), die zwar teilweise für einzelne wissenschaftliche Disziplinen Ergebnisse erbringen, oft jedoch untereinander kaum kompatibel sind. Die Aufgabe, der sich die S. erst noch stellen muß, ist

es, allgemeine und konsensfähige Definitionen ihrer Grundbegriffe zu entwickeln.

4. Der wichtigste Grundbegriff der S. ist der des Zeichens; es ist die kleinste eigenständige bedeutungstragende Einheit in kommunikativen Prozessen. I.d.R. wird das Zeichen als aus mehreren – mindestens zwei – Elementen zusammengesetzt gedacht; diese werden meist – in Anlehnung an de Saussure – „Signifikant" („signifiant") und „Signifikat" („signifié") genannt. Der Signifikant ist der materielle Träger eines Zeichens; in der natürlichen Sprache z.B. also die Lautfolge eines Wortes oder im Fall der Verkehrszeichen die Blechscheibe mit bestimmten Einfärbungen und grafischen Figuren. Das Signifikat beinhaltet die mit diesem materiellen Träger verknüpfte „Bedeutung", die annäherungsweise als Menge von semantischen Merkmalen beschreibbar ist. Das sprachliche Zeichen „Haus" besteht also aus der Laut- oder Buchstabenfolge „H-a-u-s" (Signifikant) und einer Menge semantischer Merkmale wie „bestehend aus vier Wänden und einem Dach", „dient der menschlichen Unterkunft" usw. (Signifikat). Eingebettet sind die Einzelzeichen in ein Zeichensystem (auch Kode genannt), eine Struktur, die Regeln für die Verknüpfung von Einzelzeichen zu größeren Gebilden – in der Sprache wäre das die Syntax – und Regeln für die Transformation und Innovation von Zeichen vorgibt. Einzelzeichen existieren nur als Elemente solcher Kodes – dem Kode einer Sprache, der Verkehrszeichen oder der Ikonographie.

Eine weitere wichtige Unterscheidung innerhalb der S., die ebenfalls auf de Saussure und sein Begriffspaar „langue" und „parole" zurückgeht, ist die von „Kode" und „Performanz". Der Kode ist das abstrakte System, das das Funktionieren von Zeichen ermöglicht; die Performanz ist die Ebene der Äußerungen, des konkreten Gebrauchs von Zeichen und Zeichenketten in kommunikativen Kontexten. Auf dieser Ebene können sich Elemente verschiedener Zeichensysteme zu komplexen Äußerungen verknüpfen – eine sprachliche Äußerung etwa kann von einer gestischen begleitet sein –, und es können neue Elemente, die aus keinem vorgegebenen Zeichensystem stammen, integriert sein, die innerhalb einer konkreten Äußerung mit quasi-zeichenhafter Bedeutung aufgeladen werden („Äquizeichen"). So werden beispielsweise in der ↗ Konkreten Poesie die Muster der räumlichen Anordnungen von Wörtern, die isoliert nichts bedeuten, mit Bedeutung aufgeladen und damit zu „Äquizeichen". An der Ebene der Performanz muß sich letztlich jede semiotische Theorie in ihrer Interpretations- und Analyseleistung beweisen.

5. Anwendung hat die S. bislang v.a. in den Geisteswissenschaften gefunden; in Literatur-, Theater- oder Kunstwissenschaften gibt es Ansätze für Analysemethoden auf semiotischer Basis. In den letzten Jahren haben jedoch semiotische Modelle vermehrt auch Eingang in die Sozial- und Wirtschaftswissenschaften gefunden. Es scheint sich langsam die Erkenntnis durchzusetzen, daß für eine Gesellschaft, die sich selbst „Kommunikationsgesellschaft" nennt, die Semiotik ein praktikables und in ihrer Integrationsfähigkeit weiterführendes Instrument der „Selbsterkenntnis" dieser Gesellschaft sein kann. Auch außerhalb der Universitäten finden semiotische Ansätze in Einzelfällen, z.B. in der Werbeforschung und -beratung oder in der Unternehmenskommunikation, Anwendung. Zukünftige Aufgabe der semiotischen Forschung wird es sein, sowohl wissenschaftlichen als auch außerwissenschaftlichen Anwendungen einen gleichermaßen stringenten wie praktikablen Theoriehintergrund zu liefern.

Hermann Sottong/Michael Müller

Lit: U. Eco: Einführung in die S., 1972. – M. Müller/H. Sottong: Der symbolische Rausch und der Kode. Zeichenfunktionen und ihre Neutralisierung, 1993. – M. Titzmann: Strukturale Textanalyse, 1977. – J. Trabant: Zeichen des Menschen. Elemente der S., 1989.

Spätmittelalterliche Literatur

1. Als Sp. L. wird die auf die Mhd. ↗ Klassik folgende ↗ Epoche der dt. ↗ Literaturgeschichte bezeichnet. In der älteren Forschung wurde der Begriff Spät-MA stets wertend gebraucht: die Zeit des Verfalls nach der „Blütezeit" der höfischen Literatur. Welchen Zeitraum der Epochenbegriff abdeckt, ist umstritten. Die Ansätze für die obere Grenze schwanken zwischen 1220/30 und 1350, für die untere zwischen 1430 und 1500/20. Gegenwärtig konzentriert sich die Diskussion um den Beginn der Epoche auf die Zeit um 1220/30 bzw. 1300. Beide Ansätze können sich auf signifikante literarhistorische Daten stützen. Nicht weniger schwierig ist die Bestimmung der unteren Epochengrenze. Für die Zäsur um 1430 spricht das Kriterium des Auftretens epochaler literarischer Neuerungen. Der Epocheneinschnitt um 1450/60 verbindet sich mit dem Buchdruck (↗ Buch, Buchdruck), der die Lebensbedingungen der Literatur stark veränderte. Der Einschnitt um 1500/20 nimmt Bezug auf die breitere Entfaltung eines humanistischen Schrifttums in dt. Sprache und auf die religiösen und sozialen Umwälzungen im Vor- und Umfeld der ↗ Reformation. Die folgenden Aussagen beziehen sich auf den Zeitraum von 1220/30 bis etwa 1500/20.

2. Ein Grundzug der Epoche ist die zunehmende Verschriftlichung der Volkssprache in allen Kultur- und Sachbereichen des Lebens. Sie bringt wie im Bereich des lat. Schrifttums und der anderen europäischen Volkssprachen auch eine kontinuierliche, im 15. Jh. erhebliche Zunahme der literarischen Produktion mit sich. Verschriftlicht wurden sowohl mündlich tradierte Praktiken und kulturelle Handlungen wie Gewohnheitsrecht, gesungenes ↗ Lied, und aufgeführtes Spiel als auch ursprünglich lat. gefaßte Wissenstexte aller Art. So erwuchsen aus der lat. Tradition religiöse Lyrik und Legendenepik, geistliches Spiel (↗ Geistliche Dichtung), ↗ Geschichtsschreibung und Fachliteratur, Urkunden und Rechtsprosa, ↗ Predigt und der Großteil der erbaulichen und belehrenden Literatur; namentlich im 15. Jh. dominiert die Zahl der Übersetzungen, Adaptationen und Bearbeitungen bei weitem die der Neuproduktionen (↗ Übersetzung). In dem Maße, in dem die Volkssprache Literaturfähigkeit erwarb, wuchsen Vielfalt und Vielzahl neuer Texttypen und führten zu deutlichen Verschiebungen im herkömmlichen Gattungsgefüge. Die meisten Texttypen erfüllten pragmatische Funktion: als Lebens- und Orientierungshilfe im allgemeinen, als Instrument der Seelsorge im besonderen. Daneben bildeten sich noch im 13. Jh. Texttypen mit primär kritisch-distanzierender Funktion aus; dazu zählen z.B. parodistische Formen der Liebeslyrik (↗ Minnesang), Schwankerzählungen (↗ Schwank), Ständesatire, Fastnachtspiele. Die Zunahme nichtfiktionaler, vorwiegend pragmatisch ausgerichteter Texttypen, die Entwicklung komischer u.a. Formen und nicht zuletzt die allmähliche Durchsetzung der Prosa gehören zu den dominierenden Zügen der Epoche.

3. Zu den äußeren Voraussetzungen gehörten Veränderungen der literarischen Kommunikation wie des „Literaturbetriebs“ überhaupt. Bereits im 13. Jh. vermehrte sich die Zahl der literarischen Produktionsstätten und Schreiborte. Literatur wurde nun nicht nur von Welt- und Ordensgeistlichen und an großen Fürstenhöfen, sondern auch vom Kleinadel und den weltlichen und geistlichen Mitgliedern der städtischen Oberschicht befördert. Seit dem 14. Jh. kamen mit den städtischen Bürgern neue Schichten hinzu. Schließlich wäre ein Gutteil des volkssprachigen Schrifttums nicht denkbar ohne die Universitäten (1348 Gründung der Prager, 1365 der Wiener Universität), wenn diese auch nur mittelbar, in Form von Übersetzungen, Einfluß nahmen. Die geistliche Literatur erhielt v.a. Auftrieb durch die verschiedenen Ordensreformen wie die dem Gedanken der „devotio moderna“ verpflichtete Windesheimer Kongregation, die Melker und die Raudnitz-Indersdorfer Reform, die sich z.T. aus dem Zusammenspiel von Universität und Mönchtum entwickelten. Mit den sozialen und institutionellen Grundlagen veränderte und erweiterte sich das Spektrum der Autorentypen. Waren es bis ins 13. Jh. Kleriker, Ministeriale mit zumeist klerikaler Bildung, adelige Dilettanten und Berufsdichter, kamen ab dem 14. Jh. als Verfasser vorwiegend juristischen, historiographischen und didaktischen Schrifttums Stadtschreiber und Angehörige einer städtischen Kanzlei (wie Johannes Rothe aus Eisenach) sowie Kanzleibeamte am fürstlichen oder bischöflichen Hof (wie Johannes von Tepl und Heinrich Wittenwiler) hinzu; ab dem 15. Jh. v.a. als Verfasser von Fachliteratur fachwissenschaftlich-akademisch ausgebildete Hofliteraten (z.B. Johannes Hartlieb, Niklas von Wyle); als Träger von Fastnachtspielen, ↗ Meistergesang, Mären und Reden schließlich die städtischen Handwerkerdichter (wie Hans Folz und Hans Rosenplüt). Die Zunahme der literarischen Produktion ist freilich an zwei weitere Voraussetzungen gebunden, an die Entfaltung des spätmittelalterlichen Schulwesens und an den Wechsel des Reproduktionsmittels: Das billigere Papier löste Pergament als kostspieligen Beschreibstoff ab. Dem steigenden Bedarf an Verschriftlichung bzw. an der Vervielfältigung v.a. weltlicher Texte kam überdies das Auftreten von Berufsschreibern seit dem 13. Jh. und – seit dem ausgehenden 14. Jh. – die Einrichtung professioneller Schreibwerkstätten (z.B. die von 1427 bis 1467 bezeugte Werkstatt Diebolt Laubers in Hagenau/Elsaß) entgegen. Die Voraussetzung für die massenhafte Vervielfältigung von Literatur schuf jedoch erst der Buchdruck.

4. Im Gesamtsystem der volkssprachigen Literatur des Spät-MA dominierte zunächst noch die höfische Dichtung. Zu einem nicht geringen Teil bedeutet Sp. L. nämlich Fortführung älterer literarischer Traditionen. Im Bereich der ↗ Lyrik gilt dies in erster Linie für die – von Berufsdichtern getragene – politische und lehrhafte Sangspruchdichtung; ihre Kontinuität reichte bis in das späte 15. Jh. (↗ Sangspruch/Reimspruch). Die Tradition wurde im städtischen Meistergesang fortgeführt. Stärker von Diskontinuität ist die spätmittelalterliche Liebeslyrik bestimmt. Die Lieder des 13. und des frühen 14. Jh. entstanden ganz in Auseinandersetzung mit der Tradition des höfischen ↗ Minnesangs, wobei die alten Themen und Formen erneut aufgegriffen, variiert, modifiziert und erweitert wurden. Die großen Sammelhandschriften wie die nach 1300 in Konstanz entstandene *Weingartener Liederhandschrift* (B) und die um 1300/30 in Zürich entstandene *Manessische Liederhandschrift* (C) markieren den Abschluß dieser Phase. Teilweise übernahmen nun kleinere Reimpaargedichte (Minne-

reden und Minnebriefe) Inhalte und Funktion der älteren Liebeslyrik. Das spätmittelalterliche Liebeslied, auch Gesellschaftslied genannt, nutzte zwar, teils variierend, die älteren Formtypen (Liebesversicherung, Werbungs- und Sehnsuchtslied, Abschieds- und Liebesklage, Frauenpreis, Tagelied, Pastourelle usw.), unterscheidet sich vom älteren Minnesang aber durch eine abweichende Liebeskonzeption. Die jüngeren Lieder sind fast ausnahmslos anonym in größeren Sammlungen überliefert, was eine exakte zeitliche, soziale und personelle Fixierung unmöglich macht; als Beispiele seien das *Lochamer* und das *Augsburger Liederbuch* (1451/55 bzw. 1454) sowie das *Liederbuch der Klara Hätzlerin* (Augsburg 1471) erwähnt. Größere Autorenœuvres sind nur wenige, u.a. vom Mönch von Salzburg (2. Hälfte 14. Jh.) und Oswald von Wolkenstein (gest. 1445), überliefert. Ersterer begründete eine Tradition von neuen Liedtypen, während Oswalds teilweise autobiographisch gefärbte Lyrik singulär blieb.

5. Fortdauer und Fortschreibung höfischer Dichtung gilt auch für die Epik. Die Autoren knüpften – nachvollziehend oder auch parodistisch – vielfach an die großen Dichter der Zeit um 1200 und an die vorgegebenen Form- und Stoffmuster an. Kritisches Potential und künstlerische Problematisierung, die dem Roman innewohnten, gingen dabei allerdings weitgehend verloren; er diente nun im wesentlichen festlicher Selbstinszenierung (↗ Höfischer Roman). Dies gilt nicht nur für den nachhöfischen Artusroman, etwa für Wirnts von Grafenberg *Wigalois* (um 1235?) oder die drei Romane des Pleier (um 1260/80), sondern auch für die Fortsetzer und Schüler Wolframs und Gottfrieds, z.B. für Ulrichs von dem Türlin *Arabel* (um 1260), Ulrichs von Türheim *Rennewart* (1246/47) und *Tristan* (um 1235) und für die *Tristan*-Fortsetzung Heinrichs von Freiberg (um 1285/90). Innovativ erscheint v.a. der *Daniel vom blühenden Tal* des Strickers (Schaffenszeit 1225-1250), eine „Persiflage auf den klassischen Artusroman“ (Bumke). Ohne ideologischen Anspruch wurde das den höfischen Roman konstituierende Thema von Liebe und Abenteuer in den Minne- und Aventiureromanen des 13. Jh. und beginnenden 14. Jh. behandelt, z.B. in Rudolfs von Ems *Willehalm von Orlens* (um 1235/40), im *Reinfried von Braunschweig* (um 1300) und in Johanns von Würzburg *Wilhelm von Österreich* (1314).

6. Verstärkt wurden – nach der frühhöfischen Epoche – wieder geschichtliche und legendarische Themen aufgegriffen; die Geschichtsepik des 13. Jh. beruhte teils auf antiken Quellen (↗ Antikerezeption) – wie die Alexanderromane Rudolfs von Ems und Ulrichs von Etzenbach und Konrads von Würzburg *Trojanerkrieg* –, teils auf der Tradition der frz. Chansons de geste (Strickers *Karl*, die *Karlmeinet*-Kompilation vom Anfang des 14. Jh. u.a.). Ohne Wirkung und insofern nicht repräsentativ ist der monumentale *Prosa-Lancelot* (seit ca. 1250, weitergeführt im 14./15. Jh.). Der Prosaroman des späten 14. und des 15. Jh. speiste sich aus anderen Traditionen. Die nachnibelungische ↗ Heldendichtung rekrutierte sich einerseits aus der Verschriftlichung weiterer mündlicher Erzähltraditionen (der Komplex der historischen Dietrichsepik), andererseits aus der Neuschöpfung nach dem Brautwerbungsschema (↗ Spielmannsepik) wie in der *Kudrun* oder nach dem Muster des Höfischen Romans wie in der märchen- und aventiurehaften Dietrichsepik. Neu gegenüber dem Heldenepos der höfischen Klassik ist hier das Darstellungselement burlesker Komik.

Spätestens um 1320 brach die produktive Phase von Roman und Heldenepos ab. Die Reproduktion dauerte indes bis nach 1500 und erlebte einen letzten Höhepunkt in der sog. Ritterrenaissance des 15. Jh., die große Sammelwerke und -handschriften hervorbrachte, etwa Ulrich Fuetrers kompilatorisches *Buch der Abenteuer* (1473-1481) oder das im Auftrag Kaiser Maximilians I. verfertigte *Ambraser Heldenbuch* (1504-1516).

7. Zu den literarischen Neuerungen gehören die v.a. im 14. und 15. Jh. zu Tausenden und in bunter Vielfalt entstandenen kleineren Gedichte in Reimpaaren; sie lassen sich generell dem Funktionstyp Seelsorge und Lebenslehre für den Laien zuordnen. Zu einem wirkungsmächtigen Texttyp entwickelten sich seit dem 14. Jh. die sog. Reimpaarreden, die der sangbaren Spruchdichtung Konkurrenz machten. Gleichfalls in vierhebigen Reimpaarversen abgefaßt sind die – wohl ursprünglich im Kontext franziskanischer Predigt und lat. Exempelerzählungen entstandenen – Bîspel, für die strukturelle Zweiteiligkeit konstitutiv ist: Ein kurzer pointierter Erzählteil wird dabei funktional auf den Auslegungsteil bezogen. Die Inhalte der Lehre decken den ganzen Bereich menschlichen Lebens ab. Vom Bîspel nicht säuberlich zu scheiden ist die Verserzählung (Märe, ↗ Novelle), die i.d.R. ebenfalls exemplarisch gemeint ist. Allerdings dominiert hier die Erzählung; die Auslegung fällt deutlich kürzer aus oder entfällt auch ganz. Nach Thematik, Stil und Aussageintention unterscheidet man höfische Minne- und Aventiureerzählungen, moralisch-exemplarische und schwankhafte Erzählungen; erstere dürften unter frz. Einfluß, letztere im Zusammenhang mit der lat. Fabeltradition ausgebildet worden sein. Als Begründer des volkssprachigen Bîspels wie auch der Verserzählung (ausgenommen das höfische Märe) gilt der Stricker.

Als sehr erfolgreicher Texttyp erwies sich bis weit ins 15. Jh. hinein v.a. im süddt. Raum die Schwankerzählung. Dem Boden der schwankhaften Märendichtung erwuchs auch die einzige Neuschöpfung aus dem Bereich der Großepik: Heinrich Wittenwilers *Ring* (um 1410), in dem sich die beiden Funktionstypen Lebenslehre und Kritik/Satire auf irisierend-zweideutige Weise miteinander verschränken. Die Narrenliteratur des späten 15. und des 16. Jh. mit ihrer negativen Didaxe schließt an die Ständesatire und andere gattungsgeschichtliche Vorläufer an, ↗ Lehrliteratur, -dichtung.

8. Primär lehrhaft-erbauliche Funktion erfüllte das aus liturgischem Zusammenhang entstandene und an die Stadt als Aufführungs- und Wirkungsraum gebundene geistliche Spiel. Dt. Einzelszenen im Kontext lat. Spiele sind erstmals seit der 1. Hälfte des 13. Jh. belegt, vollständige dt. Spiele seit der 2. Hälfte. Dargestellt werden zentrale Ereignisse des Kirchenjahrs (Christi Geburt, Passion und Auferstehung u.a.), das Leben Marias, Teufelsszenen u.a. Die ersten weltlichen Formen ergaben sich aus ursprünglich in das geistliche Spiel eingebundenen komischen Szenen, die sich verselbständigten. Bedeutung bis weit über die Epochenschwelle hinaus gewann v.a. aber das im Zusammenhang der Vorfastenzeit aus dramatisierten Fassungen der Neidhart-Schwänke entwickelte Fastnachtspiel, das seit Beginn des 15. Jh. nachweisbar ist.

9. Unter die zukunftweisenden Neuansätze in der Sp. L. ist auch der Prosaroman zu rechnen; er entstand im Gefolge der Prosifizierung weiter Bereiche des pragmatischen Schrifttums vorwiegend als Übertragungen lat. Historiographie, frz. Chansons-de-geste- und dt. Romanstoffe. Nach dem frühen, keine Tradition stiftenden Versuch des *Prosa-Lancelot* war der erste Prosaroman das *Elsässische Trojabuch* (um 1380; nach Konrads von Würzburg *Trojanerkrieg*), dem sich weitere Trojaprosen anschlossen. Um 1430/40 folgten die Romane Elisabeths von Nassau-Saarbrücken, um 1456 Eleonores von Österreich (?) *Pontus und Sidonia*. Sie zogen die Prosaauflösungen älterer dt. Versromane wie z.B. Eilharts von Oberge *Tristrant* nach sich. Erster dt. „Originalroman" in Prosa war der *Fortunatus* (1509), ↗ Volksbuch.

10. Die breiteste Wirkung unter den literarischen Neuerungen entfaltete die geistliche Prosa, die ab dem 14. Jh. mit einer unüberschaubaren Stoff- und Typenfülle hervortrat: Drei Viertel der dt. Handschriften des Spät-MA haben geistliche Themen zum Gegenstand. Die volkssprachige Predigt entwickelte ab dem 13. Jh. unter dem Einfluß der neuen Bettelorden neue Formen und Inhalte und erlebte ihren Höhepunkt in der Mystikerpredigt des 14. Jh. Die Bibelübersetzung setzte nach den Teilübertragungen des 9.-12. Jh. in breiter Front erst wieder in der 1. Hälfte des 14. Jh. ein; spezifisch volkssprachige Aneignungsformen der ↗ Bibel blieben aber auch weiterhin die (gereimten) Weltchroniken, später die Historienbibeln (↗ Geschichtsschreibung), sowie die verschiedenen Bearbeitungen alt- und neutestamentlicher Stoffe. Seit dem 13. Jh. entstand hingegen erbauliches und belehrendes Schrifttum aller Art, z.B. Auslegungen von Vaterunser, Ave Maria, Magnificat, Credo und Dekalog, Beicht- und Sündenspiegel, Meß- und Eucharistietraktate, Stunden- und Sterbebücher. Zumeist stellt das dogmatische, katechetische und moraltheologische Schrifttum wie auch das praktisch-seelsorgerische Schrifttum etwa der „Wiener Schule" (um 1400) popularisierende Adaptationen scholastischer Theologie dar; ebenso beruht die breit überlieferte und häufig die Passion Christi in den Mittelpunkt stellende Erbauungsliteratur auf lat.Vorlagen (Bernhard von Clairvaux, Bonaventura u.a.). Im Schrifttum der ↗ Mystik ist die Volkssprache eigene Denk- und Bildformen entwickelndes Beschreibungsmittel religiöser Praxis, Spiritualität und persönlicher Gotteserfahrung. Die frühesten Zeugnisse (Hadewijch [1. Hälfte 13. Jh.], Mechthild von Magdeburg [1207-1281/82]) wurzeln im dt. und niederländ. Beginentum, während Nonnenleben und Offenbarungsliteratur des 14. Jh. überwiegend in Dominikanerinnenklöstern entstanden sind. Den spekulativen und auch sprachschöpferischen Höhepunkt stellt das Predigtwerk Meister Eckharts (um 1260-1328) dar.

11. Parallel dazu entstand ab dem 14. Jh. auch eine nichttheologische dt. Fachliteratur, in der mündlich tradiertes Erfahrungswissen und lat. Buch- bzw. Autoritätswissen zusammenflossen. Sie trug den Bedürfnissen einer differenzierten Berufs-, Arbeits- und Lebenswelt Rechnung und gab Orientierung für die praktische Bewältigung des Alltags. Entsprechend breit gestreut sind Themen, Stoff- und Sachbereiche: Astronomie und Computistik, d.h. Kalenderberechnung, sind vertreten, Medizin und Alchemie, Prognostik und Mantik, Naturlehre, Jagd- und Tierkunde, Landbau und Haushalt, Hofkunst und Kriegswesen. Wesentlich früher entstanden die ersten Rechtstexte in dt. Sprache (z.B. der *Sachsenspiegel* Eikes von Repgow 1224-1227 [?], *Braunschweiger Stadtrecht* 1227, *Mainzer Reichslandfriede* 1237).

12. Während der Frühhumanismus in Italien spätestens um 1350 Einzug hielt, wurden die neuen, der antiken Literatur abgewonnenen literarischen und geistigen Orientierungsmuster im dt. Sprachbereich nur zögernd aufgenommen, ↗ Humanismus. Das humanistische Bildungsideal artikulier-

te sich auch hier v.a. in Latein, der Sprache der klassischen Antike, und wurde von elitären akademisch gebildeten Zirkeln getragen. Ein isoliertes und folgenloses Phänomen blieb der sog. böhmische Frühhumanismus am Hofe Kaiser Karls IV. (d.h. die Reform des Kanzleistils unter Johann von Neumarkt in der 2. Hälfte des 14. Jh.), mit dem man, wohl nicht ganz zurecht, Johanns von Tepl *Ackermann aus Böhmen* (1400/01) in Verbindung brachte. Auch der sog. frühhumanistischen dt. Übersetzungsliteratur war keine dauerhafte Wirkung beschieden. Von den wichtigsten Vertretern – Heinrich Steinhöwel (1411/12-1479), Niklas von Wyle (um 1415-1479), Albrecht von Eyb (1429-1475) – hatte sich nur Niklas von Wyle ganz den neuen humanistischen Literatur- und Stilmustern verschrieben. Eine dt. humanistische Literatur mit eigenem Profil, die v.a. Übersetzungsliteratur umfaßte, vermochte sich erst gegen Ende der Epoche zu etablieren.

Dorothea Klein

Lit:. H. de Boor/R. Newald: Geschichte der dt. Literatur, Bd. III/1-IV/1, 1966ff. – J. Bumke: Geschichte der dt. Literatur im hohen MA, 1990. – Th. Cramer: Geschichte der dt. Literatur im späten MA, 1990. – J. Heinzle: Wann beginnt das Spät-MA? In: ZfdA 112 (1983). – H. Kuhn: Entwürfe zu einer Literatursystematik des Spät-MA, 1980. – M. Wehrli: Geschichte der dt. Literatur vom frühen MA bis zum Ende des 16. Jh., 1984.

Spielmannsepik

1. Während unter der Bezeichnung Spielmannsdichtung im weiteren Sinn dem mittelalterlichen Spielmann die Verbreitung, z.T. sogar die Autorschaft, nahezu jeder Art mündlicher Kleindichtung bis hin zur epischen (schriftlichen) Großform zugeschrieben wird, bezieht sich Sp. gewöhnlich auf fünf anonyme mhd. Dichtungen: *König Rother*, *Herzog Ernst*, *Münchner Oswald*, *Orendel* und *Salman und Morolf*. Anders als bei den bereits gegen Ende des 12. Jh. handschriftlich bezeugten *König Rother* und *Herzog Ernst* setzt die Überlieferung von *Münchner Oswald*, *Orendel* und *Salman und Morolf* erst im 15. Jh. ein, doch wird ihre Entstehung zumeist ebenfalls in die zweite Hälfte des 12. Jh. verlegt.

Bezeichnung, Gemeinsamkeiten und Umfang der Sp. sind sehr umstritten. Die mit der Ansetzung einer Gattung Sp. verbundene Problematik reicht zurück an den Anfang des 19. Jh. und ist verknüpft mit zeitgenössischen Poesiekonzeptionen, Epenentstehungs- und Epenentwicklungstheorien und den Vorstellungen von den literaturtragenden bzw. literaturproduzierenden Schichten.

2. Für die Herausbildung und Aussonderung einer ↗ Gattung Sp. in der dt. ↗ Literaturwissenschaft kommt G.G. Gervinus' epochaler *Geschichte der poetischen National-Literatur der Deutschen* (1835, Bd. 1) besondere Bedeutung zu. Hier werden *König Rother*, *Herzog Ernst*, *Salman und Morolf*, *Graf Rudolf* und *Biterolf* „als eine Kunstpoesie gleichsam innerhalb der Volkspoesie" abgesondert, wobei Gervinus sich bei der Übernahme der Begriffe „Volkspoesie" und „Kunstpoesie" ausdrücklich auf die Brüder Grimm beruft, wie er ihnen auch in der damit verbundenen Wertung folgt. 1836 stellte K. Lachmann dem „reinen unverwilderten volksgesange" „eine andre gattung der spielmannspoesie" gegenüber und charakterisierte sie als „zwar erfindungsreich aber willkürlich und weit roher [...] wie wir sie in verschiedenen abstufungen und aus verschiedenen zeiten kennen lernen im Ruther Morolt Oswald Orendel Tragemundslied Laurin", ohne daß damit schon „der umfang der gattung [...] oder die übergänge derselben in andere" bestimmt sein sollten (*Anmerkungen zu den Nibelungen und zur Klage*, 1836). Im Vergleich zu Lachmann hat sich der von W. Grimm unter „Spielmannspoesie" – charakterisiert als „geschwätzig", „bequem", „äußerlich", „roh" – subsumierte Kanon nur geringfügig verändert: „Rother, der alte Laurin [...], Morolt und die beiden Auffassungen von Oswald [...] Orendel [...] hl. Christoph" (*Deutsche Wörter für Krieg*, 1846). Im gleichen Jahr gebrauchte J. Grimm den Begriff „Spielmannsepos" – es ist dies der wohl früheste Beleg – in seinem Bericht über den ersten Germanistentag in Frankfurt am Main (1846): „Uhland redete über das Spielmannsepos, dabei auf die Wolfdietrichssage eingehend" (*Kl. Schriften*, Bd. 7, 1884), wobei offen bleibt, ob der Begriff ursprünglich von L. Uhland oder von J. Grimm stammt. Auch wenn in der Folgezeit der Kreis der der Sp. zugerechneten Werke weiterhin variierte, so bildeten doch v.a. *König Rother, Herzog Ernst*, *Münchner Oswald*, *Orendel* und *Salman und Morolf* ihren Kernbestand (vgl. W.J. Schröder, *Spielmannsepik*, ²1967).

3. Nachdem bereits Gervinus die Merkmale der „ausgearteten" Volksepen in Verbindung mit dem Hervortreten der Dichter gebracht hatte, wurden zusehends die „Spielleute" nicht nur als Träger, sondern auch als Verfasser dieser Dichtungen in Anspruch genommen. Die Bezeichnung Sp. blieb freilich auch noch gebräuchlich, als die Vorstellung vom Spielmann als Verfasser von Buchliteratur längst in Frage gestellt war bzw. sich als unhaltbar erwiesen hatte. Spielmann war bereits im MA „ein erklärungsbedürftiger Sammelbegriff,

unter dem Fahrende verschiedenster Art zusammengefaßt werden." „Die Konturen des Spielmanns als sozialen Typs verschwimmen in der Gesellschaft fahrender Leute, in die er sich begeben muß, sei er Lautenspieler oder Sackpfeifer, Schellenträger [...], Fiedler, blinder Musiker oder buckliger Zwerg, gesuchter Tanzbodenmusiker oder fahrender Sänger" (E. Schubert: *Fahrendes Volk im Mittelalter*, 1995).

4. Läßt sich die Bezeichnung Sp. von den Verfassern der Dichtungen her nicht mehr rechtfertigen, so wurde auch die Bedeutung der innerliterarischen, zur Begründung einer eigenen Gattung Sp. angeführten Kriterien, zunehmend in Frage gestellt. Die zunächst betonten stilistisch-sprachlichen Gemeinsamkeiten (wie z.B. formelhafter Stil, sorglose Sprache, beschränkte Ausdrucksweise) und inhaltlichen Merkmale (wie z.B. Freude an derb-drastischen und burlesk-komischen Szenen, an Verkleidungen, an Vordergründig-Gegenständlichem) sind für die fünf Werke von unterschiedlicher Relevanz und ebenfalls in anderen Gattungen zu finden. Auch das Brautwerbungsmotiv erweist sich nicht in gleicher Weise strukturbildend bei vier der fünf Dichtungen (im *Herzog Ernst* spielt es keine Rolle), verbindet diese unter dem Stichwort „Schemaliteratur" dagegen etwa mit der ↗ Heldendichtung zugerechneten Werken (z.B. *Kudrun*, *Ortnit*, *Wolfdietrich B* und *D*). Einen lockeren Zusammenhang der fünf Werke erkennen J. Bahr/M. Curschmann (1984) in dem Sinn, als diese „gemeinsam dem für das 12. Jh. charakteristischen Aufstieg einheimischer mündlicher Dichtungstraditionen in die Sphäre der von Geistlichen verwalteten Buchdichtung repräsentieren", wobei – ungeachtet der großen Unterschiede – „einige innere Gemeinsamkeiten" überwiegen: „Die neue Welthaltigkeit des Erzählens, das gleichgerichtete Bestreben, dieses Diesseits in symbolischer, gefährlicher Raumerweiterung und Erfassung des menschlichen Partners zu bewältigen, und die Darstellung dieser Erfahrung in einer Doppelhandlung". Sprechen Bahr/Curschmann vorsichtig nur von der sog. Sp., so plädiert G. Vollmann-Profe (1986) wieder für die Beibehaltung der Bezeichnung Sp., indem sie die entscheidende Gemeinsamkeit der Epen darin sieht, „daß sie den Moment der Transformation von der Mündlichkeit in die Schriftlichkeit noch festhalten – oder besser: jenen Moment, in dem die Begegnung der beiden literarischen Existenzformen noch offen und im Stadium des Experiments war", ↗ Mündlichkeit/Schriftlichkeit. Gestützt auf die in den Spielmannsepen überwiegende Uneinheitlichkeit stellt H.-J. Bachorski vielmehr „Gattungsmischung und Spiel mit den Elementen der Gattungen" als Kennzeichen der gesamten Werkgruppe heraus (*Serialität, Variation und Spiel. Narrative Experimente in Salman und Morolf*. In: Jbb. d. Reinecke-Gesellschaft 2, 1992). Neben diesen vereinzelten Versuchen, eine Gattungsidentität oder doch zumindest Gruppenzusammengehörigkeit zu erweisen, sind in verstärktem Maße unterschiedliche Zuordnungen der einzelnen Werke zu finden, sofern nicht überhaupt eine gattungsmäßige Einordnung unterbleibt. So werden etwa *König Rother* und *Herzog Ernst* als historische (historisierende) Romane bezeichnet oder in die Nähe von Chansons de geste (Karlsepik; Empörergeste) gerückt, ↗ Heldendichtung; *Münchner Oswald*, *Orendel* und *Salman und Morof* erscheinen zusammen als „legendenhafte Epen", als „Legenden- bzw. legendarische Romane", *Orendel* allein als „spielmännischer Legenden- und Abenteuerroman", *Salmann und Morolf* als „spielmännisches Epos" oder als ein Werk, das den Erzähltyp des Legendenromans (↗ Legende) auflöst und zum Schwankroman (↗ Schwank, Schwankroman) hin öffnet.

Uwe Meves

Lit.: J. Bahr/M. Curschmann: Spielmannsdichtung. In: Reallexikon der dt. Literaturgeschichte, Bd. 4, [2]1984. – M. Curschmann: Sp. Wege und Ergebnisse der Forschung von 1907-1965, 1968. – U. Meves: Studien zu König Rother, Herzog Ernst und Grauer Rock (Orendel), 1976. – G. Vollmann-Profe: Wiederbeginn volkssprachiger Schriftlichkeit im hohen MA (1050/60-1160/70), 1986.

Stil, Stilistik

1. Die Beschäftigung mit Stilistischem hat seit der Antike ihren festen Ort in der rhetorischen Tradition: Mit der Angemessenheit des sprachlichen Ausdrucks befassen sich die Anweisungen zur „elocutio" und die Lehre von den „genera dicendi", ↗ Rhetorik. Im Deutschen ist das Wort Stil (S.) (von lat. „stilus": „Schreibgerät, Griffel", im übertragenen Sinn „Schreibweise") seit dem 15. Jh. in der Bedeutung von Schreibart belegt. Aber erst im 18. Jh., beim Verklingen der rhetorischen Tradition, wird S., vor allem im Zusammenhang mit dem nun aufkommenden Interesse sowohl am Individuellen als auch am historisch Charakteristischen, bei der Beschäftigung mit Kunst und Literatur zu einem eigentlichen Schlüsselwort und zum Gegenstand von Auseinandersetzungen.

Die Frage nach dem S. ist keine spezifisch literaturwissenschaftliche Frage, ja nicht einmal eine spezifisch wissenschaftliche Frage. Von großer Bedeutung ist sie z.B. in der Kunst- und Architekturgeschichte und in der Musikgeschichte, aber auch Sprachwissenschaft, Geschichte, Soziologie u.a. befassen sich mit Stilistischem. Unentbehrlich erscheint die Frage nach dem S. im Alltag; das bezeugen Wörter wie Lebensstil, Führungsstil, Arbeitsstil oder Fahrstil.

2. Das im eigentlichen Sinne literaturwissenschaftliche Interesse am S. und an Stilistischem erreicht seinen Höhepunkt in den 40er und 50er Jahren des 20. Jh., zur Zeit der sog. Werkinterpretation und in Zusammenhang mit dem Bestreben, die Wissenschaft zu größtmöglicher Textnähe („close reading") zu verpflichten. Im S. glaubte man nicht nur das Eigen- und Einzigartige eines Werks fassen zu können, sondern auch das, was das Werk zum Kunstwerk macht. Grundlegend war dabei die Vorstellung der Einstimmigkeit eines literarischen Texts: Die S.-Untersuchung galt als das Instrument, mit dem sich die Einstimmigkeit fassen, beschreiben und interpretieren ließ. Aus dieser Zeit stammt eine Vielzahl von S.-Interpretationen, die bis heute als vorbildhaft gelten, z.B. R. Alewyn: *Eine Landschaft Eichendorffs*. In: Euph. (51) 1957; E. Staiger: *Meisterwerke deutscher Sprache*, 1957; A. Schöne: *Zum Gebrauch des Konjunktivs bei Robert Musil*. In: Euph. (55) 1961.

In den 60er und 70er Jahren verlagerte sich das Interesse von der S.-Interpretation zur S.-Theorie. Im gemeinsamen Streben nach mehr Wissenschaftlichkeit und nach terminologischer Eindeutigkeit bemühten sich ↗ Literaturwissenschaft und Linguistik um eine strikte Definition von S. Es zeigte sich aber bald, daß die Brauchbarkeit des Begriffs S. in dem Maße reduziert wird, wie man ihn definitorisch einengt. Wenn z.B. nur das als stilistisch gelten darf, was sich als Abweichung von einer Norm beschreiben läßt, kann der Sprachgebrauch von normenkonformen Texten nicht mehr als S. beschrieben werden; und wenn S. als Ausdruck des Individuellen oder als das Resultat einer Wahl definiert wird, kollidiert die Definition mit der Einsicht, daß die Sprachgestalt von Texten oder Sprachhandlungen nicht nur durch individuelle Intentionen, sondern ebenso durch individuell nicht steuerbare Faktoren der Kommunikation und der jeweiligen Textsorte bestimmt wird. Die Einsicht, daß eine verbindliche Begriffsbestimmung nicht zu erreichen war, brachte die S.-Debatte in der Literaturwissenschaft weitgehend zum Erliegen; aber auch heute ist die Beschäftigung mit Stilistischem weder aus der Literaturwissenschaft noch aus der Linguistik wegzudenken. Die Linguistik zeigt sich nach wie vor an Systematisierungen interessiert, bezieht die S.-Frage auf Sprachhandlungen und bemüht sich um eine Einbettung der S.-Theorie in die Kommunikationstheorie, wobei sie auch das Nonverbale einbeziehen will (z.B. U. Fix: *Stil als komplexes Zeichen im Wandel*. In: ZGL [20] 1992). In der Literaturwissenschaft ist die Frage nach S. dagegen vor allem im historischen Kontext wichtig, und die Beschäftigung mit Phänomenen des S.-Wandels steht dabei im Vordergrund. Auch hier gilt die Aufmerksamkeit in zunehmendem Maße dem Zusammenhang zwischen S. und Medium bzw. zwischen S. und Funktion. Daneben spielt die Beschäftigung mit Stilistischem – ungeachtet der häufig geäußerten theoretischen Bedenken (vgl. K.L. Pfeiffer: *Produktive Labilität. Funktionen des Stilbegriffs*. In: H.U. Gumbrecht/K.L. Pfeiffer [Hg.]: *Stil*, 1986) oder gar der pauschalen Behauptung, daß es S. gar nicht gebe – überall dort eine Rolle, wo sich die Wissenschaft um Textnähe bemüht, wobei freilich der Begriff S. häufig gemieden oder durch benachbarte Begriffe wie Struktur oder Diskurs ersetzt wird. Für die Bedeutung der S.-Frage spricht die Erfahrung, daß Leser – Wissenschaftler wie Laien – Texte aufgrund ihres S. mit großer Sicherheit einem Autor, einer ↗ Gattung, einer literarischen Strömung oder einer ↗ Epoche zuzuordnen pflegen. Auch ist die ↗ Literaturkritik nach wie vor zu einem guten Teil S.-Kritik.

3. Die Frage nach dem S. zielt auf die Art und Weise, in der etwas vollzogen, von etwas Gebrauch gemacht, mit etwas umgegangen wird. Das gilt für die Alltagssprache und, bei aller Vielfalt der Interessen und Perspektiven, für die verschiedenen an S. interessierten Wissenschaften. In der Literaturwissenschaft meint S. die Art und Weise des Sprachgebrauchs; diese Umschreibung kann sehr weit aufgefaßt werden und die Art und Weise des Gebrauchs aller gestalterischen Möglichkeiten in Texten – also z.B. im ↗ Drama auch Aufbau und Gliederung – mit einschließen. Die literaturwissenschaftliche Frage nach dem S. zielt also auf das, was im Vielfältigen eines Texts oder eines Textkorpus in charakteristischer Weise gleich bleibt oder wiederkehrt. Im S. manifestiert sich in der Art von wiederkehrenden Mustern eine Zusammengehörigkeit von Textteilen oder Texten. Die Antwort auf die Frage nach S. hat dabei immer den Charakter einer abstrahierenden, auf das Prinzipielle ausgerichteten Zusammenfassung. So spricht man etwa vom räumlichen und antithetischen S. Schillers, vom spielerisch-bewegten, leichten S. des Rokoko usw.

4. In der Literaturwissenschaft wie im Alltag verdankt die Frage nach dem S. ihre Bedeutung der hermeneutischen oder der semiotischen Perspektivierung: Wer nach dem S. fragt, geht davon aus, daß S. Bedeutung hat oder Sinn macht, ↗ Her-

meneutik, ↗ Semiotik. Hinter dem Interesse am S. steht also die Erfahrung, daß die Bedeutung oder der Sinn von Texten nicht nur durch das Vorhandensein bestimmter sprachlicher Zeichen entsteht, sondern auch, gewissermaßen auf zweiter Ebene, durch die spezifische Art und Weise, in der mit den sprachlichen Zeichen bzw. mit sprachlichen Möglichkeiten umgegangen wird. Für die S.-Untersuchung ist deshalb nicht alles, was wiederholt wird, von Bedeutung; sie orientiert sich an den Wiederholungen, die Zeichencharakter haben. Die S.-Untersuchung ist deshalb wie alles hermeneutische Verstehen in einer Zirkelbewegung eingeschlossen: Die Bedeutung eines S. läßt sich nur über die Bestimmung der stilistischen Merkmale oder Zeichen erfassen, aber als stilistische Merkmale oder Zeichen kann nur das bestimmt werden, was Bedeutung hat oder zu haben verspricht (grundsätzlich dazu P. Szondi: *Über philologische Erkenntnis*. In: Ders.: *Hölderlinstudien*, 1967).

Der S. eines Texts oder einer Textgruppe wird durch Repetition konstituiert, aber nicht notwendigerweise durch die Repetition der gleichen sprachlichen Phänomene. So kann z.B. die stilistisch wichtige Antithetik eines Texts durch häufigen Gebrauch von Adversativa und entsprechenden Satzbau hervorgerufen werden; sie kann aber auch im Bereich der Semantik oder der Bildkonstitution gründen. Deshalb ist für die literaturwissenschaftliche S.-Interpretation der Nutzen der statistischen Beschreibung gering.

Das Interesse am S. setzt Offenheit für sehr verschiedene sprachliche Phänomene voraus. S. kann sich im Satzbau oder in der Wortwahl manifestieren, im Tempusgebrauch, in der Argumentation oder in der Darstellungsweise. Für die Erfassung stilistisch bedeutsamer Phänomene steht denn auch nicht ein spezifisch stilistisches oder stilkritisches Vokabular zur Verfügung. Die S.-Beschreibung macht sich vielmehr rhetorische, grammatische, linguistische, semiotische, erzähltheoretische oder darstellungstechnische Termini zunutze.

5. Wer nach dem S. oder auch nach dem S.-Wandel fragt, bemüht sich um Orientierung in der Vielfalt sprachlicher Erscheinungen; die S.-Frage zielt auf das Eigenartige, auf die Identität, sei es eines Texts, sei es einer Textgruppe. Aber die Ordnungen und Identifikationen, die mit der S.-Beschreibung geleistet werden, sind nicht absolut, sondern immer relativ. Jede S.-Untersuchung ist eine vergleichende Untersuchung, auch dann, wenn der Vergleich nicht explizit gemacht wird, und ihr Resultat ist abhängig von dem, was – entsprechend dem jeweiligen Interesse – als Vergleichskorpus beigezogen wird. In einem Text lassen sich deshalb, je nach der Fragestellung, verschiedene Stile oder S.-Züge nachweisen. Wenn nach dem S. eines einzelnen Autors oder einer Werkgruppe gefragt wird, rücken andere sprachliche Phänomene, andere S.-Züge ins Blickfeld als beim Versuch, einen Text aufgrund stilistischer Beobachtung einer Gattung oder einer literarischen Strömung zuzuordnen. Deshalb ist der Versuch, einem literarischen Text in einer S.-Systematik einen festen Ort zuzuordnen, von vornherein zum Scheitern verurteilt. Auch ist in diesem Zusammenhang zu bedenken, daß die Literatur und mit ihr die sprachlichen Möglichkeiten ständig erweitert werden und daß aufgrund der Ausweitung sprachlicher Erfahrung auch bei längst bekannten und beschriebenen Texten neue stilistische Aspekte entdeckt werden können.

Die Beschäftigung mit Stilistischem entspringt unterschiedlichen Fragestellungen, aber es sind nicht alle Fragen in jedem Fall zweckmäßig. So ist z.B. der Versuch, zwischen den Anakreontikern zu differenzieren, wenig erfolgversprechend; stilistische Unterschiede lassen sich kaum ausmachen. Auch ist die S.-Untersuchung keineswegs bei jedem Autor gleichermaßen ergiebig. Eine S.-Interpretation von einzelnen Texten Eichendorffs oder Fontanes kann wesentliche Aspekte erschließen. Bei einem einzelnen Gedicht von Celan aber wird die S.-Untersuchung, wenn sie denn überhaupt möglich ist, kaum sehr weit führen und hinter anderen Fragen zurückstehen müssen.

6. Insofern die Frage nach S. eine Frage mit semiotischer oder hermeneutischer Perspektive ist, also eine Frage nach Zeichen und nach ihren Bedeutungen oder Sinnzusammenhängen, eröffnet sie die Möglichkeit, Grenzen der Literaturwissenschaft zu überschreiten, Texte mit Gegenständen anderer Disziplinen, z.B. mit Bild- oder Bauwerken, mit Erscheinungen der Mode oder mit gesellschaftlichen Regelungen zu vergleichen und die literarische S.-Geschichte in eine umfassende Kulturgeschichte einzubinden (vgl. dazu G. Lerchner: *Stilwandel*. In: G. Stickel [Hg.]: *Stilfragen*, 1995). Zwar hat es die literaturgeschichtliche S.-Untersuchung mit anderen (nämlich sprachlichen) Phänomenen zu tun als die S.-Untersuchung in der Kunst- oder Architekturgeschichte. Aber hier wie dort ist die S.-Untersuchung auch S.-Interpretation, hier wie dort werden Zeichen auf ihre Bedeutungen oder Sinnzusammenhänge hin befragt. Die interdisziplinär angelegte S.-Geschichte geht davon aus, daß in verschiedenen Zeichensystemen – z.B. sprachlicher, architektonischer oder musikalischer Art – vergleichbare Bedeutungen oder Sinnzusammenhänge konstituiert werden. So kann man etwa, vor dem Vergleichshintergrund der strengen, hierarchischen und statischen Gliederung des ↗ Barock, in der Architektur und

Stukkatur des Rokoko ein ähnliches Bemühen um Leichtigkeit und Bewegtheit erkennen wie in der Rokokolyrik. In einer fächerübergreifenden Kulturgeschichte hat der S.-Begriff deshalb nach wie vor seine Berechtigung. Seltener findet sich der Begriff des S. in neueren Kulturtheorien. Aber insofern diese semiotisch orientiert sind, lassen sich auch hier Bezüge zur S.-Frage erkennen.

7. Der Begriff Stilistik wird unterschiedlich verwendet. Vor allem in der Linguistik wird er oft als Synonym zu S.-Kunde verstanden: Die Stilistik befaßt sich mit der Darstellung der sprachlichen Möglichkeiten, wobei zugleich auf verschiedenen Ebenen nach bestimmenden Faktoren – z.B. soziologischer, funktionaler oder intentionaler Art – gefragt wird (so z.B. B. Sandig: *Stilistik der deutschen Sprache*, 1986). Dabei wird zuweilen zwischen Makro- und Mikrostilistik unterschieden: Dieser werden Fragen des Satzbaus und der Wortwahl sowie der Bildlichkeit zugeordnet, jener Fragen der Erzählweise, der Bauformen, der Darstellungstechnik. Insofern die Stilistik als S.-Kunde die sprachlichen Möglichkeiten inventarisieren will, läßt sie sich als eine Art Fortschreibung der Rhetorik begreifen.

Von der wissenschaftlichen Stilistik im Sinne der S.-Kunde sind die nicht-wissenschaftlichen Stilistiken zu unterscheiden, die als normative S.lehren, bezogen auf unterschiedliche Kommunikationssituationen, angemessenen Sprachgebrauch lehren wollen.

Stilistik wird aber auch häufig als Sammelbegriff verwendet für die Gesamtheit der auf S.-Fragen ausgerichteten wissenschaftlichen Aktivitäten. Die Stilistik umfaßt, so verstanden, die S.-Kunde, die S.-Beschreibung und -Interpretation sowie die S.-Theorie (z.B. B. Sowinski: *Stilistik*, 1991).

Johannes Anderegg

Lit.: H.U. Gumbrecht/K.L. Pfeiffer (Hg.): S., 1986. – B. Sandig: Stilistik der dt. Sprache, 1986. – B. Sowinski: Stilistik, 1991. – G. Stickel (Hg.): Stilfragen, 1995.

Strophe(nformen)

1. Die S. ist ein Verband von mindestens zwei Versen, die ihrerseits aus kleineren metrischen Einheiten (Takten, Versfüßen) aufgebaut sind, ↗ Metrik. In ihrer ursprünglichen Genese sind S. musikalische Gebilde und auf formgleiche Wiederholung angelegt. Der Begriff ist vom Chorlied des griech. Dramas abgeleitet und wird in Deutschland seit dem 17. Jh. verwendet. Im MA hieß die Strophe „liet“, später auch „gesätz“, im protestantischen Kirchenlied bis heute „Vers“. Die Einheit von Melodie samt der zugehörigen metrischen und Reimschemastruktur wurde im MA als „Ton“ bezeichnet. Seit der Verwendung von freien Rhythmen in gesprochener Dichtung gibt es auch Strophenformen, die frei wechseln. Sie sind nur durch die graphische Gestaltung erkennbar und ziehen die Grenzen vorwiegend nach Sinneinheiten.

2. Vermutlich wurde das ahd. *Hildebrandslied* (Anfang des 9. Jh.) gesungen, Hinweise auf eine mehrere Langzeilen umfassende Melodie gibt es jedoch nicht, so daß seine strophische Gliederung fraglich ist. Die früheste dt.sprachige Strophenform ist die Otfrid-Strophe (um 860) aus je zwei vierhebigen Zeilenpaaren mit der Reimfolge aabb. Die Strophik ist durch die Darstellung des Autographs und durch die an einigen Stellen übergeschriebenen linienlosen Neumen (eine frühe, den Melodieverlauf nur andeutende Notenschrift) gesichert. Wie der Endreim und der Vierheber des Zeilenpaars ist auch die Strophenbildung Otfrids eine Ableitung aus der lat. Hymnenstrophe, die jedoch meistens länger und nicht immer paargereimt ist ↗ Reim. Auch zur ahd. Zeit dürfen wir bereits mit „winileot“ (Liebesliedern) rechnen, über die mehr als die Gattungsbezeichnung allerdings nicht bekannt ist, ↗ Ahd. Literatur. Das ganze MA hindurch ist dt. Strophik stets gesungen oder wenigstens prinzipiell sangbar. Mit der ↗ Renaissance treten antike Versmaße und Strophenformen auf, die zunächst auf Lat., dann auch auf Dt. melodielose antike Strophenformen gebrauchen. Die ersten dt.sprachigen Odenstrophen des 16. Jh. waren jedoch ebenfalls gesungen. Wenig später folgt mit dem Sonett eine auch in Italien bereits melodielos gebrauchte Form, ↗ Lyrik. Seit dem 16. Jh. treten also Melodie und Gedicht auseinander, ein Gedicht kann vertont werden. Vorher ist bis auf wenige Ausnahmen nur der umgekehrte Fall belegt, daß eine präexistente Melodie erneut mit Text versehen wird. Wo diese Neutextierung nicht die Regel ist wie im ↗ Meistergesang, nennt man das Kontrafaktur.

3. Die Strophik der mhd. Zeit entfaltet sich ab ca. 1150 zunächst im ↗ Minnesang und in der Sangspruchdichtung (↗ Sangspruch/Reimspruch) einerseits, die auch in ihren frühesten Belegen bereits strophisch reich entfaltet entgegentreten, anderseits in den Formen der ↗ Heldendichtung. Entscheidend für die Strophengestaltung sind die absolute Länge und das Längenverhältnis der Verse (Gleichversigkeit, Ungleichversigkeit), die Anordnung des Reimschemas und die Teilung in musikalisch-metrische Bauteile. Vor allem im

Minnesang ist die spärliche Überlieferung der Melodien ein Erkenntnishindernis bei der Bestimmung. Hier kann man in einzelnen Fällen von der Kontrafaktur rom. Melodien ausgehen.

4. Epische Strophenformen, die im 12. Jh. bereits belegt sind, sind die Lindenschmidtstrophe (in ihr abgefaßt ist die zu Beginn des Artikels ↗ Metrik mitgeteilte anonyme Minnesangstrophe) und die Nibelungenstrophe, die beide im frühen Minnesang nachgewiesen sind. Weitere Strophenformen:

Nibelungen-S.	Hildebrandston	Walther und Hildegund-S.	Bernerton (Herzog-Ernst-Ton)
4k 3m a	4k 3m a	4k 3m a	4m a
4k 3m a	4k 3m a	4k 3m a	4m a
4k 3m b	4k 3m b	4k 3m b	4k b
4k 4m b	4k 3m b	6k 4m b	4m c
			4m c
Kudrun-S.	Titurelton	Rabenschlacht-S.	4k b
4k 3m a	4k 4k a	4k a	4m d
4k 3m a	4k 6k a	3m b	4k e
4k 4k b	6k b	4k a	4m d
4k 6k b	6k b	4m b	4k e
		4k c	4m f
		6k c	4k x
			3m f

Deutlich hängen zahlreiche Epentöne metrisch mit der Nibelungenstrophe zusammen. Der Hildebrandston (zum *Jüngeren Hildebrandslied*, 13. Jh.) hat die Schlußzeile vereinfacht; die Walther- und Hildegund-Strophe hat den Anvers, die Kudrun-Strophe den Abvers der abschließenden Langzeile verlängert; die letztere bringt außerdem im abschließenden Reimpaar klingenden Reim. Die Rabenschlacht-Strophe zeigt enge Berührung mit den anderen Strophenformen, hat jedoch die Zäsuren bereimt, das letzte Verspaar verzichtet auf die Anverse. Der Titurelton Wolframs von Eschenbach ist in seiner älteren Gestalt noch nicht so eindeutig zäsuriert wie hier dargestellt. Die klingenden Kadenzen können auch männlich sein (4m), oder es gibt überhaupt keinen festen Einschnitt. Regelmäßig ist das erst im *Jüngeren Titurel* (um 1260/70) der Fall, der allerdings die ersten beiden Zäsuren auch bereimt, so daß ein Schema ababcc entsteht. Deutlich stollig gegliedert (s.u.) ist der Bernerton. Weitere epische Strophenformen sind Dukus-Horant-Strophe und Heunenweise.

5. Der frühe Minnesang scheint von durchkomponierten Formen bestimmt (Oda continua) und von der zweiteiligen Liedform, d.h. die S. ist von zwei etwa gleich großen deutlich unterschiedenen Teilen bestimmt (AB). Die S. sind häufig ungleichversig und haben enge Verbindung zu später belegten Epenstrophen. Die unter ↗ Metrik als Beispiel angeführte anonyme Minnesangstrophe lebt in der Form der Morolfstrophe und der volksliedhaften Lindenschmidtstrophe des 16./17. Jh. fort. Die Kürenbergerstrophe ist sogar mit der Nibelungenstrophe identisch. Über Priorität und Herleitung ist sich die Forschung nicht einig. Neben zweiteilige Formen tritt bei Walther von der Vogelweide in der Sangspruchdichtung eine vierteilige Form aus zwei Doppelversikeln AABB („quadratische Form", Repetitionskanzone). Sie ist eine randständige Form der Kanzonen- oder stolligen Form (auch Barform, Da-Capo-Strophe) mit der Grundform AAB (Aufgesang aus zwei metrisch-musikalischen identischen Stollen, Abgesang), die die wichtigste mittelalterliche Liedform wird. Während die kürzeren Formen der Minnesangstrophe immer wieder rom. beeinflußt werden und bei Gleichversigkeit schwer in ihrer Struktur zu deuten sind, wenn man die Melodien nicht kennt, ist in der Sangspruchdichtung eine reiche Entfaltung der Kanzone zu zahlreichen Unterformen zu beobachten, unter denen die wichtigste die mit Drittem Stollen ist (AABA oder AABBA zum Beispiel). Das Zwischenstück B nennt man Steg, wenn es wiederholt wird (BB), repetierter Steg. Will man eine Strophenform vollständig darstellen, wird man diese Struktur durch eine Mitteilung der melodischen Distinktionen (der Melodiezeilen) ergänzen; sie werden durch griech. Buchstaben dargestellt. Bei stolligem Bau wiederholt man die Reimbuchstaben des zweiten Stollens neben denen des ersten, schon dadurch wird die Wiederholung klar.

Rundkanzone Rumelant, Ton V			Kanzone mit repetiertem Steg und 3. Stollen Meißner, Ton VI			Repetitionskanzone Walther von der Vogelweide, Ottenton		
4m a a	α		6m a a	α		4m a c	α	
6m b b	β	A | A	9m b b	β	A | A	4m a c	β	A | A
5w c c	γ:‖		5m c c	γ:‖		5w b b	γ:‖	
4m d	δ		6m d	δ	B	3w d	δ	
5w e	γ		6m d	δ	B	4m e	ε	B
4m d	ε		6m e	α		5w f	γ	
5w e	ζ	B	9m e	β	A	3w d	δ	
4m f	η		3m e	γ		4m e	ε	B
6m f	φ					5w f	γ	
5w e	γ							

6. Neben den genannten Formen verfügen Minne- und Spruchsang noch über die Großform des Leichs; das sind lyrische Großformen, die aus der Reihung paarig gebauter Einzelglieder (Versikel) hervorgehen, gelegentlich sind nichtpaarige Glieder zu Beginn oder am Ende eingeschaltet: (X)-AA-BB ... NN-(Y), ↗ Lied. Auf der Sangspruchdichtung baut der ↗ Meistergesang des 15. bis 18. Jh. auf. Die Sangspruchdichtung und der frühe Meistergesang vor der ↗ Reformation brin-

gen es bereits auf mehr als 450 Töne. Innerhalb des Meistergesangs entstand anfangs des 17. Jh. die längste Strophenform der dt. Literatur- und Musikgeschichte überhaupt, die Überlange Walweise Ambrosius Metzgers mit 134 Versen. Die Kanzonenform ist im Meistergesang verbindlich, hält sich darüber hinaus im protestantischen Kirchenlied und im neuzeitlichen Volkslied, sie gilt nicht im mittelalterlichen Volkslied, das eher zweiteilige Formen bevorzugt.

7. Von den Strophenformen der neuzeitlichen Lyrik ist das Sonett im 13. Jh. im südital. Normannenreich zuerst belegt, von Petrarca wird es im 14. Jh. zu höchster Blüte geführt, es gelangt aber erst im 16. Jh. über Frankreich nach Deutschland, zunächst in Übersetzungen Johann Fischarts und anderer. Selbständig dt. Sonette dichtete erstmals Georg Rudolf Weckherlin. Grundlegend ist die Anordnung des 14zeiligen Reimschemas. Es besteht aus zwei Quartetten mit gleichem umarmenden Reim und aus zwei Terzetten: abba abba cdc dcd. Im Dt. ist die strenge Form v.a. in der Reimgleichheit, aber auch in der Reimstellung gelockert. Rainer Maria Rilkes *9. Sonett an Orpheus* z.B. verwendet ein anderes typisches Muster: abab cdcd efg efg; in anderen Sonetten spielt er noch zahlreiche weitere Möglichkeiten durch. Nach dem ↗ Barock, in dem Andreas Gryphius die Gattung zur Blüte führte, wird der Alexandriner (↗ Metrik) durch sehr unterschiedliche metrische Gestaltungsmuster abgelöst; das Sonett ist rhythmisch frei, verwendet häufig vierfüßige Jamben, was der Ausgangsform, dem ital. Elfsilbler, nahekommt. Ital. Ausgangspunkt hat auch die Terzinenstrophe, dt. erstmals von Paul Schede gebraucht. Als Strophenform von Dantes *Divina Comedia* ist sie bei Goethe und bei den Romantikern besonders beliebt; gerne wird sie für Balladen und Versepen gebraucht. Die Form ist aba bcb cdc ..., meist wird sie mit einer Einzelzeile mit dem Reim der letzten Mittelzeile abgeschlossen. Bislang letzter Verwender ist Karl Krolow.

Reimen nur die äußeren Zeilen einer Dreizeilenstrophe (axa), spricht man von einem Ritornell. Die Stanze, von Christoph Martin Wieland und ebenfalls gerne in der ↗ Romantik übernommen, verwendet als Reimschema abababcc und meist abwechselnd männliche und weibliche Fünfheber. Ein reimerisches Bravourstückchen ist die Sestine, eine Folge von zehn korngereimten Zeilen; die Körner (↗ Reim) werden jedoch in der Folgestrophe nicht in gleicher, sondern in veränderter Folge aufgenommen. Für die Reihenfolge gibt es unterschiedliche Systeme.

Neben weiteren arabischen Formen wird das Ghasel in besonders formbestimmter Lyrik gebraucht (z.B. Friedrich Rückert). Es verbindet S. freier Verszahl durch einen einzigen meist reichen Reim nach der Reimformel aaxa ... xa.

8. Volksliedhafte und Volksliedstrophen sind meist einfach gebaute Strophenformen, von denen nicht wenige schon im MA lebendig waren. So wird der Hildebrandston zäsurgereimt bis ins 20. Jh. verwendet, und eine ebenso wichtige Rolle spielt seine halbierte Form (3wa 3mb 3wa 3mb; z.B. Goethe: *Es war ein König in Thule*). Diese Kreuzreimstrophe gibt es in einer großen Zahl von Varianten, bei denen das Reimgeschlecht, die Hebungszahl oder der Reim (Waise der ersten und dritten Zeile) wechseln können. Zu den volksliedhaften Strophenformen kann man auch die Lutherstrophe rechnen, die männliche Achtsilbler und weibliche Siebensilbler wechseln läßt: 4ma 3wb 4ma 3wb 4mc 4mc 3wx (oder b).

9. Von den antiken Strophenformen haben v.a. die Alkäische, Asklepiadische und Sapphische Ode im Dt. gewirkt.

Asklepiadische Ode:
– ∪ – ∪∪ – – ∪∪ – ∪ –
– ∪ – ∪∪ – – ∪∪ – ∪ –
– ∪ – ∪∪ – ∪
– ∪ – ∪∪ – ∪ –

Sapphische Ode:
– ∪ – ∪ – ∪∪ – ∪ – ∪
– ∪ – ∪ – ∪∪ – ∪ – ∪
– ∪ – ∪ – ∪∪ – ∪ – ∪
– ∪∪ – ∪

Alkäische Ode:
∪ – ∪ – ∪ – ∪∪ – ∪ –
∪ – ∪ – ∪ – ∪∪ – ∪ –
∪ – ∪ – ∪ – ∪ – ∪
– ∪∪ – ∪∪ – ∪ – ∪

Johannes Rettelbach

Lit.: ↗ Metrik. – H. Brunner: Epenmelodien. In: O. Werner/B. Naumann (Hg.): Formen mittelalterlicher Literatur, 1970. – H.J. Frank: Handbuch der dt. Strophenformen, [2]1993. – O. Knörrich: Lexikon lyrischer Formen, 1992. – J. Rettelbach: Variation – Derivation – Imitation, 1993. – F. Schlawe: Die dt. Strophenformen, 1992.

Strukturalismus

1. Die von 1906 bis 1911 gehaltenen Vorlesungen des Schweizer Sprachwissenschaftlers Ferdinand de Saussure sind nicht nur der Beginn der modernen Linguistik, sondern auch des S. Auch wenn bei de Saussure der Begriff „Struktur" noch nicht verwendet wird, führt er fast alle begrifflichen Unterscheidungen ein, die für den S. wesentlich wurden.

2. Die Theorie de Saussures hatte maßgeblichen Einfluß auf verschiedene linguistische und literaturwissenschaftliche Schulen in Prag, Kopen-

hagen (bes. L. Hjelmslev), Paris (A. Martinet, E. Benveniste, A. J. Greimas, R. Barthes, C. Bremond, T. Todorov, J. Kristeva, C. Lévi-Strauss, G. Genette) und in den USA (Z.S. Harris, M. Halle, N. Chomsky). Eine Integrationsfigur zwischen den Schulen stellt Roman Jakobson dar, der u.a. mit V. Šklovskij, V. Propp und N. Trubetzkoy dem Moskauer Linguistischen Kreis angehörte und dann nach seiner Emigration nach Prag dort aktives Mitglied (u.a. neben J. Mukařovský) des Prager Linguististischen Kreises war. In den USA lernte er später den frz. Ethnologen Claude Lévi-Strauss kennen, der die linguistische Theorie de Saussures auf die anthropologische Forschung übertrug und Sprache und Kultur auf kollektive Gesetze zurückführte, die als Tätigkeit des menschlichen Geistes auf der Stufe des unbewußten Denkens begriffen werden können und überzeitliche Gültigkeit haben. Der S. fand vor allem in Frankreich als Untersuchungsmethode eine breite Anwendung in zahlreichen Wissenschaftsbereichen über die Linguistik und ↗ Literaturwissenschaft hinaus, wie z.B. der Filmtheorie (C. Metz), der Philosophie (L. Althusser, M. Foucault), der Psychoanalyse (J. Lacan) oder der Ethnologie (C. Lévi-Strauss).

3. De Saussure versteht die Sprache nicht als Substanz, sondern als Form, als ein System von Zeichen, das nach internen Regeln organisiert ist. Die strukturalistischen Analysen sind daher wesentlich formalisierend, da sie die sprachlichen Zeichensysteme in ihrem Funktionszusammenhang, ihrer „Struktur", zu erklären suchen. Saussure führt eine Reihe von zentralen Unterscheidungen ein: So unterscheidet er die Sprache („langue") vom Sprechen („parole"). Die menschliche Rede („langage") wird analysierbar, wenn die Sprache („langue") als ein rein soziales Objekt herausgenommen wird, die als ein System unterschiedener Zeichen und als systematische Gesamtheit der für die Kommunikation notwendigen Konventionen bestimmt werden kann. Gegenstand der Sprachwissenschaft ist nicht die menschliche Rede, die einen individuellen Akt der Auswahl und Aktualisierung der sprachlichen Regeln darstellt, sondern die Sprache („langue") mit ihren allgemeinen Gesetzen, die unabhängig vom Individuum existieren. Der S. versucht, die unbewußten allgemeinen Gesetze aufzuzeigen, auf denen die sprachliche Kommunikation beruht. Das sprachliche Zeichen besteht nach de Saussure aus der Verknüpfung eines Lautbildes („image acoustique"; Signifikant) und eines Vorstellungsbildes oder Begriffs („concept"; Signifikat). Die Beziehung zwischen Signifikant und Signifikat ist arbiträr und einzig durch gesellschaftliche Konvention geregelt. Das einzelne Zeichen bestimmt sich nicht durch einen Bezug auf einen externen Gegenstand, sondern durch seine relative Position im Sprachsystem. Gegenstand der strukturalistischen Analyse sind daher die formalen Relationen der einzelnen Elemente innerhalb eines abgeschlossenen Systems, die unter einem bestimmten Gesichtspunkt beschrieben werden. Ziel ist es, die Struktur eines Systems, d.h. ein Modell der Beziehungen zwischen den einzelnen Elementen eines komplexen Gegenstandes, zu bestimmen. De Saussures Unterscheidung zwischen Synchronie (einem „Zustand" eines Sprachsystems) und Diachronie (einer historischen Sprachentwicklung) versucht, diesen systematischen Anspruch auch methodisch umzusetzen. Der Systemgedanke des S. geht von einer Unterordnung der Diachronie unter die Synchronie und der Individualität unter die allgemeinen Gesetze aus. Im S. werden individuelle sprachliche Erscheinungen auf allgemeine Strukturen zurückgeführt und einzelne Ausdrücke auf ihre Beziehung zu anderen. Im Mittelpunkt der strukturalistischen Forschung stehen Regelmäßigkeiten, Ordnungen und Gesetzlichkeiten innerhalb von Zeichensystemen. Geschichte wird als eine Geschichte der Formen gedacht.

4. Der frz. Literaturwissenschaftler G. Genette bestimmt daher als Gegenstand der ↗ Poetik nicht den einzelnen Text, sondern den „Architext", d.h. die Gesamtheit der allgemeinen übergreifenden Kategorien, auf die jeder Text zurückgreift. Die einzelnen (literarischen) Texte stellen Variationen von bestimmten Grundformen dar, die – nach A.J. Greimas – als semantische Tiefenstruktur von narrativen Prozessen bestimmbar sind. In den Blick der Literaturwissenschaft rückt so vor allem die Funktionsweise und Strukturiertheit von literarischen Texten und ihre Position im umfassenden Kommunikationssystem einer Kultur.

5. R. Barthes hat die strukturalistische Tätigkeit als Verfahren des Segmentierens, Vergleichens und Klassifizierens bestimmt. Ein abgeschlossener Untersuchungscorpus wird ohne Bezug auf externe Gegebenheiten zerlegt und durch die Beziehungen zwischen den einzelnen Elementen rekonstruiert. Was in dieser Rekonstruktion erscheint, ist ein Modell der Funktionsgesetze des Objekts. Was erreicht werden soll, ist eine Typologie der signifikanten Praktiken, d.h. die Klassifikation der verschiedenen Formen von Bedeutungsproduktion durch Zeichensysteme. In dieser Betrachtungsweise spielen die Instanzen des „Autors" und des „Werkganzen" keine Rolle mehr. Im S. wird der einzelne Text grundsätzlich als in sich strukturierter völlig unabhängig von seinen möglichen Kontexten betrachtet und analysiert. Zugleich wird auch der Versuch unter-

nommen, Strukturen oder grundlegende allgemeine Organisationsmuster zu bestimmen, die viele Texten prägen.

6. Die Theorie der ↗ Intertextualität (z.B. J. Kristeva) übernimmt Begriffe des S., geht aber mit der Annahme eines „allgemeinen Textes“ über ihn hinaus. Im Mittelpunkt stehen dort die Überschreitung der Textgrenzen und das unendliche Spiel der Textverweise, wodurch zugleich die Konzeption eines abgeschlossenen Strukturganzen kritisiert wird. Die Intertextualitätstheorie übernimmt Konzepte des Poststrukturalismus (z.B. J. Derrida), der die Abgeschlossenheit eines Strukturganzen in Frage stellt und dagegen das unabschließbare Spiel der Elemente setzt.

Bernd Stiegler

Lit.: J. Albrecht: Europäischer S., 1988. – R. Barthes: Elemente der Semiologie, 1983. – H. Blumensath (Hg.): S. in der Literaturwissenschaft, 1972. – F. de Saussure: Grundfragen der allgemeinen Sprachwissenschaft, 1967. – Kursbuch 5 (Mai 1966).

Sturm und Drang

1. Die Bewegung des S. setzte in den 60er Jahren des 18. Jh. ein, erlebte ihren Höhepunkt in den 70er und verhallte in den 80er Jahren. Die Begegnung zwischen Herder und Goethe (1770) in Straßburg wird als „Geburtsstunde“ des S. bezeichnet. Die Strömung erfaßte ausschließlich die Literatur in Deutschland. Die Epoche erhielt ex post ihren Namen nach Klingers Drama gleichen Titels (1776), das ursprünglich *Wirrwarr* hieß und von dem Schweizer Christoph Kaufmann umgetauft wurde.

Die ältere Forschung sah im S. zu Unrecht eine Gegenbewegung zur ↗ Aufklärung. Zwar setzten sich seine Autoren für die Anerkennung der lange Zeit vernachlässigten Gefühlswerte ein, doch wurde die Vernunft nicht ausgegrenzt. Einem reinen Irrationalismus redeten sie nicht das Wort; vielmehr sahen sie in der Versöhnung von Ratio und Gefühl, Vernunft und Natur ihr eigentliches Anliegen. Das Individuum mit seinem Glücksverlangen steht im Mittelpunkt, wenn es sich im Prozeß seiner Emanzipation zu behaupten sucht. So kann Werner Krauss zugestimmt werden, der im S. eine – besonders dynamische – Phase der Aufklärung sieht.

Der S. war eine „Jugendbewegung“; zu Wort meldeten sich junge, 20- bis 30jährige Autoren. Es waren einzelne, die sich zusammenfanden und freundschaftlich miteinander verkehrten (so etwa der Straßburger Kreis um Herder), dennoch verband sie Grundsätzliches, z.B. die Tendenz zu Sozialkritik und ↗ Utopie. Sie setzten sich für eine größere Autonomie des Subjekts ein, für ein hohes Maß an Freiheit des einzelnen, für dessen Selbstentfaltung und Selbstverwirklichung. Im Prozeß der bürgerlichen Emanzipation stellt diese Phase der Selbstfindung und Identitätsbildung eine wichtige ↗ Epoche dar. Dabei schreckten einige Schriftsteller auch nicht davor zurück, gesellschaftliche, insbes. feudal-absolutistische Mißstände anzugreifen.

Vor allem in der Dramatik ist neben den sozialkritischen und -utopischen Tendenzen aber auch eine Neigung zu Melancholie und Depression feststellbar, die auf gesellschaftliche Ohnmacht verweist. Keine Generation im 18. Jh. hat allerdings die Normen der Älteren, die Konventionen der Gesellschaft und Kultur so radikal in Frage gestellt wie der S.

Im Kontext der Zeitgeschichte betrachtet (des Siebenjährigen Kriegs und seiner Folgen, der Agrar- und Hungerkrise zu Beginn der 70er Jahre usw.), erhält die Bewegung des S. mit ihren literarisch-ästhetischen Neuerungen ihre sozialgeschichtliche „Bodenhaftung“ zurück. Der Rebellion gegen familiale und gesellschaftliche Abhängigkeit und Unfreiheit korrespondiert das Brechen mit der ästhetischen Tradition und der herrschenden ↗ Poetik.

2. Phantasie, Gefühl, Leidenschaft und Spontaneität wurden als neue Werte für die Kunst proklamiert. Systematik und Regelhaftigkeit à la Aristoteles oder Gottsched wurden von den jungen Schriftstellern als einengend empfunden. Impulse für die Herausbildung der neuen Gefühlskultur gingen bereits vom Pietismus, von Klopstock und der sich allmählich ausbreitenden ↗ Empfindsamkeit aus, die ihre Wurzeln in England hatte. Der direkte Wegbereiter der neuen Ästhetik war in Deutschland der Literaturkritiker und philosophische Publizist Johann Georg Hamann. Seine *Kreuzzüge eines Philologen* (1762) enthalten die *Aesthetica in nuce*, in der er seine Theorie des Sensualismus vorstellte: Erst der ganze Mensch mit seinen Sinnen, Gefühlen, Empfindungen ist Ausdruck der vollkommenen Natur; die Ganzheit ist der Schlüssel zur Wahrheit, zur Wirklichkeit. Die Freiheit der individuellen Entfaltung wird als ursprüngliches Recht des Menschen verteidigt. Hamanns frühe Zivilisationskritik wirkte anregend auf Herder. Dessen *Fragmente* (*Über die neuere deutsche Literatur*, 1767; *Kritische Wälder*; 1769) sind seine ersten kritischen Arbeiten. In seiner *Abhandlung über den Ursprung der Sprache* (1772) greift er Hamanns Thesen auf, betont aber dabei stärker die Geschichtlichkeit menschlichen Handelns. Wie

bereits Goethe in seiner Rede *Zum Schäkespears Tag* (1771) sieht auch Herder die Kraft genialer Originalität in Shakespeare verkörpert (vgl. den Essay *Shakespear*. In: *Von deutscher Art und Kunst*, 1773). Ein weiterer Verfechter der Shakespeareschen Dramaturgie war Heinrich Wilhelm von Gerstenberg. In seinen *Briefen über Merkwürdigkeiten der Literatur* (1766/67) schlägt er begeisterte Töne über das Genie des freien Geistes an. Bereits der engl. Schriftsteller Edward Young trat mit seinen *Conjectures on Original Composition* (1759) für eine von Regeln befreite ↗ Ästhetik ein: Regeln seien wie Krücken, für den Hinkenden eine Hilfe, jedoch nicht für den wahrhaft schöpferischen Geist. Die „Genie-Ästhetik" versteht sich als Gegenentwurf zum (frz.) Klassizismus. Ähnlich äußerte sich der frz. Schriftsteller Sébastien Mercier in seiner antiklassizistisch ausgerichteten Abhandlung über die Kunst des Dramas (*Du théâtre ou nouvel essai sur l'art dramatique*, 1773). In der Übersetzung Heinrich Leopold Wagners (*Neuer Versuch über die Schauspielkunst*, 1776) heißt es über den fiktiven „Jungen Dichter" im 28. Kapitel: „Du, der du in dir einen Funken von Genie fühlst, was brauchst du dich mit Poetiken zu umschanzen (...)? Folg' deinem Feuer; du kommst weiter damit als mit Regeln." Aus den „kalten, abgerißnen, unbelebten Lehren" eines Aristoteles, Vida, Horaz, Scaliger oder Boileau leuchte „kein Fünkchen poetischen Genies" hervor. Hier also der regelbewußte Handwerker, dort das göttlich inspirierte Genie.

3. In den Zusammenhang von Natur versus Zivilisation gehört die enthusiastische Aufnahme des Rousseauschen Naturbegriffs durch den S. Der Mensch sei als natürliches Wesen gut; Mißstände, Defizite u.ä. gingen auf das Konto der Gesellschaft (Zivilisation). Das Volk, dem „unnatürliche" Konventionen eher fremd sind, das Volkstümliche schlechthin, erfährt in diesem Kontext eine Aufwertung. Auch hierin wirkte Herder richtungweisend, der die lebendige Kraft rühmt, die in der Geschichte der Völker (z.B. in der mündlichen Volksdichtung) wirke (*Auszug aus einem Briefwechsel über Ossian und die Lieder alter Völker*, 1773). Die Volksdichtung erscheint als Quelle der Erneuerung der Poesie und des Menschen. Der Erziehungs- und Bildungsoptimismus der Früh- und Hochaufklärung wird damit radikal in Frage gestellt bzw. abgelehnt zugunsten einer utopischen Auffassung von der naturhaften Evolution zum Guten hin.

Die Genieästhetik und der neue Naturbegriff waren für die Literaturtheorie und -kritik des S. konstitutiv. Die *Frankfurter Gelehrten Anzeigen*, von Johann Heinrich Merck und Johann Georg Schlosser 1772 herausgegeben, avancierten gleich im ersten Jahrgang zum Sprachrohr des S. Herder und der junge Goethe gehörten zu den wichtigsten Mitarbeitern des zweimal wöchentlich erscheinenden Rezensionsorgans. Die Kritiken sind Ausdruck des neuen Kunstverständnisses; sie bereiten der S.-Literatur programmatisch den Weg.

4. Die bevorzugte Gattung des S. ist das ↗ Drama. Hier zeigen sich die thematischen und ästhetischen Neuerungen am deutlichsten. Allein 1776 erscheinen neun bedeutende Dramen des S. Ihr zeitgenössischer Erfolg hielt sich jedoch in Grenzen; mitunter gelangten sie aufgrund ihrer Handlungsarmut und Konstruiertheit, aber auch wegen ihrer radikalen Wirklichkeitsdarstellung über ein paar Aufführungen nicht hinaus. Als Lesedramen hatten sie allerdings – literarhistorisch betrachtet – große Wirkung. So etwa gleich das erste Stück dieser Art: Gerstenbergs ↗ Tragödie *Ugolino* (1768), die sezierend-analytisch den Prozeß kreatürlichen Leidens unter das Mikroskop nimmt.

Die Vorliebe für den „Schauplatz Familie" während der S.-Phase ist Ausdruck einer wachsenden Tendenz zur Psychologisierung und Emotionalisierung. Verstärkt geraten Vater-Sohn-Konflikte und Rivalitätsprobleme, wie das Motiv der feindlichen Brüder, in den Blick des Dramatikers (Friedrich Maximilian Klinger: *Die Zwillinge*, 1776; Johann Anton Leisewitz: *Julius von Tarent*, 1776).

Die Zerrissenheit des Menschen, der Zwiespalt zwischen Geist und Trieb, Gefühl und Verstand, stellt ein zentrales Motiv in den meisten Dramen des S. dar, so etwa besonders exponiert in Klingers Trauerspiel *Das leidende Weib* (1775). Schöngeisterei (Wielandscher Provenienz), Ränkespiel, Heuchelei und Libertinage des Adels werden kritisiert. Die Problematik der Standesunterschiede, die dem Recht auf Liebe entgegenstehen, thematisiert Heinrich Leopold Wagner in der Tragödie *Die Kindermörderin* (1776). Das Motiv des „entehrten Mädchens" spielt in Jakob Michael Reinhold Lenz' Stück *Die Soldaten* (1776) eine wichtige Rolle. Sozialkritik übt Lenz des weiteren in der „Komödie" *Der Hofmeister oder Vortheile der Privaterziehung* (1774). In der Domestikenhaltung des Privatlehrers geißelt Lenz die verächtliche Unterwürfigkeit des Bürgertums. Das sozialkritische Milieudrama nimmt hier seinen Anfang (Büchner, Grabbe, Wedekind, Sternheim); Brecht, der 1950 den *Hofmeister* neu bearbeitete, verschärfte den gesellschaftlichen Konflikt und schuf damit ein sozialrevolutionäres Lehrstück. In Goethes *Clavigo* (1774) wird eine andere Spielart des abhängigen Bürgers kritisiert: der bürgerliche Aufsteiger, dem kein Preis zu hoch erscheint, um in der noch feudalen Gesellschaft zu reüssieren. Im S. debütiert der „negative Held".

Der Konflikt zwischen dem einzelnen, der nach Freiheit dürstet, und der Gesellschaft, die Tabus und Schranken errichtet, durchzieht die meisten Dramen wie ein roter Faden. Besonders prägnant dargestellt wird dieser Grundkonflikt in Goethes *Götz von Berlichingen* (1773, 1. Fassung 1771) und in Schillers Dramen (*Die Räuber*, 1771; *Die Verschwörung des Fiesco zu Genua*, 1783; *Kabale und Liebe*, 1784). Der Freiheitsbegriff erstreckt sich nicht mehr nur auf das Private wie in den frühen Dramen (Klinger), sondern schließt – vor allem bei Schiller – das Politische mit ein (Kritik des feudalen Despotismus).

Die „offene" Form charakterisiert das Drama des S.: Kurzszenen, „Fetzenszenen", Bilder- und Episodenreihungen, expressiver Sprachgestus (Ausrufesätze, Ellipsen, Pathos, Kraftausdrücke, Mundartliches usw.) verdrängen die traditionelle Dramaturgie und Regelpoetik. Im Vormärz (bei Büchner etwa) werden diese Strukturmerkmale aufgegriffen und neu belebt. Lenz tritt auch in seinen theoretischen Schriften für ein größeres Wirkungsfeld des zeitgenössischen Theaters ein (*Anmerkungen übers Theater*, 1774). Der zentralen Frage nach der Wirkungsmöglichkeit und Funktionserweiterung des Theaters wendet sich schließlich auch Schiller 1784 in seinem Traktat zu *Was kann eine gute stehende Schaubühne eigentlich wirken?* (u.d.T. *Die Schaubühne als eine moralische Anstalt betrachtet*, 1802), ↗ Theater.

5. Der ↗ Roman und die Erzählung spielen als Gattung im S. – zumindest quantitativ – keine herausragende Rolle. Doch erlebte gerade ein Roman dieser Epoche einen beispiellosen Erfolg: Goethes monologischer Briefroman *Die Leiden des jungen Werthers* (1774), der ein wahres „Werther-Fieber" auslöste. Dieser Roman zählt zu den Hauptwerken des S. Goethe wendet sich dabei gegen die „krankmachenden" gesellschaftlichen Verhältnisse des Bürgertums, zeigt aber auch kritisch die Grenzen des neuen, absoluten Individualismus auf. Lenz' Romanfragment *Der Waldbruder* (entstanden 1776, erschienen 1797 in den *Horen*) versteht sich als „ein Pendant zu Werthers Leiden".

Die literarhistorische Bedeutung der geniezeitlichen Prosaerzählung wurde lange Zeit unterschätzt. Die neuere Forschung (Dedert 1990) rückt die Erzählungen von Lenz, Anton Matthias Sprickmann, Schiller in ein neues Licht. Die Prosa des S. spiegelt dabei die Krise der Aufklärung.

6. Die ↗ Lyrik des S. entwickelte in zweierlei Hinsicht ein eigenes Profil: Zum einen ist die neue Erlebnisdichtung (Natur- und Liebeslyrik) in schlichtem Volksliedton Ausdruck der Intensität subjektiver Erfahrungen, des gesteigerten Lebensgefühls, das Geliebte und Natur in eins umschließt (u.a. Goethes Gedichte aus seiner Straßburger Zeit, 1770/71; die *Sesenheimer Lieder*; seine Gedichte aus der Frankfurter Phase 1771/72). Zum anderen gelangten die gesellschaftskritischen Tendenzen der Stürmer und Dränger auch innerhalb dieser Gattung zum Durchbruch. Zu den dabei bevorzugten Formen gehören das (volkstümliche) ↗ Lied (Matthias Claudius, Christian Friedrich Daniel Schubart) sowie die ↗ Ballade (Gottfried August Bürger). Schubarts *Gedichte aus dem Kerker* (1785) sind durch ihre radikale politische Aussage (harte Anklage der Tyrannenherrschaft) Wegbereiter der jakobinischen Lyrik in Deutschland, ↗ Politische Dichtung.

Der S. war eine literarische Bewegung des Aufbruchs, die gesellschaftlich und politisch ohne Folgen blieb. Es ist kaum verwunderlich, daß einige Autoren danach resigniert verstummten, andere ihre S.-Zeit „verdrängten" bzw. sich von ihr distanzierten.

Helga Brandes

Lit.: H. Dedert: Die Erzählung im S., 1990. – W. Hinck (Hg.): S. Ein literaturwissenschaftliches Studienbuch, 1978. – A. Huyssen: Drama des S. Kommentar zu einer Epoche, 1980. – G. Kaiser: Aufklärung, Empfindsamkeit, S., 3 1979. – R. Pascal: Der S., 2 1977. – R. M. Wacker (Hg.): S., 1985.

Symbol

1. Wort und Wortfamilie („symbolisch", „symbolisieren" usw.) sind im Dt. erst seit dem 16. Jh. und bis zur Mitte des 17. Jh. nur spärlich, seit dem 18. Jh. immer reichlicher belegt. Die dt. Bedeutungen entwickeln sich zunächst im Anschluß an spezielle Verwendungsweisen des antiken, mittelalterlich weiterhin belegten griech. und lat. Sprachgebrauchs (griech. „symbolon", lat. „simbolum"). Aus den antiken und mittelalterlichen griech. Bedeutungen „Zusammentreffen"; „Kennzeichen" (insbes. als „Erkennungszeichen", so die zerbrochenen Hälften eines kleinen Gegenstandes – Ring, Würfel, Täfelchen –, die sich Vertragspartner gaben, um durch ihr Zusammenpassen ein Legitimationsmittel bei späterer Wiederbegegnung in Händen zu haben) entstehen mittelgriech., mittellat. und dt. „(christliches) Glaubensbekenntnis" (insbes. das apostolische), „Traktat über christliche Bekenntnisfragen"; „Gleichnis", „Bild", „Vergleich"; im Dt. bilden sich seit dem 17. Jh. auch die Bedeutungen „Sinnspruch", „Denkspruch", „Wahlspruch",

„Devise" heraus – in Verbindung mit einem visuellen Emblem oder ohne dieses. Etliche weitere Bedeutungen des antiken und mittelalterlichen, griech. und lat. Sprachgebrauchs finden im Dt. keine Aufnahme.

Erst im späten 18. Jh. kommt – wohl im unmittelbaren Rückgriff auf die antik griech. Sonderbedeutung „Erkennungszeichen" – die Bedeutung „sinnliches Zeichen eines Begriffs", „anschauliche, sinnbildliche Erscheinung von bestimmter Bedeutung" auf, und damit ein begrifflicher Sinn, der im Zusammenhang philosophischer und im besonderen literarischer ↗ Ästhetik wie auch der Ästhetik der anderen Künste von herausragendem Belang ist. Die sehr differenzierte, vielfach kontroverse Diskussion, die der Begriff seit dem 18. Jh. in der ↗ Aufklärung, der Weimarer ↗ Klassik und im philosophischen Idealismus wie seinen Gegenströmungen und in der ↗ Literaturwissenschaft bis in die Gegenwart erfahren hat, kann hier nicht dargestellt werden. Das Folgende muß sich auf die zentrale Stellung beschränken, die Goethe im Rahmen dieser Diskussion des Begriffs und seines Verhältnisses zur Allegorie insbes. in Auseinandersetzung mit Schiller und der ↗ Romantik zukommt. Dabei wird auf die antike und patristisch-mittelalterliche Konzeption des Metaphorischen (↗ Metapher), der rhetorischen Allegorie und der exegetischen Allegorese zurückzugreifen sein.

2. Goethes Reflexionen zur sittlich-ästhetischen Bedeutung des Symbolbegriffs sind aus seiner Naturanschauung erwachsen. In seiner Abhandlung *Nachträgliches zu Philostrats Gemälden* erläutert Goethe ein Gemälde, das eine Szene darstellt, in der drei Personen um einen Tisch gruppiert sind: links eine Frau, mit ausgestreckten Händen auf einen ihr gegenübersitzenden Mann weisend, der soeben die Hände von der Wärme eines neben ihm brennenden Feuerchens mit dem Ausdruck des Erschreckens abzieht; neben der Frau ein anderer Mann, der mit wohlwollendem Interesse die Geste der Frau betrachtet. Goethe bezieht sich auf die herkömmliche Deutung des Bildes „Aspasia bei Tische mit Sokrates und einem anderen Philosophen Rede wechselnd. Die Männer scheinen erstaunt über die Gewalt ihrer Argumente", zieht jedoch selbst eine andere Deutung vor. Petrus ist dem verhafteten Jesus bis in den Hof des Hohen Priesters gefolgt. Als er sich hier an einem Feuer wärmt, wird er zu seinem Entsetzen von der Magd des Hohen Priesters als Jünger Jesu erkannt (Luk. 22, 54-56). Das Gemälde stellt für Goethe den Augenblick dar, in dem Petrus von der Magd erkannt wird und den Herrn verleugnet. Der symbolische Sinn der Szene liegt darin, daß ein und dasselbe Argument bei dem einen der Männer Gewogenheit, bei dem anderen Entsetzen und Ablehnung auslöst. Damit ist durch die Darstellung eines besonderen Ereignisses etwas Allgemeines ausgedrückt, das seine Gültigkeit auch unabhängig von der Besonderheit des Dargestellten hat, freilich aber nicht für alles und jedes. Bei dieser Sicht kann Goethe dann auch das herkömmliche Verständnis des Gemäldes gelten lassen, das seine Berechtigung eben aus der Beziehbarkeit des Dargestellten auf mehr als eine besondere Situation ableiten kann. Goethe sieht in dem Bild ein Musterbeispiel dafür, „wie man das tiefste Leben, die gründlichste Bedeutung eines Ergebnisses vorstellen kann, ohne daß etwas daran gelegen ist, ob der heilige Petrus oder Sokrates gemeint sei." Und in den *Maximen und Reflexionen* (123) formuliert er: „Das Allgemeine und das Besondere fallen zusammen: das Besondere ist das Allgemeine, unter verschiedenen Bedingungen erscheinend."

Aber nicht nur die dargestellte Szene als ganze hat für Goethe den Wert des Symbolischen, sondern in einem zweiten Verständnis des Symbolbegriffs auch der Umstand, daß das Feuer, an dem Petrus sich gewärmt hat, nicht im Anschluß an die Erzählung des Evangeliums als „frisch flackernder Holzstoß" gemalt sei, sondern „gar lakonisch" als ein kleines, unbedeutendes Flämmchen. Mit Bezug auf die malerische Darstellung des Feuers kommt es Goethe auf die Feststellung an, daß das kleine Flämmchen symbolisch und nicht naturalistisch, sondern „gar lakonisch" als bloße Andeutung, als pars pro toto des „frisch flackernden Holzstoßes" gemalt ist (was seinen Grund „zu künstlerischem Zweck" auch im Zusammenhang der gesamten Bildkomposition haben wird). – Und im Anschluß hieran ist für Goethe drittens die Bemerkung wichtig, daß diese Darstellung des Feuers keinen allegorischen Sinn hat – nach welchem Feuer etwa eine Bedeutung wie „Liebesglut", „Höllenqual", „intellektuelle Erleuchtung" usw. haben könnte. Es geht mit diesem dritten Gedanken um die Bestimmung des Verhältnisses von Symbol und Allegorie.

3. Im Rahmen der antiken Zeichentheorie, die dem MA durch die Schrift des Hl. Augustinus *De doctrina christiana* autoritativ überliefert ist, werden natürliche Zeichen (signa naturalia: z.B. Rauch für Feuer) und gegebene Zeichen (signa data: z.B. Schriftzeichen für Sprachlaute, Wörter für Dinge) unterschieden. Wiederum werden unter den gegebenen Zeichen eigentliche (signa propria) von uneigentlichen, übertragenen (signa translata) unterschieden. Die eigentlichen Zeichen dienen nur zur Bezeichnung der Sache, um derentwillen sie unmittelbar in Geltung sind: Der Ausdruck „Ochse, der mit verbundenem Maul

drischt" bezeichnet ein bestimmtes, mit ihm gemeintes Tier in einer bestimmten Situation. „Übertragen" oder „uneigentlich" heißen dagegen solche Zeichen, bei denen die Sache, auf welche sie unmittelbar hinweisen, selbst wiederum verschlüsselt auf etwas anderes deutet. Nach der Deutung des Apostels Paulus (1. Kor. 9,9; 2. Tim. 5,18) meint in dem biblischen Sprichwort „Du sollst dem Ochsen, der da drischt, nicht das Maul verbinden" (Dt. 25,4) der Ausdruck „Ochse, der mit verbundenem Maul drischt" nicht nur „eigentlich" das durch ihn bezeichnete Tier in einer bestimmten Situation. „Uneigentlich" bedeutet darüber hinaus dieses Tier seinerseits etwas und so auch seine „eigentliche" Bezeichnung im Modus des „übertragenen" Zeichens. Es bedeutet den Apostel selbst als einen Verkündiger des Evangeliums, dem sein Lohn vorenthalten wird. Wie dem arbeitenden Ochsen sein Futter zusteht, so dem Apostel sein Lohn.

Hier werden die erkenntnistheoretisch-ontologischen, ästhetischen und zeichentheoretischen Grundlagen des metaphorischen Verfahrens der ↗ Rhetorik beschrieben, wie sie bereits Aristoteles (*Rhetorik*) behandelt hat und wie sie Grundlage auch der patristischen und mittelalterlichen Bibelallegorese (↗ Bibel) und darüber hinaus des antik-mittelalterlichen geistlichen und rhetorischen Allegorieverständnisses sind. Ein übertragener Ausdruck wird dadurch konstituiert, daß aufgrund einer zwei Dingen gemeinsamen Eigenschaft (tertium comparationis, similitudo) die Bezeichnung des einen Dinges als Zeichen für das andere gebraucht werden kann.

Für die Produktion des übertragenen Ausdrucks kommt es darauf an, daß die ihn konstituierende gemeinsame Eigenschaft zweier Dinge wahrgenommen wird. Für das Verständnis eines solchen Ausdrucks ist entscheidend, daß er als übertragener Ausdruck erkannt und entschlüsselt, nicht aber als eigentlicher mißverstanden wird und unverständlich bleibt. Wenn die gemeinsame Eigenschaft zwischen dem im übertragenen Ausdruck bezeichneten und dem gemeinten Ding nicht spontan erkennbar ist, so erscheint der Ausdruck rätselhaft und erklärungsbedürftig, da er in seiner eigentlichen Bedeutung keinen Sinn hat. Ein mit verbundenem Maul gemalter, dreschender Ochse könnte nach diesem Allegorieverständnis für Goethe einen Verkündiger des Evangeliums bedeuten. Dabei ist aber unterstellt, daß die gemeinte, übertragene Bedeutung des Tieres nicht aus sich heraus verständlich wäre, sondern nur durch zusätzliche Vermittlung der Kenntnis des Zusammenhangs mit dem biblischen Sprichwort und seiner paulinischen Deutung. Zwischen dem Zeichen und dem Bezeichneten bestünde in diesem Falle keine natürliche, sondern eine rhetorisch konstruierte, geistreich witzige Beziehung, die durch eine konventionelle, durch Tradition vermittelte Deutung hergestellt wäre und vermittelt werden müßte. Anders ist es bei dem Flämmchen im oben beschriebenen Gemälde. Es bedeutet nicht das Feuer, sondern in ihm ist auf natürliche Weise das Feuer selbst gegenwärtig als Dargestelltes im Sinne eines – hier als pars pro toto – abbildlich „eigentlichen" Zeichens (signum proprium), nicht aber in dem eines „übertragenen" Zeichens (signum translatum), das der deutenden Vermittlung bedarf. Goethe: „Jedermann wird gestehen, daß hier nicht an Allegorie zu denken sei. Es ist nach unserem Ausdruck ein Symbol. Das natürliche Feuer wird vorgestellt, nur in's Enge gezogen zu künstlerischem Zweck, und solche Vorstellungen nennen wir mit Recht symbolisch."

Hingegen: das Sprichwort (↗ Literarische Kleinformen) selbst vom Ochsen, der mit verbundenem Maul drischt, wäre in Goethes Sinn als Ausdruck eines symbolischen Sachverhalts zu verstehen. Es liegt hier dasselbe Verhältnis des Allgemeinen zum Besonderen vor, wie in Goethes Deutung des szenischen Zusammenhanges im oben beschriebenen Bild. Das Besondere, das hier im Sprichwort vorgestellt wird, der Ochse, der mit verbundenem Maul drischt, ist transparent auf ein Allgemeines hin: das Unrecht, mit dem geleisteter Arbeit ihr Lohn vorenthalten wird. Paulus bezieht das Wort auf sich selbst wie auf jeden Verkünder des Evangeliums. Es liegt aber in der gnomischen Natur des Sprichworts, daß es auf vielerlei, freilich nicht auf alles und jedes beziehbar ist, also daß es durch sein Besonderes ein Allgemeines anspricht. Zwischen dem besonderen Sachverhalt, den das Sprichwort ausdrückt, und dessen allgemeinem Sinn besteht für Goethe ein unmittelbar einleuchtendes, ontologisch begründetes Verhältnis partieller Identität. Der mit verbundenem Maul dreschende Ochse bedeutet nicht das Unrecht vorenthaltenen Lohnes, sondern er ist ein Fall, in dem dieses Unrecht konkret und exemplarisch erscheint. Und das Sprichwort drückt dies auf eine unmittelbar einleuchtende Weise aus, ohne angewiesen zu sein auf eine ausdrückliche oder vorausgesetzte Deutung, die die Kenntnis einer Deutungskonvention zur Bedingung hätte oder die Entschlüsselung einer Erfindung, die auf rhetorisch geistreiche Weise Bedeutung konstruiert hätte.

Das Beispiel des hier betrachteten Sprichworts ist somit auch geeignet, aufzuzeigen, daß zwischen dem Symbolischen und dem Allegorischen für Goethe kein striktes Entgegensetzungsverhältnis sondern ein Verhältnis der Übergänglichkeit besteht. Denn von der Allegorie sagt er, sie sei „immer besser, je mehr sie sich demjenigen nähert, was wir Symbol nennen." Es wäre als Möglichkeit denkbar, wovon oben abgesehen wurde, daß ein Maler durch ein geeignetes szenisches Arrangement den symbolischen Sachverhalt, den das Sprichwort ausdrückt, unmittelbar einleuchtend im malerischen Medium zur Darstellung brächte. Dann wäre sein Bild nicht allegorisch, sondern symbolisch. Es gibt Grenzfälle, in denen ein und derselbe Sachverhalt je nach Gestaltung einmal als symbolisch, ein andermal als allegorisch gestaltet werden und in Erscheinung treten kann.

Goethe mißt der symbolischen Gestaltung den höheren ästhetischen Wert zu. Im Sinne einer Werk- und Wirkungsästhetik hat sie für den Rezipienten den Vorzug der unmittelbaren Transparenz und der spontanen Durchsichtigkeit einer besonderen Erscheinung auf ihren jeweils allgemeinen Sinn hin. Sie stellt die exemplarisch konkrete Identität von Sein und Erscheinung als selbstverständlich existierend vor Augen. Wiederum hat im Sinne einer Produktionsästhetik das symbolische Schaffen den Vorzug, daß der Schaffende, ohne eine Ver- oder Entschlüsselung zu leisten, in der unmittelbaren Wahrnehmung eines Besonderen und durchlässig für seinen allgemeinen Sinn diesen spontan und absichtslos erfährt und ihn aus dieser seiner Erfahrung ebenso spontan und absichtslos gestaltet.

4. In diesem Zusammenhang sieht Goethe in den *Maximen und Reflexionen* eine „zarte Differenz" zwischen dem poetischen Schaffen Schillers und seinem eigenen. Schiller hatte Goethe gegenüber erklärt, daß das von ihm als symbolisch Geschaute nicht in den Dingen selbst liege, sondern vom „Gemüt" des Dichters an sie herangetragen sei, daß es also nicht im Objekt, sondern im Subjekt des Schauenden seine Quelle habe. Goethe beharrt aber auf seiner Sicht: „Es ist ein großer Unterschied, ob der Dichter zum Allgemeinen das Besondere sucht oder im Besonderen das Allgemeine schaut." Das erste schreibt er unausgesprochen Schiller, das zweite ebenso unausgesprochen sich selbst zu und bemerkt, daß dort, wo der Dichter zum Allgemeinen das Besondere suche, Allegorie entstehe. Dann gelte „das Besondere nur als Beispiel, als Exempel des Allgemeinen."

Dieses Verständnis des Allegorischen ist freilich nicht ohne weiteres vereinbar mit dem oben im Anschluß an Aristoteles und Augustin erläuterten. Es ist aus der Sicht einer Produktionsästhetik formuliert und betont für die Allegorie den Aspekt des absichtsvoll Gesuchten gegenüber dem des spontan Geschauten, blendet aber den werk- und wirkungsästhetischen Aspekt des Verschlüsselten und Enigmatischen aus, der mit der Vorstellung des Allegorischen traditionell und auch bei Goethe sonst verbunden ist und der hier im Bezug auf Schillers Dichtung nicht gemeint sein kann. Statt dessen wird verwirrenderweise der Aspekt des Exemplarischen hervorgehoben, den Goethe faktisch sonst dem Symbolischen zuordnet. Allerdings spricht Goethe hier von einem „nur" Exemplarischen, das also gegenüber dem symbolisch Exemplarischen als defizient erscheint. Die Defizienz liegt für Goethe darin, daß das Exemplarische bei Schiller absichtsvoll gesucht, vom „Gemüt" an die Dinge herangetragen, nicht aber spontan in den Dingen selbst geschaut sei, und deshalb wird hier der Allegoriebegriff eingeführt. Denn gesucht wird zwar beim Allegorisieren nach traditionellem Verständnis auch, aber nicht ein Beispiel, sondern eine zwei unterschiedlichen Dingen gemeinsame Eigenschaft, ein tertium comparationis, eine similitudo. Und dies gibt der Allegorie ihren enigmatischen Charakter, der für den Fall des Beispiels kaum zutrifft. Die Umdeutung des Allegoriebegriffs besteht hier also darin, daß für ihn das Merkmal des Gesuchten als definitorisch hinreichend gesetzt wird, das des Enigmatischen als entbehrlich angesehen erscheint.

5. Den Begriff des Symbolischen problematisiert Goethe, wenn er in den *Maximen und Reflexionen* sagt: „Jedes Existirende ist ein Analogon alles Existierenden; [...] Folgt man der Analogie zu sehr, so fällt alles identisch zusammen, meidet man sie, so zerstreut sich alles in's Unendliche. In beiden Fällen stagniert die Betrachtung, einmal als überlebendig, das andere Mal als getödtet." Ignoriert man die symbolische Analogie „alles Existirenden", so ist nichts mehr sinndurchlässig für etwas anderes. Überanstrengt man aber das symbolische Schauen, so bringt man „überlebendig" alles und jedes miteinander in Zusammenhang und begibt sich letztlich der Möglichkeit, überhaupt noch differenten Sinn zu erkennen. Dieses problematische Symbolverständnis bezeichnet Goethe als „mystisch" oder „schwärmerisch". Insbes. kritisiert er es an den romantischen Mythologen und Religionshistorikern als antiklassisch.

Dennoch verwirft Goethe das mystische Symbolverständnis keineswegs überhaupt. Hier ist noch einmal auf Augustin zurückzukommen. Vom rhetorischen Begriff der similitudo als tertium comparationis unterscheidet er den ontologischen Begriff des vestigium. Als vestigium vergegenwärtigt alles Erschaffene vom materiell primitivsten bis zum intellektuell höchsten in mehr oder weniger vollkommener Weise, immer aber unmittelbar Wirken und Wirkung des Schöpfergottes. Dies jedoch nicht durch similitudo und immanent, indem ein Erschaffenes als Zeichen für ein anderes stehen kann, sondern ontisch im Sinne einer realen, zum Schöpfergott selbst unmittelbar transzendenten Tatsache. Unter dieser

Voraussetzung kann dann freilich auch das vestigium als ein Zeichen, ein Symbol des Wirkens und Seins Gottes angesehen werden. Der Unterschied zwischen diesem symbolischen vestigium-Charakter der Dinge und ihrer durch similitudines möglichen, zeichenhaften Verbundenheit untereinander ist aber jener der Immanenz und der Transzendenz ihrer Zeichenhaftigkeit. In diesem Symbolverständnis, das mit Goethe als mystisch zu kennzeichnen wäre, fällt nun keineswegs „alles Existirende" zusammen, indem immanent alles für jedes stehen kann. Vielmehr steht hier alles tanszendent-symbolisch für immer das gleiche. Wenn Goethe sagt: „Alles Vergängliche / ist nur ein Gleichnis" (Faust II), so kann die Totalität dieses Gleichnis-Seins selbst wiederum nur im Sinne einer mystischen Symbolik als symbolisch für stets das gleiche genommen werden: für den Ursprung aller Dinge in Gott.

Ernst Hellgardt

Lit.: W. Haug (Hg.): Formen und Funktionen der Allegorie, 1979. – A. Henkel/A. Schöne: Emblemata. Handbuch zur Sinnbildkunst des 16. und 17. Jh., 1967. – G. Kurz: Metapher, Allegorie, S., [3]1993. – B.A. Sørensen: S. und Symbolismus in den ästhetischen Theorien des 18. Jh. und der dt. Romantik, 1963.

T

Tagebuch

1. Das T. zählt neben dem ↗ Brief und der ↗ Autobiographie zu den wichtigsten Formen eigener Lebenserzählung. Vor jenen ausgezeichnet ist das T. durch die Zeiteinheit, die ihm primäres Thema und Maß der Darstellung ist: der Tag. Mit dem „Buch" ist den Notaten ein über die einzelne Eintragung hinausgehender Sinnzusammenhang verliehen. Insofern ist das T. eine „tägliche" Darstellung des eigenen Lebens, d.h. eine Darstellung „von Tag zu Tag". Diesem für die ↗ Gattung spezifischen Rhythmus liegt nur in seltensten Fällen eine chronologisch vollständige Eintragungs-Reihe zugrunde. Nicht weniger als die „aufgeschriebenen" Tage sind für das Verständnis des T. jedoch auch die Tage, zu denen keine Aufzeichnungen vorliegen, von Interesse, wie sie in den „leeren Blättern" oder Unterbrechungen der Aufzeichnungen begegnen.

2. Der Ursprung des modernen T. liegt in der ↗ Renaissance, die unter den Stichworten „Ephemerides", „Diaria", „Journals", „Diaries" und „Tagebuch" eine vor allem aus chronikalischen Formen ausdifferenzierte Textsorte etablierte. Die maßgebliche Verknüpfung mit dem literalen Selbstverständnis des sich formierenden Bürgertums sichert der Gattung T. ab dem 17. Jh. strengere Form-Konturen. „Literarische" Relevanz gewinnt es seit dem 18. Jh. Von da an tritt es in Konkurrenz zu anderen Formen europäischer Autobiographik, zum Brief, vor allem aber zur Autobiographie. Ab dem 19. Jh. gewinnt das T. eminente Bedeutung für das Schreiben von Frauen. Für das 20. Jh. gilt, daß sich ungewöhnlich viele der größten Schriftsteller bzw. Schriftstellerinnen dem T. zugewendet und die Attraktivität dieses komplexen, das Textverständnis nicht weniger als der ↗ Roman herausfordernden Schreibsystems erwiesen haben (vgl. die T. von Arthur Schnitzler, André Gide, Robert Musil, Franz Kafka, Virginia Woolf, Anaïs Nin, Julien Green, Thomas Mann, Cesare Pavese, Albert Camus, Witold Gombrowicz usw.).

3. Mit dem, „was" ein T. zu sagen hat, ist Format, Gestalt und Beschaffenheit des T., der Zettel, Blätter, Hefte, aus denen sich das „Leben" im T. zusammensetzt, untrennbar verklammert. Ungleich krasser aber als bei anderen Gattungen fällt beim T. die Differenz zwischen zu edierendem und ediertem Text aus. Daß T. unvollständig oder in „Auswahl" ediert werden; daß die für das T. mit der Verwendung von bereits gestalteten Schriftträgern notwendig werdende Unterscheidung von T.-Text und Aufzeichnungs-Text ignoriert wird; daß T. linearisiert, „geordnet" oder umgestellt werden; daß Textteile als „redundant" gestrichen werden; daß „falsche" Namenschreibungen korrigiert; daß „Versehen" der Datierung oder orthographische Eigentümlichkeiten verbessert; daß Abkürzungen aufgelöst und Kürzel und Chiffren kommentarlos entschlüsselt werden; daß graphische Trennungszeichen zwischen Textsegmenten übergangen werden; auch daß dem Leser vorenthalten bleibt, wo der T.schreiber allenfalls in ein anderes Heft überwechselt oder welcher Art das gewählte Schreibmaterial ist: All dies gehört zu den Problemen, vor welche die editorische Einrichtung von T. stellt.

4. Die Fülle unterschiedlicher Informationen, die in den T. niedergelegt ist, hat das T. zur Schatzkammer verschiedener Disziplinen – der Geschichtswissenschaften, Philosophie, Psychologie, Psychoanalyse usw. – werden lassen. Dabei wurde zumeist die Aufmerksamkeit auf jene sprachliche Form hintangestellt, die diesen Reichtum des Ausdrucks überhaupt erst initiiert und erlaubt. Um kenntlich zu machen, daß man es im T. mit textuell geformtem Leben zu tun hat, mit Texten über ein Leben, das den Gesetzen und Möglichkeiten gattungsspezifischer Textualisierung unterworfen wird, hat man hinsichtlich der Einheiten, aus denen sich ein T. zusammensetzt, vom „TAG" gesprochen. In Analogie zu „Szene" oder „Akt" im ↗ Drama, zu „Kapitel" oder „Buch" im Roman, bezeichnet der TAG eine Textgröße, die zwischen Satz und Text liegt. Das Kopfstück des TAGES ist das Datum. Neben der Eigenschaft, daß es das gattungsspezifische Mittel der Textsegmentierung darstellt, vermag es auch enzyklopädisches Wissen ins Spiel zu bringen: Jahresenden und -anfänge, Geburts-, Jahrestage, historische Stichdaten usw. markieren Schnittstellen des T. „2. August [1914]. Deutschland erklärt Rußland den Krieg. – Nachmittags Schwimmschule", lautet ein Eintrag in Kafkas *Tagebuch*, der auf eine Eigenart des T. insgesamt hinzuweisen vermag: Durch das, was er unter einen Bogen zusammenspannt, weist er auf textuelle Arrangementmöglichkeiten hin, die in ihrer Systematik anderen autobiographischen Gattungen undenkbar, dem T. aber ganz eigentlich geläufig sind. Sie sind Teil einer ↗ Poetik, die sich über Jahr und Tag an einem in Wiederholung,

Variation und Disposition flexibel bleibenden morphologischen Grundmuster ausrichtet. Der TAG ist ein strengster Bauform verpflichtetes Text-Konstrukt. In seiner konkreten Bedeutung ist er nur vor der Folie der TAGE zu erfassen, die ihn umgeben, mit Rücksicht auch auf deren Arrangements und Kombinatorik, die den gewöhnlichen wie außergewöhnlichen „Merkwürdigkeiten“ eines Tages ihr eigentümliches Profil verleihen.

Arno Dusini

Lit.: W. Admoni: Die T. der Dichter in sprachlicher Sicht, 1988. – P. Boerner: T., 1969. – B. Didier: Le journal intime, 1976. – R. Görner: Das T., 1986. – G.R. Hocke: Das europäische T., 1963. – U. Schultz (Hg.): Das T. und der moderne Autor, 1982.

Tagelied

1. T. ist ein ↗ Lied vom Abschied Liebender am Morgen nach gemeinsam verbrachter Nacht. Mhd. „tageliet“ bezeichnet ein Morgenlied und (seit etwa 1250) den Liedtyp T. Zu unterscheiden sind das T. als weltliterarische Form, das nur durch diese T.situation definiert ist, und das T. als ↗ Gattung der mittelalterlichen höfischen Liebeslieddichtung (provenzalisch „Alba“, afrz. „Aube“, mhd. T.; i.e.S. nur das mhd. T.), das weitere konstitutive Merkmale aufweist: höfisches Personal (Ritter, Dame) und – angedeutet – Milieu (Burg, Kemenate); die Illegitimität des außerehelichen Verhältnisses und die daraus resultierende Gefahr für Leben und Ehre; Trennungsklage. Häufig verkündet ein Wächter den Tagesanbruch (Wächterlied); oft ist er Vertrauter der Liebenden, erzwingt aber zugleich als Stimme der Gesellschaft die Trennung. Das T. ist erzählend und/oder dialogisch strukturiert („genre objectif“: nicht ein Ich thematisiert seine Empfindungen, sondern ein Erzähler schildert Vorgänge und setzt Rollenfiguren in Szene).

2. Das mhd. höfische T. hat seine Entsprechung in der provenzalischen „Alba“. Merkmale der „Alba“ sind die ins Höfische transponierte T.-Situation (wobei – anders als im Mhd. – gelegentlich eine Ehebruchssituation thematisiert wird); der Wächter; der – im Mhd. seltene – Refrain, der fast ausnahmslos das Wort „alba“ „Morgendämmerung“ enthält. Die erhaltenen roman. Texte sind in ihrer Datierung freilich umstritten oder sogar sicher jünger als die mhd. Texte, so daß sich die verbreitete (und angesichts der spezifischen Übereinstimmungen plausible) These von der Rezeption der provenzalischen Alba im mhd. T. kaum konkret verifizieren läßt. Sicher auf eine provenzalische Alba (Guiraut de Bornelh) verweist der Refrain von Heinrichs von Morungen T. Meist wird angenommen, daß Wolfram von Eschenbach den Wächter aus der Alba in das mhd. T. eingeführt hat. Kaum Zustimmung finden andere Entstehungstheorien (z.B. die Ableitung des T. aus lat. geistlichen Morgenhymnen).

3. Das T. war im Mhd. beliebter als die im Romanischen bevorzugte Pastourelle (Lied vom flüchtigen erotischen Abenteuer zwischen Ritter oder Kleriker und ständisch unter ihm stehendem Mädchen in freier Natur). Im 12. und 13. Jh. sind rund 50 T. von etwa 25 Autoren erhalten, vom 12. bis zum 15. Jh. über 100. Variationen und Sonderformen sind häufig: T.-Wechsel (eine T.situation ist erinnert in Form eines Wechsels, im monologischen Nebeneinander von Frauen- und Mannesstrophen, ↗ Minnesang), Anti-T. (T. des Einsamen: ein einsamer Liebender sehnt in schlaflos verbrachter Nacht den Morgen herbei); Serena (Lied vom abendlichen Einlaß des Liebhabers; Botenlauben, Burggraf von Lüenz, Hadlaub u.a.); T.-Kreuzlied (Burggraf von Lüenz u.a.); T.-Kritik (Wolframs von Eschenbach sog. „Absage ans T.“, Lied IV); T.-Parodie (Walther von der Vogelweide, umstritten; Steinmar u.a.); bäuerliches T. (Steinmar, Mönch von Salzburg, Oswald von Wolkenstein u.a.); eheliches T. (Wolfram von Eschenbach u.a.); T.-Volkslied; geistliches T.

4. Das älteste mhd. T. ist Dietmar von Aist zugeschrieben (2. Hälfte 12. Jh.; Echtheit wohl zu Unrecht umstritten), ein wächterloses T., das im Freien spielt, eine höfisierte, aber von der „Alba“ unbeeinflußte Variante der weltliterarischen Form T. Morungens wächterloser T.wechsel mit dem Alba-typischen Refrain, als zweites erhaltenes T. bereits eine komplexe Variation des Typus, Reinmars Anti-T. und sog. T.-Spiegelungen (T.-Anspielungen in Minneliedern) deuten auf einen relativ hohen Bekanntheitsgrad der Gattung T. schon vor Wolfram.

Um 1200/1220 etablieren die fünf T. Wolframs von Eschenbach und die etwa gleichzeitigen T. des Markgrafen von Hohenburg und Ottos von Botenlauben den Typus. Kennzeichnend für das „klassische“ T. Wolframscher Prägung sind das „urloup“-Motiv (Liebesvereinigung beim Abschied; mhd. „urloup“ „Gewährung, Erlaubnis, Abschied“); Klage und Anspruch auf Dauer der Liebe; eine typische Rollengestaltung (Aktivität der Frau, die sich gegen Tag und Trennung wehrt; relative Passivität des Mannes; ggf. Antagonismus Frau-Wächter); der Wächter (bei Wolfram in verschiedenen Variationen durchgespielt, vom neutralen „Wecker“ über den Komplizen der Liebenden bis zur Absage an den Wächter); der unrealistisch-fiktive Charakter des T. Das „klassische“ T. ist Variation des Hohen Minnesangs (gemeinsam sind höfisches Personal, Werthaftigkeit der

Minne, Leidthematik), nicht Gegensang, trotz des Gegensatzes von erfüllter T.liebe und prinzipiell unerfüllter Hoher Minne. Dichter, Publikum, Überlieferung, meist auch Strophenformen des T. sind die gleichen wie im Minnesang. Die weitere Entwicklung des T. vollzieht sich v.a. als Variation. Das T. im späten Minnesang (1230-1350) hat an den allgemeinen Tendenzen der Minnesang-Entwicklung teil: Episierung, Auserzählen (Günther von dem Forste, Ulrich von Lichtenstein); Realismus (vor allem der Wächter wird zunehmend realistisch gesehen, als wenig vertrauenswürdig kritisiert, durch Freund oder vertraute Zofe ersetzt: Ulrich von Lichtenstein, Ulrich von Winterstetten, Burggraf von Lüenz, Steinmar, Johannes Hadlaub); Variation konventioneller Muster in artifiziellen Formen (Konrad von Würzburg u.a.). Seit Steinmar (Ende 13. Jh.) gibt es T.-Parodien mittels Transposition in nicht-höfisches Milieu. Vom Mönch von Salzburg (2. Hälfte 14. Jh.) stammt ein Zyklus verschiedener T.-Variationen. T. auf die eigene Ehefrau dichten Hugo von Montfort und Oswald von Wolkenstein (Anf. 15. Jh.). Vor allem Oswald zieht in zahlreichen T. alle Register des Genres. Das T. des 15. Jh. hat meist kein höfisches Personal mehr; die T.-Situation wird vielfach entproblematisiert. Viele T. sind anonym (z.B. im *Liederbuch der Klara Hätzlerin*, 1471). Über das 15. Jh. hinaus lebt das T. als T.-Volkslied weiter.

5. Im Spät-MA entsteht der Typus des geistlichen T. (Peter von Arberg, Mönch von Salzburg, Hugo Montfort, Oswald von Wolkenstein u.a.), der bis zum ↗ Barock weiterlebt und ins Kirchenlied eingeht. Die Tradition des christlichen Weckrufs aus dem Sündenschlaf verbindet sich mit geistlichen Umdeutungen der erotischen Situation des weltlichen T., ↗ Geistliche Dichtung.

6. Moderne Gestaltungen des T. finden sich u.a. bei R. Wagner (*Tristan und Isolde*, 2. Akt), St. George, R.M. Rilke, R. Borchardt, H.M. Enzensberger (*Utopia*).

Elisabeth Lienert

Lit.: M. Backes (Hg.): T. des dt. MA, 1992. – Ch. Cormeau: Zur Stellung des T. im Minnesang. In: J. Janota u.a. (Hg.): Festschrift W. Haug/B. Wachinger, Bd. 2, 1992. – H. Tervooren (Hg.): Gedichte und Interpretationen. MA, 1993. – A. Wolf: Variation und Integration. Beobachtungen zu hochmittelalterlichen T., 1979.

Text

1. In einer ersten Annäherung kann T. als eine (sprachliche) Äußerung aufgefaßt werden, deren Einheit durch einen grammatischen, stilistischen und bedeutungsmäßigen Zusammenhang, zugleich aber auch durch die kommunikative Situation definiert ist. Als zentraler Untersuchungsgegenstand der ↗ Literaturwissenschaft ist sie an eine Fixierung durch die Schrift, durch einen Tonträger oder auch durch die digitalisierten Formen der elektronischen Aufzeichnung gebunden.

2. Erste Belege für eine Verwendung des Wortes T. im literarischen Bereich finden sich im Übergang des MA zur Neuzeit: Luther (1483-1546) unterscheidet den „schönen text“ von den „schönen noten“, und Simon Roth notiert 1571 in seinem Fremdwörterbuch zu dem aus dem neulat. übernommenen Begriff: „der t. oder die wort eines gesangs, so unter noten geschriben und gleichsam gewebet ist“. Noch bis in das 19. Jh. hinein ist das Bewußtsein der ursprünglichen Bedeutung von lat. „textus“ (= das Weben, das Gewebe, auch verallgemeinert: die Zusammenfügung, der Zusammenhang), von dem der nhd. Wortgebrauch abgeleitet ist, lebendig. So führt das *Deutsche Wörterbuch* der Brüder Grimm als eine Hauptbedeutung an: „die zusammenhängenden wörter einer schrift, einer rede“ – neben einer weiteren, die T. als die „hauptworte einer schrift im gegensatz zu den erklärungen und anmerkungen“ versteht, einer Wortverwendung, die vor allem in der Kirche (Grundtext der ↗ Bibel, der einer ↗ Predigt zugrunde gelegt wird), aber auch im editorischen Bereich (der T. im Unterschied zum „Apparat“) verbreitet ist. – In den letzten fünfzig Jahren hat das Wort T. eine zunehmende Verbreitung erfahren und auch Eingang in die Literaturwissenschaft gefunden. Als neutraler Begriff scheint er sich zur Ablösung von belasteten Worten wie Dichtung, Literatur, Schrifttum anzubieten: Alfred Andersch gründet 1955 die berühmt gewordene literarische Zeitschrift *Texte und Zeichen*, deren Titel später zur Bezeichnung von bis heute verbreiteten Radiosendungen und Schullesebüchern übernommen wird. „Textimmanent“ sollte im Unterricht die Beschäftigung mit literarischen Werken sein und damit vor einer ideologischen Überfrachtung bewahren. 1973 forderte K.O. Conrady programmatisch: „Die Worte T. und Autor sollten uns lieber sein als vorbelastete Begriffe [wie] Dichtung und Dichter, Literatur und Literat“. Eine „allgemeine T.wissenschaft“ (D. Breuer, I. Kerkhoff, E. Leibfried u.a.) soll die traditionelle Literaturwissenschaft ablösen und zugleich die institutionelle Aufspaltung in Sprach- und Literaturforschung überwinden. Allerdings können erste Ansätze einer eigenständigen, beide Fachrichtungen zusammenführenden T.theorie (H. Ihwe, T.A. v. Dijk u.a.) diese hochgespannten Erwartungen nicht erfüllen. Insbesondere ist es bis heute nicht gelungen, die Schwierigkeiten einer allgemeinverbindlichen

terminologischen Klärung des Begriffes T. zu überwinden.

3. Trotz des beherzigenswerten Diktums von R. Jakobson, nach dem ein Literaturwissenschaftler, „dem linguistische Fragen gleichgültig sind und der sich in linguistischen Methoden nicht auskennt", als ebenso anachronistisch gelten muß wie der Linguist, „der taub ist für die poetische Funktion der Sprache", hat sich in jüngster Zeit innerhalb der Sprachwissenschaft eine eigenständige Disziplin einer „T.linguistik" entwickelt, die den Graben zwischen linguistischer und literaturwissenschaftlicher Betrachtung von T. eher vertieft als überbrückt. Übersatzmäßige Zusammenhänge sind innerhalb einer Sprachwissenschaft, die zunächst vor allem an der Untersuchung des Einzelworts und der Konstitution des Satzes interessiert war, relativ spät ins Blickfeld gekommen. Nach ersten Hinweisen in der Sprachtheorie K. Bühlers (1934) wird für den Dänen L. Hjelmslev das System einer Sprache allererst im T. greifbar. Und in Deutschland weist vor allem P. Hartmann mit allem Nachdruck darauf hin, daß „der T., verstanden als die grundsätzliche Möglichkeit des Vorkommens von Sprache in manifester Erscheinungsform [...], das originäre sprachliche Zeichen" bilde. Von Hjelmslev leitet sich eine Forschung ab, die den linguistischen T.begriff *systematisch* zu erschließen sucht. Es geht ihr in einer neu zu formulierenden T.grammatik um den Nachweis von Regeln, die „zusammen mit den anderen Komponenten der Grammatik den Begriff 'wohlgeformter T. einer Sprache L' explizieren" (H. Isenberg). T.A. v. Dijk bestimmt in diesem Sinn T. als ein „kohärentes System von Äußerungen bzw. Sätzen", wobei er dieses System in vier Beschreibungsebenen organisiert: a. Mikrostrukturen (semantische Verknüpfung von Sätzen) , b. Makrostrukturen (z.B. das Thema eines T.), c. Superstrukturen (Formschemata traditionell definierter T.typen) und d. Frames (außerlinguistische Alltags- und Welterfahrungen, die den Zusammenhang von Sätzen garantieren). Eine zweite Entwicklungslinie knüpft an die Überlegungen P. Hartmanns an und versucht anhand „manifester" sprachlicher Äußerungen kommunikationstheoretisch bzw. pragmalinguistisch den „T.-in-Funktion" (S.J. Schmidt) zu fassen. Sie geht von einer Konzeption eines T. aus, der sich „erst und immer neu in der Lektüre" bildet. Freilich bleibt zu fragen, in wieweit ein solches rezeptionsorientiertes *dynamisches* T.modell noch mit linguistischen Mitteln zu fassen ist. So ist denn zu beobachten, daß neuere Arbeiten der T.linguistik durchaus versuchen, den systemtheoretischen Aspekt mit kommunikationstheoretischen Ansätzen zu verknüpfen – allerdings unter ausdrücklicher Ausgrenzung der ↗ Rezeption und Wirkung von T. Repräsentativ für diese neuere Richtung ist etwa die T.-Definition von K.Brinker: „Der Terminus T. bezeichnet eine begrenzte Folge von sprachlichen Zeichen, die in sich kohärent ist und die als Ganzes eine erkennbare kommunikative Funktion signalisiert."

4. H.G. Gadamer sieht in einer solches Sicht eine Reduzierung des komplexen T.-Begriffs, die allein die Vorbedingungen des mit T. intendierten Verständigungsaktes kläre: „Der Linguist will nicht in die Verständigung über die Sache eintreten, die in dem T. zur Sprache kommt, sondern in das Funktionieren von Sprache als solcher Licht bringen". Dementgegen stellt Gadamer seinen *„hermeneutischen* Begriff T.": „Das kennzeichnet ja den Begriff des T., daß er sich nur im Zusammenhang der Interpretation und von ihr aus als das eigentlich Gegebene, zu Verstehende darstellt." T. tendiere schon immer zur Verschmelzung des „Horizontes des T. und dem Horizont des Lesers", wobei Gadamer allerdings dem eigentlich „literarischen T." einen Sonderstatus einräumt: Dessen Verständnis weise nicht auf eine ursprüngliche Sprachhandlung zurück, sondern schreibe „seinerseits Wiederholungen und Sprachhandlungen vor", die auf ein „neues, ideales Sprechen vorausblicken". – Die rezeptionstheoretische Diskussion in den 1970er Jahren, die in wesentlichen Positionen auf frühere Arbeiten Gadamers zurückgreift, hatte schon vorher zur Reflexion und Differenzierung eines literaturwissenschaftlichen T.begriffes Entscheidendes beigetragen. W. Iser faßt in seiner programmatischen Schrift *Die Appellstruktur der Texte* (1970) das mit dem T.begriff vorgegebene Problem in aller Schärfe: „Bedeutungen literarischer T. [entstehen] erst im Lesevorgang. [...] Sie sind das Produkt einer Interaktion zwischen T. und Leser und keine im T. versteckten Größen". Obwohl Iser in den Folgejahren den „Akt des Lesens" als Spiel zwischen Bestimmtheit und Unbestimmtheit, zwischen den „Leerstellen" und den „Negationspotentialen" im T. weiter auffächert, fällt die spätere Entwicklung eher hinter diese Positionen zurück, wenn etwa H. Link (1976) T. als ein „intentionales Gebilde" auffaßt, das einerseits durch das materielle Substrat des T., andererseits durch die vielfältigen „Rezeptionsereignisse" definiert ist, in denen der T. durch den Leser konkretisiert werde.

5. Die Definition des T. als eines Zeichens, die auch schon in der rezeptionstheoretischen Diskussion teilweise eine Rolle spielt, vermag die Überlegungen des vorhergehenden Abschnittes schärfer zu fassen. F. de Saussure bestimmte das Zeichen als eine Wechselbeziehung zwischen Bezeichnendem und Bezeichnetem, zwischen

„signifiant“ und „signifié“. Schon aus dieser Sicht mag es wenig sinnvoll erscheinen, T. allein mit dem Zeichenträger, der „schriftlich fixierten Sprache im Sinne des 'Schwarz auf Weiß'“ (H.A. Glaser), zu identifizieren. Das Erkennen einer Ansammlung von Buchstaben und Sätzen als T. ist auf die Einbeziehung der Zeichenbedeutung angewiesen. Insbesondere das ästhetisch fungierende Zeichen kann somit nicht als ein „Faktum“ oder materielles Substrat beschrieben werden, sondern ist gekennzeichnet durch seine grundsätzliche Offenheit der Bedeutungsdimension: Das „signifié“ eines literarischen T. ist nicht eindeutig festzulegen wie die lexikalische Eintragung einer Wortbedeutung; es muß auf der Grundlage des „signifiant“ immer wieder neu generiert werden. Der Prozeßcharakter jeder Zeichenrelation erschließt sich noch deutlicher, erweitert man mit Ch. Peirce das zweiwertige Zeichenmodell de Saussures durch die Einführung des „Interpretanten“, d.h. des „Denk- und Interpretationshorizontes“ (Koller), mit dessen Hilfe der Zeichenbenutzer erst die Beziehung des Zeichenträgers zu einem bezeichneten Objekt herstellen kann. Ein ähnlicher „dynamischer Strukturbegriff“, wie er in einem solchen erweiterten Zeichenmodell zum Tragen kommt, liegt auch J. Lotmans Überlegungen zu einem literaturwissenschaftlichen T.begriff zugrunde. Für ihn ist jeder T. „unvermeidlich in einen historisch-realen oder fiktiven Kontext eingeschlossen“. Da „die Wahrnehmung des T., losgelöst von dem außertextlichen Hintergrund, gar nicht möglich“ erscheint, ist der T. selbst „eine veränderliche, fließende Erscheinung“. Und wenn Lotman in seinen letzten Arbeiten diesen gesellschaftlich-kulturellen Zusammenhang wiederum selbst als „T.“ definiert, so bewegt er sich damit bereits in unmittelbarer Nähe zu Ansätzen, die T. durch ein Zusammentreffen von Intertexten oder – in anderer Terminologie – als Schnittpunkt von Diskursen bestimmen (↗ Intertextualität).

6. Früher als andere literaturwissenschaftliche Disziplinen bildete die Editionsphilogie ein ausgeprägtes Bewußtsein für die Problematik des T.begriffs aus. Die Aufgabe der T.kritik (↗ Edition) zwingt zur methodologischen Reflexion über den Gegenstand, der in seiner authentischen Gestalt ermittelt werden soll. Schon die Rede von der „Konstitution der T.“ in einer Edition läßt erkennen, daß die Rückverweisung des T.begriffes auf das rein materiell Vorgegebene auch hier nicht ausreichen kann; der Editor ist schon immer auf sein eigenes Erkennen und Verstehen der von ihm edierten T. angewiesen. In der näheren Bestimmung dessen, was denn den Begriff T. definiert, gehen die Auffassungen allerdings weit auseinander. Zwei T.begriffe haben sich in der Diskussion der letzten drei Jahrzehnte herausgebildet: zum einen ein statischer, hermetischer Begriff, der weitgehend an Positionen des 19. Jh. anschließt. Er sieht den T. als eine in sich geschlossene Grundeinheit, dem der Herausgeber eine feststehende Gestalt – den sog. „edierten T“ – zu geben hat. Varianten, abweichende Fassungen, gehören als Hilfsmittel der T.- und Bedeutungskonstitution in den „Apparat“. Demgegenüber betonen die Verfechter eines dynamischen T.begriffs, daß der Prozeß der T.bildung prinzipiell unabgeschlossen ist. Nicht ein einzelner, „abgeschlossener, ein für alle Zeit gültiger T.“, sondern die „Summe“ aller T.zustände „macht den T. eines Werkes aus.“ (S. Scheibe) Die Folge ist eine „textgenetische“ Edition, für die alle Fassungen gleichwertig sind und die alle Vorstufen und Varianten in die Darstellung des T. mit einbezieht. In der in Frankreich entwickelte „edition génétique“ hat diese Auffassung eines offenen T.begriffs ihren bisherigen Höhepunkt erreicht: Hier wird der festgefügte T.begriff zugunsten einer Wiedergabe des Schreibstroms, das fertige Werke zugunsten einer Darstellung der T.genese aufgegeben.

7. „Le texte n'existe pas“ („Einen T. gibt es nicht“): Mit dieser provokanten Formulierung knüpft L. Hay, einer der Hauptvertreter der „critique génétique“, an einen Trend an, der die jüngste Diskussion des T.begriffs kennzeichnet. In den verschiedensten Lagern ist eine Entwicklung zur Öffnung, Ausweitung oder gar Auflösung des T.begriffs zu erkennen. Das hängt im Bereich der Literaturwissenschaft zum einen zweifellos mit der Erweiterung des Gegenstandsbereiches zusammen: Die Einbeziehung von audiovisuellen ↗ Medien gab den Anstoß, die Beschränkung des T.begriffs auf das sprachliche Medium aufzugeben und T. als „jede zeichenhafte und bedeutungstragende Äußerung, sie sei sprachlich oder nichtsprachlich“, zu bestimmen. (M. Titzmann) Die entscheidenderen Impulse kamen jedoch von der Philosophie. Schon Kant sprengte die engere Fixierung des T.begriffs auf die Sprache, wenn er die Worte „ich denke“ als den „alleinigen T. der nationalen Psychologie, aus welchem sie ihre ganze Weisheit entwickeln soll“, bezeichnete. Für Nietzsche ist es eine „tolle Aufgabe“, „über die vielen eitlen und schwärmerischen Deutungen und Nebensinne Herr zu werden, welche bisher über jenen ewigen Grundtext *homo natura* gekritzelt und gemalt wurden.“ T. in diesem philosophischen Sinn ist weder Zeichen noch Äußerung, sondern – auf die ursprüngliche Bedeutung des lat. Wortes zurückgreifend – das Grundgewebe, das als solches nicht wahrgenommen, nur interpretiert werden kann: T. ist gar nicht anders erfahrbar als in seinem Ausgelegtsein, wobei ein

und derselbe T. „unzählige Auslegungen" erlaubt. Damit kennzeichnet Nietzsche – gegen jeden positivistischen Erkenntnisanspruch gerichtet – das grundlegende Dilemma aller Philosophen und Philologen, die ihre geschichtliche Erkenntnisperspektive nicht zu überspringen vermögen, und bezeichnet zugleich, weit über die philologischen Einsichten des 19. Jh. hinausreichend, die erkenntnistheoretische Grundposition eines modernen T.philologen. Die Folgerungen für einen T.begriff, die Denker der ↗ Postmoderne aus diesen Prämissen ziehen, sind radikal, aber konsequent. War es G. Benn noch möglich, den schaffenspoetischen Vorgang mit den Worten zu fassen: „Das Gedicht ist schon fertig, ehe es begonnen hat, der Dichter weiß nur seinen T. noch nicht", so löst sich nunmehr der Gedanke, das Sujet, dem sich der T. zuordnen ließ, vollends auf. Der T. ist selbst nichts anderes als energetische Kraft, reine „productivité" (R. Barthes, J. Kristeva), die jede Festgefügtheit des Zeichens sprengt. Er wird von den Vertretern des Poststrukturalismus beschrieben als ein in sich widerspruchsvolles und defizitäres Zeichengebilde, als ein „signifiant" ohne „signifié". Durch die Organisiertheit des T., die durch ein ständiges Überschreiten der „klassischen" Verbote, der Sprachgesetze und Logik geprägt sei, werde das vorfindliche Zeichensystem immer wieder aufgerissen und in die ins Unendliche ausgreifende Bewegung der Signifikanz, der Sinngebung, überführt. T. in diesem Sinne ist gekennzeichnet durch eine aggressive Polarität, durch ein Gespanntsein zwischen Widersprüchen, er ist monologisch und dialogisch, „Phäno-T." und „Geno-T." zugleich, ist bedeutungsleer aus Bedeutungsfülle. Vielleicht mag ein solcher Versuch, die außerordentlichen Probleme in der Definition des T.-Begriffes in einer Einheit von Widersprüchen zu fassen, den Weg weisen für eine neu zu schreibende T.theorie der Literaturwissenschaft.

Gunter Martens

Lit.: K. Brinker: Linguistische T.analyse, [3]1992. – Ph. Forget (Hg.): T. und Interpretation, 1984. – A. Gellhaus (Hg.): Die Genese literarischer T., 1994. – G. Martens: Was ist ein T.? In: Poetica 21 (1989).

Theater

1. Das Wort T. wird heute verwendet, um eine bestimmte Art einer öffentlichen Veranstaltung zu bezeichnen, eine besondere Kunstgattung, ein spezifisches Medium, eine soziale Institution und das Gebäude, in dem sie ihren Sitz hat, sowie unterschiedliche Phänomene und Prozesse des gesellschaftlichen Lebens (bis hin zum umgangssprachlichen Gebrauch von „T. machen"). Es geht auf das griech. Wort „theatron" zurück, welches von „theasthai" „anschauen" bzw. „thea" „das Anschauen", „die Schau", „das Schauspiel" abgeleitet ist und die Zuschauermenge bezeichnet, dann einen Raum zum Schauen, speziell einen Zuschauerraum mit ansteigenden Sitzen, die gesamte T.-Anlage und zuletzt auch den Schauplatz sowie das Schauspiel. Etymologisch weist es einen engen Zusammenhang mit dem Wort „theoria" auf, welches „das Zuschauen", „Betrachten", „Untersuchung" bedeutet. Ihm liegt das Wort „theoros" „Zuschauer" zugrunde, mit dem der Vertreter bezeichnet wurde, den die griech. Städte zu öffentlichen Festspielen entsandten. Das von „theatron" abgeleitete lat. Wort „theatrum" bedeutet in klassischer und nachklassischer Zeit sowohl das Gebäude, in dem „ludi scenici" abgehalten wurden, als auch das Publikum als auch allgemein einen Schauplatz. Es findet im Dt. bis ins frühe 18. Jh. hinein Verwendung. Seit dem 17. Jh. wird es allmählich durch die engl.-frz. Form „theater, théâtre" ersetzt.

In den letzten dreihundert Jahren hat die Bedeutung des Wortes eine Reihe von Veränderungen durchlaufen. Bis zum Beginn des 18. Jh. hat sich die allgemeine Bedeutung eines Schauplatzes gehalten. Entsprechend weit gefaßt ist der T.-Begriff im 17. Jh. Jegliche Kunst der öffentlichen Selbstinszenierung wird ausdrücklich als T. begriffen. Jeder Ort, an dem einer vor anderen auftritt, sich verkleidet, verstellt, eine Maske anlegt, eine Rolle zu spielen sucht oder sonst ein Schauspiel gibt, wird zum T. (Schauplatz). Da der Begriff hier häufig metaphorisch verwendet wird, sind seine Grenzen entsprechend unscharf. Im 18. Jh. verengt sich die Bedeutung des Wortes auf den Schauplatz der Aufführung. Andererseits tritt eine Bedeutungserweiterung ein. Das Wort wird nun, teilweise als Synonym von Schauspiel, auch zur Bezeichnung der darstellenden Künste sowie der Aufführung verwendet. Weiterhin als Synonym von Schauspiel bildet sich die Bedeutung „öffentliche Anstalt" heraus, womit eine Neubestimmung des T. als „moralische Anstalt" einhergeht. Im 20. Jh. findet wieder eine erhebliche Erweiterung des T.-Begriffs statt. Erneut werden alle Ausstellungs-, Demonstrations- und Spektakelereignisse subsumiert, die im 18. Jh. nach Verlust der Bedeutung „Schauplatz" schrittweise ausgeschieden waren – jetzt allerdings mit einer Akzentverschiebung auf den Vorgang des Zeigens bzw. Handelns und Zuschauens.

Wie verschieden auch immer der T.-Begriff definiert wird, ist er stets sowohl auf eine referentielle als auch auf eine performative Funktion von T.

bezogen. Während die referentielle Funktion die Darstellung bzw. Repräsentation von Figuren, Handlungen, Beziehungen, Situationen, Objekten u.a. betrifft, richtet sich die performative Funktion auf den Vollzug bzw. die Präsentation von Handlungen durch die Darsteller und die Zuschauer sowie auf ihre unmittelbare Wirkung. Unter diesem Gesichtspunkt läßt sich T.geschichte seit dem MA als Geschichte einer permanenten Dominantenverschiebung zwischen der referentiellen und der performativen Funktion von T. schreiben und verstehen.

2. Als öffentliche kulturelle Veranstaltung gelten für T. dieselben Merkmale wie für andere derartige Veranstaltungen wie z.B. Rituale, Zeremonien, Feste, Spiele, Wettkämpfe, Zirkusvorstellungen, Jahrmarktsdarbietungen, Vorträge, Konzerte u.ä.: ein bestimmter Anlaß und Ort, eine klar begrenzte Zeitspanne, ein Anfang und ein Ende, ein organisiertes Programm von Aktivitäten, eine Anzahl von Darstellern, ein Publikum. Hinsichtlich der Realisierung dieser Merkmale kann sich T. von anderen Arten kultureller Veranstaltungen nicht nur unterscheiden, sondern auch mit ihnen überschneiden. Die Grenzen zwischen T. und anderen Gattungen kultureller Veranstaltungen sind daher für Austauschprozesse durchlässig und verschieben sich ständig. Während z.B. das Elisabethanische T. bemüht war, sich sorgsam gegenüber Mairitualen, Exorzismen, Charivari u.ä. Veranstaltungen abzugrenzen (vgl. Shakespeare *Sommernachtstraum*, *Was ihr wollt*, *König Lear*, Websters *Herzogin von Malfi*), wurde es von den Puritanern mit eben derartigen Veranstaltungen gleichgesetzt, was 1642 zur Schließung aller englischen T. führte. Auf der anderen Seite setzte ungefähr um dieselbe Zeit u.a. in Frankreich und Deutschland ein Prozeß ein, der sich als Theatralisierung bestimmter Gattungen von öffentlichen Veranstaltungen beschreiben und bestimmen läßt, so z.B. von höfischen Festen oder auch von Hinrichtungen, bei denen eine Theatralisierung bis zum Ende des 18. Jh. festzustellen ist. Im 20. Jh. ist die Tendenz zu beobachten, eine strikte Abgrenzung des T. von anderen Arten kultureller Veranstaltungen aufzuheben. Vertreter der historischen ↗ Avantgarde proklamieren in Manifesten und Programmschriften ebenso wie in eigenen Inszenierungen, T. in ein Fest zu transformieren (z.B. Peter Behrens, Adolphe Appia, Emile Jaques-Dalcroze, Max Reinhardt), in ein Ritual (z.B. Georg Fuchs, Antonin Artaud), eine politische Versammlung (z.B. Vsevolod Meyerhold, Erwin Piscator), eine Zirkusvorstellung (Boris Arvatov, Sergej Eisenstein). Entsprechende Tendenzen werden seit den 1960er Jahren vom experimentellen T. u.a. von Jerzy Grotowski, Peter Brook, Ariane Mnouchkine, Dario Fo, Klaus Michael Grüber, Eugenio Barba, dem Squad Theater, dem Bread and Puppet Theatre und von Performance-Künstlern fortgesetzt und weiter radikalisiert. Darüber hinaus ist auch in unserem Jh. eine enorme Theatralisierung anderer Gattungen von kulturellen Veranstaltungen zu beobachten. Sie läßt sich bereits für politische Zeremonien u.ä. seit den 1920er Jahren feststellen, besonders ausgeprägt dann bei den Nationalsozialisten in den 30er Jahren. Sie prägt den Charakter von Sportwettkämpfen – so den der Olympischen Spiele, v.a. in der Eröffnungszeremonie und in der Schlußfeier –, besonders bei spezifischen Genres wie Eiskunstlauf, Boxen, Wrestling. Auffallend ist zudem die Theatralisierung von Konzerten, insbes. in der Pop-Kultur.

Als öffentliche Veranstaltung unterlag T. stets einer erhöhten sozialen Kontrolle. Da es geltende Normen und aktuelle Meinungen in intensiver Weise zu beeinflussen und massiv provozierend und agitierend zu wirken vermag, hat die jeweilige gesellschaftliche Trägerschicht i.d.R. seine möglichen Funktionen festgelegt, aus denen sowohl eine bestimmte ↗ Ästhetik als auch ein bestimmtes Zuschauerpotential und -verhalten folgte. Kirche und Staat haben das T. häufig prohibitiven und fördernden Eingriffen unterworfen.

3. Als eine besondere Kunstform gehört T. den darstellenden Künsten zu, die in unterschiedlichen Räumen mit heterogenen Materialien wie dem menschlichen Körper, der Stimme, unterschiedlichen Objekten, Licht, Musik, Sprache, Lauten arbeiten und als ihre Produkte bzw. Werke Aufführungen hervorbringen. Im Unterschied zu den Produkten anderer Künste wie der Literatur, der bildenden Kunst, dem Film ist die Aufführung durch ihren transitorischen, ephemeren Charakter gekennzeichnet. Ihr fehlt ein von den Produzenten und dem Rezeptionsprozeß im Hier und Jetzt ablösbares und damit fixier- und tradierbares Artefakt. Das Produkt verschwindet vielmehr bzw. wird im Prozeß seines Produziertwerdens verbraucht. Überlieferbar sind nur einzelne, aus dem Zusammenhang der Aufführung gerissene Elemente wie der Schauplatz selbst, einzelne verwendete Objekte (z.B. Masken, Kostüme, Bühnenbilder, Requisiten) oder Arbeitsmaterialien wie Textbücher (z.B. Dramen, Libretti, Szenarien), Partituren, Regiebücher, Kostüm- und Bühnenbildentwürfe oder Dokumente über die Aufführung wie Aufführungsbeschreibungen, Kritiken, Bilder, Fotos und in neuerer Zeit Film- und Videoaufzeichnungen.

Je nach Kombination und Dominantenbildung unter den verschiedenen Materialien und Zeichensystemen unterscheidet man verschiedene Gattungen wie Musik-T., Tanz-T., Sprech-T.,

Pantomime, Figuren-T., ↗ Oper. Im ästhetisch avancierten T. der 80er und 90er Jahre erweisen sich derartige Unterscheidungen allerdings überwiegend als wenig hilfreich, weil unzutreffend. Dominantenbildung ist hier weniger auf bestimmte Gattungen als auf die Gattungen übergreifende ästhetische Konzepte bezogen.

Am theatralen Kunstwerk sind mit den verschiedenen Materialien und Zeichensystemen zugleich verschiedene Künste beteiligt: Schauspielkunst, Tanz, Musik, Literatur, bildende Künste. Wie sie aufeinander bezogen werden, entscheiden der jeweilige T.-Begriff und die jeweilige ästhetische Konzeption. Während in Deutschland im 17. Jh. einerseits die Schauspielkunst als Verwandlungskunst und andererseits bildende Kunst und Musik dominierten, verschob sich im 18. Jh. die Dominante hin zur Literatur: Die Funktion einer moralischen Anstalt schien am ehesten über den vorab schriftlich fixierten sprachlichen Dialog realisierbar zu sein, in dem die referentielle Funktion überwiegt. Im 19. Jh. proklamierte Richard Wagner (1813-1883) mit dem Begriff des Gesamtkunstwerks ein gleichberechtigtes Zusammenwirken aller Künste unter einer gewissen Dominanz der Musik. Im T. der Gegenwart dagegen gelten allgemein verbindliche Regeln weder für die Kombination noch für die Dominantenbildung. In jeder Aufführung können sie sich neu und anders verwirklichen.

Derartige Grenzgänge zwischen T. und anderen Künsten betreffen nun nicht nur die T.aufführung. Sie finden umgekehrt auch in den anderen Künsten als ihre jeweilige Theatralisierung statt. Dies gilt für Literatur in Dichterlesungen ebenso wie für die bildende Kunst, so z.B. in „action painting“, „body art“, „landscape art“, in Lichtskulpturen und Videoinstallationen. Hier überwiegt die performative Funktion. Entweder präsentiert sich der Künstler selbst als Darsteller vor einem Publikum, oder der Zuschauer ist aufgefordert, sich um die Exponate herumzubewegen und mit ihnen zu interagieren, während andere Besucher zuschauen. Der Besuch einer Ausstellung bedeutet so häufig Teilnahme an einer Aufführung. Dies gilt in besonderem Maße für Aktionen bildender Künstler, die in den 60er Jahren zur Herausbildung eines neuen theatralen Genres geführt haben, der sog. Performance-Kunst.

4. T. stellt ein Medium mit ganz spezifischen Wahrnehmungs- und Kommunikationsbedingungen dar, die sich von denen anderer ↗ Medien wie der Printmedien oder der neuen Medien Film, Fernsehen, Video grundsätzlich unterscheiden. Für eine T.aufführung müssen sich Darsteller und Zuschauer gemeinsam für eine bestimmte Zeit an einem bestimmten Ort versammeln. Die Printmedien ebenso wie die neuen Medien machen dagegen den Benutzer (Leser/Zuschauer) von Raum und Zeit unabhängig. Ohne seinen Platz verlassen zu müssen, kann er Ereignisse verfolgen, die sich an den verschiedensten Orten zu den verschiedensten Zeiten zutragen bzw. zugetragen haben. Selbst körperlich immobil, unternimmt er es, mit Hilfe der Medien beliebig Räume und Zeiten zu durchreisen. Dabei geben die neuen Medien Fokus und Perspektive der Wahrnehmung durch die Kamera vor, im T. dagegen kann der Zuschauer seinen Blick schweifen lassen, Fokus und Perspektive jeweils selbst wählen.

Im T. laufen Produktion und ↗ Rezeption gleichzeitig ab. Während die physisch anwesenden Akteure Handlungen vollziehen, Zeichen hervorbringen, reagieren die physisch präsenten Zuschauer darauf unmittelbar, indem sie die Handlungen in dieser oder jener Weise rezipieren, die Zeichen so oder so deuten. Die Aufführung realisiert sich in diesem Sinne stets als Prozeß einer „face-to-face“-Interaktion zwischen Darstellern und Zuschauern. T. vollzieht sich also als ein Ereignis in einer Gemeinschaft physisch präsenter Menschen, wogegen bei den neuen Medien davon auszugehen ist, daß der einzelne individuell und isoliert von anderen – d.h. ohne physischen Kontakt zu den Produzenten oder anderen Rezipienten – mit ihnen umgeht.

T. grenzt sich jedoch nicht nur von anderen Medien ab. Vielmehr finden auch hier Austauschprozesse und Grenzgänge statt. So haben die neuen Medien das Repertoire der theatralen Zeichen erheblich erweitert. Bereits in den 1920er Jahren verwendeten Piscator, Eisenstein und Meyerhold in ihren Inszenierungen Filme, Rundfunkreden u.a. als wirkungsvolle theatrale Zeichen. In den letzten dreißig Jahren haben sich die damit eröffneten Möglichkeiten durch Einsatz der elektronischen Medien weiter vervielfacht. Diese Entwicklung hat zugleich die Wahrnehmungsbedingungen für den Zuschauer verändert: Innerhalb einer Aufführung muß er sich in schnellem Wechsel auf unterschiedliche Wahrnehmungsmodi einstellen können.

Umgekehrt läßt sich auch eine Theatralisierung der Medien beobachten, in denen Wirklichkeit weniger abgebildet als den jeweiligen Genres – z.B. Nachrichtensendung, politische Diskussion, Talkshow u.a. – entsprechend inszeniert wird.

5. Als soziale Institution umfaßt T. den künstlerischen, technischen und administrativen Betrieb zur Organisation, Produktion und Durchführung von Aufführungen. Er kann als ständige oder zeitweise Einrichtung sowohl vom Staat als auch von anderen Institutionen (wie Kirchen,

Schulen, Zünften, Vereinen, Gewerkschaften, Parteien) als auch von Privatpersonen getragen werden.

In Deutschland haben sich berufsmäßige Schauspieltruppen erst im 17. Jh. in der Nachfolge der engl. Komödianten herausgebildet. Sie bereisten als Wandertruppen die Höfe und Städte, wo sie zum Teil in speziellen T.sälen oder auch -gebäuden spielten, zum größten Teil jedoch – u.a. in den Städten – in eigens für diesen Zweck aufgeschlagenen T.buden aus Holz. Diese waren, wie die festen T.bauten an den Höfen oder auch in Hamburg und Leipzig, als Logen- und Rangtheater mit einer Guckkastenbühne konzipiert. Seit den 60er Jahren des 18. Jh. entstanden allmählich sog. stehende T. sowohl in den größeren Städten als auch in den Residenzen – sogar der Klein- und Kleinstaaten. Im Zuge dieser Entwicklung entstanden eine Reihe neuer T.gebäude, die in ihrer Konzeption den bereits bestehenden glichen. Grundsätzlich neue Konzeptionen werden erst im 20. Jh. verwirklicht (abgesehen von Wagners Festspielhaus in Bayreuth). Im Unterschied zu England und Frankreich, wo sich das T.leben im wesentlichen in der Metropole konzentrierte, stellt das T. in Deutschland als Folge dieser historischen Entwicklung bis heute auch in der Provinz eine wichtige kulturelle Institution dar.

6. T. kommt in mehrfacher Hinsicht eine Modellfunktion für die Kultur zu. Zum einen findet im T. eine „Verdoppelung" der Kultur statt, in der T. gespielt wird: Die theatralen Zeichen sind stets Zeichen von Zeichen, die dadurch charakterisiert sind, daß sie dieselbe materielle Beschaffenheit haben können wie die primären Zeichen, die sie bedeuten, d.h., ein Koffer kann einen Koffer, ein Kopfnicken ein Kopfnicken, ein Schrei einen Schrei bedeuten usw. T. reflektiert also die betreffende Kultur im doppelten Sinne des Wortes: Es (re)präsentiert sie und stellt sie in dieser (Re-)Präsentation vor die Wahrnehmung und das nachdenkende Bewußtsein des Zuschauers. T. wird so zu einem Modell der Kultur, an dem der Zuschauer mit ihren Bedeutungen und zugleich mit verschiedenen Verfahren der Bedeutungskonstitution konfrontiert wird.

Zum anderen werden unterschiedliche Phänomene und Prozesse des gesellschaftlichen Lebens in Abhängigkeit vom jeweils geltenden T.begriff als „T." qualifiziert; so z.B. eine spezifische Zuordnung von Akteuren und Zuschauern bei einer Interaktion, das Beobachten von Szenen, Maskierung, Kostümierung, Rollenspiel, effektvolle Inszenierungen von Auftritten, Abgängen, Situationen, Ereignissen und Schauplätzen. Die T.begrifflichkeit wird hier entweder metaphorisch (z.B. bei Philosophen und Schriftstellern) oder heuristisch (z.B. in den heutigen Kulturwissenschaften) eingesetzt, um bestimmte Aussagen über die betreffenden Phänomene und Prozesse machen zu können. In beiden Fällen nimmt sie eine entsprechende Modellfunktion wahr.

Erika Fischer-Lichte

Lit: J. Fiebach: Von Craig bis Brecht, 1975. – E. Fischer-Lichte: Kurze Geschichte des dt. T., 1993. – H. Schramm: Karneval des Denkens, 1995. – Ch.W. Thomsen (Hg.): Studien zur Ästhetik des Gegenwartstheaters, 1985.

Theaterwissenschaft

1. Theaterwissenschaftliche Vorlesungen und Seminare werden an dt. Universitäten seit der Jh.wende gehalten (M. Herrmann in Berlin, B. Litzmann in Bonn, A. Köster in Leipzig, H. Dinger in Jena, A. Kutscher in München, J. Petersen in Frankfurt, E. Wolff in Kiel, C. Niessen in Köln). 1923 erfolgte in Berlin die erste Institutsgründung durch Max Herrmann. Bis 1932 kamen weitere Institute in Kiel, Köln und München hinzu, daneben theaterwissenschaftliche Abteilungen in Frankfurt (bereits ab 1919), Jena und Königsberg. 1943 wurde in Wien ein weiteres Institut gegründet. 1995 ist T. an fünfzehn Universitäten im dt.sprachigen Raum vertreten.

Ebenso wie andere damals bereits etablierte Universitätsdisziplinen entstand T. nicht auf der Grundlage einer bestimmten Wissenschaftssystematik, sondern infolge einer spezifischen historischen Konstellation. Im 19. Jh. hatte das ↗ Theater im wesentlichen als Stätte der Vermittlung von Literatur gegolten. Der Kunstcharakter einer Aufführung war allein durch die aufgeführte Dichtung beglaubigt. Zu Beginn des 20. Jh. proklamierten Vertreter der sich programmatisch artikulierenden Theateravantgarde, daß Theater eine eigenständige Kunst darstelle, die mit einem ganz spezifischen nur ihr eigenen Material arbeite. Entsprechend sei die Aufführung als ein Kunstwerk sui generis zu betrachten. Zur selben Zeit fand in den Geisteswissenschaften ein Paradigmenwechsel statt. In dezidierter Abwendung von der historistischen Methode des naturwissenschaftlich orientierten Positivismus bestimmte Dilthey als Gegenstand der Geisteswissenschaften das einzelne Werk bzw. das singuläre Ereignis.

T. definierte sich entsprechend als eine Kunstwissenschaft, deren Gegenstand die einzelne Aufführung bildet. Diese Definition manövrierte sie allerdings von Anfang an in eine widersprüchliche Situation, und zwar sowohl im Hinblick auf das zeitgenössische Theater als auch hinsichtlich des Wissenschaftsverständnisses ihrer Vertreter. Zwar proklamierte die Theateravantgarde Theater als eine autonome Kunst; sie forderte jedoch zugleich die Überführung von Kunst in Wirklichkeit bzw. von Theater ins Leben und überschritt ständig die Grenzen zu anderen Künsten, Medien und kulturellen Veranstaltungen. Diese Seite der Theateravantgarde wurde von den Vertretern der sich neu formierenden T. weitgehend ausgeklammert. Aufgrund ihres Wissenschaftsverständnisses war eine wissenschaftliche Beschäftigung mit Aufführungen des ihnen zeitgenössischen Theaters nicht geplant. Sie begriffen T. vielmehr als eine historische Disziplin. Damit sahen sie sich jedoch mit der prinzipiellen Schwierigkeit konfrontiert, die Geschichte von Werken schreiben zu wollen, die nicht über ein fixiertes und damit tradierbares Artefakt verfügen. Sie suchten sie zunächst dadurch zu überwinden, daß sie als ihre Aufgabe das epistemologisch unhaltbare und daher aussichtslose Projekt formulierten, in einem ersten Schritt ihre Gegenstände, d.h. Aufführungen der Vergangenheit, rekonstruieren zu wollen. Später haben Theaterhistoriker diese Problematik dadurch zu umgehen versucht, daß sie, ohne den streng ästhetischen Theaterbegriff aufzugeben, ihn durch Einschluß psychologischer, soziologischer oder anthropologischer Komponenten erweitert haben. Bis zu Beginn der 1970er Jahre wurde dabei an der Voraussetzung festgehalten, T. in einer Bestimmung dessen fundieren zu wollen, was als „Wesen des Theaters" bezeichnet wurde oder zumindest doch als „das konstitutive Moment von Theater". Mit dieser Prämisse ging der Anspruch einher, eine umfassende spezifisch theaterwissenschaftliche Methode entwickeln zu wollen.

2. In den 1970er Jahren setzte in der T. eine Diskussion des überlieferten ästhetisch bestimmten Theaterbegriffs ein. Für eine Neuorientierung gingen wichtige Impulse von der Auseinandersetzung mit der Performance-Kultur der 60er und 70er Jahre aus, von der Erforschung der historischen Theateravantgarde (ca. 1900-1935), die eben diesen Theaterbegriff radikal in Frage gestellt hatte, von der Hinwendung zum Theater außereuropäischer Kulturen, das sich häufig nicht klar von anderen Arten kultureller Veranstaltungen unterscheiden ließ, weswegen es auch bis dahin als Domäne der Ethnologen gegolten hatte, von begriffsgeschichtlichen Untersuchungen zu „Theater", die den geltenden Theaterbegriff als historisch begrenzt auswiesen, und von der Einsicht in die zunehmende Theatralisierung von Wirklichkeit in unserer Gegenwartskultur. Die Diskussion resultierte in der Anerkennung, daß der jeweilige Theaterbegriff historisch und kulturell bedingt ist und nicht einem wie auch immer zu fassenden Wesen von Theater entspricht.

Diese Einsicht hatte zwei wichtige Entwicklungen in der T. zur Folge. Sie führte zum einen zu einer erheblichen Ausweitung ihres Gegenstandfeldes. Theaterwissenschaftler wandten sich nun dem Theater und anderen Arten von kulturellen Veranstaltungen in außereuropäischen Kulturen zu, Festen, religiösen Ritualen, politischen Zeremonien, Leichenzügen, Wahlkampfveranstaltungen u.a. sowie unterschiedlichen theatralen Phänomenen und Prozessen im gesellschaftlichen Leben europäischer Kulturen, anderen Künsten (bildender Kunst, Musik, Literatur, Film) und ↗ Medien (Fernsehen, Video, Computersimulation). Da diese Gegenstände bzw. Felder z.T. bereits von anderen Kultur-, Kunst- und Medienwissenschaftlern bearbeitet wurden, erfolgte eine Öffnung der T. zur Interdisziplinarität.

Eine solche Öffnung war zum anderen mit einem Rekurs auf den Begriff der Theatralität verbunden, den der russische Theatertheoretiker und -praktiker N. Evrejnov 1908 geprägt hatte („teatralnost'"). Bei Evrejnov war der Begriff als eine anthropologische Kategorie konzipiert, die auf einen „prä-ästhetischen Instinkt" des Menschen zurückgeht und entsprechend als allgemein verbindliches Gesetz der schöpferischen Transformation der von uns wahrgenommenen Welt definiert war. Heute wird der Begriff unter Bezug auf die kultur-, kunst- und mediengeschichtlich relevanten Faktoren der Wahrnehmung, der Körperverwendung und der Bedeutungsproduktion als ein interdisziplinäres Diskurselement begriffen und verwendet. T. versteht sich entsprechend als eine Kunst-, Kultur- und Medienwissenschaft, die, vermittelt über Theatralität, an der Schnittfläche und im Spannungsfeld zwischen verschiedenen Disziplinen operiert.

Mit dem Verzicht auf weitere Versuche einer „Wesensbestimmung" von Theater und der interdisziplinären Öffnung der T. wurde zugleich der Anspruch aufgegeben, eine umfassende, spezifisch theaterwissenschaftliche Methode entwickeln zu wollen. Statt dessen gilt heute das Postulat einer Pluralität von Methoden, das mit einer Anerkennung der prinzipiellen Partialität und Partikularität des jeweils gewählten Ansatzes einhergeht.

3. Als Kunstwissenschaft richtet sich T. auf theatrale Phänomene und Prozesse als ästhetische und im engeren Sinn auf Kunsttheater. Im Zentrum stehen hier z.B. ästhetische Theorien, eine Komparatistik der Künste unter dem Aspekt von Theatralität, Ästhetiken des Gegenwartstheater oder Geschichte des Kunsttheaters. Für Untersuchungen auf den zuerst genannten Feldern stellt

ein wichtiges Instrument die Aufführungsanalyse dar, die auch als Grundlage für die Bearbeitung kultur- oder medienwissenschaftlicher Fragestellungen dienen kann. Für eine Aufführungsanalyse ebenso wie für eine Theatergeschichte als Kunstgeschichte stellt es ein grundsätzliches Problem dar, daß sie nicht auf ein fixier- und tradierbares Artefakt zurückgreifen können. D.h., Theatergeschichte läßt sich nicht als Werkgeschichte schreiben und eine Aufführungsanalyse nur bedingt am Werk selbst, der Aufführung, durchführen. Beide müssen daher ihren Ausgang von Dokumenten über die Aufführung nehmen: von Beschreibungen, Interviews, Programmheften, Textvorlagen, Regiebüchern, Bildmaterialien, einzelnen überlieferten Elementen wie Kostümen, Requisiten usw., Film- und Videoaufzeichnungen – Aufführungsanalysen darüber hinaus von Notizen, die der Analysierende während oder nach der Aufführung angefertigt hat. Theatergeschichte als Kunstgeschichte richtet sich entsprechend auf ästhetische Konzeptionen sowie Strategien ihrer Verwirklichung sowohl in einzelnen Aufführungen als auch in einer ganzen Serie von Aufführungen (z.B. einer ↗ Gattung) oder auch auf spezifische theatrale Zeichensysteme bzw. einzelne beteiligte Künste wie die Schauspielkunst, das Bühnenbild, den Theaterbau. Eine Aufführungsanalyse wird als ein hermeneutischer Prozeß vollzogen, der – implizit oder auch ganz explizit – theoriegeleitet ist. Sie hängt von bestimmten historischen, gesellschaftlichen und subjektiven Bedingungen ab und stellt einen im Prinzip nicht abschließbaren Prozeß dar. Auf ihre Ergebnisse kann daher auch nicht die Alternative „richtig/falsch“ Anwendung finden, sondern nur die Alternative „plausibel/nicht plausibel“.

Als besonders brauchbar haben sich bisher semiotische Analysemodelle erwiesen. Sie definieren den theatralen Prozeß grundsätzlich als einen Zeichenprozeß (Semiose), in dem unterschiedliche Arten von Zeichen als Zeichen von Zeichen verwendet werden, die durch Polyfunktionalität und Mobilität charakterisiert sind: linguistische und paralinguistische, mimische, gestische, proxemische und musikalische Zeichen, Geräusche, Maske, Frisur, Kostüme, Requisiten, Dekoration, Beleuchtung, Raumkonzeption, ↗ Semiotik. Diese theatralen Zeichen können sowohl als einzelne relevant sein als auch in spezifischen sukzessiven und/oder simultanen Kombinationen, in denen sie zu komplexen theatralen Zeichen zusammentreten, die je nach ihrem Grad an Komplexität zu unterscheiden sind. Die einzelnen Analyseprozeduren, ihre Reihenfolge und die Ausdehnung ihres Anwendungsbereichs sind weitgehend von den leitenden Erkenntnisinteressen, der Problemstellung der Untersuchung und z.T. auch vom Typus der Aufführung abhängig. Generell gilt, daß semiotische Analysemodelle auf alle Arten von Aufführungen anwendbar sind, d.h. auf solche des sog. Sprech- oder Schauspieltheaters ebenso wie auf solche des Musik- und Tanztheaters, auf Performances im Bereich der Kunst ebenso wie auf Performances in anderen kulturellen Bereichen. Semiotische Analysemodelle haben den Vorteil, daß sie für die unterschiedlichsten theoretischen und methodischen Ansätze (z.B. diskursanalytische, psychoanalytische, wahrnehmungspsychologische, ideologiekritische, kommunikationstheoretische, kultursemiotische u.a.) Anschlußstellen liefern und entsprechend auch für kultur- und medienwissenschaftliche Untersuchungen brauchbar sind. Unter kunstwissenschaftlichem Aspekt durchgeführt, beziehen sie sich u.a. auf ästhetische Theorien und zielen auf die Ausarbeitung von Ästhetiken des Gegenwartstheaters.

4. Als Kulturwissenschaft fokussiert T. die kulturschaffende Potenz von Theater sowie seine Stellung im kulturellen Kontext. So gilt ihr Interesse z.B. der Relation zwischen Theater und anderen Arten öffentlicher Veranstaltungen, theatralen Phänomenen und Prozessen im gesellschaftlichen Leben (z.B. sozialen Rollenspielen oder Inszenierungsstrategien zur Hervorbringung bestimmter Images und Bedeutungsmuster – z.B. der Natürlichkeit – oder der Beobachtung von Straßenszenen oder Formen der Selbstinszenierung u.a.m.), der Verwendung, Funktion und Bedeutung des menschlichen Körpers auf dem Theater und in anderen kulturellen Systemen, Wahrnehmungsweisen in Theater, Wissenschaft und anderen kulturellen Bereichen, Modi der Bedeutungsproduktion und Repräsentation im Theater und anderen kulturellen Systemen, dem Theater als Schnitt- und Kreuzungspunkt verschiedener kultureller Kodes, der Funktion von Theater für die Ausbildung kultureller (und individueller) Identitäten, dem Selbstverständnis einer Kultur, das sich in Theater artikuliert usw. Alle diese Bereiche können sowohl historisch als auch im Hinblick auf gegenwärtige Kulturen bearbeitet werden. Theatergeschichte als Kulturgeschichte läßt sich unter einer Fülle von theoretischen und methodischen Ansätzen betreiben: als Mentalitäts-, Sozial-, Wissens-, Ideen- und Geistesgeschichte, als Psychohistorie, Geschichte des Alltags, der Institutionen, als Begriffsgeschichte oder als historische Anthropologie. Dabei ist zu bedenken, daß die Partialität eines jeden Ansatzes als Bedingung der Möglichkeit von Theaterhistoriographie gelten muß. Jede Theorie erklärt eine andere Art von „Mikrohistorie“, jede Methode bezieht sich auf eine andere Ebene. Theatergeschichten, die den Anspruch erheben, mit einem teleologisch ausgerichteten Geschichtsentwurf

die Geschichte *des* Theaters einer Kultur umfassend darzustellen, gelten heute als überholt, da sie auf nicht mehr nachvollziehbaren totalisierenden Konzepten von Geschichte und Theater beruhen. Für eine kulturwissenschaftlich orientierte Theatergeschichte ist heute in der Regel ein interdisziplinäres Vorgehen kennzeichnend.

Im Hinblick auf die Analyse von Gegenwartskulturen eröffnen sich der T. v.a. zwei interessante Perspektiven. Die eine betrifft eine kulturwissenschaftlich ausgerichtete vergleichende T., die das Theater verschiedener Kulturbereiche – westlicher, asiatischer, afrikanischer und lateinamerikanischer Kulturen – unter kulturkomparatistischen Gesichtspunkten untersucht. Die andere richtet sich auf die Theatralisierung unserer – westlichen – Gegenwartskultur und geht den Kulturinszenierungen nach, mit denen in den unterschiedlichsten gesellschaftlichen Bereichen einzelne und gesellschaftliche Gruppen sich selbst und ihren eigenen Lebensstil in Szene setzen bis hin zu symbolischen Politik-Inszenierungen. Hier wird es darum gehen, Kultur als Performance, als Darstellung und Inszenierung zu explizieren.

5. T. als Medienwissenschaft nimmt Theater als ein spezifisches Medium mit besonderen Wahrnehmungs- und Kommunikationsbedingungen in den Blick. Im Mittelpunkt des Interesses steht hier zum einen der medienspezifische Umgang des Zuschauers mit dem Theater. Bereits der Nestor der T., Max Herrmann, war von der Einsicht ausgegangen, daß „das Publikum [...] als mitspielender Faktor beteiligt ist. Das Publikum ist sozusagen Schöpfer der Theaterkunst." Er hatte daraus den Schluß gezogen, daß die T. auf keinen Fall diesen Aspekt vernachlässigen dürfe. Eine eigene Publikums- bzw. Zuschauerforschung als Rezeptionsforschung hat sich jedoch erst seit den 1970er Jahren herausgebildet. Sie wird heute mit einer Reihe unterschiedlicher theoretischer und methodischer Ansätze betrieben wie z.B. wahrnehmungspsychologischen, interaktionistischen, kommunikationstheoretischen, semiotischen, sozialpsychologischen, physiologischen.

Einen zweiten Schwerpunkt bilden Forschungen zur Intermedialität. Hier geht es sowohl um die Verwendung anderer Medien im Theater als auch um Phänomene wie z.B. die von Meyerhold proklamierte „Filmisierung" bzw. „Kinofizierung" des Theaters als auch um Prozesse der Theatralisierung anderer Medien bis hin zum computersimulierten virtuellen Raum als Theater. Dies Gebiet ist bisher nur punktuell bearbeitet. Grundlegende Untersuchungen stehen noch aus.

Ein weiteres Feld stellen mediale Transformationsprozesse dar: die Transformation eines literarischen Textes – eines Dramas (↗ Drama) – in eine Aufführung, einer Aufführung in einen Film oder auch in eine sog. Fernsehaufzeichnung bzw. Fernsehversion, eines Films in ein Theaterstück bzw. eine Aufführung, eines Dramas in ein ↗ Hörspiel oder in akustische Kunst. Ausgangspunkt für derartige Untersuchungen stellt die Überlegung dar, daß bei medialen Transformationen nicht einfach ein bestimmter „Inhalt" in verschiedenen Medien übermittelt wird (wie Milch in einem Glas, einem Krug, einer Kanne oder einer Tasse), sondern daß jeweils ein völlig neues Produkt entsteht, ein Werk sui generis, das *so* nur in diesem spezifischen Medium geschaffen werden konnte. Zwar liegen bereits überzeugende Ansätze zur Transformation des Dramas in eine Aufführung vor – überwiegend auf semiotischer Basis –, für eine allgemeine Theorie medialer Transformationen fehlen jedoch gegenwärtig noch die Voraussetzungen, da entsprechend ausgearbeitete Medientheorien nicht vorliegen.

Einen anderen wichtigen Aspekt betreffen Untersuchungen zu Funktionsveränderungen von Theater unter den Bedingungen einer medialen Kultur. Sie fokussieren zum einen die spezifische Kommunikationssituation von Theater, die als solche bereits zum Ereignis wird, und zum anderen die Reflexion des Theaters auf die durch die neuen Medien veränderten Wahrnehmungsbedingungen, die es entweder durch Integration oder durch Verzicht auf andere Medien vollzieht.

Erika Fischer-Lichte

Lit.: E. Fischer-Lichte: Semiotik des Theaters. 3 Bde., [3]1994. – H. Klier (Hg.): T. im dt.sprachigen Raum, 1981. – R. Möhrmann (Hg.): T. heute, 1990. – P. Pavis: Semiotik der Theaterrezeption, 1988.

Thematologie

1. Zwar wird der aus der frz. Komparatistik stammende Begriff in den Einzelphilologien schon seit mehr als zwei Jahrzehnten diskutiert, er vermochte sich jedoch trotz seiner heuristischen Zweckdienlichkeit noch nicht durchzusetzen. Statt dessen behauptet sich noch weitgehend die herkömmliche Bezeichnung „Stoff- und Motivgeschichte", wenngleich in ihrem Verständnis überholte forschungsgeschichtliche Positionen wie die monokausal-kumulative positivistische Einflußforschung, aber auch die ästhetizistischen Verdikte darüber nachwirken. In der philologi-

schen Praxis werden mittlerweile T., „Stoff- und Motivgeschichte" und „Themengeschichte" immer öfter synonym verwendet.

2. Thema (griech.-lat. „das Aufgestellte") bedeutet alltagssprachlich Aufgabe, zu behandelnder Gegenstand, Leitgedanke, Leitmotiv, Sache, Gesprächsstoff; sprachwissenschaftlich Gegenstand der Rede, psychologisches Subjekt des Satzes (Gegensatz zu Rhema); musikalisch eine aus mehreren Motiven bestehende Melodie, die den Grundgedanken einer Komposition oder eines Teils daraus bildet. Im Dt. läßt sich die Bezeichnung nur schwer von den Begriffen „Konzept, Problem, Haupt-, Leit- und Grundgedanke, Idee, Handlung, (Roh-)Stoff, Inhalt, Plot, Fabel, Sujet" abgrenzen. Infolge des multilingualen und -literalen Gepräges der ↗ Komparatistik, der die T. im allgemeinen zugeordnet wird, fließen in die literaturwissenschaftliche Begriffsverwendung von T. und Thema Bedeutungskomponenten v.a. aus dem engl. „theme" (text, topic, argument, subject, matter, subject matter, motive, motif, leitmotiv; composition, paper, essay, article) und dem frz. „thème" (sujet, matière d'un discours) ein. Zur weiteren fachsprachlichen Begriffsverwirrung tragen schließlich die partielle semantische Unbestimmtheit bzw. Unterschiedlichkeit der thematologischen Grundbegriffe dt. „Stoff" und „Motiv", frz. „thème", „motif" und „mythe" sowie engl. „theme", „motif" und „motive" bei. Nach François Jost (*Introduction to Comparative Literature*, 1974) entspreche dt. „Rohstoff" dem engl. „raw material, inorganic literary matter" und dem frz. „matière première, matière littéraire inorganique"; dt. „Stoff" dem engl. „theme" und dem frz. „thème"; dt. „Motiv (Kernmotiv, Zentralmotiv)" dem engl. „motif, motive (central motif)" und dem frz. „motif" („motif central"). Der Sprachverwendung des Komparatisten Raymond Trousson folgend wird auch zusehends frz. „thème" mit „mythe" ineinsgesetzt.

3. Dt. „Thema" bzw. „Thematik" meint den eigentlichen Aussagegehalt, den Sinn, die Problematik, das Anliegen oder den gedanklichen Hintergrund eines Textes, steht also mit dem gebräuchlichen Begriff „(Roh-)Stoff" in nur losem Zusammenhang. Etymologisch leitet sich „Stoff" von ital. „stoffo", afrz. „estoffe", nd. „stoffe" (Gewirk, Gewebe, Material, Gewebe) her, drang im 17. Jh. aus der niederländischen Handwerker- und Kaufmannssprache in den dt. Sprachraum ein und bedeutete vorerst Seidengewebe, dann in metonymischer Übertragung auch Musterzeichnung für Seidenstoffe und schließlich alle Arten von Textilien. In übertragenem Sinne wird Stoff erst seit dem 18. Jh. verwendet. ↗ Germanistik und Komparatistik verstehen darunter ein vom Autor aufgegriffenes Faktum (Bericht, Erlebnis, historische Ereignisse, eine andere Dichtung, Realien im weitesten Sinne), ferner eine von der literarischen Ausführung und dem abstrakten Konzept des Textes trennbare Figurenkonstellation oder Situationsabfolge, mithin „eine schon außerhalb der Dichtung vorgeprägte Fabel", einen „‚Plot', der als Ereignis, als historische, mythische, religiöse Fabel, als ein bereits durch einen anderen Dichter gestaltetes Kunstwerk oder auch als selbsterfundene Handlung dichterisch gestaltet wird" (E. Frenzel, 1978). Stoffe wiederum setzen sich nach gängiger Forschungsmeinung aus Motiven zusammen – kleineren stofflichen Einheiten wie etwa schematisierten Vorstellungen von Ereignissen, Situationen, Figuren, Gegenständen oder Räumen, die ein hermeneutisch abgrenzbares inhaltlich-situatives Element im Handlungsgefüge darstellen. Obgleich (oder gerade weil) die Unschärfe dieser Definition es letztlich dem jeweiligen Interesse und dem bloßen Geschick des Interpreten anheimstellt, welches Textelement an welcher Stelle und in welcher Funktion als Motiv identifiziert und entschlüsselt werden kann, zählt sie zu den nach wie vor gängigen Behelfen der Themenforschung.
↗ Mythos, d.h. im Dt. Dichtung, ↗ Sage, Erzählung im Sinne einer axiomatischen Aussage, die die Existenz und Geschichte der Welt und des Menschen auf das Handeln von göttlichen Wesen (Numina), deren Wirken im Himmel, auf der Erde, bei ihrer Begegnung mit Menschen und in der Unterwelt zurückführt, bedeutet im Frz. (bezogen auf die Literatur) „un ensemble d'éléments liés, significatifs d'une expérience humaine", „une configuration symbolique" (Y. Chevrel, 1989) sowie „une structure dynamique qui combine épisodes, personnages et situations selon une dialectique chaque fois originale" (P. Brunel/A. Dabezies). Auf einen semantischen Nenner gebracht, zeigen dt. „Stoff" und „Motiv", engl. „theme" und „motif", frz. „thème", „mythe" und „motif" unterschiedlich dimensionierte und kategorisierte Komponenten des dargestellten Geschehens in seiner Verbindung zum außerliterarischen oder intertextuellen Kontext an. In dem Maße, wie engl. „theme" und frz. „thème" in die literaturwissenschaftliche Terminologie des dt. sprachigen Raumes eindringen und sich dabei mit dt. „Thema" als „abstrakt formulierte, jedoch auf den Sujetzusammenhang bezogene Kennzeichnung einer allgemeineren Bedeutung einzelner Teile oder des Ganzen, eventuell der Sinnmitte oder der Idee eines Werkes" überlappen (Th. Wolpers), erweitern sich freilich auch Fragestellungen, Methoden und Schwerpunktsetzungen der Stoff- und Motivgeschichte, denn „‚Stoff' ist nicht gleich ‚Thema', aber ‚Thema' schließt ‚Stoff' mit ein" (M. Beller).

THEMA

4. Themen- und stoffvergleichende Überlegungen stellte man im dt.sprachigen Raum erstmals in der ↗ Literaturkritik des 18. und frühen 19. Jh. an (G.E. Lessing, *Hamburgische Dramaturgie*, 1767-69; Ch.M. Wieland, *Fünf Briefe an einen Freund über das deutsche Singspiel Alceste*, 1773; F. Schiller, *Über die Iphigenie auf Tauris*, 1789; A.W. Schlegel, *Comparaison entre la Phèdre de Racine et celle d'Euripide*, 1807). Seit den Sammlungen der Brüder Grimm verwissenschaftlichte sich die stoffgeschichtliche Reflexion zu einer positivistisch ausgerichteten philologischen Disziplin, die vornehmlich den Aufweis kausaler Zusammenhänge stofflich-motivischer Verwandtschaften und Abhängigkeiten anstrebte. Nach W. Dilthey, der die Stoff- und Motivgeschichte der naturwissenschaftlich geprägten vergleichenden ↗ Literaturwissenschaft französischsprachiger Provenienz zuwies, biete die Erforschung motivischer Zusammenhänge die Möglichkeit geistesgeschichtlich-literarästhetischen Erkenntnisgewinns (*Über die Einbildungskraft des Dichters*, 1877). Über die sowjetischen Formalisten (Viktor Šklovskij u.a.) wirkte die Stoffgeschichte in der Positivismusnachfolge auf die strukturalistische Erzähltheorie (Vladimir Propp u.a.), ↗ Erzähler, Erzähltheorie. Die von Vertretern formalästhetischer und geistesgeschichtlicher Literaturbetrachtung, namentlich von B. Croce, O. Walzel, F. Gundolf, R. Unger, J. Wiegand, F. Baldensperger, P. Hazard und P. van Tieghem geäußerten Vorbehalte gegenüber der positivistischen Themenforschung sind seither nicht verstummt. Die Kritik entzündet sich v.a. an der kunstfremden „Stoffhuberei" der T., am selbstgenügsamen, aneinanderreihenden Sammeln stoffgleicher Dokumente, an der oberflächlichen, weil dem sogenannten ästhetischen Gehalt der poetischen Schöpfung angeblich unangemessenen Konzentration auf die transtextuelle Dimension dargestellter Figuren, Situationen, Ereignisverläufe und Konzepte. An diese kritische Tradition knüpft das berühmt-berüchtigte Verdikt R. Welleks und A. Warrens an, wonach Stoffgeschichte „the least literary of histories" sei (*Theory of Literature*, 1949). Auch W. Kayser belegte die Stoff- und Motivgeschichte in seiner lange Zeit als Standardwerk geltenden Poetik *Das sprachliche Kunstwerk* (1948) mit beißender Kritik, indem er ihr vorwarf, sie beschneide die Kunstwerke um ihre ästhetische Geschlossenheit. Tatsächlich verzeichnet die Stoffgeschichtsschreibung bis in die jüngste Vergangenheit eine Reihe von Studien, die sich mehr oder weniger mit der Verschriftlichung von Zettelkästen begnügten. Diesen Mängeln suchten seit den 1960er Jahren insbes. von der Komparatistik ausgehende Neubestimmungen der Themenforschung abzuhelfen.

Theoretischer Ausgangs- und methodischer Brennpunkt dieser (namentlich von R. Trousson ausformulierten) Ansätze einer kulturwissenschaftlichen Fundierung der bereits totgesagten Stoffgeschichte ist die Rückbesinnung auf die Historizität sowie auf die ↗ Intertextualität jeder literarischen Äußerung. Trousson stellt in seinem Plädoyer für eine neue Stoffgeschichte die ideengeschichtliche Dimension des Forschungsansatzes in den Vordergrund. Allein der wechselseitige Einbezug von literarisch-thematischer und allgemeiner Geschichte gebe Aufschluß über die jeweilige kulturelle Funktion der inhaltlichen Elemente von Literatur (R. Trousson, *Plaidoyer pour la ‚Stoffgeschichte'*, 1964; ders., *un problème de littérature comparée*, 1965; ders., *Thèmes et mythes*, 1981). In den jeweiligen Darstellungen literarisch vorgeformter Figuren und Situationen prägten sich zeitgenössische Politik, Ideologie, Kultur in einem Maße ein, daß die Geschichte der Stoffe ohne weiteres als Zivilisationsgeschichte gelesen werden könne. Weitere Rechtfertigungsversuche der vielgeschmähten Disziplin unternahmen u.a. der Romanist H. Petriconi, der in der Themenforschung eine Möglichkeit sah, die autorfixierte Literaturbetrachtung korrigierend zu erweitern (*Metamorphosen der Träume*, 1971), oder H. Levin mit seinen Bemühungen um einen Ausgleich zwischen formalästhetischen und stoffzentriert-kulturgeschichtlichen Erkenntnispostulaten (*Thematics and Criticism*. In: P. Demetz/Th. Greene/L. Nelson (Hg.), *The Disciplines of Criticism*, 1968). Von besonderer Brisanz für die nach wie vor aktuelle Gegenstandsbestimmung des Faches im dt.sprachigen Raum erwies sich Manfred Bellers Forderung, in Anlehnung an die frz. und engl. Terminologie die Begriffe „Stoff" bzw. „Stoff- und Motivgeschichte" zugunsten von „Thema" und „T." aufzugeben und solcherart dem Forschungszweig nicht nur eine erweiterte historische Tiefendimension, sondern auch eine geschärfte poetologische Perspektivik zu verleihen. Der theoretisch-methodologischen Rehabilitation des Faches waren rege bibliographische Unternehmungen vorangegangen, angefangen mit Fernand Baldenspergers und Werner Paul Friedrichs *Bibliography of comparative Literature* (1950, [2]1960; Abschnitt *Literary Themes [Stoffgeschichte]*) über Franz Anselm Schmitts *Beruf und Arbeit in deutscher Erzählung* (1952) sowie *Stoff- und Motivgeschichte der deutschen Literatur. Eine Bibliographie* (1959, [3]1976), Erwin Heinzels *Lexikon historischer Ereignisse und Personen in Kunst, Literatur und Musik* (1956) bis hin zu Elisabeth Frenzels *Stoffe der Weltliteratur* (1962) und *Motive der Weltliteratur* (1976). 1978 richtete die Philologisch-Historische Klasse der Akademie der Wissenschaften in Göttingen eine Kommission für literaturwissenschaftliche Motiv- und Themenforschung ein, die sich in fächerübergreifenden Symposien darum bemüht, die Inhaltsforschung weiterzuentwickeln. Motive und Themen werden dabei nicht nur als Inhalte und Bedeutungen aufgefaßt, sondern auch als strukturierte und strukturbildende Einheiten, die den Kunstcharakter der Literatur bestimmen.

5. Im Gegensatz zur Terminologie besteht weitestgehende Einhelligkeit darüber, wie Themen, Stoffe und Motive sinnvoll zu typologisieren sind. Gemeinhin wird nach E. Frenzel und R. Trousson unterschieden zwischen „Situationsstoffen" („thèmes de situations"), bei denen eine bestimmte Konfliktlage den Handlungsfortgang und die Aktion des Protagonisten motiviert (z.B. Ödipus, Antigone), und „personalen Stoffen" („thèmes de héros"), in denen umgekehrt das vorgegebene Profil einer Figur die Geschehensabfolge prägt (z.B. Prometheus, Don Quijote). Eine gewisse Erweiterung der Perspektive erlaubt die Einteilung in „types légendaires" (biblische, mythologische, literarische Figuren), „types historiques", „types sociaux" und „types professionnels" bzw. „types folkloriques" und „types généraux" (einschließlich der „types nationaux"). Wenngleich unterschiedlich kategorisiert und definiert, sind Situationsstoffe und Motive nur schwer voneinander abzugrenzen: Situationen im engen Sinn (das Dreiecksverhältnis, der Generationenkonflikt), natürliche Phänomene, geo- und topographische Gegebenheiten (Wald, Ozean, Gebirge; Stadt, Dorf, Land), Konzepte (Freiheit, Natur), Empfindungen (Liebe, Haß, Eifersucht), Bereiche der Conditio humana (Glück, Tod, Krieg, Arbeit) werden ihnen ebenso zugeordnet wie „eternal facts of human existence" (Träume, Tod), „perennial human problems and patterns of behaviour" (Konflikt zwischen Illusion und Realität, die Macht des Schicksals, Libertinage) oder rekurrierende „motifs" in Literatur und Folklore (die drei Wünsche, das wüste Land). Nach ihrer Position im Text unterscheidet E. Frenzel zwischen Kern-, Rahmen- oder Füllmotiven; nach ihrer Funktion (anknüpfend an Goethes und Schillers Versuch *Über epische und dramatische Dichtung*) zwischen vorwärtsschreitenden, retardierenden, zurückgreifenden und vorgreifende Motiven.

6. Die Corpusbildung stellt sich infolge der (je nach Thema) teils unüberschaubaren, teils dürftigen Materiallage als besonders schwierig dar und hängt engstens mit dem jeweiligen Literaturverständnis und Erkenntnisinteresse des Bearbeiters zusammen. Aus Erwägungen der Arbeitsökonomie wie infolge methodologischer Unbekümmertheit folgt die thematologische Praxis vielfach den Selektionskriterien der literarästhetischen und -historischen Kanones. Der von vornherein eingeschränkte Blick muß notwendig zu (v.a. soziohistorisch und kulturgeschichtlich) fehlerhaften Hypothesen und Ergebnissen führen, definieren sich die Begriffe Thema, Stoff, Motiv und ihre engl. und frz. Entsprechungen doch über das Kriterium der Inter- bzw. Kontextualität und widerstreiten damit einer rein literarästhetisch-poetologischen Anwendung. Insofern steht auch E. Frenzels Diktum von der Realitätshaltigkeit und Allgemeinmenschlichkeit von Motiven oder der Affinität zwischen der Häufung stoffgleicher Texte mit dem soziopolitischen Kontext im Widerspruch zur Auffassung, daß der Gegenstand der Stoff- und Motivforschung keinesfalls ein außerliterarischer sein dürfe. Ideen-, kultur- oder mentalitätsgeschichtliche Erkenntnisziele nötigen zu einer vorerst umfassenden, wenn nicht auf Vollständigkeit hin angelegten Corpusbildung. Bei der Suche nach tragfähigen Kriterien zur Corpusbildung ist die Gefahr zirkulären Schließens zu bedenken. Großer Beliebtheit erfreut sich nämlich das Verfahren, ein bestimmtes figurales oder situatives Textelement zum idealtypischen, die zu bearbeitenden Texte definierenden Modell zu erklären, ohne sich dessen bewußt zu sein, daß sich bereits das Modell durch Texte definiert. Statt dessen schlägt J. Rousset die Suche nach den Invarianten eines Themas vor (das wären z.B. beim Don-Juan-Stoff der Tod – die Gruppe der Frauen – der Protagonist in seiner Beziehung zu Tod und Frauen). Die weitere Einschränkung des Textcorpus hängt von der jeweiligen Fragestellung ab: beispielsweise ob Affinitäten bestehen zwischen bestimmten Themen und Gattungen (textsortenspezifische Eingrenzung), Nationalliteraturen (sprachliche Eingrenzung), kommunikativen Funktionen (Eingrenzung nach literarischen Teilbereichen wie „Kunst"literatur, Schemaliteratur) oder literarischen, sozialhistorischen bzw. soziopolitischen Epochen (epochenspezifische Eingrenzung). Eine etwaige synchrone Schwerpunktsetzung kommt freilich ohne die der Disziplin eigentümliche diachrone Perspektivik nicht aus.

7. Das methodische Hauptrüstzeug der T. ist der Vergleich von Figuren, Geschehen(selementen), literarisierten Realien und Konzepten themen- bzw. stoffanaloger Texte. Bei vielbenutzten Themen (z.B. Faust, Don Juan; Situationsthemen wie Generationenkonflikt, Verführung, Nebenbuhlerschaft usw.) ergeben sich infolge der Materialfülle beträchtliche Darstellungsprobleme, die sich in der Praxis häufig in einer Aneinanderreihung von Inhaltsreferaten oder der Beifügung gesonderter lexikalischer Kompendien am Ende von Vergleichsstudien mit ansonsten eingeschränkter

Materialbasis niederschlagen. Dem setzt M. Beller den „aktiven Vergleich“ entgegen, worunter er die gegenüberstellende Interpretation von Stellen rechnet, „an denen Fabelstruktur, Motive, Einzelzüge, Bilder, Topoi und Metaphern eines Stoffkomplexes über die Schranken historischer Abfolge hinweg zueinander in Beziehung gesetzt sind“, sowie deren komparatistische Qualifikation vor der Folie der historischen Kontexte.

8. Ausgehend vom Realitätsbezug des Gegenstandes richten sich die Erkenntnisinteressen der T. zunehmend auf die transliterarischen Funktionen von Stoffen und Motiven. In Frankreich, wo die T. stark von der Annales-Schule geprägt wurde, hatten den Begriff „méthode thematique“ bereits in den 1960er Jahren auch Stilforscher, Erzählforscher, psychoanalytische Literaturbetrachter, Anthropologen oder Strukturalisten für sich in Anspruch genommen. Das von E. Frenzel, der Doyenne der deutschsprachigen Stoff- und Motivforschung, favorisierte Erkenntnisziel einer „Aufdeckung der Wachstumsbedingungen des im Laufe der Zeit Gewordenen“ unter Miteinbeziehung der „Wertung der künstlerischen Persönlichkeit und des individuellen Kunstwerks“ läßt außer acht, worauf bereits P. Merker in den 1920er Jahren bestanden hatte: daß nämlich stoff- und motivgeschichtliche Arbeiten „einen soziologischen und geistesgeschichtlichen Generalnenner tragen“ müssen, da Stoffgeschichte „zugleich Formgeschichte, Gesellschaftsgeschichte, Geistesgeschichte“ sei (*Stoff, Stoffgeschichte*. In: Reallexikon [1928/29]). Die Erforschung von Themen, Mythen, Motiven schließt die Frage nach literarischen Welt- und Geschichtskonzeptionen, Selbst- und Fremdidentifikationen notwendig mit ein (Y. Chevrel, 1989) und kommt demzufolge ohne Einbeziehung anthropologischer, ideen-, ideologie-, moral-, sozial-, politik- und religionsgeschichtlicher Aspekte nicht aus. In diesem Sinne trägt die T. nicht nur zur gleichsam empirischen Relativierung der auf ästhetischen Normen beruhenden, autoren- und einzeltextzentrierten Literaturgeschichtsschreibung bei, sondern darüber hinaus zur Erfassung und Analyse von Mentalitäten unterschiedlicher Zeiträume und Ethnien.

Beatrix Müller-Kampel

Lit.: M. Beller: Von der Stoffgeschichte zur T. In: arcadia 5 (1970). – E. Frenzel: Neuansätze in einem alten Forschungszweig: Zwei Jahrzehnte Stoff-, Motiv- und Themenforschung. In: Anglia 111 (1993). – E. Frenzel: Stoffe der Weltliteratur, [8]1992. – E. Frenzel: Motive der Weltliteratur, [4]1992. – E. Frenzel: Stoff-, Motiv- und Symbolforschung, [4]1978. – R. Trousson: Thèmes et mythes, 1981.

Tierdichtung

1. T. bezeichnet allgemein literarische Werke, in denen Tiere die Handlungsträger darstellen. T. im engeren Sinn bezieht sich auf Texte, die nur Tiere handeln lassen und v.a. aus deren Perspektive erzählen; im weiteren Sinn gehört auch Literatur mit Tieren als Handlungspartnern dazu. Im ersten Fall erscheinen Menschen eher als Nebenfiguren, im zweiten stärker handlungsbestimmend. T. gibt es in Vers und Prosa in vielen literarischen Formen und Gattungen: hauptsächlich als ↗ Fabel und ↗ Epos, ferner als ↗ Märchen, ↗ Sage, ↗ Parabel, Allegorie, ↗ Schwank, Exempel, aber auch als ↗ Roman und ↗ Drama. Im einzelnen sind dabei Abgrenzungen schwierig, unscharf bleiben Bezeichnungen wie Tiererzählung oder -geschichte.

2. Voraussetzung für T. bildet die Vermenschlichung (Anthropomorphisierung) von Tieren. Sie ist auf allen Ebenen menschlichen Verhaltens und Handelns möglich, ohne daß Tiere in Menschengestalt gekleidet werden, und äußert sich v.a. in der Sprachfähigkeit der Tiere. Die schlüssige Verzahnung anthropomorpher und animaler Züge gilt als Qualitätsmerkmal von T., andernfalls handelt es sich um Schlüssel- oder Sachliteratur. Die Anthropomorphisierung zielt nicht auf die Darstellung gemischter Charaktere, sondern auf die von Vertretern typischer Eigenschaften. So ist der Wolf immer dumm und gefräßig, der Fuchs listig und lernfähig („Bestandheit der Charaktere“, Lessing). Damit lassen sich die Tierfiguren im Epos auf den Gegensatz von Schelm und Dümmling oder von Torheit und Weisheit konzentrieren. Unklar ist, wie weit dabei interpretierte Naturbeobachtung oder lediglich Zuschreibung aus menschlicher Perspektive vorliegt. T. lebt aus der Spannung von Individualisierung des Tieres (Name, z.B. Reineke) und Typisierung im Blick auf die Gattung (z.B. Fuchs). Die Darstellung von Tieren mit menschlichen Eigenschaften ermöglicht dem Autor, relativ gefahrlos Kritik zu üben und so die Herren „zur Wahrheit zu betrügen“ (Luther).

3. Die polygenetische Entstehung der T. reicht kulturübergreifend in archaische Zeit zurück und wird von mythischen (Tiergötter), aitiologischen (Sage) und märchenhaften (Verwandlungsthematik) Vorstellungen geprägt. Die Fabel hat ihren „Sitz im Leben“ in der griech. Gesellschaft (Äsop, der sagenhafte Begründer der Gattung, war Sklave), das Tierepos setzt die feudale Gesellschaftsordnung des MA voraus. Die „einfachen Formen“ leben lange in der Mündlichkeit, das Tierepos scheint von Beginn an auf Schriftlichkeit verwiesen, ↗ Mündlichkeit/Schriftlichkeit. Entsprechend vielgestaltig sind die Überlie-

ferungs- und Vortragsformen. *Physiologus* und Bestiarien entstehen in frühchristlicher und frühmittelalterlicher Zeit, sie legen das „Buch der Natur“ allegorisch aus; in der ↗ Moderne begegnen literarische Bestiarien als ↗ Parodie.

4. Die Funktion der T. liegt nicht in mimetischer Darstellung. Ihre Absicht ist vorwiegend „Lehre“, auch dann, wenn komische (Tierschwank) oder parodistische (Frosch-Mäuse-Krieg) Züge vorherrschen. Gerade die Tiere in der Fabel veranschaulichen das Lehrziel dieser Gattung, die in verhüllender Weise Einsichten und Erfahrungen über Anpassung und Widerstand vermittelt. Das mittelalterliche Tierepos parodiert einmal nicht nur heroische und höfische Dichtung, sondern auch Sitten und Einrichtungen der Zeit. Zum andern ist es ↗ Satire und entlarvt mit den Mitteln des Angriffs, beruhend auf einer Norm, und der Indirektheit (eben über die Tierfiguren) die brüchige Ordnung einer Tiergesellschaft, in der Fressen und Eigennutz Grundsätze der Ethik und des Rechts konterkarieren. Der Fuchs als Katalysator vermag, die Repräsentanten der Tierhierarchie auf ihre wahre Natur zu reduzieren. Die Satire richtet sich allgemein auf Mönchtum und Rechtspraxis, speziell auf staufische Herrscher und einzelne Große des Reiches.

5. Die ↗ Fabel, zuerst in Griechenland im vorchristlichen 4. Jh. bezeugt, kommt über lat. Sammlungen in das europäische MA (Marie de France *Esope*, 12. Jh., Stricker 13. Jh., Boner 14 Jh.). Nach H. Steinhöwels *Esopus* (1476/77) wird sie beliebtes Instrument in der Reformationsperiode (Luther, B. Waldis, E. Alberus), ↗ Reformation. Ein Höhepunkt liegt in der Aufklärungszeit (Hagedorn, Gleim, Gellert, Lessing), ↗ Aufklärung. Im 19. Jh. zur Literatur für Kinder verharmlost, gibt es später nur wenige Ansätze zur Wiederbelebung (z.B. Arntzen). Das Tierepos – ein Vorläufer ist die allegorische *Ecbasis* (11. Jh.) – tritt mit dem *Ysengrimus* um 1150 hervor. Der darin vorherrschende Gegensatz von Fuchs und Wolf, das Motiv vom Wolfsmönch und die Hoftagsfabel bestimmen von nun an die Überlieferung. Der altfrz. *Roman de Renart* (1174-1250), der in immer neuen Erzählzweigen („Branches“) den Fuchs-Wolf-Antagonismus thematisiert, führt diesen endgültig aus dem Kloster in die feudale Welt. Der *Reinhart Fuchs* des Elsässers Heinrich (Ende 12. Jh.) bringt ein unerwartetes Ende: Der Fuchs tötet den Löwenkönig, der Erzähler heißt den Mord gut. Auf flämisch-niederländischer Vermittlung (*Reinaert I* von Willem, 13. Jh., *Reinaert II* oder *Reinaerts Historie* 14. Jh., gedruckt 1487 in der Bearbeitung von Henric von Alcmaer) beruht der *Reynke de vos* (1498) mit einer sog. katholischen Glosse, die in der Ausgabe von 1539 durch eine protestantische ersetzt wird. Eine Übersetzung ins Hochdt. (1544) und zahlreiche Reim- und Prosafassungen (Volksbuch) halten den Stoff bis ins 18. Jh. hinein lebendig. Goethes *Reineke Fuchs* (1794) ist das bekannteste der Fuchsepen. Der Wandel der Fuchsfigur vom Sünder zum Schelm kennzeichnet diese Entwicklung. Glaßbrenners *Neuer Reineke Fuchs* (1846) setzt neue Akzente, indem er, die Tradition der Fuchsepen verlassend, eine aktuelle Satire auf die Vormärzzeit bietet, insbes. auf die Schwächen und Intrigen der leicht zu entschlüsselnden Tierherrscher. Wie die Fabel wird auch die satirische Stoßrichtung des Reineke-Stoffs in den Jugendbüchern des 19. Jh. entschärft, ↗ Kinder- und Jugendliteratur. Moderne Wiederbelebungen (M. Braun, *Komödie von Reineke Fuchs*, 1965; F. Fühmann, *Reineke Fuchs*, 1964) bleiben folgenlos.

Ähnlich wie in der Entwicklung der Fabel ist für die dt. T. das 16. Jh. eine produktive Zeit, die außer den Reineke-Epen reformatorische Streitschriften (Luther, *Mönchkalb;* Melanchthon, *Papstesel;* Anonymus, *Das Wolffsgesang)* weitere Werke aufweist wie Rollenhagens *Froschmäuseler* (1595), die die antike Homerparodie *Batrachomyomachia* aufnehmen, Fischarts *Flöh Haz / Weiber Traz* (1573 und 1577) sowie W. Spangenbergs *GanßKönig* (1607) und *EselKönig* (1625). Aus dem 19. Jh. sind so unterschiedliche T. zu nennen wie *Die redenden Thiere* von G.B. Casti (1802/ dt.1817) oder *Bilder aus dem Staats- und Familienleben der Thiere* von Grandville (1842/ dt.1846), auf dt. Seite E.T.A. Hoffmanns *Lebensansichten des Katers Murr* (1819/21), Brentanos *Gockel, Hinkel und Gackeleia* (1838), Heines *Atta Troll* (1843 und 1847) oder E. v. Bauernfelds Drama *Die Republik der Thiere* (1849). In späteren T. tritt das satirische Element zurück, in den Vordergrund rückt z.B. das Empfinden für Mitleid mit dem Tier (R. Kipling, *Dschungelbücher*, 1894/95; J.V. Widmann, *Maikäferkomödie*, 1897; J. London, *Wolfsblut*, 1905) bis hin zum Sentimentalen (z.B. W. Bonsels, *Die Biene Maja*, 1912; F. Salten, *Bambi*, 1923). Tier- und Menschenschicksal werden verknüpft (H. Melville, *Moby Dick*, 1851; Fritz Reuter, *Hanne Nütte*, 1860; M. v. Ebner-Eschenbach, *Krambambuli*, 1863; Th. Mann, *Herr und Hund*, 1920; Hemingway, *Der alte Mann und das Meer*, 1952). T. mit realistischem Einschlag bieten der moderne Tierroman von Sv. Fleuron (z.B. *Meister Lampe* 1923) und die zur Heimatkunst zählenden Geschichten H. Löns' (z.B. *Mümmelmann*, 1909) bis hin zu lokalen Spielarten der Kinder- und Jugendliteratur (z.B. Kurt Knaak, *Der rote Schlauberger*, 1972). In Orwells politischer Satire *Animal Farm* (1945, dt. 1946) bleibt unentschieden, „wer das Schwein und wer der Mensch war“. Erich Kästner bezeichnet seine *Konferenz der Tiere* (1949) als eine

Attacke gegen die „Trägheit der Herzen". Elemente der T., insbes. des Tiermärchens mit dem Motiv der Tierverwandlung, begegnen in Erzählungen F. Kafkas (u.a. *Die Verwandlung*, 1916) und in der phantastischen Literatur (z.B. G. Langelaan, *Die Fliege* 1957/dt. 1963). Tiere spielen im Werk von Günter Grass eine wichtige Rolle, im Märchen gründet *Der Butt* (1977).

6. Bis in die Mitte des 19. Jh. kennzeichnen Parodie und Satire die T., die v.a. in politischen Umbruchs- und religiösen Krisenzeiten ein beliebtes literarisches Mittel der kritischen Einmischung gewesen ist. Diese satirische Funktion erfüllt T. seit der Mitte des 19. Jh. kaum noch. Offenbar kann die insbes. der Tierepik zugrunde liegende feudale Ordnung nicht mehr die komplexen modernen Gesellschaftsstrukturen abbilden.

Klaus Düwel

Lit.: J. Grimm: Reinhart Fuchs, 1834 (Ndr. 1974). – H.R. Jauß: Untersuchungen zur mittelalterlichen T., 1959. – B. Ross: The inheritance of animal symbols in modern literature and world culture, 1988. – U. Schwab (Hg.): Das Tier in der Dichtung, 1970.

Topos

1. Dem Begriff mangelt die präzise wissenschaftliche Definition, da in seiner Verwendung unterschiedliche Traditionen und z.T. widersprüchliche fachsprachliche Bestimmungen nachwirken. Prinzipiell bedeutet T. seit der Antike einen weithin anerkannten Begriff oder Gesichtspunkt, der als rhetorisches Mittel anzuwenden ist, weiter ein traditionelles Denk- und Ausdrucksschema sowie ein Klischee, ↗ Rhetorik. Die Topik ist die Wissenschaft bzw. Lehre von den Topoi; die mit dem Schein von Gründlichkeit auftretende antike Redekunst; sprachwissenschaftlich (in der Entgegensetzung zu „Prädikation") die Gliederung von Sätzen in Satzgegenstand („das, worüber etwas ausgesagt wird") und Satzaussage („das, was darüber ausgesagt wird"); der (klassisch) dialektische Prozeß des Abwägens von Argumenten im Hinblick auf ein zu lösendes Rechtsproblem (Rechtswissenschaft); verfestigte Sprach- und Denkformen, die jeweils für bestimmte soziale Gruppen und Schichten spezifisch sind (Sozialwissenschaften); Modellformen des Gefühls, der Empfindung, des Ideellen und Gedanklichen (Sozialpsychologie); schließlich medizinisch die Lehre von der Lage der einzelnen Organe im Organismus zueinander.

2. In der antiken Rhetorik bezeichnet T. (gr. „topos", lat. „locus" [communis], d.h. „Ort") eine „Fundstätte" für die Beweisführung („argumentatio") in öffentlichen Reden, d.h. einen allgemeinen Argumentationsgesichtspunkt bzw. „Gemeinplatz" von gesellschaftlicher Relevanz. Rhetorisch gesehen ein Teil der „inventio" (Gedankenfindung), versteht sich die Topik bei Aristoteles als ein „Hilfsmittel für die dialektische Problemerörterung" (L. Bornscheuer), mit dem man aus einleuchtenden Sätzen, also auf der Grundlage der herrschenden Meinungen („endoxa"), über jede vorgelegte Zweifelsfrage zu einem schlüssigen Urteil kommen kann. Im Gegensatz zur späteren Sprachverwendung bestimmen sich hier die Topoi nicht durch ihre Inhalte (bzw. Referenzobjekte oder Signifikate), sondern durch ihre Funktion für rhetorische Schlußfolgerungen. An topischen Möglichkeiten für die Gewinnung schlüssiger Argumente nennt Aristoteles beispielsweise die rhetorische Nutzung der Kriterien Gegensatz, Ähnlichkeit, Verhältnis oder Vieldeutigkeit. Topoi zu nutzen besteht demnach etwa darin, Erfahrungsbeispiele induktiv aufzuzählen, ein Argument des Gegners gegen diesen selbst zu wenden, denselben Gesichtspunkt nach seinem Pro und Contra auszuleuchten, Widersprüche des Gegners oder Irrtümer aufzudecken. In Anknüpfung an Aristoteles versucht Cicero, die Topoi bzw. „loci communes" zu systematisieren, indem er zwischen solchen unterscheidet, die sich aus der Sache selbst ergeben (Definition, Aufteilung, Name), und solchen, die mit der Sache in einer bestimmten Beziehung stehen (Verwandtes, Gattung und Arten, Ähnliches und Unähnliches, Entgegengesetztes und Übereinstimmendes, Ursache und Folgen, Größeres, Gleiches und Kleineres usw.). Nach Cicero eignen sich die „loci communes" zur eindrucksvollen Steigerung („amplificatio") öffentlicher Reden; sie werden genutzt als „Quellen einer unteilbaren 'copia rerum et verborum', eines hinreißenden Gedanken- und Redestroms" und „intendieren die wirkungspsychologische Absicherung einer im Detail schon abgeschlossenen Sachargumentation" (L. Bornscheuer). Quintilian wiederum unterteilt die Topoi in die „loci" (oder „argumenta") zur Person (z.B. Herkunft, Alter) und jene zur Sache (z.B. Tatmotiv, Ort, Zeit). In Spätantike und MA dienen nicht mehr die gesellschaftlichen „endoxa" als topischer Bestand, sondern die autorisierten „scripturae", d.h. „Schrift-Zitate" (v.a. der *Bibel*; Aurelius Augustinus: *De doctrina Christiana*, entst. ca. 397 und 426). Die mittelalterliche Scholastik nutzt die Topik zur Entwicklung hierarchischer Prinzipiensysteme und Verfahrensweisen der stichhaltigen Disputation (etwa Raimundus Lullus, 1232/33 od. 1235-1315 od. 1316). Im Zuge der Rhetorik-Renaissance im ↗ Humanismus bildet sich ein verändertes Topik-Bewußtsein mit neuen Modellbildun-

gen heraus. Arbeitstechnisch versteht man unter den „loci" Einteilungskategorien für die Sammlung von Exzerpten, Zitaten und Sentenzen vornehmlich zum Gebrauch im Unterricht; konzeptuell fungiert die Topik als universales Wissenschafts- und Ordnungsmodell. Im ↗ Barock wird die Topik zur nunmehr auch poetischen „ars combinatoria" von „Gemeinplätzen" im Sinne vordefinierter Redewendungen, allgemeiner Überlegungen, althergebrachter Behauptungen und geläufiger Zitate (Georg Philipp Harsdörffer, *Poetischer Trichter*, 1647-1653). Bei der unendlichen spielerischen Neukombination von sprachlichem und bildlichem Material greifen die Autoren auf die Topik als ein Reservoir poetischer Bilder, Embleme oder Motive zurück (Allegorik, Emblematik). Mit dem Wirksamwerden des poetischen Originalitäts- und Innovationspostulats im 18. Jh. verlor die Topik in diesem Sinne jede Relevanz, dachte man sich doch den gleichsam handwerklich-mechanischen Rückgriff auf Schematisiertes als unvereinbar mit dem Wirken der „freien" Einbildungskraft des Dichters. Zwar dominiert diese grundlegende Ablehnung des planmäßigen Rückgriffs auf traditionelles Sprachmaterial die poetologischen Diskussionen der ↗ Moderne, doch bedeutet dies in der Praxis keineswegs einen gänzlichen Verzicht auf Schemata und Schablonen. Vielmehr setzen die Autoren an die Stelle einer kombinatorischen Verwendung von Topoi die freie Verfügbarkeit darüber, und selbst strikt innovative Literatur verweist rezeptionsästhetisch immer auch auf topische Gegenmodelle, von denen sie sich abzugrenzen versucht. Eine gewisse ästhetische Rehabilitierung erfuhren Topoi und Topisches erst im Zuge der seit den 1980er Jahren erfolgten Begriffsbestimmung der sog. postmodernen Literatur mit den ihr zugeschriebenen Verfahrensweisen der Collage, des Zitats, der ↗ Intertextualität und der spielerisch-technologischen Experimentierlust, ↗ Postmoderne.

3. Als „terminus technicus" führte der Romanist Ernst Robert Curtius den Begriff T. in die Literaturwissenschaft ein (*Europäische Literatur und lateinisches Mittelalter*, 1948). Er versteht darunter (unter Verweis auf die Archetypenlehre von C.G. Jung) „Klischees, die literarisch allgemein verwendbar sind" und sich „über alle Gebiete des literarisch erfaßten und geformten Lebens" ausbreiten – wie etwa Stoffe, Motive, Bilder, Beispiele, Zitate, konventionalisierte Formen von Lob, Klage oder Personenbeschreibung sowie althergebrachte Macharten von Einleitung und Schluß. Obwohl diese Begriffsdefinition vielfach kritisiert wurde, hat sie sich sowohl in der literaturwissenschaftlichen Praxis als auch umgangssprachlich weitestgehend durchgesetzt. Im Gegensatz dazu schlägt Lothar Bornscheuer eine funktionalistische, etymologisch wie rhetorikgeschichtlich gesicherte Definition vor. Danach kennzeichnen einen T. vier Strukturmomente: „die kollektive-habituelle Vorprägung (Habitualität), die polyvalente Interpretierbarkeit (Potentialität), die problemabhängige, situativ wirksame Argumentationskraft (Intentionalität) sowie die sich gruppenspezifisch konkretisierende Merkform (Symbolizität)": So verstanden ist ein T. weder bloßer rhetorischer Kunstgriff noch literarischer Gemeinplatz, sondern vielmehr „Quelle und zugleich Resultante verschiedener historisch-politischer Kräfte, ein erlerntes, prägendes, aber zugleich auch flexibles, veränderbares Bildungsmedium".

4. Geistesgeschichtlich betrachtet, beschränkte sich die Funktion von Topoi auf ihre jeweilige kulturelle und ästhetische Position in einem Einzeltext oder innerhalb einer kanonisierten Reihe topisch ähnlicher Texte. Da alle Formen der „Unterhaltungsliteratur" bis hin zu den Textsorten und Ausdrucksgenres der Massenmedien und der Reklame nach dem Prinzip der Variation von Schemata gebaut sind, wird man Toposforschung nicht auf Kunstliteratur beschränken können. Insofern ermöglicht sie auch den Aufweis von allgemeinen Strukturmustern des jeweiligen soziokulturellen Bewußseins in ihrer kommunikativen Praxis.

Beatrix Müller-Kampel

Lit.: L. Bornscheuer: Topik, 1976. – D. Breuer/H. Schanze: Topik, 1981. – E.R. Curtius: Europäische Literatur und lat. MA, 1984. – P. Jehn (Hg.): T.forschung, 1972.

Tragödie

1. Die T. (griech. „tragodia"; lat. „tragoedia", „Bocksgesang") ist eine der Grundgattungen des ↗ Dramas. Ihre vermuteten kultischen Wurzeln haben sich über den von Peisistratos gegen Ende des 6. vorchristl. Jh. in Athen eingeführten Staatskult der großen städtischen Dionysien hinaus nicht belegen lassen. Die erhaltenen Texte der drei großen Tragiker der Antike Aischylos (525-456 v. Chr.), Sophokles (496-406 v. Chr.) und Euripides (480-406 v. Chr.) sind als solche bereits Zeugnisse einer eng mit der demokratischen Poliskultur verbundenen literarischen Blüte und erlauben keine gesicherten Aussagen über den Ursprung der ↗ Gattung. Nachvollziehbar bleibt allein die Fortentwicklung der T. als Kunstform auf dem Weg eines allmählichen Übergangs von kollektiven (chorischen) zu individualisierten

Sprechformen (Trennung von Chorführer und Chor, Zurücktreten des Chors bei gleichzeitiger Herauslösung zunächst eines, dann mehrerer Schauspieler usw.) und der Ausdifferenzierung des Spiels in verschiedene dramatische Elemente: den Prolog, die Parodos (Einzugslied des Chores), die Epeisodia (einzelne – meist drei – Szenen/Handlungsteile zwischen den Chorliedern), das Stasimon (Standlied des Chors) und die Exodos (auf die letzte Episode folgender Abgesang). Indem diese schrittweise aus der Kultform gelöste Kunstform der T. auf der Grundlage religiöser (Dionysos-Mythos) und mythologischer Stoffe (Heldensage) die Kollision zwischen dem eigenwilligen Handeln des Helden und der Bestimmung der Weltgeschicke durch das vorwaltende Handeln der Götter mit einer gewissen Zwangsläufigkeit in ein dramatisches Geschehen treibt, das zur Katastrophe führt, entfaltet sie einen Begriff von Tragik im Spannungsfeld von Notwendigkeit und Kontingenz.

2. Aristoteles (384-322 v. Chr.) leitet in seiner um 335 v. Chr. entstandenen *Poetik* (*Peri poietikes*) die T. historisch-genetisch aus dem Dithyrambus (als dionysischem Lied) und dem Satyrhaften (als einer von Satyrn bestrittenen Form chorisch-dramatischer Darbietungen) ab. Sechs qualitative Merkmale – Mythos (Handlungzusammenhang), Ethe (Charaktere), Lexik (Sprache/Rede), Diánoia (Gedanke/Absicht), Opsis (Schau/Szenerie) und Melopoiía (Gesang, Musik) – kennzeichnen seinem Verständnis nach die T., die er im 6. Kapitel der *Poetik* als Nachahmung von Schauder- und Jammererregendem zum Zwecke der Reinigung bestimmter Affekte und Leidenschaften bestimmt. „Die T. ist Nachahmung ("mimesis") einer guten und in sich geschlossenen Handlung von bestimmter Größe, in anziehend geformter Sprache, wobei diese formenden Mittel in den einzelnen Abschnitten je verschieden angewandt werden – Nachahmung von Handelnden und nicht durch Bericht, die Jammer („eleos") und Schaudern („phobos") hervorruft und hierdurch eine Reinigung („katharsis") von derartigen Erregungszuständen bewirkt." (Übersetzung nach M. Fuhrmann)

Die gelehrten Humanisten des 16. Jh. (Francesco Robortello, Vincenzo Maggi, Antonio Minturno, Lodovico Castelvetro) haben das wirkungsästhetische Modell der Katharsis, das bei Aristoteles als Affektabfuhr (Befreiung) definiert ist, im Sinne einer moralischen Absicht der T. ausgelegt und von hier aus den „Nutzen" zum Hauptzweck der T. erklärt. Die Aristotelische T.theorie verschmilzt in dieser Deutung mit der von Horaz (65-8 v. Chr.) in seiner *Ars poetica* entfalteten Vorstellung vom „prodesse et delectare" als Grundzweck der Dichtung, die von großer Bedeutung für die poetologische Tradition des MA bis hin zur frz. Klassik und der Weimarer ↗ Klassik war. Zwar hat die röm. Antike ebensowenig wie das lat. MA, dem die Vorstellung des Tragischen aus dem Glaubenshorizont der christlichen Metaphysik heraus fremd geblieben war, eine eigenständige T.form entwickelt, als Mittlerin zur Neuzeit allerdings auch einen kaum zu überschätzenden Einfluß auf die nachfolgende Gattungsgeschichte der T. ausgeübt. Die T. Senecas oder Livius Andronicus', die griech. Stoffe und Motive aufnehmen, denen aber kein einigendes religiös-kultisches Band mehr zukommt, erscheinen in den Poetiken bis zur ↗ Aufklärung so als Musterbeispiele eines tragischen Dichtens, das in den Werken Shakespeares in England sowie Lope de Vegas und Calderóns in Spanien einen ersten Höhepunkt innerhalb der neuzeitlichen Geschichte der Gattung erlebte.

In der Nachfolge der ital. Aristoteles-Kommentatoren ergänzen frz. Theoretiker und Dramatiker des 17. Jh. (Jean Chapelain, François Hédelin d'Aubignac, Pierre Corneille) das antike Erbe zu einem System formaler Regeln, das in künstlerischer Opposition zu der ausschweifenden Welthaftigkeit der Elisabethanischen T. (neben Shakespeare u.a. Marlow, Webster, Chapman, Jonson) stand, die ihre Protagonisten in dramatische Konstellationen trieben, in denen sie zum Opfer einer durch die Vernunft nicht mehr kontrollierten oder gar gezügelten Leidenschaft werden. Formal im Rückgriff auf Aristoteles verlagerte der frz. Klassizismus den tragischen Konflikt konsequent in das Innere des Helden, verlangte Wahrscheinlichkeit und Glaubhaftigkeit der als solcher zurückgedrängten dramatischen Handlung, Konzentration auf die Katastrophe, Einhaltung der Einheiten der Handlung, der Zeit und des Ortes. Zugleich legte er den Aristotelischen Katharsis-Begriff poetologisch auf die Ausmerzung und Läuterung der dargestellten Affekte, auf eine „purgation des passions dans la tragédie" (Corneille), hin fest.

3. Unter dem Einfluß der frz. Klassik hat in Deutschland Gottsched die T. als warnendes Beispiel verstanden wissen wollen, als „eine Schule der Geduld und Weisheit, eine Vorbereitung zu Trübsalen, eine Aufmunterung zur Tugend, eine Züchtigung der Laster" (*Die Schauspiele, und besonders die Tragödien sind aus einer wohlbestellten Republik nicht zu verbannen*, 1729). Dieser intendierten Wirkung der T. dient in Gottscheds Dichtungslehre und -praxis das Beispiel eines exemplarischen Helden und insbes. des Märtyrers. Erbauung heißt in diesem System moralische Stabilisierung, die erreicht werden soll über eine tragische Affekterzeugung: Mitleid und Bewunderung für die leidende bzw. heroische Tu-

gend, Schrecken und Abscheu für das Laster, wobei dem Mitleid als ein begleitender Affekt, der die Identifikation des Zuschauers mit dem Helden befördert, lediglich eine untergeordnete Rolle eingeräumt wird. Diese moraldidaktische Ausrichtung der T. verweist zurück auf das barocke Trauerspiel (↗ Barock) als zweiter Traditionslinie, die in Gottscheds Poetik wirksam wird, auch wenn Gottsched selbst die *Critische Dichtkunst* als solche in polemischer Wendung gegen die höfisch-religiöse Bindung der barocken Literatur auf eine „bürgerliche" Sittenreform hin orientiert.

1624 erschien die älteste ↗ Poetik in dt. Sprache, Martin Opitz' *Buch von der Deutschen Poeterey*. Wie die gesamte Barockpoetik stand auch sie weitgehend im Bann der ital. Dichtungstheorie, die ihrerseits nicht allein die Aristotelischen Lehrsätze in das System der Horazischen Poetik eingefügt, sondern diese auch mit christlichen Vorstellungen von der Nichtigkeit der von der Fortuna beherrschten Welt aufgefüllt und dabei den Typus des stoischen Weisen und des christlichen Heiligen im Ideal der „constantia" verschmolzen hatte. Während Aristoteles noch den „vollkommenen" Helden ablehnte und die Forderung nach einer moralischen Mittellage des tragischen Helden (kein „Heiliger", kein „Verbrecher") erhob, verleiht das hier ansetzende christliche Märtyrerdrama mit dem moralisch geadelten Opfertod des Schuldlosen als Thema (Andreas Gryphius, Daniel Casper von Lohenstein), einer transzendenten Seinsverbundenheit Ausdruck, die vom Glauben an die Überwindung der irdischen Qualen in der himmlischen Glückseligkeit getragen wird. Wirkungsästhetisch hat die gesamte Barockpoetik die „Endursache" der T. im „Nutzen und Belusten" bestimmt und diesen Nutzen dahingehend präzisiert, sie solle „einen Abscheu vor den Lastern/hingegen aber eine Begierde zu der Tugend" hervorrufen (Philipp Harsdörffer). Entsprechend dieser moralischen Ausgestaltung der T.konzeption hat Opitz in der Vorrede zu seiner Übersetzung von Senecas *Trojanerinnen* den Zweck der T. dahingehend bestimmt, sie solle vor allem durch Gewöhnung innere Festigkeit erzeugen, die dazu befähige, eigenes Leiden leichter zu ertragen.

4. Erst Lessing, dessen Dichtungstheorie den Schnittpunkt zwischen der T. und der Gattung ↗ Bürgerliches Trauerspiel markiert, hat in der Mitte des 18. Jh. mit dem Gedanken einer Kultivierung der Mitleidsfähigkeit als Zweck des Schauspiels im Grunde genommen den Bruch mit der Renaissance-Poetik gewagt, die den Gedanken von der Katharsis als Reinigung der vorgestellten Leidenschaften privilegiert. Um die gleiche Zeit geraten die ästhetischen und poetologischen Positionen allgemein in Bewegung. In Deutschland veröffentlicht Johann Gottlob Benjamin Pfeil 1755 seine für die Entwicklung des „Bürgerlichen Trauerspiels" richtungweisende Abhandlung *Vom Bürgerlichen Trauerspiel*, die von dem Gedanken getragen ist, daß nur ein die reale Welt abbildendes ↗ Theater die Mitleidens- und Miterlebensfähigkeit des Publikums zu steigern in der Lage ist. Dramaturgisch ist damit das Prinzip der Vergleichbarkeit, der Überspielung der Distanz zwischen Bühne und Publikum angesprochen, die den bürgerlichen Helden in bürgerlichen Konfliktkonstellationen als Gegenstand des Dramas fordert. Lessing entwickelt seine Dichtungslehre im wesentlichen im Widerspruch gegen die Hegemonie des frz. Klassizismus und seines dt. Mentors Gottsched, der versuchte, die Formstrenge der „tragédie classique" ins Deutsche zu übertragen (*Sterbender Cato*, 1732). Im eigenständigen Rückgriff auf Aristoteles, dessen Wirkungskategorien „eleos" und „phobos" er als „Furcht" und „Mitleid" übersetzt, hat er in der *Hamburgischen Dramaturgie* (1769) in einer allgemeinen Humanisierung die wesentliche Wirkung der T. akzentuiert und zugleich der Furcht, verstanden als „das auf uns selbst bezogene Mitleid", einen zentralen Stellenwert im Hinblick auf die kathartische Wirkung der T. eingeräumt. Wenn er im 78. Stück seiner Schrift Mitleid und Furcht dezidiert auf den Rezipienten bezieht, ist damit zugleich eine klare Trennung hergestellt zwischen den auf der Bühne vorgestellten „Leidenschaften" und den im Zuschauerraum hervorgerufenen Empfindungen.

5. An der moralischen Wirkungsbestimmung der T. ändert diese Verschiebung der Gewichte zugunsten des Mitleids innerhalb der T.theorie zwar nichts – darin bleibt Lessing der weitaus größten Zahl der Theoretiker des bürgerlichen Dramas verbunden. Allerdings sieht er im bloßen „Belehren" keinen tauglichen Grund der T. mehr; diese solle vielmehr durch Rührung und Mitleid mit dem Unglück anderer die „Leidenschaften in tugendhafte Fertigkeiten" verwandeln (78. Stück). Damit wird die T. in den Kontext des allgemeinen Aufklärungsgeschehens und seines moralisch-pädagogischen Anliegens eingerückt. Insgesamt kommt der T. als einer Erschütterungskunst, deren Ziel die Erregung und Ausgleichung von Affekten ist, in der dt. Literaturentwicklung von der Aufklärung bis hin zur Weimarer Klassik im Programm der humanistischen Menschenbildung und der Nationalerziehung eine besondere Bedeutung zu. Schiller und Goethe, der allerdings spätestens mit seiner *Nachlese zu Aristoteles' Poetik* die wirkungsdynamische Definition der T. preisgibt und aus dem Bemühen um eine gegenseitige Steigerung zweier einander polar entge-

gengesetzter Prinzipien zu höherer Entwicklung die Möglichkeit echter Tragik im Grunde genommen ausschließt, suchen die Synthese zwischen antiker und moderner T. Schiller weist ihr dabei eine wichtige Rolle innerhalb seiner Theorie des Erhabenen und des Pathetischen zu als durchschlagendster Erlebnisform des Erhabenen, das dem Menschen durch Erschütterung und Rührung einen „Ausgang aus der sinnlichen Welt“ verschafft und ihm ein „Gefühl“ vermittelt für seine „Würde“, d.h. für die „Überlegenheit seiner Ideen über das Höchste, was die Sinnlichkeit leisten kann“ (*Über das Erhabene*, 1801).

6. Zugleich wird die T. gegen Ende des Jh., dem die ↗ Aufklärung ihren Namen gab, zum Ausdruck und Vehikel einer Modellierung der Wirklichkeit, mit der die Kunst durch die Gestaltung aufklärerischer Konflikte noch einmal und abschließend von der Geschichtsmächtigkeit des Individuums erzählt. Bereits im 19. Jh. zeigt dieser emphatische Geschichtsbezug, der noch Hegels dialektische Bestimmung des Tragischen als Voraussetzung des geschichtlichen Fortschritts (*Ästhetik*, 1835-38) kennzeichnet, Erosionserscheinungen (etwa bei Kleist, *Penthesilea*, 1808), erhebt sich der Verdacht der (möglichen) Sinnlosigkeit der Geschichte. Mit dem hier einsetzenden Zerfall des T.schemas, dem sich Autoren wie Grillparzer (*König Ottokars Glück und Ende*, 1825), Grabbe (*Napoleon oder die hundert Tage*, 1831) und Büchner (*Dantons Tod*, 1835) auf je unterschiedliche Weise mit dem Versuch einer Neubegründung der historischen T. als ↗ Geschichtsschreibung, -dichtung entgegenstemmen, werden zugleich neue Gattungen wie die Schicksals-T. (Zacharias Werner, *Der 24. Februar*, 1810; Adolph Müllner, *Der neun und zwanzigste Februar*, 1812, *Die Schuld*, 1813; Ernst von Houwald, *Die Heimkehr*, *Das Bild*, *Der Leuchtturm*, 1821) freigesetzt. Auf der einen Seite büßt das Tragische als Weltdeutungsmodell mit der Desillusionierung der aufklärerischen Geschichtsutopien und der im 19. Jh. beschleunigten rationalen Durchdringung der Geschichte damit an Verbindlichkeit ein; auf der anderen Seite treibt dieser Prozeß das Nachdenken über die T. in die geschichtsphilosophische Reflexion und verwandelt die Poetik der T. in eine Philosophie des Tragischen (Schelling, Hölderlin, Hegel, Hebbel, Nietzsche), die in Walter Benjamins *Ursprung des deutschen Trauerspiels* (1928) ihren im 20. Jh. wirkungsmächtigsten Ausdruck gefunden hat. Parallel dazu beginnen sich die Grenzen zwischen dem Tragischen und dem ↗ Komischen zu verwischen – eine Linie, die unmittelbar auf das Theater des Absurden im 20. Jh. zuläuft. Mit beiden Tendenzen wird im 19. Jh. eine Entwicklung eingeleitet, die in der Geschichte des Theaters dort zum Ende gebracht wird, wo, nach einer Beobachtung Jürgen Sörings, allein noch die „wesentliche *Grundlosigkeit* des tragischen Prozesses zur poetischen Darstellung gebracht wird.“

7. Auch wenn man einräumt, daß sich die Bestimmung des Tragischen jeweils epochenspezifisch verschiebt, wird man im Gegenwartstheater kaum mehr als Schwundstufen der T. finden können. Zwar versucht das moderne Theater immer wieder die Fabeln der alten T. im Lichte von Anthropologie, Psychologie und Gesellschaftstheorie neu zu lesen (Eugene O'Neill, *Mourning Becomes Elektra*, 1931; Tennessee Williams, *The Glas Menagerie*, 1945; *A Streetcar Named Desire*, 1947; Heiner Müller, *Philoktet*, 1965; *Ödipus Tyrann*, 1967; *Prometheus*, 1968; *Macbeth*, 1972; *Anatomie Titus Fall of Rome*, 1985); diese auf hohem Niveau gehaltenen Bearbeitungen allerdings geben sich keinen Illusionen hin über den Verlust des tragischen Helden, die Friedrich Dürrenmatt als Ursache für die Unmöglichkeit, heute noch T. zu schreiben, verantwortlich gemacht hat (*Theaterprobleme*, 1954). Wie Gerhart Hauptmann, der in seiner *Atriden*-Tetralogie (1940-45) noch einmal den Anschluß an die antike T. gesucht hat, gelingt auch diesen Autoren nicht mehr, was die antike T. auszeichnete und was noch der Elisabethanischen und der T. der dt. Klassik gelang: die moralische Rehabilitierung der Welt. Der „Tod der T.“ konnte so auch zum Topos werden, der die Gattungsdiskussion im 20. Jh. weithin besetzt hält. Daß damit die Darstellung von Tragischem, etwa im Sinne Szondis als „Modus, eine bestimmte Weise drohender oder vollzogener Vernichtung, und zwar die dialektische“ (*Versuch über das Tragische*, 1961), nicht eo ipso ausgeschlossen sein muß, markiert die grundlegende Paradoxie dieses Entwicklungsprozesses. Ob von hier aus der tradierte Gattungsbegriff zur Beschreibung von ästhetischen Ausdrucksformen des Gegenwartstheaters noch zu retten ist, bleibt weithin strittig.

Norbert Otto Eke

Lit.: E. Fischer-Lichte: Geschichte des Dramas. 2 Bde., 1990. – H.-D. Gelfert: Die T., 1995. – A. Lesky: Die tragische Dichtung der Hellenen, [3]1972. – J. Söring: T., 1982.

Trivialliteratur

1. T. wird heute als besonders „weit verbreitete und leicht verständliche Literatur“ definiert (P. Nusser). Der Begriff geht zurück auf das lat. „trivium“, d. h. „Dreiweg, Wegkreuzung, öffentliche

Straße"; „trivialis", d. h. „auf Dreiwegen, auf der öffentlichen Straße liegend", daher gewöhnlich. Im Frz. wurde daraus „trivial", d. h. „allgemein zugänglich, allbekannt, alltäglich, gewöhnlich". Im 17./18. Jh. gelangte das Wort ins Dt. als das, was gleichsam auf der Straße zu finden ist, somit eine abgedroschene Wendung, Plattheit, ein Gemeinplatz. Aus dem mittellat. „scola trivialis", der Lehrstätte für das „Trivium", die drei niederen scholastischen Disziplinen Grammatik, ↗ Rhetorik und Dialektik, stammt das Wort „Trivialschule" (gebräuchlich bis ins 19. Jh.) eine Stadtschule mit elementaren Lehrinhalten. Grundlagen dafür, T. wegen ihrer Eingängigkeit pauschal als minderwertig einzustufen, lieferte v.a. die Ästhetik der Weimarer ↗ Klassik. Schiller wandte sich in seiner Rezension von Gottfried A. Bürgers Gedichten gegen deren Popularität. Sie beruhe auf bloß sinnlichen Reizelementen, über die der Dichter doch sein Publikum erheben sollte. Goethe kritisierte den Dilettantismus als bloß handwerkliche Produktion ohne Geist. Der Romantiker A.W. Schlegel (↗ Romantik) übernahm solche Ansichten, und danach blieben sie für das dt. Literaturverständis vorherrschend. – T. läßt sich zugleich als literarischer „Kitsch" bezeichnen. Die Etymologie dieses Begriffs (seit dem 19. Jh.) ist nicht eindeutig. Wurzeln vermutet man im englischen „sketch", d. h. „Skizze", daher „billiges Bild", im gaunersprachlichen „verkitschen", „billig verkaufen", im mecklenburgischen „kitschen", „den Straßenschlamm zusammenkarren", oder in „kitten", „mit Kitt (notdürftig) zusammenfügen". Von daher gilt Kitsch als minderwertig im Gegensatz zur wahren, guten Kunst. H. Broch betrachtet ihn geradezu als das „Böse" im Wertsystem der Kunst. Für W. Killy bestimmt sich literarischer Kitsch durch Kumulation unaufrichtiger Gefühlsreize.

2. Etwa seit den 60er Jahren des 20. Jh. gibt es Ansätze, T. differenzierter zu beurteilen. Aus dem „Zweischichtenmodell" T. – „Hochliteratur" wurde so ein „Dreischichtenmodell" (H. F. Foltin): Lediglich solche Texte, die serienmäßig erscheinen und bei deren Lektüre durch ein wenig gebildetes Publikum ihre individuelle Autorschaft unwesentlich bleibt, gehören demnach zur T. Zwischen ihr und der eigentlichen Dichtung liegt die Schicht der realistischeren, komplexeren und handwerklich besseren „Unterhaltungsliteratur". Auf differenziertere Bewertungen zielen auch andere Alternativbegriffe wie „Massenliteratur" oder „Populäre Lesestoffe" (R. Schenda). Diese verdanken ihre Verbreitung besonders ihrem gesellschaftlich affirmativen Charakter. Bereits im 18. Jh. geläufig war der Terminus „Modelektüre". Ferner wurde vorgeschlagen (H. Kreuzer), lediglich solche Werke als trivial einzustufen, die durch die jeweils dominierenden Geschmacksträger einer Epoche ästhetisch diskriminiert werden. Damit erscheint T. als historisch variable Kategorie.

3. Die T. entspricht bestehenden Publikumserwartungen und -wünschen. Ihre Domäne ist daher die populärste Gattung der Schönen Literatur, der ↗ Roman. T. ist stark standardisiert. So profiliert sie sich weniger nach individuellen Texten als nach typischen Genres. Tendenzen ihrer Zeit, v.a. auch aktueller oder älterer Literatur, werden in der T. auf weitgehend konforme Weise absorbiert. Thematisch, stilistisch und strukturell ist sie nicht innovativ. Ironische Distanz zum Dargestellten baut sie nicht auf. Gleichzeitig kann T. als eskapistisch gelten: Was die zeitgenössische Realität vorenthält, stellt sie als realisierbar vor. Sie präsentiert dabei allgemein-menschliche, schichten- und geschichtsübergreifende Extremerfahrungen, zentriert um Liebe und Tod. Diese Erfahrungen erscheinen jedoch nicht als wirklich und endgültig gefährlich; das Happy-End herrscht vor.

4. Vorläufer der T. lassen sich in den Einblattdrucken (↗ Flugblatt, -schrift) oder den Kalendergeschichten des 16. und 17. Jh. sehen. Ihre eigentliche Geschichte beginnt jedoch im 18. Jh. mit dem massenweisen Wachstum von Lesefähigkeit, Lesebedürfnissen und Buchproduktion. Immer mehr Freizeit jenseits des Arbeitsalltags wollte unterhaltsam gestaltet sein. Dazu diente zusehends die Lektüre. Sie nährte die Sehnsüchte nach einer imaginären Kontrastwelt zur Alltagsrealität. Frauen verfügten über mehr häusliche Freizeit als Männer; nicht zuletzt deshalb bildeten sie die Mehrheit des Lesepublikums. An sie richtete sich der empfindsame Liebesroman, der sich, wie überhaupt die dt. T. des 18. Jh., vorwiegend durch englische Literatur inspirieren ließ. Modelle für den Liebesroman lieferte S. Richardson mit *Pamela* (1740) und *Clarissa* (1747/48). Im Zentrum standen hier wie in den dt. Nachfolgewerken Schicksale und Emotionen tugendhafter Frauen neben gleichermaßen tugendhaften oder moralisch um so fragwürdigeren Liebhabern, verbunden mit Generations- oder Standeskonflikten zwischen Bürgertum und Adel. Zu den bekanntesten Beispielen gehören: Christian Fürchtegott Gellerts *Leben der schwedischen Gräfin von G...* (1747/48), Sophie von La Roches *Geschichte des Fräuleins von Sternheim* (1771), August Lafontaines *Klara du Plessis und Klairant* sowie Johann M. Millers *Siegwart. Eine Klostergeschichte* (1776). Im Zuge eines gesteigerten Interesses am MA, initiiert nicht zuletzt durch Goethes *Götz von Berlichingen*, erfreute sich auch der Typus des historischen Trivialromans schon im 18. Jh. besonderer Beliebtheit:

Werke wie Veit Webers (d.i. Leonhard Wächters) *Sagen der Vorzeit*, Friedrich Schlenkerts *Friedrich mit der gebissenen Wange* oder Carl Gottlieb Cramers *Hasper a Spada. Eine Sage aus dem 13. Jahrhunderte*. Das Interesse galt daneben auch schon jüngeren nationalgeschichtlichen Stoffen, so in Benediktine Nauberts *Geschichte der Gräfin Thekla von Thurn oder Scenen aus dem dreyssigjährigen Kriege*. Ein populäres Genre des späten 18. Jh., Reflexe der zahlreichen geheimen Gesellschaften wie Freimaurern oder Illuminaten, wurden außerdem die Geheimbundromane; ihr bekanntestes Beispiel war Carl Grosses *Der Genius. Aus den Papieren des Marquis C. von G.*, den bedeutendsten Beitrag zu diesem Typus lieferte Schiller mit seinem *Geisterseher* (1789). Die Atmosphäre des Schauerlichen und Rätselhaften, die den Geheimbundroman prägte, fand, ebenso wie die Ritterromane, Vorgaben im englischen Schauerroman, der pseudomittelalterlichen Gothic Novel nach Horace Walpoles *The Castle of Otranto*. Das Reisen hatte im 18. Jh. gleichfalls Hochkonjunktur. Daniel Defoes *Robinson Crusoe* (1719) lieferte dafür ein literarisches Muster, das in zahlreichen dt. Robinsonaden Nachahmung fand. Deren meistgelesenes Beispiel wurde Johann Gottfried Schnabels *Wunderliche Fata einiger Seefahrer...* (1731/43), in der Romantik von Ludwig Tieck neu bearbeitet und 1828 hg. unter dem Titel *Die Insel Felsenburg*. Mit *Rinaldo Rinaldini* schuf Christian A. Vulpius um die Wende zum 19. Jh. den berühmtesten dt. Räuberroman über einen Verbrecher edlen Schlages, angeregt neben Schillers *Räubern* auch etwa durch englische Volksballaden über Robin Hood (↗ Ballade).

5. Im 19. Jh. trugen die Fortschritte der Drucktechnik dazu bei, daß Literatur immer mehr zum erschwinglichen Massenprodukt wurde. Das Lesepublikum rekrutierte sich nun zusehends auch aus Kleinbürgern, Bediensteten und Angestellten; Arbeiter kamen erst in der zweiten Jh.-Hälfte hinzu. Mit der konsequenteren Schulbildung entwickelte sich die Lesefähigkeit. Im Zuge der Industrialisierung wuchs auch das Bedürfnis, soziale Notlagen durch Lektüre zu kompensieren. Die kommerziellen Leihbibliotheken, die sich seit der zweiten Hälfte des 18. Jh. etablierten, gewannen an Bedeutung; eine entscheidende Verbreitungsform der T. wurde im 19. Jh. jedoch die Kolportage (aus dem frz. „col", d. h. „Hals" und „porter", d. h. „tragen"): das Hausieren mit Büchern. Der Kolporteur fand seine Adressaten v.a. an den Dienstboteneingängen der Bürgerhäuser. Schwerpunkte seiner „Hintertreppenliteratur" bildeten Fortsetzungsromane in Einzellieferungen. Der Kolportageverleger H.G. Münchmeyer betreute die literarischen Anfänge Karl Mays (z.B *Das Waldröschen*). Auch Zeitschriften wurden zu einem Forum für T., so besonders Ernst Keils *Gartenlaube* (seit 1853). In ihr publizierte Eugenie Marlitt (E. John) ihre Liebesromane, die in der Konstellation einfaches Mädchen – sozial höherstehender, väterlicher Mann das Bürgertum favorisieren (am bekanntesten: *Das Geheimnis der alten Mamsell*). In Heinrich Claurens Liebesgeschichte *Mimili* (1815) waren dagegen noch die Werte des Adels vorbildhaft gewesen. Situiert in einer idyllischen Schweizer Bergwelt, wurde *Mimili* zugleich ein Modell für das Genre der Heimatliteratur, das im 19. Jh. im Anschluß an die Romantik entstand: nach Berthold Auerbach (*Schwarzwälder Dorfgeschichten*, *Barfüßele*), wurde die Heimatliteratur um 1900 repräsentiert durch Peter Rosegger (*Als ich noch der Waldbauernbub war*) und v.a. durch Ludwig Ganghofer (z.B. *Das Schweigen im Walde*). Die alpine dt. Heimat ist das Gute, Gesunde, aus der Fremde kommt das Böse, Kranke – mit solchen Vorstellungen entsprach Ganghofer der Ideologie von Kaiserreich und NS-Zeit gleichermaßen. Dem engl. Schauerroman ist auch die triviale ↗ Phantastik seit der Romantik verpflichtet (z.B. Johann August Apel/Friedrich Laun: *Das Gespensterbuch*), ferner die ↗ Kriminalliteratur. Die Abenteuer- und Reiseliteratur entdeckte im 19. Jh. v.a. das Auswanderungsland Amerika als Sujet. Angeregt durch den Amerikaner J.F. Cooper, fand sie nach Friedrich Gerstäcker (*Die Regulatoren von Arkansas*, *Die Flußpiraten des Mississippi*) und Charles Sealsfield (*Das Kajütenbuch* mit der Erzählung *Die Prärie am Jacinto*) ihren weitaus erfolgreichsten Vertreter in Karl May. In Nordamerika (z.B. *Winnetou I-IV*) und im Orient (z.B. *Durchs wilde Kurdistan*), die er allenfalls im nachhinein aus eigener Anschauung kennenlernte, siedelte May spannende Handlung und deutschtümelnd-christliches Ethos an. Walter Scott und Alexandre Dumas wurden Leitfiguren des historischen Romans im 19. Jh. Dessen meistgelesenes Beispiel in Deutschland war Joseph Victor von Scheffels *Ekkehard* (1855). Felix Dahns *Ein Kampf um Rom* präsentierte ein chauvinistisches Geschichtsbild. Im übrigen jedoch verlagerte sich das Interesse des historischen Romans nun vollends auf die neuere und die Zeitgeschichte (z.B. Julius von Voss: *Krieg und Liebe, oder Romantische Erzählungen vom 30jährigen Krieg bis auf unsere Zeit*) – Aus der Empfindsamkeit erwuchs die gefühlige Sehnsucht nach einer verlorenen Vergangenheit: Sentimentalität, eine vorherrschende Einstellung der T. im 19. Jh.

6. Kontinuierlich blieb bis 1945 die Tradition der Heimatliteratur mit Hermann Löns (*Der Werwolf*), Hermann Burte (*Wiltfeber der ewige Deutsche*) oder Hans Grimm (*Volk ohne Raum*,

1926). Zur beliebtesten T.-Autorin in der ersten Hälfte des 20. Jh. wurde jedoch Hedwig Courths-Mahler (z.B.: *Unschuldig-schuldig*). Sie knüpfte mit ihren Liebesromanen an die Marlitt an, indem sie sich auf den sozialen Aufstieg eines Mädchens durch die Verbindung mit einem charakterstarken Mann von höherem gesellschaftlichem Rang konzentrierte; dabei zeigte sie wiederum den Adel als Nonplusultra. B. Traven führte etwa mit *Caoba* den Typus des Reise- und Abenteuerromans fort. Der historisch-zeitgeschichtliche Roman vermittelt v.a. im Ersten Weltkrieg und in der NS-Zeit patriotische Ideologie. 1916 existierten z.B. 18 Kriegsroman-Serien. In der Heftserie *Der Landser*, die den Krieg als Abenteuer zeigte und den Soldaten der dt. Wehrmacht moralisch legitimierte, lebte dieser Romantypus nach 1945 fort. Generell fanden die T.-genres im 20. Jh. als Heftserien besonders weite Verbreitung, so auch die neu hinzukommenden wie der Western (*Buffalo Bill* ab 1905), hervorgegangen aus der tradierten Abenteuer- und Reiseliteratur, oder der Arztroman. Angeregt durch J. Verne oder H. G. Wells, fand im 20. Jh. auch eine dt.-sprachige triviale ↗ Science Fiction Verbreitung (Kurd Laßwitz: *Auf zwei Planeten*; Bernhard Kellermann: *Der Tunnel*; Hans Dominik: *Das Erbe der Uraniden*). Ab 1961 wurde Perry Rhodan der bekannteste dt. Science-Fiction-Held einer Heftserie. Besonders beliebt ist heute wie zu Beginn des 20. Jh. (z.B. Hanns Heinz Ewers: *Alraune*) auch wiederum phantastische T.: Schauer- und Fantasy-Literatur. Seit 1976 behaupten sich Übersetzungen engl. und amerik. Liebesromane in Taschenheft-Serien. – Ziel auch dt. T. in Buchform ist spätestens seit 1945 der Bestseller. Begriff und Vorbilder stammen aus den USA (z.B. M. Mitchell: *Gone with the Wind*, 1936). Von einem Bestseller spricht man gemeinhin dann, wenn von der Originalausgabe in den ersten Monaten mindestens 100.000 Exemplare abgesetzt werden. Moderne Werbestrategien zeitgenössischer Großverlage sind dafür unabdingbar. Zu den meistgelesenen dt. Bestseller-Autoren gehören heute Heinz G. Konsalik, der bevorzugt den Krieg thematisiert, und Johannes Mario Simmel, dessen Romane jeweils aktuelle Gegenwartsprobleme aufnehmen (z.B. *Es muß nicht immer Kaviar sein*, 1960).

7. Als Hauptvarianten des trivialen Dramas gelten Rührstück (z.B. Ernst B. Raupach: *Der Müller und sein Kind*, 1830) und Lachtheater (↗ Komödie). Letzteres entwickelte sich im 19. Jh. besonders in Vorstadt- oder Volkstheater, in (Lokal-)Posse und Bauerntheater. Später und zu Beginn des 20. Jh. kam dazu der Bühnenschwank, angeregt durch die Franzosen E. Labiche und G. Feydeau (z.B. F. u. Paul von Schönthan: *Der Raub der Sabinerinnen*; Franz Arnold/Ernst Bach: *Die spanische Fliege*). Varianten des regional fixierten ↗ Volksstückes haben seit den 50er Jahren durch das Fernsehen (↗ Medien) größere Verbreitung gefunden.

8. Am zweifelhaftesten ist die Zuordnung von Lyrik zur T., war sie doch stets noch viel weniger Massenprodukt als die anderen Gattungen. Als einschlägig können im 19. Jh. etwa die weit verbreiteten patriotischen Gedichte gelten (z.B. Theodor Körner, *Leyer und Schwerdt*, 1814), ferner epigonale, idyllisch verklärende Naturlyrik (z.B. bei Emanuel Geibel oder in der „Wandervogel"-Dichtung um 1900), außerdem die „Küchenlieder". Beeinflußt u.a. durch Marktplatzlieder (Bänkelsang, Moritat), richteten sie sich besonders an die weiblichen Dienstboten. Sentimentale Sehnsucht nach Liebe, oft unerfüllt, ist darin ein beherrschendes Thema; das gilt nicht minder für den modernen Schlager, im 20. Jh. durch die Massenmedien die meistverbreitete Form trivialer Lyrik.

Peter Cersowsky

Lit.: P. Nusser: T., 1991. – H. Plaul: Illustrierte Geschichte der T., 1983. – A. Rucktäschel/H.D. Zimmermann (Hg.): T., 1976. – R. Schenda: Volk ohne Buch. Studien zur Sozialgeschichte der populären Lesestoffe, 1970.

U

Übersetzung

1. Der Begriff der Ü. bezeichnet im allgemeinen die Wiedergabe einer schriftlich fixierten Äußerung in einer anderen (natürlichen) Sprache. In erster Linie kommt hierbei die interlinguale Ü., also die schriftliche Wiedergabe einer verbalen Äußerung in einer fremden Sprache, in Betracht. Hinzu kommen noch der Fall der intralingualen Ü. in eine spätere Sprachstufe derselben Sprache und die intermediale Ü., bei der schriftlich fixierte verbale Äußerungen ganz oder teilweise durch ein anderes Medium (z.B. gesprochenes Wort, Bild) bzw. mündliche Äußerungen einer fremden Sprache ganz oder teilweise durch schriftliche oder mündliche Äußerungen (Untertitel, Synchronisation) wiedergegeben werden. Die literarische Ü. ist eine besondere Form, die in allen drei genannten Fällen angetroffen wird. Sie verarbeitet in der Regel literarische oder poetische Texte, die an die Übersetzer auf Grund ihrer sprachlichen Komplexität, der Bedeutungshaltigkeit ihrer Form und der Kulturspezifik ihrer Symbole hohe linguistische und hermeneutische Anforderungen stellt und ihnen eine besondere Verantwortung auferlegt. Die literarische Ü. ist ein Fall von ↗ Intertextualität. Sie ist durch den expliziten Bezug auf einen anderen Text gekennzeichnet, der für die Übersetzer in der Regel – außer bei Selbstübersetzungen – auch ein fremder Text ist. Dieser Bezug ist je nach Funktion, Wirkungsabsicht oder Skopos an Kriterien der Äquivalenz, Adäquatheit oder Korrespondenz orientiert. Auf Grund dieser Kriterien ist die literarische Ü. als eine Form fremdbestimmter Textkonstitution von selbständigeren Formen der Intertextualität wie Pastiche, Travestie oder ↗ Parodie unterschieden. Auf der anderen Seite ist bei dichterischen Ü., die ihre Vorlage in ästhetisch souveräner Manier fortschreiben, eine trennscharfe Abgrenzung zur Um- und Nachdichtung kaum möglich.

2. Die Ü., besonders auch die literarische Ü., erfreut sich heute in den komparatistisch (↗ Komparatistik) und interkulturell orientierten Kulturwissenschaften großer Aufmerksamkeit. Das liegt daran, daß sich an ihr Probleme des Verstehens, des Kanons und der interkulturellen Beziehung besonders gut studieren lassen. Hinzu kommt, daß in der audio-visuellen Medienkultur (↗ Medien) die Schriftlichkeit übersetzerischer Transfers als symbolische, gegenüber anderen Kulturen distinguierende Form der Manuskript- und Buchkultur (↗ Buch, Buchdruck) deutlicher als in der Vergangenheit erkannt, aber auch problematisiert wird. Als Fall von Intertextualität ist der übersetzerische Texttransfer somit eine ausgezeichnete Form interkultureller Kommunikation, die einen nachhaltigen Kulturkontakt und Kulturtransfer zwischen den Kulturen herstellt. Auch in den ältesten illiteraten Kulturen gibt es die für Handel und militärische Eroberung erforderlichen Fremdsprachenkenntnisse. Lehnwortbildungen bezeugen den Kontakt zur mündlichen Alltagswelt fremder Völker. Doch erst die Übermittlung und Wiedergabe von in Texten niedergelegten Erfahrungen und Erfindungen führen zum nachhaltigen Kulturtransfer im Sinne der Neubestimmung des Eigenen in der nachahmenden, wetteifernden oder zensierend-zurückweisenden Beziehung zum Fremden.

Erste Bemühungen, diese komplexen Beziehungen theoretisch zu fassen, sind in der antiken kulturgeschichtliche Theorie der „translatio artium" zu finden, die auf die antike Heurematographie – griech. Wortlisten und Kataloge überliefernswerter Erfindungen fremder Völker – zurückgeht. Gültige Formulierung erhält die Idee der Ü. (gr. „metaphorá", d. h. „Übertragung") des in Texten aufbewahrten kulturellen Wissens im 1. Jh. v. Chr. in Ciceros *Tusculanae disputationes,* die das Programm der „aemulatio Graeca", der schöpferischen Nachahmung und des Wetteifers mit der griech. Literatur, entwirft. Die Idee der „translatio" ist auch der geistesgeschichtliche Kontext für die Verknüpfung der Idee der Übertragung des kulturellen Wissens mit der Reflexion der literarischen Ü. („metaphrasis", „interpretatio", „translatio") im engeren Sinne. Bei Cicero (*de optimo genere oratorum*), Horaz (*de arte poetica*) und Hieronymus (*Epistula ad Pammachium*) bezeichnet der Begriff „interpretari" das einfache Verfahren wortwörtlichen Dolmetschens, das sich seiner kulturgeschichtlichen Aufgabe nicht zureichend bewußt ist. Dieser z.B. an Ennius' Homer-Ü. kritisierten Praxis werden nun anspruchsvollere literarische Übersetzungsverfahren gegegenübergestellt, die sich nicht nur an den grammatischen Regeln der Zielsprache orientieren, sondern in der Ü. von Texten eben auch das interkulturelle Spannungsverhältnis zwischen Altem und Neuem, Vorbild und Nachbild, Fremdem und Eigenem bearbeiten.

3. Die dt. Tradition übersetzungsbezogener Reflexion setzt mit den volkssprachlichen Ü. der ↗ Bibel ein. An ihnen wird das Spannungsverhältnis zwischen der klerikalen, lat. Gelehrtenkultur und der volkssprachlichen Volkskultur deutlich, das den Ü.-Diskurs bis ins 17. Jh. prägt. Aus der Sicht der gelehrten Klerikalkultur wird die (dt.) Volkssprache als „lingua vulgaris et illiterata", „gewöhnliche und ungebildete Sprache", betrachtet. Entsprechend dienen volkssprachliche Ü. überwiegend didaktischen Zwecken: Glossare, Wort-für-Wort-Ü. und Interlinearversionen wie die ahd. Ü. der *Benediktiner Regel* sind an der Ausgangssprache orientiert; sie folgen dem Verfahren des „interpretari" und dienen dem Lateinunterricht. Die Weiterentwicklung der Volkskultur beabsichtigen sie nicht. Interessante Ausnahmen sind aber die zielsprachenorientierten Ü. Otfrids v. Weißenburg (Ü. des *liber evangeliarum*, um 860), Notkers von St. Gallen (Ü. von Boethius' *Philosophiae consolatio*, Virgils *Bucolica*, um 1000) und Willirams von Ebersberg (*Hohes Lied*, 1069), ↗ Ahd. Literatur, ↗ Frühmhd. Literatur. Diese Ü. stellen eigenständige Versuche dar zur Bestimmung der interkulturellen Beziehung der Zielkultur zur Autorität von lat. Grammatik und antiker Kultur. Berufungsinstanz ist immer wieder die *Interpretatio Chronicae Eusebii* des Hieronymus (um 348-420), der vom Übersetzer die Ausrichtung an der „proprietas" der Zielsprache fordert. Die sich hierbei einstellenden, aus Sicht der lat. Grammatik fehlerhaften Barbarismen und Solözismen werden unter Berufung auf Augustinus und Gregor von Tours mit dem Hinweis gerechtfertigt, daß die religiöse Sprache des Herzens auch die weltliche Autorität der lat. Grammatik verletzen dürfe. Dieses Argument wird in der *Confutatio grammaticae* Ekkehards IV. von St. Gallen (gest. um 1057) aufgegriffen. Seine vom Standpunkt religiöser und sprachlicher Einfachheit formulierte Zurechtweisung des grammatisch normierten heidnischen „urbanitas lepor", „der Feinheit der städtischen Kultur", ebnet den Weg, den dann Luthers Bibel-Ü. eingeschlagen und im *Sendbrief vom Dolmetschen* (1530) theoretisch gerechtfertigt hat, ↗ Reformation.

4. Wichtige Weiterentwicklungen übersetzungsbezogener Reflexion bringen die Wiederentdeckung der antiken lat. und griech. „auctores" in der ↗ Renaissance und die vom Buchdruck ausgelöste Revolution der Kommunikation. Dt. Renaissance-Übersetzer, die sich wie Niklas von Wyle (gest. 1479) an der von Valla inaugierten Idee der „res publica litteraria" orientieren, richten ihre Ü. an der Gelehrtenkultur aus. Ziel ihrer wortwörtlichen Ü. ist die Aufwertung der Volkssprachen, deren barbarischer Zustand durch Angleichung an die Grammatik der klassischen Sprachen kultiviert werden soll (verbum-de-verbo-Ü.). Leitmedium dieser Ü. ist wie in Antike und MA das Manuskript und der ↗ Brief. Andere Übersetzer sehen ihre Aufgabe eher in der Entwicklung von Grammatiken, die der „proprietas" der jeweiligen Volkssprache angepaßt sind (sensus-de-senso-Ü.). Heinrich Steinhöwel, Albrecht von Eyb und Dietrich von Pleiningen gehören zu dieser Gruppe. Sie sind sich zunehmend der Bedeutung des neuen Buchmediums für die Normierung nationaler Schriftsprachen bewußt und beginnen, als Adressaten ihrer freien und idiomatischen Ü. den einsamen Leser eines zwar nationalen, im übrigen aber anonymen Publikums in Rechnung zu stellen. Erstmals scheint die Orientierung an der Zielsprache mit dem Anspruch auf adäquate Ü. der Vorlage theoretisch vereinbar. Allgemeine Verbreitung findet diese Idee aber erst seit der Literaturreform des Martin Opitz, dessen *Aristarchus* (1617) und *Deutsche Poeterey* (1624) den Dualismus von hoher, meist lat. Literatur und niedriger volkssprachlicher Literatur überwindet. Didaktische Ü., die in ihrer Wortwörtlichkeit ausschließlich dem Dienst an der Sprache und der Kultur der Vorlage gewidmet sind, behalten ebenso wie einseitig zielsprachenorientierte Ü. ihre Funktion. Doch sie bestimmen immer weniger den Diskurs über das Ü.

5. Seit der zweiten Hälfte des 18. Jh. folgt der neue Diskurs dem Paradigma der ausdifferenzierten, nicht mehr primär schichtenspezifisch definierten literarischen Kommunikation, die die einsamen Leser eines anonymen Publikums mit unverwechselbaren Originalen individueller Autoren versorgt. Die originaltreue, verstehende Ü. wird entdeckt, die nicht nur den Sinn, sondern auch die sprachliche Form des Originals wiederzugeben beansprucht. Die hierbei gefundenen sprachlichen Lösungen gelten nicht mehr als Verletzungen der Regeln der Zielsprache, sondern als Erweiterungen der Literatursprache. Vorbereitet von der Zürcher „Schule" Johann Jakob Bodmers, der auch Miltons *Paradise lost* übersetzt, und Johann Jakob Breitingers, theoretisch begründet von Friedrich Gottlieb Klopstock und Johann Gottfried Herder, wird das an der Treue zum Original orientierte Ü.verfahren in Herders *Cid*-Ü., August Wilhelm Schlegels Dante- und Shakespeare-Ü., Gottlieb Regis' Rabelais-, Johann Gries' Ariost-, Ludwig Tiecks Cervantes- und Friedrich Schleiermachers Platon-Ü. sowie in zahlreichen Ü. ahd. und mhd. Texte mit großem Erfolg praktiziert. In Anbetracht der gesteigerten internationalen Kommunikation und der

Bereitschaft zur interkulturellen Verflechtung gehen romantische Theoretiker wie Novalis so weit, das Romantische als Ü. zu bestimmen. Diese romantische Ü.-Bewegung wird dann in Schleiermachers Abhandlung *Über die verschiedenen Methoden des Übersetzens* (1813) als Verwirklichung des Programms einer Weltliteratur in dt. Sprache interpretiert. Demgegenüber bezeichnet der Begriff der Weltliteratur bei Goethe eher die Kommunikation auf dem internationalen Literaturmarkt, an der die dt. Literatur neben anderen, darunter auch marginalen Literaturen, als Ü.literatur teilhaben könne. Die interkulturelle Verflechtung, das Romantische als Intertextualität und Ü., betrachtet Goethe eher skeptisch: Er setzt auf Distanz gegenüber dem Fremden, das der Markt nur zu schnell als Sensation hochspiele und dann gleichgültig fallen lasse, und fordert auch für die Ü. die Orientierung am Gehalt der Werke bei gleichzeitiger Duldung fremder Eigentümlichkeit statt romantischer Überantwortung an das Fremde. Zwischen diesen Polen des modernen Ü.-Diskurses sind die bedeutendsten Ü. der dt. Literatur einzuordnen: unter ihnen Johann Heinrich Voß' Homer-Ü., Friedrich Hölderlins Sophokles-Ü., Wilhelm v. Humboldts *Agamemnon*-Ü., die Baudelaire-, Dante- und Shakespeare-Ü. Stefan Georges, Rudolf Borchardts Pindar- und Dante-Ü., Wolfgang Schadewaldts Sophokles- und Homer-Ü., die Joyce-Ü. Hans Wollschlägers, die Baudelaire-Ü. Friedhelm Kemps und Erich Frieds Shakespeare-Ü.

6. Die Gegenüberstellung der Ü. als Vermittlung von Weltliteratur in einer einzelnen Sprache und als internationale Kommunikation ist auch der Ausgangspunkt für die vielfältigen Bemühungen um eine Korrektur der durch imperiale und koloniale Machtbeziehungen sowie kulturelle Marginalisierungen verzerrten interkulturellen Kommunikation. So befürwortet die sog. Dritte-Welt-Literatur-Bewegung die Erweiterung des westlich dominierten Kanons der Weltliteratur durch die Ü. marginaler Literaturen. Sie verkennt hierbei aber nicht, daß solche Ü. zumeist in einer der kurrenten, marktbeherrschenden Weltsprachen erfolgen. Doch auch diese bleiben von der heute ins Unendliche gesteigerten internationalen Kommunikation nicht unberührt. Daraus ziehen andere wieder den Schluß, daß die internationale Kommunikation im audio-visuellen Medienzeitalter zu einer weltumspannenden hybriden oder synkretistischen Kultur geführt habe. Sie haben die Literatur eines dritten Raums, d.h. die Literatur der Immigranten in den postkolonialen, multikulturellen Metropolen, vor Augen, bei der es schwerfalle, zwischen Original und Übersetzung zu unterscheiden. Vor diesem Hintergrund betonen Literaturtheoretiker und Autoren, daß Weltliteratur nicht mehr übersetzt werde, sondern immer schon übersetzt sei.

Andreas Poltermann

Lit.: D. Bachmann-Medick: Multikultur oder kulturelle Differenzen? Neue Konzepte von Weltliteratur und Ü. in postkolonialer Perspektive. In: DVjS 68 (1994). – D. Delabastita: Translation and the Mass Media: In S. Basnett/A. Lefevere (Hg.): Translation, History and Culture, 1990. – E.W.B. Hess-Lüttich (Hg.): Text Transfers. Probleme intermedialer Ü., 1987. – R. Jakobson: On linguistic Aspects of Translation. In: R.A. Brower (Hg.): On Translation, 1966.

Utopie, utopischer Roman

1. Es ist eine grundsätzliche und notwendige Möglichkeit menschlichen Denkens, die erfahrbare Wirklichkeit überschreiten und ein anderes, besseres Leben, eine andere Gesellschaft oder einen anderen Staat entwerfen zu können. Utopisches Denken äußert sich seit der Antike (Platon, *Politeia*) auf verschiedene Weise in Philosophie, Religion, Kunst und Architektur – und eben auch in der Literatur. Mythologische und biblische Vorstellungen (Goldenes Zeitalter, Paradies, biblische Apokalypse) und religiös-chiliastische Naherwartungen (Joachim de Fiore, gest.1202) haben das utopische Denken entscheidend geprägt.

Der Begriff U. selbst aber geht zurück auf Thomas Morus' *Libellus [...] de optimo reipublicae statu deque nova insula Utopia* (1516). Er setzt sich aus griech. „ou" („nicht", „kein") und „topos" („Ort") zusammen. Der Name ist sprechend. Den glücklichsten Ort (in „Utopia" klingt auch „Eu-Topia", „Glücklich-Ort" an) gibt es nicht wirklich. Morus' bester Staat ist (nur) Fiktion. Daran soll von vornherein kein Zweifel sein. Weitere Ironie- und Fiktivitätssignale rücken diesen Staat in eine ironische Distanz und unterlaufen die Hoffnung, daß man die Insel Utopia tatsächlich irgendwo finden könnte. Sie nötigen zu der Frage, ob ein solcher bester Staat je möglich, ja ob er überhaupt wünschenswert sei. Was der Leser selbst von Utopia halten soll, hängt also bei Morus und bei der literarischen U. überhaupt ganz davon ab, mit welchen rhetorischen, literarischen Strategien der ideale Staat vorgestellt wird. Es ist ein Problem der fiktionalen Vermittlung. Das begründet die enge Verbindung zwischen utopischem Denken und Literatur.

In Morus *Utopia* berichtet ein Seefahrer nach seiner Rückkehr, daß ihn seine Reise auf eine ferne, abgeschlossene Insel mit einem idealen Gemeinwesen geführt habe. (Grundsätzlich gibt es viele

Beziehungen zwischen U. und Reisebericht, ↗ Reiseliteratur.) Die dialogische Berichtsform der *Utopia* erlaubt es, die Verhältnisse auf der idealen Insel kritisch mit den Zuständen in der empirischen Welt, dem frühneuzeitlichen England, zu vergleichen. Dieses Darstellungsverfahren (Reisebericht, Kontrastierung von idealem Inselstaat und negativer Erfahrungswelt) wirkt strukturbildend. Durch die *Utopia* wird die ↗ Gattung der literarischen U. begründet. Man sollte diesen engeren U.-Begriff von einem weiteren abgrenzen, der in der modernen Ästhetik sogar soweit gehen kann, dem Kunstwerk an sich schon eine utopische Qualität zuzusprechen.

2. Die religiösen, sozialen und wissenschaftlichen Umbrüche der Frühen Neuzeit bringen neben und nach der *Utopia* eine Fülle weiterer utopischer Entwürfe in wirklichkeitskritischer, satirischer oder moraldidaktischer Absicht hervor. Übergangs- und Umbruchzeiten begünstigen überhaupt utopisch-projektierendes und antizipierendes Denken.

Die wichtigsten frühneuzeitlichen U. nach Morus sind T. Campanellas theokratische *La Città del Sole* (1602), J.V. Andreaes reformprotestantische, frühpietistische *Reipublicae Christianopolitanae Descriptio* (1619) und F. Bacons *New Atlantis* (1627). In diesen U. wird die ironische Brechung der *Utopia* wieder zurückgenommen. Campanella und Andreae stellen noch geschlossene Systeme vor, die sich in einer streng geometrischen Architektur (Kreis bzw. Quadrat) konkretisieren. Die einzelnen utopischen Bereiche (Politik, Wissenschaft, Bildung, Erziehung) werden der Religion untergeordnet und durch sie zu einem Ganzen integriert. Bacons ideale Insel ist dagegen eine technisch-wissenschaftliche U. zum Zwecke schrankenloser, empirisch ausgerichteter Naturforschung. Religion als Integrationsprinzip tritt zurück. Die literarische Darstellungsstrategie der Beschreibung des utopischen Raumsystems, die nicht die tatsächliche Existenz des utopischen Staates illusionieren, sondern ein Gegenbild in kritischer Absicht entwerfen will, kommt damit an eine Grenze, weil sie der zur Zukunft hin offenen, prinzipiell nicht abschließbaren Naturaneignung nicht genügt.

3. Hier kündigt sich bereits die für die ↗ Literaturgeschichte der Gattung entscheidende Verzeitlichung der U. an, die sich in der ↗ Aufklärung schließlich vollzieht. Am Ende dieses Prozesses steht der Zukunftsroman (etwa Merciers *L'an 2440*, 1772), der vorwegnimmt, was sich im Verlauf menschlicher Geschichte entwickeln könnte.

In der Verzeitlichung der U. äußert sich ein neues Verständnis von Geschichte als kontinuierlichem Fortschritt. Dem entspricht ein grundsätzlicher Wandel der literarischen Form. Aus der Beschreibung geschlossener Raumsysteme wird der ↗ Roman, der auch dem neuen subjektiven Weltverhältnis Rechnung trägt. In dieser literarischen Form läßt sich der utopische Staat erst wirklich überzeugend fingieren. Nun wird in Geschichten erzählt, was die Reisenden im utopischen Staat erleben, wie dieser entstanden ist und wie er sich weiter entfaltet.

Bedeutende Stationen dieser Entwicklung sind die *Histoire des Sévarambes* des D. Veiras (1677/79) und J.G. Schnabels *Wunderliche Fata einiger See-Fahrer* (1731-43 in 4 Bden.; meistens zit. als *Die Insel Felsenburg*). Veiras' Roman wurde bald ins Dt. übersetzt und schloß so ein Lücke in der dt. Literatur, die seit Andreae keine bedeutende U. hervorgebracht hatte. Schnabels *Insel Felsenburg* (mit einer fiktionstheoretisch bemerkenswerten Vorrede) blieb ein Erfolgsroman bis in die ↗ Romantik hinein, weil er schon unterhaltend Abenteuergeschichten für neue Leserschichten erzählt. Bei Schnabel zeigt sich der Einfluß der Robinsonade auf die literarische U. (D. Defoe, *Robinson Crusoe*, 1719/20; J.H. Campe, *Robinson der Jüngere*, 1779/80). Die Robinsonade kann sich selbst zur U. hin entwickeln. Auch in den aufklärerischen Staatsroman, einer weiteren verwandten Gattung, können utopische Entwürfe eingelagert sein (J.M. v. Loen, *Der Redliche Mann am Hofe*, 1740; A. v. Haller, *Usong*, 1771; Chr. M. Wieland, *Der Goldene Spiegel*, 1772). Enge Beziehungen gibt es zudem zwischen U. und Fürstenspiegel (Fénelon, *Télémaque*, 1699).

4. In der selbstreflexiven Spätaufklärung wird der Zweifel daran immer lauter, daß es möglich und vorstellbar sei, die Welt durch menschliches Handeln kontinuierlich zu verbessern und zu vollenden (wichtig: J.K. Wezel, *Belphegor*, 1776; ders., *Robinson Krusoe*, 1779). Damit verschiebt sich auch die Intention des utopischen Romans. Die ideale utopische Welt wird schließlich zur Schreckensvision des übermächtigen, alles regulierenden und jeden individuellen Spielraum erstickenden Staates (Samjatin, Huxley, Orwell). Zwar gibt es auch nach der Aufklärung noch literarische U., die an einen utopischen Idealstaat in der Zukunft glauben. Im Frühsozialismus und um 1900 entstehen viele Entwürfe. Doch die moderne Literatur von Rang wagt kaum mehr umfassende Glücksversprechen. Die U. ist in der Moderne zumeist Anti-U. Sie bleibt aber motivisch, thematisch und in ihren narrativen Strategien der Gattungstradition verbunden. Jetzt berührt sie sich intensiv mit der literarischen Apokalypse (etwa A. Kubin, *Die andere Seite*, 1909; G. Hauptmann, *Die Insel der großen Mutter*,

1924; G. Grass, *Die Rättin*, 1986). Die technisch-wissenschaftliche Zukunftsphantasie aber wird zur Sache der ↗ Science Fiction, der es freilich nicht um das glückliche Leben im idealen Staat geht.

Wolfgang Braungart

Lit.: W. Biesterfeld: Die literarische U., ²1982. – W. Braungart: Die Kunst der U., 1989. – G. Müller: Gegenwelten. Die U. in der dt. Literatur, 1989. – W. Voßkamp (Hg.): U.forschung. 3 Bde., 1982. – M. Winter: Compendium Utopiarum, 1978.

V

Volksbuch

1. V. ist ein problematischer Begriff nicht nur wegen des schillernden Assoziationsspektrums, das sich im Lauf der Geschichte damit verbunden hat, sondern v.a. deshalb, weil er das Mißverständnis suggeriert, die Werke, die man als Volksbücher bezeichnet, seien Bücher „aus dem Volk" bzw. „für das Volk" gewesen. Ersteres aber ist ein romantischer ↗ Mythos, letzteres eine bildungsgeschichtliche Fiktion. Wenngleich also der V.-Begriff den historisch adäquaten und lesersoziologisch präzisen Zugang zum konkreten Textbefund eher verstellt als eröffnet, ist er als Paradigma für die Historizität von Forschung im Einflußbereich verschiedener, jeweils aktuell motivierter kulturpolitischer Interessen von wissenschafts- und ideologiegeschichtlicher Relevanz. Außerdem kann er ein Licht auf die auch in der Sache selbst liegenden Schwierigkeiten bei der Erforschung der frühneuzeitlichen Erzählliteratur werfen, die einerseits quellen- und stoffgeschichtlich vielfach noch dem MA verpflichtet ist, andererseits jedoch bereits die Schwelle zum modernen Vermarktungssystem im Medium des Druckes überschritten hat, ↗ Buch, Buchdruck.

2. Mit seiner Schrift *Die teutschen Volksbücher* (1807) war J. Görres zwar nicht der Erfinder, aber der bis weit ins 20. Jh. hinein wirkmächtigste Propagator des V.-Begriffs. Das gilt v.a. für seine These vom „Volksgeist" als schöpferischer Wurzel, die ganz im Sinne der ↗ Romantik die mythisierende Beschwörung eines allen Deutschen gemeinsamen literarischen Erbes der nationalstaatlichen Zersplitterung entgegenstellte. Das spätaufklärerische Konzept des V. als Medium der Volkserziehung (also gerade nicht als Produkt des „Volksgeistes" selbst) trat dagegen ins zweite Glied zurück. So ließ sich Görres denn auch bei seiner Textauswahl nicht nur von der Komponente der Belehrung leiten, sondern verstand unter V. – als Buchtyp und nicht als literarische ↗ Gattung – praktisch alle gedruckten Werke des 15./16. und 17. Jh. in „gemeiner prosaischer Form", sofern sie nur das Kriterium der Traditionspermanenz, d.h. des jahrhundertelang fortwährenden Gebrauchs, erfüllten. Das Spektrum reichte daher u.a. von Büchern wie *Gregorius*, *Griseldis*, *Melusine* und *Magelone*, *Herzog Ernst*, *Rübezahl*, *Eulenspiegel* und *Faust* bis hin zu Traumbüchern, Handwerksbüchern und Bauernkalendern. Die Faszinationskraft des V. veranlaßte auch Dichter der Romantik wie L. Tieck zur poetischen Anverwandlung der Texte im Sinne ihrer Erneuerung, während Goethe in seinem *Faust* zwar quellengeschichtlich auf die V.-Tradition zurückgegriffen, zugleich aber schöpferische Distanz signalisiert hatte. Die Nachdichtungen der Romantik vermischten sich rezeptionsgeschichtlich jedoch nicht mit der „echten" V.-Tradition, wie sie durch die Sammlungen von G. Schwab, L. Aurbacher, G.O. Marbach, K. Simrock und R. Benz (allesamt freilich weniger wissenschaftlich ambitionierte Editionen als Bearbeitungen mit unterschiedlich ausgeprägten Eingriffen der Herausgeber) bis in die jüngere Vergangenheit hinein verbreitet war. Das Zentrum dieser Verbreitung lag allerdings bezeichnenderweise nicht im „Volk", sondern in einer Bildungsschicht mit Geschmack an bewußt kultivierter literarischer Patina.

3. Im 20. Jh., vollends zwischen den beiden Weltkriegen, verfestigte sich der V.-Begriff von der Funktions- zur Gattungsbezeichnung bei gleichzeitiger Einengung des Textspektrums auf die fiktionale Erzählliteratur, insb. den frühnhd. Prosaroman des 15./16. Jh. (↗ Roman). Damit verband sich mit Vorliebe eine dreistufige Deszendenztheorie, die die Entstehung einer romanhaften Unterhaltungsprosa im Kontext des Adels und das anschließende „Absinken" dieser Literatur ins Bürgertum postulierte, bevor sie zum Eigentum des „Volkes" geworden sei. Dieses „Absinken" konnte im Sinne neoromantisch-völkischer Tendenzen durchaus auch apologetisch gewertet werden. Von der Nachkriegszeit bis in die 1970er Jahre hinein dominierte aber die Ansicht von der moralisierenden bzw. trivialisierenden „Verbürgerlichung" des Prosaromans.

4. Die neuere Forschung ist dabei, diese Klischees durch lesersoziologische Untersuchungen und bildungsgeschichtlich reflektierte Interpretationen aufzubrechen. Das V.-Etikett ist zwar entgegen mancher Forderungen nicht völlig aufgegeben worden, doch tritt es zurück hinter den präziseren literaturwissenschaftlichen Kategorien des „Prosaromans" oder der ↗ Novelle bzw., im Sinne des älteren, weiter gefaßten V.-Begriffs, auch der ↗ Legende, der Sachliteratur, des Reiseberichts (↗ Reiseliteratur) usw. Um Generalisierungen zu vermeiden und Befunde wie (echte oder vermeintliche) Reduktions- und Simplizierungstendenzen nicht vorschnell als übergreifendes Signum einer sog. populären Unterhaltungs-

literatur zu werten, besinnt man sich darauf, die einzelnen Texte quellengeschichtlich exakt in ihren jeweiligen Gattungs- und Gebrauchskontexten zu untersuchen.

5. Trotz all seiner Problematik kann der V.-Begriff auf ein wichtiges und im Vergleich zum MA neuartiges Phänomen hinweisen: auf das der (mit bildungsgeschichtlich bedingten Abstrichen) „massenhaften" Verbreitung von Literatur im Medium des Drucks. Diese „massenhafte" Verbreitung, die das Schrifttum insgesamt der Aura des Besonderen enthebt, verführt freilich in der Tat sehr leicht dazu, zwischen hochliterarisch-exklusiven und populären, künstlerisch ambitionierten und trivialen Texten zu unterscheiden, ohne diese Unterscheidungen auch historisch zu hinterfragen. Die meist als anspruchsvoller geltenden mittelalterlichen Quellen, auf die die entsprechenden frühneuzeitlichen Prosawerke i.d.R. zurückgehen, stellen jedoch speziell in der Frage des ästhetischen Niveaus keinen geeigneten Maßstab dar, weil sie auf differierenden Produktions- und Rezeptionsbedingungen gründen. Die Tatsache, daß die zunehmende Anonymisierung des Literaturmarkts den ehemals engen, ja persönlichen Konnex zwischen Autor und Publikum gleichsam neutralisiert, verlangt ebenso wie der Ersatz des mündlichen Vortrags durch die Rezeptionsform der Einzellektüre die Entwicklung neuer, verständnissichernder Diskursstrategien und setzt andere Selektionsmechanismen in Kraft. Gerade deshalb aber besitzt die sog. V.-Literatur ein hohes medien- und mentalitätsgeschichtliches Erkenntnispotential, das es noch weiter auszuschöpfen gilt.

Edith Feistner

Lit.: X. von Ertzdorff: Romane und Novellen des 15. und 16. Jh. in Deutschland, 1989. – H.J. Kreuzer: Der Mythos vom V., 1977. – J.-D. Müller: V./Prosaroman im 15./16. Jh. In: IASL (1. Sonderheft: Forschungsreferate) 1985.

Volksstück

1. Der Begriff V. ist – ebenso wie „Volkstheater" – erstmals in der 2. Hälfte des 18. Jh. belegt und hat mehrmals Bedeutungsverschiebungen erfahren. Er bezeichnet i.a. literarisches Personal und Adressaten: Bühnen-Stücke über das Volk, für das Volk – wobei „Volk" unterschiedlich verstanden wird (Pöbel, Proletariat, Kleinbürgertum, Masse, „alle", auch : Nation), meist als Abgrenzung gegenüber den Ständen der Macht- und Bildungsträger. Die Gattungsbenennung setzte sich in der 1. Hälfte des 19. Jh. durch, im Rahmen der Wiener V.-Diskussion und mit dem Klischee der Klage über den Verfall des alten Volkstheaters. In Anlehnung an Jürgen Hein kann Volkstheater als Institution und V. als Intention gesehen werden.

2. Das V. steht u.a. in der Tradition der Commedia dell'arte und ist aus den Volkstheatern der Vorstädte (insbesondere in Wien) hervorgegangen. In seiner Geschichte traten meist Elemente der Produktion und ↗ Rezeption gegenüber gattungsästhetischen Aspekten in den Vordergrund. Die Texte entstanden lange Zeit in enger Bindung an ein ↗ Theater und waren auf ein bestimmtes Publikum ausgerichtet. Als wichtige Bestimmungen einer V.-Poetik, wie sie insbesondere im 19. Jh. gesehen und im 20. Jh. auf verschiedene Art reflektiert wurde, nennt Aust: Herkunft, Sittenmalerei, Volksfiguration, Spaßmacher-Rolle, Volkstheaterdichter als „Aufgabe", Schauspieler-Poetik, Verständlichkeit, Publikumsarbeit, Mode, Verfall. Das V. zeigt meist eine alltägliche, kleine Welt, in die die große Außenwelt eher bedrohlich, oft auch letztlich lächerlich hineinwirkt; entsprechende Aufmerksamkeit wird auf Lokalkolorit und sprachliche Ausformung (Einbeziehung des Dialektes) gelegt, ↗ Dialektdichtung.

3. Als Begründer des Volkstheaters im dt. Sprachraum gilt Joseph Anton Stranitzky (um 1676-1726), der in den „Wiener Haupt- und Staatsaktionen" die Figur des Hanswurst einführte, gegen die später die Gottschedianer opponierten („Hanswurst-Streit"). Als „Vater des Wiener V." wurde oft Philipp Hafner (1735-1764) bezeichnet, der das Volkstheater zu einem aufklärerisch „vernünftigen" Drama erheben wollte: Stegreifspiel und Dialekt wurden zurückgedrängt. Als erstes V. genanntes Drama führt Aust *Die getreuen Oesterreicher* von Karl Friedrich Hensler (1797) an.

4. Der älteste bekannte Beleg des Wortes V. ist bei Jakob Michael Reinhold Lenz (1774) zu finden, der das V. gegen klassizistische Vorstellungen stellte und es von ständischen Zuordnungen frei sah. Nach den Anregungen Friedrich Nicolais (1784) – ähnlich Schiller (1803) – und in der Linie der ↗ Aufklärung wurde im 19. Jh. häufig ein „vernünftiges", veredeltes V. gefordert – und gleichzeitig der Niedergang des V. beklagt. Als Ideal propagierte Moritz Saphir 1843 das „reine", „gute" V., das – in den Lokalpossen – das Heimische gegen ausländische Unterhaltungskonkurrenz reüssieren lasse. Trotz der versuchten Literarisierung waren die Texte lange Zeit zunächst Spielvorlagen und zielten (auch) auf massenwirksame Unterhaltung, u.a. durch musikalische Einlagen. Bestimmend für die unter V. sub-

sumierten Possen, Schwänke, Parodien blieb die satirische Intention, ↗ Schwank, ↗ Parodie, ↗ Satire.

5. Das V. wurde in der 1. Hälfte des 19. Jh. in einigen dt. Städten gepflegt – insbes. von Karl Malß in Frankfurt/M., Ernst Elias Niebergall in Darmstadt, Julius von Voß und Louis Angely in Berlin –, nirgendwo aber in derartiger Konzentration und Intensität wie in Wien. Bekannte Autoren der Vorstadtbühnen waren Adolf Bäuerle (*Die Bürger von Wien*, 1813), Josef Alois Gleich, Karl Meisl. Als Höhepunkte des Wiener V. gelten die Stücke Ferdinand Raimunds (1790-1836), z.B. *Der Alpenkönig und der Menschenfeind* (1828), *Der Verschwender* (1834), und Johann Nestroys (1801-1862), insbes. *Der böse Geist Lumpazivagabundus* (1833), *Der Talisman* (1840). Gegen die bei der Kritik geltenden Vorstellungen vom V., das das Volk „erheben und veredeln" sollte (was man Raimunds Werken, z.B. seinen Zauberstücken, attestierte), standen Nestroys satirische Possen, die als „subversive Unterhaltung" auf Ablehnung einflußreicher Kritiker (etwa Saphir) stießen. Nestroy zielte auf Ablösung des Zauberstückes und satirische Auseinandersetzung, die im Sprachwitz konzentriert ist. Im 20. Jh. beriefen sich viele Autoren auf Nestroy, der für sie nun das V. repräsentierte.

6. In der 2. Hälfte des 19. Jh. trat mit einem Wandel in der Publikumsstruktur (Verarmung der unteren Schichten des Bürgertums) eine ästhetische Veränderung ein, eine versuchte „Aufwertung" (z.B. von Friedrich Kaiser), indem deutlich in der dionysisch-orgiastischen Traditionslinie stehende Elemente (Komik i.a., Prügelszenen) zurückgedrängt wurden. Die Bezeichnung V. wurde eher mit ernster, moralisierender Unterhaltung verbunden; angesiedelt wurde das V. weiterhin im Kleinbürgertum, aber auch im ländlichen Bereich. Nach der Dorfgeschichte Berthold Auerbachs war für Ludwig Anzengruber (1839-1889) das V. mit einem „gedämpften" ↗ Realismus ein Mittel zur Volkserziehung (*Das vierte Gebot*, 1877). Weitergeführt wurde der Versuch der „Sozialreform durch Rührung" (Aust), eine Sentimentalisierung des V., etwa von Carl Morre (*'s Nullerl*, 1885).

7. Elemente des V. nahm das naturalistische Drama auf, ↗ Naturalismus. Am Ende des 19. Jh. wurde das V. immer mehr in den bäuerlichen Bereich verlegt (Ludwig Ganghofer: Bayern), mit der „Heimatkunst" verbunden (Karl Schönherr, Richard Billinger) und eine lokal geprägte Gebrauchsliteratur. Im Rahmen der verstärkten Kommerzialisierung des Theaters mit Beginn des 20. Jh. wurde das V. ein Produkt der „Unterhaltungsindustrie", das die kritische Intention verloren hatte. Gegen die sentimentalisierende Traditionslinie wandte sich Ludwig Thoma; eine Erneuerung mittels sozialkritischer Satire versuchten Carl Zuckmayer und Marieluise Fleißer. Ödon von Horváth (1901-1938) sprach sich 1932 dafür aus, das alte V. „fortzusetzen" und es zu „zerstören", eine „Demaskierung des Bewußtseins" in einem demaskierten V. anzustreben (ähnlich Jura Soyfer). Horváth siedelte seine Stücke (*Geschichten aus dem Wiener Wald*, 1931) im Kleinbürgertum an, dessen Sprechweise er als einen durch den Bildungsjargon zersetzten Dialekt darstellte. Die Anforderungen Horváths an das V. hat – von der Forschung bislang wenig bemerkt – Karl Valentin eingelöst. Bertolt Brecht (1898-1956), der mit Valentin gearbeitet hatte, wandte sich gegen eine „anspruchslose Form" des V. und illustrierte in einer politisch fundierten Dramatik das Herr-Knecht-Motiv in *Herr Puntila und sein Knecht Matti* (1940).

8. Während nach 1945 eine triviale V.-Variante weiterhin auf traditionellen Heimat- und Volksbühnen gepflegt wurde, zielte in der Fortsetzung von Horváth ein kritisches V. (Fritz Hochwälder u.a.) auf die Demaskierung jenes Bewußtseins, das den Nationalsozialismus ermöglicht hatte und nun die Vergangenheit verdrängte. Ein „Neues V." oder „Anti-V.", in dem sozialkritisch gesellschaftliche Mechanismen bloßgelegt werden, entstand in Werken von Martin Sperr, Franz Xaver Kroetz oder Peter Turrini.

Klaus Zeyringer

Lit.: H. Aust/P. Haida/J. Hein: V., 1989. – J. Hein (Hg.): Theater und Gesellschaft. Das V. im 19. und 20. Jh., 1973. – J.M. Valentin (Hg.): Volk – V. – Volkstheater im dt. Sprachraum des 18. – 20. Jh., 1986.

Z

Zeitung

1. Z. (von mnd. „tidinge“ „Nachricht“), regelmäßig, mind. einmal wöchentlich erscheinendes Presseerzeugnis, in dem öffentlich über alle aktuellen Ereignisse, insbesondere über politische und kriegerische Vorgänge berichtet wird. Eine erste gedruckte dt.sprachige Z. erschien seit 1605 in Straßburg. Die ersten Z. entstanden aus den teuren, deshalb nur für einen kleinen Personenkreis zugänglichen handgeschriebenen Nachrichtenbriefen, den sog. geschriebenen Z. Die Verleger konnten auf ein bereits entwickeltes Korrespondenzwesen und auf regelmäßige Postverbindungen zurückgreifen. Ihre Bezeichnung als Ordinari-Z. erhielten die ersten Z. von der „ordinari-Post“. Die Z. sind abzugrenzen von den schon zuvor erschienenen nicht-periodischen „Neuen Zeitungen“, in denen zumeist ein einzelnes aktuelles Ereignis geschildert wurde, zu den „Meßrelationen“, die halbjährlich zu den Messen erschienen und nur bedingt Aktualität besaßen, sowie zu den Zeitschriften.

2. Im 17. Jh. entwickelte sich Deutschland zum bedeutendsten Zeitungsland Europas und die Z. zur wichtigen Nachrichtenquelle eines schnell wachsenden Publikums. Territoriale Zersplitterung, konfessionelle Spaltung und günstige Verkehrslage führten zu einer besonders vielfältigen Z.landschaft. Die erste Tagesz. wurde 1650 in Leipzig herausgegeben. Um 1700 konkurrierten etwa 60 Z., am Ende des 18. Jh. bereits mindestens 200 mit z.T. beträchtlichen Auflagen. Die wichtigsten Z.orte finden sich in Nord-, Süd- und Mitteldeutschland. Einige dt. Z., so etwa der *Hamburgische unpartheyische Correspondent*, entwickelten sich zu einer in ganz Europa geschätzten Informationsquelle. Am Ende des 18. Jh. kam es zu einer beträchtlichen quantitativen und sozialen Ausweitung des Lesepublikums für Z. Gemeinschaftslektüre und -bezug, Lesegesellschaften und das Vorlesen aus Z. im Wirtshaus, in den Schulen oder nach dem Gottesdienst sorgten für eine Vergrößerung der Leserschaft über die Abonnenten hinaus. Der Z.vertrieb erwies sich als lohnendes Unternehmen, obgleich häufig noch die Einnahmen aus Anzeigen fehlten, die in mehreren dt. Ländern ein Monopol der Intelligenz- oder Anzeigenblätter waren.

Im Jahrhundert der ↗ Aufklärung fand die Z. mit Zeitschrift und Intelligenzblatt zu einem Verbund der periodischen Presse, der für Information und Diskussion eines rasch wachsenden Lesepublikums und für die Herausbildung einer Öffentlichkeit von großer Bedeutung war. Mindestens 6.000, wahrscheinlich aber noch weit mehr Periodika sorgten für die Popularisierung des zeitgenössischen Wissens und erschlossen neue Leserkreise für weltliche Lektüre: Das 18. Jh. ist durch eine quantitative Explosion der periodischen Presse zu charakterisieren. Die Entwicklung der Presse offenbart die Vorteile von Kleinstaaterei und konfessionellen Gegensätzen im dt.sprachigen Raum: geistig-kultureller Wettstreit förderte eine in Europa ihresgleichen suchende Vielfalt der Presse, unterschiedliche Zensurverhältnisse hinderten eine verödende Gleichschaltung. Mit dem 19. Jh. kam es durch die Verbesserung der Drucktechnik und die Verringerung der Preise, durch die Erhöhung der allgemeinen Bildung und seit 1848 nach der Durchsetzung der Pressefreiheit zur Gründung zahlloser lokaler Z. und zu einer gewaltigen Ausweitung des Pressewesens; es entstand die Partei-, Arbeiter- und Generalanzeigerpresse; die Z. begann sich zu ihrer heute bekannten Gestalt zu entwickeln.
Bis zum Ende des 18. Jh. herrschte in der Berichterstattung der Z. ein unkommentiertes und „wertfreies“ Referieren der Nachrichten vor. Dies war in der Regel nur bedingt Folge der in den dt. Ländern sehr unterschiedlich gehandhabten ↗ Zensur, entsprach aber den Wünschen des gebildeten Z.publikums, das eine chronikartige Darbietung des Weltgeschehens erwartete. Das Selbstverständnis der Z.herausgeber und -korrespondenten war das von Chronisten. Hierauf gründete sich das hohe Ansehen, das die Z. bei Gelehrten wie Conring, Comenius, Pufendorf, Leibniz, Happel, Gottsched oder Kant genoß. Die Z. leisteten ihren Beitrag zur Entwicklung einer politischen Öffentlichkeit, indem sie die Informationen lieferten, die Grundlage der Diskussionen besonders in den Zeitschriften wurden. Spätestens im 18. Jh. waren die Z. zu einem Medium der Aufklärung und der zuverlässigen Information über aktuelle Ereignisse geworden. Die Herausbildung einer kommentierten Berichterstattung seit der ersten Hälfte des 18. Jh. ist die Folge zunehmender Konkurrenz und des Bemühens, der Z. neue Leserschichten zu erschließen. Aufgehoben wurde die Trennung von Nachricht, Diskussion und Meinung durch die seit 1780 schnell in größerer Zahl erscheinenden Z. für das „Volk“, die eine neuartige Verbindung

von Z. und Zeitschrift darstellten. In aufklärerischer Absicht sollten einfache Leser angesprochen werden.

3. Für das literarische Leben und die Literatur spielte die Z., z.T. auch durch separate Beilagen, eine bedeutende Rolle. Vereinzelt finden sich schon in Z. des 17. Jh. feuilletonartige Beiträge, auch das Z.gedicht ist eine frühe Erscheinung. Verlagsanzeigen und Rezensionen informierten schnell über Neuerscheinungen und trugen zur Entstehung eines nationalen Buchmarktes und einer literarischen Öffentlichkeit bei, ↗ Literaturkritik; daneben waren die Z. für die Herausbildung einer einheitlichen modernen Sprache im dt. Sprachraum mitverantwortlich. Vor allem die kleineren literarischen Formen wie Gedicht, Epigramm und ↗ Parabel, Moralische Erzählung, Dialog, ↗ Fabel, Anekdote und ↗ Lied erfreuten sich in den Z. des 18. Jh. großer Beliebtheit. Ende des 18. Jh. erschienen in den Z. erste Fortsetzungsromane (allerdings schon 1668 im *Nordischen Mercurius* in drei Fortsetzungen die *Insel Pinus*). Salzmanns *Bote aus Thüringen* ist ab 1790 das früheste Beispiel hierfür. Seit dem Vormärz entwickelte sich die Z. zu einem der wichtigsten Foren für Literatur. U.a. erschienen Romane von Eugène Sue, Levin Schücking, Georg Weerth, Spielhagen, Dumas und Paul Heyse. Am Ende des 19. Jh. fanden jährlich Hunderte von Fortsetzungsromanen in Z. Platz. Für die durch Literatur vermittelte gesellschaftliche und politische Sozialisation breiter Bevölkerungsschichten hatte die Z. bereits seit dem Ende des 18. Jh. eine große Bedeutung, sie nahm, u.a. durch die Entstehung der Arbeiterpresse, im 19. Jh. weiter zu.

Wichtig ist die Z. für die „Geburt des Journalisten" und die Entstehung freier Schriftsteller. Zahlreichen Dichtern bot sie nicht nur ein Forum, sondern als Redakteur, Korrespondent oder Herausgeber eine Existenzgrundlage. So betätigten sich etwa Karl Philipp Moritz, Lessing, Klopstock, Gerstenberg, Salzmann, Heinrich Zschokke oder Heinrich v. Kleist als Beiträger oder Redakteure von Z. Auf der anderen Seite trugen bedeutende Dichter zur Literarisierung der Z. bei. Ein Beispiel dafür ist Matthias Claudius mit seinem *Wandsbecker Boten*. Wichtige Beiträge in Z. verfaßten Heine, Börne, Gutzkow, Lewald, Glaßbrenner, Fontane, Mügge, Hoffmann v. Fallersleben, Herwegh und viele andere bedeutende Schriftsteller. Schon vor 1850 begann sich das Feuilleton zu einer eigenen redaktionellen Abteilung zu entwickeln, die für Erfolg und Beliebtheit von Z. zunehmend wichtig wurde.

In der zweiten Hälfte des 19. Jh. führten eine nun fast vollständige Lesefähigkeit der Bevölkerung, technische Neuerungen wie Rotations- und Setzmaschine und die Verbesserung des Nachrichtenwesens zu einer starken Ausweitung des Lesepublikums, der Zahl der selbständigen Z. und der Gesamtauflage. Immer größere Bedeutung erlangte nun der Anzeigenteil, über den heute bis zu zwei Drittel einer Z. finanziert werden. Blieb bis in die 30er Jahre des 20. Jh. trotz zunehmender Bedeutung noch eine große Vielzahl selbst kleinster lokaler Z. existenzfähig, so führte der Nationalsozialismus zu extremster zentraler Lenkung der Berichterstattung und zur Nutzung der Z. als neben dem Rundfunk wichtigstes Propagandainstrument. Nach dem Zweiten Weltkrieg sorgte ein rasanter Konzentrationsprozeß dafür, daß immer weniger Vollredaktionen immer mehr Z. gestalteten. 1989 existierten auf dem Gebiet der Bundesrepublik und der DDR noch 129 bzw. 37, 1993 noch 137, 1994 nur noch 114 Vollredaktionen, bedeutend weniger also als im 18. Jh. Dabei ist allerdings wichtig, daß von diesen Redaktionen 1.600 unterschiedliche Ausgaben hergestellt werden und die Z. an Bedeutung trotz der anderen Massenmedien wenig eingebüßt hat. 1993 betrug die Verkaufsauflage aller Z. in Deutschland 25,3 Millionen Exemplare. Von 1.000 Bürgern, die älter sind als 15 Jahre, kaufen 373 eine Z.

Holger Böning

Lit.: H. Böning: Dt. Presse. Biobibliographische Handbücher zur Geschichte der dt.sprachigen periodischen Presse von den Anfängen bis 1815, Bd. 1ff., 1996ff. – E. Bogel/E. Blühm: Die dt. Z. des 17. Jh., Bd. 1-3, 1971ff. – Gert Hagelweide (Hg.): Literatur zur dt.sprachigen Presse, 1985ff. – I. Jentsch: Zur Geschichte des Z.lesens in Deutschland am Ende des 18. Jh., 1937. – L. Salomon: Geschichte des Dt. Z.wesens, Bd. 1-3, 1900ff. Neudruck 1973. – M. Welke: Z. und Öffentlichkeit im 18. Jh., in: Presse und Geschichte [I], 1977.

Zensur

1. Mit Z. (lat. „censura") wurde in röm. Zeit ein Verfahren bezeichnet, das seit 366 v. Chr. die Prüfung und Beurteilung materieller Werte (Vermögenseinschätzung) sowie die Aufstellung von Listen, in denen das Stimmrecht, der Heeresstand oder Tributzahlungen festgelegt wurden, umfaßte. Außerdem unterlag dem Zensor die Ehren- und Sittengerichtsbarkeit. „Prüfung" und „Beurteilung" waren seitdem zentrale Elemente in der Bedeutung von Z. Auch im Begriff „literarische Z." haben sich diese Elemente erhalten und bezeichnen die Überprüfung einer Äußerung hinsichtlich ihrer Übereinstimmung mit gelten-

den Regeln. Dabei ist zu unterscheiden, ob der Verfasser einer Äußerung sich selbst dieser Kontrolle (Selbstzensur) oder ob er seine Äußerung einem öffentlichen Urteil aussetzt. Zur Überwachung und Kontrolle der Buchproduktion wird der Begriff Z. im Deutschen erst im 17. Jh. gebräuchlich. Terminologisch wird Z. nach dem jeweils angewandten Rechtssystem (Präventiv-, Prohibitiv-, Widerrufszensur) und nach dem Zeitpunkt der Prüfung (Vor-, Nach-, Rezensur) unterschieden. Die Präventivzensur überprüft ein Werk vor seinem, die Prohibitivzensur nach seinem Erscheinen, während die Widerrufszensur eine bereits erteilte Veröffentlichungserlaubnis in einem erneuten Zensurverfahren auf ihre Rechtmäßigkeit kontrolliert.

2. Weltliche und kirchliche Institutionen haben unterschiedliche Mechanismen zur Kontrolle literarischer Äußerungen entwickelt, die hinsichtlich ihrer organisatorischen Strukturen oder ihrer Argumentationsmuster stetigem Wandel unterworfen waren. Die jeweiligen historischen (Macht-)Verhältnisse und die Entwicklung von Medien prägten diesen Wandel. Z. ist trotz zahlreicher verfassungsrechtlicher Zusicherungen seit der Mitte des 19. Jh. eine Konstante des öffentlichen und besonders des literarischen Lebens geblieben. Auch das Grundgesetz der Bundesrepublik Deutschland garantiert in Art. 5 die Zensurfreiheit, kennt jedoch auch begründete Einschränkungen dieses Grundrechts (Gefährdung der öffentlichen Ordnung und Sicherheit, Schutz der Persönlichkeit).

3. Während die Kontrolle von literarischen Äußerungen in der Antike und im MA nur schwer zu rekonstruieren ist, die Zensurinstanzen nur mittelbar in Erscheinung traten und insgesamt die Öffentlichkeit für schriftliche Äußerungen im Gegensatz zu mündlichen Äußerungen (z.B. ↗ Theater) begrenzt blieb, setzten mit der Erfindung des Buchdrucks (um 1450) erkennbare Zensurmaßnahmen ein. Eine systematische Z. betrieb zuerst die katholische Kirche, deren *Index librorum prohibitorum* seit 1559 und 1564 verbotene Schriften aufführte (bis 1967).

Z. ist in Deutschland, im Vergleich mit kirchlichen Kodifikationen und obrigkeitlicher Kontrollpraxis der Landesherren, erst spät zu einem Gegenstand der Gesetzgebung von Kaiser und Reich geworden. Nach dem Verbot der Schriften Martin Luthers (1521) durch den Wormser Reichstag wurde erst 1524 im Nürnberger Reichsabschied eine gesetzliche Handhabe gegen mißliebige Druckerzeugnisse geschaffen. Gleichzeitig wurden die Reichsstände beauftragt, die in ihren Territorien ansässigen Druckereien zu kontrollieren und die Vorzensur auszuüben. Der kaiserlichen Obrigkeit blieb es allerdings vorbehalten, die Ausführung der reichsrechtlichen Bestimmungen zu überwachen und notfalls mit polizeilichen Maßnahmen einzugreifen. Äußeres Zeichen des kaiserlichen Bücherregals war die Bücherkommission in Frankfurt/M., der insbesondere die Kontrolle der auf der Frankfurter Buchmesse angebotenen Publikationen oblag. Obwohl damit die Oberaufsicht des Kaisers über das Bücher- und Pressewesen kodifiziert war, entstanden immer wieder Konflikte zwischen dem Kaiser und den souveränen Interessen einzelner Territorien, so daß zu Beginn des 18. Jh. eine Vielzahl diffuser und miteinander konkurrierender Z.- und Kontrollhandlungen zu beobachten ist. Trotzdem war neben dem traditionellen Recht der Kirchen, religiöse und theologische Schriften zu approbieren, ein Rechtssystem entstanden, das über zwei Jh. eine enge Verbindung von kirchlicher und weltlicher Macht in Fragen der Bücheraufsicht praktizierte, die Wahrung des Religionsfriedens anstrebte und neben religiösen auch politische Interessen verfolgte.

4. Die Zensurgeschichte des 18. Jh. ist insgesamt von dem Bemühen eines von der ↗ Aufklärung beeinflußten Denkens geprägt, die Rechtsförmigkeit von Gesetzen und Anordnungen zu gewährleisten und Z. von den unkalkulierbaren Willkürakten früherer Epochen zu befreien (z.B. die Zensurreformen in Österreich und Preußen). Z. wird zu einer nach fachlichen und inhaltlichen Gesichtspunkten arbeitenden Institution umgestaltet, wobei der kirchliche Einfluß weitgehend zurückgedrängt wurde. Die rasante Entwicklung auf dem Buchmarkt mit einem Anstieg der Buchproduktion, der Entstehung neuer Medien, der zunehmenden Lesefähigkeit (↗ Leser, Lesetheorien) der Bevölkerung und dem Wandel von Lesegewohnheiten hatte auch eine Veränderung der Zensurnormen zur Folge.

5. Die Französische Revolution unterbrach diesen Prozeß einer ersten Lockerung, so daß sich Z. von einer Instanz obrigkeitlicher Kontrolle zu einem polizeilichen Instrument der Unterdrückung entwickelte und in dieser Form zu einem bestimmenden Faktor des 19. Jh. wurde. Mit der Ausbildung einer modernen „Literaturgesellschaft“, der Forderung nach Pressefreiheit, und der Bedeutung der Medien als Träger der öffentlichen Meinung wurde Z. zu einem Element der Literatur- und Meinungslenkung, das weitgehend mit repressiven Strategien (Verbote, Konzessionierung) arbeitete (1819: Karlsbader Beschlüsse, 1835: Verbot des Jungen Deutschland). Mit der Revolution von 1848 wurde das Grundrecht der Meinungs- bzw. Pressefreiheit als unrevidierbare Errungenschaft der ansonsten gescheiterten Revolution festgeschrieben. Staatliche Eingriffe in Form von Nachzensur blieben

zwar bestehen, doch mit dem länderübergreifenden Reichspressegesetz von 1874 wurde die Pressefreiheit garantiert, und die Zuständigkeit von Kontrollinstanzen wechselte von der Polizei zur Justiz (vgl. die große Zahl literarischer Prozesse). In der Weimarer Verfassung wurde die Meinungsfreiheit mit der Freiheit der Kunst erstmals verfassungsmäßig garantiert. Die daraus resultierende Verantwortung wurde jedoch als „Norm" zu wenig ernstgenommen, so daß es insgesamt zu einer Diskrepanz zwischen Exekutive und Rechtsprechung bei der Kontrolle von Büchern und Presse kam. Zahlreiche Verbote von Werken radikaldemokratischer oder sozialistischer Provenienz sowie die gerichtliche Verfolgung ihrer Urheber, Verleger oder Drucker legten die Grundlage für die Diffamierung und Unterdrückung politisch mißliebiger Autoren, die in der nationalsozialistischen Literaturverfolgung seit 1933 und in den Bücherverbrennungen (10.5.1933) gipfelten.

6. Die Zeit nach 1945 war zunächst von einer strikten Z. aller Medien durch die alliierten Kontrollinstitutionen geprägt. Eine allmähliche Lockerung dieser Kontrolle geschah nur unter Auflagen, die einer demokratischen „Umerziehung" der dt. Bevölkerung dienen sollten. Mit der Gründung der Bundesrepublik Deutschland und der DDR entstanden zwei Rechtssysteme, die die Kontrolle der Medien unterschiedlich definierten und ausübten. Trotz der Zusicherung der Meinungs- und Zensurfreiheit und der Freiheit von Wissenschaft, Forschung, Lehre und Kunst im „Grundgesetz" der Bundesrepublik Deutschland gab es zahlreiche Prozesse, die Verstöße von literarischen oder journalistischen Texten gegen bestehende Gesetze zu untersuchen hatten. Bekanntestes Beispiel ist das Verfahren gegen Klaus Manns Roman „Mephisto", das bis vor das Bundesverfassungsgericht (1971) führte und mit dem Problem konfrontiert war, welchen Rang der Schutz der Persönlichkeit im Vergleich mit dem Grundrecht der Kunstfreiheit beanspruchen dürfe. In den Verfassungen der DDR wurde zwar ebenfalls die Freiheit von Kunst, Forschung und Lehre garantiert, doch der Staat übte stets ein Eingriffsrecht aus, indem er Institutionen schuf, die direkt oder indirekt eine Lenkung der Medien und des Buchmarktes vornahmen. Zahlreiche Schriftsteller konnten ihre Texte aufgrund von Verboten nur in der Bundesrepublik veröffentlichen. Die permanente Disziplinierung von Schriftstellern fand ihren Höhepunkt 1976 in der Ausbürgerung von Wolf Biermann (↗ DDR-Literatur).

Bodo Plachta

Lit.: D. Breuer: Geschichte der literarischen Z. in Deutschland, 1982. – K. Kanzog: Z., literarische. In: Reallexikon der dt. Literaturgeschichte, Bd. 4, [2]1984. – J.A. McCarthy/W. von der Ohe (Hg.): Z. und Kultur. Zwischen Weimarer Klassik und Weimarer Republik mit einem Ausblick bis heute, 1995. – B. Plachta: Damnatur – Toleratur – Admittitur. Studien und Dokumente zur literarischen Z. im 18. Jh., 1994. – E. Ziegler: Literarische Z. in Deutschland 1819-1848, 1983. – R. Zipser (Hg.): Fragebogen: Z. Zur Literatur vor und nach dem Ende der DDR, 1995.

Register

Das Register soll vor allem in zweifacher Hinsicht nützen: Zum einen verweist es auf Erläuterungen zu denjenigen Begriffen, die im Rahmen dieses Lexikons mit keinem eigenen Eintrag bedacht werden konnten. Zum anderen nennt es für die im Lexikon eigenständig berücksichtigten Begriffe (siehe „Verzeichnis der Artikel“, S. 9f.) weiterführende und ergänzende Erwähnungen in anderen Artikeln. Hierbei wurde von den Herausgebern bewußt ausgewählt und nicht jede Wortnennung aufgenommen.